珍藏本
纪念版

汉译世界学术名著丛书

神圣人生论

上册

〔印度〕室利·阿罗频多 著

徐梵澄 译

2017年·北京

Sri Aurobindo

THE LIFE DIVINE

The Greystone Press. New York，1949

All India Press. Centenary Special Edition，Pondicherry 1972

本书据纽约格雷斯通出版社 1949 年版译出

又据琫地舍里全印度出版社 1972 年百年诞辰纪念精印本校订

汉译世界学术名著丛书
（120年纪念版·珍藏本）
出版说明

2017年2月11日，商务印书馆迎来120岁的生日。120年前，商务印书馆前贤怀揣文化救国的理想，抱持“昌明教育，开启民智”的使命，立足本土，放眼寰宇，以出版为津梁，沟通中西，为中国、为世界提供最富智慧的思想文化成果。无论世事白云苍狗，潮流左右激荡，甚至战火硝烟弥漫，始终践行学术报国之志，无改初心。

逐译世界各国学术名著，即其一端。早在20世纪初年便出版《原富》《天演论》等影响至今的代表性著作，1950年代后更致力于外国哲学和社会科学经典的译介，及至1980年代，辑为“汉译世界学术名著丛书”，汇涓为流，蔚为大观。丛书自1981年开始出版，历时三十余年，迄今已推出七百种，是我国现代出版史上规模最大、最为重要的学术翻译工程。

丛书所选之书，立场观点不囿于一派，学科领域不限于一门，皆为文明开启以来，各时代、各国家、各民族的思想与文化精粹，代表着人类已经到达过的精神境界。丛书系统译介世界学术经典，引领时代思想，为本土原创学术的发展提供丰富的文化滋养，为推动中国现代学术和现代化进程做出了突出的贡献。

为纪念商务印书馆成立 120 周年，我们整体推出“汉译世界学术名著丛书”120 年纪念版的珍藏本，寄望既利于文化积累，又便于研读查考，同时向长期支持丛书出版的译者、编者和读者致以敬意。

两甲子后的今天，商务印书馆又站在了一个新的历史时间节点上。我们不仅要铭记先辈的身影和足迹，更须让我们的步伐充满新的时代精神。这是商务人代代相传的事业，更是与国家和民族的命运始终紧密相连的事业。我们责无旁贷，必须做好我们这代人的传承与创造，让我们的努力和成果不仅凝聚成民族文化的记忆，还能成为后来人可以接续的事业。唯此，才能不负前贤，无愧来者。

商务印书馆编辑部

2017 年 10 月

目　　录

第一卷　宇宙与遍在真实性

第二卷　明与无明——精神的进化

第一部　无限的知觉性与无明

第一卷

宇宙与遍在真实性

第一章 人类的企慕

人，在他的醒觉了的思想中，他的最早的先务，看来仿佛是他的必不可免的究极的主要事务，——因为这经过了最长久的怀疑论诸时期而犹存，每趟被贬斥后又回转，——亦即是他的思想所能憧憬的最高者。这事自显表于'神道'的推测，向完善化的冲动，对纯粹的'真理'与无渗杂的'幸福'之追求，一秘密的长生的意识。人类知识的古代黎明，给我们留下了这恒常的企慕之见证；今天我们见到人类是餍足了对'自然'界外物的胜利的分析，但是不满意，准备回到他的原始的想望中。明智的最古的公式亦自许为最后的公式，是——'上帝'，'光明'，'自由'，'永生'。

人类的这些固执的理想，与其寻常经验相违反，同时又是许多更高深的经验之肯定。这些高深经验，于人类为非正常，在其有组织的全般性上，只能由一革命性的个人努力，或改革性的普通进步而达到。在一动物性的、自利自私的知觉性中，而知道、而保有、而成为神圣本质，变化我们的半明的，或幽暗的物理的心性，为全满的超心思的光明，在只承受飘忽的暂时满足又为生理的苦痛与情感的忧患所围攻之处，而建立平安与自体存在的福乐，在自呈为一聚积机械的需要之这世界中，而建立起无极的自由，在隶属于死亡与常变的身体中，而去发现且实践不死之生命，——凡此皆呈献于我们面前,作为‘上帝’在‘物质’中之显示,‘自然’在她的地上的进化之目标。这些未经实现的理想,与已经实现的事实之直接冲突,在通常的物理智识,以其知觉性的现在这组织为其可能性之极限者,是反封它们的有效性的最后理由。但是,设若我们对世界工事取一更有筹度的观念,则此直接反对,倒像是‘自然’的最深沉的方法之一部分,是她的最完全的认可之钤印。

因为,一切生存问题,原本皆是和谐的问题。问题之起,起于对一未解决的矛盾之认识,与一尚未发现的调和或合一之本能。以未解决的矛盾而自安,于人之实际的和较属动物性的部分是可能的,但于他的充分醒觉了的心思则不可能,而且,即算是他的实际的诸部分,也只是逃避这普通的需要,或由拒绝问题,或由接受一粗率的、实用主义的、未启明的妥协。因为原本是全‘自然’寻求一和谐,如生命与物质在其自有的境域中,一如心思在其知见之安排中。所供给的材料之显似的纷乱愈大,或必加运用的原素显似愈相乖反,甚且至于不可调协的矛盾,则其刺激也愈强,而且它驱策向一更深微更有能性的秩序,非寻常从一番不如此艰难的努力可得者。活动的‘生命’与一形体的材料相调和,其中活动本身的情形似是惯性了,乃是‘自然’已解决的一矛盾问题,她常求在更大的复杂性上解决得愈好;因问题的完善解决,将是一充分组织了的、支持着心思的动物身体之物质的长生不死。知觉的心思和知觉的意志,与一形体和一生命相调和,而它们在本身中非显然自知觉,至多只堪有一机械的或下知觉的意志,这是另一矛盾问题,‘自然’已解决而产生可惊的结果了,而且她常憬对更高的奇迹,因为她的究极的神奇变现,将是一动物知觉性不更寻求却已具有‘真

理'和'光明'，而有实用的全能，生于直接的已完善化的知识之具备的。然则不但人类和合更高的矛盾这向上的行动本身合乎理性，亦且它是一律则和一番努力的唯一合逻辑的圆成，似是'自然'的基本方法，和她的宇宙的努力之正当意义的。

我们说起'物质'中'生命'的进化，'物质'中'心思'的进化，但'进化'这一名词，仅是牒出了现相而未加解释。因为好像没有理由，为什么'生命'要从物质原素进化出，或'心思'要从生命的形体进化出，除非我们接受'韦檀多'学的答案，说'生命'原已内含于'物质'中，'心思'原已内含于'生命'中，因为在真元上，'物质'是隐蔽了的'生命'之一形式，'生命'是隐蔽了的'知觉性'之一形式。然则好像无碍于在这一连串推理中，进一步承认心思知觉性本身，可能只是出乎'心思'以外的诸高等境界之一形式，一隐蔽。在那情形下，人的不可克服的行动，要趋向'上帝'，'光明'，'幸福'，'自由'，'永生'，在此一连串之适当处，自呈其只简单是'自然'正拟超出'心思'而进化的迫切行动，也像她所植于某些'物质'形式中的向'生命'之冲动，或她所植于某些'生命'形式中的向'心思'之冲动，同样自然，真实，而且正当。如于彼，亦于此，冲动多少是幽暗地存在于她的各个器皿中，具备一永是上升的系统在其自要'是为'的意志之权能中的；如于彼，亦于此，是渐渐进化出且必至充分进化出必需的器根与官能。如向'心思'的冲动，是从在矿物和植物中的'生命'之渐有感性的反应起，一直排列到在人中的充分组织，同样地，在人本身也有同此一上升的系统，有一高等且神圣的生命之准备，倘若没有更多什么的话。动物是一活的实验室，据说'自然'在其中制出了人。人自身很可能是一思维的活实验室，其

中以其自知的合作，‘自然’志在制作出超人，神。或者，我们毋宁说，是要显示上帝呢？因为，倘若进化是‘自然’进步地显示出在她内中眠藏者，工作者，已内化者，则进化亦是‘自然’之秘密为‘自然’者之显明的实践。然则我们不能要她在她的进化之某阶段上停顿下来；如或她表示任何原意，或作任何努力，要超越出去，我们既无权与宗教家同斥其为颠倒，僭越，亦无权与理性主义者同斥其为疾病，疯癫。倘若这是真：‘精神’是内含于‘物质’中，而明显的‘自然’便是秘密的‘上帝’，则在人本身中神圣者的显示，在内与在外于‘上帝’的实践，皆算最高最正当的目标，于地球上人类为可能的。

如是，神圣的生命而在一动物性的身体中，一长生不死的企慕或真实性，而寄寓于一有生死的住宅里，一独一且遍是的知觉性，而自表于有范限的心思与分别了的私我中，一超上的，不可下界义的，无时间无空间的‘存在者’，独使时间与空间与宇宙为可能，而且在这一切中，高等真理可为低下一项所证实，——这永恒的矛盾和永恒的真理，于人类的深惟推理，亦如于其坚住的本能或直觉，皆自证其为正当了。有时有些尝试是作了，要结束一切逻辑的思想所声称为不能解决的问题，要劝导人们将其心思活动，范限于宇宙间它们的物质生存的应用和切近的问题上，但这类逃避，在效果上皆从来未尝永久。人类从之退转，反增强了疑问的冲动，或更猛烈地饥渴于一直接解决。由此饥渴，神秘主义得势了，新的种种宗教兴起，代替了旧宗教。旧宗教是为怀疑论所毁坏了，或夺去了重要性，而怀疑论本身又不能满足，因为，虽它职在诘难，却又不愿充分究诘。试行否认或窒塞一种真理，因为这真理在其外表工事上仍是幽暗，且太寻常为黑暗主义的迷信或一粗朴的信心所表呈，这尝试本身便是一种黑暗主义。要逃避一宇宙性的需要，因为这艰苦，难于以当时可触知的结果证明其正当，亦缓于调制其活动，这逃避的意志，终于必发为对‘自然’的真理之拒绝，对这伟大的‘母亲’的隐秘的、更强大的意志之反叛。较好且较合理性的是接受着她不许我们当作了人类而拒绝者，且将其从盲目的本能，幽暗的直觉，匆遽的企慕之境，提升到理智之光明中来，到一有了训练的、知觉地自加向导的意志中来。若使有任何高等光明，属照明了的直觉或自体启明的真理者，——这，于今在人中是或被阻滞而不能为功，或以间断的、似从幕后的外窥而活动，或如我们的物质天空中之北极光偶尔展现，——于此我们也不必怯于愿望。因为，好像是这样方是知觉性的次一高等境界，而‘心思’不过是一形式，一障蔽，而且，经由那光明之辉煌，正可有我们的进步的自我增大之路，达到无论那一最高境界是人类的究竟归宿处。

第二章　两种否定

甲　唯物论的否定

肯定世间之神圣生命，与生死界中之一永生的意义，这一说不能有根据，除非我们认定不但有永恒的‘精神’为此躯体宅舍之寄寓者，著此容易变换的袍服，且更承认所以成之之‘物质’，是一合宜而且高华的质料，‘他’常以织造‘他’的衣袍，回复建造‘他’的无尽的一系宅舍的。

即使这样，也不够保障我们从躯壳中的生命不作退转，除非我们与诸奥义书同其见解，见到现相之后，真性之中，这存在之两极端原为一体，而我们能用正同古书中一样的话，说‘物质亦即是大梵’，且能充分推许此雄强拟议之价值，以谓物质世界，乃‘神圣本体’之外表躯壳。而这仍是不够的，——因这两端既显似如此遥隔，——认其为一体亦不足以说服理性的智识，倘若我们不肯承认‘精神’与‘物质’间有一系上升的阶层，为‘生命’，‘心思’，‘超心思’，及联系‘心思’与‘超心思’的若干等级。否则，这二者必出现为不可妥协的仇敌，以不快乐的婚姻联于一处，而离婚是唯一合理的解决。视之为一，在名相中彼此互代而表述之，成了‘思想’上不自然的虚构，与事实的逻辑相违，只在非理性的神秘主义方有可能。

若使我们仅认定一纯粹的“精神”，和一机械的无知的物质或力量，名其一曰‘上帝’或‘神灵’，另一曰‘自然’，究极必然会是我们或则否认‘上帝’，或则背弃‘自然’。为了思想与生命，则势必拣择其一。‘思想’来而否定其一，以为想象之虚幻；或否定其另一，以为识感之虚幻。‘生命’来而固定于非物质者上，在一种厌离中或自忘之极喜中逃避其自体，或则否认它本身之永生性，取道则离乎上帝而趋向动物。数论(Sankhya)之‘神我’与‘自性’，即被动的光明的‘神灵’，与其机械地活动的‘能力’，了无相通之处，甚至其相对的惯性诸态亦然；其对反，只可由其循惯性发动着的‘活动’之止息以归于不变之‘止寂’而消除，在其上尝投以一系无生发的影像而无功者。商羯罗(Sankara)的离言的不活动的‘自我’，和他的各种名色的‘摩耶’，皆同样是相违异而不可调叶的多元体；它们的严酷的对反，只能以种种幻相镕解于永恒‘玄默’之唯一‘真理’中而止息。

唯物论者却有一较容易的场合。他可以否定‘精神’，以达到一较易说服人的简单论断，达到真一元论，‘物质’之一元，或否则‘力量’之一元。但在此陈说之严格性中，他却不能永远坚持其说。他亦复归结到立下一不可知者，与被动的‘神我’或玄默的‘自我’同样无动，同样与已知之宇宙相距遥远。这没有什么用处，只是以虚应的退步而脱略‘思想’的严格要求，或立为一种理由，以拒绝究诘范围之推广。

因此，在这些枯瘠的矛盾上，人类心思不能满足了。它必常要

寻求一完全的肯定；而且只能由光明的调协而寻得之。要达到那调协，它必须度越各个等级，我们的内中知觉性所加于我们的，或以客观的分析方法，加于‘生命’和‘心思’，一如加之于‘物质’，或以主观的综合与照明，达到究竟一体之休止，而不否定明表的多体之能力。只能在这么一种完全且至大的肯定中，生存之千端万绪似是相反对的事实，可能融洽和谐，而多方冲突之力，统治着我们的思想和生活的，可以发现那中心的‘真理’，为此种种力量在世间原是要征表出且分别实践着的。只是这样，然后我们的‘思想’，既达到一真实的中心了，不更作圆圈旋转，乃能像奥义书中所说的‘大梵’一样工作，即算在其游戏及其遍世界的周流中，也仍其固定而且安稳，而我们的人生，既知道其目标了，乃能以一严肃与静定的喜乐为之役，一如以一依旋律推转着的能力一样。

但时若那旋律一旦被扰动了，则当分别试验这两大对反者，各于其至极的道理上，这是需要而且有益的。这是心思的自然的路，更完善地回到它所失去的肯定。在路上它可试行休息于中间的阶段上，将一切事物缩减到一原始的‘生命能力’，或‘感觉’，或‘理念’的名相中；但这些无外的解决，总使人有一种非真实之感。它们可能一时满足唯从事于纯理念的逻辑推理，但它们不能满足心思的实在性之感识。因为心思知道，在它本身以后，有点什么不是那‘理念’者；而另一方面，它知道在它本身中，有点什么是多于‘生命的气息’者。或者‘精神’，或者‘物质’，有一时能使它得到一点究极的真实性之感觉；但介于此二者中间的任何原则却不能。然则它必须究尽两端，然后能有结果地回到整个。因为智识，在它的原本性质上，既役使一种在生存上只能清晰看到一部分一部分的意识，又役使一种语言，也只是当其谨慎分别和界划时方能弄个清楚，这智识，在它面前既有此诸基本原则之多方，则不得不无情地、当其寻求一体性时、消减一切以归于一了。实际它是试行为了拥护这一个，乃排斥其余的多个。要看到它们的同一性的真实源头，而不用这除外的办法，它必须或则已超越出自体，或则已巡遍了一周环，只发现一切皆同等自加消减而归到‘彼’，‘它’，离乎界义或叙述者，却不但是真实亦且是可达到者。无论我们行哪一条路，‘彼’常是我们所达到的尽头；只若我们拒绝走完这道路方能避免‘彼’。

然则这是好征兆了，在许多实验和文字上的解决之后，我们却发现我们自己今兹立于二者之前，唯有这二者久已通过经验的最严厉的考试，是这两极端；而在经验的尽头，两者却要达到一结果，为人类的普遍的本能——那隐蔽了的裁判官，哨兵，宇宙的‘真理’的‘精神’之代表——所拒绝，认为不对或不能满意。在欧洲和在印度，相当地，各有其唯物论者的否定，与出世士的拒绝，而皆欲自诩为唯一真理，而且以之统治‘人生’这概念。在印度，倘使那结果是大大聚积了‘精神’之财富，——或多少聚积了一点点，——那亦复是‘人生’之大破产；在欧洲，财富之充盈与世界的权力和物资之胜利的统治，也进到‘精神’事物之同样的破产。而智识，尝欲以‘物质’这唯一名词而解决一切问题者，也未能在所得到的答案上得到满足。

然则时候已成熟了，世界的倾向趋于在思想上、和内在外在的经验上之一新的、概括的肯定，趋于这肯定的引论，即在一完整的人类生存中的新的、富足底自我圆成，为了个人，为了民族。

从‘精神’与‘物质’与此二者所代表的‘不可知者’的关系上之差别，也生起效能上的差别，在物质的否定和精神的否定上。唯物论者的否定，虽比较固执，且顿见成功，能更顺利诉之于一般民众，然较之出世士的引人入胜而又有危险性的拒绝，终不如其经久且有效能。因为在它本身上，便负戴了它自体的救治。它的最雄强的原素，便是‘不可知论’，这，承认一切显示后之‘不可知者’，遂引申其范围，直到它概括一切只是未知者。它的前提是生理诸识，皆‘知识’的唯一工具，而‘理性’，虽在其最广远最强力的飞腾，也逃不出诸识的范畴，它必常时且唯独处理它们所供给或所提示的事实，而此等提示又必常维系于其所自来；我们不能出此以外，我们不能用之作为一桥梁，以度到另一领域中，其间有较强力且少范限的官能在活动的，于是必须建置另一种探讨。

一前提如此武断，遂于其本身宣告判决曰不充分。它只可由这样支持，即漠视或抹煞那一大宗与它相反对的证据和经验，否认或贬斥那些高尚有用的官能，明觉或隐暗活动着的，或最下也是潜在于人中的，拒绝审查超物理的现象，除了其关系到物质及其运动而明显了，视之为诸多物质力量上的附属活动。一旦我们开始调查心思与超心思的作用，在它们本身，而弃去那从头便已决定的豫断，看它们只是隶属于‘物质’的一项，则我们遇到了一大宗现象，完全脱离唯物论公式之严厉执持和范限着的教条主义了。一旦我们认识，也是我们的扩大了的经验强迫我们去认识，宇宙间原有可知的真实超出了我们的诸识之范围，且在人中原有力用和官能，不是被决定却是决定着物质的器根，它们由之与知觉界——我们的真实的、完全的生存之外壳——相接触的，则唯物论之‘不可知论’

的前提消失了。我们便准备于大陈述与只加发展着的调查。

但是，最初，人类所经过的理性主义的唯物论的一很短的时期，我们应当认识其浩大的、必不可无的用处。因为那种证据和经验之旷阔原地，今兹起始重向我们启开大门了，却只在智识严格的受过训练，到了清晰严明之度的人，然后能安全进入；倘为未成熟的心思所侵袭，必至引到最危险的错乱和最误人的想象，而且，在过去真也包藏了一实在的真理核心，却累积上了那么许多颠倒的迷信和非理性化的教条，以致使真知识的一切进展皆不可能。一时期必须作一番清洁扫除，同时清出真理而除去其伪装，使道路开通，可重新发轫，进展更其明确。唯物论的理性主义的趋势，已为人类建立了这一大功劳。

因为，超根识的诸种官能，正由于这事实，它们是被网罗于‘物质’中，被遣派到物理的身体中工作，被羁勒而与情感的欲望和神经的冲动并驾齐驱，乃袒露于一种混杂作用前，其危险在于照明了纷乱，却未曾朗示出真理。尤其是这混杂作用危险，倘若凡人以未加约制之心思、与未加净化之感性，而试欲自跻于精神经验的高等境界。在何种不实质底烟云和半明半暗底雰雾之境域中，或一片黑暗中，有电光时时掣现，未能启明却使人眩瞀的，这班人机缘未熟而冒险急进，何尝不自失哪！诚然，一番冒险是必需的，只是在‘自然’要促成她的进展的道路上，——因为她在工作上自娱，——但是，在于‘理智’，这是过急而未成熟的。

然则前进着的‘知识’之应基于清明，纯洁，而有纪律的智识上，是必要了。她之有时必回到正当事实之拘束，物理世界之具体现实中，也是必需。接触‘大地’，在‘大地’之子常可以此增新气力，即算在他寻求超物理的‘知识’的时候。甚至可说，只当我们稳定立足于物理界，然后方可真主宰超物理者而充其极，——其高处我们是常能达到的。‘大地是“他”的立足处呀！’——奥义书[①]每当描写显示于宇宙间的‘自我’时，常常这样说。而且，也必定是这样的事，即凡我们于此物理世界的知识引申愈广，把握愈定，则我们的高等知识的基础也愈宽广，愈稳定，即算是在最高知识的，即算是在‘大梵明’的，也如此。

然则脱出人类知识的唯物论时代，我们当谨慎，不要匆促贬斥我们所离开的，或抛弃其所获得的甚至一少分，在我们能召集已把握好而且稳当底知见和权能以代替它以前。反之，倒是我们应当尊敬且惊奇地观察‘无神论’给‘神圣者’所做的事，且欣羡‘不可知论’在准备无限增加知识这事上的功劳。在我们的世界里，错误不断是‘真理’的侍婢和开路者；因为错误本来是一‘半真理’，由其范限遂成颠蹶；时常它是‘真理’而乔装了，以便不知不觉地接近它的目的。好哪！倘使它常能是像在我们所离出的伟大时代中一样，当了一位忠诚的侍婢，严肃，有良心，手清洁，在其范围内光明正大，是一半真理，而不是一放荡而专横的荒谬哪！

某种‘不可知论’，是一切知识的最后真理。因为无论我们走到那条路的尽端，宇宙看来只是一不可知之‘真实’之一象征或相状，这本身表译为各种价值体系，如物理价值，情命和感觉价值，智识的，理想的，和精神的价值。若使我们愈加感到‘彼’之真实，则

① 蒙荼羯奥义书 II. 14.
大林间奥义书 I. 1.

愈见其超出界说底思想、超出公式底诠表以外。‘彼处心思不至，语言不及’[①]。正如可与‘幻有论者’夸张现相之不实，同样可能夸说‘不可知者’之不可知性。当我们说‘此’为不可知，如实我们是说‘此’脱出了我们的思想与语言之执持，即常以分别的义度为进程且以界说为诠表的工具；但是若以心思则不能知，以知觉性之最高努力却能臻乎‘此’。甚且有一种‘知识’，与‘同一性’为一，由是在一种义度下‘此’为可知。诚然，那种‘知识’不能成功地重新表之以思想和语言，但时若我们达到了它，则结果是在我们的宇宙知觉性的象征中封‘彼’之一番重新估价，不但在一个却在一切象征之境域里；这便结果出我们的内中有体的一番革命，而且，由此内中革命，遂结果出外在生活上的革命。进者，亦复有一种‘知识’，由之‘彼’亦竟显示其自体，用了现相存在的这一切名与色，皆是封平凡心智只隐藏着‘此’的。是‘知识’的这高等却不是最高的程序，乃我们所能达到的，由于越过唯物论的公式之界限，而考验‘生命’，‘心思’，和‘超心思’，在它们的特著现相中，不单是在其自附于‘物质’的那些附属运动中去考验它们。

‘未知者’不是‘不可知者’[②]；它于我们不必永为未知者，除非我们必选取无知，或必坚住于我们的原始范限里。因为对待一切事物之非不可知者，宇宙间的一切事物，正在那宇宙间有与之相应的官能可以认识它们，而在人，这小宇宙中，这些官能常是存在的，而且在某阶段上可能发展的。我们也可随意不发展它们，且当其

① 由谁奥义书 I. 3.

② 由谁奥义书 I. 3.

局部发展以后，我们可以阻抑它们，且使之萎缩。但是，基本上，一切可能的知识，皆是人类的能力所及的知识。而在人中既有此‘自然’的无可推却底冲动，趋于自我实践，则没有智识的任何奋斗欲将我们的能量的作用范限于某一固定范围里，可能永久制胜。当我们证验了‘物质’，体认了它的秘密的能量以后，即此权宜于那暂时的范限中的知识，必像韦陀的禁制者一样，向我们喊着说：“现在去吧！也更向它方面发展去！”[①]

假使近代唯物论简单是对物质生活的一种不智慧底默许，则前进可无定地稽迟。但其原本精神既是寻求‘知识’，则它不能唤人停住；当它到了识根知识与识根知识之推理的限际时，它的前进势速将夹它奔驰过去；而一旦迈过了这限际，它原用以包举这可见的宇宙之迅速度和准确度，只是力量与成功之切至者，我们希望其征服居于彼面的一切时，能见其重表。我们已见到这前进在微茫的发端中。

‘知识’，不但在唯一最后概念上，亦且在其普通结果之大凡上，无论追随它走的什么路，总是趋归于一。韦檀多学，——原始韦檀多学，不属形而上底哲学诸派，却属于诸奥义书的，——用了一殊为不同的方法，在‘物质’领域中所达到的概念，甚至其语言诠表的公式，正是为近代‘科学’所认可的，那限度殊属可惊，且多提示，没有更甚的了。另一方面，那些概念和公式，只在近代‘科学’的发现所投射的新光明中看去，然后可见到其充分底意义和丰富

① 黎俱韦陀 I. 4. 5.

的内容。——例如，韦檀多有说[①]：宇宙万物为一种子，为宇宙遍是的‘能力’所安排于许许多多形式下。尤可注意的，是‘科学’之趋于‘一元论’，一元而与多性契合，这便趋于韦陀之说，谓真元是一而变易为多。纵使人坚执‘物质’与‘力量’之二元现相，这也不真妨碍此‘一元论’。因为，很明显的，真元‘物质’，对于诸识为不存在，且只是像数论的‘勃罗怛那’(Pradhana)一样，是一概念的体质形式；而且事实上这点是增上地达到了，在仅于思想中强作分辨之处，区分质的形式与能的形式。

‘物质’，终于自加显示为某未知之‘力量’的表呈。‘生命’，那尚未经根究的神秘，亦复开始显露其自体为感性之一未明的能力，被拘禁于其物质的表呈中者；若使那使我们在‘物质’与‘生命’间生有鸿沟之感的分别着的‘无明’既除，则很难假定‘心思’，‘生命’与‘物质’，除了将发现其为一‘能力’而三重表呈了——韦陀见士的三重世界——以外，还更是旁底什么。这概念便无从容忍说某种粗朴的‘力量’为‘心思’之母。创造此世界之‘能力’，除了是一‘意志’之外，不能是旁底什么，而‘意志’不过是知觉性之自用于一种工作和一结果而已。

这工作和结果是什么，倘若不是‘知觉性’之自入乎形式与自出乎形式，庶几在它所创造的宇宙中，实现某种伟大的可能性？它在人类中的意志是什么，倘若不是趋于无穷尽底‘生命’，无碍限底‘知识’，无拘束的‘权能’？‘科学’本身开始梦想在生理上征服死亡，表现着求知识的无餍足底饥渴，正为人类作着一点好像人在地

---

① 白净识者奥义书，VI. 12.

球上是全能的事。在它的工作上,'空间'与'时间'皆缩减到近于消失点,而且它千方百计要使人为环境之主宰,因是而减轻因果性的束缚。有限度,不可能,这理念开始稍变黯淡了,好像凡是人所恒常意志着的,他必终于能作;因为知觉性在人中终于会找到办法。这全能性不是自表于个人上,却是人类的集体'意志'发生作用,以个人为其工具。时若我们更深沉观察,这又不是集体的任何知觉的'意志'了,而是一超知觉的'权力',用个人作中心,作工具,用集体作条件,作原畴。这还是什么呢,除了是人中之'神明',无极的'同一性',多方的'太一','全智者','全能者',而'他'既在自己的形象下创造了人,以私我为工作中心,以人群,以集体的那罗衍那[①],以'宇宙人'为典型和轮廓,乃欲在他们中间表出一点全能,遍知,一体之形相,皆为'神圣者'的自体概念者?"在有生死者中为永生者,是一神明,内在地建立为一能力,发作于我们的神圣权能中。"[②]是这一浩大的宇宙脉冲,近代世界虽不甚自知其目的,却在一切活动上服事着,而且下意识地工作着,以期成就的。

但常是有一限度和一阻碍,——'知识'中物质原畴之界限,'权能'中物质机械之阻碍。但于此,挽近底趋势高度指明一更自由的将来。科学'知识'的前哨,既更加分布到物质与非物质划分的边界上,实用'科学'的最高成就,也是那些趋于将机械——所以生最大效果者——简单化,缩减到近于消失点。无线电是'自然'的外在表征和新转向的藉口。中间传达物质力量的有感受性的物

① 那罗衍那乃人中的天神之名,常与人,即那罗生活相联,二而为一。

② 黎俱韦陀 Ⅳ.2.1.

质工具是除去了；这工具只保存于收与发的两端。最后，即使是这些也当消失；因为若从正确的出发点研究了超物理者的力量与律则，必将无失地找到办法，使‘心思’直接把住物理能力，正确地发遣它作役使。于此，一旦我们使自己加以认识了，便有启对将来的浩大视景之门。

可是，即算我们于直接居于‘物质’以上的诸世界有了充足的知识和把握，则仍然会有其限际且更有其彼方。我们的束缚的最后一结子，是在那外在者敛入与内在者合为一体的一点上，私我之机械微妙化到消失点，而我们的行为的律则，最后是一体性而包括、而拥有多性，不更是像现在一样，多性奋斗以至于有点一性之模样。有宇宙‘知识’的中央宝座，展望其最广大的领土；那里，是个人的王国与个人的世界之王国[①]；那里，是永恒圆满的‘本体’中之生命[②]；那里，是‘他’的神圣性[③]在我们人类生存中之实践。

① svārājya 与 sāmrājya，乃古瑜伽所树立的二重目标。

② sālokya-mukti，即与‘神圣者’同在一界之自觉的生存之解脱。

③ sādharmya-mukti，即得‘神圣自性’之解脱。

第三章　两种否定

乙　出世道的拒绝[①]

而且，还更有一彼方。

因为在宇宙知觉性之彼方，有一我们所能达到的更超上的知觉性，——不但超过了私我，亦且超过了'宇宙'本身，——而这世界与之相形，竟像一幅小画着在一不可量的背景上。那支持宇宙活动，——或许只是容忍之；'它'以'它'的浩大性怀抱'生命'，——或其不然，则自'它'的无极性拒绝之。

倘若唯物论者在他的观点上是正当的，坚持'物质'为真实，这相对的世界为唯一我们多少有点把握的东西，而'彼方'为全不可知，倘若真是非不存在的话，也只是心思的梦想，是'思想'自离乎现实的一种抽象；如是，则出世道的人同样在他的观点上也是正当的，爱慕那'彼方'，坚持纯粹'精神'为真实，为唯一无有于生，死，变化的东西，而这相对的世界为心思与诸识的一构造，一梦想，是在相反的义度下'心思'退出了纯粹的、永恒的'知识'之一种抽象。

然则从逻辑或经验上，有什么可肯定此一端，认为是对的，不

① 按字义当作精神修士的拒绝。

碰到同样有力的逻辑，同样有效的经验，肯定那一端也是对的呢？物质世界为生理诸识所肯定，因为它们不能见到非物质的东西，或非组成为粗大‘物质’的东西，这诱导我们认为超诸识者便非实在。我的身体器官的粗率或愚庸之错误，不能因被推入哲学推理的领域中便增其有效性。明显地，它们的饰说是无根据的。即算是在‘物质’世界中，也有不能为生理诸识所识的存在者。否认有超诸识之存在者，以为必然是幻觉或妄想，则依乎常以真实者与物质上可见者在识感上的联想，而这本身便是一种妄想。通彻假许其所欲建立者，它有犯了循环论证的错误，在一公正底推理上无有效性。

不但有诸物理的真实是超识感的，而是，倘若证明和经验全然是真理的试验的话，更有诸识是超物理的[①]，而能不但没有身体器官的佐助去认识物质世界的真实，却更能使我们接触其他的真实，超物理的且属于另一世界的真实，——便是说，包括于另外一种知觉经验的组织内，那些经验是依乎某一其他原则，异乎好像我们的这些太阳和地球以之而成的这粗重‘物质’原则。

自开始有思想以来，常为人类的经验和信仰所确立的，这真理——于今已不存在除外地专门从事于研究物质世界的秘密之必要了，——开始为新出的科学研究项目所是正了。只加增多着的证明，只有其最浅显和最属外表者，皆建立于‘心灵感通’这一名词下，并其附属同性质的现相，已不能更长加拒绝了，除了是自封于光荣的过去之外壳中的头脑，除了是虽甚敏锐却以其经验与探讨

① 微妙根，存于微妙体中，为微妙观照与经验的工具。

范围之有限而固住的才智，除了是将启明和理性、与忠实复述过去了的一世纪所遗留给我们的公式、和发愤保守已死的或正死去的智识教条混而为一的人们。

是真的，按方法研究所得到的超物理的真实之瞥见，是未完善的，尚未好好加以肯定；因为所用的方法，皆仍是粗朴，多缺点。但这些重被发现的微妙识，至少已被认为真实证明，证明身体器官之外的物理事实。然则没有正当理由，嘲笑它们是假见证者，当其指证在知觉性的物质组织范围以外的超物理的事实。像一切证明，像生理诸识本身的一切证明一样，它们的证据，得用理性加以管制，审查，排置，正确翻译出，正确联系，而它们的原地，律则，和程序，皆得加以确定。但广大范畴底经验，其对象皆存在于一较微妙的体质中，以比较属粗重‘物质’工具为更微妙的工具然后能见，其真理终于同物质世界的真理一样，自明其为有效。彼方诸世界是存在的：皆自有其普遍的旋律，大经纬，大表呈，自体存在的律则，盛大能力，它们的公正底、光明的知识工具。它们在我们的物理生存上，在我们的物理生身中，发施它们的势力，也在这世界中组织它们的显示之工具，遣来它们的使者和见证。

但诸界不过是我们的经验的范畴，诸识不过是经验的工具和方便而已。知觉性便是伟大的基本事实，遍是底证明者，对之则世界为一原野，诸识为其工具。诸界及其万事万物，向此证明者乞求其真实性，无论一世界或多世界，物理的或超物理的，我们没有它们实际存在之其他证明。已有过论难了，这不是人类机构及其于一客观世界之展望所独有的关系，这便是存在之本身自性；一切现相的存在，组成于一观察着的知觉性与一活动的客观性，‘行动’而无'证见者'则不能进展，因为宇宙只为了观察着的知觉性而存在，且存在于其中，宇宙没有独立的真实性。又已有过答辩了，物质世界享受着一永恒的自体存在；在生命与心思出现之前已有在于此：即算它们皆消失了，不以其暂过的努力和有限的思虑，干扰太阳系的永恒的无心知的旋律，它也仍然存在的。这差别，看来好似甚属形而上学的，却甚属至为实际的重要意义，因为它决定人的整个对生命的展望，也决定他当为他的努力而设置的目标，以及他当界定他的能力于其中的原田。因为这立起了宇宙存在之真实性的问题，而且，还更重要的，人生的价值的问题。

设若我们将唯物论的结论推到够远，我们便达到在个人与民族生命上的一不真实性和无意义之感。这便合逻辑地，让我们选择，或是个人发热似的努力，从飘忽底生存上尽他所可能攫取他所可得的，所谓'过着他的生活'，或是民族的和个人的一无关心亦无目的之服务，明知个人是神经质的心思性的暂现的虚构，而民族也只是同一'物质'的常规底神经痉挛之一较稍长寿底集体形式而已。我们工作或者享受，在物质能力的推动下，而这欺骗我们以生命之短促的虚妄，或以伦理目标和心理圆成之比较高贵的虚妄。唯物论，像精神的一元论一样，达到一是而又不是之'摩耶'——是，因为它存在且明决地是；不是，因为他是现相的，又在其工作上为暂现的。在另一末端，若使我们过于着重对象世界之不真实，我们是从另外一条路达到相似的却更尖刻的结论，——个人私我之虚幻性格，人生之无目的且不真实，若回到'无有'或无缘的'绝对者'中，则是唯一合理的逃出现相生活的无意义的牵缠之方法。

可是这问题又不能以根据我们寻常物理生存之实事而作的逻

辑辩论而解决；因为在那些根据上总有经验之空缺，使一切论辩不成决定。寻常，我们没有不与个人身体生命相联的宇宙心思或超心思的任何决定经验，而在另一方面，也没有经验上任何稳定界限，可以给我们辩正我们的假定，假定着我们的主观自我，真依赖此身体形躯，不能在其死后而犹存，或扩大自己出乎个人身体以外。只能以我们的知觉性之原畴的扩大，与我们的知识工具出乎意料的增加，可能将这古老争辩解决。

我们的知觉性之扩充，若要能满意，必须是从个人生存进到宇宙生存的内中的扩大。因为‘见证者’，若使他是存在的，不是个人所具有的出生于世间的心思，而是那宇宙的‘知觉性’，包举世界万有，在其一切工作上出现为一内在的‘智慧’，对它，或则此世界永恒地且真实地存在为‘它’所自有的自动的存在，或则出乎此，它出生，入乎此，它消失，以一知识之行为，或以一知觉的能力之行为。非是已组织成的心思，而是那平静且永恒者，同等棲迟于活底土地和活底人身中，对之则心思与诸识皆为可以无有的工具，乃是宇宙存在的‘见证者’和它的‘主宰’。

一宇宙知觉性在人类中的可能性，缓缓地要为近代心理学所采纳了，有如知识的更有弹性的工具一样，有其可能，纵使其价值与能力皆被承认后而犹列之于妄想一汇。在‘东方’心理学上，这常被认为真实，为我们的主观的进步之目标。达到此目标的过程之要决，便是越出私我意识所加于我们的界限，至少是参与自我知识，秘密栖迟于一切生命和一切似是无生命物中者，至多则与此自我知识同体为一。

既入乎那‘知觉性’中，我们可像‘它’一样，仍继续寓居于世界存在上。于是我们可以觉识——因为我们的知觉性的一切情事，甚至我们的识感上的经验皆开始改变了，——‘物质’为一个存在，诸体为它的形成，其间此唯一存在，分别它自体在物理上之居于单独一个躯体中者，与它自体之在一切其他躯体中者，而又以物理方法，在它的本体之这许许多多据点间建立交通关系。同样地，我们经验到‘心思’，亦如‘生命’，是此同一存在，在多体中为一体，在每个境域里自加分开又自加重新结合，用了与那运动相合适的方法。而且，倘若我们愿意，我们能更进前去，经过了许多连续贯串的阶段后，遂觉知一‘超心思’，它的普遍作为，乃一切较小的活动的钥匙。我们不仅只知觉有此一宇宙存在，同样又在其中知觉，且在识感上接受，亦且明觉地进到它内中。在它内中，我们生活着，有如我们从前生活于私我意识中，活泼地，愈进愈加与其他若干心思，生命，身体，异于我们称为我们自己这有机体者相接触，甚至相团结，不但在我们的道德体上和心思体上、在他人的主观体上，发生效果，却甚至在这物理世界及其事情上也发生效果，用了更近于神圣者的方法，非我们的私我度量所堪能的。

然则对于与之有过接触的人，或生活于其中的人，这宇宙的知觉性是真实的，较物理真实性更加真实，在自体是真实，在效果和作用上是真实。而且，这既于此世间——即它的自体的整个表现，——如是真实，世界对它也如是真实；但是不作为一独立的存在。因为在那较高且较少障碍的经验中，我们见到知觉性与有体彼此无异，凡有体皆是一至上知觉性，一切知觉性便是自体存在，在本体中是永恒的，在作用中是真实的，既不是一梦，也不是一进化。世界是真实的，恰恰因为它只存在于知觉性中；因为是一‘知觉的能力’，与‘有体’为一者，乃创造了世界。是物质形式在其自有之权中的存在，离开了擅有此形式之自体照明的能力，乃会是对事物的真理之违反，乃会是一种幻觉，一场噩梦，一种不可能的虚妄。

但这知觉的‘有体’，即无极的‘超心思’的真理，乃是大于此世界，独立生活于‘它’的无可表白的无极性中，一如生活于宇宙的一切和谐中。世界依‘它’而生存，‘它’不依世界而生存。而且，如我们能进入宇宙知觉性中，与一切宇宙存在为一，我们亦能入乎超世界的知觉性中，而变到超乎一切宇宙存在。然则问题生起了：那个先在我们发生，是否这超上亦必须为一拒绝。这世界对‘彼方’有什么关系？

因为在‘超上者’的门前，立着那孑然而完全的‘精神’，如诸奥义书中所叙述的，为光明，纯洁，支持着此世界却无为于其中，没有能力之筋络，没有二元性之疵瑕，没有分化的伤瘢，为无双，同一，没有因缘性的和多性的一切现象，——这是韦檀多学派的‘不二论者’的纯粹‘自我’，无为‘大梵’，超上‘玄默’。若心思突然经过这些门，不经过中介诸过渡，则得到此世界为不真实之感，唯有‘玄默’为真实，这是人类心思所堪能的最强、最启信的经验之一种。这里，知见纯粹‘自我’，或其后之‘非有体’，我们遂有第二种否定的起点，——在另一极端与唯物论的否定平行，但更完全，更究竟，对个人或集体，在其效果上也更危险，是听到了其到旷野去的雄强的召唤，——即出世士的拒绝。

是这种‘精神’对‘物质’的反叛，自从佛教扰动了古亚利安人的世界之平衡起，二千多年来，增进地统治著印度思想。宇宙的幻有之意识，并不是印度思想的全部；也有其他哲学陈述，其他宗教企慕。也不是缺少一些两者间调整的尝试，即算是在最极端的哲学里。但一切皆生活于这伟大‘拒绝’的荫蔽下，凡人最后的人生目的，便是出家人的道袍。生存的普通概念，浸透了佛教的一系业力理论，与由此结论推出的缠缚与解脱之对反，以生为缠缚，以终止有生为解脱。于是一切声音，皆和合于一大同调，即我们的天国不能存在于这有对待的世间，却是在彼方，或是在永恒的林达望[①]的喜乐中，或是大梵世界[②]的高上幸福里，超出一切显示以外，在某些无可表述的‘涅槃’里，或在某处，其间一切分别经验，皆消失于无可界说的‘存在’之无相的一体中。而且，经过许多世纪，一大队辉赫底见证者，圣人，和教师，名字对印度人的记忆是神圣、且统制了印度人的想象的，常作同样的见证，常夸大同此一遥远而崇高的追求，——出世是唯一知识之路，接受物质生活是愚人之所为，无生是正当运用人生之道，‘精神’的号召，从‘物质’的退转。

于已失去同情于出世精神的时代，——在全世界除印度外，出世士的时辰似乎是已过去了或正在过去，——这大倾向容易归咎于一古老民族中生命力的消亡，这民族已颓然于它的负担，它曾在共同进步上巨大分担的；在人类功力和人类知识的总和上，它的多方面的贡献已使它衰惫了。但我们已见到，这相应于生存之一真理，知觉的实践之一境界，立于我们所可能的最高处者。在实行方

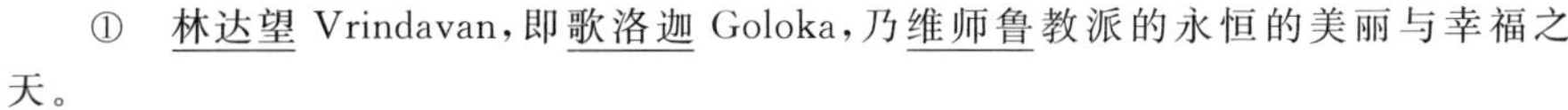

① 林达望 Vrindavan，即歌洛迦 Goloka，乃维师鲁教派的永恒的美丽与幸福之天。

② ‘真、智、乐’之最高境，Brahmaloka，心灵所能达到的，而非全般寂灭于‘无可言说者’中。

面，出世精神也是人生圆成中之一不可少的原素，即算是对它的独特肯定也不可无，只若人类在另一端尚未解放其智识和情命习性，出脱其对一常是坚持的动物性之奴役。

我们自然寻求一较大且较完全的肯定。我们见到在印度的出世道理想中的那伟大韦檀多口号：'太一无二'；这话未经在另一口号'凡此一切皆是大梵'的义度下充分探讨；这另一口号也是同样严正的。人类向上对'神圣者'的热情的企慕，未曾与'神圣者'的下达以永远怀抱'它'的显示之运动充分关系。'它'在'物质'中的意义，不像'它'在'精神'中的真理那么被人了解得好。出世人士所寻求的'真实性'，其高度被人充分把握，却不是像古代韦檀多学者一样，也了解其充分广远和概括之度。但在我们的较完全的肯定中，我们也不可小化纯粹的精神冲动这部分。如我们所见到的，唯物论多么有功于'神圣者'，同样我们也得承认出世道更有大功于人生。我们应当保存物质'科学'的真理及其真实功用于最后的和谐中，即算很多或甚至全部它的现今存在的形式皆得打破或弃置。而还要伟大的明智之正当保存，应当领导我们处理古亚利安的遗产，无论其真是怎样损减了或被贬抑。

第四章　遍在的真实性

如是，我们既承认纯粹的‘精神’的要求，要在我们中间显示它的绝封自由，又承认普遍的‘物质’的要求，要成为我们的显示之范型和条件，则我们必须寻出一真理，能全般调和此两相反对者，且能各予以‘人生’上其所应得之部分，各予以‘思想’中其所应有之辩正，而不褫夺二者中任何一个的所有权，不否认二者中任何一个的尊上的真理；由此真理，即算是其错误，即算是其夸张的除外性，也如此恒常汲引出一力量的。因为，凡某处有一极端的立说，对人类心思作如此强力的申诉者，则当确然于我们不是立于徒为错误，迷信，或幻妄之前，而是面对着某一至尊贵却是乔装了的事实，这要求我们忠诚，而且，若被否定或排斥，是要向我们报复的。正在这里有困难，难于圆满解决，而且一切‘精神’和‘物质’间的纯是妥协，其必终之以无结果，也正在此发端。妥协是一番讨价还价，是两个相冲突的势力间的利益交易，不是真的调和。真的调和，常以互相谅解进行，趋于某种密相契合的一致。然则是由‘精神’与‘物质’尽可能的合一，我们最便于达到调和着它们的真理，由是达到某一最坚实的基础，为了在个人内中生活与外表生存中的一种调和着的实行。

我们已在宇宙的知觉性上找到了一会合处，该处‘物质’与‘精

神’互为真实了。因为在宇宙的知觉性上，‘心思’与‘生命’两皆中介者，而不复是像在普通自私的心理中一样，为分化的经纪，为同此一不可知的‘真实性’的正与负底原则间的一虚构底争端之煽动者。‘心思’既达到宇宙知觉性，为一种知识所照明，这知识同时双见‘一体性’之真理与‘多性’之真理，把握到其交互作用之方式了，则发现它自有的冲突，立刻为神圣的‘和谐’所解释，所调融；‘心思’既已满足，则肯充当那我们所趋赴的‘上帝’与‘人生’之至上结合的经纪。‘物质’，对于实践着的思想和深微化了的诸识，自呈为‘精神’的形貌和躯体，——‘精神’在其自加形成的引申里。‘精神’则以同是这些同意着的经纪，自呈其为‘物质’的灵魂，真理，真元。二者相互容许、表白为神圣，真实，且真元是一。‘心思’与‘生命’皆启露于那照明中，同时为无上‘知觉的本体’之形貌又为其工具，以此‘它’引申且寓居‘它自体’于物质形式中，且在那形式中对‘它’的多个知觉性中心启示‘它自体’。‘心思’达到它的自体圆成，时当它化为‘本体’的‘真理’之明镜，那自表于宇宙间种种象征中的；‘生命’也达到它的自体圆成，时当它知觉地以其能力借与‘神圣者’的美满的自体化形，化为宇宙存在的常新的形式和活动。

在这种概念的观照下，我们能见到世间人的一神圣生命之可能性，这将立刻辩护了‘科学’，以其给宇宙的和地上的进化，发皇了一活的意义，立下了一可识的目标，而且，以人类心灵之变化为神圣的，实现一切高尚宗教的伟大理想之梦。

但那玄默的‘自我’，无为，纯粹，自在，自乐，向我们呈似为出世道人物的坚确辩护的，又属怎样呢？在此，也必是和谐，而非不可调协的对反，乃为照明的真理。玄默‘大梵’与有为‘大梵’，皆非不同，相对，而不可调和的二元，一肯定一否定宇宙幻妄的；它们是一‘大梵’的两方面，一正一负，彼此互为必需。是从这‘玄默’中，永远发出创造诸世界的‘语言’，因为‘语言’表白所自藏于此‘玄默’中者。这是一永恒的被动性，使一在无数宇宙体系中永恒的神圣活动之绝对自由与全能乃为可能。因为那活动的许多变化，它们的能力与无限变易之能性与和谐，皆挹自此不变的‘本体’之无偏的支持，得自它的认许，认许其自有的动力的‘自性’之此无限的滋蕃。

人，亦只是时常他在自己内中已得到‘大梵’的绝对宁静与被动性，由此以同样的神圣的容忍，以同样的神圣的福乐，而支持一自由而不竭的活动，然后才是完人。那班已在内中保有这‘宁静’的人，可见到从其‘玄默’中恒常源源不绝流出无尽的能力，在此宇宙中工作着的。然则不能说‘玄默’的真理，在其自性上是拒绝宇宙活动的。这两种境界的似是的矛盾，是有限的‘心思’之错误；‘心思’既习惯于肯定与否定之深刻底相反，而突然从一端达到另一端，则不能怀想一概括的知觉性，够广大而且够雄强，一揽而同时包举此二端者。‘玄默’不拒绝这世界；它保持这世界。或毋宁是它同等公平支持活动与从活动退转，也准可那种调和，和协到心灵得仍其为自由而且寂静，即算它自与于一切活动。

但是，仍然有绝对的退隐，有‘无’。古典中说，从‘无’中出现了‘有’[①]。于是‘有’必沦归于‘无’。倘若无限的、无分别的‘存在’允许分别的一切可能性和多方的实践，则至少此‘无’，当作初

① 见泰迪黎耶奥义书 II. 7.

元境界和唯一恒常的真实，是否拒绝且否定一真实世界之一切可能性呢？然则某些佛教宗派之‘空’，将是真实的出世道的解答；而‘自我’，像私我一样，只是一幻有的、现相的知觉性之一理念的虚构了。

但于此，我们又发现我们为名词所误导了。我们的有限心思，好依赖文字上的分别，好像它们完全代表了究竟真理；而且它又迻译我们的超心思的经验，入乎那些互不相容底辨别的义度，我们遂被它欺骗了。‘无’，不过是一名词。时若我们考验它所代表的事实，我们亦不复能确定绝对的‘无有’，较之无限的‘自我’，有更好的存在的机会，好过为一心思的理念的形成。说此‘无’，我们的意思真实是说出乎最后一项以外的什么，如我们于此宇宙间所知、所想的实际存在之最抽象、最深微底经验，以及我们的最纯粹的概念所能削减而至的。然则此‘无’，仅是正性概念以外的一个什么。我们立一无有性之虚构，以便由全部除外之方法，超过一切我们所能知、且明觉地是我们者。实际时若我们切近考察某些哲学的‘空’，我们开始见到这是一零而亦即‘大全’，或者是一不可界说的‘无极’，对心思现为一空白，因为心思只能把握有极的构建，但事实上是唯一真实的‘存在’[①]。

进者，时若我们说‘有’是从‘无’中出现了，我们见到我们是在

---

① 另一奥义书拒斥‘有’生于‘无’之说，以之为不可能；其说乃‘有’只能生自‘有’。但倘若我们解释此‘无’，非不存在的‘空’，却视之为一 X，原来超出了我们的存在的理念或经验以外，——这义度可加于‘不二论’的‘绝对大梵’，或佛教的‘空’或零，——则此不可能性消失了，因为‘它’可能是一切‘有’之源，不论是由概念的或成作的‘摩耶’，或是自体之显示或出自自体之创造。

‘时间’的义度里说起超‘时间’之物。在永恒的‘无’的历史上，是在那一晦气底日子这‘有’从之生出的呢？或者，那另一同样可怖的日子，这不真实的一切将沦落于那永恒的空，又会在什么时候来到呢？‘存在’(sat)与‘非存在’，若二者皆得加以肯定，则应当想象其仿佛同时建立。二者相互容许，纵使彼此拒绝混合。而我们既要在‘时间’的义度下说，则二者皆是永恒的。又谁当劝说永恒之‘有’说它不真实存在，唯独永恒的‘无’为是呢？在这种对一切经验的否定中，我们如何可寻得解释一切经验的答案呢？

纯粹的‘有体’，是‘不可知者’于它自体的肯定，作为一切宇宙存在之自由基础。我们以‘非有体’一名，给予一相反对的肯定，即‘它’之无有于一切宇宙存在的自由，——自由，即是说，无有于真实存在的一切正性的名相，为知觉性在宇宙中所能向自体表呈的，即使是最抽象的也没有，即使是最超上的也没有。‘它’不否定它们为‘它自体’的一真实表现，却否定一切表诠或任何表诠所加于‘它’的范限。‘非有体’(‘无’)许可‘有体’(‘有’)，甚至如‘玄默’之许可‘作为’。以此一同时的否定和肯定，非互相毁坏，却像一切矛盾一样彼此相成，知觉的‘自我有体’为一真实，出此以外的‘不可知者’亦同为此一真实，这同时的觉知，在启悟了的人类心灵，乃可加证会了。如是，佛陀可得涅槃境界，却能雄强地在世间行道，在他的内中知觉性上是非人格性的，在他的作为上却是最雄强的人格，如我们所知道在世间出生过且发生过效果的。

当我们深思这些事时，我们便开始见到我们所用的文字，在其自专的武断上多么薄弱，在其误人的明确性上多么淆乱。我们也见到我们所加于‘大梵’的范围，起于个人心思经验之狭隘，心思集

中于'不可知者'的一方面，由此便否认或诋毁其余一切。我们倾于常是太生硬地翻译我们所想所知的'绝对者'，出之以我们自有的独特的相对性的名词。我们肯定此'一'和'同一者'，由热情地分辨且固执我们自己的意见和局部经验之私，以反对他人的意见和局部经验。比较明智则是且等待，且学习，且成长，而且，既为了我们的自我圆成必须说起这些非任何人类的语文所表述的事物，则宜且寻求可能最广大、最有伸缩性、最公溥的肯定，而在其上建立最伟大、最概括的和谐。

如是，我们认识个人中的知觉性，可能进入一个境界，其中相对的存在似已消亡，即使'自我'也像是一不恰当的概念。可能渡到一超'玄默'以外的'玄默'。但这不是我们的究极的经验之全般，也不是唯一而除外一切的真理。因为我们发现这'涅槃'，这自我之寂灭，当其给予内中心灵以绝对的平静和自由，也仍在事实上与外表的无欲求而有效果的行为相合。内中全然不动的非人格性与空虚的'寂静'，而在外表上作出永恒真性的施为，'慈爱'，'真理'，'正义'的工作，——这可能性也许是佛陀教义之真主旨；这是超出了我执，超出了个人行业的串炼，超出了与变易的名色与理念之同体为一，而不是逃出肉体生身之忧悲苦恼的微末理想。无论怎样，如完全的人在自己将结合静与动，同样地，那全般知觉的心灵也将转回到'无有体'之绝对自由，而不因此遂失去于'存在'于世间的把握。这么，它将在内中长时重显神圣'存在'之永恒的奇迹，也在世界中却亦常超出世界以外，甚且，仿佛超出其自体以外。那对立的经验，只可能是个人心思之集中于'非存在'上，结果是自忘，个人从宇宙活动退转，仍然且常是进行于'永恒本体'的知觉性

中的。

如是，既将‘精神’与‘物质’协调于宇宙的知觉性中后，我们在此调协中，在此超上知觉性中，见到最后一切之肯定与否定的调和，我们发现一切肯定皆为‘不可知者’中的活动或定位之确立；其相应的一切否定，皆为‘它’双在那定位或活动中，或在其外的自由之确立。‘不可知者’，对我们为无上，奇妙，不可表述的‘什么’，对我们的知觉性持续地表呈‘它自体’，又持续地逸出‘它’所作的表呈。这，不是像某个恶意底精灵或古怪底魔术师，将我们从虚妄引到更大的虚妄，直至最后否定一切，而是甚至在此有如超出我们的智慧以外的‘智者’，将我们从真实引到永是增大和更深的真实，直到我们所堪能的至深至大者。‘大梵’是遍在的真实，不是固存的幻相的遍在因。

设若为了我们的和谐，我们这样接受了一正性的基础，——此外和谐更可建筑在什么上呢？——则‘不可知者’的各个概念的表呈，每个代表一真理，超出了概念之外，我们当尽可能在它们彼此之关系上，在它们于人生的影响上加以了解，而不当各别地，无外地加以了解，不当那么肯定，遂致毁坏或不适当地损减其他一切肯定。真实的‘一元论’，真诚底‘不二论’，承认万事万物皆为唯一‘大梵’者，不试行剖判‘它’的存在为相矛盾之二元，一永恒的‘真理’和一永恒的‘虚妄’，‘梵’与‘非梵’‘自我’与‘非自我’，一真‘自我’与一不真却长存的‘摩耶’。若使唯有‘自我’存在是真实，则一切皆是‘自我’也应是真实。若是这‘自我’，‘上帝’，或‘大梵’不是一无能为之境界，不是一有拘限之权能，不是一有界际底人格，而是自体觉知的‘大全’，则在其中必有这显示的某些好底、内在的理由；要发现这理由，我们必从一假定出发，即假定有些能性，有些智慧，有些有体之真理，在此一切显示之万事万物中存。世界的乖戾和显似的恶，应当在它们的范畴中加以承认，却不能接受其为我辈之征服者。人类的最深的本能，常是寻求且聪明地寻求智慧为宇宙显示之最后一语，不是一永恒的讥嘲和幻觉，——是一秘密的、最后胜利的善，不是一创造一切、不可胜服的恶，——是一究极的胜利与圆成，不是心灵自其伟大长征之失望的退转。

因为我们不能假定那唯一的'本元'，却被什么外物、或异乎'它自体'之某物所强迫，因此种外物并不存在，而我们又无从假定'它'是不自愿地屈服于'它自体'中某部分的什么，与'它'的整个'有体'是敌对的，为'它'所否定，却于'它'为太强；因为这不过是在另一说法中建立同此一矛盾论：有一'大全'，又有外于此'大全'者。即算我们说世界存在，徒然因为'自我'在其绝对公正中，平等容忍一切，看一切现实和一切可能性皆漠然无感，但有个什么是愿意有此显示而支持之的，这也不能是'大全'以外的什么。'大梵'在万事万物上是不能分的，而凡在世界上所愿望者，究极也是'大梵'所曾愿望者。徒然是我们的相对的知觉性，为宇宙间之恶、与无明、与痛苦的现相所惊所恼，欲解除'大梵'在'它'本身的责任，和'它'的工作的责任，乃立下了某些对反的原则，'摩耶'或'摩罗'(幻有或死神)，知觉的魔鬼，或自体存在的恶的原则。只有一个'主宰'和'自我'，凡此多者，皆只是'他'的代表和变化而已。

如是，设若世界是一场梦，或一幻相，或一错误，则这一梦是全般源出于'自我'且为其所愿望的，而且不但为其所发源和愿望，抑且为其所支持、所长留。甚者，这梦是一存在于'真实'中的梦，造

成它的质料便是那‘真实’，因为‘大梵’必然是世界的材料，亦如其为世界的基础与总和。若使作成一器皿的金子是真实的，我们当怎样假定此器皿本身是一幻相呢？我们见到这些名词，如梦，幻等，皆语文上的技巧，我们的相对的知觉性之习惯；它们代表某一真理，甚至一大真理，但也误表之。正如‘无’归结到异于顽空，同样宇宙的‘梦’也归结到异于徒是心思之幻影与妄觉。现相不是幻影，现相是一‘真理’的实质的形式。

如是，我们从一遍在的‘真实性’之概念出发，以谓既非‘无有’在一端也非世界在另一端之皆为否定而皆空；却皆是此‘真实性’之不同之境，正面与反面的肯定。宇宙中这‘真实性’的最高经验，示现其不但是一知觉的‘存在’，却也是一无上之‘智慧’与‘力量’，和一自体存在的‘福乐’；而在世界之外，仍是其他某个不可知的存在，某种至极而无可名状之福乐，然则我们很有道理假定虽是世界的偶性对待，若不像现在一样为我们的识感上的且属局部的概念所诠表，却为我们的解放了的智慧和经验所诠表，则亦将销归于此最高诸项。因为我们仍在偶性对待之压力下挣扎，这知见无疑地必常常以一信仰行为而自支，但此信心，虽是最高的‘理性’，最广大、最耐心的观照，也皆不加否定却加肯定的。诚然，信条是已给予人类了，使其在旅程上得有所支撑，直到它达到发展的那一阶段，时则信心将化为知识与圆满的经验，而‘智慧’以其工作而得是正了。

第五章　个人的命运

一遍在的'真实性'，是一切生命和存在的真理，无论其为绝对或相对，有形体或无形体，有生命或无生命，有智识或无智识；而且，在其无穷的变化着甚至常相反对的自我表现上，从最接近我们的寻常经验的矛盾，直到最悠远的对反，即那些自失于'不可名相者'的边际上者，这'真实性'是一，而不是一个总和或汇合。从此，一切变易皆起，皆在此中而成，亦皆于此乎归。一切肯定皆被否定，只引到同此一'真实性'的更广大的肯定。一切相对反者相互抵拒，只是为了认识此一'真理'在它们的相反的多方面上，而且以互相冲突的方法，抱持其相互的'一体性'。'大梵'是元始也是终极。'大梵'是'太一'，外乎彼更无他物存在。

但是，这一体在其本性上是无从界说的。若我们以心思去试加摹想，则不得不由无尽的一系概念和经验前进。终于我们又不得不否定我们的最大的一些概念，最概括的一些经验，以肯定此'真实性'超出一切定义。我们达到古印度圣人的口号'不是这个，不是那个'，我们没有何种经验可以范限'它'，没有何种概念可给'它'下定义。

一'不可知者'，对我们显现于有体之许多境界和德性中，知觉性的许多形式中，能力的许多活动中，这是'心思'至竟可说的关于这存在者，——即我们之为我们，及我们所见到于一切呈现于我们的思想与诸识之前的这存在。是要在凡此诸境界，形式，活动中，且经过它们，我们乃得接近且知道此‘不可知者’。但是，倘若匆遽中我们要达到一‘一体性’，为我们的心思所能摄持者，倘若在我们的坚持下要将‘无限者’禁锢在我们的怀抱中，我们遂认定此‘真实性’与任何可指名的有体之境界为一，无论其怎样纯粹而且永久，与任何特殊德性为一，无论其怎样普遍而且概括，与任何知觉性的固定呈表为一，无论其视境怎样广大，与任何能力或活动为一，无论其施用怎样无涯，倘若又将其余一切除外，则我们的思想犯了违犯‘它’的不可知性之罪了，没有达到真确的一体性，而是达到了‘不可分者’之一分化。

在古代这真理被人见到如此分明，以致韦檀多学的‘见者’，即算他们已达到极顶理念以后，即‘真、智、乐’之使人信服的经验，以此为‘真实性’对我们的知觉性的最高的积极表白，也仍然在他们的推测中建立，或在他们的知见中走到一‘非真’，或出此以外的‘非有体’，那不是‘究竟的存在，纯粹的知觉性，无尽的福乐’，以我们的一切经验为其表现或变形者。倘若那竟是‘一存在，一知觉性，一福乐’，则亦出乎这些事物的最高上最纯粹的积极形式如我们在此世间所能具有者以外，因此也异乎我们在这些名相下所知道的。佛教，颇武断地被神学家声称为‘非韦陀’派的教理，因为它否认‘经典’的权威，却也回到这原本是韦檀多学的概念上。不过诸奥义书的积极和综合性的教理，见到‘存在’与‘非存在’不是互相破坏的对立者，而是我们由之仰望‘不可知者’之最后相对两端。而且在我们的积极知觉性的交易中，甚至‘一体性’也当与‘多性’

算计，因为‘多’亦是‘大梵’。是由于‘明’，即‘一性’之‘知识’，我们乃知道上帝；没有‘明’，即‘无明’，即相对的多性的知觉性、是黑暗之夜与‘愚昧’之混乱。但是倘若将那‘愚昧’之境界除外，倘若我们除去‘无明’，以为它是一不存在且非真实的什么，则‘明’本身也成了一种黑暗，一缺陷之渊源。我们变到好像因一光明而盲目的人，不复能见到那光明所照之园地。

这便是我们邃古底圣人的教义，平静，聪明，清朗。他们有那种耐心和气力去寻求去体会；他们也有那明智和谦卑，承认我们的知识之有限。他们见到那边界，知识应当过去而进到超出它本身以外的什么中。是后世的心情与思想之无耐性，强烈趋慕一至极的福乐，或于纯粹经验与锐利智慧的操纵的高度擅能，寻到‘一’以否定‘多’，因其曾得到高峰上的气氛，遂讥诃深处的秘密或从之退转。但古代智慧的凝定眼光，看准了倘要真实知道上帝，便当在一切处平等知道他而无拣择，当考虑、估量‘他’由之映射的互相反对者，但不为其所主制。

然则我们当搁置一偏底逻辑之深刻底分辨，它声称因为‘一’是真实，‘多’遂是幻妄；因为‘绝对者’是‘真’，是唯一存在，相对者便是‘非真’，不存在。若使我们在‘多’中坚持求‘一’，便将得此祝福与启示回转，即‘一’是本自坚定于‘多’中。

我们也当谨慎避免那过度底重要性，心思在它的较强大的扩张和过渡中，在所达到的某些特殊观点上所加的。精神化了的心思之观念，看此世界为一不真实的梦，对我们不能有更绝对的价值，正如唯物论化了的心思，看上帝与‘彼方’皆一幻妄的理念，同样没有绝对的价值。在此一场合，是心思既唯独习惯于诸识的证见，且将真实性联结于具体事实上，乃或者不惯用其他知识手段了，或则不能引申它的真实性的概念到一超物理的经验上。在彼另一场合，是同此心思，既度出到一非具体的真实性的坌涌的经验中，便简单将此同一无能性，与同此幻梦或妄想的结末之感，转移到诸识的经验上。但是我们亦复见到为此两种观念所变形的真理。诚然，为了我们的自我实践而置身其中的我们这形相世间，没有什么是全般有效的，直到它占有了我们的物理的知觉性，在最低的水平上显示出，而与在最高峰顶上之显示相和谐。同样确实的，形相与物质自许为一自体存在的真实，乃皆'无明'之幻有。形相与物质能属有效，只是当作了非物体者与非物质者之显示的形与质。它们在自性上是神圣知觉性的一行事，在目标上是'精神'之一格位的代表。

换句话说，若使'大梵'已入乎形相，以物质实体代表'它'的自体，则这只能是在相对的和现相的知觉性之形貌中享受其自我显示。'大梵'是要在此世界中以'生命'的价值代表'它自体'。'生命'存在于'大梵'中，为了要发现'大梵'在它自体里。所以人在世界上的重要性，在于他给予以那知觉性之发展，使世界由一完善的自我发现而改观，在其间成为可能。在人生中成就上帝，是人的人道。他发轫于动物的生命力及其活动，但一神圣的生存乃是他的目的地。

但是，正如在'思想'上，一如在'人生'中，自我实践之真实律则，是一进步的理解。'大梵'表出'它自体'于知觉性的连续的形式上，即算在有体上为同在，或在'时间'中为同时，在其关系上仍是连续的，而'生命'在其自体开展中，也应当升入它自体的永远更新的境域里。但是，倘若从一境域到另一境域，我们因急切于要有新的臻至，便放弃已经给了我们的，倘若达到心思生活，我们便抛弃或藐视那实是我们的基础的物质生活，或者，双弃心思生活与物质生活，因精神生活之诱引，则我们不是整体地成就上帝，也不是满足'他'的自我显示之条件。我们未变为完善，仅是转移了我们的不完善之阵地，或至多达到一有限的高度。无论我们爬到多么高，纵使是向'虚无'本体，倘若我们忘记了我们的基本，则不会攀登的好。不是将低者贬抑，让它去，却是在我们已达到的较高者之光明里将其转化，才是本性的真神圣性。'大梵'是整体的，在一时结合多个知觉性境界；我们也应当一样，我们显明着'大梵'性，当变为整体的，怀抱一切。

除了退避物质生活外，还有出世动机的一过分之处，为这一整体显示之理想所纠正的。'生命'的纠结，是知觉性的三普通形式间之关系：个人的，宇宙的，和超上的或超宇宙的。在生命活动的普通分配上，个人自视为一分别存在者，包括在宇宙内，而这两者又依赖那双超乎个人和宇宙者。是这'超上性'我们流行称之曰上帝，'他'于是在我们的概念上不怎样是超乎宇宙却是外乎宇宙的。这么小视而且贬抑个人和世界，是这分别的自然结果：由臻至这'超上性'而一并止息宇宙和个人，合逻辑地将是它的至高结论。

整个地视'大梵'之一体性，便免除这些结果。正如我们无须舍弃此身体生命以达到思想生命和精神生命，同样我们可达到一观点，即个人活动之保持，不违背我们于宇宙知觉性之悟入，或我们到超上者和超宇宙者之臻至。因为'超上世界者'怀抱此宇宙，与之为一而不弃之于外，甚至有如世界怀抱此个人，与他为一而不弃他于外。个人是整个宇宙知觉性的一中心；世界是一形相与界义，为‘无形相者’与‘不可界说者’之全体内在性所占据。

这常常是真正关系，由我们的‘无明’或于事物的错误知觉所障蔽的。时当我们臻至于‘明’，或正知觉，这永恒的关系上也没有改变真元的什么，只是此个人中心的内视和外观皆深切地给修改了，因此也随而修改了它的活动的精神和效果。个人对‘超上者’在世界的作为仍属必需，而在他中间的作为，不以他之明悟而终止其为可能。反之，‘超上者’在个人中知觉的显示既是那路由，由之而集体者，世界者，亦当变到知觉其自体，则明悟了的个人在世界作为中之继续，是世界活动的迫切需要了。若使正由他的明悟这会事，而他必被无情地除去，这是律则，则此世界将被判决永远沦于无可救赎的黑暗，死亡，痛苦的境况里。而那么一个世界，只能是一个残忍的刑讯或一机械的幻有。

出世道的哲学是倾向于这么想念的。但个人得救不能有何真实意义，倘若宇宙间之生存本身是一幻有。在‘一元论’看来，个人的心灵是与‘无上者’为一，其分别的意想则为无明，脱离分别想而体认与‘无上者’为一则为得救。但谁以此脱离而得益呢？必不是无上‘自我’，因为那是假定为恒常且不易地自由，定止，寂静，纯粹。也必不是世界，因为世界恒常处于缠缚中，不因某一心灵从宇宙的‘幻相’逃出而得解放。是个人心灵自体，以它之脱出苦恼和分别而进到平安和幸福里。然则似乎有个人心灵的某种真实性，分明别于世界与‘无上者’，即算在自由和启明这会事上。但在‘空花论者’，个人心灵是一幻相，而且非有，除了存在于‘摩耶’的不可解释的神秘里。然则我们达到是一幻相而不存在的心灵，在一幻相而不存在的世界里，从一幻相而不存在的缠缚逃出，乃为至善，是那不存在的心灵所当追求的！因为这是‘明学’的最后一语：‘无有被缠缚者，无有得解脱者，亦无求解脱者’。‘明’乃终于是‘相’之一部分，与‘无明’同。‘摩耶’虽在我们逃遁中也碰到我们，而嘲笑那胜利的逻辑，似乎是割断它的神秘结子的。

这些事，据说是不能解释的；皆是初元的、不可解释的奇迹。于我们则为实际之事，必须加以接受。我们得以一混乱逃出一混乱。个人心灵能割断私我之缠结，只是由于一自私之最高行为，由无外地执着其自己的个人得救，几乎等于绝对肯定他在‘摩耶’中的个别存在。我们且将看他人之心灵为我们的心思之虚相，其得救不关轻重，唯有我们的心灵仿佛是完全真实，其得救乃唯一重要之事。我于是认我个人从缠缚脱出为真，而其他心灵同等是我自己，则遗留在后在缠缚里！

唯有将‘自我’和世界间之一切不可调和之对反搁置一边，事物方可以较少矛盾的逻辑归于适当地位。我们必须承认显示之多方，即算我们认定‘所显示者’之为一体。而且，终于这岂不是那追随我们的真理么，凡我们举眼之处，除非我们见作不见？终于这岂不是‘知觉的本体’的自然的、简单底神秘，‘它’既不能为它的一性也不能为它的多性所拘束？‘它’是‘绝对的’，是在这义度下，即：完全自由于容纳，且在‘它’自有的方式上安排‘它’的自体表现之一切可能的项目。无被缠缚者，无得解脱者，亦无求解脱者，——因为恒常‘它’是一完满底自由。‘它’如此自由，甚至不为其自由所拘束。‘它’可戏作被拘束而不遭一真实缠缚。‘它’的系链，是自加的惯例，‘它’在私我中之范限，是一过渡的机巧，以便在个体

‘大梵’的方案中，重复它的超上性和世界性。

‘超上者’，‘超宇宙者’是绝对的，且在‘它’的本体上是自由的，超出了‘时间’和‘空间’，超出了有限和无限的概念上之对待。但在宇宙中，‘它’运用‘它’的自体形成之自由，‘它’的摩耶，以作出‘它自体’的一个方案，在多性与一性的相辅相成之项目下，而这多性的一体，‘它’建立于三种情况下：下心知者，心知者，与超心知者。因为实际我们见到所谓‘多’，在我们的物质世界中对象化为形体，起始于一下知觉的一性，这够公开地表现它自体于宇宙作用和宇宙体质中，但它们自体不是在外表上觉知这个的。在心知者中，私我成了外表的一点，一性的觉知能在这点上出现了；但它将对此一性之知见，施于形式和表面作用上，而且，既失于未计及一切在后面活动者，遂失于未体认它在自体不但是一，亦且与其他诸体为一。这在私我意识中普遍的‘我’之范限，构成了我们的不圆满的个体化了的人格。但时若私我超出了个人的知觉性，则开始包括那对我们为超知觉者，而为其所克服；它乃觉知宇宙的一体性，而进入‘超上自我’，在此宇宙以一多性的一性而表现的。

然则个人心灵之解放，是决定的神圣作为之基本音调；这是初步的神圣需要，为其余一切动作之枢纽。这是‘光明’的一点，原意所在的在‘多’中的全般自我显示，由此处开始出现。但已得解放的心灵，引申其一体性之知见，亦横亦纵。它与超上的‘太一’之结合是不完全的，倘若未尝与宇宙之‘多’结合为一。而此横的一体性，自表于乘方，于重出它自体已得解放之境况于‘多’中之其余诸点上。神圣心灵重复产出它自体于相似的、解放了的心灵中，正如动物再产生于与它相似的身体中。然则每当即使仅有一心灵得解放时，必有一种倾向，此同一神圣的自我知觉性且将引申，且将在我们地球上人类的其他个人心灵中爆发，而且，——谁知道？——也许引申到地球上的知觉性以外。我们应在什么地方确定那扩充之止境呢？这是否无稽之谈呢，说佛陀已立于'涅槃'之门前，'非有'之入处了，他的心灵却转回来，立誓若世间仍有众生中一个未脱除苦难之缠结，未出离私我之系缚，则他永不渡入此不还之地？

但我们能臻至最高处，而不必将我们自己抹煞，出乎宇宙引申以外。'大梵'常保存'它'内中的自由与外在的形成这二者，表现、与自由于无所表现。我们，既亦是'它'，也能达到同一神圣的自主。这两种倾向之和谐，是一切所欲达到真为神圣的之条件。以斥除所超过之物而追随的自由，则引到否定之路，至于拒绝上帝所已接受者。由凝注于行事与能力中以追随之活动，则引到一卑下的肯定与对'至上者'之否定。但为上帝所结合、所和合的，人为什么要坚执将其离绝呢？完全到像'他'一样完全，是整体臻至于'他'的条件。

是经过'无明'、'多性'，有我们的路，出离这过渡的、自私的自我表现，其间死亡与痛苦皆居胜势的。是经过'明'，与'无明'同意，由即算在那多性中而见为一的纯全意识，我们整个地享受永生与福乐。由臻至那出一切变易以外之'未生者'，我们从这卑下之生死解脱；由自由接受'变易'为'神圣者'，我们以永生之福乐侵入生死，且在人类中化为其知觉的自我表现之光耀的中心点。

第六章　宇宙中人

宇宙既非一无目的的幻有，也非一意外的偶然，而有意义和目标，——则一伟大，一超上，一光明的‘真实性’的进步的启示，以我们所见的这世界以及我们所不见的其他诸世界之种种对待为手段和材料，条件和原地，似是这宇宙的意义了。因为同一推理，引我们结论到这世界存在，不是一‘心思’的骗人的戏法，这推理同等地辩正了此一确然性，即宇宙不是盲目的、无能为力而自体存在的一团分别的现相存在，在通过永恒的轨道上聚合在一起，挣扎在一处，而尽其所最可能者；也不是一冥顽之‘力’的巨大的自体创造和自体推动，内中没有任何秘密‘智慧’，觉知其起点和目标，引导其程序和进展的。一存在，完全自觉因此也完全自为主宰，具有其所含藏于其中的现相体，在形式中实践它自体，在个人中展示它自体。

这光辉的‘出现’，乃亚利安人远祖所崇拜的黎明。其成就了的圆满，乃是遍世界的维师鲁的最高一踏步，为他们所见到的，仿佛是‘心思’的最纯净的天上，睁开了一有识之眼目。因为这已存在为启示一切。引导一切的事物的‘真理’，它看守这世界，吸引生死中人，起初随‘自然’的普遍迈进，不为他的知觉的心思所知，但终于以增进底觉悟和自我扩大，他知觉他的神圣的上达。上达于神圣‘生命’便是人生旅程，是工作之‘工作’，可接受的‘牺牲’。唯有这是人的真正事业，他的生存之辩正；倘若没有这个，则人将只是一条虫，随其余的朝生暮死的虫豸爬行，在一小块水和泥上的表面上，在物理世界的可愕的浩茫中得以自加形成的。

这事物之‘真理’，必脱出现相世界之矛盾而出现的，已说为一无限的‘福乐’，一自体知觉的‘存在’，遍一切处为同一，在万事万物中，在一切时中，而又超出‘时间’，皆为同一，而且在凡此现相之后觉知其自体，由现相界的活动之最深密的震动或以其最大的总和，皆不能全般表现它，或怎样将它限制的；因为它自体存在，不依乎其显示而成其有体。显示代表它，但不克穷尽它；指向它，却不启露它。它只是在种种显示的形相中向自体启露。内含于形相中的知觉的存在，当其外展，乃以直觉，以自体视见，以自体经验而得自知。它在世界中变成他自体由于知道他自体；它知道它自体由于变成它自体。如是内中主有其自体，它便赋予其形相与式样以‘真、智、乐’的知觉的喜悦。在心思与生命与身体中变成这无限的‘福乐・存在・知觉性’，——因为离了心，命，身，它亦永远存在，——乃是原意所在的变化，个人存在的用处。由个人它显示于因缘中，甚至有如它在自体存在于同一性中。

‘不可知者’自知其为‘真、智、乐’，乃韦檀多学唯一最高肯定；这包括其余一切，或其余一切皆依乎此。时当一切现相被算及，或负性地消除其形式和蒙被，或正性地以削减其名色以至于其所含的恒常真理，则这是所余下的唯一真确的经验了。为了生命的圆成，或为了生命的超上，而且，不论是精神中之纯洁，宁静，和自由，成了我们的目标，或是能为，喜乐，和美满，——‘真、智、乐’终于是未知，遍在，不可无有的一项，为人类知觉性所永远寻求的，无论在知识和情绪，或感兴与作为中。

世界和个人，是两个主要现相，‘不可知者’降入其中，而且由之而后可接近‘不可知者’。其他中介的集体，皆生于此二者之交互作用。这无上‘真实’之下降，在性质上是一自体隐藏；在下降中有相连续的等级，在隐藏中有相连续之障蔽。必然地，启明取一上升之形式；也是必然的，上升与启明皆是进步的。因为‘神圣者’下降的每一连续阶层，对人是上升的一阶段；每一隐藏未知的上帝的一障蔽，对爱上帝者和寻求上帝者，是一启露‘他’的工具。物质‘自然’，不知觉即算在她的暗默、雄强的物质定境中，而仍保持她的能力之有秩序的活动，乃‘心灵’与‘理念’；世界出乎此物质‘自然’之旋律的假寐，斗进到‘生命’的较迅速、多变化和少秩序的旋律。这‘生命’正劳动于自我知觉性的边际上。出乎‘生命’，世界向上斗进到‘心思’，其间这单位对自体和自体的世界皆变到醒觉，而且在那觉醒中，世界赢得为了它的至上工作它所需要的进益，它得到了自体知觉的个性。但‘心思’取起了这工作而继续之，不是完成之。‘心思’是一个才智敏锐却才智有限的劳动者，他取下‘生命’所贡献的材料，于是按照其能力改善之，调整之，变换之，类分之，然后交给我们神圣人道上的那至上‘艺术家’。那‘艺术家’居于‘超心思’中；因为‘超心思’即是超人。因此我们的世界还得攀登，出乎‘心思’以外，达到一更高的原则，一更高格位，一更高机动，其间世界和个人皆觉知且保有它们之为它们者，因此也相互得其了解，相互和谐而结合了。

既见到一较物理秩序更完善的秩序之秘密，生命和心思的错

乱皆止息了。下于生命和心思的‘物质’，其内中包含着平衡，——静性的完全的宁寂，与一不可量的能力间之平衡，——然而不保有其所包含者。它的平静，戴着一幽暗的惰性之丑拙面具，一无知觉性的沉眠，或毋宁是一麻醉了和囚禁了的知觉性之睡态的假面。被一种力量所驱策，那力量其实是它的真自体，而它尚不能摄持或分得其意识，它没有它自体的和谐的诸多能力之醒悟了的喜悦。

生命和心思觉到了这需要的意识，见之于一挣扎着和寻求着的无明、与一激动了和被阻扰了的欲望之形式，这皆是自我知识与自我圆成的初步。但是它们的自我圆成的王国在哪里呢？由它们之超出自体而来。在生命与心思以外，我们知觉地恢复于其神圣真理中那物质‘自然’的平衡所大体代表者，——一种静性，既不是惰性，也不是知觉性的固闭了的沉眠，而是一绝对的力量与一绝对的自觉性之集中，和一不可量的能力之作用，这同时是一不可名状的福乐之震颤，因其每一作为，便是一绝对的宁静和自主的表现，不是一需要和一愚暗的紧张之表现。达到那个了，我们的无明便体认到那光明，以它为一晦暗了的或局部的反映者。我们的欲望，便在富足与圆成中止息，对此，即算在其最粗朴的物质形式里的诸种欲望，也形为一幽暗的和堕落的企慕。

世界和个人在其上升彼此相需。常是它们彼此相为而存在，也互相得益。世界是神圣的‘大全’之散分于无限的‘空间’与‘时间’，个人则是在‘空间’与‘时间’里的它的集中。世界在无限的引申中，寻求它自觉为是但不能全般实现的神圣全体；因为在引申中，存在着重它自体的多数底总和，这既不能是初元的也不是终极的单位，却是一无终无始的循环小数。因此它在自体中，创造‘大全’的自体知觉的一集中，由之而能企慕。在知觉的个人中，‘自性’返观‘神我’，‘世界’寻求‘自我’；上帝既已全般化为‘自然’，‘自然’也求进步地化为上帝。

另一方面，是由世界而个人被驱策去实践他自我。不但这是他的基础，他的手段，他的原畴，神圣‘工作’之资料；而又有甚者，自他之为世界的‘生命’之集中，这成就于范限以内，而非同‘大梵’之深密的一体之无有于一切拘束和限度之概念，则他必须将自己世界化，非个人化，庶几显示那神圣的‘大全’，原是他的真实性者。可是即算他最极地引申他自己于知觉性的遍是中，他却被要求保存一神秘的、超上的什么，他的人格意识给他以其一幽暗的和私我性的表达者。否则他便错过了目标，给他的问题没有得到解决，那神圣工作他为之而接受有生的，没有做。

世界对个人自呈其为‘生命’，——是一机动，其全部秘密是个人得操持的，是相冲突的结果之一团聚，是潜能诸力的一漩涡，他由之必须理出某些最高的秩序，和某些尚未实现的和谐。究竟，这便是人的进步的真意义。这不是物理‘自然’所成就者，徒然在稍有不同的名相中之复述。而人类生命的理想，也不能简单是动物在一高度心智中之重复。否则，任何制度或秩序，担保了一相当安好的生活和一中等的心思满足，则可以停滞我们的进展了。动物是得到少许需要而满足了；天神们则满意于其光荣。但人是不能永久休止的，直到他达到了几许至善。他是生物中的最伟大者，因为他最不满足，因为他最感到范限之压力。也许唯有他，能为了一悠远的理想为神圣的癫狂所袭。

然则对于‘生命精神’，其潜能性皆集中其内的个体，最显著是

'人'。是'人之子',最极能为上帝之降世应身。这'人,便是古圣贤所谓'摩奴',思想者,'思成人',或心思中之灵。他不单是一超等哺乳动物而已,却是一能含孕的灵魂,自基于'物质'中的动物身体者。他是知觉的'名'(或 Numen),接受而且利用'色'为中介物,由之而'人'能与物质相周旋。出现于'物质'之表的动物生命,只是他的生存的低下一项。凡思想,感情,意志,知觉的冲动的生命,我们在其整体称之曰'心思'者,那努力攫取'物质'及其生命能力,以隶属于其自体的进步变易之律则者,则是中间一项,其间他取得其发效用的地位。但同样有至上一项,为人中的'心思'所寻求者。寻求而得,则他可肯定之于其心思的和身体的生存中。这一实际肯定有何者在真元上超于他今之自我,乃人类神圣生命之基础。

觉悟到较他于自己的第一个心思理念更深沉的自我知识,'人'便开始想念那他当加以肯定的什么的某些公式,见到它的一点形相。但这在他看来,好像安立于其自体的两否定之间。倘若,在他的今之臻至以外,他见到一自体觉知的无限的存在之权能,光明,福乐,或为其所撼触,而将他对此的思想或经验,翻译到对他的心智为方便的名相中,如——'无极性','遍知','全能','永生','自由','爱','福乐','上帝'——,可是他见到的这太阳,竟似照射于双重'黑夜'之间,一黑暗在下面,一更重大的黑暗在彼方。因为时若他努力于要究竟知道它,则它好像渡到另外一个什么,非这些名词的任何一个所能代表,也非其总和所能代表。他的心思终于为了一'彼方'而否认'上帝',或至少似乎发现'上帝'超出'他自己',对'他自己'否认这概念。于此,同然,在此世间,在他内中,在他周围，他常遇到与他的肯定相违反者。死，永是与他同在；范限，则围困着他的自体和他的经验；错误，冥顽，弱点，惰性，忧愁，痛苦，不善，皆是他的事业的恒常压迫者。于此，他亦被驱至否认上帝，或至少'神圣者'好像是否定着，或自隐于某些现象或结果中，异乎其真确且永恒的真实性者。

而这否定之诸项，又皆不是像那另一较远的否定，不可思议，因此自然神秘，非他的心思所可知，却皆现为可知，已知，决定，——而亦仍然神秘。他不知道它们是什么，为什么存在，如何出生。他见到它们的程序，当其影响他，现示给他；他不能探测它们的本元的真实性。

也许它们是无由探测的么，或者，它们在真元上也真不可知？或者，可能的，它们没有本元的真实性，——皆是一幻有，'非有'，虚无。那高等'否定'，有时在我们看来像一'虚无'，一'非存在'。这低等否定在其真元上，也可能是一'虚无'，一'非存在'。但是，一如关于那高等者，我们已遣除这从困难逃避，所以在这低等的'非有'，我们也将其摒去。全般否认它的真实性，或视其徒为不幸的幻有以求逃避它，便是推卸了问题，回避了我们的工作。在'生命'，这些似乎否定上帝的事物，似乎与'真、智、乐'相反对者，皆是真实的，即算它们终于是暂时的。它们和它们的反对者，善，知识，喜悦，快乐，生，生存，气力，权能，增上，皆正是'生命'的工事之材料。

诚然是可能的，它们不是一幻相的结果，却是一种错误关系的结果，或毋宁是错误关系的不可分离的附属。说为错误，因其是建立于一种不正确的观念上，不正确见到个人在世界上是什么，因此对上帝和‘自然’，对自己和环境，所取皆非正当态度。因为他所成为他者，与为他所寓居之世界者，及他自己应是者和将是者，失去了和谐，所以他得隶属于事物的秘密‘真理’的这些矛盾。在那场合，它们不是一堕落之惩罚，却是一进步的条件。它们皆是他所当完成的工作之首要原素，他希望赢得的宝冠之所当付的价值，是一条窄狭的路，‘自然’由之逃出‘物质’而遁入知觉性中的；它们同时是‘自然’的赎金又是她的股本。

因为是从这些虚妄关系中且由它们的助力，真实关系乃当寻得。我们要由‘无明’而渡出死亡。同样地，韦陀也隐晦地说过，说有些能力像动机邪恶的女人，走离了正道，损伤了她们的‘主’，可是，虽然她们自己是虚伪，不快乐，终于建立了‘这浩大的真理’，即是‘幸福’的‘真理’。然则不是用一种道德的开刀手术，将‘自性’中的不善割除，或由怖惧的退转而离弃生命，而是时若其将‘死亡’转化为一更完善的生命，将人生范限内之小事，提升到神圣浩大性中之大事，变易苦难为福乐，转化不善为其固有的善，将错误与虚伪翻译到它们的秘密真理中，然后牺牲乃克完成，旅程完毕，天与地平等而携手于‘无上者’的赐福中。

可是这些对反者如何能相互融入呢？用什么炼金术而可使此生死之铅化为神圣‘本体’之黄金呢？——但是，倘若它们在真元上本不是对反者呢？倘若它们是一个‘真实性’的显示，在体质上是同一的呢？于是一神圣的变易，乃为可思议了。

我们已见到彼方之‘非有’，很可能是一不可思议的存在，或许是一不可名状之‘福乐’。至少佛教的‘涅槃’，表呈了人类的最精彩的努力，以臻至、以安息于这至上的‘非有’中，在已得解脱而仍居世间的人之心理中，自呈为一不可说的安宁和喜乐；其实用效果，则是由私我理念或感觉之消亡而消除一切痛苦，而我们能够得到最近乎它的一正性概念，便是它乃某种无可表白的‘美乐’（设若这名词或任何名词，而可加于这么一种空无内容的安宁的话），甚至自我存在这意念，也似被并吞而消亡。这是一种‘真、智、乐’，对之我们已不更敢加以这些无上名词曰‘真’，曰‘智’，曰‘乐’者。因为一切名相皆已化为虚无，而一切认识性的经验皆已超过了。

另外一方面，我们已冒险作了这提议，说一切既皆是一‘真实性’，则这一低下否定，这另一‘真、智、乐’之相违或无有，也不是其他什么，却亦是‘真、智、乐’本身。这可能为智识所思及，为内视所见及，甚至为识感所接受，与其所似是否定者同样真切，而且，这对我们的知觉经验也将常是如此，倘若事物不是虚伪化了，由于某种重大基本错误，某种袭人的和驱迫的‘无知’，‘摩耶’，或‘无明’。在这义度下可寻到一解决，也许不是逻辑心思感觉满意的形而上的解决，——因为我们正是立于不可知者，不可名状者的边界上，而穷视极睇到彼方，——但为了神圣人生之践履，是经验中足够的基础。

要做这事，我们必须敢于进到事物的分明外表之下，即心思所爱居留处的下面，试探那浩茫者和幽邃者，穿透知觉性的不可测度的深处，而体认我们自己与不属于我们的有体诸界为一。在这种寻求中，人类的语言是一薄弱的帮助，但我们在其中至少可得到一些象征和形貌，得到一些刚可表白的暗示而归，这将有助于心灵之光明，而在心思上投射一点那不可名状的图形之反映。

第七章　私我与对待

倘若'大全'在真理上是'真、智、乐'，则凡诸死亡，苦难，罪恶，限制，皆只能是一淆乱著的知觉性之作品，在实际效果上虽是正的，在真元本质上却是负的；这混乱的知觉性，是堕自其本体的全部的和综合化的知识，落到了分化和局部经验的某些错误中。这是人的堕落，在希伯来的创世记的诗的寓言中典型化了的。那堕落，是脱离了对上帝和自己，或毋宁说，对他自己中的上帝之圆满而且纯粹的接受，走了岔道，到了一分化着的知觉性上，而这便附带了一整长列的对待者，生与死，善与恶，乐与苦，全与缺，皆一已分化了的存在之果实。这便是亚当和夏娃，神我与自性，为'自然'所诱惑的心灵所吃的禁果。救赎呢，则由在个人中恢复大全性，在物理知觉性中恢复精神项目，乃有可得。于是唯独这样，'自然'中之心灵，可被允许分吃生命树上之果，如'神圣者'一样而永生。唯有这样，其下降于物质知觉性中之目的可以完成，时当其于善与恶，乐与苦，生与死之知识，已由人类心灵之恢复一高等知识而完成，而此高等知识，将大全中这些对反者调和，且化为一体，将其种种分别化，转变为神圣的'一体性'的像状。

'真、智、乐'推广到一切事物，在最广大的共通性和无偏的普遍性上，对此，则死亡，苦难，罪恶，和限制，至多皆只是其光明的对反者的反面诸项，阴影形象。当这些事为我们所感到，则皆觉其为一错乱之音节。应当是一体之处，它们构出离析；应当有谅解之处，它们构出误会；应当有自体对整个合奏的适应之处，则试欲达到一一独立的和声。一切全体，即算只是在宇宙震动的一个方案中，即算只是物理知觉性之一个全体，而未尝具有一切彼方和后面之在运动中者，必然到那限度是与和谐相反者，或是龃龉的对反者之调和。在另一方面，在超出宇宙间的形相之'真、智、乐'，凡此对反的名相本身，即算我们这么理解，也不复能正当施用了。超上性变改着；它不调和，却将互相反对者变易为超过他们的什么，这便泯除它们的对反。

虽然，起初，我们必努力将个人再联属于全体之和谐。于此，我们必须体会——否则这问题不会有结论，——凡此诸名相，我们如今的知觉性用以表诠世界的价值者，虽然为了人类的经验与进步的用处，大体皆已算正当，却不是唯一的可以表之之名相，也可能不是完全的、正确的、究极的公式。正如可能有识感器官，或识感能量的形成，看物质世界比我们的识感器官和识感能量看去不同，也可能看得更好，因为看得更完全，同样地，可能有其他的心思的和超心思的宇宙之见，超过我们自己的知见。有一些知觉性的境界，其中'死'只是永'生'中之一变；痛苦，只是遍是的悦乐之激汰的回潮；限制，只是'无限者'于自体之回转；恶，只是善于其自体圆成上之周旋；而这不单是在抽象的概念中如此，却是在真实的视见上，在恒常和实质的经验上如此。达到这些知觉性境界，在个人可能是他趋向自我圆成之进步上最重要且必不可少的步骤之一。

必然地，我们的识感和对待的识感心思所给我们的实际价值，在其范围中必为有效，应当承认其为寻常生活经验之标准，直到已准备了一更大的和谐，它们能进入其中而自加转变，却又不失去它们所代表的真实的把握。将识感官能扩大，却没有那知识，可从此新立场给予旧识感价值以正确解释，便可能引到极严重的错乱和无能，可能不适宜于实际生活，不合乎理智的有秩序和有训练的运用了。同样地，出乎自私的对待的经验而将我们的心思知觉性扩大，扩大到与某形式的大全知觉性为一体而无约制，也可能在此世界的相对性之奠定了的秩序中，容易发生于凡人活动生活上的错乱与无能。无疑地，这是薄伽梵歌中的教示的根本意义，教已得知识的人，不去扰动无知之人的生活基础和思想基础；因为，为他的先例所撼动而不能了解他的行动之原则，他们会失去他们自有的价值系统，却又达不到一较高的基础[①]。

这种错乱和无能，个人也可接受，许多巨大人物也曾接受，看作一暂时的过渡，或当作进入一更广大的生存时所必付的代价。但人类进步的正常目标，必然常是一有效的和综合的重新表释，由之那较广大的生存之律则，可表出于诸多真理的一新秩序中，且在官能于宇宙的生命的更有能耐且更公正的工事上。对诸识感，则太阳是绕地球而转的；那对它们是存在的中心，而生命的运动，皆排列在一错误观念的基础上。但真理恰是正相反对，然其发现也会没有什么用处，倘若没有一种科学，使此新概念为一合理且有序的知识之中心，将其正当价值加于诸识的知见上。同然，对心思的知觉性则上帝是绕私我而转的，'他'的一切工作和方法，皆带到了

① 参拙译薄伽梵歌 III，21，29；XVIII，67.

我们的私我的感觉，情绪，和概念的裁判前，在那里得到了表述和价值，皆是虽则为事物之真理的颠倒和反对，仍然有用，用在人类生活和进步的某种发展上，大致是足够的。它们是我们对事物的经验之一粗率应用的体系化，只若我们仍居于某一系理念和活动中，则皆是有效的。但它们不代表人类生命和知识的最高境界。‘真理是正道，虚伪不是’。真理则不是上帝绕私我而转，以它为存在之中心，能受私我及其对待观念的裁判，却是‘神圣者’自体乃为中心，而个人的经验，只是在普遍者和超上者的义度下理解了，然后得到它自体的真实真理。可是，倘若还没有一适当的知识基础，便将这概念代替私我概念，则可能引到虽新然仍属虚伪和武断的理念，代替了旧的理念，于是生起了正确价值的一番暴烈的而不是沉定的错乱。这么一种错乱，常标志新哲学和新宗教的始兴，也发动了有用的革命。仅是时若我们于此正确的中枢概念能结集一合理和有效的知识，其间私我生命应当重新发现它的一切价值改变了，纠正了，然后方算达到真正目标。然后我们当据有那一系新真理，使我们以一更神圣的生命，代替如今所过的这样的生存方有可能，且实现我们的官能之更神圣更雄强的施为，使用于宇宙的生命材料上。

那人生整体的新生命与权能，必须是安立于伟大真实之一实践上，这将神圣生存之性质，翻译为我们观想事物的态度。这必须如此进行：由私我弃除其虚伪立场和虚伪确定，由其入乎与它为其一部分的全体之正当关系与和谐，入乎与它是从之下降的那些超上者之正当关系与和谐，由其纯全的自我开启，启对一超出它自己的惯例的一真理和一律则，——一应成为其圆成之真理，一应成为

其救度之律则。它的目标，必须是废除那些价值，为它对事物的自私观念所造成者；它的冠冕，必须是超出限制，无明，死亡，苦难，和罪恶。

这超出和废除，在此世界在我们人类生活中皆不可能，倘若那种人生诸项事务，皆必须系缚于我们现在的私我性的估价上。若使生命在其本性上是一个体现相，不是一宇宙生存之代表，一强有力的'生命精神'之呼吸，若使对待性即个体于其接触之反应，不单是一反应，而是一切生活的真正本元和条件，若使范限是形成我们的心思和身体的质素之不可移易的本性，死亡之散坏乃一切生命的最初和最后的条件，为其始亦为其终，乐与苦为一切感觉的不可分离的夹重材料，喜与忧乃一切情感的必有的光明和阴影，真理与错误乃一切知识所当永远回旋其间的两极，则超上无由达到，除非将人类生命捐弃于一在一切生存以外的涅槃，或到另一世界去，到某一天界，迥异乎此物质世界而组成的。

人的习惯心思，常粘执于其过去和现在的联想，不甚容易想象一虽仍是人类的生存，却根本地在如今为我们的固定环境上改变了。我们之对可能的高等进化，甚像在达尔文学说中的'猿人'那种地位。那'猿人'在洪荒森林中过着本能的巢居生活，必不能想象有一日在地上会有一种动物，将运用一新官能曰'理智'者，用到他的内在和外在生存的材料上，以那能力管制他的本能和习惯，改变他的物理生活环境，给自己建筑石头房屋，操纵'自然'的种种力量，航行海洋，驾御大气，发展行为之典则，创出知觉的方法以成其心思与精神之发展。而且，倘这么一种概念在'猿人心理'竟为可能，他也仍然难于想象由'自然'怎样进步，或'意志'和倾向的长期努力，他自己也能发展为那种动物。人，因为他已获得理智，尤其是因为他放纵了他的直觉和想象力，可能设想一种生存，高于他自己的，且能憧憬出脱他的今之境界，升到那一生存。他的至上境界之理念，是凡对于他自己的概念为正性的、对于他自己的本能的企慕为可欲的一切之一绝对境，——‘知识’，而无其错误的负性阴影；‘幸福’，而无其痛苦经验中之否定；‘权能’，而无其不能之恒常违反；纯洁与有体之充实，而无缺点与范限之相反的意识。是如此，他想成他的天神；是如此，他构造他的天国。但他的理智想成一可能的世间和一可能的人类，不是如此。他的上帝和天国的梦想，其实是他自己的圆成的梦想；但他难于接受他的究竟目标之实践，正如要祖先‘猿人’相信他自己会是将来的‘人’一样困难。他的想象，他的宗教，可将那目标呈于他面前；然时若他的理智用事了，便抛弃想象和超上的直觉，他将其搁置一边，认其为一明丽的迷信，与物质世界的坚硬事实相违。于是这仅仅成了他对于不可能者之感发的识见。凡可能者，则是有条件的，有范限的，不稳定的知识，快乐，权能，与善。

可是在理智原则本身，有‘超上性’之确定。因为理智在其整个目的和真元上，是追求‘知识’，便是说，以泯除错误而追求真理。它的视景，它的目的，不是从一大错误到一较小的错误之路的，而是它假定有一正性的、先在的‘真理’，经过正知识与误知识的对立性我们可向之前进的。若是我们的理智没有像在其他的人类企慕上那同样的确然性，这是因为它缺乏了那同样的真元的光明，内在于其自体之积极活动中的。我们正能怀想快乐之一积极的或绝对的实践，因为那求快乐之本能所隶属的情心，有其自有的确然性形式，堪有信忱，而且因为我们的思维心，能想象到泯除那未经满足的需要，为痛苦的现似的原因者。但我们当如何设想在神经感觉上泯除痛苦，或从身体生命上泯除死亡呢？可是拒却痛苦，乃是感觉的至尊本能；而拒却死亡是一主要申求，内在于我们的生命力之真元中的。但这些事物对我们的理智自呈为本能的企慕，而非可实现的潜能。

可是同一律则应该彻底通贯。实用理智之错误，是过度屈服于现似事实，它可直接感觉其为真实的，也是勇气不足，未能将潜能性的更深沉的事实，直推到其逻辑的结论。今是者，乃一前在潜能性之实践；今之潜能性，又为将来的实践之一枢机。而于此，潜能性存在；因为对现象之主制，依乎于其原因和程序之知识，若使我们知道了错误，忧悲，痛苦，死亡之原因，我们便有点希望从事于将其泯除。因为知识是权能和主制。

事实上，我们也尽可能当作一个理想追求，追求泯除凡此消极的或颠倒的现象。我们常求将错误，痛苦，和患难之原因，由大化小。科学，当其知识增加时，便梦想节制生育，无限延长年寿，倘若做不到全般克服死亡。但是因为我们只见到外表的或次等的原因，我们只能想象将其远迁移置，不想到消除那些我们与之斗争的真实根本。我们如是受到限制，因为我们争趋次等知见，而不进向根本知识，因为我们知道事物的程序，而不知其真元。于是我们达到对环境有一较有力的处理，而未能到真元的管制。但设若我们能把握错误，忧患，和死亡的真本性质和真本原因，我们可以希望达到主制它们，而那却不应是相对的而应是全般的。甚至我们可希望完全消除它们，以那绝对的善，福乐，知识，与永生之克服，我们的直觉所认为人的真实和究极的境况者，而是正着我们的自性的那主要本能。

古之韦檀多学给了我们这么一种解决，在概念中，在经验中，‘大梵’为唯一普遍的和真元的事实，而‘大梵’之自性为‘真、智、乐’。

在这观念中，一切生命之真元，乃一遍是的、永生的生存之运动；一切感觉和情感之真元，乃一遍是的、自体存在的有体之悦乐的活动；一切思想和知见的真元，乃一遍是的、遍处充周的真理之辐射；一切行动之真元，乃一遍是的、自成功果的善之进展。

但这游戏与运动，自寓于形式之繁多中，倾向之变易中，力量之交织中。多性便容许一决定性的、暂时畸形化的因素——即个人的私我——之干预。这私我的自性，便是知觉性的一自体范限，由于立意愚昧于其游戏之余分，且除外地专注于一个形体，一个多种倾向之结合，一个多种力量的运动之原畴。私我是一因素，决定着错误，忧悲，苦恼，罪恶，死亡诸反动；因为它以这些价值给予那些运动，否则应可表呈于其与此唯一‘存在’，‘福乐’，‘真理’，‘至善’的正当联系中者。由恢复正当关系，我们可以消除由私我决定的反动，终究将其销归到真价值；而且这恢复可以成就，由个人正当参与大全知觉性中，参与大全所代表的超上性中。

在后期韦檀多学中，有一理念参入了，而且也达于固定，即以为有限之私我，不但是对待性之原因，亦且是世界存在的真本条件。以祛除私我之无明及为其结果的范限，我们诚然消除了对待，但也随之消去了我们在宇宙运动中的生存。这么我们又回到人类生存的原本不善和虚幻的性格上，及一切在人世求完善化的努力之唐劳无功。凡我们在此世所能寻求的，只是一相对的善，常联系于其对反者上。但是，倘若我们依附那更伟大、更深沉的理念，以为私我不过是一居间的代表，代表某个超乎它自体以外的什么，则我们可避免这结论，运用韦檀多学以达到生命之圆满成就，而非徒以之逃避人生了。宇宙存在之真本原因和条件，是'主宰'，'自在主'或'神我'，显示而且占据个人的和世界的形式。这有限的私我，只是知觉性的一中介的现象，于某一路线的发展为必需。循着这条路线，个人可达到那超出他以外者，他所代表者，且仍能继续代表之，不更当作一有限的、幽暗的私我了，却当作'神圣者'和宇宙知觉性的中心，怀抱着，运用着，且变化着一切个人的决定为与'神圣者'的和谐。

于是我们便得到神圣的'知觉本体'在全物理'自然'中之显示，作为物质世界中人类生存之基础。那'知觉本体'出现于一内入了又必然外发的'生命'，'心思'，和'超心思'，遂当作了我们的活动的条件；因为是这种外发，乃使人能在'物质'中出现，又是这外发，使他能于身体中进步地显示上帝，——身体，人人的'降世天神'。在私我的形成中，我们有这中间的、决定的因素，这便许可'一'出现为知觉的'多'，出自那非决定的、普遍的、幽暗的、无形式的整体，我们所称为下心知者，——万物中'海洋的心'，如黎俱韦陀所云。我们有重重对待者，生与死，喜与忧，乐与苦，真与伪，善与恶，为私我知觉性的最初形成，为其努力之自然的、必然的结果；其努力是要在其自体的人为的构造中，除外了宇宙间全般的真，善，生命，生存之悦乐，而要实践一体性。我们有这私我构造之消解，由个人之自我启对宇宙和上帝，当作那至上圆成之手段，而对那圆成，私我生命只是一序幕，甚至有如动物生命，只是人类生命的前奏一样。我们有个人于‘大全’之实践，以转化有限的私我为一神圣一体与自由的知觉中心，当作圆成所达之限段。而且我们有无限的、绝对的‘存在’，‘真理’，‘至善’，‘生存之悦乐’，流溢于世界中万事万物之‘多’上，作为我们的进化之循环所转向的神圣结果。这是‘自然’母亲所孕的无上之生；她努力于将其产出。

第八章　韦檀多之知识方法

但这‘真、智、乐’在世间的工作是什么？而这本体与表象着它的私我间之种种关系，由何种事物之程序初则形成次则进到圆满呢？因为人的神圣生命的全部哲学和实行，皆依赖这些关系和它们所遵循的程序。

我们达到神圣生存的概念和知识，是由于超出诸识之证见，透出物理心思的墙壁以外。长此若我们自限于识根证见和生理知觉性，则除了物质世界及其现相以外，更不能想成什么并知道什么。但我们中间的某些官能，使我们的心思达到一些概念，诚然可由推论加以演绎而得，或由如我们所见的物理世界之事实，加以想象的变换而成，但这些概念非任何纯粹物理事实证据或任何物理经验所保证。这些工具的第一个，便是纯理性。

人类理性有一双重作用，混杂或依赖底，纯粹或独尊的。理性接受一混杂作用，时当其自囿于我们的识感经验的圆圈里，承认其律则为究竟真理，且只自从事于研究现象，便是说，只研究事物在其关系，程序，和用途上的外表现象。这理性作用不能知道‘是什么’，只能知道‘好像是什么’；它没有铅测锤，用以探测存在者的深度，它只能测量变易的原畴。另一方面，理性正起其纯粹作用了，时当其接受我们的识知的经验为一出发点，但拒绝为它们所范围，它走到后面去，裁判着，在它自有的权力上工作着，努力要达到一些普通的亦不可移易的概念，非自附于事物的现相、却自附于居于现相后面的什么上的。它可以达到它的结果，由于直接判断，直由现相进到那居于现相之后者，在那场合，所达到的概念，可以像是识知的经验的结果，且是依赖之的，虽如实是理性的一知见，在它自有的权力中工作着。但纯理性的种种知见，也可能用它们从之出发的经验，——而这是它们较特著的作用，——只当作一种藉故，而将其远远遗留在后，在它们得到它们的结果以前，以致那结果似是我们的识知的经验所欲训示我们者的直接对反。这运动是合法且不可少的，因为我们的正常经验，不但只是涉及一小部分普遍事实，亦且在其自有的范畴内，甚至使用有缺点底工具，而且给我们以不正确的权衡，和不正确的度量。这应当加以超越，置于远方，并且否认其固执之见，倘若我们要达到事物真理之较适当的概念。运用理性以纠正'根识心思'之错误，是人类所发展的最有价值底权能之一，为他之所以优出土地上诸存在者之主要原因。

纯理性之完全运用，终于将我们从形而下知识转移到形而上知识。但是形而上知识的概念，在其本身不能全般满足我们整个有体之要求。它们于纯理性自体，诚然是使之全般满足，因为它们是它自体存在的真正本质。但我们的本性是常以两眼看事物，因为它双看之为理念又为事实，以此每个概念对我们为不完全，对我们的一部分自性几乎不真实，直到此概念化为一经验。但现在所论及的这些真理，却属另一系不隶属于我们的正常经验者。它们在其性质上'超出了识感的知见，却可由理性的知见摄持'。因此某种其他经验官能是必需了，以之而我们的本性的要求可能满足，而这，因我们正从事于超物理的事物，只能以心理经验的引申而得。

在某一义度下，凡我们的经验皆是心理的，因甚至我们由诸识所接受的，不会有意义或价值，直到翻译入根识心思的名相中，这根识心思即印度哲学名词所谓'末那'，即意识。'末那'，我们的论师说，是第六识。但我们甚至可说，这是唯一之识，其余的见，闻，触，嗅，尝，皆此根识心思的专门作用，这虽正常是使用诸识根为其经验基础，却也超过它们，能得到正属于它自体的内在作用之一直接经验。其结果是，心理经验，如同理智认识一样，在人能有一双重作用，混杂或依赖的，纯粹或独尊的。其混杂作用生起，通常是当心思欲知外在世界、对象、之时；其纯粹作用生起，是当它欲知它自体、主体、之时。在前一活动，它是依赖诸识，按照其证见而形成其知见；在后一活动，他是在自身中起作用，由一种与事物之体认为一而觉知它们。我们这么觉知我们的情感；我们觉到忿怒，如有人尖刻地说过，因为我们变成了忿怒。我们也这么知觉我们的存在；这里，经验的性质之为体认为一的知识，便明显了。如实，一切经验在其秘密自性上皆是同体为一之知识；但其真实性格我们见不到，因为我们以除外之见而使自己与世界其余一切分离，辨别我们自己为主体，而其余一切事物为客体，而且不得不发展其他办法和官能，以之可重新与我们所除外者相交接。以非直接知识似起于物理的接触和心理的同情者，我们得代替由知觉的同一性之直接知识。这限制是私我的一基本创作，也是其一贯进行的态度的一个例子，其进行是出发自一原始的虚伪，以随事依起之虚伪掩蔽着事物的真实真理，这些在我们便变成关系的实际真理。

像于今这样组成在我们中间的心思的与识的知识，从这性质看去，可知我们如今所存在的限制，没有什么当然底必需。这些范限皆是一进化的结果，其间心思已自习惯于依赖某些生理功能及其反应，为其入乎与物质世界之关系的正常手段。因此，虽然这是律则，即时若我们要觉知外间世界，我们必间接用识根去这么做，而且于物于人只经验到那么多真理，如诸识传达与我们的，可是这律则不过是一居优势的习惯之规矩性。在心思为可能的，——而且在它也会是自然的，倘若可诱导它将自体从对物质统治的同意下解放出来，——不以识根之助而于识的对象取直接认识。这便是催眠术的实验及此类心理现象上所发生的事。因为我们的醒时知觉性，是为心思与物质间的平衡所决定、所范围，——这平衡是生命在其进化中作成的，——这直接认识在我们通常清醒境中大抵不可能，因此必须将心思投入睡眠境里，这便解放真心思或潜意识的心思，然后可能。于是心思乃能确立其真性为唯一且遍无不足的识，而且自由于对识的对象发施其纯粹的和独尊的作用、而非混杂兼依赖底作用。这官能之引申，也不是真在我们的清醒境中为不可能，只不过比较困难而已，——如那班在某些心理学实验的路上走到够远的人所知道的。

根识心思的独尊作用，可用以发展我们寻常所用的五识以外的其他诸识。比方说，可发展一种能力，不用物理工具而精确估计我们手持的一物之重量。这里触识的压力感，只是被用作起点，正如识感经验之纪录为纯理性所运用；但不真是触识以重量之多少传达心思；那是以其自体的独立知见而得到真价值；以触，只是为了进到与此物发生关系。而且，如于纯理性为然，于根识心思亦然，识的经验能被用为单是一起点，由之而进到一种与识根无关的知识，且常与其证见相违反者。进者，官能之伸展也非仅限于外表和肤层。可能是，一旦我们由任何一个识与一外物发生了关系，那么使用意识，竟至可知道此外物之内容，例如，接受或见到他人的思想和感觉，不以他人的语言，手势，动作，或面部表情之佐助，而且，甚至与这些常是一偏、更常是误人的纪录相违。终者，由内识的运用，——便是说，运用识之能力，在其本身中，在其纯心思的或微妙的作用中，异乎物理作用；物理作用，只是从其全部普通作用的一个选集，为了外在生活之目的，——我们能够取摄识感经验，认识事物的形容相貌，异乎属于我们的物质环境组织中的。凡此官能之伸展，虽物理心思对之迟疑而不信，因其对我们的普通生活和经验之习惯方案为非正常，又难于发动起作用，更难于组成系统，使其能成为一套有秩序而可使用之工具，却是仍当予以认可的，因其皆是扩大我们的肤浅地活动着的知觉性的范围之任何尝试之必然结果，不论由某种未经教导的努力，和偶然的、欠次序的功效，或是由科学的和管制良好的练习。

虽然，这些没有一个能领到我们瞻望中的目标，到那些真理之心理经验，'超出了识的知见，但可由理性的知见而得'①的真理。它们只给我们以较大的现象之原畴，与观察现相较有效能的手段。而事物的真理，常逍遥乎识外。可是在宇宙存在之正本组织中，有此一内在的坚实律则，即凡有理性可达的真理之处，则在具有那理性的机体中某处，必有达到那些真理或以经验而证明之的手段。

① 出薄伽梵歌 VI. 21，拙译："可以智摄而超根身。"

在我们的心理上所留下的一手段，便是那同一性的知识形式之伸展，使我们觉知我们自己的存在的。真实是一自我觉识，多多少少是心知着的，多多少少是在于我们的概念中的，乃基承了我们的自我之内容的知识。或者，用一更普通的说法，所含者的知识，是包含在能含者的知识中。然则若使我们能伸展我们的心思的自我觉识之官能，引申到超出我们，且在我们以外的'自我'——即奥义书中的'自我'或'大梵'——的觉识上，则宇宙间之'自我'或'大梵'的内容所以之而形成的真理，我们在经验中可为其占有者了。印度的韦檀多学，是建基于这可能性上。它曾由'自我'之知识以求世界之知识。

但常是心思经验和理智概念，被视为即算在其最高度也只是在心思的体认为一中之一反映，而不是那无上的、自体存在的同一性。我们得出乎心思与理智以外。在我们的清醒知觉性中活动着的理性，只是一中介者，居于下心知的'大全'，在我们向上的进化中我们从之而来者，与超心知的'大全'，我们为那进化所驱迫而趋向者之间。下心知者与超心知者，皆同此一'大全'的两个不同的表呈。下心知者的主词是'生命'，超心知者的主语是'光明'。在下心知者中，知识或知觉性是内含于行为中，因为行为是'生命'之真元。在超心知者中，行为重新进入'光明'中，不更包含内在的知识，却是它本身被包含于一至上知觉性中。直觉的知识，乃二者间之共通者；直觉知识之基础，是能知者与所知者间之知觉的或有效果的同一性；它是那共通的自我存在之境，其间知者与所知者以知识而为一。但在下心知者中，直觉自体显示于行为中，于效果性中，而知识或知觉的同一性是或全般或多多少少隐藏于行为里。

在超心知者中，相反地，‘光明’既是法律和原则，直觉自体显示于其真性中，为出现自知觉的同一性之知识，而行为之效果性，却倒是助伴或必须有之结论，不复装作原本事实了。在这两境之间，理性与心思皆作为中介者，使这有体能在作为上将知识从其拘禁中解放出来，而准备此知识恢复其真本底元始性。时若心思中的自我觉识，双达乎能含与所含，自体自我和他体自我，自跻于光明的自体明显的同一性，则理性亦自化为自体光明的直觉的知识形式①。这是我们知识之可能的最高境界，时若心思圆成其自体于超心思中。

这样便是人类的了解之方案，最古的韦檀多学说便建立在这上面。我的目的不在于将古圣人在这基础上所达到的结论加以阐释，但也宜简单地审察一下他们的一些主要结论，只若是有关于神圣‘生命’这问题，如我们现在所唯独研讨的。因为正是在那些理念上，我们可找到最好底旧基址，以安立如今我们所要重新建筑者，虽然像一切知识一样，旧的名词到某种限度必换上新名词，合乎后代心理的，旧的光明必融入新光明，如朝曦之继乎暝色，可是运用古之财宝为我们开创的资本，或利用如我们所能恢复的多少，我们当最有入息地进而收获最大的利润，在这与永远不变又永远变易的‘无极者’的新贸易中。

‘真大梵’，纯粹，不可界说，无极限，绝对的‘存在’，乃是韦檀多学的分析、在其宇宙观上所达到的最后概念，乃是韦檀多学的经

① 我用‘直觉’这名词，因为没有较好的名词可用。其实这是一权宜，与求其表明之义不合。同样可说上‘知觉性’及其他许多名词，以我们的文字之穷，不得不引申其意义，不合法的。

验所发现的基本‘真实性’，在一切组成似是的真实性之运动与形成之后者。明显地，时若我们安立此一概念，我们便完全超出我们的寻常知觉性、我们的正常经验所包含者或所保证者以外。诸识和根识心思，一点也不知道关于任何纯粹或绝对存在的事。凡我们的识感经验所告诉我们的，只是形式和运动。形式是存在的，但其存在不纯粹，却常是混杂了的，结合了的，聚集了的，相对的。时若我们内入乎自我，我们可除去精确的形式，但不能除去运动，变易。‘物质’在‘空间’之动，变易在‘时间’之动，似乎是存在的条件。倘若我们愿意的话，我们诚然可以说这即是存在，而‘存在在其本身’的理念，不与任何可发现的真实相应。至多，在自我觉识的现相中或其后，有时我们瞥见有点什么是不动者，不变者，有点什么使我们隐约见到或想象我们是超乎一切生与死，超出一切变易与形成与动作以外。于此，是我们内中一张门有时挥开，露出那另一方面的一真理之美富，而且，在其再闭合以前，让一道光明触到我们，——是一光辉的诏示，这，倘若我们有气力和坚忍，我们可用信心把握住，用以作为出发点，作根识心思以外知觉性的另一活动之起点，即‘直觉’的活动的。

若使我们细心考验，则发现‘直觉’是我们的第一位老师。‘直觉’常是给隐障了而居于我们的心思活动之后。‘直觉’从‘未知者’那里带给人以光辉的使信，皆是人的高等知识的开端。‘理性’只是后下方参与，要看它从这辉煌的收获中可得到什么利益。‘直觉’给予我们以某个什么的理念，那某个什么是离乎我们所知的一切，和我们似是为我们者，在其后且在其外，那常是追随人，与人的低等理智相违反，也与他的一切正常经验相反对，且驱迫他构成那无形相的知见，在种种于上帝，‘永生’，‘天国’等较正性的理念中，我们努力以之对心思表白者。因为‘直觉’是像‘自然’本身一样强大，它是出自她的真本心灵，全不顾虑理性的违反，或经验的否定。它知道什么是，因其是，因本身它是属于那个，出自那个，而不会以之屈属于徒然是变是和似是者的裁判下。‘直觉’所告诉我们的，不怎样是关于‘存在’而是关于‘存在者’的事，因为它从我们中间那一光明点出发，这便给它以它的优越处，那有时在我们自己的自我觉识中开了的门。古韦檀多学摄取了‘直觉’的这使信，将其表呈于诸奥义书的三大口号中：《我是‘他’》，《你是‘它’》，《凡此皆是‘大梵’；这‘自我’是‘大梵’》。

但是‘直觉’，以其在人中的作用之真本性质，如其在隐障之后工作着，主要在人的较多蒙昧较少明白的部分上活动着，在隐障之前，在狭隘的光明即我们的清醒知觉性中，只为那些工具所服事，皆是不能充分同化它的使信者，——‘直觉’不能给我们以真理，在那整齐而且分明的形式中，为我们的本性所要求者。于其能在我们内中作出直接知识这类完全效果以前，它必得在我们的表面有体中组织它自体，在那里占领导地位。但在我们的外表有体中，不是‘直觉’而是‘理性’有了组织，佐助我们使令我们的知见，思想，和行为。因此，直觉的知识之时代，为早期奥义诸书的韦檀多学思维所代表的，必得禅位于理性的知识之时代；灵感的经典让位于形而上的哲学，一如形而上的哲学后下必须让位于实验‘科学’。直觉的思想，从超心知发来的使者，因此也是我们的最高官能，遂为纯理性所排除，纯理性不过是一种代办，属于我们的有体之中等高原；纯理性一时间又依次为混杂的理性作用所排除，这理性居于我们的平原和低等高处，在其视界上，不出乎物理的心思、诸识或其他这类我们所能发明的助伴所能给予的经验之地平线以外。而这一好像是依次下降的程序，其实是一进步的循环。因为在每一场合，低等官能是被强迫尽可能多量地吸收它所能同化的高等官能所已给予者，而试图以它自有的方法重新建立之。在这企图上它自体在范围上是扩大了，终于也达到对高等官能的较柔顺、较宽大的自体适应。若没有这一系相续和试行分别同化，则我们必被迫居于我们的一部分本性的除外的统治下，而其余部分必或被压抑而不当地遭屈属，或在其原地中分立，因此也发展得不好。由于这一系更代和分别的企图，平衡是纠正了，我们知识的各部门之一更圆满的和谐方给准备了。

我们在诸奥义书和后下的印度哲学中看到这相续一系。古韦陀和韦檀多的圣人，纯全依赖直觉和精神经验。是错误，有时学者谈起诸奥义书中之大辩论或讨论。凡有冲突出现之处，不是以讨论，以辩证，或以运用因明推理而进行的，却是以直觉、以经验相比较，其间较晦暗者让位与较光明者，较狭、较误或较少重要性者，则让位与较广，较完善，较多重要性者。一位思想家问另一位思想家的问题，是：《你知道什么？》，而不是《你思想什么？》，也不是《你的推理达到了什么结论？》在诸奥义书中，没有任何处可发现因明推理的痕迹，用以支持韦檀多学的真理的。直觉，古圣人似乎以为必由一更完善的直觉去纠正；因明推理不能做它的裁判官。

可是人的理智，要求其自体的满足方法。所以当理性推测的时代初开时，印度哲人，尊重过去的传承，对他们所求的‘真理’，取了一二重态度。他们在‘所闻’类经典中，承认古代‘直觉’之所得，或者，如他们所好说的，灵感的'启示'之果，为超于'理性'之权威。但同时他们由'理性'出发，试验了这些所得之结论，只以那些被至上权威所支持者为有效。这样，他们到某种程度避免了形而上学的妨害罪，即在云里雾里作战的倾向，因为它从事于文字，好像文字便是强迫的事实，而非徒为象征，得常加以谨慎审查，且应时时引归其所代表的意义中的。他们的推测，起初倾向于在中心保持接近至高至深的经验，而以此两大权威，'理性'与'直觉'的合同认可前进。虽然如此，'理性'的自然趋势，要肯定它自体的优越性，终于胜过了它应为隶属之论。于是兴起了相诤论的各学派，各自在理论上建立于韦陀上，用其章句作为攻打他派的武器。因为最高的直觉之'明'，见事物于其整体上，于其大者上，看细节皆为这不可分的全体的诸方面；其倾向是对知识之直接综合与一体。'理性'，相反地，以分析与分解而进行，则集合其事实以成一全体；但在这样形成的集合中，便有互相反对者，非正常者，在论理学上相违者。'理性'的自然倾向，便是肯定某些，而否定其他与其所选拔的结论相冲突者，以便它可形成一派逻辑上无瑕的学说。这么，初时的直觉之知识的一统是打破了，而因明论师的智巧，常能发现一些办法，解释方法，变换着的价值标准，以之而'经典'中不方便的文字，便大致皆可抹煞了；为了他们的形而上学的推测，遂得到了完全的自由。

虽然如此，早期韦檀多的主要概念，部分留存于各派哲学中，时时也曾有过努力，要将其重新结集，表出直觉思想古之大公性和一体性的一点形似。而在一切派别的思想后，经过不同的表呈，仍存为基本概念者，'补鲁洒'，'自我'或'真大梵'，纯粹'存在者'，见于诸奥义书的，常是被理性化了，化为一理念或心理境界，然而仍负戴了一点旧时的重荷，不可表白的真实性。这转变之运动、我们所称曰世界者，与此绝对的'一体'之关系可能是什么；而私我，不论其为此运动所生之果，或为此运动之因，如何能回到那真'自我'，'神圣性'或'真实性'，为韦檀多学所称说的，——这些皆是思考性的而又实际的问题，常是占据了印度思想的。

第九章　纯粹存在者

时若我们收敛我们的凝视，使其不从事于自私的专务，只顾到有限的、飘忽的私利，却以专寻'真理'，好奇，而且冷静底眼光看世界，则我们所得的第一结果，便是见到无限存在、无限运动、无限活动之无边的能力，倾出于无际的'空间'，永恒的'时间'里，一个存在，无极地超越我们的私我，或任何私我，或任何私我集团，而与之相衡量，则历劫之伟大产品，皆不过是瞬间之一尘，而在其不可计的算数中，无量亿万只算是一小聚。我们本能地行为，感觉，且织造我们的生活思想，好像这浩大的世界运动，是以我们为中心而开展，是为了我们的利益，为了于我们有助或有损，或好像辩正我们的自私的贪欲，情感，理念，标准，便是它的正当事业，甚至有如其为我们自己的主要关注之事。当我们开始看时，我们见到它是为其自体而存在，不是为了我们而存在，有其自体的巨大目标，其自体的复杂底和无限的理念，其自体的浩大欲望或喜乐它所要满足的，其自体的弘广的和奇巨的标准，其俯视我们，好像发出容忍的和冷嘲的一笑，笑此微渺。可是我们且莫飘飏到另一极端，而造成我们自己之渺小的过于正性的一理念。那也将是一愚昧的行为，闭目不见宇宙之大事。

因为，这无际的运动，不看我们对它为不重要。科学启示我们，它以多么精微的注意，多么狡狯的机巧，多么深密的专心，施于它的最微小的作品，亦如于最伟大的作品。这巨大的能力，是一平等而公正的母亲，用薄伽梵歌的伟大名词说，便是'平等大梵'，其运动之力量和深密性，在构成和支持一太阳系和组成一蚁封的生活是同样的。是大小、是量的幻觉，诱使我们看一个为伟大，另一个为微末。反之，倘若我们不看量之积却看质之力，则我们当说一个蚂蚁比它所居的太阳系远伟大，而一个人，比一切无生物的'自然'之总和还伟大。但这又是质的幻觉了。若使我们出此以外，只验看这双以质与量为其两方面的运动之深密性，我们体会到这'大梵'平等居于一切存在中。在其本体上既平等为一切所分有，我们想要说，在其能力上也是平均分配到一切。但这又是量的幻觉了。'大梵'居于一切中，不可分，但好像是分开了、分配了的。倘若我们又以观察着的见解去看，不为理智概念所统治，却以直觉而知而臻极于同一性之知识，则我们见到这无限的'能力'之知觉性，不同于我们的心思知觉性，它是不可分，不是将自体的一等分却是将全自体，在同一时给予太阳系又给予蚁封。在'大梵'没有全分和部分，但每一事物便是其自体之全，为'大梵'之全所裨益。质与量相异，自我则同。作用之力量的形式、与态度、与结果无限相异，然那永恒的、原本的、无限的能力在一切中为一。强之力所以造成一强人的，不纤毫大于弱之力所以造成一弱人的。在压抑所费的能力，与在发扬所费的力同大，在否定与肯定，沉默与发声，同然。

是故，第一个数算我们得修改的，便是这无限的'运动'，这存在之能力即世界，与我们自己的来往。于今我们这笔账目是算错的。我们对'大全'是无限重要，但在我们这'大全'是可忽略的；唯独我们对自己是重要的。这便是原始无明之表征，私我的根本，它只能以自己为中心而思想，好像它便是‘大全’，在不是它自己者，它只能承认它心思上同意于认可的那么多，或由其环境的震动所强迫它认识的那么多。即使它开始作哲学思维了，它岂不肯定世界只由它的知觉性且在其中而存在么？它自体的知觉性境界或心思标准，在它便是真实性的考验；凡在其轨道或视境以外的，皆必近乎虚伪或无有了。这种人的心思之自足，造成了错误会计系统，阻止我们从人生支取正当和充分的价值。有种意度以为这些人类心思与私我之自擅，是安立在一真理上，可是这真理只出现于心思已学知其无明之后，私我已顺服‘大全’，而消融其分别的自我肯定于‘大全’中。认识我们，或毋宁是认定这些结果和现相我们所称为我们者，不过是这无限的‘运动’之一局部的运动，而且是那无限者乃我们所当知道的，所当知觉地是为，所当忠实地成就的，方是真实的生活之起始。认识到在我们的真实自我中，我们与全部运动为一，既不褊小，也非隶属，乃是这会计的另一面，而其在我们的有体，思想，感情，和行为的方式中之表现，乃为臻极于一真实的或神圣的生活所必需者。

但是要算清楚这笔账目，我们应当知道这‘大全’，这无限且全能之力是什么。在这里我们又遇到新的纠纷了。因为已经由纯理性为我们认定，也似乎由韦檀多学给我们肯定了，正如我们是隶属于这‘运动’，为其一方面，同样地，这‘运动’又是隶属于某个异乎它自体的什么，为其一方面。此即是一伟大的无时间无空间的‘安定性’，不变，无穷，无亏，虽包含这一切作用而无为，非能力，而是纯粹的存在。在凡只见到这世界力量的人，诚然可以声称无此一物。我们的一永恒的安定性，一不变的纯存在之理念，是我们的智识概念之一虚构，起自安定者的一虚伪理念：因为没有什么是静的；一切皆是动，而我们的安定者的概念，只是我们的心思知觉性的一机巧，以之我们得到一立足点，可实际地与运动相周旋。容易指明这是真的，在运动本身中。其中没有什么是静定的。凡现似为安定者，只是一运动之阻塞，能力在工作中之表呈，它那么影响我们的知觉性，好像它是静止的，有点像地球对我们似是静的，有点像我们所乘的火车，在飞奔的景物中似是静的。但是否同样真实呢，在这运动之下，支持着它的，果没有什么不动不变的么？是否真实呢，存在徒在于能力之作用？或毋宁是能力乃'存在'之一产品？

我们立即见到，倘若这么一个'存在'是，则必是，像'能力'一样，无限。不以理性，不以经验，不以直觉，不以想象，而能给我们证明有一最终底极限之可能。一切终极与开端，必先假定有出乎终与始之外者。一绝对的终，一绝对的始，不但是名词上的相违，也是事物真元的违反，是一狂妄，是一虚构。无限性自加于有限者的形相上，由它的暗然的自体存在。

但这是关于'时间'与'空间'的一无限，一永恒的持续，无尽的伸展。纯'理性'则走得更远，在其自体的无色而又严正的光明中，看'时'与'空'，指出这二者为我们的知觉性的两汇，皆我们在其下安排现相知见之条件。时若我们在其自体看存在，'时'与'空'皆消失了。若使有任何伸展，则它不是空间的伸展，而是一心理的伸展；若使有任何持续，它不是时间的持续，而是一心理的持续；然则容易见到，这伸展与持续皆不过象征而已，这些象征向心思表达一点什么不可翻译为智识名相的东西，一个永恒，对我们好像是同一遍含而常新的时分，一个无限，对我们好像是同一遍含而遍在的无大小的一点。这些名词的冲突虽如此强烈，却正确表明我们真见到的一点什么，便指出心思与语言超过了它们的自然界限，而且努力于要表现一'真实性'，其间它们自有的惯例和必需的对反，皆消失于一无可名状的同一性中。

但这是一真记录么？'时'与'空'如是消失，是否或者因为我们正注及的这存在，是一智识之虚构，一语言所造成的妄想的'空无'，我们却努力要将它立为一概念的真实呢？我们再注目'存在在其自体'，便说：不是。有点什么在现相之后，不但是无极限，且不可以语言表。非于任何现相，非于多现相之综合，我们能说它绝对是。纵使我们削减一切现相到一个基本的、普遍的、更无可削减的现相，为运动或为能力，我们只得到一无可界说的现相。正在运动这一概念上，便附带有静止的潜能性，而表露它自体是某存在者之一活动。正在作用着的能力这一理念上，便附带有不生作用之能力的理念；而一不在作用中的绝对能力，便简单且纯然是绝对的存在。我们只有这两个互换者，或者是一不可界说的纯存在，或者是一不可界说的能力在作用中，而且，倘若唯有后者为实，没有任何固定的基础或原因，则能力是作用所生的结果和现相，即唯独运动为是。于是我们没有'存在'，或者我们只有佛教的'空'，视存在为一永恒的现象的，'作用'的，'行业'的，'运动'的属性。这，纯理性则申辩说，没有满足我的知见，与我的基本见识相违，因此不能是。因为这将我们带到一上升的忽然中止的最后一级，使整个梯子没有支持，悬在'空'中。

倘若这无可界说底，无限的，无时间的，无空间的'存在'为是，它必须是一纯绝对者。它不能被总括于任何量或多少量，它不能是组成自任何质或多少质的结合。它不是一聚集形式，或多形式的一形式的基层。设若一切形，质，量皆消亡，它仍然存在。'存在'而无量，无质，无形，不但可思议，而且是这些现象后唯一可思议者。必然是，时当我们说它没有这些，我们是说它超过了这些，它是一个什么，这些若入乎其中，是在那么一方式上以致皆终止其为形，质，量，如我们所称谓者，而出乎其中，则现为运动中之量，之质，之形。它们不销归一形，一质，一量，为其余一切之基础者，——因为没有这样一个什么，——却是销归于一个什么，非任何这些名词所能界定者。所以凡为运动之情况和现相者，皆归到'它'，它们从之而来的，而在那里，只若是它们存在，皆变为非复那些名词所能表述，如于运动中表述之为适合者的什么。所以我们说纯存在是一'绝对者'，在其自体非我们的思想所能知，虽则我们在一无上的同一性中回到'它'，超过了知识之名相的。反之，运动乃相对者的原畴，而即是以相对者的正当界说，可谓在运动中的一切事物，皆包含此'绝对者'，被包含于此'绝对者'中，而且即是这'绝对者'。'自然'的现象，与那基本的'以太'之关系，'以太'是被包含于'自然'现象中，组成它们，包含它们，却又是与它们那么不同，以致它们入乎其中，便终止其为今之现象者，便是韦檀多所举的一譬喻，最近于表明这殊异性中之同一性，在'绝对者'与相对者之间的。

必然地，时当我们说起事物归到其所自来者中，我们是用着我们的时间性的知觉性之语言，所以也必须防备其幻觉。运动之出

现自‘不变易者’，是一永恒的现象，这徒然是因为我们不能想象其在那无始、无终、永远常新的顷间，即‘无时间者’的永恒中，以致我们的意念和知见，不得不置之于一联绵持续的时间性的永恒里，附之以一常是回复的始、中、终的一些理念。

但是，可以说，凡此一切是有效的，只若长此我们承认纯理性的概念而仍服属之。但理性的种种概念没有强迫之力。我们裁判存在，不当以我们在心思上所想念者，却当以我们所看到是存在者。最纯粹、最自由的内视形式，视存在之为存在，则见到除运动而外，没有什么。唯有两者存在，‘空间’中之运动，‘时间’中之运动，前者属客观，后者属主观。伸展是真实的，持续是真实的，‘空’与‘时’皆真。纵使我们能达到‘空间’之伸展的后面，视其为一心理现相，视之为心思之一试图，欲使存在为可管制，遂将此不可分的整个，分布到一概念的‘空间’，我们也不能走到持续的运动和‘时间’的变易后面。因为那正是我们的知觉性的真本质料。我们是，而且世界也是一持续前进的运动，且不断增加，由其概括一切过去之持续于一现在中，而此现在又向我们自表为将来的一切持续之起始，——一个起始，一个现在，常是闪避我们的，因为它不是，因为它在未出生前即已灭无。是者，是‘时间’的永恒的，不可分的持续，在它的长流上载着一知觉性的进步运动，亦复是不可分的[①]。历久，‘时间’中永恒相续的运动和变易，然则是唯一绝对

① 不可分在运动的全体中。‘时间’或‘知觉性’的每一顷间，可认为与其前在者和后继者相分别，‘能力’的每一相续作用，可认为一新量子或新创作；但这不消除连续性，没有连续性则不会有‘时间’之经历或知觉性之联接。一个人或行或跑或跳，其步履是分别的，可是有点什么取起这些步履，而使此运动继续。

者。变易是唯一本体。

如实，说于有体之实际内视，与纯‘理性’的概念上底虚构相反对，这说法是错误的。诚然，若使直觉在这事上真是反对智识，则我们不能确然支持一徒是概念的推理，而反对基本的内视。但这向直觉的经验之申诉是不完全的。这只是当其前进时是有效的，若无整体的经验而停止，便起错误。直觉若长是专自凝注于我们之变为什么，则我们见到自己为知觉性中的运动与变易的一相续的进展，在‘时间’的永恒联贯中。依佛教的比譬，我们是河流，是火焰。但是有一至上经验和至上直觉，我们以之达到我们的表面自我之后方，而发现这变是，变易，连续，皆不过我们的有体之一态，而在我们内中有那全然不居乎转变之内者。不但我们可能有对这在我们内中为安定为永恒者之直觉，不但我们可能有在这常续流动的变易之障蔽后，在经验中对它的瞥见，亦且我们能退入其中，全般生活于其中，因此成就一全般转变，在我们的外表生活，在我们的态度，在我们于世界运动上的作为上。而这我们能这么在其中生活的安定性，恰恰是纯‘理性’已经给了我们的，虽则全然不用推理亦可达到它，不豫先知道它是什么而达到它，——它是纯粹的存在，为永恒，无限，不可界说，不为‘时间’之持续所影响，不沦没于‘空间’的伸展中，超出形，量，质以外，——唯独是‘自我’，为绝对。

然则纯存在者是一事实，非是仅为概念；它是基本真实性。但是，且让我们赶紧加说一句：运动，能力，转变，也皆是一事实，也皆是一真实性。无上的直觉及其相当的经验，可以纠正那另一个，可以出到彼面，可以悬搁它，但不废除它。因此我们有纯粹存在与世界存在两个基本事实，‘有体’之一事实，‘变易’之一事实。否定这个或那个是容易的；认识知觉性的事实而寻出它们中间的关系，乃是真实的、而且有结果的智慧。

安定性与运动，我们得记住，皆只是‘绝对者’的我们的心理代表。正如一性与多性皆是。‘绝对者’超出动与静以外，一如其超出一与多。但它在一与静中得其永恒的定止，而在动与多中无限地，不可思议地，稳妥地周自体而回旋。世界存在是湿婆的狂欢舞蹈，将这神之身体，无数地增加到视景中；它将那纯白的存在恰恰遗留于本来的处所，仍其本来是什么，永是什么，且永远将是什么；它的唯一绝对的目的，便是舞蹈的喜乐。

但是‘绝对者’在其自体，超静与动，超一与多，不可说，不可思，——而这也全不是我们的事，——我们必须承认这双重事实，一并承认湿婆和迦里，且试求知道，对于那无时间、无空间的纯粹‘存在’，一而静，量与无量性皆无从说上者，这时间与空间中的无量‘运动’是什么。我们已知纯‘理性’，直觉和经验，关于纯粹‘存在’，‘真’所可说的什么；它们关于‘力量’，‘运动’，‘能力’，可说的又有什么呢？

而且，第一事我们得问究的，是否那‘力量’简单是力而已，简单是运动的一无知的能力，是否那知觉性，似乎在我们所居的这物质世界中好像从之出现的，不徒然是其现象的结果之一，却更是其自体的真实的、秘密的自性。用韦檀多学的话语说，‘力量’简单是‘自性’，只是作用与程序之运动？或者，‘自性’真实是‘智’之权能，在其性质上是创造的‘自我心知’的力量？——其余一切皆系于这基本问题上。

第十章　知觉力量

一切现相存在销归于'力量'，于能力的运动，这取了多多少少物质的，多多少少或粗或细底形式，为了对其自体的经验作自体表呈。人类思想，曾试将有体的这本源和律则，做到可以了解，且对它自体为真实的，在古代的形象里便形容这'力量'的无限存在为一大海。这大海起初是静止的，因此未曾有形式，可是开始被搅动了，运动起始，必需创造形式，这便是一宇宙的种子。

'物质'是力量的表呈，这是我们的智识所最容易了解的；像智识是如此型成，由于'物质'上的接触，以一内含于物质的脑经中的心思，对接触作出反应。物质的'力量'的原始境况，在古印度物理学家看来，是'空间'中一纯粹物质的伸展，其特殊相状，便是震动，如声音的现相可为表型的。但在这'以太'状态中的震动，不足以创造形式。其初，必在这'力量'之海洋流动中有些阻滞，有些收缩和扩张，有些震动之交互，有些力量在力量上的冲击，于是而造出固定关系与互为因果之一个发端。物质'力量'，变改了其第一'以太'状态，便取次一格位，在古语中称之曰'风'，其特殊性格便是力量与力量间之接触，接触乃一切物质关系的基础。到此还是没有真的形式，只有种种变换着的力量。一支持着的原则便需要了。便有原始'力量'的第三个自体修改出而应此需要，其'光'、'电'、

‘火’、‘热’的原则，对我们便是其特著显示。纵是如此，我们能有力量的种种形式，保存着它们自有的性格和特殊作用，然尚没有‘物质’的稳定形式。于是有第四状态，以混漫为特性，永远的吸引与违拒的第一中介者，如绘如画地称之为‘水’，或液体状态；而第五为凝固者，谓之为‘地’或固体状态，便完成了必需的一切原素。

一切我们所觉知的‘物质’形式，一切物理之物甚至下到最微妙者，皆为此五原素之组合而成。凡我们的一切识感经验，亦莫不依乎此五者；因为由接受震动而起声识；由与在此‘力量’之震动的一世界中诸物相接触而起触识；由光的作用，在那些形式中，为光、与火、与热的力量所生发，所划出，所存持者而起色识；由第四原素而起味识，由第五而生香识。一切原本皆是对力与力间的震动的接触之反应。这样，古代思想家便架了桥梁，跨越纯粹‘力量’与其最后变化间之鸿沟，解决了普通人类思想的困难，难于了解怎样这些形式，对他的诸识皆如此真实，固体，坚久的形式，在真理上皆仅是暂时的现象，而一物如纯粹力量者，对诸识为不存在，不可触，而且几乎不可信的，竟能是唯一永久的宇宙真实性。

虽然，知觉性的问题，却没有由这理论解决；因为它没有说明如何‘力量’的震动之接触，可生起知觉的识感。僧佉论者，或分析的思想家，在此五原素之后，建立了两个原则，曰‘大’，曰‘我慢’①，真实皆是非物质的原则；因为前者不是旁底什么，只是‘力量’之浩大宇宙原则，而后者则是‘私我’形成之分化原则。虽然，

① ‘我慢’乃唐代佛教旧译，如义当作‘我作者’。‘原则’古谓之‘谛’。‘知觉心灵’古译‘神我’。‘僧佉论’即‘数论’。阅者请参看金七十论。

这两个原则，亦如智之原则，在知觉性中变到活动了，不是由'力量'本身，而是由一不活动的'知觉心灵'或诸心灵的缘故，其中一切活动皆得其反映，由那反映，遂得知觉性之相。

这便是万事万物之解释，为一派印度哲学所贡献的，最近乎近代唯物论的理念，且将'自然'中一机械的或无知觉的'力量'这理念，尽其可能深远地加入严肃观照着的印度思想里。无论其缺点怎样，其主要理念是如此无可非难，遂大致被接受。无论知觉性的现象可如何解释，'自然'是否一惯性的冲动或是一知觉的原则，它必然是一'力量'；万事万物的原则，总是许多能力的一形成着底运动，一切形式，皆生于未成形的力量间之遇合和互相适应，一切识感和作用，是某个在'力量'的一形式中者，对'力量'的其他形式的接触之反应。这便是我们所经验到的世界，我们必常从这经验出发。

由现代科学所作的'物质'的物理分析，也达到同样的普通结论，虽有几点最后的疑惑犹存。直觉和经验，确定这'科学'与'哲学'之一致。纯理性在此中得到其自体的原本概念之满足。因为即算看世界原本为知觉性的一作为，在这观念中便暗指一工事，在工事中便暗涵'力量'之运动，'能力'的活动。而这，若我们从我们自己的内中经验加以考察，也证明其为世界的基本自性。凡我们的一切动作，皆古哲学所说的三重力量之活动：知识力量，欲望力量，行为力量，而凡此皆证明其真实是同一原始'权能'之三道分流。即使是我们的静止境况，皆只是其运动之均等状态或平衡。

既认定'力量'的运动为'宇宙'的整个自性，两个问题生起了。第一，在存在之怀抱中，这运动如何而遂生起？若使我们假定它不但是永恒的，亦且是一切存在之真元，则这问题不会发生。但我们已否定了这理论。我们知道有一存在不为运动所驱策的。然则这对其永恒的止静为陌生的运动，如何而在其内中发生？以何原因？以何可能性？以何神秘的驱迫？

那答案最为古印度思想所许可的，便是‘力量’原内含于‘存在’中。湿婆与迦黎，大梵与威力，皆是一，而非可分的二者。原内含于‘存在’中之力，可静可动，时当其静止，它一样存在，未尝消亡，损减，或真元上怎样改变了。这答复是如此全般合理，也与事物的本性相合，我们不必迟疑于接受它。因为这是不可能的，因其与理性相违，要假定‘力量’于那唯一且无限的‘存在’为陌生，自外而入乎其中，或从前未尝存在，而在其中兴起于‘时间’的某一点。即算是‘幻有论’的道理，也须承认‘摩耶’，‘大梵’中的自我幻相之能力，是潜能地永恒于永恒的‘有体’中的，其唯一问题则是显示或不显示。数论亦假定‘自性’与‘神我’，即‘自然’与‘知觉心灵’，永恒是同存并在，及‘自性’的静止或平衡境界，与运动或平衡的扰乱之交互。

但‘力量’既这么在‘存在’中内涵，而且‘力量’的自性原有二重或交替之潜能，一静一动，便是说，‘力量’中之自体集中，与‘力量’中之自体散发，则运动之如何，其可能性，发端之迫骤，或强迫之原因这问题不会生起。因为，于是我们容易想象这潜能性必须自加表逸为一动与静相交替之旋律，在‘时间’中相续，或者，自加表逸为‘力量’之一永恒的自体集中于不变易的存在里，而有其运动，变易，与形成之表面活动，如海洋表面之波涛起伏。而且这表面活动——我们必须是说之以不适合底名相了，——可能是或则与自体集中为同时，因此其本身亦是永恒的，或则可在'时间'中有始有终，以一种恒常的旋律而再起；然则它不是在持续性中为永恒，而是在回复中为永恒。

这么'如何'这问题是消除了，其次便出现'为什么'这问题。为什么'力量'运动的这一活动的可能性全然必自加表逸，为什么'存在'的'力量'不应永远凝敛于其自体中，为无限，无有于一切变易与形成呢？这问题亦复不能生起，倘若我们假定'存在'为非知觉的，而知觉性只是物质能力的一发展，我们错认为非物质的了。因为于是我们便可简单说，这旋律是存在的'力量'之自性，而为了那在其自性上永恒是自体存在者，绝对没有理由要去寻出一个为什么，一原因，一初始动机，或一最终目的。我们不能用那问题去问永恒的自体存在，问它为什么存在，或它如何始入乎存在；也不能以此问存在的自体力量，及其迫向运动的内在自性。凡我们所能穷究者，便是它的自体显示之状态，其运动与形成之原则，其进化之程序。'存在'与'力量'，既双属惯性，——惯性的定位，惯性的迫促，——双为无知觉，无智性，不能在进化中有什么目的或终极目标，或任何原始原因或用意。

但是倘若我们假定或见到'存在'是知觉的'有体'，则问题生起了。诚然，我们可以假定一知觉的'有体'，它是服属于它的'力量'的自性，为其所驱策，而于宇宙间当显示或不显示，它本自无所选择。这便是密乘师和幻有论师的宇宙之'神'，这'神'是隶属于'威力'或'幻有'，内在于'幻有'中或为'威力'所管制的'神我'。但明显的，这么一个'神'不是至上的、无限的'存在'，我们以之起始的。可以假定，这只是为'大梵'在宇宙中所作成的一'大梵'之表呈，在其自身是合逻辑地先于‘威力’或‘幻有’，若其工作已止，便将其收归到它的超上的自体中。在一知觉的存在中，即为绝对，不依赖其形成，不为它的工事所决定者，我们必须假定其有一内在的自由，自由于显示或不显示其运动之潜能性。一‘大梵’为‘自性’所强迫的不是‘大梵’，却是一惯性的‘无限者’，其中有活动的内容，较包含此内容者更强有力，是‘力量’的一知觉的持载者而以其‘力量’为之主。倘若我们说这是为其自体之为‘力量’所强迫，为其自性所强迫，则我们未免除矛盾，闪避了我们的第一假定。我们又回到一个‘存在’，真实不是旁底什么而只是‘力量’，‘力量’在静中或在动中，也许是绝对的力量，但不是绝对的‘有体’。

然则必需研讨‘力量’与‘知觉性’之关系。但何谓‘知觉性’呢？寻常用这名词，我们是说第一个明显理念，指一心思的清醒时的觉知，如人在他的大部分身体生活上所具有的，当他不是在睡眠，昏沉，或怎样失去了生理的和外表的感觉方法之际。在这义度下是够明显了，知觉性在物质世界的秩序中，不是常规而是例外。我们不是常时占有它。但这知觉性的性格之俚俗而浅薄的理念，虽其仍然染污我们寻常底思想和联想，今兹定然要从哲学思维上斥去了。因为我们知道在睡眠中，时若我们不省人事，或给药物迷醉了，或在昏倒中，在一切我们的身体似乎失去了知觉的状态中，我们内中仍有点什么是知觉的。不但如此，于今我们可确然了，确知古代思想家是对的，当其申述即算在人的清醒境界中，我们所称为我们的知觉性者，只是我们的全部知觉体之一小选集。这是一表面，这甚至不是我们的心思的全体。在它后面，比它远过浩大，有一潜意识的或下心知的心思，是我们的较大部分，其中包括高处和深处，至今尚无人量度过或探测过的。这知识便给我们作‘力量’及其工作的真科学研究的起点；这决定地使我们从属物质者的圈禁和明显者的幻觉解脱出来。

唯物论诚然固执著，无论知觉性的伸展怎样，它是一物质现相，不能与我们的生理器官相离；知觉性不是运用识根者，而是它们的结果。虽然，这正统派的诤论，不能抵敌增进着的知识之潮流了。它的解释正变到只加不合而且牵强了。常是变到愈加明显，不但我们整个知觉性的能量，远超过诸根、诸识、神经、脑经的能量，亦且，即算是在我们通常的思想和知觉性，这些器官皆只是其惯用的工具，不是其产生者。知觉性使用脑经，脑经是它向上的追求所产生者；脑经既不产生知觉性，也不使用知觉性。甚而至于有非正常的例子，证明我们的器官，不是全然不可少的工具，心搏不绝对是对生命为首要，呼吸亦然，有组织的脑经细胞，于思想亦然。我们的生理机构，不是思想与知觉性之原因，也不曾解释它们，正如一部机器的构造，不是蒸气或电之发动力的原因，也不解释它们。在先者是力，不是生理工具。

巨大的逻辑结论随之而起。第一，我们可以问，自从我们在无生命处和有惰性处，见到甚且有心思的知觉性存在，是否虽在物质的对象中，可能也有一普遍的下心知的心思，虽然因为缺乏器官，不能有作用或将其自体传达到外表。物资境界是否知觉性之空阙，或只是知觉性之眠藏？——虽从进化的观点看，这是一原始的而非中间的沉睡？而且睡眠，在人的例子上，已可学到不是知觉性之中断，而是其内敛，离乎对外物打击之知觉的生理反应。而且，这岂不是凡一切之为存在者的那还未发展出与外在物理世界作外表交通的手段者？是不是有一‘知觉的心灵’，一‘神我’，即算在一切睡眠者中也永是清醒的？

我们可更前进。时当我们说下知觉的心思，用这名词我们必是指不异于我们的外表心思之一物；它只是在表面下活动，非醒时人所知；在同一义度下，也许可说是更深入，范畴更广大。但潜意识的自我之现相，远超出任何这种界义的范围。它包含一作用，不但在能量上远过优越，却较之我们所知为醒觉的自我的心思，迥乎是另外一种。然则我们有理由假定，在我们内中有一超心知者，正如有一下心知者，有一列知觉的官能，因此也是一知觉性的组织，它远高出那心理基层即我们所谓心思者之上。那么，我们内中这潜意识的自我，既如此在超心知中升出心思以上，它可否亦沦入下心知在心思以下？而在我们内中、在世界中，岂不有种种知觉性形式，皆下于心思，我们可称之曰情命的和生理的知觉性么？倘是如此，我们必假定在植物和矿物中，也有一种力量，我们可名之曰知觉性，虽则它不是人类的或动物的心思性，我们至今保留了那名词为专称的。

这不但是或然，而且，倘若我们虚心研究事物，则知其决然如此。在我们内中有这么一种生命知觉性，在身体的细胞中，在自动的生命机能上活动，以致我们通过有目的的动作，且服从吸引和违拒，而我们的心思，对之为陌生者。在动物中，这生命知觉性又是一更重要的因素。在植物中，它是直觉地明显。有一印度科学家，曾以严格的科学方法，寻到植物的真理，凡植物的伸张与退缩，乐与苦，醒境与睡眠，以及那一切奇离的生活，皆是知觉性的运动，但是，如我所能见到的，皆不是心思的运动。然则有一下于心思的，一生命的知觉性，其最初的反应，恰与心思的相同，但在其自体经验的构成上不同，有如超于心思者，在其自体经验的构成上，与心思的有体不同。

这一系我们所称为知觉性者，是否止于植物，止于那在其中我们见到有一下于动物底存在者呢？倘其如是，则我们当假定有一生命和知觉性的力量，原来对'物质'为陌生，却仍然入乎'物质'而占据了'物质'，——或许是从另一世界来的[1]。因为，否则更能何自而来呢？古代思想家相信有其他这样的诸世界存在，它们或许支持我们的世界中的生命和知觉性，或者用其压力而迫出之，但不由它们之进入而创造之。'物质'不能生发出什么，倘若不是原来内含于其中的。

但是没有理由假定生命和知觉性的全部阶程，忽停止而陷于我们所见为纯物质者。近代研究和思想的发展，好像指示出生命的一种幽奥的起源，或许指出一种惰性的或压抑了的知觉性，有在于矿物中，土地中，和在其他'无生物'形式中，或至少那在我们中间成为知觉性者的最初质料可能在那里。徒以在植物中，我们只能依稀认识而且想象那我所称为生命知觉性者，则'物质'的知觉性，属惰性的形式的，诚然在我们是难于了解或想象了；而凡我们所难于了解或想象的，我们以为我们有权否认了。虽然，若人追踪知觉性到如此深远，则发现'自然'中忽然有此断沟，近于不可信了。思想有权假定一个一体性，在此一体性为现相的一切其他类

① 如今流行的奇离的推测，是'生命'不是从另一世界却是从另一行星进到地上的。对一个思想家，那不会说明什么。真本问题是：如何'生命'竟全然会入乎'物质'中；而不是它如何进到某一星球的物质里。

别所表白之处，它只在某一类中，未尝被否定，却比较在其余类中为隐藏了。倘若我们又假定此一体未破，则我们达到这结论，即在世界上活动的一切‘力量’的形式中，有知觉性存在了。纵使没有心知的或超心知的‘神我’内寓于一切形式中，也必在那些形式中有一有体的知觉力量，虽其外表诸部分也分有的，或显或隐。

必然地，在这一见解中，知觉性这名词的意义改变了。它已不是心思性的同实异名，却是指存在的一种自我明觉之力，以心思为其中项；在心思以下，它则沉人生命的和物质的运动中，于我们为下心知者；在心思以上，它则升入超心思，对我们为超心知者。但在此一切中，皆是同此一物，只是自加组织不同。这，又是印度哲学中‘智’的一概念，‘智’，当作能力，乃创造诸世界。原本上我们达到了那个一体性，为唯物论的科学在另一端所见到的，当其断定‘心思’不能是异于‘物质’的另一力量，应该只是物质能力的发展和结果。另一方面，印度思想在其最深处，肯定‘物质’和‘心思’皆是同一能力的不同的等级，一个知觉的‘存在’之‘力量’的不同的组织。

但我们有什么权柄，肯定知觉性为这‘力量’的正当称述呢？因为知觉性暗指某种智慧，目的性，自我知识，虽此种种不必定取我们心思所习惯的形式。即算是从这观点看，事物皆支持而不反对一普遍的、知觉的‘力量’的理念。例如，我们在动物中看到一完善的目的性，和一精确的、诚是合科学的精微知识之活动，皆远出乎动物心思之能量以外，而人自己若要得到，也只能由长期的培养和教育，甚至运用起来，远不如其稳妥迅速。在这普通事实上，我们有道理看出一知觉的‘力量’在作用的证明。这‘力量’作用于动物中，于昆虫中，比较至今在地球上所显示的最高心思性在任何个体形式中者，还更聪明，更有目的，更明白其用意，目的，手段，和情况。而在非生物的'自然'之活动中，我们也发现同此一遍在的特性，属一至上的、隐藏了的智慧者，"隐藏于其自体的工事之诸态中"。

唯一的论难，反对一知觉的和智慧的渊源，有在于这有目的的工作，这智慧，选择，适应，和寻求的工作，便是'自然'的工事中的那一大原素，我们称之曰浪费的。但明显的，这一反对，是基于我们人类智识的范限上，人类智识，总是求将其自有的特殊理智性，只适宜于有限的人事者，强加于'世界力量'的普通作用上。我们只见到'自然'的一部分目的，而凡一切不为用于那部分者，我们称之曰浪费。可是即使是我们自己的人类作为，也充满了显然的浪费，从个人的观点看去是如此，可是这，我们可以确定，仍足够有用于事物的广大和普遍的目的。我们所能侦察出的'自然'的那一部分用意，她是虽有其显似的浪费，或也许正由其浪费，是够明确地完成了的。我们很可将我们尚未侦察出的其余部分信托于她。

至若此外，则无能忽略向预定目的之奔驰，好似盲目趋势之领导，所寻求的目标之确然终于、或当下达到，皆为'世界力量'在动物、植物、无生物中活动之表征者。长时若是科学头脑认'物质'为原始与终极，则不愿意承认智慧为智慧之母乃忠实底犹豫。但现在这已不过是一古旧的矛盾论了，肯定人类知觉性，智慧，才能，皆出自一不智慧的、盲目冲动的'无知觉性'，其中未尝有其任何形式或体质先在。人的知觉性，不能是旁的什么，除了是'自然'的知觉性之一形式。它存在于'心思'之下的内含的许多形式中，出现于

‘心思’中，也将上升而进到‘心思’以外的许多高上形式里。因为建造诸世界的‘力量’，是一知觉的‘力量’；自体显示于其中的‘存在’，是一知觉的‘有体’；而其潜能之美满发露于形式中，乃是唯一目标，我们可能合理想象的，为了它的这形色世界之显示。

第十一章　存在的悦乐：问题

但是，纵使我们承认这纯粹‘存在’，这‘大梵’，这‘真’，为万事万物的绝对的始，与终，与包含者，而且在‘大梵’中，承认有一个内在的自体知觉性，与其本体不可分离，外发则为知觉性的运动的一个力量，这便创造许多力量，形式，和世界，我们仍然对这问题没有答案，“为什么‘大梵’，为纯全，绝对，无限，毫无所需，略无所求者，全然要投出知觉性的力量，在它自体中创造这些形色世界呢？”因为我们已将这解决搁置了，它是被它的‘力量’的自性所驱而创造，为它的运动与成就之潜能性所策动而入乎形体。是真的，它有此潜能性，但不是为其所范限，拘束，或强迫；它是自由的。然则，既自由于或动或永恒静止，自由于将自体发为形式，或在自体中保留此潜能性，而放纵它的运动与形成之机能，则这只能是为了一个理由：为了悦乐。

这原始，终极，和永恒的‘存在’，如韦檀多学人士所见者，不徒然是一赤裸底存在，或一知觉的存在，其知觉性为粗朴的力量或权能。它是一知觉的存在，其有体之真正名称，其知觉性的真正名称，便是福乐。正如绝对存在中不能有‘空无’，不能有无心知之黑夜，不能有缺少，便是说，不能有‘力量’之缺失，——因为，这些若任有其一，它便不会是绝对了，——同样地，也不能有痛苦，不能有悦乐之否定。知觉的存在之绝对性，便是知觉的存在之不可限量的福乐；二者乃同一物之异名。凡一切无量性，无限性，绝对性，便是纯粹悦乐。即使在我们的相对的人道中也有这经验，凡不乐，意思便是一范限，一阻碍，——乐，起于被抑遏的某事物之实践，起于范限之超过，阻碍之克服。这是因为我们的原来的本体，便是绝对者，充分具有其无限无边的自我知觉性与自我权能；一自我保有，其另一名称便是自我悦乐。相对者愈触到那自我保有，与此成正比例，它愈接近满足，触到悦乐。

‘大梵’的自我悦乐，不是受限制的，不被其绝对的自我本体之静而不动的保有所限制。正如知觉性的力量能无限地抒发其自体为形式而有无穷底变化，同样地，其自我悦乐能成其运动，变化，极欢，于其自体的那无限的川流与变易中，为无数繁富的世界所代表的。发放，而且欣赏其自我悦乐之无限运动与变易，便是它的‘力量’之伸展或创造的活动之目的。

换言之，那已自抒发为形体者，便是‘存在·知觉性·福乐’之三位一体，其知觉性在其自性上是一创造的，或毋宁是一自我表现底‘力量’，能在其自我知觉的本体的现相和形式上，有无限的变易，且无尽地享受那变易的悦乐。这便推论到，凡存在着的事物，皆是如其为那存在，那知觉力量，那有体之悦乐的项目。正如我们见到，万事万物，皆一不变底本体之变易的形式，一无限的力量之有限的结果，同样地，我们也当见到万事万物，皆一自我存在的不可变而包含一切的悦乐之变易的自我表现。凡为物，其中便有此知觉的力量寓居，而且是由此知觉的力量以存在，以成其为此物；同样地，凡为物，便有此存在之悦乐，是由此悦乐以存在，以成其为此物。

这古韦檀多学的宇宙起源论，在人类心思中，立即遇到两大强烈反对，——情感上和识感上痛苦的知觉性，与罪恶的道德问题。因为倘若世界是'真、智、乐'之表现，不单是存在即知觉性之表现，——因为那是容易承认的，——而是存在亦即无限的自体悦乐的，则我们将如何解释忧愁，患难，痛苦之遍在？因为这世界在我们看去，好像是一痛苦的世界，而不是一存在的悦乐之世界。诚然，那世界观是一夸张之说，是透视法之错误。设若我们虚衷去看它，唯以正确且不动情感的估量为意，则我们当发现存在之快乐的总和，——纵使一些现象和某些个别情况与此相反，——远远超过生存之痛苦的总和，而生存之自动的或被动的，表面的或下层的乐，是自然的常态；苦，则是相反的事，暂时断止或掩盖那正常状态的。但正由这缘故，这苦之较小量更深密地影响我们，常仿佛出现为大于此较大的乐之总量；恰恰因为后者为正常，我们不珍重它，甚至几乎注意不到它，除非它凝固为其自体之某些尖锐形式，为一快乐之波涛，喜乐或狂欢之高浪。是这些事，我们称之曰悦乐，为我们所寻求，而正常之满足于存在，不论事会和特殊原因或对象而常在者，在我们倒感觉是什么中和之物，非乐非苦。乐是在那里的，是一伟大实际事实，因为倘若没有它，便不会有自我保存的普遍的、高压着的本能。但它不是我们所寻求的，因此我们不将其记在我们的情感的和识感的利润和亏损的账目上。在那账目上，我们只将正性的喜乐列在一边，不安适和痛苦列在另一边；痛苦使我们更深切感到，因为它对我们的有体为非正常，与我们的自然倾向相违反，被经验到是我们生存上之强暴，在我们之为我们且寻求将

是我们者上的外来的攻击和侵袭。

虽然，无论是痛苦之非正常性，或其或大或小的总和，皆无由影响此哲学论题；不论较大或较少，单是其有在于此，便成为整个问题。万有既皆是‘真、智、乐’，痛苦和患难如何竟全然能存在？这是真问题，而这时常又被弄到愈加混乱了，由于一谬论，出发自外乎宇宙的、人格性的上帝之理念的，也由于一偏论，即道德的困难。

可以这样推理：‘真、智、乐’便是上帝，是一知觉的‘有体’，为存在的作者；然则上帝如何能造出了一世界，其中‘他’加于‘他’所创造者以患难，批准痛苦，容许罪恶？上帝是‘全善’，而创造了痛苦与罪恶？倘若我们说痛苦是一试验，一研鞫，我们也没有解决这道德问题，我们达到了一不道德底或非道德底上帝，——也许是一位优良底世界技师，一狡狯的心理学家，但不是一‘至善’的‘上帝’，‘仁爱’的上帝，只是一位‘威力’之上帝，‘他’的法律我们得服从，‘他’的威猛莫测，我们希望得和宥。因为，一个发明以楚毒为试验或审讯手段的人，必被判定为或则是故意作残虐，或则是道德上麻木不仁，而且，倘若竟是有道德，则亦下劣于他所创造者的最高本能。而且，设若要逃避这道德的困难问题，我们说痛苦是道德上的罪恶之必然结果和自然惩罚，——这么一个解释，甚且不能合乎人生事实，除非我们承认‘业力’与重生之说，以为心灵是受到生前在其他身体中所犯的罪之惩罚，——我们仍然没有逃出这伦理问题的真正根本，——是谁，为什么，何自而造成了那道德上的恶，其后果必为痛苦与患难的惩罚的呢？而且，若见到道德上的罪恶，如实是一种心理的疾病或愚痴，是谁或是什么造成了这法律，或必

然的联系，要惩罚一心理病症或愚痴行为，用如此可怕的报复，如此常是极端而且巨大的毒楚呢？业力的严酷无情的法律，与一最高道德的和个人性的‘天神’不相调和，因此‘佛陀’的清明逻辑，否定任何自由而且统治一切的人格性‘上帝’之存在；一切人格‘佛陀’皆声称为无明之创作，而且受制于‘业力’。

如理实，这么分明表述的困难，只起于我们假定有外乎宇宙的、人格性的上帝存在，非‘他’自体即此宇宙，假定其是创造了善与恶，痛苦与患难，给‘他’的所作者，而‘他’自己高居在上，不受到影响，‘他’看着，统治着，行使‘他’的意志于一遭受苦难的和挣扎着的世界，或者，倘若不行使‘他’的意志，倘若使世界为一无情的法律所推转，不受到‘他’的帮助，或救助不力，则‘他’不是一上帝，不全能，不全善，不全恩仁。没有任何一超宇宙的人格性的上帝之说，能解释罪恶与患难，——罪恶与痛苦之创造，——除了是一不能使人满意的遁辞，不答复却避开了这正在讨论的问题，或者是一或明或暗底‘摩尼教’之论，实际消灭了‘神主’，当其试行辩护它的办法或找出它的工作之理由。但这样一位上帝，不是韦檀多学的‘真、智、乐’。韦檀多学的‘真、智、乐’，是唯一存在，无有其二；凡是者，便是‘他’。若是罪恶与痛苦存在，则是‘他’负担了罪恶与痛苦，在‘他’将‘他自己’寄托于其中的所造者中。于是这问题完全改变了。问题不复是上帝如何能为‘他’的所造者作出了痛苦与罪恶，为‘他’所不能因此也不染的，而是：唯一而且无限的‘存在·知觉性·福乐’，如何而会接纳到它自体中那是非福乐者，那似乎是它的积极的否定者。

半个道德的困难——那在其一不可解答的形式中的困难消失

了。问题不复生起，不复能立。对他人的虐毒而我则不染，或甚至以事后的忏悔或已晚底同情而分担其痛苦，这是一事；自加痛苦，而我为唯一存在，这迥是另一事。可是这伦理困难，仍可在修改了的形式下引回：'大全悦乐'必然是全善和全爱，则罪恶与痛苦如何能存在于'真、智、乐'中呢，因为他不是机械的存在，而是自由的、知觉的有体，自由于贬斥且拒绝罪恶与痛苦？我们要认识这样牒出的问题，也是一错误论点，因为它施用一局部陈述的名词，好像其可施用于全体。因为善的理念，爱的理念，我们这么参入'大全悦乐'的概念中的，出自事物的二元论观和分别观；它们全皆基于造物与造物间之关系，我们却坚执将其施于一个问题上，而这问题，相反地，起自'太一'即是大全的假定。我们必须首先看这问题如何出现，或者看如何能在其原始的纯净状态中得到解决，在异中之一的基础上；唯有这样，我们可稳妥处理其部分及其发展，如在分化与二元的基础上的造物与造物间之关系。

我们应当认识，倘若我们这样看整体，不将自己局限于人类的困难和人类的立场，我们不是生活于一伦理的世界中。人类思想，企图强加一伦理意义到整个'自然'中，是固执且顽强的自扰的行为之一，人类的那些可悲的企图之一，要在一切事物中加入他自己，他的有限的、习惯的人类自我，从他个人发出的立场批判它们，而那便最生效地阻止他达到真知识与全视见。物质'自然'不是伦理的；统治着它的法律，乃固定习惯之序列，这些习惯无知于善恶，只看到创造着的力，安排和保存着的力，扰乱和破坏之力，无偏颇，非伦理，一随其内中所秘藏之'意志'，一随那'意志'之无言的满足，在其自体形成与自体毁灭中。动物的或情命的'自然'，也是非伦理的，虽然当其进化时，也显示出粗坯原料，高等动物以之发皇出伦理冲动。我们不责备老虎，因为它杀戮而且吞噬其捕获的动物，正如不责备飓风，因为它毁坏，或火，因为它焚灼而且烧杀；而飓风，火，或老虎中的知觉力量，也不责难或贬斥它自己。责备和贬斥，或毋宁是自我责备和自我贬斥，乃真伦理之始。若我们责备旁人，而不将同此一法律绳诸自己，我们不是说出真实伦理的批判，却只是使用伦理给我们作出的话语，加到一情感的冲动上，是对那不取悦或损伤我们者的不乐或退避之冲动。

这退缩或不喜，乃伦理的最初起源，但其本身不是伦理的。鹿对老虎的畏惧，猛兽对其攻击者的忿怒，是个体的存在之悦乐受到了威胁，因而生起的情命的退缩。在心性的进步中，这已将自体精炼了，化为憎恶，不喜欢，不赞许。不赞许那威胁和侵害我们者，赞许那阿谀且使我们满足者，便精炼化了，化为善与恶之概念，于自己的，于集体的，于他人而非我们自己的，于他集团而非我们的集团的善恶概念，终于更精炼而化为对善的普通赞许，对恶的普通不赞许。但自始至终，这事的基本性质仍其同一不变。人欲望自我表现，自我发展，换句话说，愿望存在的知觉力量在他内中进步活动：那便是他的基本的悦乐。凡损伤那自我表现，自我发展，他的进步着的满足者，对他便是恶；凡佐助确定，提高，张大，而崇高化之者，便是他的善。只是，他的自我发展的概念改变着，变到更高更广，开始超出他的有限人格，容纳他人，拥抱一切于其范围里。

换言之，伦理是进化中的一阶段。那在一切阶段上为共通者，便是‘真、智、乐’的迫促，趋向自我表现。这迫促起初是非伦理的，其次在动物中是下伦理的，再其次在灵性动物中甚至是反伦理的，因为它容许我们同意加于他人的损伤，若加于我们自己，则不会同意了。在这方面看来，甚至如今之人，也只是半伦理的。正如凡下于我们者皆是下伦理的，一样可能在我们的上处，我们终要达到的地方，为超伦理的，则又无需乎伦理。伦理的冲动和态度，对人类为那么至关重要者，只是一种手段，以之人类要从低等和谐与普遍性，基于无心知而被‘生命’破为个人的乖戾者，奋斗出去，进向一高等和谐与普遍性，基于心知的与一切存在为一之一性者。达到了那目标之后，这手段不复需要了，或甚至不可能了，因为它所依赖的德性和矛盾，皆将自然溶解而消失于最后的调和中。

倘若这伦理立场，只用于一暂时的、虽是至关重要的过程，从一普遍性过到另一普遍性，我们不能用之于全部解决世界的问题，只能承认其为那解决中之一个原素。不这样做，便有进入将宇宙间一切事物虚伪化了的危险，将那居于我们之后、之外的进化的意义虚伪化了，以求适合于暂时的展望，和一事物的用处的半进化的见解。这世界有三层，下伦理的，伦理的，和超伦理的。我们当找到于此三皆为共通者；因为只有这样，我们方能解决这问题。

那于一切皆为共通者，我们已经见到，便是存在的知觉力量之满足，满足于发展它自体为诸多形式，且在那发展中寻求其悦乐。它显然起始于那满足或存在的悦乐；因为这是那于它为正常者，它所扳援者，它所作为它的基础者。但它寻求它自体的新形式，而在进到高等形式的过程中，介入了痛苦与忧患的现相，这好像是与它的有体之基本自性相违反。是这，且唯独这个，乃是根本问题。

然则我们如何解决这根本问题呢？我们当这么说么：‘真、智、乐’不是万事万物的始与终，始与终是‘虚无’，一无偏的‘空’，其本身不是什么，却包含一切存在或非存在、知觉性或非知觉性、悦乐或非悦乐的潜能性？倘若我们愿意，我们也可接受这答案；但虽我们欲以此解释万物，我们真实是不曾解释一物，只是包括了一切物。一‘无物’而充满了一切潜能性，是与一切名相和事物可能有的最完全的相违，而我们因此只是以一大矛盾解释了一小矛盾，以推进事物之自相矛盾到最大限度。‘虚无’便是‘空无’，其中不能有潜能性；一切潜能性之一无偏的不定者是‘混沌’，而我们所作的一切，便是将‘混沌’加到‘空无’中，却未曾解释它如何到那中间去的。然则让我们回到我们的‘真、智、乐’的原本概念，看是否在那基础上可得一较完全的解决。

我们首先应当弄明白，正如当我们讲起遍是底知觉性，我们是说比人的清醒时的心思知觉性较广大，更属真元的，不同的什么，同样，当我们讲起遍是的存在之悦乐，我们是说比个人的寻常感情的和感识的快乐较广大，更属真元的，不同的什么。快乐，欢喜，悦乐，如人用这些名词，皆是有限的和偶然的运动，依乎某些习惯原因，而起自异于其自体的背景；有同其对立者，痛苦与忧愁，同样是有限的和偶然的运动，亦起自异于其自体的背景。有体之悦乐是遍是底，不可范限，自体存在，不依赖特殊原因，是一切背景之背景，由之而快乐，痛苦，及其他较中性的经验皆出现。时当有体之悦乐，自求实践为变易之悦乐，则它在力量的运动中运动，本身取种种不同的运动形式，以快乐与痛苦为其正性和负性的潮流。在‘物质’中为下心知，在‘心思’以外为超心知，这悦乐在‘心思’与‘生命’中寻求实践其自体，由出现于变易中，出现于运动的增上着的自体知觉性中。其最初的现相皆是偶性的，而且不纯粹，游移于苦与乐两极间，但其目标在于自体启示于一至上、纯粹的有体悦乐中，自体存在而不依于对象与原因者。正如'真、智、乐'趋往在个人中的宇宙存在之实践，趋往在身体与心思的形式中之超形式的知觉性之实践，同样，它趋往在特殊经验和对象的长流中，遍是的，自体存在的，无对象的悦乐之实践。那些对象，我们如今寻求，作为一暂现的快乐和满足之刺激的原因；我们既自由，且自制，便不会寻求了，却已占有了，不是当作悦乐的原因，而是当作悦乐的返映器，悦乐是永恒存在的。

在自私的人类，从物质的阴暗躯壳出现的心思的人，存在的悦乐是中性的，半隐伏，仍在下知觉者的阴影中，几乎近似一蒙茸的肥土，为欲望即如有毒的蔓草之蕃滋而掩蔽了，而开不下其为有毒的花卉，如我们的自私的生存之痛苦与快乐。时若那神圣的知觉力，在我内中秘密工作的，吞灭了这些欲望的蕃植物，时若火神，用黎俱韦陀的象征说，烧绝了土地上的茁芽，则那隐藏在这些苦与乐的根柢下者，它们的秘密有体和原因，它们内中的悦乐的液汁，将在新形式下出现，不是欲望的形式了，却是自体存在之满足，它将代生人之快乐以'永生者'之极乐。而且这变化是可能的，因为这些识感与情感的滋植，皆在其真元本体上，在痛苦不下于快乐，皆是那存在的悦乐，为它们所寻求但未克启露者，——未能启露，因为分别，自我之无明，与自私性。

第十二章　存在的悦乐：解答

在这基承着的不可移易的存在之悦乐的概念中，我们乃达到我们所研究的这问题的真解答了。一切我们的外间的或表面的感觉，皆为这存在之悦乐的正性的、负性的或中性的活动，皆此无底的深渊之浪花与浮沫。万事万物之本体，是一无限的、不可分离的存在；那存在的真元自性或权能，是自我知觉的有体之无限而不可磨灭的力量；而那自我知觉性之真元自性或其自体之知识，又是一无限的、不可移易的有体之悦乐。在无形式性与一切形式中，在无限的、不可分离的永恒觉识中，及在有限的分别之诸多形色底表象中，这自我存在永远保持它的自我悦乐。正如在'物质'的似是无心知中，我们的心灵从它的束缚中生长出来，出到其自体的表面习惯，和自体知觉的之存在的特殊状态，它发现那无限的'知觉的力量'，为恒常，为不动，为存育着；同样地，在'物质'的似是无感觉中，它便发现且自合调于一无限的知觉的'悦乐'，为沉定，为大欢，为遍涵者。这悦乐是它自有的悦乐，这自我是它在一切中之自我；但在我们寻常看自我和万物的眼光中，这便仍其为幽隐，深沉，下于知觉；我们的眼光，只醒视且游移于表面。而且，正如它在一切形式内，同样，它在一切经验中，不论其为可乐，痛苦，或中性。在那里也是隐藏了，深沉，下于知觉，它使事物可能且强迫事物留于

存在中。这便是那扳附存在之理由，那统治着的'是为'的意志；在情命上转移为保存自我的本能，在物理上为物质之不灭性，在心思上为永生的意识，这随附于已形成的生存体之自我发展的一切方面，虽是偶有的自体毁灭之冲动，也只是一反面形式，向另一存在境界之吸引，因此是从现在的生存境界之退转。'悦乐'便是存在，'悦乐'便是创造的秘密，'悦乐'便是有生之根本，'悦乐'便是留于存在中之原因，'悦乐'亦是有生之终竟，是创造所没入而止者。如奥义书所云：'一切生自阿难陀，一切以阿难陀留于有体而增长，一切又归于阿难陀而逝。'

设若我们看此真元'有体'的三方面，在真实性为一，对我们的心思之见则为一而三，只在表相上可分，在分别了的知觉性之现相上可分，则我们能将古代哲学的各个公式置于其正常位置，使它们联合而为一，止息那世世代代的争论。因为，倘若只在其表相上看世界存在，且只在其与纯粹，无限，不可分，不变易的'存在'之关系上看它，则有缘由视之、说之、体认之为'摩耶'或'幻有'。'摩耶'在其原义中，是指一了解的，和能涵的知觉性，能概括，能度量，能限制，因此能形成；这是那界划出，度量出，型范出形式于无形式者中的，且能心理化，似化'不可知者'为可知，能几何化，似化无限量者为可度量。后下这名词离开了它原来指知识，技巧，智慧的意思，变成了坏意思，指狡狯，虚伪，或幻象，于是在一魔蔽或幻有的意度下为诸派哲学所用。

世界是'摩耶'。世界非不真实，意义不是说它没有何种存在；因为纵使说它只是'自我'的一梦，则它仍会存在于'此'中而为一梦，现在对'此'为真，纵使究竟不真。我们亦不应当说世界是不真实,意思说它没有何种永恒的存在性;因为虽某些世界和某些形式,可能或实在在物理上消解,在心思上从显了的知觉回到非显了,然'形式'在其自体,'世界'在其自体皆是永恒的。从非显了它们必然又回到显了;它们也有一永恒的回还,倘若没有一永恒的坚住,也有一永恒的不变性在总和与基础上,连同一永恒的变易性在方面与形相上。我们也没有能够确然于从前尝有过,或将来总会有'时间'中的一段,其时没有宇宙的形式,有体的活动,在永恒的'知觉的有体'中向自体表呈了,但我们只有一直觉的见知,即我们所知之世界,能够也实是自'彼'出现,又还入'其'中,永恒地。

仍然,世界是'摩耶',因为它不是无限存在的原本真理,却只是自我知觉的有体之一创造,——不是一空虚中之创造,不是在无中或由无作出的什么,却是由那'自我有体'的永恒'真理'且在其永恒'真理'中的创造;它的主体,渊源,和本质,皆是真元的,真实的'存在',它的形式,皆'彼'之可变易的形成,对'彼'自有的知觉的见识为然,为'彼'自有的创造的知觉力量所决定。它们能为显示,能为无显示,能为异于显示。倘若我们愿意的话,因此可称它们这无限的知觉性之幻相,这么勇敢抛回去一阴影——我们的隶属于错误与无能性之心思意识的阴影,抛到那既大于'心思'遂出乎隶属于虚伪与幻相以外者上。但是,看到'存在'之真元与本质不是一诳语,我们的分化了的知觉性之一切错误与畸形,皆代表那不可分的自体知觉的'存在'的一些真理,我们只能说,世界不是'彼'之真元真理,而是'彼'之自由的多性、与无限的表面的变易性的现相的真理,不是'彼'之基本的和不变易的'一体性'之真理。

倘若,另外一方面,我们唯在与知觉性的关系上,与知觉性的

力量的关系上看'世界存在'，则我们可看它，说它，且体认它为一种力量的运动，服从着某种秘密意志，或不然则是某种需要，为占有或看着它的'知觉性'的真本存在所加于它的。然则这是'自性'、即行施的'力量'的活动，所以满足'神我'，即观看着和享受着的'知觉的有体'的。或者，这是'神我'的活动，返映在'力量'的运动中，自与运动体认为一。然则世界是万物之'母'的活动，活动于将'她'自体永是型铸于无限形式里，急切于永恒倾出着的经验。

进者，倘若我们又毋宁在其与永恒存在的有体之自体悦乐的关系上看'世界存在'，我们可以看它，说它，且体认它为'游戏'，儿童的喜乐，诗人的喜乐，演员的喜乐，工程师的喜乐，乐于事物的'心灵'，永恒年轻，永长不竭，在'他自己'中创造又重新创造'他自己'，为了单是那自我创造的，自我表呈的福乐，——'他自己'是游戏，'他自己'是游戏者，'他自己'是游戏场。存在的活动的这三个概说，在其与永恒而且安定的，不变易的'真、智、乐'的关系中，始于'摩耶'，'自性'，'游戏'的三概念，自表于我们的哲学体系中为三派互相矛盾的哲学，如实皆完善地彼此相合，相辅相成，全部对于整个人生观和世界观皆为必需的。我们为其一部分的这世界，在其最明显的大观上，是'力量'的一运动；但那'力量'，时若我们穿透其外表现相，则明其为创造的知觉性的一恒常的而亦常变底旋律，在它本身映出、投上其自有之无限与永恒的本体之现相的真理；而这旋律在其真元，原因，和目的上，是有体之无限悦乐的游戏，永是忙于其自有的无数量之自体表呈。这三重观或而三而一观，必然是我们一切对宇宙之了解的出发点。

有体的永恒的、不变易的悦乐，发动为变易的无限的、可变底

悦乐，既是这整个事情的根本，则我们当想到一个不可分的知觉的‘有体’，在我们的一切经验的后面，以其不可移易的悦乐支持着经验，以其运动结果出我们的感觉生活上的苦，乐，中性的不苦不乐等变换。那便是我们的真自我；心思体，隶属于此三重震动者，只能是我们的真自我之代表，为了对事物在感觉上的经验而置于前方，那经验便是我们的分化了的知觉性，在其于世界的多方接触之反动和反应之最初旋律。它是一不完善的反应，一混杂了而不调和的旋律，准备而且启导着我们内中的知觉‘有体’之充分的、统一了的活动；它不是那真实美满的交响乐；那交响乐也可以是我们的，倘若我们一旦能入乎与那在一切变化中之‘太一’交感，使我们自己与此绝对的和宇宙的和谐乐合调。

倘若这见解是对的，则某些结果必自呈现。第一，在我们的深处，我们自己便是那‘太一’，在我们的有体之真实性中，我们便是此不可分的‘大全知觉性’，因此也即是不可移易的‘大全福乐’，既然如此，则在苦，乐，中性的三种震动中我们的感觉经验之依起，只可能是一外表的安排，为我们的有限一部分所作下的，这部分在我们的醒时知觉性中为最上者。在后面，我们中间必有点什么，——远过其浩大，深沉，真实，过于表面知觉性，——在一切经验中皆无偏倚地得到其悦乐；是那悦乐，秘密支持这表面的心思有体，使之在‘变易’的激烈运动中，能坚忍一切劳苦，患难，和试炼。我们所称为我们自己者，只是在表面上的一缕颤动的光，在后面，便是那全部浩大的下心知，浩大的超心知，由此种种表面经验而获利，且将其加于它的外在自我，它将这外在自我作为一种有感受性的外壳，对待世界的接触。它自体是隐藏了，却接受这些感触，将其同化，化为一更真实，更深沉，更雄强且能创造的经验之种种价值。从它的深处，它将其归还到表面上，发为气力，德操，知识，冲动的种种形式，这些的根柢在我们看去好像是神秘的，因为我们的心思在表面上流转，动荡，未尝学到将自体集中在深处，生活在深处。

在我们的寻常生活中，这真理是见不到的，或者只偶尔阴暗地瞥见，或不完全地存着，想着。但设若我们学到在内里生活，则必无失地觉悟到我们内中的这当体，即我们的更真实的自我，一个当体，为深沉，平静，悦乐，强能，而世界不是主宰，——一个当体，倘若不是'上主'自己，也是内中'上主'的射光。我们觉到它在内中，支持着，帮助着这现似的、外表的自我，笑着它的苦与乐，如同笑一小孩的错误和发脾气。倘若我们能回到我们自己，不与我们的外表经验，却与'神圣者'的那辉射底晕光体认为一，我们可以生活在那态度里而与世界相接触，在我们的全部知觉中，退出身体，情命，和心思的苦与乐，占有它们，当作那些经验，其性质既是属表面的，不触到或将其自体加到我们的中心和真实本体。在很能表达此意的梵文名词中，在'思成我'之后有一'乐成我'，一浩大的'福乐自我'，居于这有限的心思自我之后，这心思的自我，只是'福乐自我'之阴影的形象和凌乱的回光。我们自己的真理在内中，不是在外表。

再者，这苦，乐，俱非的三种震动，既属外表，既是我们的不完善的进化之一安排和结果，则其中不能有绝对性，不能有必需。在我们没有义务，对某种接触必报之以苦，乐，或中性的反应，只有一种习惯的义务。在某一独特的接触中我们感到苦或乐，因为那是我们的本性所养成的习惯，因为那是接受者所建立的与接触的恒常关系。是在我们的能为以内,答之以正相反对的回应,在常时有苦之处得乐,在常时有乐之处感苦。同样也在我们的能为以内,使此表面有体习惯于不答以苦,乐,无感之机械的反应,却自由地答以那不可移易的悦乐,即我们内中的真实而且浩大的‘福乐自我’的恒常经验。而这,比较在表面习惯之深处的一欢喜且不执著的接受,为一更伟大的征服,更完全的自我保持。因为这已不复徒为接受而无克服,已不复是对经验的不完善的价值之自由的默许,这却是使我们能化不完善的为完善的,虚伪的为真实的价值,——事物中的‘精神’的恒常然是真切的悦乐,代替了心思体所经验到的种种对待。

在心思的事物,这苦与乐的反应的纯属习惯的相对性不难见到。我们中间的神经体,诚然,是习惯于某种固定性,习于在这些事物中的一绝对性之虚伪印象。对于它,则胜利,成功,荣誉,种种佳运,皆是在其自体上为愉快的事,绝对如此,因此必生喜乐,正如糖之味必甜;失败,不成功,失望,耻辱,各种晦运,皆是在其自体上为不愉快的事,绝对如此,因此必生忧愁,如艾之味必苦。变改这些反应,对它则是与事实相违,为不正常,为病态。因为神经体是奴役于习惯之物,在其自体上是‘自然’所设计的手段,以固定反应之恒常性,经验之一致性,及人与生命的关系的一定的方案。另外一方面,心思体却是自由的,因为它是‘自然’所设计出的手段,为了伸缩与变换,为了更改与进步的。只若它愿意服从它方服从,只若它愿意居留在某一心思习惯中而不在另外某种,它方居留,或只若长时它容许为它的神经工具所管制,它方如此。它不必定为失败,耻辱,损失而忧愁;它可以面对这些事和一切事而完全无动于衷；甚至可遇之以完全的高兴。因此，人发现当他愈加拒绝为他的神经和肉体所统治，愈加退出他与自己的物理和情命部分之纠缠，他的自由也愈大。他成了他自己的对世界的接触的反应之主人，不复为外在感触之奴隶。

至若涉及生理之苦乐，则较难于引用这普遍的真理了。因为这是神经与身体的正本疆土，是那个在我们中间者的中心与座位，其自性是要为外在接触和外在压力所统治者。可是，甚至在这里，我们也瞥见一点这真理。这是在此一事实中见到的，即同一物理的接触，一随习惯可以或是快乐或是痛苦，不但于不同的个人，亦复于同此一人，在不同的情况下，或在他的发展的不同的阶段，而可如此。我们看到有在这种事，即凡人在极大兴奋或兴高采烈的时候，可在生理上不注意到痛苦或不感觉痛苦，即算在那接触之下，寻常会使人严重地伤损或痛楚的。在许多场合，只是时当神经能够重新振作自身，向心思提示对伤损的习惯的义务，然后痛苦之感觉方回转来。但这回转到习惯的义务不是必不可免的；这只是习惯的。我们见到在催眠现相中，不但被催眠者可以成功地被禁止感到一伤痛或刺痛，在此非常状态中之时，亦且可同样成功地被阻止回到他的习惯的痛苦反应，在他醒觉以后。这现相的理由十分简单；这是因为催眠者遏抑了习惯的清醒知觉性，即为神经习惯的奴隶者，而能诉于深处的潜意识心思体，诉于内在的心思体，即是，倘若他愿意，神经和身体的主人。但这种自由，以催眠术而非正常地得到的，迅速地，以一陌生的意志而成，未尝真实保有，也可同样正常地获得，渐进地，以自己的意志而成，真实保有，使心思体能全部或局部胜服身体的习惯的神经反应。

心思与身体的痛苦,是‘自然’的,即是说‘力量’的在她的工作中的一个机巧,意在于在她的上达的进化中,助达一决定的过渡的目的。世界,从个人的观点看,是多种多式的力量的一活动和复杂震撼。在这错综复杂的活动中,个人形其为一有限的构造物,具备着有限的一点力量,而袒露于无数震撼之前,可能将他所称为自己者这机构损伤,毁坏,打破,或散解。痛苦,性质上是从一危险或有害的接触退转,即神经的和物理的退转,即奥义书中所称之‘憎恶’的一部分,是此有限的有体从非他自己,和不与他同情或相和谐者的退缩,是其对‘其他者’的自卫行动。从这观点看,这是‘自然’的指示,指示那应当泯除者,或者,倘若不能成功地泯除,也应当救正者。这不在物理界中出现,时若生命尚未进入;因为直到那时,机械方法皆足够了。其工作始于生命以其弱质,以其不能完善保有‘物质’出场了;其生长,与生命中的‘心思’一同生长。其职事是继续下去的,长时若‘心思’是拘系于生命和身体,正是运用它们,为了它的知识和行为手段而依赖它们,隶属于它们的范限,隶属于从那些范限出生的自私的行动和目标。但是,倘若且时当人中的‘心思’变到能胜自由,不自私,与众生万物相和谐,与世界种种力量相融洽,则苦难的用处和职事减少了,其存在之理由终于没有了;若其继续,亦只能当作‘自然’的反祖先遗传,为用已过而犹存的习性,在高等的尚未完善的组织中,有卑者的残存。其究竟消灭,必然是心灵对其隶属于‘物质’,和‘心思’中的私我范限,这命定的胜利中的一重要点。

这种消灭是可能的,因为苦与乐本身皆是潮流,一个是不完善,一个是颠倒了,但仍然皆是存在的悦乐之潮流。这不完善与颠

倒的理由，是人在他的知觉性中的自我分化，由度量着且范限着‘摩耶’，结果不是个人于接触的普遍接纳，却是自私的、零星的接纳。于宇宙的心灵，万事万物和与万事万物相接触，其中皆含有一悦乐之真元，最好以梵文的美学名词称之曰‘罗萨’，意义是一物之液汁或菁华，又是它的滋味。因为我们不在事物与我们的接触中求事物之真元，而只看它的态度，其间它之影响我们的欲望和畏惧，贪求和退缩，以致忧愁和痛苦，不完全的和暂现的快乐或漠然无感，——便是说，坦白的不能摄得真元之无能，——乃‘罗萨’所取之形式。若使我们在思心和情心中皆能不生执著，又将那离执态度加于神经体，则渐进地消除‘罗萨’的这些不完善的和颠倒的形式乃为可能，而至不可易的存在的悦乐之真元本味，在其一切变易上，乃可为我们所达到。我们也达到一点点这种能量，能在事物的美的接受中，有可变的然是普遍的悦乐，如‘艺术’和‘诗歌’所代表者，于是在其间享受‘罗萨’或味，忧愁者，可怖者，甚至可憎者或起反感者的味；其理由是我们不执著，无关心，不想到我们自己，不想到自卫，只注意此事物及其菁华。当然，接触的美的接受，不是纯粹的悦乐之一精确形象或反映；纯粹的悦乐是超心思的，超美感的。这后者将消灭忧，惧，怖，憎，并其原因，而前者容纳它们，然它代表，局部地且不完善地代表着一阶段，即宇宙‘心灵’对事物的进步的悦乐在其显示上的一阶段，而且它容纳我们，在我的一部分本性上接纳到那种离执，离私我感觉之执，接纳到那至大的态度，以之那唯一的‘心灵’，在凡我辈分化了的人们只经验到混乱和乖戾之处，见到和谐与美。全部解放之来到，只能由我们全体诸部分的一相同底解放，由遍是底美，由遍是底知识立场，由遍离对一切事物之执著，可是亦同情于一切，在我们的神经体与感情体中。

痛苦的自性，既是我们中间的知觉力之失败，不克应付生存之震动，因结果出退缩和收敛，其根柢是那接受和保有的力量之不平等，由于我们以自私而范限自己，缘于对真实‘自我’，对‘真、智、乐’之无知，则泯除痛苦，进行当始于以‘坚忍’，即直面，忍受，克服一切生存之震动，代替‘憎恶’，即退缩和收敛：以此坚忍与克服，我们进到一平等性，这可能是对一切接触，平等无复关心，或在一切接触中皆有平等的欢喜：而这平等性又必须得一坚定基础，即在于以‘真、智、乐’亦即‘大全福乐’的知觉性，代替这享受和痛苦着的私我知觉性。‘真、智、乐’的知觉性，可以是超上的，离宇宙而远之，达到这遥远的‘福乐’之境，其路是平等不关心；这是修士之道。或者，这‘真、智、乐’的知觉性，可以同时是超上又是世间的；达到这当前且怀抱一切的‘福乐’之境，其路是皈依，将私我消融于一切中，且保持一遍在的平等悦乐；这是古韦陀的圣贤之道。但对于乐之不完善的撼触和苦之颠倒的撼触而皆中立，是心灵的自我训练的第一直接的也是自然的结果，而转化为平等悦乐，通常只能后到。直接化三重震动为‘阿难陀’也有可能，但在人比较难为。

这么，这宇宙观便是如此。这出自整体韦檀多之肯定。一无限的，不可分底存在，在其纯粹自我知觉性中是大全福乐的，出自其基本的纯粹性，进入‘力量’即知觉性的多种活动，进入‘自性’的运动即‘摩耶’的游戏。存在的悦乐，起初是自体凝敛着，收摄着，潜知觉于物理世界之基础中；其次，则出现为一大聚中性的运动，还不是我们所称为感觉者；再进，则以心思与私我之生长而出现，乃在苦、乐，俱非三重震动中，源于知觉性的力量之范限于形式中，源于其袒露于普遍的‘力量’之震撼，在它以为是陌生的，且与它的度量和标准不相和合者；末了，充分底‘真、智、乐’在其所创造者中的知觉的出现，由于大公性，由于平等性，由于自我保有和对‘自然’的胜服。这便是世界的程途和运动。

设若要问：为什么这‘独一存在’，有乐于这么一种运动？答复是在这事中，即一切可能性，皆内在于‘它’的无限性中，而存在之悦乐，——不是在其不变易的有体中，却是在其可变易的变是中，——恰在于其可能性的多方实践。在这我们成为其一部分的世界中作出的可能性，始于‘真、智、乐’之隐蔽，隐蔽于好像是它自有的反对者中，与甚至在那反对者诸项中它的自我发现。无限的有体，自消失于非有体的现相中，而以一有限的‘心灵’之相状出现；无限的知觉性，自消失于一浩大的、不决定的无心知中，而以一有限的、表面的知觉性之相状出现；无限的自我支持着的‘力量’，自消失于一原子的混沌聚的现象中，而以一世界的不安定的平衡之相状出现；无限的‘悦乐’，自消失于一无感觉的‘物质’现相中，而以种种苦，乐，中性感及爱，憎，与无关心的一不和谐的旋律之相状出现；无限的一体性，自消失于多性之混乱的现相中，而出现于种种力量和有体之争冲中，皆是以互相占有，消解，吞噬而图恢复一体性的。在这创造中，实际的‘真、智、乐’应当出现。人，这个体，应当变作一世界的有体，且如是而生活；他的有限的心思知觉性，应当扩充到超心知的一体性，其间每个怀抱全体；他的狭隘的情心，应当学到这无限的怀抱，以普遍的爱代替它的欲乐和乖戾；他的局促的生命体，应当变到对全部世界加于它的震撼平等，而堪享遍是的悦乐；他的正本生理体，应当知道自身不是一分别的整

元，却是与即是此万事万物的全部不可分底‘力量’之奔流为一，且在自身延续这奔流；他的整个本性，应当在他个人中重复出那无上的‘存在・知觉性・福乐’之一体性，和谐，遍一切之一性。

经过这一切活动，秘密的真实性，常是一且同此一存在之悦乐，——同一，在下知觉的眠伏的悦乐中，在个人出现以前；在奋斗的悦乐中，即在其努力要寻到自己，然是在以个人为中心的半知觉的梦之懵懂里，奋斗及其一切起伏，盛衰，颠倒，正变，反变的悦乐；在永恒的超心知的自我保有之悦乐中，其间个人必须醒觉而进入的，且在那里与不可分的‘真、智、乐’为一。这便是‘太一’，‘主宰’，‘大全’的游戏，当其向我们解放了的和启明了的知识现示它自体，从这物质世界的原生立场上看。

第十三章　神圣摩耶

存在，以知觉体之权能，且自它的纯粹悦乐而有为、而创造，乃我们是为我们的真实性，乃我们的一切状态和格度的自我，乃我们的一切作为，变是，和创造的原因，对象，和目标。正如诗人，艺术家，或音乐家，当他创作的时候，实在没有作什么，只不过在他的未显了的自我中，发皇出某些潜能，而纳入一显了的形式；又如思想家，政治家，工程师，只是将隐藏于他们自己内中者，曾是他们自己者，发皇出而为形式，而且一旦形式既铸成之后，也仍然是他们自己，在世界与'永恒者'亦复同然。一切创造或变是，不外是这自我显示。从种子生出原在于种子中者，在有体中为先在，在其变是的意志中为先决，在变是的悦乐中为先定。原始的原生质，本身在有体的力量中，包含了其结末底有机体。因为常是那秘密的，重负的，自知的力量，在其自有的不可抵抗的冲动下劳动着，要显示它所暗荷的它自体的形相。只是，创造或从他自己发展着的个人，乃作出一分辨，分别他自己，在他内中工作的力量，和他工作中的材料。如实，力量便是他自己，力量所用为工具的个人化了的知觉性也是他自己，力量所用的材料也是他自己，结果出的形式也是他自己。换句话说，是一个存在，一个力量，一有体的悦乐，自体集中于不同诸点，而每个说：'这是我'，以自我力量的各种活动在其中工作，为了一各式活动的自我形成。

它所产生的，便是它自体而不能是其他什么。它是作出一番活动，一旋律，其自体的存在，知觉性的力量，和有体的悦乐之一番发展。是故凡入乎此世界者，除了这不更寻求什么，要是为，要达到所预期的形式，要在那形式中扩大其自我存在，要无限地发展，显示，增加，实现其内中的知觉性与权能，要有入乎显示的悦乐，要有有体的形式之悦乐，要有知觉性的旋律之悦乐，要有力量的活动之悦乐，要增大而且完成那悦乐，用了不论何种可能的手段，不论在何方向，通过于自体的不论何种理念，为在其有体之最深处活动着的'存在'，'知觉的力量'，'悦乐'所向它提示的。

若使有事物所趋向的什么目标，什么完全性，则只能是它的自我存在之完全性，——在个体中，与在多个体所组成的整体中，——它的权能和知觉性的，与它的有体之悦乐的完全性。但是这种完全性，在个人知觉性之集中于其个人的形成之范围内，是不可能的；绝对的完全性在有限者中是不成的，因为这于有限者的概念为陌生。是故唯一可能的终极目标，是无限的知觉性之在个人中出现；这是他之恢复他自己的真理，以自我知识与自我实践，恢复有体中之'无限者'，知觉性中之'无限者'，悦乐中之'无限者'的真理，重新占有之为他自有的'自我'和'真实性'，而有限者只是其一面幕，其作多种表现之一工具而已。

如是，世界活动，如'真、智、乐'所实现的，在'他'的浩大存在中伸展为'空间'与'时间'，以这世界活动的真本自性，我们首先应想象一内入作用，与知觉的有体之自体凝敛，自体凝敛为物质的密度和无限的可分性，因为否则不能有有限的变化。其次，应想象自

我禁锢了的力量之出现为形体，有生体，思维体；最后，已形成的思维体之解放，入乎自由实践其自体为‘太一’与‘无限者’在世间的活动，而由此解放，遂恢复无边的存在·知觉性·福乐，即它虽现在亦是，秘密是，真实是，且永恒是者。这三种运动，是世界之谜的全部启钥。

这样，便是韦檀多学的古老的、永恒的真理，接纳着，阐明着，是正着，教示着宇宙间进化的近代的、现相的真理之全部意义。也唯独是这样，现代的进化之真理，亦即是那古老真理，谓‘宇宙者’相续发展其自体于‘时间’中，在研究‘物质’与‘力量’中朦胧见到的，能得到其自有的充分意义和辩正，——以古老的、永恒的真理，仍为我们保存于韦檀多学的‘经卷’中者，而照明自体。古老底东方知识，与新近底西方知识相融合，由是而得相互自体发现，和自体照明，世界的思潮已向此进转了。

可是，即算我们已发现万事万物皆为‘真、智、乐’，也还没有解释出一切。我们知道宇宙的‘真实性’，可是我们不知道那‘真实性’自发为这现相的程序。我们已得到这谜的钥匙，我们仍当寻出那锁，用这钥匙开启的。因为这‘存在’知觉的力量，悦乐’，不是直接工作或以独尊的不负责任的态度而建立诸世界和宇宙，像一位魔术师一样，以一言命令而成。我们见到一程序，我们觉知一‘法律’。

是真的，时若我们分析这‘法’，看到它好像自销归于种种力量的活动之一平衡，以及那活动在固定路线上工作之一决定，由于发展之偶然，与过去已经实践的能力之习惯。但这显似的且居第二位的真理，只若长时唯独见到‘力量’，方算究竟真理。时当我们见到'力量'是'存在'的一自我表现，我们必然也见到'力量'所取的这路线，相应于那'存在'的一点自我真理，管制且决定其恒常的曲轨和目的地的。而知觉性既是原始'存在'的自性及其'力量'之真元，则这真理必然是在'知觉的有体'中之自我知见，而'力量'所取的这路线的决定，必是从自加指导的知识之权能结果出的，这知识的权能，于'知觉性'为内在，这使它能指导其自有的'力量'，一定循着原始的自我知见的逻辑路线。于是这是在宇宙知觉性中之一自我决定着的权能，无限存在的自我觉识中之一能量，能见到自体中某一'真理'，且指挥其创造的力量，遵循那'真理'——居临于宇宙显示之上的'真理'，——的路线。

但是为什么在无限的'知觉性'本身，与其工作的结果之间，我们要插入任何特殊权能或官能呢？这'无限者'的'自我觉识'，是不是可以自由回翔，创造着些形式，而这些形式后下便继续活动，只若长时没有命令叫它们停止，——甚至有如古犹太教的'启示'告诉我们的：'上帝说："要有光！"就有了光'？但时若我们说：'上帝说"要有光"'，我们是假定了一知觉性的权能之作为，在其他一切非光之物中决定着光；而时若我们说：'就有了光'，我们臆定了一指挥着的官能，一活动的权能，与原始的知见的权能相应，乃作出了这现相，而且，既遵那原始的知见的路线作出了'光'，则阻遏了它为无限的可能性之异于它自体者所胜过。无限的知觉性在其无限的作用中，只能产生无限的结果；安立在一固定'真理'或一系真理上，而创造出一与那已固定者相合的世界，便要求有一选择的知识官能，受命从无限的'真实性'中形成有限的现象。

这种权能，在韦陀时代的见士知之，名曰'摩耶'。在他们，'摩耶’的意义，是无限的知觉性的权能，以辨认，以包纳在自体中，以量出，——便是说，以形成，因为形成即是定出了界限，‘名’与‘色’，出自无限存在之浩渺无际的‘真理’。是由‘摩耶’，真元有体的静定真理，化为活动有体的命定真理，——或者，用形而上底话说，自无上有体，其中一切便是一切，没有分别的知觉性之界限，出现了现相的有体，其中每个是在一切中，一切在每个中，为了存在与存在，知觉性与知觉性，力量与力量，悦乐与悦乐的游戏。这一切在各个，和各个在一切的游戏，起初是从我们面前隐蔽了，这是由于心思的活动或‘摩耶’的幻有，它诱人相信他是在一切中，但不是一切在他中，而且他之在一切中是当作一分别了的有体，而不是一个常与其余一切存在不可分地为一的。此后，我们应当从这错误脱出，入乎超心思的活动或‘摩耶’的真理，其间‘每个’和‘一切’同存并在，在此唯一真理与多方象征之不可分解的一体性中。这低等的，现前的，和误人的心思‘摩耶’，应当先加抱持，次加克服；因为这是上帝以分化与黑暗与范限，以欲望与斗争与痛苦所做的游戏，其间‘他’自己屈服于出自‘他’自己的‘力量’，以‘力量’之阴晦，让‘他’自己也阴晦起来。那另一‘摩耶’为此心思的‘摩耶’所障蔽的，应当超过，其次抱持；因为这是上帝的游戏，存在之无限，知识之光辉，已受主宰的力量之荣耀，无边的爱之极乐，皆是‘他’的游戏，其间‘他’从‘力量’的把持下脱出了，反而把持了她，在她内中明丽完成了起初她为之而从‘他’出离的工作。

这低等和高等‘摩耶’之分别，是思想中和宇宙的‘事实’中的系带，常为悲观论的和幻有论的诸派哲学所错过或忽略的。在它们，则心思的‘摩耶’，或也许一‘高上心思’，乃世界的创造主，而为心思的‘摩耶’所造的世界，诚然将是一不可解释的矛盾，将是知觉的存在之一固定的却又浮游底梦魇，既不可区之为幻，又不可别之为真。我们应当看‘心思’只是中间的一项，介乎创造的统治着的知识，与被囚禁于其工作中的心灵之间。‘真、智、乐’，既被‘他’的一个低等运动牵连于‘力量’的自忘的凝敛中，——这‘力量’消失于她自有的工作形式里，——乃从这自忘脱出而回转向‘他’自己。‘心思’，不过是‘他’的在此下降与上升中的工具之一。这是下降着的创造的一个工具，不是秘密的创造主，——是上升的一过渡阶段，不是我们的高上原始渊源，和宇宙存在的圆成之一项。

那种种哲学，承认唯‘心思’是诸世界的创造者，或承认一原始原则，以‘心思’为其与宇宙诸形相间之唯一居间者，可以分为两派，一纯自性论的，一唯心论的。纯自性论承认在宇宙间只有‘心思’，‘思想’，‘理念’的工作，但‘理念’可以是纯粹独断的，与任何真实的存在的‘真理’，没有重大关系；或者这种‘真理’，倘若存在，可以看作一纯‘绝对者’，远离一切关系，与一皆是种种关系之世界不可融洽。唯心论的表释，则假定后方的‘真理’与前方的概念的现相间有一种关系，一种关系，不纯是相反和对立的。我现在陈述的观念，在唯心论中进步更远，这见到创造的‘理念’为‘真实理念’，便是说，‘知觉的力量’的一权能，能表现真实有体，生自真实的有体，分有其自性，既不是‘空无’所生之子，也不是幻妄的织造工人。这是一知觉的‘真实性’，自投入其自体的不可磨灭不可变易的本质之变易的形式里。然则世界不是宇宙的‘心思’中的一概念的虚构，而是那出乎‘心思’以外者，知觉地出生于它自体的形式里。一知觉的有体之‘真理’支持这些形式，在形式中表现它自体，

和与如是表现了的真理相应的知识，当作一超心思的‘真理知觉性’[①]统治着，组织真实的理念于一圆满的和谐中，然后投之放心思·情命·物质的型范里。‘心思’，‘生命’，‘身体’皆是一低等知觉性与局部的表现，要在一多方的进化之型范中，努力达到其自体的一高上表现，对‘外于心思者’原为已存在者。那在‘外于心思者’中的，便是那理想，在它自体的情况中它所致力于实践的。

从我们的上升观点看，我们可说‘真者’是在一切存在者之后；它有间隔地表现它自体于一‘理想’中，这‘理想’便是它自体的一和谐化了的真理；这‘理想’投出可变底知觉的有体之一现相上的真实性；这知觉的有体既必然地被吸引到其自有的原本‘真实性’，终于试要全般恢复它，或以猛然一跃，或正常经过出生它的‘理想’而达。是这，方可解释人类生存的不完全的真实性，如‘心思’所见者，方可解释心思的有体中之本能的企慕，要趋达一永是超出它的圆成，要趋达‘理想’的一隐藏了的和谐，且可解释精神的至上潮起，要出乎理想以外而达乎超上者。我们的知觉性，其组织，及其必需，这些真本事实，先决着这么一个三重秩序；它们否定一单纯‘绝对者’与一单纯相对性之二元的，不可调和的对反。

‘心思’，是不足以解释宇宙中之存在的。无限的‘知觉性’，应当首先将自体迻译为‘知识’的无限的官能，或者，如从我们的观点称之，曰遍智。但‘心思’既不是一知识的官能，也不是一遍智的工具。它是寻求知识的一官能，为了表现它尽可能多得到的知识在

① 我是从黎俱韦陀取用这名词，——ṛta-cit，意义是有体的真元真理（satyam）之知觉，活动的有体的有律则的真理之知觉（ṛtam），与那浩大的自我觉识（bṛhat），唯独在其中这知觉性乃为可能的。

相对思想的某些形式里，为了运用它以达到某些行为的能量。纵使它得到了，它也不能占有；它只是储蓄一批‘真理’的流行钱币的资金，——不是‘真理’本身，——储在‘记忆’的银行中，以备随需要而取用。因为‘心思’是那不知道却试要知道者，而且也永不知道，除了像是在一玻璃镜里，矇眬地。它是那种权能，表达宇宙存在的真理，作某一汇事物的实际之用。它不是那权能，知道而且指导那存在者，因此它不能是那创造了它或显示出它的权能。

但是，倘若我们假定一无限的‘心思’，无有于我们的范限，那至少很可能是宇宙的创造者么？但那么一种‘心思’，则将是与我们所知为心思的定义完全不同的东西了：它将是出乎心思性以外的什么；它将是超心思的‘真理’。在如我们所知的心思性的名相中构造成的一无限的‘心思’，只能创出一无限的混乱，种种偶然，意外事件，盛衰起伏的浩大冲突，漫游到一非决定的终点，为它所常试行摸索和趋赴的。一无限的，遍智的，遍能的‘心思’，则全然不会是心思了，而是超心思的知识。

‘心思’，如我们知道的，是一面返照的镜子，它接受一前在的‘真理’或‘事实’的呈现或形象，外于或至少是大于它本身者。它时时向自体表呈当时的或曾是的现相。它亦复具有那种官能，在自体中构造出可能的形相，异于对它呈献的实际事物的。这便是说，它对自体不但表呈已是之现相，亦复表呈可能的现相：但请记住，它不能向自体表呈那确然将是的现相，除非是那正是者或已是者的确然的重复。终于它还有一种官能，预料新的修改，是它所要构造出的，出自已是者与可能是者之遇合，出自已成就的可能性和未成就的可能性，某些事物，它有时成功于多多少少是精确地构造出的，有时又不克实现，却寻常发现其出之以非所预料的形式，而转到非所期望非所预想的其他结果。

一个这种性质的无限的‘心思’，或可构造成一偶然的宇宙，具有种种互相冲突的可能性，它可能将其形成为一常是游移的什么，常是暂现忽终的什么，常是在趋向上永不决定的什么，既非真实，也非不真实，没有何种决定终点或目标，只有无尽的一系暂时目的，——因没有高上底，指挥着的知识权能，——终于也不达到何处。‘虚无论’或‘幻有论’，或其他类似底哲学，便是这样的一纯粹自性论之唯一逻辑的结论。这么构造成的宇宙，将是非其本体的什么之一表呈或反映，但常是而且至竟是一虚伪的表呈，一错乱了的反映；全宇宙存在将是一‘心思’之奋斗，以充分作发它的想象，但不成功，因为没有自我真理之严固基础；既被其自有的过去能力的长流所胜服，被推前进，则将被不决定地负戴前行而永尢结果，除非或直到它能毁灭自体，或堕入永恒的止寂。那，归根究极，便是‘虚无论’或‘幻有论’，而且将是唯一的智慧，倘若我们假定我们的人类心思性，或任何全然像它的什么，代表了最高的宇宙力量，以及在宇宙间工作着的原本概念。

可是一旦我们在知识的原本权能中，发现一比较我们人类心思性所代表的还要高的力量，这宇宙概念便为不足因此无效了。它有它的真理，但它不是全部真理。它是宇宙的当前现相的律则，不是其原本真理和究竟事实的律则。因为我们在‘心思’，‘生命’，‘身体’之作用后，见到有点什么未曾为‘力量’的长流所怀抱，却怀抱且管制它；有点什么不是出生于它所欲表达的世界中，却是在它的有体中创造了一世界，于此它有其遍知；有点什么不是永远劳碌于形成什么其他事物出乎其自体，当其在它所不能管制的过去能力的强猛潮流中飘荡，却在其知觉性中已有其自体的一完全‘形式’，在此正缓缓地将其展开。世界表现一先见了的‘真理’，服从一前定着的‘意志’，实践着一原本的、形成性的‘自见’，——世界是一神圣创作的生长着的形相。

长时若我们唯以为现相所统治的心思而工作，这个什么在后，又在彼面，却又常在内里者，只能是一比量，或一空洞感觉到的当体。我们见到一循环进步的律则，便推论到某物在某处已预知者之一永是增进着的圆成。因为随处我们皆见到‘律则’建立在自我有体上，而且，时当我们透入其程序的理性中，我们发现‘律则’是一内涵的知识之表现，一种知识原内在于存在中，正自加表现，且暗含于表现它的力量以内；而为‘知识’所发表的‘律则’，所以允许前进，便暗指一神圣地见知了的目标，为运动之所向往。我们也见到，我们的理智，试图脱出且图管制我们的心思之无能为力的漂荡，而达到这种知见，即‘理性’只是一使者，一代表，或一影子，是一更大的知觉性的，在它以外，它无须乎推理，因为它便是一切，且知道一切之为一切。于是我们可进而推论到这‘理性’的渊源，便是‘知识’之在世界上当作‘律则’而作为者，同是一物。这‘知识’决定其自有的律则，独尊地，因为它知道曾是，正是，将是者，而它知道，因为它永恒是，而且无限地识其自体。有体，即无限的知觉性，无限的知觉性即遍能的力量，当其作成一世界，——便是说，它自体的一和谐，——其知觉性的对象，可以为我们的思想所摄得了，即是一宇宙存在，知道它自具的真理，而在形式中实它他之所知。

但只是时若我们停止推理，进到我们自己内中深处，深入那秘密处，其间心思的活动已停止了，然后这另一知觉性方真对我们变到显明，——无论多么不完善地显现，由于我们的心思反应和心思范限之长远习惯。于是我们能在一增上底照明中，确切地知道那以‘理性’的昏淡闪烁的光明我们未曾确定见到者。‘知识’等待着，坐于心思与智识推理之上，高居于不可限量的自我视见的光明广宇之宝座上。

第十四章　超心思为创造者

自动的‘意志’与‘知识’的一原则，超乎‘心思’，为诸世界的创造者，便是中介的权能和有体的境界，居于那‘一’之自体保有与这‘多’之相续倾流间。这原则对我们非全然是陌生的；这不单属于一个‘有体’，不可交通，而那‘有体’全然与我们自己相异；也不是单属于一个存在的境界，从那里我们神秘地被投射入有生，但也被拒绝而不能回转。倘若它好像是坐于高处远在我们上面，可是那些高处皆我们自己的有体之高处，可为我们的步履所达。我们不但能推知且瞥见那‘真理’，亦且能够实践它。我们可以由一进步的开展，或由一顿然光明的自我超上，在不能忘记的时分登上这些峰顶，或居于其上，经历最伟大的超人间的经验之若干时或若干日。时若我们再下降，也有交通之门，我们可让其常时开着或重开，虽则应常是关闭的。但永远居在那里，在那被创造且创造着的有体之最后和最高的峰上，终究是我们的进化着的人类知觉性之无上理想，时若其寻求自我圆成而非自我消灭。因为，如我们所见到的，这便是原本‘理念’与最极的和谐与真理，为我们在世间的渐进的自我表现之所归，也是其原意当成就的。

虽然，我们可以疑惑，现在或全然是否可能，将这境界说与人类的智识，或在任何可交通、可组织的方法上，利用其神圣工事，以

提高我们人类的知识和行为。这疑惑不单是起自任何已知现相可揭露这神圣官能的凡夫工事者之稀罕或不定，或起自悠远距离，离隔这作为与寻常人类的可证实的知识和经验者；这疑惑也是强力地给提出了，由于凡人的心思性与神圣的‘超心思’，双在其真元上与作为上，显似互相矛盾。

决然地，倘若这知觉性与心思全然没有关系，或与心思的有体无任何处有同一性，则很不可能对我们人类意念作它的任何叙述。或者，倘若在本性上它只是知识中之见地，全然不是知识的机动的权能，则我们与它接触，可希望达到心思的明亮的一福乐境，但非一更大的光明与权能，以做世界的工作。但这知觉性既是世界的创造者，则它不应单是知识境界，也应是知识权能，而且，不但是对光明与视见的一‘意志’，也当是向权能与工作的一‘意志’。而且，‘心思’既也是从之造出的，‘心思’必是以范限而发展出的，出自此原本官能，与此无上‘知觉性’的中间的行为，因此‘心思’也必能销其自体而返乎其中，经过一扩张的逆行发展。因为‘心思’必与‘超心思’在真元上常为同一，在自体中隐藏着‘超心思’的潜能，无论在其真实形式上和作为之定态上可已变到多么不同或甚至相反。然则用对勘和比较方法，从我们的智识的知识立场出发，且在此知识之名相中，试求达到一点‘超心思’的理念，或许不算无理或无益底尝试了。这理念，这些名词，很可能不适合，但仍然能当作一缕光明，指向我们在一条路上前进，至少我们可以走上一程的。进者，‘心思’也可能超出自体，达到知觉性的某些高处或境界，那些地方接受了超心思知觉性的一点稍变改了的光明或权能，而且由一照明，直觉，或一直接的接触或经验而知道它，虽则生活其中，自

其中观看和作为，是一胜利，至今于人类还未为可能的。

起初，让我们迟回一下，自问是否可从过去找到一点光明，领导我们进向这些未甚开辟之境。我们需要一个名字，我们需要一出发点。因为我们已称这知觉性境界为‘超心思’了；但是这名词含义不定。这意义既可是指心思本身为超上卓越，高出寻常心思以上，但未尝基本改变；或者，相反地，又可指一切出乎心思以外者，因此成为一太广泛底概括，甚至可以包括‘不可名者’本身。这需要一附加的说明，将其意义更明确地界定。

这里，韦陀的幽奥诗篇帮助我们了；因为它们虽是隐晦，却包含了神圣而不朽底‘超心思’之福音，透过外幕，有些照明着的闪光射向我们了。由这些文辞，我们能见到这‘超心思’的概念，是我们知觉性的寻常天穹以外的一浩大广宇，其中有体之真理，与一切表现它者明亮地为一，且必然保证着视见，表呈，排置，语言，行为，与运动之真理，因此也保证运动的结果，行为与表现的结果，无失的教令或法律的真理。浩大的一切遍涵性；那大宇中的光明的真理与有体之和谐，而不是一空洞的混沌或自失的黑暗；法与行为与知识的真理，足以表现那和谐的有体之真理；——这些，似乎皆是韦陀叙述中的重要名词。天神们，在其最高的秘密元体，皆此‘超心思’之各种权能，自之出生，居于其中如居于其家，皆在它们的知识中为‘真理知觉的’，在它们的行为中具有‘见者意志’。它们的知觉的能力，转用于工作和创造上，是具有了这应当作的事及其真元及其法律的一完全的且直接的知识，且为此知识所领导，——一种知识，决定着一全有效果的‘意志力量’，在其步骤或在其结果中不离开正轨或颠踬，却在行为中自然地且必然地表现且完成视见中

所见者。‘光明’，在此与‘力量’为一，知识的震动与意志之旋律，斯二者又与其所保证的结果，完全地，无所寻求，探索，或努力，而为一。神圣的‘自性’，有一双重的权能，一者是自动自发的自我表呈和自我安置，这自然源出于已显示的事物之真元，且表现其原本真理，一者是在事物本体中内在的光明之自体力量，且在其自动自发的和必然的自我安置之源头上的。

有些次属的但是重要的细节。韦陀的见者之流，似乎说起过‘真理知觉的’心灵的两个初始官能；即是‘见’与‘闻’，二者原意在于一内在的‘知识’之直接作用，可说为‘真理之见’与‘真理之闻’，在我们人类的心思性中，远远反映之以两官能曰启示与灵感。此外，在‘超心思’的作用中，似乎作出了一分辨，辨别一通彻着和遍漫着的知觉性之知识，这很近乎主观的同一性之知识了，与一放映着，对证着，了别着的知觉性之知识，即客观的认识之开端。这皆是古韦陀学的秘绪。我们可以从这古老经验接收一助伴名词曰‘真理知觉性’，以范限这较多伸缩性的‘超心思’一名词的含义。

我们立刻看到，这么一种知觉性，以这些特性叙述者，必定是一中介的表呈，返而关联到在其上的一项，进而联系到在其下的一项；我们同时见到这分明是卑者自高者发展出的手段和环节，也应同等是卑者可再往回发展，回到它的源头的手段和环节[①]。在上的一项，便是纯粹‘真、智、乐’的一统或不可分的知觉性，其间没有区分着的辨别；在下的一项，便是‘心思’的分析的或判别着的知觉性，它只能以区分和辨别而知，至多有一点对一体性和无限性的次

① ‘手段’包括工具与程序二者。——译者

等的、空洞的认识，——因为，虽则它能综合它所分解者，它不能达到一真实的全体。二者之间，便是这概括的和创造的知觉性，以其遍漫和通彻着的知识之权能，它是那同一性的自我觉识即‘大梵’之定态之子，而又以其放映着，对证着，了别着的知识之权能，它亦是以辨别而察识即‘心思’的程序之父。

在上，‘太一’的公式，永恒安定而无变易；在下，‘多’的公式，这，永恒地可变易，在事物的波流中寻求但很难得到一坚定而无变易的立足点；居此二者之间，则为一切三而为一者，一切二而为一者，一切‘一中之多’却又仍其为‘多中之一’者，因为它原本是‘一’却常在潜能上为‘多’。这中间一项，因此便是一切创造和布置之始与终，一切分别之起点，一切统一之工具，一切已实践或可实践的和谐之原动者，施行者，与完成者。它有‘太一’之知识，却能自此‘太一’揭出其所隐藏之多；它显示出‘多’，却不在多之分别中消失其自体。我们是否当说，它的真本存在，回指到一个‘什么’，出乎我们对不可名相的‘一体性’之至上知见以外者，——一个‘什么’不可名言，不可以心思想象，非由于其一体性和不可分别性，却因为其自由，甚至无有于我们的心思的这些表呈，——是一个‘什么’，双出乎一性与多性以外的呢？那将是究极的‘绝对者’和‘真实者’，却仍给我们辩正我们的上帝知识和世界知识了。

但这些名相皆太大，难于把捉；我们且入乎细微。我们说起‘太一’为‘真、智、乐’；但在这说法中，我们已安立了三个元体，联合它们而归于一三位一体。我们说‘存在’知觉性，福乐’，于是说‘它们是一’。这是心思的一程序。但在一体的知觉性中，这么一个程序是不可容许的。‘存在’便是‘知觉性’，其间不能有分别；

'知觉性'便是'福乐',其间不能有分别。甚至这分别还没有,则亦不能有世界。倘若那是唯一真实呢,则世界非是,且未尝存在,且未尝能形成;因为无可分别的知觉性是不分别着的知觉性,不能作始分别和差异。但这是一证反论法(reductio ad absurdum),非我们所许,除非我们满意于将每个事物皆安立于一不可能的矛盾上和一未调和的对反上。

另外一方面,'心思'可精确地想出分别为真实的;它能想出一综合的全体,或有限者不定地自体伸展;它能懂到分别了的事物之积聚,和其下的同一性;但究极的一体性和绝对的无限性,对它于事物的良知皆为抽象意念,和不可摄持之量,而非对它的把握为真实的什么,更毋庸说是唯此为真实的什么。因此这里是与统一的知觉性正相对立的一项;在此,我们便有与那真元的、不可分的一性对立的一真元的多性,它除非废除自体不能达到一性,而即在此事实上便表明它实未尝能存在。然而它曾是;因为是这乃寻到了一性而废除了自体。于是再度我们又有一证反论法了,重复着那猛烈的矛盾,要使思想昏倒而说服思想的,与那未调和且不能调和的对反。

这困难,在其低下一项的,便可消失了,倘若我们体认'心思'只是我们的知觉性的一预备形式。'心思'是分析与综合的一工具,但不是真元知识的工具。它的功能,便是从未知的'事物在其自体'茫然割出一点什么,而称此限量或范限为全体,又更分析此全体到其各部分,视之为心思的对象。仅是部分和偶然事件'心思'方能确实见到,而且,按它自有的方式,知道。它对全体的唯有的确定理念,便是各部分之一积聚,或种种性质与偶然的总和。全体，不当作某另外一什么的部分而见到，或在其自有的部分，性质，和偶然中见到，则对心思不多于一空洞的知见；仅是已加分析了，自加安排之为一分别组成之物，一全体在一较大的全体中，然后‘心思’能向自己说：“这个我现在知道了。”然真实是它并不知道。它只知道它自己的于此对象的分析，和它所形成的此物之理念，由于综合它所见到的各分别部分和性质。于此，它的特著权能，它的准确功能终止了，而设若我们要有一更大更深的知识，一真知识，——是一知识，而不是一深密却无形相的意绪，如有时也来到我们的心思的深奥然不分明的部分的，——‘心思’便应让出地方给另一知觉性，这将超出‘心思’而圆成‘心思’，或在跳出到‘心思’之外以后，反转因而纠正‘心思’的作为：心思知识的极顶，只是一个跳板，由此而可作那么一跃。‘心思’的至极的使命，便是训练我们的阴暗知觉性，这出现自‘物质’的黑暗囚狱，启明其盲目本能，浮荡直觉，迷茫知见，直到它堪能胜任更大光明，和这更高升举。‘心思’是一过道，不是极顶。

另外一方面，统一的知觉性或不可分的‘一体性’，必不是那不可能的整元，一个无内容的东西，而一切内容皆出乎其中，又返入其中而消失，而灭没了。它应当是一原始的自体集中，其中一切皆包含了，但在另一式样，异乎在这时间和空间的显示里。那如是集中其自体者，便是那究竟无可指名无可思议的‘存在’。虚无论者，想象其为凡我们所知与是者之消极的‘虚无’；但超上论者，同样有理由想象其为凡我们所知者与是者之积极的但不可分辨的‘真实性’。韦檀多学说：“太初，便是唯一‘存在’而无其二。”但在太初以前和以后，现在，永久，和超出‘时间’以外，便是那我们甚至不能以

'太一'称说的，纵使我们说除了'它'没有什么是。我们所能觉识的，第一，是其原始的自我集中，我们试欲实践之为不可分的'一'；第二，是凡一切集中于其一体中者之散布和似是解体，即'心思'的宇宙概念；第三，是其在'真理知觉性'中的坚定的自体伸展，这包容且承举其散布，阻止其成为真实解体，在最极的多方性上保持一体性，在最极的变动性上保持安定性，在一遍在的斗争和冲突的现相中坚持和谐，在'心思'只能达到一混沌永是试行形成其自体之处，保持永恒的宇宙。这便是'超心思'，'真理知觉性'，'真实理念'，那知道它自体及它将变是的一切者。

'超心思'便是包容且发展的'大梵'之浩大的自我伸展。以'理念'它发皇出存在，知觉性，与福乐之三而为一的原则，出乎其不可分的一体。它辨别它们，但不分离它们。它建立一'三位一体'，但不是像'心思'从此三以达'一'，却是从此'一'显示出此三，——因为它显示着，发皇着，——可是仍保持它们于此一体中，——因为它知道而且包含着。由辨别，它能推出其中这个或那个为有效果的'神明'，这自体便包含其余者为内在或外显，而这分辨，它用作一切其余辨别之基础。而且它以同一工事，在一切原则和可能性上施为，皆它自这组成一切的三位一体中发皇出的。它具有发皇，进化，外显的权能，而那权能便自身挟带了另一内转，封藏，敛入之权能。在一义度下可说，整个创造便是两个内入作用间之运动：'精神'，一切皆已内入乎其中，一切又自之外发，下至于另一极之'物质'；'物质'亦一切皆已内入乎其中，一切又自之外发，上至于另一极之'精神'。

这么，这辨别的全部程序，为能创造世界的'真实理念'所作的，便是种种原则，力量，形式之一发皇，这些，为了通彻着的知觉性，内中包含一切其余的存在，又将了别着的知觉性立于前方，以其余存在隐于后方。因此，一切在各个中，各个亦皆在一切中。因此，事物的每一种子，自体中暗含无限各种可能性，但是被‘意志’保住在一条程序与结果的法律上，便是说，被‘知觉的有体’的‘知识力量’所保持。这‘知觉的有体’正显示他自己，而且，在他内中确然于此‘理念’，以之预先决定他自己的形式和运动。种子是它自有之体的‘真理’，这‘自我存在’在自体中所见到的；那自我视见的种子之结果，便是自我行为的‘真理’，发展，形成，与功能的自然法律；这法律必然随顺自我视见，遵从内含于原始的‘真理’中的程序。然则，全体‘自然’，简单是‘知觉的有体’之‘知识能力’，‘见者意志’正在活动，在力量与形式上发皇出它原自投入其中的‘理念’之一切必然的真理。

这‘理念’的概念，指点出我们的心思知觉性和‘真理知觉性’的重要对比。我们看思想为一离乎存在之物，是抽象的，非实质底，异乎真实的东西，其出现人不知其所自来，且从客观的真实脱离，以便观察，了解，批判这客观真实，对我们的分析一切分开一切的心思性，是这像似是，所以便是。‘心思’的第一职事，便是要作个‘分明’，比辨认要多作出罅隙，因此在思想与真实之间，作出这使人麻痹的罅隙。但在‘超心思’中，一切有体便是知觉性，一切知觉性属于有体，而理念，即知觉性的一有孕蓄的震动，同样是孕蓄了它自体之有体的一震动；这是一最初的外发，是那集中于非创造性的自我觉识中者，在创造性的自我知识中向外发皇。这外发为‘理念’即为一真实，又是‘理念’的那真实性自加外展，常是以其自体的权能与知觉性，常是自我知觉，常是自我进展，由于内在于‘理念’中的自我意志，常是自我实践，由深植于其每一冲动中的知识。这是一切创造，一切进化的真理。

在‘超心思’中，有体，知识之知觉性，与意志之知觉性，皆不像在我们的心思的工事中一样分开了；它们是三位一体，一个运动，具有有效能的三方面。每方面有它自有的效果。有体给出体质之效果；知觉性给出知识的效果；自体指导着和形成着的理念之效果，通彻与了别的效果；意志给出自体成就着的力量之效果。但理念只是真实性照耀其自体之光明；它不是心思的思想，而是有效果的自我识觉性。这是‘真实理念’。

在‘超心思’中，‘理念’中之知识，不与‘理念’中之意志相离，却与之为一，正如它不异于有体或本质，而是与有体，与本质的光明的权能为一。正如炽燃着的光明不异于火的本质’同样，‘理念’的权能不异于‘有体’之本质，在‘理念’及其发展中作出其自体的。在我们的心思体中则一切皆异。我们有一理念，与一依据此理念的意志，或者有一意志之迫进，与一理念自与之相离；我们有功效地分辨意志与理念，而又分辨二者与我们自己。我是；理念是在我内中出现的一神秘抽象，意志是另一神秘，较近于具体性的一力量，虽非具体，但常是一非我自己的什么，为我所有或得到或为其所摄持的什么，但不是我。我也造出一鸿沟，在我的意志，其手段及其效果之间，因为我看这些为在我以外的具体真实，异于我自己。因此，或我自己，或理念，或我中的意志，皆不是自有效能的。理念可离我堕去，意志可以失败，手段可以缺少，我自己则以凡此或其某个之空缺而仍未圆成。

但是在'超心思'中，没有这种使人麻痹的分化，因为知识不是自体分化了，力量不是自体分化了，有体不是自体分化了，像在心思中一样；它们在自体既非破碎，彼此亦不相弃离。因为'超心思'便是'浩大者'；它始于一体而非始于分化，原本是概括的，分辨只是它的第二作用。因此，无论表现的是什么有体之真理，理念与之精确相应，意志力量又与理念相应，——力量只是知觉性之权能，——结果又与意志相应。此理念不与其他诸理念相冲突，此意志或力量不与其他意志或力量相冲突，如在人和他的世界中一样；因为有一浩大的'知觉性'，包含且联系一切理念于它自体中，作为它自有的理念，一浩大的'意志'，包含且联系一切能力于它自体中，作为它自有的能力。它引回这个，推进那个，但随着它自有的先构的'理念意志'。

这便是'神圣有体'的遍在，遍知，遍能的流行的宗教意念之辩正。远非不合理性的想象，它们皆完全是合乎理性的，既不与任何一认识哲学的逻辑相违，亦不与观察和经验所示相反。错误是在上帝与人之间，大梵与世界之间，造出了一道不可桥度的鸿沟。那错误将有体，知觉性，和力量之实际的和适用的辨别，升作真元的划分了。但问题的这方面我们后下将再讨论。现在我们已达到神圣的和创造的'超心思'的一肯定和一些概念，其中一切在有体，知觉性，意志，和悦乐中为一，却具有辨别之一无限的能量，展拓然不毁坏一体性，——其中'真理'是本质，'真理'起于'理念'中，'真理'发出于形式中，于是有知识与意志的一真理，自我圆成的因此亦是悦乐的真理；因为一切自我圆成便是有体之满足。因此，常是，在一切变易和结合中一自体存在的与不可移易的和谐。

第十五章　无上真理知觉性

如是，我们因此当看这包含一切，源起一切，圆成一切的‘超心思’，为‘神圣有体’之自性，自然不是在其绝对的自我存在中，而是在其作用中，作为它自有的诸世界之‘主宰’和‘创造者’。这便是那我们所称为‘上帝’者的真理。明显地，这不是那太属人格性的和有限的‘神’，即寻常东方概念中的放大了的和超自然的‘人’；因为那概念，建立了在创造性的‘超心思’与私我间之某种关系的一太属人间的偶像。我们诚然不宜除外‘神’的人格性的一方面，因为非人格性者，只是存在的一方面：‘神圣者’是‘大全存在’，但亦是那唯一‘存在者’，——它是独一‘知觉的有体’，但仍然是一‘有体’。虽然，这方面我们现在不论；是神圣‘知觉性’的非人格性的心理学上的真理，乃我们试行探测的，是这，我们得固定之于一广大而且清明的概念中。

‘真理知觉性’是在宇宙中遍处，当作一安排着的自我知识，以此而‘太一’显示其无限潜能的多性之种种和谐。如果没有这安排以成秩序的自我知识，则此显示将仅是一迁变着的混乱，恰恰是因为潜能性无限，这任其自去将只导致未管束无拘检的‘偶然’的活动。倘若只有无限潜能性，没有任何向导着的真理的法则，与和谐的自我视见，没有任何预先决定着的‘理念’在事物之真正种子中，为了进化而外散的，则世界不能是旁的什么，除是一增丰多的，无相状的，混乱了的不定性。但是那创造着的知识，因为所创造者或所放出者皆是它自体的形式与权能，而非异乎它自体的另外什么，在它自体中具有那真理的视见、与管制每一潜能的法律，并此还有一内中的觉识，觉到其与其他潜能性之关系，与在其间为可能的种种和谐；凡此它皆保持于一普遍的决定着的和谐中，而皆已预先成相；这大和谐是一宇宙的整个旋律的'理念'所必然包含的，在其正本出生和自我含孕中，因此不得不以其所含者之交相作用而作发的。它是世界中的'法律'的渊源和保持者；因为那法律不是什么任意的东西，——它是一自我本性的表现，这是真实理念的强迫着的真理所决定的；每物在其发端即此真实理念。因此从初这整个发展在其自我知识中，且于每一时分在其自我工事中，是预先决定了的：它以它自有的原始的内在的'真理'，在每一时分，是它所应当是者；它进到下一时分为它所应当是者，仍然以它自有的原始的内在的'真理'；它在终结将是那原在其种子中所包含者和预期者。

世界的这发展与进步，按照在其自体中的一原本真理，便暗许'时间'之一持续，'空间'中之一关系，和'空间'里相关系之事物的一约制了的交互作用，对这，'时间'之持续赋予以'因果性'的一方面。'时'与'空'，据形而上学者说，只有概念的而无真实的存在；然不止是这二者，凡物皆'知觉的有体'在其自体的知觉性中所擅取的形式，这分辨没有多大重要性。'时'与'空'，皆是那唯一'知觉的有体'在伸展上看它的自体，主观地看则作'时间'，客观地看则为'空间'。我们的心思的对这两汇的观念，则为度量的理念所决定，这是内在于'心思'的分析的区判运动之作用中的。对于'心思’,‘时间’是一流动的伸展,以过去,现在,与将来的持续量度出的,其间‘心思’自立于某一点,由之而回顾且前瞻。‘空间’则是一固定的伸展,为物质之可分性而量度出的;在那可分的伸展上,‘心思’自立于某一点,而顾视其周围的物质之对向。

在实际上,‘心思’以事而量‘时’,以物而量‘空’;但是在纯粹心思体中,可能忽略事的运动和物的对向,而体验‘知觉的力量’的纯粹运动所以组成‘时’与‘空’者;于是此二者皆只是‘知觉性’的遍是的力量之两方面,在其互相纠结的作用中,涵括它在自体上的作用之经纬。而且,对于一高于‘心思’的知觉性,当见我们的现在,过去,未来于一览者,包含三者而不为三者所包含,不自居于‘时间’的某一段分而取为观看的据点,则‘时间’可自呈现为一永恒的现在。又对于同此一知觉性,不自居于‘空间’的某一点,却在自体中包含一切点,一切处,则‘空间’亦可自呈现为一主观的不可分的伸展,——不下于‘时间’之为主观的。在某些时分,我们也觉到了这么一不可分之见,以其不变易的、自我知觉的一体性,支持宇宙间的一切变化。但现在我们不当问如何‘时间’与‘空间’的内容,将如何在它们的超上的真理中而自呈现在那里;因为这在我们的心思不能想象,——它甚至准备否认这‘不可分者’有任何知道世界的可能,在任何其他方法上异于我们的心思和诸识所用的。

我们必须体验,也能到相当限度想象者,便是那一见和通彻一切的顾视,‘超心思’以之拥抱而且统一‘时间’之持续与‘空间’之划分的。起初,若没有‘时间’的持续这因素,则不会有变易或进展;一个圆满的和谐将永常显现,在一种永恒的时辰中与其他种种和谐同时,非在从过去到将来的运动中与它们相续。非此,我们却有一发展着的和谐之恒常持续，其间一音调起自另一音调之在其前者，在本身中又隐藏下其所取而代之者。或者，倘若自我显示竟以没有可分的'空间'的因素而存在，则亦无种种形式的变动关系，或种种力量之交互震撼；一切将存在而非作出，——一纯主观的无空间的自我知觉性，将以一无限的主观的摄持而包含一切事物，如在一宇宙的诗人或梦想者的心思中，但不会经过一切分配其自体，在一不定的客观的自我伸展中。更假定，设若唯独'时间'为真实的，则其相续将是一纯粹的发展，其中一音调将在另一音调中兴起，在一主观的自由的自发性中，有如在一系列乐音，或诗的意象之一相续。非此，我们却有一'时间'所作出的和谐，在形式与力量诸项下，皆在一包含一切的空间的伸展中互相关联；各种权能与事物的形态与事会之不息的持续，在我们对存在的视见里。

各各潜能，皆包括，安立，相关联在这'时'与'空'之原畴中，各有其权能与可能性，对待其他权能与可能性，其结果是，'时间'之持续，在现象上对心思变到像是以震惊和奋斗而作成事物，不是一自动自发的持续。如实，是有一自内而起的事物的自动自发的成作，而外表的震惊和奋斗，不过是这劳动的浅露的一面。因为这内中的、内在的一与全之律则，——这必须是一和谐，——管制着外在的、占有性的多部分或多形式的诸多律则，皆似是相冲突的；而对超心思的视见，这较大较深的和谐之真理是常在的。那对心思好像是一乖戾者，因为心思看每个事物分别为各自一体，对'超心思'则是普遍长存，且永远发展着的和谐之一原素，因为它看一切事物于一多性的一体中。此外，心思只见到某一'时间'与'空间'，看许多可能性皆纠纷杂乱，多多少少皆在那'时间'与'空间'中能实现的；神圣的‘超心思’，见到‘时’与‘空’的全部伸展，能怀抱一切心思的可能性，而且还有许多非心思可见者，见之不误，无摸索，无混乱；因为它看每一潜能性，是见之于其自有的力量，真元的必需，和与其余者的正当关系上，且双见其渐渐的及其究竟的实现之时，地，和环境。凝定地看事物且见事物之全，在心思为不可能；但这是超上的‘超心思’的真本自性。

这‘超心思’在其知觉的视见中，不但包含它自体的一切形式，为它的知觉的力量所创造的，却当作一内寓着的‘当体’和一自我启示着的‘光明’而遍漫它们。它是在的，虽然是隐藏了，在宇宙的每个形式和力量里；它便是那独尊地且自发地决定着形式，力量，和功能者；它范限着它所迫出的变化；它收聚着，散布着，修改着它所用的能力；凡此一切，皆按初始法律[①]作成，那皆是它的自我知识所订立的，订于形式正出生之时，在力量发动之起点。它居于每个事物之内，有如居于一切存在者内心中的‘主宰’，——那以他的‘摩耶’能力，将它们好像在一机轮上旋转者[②]。它是在一切存在者内中而拥有它们，当作一神圣的‘见者’，多方处理且注定各物，各正当依其物之所以为该物者，自永古以来如此[③]。

然则‘自然’中的每个事物，不论有生命或无生命，在心思上自我知觉或不自我知觉，在其有体和作用上，是为其内寓着的‘视见’和‘权能’所统治，对我们则为下心知的或无心知的，因为我们不知

① 这是一韦陀术语。天神们依初始法律而作为，因为是初原，所以是至上，皆事物的真理的律则。

② 出薄伽梵歌第十八章，第六十一颂。

③ 出伊莎奥义书第八颂。

觉它，但对它自体非无心知的，却是深沉且普遍心知的。因此每个事物好像做着智慧之事，纵使未曾具有智慧，因为它服从，或下知觉地，如在植物和动物中，或半知觉地，如在人中，服从内中的神圣的‘超心思’的真实理念。但这不是一心思的‘智慧’在晓知且统治一切事物；这是有体之一自我觉识的‘真理’，其中自我知识与自我存在不分：是这‘真理知觉性’不须想出事物，而是以其知识作发事物，按照唯一和自我圆成着的‘存在’之无疵的自我视见与必然的力量。心思的智慧思索着，因为它只是知觉性的一返照力，不知道而求知道；它在‘时间’中一步一步随从一高于它的知识之工作，这一知识恒常存在，为一且全，把持‘时间’于握中，见过去，现在，未来于单独一顾。

这，便是神圣的‘超心思’的第一个工作原则；它是一宇宙的视见，概括一切，漫遍一切，内寓于一切中。因为它在有体和定止的自我觉识中通彻一切事物，属主观，无时间，无空间，所以它在机动的知识中通彻一切事物，统治它们的客观的自我具体于‘空间’与‘时间’中。

在这知觉中，能知者，知识，与所知者，皆不是不同的元体，而是在基本上为一。我们的心思分别此三者，因为若无此辨别它便不能进行；失去其正当手段和基本的行动律则，它变到静止，不活动。所以即使我在心思上看自己时，我仍然当作此一辨别。我是，当作知者；我在我中所观察的，我看作我的知识的对象，是我自己又不是我自己；知识是一工事，以之我联系知者到所知者。但这工事之不自然，这纯粹属实际和实用的性格是明显了；明显的，它不代表事物之基本真理。真际，我这知者，便是那知道着的知觉性；

知识是那知觉性，我自己，工作着的；所知亦复是我自己，同此一知觉性的一形式或运动。这三者，皆明明是一个存在，一个运动，不可分别虽似已分别，未尝在其形式间分布，虽似自加分布，个别独立。但这是一知识，仍是心思可能达到的，能理论出，能感觉的，但不能准备以作为它的智慧的工事之实际基础。至若关于外于这知觉性的形式我所称为我自己者的对象，则困难几乎不可超越了；即使要感到一体，也要有一番非寻常的努力；而继续保持它，在它上面作为，将是一新的、陌生的作用，非正本属于'心思'的。'心思'至多只能保持它，当作一领会了的真理，以便矫正且修改它自有的正常活动，仍是基托于分别上的；这有点像我们在智识上知道地球绕日而转，但识感坚持是太阳绕地球而转，我们能以此智识改正这人为的和物理上实用的安排，但无由废除它。

但是'超心思'具有，且常是基本地在这一体之真理之上作为，可是在心思，这只是一次等的或后得的具有，不是它的视见之真性。'超心思'视宇宙及其内容如其自体，在单独一个不可分的知识作为中，这作为便是它的生命，便是它的自体存在之正本运动。因此这概括的神圣知觉性，在其'意志'一方面，不怎样领导或统治宇宙生命的发展，而甚是在它自体中圆成之，以一权能作为，亦即与知识作为不可分者，且与自体存在之运动为不可分者，诚然是此一且同一作为。因为我们已见到宇宙力量与宇宙知觉性为一，——宇宙力量即宇宙知觉性的作用。同样，神圣'知识'与神圣'意志'也是一；它们皆是存在的同一基本运动或作为。

概括的'超心思'，包罗万象之多，而不损它自体之一，这个它的不可分性，便是我们常当坚执的真理，倘若我们要了解宇宙，且除去我们的分析心思的原始错误。一棵树生自一粒种子，树原自包含于此种子中，种子又生自此树；一固定了的律则，一不可变的程序，为主于我们所称为树者的显示的形式之永久性上。心思，看这现象，这一树之生，长，再生，为一事之在其自体，又在那基本上研究，类分，而且解释之。它以种子解释树，又以树解释种子；它发表一‘自然’的律则。但它一点也没有解释什么；它只分析了、记录了一神秘的程序。假定它甚至看到一秘密知觉的力量，为此形式的真体或灵魂，其余的只是那力量的固定了的工事和显示，它仍是趋于视形式为一分别的存在，有其分别的自然律则和发展程序。在动物，在人具有其知觉的心性，‘心思’的这分别倾向，诱导它视自体亦为一分别的存在，知觉的主体，视其余形式则为其心理体的分别对象。这一有用的安排，于生命为需要的，且为其一切措施的初基，遂被心思接受为一真实的事实，由此遂生出私我的一切错误。

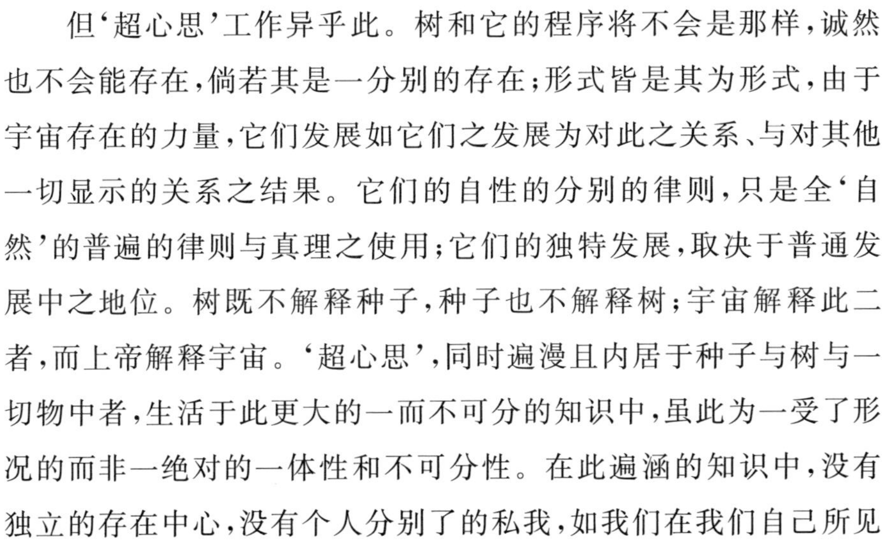

但‘超心思’工作异乎此。树和它的程序将不会是那样，诚然也不会能存在，倘若其是一分别的存在；形式皆是其为形式，由于宇宙存在的力量，它们发展如它们之发展为对此之关系、与对其他一切显示的关系之结果。它们的自性的分别的律则，只是全‘自然’的普遍的律则与真理之使用；它们的独特发展，取决于普通发展中之地位。树既不解释种子，种子也不解释树；宇宙解释此二者，而上帝解释宇宙。‘超心思’，同时遍漫且内居于种子与树与一切物中者，生活于此更大的一而不可分的知识中，虽此为一受了形况的而非一绝对的一体性和不可分性。在此遍涵的知识中，没有独立的存在中心，没有个人分别了的私我，如我们在我们自己所见者;存在的全体,对它的自我觉识是一等衡的伸展,在一中为一,在多中为一,在一切情况和一切处为一。于此,‘大全’与‘太一’,皆是同一存在;各个个体,不失却且不能失却其与一切有体且与‘唯一有体’之同一性的知觉性;因为那同一性是内在于超心思的认识中,是超心思的自证之一部分。

在一性的那博大平等中,‘有体’未尝分开,未尝分布;既已等衡地自加伸展,遍漫其伸展为‘太一’,内居于形式之多中为‘一’,它遍一切处且同时是独一而平等的‘大梵’。因为这‘有体’在‘时间’与‘空间’里的伸展,和这遍漫与内居,是密切关系于其所从而出发的绝对的‘一体性’,关系于那绝对的‘不可分者’,其中没有中心或圆周,只有无时无空的‘太一’。那一体性的高度集中于未伸展的‘大梵’,必需地逶译其自体于伸展中,以此平等遍漫的集中,以此万事万物之不可分的涵括,以此普遍的未分布的内在性,以此一体性非任何多性能废除或损减者。‘大梵是在万事万物中,万事万物皆是在大梵中,万事万物皆是大梵’,——这是遍涵的‘超心思’的三一公式,一个自我显示的真理的三方面,为其所聚摄,且无分地保持在它的自我视见中,当作基本知识,它从此出发,进到宇宙活动中者。

但是我们的这心理体,这在‘心思’、‘生命’和‘物质’三项中低等知觉性的组织,作为我们的宇宙观者,其起源是什么呢?因为凡存在的事物,既必发自具有全效能的‘超心思’的作用,发自其在‘存在’知觉的力量,与福乐’这原始三项中的活动,则必有创造性的‘真理知觉性’的某官能,那么活动,将它们投入此新三项,此低等心理体,情命体,与物理本质之三一物。这官能,我们发现在能

创造的知识之一次等权能中，在其一放映着，对证着，了别着的知觉性之权能中，其间知识自起中央化，从它的工作退后而观察它们。当我们说中央化，我们是说与至今我们所讨论的知觉性之等衡的集中不同，是一不均等的集中，其中有自我分化的开端，——或其现相的形相之始。

最初，‘能知者’保持自己集中于知识中为主体，观看他的知觉性的‘力量’，好似不断地从他发出到他自己的形式中，不断地在其中工作，不断地回到他自己，又不断地再放出。由此自我变换的单独一行动，一切实际的分辨皆起，一切宇宙的相对观念和相对作为皆托基于这上面。‘能知者’，‘知识’，与‘所知者’间，‘主宰’，‘他’的力量，与‘力量’之子和工作间，‘享受者’，‘享受’，与‘被享受者’间，‘自我’，‘摩耶’，与‘自我’的变易间，一实际的分辨造成了。

其次，这集中于知识中的知觉的‘心灵’，这‘神我’，观察且统治从‘他’发出的‘力量’，‘他’的能力或‘自性’，在他自己的每一形式中重复他自己。仿佛是他陪同他的知觉性的‘力量’入乎它的工作中，在那里重出自我分化的行为，由此而生出此了别着的知觉性。在每一形式中，这‘心灵’与他的‘自性’同居，从那作出的实际的知觉性中心，观察在其他形式中的他自己。在一切中是同此一‘心灵’，同此一神圣‘有体’；其中心点的乘积，只是知性觉的一实际作为，意在于建立一分别的活动，相互性的，相互的知识，相互的力量震惊，相互的享受的活动，一异性基于真元的一性上，一一性实践于异性的实际基础上。

我们可说起这漫遍一切的‘超心思’之新格位，是更远离了事物的一元真理，更远离了不可分的知觉性，至当不易地构成一体性，于宇宙存在为真元者。我们可见到更远追一点，这真可成为'无明'，即那大愚，起自多性，以之为基本真实性，而且为了要走回到真实的一体性，必得从私我的虚伪的一体性开始者。我们也可见到，一旦个人中心被认为是决定着的据点，是能知者，则心思的感觉，心思的智慧，心思的意志作用，及凡此之一切后果，皆不得不生。但我们也常看到，长时若心灵在'超心思'中作为，则'无明'尚未开始；知识与行为的原野仍是'真理知觉性'，基础仍是一体性。

因为'自我'仍自视为一切中之一，而万事万物仍为其自体中的变是，且属于它自体。'主宰'仍知道他的'力量'是他自己在作为中，每一有体是他自己在心灵中，是他自己在形式中；仍然是他自己的有体，乃'享受者'所享受的，虽是在一多性上。唯一真实的变化，乃是知觉性的一不平等的集中，与力量之一多式的分布。有一知觉性中的实际分辨，但没有知觉性的真元差别，或其对自体的视见中之真分别。'真理知觉性'已达到了一位置，它准备我们的心理体，但还不是我们的心理体的。正是那，乃我们所当研究的，以便在其原始处把住'心思'，在那一点上，它从'真理知觉性'之高广大宇，下堕于分化与无明中之处。幸而这了别着的'真理知觉性'，——'般若那'，——比较便于把握，以其近于我们，以其预显我们的心思活动，不同于那悠远的实践，我们至今以智识的不适当的语言，艰于表白的。应当通过的阻障不那么样可怕。

第十六章　超心思三位

从一了别着的'真理知觉性'的立场，看事物如同一解放了的个人心灵看事物，这是说，从心理体的范限解放了，被容许参加'神圣的超心思'的作为了，进到对我们所居的这世界的较容易的了解，在这以前，我们得停顿一下，简括地回检我们所已体会或仍能体会关于'主宰'，'自在主'的知觉性者，当'他'以'他的摩耶'，从'他'的有体之原始集中了的一体性而发展出这世界。

我们始于这肯定，即一切存在为一个'本体'，其真元的自性便是'知觉性'，这一个'知觉性'的活动自性便是'力量'或'意志'；而且这'本体'是'悦乐'，这'知觉性'是'悦乐'，这'力量'或'意志'是'悦乐'。永恒的和不移易的'存在的福乐'，'知觉性的福乐'，'力量'或'意志'的'福乐'，不论在其自体集中为静，或创造而动，这便是上帝，这便是我们自己，在我们的真元的、我们的非现相的有体中。集中于其自体，它具有或毋宁说它即是真元的，永恒的，不可移易的'福乐'。动而创造，它具有或毋宁说变为存在的活动之乐，知觉性活动之乐，力量或意志活动之乐。那活动便是宇宙，那悦乐即是宇宙的存在之唯一原因，动机，和目的。'神圣知觉性'永恒地，且不可转易地具有那活动与悦乐；我们的真元有体，我们的真实自我，被虚伪的自我或心思的私我隐蔽了的，也享受那活动和悦乐，永恒地，不可移易地；诚然，它不能另外怎样，因为它与‘神圣知觉性’在有体上为一。倘若我们企慕一神圣生活，则没有什么其他的路，除了揭露这在我们内中被障蔽了的自我，从虚伪的自我或心思的私我现在这格位，上升到一真自我（Atman‘阿图门’）的高等格位中，进到与‘神圣知觉性’为一体，这，是我们内中的超心知的什么时常享受着的，——否则我们未能存在，——却为我们的知觉的心理体所抛弃的。

但是时若我们这么一方面肯定‘真、智、乐’之一体，另一方面又认可这分别了的心理体，则我们安立了两个对立的整元，倘认定其一为真，其另一必伪，倘要享受其一，其另一必当废除。可是我们仍是在心思及其生命与身体的形式中而生活在世界上，而且，设若为了达到那唯一‘存在、知觉性、福乐’而当废除心思，生命，和身体的知觉性，则世界上的神圣人生没有可能。我们必须捐弃宇宙的存在至极，当作一幻妄，乃享受或回变为‘超上者’。没有什么法子逃出这解决，除非二者之间，有一中介的联系，能向它们彼此解释，在它们中间建立那么一种关系，使我们在心思，生命，和身体的型范中，实践唯一的‘存在，知觉性，福乐’，有其可能。

这中介联系是有的。我们称之为‘超心思’或‘真理知觉性’，因为它是一超乎心理体的原则，它在事物的基本真理与一体性中存在，施为，进展，不是在其形貌上和现相的分别上，如心思那样。‘超心思’的存在，是一逻辑的必需，直起于我们起始的据点。因为，‘真、智、乐’在其自体，必然是知觉的存在亦即福乐的一无‘时’无‘空’的绝对者；但世界，相反的，却是在‘时’与‘空’中的一伸展，且是一个运动，一番作发，一个发展，即由因果律——或这么对我们现出的什么——在'时'与'空'中所作发、发展出的可能性和关系。这'因果律'的真名，是'神圣律则'，而那'律则'的真元，是事物之为事物的真理之必有的自体发展，当作'理念'，在所发展者之正本真元中；它是出自无限的可能性的质料的相对运动之一预先固定了的决定。那如此发展万事万物者，必然是一'知识意志'或'知觉的力量'；因为宇宙的一切显示，是'知觉的力量'之一活动，亦即存在的自性的。但是那发展着的'知识意志'不能是心思的；因为心思不知道，不具有或统治这'律则'，而是为其所统治，是其结果之一，在自我发展的现相上而不在其根本上动转，看发展的结果为分别事物，努力要达到事物的渊源与真实而唐劳。进者，这'知识意志'发展一切者，必然具有事物之一体性，又必从之显示出其多体性；但心思未具有那一体性，它只不完备地具有多体性的一部分。

然则，必然有一原则，超越过'心思'，满足'心思'所不能的条件。无疑，是'真、智、乐'自体乃是这原别，然不是'真、智、乐'之休止于其纯粹的无限的不变底知觉性中者，却是自此初原的定态出发，或毋宁是在此上以之为基础，在此中以之为能涵，而进到一种运动，即是其'能力'之一形式与宇宙创造的工具。'知觉性'与'力量'，是存在的纯粹'权能'的孪生原本两方面；'知识'与'意志'因此必是那'权能'所取的形式，在创造一因缘关系的世界于'时间'与'空间'的伸展中。这'知识'与这'意志'必然是一，无限，涵括万有，具足万有，形成万有，在其自体中永恒地摄持其所发为运动和形式者。于是'超心思'是'有体'发出到一决定性的自我知识，这看到它自体的某些真理，意愿其在它自体的无'时'无'空'的存在中，在一‘空间’与‘时间’的伸展中将其实践。凡在它自体中所有的不论什么，取其形式为自我知识，为‘真理知觉性’，为‘真实理念’，而且，那自我知识既亦是自我力量，必然在‘时间’与‘空间’中实践它自体。

这，便是‘神圣知觉性’的自性，在其自体中以其知觉的力量的一运动创造万事万物，而管制它们的发展，由一自我进化，以存在之真理的固有的知识意志，或形成万物的真实理念而管制之。那‘有体’如是而为心知者，便是我们所称的上帝；而且，显然‘他’必是遍在，遍知，遍能。是遍在，因为一切形式皆是‘他’的知觉体的形式，为其运动的力量所造，在其自体的伸展之为‘时间’与‘空间’中；是遍知，因为万事万物皆存在于‘他’的知觉的有体中，皆为其所形成，为其所具有；是遍能，因为这具有一切的知觉性，亦是一具有一切之‘力量’与内成一切之‘意志’。而此‘意志’与‘知识’不互相冲突，非如我们的知识与意志可互相冲突，因为它们是同此有体之同此一而不异的运动。它们也不能被自外或自内的任何其他的意志，力量，或知觉性所违忤抵触，因为外乎此‘太一’便无知觉性或力量了；而且内中一切能力与知识形成，皆不异于它，皆只是此唯一决定一切的‘意志’与唯一和谐一切的‘知识’之活动。我们所见为种种意志与种种力量之冲突者，因为我们坚住于独特者和分别者中，不能见全者，‘超心思’则见为对它为常在的一预定了的和谐之合谋着的原素，因为事物之大全永呈于其瞻视中。

不论其作用所取的定态或形式如何，神圣‘知觉性’的自性总常是这样。但是，其存在既于其自体中是绝对的，其存在的权能在其伸展上亦是绝对的，则它因此亦不限于作用之某一形式或定态。

我们人类在现相上是知觉性的一独特形式，隶属于‘时间’与‘空间’，在我们的表面知觉性即我们于我们自己所知道的一切者中，只能在一时分中为一物，为一形成，为一有体之定态，为一经验之聚集；而那唯一事物在我们便是我们自己的真理，为我们所承认的；其余一切或是不真实，或则不复是真实了，因为它已消失入过去中，出乎我们的视界以外，或尚非真实，因为它在将来等待，尚未入乎我们的视界以内。但‘神圣知觉性’不是这样独特化了的，不是这么限制了的；它能一时分中为多物，而且，甚至在一切时中能取一持久的定态。我们看到在‘超心思’原则本身中，它有三个这样的普通定态或定坐，是它的建立世界的知觉性的。第一，建立万事万物的不移易的一体性，第二，变换那一体性，以此支持‘一’中之‘多’与‘多’中之‘一’的显示，第三，更加变换之，以此支持一分殊化了的个体之进化，这个体，因‘无明’之作用，在一低等水平上化为我们中间的分别的私我之妄见。

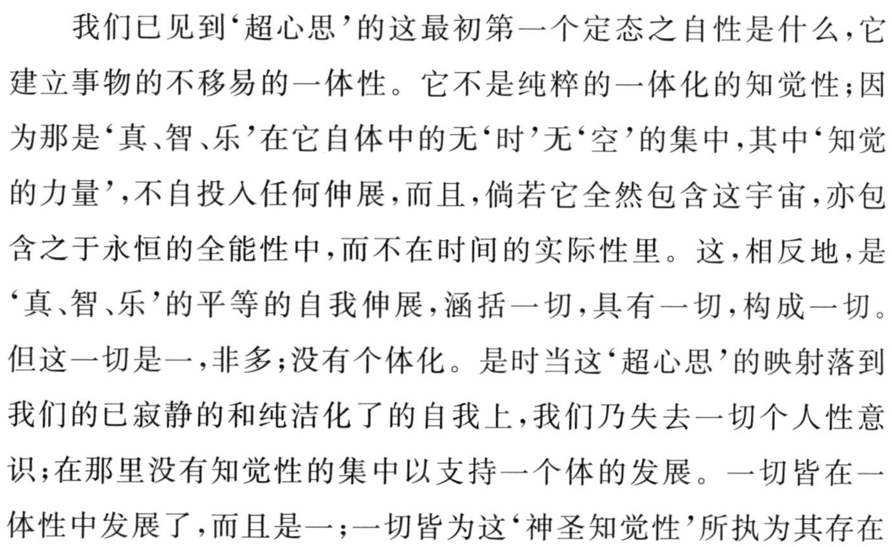

我们已见到‘超心思’的这最初第一个定态之自性是什么，它建立事物的不移易的一体性。它不是纯粹的一体化的知觉性；因为那是‘真、智、乐’在它自体中的无‘时’无‘空’的集中，其中‘知觉的力量’，不自投入任何伸展，而且，倘若它全然包含这宇宙，亦包含之于永恒的全能性中，而不在时间的实际性里。这，相反地，是‘真、智、乐’的平等的自我伸展，涵括一切，具有一切，构成一切。但这一切是一，非多；没有个体化。是时当这‘超心思’的映射落到我们的已寂静的和纯洁化了的自我上，我们乃失去一切个人性意识；在那里没有知觉性的集中以支持一个体的发展。一切皆在一体性中发展了，而且是一；一切皆为这‘神圣知觉性’所执为其存在的形式，非在任何程度上当作分别的存在者。有点像在我们的心思上所起的思想和意象，对我们皆不是分别的存在者，而是我们的知觉性所取的形式，一切名与色于此原始的‘超心思’亦然。这是在‘无限者’中的纯粹神圣的理念化与形式化，——只是一理念化和形式化，非当作一心思的思想的不真实的活动而组织成的，而是当作知觉的有体之一真实活动。神圣心灵在这定位中，不会分别‘知觉的心灵’和‘力量心灵’，因为一切力量皆是知觉性的作用，也不会分别‘物质’和‘精神’，因为一切型范简单是‘精神’的形式。

在‘超心思’的第二定态中，‘神圣知觉性’在理念中退居于它所包含的运动以后，以一种了别着的知觉性而实践它，随从它，占有而且内居于其工作中，好像在它的形式中分布它自体。在每一名与色中，它将实践它自体为安定的‘知觉的自我’，在一切中为同一；但它亦将实践它自体为‘知觉的自我’之一集中，随从着且支持着运动的个体活动，且保持其与其他运动的活动之差别，——在心灵真元上遍处为同一，但在心灵形式上相异。这集中，支持着心灵形式的，将是个别‘神圣者’或‘生命自我’，‘耆婆阿图门’，不同于宇宙的‘神圣者’或那一个组成一切的自我。不会有真元的殊异，只有为了活动的一实际差别，不至废损真实的一体性的。宇宙的‘神圣者’，将知道一切心灵形式为它自体，可是仍与每个分别建立一不同的关系，且在每个中建立一与一切其他者不同的关系。个别‘神圣者’，当视它的存在为此‘太一’的一心灵形式和心灵运动，而且，由知觉性的通彻作用，它将支持且享受它的个别运动及其关系，即与‘太一’，与其一切形式的一自由的一中之异的关系。倘若我们的纯净化了的心思要反映‘超心思’的这第二定态，我们的心

灵可能支持且保有其个体存在，而且纵使是在那里，能实践它自体为此‘太一’，已变是一切，内居于一切中，包含一切者，甚且在其独特形况中享受与上帝及其从者为一体。在‘超心思’的存在之任何其他环境中，也不会有任何特著的改变；唯一改变将是‘太一’的这活动之显示于多性中，与‘多’之活动之仍为一者，以及一切所必需以保持而进行此活动者。

‘超心思’的第三定态是可以达到的，倘若支持着的集中，不复像它那样居于运动以后，以某种优越性而内寓其中，因此而随从着，享受着，却要将自体投入运动，相当地参与其中。在此，活动的性格将改变了，但只到那样，只要个别的‘神圣者’将其与宇宙者及其他形式的关系之活动，特著地作为它的知觉的经验之实用范围，以致与它们究竟为一体之实践，将只是一切经验之一最极的附有和恒常的顶点。但是在高等定态中，一体性将是主要的和基本的经验，变换只是一体性的游戏。所以这第三定态，将只是一体性中的一种基本的、幸福的二元性，——不复是为一附属的二元性所形况的一体性，——在个别‘神圣者’与其宇宙的渊源之间，而且随之以从这么一个二元性的保持与工事所归结的一切后果。

可以说，第一后果可能是堕入‘无明’的愚暗中，便是以‘多’为存在的真实的事实，而视‘太一’只是‘多’的一宇宙的总和。但这种堕落不是必须会有。因为个别的‘神圣者’仍将知觉其为‘太一’之结果，为其知觉的自我创造之权能的结果，便是说，结果自其多方多式的自我集中，原意以多方管制且享受其多式的存在于‘时间’与‘空间’的伸展中者；这真实的精神个体，不会强以一独立的或分别的存在自许。它将只肯定一分别着的运动之真理，随同安定的一体性之真理，看它们为同一真理的高、低两极，同此一神圣游戏的基础与顶峰；而且将坚执此分别化之喜乐为一体性之喜乐之圆满所必需的。

明显地，这三个姿态将只是处理同一个'真理'的三条不同的路；所享受的存在的'真理'是同，而享受之之法，或毋宁是心灵享受之的姿态则异。悦乐，即'阿难陀'，可能变换，但将常住于'真理知觉性'的格位以内，不沦入'虚伪'与'无明'。因为居其第二与第三位的'超心思'，只将是在神圣的多性的意度下，发展且施行第一位'超心思'在神圣的一性的意度下所保持的。我们不能在这三种定态的任何一个上加以虚伪或幻妄的钤记。诸奥义书的语言，在一高等经验的这些真理上的一古代最上权威，当其说起这显示其自体的神圣存在时，便暗许这一切经验之有效性。我们只能肯定一性先于多性，不是在时间上为先，却是在知觉性的关系上为先，没有任何至上精神经验之说，没有任何韦檀多哲学，否认这'一'先于'多'，或'多'于'一'之永恒依赖。这是因为在'时间'中，'多'不像是永恒的，而像是从'一'显示出的，且回到'一'中以其为真元，遂致'多'之真实性被否定了；但也可同样理论，在'时间'中的永恒的坚住，或者，倘愿意说，永恒的回还，便是一证明，证明神圣的多性，不下于神圣的一性，为出'时间'以外者的'无上者'的一永恒的事实；否则，不会有这必然的永恒的回复于'时间'中的特性。

诚然，只是时若我们人类的心理体无外地着重精神经验的一方面，肯定其为唯一的永恒真理，而述之以我们的分解一切的心思的逻辑名相，然后兴起各派互相非毁的哲学之必需。这么，着重了一体的知觉性的唯一真理，我们观察神圣一体性的活动，却被我们

的心思误译为真实的殊异，但是，又不满足于以一高等原则的真理来改正这心思的错误，我们便认定这活动是一幻妄。或者，着重‘多’中之‘一’的活动，我们宣称一有形况的一体性，且视个人心灵为‘无上者’的一心灵形式，但又将肯定这有形况的存在之永恒性，却全般否定在一无形况的一性中之一纯粹知觉性的经验。或再者，着重了分殊的活动，我们肯定‘无上者’与人类心灵，皆永恒殊异，而破斥某种超过且似乎要废除那殊异性的经验，认为无效。但现在我们所取的坚定立场，将我们从这些否定和除外之必需开释了。我们见到在凡此一切肯定之后皆有一真理，但同时有过度处，这便引到一立不极成的否定。像我们已经肯定一样，肯定了‘彼’之绝对的绝对性，不为我们的一体性的理念所范限，不为我们的多性的理念所范限，肯定了一体性为多性的显示之基础，多性又是为了回到一性及享受神圣显示中的一体性之基础，我们无须重累我们现在的申述以这些讨论，或者唐劳于以‘神圣的无限者’隶役于我们的心思的分辨和定义。

第十七章　神圣心灵

以我们所作成的‘超心思’的这概念，由其与我们的心思体，即我们人类的生存所基托者，相反对，我们不但能形成一神圣性和神圣人生的一精确的而非朦胧的理念，——这类名词，通常我们是被判决用之于宽懈的含义的，模糊的词汇，以表一广大却又几乎不可捉摸的企慕，——亦且能给这些理念以一哲学推理的坚定基础，能将其明确联系于人类与人生即我们于今所享受的一切上，且能辩正我们的希望和企慕，由于此世界的真本性，与我们自己的宇宙的前在事实，以及我们的进化的必然的将来。我们开始在智识上摄持什么是‘神圣者’，永恒的‘真实性’，开始了解世界如何出自其中。我们也开始见到如何凡出自‘神圣者’的，必然地还归于‘神圣者’。现在我们可问而有得了，有机会得到较明确的答案，问我们当如何改变，又我们当变成什么，以便在我们的本性，我们的生活，和我们与他者的关系中能达到那里，不单是经过在我们有体的深处之一孤独底和极欢的实践。诚然，在我们的一些前提上仍有一缺陷。因为我们到现在是致力于为我们自己下定义，定议‘神圣者’在其向有限的‘自性’之下降中是什么，而我们之真实是我们者，却是在个人中的‘神圣者’，再从有限的‘自性’回升到其自有的正当神圣性中。这运动的分别，必连带天神的生活与人的生活之分别，天神们或从来未知道降世，人得救赎，胜利夺回了已失去的神性，在内中保有经验，这可能是由他之同意于至极下降因而收集的新宝珍。虽然，在真本特性上不能有分别，只是在型范与彩色上有。我们已可能在我们所达到的基础上，确定我们所企慕的神圣人生之真元性质。

然则一神圣心灵的生存将是什么呢，倘其不由'精神'之降入'物质'而堕入'无明'，不由物质'自性'而蔽亏心灵呢？其知觉性又将是什么，当其生活于事物的原始'真理'中，生活于不移易的一体性中，于其自有的无限有体之世界中，有如'神圣存在'本体，却能以'神圣摩耶'的游戏，且以通彻着和了别着的'真理知觉性'之分别，能享受与上帝为异却同时与'他'为一，又能在此自乘增积的'同一者'之无限游戏中，怀抱与其他神圣心灵之为异而又为一？

显然，这么一个心灵存在，时常在'真、智、乐'的知觉的游戏中会是自体含存了的。在其有体上，它会是纯粹且无限的自我存在；在其变是上，它会是永生的生命之自由活动，不为死与生与身体的变易所侵，因为未为无明所蔽，且未沦入于我们的物质体的黑暗中。在其能力上，它会是一纯粹且无限的知觉性，定止于一永恒且光明的静性上，以之为基础，却又能以知识形式和知觉的权能之形式自由活动，宁静，不为心思的错误之颠顿和我们的意志努力之过犯所影响，因为它永不离开真理和一性，永不从它的存在之内具的光明与自然的和谐堕落。终者，它将是在它的永恒的自我经验中，为一纯粹且不移易的悦乐，而在'时间'中，为福乐的自由变换，不为我们的憎恶、仇恨、不满和忧患的颠倒所影响，因为它在有体中未分化，不为谬误的自我意志所阻挠，不为欲望的愚痴刺激所惑乱。

它的知觉性，不会为无限的真理之任何部分所闭拒，也不会为其与余者的关系中所可取的任何定态或格位所限制，更不会以其接受一纯现象的个性，和实际的区别的活动，而必被判决褫夺任何自我知识。它将在它的自我经验上永远居于'绝对者'之当前。对于我们，'绝对者'只是一不可界说的存在之智识概念。智识简单告诉我们，有一位'大梵'是高于最高者，有一'不可知者'，在与我们的知识不同的方式上知道它自体；但智识不能把我们带到它面前。神圣心灵，生活于事物的'真理'中，相反地，常会于自己有一知觉的意识，是'绝对者'的一显示。它会觉识它的不变易的存在，为那'超上者'——'真、智、乐'的原始'自相'；它的知觉的有体之活动，它会觉识为'彼'在'真、智、乐'的显示。在它的知识之每一境界或行为中，它会觉识'不可知者'，以可变换的自我知识的一形式而认识其自体。在它的权能，意志，或力量之每一境界或行为中，它会觉识'超上者'以有体与知识的知觉的一形式而保有它自体。在它的悦乐，欣喜，或爱的每一境界或行为中，它会觉识'超上者'以知觉的自乐的一形式而拥抱它自体。这'绝对者'之当前，在它不会是一偶尔瞥见的经验，或终于达到而难保持的经验，或者当作在它的寻常的有体的境界之一强加的附有者，后得者，或臻极者：这会是它的有体的真正基础，双在于一体性与分别化中的有体的；这对它会是当前正在，在它的一切知道，愿望，行为，享受中；这不会是对它不在，从它的无时间的自我，或'时间'的任何时分不在，从它的无空间的有体，或它的伸展了的存在之决定不在，从它的超出一切因果和环境以外的无条件的纯粹性，或环境，条件，与

因果性的任何关系上不在。'绝对者'的这恒常当前，会是它的无限的自由与悦乐之基本，保证它在活动中的稳定性，而且供给它的神圣有体以根本，液汁，与菁华。

进者，这么一个神圣心灵，会同时生居于'真、智、乐'的永远存在的两项中，即自体开展着的'绝对者'的不可分的两极，我们称之曰'一'与'多'。凡有体实是如是生活的；但在我们的分化了的觉识，便有一乖互，一鸿沟，划于此二者之间，迫使我们选择，或则居于多性中，被流放于'一'之直接与全般的知觉性以外者，或者居于一体性中，拒拂'多'的知觉性者。但神圣的心灵，不会奴役于此离判和二元性。它会在自体中同时觉识无限的自我集中，与无限的自体伸展和散布。它会同时觉识此'一'在其一体的知觉性中，保持无数底多性在其自体，有如潜能，未表，因此对我们于那境界的心思经验为不存在，又觉识此'一'，在其伸展了的知觉性中，保持多性之外发而且活动，有如其自有的知觉体，意志，与悦乐的游戏。它也会同等觉识'多'永是向它们自体引下这'一'，为它们的存在之永恒的渊源和真实性者，又会觉识'多'永远上升，为'一'所吸引，即一切它们的异之活动的永恒的臻极和幸福的辩正。这事物的浩大观，乃'真理知觉性'的型范，大'真理'与'法'的基础，韦陀见士所颂赞的；这一切对反诸项之统一，乃真的'不二道'，为'不可知者'的知识之一最上底通彻底名词。

神圣的心灵，将觉到有体，知觉性，意志，与悦乐，凡这一切变化，为那自体集中的'一体'之外发，伸展，非发为差异和分别，却发为无限的一性之另一、一伸展了的形式。它自体将是在其有体之真元中常自集中于一性里，常是在其有体之伸展中显示于变换里。

凡在它自体中取有形式者，皆将是此‘一’之潜能性，从无名的‘玄默’中震动出来的‘名’或‘语’，实践着无形的真元之‘形’，从宁静的‘力量’出发的‘意志’或‘权能’，无时间性的自我觉识的太阳，辉射出的自我认识的光线，从永恒的自我知觉的‘有体’升起的变是的波浪，化为自我知觉的存在之形相，从永恒的静止的‘悦乐’，永远涌出的喜与爱。这将是二而为一的‘绝对者’，在其自我开展中，其中的每一相对性，对其自体将是绝对的，因为自觉其为显示了的‘绝对者’，但没有那愚昧，除外其他绝对性，以为对其自体为陌生，或较其自体欠完全。

在这伸展中，神圣的心灵，将觉识超心思的存在之三格位，不像我们在心思上被强迫看它们不为格位了，却为‘真、智、乐’的自我显示之三位一体之事实。它将能在一且同一概括的自我实践中抱持它们，——因为一浩大的遍涵性乃知觉真理的‘超心思’的基础。它将能神圣地想到，见到，意识到万事万物为‘自我’，它自体的自我，一切之一自我，一‘自我有体’与‘自我变是’，但在它的诸多变是上未尝分化，因其变是离了它自有的自我知觉性以外，没有存在。它将能神圣地想到，见到，意识到凡一切存在，皆是‘太一’的心灵形式，每个形式，有其自有的有体在此‘一’中，有其自有的立点在此‘一’中，有其与一切其他诸存在的关系，——其他诸存在，皆麇聚于无限的一体中，但皆依赖此‘一’，‘他’在‘他’的自己的无限性中的知觉的形式。它将能神圣地想到，见到，意识到凡此诸存在之在它们的个性中，在它们分别的立场，生活为个别‘神圣者’，每个有‘太一’和‘无上者’寓居其中，因此不全然是一形式或偶像，不真是一真实全体之幻有部分，在一不动的‘海洋’表面上简单的起沫底波浪，——因为究竟这些皆不过是不适当的心思形相，——却是一全者中之全者，一个复述无限的'真理'的真理，一波浪而即是全海洋，一相对者自证其为'绝对者'本身，倘若我们见到形式后面，且见之于其全。

因为，这三者皆一个'存在'的三方面。第一，是基于那自我知识，这，在我们人类于'神圣者'的实践中，诸奥义书说为我们中间的'自我'化为一切存在；第二是基于那说见一切存在于'自我'中；第三是基于那说见'自我'于一切存在中。'自我'而为一切存在，便是我们与一切为一之一性的基础；'自我'包含一切存在，便是我们的异中之一性的基础；'自我'寓居于一切中，便是我们在普遍者中的个性的基础。倘若我们的心理体的缺陷，倘若它缺少无外的集中，强迫它止住于自我知识的任何一方面而除外其他方面，倘若一实践为不完善亦如其为除外的，推动我们常将一人为的错误原素，加到'真理'本身，也将冲突与互相否定的因素，加到遍涵一切的一体里，然对一神圣的超心思的有体，由于'超心思'的真元性格，即是一通彻底一性与无限的全性，它们必自呈为一三重底，而三而一的实践。

倘若我们假定这心灵将取其定态，取其中心点于个别'神圣者'的知觉性上，在与'其他者'分别的关系中生活，行为，仍然它将在它的知觉性的基础上，有全般的一体性，一切从之现出者，也将在那知觉性的背景中，有伸展了且形况了的一体性，而且，也将能回到这些的任何一个上，能从它们观照其个性。在韦陀中，说诸天神皆有此定态。原本诸天神皆一个存在，古圣贤称之以不同的名；但在它们的建立于且出发自大'真理'与'法'的作用中，或是阿祇尼，或是另一个，便说为又即是其余一切神，他是那‘一’之变是一切者；同时说他在自身中包含了一切天神，如车毂之含诸辐，他是那‘一’之包含一切者；可是作为阿祇尼，又说他是一分别的神，一位帮助其他诸神者，在力量与知识上胜过它们，然而在宇宙位置上低于它们，被它们雇为使者、祭司和工人，——为世界之创造主，之父，可是它乃生于我们的工作之子，便是说，他是原始的和显示了的内居之‘自我’或‘神圣者’，寓于一切中之‘太一’。

凡神圣心灵与上帝或它的无上‘自我’，或与在其他形式中它的其他自我之关系，将为这概括的自我知识所决定。这些关系，将是有体的，知觉性与知识的，意志与力量的，爱与悦乐的关系。在它们的变易的潜能性上既属无限，它们无需乎除外心灵与心灵的可能的任何关系，与保存此不移易的一体性之意度相合的，纵使有分别的每个现象。如是，在其享受的关系中，神圣心灵将有其自有的经验之悦乐在自体中；也将有与其他者的关系之一切经验之悦乐，当作与其他诸自我在其他形式中之交通，那些形式，原是为了宇宙间的一有变换的游戏而创造的；更将有它的其他诸自我的经验之悦乐，仿佛便是它自己的，——诚然也皆真实是它自己的。而且，凡此诸能量它皆将有，因为它将觉识它自己的经验，它与其他者的关系，他者的经验，它们与自己的关系，皆是彼‘一’，无上‘自我’，它自己的自我之喜乐或‘阿难陀’，以其分别寓居于凡此诸形式中而相别异，这些形式皆是包含于它自己的有体中，然虽在异中而仍为一。因为这一体性是它的一切经验的基础，它将无有于我们的分化了的知觉性之乖戾，以无明与别立底自私性而分化了的；凡此一切自我及其关系，皆将知觉地落到彼此的手中；它们将参入

且互相溶入，如同一永恒和谐乐的无数音节。

复次，同此一规律，亦可施于其有体，知识，意志，与其他者的有体，知识，与意志的关系上。因为凡它的一切经验与悦乐，将是有体之一自体幸福的知觉力量之活动，其间由于服从这一体性之真理，意志不能与知识冲突，而且此二者之任何一个不能与悦乐相冲突。也不会有一个心灵的知识，意志，与悦乐，与另一个的知识，意志，与悦乐相侵犯，因为以它们于它们的一体性之觉识，凡在我们的分化了的有体中为冲突，为侵犯，为乖违者，在那里皆不同的音节在一无限的和谐乐中之会合，宛转，互相生发。

在它与无上的'自我'，与上帝的关系上，神圣的心灵将意识到超上的与宇宙的'神圣者'，与它自己的有体为一。它将享受那与上帝为一之一性，在它自体的个别性中，亦在它的其他自我之普遍性中。它的知识的关系，将是神圣的遍知的活动，因为上帝便是'知识'，而凡在我们为无知者，在那里将只是知识之退藏于知觉的自我觉识之休宁中，以使那自我觉识的某些形式，可以被推前进到'光明'的活动中。它的意志的关系，在那里将是神圣的遍能的活动，因为上帝是'力量'，'意志'，与'权能'，而凡在我们之为弱点与无能者，将是意志之退敛于宁静集中了的力量中，以使神圣的知觉力量的某些形式，可以被推前进到'权能'的形式中而实践它们的自体。它的爱与悦乐的关系，将是神圣的极乐之活动，因为上帝便与'爱'与'悦乐'，而凡在我们为爱与悦乐之否定者，将是喜乐之退入于'福乐'之静定的海洋中，以使神圣的结合与享受的某些形式，可以被推到前方，在'福乐'之浪潮之活泼的升涌里。于是，同样凡其一切变是，皆亦将是神圣的有体之形成，与凡此诸活动相应者，

而凡在我们为止息，死亡，消灭者，皆将只是喜乐的、创造性的‘摩耶’之休息，过渡，或收敛于‘真、智、乐’之永恒有体中。同时，这一性不会预先阻碍神圣心灵与上帝，与其无上‘自我’之关系，建立于异性的喜乐上者，将自体从一体上分离，以倒转而享受那一体性的；它将不废享受上帝的那些精微形式的任何一个的可能，一些形式，皆是爱上帝的人在‘神圣者’的拥抱中最高的欢喜。

但是神圣心灵的生活的自性，将实践其自体，其所由且在其中之情况将是什么呢？一切关系中的经验，皆经过有体的某些力量而进行，以一工具而表呈它们自体，我们称之曰诸多性质，属性，活动，官能。例如，‘心思’自投入心思权能的各种形式里，如判断，观察，记忆，同情，皆于它的有体为正当的，则‘真理知觉性’或‘超心思’，必然以种种力量，官能，功用，于超心思的有体为正当的，生效果于心灵与心灵的关系；否则必会没有分殊化的活动了。这些功用是什么，我们讨论到神圣‘人生’的心理条件时再看吧；目前我们只商榷其形而上学的基础，其真本自性和原则。于今见到这一点便够了，即见到无有或废除别立的自私性，无有或废除知觉性中的有效用的分化，乃神圣‘人生’之唯一真本条件，而且因其有在于我们内中，乃那作成我们的生死性，及使我们从‘神圣者’堕落者。这便是我们的‘原生罪’，或毋宁让我们以较属哲学的语言说，离了‘精神’的‘真理’与‘正道’，离了它的一性，整体性，与和谐，乃大投入‘无明’中的必要条件，这是心灵投入世界的冒险，自此乃出生我们这苦痛着且企慕着的人类。

第十八章　心思与超心思

我们至此所致力于构成的概念，是只属于超心思的生命之真元的，这是神圣心灵在‘真、智、乐’的有体中所安稳保有的，但这在人类心灵，应当将其显示于此‘真、智、乐’的身体中，在世间形成于一心思的和物理的生活之型范中者。但至今我们虽说仍能想见这超心思的存在，它却似乎与像我们所知的生命没有什么关系或相应处，即是说这我们的存在的两项间的活泼的生命，即此心思与身体两个穹宇之间。这倒好像是有体的一境界，知觉性的一境界，活泼的关系与相互享受之一境界，有如解脱了躯体之心灵，在一无物理形式的世界，在一已成就心灵的区别却未成就身体的区别的世界，在一活泼的和欢乐的无限者的世界，非禁锢于形体内的精灵的世界中，所可能具有和经验到的。所以可能合理地怀疑，以此身体形式之限制，以此禁锢于形式中的心思，拘碍于形式中的力量之限制，我们如今所知为生存者，这么一种神圣生活是否可能。

事实上，我们已致力于达到一些概念，关于那无上无限的有体，知觉力量，与自我悦乐，我们的世界为其一创造，我们的心理体为其一颠倒形象者；我们已试求得到一理念，这神圣的‘摩耶’可能是什么，这‘真理知觉性’，这‘真实理念’，以之超上的与宇宙的‘存在’的知觉的力量，孕蓄着，形成着，且统治着这世界，这秩序，这宇

宙，属于其显示了的有体之悦乐者。但是我们未尝研究这四个伟大且神圣的项目，与其他三项的联系，即唯独我们的人生经验所熟悉的，——心思、生命和身体。我们没有探究这另一似是不神圣的'摩耶'，我们的一切挣扎和痛苦的根本，或见到它如何精密地从神圣真实性或神圣'摩耶'发展出。而且直到我们作好这个了，直到我们已织就这联系的已失之绪，我们的世界在我们还是没有得到解释，而那高上存在与此低下人生之可能结合，其疑惑仍有其由。我们知道我们的世界出自'真、智、乐'，且固存于'他'的有体中；我们想到'他'寓居其中，为'享受者'，'知者'，'主宰'，和'自我'；我们见到我们的偶性的诸项如感觉，心思，力量，有体，皆只能是'他'的悦乐，'他'的知觉力量，'他'的神圣存在的代表。但好像是这些与'他'真实而又超上之为'他'者，实是甚相反对，若我们处于这些对反的原因中时，当我们被包含于存在的低下三项中时，不能达到神圣生活。我们应当或者升起这低等有体到那高等格位，或者以此身体换得那纯粹存在，以生命换得那知觉力量的纯粹境况，以感觉和心理体，换得那纯粹的悦乐与知识，皆生活于精神真实性的真理中的。而这岂不是应当意味着我们捐弃一切世间的或有限的心思存在，以换取为其反对者的什么，——或者换来'精神'的某些纯粹境界，或不然，则换来某些事物的'真理'的世界，倘若有的话，或其他神圣'福乐'，神圣'能力'，神圣'有体'的某些世界，倘若有的话？在那场合，则人类的完善化，是在其他处所，不在人类本身中；则世间进化之极顶，只能是消解着的心理体之微妙的最高点，它从此作一大跳跃，或者进到无相的有体，或者入乎诸世界中，在具于形体中的'心思'所可达者以外。

但是在真际，凡我们所称为不神圣的，只能是四神圣原则本身的作为，它们的那一种作为，如其于创造这形色世界为必需的。那些形色，非创造于神圣的存在，知觉的力量，和福乐以外，而是在其内，且当作神圣的‘真实理念’的工事之一部分。然则没有理由假定在一形色的世界中，不能有高等神圣知觉性的任何真实活动，或假定形色及其直接的支持者，心思知觉性，情命力量的能力，以及形式的本质，必须错乱它们所代表者。有可能，甚至或真是，心思，生命，和身体，在其纯粹形式里，皆可在神圣‘真理’本身中寻得，如实在那里当作其知觉性的附属活动，且当作那无上‘力量’常以之工作的全部工具之一部分。然则心思，生命，和身体，必堪能神圣性；它们的形式与工事，在出自可能只是地上的进化的一周期，如‘科学’向我们启示的，那短时期中者，不必须代表这三个原则在生活底身体中之一切潜能底工事。它们工作像它们那样工作，因为它们以某些缘故在知觉性上从它们所由之前进的神圣‘真理’分隔了。假若人道中的‘神圣者’之扩张着的能力，一旦将这分隔祛除了，则它们如今的功能，很可能转化过，诚必自然将为一至上的进化和进展所转移，化为它们在‘真理知觉性’中所有的更纯洁的工事。

在那情形下，在人类的心思和身体中显示且保持神圣知觉性，不但会有可能，甚且那神圣知觉性既增多了它的征服，终于可重新型铸心思，生命，和身体本身，铸为它的永恒‘真理’之一更完善的形象，且不独在心灵中亦且在实质上实现其人间的天国。这些胜利的第一个，内中的，在多多少少的程度上为某些人，或许多人，在世界上定是成就过了；那另一胜利，外在的，纵使在过去永历中从

未多少实现过，当作将来的周期的第一类型，而仍深藏于土地自性的下知觉的记忆中的，却仍可预期为上帝在人类中当来底胜利之成就。这尘世人生，不必须永远是半喜半悲之业轮；原意亦可有在于臻至，而使上帝的光荣和喜乐显现于世间。

‘心思’，‘生命’，和‘身体’，在它们的最高的渊源上是什么，而且在神圣的显示之整体完全性上，因此又必定是什么，时若其为‘真理’所形成，而不以我们如今生活其中的这无明和分隔与‘真理’相断绝，——这便是我们次下要考虑的问题。因为在那里，它们必已有它们的圆成，而我们在这里是正向那圆成生长。我们，只是外发于‘物质’中的‘心思’的第一个被桎梏了的运动，我们，还未从那精神入于形式的内转作用之情况和效果解放出来，未从那‘光明’之投入其自体之阴影，以之而创造出了物理‘自然’之晦暗了的物质知觉性的那些情况和效果解放出来。我们向之生长去的那大全圆满的典型，我们的最高进化的诸项，必已保持于神圣的‘真实理念’中；它们在那里已经形成，且是知觉的，使我们向之生长，且生长到成为它们。因为在神圣知识中那先在者，便是我们人类心思所寻求所称为‘理想’者。这‘理想’是一永恒的‘真实’，在我们自己的有体的情况中我们尚未实践的，不是一非有者，为‘永恒者’和‘神圣者’尚未懂到，而我辈不完善的人却已瞥见，且意在要创造出的。

‘心思’，第一，我们人类生活的独尊之主，却被链锁且被阻滞了的。心思在其真元上是一知觉性，它量度，范限，从不可分的大全上割截出事物的形式，包含它们，好像每个是一分别的整数。即使是在那仅存在为明显的部分和分数，‘心思’也建立起其寻常贸易的虚构，以为皆是它可分别处理的事物，而不只是一整个的诸方面。因为，即使它知道它们皆不是事物之在其自体时，它也不得不那样处理它们，好像它们皆是事物之在其自体；否则它便不能使它们隶属它自体的特著活动里。是这‘心思’的真元的性格，乃决定它的一切行使底权能之工事，不论其为概念，知见，感觉，或创造性的思想之所为。它概念着，知见着，感觉着事物，仿佛生硬地从一背景，或一团质料分割出来，运用它们，当作给它去创造或保有的材料之固定单位。凡它的一切作为和享受，这么便关涉全体之为一较大的全体的部分者，而这些次大的全体，又被破分为部分，亦被当作全体，为了它们的特殊用处。‘心思’可乘，除，加，减，但它不能出到这算术的范限以外。倘若它出此以外，而试欲构想一真实的全体，它便自失于一陌生原素中了，它便从它的坚固立场下堕，堕入不可测的海洋里，入乎无极者之深渊，其间它既不能知见，概念，感识了，也不能处理给它创造和享受的题材。因为若是‘心思’有时好像知见，概念，感识，或享受而保有无限者，这也只是好像如此，且常是在无限者的一影像中。它所这么空洞地占有的，只简单是一无相的‘浩茫’，而不是真实的无空间的无极者。恰当它试要处理那个之时，要保有之之际，立刻那加以范限的不可变移的倾向来到了，而‘心思’发现它自己又在弄形，影，和文字。‘心思’不能占有无限者，只能损坏它，或为它所占有；它无能为役，只能幸福地躺在‘真实者’的光明的影子里，从它所不能达的存在诸界上向它投下的。占得了无限者不能到临，除非上升到‘超心思’诸界，其知识亦不可得，除非‘心思’止静地依顺‘觉知真理的真实性’降下的消息。

这原本官能，与附从它的真本范限，皆‘心思’的真理，且规定其真实本性与作用的，即‘自性’和‘自法’；这里便是神圣命令的标志，指定给它在至上‘摩耶’之全部工具作用中之职分，——这职分是为在它的正本出生中它之为它者所决定的，它自‘自我存在者’之永恒的自我概念出生。那职事是将无限性翻译到有限者的名相中，是量度，是范限，是分析。真实它在我们的知觉性中做这事，除外了无限者的一切真实意义；因此‘心思’是大‘无明’之症结，因为它是那从初便分化着，分配着的，甚且它被误认为宇宙之因，被误认为神圣‘摩耶’之全。但神圣‘摩耶’双包‘明’与‘无明’，‘知识’与‘愚昧’。因为，是明显的，有限者既只是无限者的一表相，是其作用的一结果，是其概念之一活动，而且不能存在，除了以它，在它内中，用它作一背景，本身便是那质之形，那力之动，则必然有一原始的知觉性，一并包括此二者，同时并见此二者，且亲切地知觉二者彼此间之关系。在那知觉性中没有无明，因为无限者已知，而且，有限者非是当作一独立的真实而从之分别；但仍有一附属的范限程序，——否则没有世界可以存在，——由此一程序，永是分化又重复结合的‘心思’知觉性，永是歧出又聚归的‘生命’动作，以及无限地分离了又集合的‘物质’之本质，皆以一个原则和原始作用而来入乎现相有体中。永恒的‘见者’和‘思维者’，纯全光明，纯全觉识‘他’自己和一切，清楚知道‘他’作的什么，知觉‘他’所创作的有限者中之无限者，‘他’的这附属程序，可以称为神圣的‘心思’。明显地，这必是‘真实理念’的，‘超心思’的附属工事，而非真实是一分别作用，必须经我们所说的‘真理知觉性’的了别运动而施为。

了别着的知觉性，即‘般若那’，如我们所见，将不可分的‘大全’的工事，主动且能形成者，当作创造性的知识之一程序和对象，置于同此‘大全’的知觉性之前；作为它自体的工作之见证者和具有者，它能作始且能认识。——有点像一位诗人，看他自己的知觉性的作品，在他的知觉性中置于他之前，仿佛它们是异于创作者和他的创作力之事物，可是全时它们皆不外是他自己的有体在自体中的自我形成之活动，在那里它们不能和它们的造作者分开。这样，‘般若那’作出基本的分别，这便引到其余的一切分别，‘神我’与‘自性’的分别。‘神我’，即知觉的心灵，他知道，见到，以他的视见而创造，而注定；‘自性’，即‘力量心灵’，或‘自然心灵’，即是他的知识和他的视见，他的创造和他的注定一切的权能。二者皆是一个‘有体’，一个存在，而所见所造的形体，皆那‘有体’的多式多样的形体，皆由‘他’当作‘知识’置于‘他自己’为‘知者’之前，由‘他自己’当作‘力量’，置于‘他自己’为‘创造者’之前。这了别着的知觉性的后下这一作用发生，是时当‘神我’遍漫了他的有体之知觉的伸展，现前存在于他自己的每一点上，一如于他的全体上，既内寓于每一形体中，他从他所取的每一观点上好似分别地看全体；他观看且统治他自己的每个心灵形式与其他心灵的关系，从正属于每个独特形式的意志与知识的观点。

如是，分化的原素生起了。第一，‘太一’的无极性，已将自体翻译为概念的‘时间’与‘空间’中的一伸展；第二，‘太一’之在那自体知觉的伸展中之遍在性，已将自体翻译为知觉的心灵之多性，即数论的多个‘神我’；第三，心灵形式的多性，已将自体翻译为伸展了的一体性之分别了的寓居。这分别了的寓居是必然的，时当这些多数‘神我’不每个寓居于它自己的别一世界，不每个占有一分别的‘自性’而建立一分别的宇宙，倒是全皆享受同一个‘自性’，——如它们也必然这样，因为皆只是‘太一’的多个心灵形式，‘太一’居临于‘他’的权能的多数创作上，——却彼此皆有关系，在为此唯一的‘自性’所创造的唯一有体的世界中。在每个形式中的‘神我’，主动地自认与每个为同一；他却在那中间界别他自我，又在他的知觉性中发动他的其他诸形式反对它，如包含着他的其他诸自我，在有体上皆与他为同一，然在关系上为异，在各个限度，各个运动的过程上为异，于此唯一本质，力量，知觉性，悦乐的观念上为异，而在‘时间’的任何分，‘空间’的任何地，每个也真实是开展着此一本质，力量，知觉性，悦乐。假定在神圣的‘存在’中，纯全觉识其自体，这不是一束缚着的范限，不是心灵为其奴隶而不能脱出的体认为一，非如我们之隶役于我们的与身体之体认为一，而不能脱出我们的知觉的私我之范围，不能逃出‘时间’中我们知觉性的某一运动决定着‘空间’中我们的某一原畴；假定一切如此，然时时仍有一自由的体认为一，只有神圣心灵的不可移易的自我知识，禁遏固定其自体于分别与‘时间’的持续之一似是严酷的锁链中，如我们的知觉性好像是固定且系缚于其中者。

如是，个别化是已有了；形式与形式的关系，好像它们是分别的有体，有体之意志与有体之意志的关系，好像它们是分别的力量，有体之知识与有体之知识之关系，好像它们是分别的知觉性，这关系已是建立了。但还只是‘好像’，因为神圣心灵不被迷惑，它觉识一切皆有体的现象，而且保持它的存在于有体的真实性中，它不废弃它的一体性：它运用心思为无限的知识之一低级附属作用，为事物的一定义，附属于它的无限性的觉识的，为一界划，依赖它的真元的全体性的觉识的，——说全体性，不是指那显似底多数的全体，属总和与集体的聚合者，那只是‘心思’的另一现相而已。如是，便没有真实的范限；心灵运用其界定着的权能，以作善得显表的形式和力量的活动，然不为那权能所运用。

一新因素，一新知觉力的作为，因此需要了，以造成与一自由地限制着的心思相反对的无助地被限制了的心思之施为，——便是说，心思之隶役于其自体的活动，且为其所欺骗，与心思之主宰其自体的活动，且在其真理中观察它，即凡人心思与神圣心思之反。那新因素便是‘无明’，自我昧没的官能，分别着心思的作为与‘超心思’的作为者，‘超心思’是源流出心思，仍在障蔽之后统治它的。这么分别后，‘心思’只见到独特者而不见到普遍者，或只想到一空洞的通相中之别相，它不复能双见独特者与普遍者皆为‘无限者’的现相。如是我们便有限制了的心思，它看每一现相为一事物在其自体，为一全体之分别了的一部分，而此全体又分别存在于一较大的全体中，如是类推，常是扩大其聚积，而不回到一真实的无限之意识。

‘心思’，既是‘无限者’的一作用，破析亦如聚合，可至于无穷。它将有体分割为整体，又为较小的整体，更永是较小，以至于原子，又将那些原子更析为元始原子，直到它将要，倘若它能，化原始原子为无物。但是它不能，因为在这分别作用之后，有超心思的作用之补救知识，它知道每一整体，每一原子，只是大全力量，大全知觉性，大全有体之一集中，集中为其自体的现相形式。聚积之消解为一无限的无物，似乎‘心思’所达到的，对‘超心思’只是自体集中着的知觉有体出自其现象以归于其无限的存在。不论其知觉性取那一条路前进，或由无限分解之路，或由无限增大之路，它只达到它自体，达到它自体的无限的一体性与永恒的有体。而且，时若心思的作用是知觉地隶属于这‘超心思’的知识了，则这程序的真理它也知道了，全然未尝昧没；没有真的分别，只有一无限多底集中为有体之形式，为那些有体的形式彼此间的关系之安排，其中分别是整个程序的一附庸现象，于它们的空间的和时间的活动为必需的。因为，任凭你去分别，直到最微小的原子，任你形成至大的诸系诸世界之可能的总聚，你不能由这任何一办法达到一物之在其自体；一切皆一个‘力量’的诸多形式，唯独这‘力量’在其自体是真实的，其余的一切之是真实，只是当作这永恒的‘力量知觉性’的一切自我形相或显示着的自我形式。

这范限着的‘无明’，心思之自‘超心思’下堕，与此随后结果出的真实分别的理念，原来何自而出发进行的呢？正确是从什么超心思的工事之颠倒？它发自个别化了的心灵，从其自体的立场而除外一切其他的立场看事物；便是说，以知觉性的一除外的集中，以心灵的与某一时间某一空间中的作为，只是它自己的有体的活动之一部分者，除外地与它自己体认为一，如是而进行；它出发自心灵之忽视这事实，即其他一切亦皆是它自体，其他一切作用亦皆是它自体的作用，其他一切有体和知觉性的境界同等是它自体的，亦如‘时间’中某一定时，和‘空间’中某一定点，和它当前所取的某一定形式之作用，皆是它自体的。它集中于一时分，一原地，一形式，一运动，如是而失却其余；它将恢复其余，则必联系时分之持续，‘空间’的诸点之持续，‘时间’与‘空间’中诸形式之持续，‘时间’与‘空间’中诸运动之持续。这么它已失去‘时间’之不可分性，

‘力量’与‘本质’之不可分性的真理。它甚至失于见到这明显的事实，即一切心思，皆一‘心思’取了多个据点，一切生命，皆一‘生命’发展为多道活动之波流，一切身体和形式，皆‘力量’与‘知觉性’的一个本质，集中为力量与知觉性的多个似是的安定点；但真实是凡此诸安定点，皆仅是运动的一恒常涡旋，重复一形式同时修改之；它们皆不是更多的什么。因为‘心思’试将每一事物夹持于严格固定的形式，和似是不变的或不动的外在因素中，因为否则它便不能作为；于是它想它已得到它所要的：实则一切皆一变易与更新的长流，而且，没有固定了的形式在其自体，没有不变易的外在因素。只有永恒的‘真实理念’是坚定的，在万事万物之迁流中，保持形色及其关系的某种有秩序的恒常性，一种恒常性，为‘心思’所空劳于摹拟的，以固定性归于那长时是非恒常者。这些真理，‘心思’应当重新发现；它一切时也皆知道这些真理，但只在它的知觉性的不见的后背，在它的自我有体的秘密光明中；而那光明对它是一黑暗，因为它造出了无明，因为它从分判着的心理体，堕落到分化了的心理体，因为它已沦没于它自体的工事和它自体的创作中。

这愚昧又给人更深化了，由他之自认与身体为一。在我们，心思好像为身体所决定，因为他以此为先务，它专注于身体的工事，在此粗重的物质世界中，它用此为了它的知觉的表面行为。恒常运用着脑经与神经的工事，它在它自体之发展于身体中的过程里所发展出的，它太凝敛于观察这生理机器所给它的什么，遂不克从之转回到它自体的纯粹工作了；那些工作，对它大多是下知觉的。虽然，我们仍能想念一生命心思或生命有体，已出离这凝定的进化的需要以外，且能见到甚至经验到它自体擅得了一躯体又一躯体，不是分别地创造在每个躯体中而与躯体偕没；因为只是心思在物质上的物理印迹，只是身体的心理体方是这么创造出了，不是整个的心思有体。这身体的心理体仅是我们的心思的表面，只是它对向物理经验的前方。在后方，即算在我们的属土地的有体中，有此另一个，对我们为下知觉或下意识的，它知道它是多于此身体者，堪能较少物理化的作为。对这，凡我们的表面心思的更大，更深，更强烈的机动作为，皆得直接归功于它；这，时若我们知觉它了，或知觉它所加于我们的印迹了，便是我们的一心灵或内中有体的第一个理念或第一个实践，'神我'①。

但是这生命心理体，虽然它可离于身体的错误，却不能使我们免于全部心思错误；它仍然隶属于无明的原始行为，以之而个体化了的心灵，仍从它自己的立场看每个事物的；它能见到事物的真理，只是当其自外向它呈显，或不然，则当其在它的视见中涌起，它从它的分别的空间和时间的知觉性，过去和现在的经验的形式和结果看它们。它不知觉它的其他多个自我，除了由外表的指示，指示他们的存在，由传达了的思想，语言，行为，行为的结果种种指示，或由较微妙的指示，即情命的打击和关系，非直接被身体感到的。同等地，它于自体亦复昧然；因为它知道自己，只是由'时间'中一运动，与多生之持续，其间它已用了各式各样地成了形体的能力的。如我们的当工具的物理的心思，有此身体之幻觉，这下知觉的机动的心思，也有生命的幻觉。它是凝敛且集中于其中，它为其

① 见为生命体或情命体 prāṇamaya puruṣa（即'生命气息所成之人'，另译'气成我'）。

所限制，它与之体认为一。在这里，我们还没有回到心思与'超心思'的遇合处，和它们原来分离的那一点。

但是仍更另有一较清晰的观照底心理体，在机动的和情命的心思之后，它能逃出这在生命中的凝敛，视自体为擅有生命和身体，以便在能力的活泼关系中，形象出它在意志与思想中所见者。它是我们内中的纯粹思想家的渊源；它便是那知道心理体在其自体者，它不在生命和身体的意度下，却在心思的意度看世界；它便是那心思的有体[①]，时当我们回到它，有时误认为纯粹精神，正如我们有时误认机动的心思为心灵。这高等心思能够见到且交接其他心灵，视为它的纯粹自我之其他诸形式；它可能以纯粹的心思之触击与交通而意识到它们，不复只是由情命的和神经的触击和物理的指示；它也可能怀想一体性之一心思的形影，而且，在它的活动和它的意志中，它能更直接地创造和占有，——不是像在寻常物理生活中那样只是间接地，——而且在其他的心思和生命中，亦如在它自体的心思和生命中。但仍然，甚至这纯粹的心理体，也没有逃出心思的原始错误。因为仍是它的分别的心思自我，它以之作为裁判者，见证，和世界的中心；唯独经过这，它努力于达到它自体的高等自我和真实性；其他一切皆是'其他者'，环绕它自体而群聚的；时若它志欲自由，它必须从生命和心思退敛，以汩没于真实的一体性中。因为仍有'无明'所造成的障蔽，分隔于心思的与超心思的作为之间；'真理'的一个影像是透过去了，但'真理'本身没有透过去。

① 心思体或心思有体 manomaya puruṣa（亦译'思成我'或'心思所成之人'）。

是只当此障隔破除了，分化了的心思被克服了，寂静了，对一超心思的作用保持被动，然后心思本身能回到事物之‘真理’。那里，我们得到一光明的心理体，对神圣的‘真实理念’能反映，服从，而为其工具。那里，我们见到世界真实是什么；在各方面我们知道我们自己是在他人中，也即当作他人，他人亦当作我们自己，而一切皆那宇宙的和自我增乘了的‘太一’。我们失去了那严格地分别的个人立足点，那是一切范限与错误的渊源。仍然，我们也见到凡‘心思’的愚昧所误认为真理者，事实上也是真理，只是真理而被歪曲了，误会了，且虚伪地想成了。我们仍然见到分化，个别化，极微底创造，但我们知道它们和我们自己为它们和我们真实是什么。于是我们见到‘心思’真实是‘真理知觉性’的一下属作用和工具作用。长时若它在自我经验中，从封里着它的‘主宰知觉性’未尝分离，不为自体自立门户，长时若它当作一工具作用而被动地服务，不为它的私利而求占有，则‘心思’光辉地满发它的功能了，即是在‘真理’中使各各形式相离，以一现相的，一纯形式的界划，划分它们的活动，在它们的活动之后，有体之统治着的宇宙性仍为明觉，亦未被触动。它应当接受事物的真理，按照一至上的、宇宙的‘眼目’和‘意志’之不误的知见而分配之。它应当支托起活泼的知觉性，力量，悦乐，本质的个体化，这是从一在后方的不可移易的宇宙性挹出它的一切权能，真实性，和喜乐的。它应当将‘太一’的多性，化为一似是的分别，以此而关系得界定，保持为彼此相对相离，以便再相遇相合。它应当在一永恒的一体性与间别性中，建立别离与聚会的悦乐。它应当使‘太一’能那么作为，好像‘他’是一个体处理其他诸多个体，但常是在‘他’的一体性中，而这也即是世界之真实为世界。心思是了别着的‘真理知觉性’的最后施为，使凡此一切为可能，而我们所称为‘无明’者，实未创造一新事物和绝对的虚伪，它只误表了‘真理’。‘无明’，是‘心思’在知识上从它的知识的渊源上分开了，给至上‘真理’在其宇宙的显示中之和谐演奏，以一虚伪的严格性，与反对与冲突的错误了的形相。

‘心思’的基本错误，便是这从自我知识之堕落，以此个人心灵，怀想其个性为一分别事实，而不是‘一性’的一形式，且以自体为其自有的宇宙中心，而不知道自体为宇宙者之一个集中。一切其诸独具的愚昧和范限，皆是从那原始错误依起的结果。因为，看到事物的波流，只是当其流过自体且流上自体，它便作出一有体之范限，由此而起知觉性的因此也是知识的范限，作出一知觉的力量和意志的因此也是权能的范限，作出一自我享受的因此也是悦乐的范限。它知觉到事物，知道它们，只是当它们自呈于它的个体之前，因此它堕入于余者之愚昧，以此又堕到甚至于它所好似知道者上的错误概念。因为，凡有体既是相互依倚的，则全体的或真元的知识，于部分的正确知识乃为必需。所以，在一切人类知识中有一错误原素。同样地，我们的意志，既昧于其余一切意志，必然堕入工事的错误中，和或大或小的程度之无能与无力。心灵的自我悦乐，和对事物的悦乐，既昧于大全福乐，且由意志与知识之缺陷，不克主宰世界，必堕入于不堪能占有的悦乐，因此堕入痛苦。因此自我无明，是我们的生存之一切颠倒的根本，那颠倒固守于其自我范限中，自私性，即那自我无明所取的形式里。

虽然，一切无明与一切颠倒，皆只是事物的真理和正道之错乱，却不是一绝对的虚伪的活动。这是‘心思’在它所作的分别中，

在无明中看事物的结果，它不看自体和其分化，乃'真、智、乐'的真理的活动之工具和现象。倘若它回到它从而堕落的真理，它又变成了'真理知觉性'在其了别工事上的最后作用，它在那光明与权能中所帮助创出的关系，则将是属'真理'的关系，非属妄倒。它们将是直的事物而非曲的，姑用古韦陀圣人所作的显白的分辨，——便是说，神圣有体的'真理'，有体与其自具的知觉性，意志，与悦乐，和谐地在其自体中运行。今兹我们却有心思和生命的转斜曲折之运动，心灵的奋斗所创出的乖戾，心灵曾是忘却了它的真有体，又要重新发现它自体，将一切错误化为真理，双为我们的真理和我们的错误，我们的是与我们的非所范限或错乱的，将一切无能化为能力，即我们之强与我们之弱，双为力量的一场奋斗以摄取的，将一切痛苦化为悦乐，即我们的喜与我们的悲，双为感觉的一痉挛的努力以体验的，将一切死亡化为永生，而向此永生，我们的生与死双为有体的一恒常的努力以回到的。

第十九章　生命

我们已见到‘心思’在其神圣的渊源上是什么，它怎样与‘真理知觉性’相关联，——‘心思’，组成我们人类生存的低等三原则之最高者。这是神圣的知觉性的一特殊作用，或毋宁是它的整个创造性的作为之最后一股。它使‘神我’能分开他自己的许多形式和力量间的彼此之关系。它造成现相的分别，这对从‘真理知觉性’堕落下的个人心灵，现似为根本底分化，而且由此一原本的妄倒，成了随后结果出的一切妄倒之父，这些给我们以印象，为相反对的二元和矛盾，处于‘无明’中的‘心灵’之生活上所正有的。但是，长时若它未从‘超心思’离开，它不支持妄倒和虚伪，却支持宇宙的‘真理’的各式各样的工事。

‘心思’便这么出现为一创造性的宇宙经纪。这不是我们正常有的对心理体的印象；毋宁是我们原本看它为一知见器官，知见‘力量’在‘物质’中所造成的事物；我们许可它的唯一作始，乃是第二创造，由‘力量’在‘物质’中已发展出了的新的结合了的形式之创造。但是，我们正恢复着的知识，辅之以‘科学’的最新发现，开始给我们指出，在这‘力量’中，和在这‘物质’中，有一下知觉的‘心思’在工作，必然应负其自体出现的责任，起初出现于生命形式中，其次在心思本身的形式中，起初出现于植物生命和原始动物的神经知觉性中，其次在进化了的动物和人的永是发展着的心理体中。如我们已发现'物质'只是'力量'的体质形式，同样我们将应发现'力量'只是'心思'的能力形式。事实上，物质力量，是'意志'的一下知觉的作为；在我们内中，在似乎是光明中工作的'意志'，那光明虽真实是不多于半明，在似乎对我们为无知的黑暗者中工作的物质'力量'，皆真的是，且在真元上是同一，如唯物论的思想，从事物的错误或低下一端常本能地感到的，亦如精神知识在高峰上工作在古时已发现的。因此我们可说，是一下知觉的'心思'或'智'，当其显示着'力量'为其推动着的权能，为其实行的'自性'，乃创造了这物质世界。

但是，如我们现在已知，'心思'不是一独立的，原始的整元，而只是'真理知觉性'或'超心思'的一终极作用，则凡有'心思'之处，必有'超心思'。'超心思'或'真理知觉性'，便是宇宙的'存在'的真实创造经纪。纵使时当'心思'在其自体的晦暗了的知觉性中，从它的源头分隔了，可是那更大的运动常是有在于'心思'的工事中；它强迫这些工事保持它们的正当关系，发出它们在自体中所含藏的必有的结果，从正是那种子生出正是那树，它甚至强迫那么粗朴，顽惰，且晦暗之物如物质'力量'者的作为，成就一'法则'的，秩序的，正当关系的世界，而非、否则可能是的、一冲突着的偶然和混沌的世界。明显地，这秩序和正当关系，只能是相对的，不是那至上的秩序和至上的正当关系，倘若'心思'不是在它自体的知觉性中与'超心思'相分离，便可统御着的；这只是诸多结果的一安排，一秩序，正当属于分化着的'心思'的作用，及其判别的反对之创造，其于唯一'真理'的两个相反对面的形成。'神圣知觉性'，既怀蓄了这双重底或分离了的、自体的代表之'理念',且投之于活动中,则由后面的整个'真理知觉性'的统治作用,从之在真实理念中衍绎出,从之在生命体质中实际抽挹出它自体的低等真理,或各种关系的必然结果。因为这是世界上的'真理'或'法则'的自性,是正当作发且生出那含藏于有体中者,暗存于事物的本体之真元和自性中者,潜在于其'自体'与'自法'中者,如神圣的'知识'所见。姑且引用奥义书的那些奇妙的口号之一,——奥义书在几个有启示性的名词中,包涵了一大世界的知识,——是'自我存在者',当作见者和思想家,遍处变是,在'他自己'内中正当安排了万事万物,一按照它们之为它们者的真理,从永古以来如此[1]。

结果,我们所处的这三重世界,这'心思·生命·身体'的三重世界,只是在其真已成就的进化上为三重。内含于'物质'中之'生命',已出现于思维的和心思上知觉着的生命形式。但在'心思',内含于其中,因此也在'生命'与'物质'中者,便是'超心思',为三者的本原和统治者,这亦必然出现。我们寻求在世界的根本上的一智慧,因为智慧是我们所觉识的最高原则,它似乎是那统治而且解释我们自己的行为与创造者,因此,倘若宇宙间竟全然有一'知觉性'呢,我们假定其必为一'智慧',一心思的'知觉性'。但智慧只在它的能量的限度下,见知,返照,和运用有体之一'真理'高于它自体者的工作;在那后面工作着的权能,因此必是另一高等'知觉性'的形式,正属于那'真理'者。据此,我们当修改我们的观念,而肯定不是一下知觉的'心思'或'智慧',却是一内含的'超心思',

① 见伊莎奥义书第八颂。

将‘心思’置于它的前方，以之当作它的知识意志的直接活动的特殊形式，在‘力量’上为下知觉的，又运用物质的‘力量’或‘意志’，在有体的本质上为下知觉的，当作它的施为的‘自性’（Prakriti），乃创造了这物质世界。

但我们见到，‘心思’在世间是显示于‘力量’之一特殊化中，我们称之曰‘生命’者。然则‘生命’是什么呢？它与‘超心思’有什么关系呢？——与这‘真、智、乐’的至上的三位一体，以‘真实理念’或‘真理知觉性’而在创造上活动的？它从这三位一体中的什么原则出生呢？或者，由‘真理’或虚幻的什么需要，神圣或不神圣的，而始起的呢？无数世纪以来，已有这古老的呼声传下，生命是一罪恶，一幻妄，一迷谬，一疯癫，我们得从之逃出，逃到永恒者之安息中。可是如此？然则为什么是如此？为何‘永恒者’恣意地将这罪恶，这迷谬或疯癫加到‘他’自己身上，或加到由‘他’的可怕的、蒙蔽一切的‘摩耶’作出来的生物身上？或者，毋宁是某一神圣原则这么自表，某些永恒者的‘悦乐’的权能必得表现，这么自投入‘时间’与‘空间’，在亿万生命形式之此恒常迸发上，充斥宇宙间无数世界？

时当我们研究这‘生命’，如其自体在土地上显示，以‘物质’为其基础，我们观察到真元上它是那唯一宇宙‘能力’的一形式，是它的一动力的运动或波流，正的和负的，是‘力量’的一恒常作为或活动，这‘力量’建造形体，以长川的刺激而使之有能力，以质素之解体和更新的一不息的程序而保持之。这便趋于表明我们在死与生中间所作的自然对反，是我们的心理的一错误，是那些虚伪的对反之一，——于内中真理为虚伪，虽在表面的实用经验上为有效，——心思为现相所误，恒常以之加入宇宙的一体性中的。死无真实性，除了当作生之一程序。质素之解体与更新，形式之保持与变易，皆是生命的恒常程序；死只是一迅速的散解，隶属于生命之必需，需要形体的经验之变易和更换。即使是在身体的死亡，‘生命’也未尝止息，只是生命的一个形式的材料已破，以用作生命的其他诸形式的材料。同样地，我们可以确然于在‘自然’的一致的律则中，倘若在躯体形式中有一心思的或心灵的能力，那也未尝毁灭，只是从一个形式迸出，以取得其他诸形式，由某种转生程序，或新赋身体以心灵。一切皆自体更新，没有什么灭亡了。

由此作出结论，可以肯定有一遍漫一切的‘生命’或机动的能力，——其物质方面，只是其最外表的运动，——创造了物理的世界的凡此诸形体。‘生命’，不灭且为永恒，设若这宇宙的整个形相完全废弃了，它也将继续存在，且能产生一新的宇宙而代替之，诚然，除非它被某个高等‘权能’抑遏于静止状态中，或它自加抑遏，否则它必然继续创造下去。在那场合，‘生命’不是旁的什么，除了是那‘力量’，在世间建成，保持，毁灭诸形式者；是‘生命’在大地的形式中显示其自体，一如其在生长于土地上的植物中，一如在以吞噬植物的生命力量，或彼此的生命力量，而维持其生存的动物中。凡一切世间的存在，便是一宇宙的‘生命’取了‘物质’形式。它可能为了那目的隐藏生命程序于物理程序里，然后出现为下心思的感性，和心思化了的生命力，但仍然一贯是此同一创造性的‘生命’原则。

虽然，仍可以说，这不是我们所知为生命者；我们所说的生命，意思是宇宙力量的一独特结果，我们所熟知的，它只在动物和植物

中显示它自体，但不在金属，石头，气体中，在动物细胞中活动，但不在纯物理的原子中。所以我们为了确定我们的立场计，必须考验恰在于什么，乃组成了'力量'活动的这一独特结果我们所称为生命者；又这如何不同于那在无生物中'力量'的活动之另一结果，我们说为非生命者。我们同时见到在此大地上有'力量'活动的三个国土：旧分类的动物王国，我们隶属之的；植物的；最后纯物质的，如我们所假定，为空无生命的。然则我们自己中的生命，怎样不同于植物的生命，而植物的生命，又怎样异于非生命，比方说，金属的非生命，即旧说的矿物王国，或那化学王国，如'科学'所发现的？

寻常，时若我们说起生命，我们是指动物生命，即能动作，呼吸，饮食，感觉，欲望的，而倘若我们说起植物的生命，这几乎是当作一譬喻说法，不是一真实，因为植物生命，被视为一纯物质的程序，而非一生物学的现相。尤其是我们已经以生命与呼吸相联；气息便是生命，每种语文都这么说，而且这说法也是真的，倘若我们改变我们所谓'生命气息'的概念。但是，明显地，自发的动作或行动，呼吸，饮食，皆只是生命的程序，不是生命本身；皆是手段，以之生出或发放那恒常刺激着的能力，即我们的生命力，也以之成作散坏与更新，由是支持了我们的实质的生存；但我们的生命力的这些程序，可以其他方法保持，不必定以呼吸作用和我们的养生之具。这是一证明了的事实：即使呼吸，和心搏，以及其他条件，从前认为首要者，皆已暂时停止了，人的生命仍能留住于身体中，且仍其充分知觉。新的现相的证明，已经提出而建立此说，即植物，我们仍能否定其有任何知觉的反应者，至少有一物理的生命，与我们自己的同一，而且，甚至原本上像我们的一样组成，虽在其现似底组织上与我们的相异。倘若此说不诬，则我们应当扫清我们的旧的、虚伪的观念，出乎征相和外表以外而达到这事的根本。

在有些近代的发现上，倘若其结论被接受了，必于‘物质’中之‘生命’这问题大有启明，有一伟大印度物理学家，已使人注意到，对刺激的反应，乃生命存在的无误的表征[①]。尤其是植物生命的现象，为他的事实纪录所表明，且在其一切微妙功能上加以绘示。但我们不应忘记，在最原本的一点上，同一生命力的证明，对刺激的反应，生命的正性状态，及其负性状态我们所称为死亡者，皆被他确定，在矿物中有，亦如在植物中有。诚然不是同样充分，诚然不是足以示出生命的一真元为同一的组织；但可能的是，倘若正常性质和足够精微的仪器能发明了，则必可发现矿物生命和植物生命的更多相似之点。而且，纵使证明其不是如此，这意义可能是同一或任何生命组织不存，但生命力的种种发端，仍能有在于是。但是，倘若生命，无论在其征表上多么朴素原始，存在于矿物中，则必当承认它有在于土地中，或物质体之近于金属者中，也许是内含了，或许是为原本，或许是为原素。倘若我们能从事研究更远，不

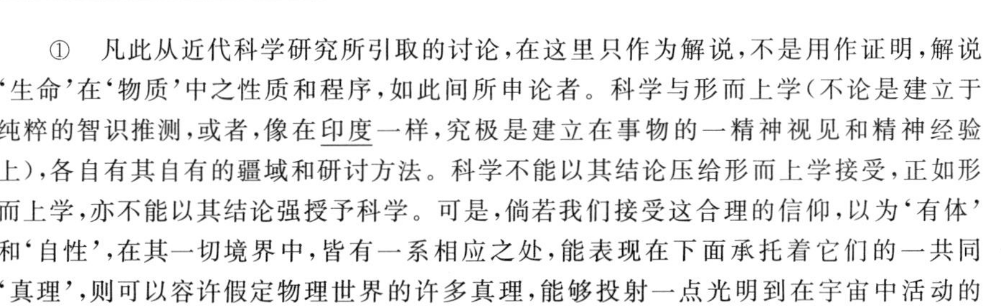

① 凡此从近代科学研究所引取的讨论，在这里只作为解说，不是用作证明，解说‘生命’在‘物质’中之性质和程序，如此间所申论者。科学与形而上学（不论是建立于纯粹的智识推测，或者，像在印度一样，究极是建立在事物的一精神视见和精神经验上），各自有其自有的疆域和研讨方法。科学不能以其结论压给形而上学接受，正如形而上学，亦不能以其结论强授予科学。可是，倘若我们接受这合理的信仰，以为‘有体’和‘自性’，在其一切境界中，皆有一系相应之处，能表现在下面承托着它们的一共同‘真理’，则可以容许假定物理世界的许多真理，能够投射一点光明到在宇宙中活动的‘力量’之性质亦如其程序上，——不是一极满之光明，因为物理‘科学’，在其研究的程道上必然是不完全的，它于‘力量’之秘奥运动没有头绪。

以我们的当前手段之不济迫而停顿，我们可确然，由我们于'自然'的一致的经验，假定这么追寻下去的穷究，终于会给我们证明，在金属形成于土地中者与土地之间，没有空缺，没有严格的分界线。在矿物与植物间也没有，而且，更将这综合追寻下去，则在所以组成土地或矿物的原素和原子间既没有，在它们组成的矿物或土地间也没有。这分了等级的存在的每一步，准备了下一步，在自体内中包含了在随后者中当出现的。'生命'是遍在的，或隐秘，或显了，或已组成，或尚属原始，或内含，或外发，但是充满宇宙，遍漫一切，不可磨灭；只有它的形式和组织之异。

我们得记住，对刺激的生理反应，只是生命的一对外表相，甚至有如呼吸与行动在我们自己为然。实验者加一特殊刺激，于是生动的反应得到了，我们便能立刻见到，那皆是实验品中的生命力的明征。但是在那植物的全部生存期，它恒常对其环境所发的恒常的一团刺激生反应；便是说，在其内中有一恒常保持着的力量，能回应从环境而来的力量之外加。有人说，在此植物或其他活的有机体中生命力量的理念，被那些实验毁坏了。但是时若我们说，对一植物已发施一刺激了，我们的意思是说一动能化了的力量，一在机动中的力量，已发施到那对象了，而时若我们说一反应已给出了，我们是说一动能化了的力量，能作机动和敏感的震动者，回答这震撼。有一震动着的接受和回答，一如有一生长的意志和是为的意志，指出知觉性力量的一下心思的，一生命物理的组织，隐藏于有体的形式中。然则这事实好像是：宇宙间既有一恒常的机动的能力在运动中，取了各样的物质形式，多少是或细或粗，同样地，在每物理的躯体或对象中，植物或动物或矿物中，有同一恒常的机动的力量储存了而且活动着；这二者的某种交易，便给了我们这现相，我们以之与生命的理念相联。是这作为，我们认作‘生命能力’的作为，那如是将自体动能化者，便是‘生命力量’。‘心思能力’，‘生命能力’，‘物质能力’，皆一个‘宇宙力量’的不同的机动。

纵使一形体对我们现为死了，这力量仍在潜能上存在于其中，虽其生命力的惯常活动皆已停止，且近乎永远完结了。在某些限度中，那已死去者可能复苏；习惯的活动，反应，活动的能力之流通，皆可恢复；这便证明我们所称为生命者，仍在躯体中，潜在着，这便是说，不在其寻常习惯中活动，即其寻常生理功能的习惯，其神经活动与反应的习惯，其知觉的心思反应的动物中的习惯。难于假定有一分明的元体曰生命者，已经脱离躯壳，当其感觉有人刺激着它的形体，又复回入其中，——如何呢？又没有什么将它联系在身体上。在某些场合，如痫病猝倒，我们见到生命的对外的物理表相与活动皆停止了，但其心理体仍在那里保有其自我而且知觉，虽不能策动其寻常生理反应。必然的，事实不是其人在身体上已死，然心思上仍活，或生命已出离身体而心思仍留寓其中，只是其寻常生理功用已停，而心思功能仍在活动。

同然地，也在某些入定的状态中，身体功能和外表心思两皆停止了，但后下恢复其活动，在有些场合是以外表的刺激，然较正常是自内而自动地回到动作。这真实发生的事，是表面的心思力量，已经收敛到下知觉的心思中，表面的生命力量，已经敛入下活动的生命中，于是或则整个的人已落入下知觉的存在中，或否则他已将他的外在生命敛入下知觉者中，而其时他的内中有体，已升举到超心知者中了。但现在我们说明的主要点，是那‘力量’，不论其是什么，保持着身体中的生命之机动能力的，诚然已经停止其外表活动，但仍寓形于组织了的体质以内。虽然，到了某一点，不更能恢复已停止的活动了；这种事发生，或其时在身体上已加了那么一种损伤，使之无用了，或不能发施其习惯功能了；或者，虽没有这样的损伤，然散坏程序已经开始，便是说，其时那应当更新生命作用的'力量'，已完全无动于环境中种种力量之压迫，它惯常对其一团刺激保持一恒定的交易的。纵使如此，身体中仍有'生命'，但那一'生命'，是只忙于散解那形成了的体质之事，使它能遁入其原素中，与之组成新的形体。宇宙力量中之'意志'，所以保合此形体者，于今从身体机构中退出，反而支持一消散作用。不到这时，身体没有真死。

'生命'，然则是一个宇宙'力量'的机动的活动，一种'力量'，其中心思的知觉性和神经的生命力，皆在某些形式中或至少在其原则上，常为内在固有，因此它们在我们的世界中出现且自加组织于'物质'的形式里。这'力量'的生命活动，显示其自体为刺激与对刺激的反应之交易作用，在它所建造的各个形体之间，在其中它保持它的恒常的机动的脉搏；每一形体恒常吸入又吐出这共同'力量'的气息与能力；每个形体皆从之取得滋养，以种种手段以此营养其自体，不论是间接地，吸收其他形体之有此能力储存者，或直接地吸进它从外间所得到的动力之发施。凡此皆是'生命'的活动；但这主要地在我们为可认识者，是在其组织够充分之处，使我们能见到其较属外表和复杂的运动，尤其是在其分享神经一类的生命能力之处，即属于我们自己的组织一类的。是为了这缘故，我们很愿意承认植物中有生命，因为生命的明显现相有在于其间，——而这又变到更容易，倘若能示出它显露神经性的表征，且有一生命的体系不甚异于我们自己的，——但我们不愿意承认其有在于金属中，土地中，和化学的原子中，这些现相的发展很难察得之处，或似乎全然不存在之处。

有没有道理把这分辨升为一真元的分别呢？比方说，我们自己的生命和植物的生命间，有什么分别？我们见到二者不同，第一，我们具有行动之权能，这显然与生命力的真元没有关系；第二，我们具有知觉的感性，这，据我们所知，在植物中尚未发皇。我们的神经反应，大抵皆随之以知觉的感受之心思反应，虽然不必常是如此或全皆如此；它们对心思有一价值，正如对神经系统，亦如对身体之为此神经作用所激动者，皆有其价值。在植物中，好像有神经的感觉之表征，包括那些在我们则将表达为乐与苦，醒与睡，兴高采烈，钝滞和疲劳者，而身体在内中是为这神经作用所激动，但植物中没有在心思上知觉的感受之表相存在。但感觉终是感觉，不论在心思上知觉，或在生命上敏感，而感觉是知觉性的一形式。时若一敏感的植物从某种接触退缩，则似是它是神经上受到影响了，其中有个什么不乐此接触，试行从之退转；一言以蔽之，在植物中有一下知觉的感觉，正如，在我们所见到的，在我们自己有同一类的下知觉的作为。在人体组织中，很可能将这些下知觉的知见和感觉发到表面，在其久已发生之后，且不复影响我们的神经系统了；而只加增多的一大批证明，已无可诘难地建立了在我们内中的一下知觉的心理体，较知觉的远过浩大。仅是这一事实，植物没有在表面上警觉的心思，可能唤醒以作其下知觉的感受之评价，这于这些现象之真元同一性不生什么分别。现相既皆是一样，则它们

所显示的事物必是一样，那事物便是一下知觉的心思。而且，很可能的，在矿物中有下知觉的识感心思的一更属原始的生命作用，虽在矿物中没有属躯体的激动，与神经反应相当者；但是没有属躯体的激动，于矿物中之有生命力存在，不能作什么真元的差别，正如没有属躯体的行动，于植物中之有生命力存在，不能作什么真元的差别。

时若身体中的知觉者化为下知觉的，或下知觉者化为知觉的，又会怎样呢？真的分别，在于知觉的能力之凝敛于其一部分工作中，在它的多少是除外的集中里。在某些集中的形式中，我们所称为心理体者，便是说'般若那'或了别的知觉性，几乎或完全停止知觉地作为了，可是身体的，神经的，和识感心思的工作，仍然进行而不被发觉，却恒常而且完善；它已全部化为下知觉的了，而且仅在一项活动，或一串连续活动，心思乃是光明地活泼。时当我写作，书写的这身体的行为，大部分或有时是全般为下知觉的心思所为；身体，我们说是不知觉地，作出某些神经的运动；心思只是对其所从事的思想是醒觉的。诚然，整个的人可以沉入下知觉中，可是习惯的运动暗带心思的作为可以继续，例如睡眠的许多现相；或者，他可升入超心知中，可是与身体中的下意识的心思仍其活动，如在'三摩地'的或瑜伽定的某些现相中为然。然则这是明显的，植物的感觉和我们的感觉之不同处，简单是在植物中，那显示其自体于宇宙间的知觉'力量'，尚未完全从'物质'的睡眠出现，尚未完全出离那凝敛，即全般使工作'力量'从在超心知的知识中之工作渊源分开者，因此下知觉地作着它将知觉地作的，时当其出自凝敛中而在人中出现，虽仍是间接地，对它的知识自我开始醒觉。它刚是作

同样的事，但方法不同，而在知觉性的义度上价值亦异。

现代渐至可能想象了，即在真本一原子中，有点什么在我们则成为一意志和一欲望者，有一吸引与违拒，这虽在现相上为异，然与我们自己内中的好与恶在真元上是同一物，而皆是，如我们所说，无心知的或下心知的。意志与欲望的这真元，在'自然'中遍处是明显的，而且，虽则这还没有充分被见到，它们皆联系于一下心知的，或者，倘若你愿说，一无心知的或十分内藏了的意识和智慧，同样遍在的。诚然，它们亦皆为其表现。既存在于'物质'的每个原子中，凡此一切自必存在于以那些原子聚合而形成的每个事物中；它们存在于原子中，因为它们存在于建造且组成原子的'力量'中。那'力量'基本便是韦檀多学的'智·光，热，力'，或'智·能力'，知觉性·力量，内在的知觉体之知觉力。这显示其自体，在植物则为神经的能力，充满了下心思的感觉，在初原动物形式中，则为欲望意识和欲望意志，在发展着的动物中，则为自我知觉的意识和力量，在人中则为心思的意志与知识，高于其余一切。'生命'，是宇宙的'能力'之一阶梯，经此而从无心知到知觉性的过渡乃克成辨；是它的一中介的权能，潜在或汩没于'物质'中，以它自有的力量脱出到下心思的有体，终于以'心思'之出现，出脱到它的动力的充分可能性中。

舍一切其他研讨不论，这结论自呈为一逻辑的必需，倘若我们甚至在进化方案的观点上视察这出现的表面呈序。这是自明的，植物中的'生命'，纵使与在动物中的组织不同，却仍是同此一权能，标志以出生，与长大，与老死，以种子而蕃衍，以腐化，或疾病，或损害而死亡，以自外吸收滋养原素而保持，依赖光与热，生殖性

和不生育性，甚至有睡眠境与清醒境，生命机动的高能和低压，从幼稚到成熟到衰老之过程；甚者，植物还包含有生命的力量之真元，因此是动物生存之自然食料。设若许其有一神经系统和对刺激的反应，有下心思的或纯生命的感觉之一暗流或开端，则此同一性更接近了；但它明显是仍其为生命进化的一阶段，介乎动物与'无生命的''物质'间。这恰恰是所应当期望的，倘若'生命'是一从'物质'发皇出的力量，而臻极于'心思'，而且，倘若这是那样，则我们自必假定它是原有在于'物质'本身，汩没了或潜在于物质的下知觉性或无心知中。因为它更能从什么旁的地方出现呢？物质中的'生命'之进化外发，必假定其预先已内入潜在其中，除非我们假定其为一新造之物，魔术似的且无可说明而介入'自然'中了。倘若这是那样的呢，则或者它必是从'无有'造出的一作品，或者是物质的作为之一结果，非此诸作为中之任何物、或此诸作为中任何性质相近的原素所计及的；或者，也可想象的，它是从上的一下降之物，从居于物质世界以上的某个超物理界降下的。这前两假定可视为武断概念而置之不论，最后这一解释是有可能，也很可思议，且在事物的玄秘观，这也是真的，在此物资世界之上有某个'生命'界施下了压力，佐助了生命在此世间出现。但此一说，不除外生命起源自'物质'本身，为一初始的和必需的运动之说；因为一'生命世界'或'生命界'，存在于物质世界之上，这本身不能导致'生命'在物质中之出现，除非那'生命界'存在为一形成阶段于'有体'之一下降中，经过它自体的几个等级或权能，而入乎'无心知'中，结果出它自体并一切这些权能之内入乎'物质'，以备后下的外发和进化。是否这汩没了的生命，在物质的事物中有征相可以发现，尚未组织或仍属朴素原始的，或没有这类征相，因为这内居底‘生命’是在一深沉睡眠中，这不是一至关重要的问题。物质‘能力’之聚集，形成，散解者[①]，是同一‘权能’之在其自体之另一阶段中，如同那‘生命能力’之自表于出生，长大，与死亡者，正如它之在一梦游者的下心知中做‘智慧’的工作，它便发露它自体为同一‘权能’，在更另外一阶段上达到了‘心思’的格位；其正本性格，便表明它在自体内中包含了‘心思’和‘生命’的尚未出脱的权能，虽尚非在其特著的组织或程序里。

这么，‘生命’显露出原本是处处同一了，从原子以至人，原子包含着有体的下知觉的本质和运动，在动物中发放到知觉性中，以植物生命为进化中的一半路阶段。‘生命’如实是‘知觉力量’的一普遍工事，下知觉地在‘物质’上，亦在‘物质’中，发生作用；这是那种工事，创造，保持，毁灭，又再创造形体或身体，且试图以神经力量的活动，便是说，以刺激着的能力之交流，在那些身体中唤醒知觉的感应。在这工事上有三个阶段；最低下一阶段，其中震动仍是在‘物质’的睡眠中，全然是下知觉的，以致好像完全是机械的；中间一阶段，其中则它变到可能有反应了，仍是下心思的，但已在我们所知为知觉性者的边际了；最高一阶段，其中生命发展出知觉的心理体，在一在心思上可知见的感觉之形式中，这在此过渡中，变

① 原注：——生命的出生，成长，与死亡，在它们的外表方面，皆同此一聚集，形成，与散解的程序，虽在它们的内中程序和意义上，有多于此者。甚至心灵体之赋心灵与身体，倘若于这些事物的玄秘观是正确的，也遵循一相似的外在程序，因为心灵当作核心，向自体退敛以准备出生，且聚集其心思，生命，与身体的外壳与内容的原素，在生命中增加这些形成，而在其逝去时，则抛下又再解散这些聚积，将它的内中权能敛回到自体中，直到重生，重复经过这原本程序。

成了识感心思和智慧之发展的基础。是在这中间阶段，我们摄得‘生命’的理念，与‘物质’和‘心思’相分别，但在真际，它在一切阶段上皆同，常是‘心思’与‘物质’间之一项，构成了后者，负荷了前者。它是‘知觉力量’的一工事；既不单是体质之形成，也不是心思的工事，以体质和形式为其了别的对象者；它毋宁是知觉体的一能力化，即体质之形成的一原因与支持，和知觉的心思了别作用的中间的渊源与支持。‘生命’，当作知觉体的这中间的能力化，便将存在的创造力的一形式，解放到敏感的正动和反动中，——这创造的力量是在下心知地或无心知地工作着，凝敛于其自有的体质里。它支持存在的了别的知觉性，称为心思者，且解放它使发生作用，又给它一动力的工具，使它不但在它自体的形式上，亦且在生命和物质的形式上工作。它也联系，且支持二者间交互的贸易，当作中间的一项，居于心思与物质之间。这贸易之工具，‘生命’供应着，在于它的搏动着的神经能力之持续川流，这挟带形体的力量，作为一感觉，以修改‘心思’，又带回‘心思’的力量，作为意志，以修改‘物质’。所以我们说起‘生命’时，通常是指这神经能力；这是印度哲学中的‘生气’或‘生命力量’。但神经能力，只是它在动物有体中所取的形式；同此一‘生命’能力是有在于一切形式中，下至原子，遍处这在真元上是同一，遍处是‘知觉的力量’的同一工事，——这‘力量’，支持且修改着其自有的体质底存在，这‘力量’，有识感与心思秘密活动着，但起初已内入于形体中，准备出现，终于从其内入作用出现了。这便是遍在的‘生命’之全部意义，已显示此物质世界且寓居其中的。

第二十章　死亡，欲望，与无能

在上一章里，我们从物质存在的观点，讨论过‘生命’，‘物质’中的生命原则的出现和工事，而且也就这进化的地上生存所供的材料申论过了。但明显的是，无论其出现于何处，无论其如何工作，在无论何种条件下，那普通原则必遍处皆同。‘生命’是宇宙的力量，工作着，以创造，以增强，以支持，以改革诸体质的形式，甚至到消解与重新建造的地步，而以或显明地、或秘密地知觉着的能力之相互作用与交易，为其基本性格。在我们所居的这物质的世界中，‘心思’是已内入于‘生命’中，且在其中为下知觉的，正如‘超心思’之内在于‘心思’中，且在其中为下知觉的，而且这‘生命’负荷了一内在的下知觉的‘心思’，本身又已内入于‘物质’。所以‘物质’在世间是基础，且为似是的发端；用诸种奥义书的语言说：‘大地’，土地原则，是我们的基本。物质世界始于有形底原子，超荷了能力，充满了一下知觉的欲望，意志，智慧的未成形的质料。从这‘物质’，现似底‘生命’显出了，且由于活底身体，它从自身发放出‘心思’，它所包含拘禁在它内中的：‘心思’则仍当从自身发放出‘超心思’，隐藏于它的工事中的。但我们能想象一不同地组成的世界，其中‘心思’不是从初便已内入了，而是知觉地运用其内含的能力，以创造体质的原始形式，不是像在这世界，在起初只是下知

觉的。那么，虽然这样底一世界的工事，将与我们的世界的完全不同，而那能力的作为之中间的工具，将常是‘生命’。这事本身总会是同一的，纵使程序可能全般翻转过。

但似乎立刻可说：如‘心思’只是‘超心思’的一最后工事，则‘生命’也只是‘知觉性力量’的一最后工事，而‘真实理念’乃为其决定的形式和创造的经纪。‘知觉性’之为‘力量’者，乃‘有体’的自性，而这知觉的‘有体’显示为‘知识意志’，便是‘真实理念’或‘超心思’。超心思的‘知识意志’，便是‘知觉性力量’，化为活动了，以创造结合了的有体的许多形式于一有秩序的和谐中，我们便称之曰世界或宇宙；如是，‘心思’和‘生命’，也皆是同一‘知觉性力量’，同一‘知识意志’，但其活动是为了保持分明的各个形式在一种界划，对反，和交易中，其间心灵在每个有体的形式中，作成它自体的心思和生命，好像它们与其他者相分别，虽则事实上它们从不相分别，却皆是唯一‘心灵’，‘心思’，‘生命’在其独一真实性的各个不同的形式中的活动。换句话说，如‘心思’是通彻一切，了别一切的‘超心思’之最后的个体化的工事，是那程序，其知觉性以之在每个形式中个体化了而工作，从它自有的正当立场，其宇宙的关系便从那立场出发，同样地，‘生命’是那最后的工事，以之‘知觉的有体’的‘力量’，经过宇宙的‘超心思’的具有一切、创造一切的‘意志’而作为，保持着诸个体的形式，充之以动能，组成之而又重新组成之，而且在它们中间作为，当作这么具于身体中之心灵的一切活动之基础。‘生命’便是‘神圣者’的能力，持续地生发其自体于诸多形式中，有如在一发电机中一样，不单是以其发出的电力震动，发施于周遭的事物形式上，它自体也接收内注的周围一切生命之

震动，当其灌注而且穿透其形式，自外，自周围世界而来的。

这样看来，‘生命’好像是知觉性的能力之一形式，居于中间，与‘心思’在‘物质’上的作用相称；在另一义度下，可说它是‘心思’之能力一方面，时当其创造，且不复自附于理念，却自附于力量的动作上，和体质的形式上。但是，立刻应当加上说，正如‘心思’不是一分别的元体，却有全部‘超心思’在它的后方，而且是‘超心思’在创作着，只以‘心思’为其最后的个体化的工事，同样地，‘生命’也不是一分别的元体或运动，却有全部‘知觉的力量’在它的后方，在它的每个工事中，而且只有‘知觉的力量’存在，且在创造了的事物中作为。‘生命’只是它的最后工事，居于‘心思’与‘身体’之间。凡我们所说关于‘生命’者，因此必受起自这依赖性的限制。我们并不知道‘生命’，无论在其自性上或在其程序上，除非而且直到我们觉识而且进到知觉在它内中工作着的‘知觉的力量’，它只是其外表方面和工具作用者。唯独这样了，我们当作个体的心灵形式，当作‘神圣者’的心思的和身体的工具，乃能见到且有知识施行‘上帝’在‘生命’中的‘意志’；唯独这样了，‘生命’与‘心思’能在长是增上着的直道与正直底运动上前进，遵循我们自己内中和事物内中的真理的正道，恒常减少‘无明’的歪曲底颠倒。正如‘心思’必自体知觉地与‘超心思’结合，因为它以‘无明’的作用已与之相离，同样地，‘生命’必变到觉识在它内中施为着的‘知觉的力量’，这施为有其目的，有其意义，是我们内中的生命所不知觉的，其所以不知觉，是因为它专注于单是生活的程序上，有如我们的心思，是专注于单是使生命和物质皆心思化的程序上；以它在它的晦暗了的作为中不知觉，遂致它盲目地、愚昧地从事于达那些目的，而不是，

如它必须且将是在它的解放与圆成中，光明地从事，或且为之以一自我圆成着的知识，权能，与福乐。

事实上，我们的‘生命’，因其服事晦暗了的和分化着的‘心思’的活动，它本身也晦暗了而且分化了，于是一往遭受死亡，限制，乏弱，苦恼，愚昧的动作之奴役，以这受了拘牵和限制的动物‘心思’为其原因和产生者。这颠倒的原始渊源，如我们已见到的，是拘束于自我无明的个人心灵之自我范限，因为它以除外的集中，自视为一分别的、自体存在的个性，而视一切宇宙作用，只当其自呈于它自体的个人知觉性，知识，意志，力量，享受，有限的有体之前，不看自体为‘太一’的一知觉的形式，且怀抱一切知觉性，一切知识，一切意志，一切力量，一切享受，与一切有体，为与它自体的为一。我们内中的宇宙生命，既服从这拘囚于心思中的心灵之指挥，它自体也被拘禁于一个别作为中了。它当作一分别的生命而存在，而作为，只有一有限而不充分底能量，遭受而不是自由地怀抱它周围底一切宇宙生命的震撼和压力。既被投入宇宙中的‘力量’的恒常交易中，当作一薄弱底，有限的，个体的存在，‘生命’起初是无能为力地受苦，服从那巨大的交互作用，对凡一切攻击，吞噬，享受，利用，驱迫它的，只作一机械的反动。但是，当知觉性发展了，当其自体的光明，从内转作用的睡眠之惰性的黑暗中出现了，其时个体的存在，隐约觉到了其内中的权能，于是，其初是以神经，其次是以心思寻求主宰，利用，且享受这作用。这对其内中的‘权能’之醒觉，便是渐渐对自我的醒觉。因为‘生命’便是‘力量’，‘力量’便是‘权能’，‘权能’便是‘意志’，‘意志’便是‘主宰知觉性’的工事。在个人内中的‘生命’，变到在内中深处只加增上地觉到它亦复是‘真、

智、乐’的‘意志力量’，即宇宙的主宰的，它冀望自体单独作为它自有的世界之主宰。然则要实践其自体的权能，要主宰亦如要知道它的世界，为一切个人生命的增上着的冲动；那冲动，是‘神圣者’在宇宙存在中的增进着的自我显示之真本相状。

但是，虽则‘生命’便是‘权能’，个人生命的生长，意义便是个人‘权能’的增长，然单是它之为一分别了个体化了的生命和力量这事实，阻止它真变为它的世界之主宰。因为那会意味着为‘大全力量’之主宰，而一分别了和个体化了的知觉性，具有一分别了，个体化了，因此为有限的权能和意志，则不能为‘大全力量’的主宰；只有‘大全意志’乃能，而在个人，倘若全然可能，只在其再变到与‘大全意志’为一，因此与‘大全力量’为一。否则，个体的生命在个体的形式中，必常隶属于其范限的三个标志，‘死亡’，‘欲望’，与‘无能’。

‘死亡’加到个体生命上，双由其自体的生存条件，及其与显示于宇宙中的‘大全力量’之关系。因为个体生命，是能力的一独特活动，专为组成，支持亿万形式中的一个形式，使之有能力，使之倘若为用已过便消解，而此亿万形式，各各在其地，其时，其展望中，服务于整个的宇宙活动。身体中的生命能力，应当支持宇宙间种种外于它的能力之攻击；它应当将其吸进从之取得滋养，而它自身是恒常被它们吞食了。据奥义书说，一切‘物资’皆是食物；物质世界的公式，是‘正吃食的食者自己被吃掉了’。组织在身体中的生命，常是呈露于这种可能性之前，即可能被外于它的生命之攻击而破败，或者，由于其吞食的能量不足，或未得如法服事，或者，在其吞食能量，与为外在生命供给食物的能量或需要之间，未得正当平衡，因此它不能保护自体，遂被吞食，或者由于未能更新自体，因此耗散了或破败了；它必得经过死亡的程序，以便重新建造或革新。

不但如是，且又用奥义书的话说，生命力量是身体的食粮，身体又是生命力量的食粮；换句话说，我们中间的生命能力，一方面供给材料，以之形体得以造成，恒常保持而且更新，同时另一方面恒常消耗它自体的本质底形体，它如是造成且保存着的。倘若这两种工事间之平衡不完善，或被扰乱，或者生命力量的各道波流之有秩序的活动失灵，则疾病与衰颓参入了，开始其散解程序。而且，正是要为知觉的主宰之这番奋斗，甚至心思的生长，使生命的维持更加困难。因为对形体有生命能力的增上要求，这一种要求，于原来的供应系统为过量，便扰乱了原来的供与求间之平衡，于是在一新的平衡能建立之前，许多纠纷皆已介入，一皆有损于和谐，有损于保持生命长久；又有进者，试图为主宰，便常在环境中造出了一相应的反动，环境中是充满了许许多多力量，亦皆愿自圆成，因此不能忍受要主宰它们的这存在，便反叛它，攻击它。在那里，也是一平衡给扰乱了，一更深沉猛烈的斗争发生了；无论这主宰着的生命是多么雄强，除非它或是无限，或是怎样成功与其环境建立一新和谐，它不能常时抵抗而且胜利，有一日必被克服且被消解。

但是，凡此诸需要之外，还有具于形体的生命之唯一基本的需要，是它的目的和自性的，这便是在一有限的基础上寻求无限的经验，而这形体，这基础，既以其正本组织限制了经验的可能性，则这只能消解它且寻求新的形体而作成。因为心灵，既一度以集中于其时分与原野而自限，则不得不再求其无限性于持续的原则上，在时分上加时分，如是积存一‘时间’经验，它名之曰它的过去者；在

那'时间'中，它通过相续的诸多原野，相续的诸多经验或生平，相续的知识，能量，享受之聚积；凡此一切，它皆保存于下知觉的或超知觉的记忆里，当作它在'时间'中过去所得之储存。在这程序，形体的改变是重要的，而对内寓于个人身体中的心灵，形体的改变，意义是身体的消解，是服从物质宇宙中'大全生命'的律则和驱策，服从其形体的材料之供，与于材料之求的律则，服从其恒常交互震动与生存竞争的原则，具于形体中的生命要争生存于一互相吞食的世界中的斗争的。这便是'死亡'的律则。

这，便是'死亡'的必需与正当理由，不是当作'生命'之否定，而是当作'生命'之一程序；死亡是需要的，因为，永恒变易形体，乃唯一的永生性，为生活的有限体质所能企望的，而永恒变易经验，乃唯一的无限性，为内入乎活身体中的有限心思所能达到的。这形体之变易，不能允其仅是长为同一形体典型之恒常更新，如组成我们的出生与死亡之间的身体生命者；因为，除非形体典型改变了，而且经验着的心思，被投入新的形体中，在时间，地域，与环境的新的境况里，则所需要的经验的变换，为'时间'与'空间'中的存在之真本自性所要求的，不能成就了。而且，唯独是'死亡'的程序，由于消解散坏，由于'生命'吞食生命，唯独是没有自由，被驱迫，奋斗，痛苦，隶役于某个事物好像'非自我'者，乃使这必需的和有益的改变，现为可怕，对我们有死的心理现为不可欲。是被吞食，遭破败，被毁灭，或被迫去的意识，乃'死亡'的刺痛，甚至个人死后仍存的信仰也不能全般抹杀的。

但这程序，是那互相吞食的需要，如我们见为'物质'中的'生命'之首要律则者。如奥义书所云，'生命'便是'饥饿'亦即是'死

亡’，而物质世界，是被此‘饥饿’即‘死亡’创造出了。因为，‘生命’取物质的体质为其型范，而物质的体质又是‘有体’无限分化了，又要无限集合其自体；宇宙的物质的存在，乃组成于此无限分与无限合两种冲动之间。个体，活的原子，试图保持而且扩大其自体，便是‘欲望’的全部意义；一身体的，情命的，道德的，心思的增大，由于愈进愈加包揽一切的经验，愈进愈加包揽一切的占有，吸收，同化，享受，便是‘存在’的必有的，基本的，不可磨灭的冲动，这‘存在’一经分化且个体化了，仍是永远秘密知觉它的包揽一切，占有一切的无限性的。要实践那秘密知觉性的冲动，便是宇宙的‘神圣者’的策刺，在每一个体的造物中内居的‘自我’之乐欲；而且，它之试欲首先在生命义度下，以一增加着的生长和扩张而实践之，乃是必然的，正当的，有益的。在物理世界中，这只能以吸收环境中之滋养，以吸收他体或他之所有而扩大其自我，乃能作成；这需要，便是‘饥饿’在其一切形式中之普遍的辩正理由。虽然，凡吞食者仍当被吞食；因为交互律则，正动和反动律则，能量有限，因此必终之以销竭和颓败的律则，统治了物理世间的一切生命。

在知觉的心思中，那在下知觉的生命中仍只是一情命的饥饿者，便自体转化到高等形式了；在情命部分中的饥饿，在心思化了的生命中变为‘欲望’的贪求，在智识的或思维的生命中变为‘意志’的奋力。这欲望的运动，必定而且应该继续，直到个人已充分长成了，他终于能作为自己的主宰了，而且，以与‘无限者’增上结合，能为这世界的占有者。‘欲望’是一杠杆，神圣的‘生命’原则以之达它在世间的自我肯定的目的；为惰性之故而图消灭它，乃是对神圣的‘生命’原则之否定，是一‘非是为意志’，必然是愚顽。因为，人不能终止其为个人，除非成其为无限。‘欲望’，亦然，只能正当地止息，由变为无限者的欲望，以超上的成就，与在‘无限者’的占有一切的福乐中之无限的美满而自足。此外，它得从一互相吞食的饥饿这类型，进步到互相给予，交互之增进喜乐底牺牲之类型；——个人将自己给予其他诸个人，而以交换接受他们；下者将它自体给予上者，上者亦将它自体给予下者，由是可在彼此中相互完成；凡人自奉于‘神圣者’，‘神圣者’亦自奉于凡人；个人中之‘大全’自奉于世界中之‘大全’，而接受它的实现了的世界性，为一神圣的报偿。如是，‘饥饿’的律则，必须进步地让位与‘仁爱’的律则，‘分化’的律则，让位与‘一统’的律则，‘死亡’的律则，让位与‘永生’的律则。这样，在宇宙间活动的‘欲望’，其必需是如此，其辩正理由是如此，其臻极与自体圆成亦如此。

正如这‘死亡’的面具，为‘生命’所取戴者，结果自有限者寻求肯定其永生的运动，同样，‘欲望’便是‘有体’的‘力量’之冲动，在‘生命’中个体化了，要进步地肯定其无限的‘福乐’，‘真、智、乐’中之‘乐’，在‘时间’之持续与‘空间’之伸展的条件下，在有限者的范围中。‘欲望’的面具，为那冲动所取戴者，直接来自‘生命’的第三现相，即其‘无能’之律则。‘生命’是一无限的‘力量’，而在有限者的条件下工作；明显地，经过其公开的在有限者中个体化了的作为，其遍能应当一贯出现为一有限的能量和局部的弱性，且如是工作，虽则在个人的每一行为之后，无论其如何乏弱，如何唐劳，如何颠沛，必然有无限的、遍能的‘力量’之全部超知觉的和下知觉的当体存在。倘若没有那在后方的当体，宇宙间没有任何至小的单独一个运动能够发生；在其宇宙的作为的整数里，每一单独行为和运动皆加进去，由于遍能的遍智之命令，这遍智便是作为内在于事物中的‘超心思’而工作者。但是个体化了的生命力量，对其自体的知觉性是有了限制，且充满了无能；因为它不但要对抗周围其他个体化了的生命力量的集团，而且本身得服从无限的‘生命’之管制和否决，其全体意志和趋向，可能不是它自体的意志和趋向所立刻同意的。所以力量之限制，无能之现相，乃个体化且分开了的‘生命’之三特点之第三。另外一方面，自我增大和占有一切的冲动仍在，它不、且原意不在于以其现在的力量或能量而度量或范限其自体。结果是，从划分占有之冲动与占有之力量间的鸿沟中，欲望生起了；因为，倘若未有这样的差距，倘若力量常能占有它的对象，常能安稳地达到它的目的，则欲望不会生起，只会有一平静自持底‘意志’而无贪求，如‘神圣者’的‘意志’便是。

设若个体化了的力量，是一心思的能力，无有愚昧者，则没有这种范限，没有这种欲望的需要会干入。因为，一与‘超心思’未分离的心思，一神圣知识的心思，会知道它的每一行为的原意，展望，和必有的结果，不会贪求或奋斗，只发施一准确的力量，自限于当前所见之目的。纵使在伸出到当前以外，纵使办出一些运动非意在当下成功，它也仍不会隶属于欲望或范限。因为虽‘神圣者’的失败，也是其遍智的遍能之作为，它知道其一切宇宙事业的发端之正好的时机和环境，及其升沉起伏，并其当前与终极的结果。知识的心思，既与神圣的‘超心思’同调，也将参加这遍智与决定一切的权能。但是，如我们见到的，个体化了的生命力量，在此是个体化与无明的‘心思’之一能力，这‘心思’是从它自体的‘超心思’的知识堕落了。因此，‘无能’乃于其‘生命’中的关系为必需，而且在事物的性质上为必不可免；因为一个愚昧底力量的实际上底遍能，虽在一有限的范围内也是不可思议的；因为在那范围中，这力量将自立而反对神圣的和遍智的全能的工事，扰乱事物的规定了的目的了，——一个不可能的宇宙情势。诸多力量之奋斗，因那奋斗而增加能量，在本能的或知觉的欲望之驱迫底重力下，所以是'生命'的第一律则。如于欲望为然，亦于这争斗为然；它必须升为互助底角力，兄弟力量间的一知觉的扭斗，其中胜者和负者，或毋宁是那自上以作为而发施影响者，和那从下以作为的反击而发施影响者，皆应同等得益而且增加。而这又终当化为神圣的交互作用之愉快的震撼，'爱'之强力的抱持，代替了争斗之痉挛的纠结。可是，争斗是必需的和有益底开端。'死亡'，'欲望'，'斗争'，乃分化了的生活之三位一体，神圣的'生命'原则的三重面幕，在其宇宙的自我肯定的第一尝试中。

第二十一章　生命之升起

我们已见到，正如分化了的、有生死的‘心思’，为范限，无明，与诸对待者之父，只是‘超心思’的一黑暗影像，即属此自体光明的神圣‘知觉性’的，在其现似底自体否定的初步交涉中，我们的宇宙从之起始者，同样的，‘生命’。当其在我们的物质世界出现时，为分化着的‘心思’之一能力，沉沦且拘禁于‘物质’中而为下知觉的，‘生命’当作死亡，饥饿，与无能之父，只是神圣的、超心知的‘力量’的一黑暗影像，其最高诸项乃永生性，已满足了的悦乐，与遍能。这关系便注定了那我们为其一部分的大宇宙进程的性格；它决定着我们的进化的初、中、后三项。‘生命’的起初诸项，乃是分化，一为力量所驱策的、下心知的意志，却似非意志而现为物理的能力的一钝默底迫促，与一惰性的隶役之无能，隶役于诸多机械的力量，统制形体与其环境间的交易者。这无心知，这盲目的但强劲的‘能力’作用，便是物质世界这一型，如物理科学家所见者，而他的这事物观，便引伸而转入基本存在之全；这是‘物质’的知觉性和物质生活之定型。但一新的平衡来到了，一新系诸项参入了，一随‘生命’从这形式自体脱出，开始向知觉的‘心思’进发，而成正比例增加；因为‘生命’的中间诸项，乃死亡与互相吞食，饥饿与知觉的欲望，空间与能量皆为有限的意识，要增加，扩张，征服，占有的斗争。这三项乃进化的那格位的基本，如达尔文的学说最初对人类知识说明的。因为死亡的现相，在其本身便包含了求生存之奋斗，因为死亡只是负性的一项，'生命'对自体隐藏于其中，且诱引其自己的正性的有体去寻求永生。饥饿与欲望的现相，便包含了一奋斗，要进到一满足与安全的定境，因为欲望只是那刺激，'生命'以之诱引其自身的正性的有体，从未满足的饥饿之否定起去，进向充分保有存在之悦乐。能量有限的现相，便包含了一奋斗，进向扩张，主宰，和占有，保有自我，征服环境，因为范限和缺陷，皆只是那否定，'生命'以之诱引其自身的正性的有体，去寻求那在它是永远可能的圆满。为了生命的奋斗，不只是生存竞争，它也是求占有与求圆满的斗争，因为只是以把持了环境乃能得生存，或是多或是少把持了环境，对之自加适应，或使之对我适应，或由接受它且调和它，或由克服它且改变它；而且，同等是真实的，只有增大而又增大圆满，乃能确保一持续的永久性，一耐久底长存。是这真理，乃达尔文学说以适者生存的公式所欲表明的。

但是，如科学头脑，要将机械原则，正当属于'物质'中的隐藏了的机械的知觉性和存在者，也伸展到'生命'上来，不见到一新原则已进来了，其正本存在的理由，便是将机械原则隶属归己，于是达尔文的公式，遂被用于过于张大地伸展'生命'的侵略原则，个人的情命自私性，自我保存，自我拥护，侵略生活的本能和办法。因为'生命'的这前两境界，在自体内中包含了一新原则和另一境界的种子，这必成比例而增加，如'心思'从物质发皇，经过生命公式，而进到其自有的律则。而且一切事物皆应当更加改变了，时若'生命'发皇，上达于'心思'，'心思'亦发皇，上达于'超心思'和'精神’。恰是因为生存竞争，求永久性的冲动，为死亡律则所抵抗，个人的生命遂被迫、且被用于寻求永久性，非为自己，毋宁为了自己的种性。但它不能成就此事，倘没有他人合作；于是合作与互助原则，他人的欲望，妻，子，友朋，助者，合作团体的欲望，联合，知觉的结合和互益的习惯，皆成了种子，开出爱的原则之花。我们姑且假定，起初，爱可能只是一引申了的自私性，而且这引申了的自私性一方面，可能坚持而且得势，如其仍在坚持而且得势于进化的高等阶段上：然仍是，当心思发皇，愈进愈加寻到它自体，它以人生的经验，与爱，与互助，而见到自然的个人，是有体之一小项，且以宇宙者而存在的。一旦发现这个了，如这是必不免被人这心思的有体所发现的，则他的命运是决定了：因为他已达到了一点，在此‘心思’能开始启对这真理，即有个什么是出乎它自体以外的；从那时分起，他的进化，无论是多么幽暗和迟缓，向那超上的什么，向‘精神’，向‘超心思’，向‘超人道’，便已必然预先决定了。

因此，‘生命’是以其自性前定了到第三格位，它的自我表现的第三系项目。倘若我们检验这‘生命’之上升，我们常见到其实地进化的最后诸项，那些项目我们称之曰第三格位者，必须在表相上是其起初情况的正相矛盾和反对者，而事实上是其正本底成就与变形。‘生命’始于‘物质’的极端的分化与严格形式，而原子，即一切物质形式的基础，便是这严格分化的正型。原子与其他一切分离，即算在与它们结合，拒绝死亡与消解于任何寻常力量下，是分别的私我之物理的典型，界定它的存在，反对‘自然’中的混合原则。但在‘自然’中，统一也是与分化同样雄强的一原则；它诚然是主要原则，分化不过是它的附属一项，而且每一分别了的形式，因此必在这方式或那方式下自体隶属之，由机械的必需，由强迫，由应允，由感诱。所以‘自然’，倘若为了她自己的目的，主要是须有一稳实底基础以作它的结合，须要形体的一固定种子，因此允许原子寻常抵抗以消解而混合的程序，她却强迫它服从以聚积而混合的程序；而原子，如其为最初一个聚积品，也是聚合底统一体之初基。

时当‘生命’达到其第二格位了，我们所认作情命力者，则相反对的现象取领导地位了，于是情命私我之身体基础，不得不同意消解。其组成分子解体，致使一个生命的原素，可能用在其他生命的基本形成上。这律则在‘自然’中所管辖的范围还未充分被认识，诚然也还是不可能，直到我们有一心思生活和精神存在的科学，如我们现在的身体生活和‘物质’存在的科学同样健全。可是我们仍能大致见到，不单是我们的身体的原素，亦复有我们的微妙情命体，我们的生命能力，我们的欲望能力，我们的权能，努力，热情的原素，两在生前与死后进到他人的存在中。有一派古代玄秘学告诉我们，说我们有个情命躯壳，正如这身体躯壳，而这在我们死后也散解了，自用于构成其他情命躯体；在我们的生时，我们的生命能力，不断与他体的生命能力相混合。有一同样的律则，管制我们的心思生活，与其他思维者的心思生活之相互关系。有一恒常的消解和分散，与一重新建造，为心思加于心思的震撼所成就的，因之以原素的一恒常的交换与混合。有体与有体之互易，交融，与混合，是生命的正本程序，它的存在之一律则。

于是我们在‘生命’中有两个原则，分别的私我之需要或意志，要生存于它的分异性里，且保卫它的自体可识性；与‘自然’所加于

它的强迫，要它自体与他体相混融。在物理世界中，她很着重前一原则；因为她需要创造各别的安定形式，缘于这是她的第一且真实是她的最困难底问题，要创造且支持任何这样一个事物，如个性的分别生存，又给它一安定的形式，在'能力'的不息的奔流和运动中，且在无限者的一体性中。在原子生命中，所以个体的形式坚住而为基本，且由其与他者聚合，得到聚积形体的多多少少延长了的存在，这便是情命的和心思的个体化之基础。但是，一旦'自然'在这方面得到了充足的稳定性，可安全成做她后下的工事了，她随即将这程序颠倒过；个体形式消灭了，而聚合底生命，以这么消解了的形式之原素而得益。虽然，这不能是最后阶段；最后阶段要达到，只能是两原则和谐了之后，个体能在他的个性的知觉中坚住，可是又能自体与他体融合，而不扰动其保存性的平衡，也不间断其生存。

这问题的诸项，必先假定有'心思'之充分出现；因为在生命力中而无知觉的心思，则不能有等式，只有一暂时不安定的平衡，终之以身体的死亡，个人之消解，其原素之离散，散入万有中。物理'生命'的性质，禁止有这理念，即一个体形式，而具有像组成它的原子一样的坚持性之内在权能，因此坚持其继续的个体存在。唯独一个心思的有体，为内中的性灵中枢所支持，表现或开始表现秘密的心灵了，乃能希望坚持，用了他的联结的权能，在一持续之长流中，以将来联系到过去上，其间形体的破断，可能在生理的记忆上破断，但不必须在心思的有体本身中破断，而且，甚至由最后的发展，可以架渡为身体的死与生所造成的生理的记忆上的空缺。即使是现在这样，即使在形体中的心思之不完善的发展中，这心思的有体，在积量上知觉着一过去和未来，引申到身体的寿命以外者；他变到觉识一个人的过去，许多个人的生命造成了他的生命者，他为其一发展与改变了的后嗣，亦觉识将来的多个生命，他自己的生命正从自体创造着的；他也知觉过去和未来的一聚集生命，而他自己的持续，有如其经纬之一，贯穿织去。这，对物理的'科学'在遗传的义度下是明白的，此外对在心思的有体之后发展着的心灵，在坚住的人格义度中也是明白的。能表现这心灵知觉性的心思的有体，因此是坚住的个人与坚住的集体生命之中枢：在他内中，它们的结合与和谐方有可能。

联合，以爱作为其秘密原则及其突出的高峰，便是这新关系的权能，典型，因此便是发展到生命的第三格位的主要原则。个性之知觉的保存，加之以交换，自我奉献，与其他个人相混合的欲望和知觉地接受了的需要，乃是爱的原则的工事所必需的；因为倘任何一个去掉了，则爱的工作停止，任何事物可代替它。以全般自我牺牲而圆成爱，甚至因之以毁灭自我的幻觉，诚然是心思的有体中的一理念和冲动，但这指向一发展出乎这'生命'的第三格位以外了。这第三格位是一种情况，其中我们进步地上升，超出互相吞食之生存竞争，与那竞争中之最适者之生存；因为愈进愈加会以互助而生存，以相互适应，交换，与混合而使自我完善化。生命是有体的一自我肯定，甚至是私我之生存和发展，但此有体是一个需要其他诸有体者，一个私我之要遇合且包括其他诸私我，且被包括于他们的生命中者。诸多个人与诸多集体，最发展爱的律则，联合的律则，互助，恩慈，温情，袍泽之谊，一体等律则者，最成功地和协生存与相互自我给予者，集体增益着个人，个人增益着集体，亦如个人增

益个人，集体增益集体，以相互之交易者，将是最适于生存者，在此进化的第三格位上。

这发展，在'心灵'之增上着的优势是显著的，'心思'只加将其自体的律则，增进地加到物质存在上[①]。因为心思以其较大的微妙性，不需吞食以同化，占有，和生长；毋宁是它给出愈多，则收得愈多，生长愈大；它愈加将自体与他体混合，则亦愈加将他体混入自体，而增大了它自体的范畴。物理的生命给出过多，则耗竭，吞食过多，则毁裂；但是'心思'若倚靠'物质'的律则，虽亦成正比例遭受同样的限制，然在另一方面，如其愈加生长到自体的律则，则亦成正比例愈趋于克服这限制，而且，如其克服了物质限制，则同比例取与予化而为一。因为在它的向上升进中，它生长到殊异中之知觉的一统的规律，亦即显了的'真、智、乐'的神圣律则。

生命的原始格位的第二项，便是下知觉的意志，这在第二格位中变成了饥饿和知觉的欲望，——饥饿与欲望，知觉的心思之最初种子。入于第三格位的生长，由于联合原则，爱的生长，并不废除欲望律则，却是转化之，圆成之。爱，在其自性，是将自己给予他人，也以交换而接受他人的欲望；它是有体与有体间的交易。物理的生命，不欲给出它自体，它只望收入。诚然，它是被强迫给出自体，因为只收入而不给出的生命，必将不育，衰萎，而且灭亡，——设若那样的生命在这世界或任何世界而竟可能的话；但它是被强

① 这里所说的，是思心由情心在生命中，在情命体中，直接发生作用。爱——相对原则，不是其绝对者，——是一生命原则，不是心思原则，但它之能保有自体而趋于永久性，只是当它被心思取置于其光明中之后。在身体以及在情命诸部分所谓爱者，大抵是饥饿的一形式，没有永久性的。

迫，不愿意，它服从‘自然’的下知觉的冲动，而不是知觉地参与其中。纵使爱干入了，其自我给予起初仍到一大限度保存那下知觉的意志的机械性质，如在原子中的。爱，本身起初也服从饥饿的律则，享受接收，享受自他人征取，而不是给予和付出与他人它所欲望的事物之必需的代价，如它所大体承认的。但在此它还没有达到它的真性；它的真律则是建立一公平交易，其中给予的喜乐，等于收入的喜乐，而且终于要变到更大；但那是时当它在性灵火焰压迫之下，远射出本体以外，以达到至极的一体之圆成，因此得体验那对它好像是‘非我’者，竟是比它的个体性更伟大和更亲爱的自我。在其生命原始中，爱的律则，便是那种冲动，在他人中，且由他人、实践且圆成自我，以增他人之丰富而增自己之丰富，要占有且被保有，因为不被保有，人不能究极地保有自己。

原子的存在之惰性的无能，不能保有自体，物质的个体之隶役于非自体，属于生命的第一格位。受了限制的知觉，占有的奋斗，要变为自我与非自我之主宰，乃是第二格位的典型。在此，亦复是发展到第三格位，便将原本诸项转化了，化为圆满成就与和谐，重复诸项，其时似与之相违。于是，由联合，由爱，而起了认识，识得非自我乃更大的自我，因此而起对其律则与需要的知觉地接受了的顺从，这便圆成了集体生命要吸收个体之增上着的冲动；于是又有个人之占有他者的生命，当作他自己的，以及凡他者所当给他的，当作他自己的，这便圆成了个人占有之相反的冲动。个人与他生活其中的世界，这两者间之交互性的关系，也不能明定，或完全，或稳固，除非同样的关系已建立于个人与个人，集体与集体间。凡是人的艰难的努力，趋于自我肯定与自由之调和，他以之保有他自己，以联合与爱，兄弟之谊，同志之谊，他在其中将自己给予他人，他的和谐的平衡，正义，相互性，平等性诸理想，他以之造成两相反对者间的等衡者，如实皆是一企图，在其路线上是必然前定了，要解决‘自然’的原始问题，‘生命’的正本问题，由消除两个相反对者间的冲突，实呈现于‘生命’在‘物质’中的真正基础上的。这解决是由‘心思’这高等原则尝试了，唯有‘心思’能找到向所意想的和谐之路，虽则和谐本身，只能得之于一更出乎我们以外的‘权能’中。

因为，设若我们以之起始的这些纪录皆是对的，则这路之终点，这目的地，只能由‘心思’超出了它自体，而入乎那在‘心思’以外的什么，然后能达到，因为，‘心思’只是‘那个’的低下一项与一工具；起初，是以之下降到形式与个性中，其次是为了再上升到真实性中，形式所禀赋予个性所代表者。因此‘生命’的问题之完全解决，似乎不能单由联合，交互，与爱之调和而实现，或单由思心和情心的律则而实现。这必须以生命的第四格位而致，其间多之永恒的一体性，乃由精神而实现，而且生命的一切施为之基础，不复安立于身体的分别上，也不在生命力的热情和饥饿上，也不在心思的类聚与不完善的和合上，更不在凡此之一结合上，而在‘精神’的一体与自由里。

第二十二章　生命的问题

生命，我们见到，是在某些宇宙情况下一‘知觉的力量’之流注；这‘力量’在其自性上是无限，绝对，不受拘束，不移不易地保有它自有的一体性与福乐，即‘真、智、乐’的‘知觉的力量’。这宇宙程序的中央事物，如其在现相上异于无限的‘存在’之纯洁性，及未经分化的‘能力’之自我保有，便是分化着的‘心思’官能，为无明所翳暗者。由这一未分化的‘力量’之分化了的作用，便结果出显现的二元，矛盾，似是的对‘真、智、乐’的自性之否定，皆对心思成其为一长在的真实性，但对神圣的宇宙‘知觉性’，隐藏于心思的障蔽之后者，只成其为一现相，误表着一多方的‘真实性’。结果是，世界得了多个相反对的真理的冲突的形貌，各个真理皆求圆成其自体，各个皆有其圆成的权利，因此现为一团问题和神秘，应当加以解决；因为在此一切混乱后，有一隐藏了的‘真理’和一体性，迫切要求解决，且由此解决，而得其自体在世间的无覆障底显示。

这解决必由心思寻到，但也不单由心思；这必须是一‘生命’中的解决，在有体之作为中亦如在有体之知觉性中。知觉性之当作‘力量’，已创造了世界运动及其问题；知觉性之当作‘力量’，应当解决它所造出的问题，而且引导世界运动，臻于其秘密意义及外发着的‘真理’之必有的圆成。但这‘生命’，连续地取了三相。第一是物质的，——一沉潜的知觉性，是隐藏于其自体的有表现的外表作用，与力量的代表形式中；因为知觉性本身，在作为中不见了，在形式中消失了。第二是情命的，——一出现着的知觉性，半显为生命的权能，与形体的生长，活动，和衰颓的程序，它是半脱出了其原始的拘囚，变到在权能中震动了，当作情命的贪欲和满足或拂拒，但起初全然是不震动的，其次则只是不完善地在光明中震动着，当作其自体的自我存在及其环境的知识。第三是心思的，——一已出现的知觉性，反映生命的事实，当作心思的意识，和有反应的知见和理念，其当作新理念时，它试行变为生命的事实，改变有体的内中存在，于是试行同样改变有体的外表存在。在此，在心思中，知觉性是自其拘囚中脱出了，在它自体的力量之形式与作为中；但还不是形式与作为的主宰，因为它出现为一个人的知觉性，因此只觉识到它自体的全部活动之一段片运动。

人类生命的全部症结和困难便在于此。人便是这心思的有体，这心思知觉性，当作心思的力量而工作，也怎样觉识他为其一部分的宇宙的力量和生命，但是，他因为没有其宇宙性的知识，甚至也没有他自己的有体的大全之知识，便不能在一真是有效果且得胜利的主宰运动上，处理一般的生命或他自己的生命。他寻求知道‘物质’，以成为物质环境的主宰；他求知道‘生命’，以成为情命生存的主宰；他求知道‘心思’，以成为心理体之伟大幽暗运动的主宰，这，他在其间不单是自我知觉性的一道光明，像动物一样，亦复是愈加为一生长着的知识之光焰。这样，他求知道自己以主宰他自己，求知道世界以主宰世界。这是他内中的‘存在’的迫促，即他便是的‘知觉性’的需要，即是他的生命的‘力量’之冲动，‘真、智、乐'的秘密意志，在世界上出现为个人，在这世界，'他'表现'他自己'，却又像是否定'他自己'。要寻出那些境况来，使此内中冲动得以满足，便是人所常要致力于解决的问题，他自己的本性驱使他向此，居于他内中的'神明'亦驱使他向此。而且非要到这问题是解决了，这冲动是满足了，人类不能休息其辛苦。或是人应满足他内中的'神圣者'，因以圆成他自己，或则他当从他自己产生一新的更伟大的有体，更能够满足之的。或者他必须化为一神圣的人道，或则让位与'超人'。

这是从事物的正本逻辑结果出的，因为人的心思知觉性，不是全部启明了的知觉性，完全出离了'物质'的晦暗，而只是伟大出现中进步的一项，则他出现其中的进化的创造路线，不能终止于他现在的地方，却应当或则出离他内中现在这限度，或否则超出他自己，倘若他没有前进的气力。心思的理念，试欲化为生命的事实，应当前进，直到它化为存在的整个'真理'，从它的层层包裹脱出，在知觉性的光明中启露了，进步地圆成了，且在权能中欢喜地圆成了；因为经过这权能与光明两项，也即在此两项中，'存在'显示它自体，因为存在的本性便是'知觉性'与'力量'；但第三项，它的这两个组成者在其中遇合，化为一体，且究竟圆成的，便是自体存在的满足了的'悦乐'。对于像我们的这样的一进化着的生命，这必然的臻极，意义必然是发现那包含于其出生之种子中的自我，而且，随此自我发现，必完全作发沉积于'知觉的力量'的运动中的诸多潜能性，这生命由之生起的。这样包含在我们的人类存在中的潜能性，便是'真、智、乐'之实践'他自我'于个人的和宇宙的生命之某种和谐与统一中，使人类将要在一共通的知觉性，共通的权能

运动，共通的悦乐中，表现那超上的‘什么’，自体散为这万事万物的形式者。

一切生命，依赖组成其自体的知觉性之基本定态以为其自性。因为‘知觉性’如是，‘力量’亦将如是。那里‘知觉性’为无限，为一，超上了它的作为与形式，即使是时当其怀抱且成之于内，组织且施行于外，如‘真、智、乐’的知觉性为然，则‘力量’也将如是，在其范程上为无限，在其工作上为一，在其权能与自我知识上为超上。那里‘知觉性’是像物质的‘自然’的一样，为沉潜，为自忘，随其自有的‘力量’之驱驰而奔走，且似乎不自知，即算它以这两项间的永恒关系之真本性质，真实是决定着驱策它的驱策，则‘力量’也将如是：这将是‘惰性者’与‘无心知者’的一奇巨的运动，不觉识它所包含的是什么，似乎是以一种无回曲底偶然，一必然是快乐的机会，机械地实践自体，即算全时它真实是无误地服从‘正义’和‘真理’的律则，为隐藏于它的运动中的超上的‘知觉的有体’之意志所给它规定的。那里‘知觉性’在其自身是分化了，如在‘心思’中，自限于各个中心，使每个实践其自体而无知于在其他中心中的什么，也无知于其与他者之关系，觉识事物和力量，在其似是的分化和彼此反对中，而不在其真实的一体性中，则‘力量’也将如是：它将是像我们的这样的和我们在周遭所见到的一生命；它将是许多个体生命之冲突和纠缠，各自求其成就，不知其与他者的关系，分化了和相反或相异的种种力量之争冲，难于互相安插，而且，在心理体中，是分化了和相反对或相歧异的理念之一混合，一震荡，和扭斗，和不稳定的结合，皆不能达到它们是彼此相需的知识，或者懂到它们的地位，皆算那在后方的‘一体性’的原素，那正以它们而表现其

自体，且在那中间它们的鏐镉皆当止息者。但是，那里‘知觉性’一并具有分殊性与一体性，而且后者包含且统治前者，那里它一并觉识‘大全’之‘律则’，‘真理’，与‘正义’，与个人的‘律则’，‘真理’，与‘正义’，而此二者变到知觉地和谐化于相互的一体中，那里知觉性的整个自性，便是‘太一’自知其为‘多’，而‘多’亦皆自知其为‘一’，则那里‘力量’也将是属同一性质：它将是一个‘生命’，知觉地服从‘一体性’的律则，可仍是在分殊性中成就各个事物，一依其正当法规与功用；那将是一生命，其中一切个人为他们自己生活，又同时为彼此而生活，当作一个‘有体’在多个心灵中，一个‘知觉性’的权能在多个心思中，一个欢喜‘力量’工作于多个生命中，一个‘悦乐’的真实性，在多个情心与身体中成就其自体。

这四个位置的第一个，‘知觉性’与‘力量’间的这一切进步关系的渊源，便是他们在‘真、智、乐’的有体的定态上，那里它们是一；因为在那里，‘力量’便是有体的知觉性，发皇它自体，而永不终止其为知觉性，而‘知觉性’同样又是光明的有体之‘力量’，永远觉识它自体，及其自有的‘悦乐’，而永不终止其为究极的光明与自我保有的这权能。第二个关系便是物质的‘自然’的；这是有体在物质世界中的定态，即是‘真、智、乐’之被‘他’自己否定，是一伟大的否定：因为在这里，有‘力量’从‘知觉性’究极似是的分离，是统治一切和必无一失的‘无心知者’的炫眼底奇迹，那只是一假面具，然近代知识误以为宇宙‘神明’的真面目。第三个关系，便是‘心思’中与‘生命’中的有体的定态，我们见到从这否定出现的，为这所迷惑，奋斗着，——没有任何以降伏而终止的可能性，可是也没有一胜利的解决的任何清楚的知识或本能，——与一千又一个问题斗争，皆是牵涉到人的这使人迷惘的显现，人，这半能的心知的有体，而出现自物质世界的全能的'无心知性'。第四个关系，便是有体在'超心思'中的定态；这是圆成了的存在，它终于会解决这一切复杂问题的，这一切问题，为出自全般否定的局部肯定所造成的；而且，它也必须在唯一可能的方法上解决之，由全般肯定而成就着一切原自秘密内含于进化的潜能性中的，和在进化的事实中原已意定的，在这伟大的否定之假面具后。那便是真实的'人'的真实生命，这局部的生命和局部未圆成的人道，是奋斗以趋向之的，在我们内中所谓'无心知者'中，有其完善的知识和向导，但在我们的心知的诸部分，只有一昏暗底挣扎着的先见，有些零星底实践，对理想的瞥见，启示与灵感的闪光，在诗人中，在先知中，在见士与超上论者，神秘者与思想家，大智识分子，及人类的伟大心灵中。

从我们现在有的这些纪录，我们能见到从在人中的'知觉性'与'力量'之不完善的定态而起的困难，在他的心思与生命的现在格位中，主要有其三者。第一，他仅觉识他自己的有体的一小部分：他的表面心理体，他的表面的生命，他的表面的身体，便是他所知道的一切，而且，即使是这些，他也不知其全；在下面，便是他的下知觉的和他的潜意识的心思之幽暗的潮涌，他的下知觉的和他的潜意识的生命冲动，他的下知觉的身体性，他自己的那一大部分，他所不知，也不能管治，倒是知道而且管治他的。因为，存在与知觉性与力量既皆是一，我们只有在那么多的我们的存在上的一点真实权能，如我们以自我觉识性而自认的；其余的则必为其自有的知觉性所管治，对我们的表面的心思与生命与身体皆为潜意识的。可是，二者原是一个运动，而非两个分别的运动，我们的较大的较强能的那部分，必然大体上统治且决定较小的较弱底这部分；因此我们虽在我们的知觉的生存上，也被下心知者和下意识者所统治，而且在我们的正本自我主宰和自我指导中，我们皆只是那似乎在我们内中为‘无心知者’的工具。

这便是古之智慧的意思，当其说人想象他自己是工作的作者，以他的自由意志，在真际是‘自性’决定他的一切工作，甚至智慧人士，也被强迫服从他们自己的‘自性’。但‘自性’既是我们内中的‘有体’的知觉性的创造力量，这‘有体’为‘他’的内反的运动和对‘他’自己似是的否定所假扮了，凡人便称‘他’的知觉性的内反的创造运动为‘摩耶’，或‘主宰’的‘幻化权能’，且说一切存在皆好像被居于一切存在者的内心的‘主宰’以‘他’的‘摩耶’而旋转，好像在一机器上旋转。然则明显的是人只能由远远超出心思，以致与‘主宰’在自我觉识性上为一，然后能成为他自己的有体之主宰。而这既在无心知性或在下心知者本身中为不可能，潜入我们的深处而回转向‘无心知者’又不能得到益处，则只能是由内转到‘主宰’所坐之处，由升入那对我们仍为超心知者，升入‘超心思’，然后这一体方可完全建立。因为在那高等神圣‘摩耶’中有知觉的知识，在其律则与真理中，知道那以低等‘摩耶’在下心知体中工作者，在‘否定’之求变为‘肯定’的条件下工作者。因为这低等‘自性’，作发出在那高等‘自性’中所愿望的与所知道的。在世间的神圣知识的‘幻化权能’，创造一切现相的，是为此同一知识的‘真理权能’所统治，这知道一切现相后的真理，给我们准备好那‘肯定’，它们向之工作去的。在这里的局部的和现似的‘人’，将在那里发现完善和真实的‘人’，堪能成为一全般自我觉识的有体，由于他与

那‘自我存在者’，即‘他’自己的宇宙进化与前进的遍知的主宰之圆满为一。

第二个困难，即是人在他的心思，他的生命，和他的身体中，从宇宙者分开了，甚至有如他不知道他自己，他同样或且更不能知道他的旁人。他对他们作出一粗疏的心思构想，用了比量，理论，观察，与某些不完善的同情的能量；但这不是知识。知识只能由知觉的同一性而来，因为那是唯一的真知识，——存在觉识它自体。我们知道我们是什么，只如我们知觉地觉识我们自己那样，其余的则皆隐藏了；同然，我们乃真知道那在我们的知觉性中我们与之为一者，但也只如是我们能够与之为一。倘若知识的手段非直接且不完善，则所达到的知识也将非直接且不完善。这将使我们以某种不妥当的钝拙办法，但从我们的心思的立场看仍是够完善的办法，作出某些有限的实际的目标，需要，方便，某种不完善亦不稳定的与我们所知者的关系的和谐；然而只是由知觉地与之为一，我们乃能达到一完善的关系。所以我们必须达到与我们的同人之知觉的一体，而不只是达到由爱所造成的同情，或心思知识所造成的了解，那将常是其肤表存在的知识，因此在其本身为不完善，而且遭受否定和失望，由于从在他们和在我们内中之下心知者或下意识者，有未知者和未能主宰者涌起。但这知觉的一性，只能以入乎那在其中我们与他们为一、即宇宙者、而建立；而宇宙者之纯全性，只心知地存在于那对我们为超心知者中，即‘超心思’中：因为在此，在我们的正常有体里，它的大部分是下心知的，因此在这心思，生命，和身体的正常定态中，不能占有他。低等知觉的自性，是往下缠于私我在其一切活动上，三重系缚于分殊化了的个性的椿栓上。

唯独‘超心思’主制殊异性中之一体性。

第三个困难是力量与知觉性在进化的存在中分离。第一有进化本身所造成的分别，在其相续的‘物质’，‘生命’和‘心思’的形成里，而各自有其自体的工作律则。‘生命’与身体交战；它试行强迫其满足生命的欲望，冲动，意乐，和要求，求之于身体的有限能量，那只在一永生的和神圣的身体方有可能的；而身体，既被奴役又受虐待，便遭灾患了，时常在一喑默的反抗中，反抗‘生命’所加于它的要求。‘心思’则与二者交战：有时它帮助‘生命’反对‘身体’，有时遏制生命的迫促，试行保护身体躯壳，免遭生命的欲望，热情，和过度驱迫着的能力；它亦试图占有‘生命’，将其能力转用到心思自体的用途上，用到心思自体的活动之最极喜乐上，用到心思的，美感的，情绪的目的之满足及其在人生的圆成上；而‘生命’亦自觉是被奴役，被误用了，时常反叛那坐在它上面的无知而半聪明底暴君。这便是我们的诸体间的战争，心思不能圆满平息的，因为它得处理它所不能解决的一问题，一永生的有体在有生死的生命和身体中的企慕。它只能达到一长列妥协，或以抛弃这问题作结，或由与唯物论者一同屈服于我们似是的有体之生死性，或由与修道士和宗教家一同贬斥且弃去这尘世生命，退隐到存在的更快乐和更容易的原野。但是真实的解决，在于寻到‘心思’以外的那原则，以‘永生性’为其律则者，以之而克服我们的存在的生死性。

但是，内中也有那基本的分化，在‘自性’的力量与知觉的有体之间，这便是无能量的原本原因。不单是有心思体，生命体，与物理体之分化，亦且是凡此又自分别而相违。身体的能量，小于它内中的本能的心灵，或知觉的有体，即身体的‘神我’之能量；生命力的能量，小于它内中的冲动的心灵，或生命的知觉的有体或‘神我’之能量；心思的能力之能量，小于它内中的智识的和感情底心灵，即心思的‘神我’之能量。因为心灵是内中的知觉性之企慕其自体的全部自我实践者，因此常是超出一时的个体形成，在这形成中取其定态的‘力量’，常是被其心灵推进，进到那于此定态为非常者，为超上之者；这么被推动了，它苦于应顺，尤其苦于自其当时的能量发展到一更大的能量。为试行满足这三重心灵的要求，它不能集中，被迫而树立这本能反对那本能，这冲动反对那冲动，这情感反对那情感，这理念反对那理念，满足那个，否定这个，于是又悔，又回到所已作的，调整着，补偿着，又再加调整，如是不穷，但达不到任何一统的原则。而且，在心思中，那知觉的权能，应当和协而且统一的，又是不但在其知识上，在其意志上皆为有限，亦且其知识与意志皆不相等称，时相乖违。一统原则是在上，在‘超心思’中：因为唯独在那里，有一切殊异性之一体性；唯独在那里，意志与知识平等，且在圆满的和谐中；唯独在那里，‘知觉性’与‘力量’达到它们的圣灵的均等。

人，如其发展为一自我知觉的和真实思维的有体，成正比例，他变到敏锐地觉识他的各部分之不相等称与乖违，他求达到他的心思，生命，和身体的一和谐，他的知识与意志与情感的一和谐，他的各个部分的一和谐。有时这欲望中止于达到一可行底妥协，这便带来了一相对的和平；但是，妥协只能是中途的一停顿，因为内中的‘神明’终于不会满足的，若是得到的少于一圆满的和谐，其中结合了我们的多方的潜能性之一整个发展。少于此，则成为逃避了问题，而不是解决了问题，或否则只是一暂时的解决，当作给心灵在其继续的自我扩大与上臻之休息处。这么一纯全的和谐，将要求一美满的心理体，一情命力的美满活动，一美满的身体生活，为其必要条件。但是在极度不美满者中，何处我们方可得到美满的原则和权能呢？植根于分化和范限中的心思，不能给我们准备这个，生命和身体也皆不能，皆是分化着和范限着的心思之能力和构架。美满的原则与权能皆有，是在下心知者中，但封里于低等'摩耶'的包皮或障蔽里，一个暗默的征兆，出现为一未经实现的理想；在超心知者中，它们皆公开期待着，永恒实现了，但仍然由于我们的自我无明的障隔，和我们分隔了。然则是在上面，不是在我们如今的定位或下面，我们当去寻求调和着的权能与知识。

同等的，人，如其发展，变到敏锐地觉识那乖违和统治着他与世界的关系的无明，敏锐地不能忍受，愈加从事于要寻出一和谐，平安，悦乐，与一体性的原则。这，也只能从上而来到他。因为，唯独以发展出一心思，可有他人的心思之知识，如同有它自体的知识，无有于我们的彼此之无知与误解，发展出一意志，感到且使他人的意志与自己的意志为一，发展出一情感心，包含他人的情感有如自己的情感，发展出一生命力量，意识到他人的能力，接受之如它所自有，且求圆成之如它所自有，发展出一身体，不是一堵囚禁的围墙，抵挡世界的壁垒；而凡此一切皆在'光明'与'真理'的律则下，超越了种种荒谬与错误，我们的和他人的心思，意志，情感，生命能力的那么许多罪恶与虚伪，——唯独如此，人的生命，在精神上和实际上方能与他的旁人的生命为一，个人方能恢复他自己的宇宙自我。下心知者，有此'大全'的生命，超心知者有之，但在我们的运动必须向上的条件下。因为，不是趋向那'神主'，隐藏于

‘无心知的海洋，其间黑暗封里于黑暗中’的[1]，而是趋向那‘神主’，安坐于永恒的光明之海洋中者[2]，在我们的有体的最高以太中，乃是那原始动力，已将这进化着的心灵，提升到我们人类的典型的。

然则除非人类是要中道旁落，让胜利给辛勤劳苦着的‘母亲’的其他新的创作，则人类必趋慕这上臻，诚然是行之以爱，心思的启明，和占有与自我奉献之情命的迫促，但引到彼面而进到超心思的一体，超出而且完成它们者；建立人类生命于超心思的实践上，实践与‘太一’，与我们有体中的一切及其一切诸部分，知觉地为一体，在这中间人类乃当寻得其终极的善和救度。这便是我们所说为‘生命’的第四格位，在其向‘神主’的上达中。

① 出黎俱韦陀 X，129，3。

② 《诸‘水’，在光明之域中的，高于‘太阳’及那些居在下方的。》——黎俱韦陀 III，22，3。

第二十三章　人的二重心灵

‘生命’的第一格位，我们发现其特性为一喑默的无心知的驱迫或迫促，为物质或原子存在中某些内含的意志之一力量，不是自由的，不占有它自体或它的工作或工作的结果，而是全般被宇宙的运动所占有，它在其间当作个性之幽暗而未形成的种子生起了。第二格位的根底是欲望，急于占有，却能量有限；第三格位的苞芽便是‘爱’，要占有，也要被占有，要接受，也要给出它自体；第四格位的佳花，其美满的表征，我们设想为原始的意志之纯粹的和充分底显现，中介的欲望之明耀底圆成，‘爱’之知觉的互易之高且深底满足，由于占有者与被占有者的境界之结合，结合于心灵的神圣一体中，即超心思的存在的基础。倘若我们审慎地研究凡此诸项，我们可见到它们皆是心灵的寻求之形式和阶段，寻求个体的和普遍的事物的悦乐；‘生命’的上升，在其性质上是事物中神圣的‘悦乐’的上升，起自其在‘物质’中的喑默的孕蓄，经过崎岖和反对，上升到其在‘精神’中光明的圆成。

这世界既是世界这样，这不能另外怎样。因为世界是‘真、智、乐’的一个戴了假面具的形式，而‘真、智、乐’的知觉性的自性，因此‘他’的力量必常在于其中且成就它自体的事物，便是神圣的‘福乐’，一遍在的自我悦乐。‘生命’既是‘他’的知觉的力量，则凡其一切运动的秘密，必然是一隐藏了的悦乐，内在于万事万物中的，即同时是其活动的原因，动机，和目的；而且，若是由于私我的分别，那悦乐失去了，若是它被留于一障蔽之后，若是它被表出为它自体的反对者，甚至有如有体是隐藏于死亡的假面具下，有如知觉性扮出为无心知者，力量伪装为无能量而自嘲，则那生活者不能满足了，不能或休止其运动，或成就其运动，除了摄得这遍是的悦乐，而这，同时是其自体的秘密的全般的悦乐，又是超上的和内在的'真、智、乐'之原始的，涵括一切，内成一切，支持一切的悦乐。然则寻求悦乐，乃是'生命'的基本冲动和意义；寻求，占有，且成就它，乃其整个动机。

但是，在我们中间，何处有此'悦乐'原则呢？在宇宙的作为中，它以我们的有体的那一项而显示，而成就其自体，有如'知觉的力量'原则，显示且使用'生命'为其宇宙工具，有如'超心思'原则，显示且使用'心思'呢？我们已分辨出创造世界的神圣'有体'的四重原则，——'存在'，'知觉的力量'，'福乐'，与'超心思'。'超心思'，如我们见到，是在物质的宇宙中遍在，但是给隐障了；它是居于万事万物的实际现相之后，玄秘地在那里表现它自体，但为了发施效用，它使用它自有的附属一项，'心思'。神圣的'知觉的力量'，也是在物质的宇宙中遍在，但也是给隐障了；秘密活动于万事万物的实际现相之后，在那里特著地表现它自体，由其自有的附属一项，'生命'。而且，虽我们还没有分别试验'物质'原则，然我们已能见到神圣的'大全存在'，也是遍在于物质宇宙中，但又是给隐障了，隐藏于万事万物的实际现相之后，在那里显示它自体，初始由它自有的附属一项，'本质'，有体之'形式'或'物质'。那么，同等的，神圣的'福乐'原则，亦当于宇宙中遍在，诚然是给隐障了，保有其自体于万事万物的实际现相之后，但仍在我们中间显示了，由其自有的某附属原则，它隐藏于其中，必由之而寻到它，且成就它于宇宙的作用中。

那一项，便是我们中间的某物，我们有时在一特殊义度下称之曰心灵，——便是说，那性灵原则，既不是生命或心思，更毋庸说躯体，但在其自体内中保持了这一切的真元之开放与发华，各就向它们自有的特殊的自我悦乐，向光明，向爱，向喜乐，向美，向有体的一精炼了的纯洁性。虽然，事实上，我们内中有一双重心灵，正如每个我们内中宇宙原则也是二重的。因为我们有两重心思，一是我们外在的进化上的私我之表面心思，在我们自'物质'出现后我们所创造出的表面的心理体，另一是一潜意识的心思，不为我们的实际心思生活及其严格限制所阻碍，是强，大，光明的一物，是真实的心思有体，居于那心思的人格之肤表形式、我们误认为我们的自我者之后。同然，我们也有两个生命，一外在者，沦于物质躯体中，为其过去在'物质'中的进化所拘束，它活着，曾经生出，也将死亡；另一，是一个潜在的生命力量，不是局限于我们身体的生与死两个窄狭边界之间，而是我们的真实的有体，居于这活着的形式、我们无知地以为是我们的真实存在者之后。甚至在我们的有体之物也有此二重性；因为在我们的身体之后，我们有一微妙的物质存在，它不但供给我们物理躯壳的质料，亦且供给我们的生命的和心思的躯壳的质料，因此便是我们的真本质，支持着这身体的形式，我们错误地想象为我们的精神的整个身体者。同然，我们内中也有一双重性灵元，一是表面的欲望心灵，工作于我们的情命的贪求，

我们的感情，爱美官能，于权能，知识，快乐的寻求中者；另一是潜在的性灵元，光明，爱，喜乐的纯粹权能，有体的精炼了的真元，即是我们的真实心灵，在我们的性灵存在之外表形式、我们常以此名尊称者之后。是时当这较大较纯洁的性灵元的一些反映到了表面，我们说此人有一心灵；时若其不见于他的外表性灵生活上，我们便说此人没有心灵。

我们的有体之外表形式，皆属于我们的微小的私我的存在；潜在者，皆我们的较大的真实的个性的形成。所以这些皆是我们的有体的那隐藏了的一部分，其中我们的个人性接近我们的宇宙性，接触它，恒常与之相关，与之交易。我们内中的潜意识的心思，是启对着宇宙的'心思'之普遍的知识的；我们内中的潜在的生命，是启对着宇宙的'生命'之普遍的力量的；我们内中的潜在的物理性，是启对着宇宙的'物质'之普遍的力量形成的。那些将凡此诸物，从我们的表面的心思，生命，和身体分隔的坚厚墙壁，'自然'费了多少气力要去穿透的，又穿透的那么不完善，用了那么多巧而实拙的物理方法，也有在于潜意识体中，却只存为一稀薄底中间物，可分隔又可相交通。同然，我们内中的潜在的心灵，是启对着普遍的悦乐的，这，是宇宙的心灵于其自体的存在，亦于代表它的亿万心灵的存在所乐的，亦于心思，生命，和物质的活动所乐的，'自然'以此自致于它们的活动与发展；但是表面心灵，却从这宇宙的悦乐分隔了，隔了极厚底自私的墙壁，诚然，也有穿过的大门，但进入这些门，神圣的宇宙的悦乐之接触变到短小了，错乱了，或者得戴着反对者的假面具进去。

这后果是在这表面或欲望的心灵中，没有真实的心灵生活，只

有一性灵的畸形，与对事物接触之错误接受。这世界的疾病，在于个人不能寻到他的真实心灵，而这疾病的根本原因，又在于他不能遇到他生活其中的这世界的真实心灵于他之拥抱外物。他试求在此发现有体之真元，权能之真元，知觉的存在之真元，悦乐之真元，却只得到一大聚矛盾的撼触和印象。倘若他能求到那真元呢，则即算在此诸撼触和印象之丛脞中，也会得到那唯一普遍的有体，权能，知觉的存在与悦乐；而似是的矛盾，也将在‘真理’的一体与和谐中调协；‘真理’在这些接触中是伸向我们的。同时，他也会发现他自己的真心灵，由之而发现他的真自我，因为真心灵是他的自我的代表，而他的自我与世界的自我是一。但这事他做不到，因为有私我的无明，在思维心中，情感心中，意识中，这回应事物之撼触，不由勇猛全心全意拥抱之，而是由一系前进与退缩，畏慎接近，或迫急奔往，和沉郁或不满意或恐慌或忿怒的退转，一依乎撼触之适意或不适意，慰安或惊扰，使人满足或不使人满足。是欲望心灵，以其对生命之错误接受，乃成了‘情味’（rasa），事物中之悦乐的三重误解的原因，以至应当是像成纯粹的真元的有体之喜乐者，不平等地译成了乐、苦、俱非三项。

我们见到，当我们论到‘存在之悦乐’于其与世界之关系时，在我们的乐、与苦、与俱非的标准上没有绝对性或真元的有效性，全皆由接受着的知觉性之主观决定，而或苦或乐的程度，可提升到最高点或抑降到最低点，或甚至在其显似底性格上全般消除。乐可化为苦，苦也可化为乐，因为在它们的秘密的真性中，它们是同此一物，却在感觉和情绪上不同地复制出了。俱非，则是表面的欲望心灵，在其心思，感觉，感情，欲求中，对事物之‘情味’未尝注意，或者是它的接受与回应之无能，或是它拒绝给予任何表面回应，或者更是它以意志驱迫和压抑或苦或乐，入乎无接受性之中和淡影。在凡此诸场合，所发生的事或是一积极的拒绝，或是一消极的无准备或无能，不克迻译，不克在表面上怎样积极代表出某一事物，仍是潜意识地活动着的。

因为，如我们以心理学的观察和实验得知，潜意识的心思，接受而且记忆一切事物之撼触，为表面心思所忽略的，同然，我们可发现潜意识的心灵，回应这些事物的经验中之真元或情味，为表面的欲望心灵以无味和拂逆而拒斥，或以中性的不受而漠视的。自我知识是不可能的，除非我们出到我们表面存在的后方，这表面存在，徒然是选择性的外表诸经验之一结果，一不完善的播音器，或是一匆遽，薄弱，和段片的翻译，只从我们之为我们者的多量中，传达出极少的一部分，——除非我们进到这后面，将我们的铅测锤探入下心知者中，向超心知者启开我们的自我，以此而知道它们与我们的表面有体的关系。因为我们的生存回旋于这三者间，且在三者中得其全体。我们中间的超心知者，与自我与世界的心灵为一，不为任何现相的殊异性所统治；因此它保有事物之真理与事物之悦乐于它们的富盛中。下心知者[①]，这么称呼，在其自体的那光明头脑我们称为潜意识者中，相反地，不是真占有者而是经验的一工具；实际它非与心灵与世界自我为一，然由其世界经验对之开启。潜意识的心灵，内中知觉事物的情味，于一切接触皆有其平等的悦

① 真下心知者，是一在低下的损减了的知觉性，密近‘无心知者’；潜意识者，是一知觉性，大于我们的表面存在。但二者皆属于我们有体的内中境界，我们的表面所不觉识的，因此在我们的普通概念和语言中，二者皆混为一谈。

乐；它亦复知觉表面欲望心灵的价值和标准，在其自体的表面接受苦、乐、俱非三种相应的撼触，但以之皆得其平等的悦乐。换言之，我们内中的真心灵，于一切经验皆得其喜乐，从之集纳气力，快慰，和知识，在其储蓄与丰富中生长。是我们内中的这真心灵，强迫退缩着的欲望心灵忍受对之为痛苦者，甚且在其中寻求且得到一种愉快，强迫它拒斥那对它为可乐者，改变或甚至倒转过它的价值，在无感中等齐事物，或在喜乐中等齐之，即乐于存在的多方。真心灵之为此，是被宇宙者所驱策，以种种经验发展自体，因而在'自然'中生长。否则，倘若我们徒以表面欲望心灵而生活，我们必不能改变或前进，不异于植物或石头，在其不动性上或在其存在之常规中，因为生命不是在表面上知觉的，事物的秘密心灵，至今还没有一种工具，可将生命从其所入生之固定了的狭隘的全程中拯救出来。任欲望心灵自去，它将永远在同是那些常轨上转。

在古代诸派哲学的观念中，苦与乐是不可分离的，有如智识上的真理与虚伪，强能与乏弱，生与死；所以唯一可能的出离，便是全般漠不关心，对世界自我之激动空无反应。但是一较深微的心理学知识指示我们，这观念仅是基于生存的表面事实者，未尝真是竭尽了这问题的许多可能性。可能的，是将真实心灵带到表面上来，以一平等的怀抱一切的'个人性非个人性'的悦乐，代替自私的苦与乐的标准。爱好'自然'的人是这么做了，时当他普遍地欣赏'自然'中的一切事物，不容纳拂逆或畏惧，或徒然是偏好或偏恶；而在他人看来是卑劣，无意味，朴陋和野蛮，可怕和可厌者，他皆看到美。艺术家和诗人也这么做了，时当他们寻求普遍者的'罗萨'，求之自美的情感，或自美的物理线条，或自美的心思形式，或同样自内中的意义与能力，出乎常人之所不顾者，与他欣然以快感而癖好者。知识的寻求者，上帝的爱好者，即随处皆见其爱的对象者，精神的人，智识人士，欲乐人士，爱美人士，皆这么做了，各以他所自有的方式，而且也必然做这个，倘若他们要获得而拥有他们所寻求的'知识'，'美'，'喜乐'，或'神明'。只是在微小的私我于我们寻常为过于强盛之各部分，只是在我们的情感的或身体的喜乐与忧患，我们的生命的快乐与痛苦中，对之我们内中的欲望心灵为极端乏弱和怯懦者，神圣原则的施行乃变到至为困难，对许多人竟好似不可能，或甚至可骇可怖。于此，私我的无明，从非个人性的原则前退缩了，可是也不甚困难，将其施行到'科学'，'艺术'，甚至到某种不完全的精神生活中，因为在那里，非个人性原则不攻击表面心灵所欣执的欲望，和表面心思所规定的欲望的那些价值，为我们的外表生活所深切关注的。在较自由和较高尚的运动中，所要求于我们的，只是一有限的和特殊化了的平等性与非个人性，皆正当属于知觉性与活动的某一独特原畴，而我们的实际生活之自私的基础固在；在较低下的运动中，我们的生命的整个基础必须换过，庶可留出地盘给非个人性，而这点，欲望心灵以为不可能。

秘在我们内中的真心灵，——是潜意识的，如我们说过，但这名词是生误解的，因为此一当体，不是位于醒觉心思的门槛之下，却是炽明于最内中的情心的庙堂中，外障以一无明的心思，生命，和身体的重帘，不是潜意识的，而是在隐障之后，——这障蔽了的性灵元，便是'神主'的光焰，在我们内中长明，纵使是那浓密的无知觉性，无知于任何内中的精神自我，而阴翳我们的外表性格者，也无由将其熄灭。它是生于'神圣者'的焰光，是'无明'中之辉煌的寓居者，在其内中生长，直到它能将其转向'明'。它是隐匿的'见证者'与'监督者'，藏着的'向导'，是苏格拉底(Socrates)的'灵明'(Daemon)，是神秘人物的内中的光明或内中的声音。它是那长存者，在我们内中生生世世不可磨灭，不为死亡，朽坏，或腐化所触及，是'神圣者'的一星不可坏灭的火花。这不是未生的'自我'或'阿图门'，因为'自我'虽在居临于个人的生存上时，也常是觉识它的普遍性和超上性；然它是它的在'自然'的形式中的代表，是个人的心灵('智成神我'caitya puruṣa)，支持着心思，生命，和身体，立于我们内中的心思的，情命的，微妙物理的诸有体之后，观察着，以它们的发展与经验而得益。人内中的这些其他个人权能，这些他的有体之有体，也皆在其真实元体中给障蔽了，但它们发施出暂时的人格，这便组成我们的外表个人性，其结合了的外表作为与格位的外表现相，我们便称之曰我们自己：这最内中的元体，在我们内中立为性灵的'个人'，也发施出一性灵的人格，这便改变，生长，发展，一生又一生；因为这是从生到死又从死到生的旅游者，我们的自然诸部分，皆只是它的多式的更换着的外衣。这性灵体在初只能以心思，生命，和身体，而发生一隐秘的，局部的，和间接的作用，因为是'自然'的这些部分，必须发展，当作它的自我表现的工具，它是以等待它们进化久久受拘禁了。有使命要将'无明'中人，领导至'神圣知觉性'的光明，它收取在'无明'中一切经验的菁华，作为一个核心，心灵在自性中生长之核；其余的它皆化之为将来工具生长的材料，它仍得用的，直到皆准备成为'神圣者'的一光明工具了。是这个秘密性灵元，乃我们内中真实原始的'心知'，较道德论者所构成的通俗的良知更深，因为是这，乃时常指向'真'

与'善'与'美',指向'爱'与'和谐',以及一切在我们内中为神圣的可能性者,是这长住,直到这些事物皆成为我们的自性之主要需求了。是我们内中的这性灵的人格,乃如花灿发为仙人,圣人,见者;当它达到它的充分气力,它使这有体转向'自我'与'神圣者'之'知识',转向'至真','至善','至美','爱'与'福乐',神圣的高处与广原,使我们启对精神的同情,宇宙性,一性之抚触。反之,凡性灵人格薄弱,朴野,或发育不良之处,我们内中的较优美的部分和较优美的运动必缺,或在性格与能力皆差,纵使心思可能是强健而且明亮,生命的情感之心坚,强,且能主宰,生命力量居优势且有成功,身体存在是丰富而且幸运,而且显似为一主宰者和胜利者。如是则是外表欲望心灵,假的性灵元在统治了,于是我们错认它于性灵的提示与企慕的误译,它的理念与理想,它的欲望与渴求,皆为真的心灵质料,与精神经验的财富了①。倘若那秘密的性灵的'个人'能出到前方来,代替欲望心灵,不仅是局部地且自隐障之后,而是公开地全般统治这心思,生命,和身体的外在自性,则这些皆可铸为真者,善者,美者的心灵形象,终于整个自性可转向人生的真目标,至上的胜利,入乎精神存在之上升。

然则好像是,将此性灵元,即我们内中的这真实心灵,发到前

① '性灵'这名词,在我们的通常语言间,多是用以指这欲望心灵,很少指真性灵体。更疏懈且用于心理学的及其他现相上,属不正常或超正常性格的,其实那些皆牵涉内中心思,内中情命,微妙身体,在我们内中潜在的,皆全然不是性灵的直接作用。甚至还包括那些物质化与非物质化的现相,虽则倘其可以成立,也明明不是心灵作用,不能阐明性灵元的存在或性格。那些皆是一玄秘的微妙物理能力之非常作为,参入事物的粗体的寻常格位中,将其削减到其自体之微妙状态,又再将其组成于粗重物质形态里。

方，使之在那里领导和统治，则我们可胜得我们的自然有体之一切圆成，如我们所能寻求的，也可启开‘精神’王国的大门了。而且也可推论到，不需要一高超的‘真理知觉性’或‘超心思’原则的参与，来帮助我们达到神圣格位或神圣圆成了。可是，虽性灵的转化，是我们的生存之全般转化之一必要条件，但它不是为了最大的精神转变所需要的一切。第一，这既是‘自然’中的个人心灵，它能启对我们的有体的更神圣的隐秘区域，接受且反映它们的光明与权能与经验，但是另一自上的精神转化是必要的，使我们能保有我们的自我于其宇宙性与超上性中。性灵体在其自身，在某一阶段上，可能满足于创造一真，善，与美的形成，而以之为它的休止处；在更远一阶段，它可能变到被动地隶属于世界自我，为宇宙的存在，知觉性，权能，悦乐的一面镜子，但不是它们的充分参与者或保有者。虽在知识，情感，甚至识感的欣赏中，它更近且可惊地结合于宇宙知觉性，然它可能变为纯粹接受性的，被动性的，远离在世间之发生作用与为之主宰。或者，它与宇宙之后的静定自我为一，然内中与世界运动分离，在它的‘源头’中失却它的个性，它可能回到那‘源头’，而于它的在世间究竟的使命，也将本性引导至其神圣的实践，更没有意志也没有能为了。因为性灵体，是从‘自我’，‘神圣者’来到‘自性’中，它也能从‘自性’，由‘自我’之玄默与一无上的精神不动性，而回到玄默的‘神圣者’。进者，作为‘神圣者’永恒的一部分[1]，这部分依‘无限者’的法律，是不能从其‘神圣的大全’分开的，这部分本身，诚然即是那‘大全’，除了在它的前方表相上，在

① 见薄伽梵歌第十五章，第七颂。

它的前方分别的自我经验中；它可能觉悟到那真实性，投入其中，好像消灭了它的个体存在，或至少是归并了。在我们的无明的‘自性’集团中为一小核心，以致在奥义书中形容它不大于一拇指，它可能以精神的流注扩大它自体，以情心与思心怀抱此全世界于一亲切的交通或一性中。或者，它可觉识到它的永恒‘伴侣’，宁肯永远生活于‘他’的当体前，在一不可磨灭的结合与一性中，有如永恒的爱者与永恒的‘所爱者’相与，这在一切精神经验中，算是最深浓于美丽与欢乐了。凡此，皆是我们的精神的自我寻求之伟大辉煌的成就了，但不必须是终极与全部圆成；更多的还有可能。

因为，这皆是人中精神的心思之成就；皆是那心思的运动，出乎自体以外，但仍在自体的境界上，而入乎‘精神’的光耀里。心思，即使在其最高阶段，远出乎我们今之心理体以外，也仍是在其本性中以分别而作为；它取起‘永恒者’的各方面，而处理每一方面有如这是‘永恒有体’的全部真理，而在每方面能得到它的圆满成就。甚至它将各方面立为反对者，创造出这些反对者的一整系：‘神圣者’的‘玄默’，与神圣的‘机动权能’；不动‘大梵’，远离存在，无有功德，与动性‘大梵’，有其功德，为存在‘主’；‘有体’与‘变是’；‘神圣个人’与非人格性的纯粹‘存在’；它于是能自舍离其一，而投入另一，视为存在的唯一常久的‘真理’。它能视‘个人’为唯一‘真实性’，或者视‘非人格者’独为真实；它能视‘爱者’只是永恒的‘爱’之一表现工具，或者视爱只是‘爱者’的自我表现；它可看生人为一非人格性的‘存在’之人格性的权能，或者看非人格性的存在只是唯一‘有体’，‘无限的个人’的一境界。它的精神成就，它的趋向无上目标的路程，将循着这些分别路线。但是，在精神的‘心思’的这运动以外，有‘超心思、真理知觉性’的高等经验；其间这些反对者皆消失了，这些偏见，皆融入于永恒的‘有体’之至极的和整体的实践之丰富大全中。是这，乃我们所豫想的目标，我们的世间的存在之圆成，由上臻于超心思的‘真理知觉性’，及其下降于我们的本性里。性灵的转化，在其升入精神的改变后，便须完成而整体化，加以超越，加以提举，由一超心思的转化，将其提升到上翥的程途之极顶。

甚者，有如在显了的‘有体’的其他分别和相反对的诸项间，同样地，在我们的成体的存在中之世界机动性与精神格位，——这两项似相反对，只是由于‘无明’，——唯有一超心思的知觉性能力，乃能在其间建立一美满的和谐。在‘无明’中，‘自然’不将她的心理运动之系统，以秘密的精神自我为中心而结集于其周围，却环绕其代者，私我原则而结集：一相当的私我中心，便成为基础，在其上我们固结了我们的种种经验和关系，在我们生活其中的这世界之复杂的接触，矛盾，二元性，散乱性中。这私我中心，是我们对抗宇宙性者与无限者之安全磐石，我们的保障。但是在我们的精神转化中，我们必须舍却这保障；私我应当消失，个人发现自体已消融于一浩大的非个人性中，而在这非个人性中，起初没有一有秩序的行为机动之启钥。最寻常的结果是，人是分为两部分了，内中精神部分，外表自然部分；在一部分中，有神圣的实践，安处于一完善的内中自由，但自然的一部分，一仍其旧‘自性’的作为而前进，以过去的能力的一机械运动，继续其已传达的冲动力。甚至即算有限的个人，与旧底私我中心的秩序皆已全部消融了，而外表自性，可能成为一似是的散乱之场，虽一切在内中者，皆以‘自我’而光明化

了。如是，我们在外表变到有惰性，不活泼，为环境和许多力量所推移，却不自动，纵使知觉性在内中已启明；或者，像一个孩子，虽在内中有全满的自我知识；或者，像在思想与冲动皆飘忽不定的人一样，虽在内中极致宁静和严肃；或者，像一粗野和错乱的心灵，虽内里有'精神'的定宁与纯洁。或者，倘若其外表自性有一有秩序的机动能为，这可能是表面的私我作为之继续，为内中有体所见知，却不为其所接受；或者是一心思的机动能为，却未能圆满表现内中的精神实践；因为心思作用与精神格位，不能等量齐能。纵使至佳，自内有一'光明'的直觉指导之处，其表现于机动能为的性质上，必印有心思，生命，和身体的各种不完善处的钤记，是一国君，而大臣无能，一'明'，而表之于'无明'之价值中。唯独'超心思'降临了，并其'真理知识'与'真理意志'之纯全为一体，乃能于内中亦如于外表存在中建立'精神'的和谐；因为唯独是这，乃能全般转换'无明'之价值为'明'之价值。

在我们的性灵体的圆成中，有如在我们的心思与生命诸部分的圆成中，是将其关联到其神圣源头上，关联到其在'无上真实性'中相应的真理上，乃为必要的运动；而且，如于彼，亦于此，是以'超心思'的权能，乃能作到整体完全，一邻近性化为一真切的同一性；因为是'超心思'乃联系唯'一存在'的高低两半球。在'超心思'中，乃有整体化的'光明'，圆成着的'力量'，入乎无上'阿难陀'的大道。性灵体被那'光明'与'力量'提举，能自结合于其所从来之原始的存在之'悦乐'：克服苦与乐等诸对待，脱出心思，生命，和身体的一切畏惧和退缩，它能将世间生存的接触，重铸于'神圣阿难陀'的型范里。

第二十四章　物质

现在我们有合理的确信了，确然于人生既非一不可解的梦，也不是一不可救的恶却又已化为一苦痛的事实，而是神圣的'大全存在'的一强有力的搏动。我们已略略见到它的基本及其原则，我们仰望它的高度潜能，与究极的神圣发华。但在一切原则之下还有一原则，未经我们充分探讨，即'物质'原则，'生命'立于其上好像在一台上，或者从之外发，形如一多枝之树，自涵藏它的种子生发出来。人的心思，生命，和身体，皆依赖此物理的原则，而且，倘若华发着的'生命'，是'知觉性'出现而入乎'心思'之结果，扩张着，扬起着它自体，寻求它自有的真理于超心思的存在之广大中，可是它也好像是被这身体躯壳和'物质'基础所限制。身体的重要性是明显的；是因为人已发展出或禀赋了一身体和脑经，能接受且为用于一进步的心思的照明，他乃得高出动物。同等的，只能由发展出一身体，或至少一物理工具的功能，能接受且为用于一更高的照明，他乃可高过他自己，而且不单是在思想上，和在他的内中有体上，亦更是在生命上实践一纯全神圣的人道。否则，或是'生命'的允诺已经取消了，其意义已销归于零，大地上的这生存者，若要实践'真、智、乐'则只能废除自体，蜕除心思，生命，和身体，而还归于纯净的'无极'，或不然，则人不是神圣的工具，那知觉地进步着的

权能，使他从一切其他地上存在者显异突出的，有一定命的限度，而且，如他之在事物之前代替了它们，终于会有来代替他而擅有他的遗产者。

诚然，从初身体便好像是心灵的大患，它的连串绊脚石，阻碍它的崖石。所以急进寻求精神成就者，对身体颁布禁令，他的厌憎世界，独取这一世界原则为厌憎的特殊对象，甚于其他一切事物。身体，是他不能承担的黑暗的重负；其坚顽底物质粗重性，便是那魔力，驱迫他进向修士生活而求解脱。为了除却它，他甚至走到那极端，否定它的存在和物质世界的真实性。大多数宗教皆诅咒'物质'，且以拒绝或暂时退处而忍受物质生活，为宗教真理和精神性的实验。古之信仰却不然，较有耐心，更沉着深纯，不为在'铁器时代'重压下的心灵之苦难和热狂的无耐性所触，没有作这可怕的分别；它们认'地'为'母'，认'天'为'父'，对他们同样爱，同等敬。但他们的那些古代神秘，在我们的眼光中幽奥难测。我们，无论我们的事物观是唯物论底或精神的，皆同样满意于将生存问题这不可解的葛底乌斯[①]的纠结一挥击断，接受入乎永恒福乐中之遁离，或在永恒的灭无或永恒的寂定中之终结。

这诤端，不是真在我们觉悟到我们的精神的可能性时开始的；它始自生命本身之出现，及其奋斗，要建立它的活动，和它的生活形态的长久聚集，以反对惰性之力，无心知之力，原子的散解之力，皆是在物质原则中大'否定'的纠结。'生命'恒常与'物质'战，而战争的终结，常是好像'生命'失败了，终于那向下到物质原则的堕

---

① Gordius 之结，人力所不能解，遇亚历山大则挥剑断之。此乃著名希腊故事。

落，我们称之曰死亡者。这乖戾又以‘心思’之出现而深化了；因为‘心思’两与‘生命’和‘物质’有其自有的诤端；它时常与它们的限制斗争，恒常屈服又恒常反抗这一个的粗重与惰性，那一个的热情和苦恼；这战争似乎终于转到，虽不十分确定，转到‘心思’的局部的却极耗费的胜利，它征服了，或压下，甚至杀掉生命的贪求，损毁身体的力量，打破身体的平衡，为了一较大的心思活动和一较高的道德生活的缘故。是在这一斗争中，‘生命’之无耐性，对身体的厌恶，与从此二者退转，以趋向一纯粹的心思的和道德的生活，皆起了。时若人又觉悟到‘心思’之外还有一存在，他将这斗争原则又推到更远了。‘心思’，‘身体’，和‘生命’，皆被贬斥为世界，肉欲，和魔鬼的三位一体。‘心思’也被禁拒了，视为我们的一切病苦之源；精神与其工具间宣战了，精神的‘寓居者’的胜利，乃求之于退出其狭隘的寓居，拒绝心思，生命，和身体，而敛入其自有的无限性里。世界是一冲突，要解决其种种纠纷，最好是将冲突原则本身，推到其极端的可能性，割断，终竟分离。

但这些胜胜败败皆只是现似的，这解决不是一解决，而是逃避了问题。‘生命’实未被‘物质’击败；它作了一妥协，用死亡作生命的继续。‘心思’，也不真是战胜了‘生命’和‘物质’，只作出了它的某些潜能性的一不完全的发展，却牺牲了一些其他的，皆与其于生命和身体的较佳的运用之未实现或已拒绝的可能性相联的。个人心灵，未曾征服低等三者，却只拒绝了它们对它的要求，从那工作逃开了，即精神在最初自投入宇宙形式中所从事的工作。这问题继续存在，因为‘神圣者’在宇宙中的劳工继续下去，并无任何可满意的对问题的解决，亦无劳工的任何胜利的成就。因此，由于我们自己的立场既是以‘真、智、乐’为始，为中，为终，奋斗与纠争不能是‘他’的本体中的永恒的和基本的原则，而且，即因其正本存在，便暗许有一番劳苦，趋向一完善的解决与全般胜利，则我们当求那解决于‘生命’真实胜过‘物质’，由‘生命’之自由且完善运用身体；于‘心思’真实胜过‘生命’和‘物质’，由‘心思’之自由且完善运用生命力量与形体；于‘精神’真实胜过三者，由知觉的精神，自由且完善占据心思，生命，和身体；在我们所作出的观念上，只有最后这一胜利乃能使其余诸胜利为可能。然则为了我们可看到如何这些克服全然可能或全部可能，我们必须研究出‘物质’的真实性，正如追求着基本知识，我们已研究出‘心思’，与‘心灵’，与‘生命’的真实性。

在某种义度下，‘物质’是不真实的，而且不存在；那便是说，我们如今对‘物质’的知识，理念，和经验，不是它的真理，仅是一独特关系的现相，即我们的诸识，与我们动作于其中的大全存在间之关系的现相。时当‘科学’发现‘物质’自体消归于‘能力’的形式，它已把握了一普遍的基本真理；时当哲学发现‘物质’仅存在为对知觉性的实质的现相，而唯一真实性乃‘精神’或纯粹知觉的‘有体’，它已把握了一更伟大，更完全，又更属基本的真理。但是，问题仍在，为什么‘能力’要取‘物质’的形式，而不徒是力量通流的形式，或为什么真是‘精神’者，要采纳‘物质’这现相，而不休止于精神的境界，微末欲望和喜悦里。这，据说是‘心思’的工作，或不然，由于‘思想’明明不直接创造或甚至见不到事物的物质形式，则这是‘识’的工作；识心造出了它似乎见到的形式，而思心便在识心向它呈献的形式上工作。但是，明显地，个人所具有的心思，不是‘物质'现相的创造者；土地存在，不能是人类心思的结果，它本身却是土地存在的结果。倘若我们说，世界只存在于我们自己的心里，我们是表白一非事实，一混乱。因为，物质世界存在于土地上有人类以前，而且，若使人类从地球上消失了，它也会继续存在，或甚至我们的个人心思自泯灭于'无极者'中，它也会继续存在。然则我们当结论到有一宇宙的'心思'[①]，在宇宙的形式中对我们为下知觉的，或者在其精神中是超知觉的，乃创造了那形式以为其寓居。而且，由于创造者必先于其创造品且超越其创造品，如实这便暗许一超心知的'心思'，以一普泛底'识'为工具，在其自体中创造形式与形式之关系，组成了物质世界的旋律。但这亦不是完全的解答；这告诉我们'物质'是'知觉性'的一创造品，但这没有解释'知觉性'如何而创造'物质'以为其宇宙工事之基础。

倘若我们立刻回到事物的原始原则中，我们可了解的较好。存在，在其活动中是一'知觉的力量'，它以它的力量之工事，呈献于它的知觉性之前，作为它自体的诸多形式。由于'力量'只是唯一存在着的'知觉的有体'之作用，则它的结果不能是旁的什么，除了是那'知觉的有体'的诸多形式；'体质'或'物质'，然则只是'精神'的一形式。'精神'的这形式所擅有的对我们的诸识之现相，是由于'心思'的那分别作用，由之我们能够一致地抽绎出宇宙的全

① '心思'，如我们所知，只在一相对的和当作工具的义度下创造；它有结合的无限权能，但是它的创造的动机和形式，皆是自上而来到它：一切创造了的形式，其基础皆在'心思'，'生命'，和'物质'以上的'无极者'中，而在此世界从极微小者起皆代表了，重新构造出了，——很寻常是错误构造出了。它们的根本是在上，它们的枝叶向下，如黎俱韦陀所云。我们所说起的超心知的'心思'，倒是可称为'高上心思'，居于'精神'权能的层级系统内，直接依乎超心思的知觉性之一带。

部现相。我们现在知道‘生命’是‘知觉的力量’之一作用，物质形式皆是其结果；‘生命’内在于那些形式中，起初出现为无心知的力量，发皇那知觉性且引其归于显示而为‘心思’，那知觉性即力量的真自体，从不终止其为存在，即算是未显示。我们也知道‘心思’是原始的知觉的‘知识’或‘超心思’的一低等权能，一种权能，对之‘生命’当作一工具性的能力而作为；因为，经过‘超心思’下降，‘知觉性’或‘智’(Chit)，自表呈为‘心思’，而知觉性的‘力量’或‘能’(Tapas)，自表呈为‘生命’。‘心思’，以其从自体在‘超心思’中的真实性分离，遂给‘生命’以分别现象，而且，又以其更远转入其自体的‘生命·力量’中，遂变到在‘生命’中为下知觉的，这么便给其物质工事以一无心知的力量的外表相状。所以‘物质’的无心知性，惰性，原子的散解，其渊源必皆有在于‘心思’的这遍分和自入的作用中，以之我们的宇宙入乎存在者。如‘心思’只是‘超心思’的一最后作用，在其下降到创造，‘生命’是‘知觉的力量’的一作用，工作于为‘心思’的这下降所造成的‘无明’的境况中的，同样地，‘物质’，如我们所知者，也只是‘知觉的有体’所取的一最后形式，为那工作的结果。‘物质’，是唯一‘知觉的有体’的体质，这在现相上、自体内中是为一宇宙的‘心思’[①]的作用所分化的，——一种分化，是个人的心思重复着且居于其中的，但这不废除也全不损减‘精神’之为一体，或‘能力’之为一体，或‘物质’的真实的一体性。

① ‘心思’，在此是用在其极广的义度下，包括一‘高上心思’权能之工事，最近于超心思的‘真理知觉性’的，亦是‘无明’之创造的第一个源泉。

但是，为什么一不可分的存在，要有此现相上的和实用的分化呢？这是因为‘心思’要将多性原则推衍到其极致的能性，而这只能成之于分别性和分化。为了做这事，它必须自降入‘生命’，为‘多者’创造形式，必须给予‘有体’的宇宙原则以一粗重和物质的体质的相状，而非一纯粹或微妙的体质的相状。这便是说，它必须给予它以一体质的相状，对‘心思’的接触则自呈为一安定之物或对象，在对象之长存的多性中，而不是一体质，对纯粹知觉性的接触则自呈为其自有的永恒的纯粹存在与真实性之物，或对微妙识则为易型范底形式的一原则，能自由表现知觉的有体。心思与其对象之接触，则造成我们所谓识，但在此它应当是一幽暗而外在化了的识，必确然于其所接触者的真实性。然则纯粹体质之降入物质的体质，必然随着‘真、智、乐’之经过‘超心思’而降入心思和生命。这是作出有体之多性的意志所必须有的结果，而从多个知觉性的分别中心对事物的一觉识，乃这低等的存在经验之第一方法。设若我们回到万事万物的精神基本，则体质在其究极纯粹性中，销归于纯粹的知觉有体，自体存在，以同一性而自体觉识，但还未将其知觉性转对自体，以之为对象。‘超心思’则保存这由同一性之自我觉识，当作它的自我知识的质料和自我创造的光明，但是为了那创造，以‘有体’呈献于它自体，当作‘主体・客体’，为一且为多，属于它自有的自动知觉性。‘有体’当作对象，在那里是摄持于一至上知识中，它能以通彻作用，双见其为认识的一对象，在自体内中，和主观地见到即它自体，但是也同时能以了别作用，映射之为认识的一对象（或多个对象），在其知觉性的圆周以内，非异于自体，为自体的部分，然是离开其自体的一部分（或多部分），——这

便是说，离开了视见的中心，其中‘有体’自集中为‘知者’，‘见证’，或‘神我’的。我们已见到由这了别着的知觉性，遂起‘心思’的运动，那种运动，以之个人知者，视他自己的普遍有体的一形式仿佛不是他；但在神圣的‘心思’中，随即或竟是同时有另一运动，或即是同此一运动的反面，即一结合作用，救治这现相的分化，阻止其须臾对知者变到单是真实。这知觉的结合作用，便是那另外在分别着的‘心思’中，顽钝地，无知地，十分外在地表呈为分别了的有体和各别对象间之知觉性中的接触，而在我们，这在分别了的知觉性中之接触，初原为识的原则所代表。在识的这基础上，在隶属于分化的结合的这接触上，思想心思的作用乃自建立，且准备回转到一高等结合原则，其中分化乃隶属于统一而成为次要。于是体质，如我们所知者，物质的体质，乃是那形式，其中‘心思’由识而生作用，乃接触那‘知觉的有体’，它自体即是其知识的一运动的那‘知觉的有体’。

但是，以其本性，‘心思’趋于知道且识得知觉的有体之体质，不在其统一或全体性中，而是以分别原则。它见之好像是在无限微小的点上，它将其联合，以之而达到一全体性，而宇宙的‘心思’便自体投入这些观点和联合中，居于其中。既如是居于其中，以其内在的力量当作‘真实理念’的助理而能创造，为其自性所役，要将其一切知见化为生命的能力，正如‘大全存在者’，化‘他’的一切自我方面为‘他’的能创造的知觉性‘力量’，宇宙的‘心思’，便将这些它的对宇宙存在的多个观点，化为宇宙‘生命’的各个立场；它在‘物质’中化之为原子的有体的形式，充之以能形成它们的生命，而为实现此形成的心思和意志所统治。同时，他这么形成的原子的存在，必然以其有体的真本律则，趋于自相联合，聚积；而每个这种聚积，亦复充满了能形成的隐藏着的生命，以及实现它们的隐藏着的心思和意志，便负戴了一分别了的个体存在之假说。每个这样的个体对象或存在，一按其内中的心思之或晦或明，或显或隐，为其机械的力量私我所支持，其间'是为意志'是暗默而被拘禁了，然不因此而减其强能，或为其自我觉识的心思私我所支持，其间'是为意志'是解放了，知觉的，分别地活跃。

如是，非任何永恒的与原始的'物质'之永恒的和原始的律则，而是宇宙的'心思'的自性与作用，乃原子的存在之原因。'物质'是一创造品，为了它的创造，便需要'无限者'的无限微小者，一极尽的小化，以作起点或基础。以太，可能且真是存在为一不可触知的，几乎是精神的'物质'的支持了，但当作一现相，至少对于我们现在的知识，它似乎不是在物质上可发现的。更分化可见的聚积，或形式的原子为真元的原子，将其破分为最极微细的有体之尘，我们仍当达到某种至竟底原子的存在，也许不稳定，但常是在力量的永恒川流中重新组成其自体，因为形成它们的'心思'与'生命'的性格的缘故，在现相上如此，而不能达到一简单非原子的引申，不能有内容的。体质的非原子的引申，引申而非一聚积，异乎以空间的分配而同存并在，皆是纯粹存在，纯粹体质的真实性；它们皆是'超心思'的一知识，其机动能性的一原则，而不是分化着的'心思'之一创造性的概念，虽'心思'在其工事之后能觉识它们。它们皆是承托于'物质'之下的真实性，不是我们所称为'物质'的这现相。'心思'，'生命'，'物质'本身，可能与那纯粹存在和知觉的引申在其静定的真实性中为一，但不能以那一性在它们的动力的作用，自

我知见，与自我形成中活动。

因此，我们达到‘物质’的这真理，即有一有体之形成底自我引申，在宇宙间成就其自体为体质或知觉性的对象，且为宇宙的‘心思’与‘生命’在其创造的作用中，以原子的分化和聚积代表着的，为我们所称为‘物质’者。但是这‘物质’，如同‘心思’和‘生命’一样，仍是‘有体’或‘大梵’在其自我创造的作用中。它是知觉的‘有体’的力量之一形式，一‘心思’所给予，‘生命’所实现的形式。它在内中包含了知觉性为它自有的真实性，然对它自体隐匿了，内转了，凝敛于它自体的自我形成中，因此自我遗忘。而且，不论对我们好似如何粗朴且空无意义，它对隐藏于它内中的知觉性之秘密经验，仍然是有体之悦乐，以自体呈于这秘密知觉性，当作感觉的对象，以诱致那隐藏了的神主出离其秘密处。‘有体’显示为体质，‘有体’之力量铸为形式，铸为秘密自我知觉性之一成为形象的自我代表，悦乐自奉献于其自体的知觉性当作对象，——这除是‘真、智、乐’还是什么？‘物质’是‘真、智、乐’对‘他’自己的心思经验，代表为客观的知识，作用，和存在的悦乐之一形式的基础。

第二十五章　物质之结

倘若我们所达到的结论是正确的，——在我们所经营的材料上也没有其他可能的结论，——则‘精神’与‘物质’间的严格区分，为实际经验和长久底心思习惯所造成者，已不复有任何基本的真实性。世界是一分殊化了的一统，一多方的一性，不是永恒的乖互间要时常妥协的试行，不是不可调和的反对者间之长存的争斗。一不可移易的一性，生起无限的变换，乃是它的基础和发端；在似是的分立与斗争的后面，作恒常的调和，结合一切可能的差异，为了在一秘密的‘知觉性’与‘意志’中的诸多浩大目的，——这‘知觉性’与‘意志’，永远是一，且是其自有的一切复杂作用的主宰，——似乎是其中间一段的真实性格；因此我们必然假定出现着的‘意志’与‘知觉性’之圆成，和一胜利的和谐，必然是其终结。体质是它自体的形式，它于此有为，而在那体质倘若‘物质’是其一端呢，‘精神’便是其另一端。此二者是一：‘精神’便是那我们识为‘物质’者的心灵和真实性；‘物质’便是那我们证验为‘精神’者之一形式和身体。

当然，其间有一浩大的实际分别，世界存在的整个不可判分的一系统，和永是上升的各程度，皆建立其上。体质，我们已说，是知觉的存在，对识自呈为对象，致使在不论什么建立了的识的关系之

基本上，世界形成与宇宙进展的工作可以前进。但是不必须仅有一基本，仅一基本的关系原则，不变地创出在识与体质之间；相反地，有一上升和发展着的系统。我们觉识另一体质，纯粹心思工作其间，以之为其自然的中介物，这比较我们的身体诸识所能认为任何物之为'物质'者，还过微妙，更加有伸缩进退，更加可型范搏捏。我们能说起心思的一体质，因为我们觉识到一较微妙的中介物，形式由之而起，作用以之而生；我们也能说起纯粹的机动生命能力的体质，异于物质的体质之最微妙的形式及其力量波流，在物理上为可识的。'精神'本身，便是有体之纯粹体质，不复是自呈于身体的，情命的或心思的识前为一对相，而是自呈于一纯粹精神的知见知识之光明前，其中主体化为其自体的客体，便是说，其中那'无时间者'和'无空间者'，在一纯粹是精神的自为概念的自我引申中，觉识其自体为一切存在之基本和原始材料。出此基础以外，主体与客体间的一切知觉的辨别皆泯，消失于一绝对的同一性中，在那里我们不复能说起'体质'。

因此，这是一纯粹概念的分别，——是精神上而不是心思上为概念的分别，——终于一实际的殊异，创造了从'精神'经过'心思'至于'物质'下降，又从'物质'经过'心思'至于'精神'上升这一系统。但是真实的一性从来未尝被废除，而且，时若我们回到事物的原始的和整体的观念，我们见到它从来未真实被减少或损伤，甚至在'物质'的最粗重的密度中也如此。'大梵'不独是宇宙的原因、与支持着它的权能、与寓居它内中的原则，他亦复是它的材料，它的唯一材料。'物质'亦是'大梵'，不是非'大梵'或异乎'大梵'的什么。诚然，倘若'物质'从'精神'离绝，这不会是如此；但如我们所见，'物质'是神圣的'存在'的一最后的形式和客体的一方面，有'神圣者'的一切常在其内中亦在其后。如同这似是粗朴和惰性的'物质'，是遍在，且常充满了'生命'的一雄强的机动能力；如同这机动的然似是无知觉的'生命'，在内中分泌出一永是工作着而非显了的'心思'，其秘密活动便是显了的能力；如同这无明的，未启明而摸索着的'心思'在活身体中，是为其自体的真实自我、'超心思'、所支持，臣属似的被领导；如'超心思'亦平等在于未经心思化的'物质'中，如是，一切'物质'，亦如一切'生命'，'心思'与'超心思'，皆只是'大梵'，'永恒者'，'精神'，'真、智、乐'的各个形态，'他'不但内居于此一切中，且即是此一切，虽没有这任何一个是'他'的绝对体。

但是，仍然有此概念的分别和实际的殊异，在那中间，纵使'物质'不与'精神'隔绝，也似乎是实际上决定割离了，它是那么不同，在它的律则上甚至又那么相反，物质生活似乎是一切精神存在之否定，以致将其废弃，乃像是唯一出乎这困难的唯一简捷办法，——无疑，这也真是；但一捷径或任何断割不是解决。但是，在那里，困难症结无疑仍在'物质'中；那里起阻碍：因为以'物质'之故，'生命'乃成粗重，受了限制，遭受死亡与痛苦；以'物质'之故，'心思'乃甚于半盲，它的羽翼被剪去了，它的足被系于一窄狭底楼木，其身乃不能飞翔于上方广大自由之空间，为它所知觉的。因此那除外的精神寻求者，从他的观点是有正当理由的，倘若他厌恶'物质'的泥泞，遭'生命'的动物性的粗重性之反叛，或不耐'心思'的自加拘禁的狭隘和向下的视见，遂决定舍离这一切，以无为与寂默回到'精神'的不可动摇的自由中。但那不是唯一观点。我们也无须因其被崇重，或其以黄金的和辉煌的例证而受褒荣，遂以之为整个的和究极的智慧。毋宁是，先从热情和反叛下解放我们自己，且让我们看看宇宙的这神圣秩序的意义是什么；至若关于‘物质’否定‘精神’这一大纠结和羁绊，让我们且寻出它的线索，一股一股掰开，解散它，用一解决，而不是以暴力将其一下割断。我们当牒出困难，首先说明反对，全般地，深刻地，倘若必不得已，宁肯夸大而不减小，其次乃求个结论。

于是，第一，‘物质’呈似‘精神’的基本反对便是这：它是‘无明’原则的极点。在此，‘知觉性’已自失且自忘于其工作的一形式中，有如一人在极度的凝注中，可能不单是忘记了他是谁，亦且全然忘却了他的存在，暂时变到只是所做下的工作，和正作之的力量。自体光明的‘精神’，在力量的一切工事后无限地觉知它自体，且为其工事的主宰者，在此似乎是消失了，全然未尝有；‘他’也许在什么地方，但在此，‘他’似乎只留下一粗朴的无心知的物质‘力量’，永是创造着，消灭着而不自知，不知创造着什么，或为什么竟全然创作，或为什么又毁灭它所尝创造的：它不知，因为它没有思心，它不顾念，因为它没有情心。又倘若那甚至不是物质世界的如实真理，倘若在此全部虚伪现相之后有一‘心思’，一‘意志’，还有个什么大于‘心思’或心思的‘意志’者，它也是这物质世界自身所呈的黑暗的影像，对出自其黑夜的知觉性呈似为一真理；又倘若这不是真理而是一个谎，则也是一最有效用的谎，因为它决定我们的现相的存在的情形，包围我们的一切企慕和努力。

因为这是一非常可怪的事，物质世界的残忍可怖的奇迹，从这‘无心思’中出现一心思或多个心思，而它们自己在无力地奋斗向

光明，在各个则无助，在自卫时它们联合起它们的软弱力量于一巨大‘无明’即世界的律则中，乃不是那么无助。从这无情的‘无心知性’中，且在其严酷的法律权威之下，情心生起了，它们企慕着，受苦，流血，在这铁的存在之盲目的无感的凶恶压力之下，一种凶恶，将它的法律强施于它们，在它们的感觉性中变到有感觉了，残忍，暴猛，可怕。然究竟在一切现相之后，这似是的神秘究竟是什么呢？我们能见到这是忘失了自体的‘知觉性’再回到它自体，从它的巨大的自忘性出现，迟缓地，苦痛地，有如一‘生命’之将是有感觉，半半有感觉，朦胧有感觉，全般有感觉，终于要奋斗到多于有感觉，它要再是神圣地自我觉知，为自由，为无限，为永生。但是，它是在为这一切的反对者之一法律下，在‘物质’的条件下向此做去，便是说，逆着‘无明’之把持前进。它所必遵循之运动，它所当利用之工具，皆为这粗朴且分化了的‘物质’所规定，所给它制造的，在它的每一步上加它以无明和限制。

第二个‘物质’呈似‘精神’的基本反对便是这：它是拘束于机械‘法律’的极致，而且是一庞大的‘惰性’，反对一切自求解放者。不是‘物质’本身为惰性的；毋宁它是一无限的动，一不可思议之力，一无边的作用，其弘大的运动皆恒常为我们所惊叹。然‘精神’是自由的，为其自体及其工作的主宰，不被它们拘束，为法律的制作者而不是其服属者，而此巨大‘物质’却是被一固定了的和机械的‘法律’所严厉约束，这是外加于它的，这是它所不了解也未尝想象的，它无心知地像机器一样按之做去，不知道是谁创造了它，经过了什么程序，为了什么目的。而且，时当‘生命’醒觉了，要将自体加到身体形式和物质力量上，要随自体的意志且为了自体的需要而利用一切事物，时当‘心思’醒觉了，要求知道自体是谁，是为何，是如何，以及一切事物，尤其是要利用自体的知识，以其自体较自由的法律和自体指导着的作为，加到事物上，则物质的‘自然’也似乎屈服，甚至赞同和佐助，虽则经过了一番斗争，似不愿意，也只到一相当限度。但在那限度以外，它便呈出一顽强的惰性了，一阻碍，否定，甚至劝诱‘生命’和‘心思’不能再远去了，不能追逐其局部胜利至于尽头。‘生命’致力于扩大且延长其自体，也胜利了；但时当其寻求究极的广大与永生，它便遇到‘物质’的铁的阻碍，发现它自体为狭小与死亡所拘束。‘心思’求佐助生命，且圆成它自体的冲动，要怀抱一切知识，变为全光明，占有真理且是为真理，行施爱与喜乐且是为爱与喜乐；但常是有物质的生命本能之越轶和错误和粗重性，且有物理的识和身体工具之否定和阻碍。错误永是追随知识，黑暗是它的光明的不可分离的伴侣和背景；真理是成功地寻到了，却是一经把握时，它已不是真理，探寻仍当继续；爱是在的，但它不能满足自体，喜乐是在的，但它不能辩正自体，而且它们每个皆拖着像它自体的锁链，投出像它自体的阴影，拖着和投出其自体的反对者，忿怒与憎恨与冷漠，厌腻与忧悲与苦恼。‘物质’用以反应‘心思’与‘生命’之要求的惰性，阻止对‘无明’之克服，和对粗朴的‘力量’即‘无明’之权能的胜利。

而且，时若我们求知道为什么这是这样，我们见到这惰性与阻碍的成功，是由于‘物质’的第三个权能；因为‘物质’呈似‘精神’的第三个基本反对便是这：它是分化与斗争的原则之极点。诚然在真实性上是不可分，可分性乃其作为之整个基础，它似乎永被禁止与此基础相离；因为它仅有的两个结合方法是：或则为诸多单元之聚积，或则是一同化作用，这便包括一单元为另一单元所毁灭。这两个结合方法，皆是永恒的分化的一表呈，由于虽是第一法，也不怎样是结合着而甚是联合着，且以其正本原则，便容许分解和消散的恒常的可能性，因此也属至竟的必需性。两个方法皆安立于死亡上，一为生命的手段，另一为条件。两者皆预先设定分化了的诸单位间的一恒常的斗争，当作世界存在的条件，每个奋力保持自体，维持它的联合，强迫或毁灭凡抵抗它者，吸收和吞并其他者以为粮食，但它自体却要反抗且逃避压迫，毁灭，和并吞的同化作用。时当生命原则将其活动显示于‘物质’中，它在那里得到只是它的一切活动的这一基础，它被迫而屈服于其羁轭；它必得接受死亡，欲望，与范限之律则，也得接受那恒常的奋斗，以吞并，占有，统制，如我们所见为‘生命’的第一方面者。又时当心思原则显示于‘物质’中，则它必须从它所工作的型范和材料上，接受同一范限原则，寻求而无稳定获得，接受它的所得、与它的工作之组成成分的同一恒常联合与散解，以致人，这心思的有体，所获得的知识，似乎永不能是究竟，或无有疑惑与否定，而他的一切劳动，似乎被判决要回旋于正动与反动，成作又毁坏之一旋律中，运转于创作与短期保存与长期毁灭之循环中，而无定准的和确实的进步。

尤其最不幸的是，‘物质’的无明，惰性，和分化，在出现于其中的情命的和心思的存在上强加以痛苦与患难的律则，以及其不满于分化，惰性，与无明的格位之不安。诚然，无明也不会带来什么不满的痛苦，倘若心思知觉性是全般冥昧，倘若它可安然止于某些习惯的螺壳中，不觉识其自体之愚昧，也不觉识其生活周遭的知觉性与知识之无边大海；但恰恰是在‘物质’中显出的知觉性对此觉

醒了，第一，觉悟到它对它所生活其中的世界之无知，它应当知道且主宰之然后能快乐。第二，觉悟到这知识之究竟无生育且有范限，觉悟到其所带来的权能与快乐是微弱且不稳定，更觉悟到有一无限的知觉性，知识，与真有体，唯独在其中能得到一胜利的无限幸福的。其次，惰性的阻碍也不会带来什么不安和不满，倘若显出于'物质'中的情命的知性纯属惰性，倘若它以它自体的半心知的有限的存在而自满足了，而不觉识那无限的权能与永生的存在，它当作其一部分而生活却又与之相离的，或者，倘若它内中原来没有什么驱策它，作努力而真参与那无限性与永生性。但这恰恰是一切生命从头便被驱策去感觉和去寻求的，即它之不稳定性，以及求生存，求自我保存的需要和奋斗；终于它觉悟到它的存在之范限，开始感到那迫促，趋向广大与久长，趋向无限者与永恒者。

于是，时若在人中生命变到完全自我知觉了，这不可免的斗争和努力和企慕皆达到极顶，而世界的痛苦与乖戾，终于变到太敏锐地可感到，不能安然忍受了。人可一长时期满足于他的范限而自安，或者将他的奋斗限制于他所能制胜他所居的这世界之处，以他的进步的知识的一些心思的和物理的胜利，胜过世界的无心知的固定性，以他的微小的，集中了的知觉的意志和权能，胜过世界的为惰性所移的巨大力量，如是而自安了。但是在此，亦然，他也遇到了范限，发现他所能作成的最伟大的结果，也微弱而不概括，他不得不望到外方了。有限者不能永是仍其满足的，长时若它知觉到或有一有限者比它伟大，或在自体以外犹有一无限者，它仍能向往的。又倘若有限者竟如是而满足了，然似是有限的有体之感觉自己真是一无限者，或仅是感觉内中有一无限者的当体，或其冲动与激扰，则他永不会满足了，直到二者已经调和，直到那为他所占有，他又为那所占有，到无论何种程度或在无论何种情态下。人，是这么一个似是有限的无限，必不免终于要寻求'无限者'。他是大地的第一个儿子，朦胧觉识他内中的上帝，觉识他的永生性，或他的永生性的需要，这知识便是一鞭策，驱着他，是钉杀他的十字架，直到他能化之为一无限的光明，与喜乐，与权能的渊源。

这进步的发展，神圣'知觉性'与'力量'，'知识'与'意志'，自失于'物质'的无明与惰性中者，增进显示，这可以成为一快乐的发华，从喜乐进到更大的喜乐，终且至于无限的喜乐，倘若没有'物质'从之而起的严格的分别原则。个人闭置于他自己的分别的和有限的心思，生命，和身体的私人底知觉性里，便阻止了否则是我们的发展之自然律则者。它将吸引与拒绝，守与攻，不和与痛苦的律则引进到身体。因为每个身体，既是一有限的知觉力量，便感觉到它自体是呈露于其他这样的有限知觉力量或普遍力量的攻击，冲打，猛力接触之前，而且，在凡它感到自身被侵袭之处，或不能调和那来触与接受的知觉性，它便感到不安和痛苦，被吸引或被拒绝，应当保卫它自体或进攻；它时常被迫去遭受它所不愿或所不能遭受的痛苦。分化原则，又将同样的反应，及其忧与喜，爱与憎，压抑与抵制种种高等价值，引到情感心和意识心中，一皆铸为欲望的节目，又由欲望化为紧张和努力，由此紧张，遂造成力量之过多与不足，无能，得意与失望，占有与退让的旋律，一恒常的斗争与冲突与不安。而引进到心思整个的，应该是一神圣律则，即较狭小的真理流入较伟大的真理，较微弱的光明融入较广大的光明，低等意志归顺高等转化着的意志，小小的满足进向较高贵且更完全的满足，

它却引进了相似的对称的二元，真理为错误所随从，光明被黑暗所追逐，权能继之以乏弱，追求与达到的喜乐，踵之以拒违与不满于所达者之痛苦；心思取起了它自体的苦楚，一并取起身体和生命的苦楚，觉识到了我们的自然有体的三重缺陷和不足。凡此一切，其意义是对'阿难陀'之否定，对'真、智、乐'的三位一体之不然，因此，倘若这否定不可超越呢，便是存在之虚无；因为存在自投放于知觉性与力量之活动中，则必寻求那运动非徒为了运动自体，而是为了活动中的满足，倘若在活动中无真实满足可得，则显然应将其抛弃，认为终竟唐劳，是一大错误，自我成体的'精神'之一昏瞀。

这便是世界的悲观论的整个基础，——是乐观论的，可能是，于彼方的诸界诸世界则然，至若于此尘世生命，于心思的人在他与物质世界的交接之命运，则是悲观的。因为这肯定：物质的存在之真本性既是分别，而且身体中的心思的真种子亦是自我范限，无明，与自私，则在世间寻求精神的满足，或为了世界活动而求一结果，与神圣目的和极诣，乃是虚妄和欺骗；只在'精神'的天上，不是在世间，或只在'精神'的真正寂静中，而不在其现相的活动里，我们方能重新结合存在与知觉性于神圣的自我悦乐上。'无限者'唯独以拒绝在有限者中寻到它自体的尝试，以为是一谬误和错着，然后能恢复它自体。心思的知觉性之在物质世界中出现，也未尝带来一神圣圆成的任何允诺。因为分别原则非有当于'物质'，原自属于'心思'；'物质'只是'心思'的一幻相，'心思'将其自体的分别和无明的规律带到它中间。因此'心思'在这幻相中只能发现它自体；它只能游移于它所创造的分别了的存在之三项间：它在那里寻不到'精神'的一体，或精神的存在之真理。

于今这是真的，‘物质’中的分别原则，只能是分别了的‘心思’的一创作，‘心思’之下降于物质存在中者；因为那物质的存在，没有自我有体，不是原始现相，只是一形式，为一分化一切的‘生命’力量所创造的；‘生命’力量作出一分化一切的‘心思’的概念。由作出有体加到‘物质’的分化，惰性，与无明的这些现相中，分化着的‘心思’已自失且自囚于其自体建筑的堡垒中之一窟室里，为它自体所铸造的锁链所束缚。而且，倘若这是真的，即分化着的‘心思’，乃创造的第一原则，那么，它必定也是在创造中可能的最后臻至，而心思的有体，空劳于与‘生命’和‘物质’奋斗，克服它们只是为它们所克服，永远在一无结果的圆环上旋转，乃必是宇宙存在的最后和最高一语了。但是这种后果不会有，倘若，相反地，是永生且无限的‘精神’，隐障了它自体，在物质的体质的厚重袍服下，在那里以‘超心思’的无上创造权能而工作，容许‘心思’的分别，与最低的或物质的原则之统治，只将其当作最初条件，以作‘多’中之‘一’的某一进化活动。倘若，换句话说，不仅是一心思的有体，已隐藏于宇宙万有的形式中，而是无限的‘有体’，‘知识’，‘意志’，从‘物质’初出现为‘生命’，次出现为‘心思’，仍有其余尚未启露，则知觉性之出现自似是‘无心知者’，必另有更完全的项目；出现一超心思的精神有体，以比分别着的‘心思’的律则更高的律则，加到他的心思的，情命的，身体的工事上，不复是不可能了。相反地，这倒是宇宙存在的本性之自然的和必有的结论。

这么一个超心思的有体，如我们所见，将解放心思，从它的分别了的存在的结子解下来，且运用心思的个体化作用，只当作怀抱一切的‘超心思’之一有用的副作用；他也将解放生命，从它的分别

了的存在之结子解下来，且运用生命的个体化作用，只当作那唯一'知觉的力量'的一有用的副作用，当其在一分殊化了的一体性中圆成它的有体与喜乐。是否有何理由呢，为什么他不也解放这身体的存在，从现在的死亡，分化，和互相吞并的律则下解放出来，且运用身体的个体化作用，只当作那独一的神圣的'知觉的存在'的一有用的副属一项，使为用于'无限者'在有限者中之喜乐呢？或者，为什么这精神不应是自由，在皇华地占有了形式后，虽在更换他的'物质'的袍服，也是知觉地永生，在一隶属于一体与爱与美的世界中保有他的自我悦乐呢？而且，倘若人是大地底存在之居民，由他而那从心思者到超心思者的转化终于可成办了，是否他可能发展出，有如一神圣心思和一神圣生命，还有一神圣身体呢？或者，倘若这话对我们于人类潜能性的今之有限概念似乎是太可惊，在他的真有体，及其光明与喜乐与权能的他的发展中，他可否能达到心思与生命与身体的一神圣的运用，以此而'精神'之降入形式，当同时是人道地和神圣地得到辩正了呢？

唯一事之可阻碍那究极的世间的可能者，便是，倘若我们现在对于'物质'及其律则的观念，代表着识感与体质间，'神圣者'当作知者，与'神圣者'当作对象间的唯独可能的关系，或者，倘若其他关系亦有可能，然在这世间也不在任何门道下可能，而应当求之于存在的高等诸界。在那场合，则是在彼方的天国，我们乃当寻求我们的全部神圣圆成，如诸多宗教所确立的，而它们的另一立说，说上帝的王国或至善者的王国，建立在地球上者，则可搁置一边，视为谬论。在此世，我们只能追求或达到一内中的准备或胜利，而且，既已解放了内中的心灵与心思与生命，则当从这未征服且不可征服的物质原则转开，从这未重生且顽不可化的土地转开，到他处去寻求我们的神圣体质。虽然，没有理由为什么我们应当接受这范限着的结论。甚为确然的，即算在‘物质’本身也有其他境地；无疑，有一体质的神圣等级之上升的系统；有那可能性，物质的有体变化其自体，由于接受一高于它自有的律则之律则，然仍是它所自有的，因为这常在它自体的秘密处，潜在而且潜能。

第二十六章　体质上升的系统

倘若我们考虑最能向我们代表‘物质’的物质性的是什么，则我们当见到这是它的固体性，可触性，对‘识’的撼触增加着抵抗，坚强的反应诸方面。体质似乎更真属物质，更真实，如其成比例向我们呈似一固体的抵抗，又由那抵抗呈似一可识知的形式之耐久性，我们的知觉可安立其上的；如其为更微妙，较少浓密的抵抗性，较少能经久为识所摄持，则成比例它对我们现为较少是物质的。我们寻常的知觉性对‘物质’的这态度，是‘物质’之所以创造了的原本目的之象征。体质度到物质的格位，原是使它可向必与它交接的知觉性，呈似经久底，可坚固摄持的形象，于是‘心思’乃能安立其上，且能以之为其工事的基础，于是‘生命’乃能操持至少是一相对的确然底永久性，在它工作其上的形式里。所以在古系韦陀学说的公式中，‘土地’，较属固体状态的体质之一典型，被认为物质原则的象征名词。亦是因此，撼触或接触，在我们是‘识’的真元的基础；其他一切生理诸识，味，香，声，色诸识，皆基于一系只加微妙和间接的能识者与所识者间之接触。同等地，在数论的区分中，有从‘以太’到‘地大’的五原素位，我们见到它们的特性是一恒常的进程，从甚微妙者进到非甚微妙者，以致在顶端，则是以太底微妙震动，而在基本，则是土地底或固体的原素状态之较粗重的密度。因此‘物质’是我们所知的最后一阶段，在纯粹体质进步到宇宙关系的一基本的进程中的，而此宇宙关系上的第一名词，当不是精神而是形式，形式之在其集中，抵抗，耐久底粗重形象，相互不能涉入性之最极可能的发展里，——辨别，分离，和分化的极点。这便是物质世界的原旨和性格；是已完成的可分性之公式。

进者，倘若有，如在事物的性质上也必有，一上升着的系统，在从‘物质’到‘精神’的体质的层级上，则这必标志以一些特著属于物理原则的能量之一进步的微小化，和反对方面的特性之一进步的增大化，终于引到纯粹精神的自我引申的公式上。这便是说，它们必标志以少而愈少底在形式上的束缚，多而愈多底体质与力量的微妙性，伸缩性，多而愈多底互相混融、互相涉入的作用，多而愈多底同化权能，互易权能，变换，变化，一统的权能。从形式的经久性脱开，我们乃接近真元的永恒性；从我们在物理的‘物质’之固执的分别和抵抗中之定止退出，我们乃接近在‘精神’的无限性，统一性，与不可分性中之最高神圣定止。在粗重体质与纯粹精神体质间，这必然是基本的对反。在‘物质’中，‘智’或‘知觉的力量’只是增上地自加聚积，以抵抗且反对同一‘知觉的力量’之其他诸聚积；在‘精神’的体质中，纯粹知觉性在它于自体的意识中自由地像成它自体，以一真元的不可分性，与一恒常的统一着的互易，为它自有的‘力量’之甚至最纷歧底活动的基本公式。在此两极间，有一无限的等分之可能性。

这些考虑变到非常重要了，时当我们计较到已圆成的人类心灵之神圣生命和神圣心思，与我们实际寓居其中的这甚是粗重，似是不神圣的身体，或物理表型间之关系。那表型乃识与体质间之

某种固定关系之结果，物质世界由之而起。但这关系不是唯一可能的关系，那表型也不是唯一可能的表型。生命和心思，可自显于对体质之另一种关系中，可作成不同的物理规律，其他更大的习惯，甚至作出一不同的身体体质，而有识的一更自由的动作，生命的一更自由的动作，心思的一更自由的动作。死亡，分化，同此一知觉的生命力量之聚于形体中者之互相抵抗与排除，皆是我们物理的存在之公式；诸识的活动的狭隘范围，生命工事之决定于境地，久长，和权能之一小圈子里，心思的幽滞，蹇跛底运动，破碎且受拘束的功能，皆是那公式之表现于动物身体中者强加于高等原则之羁轭。但这些事物，皆不是宇宙‘自然’唯独可能的旋律。还有高上底境界，还有高等世界，而且，若使这些的律则，能以人的进步，且以我们的体质从其现在的缺陷怎样解放了，加到我们的有体的这有感觉的形式和工具上，则可能甚至在此世间，有神圣的心思与识的物理的工事，在人类躯壳中，有神圣生命的物理工事，甚至在地球上还有进化，进化为一个什么我们可称之为神圣的人类身体者。有一日人的身体也可至于变形；‘地母’在我们内中，也可显出她的神性。

即算在物理宇宙的公式内，在‘物质’等级上也有一上升着的系统，从甚浓密者引到较少浓密者，从较少微妙者引到更深微妙者。我们若达到了那系统的最高一项，物质的体质或‘力量’的形成之最极的超以太的微妙性，在那以外更何有呢？不是一‘空’，不是无有；因为没有这么一个事物为绝对的空，或真实的无有，我们用那名词称之者，简单是个什么事物，出乎我们的识的摄持以外，我们的心思，或我们的最微妙的知觉性的摄持以外者。说那以外无有，不是真的，说某种‘物质’的以太体质乃永恒的起始，也不是。因为我们知道‘物质’和物质的‘力量’，皆只是一纯粹的‘体质’和纯粹的‘力量’之一最后的结果，其中知觉性是光明地自我觉识且自我保有，而不是像在‘物质’中自失于一无心知的睡眠和惯性的动作中。然则在此物质的体质与那纯粹的体质之间，有的是什么呢？因为我们不是从此一跃至彼，我们不是一下从无心知者透入绝对知觉性。然则必是有且已是有一些格度，介乎无心知的体质与究极的自我知觉的自我引申之间，如在‘物质’原则与‘精神’原则之间。

凡全然探测过这些深处的人，皆同意且证明这事实，即有一系微妙而又更加微妙的形成，脱离且出乎物质世界的表型以外。不太深入对于我们如今的探讨为太幽奥和困难的事物，我们可说，依于这我们所取为基础的系统，这些体质之阶层，在其形成系统的这重要一方面，可见到与‘物质’，‘生命’，‘心思’，‘超心思’之上升的系统相应，也与那‘真、智、乐’之高等神圣的三位一体相应。换句话说，我们发现体质在其上升中，自基于这些原则的每一个，相续地将自体作为一特著的乘器，为了每个在上升的系统中之为主的宇宙的自我表现。

在此物质世界中，每事皆是建立于物质的体质的公式上。‘识’，‘生命’，‘思想’，皆自建于古人所谓‘土地权能’上，从之出发，服从其法律，将它们的工事，适应于这基本原则，以其可能性而自限，而且，倘若它们要发展其他的呢，虽在那发展中也当顾计这原始公式，它的目的，它的对神圣进化的要求。识，以身体工具而工作；生命，以一生理的神经系统与生命器官；心思，则当以其工事建立于身体基本上，且运用一物质的工具，虽是其纯粹心思的工事，也当取如此得来纪录为原地，为其所用以工作的质料。但是在心思，识，生命的真元自性上，没有它们应这么受范限之必需：因为身体的诸识器官，皆不是识的知见之创造者，它们自体是创造物，是工具，在世间为宇宙的识之一必要的方便；神经系统和生命器官，皆不是生命的正动和反动的创造者，它们自体是创造物，是工具，在世间为宇宙的'生命力量'之一必要的方便；脑经不是思想的创造者，它自体是创造物，是工具，在世间为宇宙的'心思'之一必要的方便。然则这必需性不是绝对的，而是极因论底。它是一神圣的宇宙'意志'在物质世界中的结果，原意在世间安立识与其对象间的一物理的关系，在此建立'知觉的力量'之一物质公式和律则，以此而创造'知觉的有体'之物理形象，当作我们生活其中的这世界之起始底，居上且决定着的事实。它不是有体之一基本律则，而是一建设性的原则，为'精神'之进化于一'物质'世界中的原意所需要的。

在体质的次一阶段上，起始底，居上且决定着的事实，已不复是体质底形式和力量了，而是生命与知觉的欲望。因此，在这物质界以外的世界，必然是一世界之基于一知觉的宇宙生命'能力'，一情命的寻求的力量，与一'欲望'的力量，和它们的自我表现上，而非是基于一无心知的或下心知的意志，而取一物质的力量与能力之形式者。那世界的一切形式，身体，力量，生命运动，识感运动，思想运动，发展，臻至，自我圆成，必须被这'知觉的生命'的起始的事实统治且决定，'物质'和'心思'皆得服属于它，发端自它，自基于它上面，为它的法律，权能，能量，范限所限制或扩大；而且倘若

‘心思’在那里要试图发展更高的可能性，仍然它必须计及欲望力量的原始的情命公式，其目的，及其于神圣显示的要求。

如是，于更高等级同然。这系统上的次一项，必然是为‘心思’这为主底和决定着的因素所统治。在那里，体质必是够微妙且有伸缩性，能占取‘心思’所直接加于它的形象，服从其作为，自隶于其自我表现与自我圆成的要求。识与体质之关系，亦复当有一相应的微妙性和伸缩性，且必须不为生理器官与物理对象的关系所决定，而为‘心思’与其所施工的微妙体质的关系所决定。这样一个世界的生命，将是‘心思’的仆从，在一义度下，非我们的薄弱底心思活动，和我们的有限的，粗朴的，叛乱的情命官能所能得其适当概念的。在那里，‘心思’为主，作为原始表型，它的目的得行，它的要求凌驾一切其他的，在神圣显示的律则中。又在更高的臻诣处，‘超心思’——或者，介于其间的，为其所接触的诸原则，——或者，更高，一纯粹的‘福乐’，一纯粹的‘知觉的权能’或纯粹的‘有体’，代替‘心思’为主的原则，于是我们进到宇宙存在的那些境界，古代韦陀学的见士认为照明了的神圣存在的世界，为他们所称为‘永生’者的基础，后世的印度诸宗教则表之以‘大梵世界’或‘福国’的形相者，某些‘有体’之为‘精神’者的无上自我表现，其间已解放到其最高的成就之心灵，保有永恒的‘神主’之无限性和福乐。

这继续上升着的经验，和高出万事万物的物质表呈以外的视瞻，下面有其原则，便是一切宇宙存在，是一复杂的和谐，不终止于知觉性的有限范围，通常人类心思与生命，满足于拘囚于其中的。有体，知觉性，力量，体质，升降于一多级的梯子，在每一级上，有体有一更大的自我引申；知觉性有其自体的范畴的更宽广的意识，与

其大性，及其喜乐；力量有一更大的深密性，与一更迅速和更幸福的能量，体质则发施其初原真实性的一更微妙，更可搏捏，更能浮飏，更有伸缩性的表达。因为更微妙者也是更雄强者，——可以说，是更具体者；它较粗重者少拘束，它在它的有体上有更大的永久性，兼之以一更大的潜能性，黏性，及变动范畴。有体之山上每层高原，给我们的推广着的经验以我们的知觉性的一高等平面，和一更丰富的世界，为了我们的生存。

但是这上升着的系统怎样影响我们的物质的生存之诸多可能性呢？它全然不会影响它们，设若知觉性的每一层，存在的每一界，体质之每一格，宇宙力量的每一度，截然全般从其居前者和随后者划分。但真理刚是相反；'精神'的显示是一复杂的织品，在一个原则的图案和样式中，其余的一切皆加入为这精神整体之原素。我们的物质世界是其余一切的结果，因为其余一切原则皆已降入'物质'以造成这物理世界，而我们所称为'物质'者的每一微尘，便包括它们一切而暗含于它自体；它们的秘密作用，如我们所见的，是内涵于其存在的每一时分，与其作用的每一运动中。'物质'既是此下降之最后一名，因此也必是此上升的最初一项。如凡此诸界，诸世界，诸等级，诸程度的权能皆已内涵于物质的存在中，则同样它们必皆能从之外发。是为了这理由，物质的有体不始于也不终于诸气体，与化学化合物，物理的力量和运动，不始于也不终于星云与诸太阳与诸星球，而是外发出生命，外发出心思，终于必外发出'超心思'，与精神存在的高等诸度。外发作用成于超物质诸界加物质界以不断的压迫，强迫其从自体发放出它们的原则和权能，否则可想象其受拘禁而眠藏于物质的严酷公式中的。甚至这

样还可能是未必然的，由于它们内在其中便暗许有发放出的目的；但仍是这自下的需要，甚为一亲属的高上底压力所助。

这进化也不能终止于生命，心思，‘超心思’，精神这初步的薄弱的表呈，由‘物质’的权能不得已而让与这些高等权能的。因为当其外发，当其苏醒，当其变到更活泼，更急求其自有的潜能，则高上诸界在它们上面所加的压力，一种压力，已内在于诸世界的存在与切近关联与相互依赖中的，必然也增加其坚执，权能，与功效。不但这些原则当自下显示于一有了改变和有其限度的表相中，而且自上它们必当下降，在其特著的权能和充分可能的发华中，降入物质有体；这物质的动物，应当启对它们在‘物质’中的施为之广而又广的活动，而所需要的一切，只是一适合的容受器，中介物，工具。这已是在人的身体，生命，和知觉性中供给了的。

必然，倘若身体，生命，和知觉性，只限于这粗重身体的可能性，即一切我们的生理诸识和生理心思所能承认的，则这于进化也将是非常狭隘的一限度了，而人也不能希望作成比其如今所成就者真元是更伟大的什么。但这身体，如古之玄秘科学所发现的，甚至还不是我们的生理有体之整个；这粗重密度不是我们的体质之全。最古的韦檀多学告诉我们，有我们的有体的五个格度：物质的，情命的，心思的，理想的，精神的或福乐底，而与我们的心灵的这些格度的每个相应者，有体质的一格度，在古之拟像说法谓之韬鞘。后世一种心理学，发现我们的体质的这五个韬鞘，乃三个身体的材料，即粗重物理体，微妙体，和为因体的，心灵实际同时居于此三者中，虽我们此时此地只肤浅地知觉物质的乘器。但可能也在我们的其他诸体中变到知觉，事实上也是开启了它们中间的障隔，因此也是我们的身体的，心灵的，和理想的人格中间之障隔，乃是那些‘性灵的’和‘玄秘的’现相的原因。今人已开始考究那些现相，增上地探讨，虽研究的仍太微少又太笨拙，而搜猎则已太甚。印度古代‘赫他瑜伽师’和‘密乘师’，久已将此人类高等生命和身体的知识销归一种科学。他们发现了粗重身体中之六个生命的神经中枢，与微妙身体中之六个生命和心思官能的中枢相应，他们发现了以微妙的身体运动，这些中枢，于今是闭住了，可能开启；发现了人能进入高等性灵的生命，原属于我们的微妙的存在的；而且，还发现了甚至对理想的和精神的有体的经验之身体的和情命的阻碍可能消灭。可注意的是，‘赫他瑜伽’人士所自诩的他们的修为之一显著结果，也经多方面证实的，便是身体的生命力量之管制，有些通常习惯或所谓律则，物理科学认为与身体中的生命不可分离的，在他们则从之解放了。

在古代‘心灵生理科学’的这一切项目后面，有我们的有体的唯一重大事实和律则，即无论其在此物质的进化中，现在的形式，知觉性，权能的定态为何，在其后方，必定有而且实是有一更伟大，更真实的存在，而目前的这个，只是其外表的结果，与物理上可感到的一方面。我们的体质，不终止于这生理之身体，它只是土地底座台，地上的基础，物质的起点。在我们的清醒心理体的后方，有更浩大的知觉性的领域，对之为下心知的和超心知的，我们有时非正常地觉识的，同然，在我们的粗重的物理生身之后方，有体质的较微妙的诸等级，具有一更深微的律则，一更伟大的权能，支持着这较厚重的身体，而且，能由我们进到那些属于它们的知觉性的领域，将那律则和权能加到我们的厚重物体上，且以其有体之较纯粹，较高上，较深密的情况，代替于今我们的身体生命与行动与习惯之粗重性和限制。倘若那是这样，那么，一较高贵的身体存在之进化，不限于动物一样的出生与生与死，难得的滋养，易得的错乱与疾病，对可怜和不满足的情命欲求之屈服、这种种情况，竟不会更像是一梦和妄想了，这进化倒成了一可能，建立在理性的和哲理的一真理上，这与我们至今所知的，所经验的，或所能想出的其余一切关于我们的存在之或显了或隐秘的真理相合。

在理性上应当是如此；因为我们的有体的这一系不间断的原则，及其互相紧接，太明显是不能其中之一被弃斥而舍离，其余的乃得一神圣解脱。人的上升，从物理体到超心思体，必开发一可能性，能有一相应的上升，在体质的等级中，上升到那理想体或为因体，正属于我们的超心思的有体的。超心思对低等诸原则的克服，解放之入一神圣生命和神圣心思，也必定使超心思的体质之原则和权能，克服我们的物理范限成为可能。而这意义便是，这不单是一无拘束的知觉性，一心思与诸识不囚禁于物理的私我之圆墙中，或限于那知识、为识的生理诸根所给予者的薄弱基础上，不单是这知觉性，心思，与诸识的进化，亦且是一生命权能，只加增进从其生死性的限制下解放出来，一身体生命，适宜于一神圣的寄居者，而且——不是在执著或拘于我们现在的身体躯壳，却是在超越物理生身的律则的义度下，——征服死亡，成为大地上的永生者。因为，从神圣的‘福乐’，存在的原始‘悦乐’，‘永生’之‘主’到来，以那‘福乐’之酒，神秘的‘梭摩’液，倾注于这些心思化了的活物之樽中；为永恒而且美丽，他进到这些体质的韬鞘内，作有体与本性的全体转化。

第二十七章　有体的七弦

现在，我们研究过存在之七大项目，如古之见道之士，定为一切宇宙存在之基础与七形态者，我们认清了外化（进化）与内入（内转）的等级，达到了我们努力趋求的知识之基本。我们已安立了宇宙间万事万物的原始，与境域，最初和究竟的真实性，乃超上的和无限的'存在'，'知觉性'，与'福乐'的三位一体的原则，即神圣有体的自性。'知觉性'有两方面，能照明且有效果，自我觉识性的境界与权能，与自我力量的境界与权能，以之'有体'保有其自体，不论在其静定状态，或在其机动的运动中；因为在其创造作用中，它以遍能的自我知觉性而知道凡一切潜在其内中者，而以一遍知的自我能力，产生且管制其潜能性之世界。'大全存在者'的这创造性的作为，有它的枢纽在第四，即'超心思'或'真实理念'的中介的原则，其中一神圣'知识'，与自我存在和自我觉识为一者，一体质的'意志'，与那知识圆满和谐者，——因为它自体，在其体质与自性上，便是那自我知觉的自我存在，在照明了的作为中为机动的，——无失误地发展事物的运动，与形式，与律则，正与它们的自我存在的'真理'相合，且与其显示之意旨相和谐。

这创造依乎一性与多性的二而为一的原则，且运动于其间。创造是理念与力量与形式之多方，亦即一原始的一体之表现，而且它是一永恒的一性，乃诸多世界的真实性和基础，使诸世界的活动成为可能。因此‘超心思’以一通彻底和了别的知识之二重官能进行；起自真元的一性进而至于结果的多性，它通彻在它内中的一切事物，当作它自体，为‘太一’在其诸多方面，而又分别地了别在它内中的一切事物，当作它的意志与知识之诸多对相。对它的原始的自我觉识性，则万事万物皆一个有体，一个知觉性，一个意志，一个自我悦乐，而事物的全部运动，皆一个运动而不可分；在它的作用中，它从一体性进到多体性，又从多体性进到一体性，在二者中间造成一有秩序的关系，和一分别的相状，而不是分别的坚住的真实性，一微妙的不分别的分别，或毋宁是不可分者内中的一界际和决定。‘超心思’是神圣的‘玄秘智’，它创造，统治，且支持诸世界：它是那秘密的‘智慧’，一并支持我们的‘知识’与‘无明’者。

我们也已经发现，‘心思’，‘生命’，和‘物质’，皆是这些高等原则的三个方面，关系到我们的世界，则服属于‘无明’原则而工作，服属于‘太一’在其分别与多性的活动中之表面的和似是的自我遗忘。如实，这三者皆只是神圣的四体之附属权能：‘心思’是隶于‘超心思’的一附属权能，所取的据点是分别的立场，在此实已忘却其后面的一性，虽自超心思者重加照明可能使之回到一性；‘生命’同样是‘真、智、乐’的能力方面的一附属权能，它是‘力量’作出形式，和知觉的能力从‘心思’所造成的分别立场的活动；‘物质’是有体的体质的形式，‘真、智、乐’的存在所取的，当其自隶属于其自体的知觉性和力量的这现相上的作用。

进者，还有第四个原则，出现于心思，生命，和身体的中枢，即我们所称为心灵者；但这有一双重相状，居前，则为欲望心灵，努力于事物的悦乐和保有，与居后，或是大部分或是全体为此欲望心灵所遮蔽，有真的性灵元体，乃精神经验的真实储藏所。而且我们已结论到，这第四人类的原则，是第三无限‘福乐’的神圣原则之一放射和作用，但这作用是在我们的知觉性的限度中，且在这世界中的心灵进化的条件下。如‘神圣者’的存在，在其自性上是一无限的知觉性和那知觉性的自我权能，同样，其无限的知觉性之自性便是纯粹和无限的‘福乐’；自我保有和自我觉识性，皆是其自我悦乐的真元。宇宙亦是这神圣的自我悦乐之一活动，而那活动的悦乐全为‘宇宙者’所保有；但在个人中，由于分别和无明的作用，这被保藏于潜意识的和超心知的有体中；在我们的表面上缺了它，应当以个人知觉性之向普遍性和超上性的发展而寻求，而获得，而保有。

然则，倘若我们愿意，我们可安立八个原则，不止七个[①]，于是见到我们的存在，是神圣的存在之一种折光，在上升和下降之颠倒次序里，排列如下：

存在	物质
知觉性·力量	生命
福乐	性灵
超心思	心思

‘神圣者’从纯粹‘存在’下降，经过‘知觉性·力量’与‘福乐’的活动，及‘超心思’的中介物，而入乎宇宙有体；我们则从‘物质’上升，经过一发展着的生命，心灵，与心思，及照明着的‘超心思’的中介，而升入神圣有体。这高低两半球（Parārdha 与 Aparārdha）

① 古韦陀见士，说起七道‘光明’，但也说八，九，十，或十二。

的纠结，是在心思与‘超心思’相遇之处，其间有一障隔。破除这障隔，乃人类中的神圣人生的条件；因为由此破除，由高等有体光明下照入低等有体的自性中，又由低等有体努力升入高等有体的自性里，心思乃能恢复它的神圣光明于通彻一切的‘超心思’中，心灵乃能实践其神圣自我于遍占有的遍幸福的阿难陀中，生命乃能重新具有其神圣权能于遍能的‘知觉的力量’之活动中，而‘物质’方能启对其神圣自由，当作神圣‘存在’的一形式。倘使这进化，这如今在世间以人为其元首和冠冕的进化，有何异乎无目的的旋转与个人之遁离此旋转的目标，倘使这造物，这独处于‘精神’与‘物质’间而有其居间的权能的造物之无限潜能性，而有何意义，异乎以失望而究竟从人生之幻妄醒觉，和对宇宙的努力的厌憎，而加以全般拒绝，则虽这么一番光明的和强盛的变形，与‘神圣者’之出现于此造物中，必然是那高高举起的目标，和那最上的意义。

但是在我们能够转向那些心理学的和实际的情况以前，——在那些情况下，这么一番变形，将从真元的可能性化为机动的潜能性，——我们有许多得考虑的；因为我们应当认明不单是‘真、智、乐’之降入宇宙存在中的那些重要原则，如我们所已作的，却更当认明其在此世间的秩序的大方案，及‘知觉的力量’之显了的权能的性质和作用，这统治我们生存其间的情况之权能。现在，我们应当首先看到的，便是我们检验过的这七个或八个原则，皆对一切宇宙创作为原本重要，而且，已显了或尚未显了，皆有在于我们内中，在这‘一岁大的婴儿’中[1]，便是现在的我们，——因为我们还远非

① 见黎俱韦陀 I，164，5。

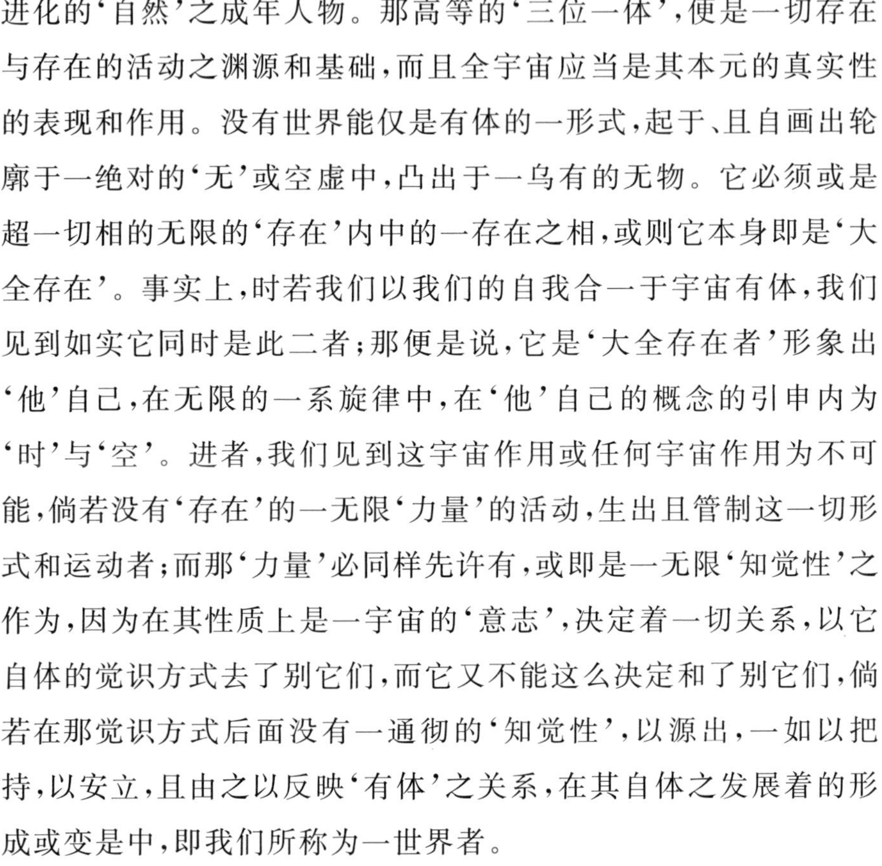

进化的‘自然’之成年人物。那高等的‘三位一体’，便是一切存在与存在的活动之渊源和基础，而且全宇宙应当是其本元的真实性的表现和作用。没有世界能仅是有体的一形式，起于、且自画出轮廓于一绝对的‘无’或空虚中，凸出于一乌有的无物。它必须或是超一切相的无限的‘存在’内中的一存在之相，或则它本身即是‘大全存在’。事实上，时若我们以我们的自我合一于宇宙有体，我们见到如实它同时是此二者；那便是说，它是‘大全存在者’形象出‘他’自己，在无限的一系旋律中，在‘他’自己的概念的引申内为‘时’与‘空’。进者，我们见到这宇宙作用或任何宇宙作用为不可能，倘若没有‘存在’的一无限‘力量’的活动，生出且管制这一切形式和运动者；而那‘力量’必同样先许有，或即是一无限‘知觉性’之作为，因为在其性质上是一宇宙的‘意志’，决定着一切关系，以它自体的觉识方式去了别它们，而它又不能这么决定和了别它们，倘若在那觉识方式后面没有一通彻的‘知觉性’，以源出，一如以把持，以安立，且由之以反映‘有体’之关系，在其自体之发展着的形成或变是中，即我们所称为一世界者。

终者，‘知觉性’既是如此遍知而且遍能，整个光明地保有它自体，而且这种全般光明的保有，必须是，且在其真本性质上是‘福乐’，因为它不能是旁的什么，则一浩大的宇宙的自我悦乐，必然是宇宙存在的原因，真元，和目的。有古代见道之士说过：‘倘若没有这笼括一切的存在的“悦乐”之以太，我们寓居其中的，倘若那悦乐不是我们的以太，则没有人能够呼吸，没有人能够生活。’这自我福乐可变为下心知的，在表面上似乎是失去了，但它不独是必然仍在于我们的根本上，亦是凡一切存在，必真元是一种寻求和伸展，要发现它，要占有它，而且，成比例，如宇宙间造物寻到他自己，不论在意志与权能，或在光明与知识，或在有体与广大性，或在爱与喜乐本身里，他必然觉悟到一点这种秘密的极乐。有体之喜乐，以知识而实践的欣悦，以意志与权能或创造力量而占有之大欢，在爱与喜乐中的结合之极欢，皆是扩充着的生命之最高诸项，因为这些皆是存在本身的真元，隐藏在其根底下，亦如在其至今未见到的高处。然则，无论宇宙存在在何处显示其自体，这三者必然在其后且在其内。

但是无限的‘存在’，‘知觉性’，‘福乐’，全然无须自发投入显似的有体，或者，倘这么做，那不会是宇宙的有体，而简单是无限形相，没有固定的秩序或关系，倘若它们不曾保持、或发展、或从自体生出此第四项‘超心思’，神圣的‘玄秘智’。在每个宇宙中必须有一‘知识’与‘意志’的权能，这从无限的潜能性中，规的着决定了的关系，从种子发展着结果，转动出宇宙的‘律则’的强大旋律，观察且统治诸世界，当作它们的无限的‘见士’和‘统治者’[①]。这权能诚然除是‘真、智、乐’‘他’自己，不是其他什么了；它不创造任何不在它自体的自我存在中的什么；而且为了那缘故，一切宇宙的和真实的‘律则’，不是自外而加上的一物，却是自内而出的，一切发展是自我发展，一切种子和结果，皆是事物的一‘真理’的种子，和那种子的结果，自其许多潜能性中决定出的。为了同一缘故，没有‘律则’是绝对的，因为唯独无限者是绝对的，每一事物，在其自体内中包含了无尽的潜能性，皆出乎其决定了的形式与程道以外，皆

① 见伊莎奥义书第八颂。

只由一自我范限，为发自内中之无限自由的'理念'所决定的。这自我范限的权能，必然是内在于无限的'大全存在者'中。'无限者'不会成其为'无限者'，倘若它不能擅有一多方的有限性；'绝对者'不会成其为'绝对者'，倘若在知识，与权能，与意志，与有体的显示中，未能有一自我决定的无边的能量。于是'超心思'便是那'真理'或'真实理念'，内在于一切宇宙力量与存在中，它自体是仍其无限的，然是需要于决定和结合和支持关系与秩序与显示之大纲目。用古韦陀'仙人'的说法，如无限的'存在'，'知觉性'，'福乐'，乃'无名者'的三个最高的和隐秘的'名'，同样，这'超心思'乃第四个'名'，对'它'之在其下降中为第四，在我们的上达中亦为第四①。

但'心思'，'生命'，和'身体'，这低等三一体，对一切宇宙有体皆为必不可无，不必须如我们所知在地上或在此物质世界中的形式里或具此作用和情况，而是在某种作用中，无论其怎样光辉，无论其怎样强能，无论其怎样微妙。因为'心思'，真元上是'超心思'的那官能，它度量而且范限，它固定某一中心，从那里观察宇宙运动及其交互作用。假定在某一世界，某界，或某一宇宙安布中，心思不必须是受了范限，或毋宁是那运用心思为一附属官能者，不必须是不能从其他中心或立场看事物，或竟能从一切的真实'中心'，或在一普遍的自我散漫之浩大中看事物，则仍是倘若他不能为了达某些神圣活动的目的，正常地固定他自己于他的坚稳立场，倘若

① '某个第四者'Turīyam svid，又名 turīyam dhāma，即存在之第四格位或第四定态。

只有普遍的自我散漫，或只有无限的中心，在每个没有某些决定着的或自由范限着的作用，则不会有宇宙了，只会有一'有体'，在'他'自己内中无限地默想，有如一创作者或诗人可自由地而非实体地默想，在他进行决定着的创造工作之先。这么一个境界，在存在之无限等级上必然是在某处有，但这不是我们所了解为宇宙者。无论有什么秩序在于其中，必定是一种未固定、不坚持的秩序，如'超心思'所可发皇的，在其进行固定的发展，度量，关系的交互作用的工作之先。为了那度量与交互作用，'心思'便成为必需了，虽然它不必觉识它自体除是'超心思'的一下级作用还是旁的什么，也不必发展关系的交互作用，基于一自我拘禁了的自私性上，如我们见到在大地'自然'中活动着的。

'心思'一旦存在了，'生命'和体质的'形式'随起；因为生命简单是力量与作用的决定，能力的关系与交互作用的决定，从知觉性的多个固定中心点作出的，——固定了，不必须是在空间或时间中，而是在多个有体或'永恒者'的多个心灵形式之一坚持的共同存在中，支持着一宇宙的和谐的。那生命可能与我们所知或所想象的甚为不同，但真元上，它会是与我们见到在世间形成为情命的工作着的原则，必无二致，——这原则，古代印度思想家命名曰'风'或'生气'，即生命质料，宇宙间之体质的意志与能力，作发为有体的决定的形式与作用与知觉的动能。体质，也可能与我对物质身体的观念和识感甚为不同，更微妙，更不严格地拘束于其自我分解和互相抵抗的律则上，而且身体或形式，可能是一工具而不是一囚房，但是为了宇宙的交互作用，形式与体质的某些决定，总常时会需要的，纵使其只是一心思的身体，或是一个什么，比最自由的心思身体还更光辉，微妙，能强力地自由地作反应。

这便推论到凡有‘宇宙’之处，在那里，纵使只一个原则在初始是显似，纵使起初那似是事物的唯一原则，而后下在那世界中出现的其余每个事物，皆似乎不外是其形式和结果，在它们自体对宇宙的存在非必不可无，而这么一个有体之正面所呈，只能是它的真实真理的表相或虚假的面具。凡一个原则在宇宙中显了之处，在那里其余一切必然不徒然是有在，或被动地内在，而是秘密地在工作。在任何某世界中，其等级与有体之和谐，可能是公开地具有这七者全部，在一或高或低的活动程度上；在另一世界中，它们可能是皆内涵于一个原则中，它便成为那世界中的进化之初始的或基本的原则，但是必定有内涵者之进化外发。有体之七重权能之进化外发，其七重‘名’之实践，必然是任何世界之始于好似一切皆已内入于一个权能者的命运[①]。因此这物质世界，在事物的自性上，必然要从其隐藏的生命发皇出显似的生命，从其隐藏的心思发皇出显似的心思，又必然在事物的同一自性上，从其隐蔽的‘超心思’发皇出显似的‘超心思’，从其内中所隐蔽了的‘精神’发皇出‘真、智、乐’的三位一体的荣光。唯一问题是，是否这大地将为那出现之场，或人类这造物，在这个或任何其他物质场上，在‘时间’的巨轮的这个或任何其他周转期中，成为其工具和乘器。古代见士相信这在人为可能，以为是人的神圣命运；近代思想家并不想象这事，或者，倘若设想，便加以否定或疑惑。倘若他见到一‘超人’的

① 在任何一世界中，不必须有一内入作用，只是其他诸原则隶属于一原则，或包括于一个原则内；则进化不是那一世界秩序之必需。

见相，则那是在增大了程度的心思或情命的形象中；他不承认有其他出现，见不到这些原则以外，因为这些直到现在给我们划定了我们的范限和圆周。在这进步的世界中，在神圣的火花已在他内中炽明的人这造物，真的智慧，似乎会与高等企慕而不与企慕之否定同处，或依于一种希望，自限且自圈禁于这些似是的可能性之狭隘的圆墙中的，而这些只是我们的过渡的训练所。在事物的精神秩序中，我们投出我们的视线和企慕愈高，则要下降于我们的‘真理’也愈大，因为它原有在于我们内中，而呼求其解放，要脱除在显了的‘自然’中隐藏了它的障蔽。

第二十八章　超心思，心思，与高上心思摩耶

有一点还得弄清楚，至今我们还留之在暗处的，即堕入‘无明’之程序；因为我们见到没有什么在‘心思’，‘生命’或‘物质’之原本性质中，必须要从‘明’即‘知识’下堕。诚然已经指明，知觉性的分化，乃‘无明’之基础，个人的知觉性从宇宙的和超上的知觉性分开，实则原是其亲切的一部分，在真元上原不可分的；‘心思’从超心思的‘真理’分离，实则‘心思’只应是它的一种附属作用；‘生命’又从原始的‘力量’判别，实则它只是其一种动能；‘物质’也从原始‘存在’分开，实则它只是其体质之一形色。但我们还得弄清楚，如何‘不可分解者’中而能有此分化，是由于何种自体损减或自体消除作用，发生于‘有体’之‘知觉性·力量’中，乃至如此；因为一切既只是那‘力量’的一个运动，只能由这么怎样一种作用，翳蔽它的全满光明和权能，然后可能生起‘无明’之动力的和有效的现象。但这问题可留到在检验‘明’与‘无明’这二元现象时再研究，这现象使我们的知觉性成为光明与黑暗的混合，在超心思的‘真理’之白书和物质的‘无心知’之黑夜间的黄昏。一切现在所当注意的，便是在其原本性质上这必须是无外的集中，集中于‘知觉的有体’之一个运动和格位上，这将其余的一切知觉性与有体抛下，且将其

从那一个运动的今之局部的知识障隔的。

可是这问题仍然有一方面必得立刻加以考虑：这便是‘心思’，如我们所知的，和超心思的‘真理知觉性’，我们发现‘心思’在其本源上不过是其一附属程序的，——这二者间造成了的鸿沟。而这间隔是巨大的，而且，若使这知觉性的两水平间没有等级，则其间之过渡，或‘精神’下降入乎‘物质’，内藏其中，或相应的‘物质’中之外发，经过隐藏了的等级而回头引到‘精神’，皆是倘非不可能，也在最高度难有。因为，如我们所知者，‘心思’是‘无明’之一种权能，它寻求‘真理’，摸索求之而难得，只达到心思的虚构，文字语言上和理念上的代表，心思形成，识感形成之表呈，——好像一悠远的‘真实’之或明或暗的照相或影片，便是它所能成就的全般。而‘超心思’，相反地，是实际且自然具有‘真理’，其形成皆‘真实性’之形式，不是虚构，或代表，或指征的表相。无疑，我们内中的进化的‘心思’，为其函封于这生命与躯体之幽暗中而受阻滞，而原始‘心思’原则，在其内入的下降中，是一有更伟大权能之物，我们还没有充分达到的，还未能在其自有的范围或领域中自由活动，还未能作出更有启示的构造，更有微妙灵感的形成，更深细和有意义的具体，其间‘真理’之光，存在而可触知的。可是，即使是那个，也不像在其特著作用上是怎样真本不同，因为这也是一进入‘无明’之运动，而非‘真理知觉性’的仍未判分的一部分。必定在此‘有体’之上升和下降的等级间某处，有一居间的权能和知觉性的一界，也许是多于此的什么，有种原始创造力量的什么，由之‘明’中之‘心思’到‘无明’中之‘心思’的内入的过渡乃可成就，又由之而相反的外发的过渡方为可识，方为可能。于内入的过渡，这干入乃逻辑上

的必要；于外发的过渡，这是实用上的必需。因为在进化中，诚然有激烈的过渡，从不定的‘能力’到组织了的‘物质’；从无生命的‘物质’到‘生命’，从一下知觉的或下心思的到一知见的，感觉的，和行动的‘生命’，从原始的动物心思到观念的、推理的‘心思’，则观察且统治‘生命’，也观察它自体，能够作为一独立整元体活动，甚至知觉地寻求其自我超上；但这些超跃，纵使是巨大，到相当限度皆为缓进的等级所准备，因而使之可思议，可能。不能有那么大的罅隙，似乎存在于‘超心思知觉性’和‘无明’中的‘心思’之间的。

但设若有这种中间的等级存在呢，则显然它们于人类心思为超心识的；心思在正常状态中，不像能入乎这些存在的高上等级。人在他的知觉性中为心思所限，甚至为心思的某一范畴或等级所限：凡在他的心思以下者，属下心思者，或属心思但在他的等级以下者，则对他皆甚似下知觉的，或与完全的无心知了无分别；凡在其上面的，则于他又为超知觉的，而他几乎要认为那空无知觉，又是一种光明的‘无心知’。正如他之限于声音或颜色之某一阶程，凡高于或低于那阶程者，在他皆不能见，不能闻，或至少不能分辨，同样的，是心思知觉性之阶程，在两极端皆为一种无能所限，这划定了他的最高限度与最低限度。他甚至与动物也没有足够的交通手段，动物是他的心思的同种，虽不与他平等，他甚至可能否认动物有心思或真知觉性，因为其情态比他在自己和同类中所熟知的不同，且较狭隘；他可自外观察下心思的生存体，但全然不能与之交通，或亲切悟入其性分里。同此者，那超知觉者对他也像是一本合上了的书，这书很可能只是空白纸叶。于是乍然看去，他好像没有方法接触知觉性的这些高上等级：倘其如是，则它们不能成为联

系或桥梁，而他的进化必止于他的已成就了的心思之格度，不能超越它；'自然'在划定这些范限时，也写就了他的上达企图之结句。

但时若我们更切近观察，则可见这正常性是谬妄的；事实上有几个方向人类心思是轶出了它自体的，倾向于自体超上；这些刚刚是必有的接触路线，或全隐蔽了或半隐蔽了的通路，以联系自体显了的'精神'之知觉性的高上等级。最初，我们已注意到'直觉'在人类知识工具上所占的地位，而'直觉'在其真本自性上是这些高上等级的特著作用，映射入'无明'的心思中。诚然，在人类心思中，它的作用大抵为我们寻常的智慧之干涉所隐蔽；一纯粹直觉在我们的心思活动上是稀有的事：因为我们用这名词所表者，通常是直接知识之一点，而这立刻被把住，且为心思质料所包裹，因此它只当作了一结晶体之一不可见的或极小的核心，在其质素上是智识的，在其性格上是心思的。此外或则直觉的一闪光，在它有机会显示其自体以前，便迅速被代替或被打断了，而这代替者或施打击者，便是一急促的摹仿的心思运动，内视，或敏捷知见，或思想的某种猛跃程序，其现起当然归功于这来到的直觉之刺激，但阻碍着它进来，或包裹之以一种代替著的心思提示，或真或谬，但总归不是真实可信的直觉运动了。虽然，有从上而来的干预这一事实，在我们的一切原始思维，或对事物的真切知见之后，有一隐蔽了的，或半隐蔽的，或突然除去了隐蔽的直觉原素，这一事实，便足够建立心思与在心思以上者之联系；这便开辟了一条交通之路和进入之门，以达乎超上的精神境域。也有心思之伸展，要超出个人私我之范限，在一种非个人性中和宇宙性中去看事物。非人格性是宇宙自我之第一个性格；遍是性，不为单一或范限着的观点所限之非范

限性，乃宇宙的知见和知识的性格。然则这种倾向，无论其怎样粗朴，是这有限的心思之扩充，推广到宇宙性，到一种性质即高等心思诸界之真性格，——便是推广到那超心知的宇宙'心思'，这，如我们所拟议的，在事物的自性上为原始的心思作用，而我们的心思作用，只是依之而起的一种低等程序。进者，不是完全没有从高处进到我们的心思范围之穿透。种种天才现象，真实是这透入之结果。无疑，这是隐蔽了的，因为超上知觉性之光明，不但活动于狭隘范围中，通常在一特殊范围内，没有任何分别的有节制的机构，组织其特著的能力，常时诚然是猝发的，多错误的，具备一种非常的或超凡的不负责任的统治，却更是常其入乎心思时，它自克且自适应于心思体质中，以致达到我们的，只是一减损了的、受了修改的动力，而不是原来神圣光明的全部，出自可称曰超出我们以外的头上知觉性者。可是灵感，启明之见，或直觉知见，与直觉认识，超出我们的较暗、较弱的寻常心思作用以外者，这些现象皆在，其渊源自不可诬。末了，还有那神秘的和精神的经验的浩大而繁富之域，而这里诸门大开，启对我们的知觉性超出其今之范围的可能，——除非，以一种不欲研究的阴暗态度，或由固守我们的心思的正常性范围，我们将这些门关闭，或从其向我们开展出的视景回过头去。但在我们现在的研究中，我们不堪能忽略这种种可能性，人类努力的这许多境界呈似我们近前者，或忽略于自己的、于隐蔽了的'真实性'的增多了的知识，即其给予人类心思之赠品，这较强大的光明，即配备它们以在我们身上发生作用之权者，而且亦是它们的存在之内有的权能。

能达到我们的知觉的存在之超上等级，有两个知觉性的连续的运动，皆难为，却也在我们的能量以内。第一，有一种内向的运动，我们不生活于表面心思之中，却决破我们的外表自我与潜在自我间之障壁；这可由积渐的努力和训练做到，或由一猛烈的渡转，有时竟是用力勉强打破，——这后一法，于这有限的人类心思，习于只安居在它的正常范围以内的，是有危险性的，——但在此任何一法上，安全或不安全，这事可做。我们在我们自己的内中这秘密部分所发现的，是一内中有体，一个心灵，一个内中心思，一个内中生命，一个内中微妙生理整元体，在它的潜能性上，比我们的表面心思，生命，身体更浩大，更容易搏捏，更雄强，更堪能多方的知识和机动；尤其是它堪能与世界中诸多力量，运动，宇宙间万事万物直接交通，直接感觉它们，启对它们，对之直接发生作用，甚至将自体推广到个人的心思，个人的生命，身体之范围以外，以致它只加感到自己是一宇宙遍是的生存者，而不更为我们今之太狭隘的心思，生命，物理存在之当前的墙壁所范限。这推广可引申到全部进入宇宙'心思'的知觉性以内，扩充到与宇宙的'生命'为一体，甚至入乎与宇宙的'物质'为一之一性。可是那，仍然或是与损减了的宇宙真理或是与宇宙的'无明'之体认为一。

可是一旦成就了进到内中生存体，则可发现这内中'自我'堪能启对、堪能上达乎超出我们现在的心思水平以上的事物；这是我们中间的第二个精神可能性。这最通常的第一种结果，便是发现一浩大定宁而沉寂的'自我'，这，我们感觉到是我们的真实的或基本的存在，为其条一切我们之为我们者的基础。甚至可能有一灭无，一涅槃，即我们的活动体和自我意识，两皆汩没于一'真实性'，而此'真实性'不可名言，无可表述。但我们也可体验到，这自我不但是我们自己的精神生存体，亦复是一切其他的真自我；于是这呈显其自体为宇宙存在之基本真理。可能居于全部个性之'涅槃'中，终止于一宁定的实践，或者，既认定此宇宙运动为一种肤泛的活动或幻相，外加到玄默的'自我'上者，遂进到某一无上的不变不动之格位，超出这世间。但是，还有不如此消极的一系超正常的经验，亦自呈显。因为有大举机动的下降，是光明，知识，权能，福乐，或其他超正常的能力，下降于我们的寂默自我中，而我们也能上达于'精神'的高等境界，该处'精神'的不动的定位，乃此一切伟大光明的能力之基础。明显的，是在这两个的任何一情况中，我们已超出了'无明'之心思，而上入乎精神境界；但是，在这动力的运动中，'知觉性·力量'的结末的更大的动作，可自呈显或为一纯粹的精神动力，在其性格上不别是怎样属决定性的，或者，它可启示一精神的心思境域，该处心思不更无知于'真实性'，——这还不是一超心思的水平，但是挹取自超心思的'真理知觉性'，仍以其一点点知识而辉煌。

是在这或此或彼之后者中，我们发现了我们所寻求的秘密，过渡的办法，趋向超心思的转化所必走的一步；因为我们见到上升的渐次，与自上的只加增深增大的光明和权能之交通，各种深密度之分格，可以认作'心思'上升的许多等级，或那在'心思'之彼方者、'彼'、之下降入'心思'的许多等级。我们已觉到有自发的知识之聚集，海洋似的下倾，这所取的是'思想'性质，却与我们所熟悉的思想程序之性格不同；因为在此没有什么寻求，没有心思构想之痕迹，没有推测或困难发现之辛劳；这是从一'高等心思'而来的一自动自发的知识，好像已占有'真理'，而不是寻索隐秘的不宣的真实。凡人可观察到，这种‘思想’，比心思更能同时收摄一聚集知识于单独一见中；它有一宇宙性格，没有个人思维的痕记。在这‘真理思想’之外，我们可以辨出一更大的光明，充满了增上了的权能和深密性和冲动力，一属‘真理视见’性质的明朗，以思想之形成为较小的、依附的活动。倘若我们接受韦陀中的表相，拟之为‘真理的太阳’，——这一比象在此种经验中化为真实了，——我们可以‘高等心思’之作用，比拟一安妥宁定的太阳光，而其外之‘光明心思’之能力，可比燃炽的太阳质素的大团光明之倾注。更在其外又可遇到‘真理力量’之更大的权能，一亲切而明确的‘真理视见’，‘真理思想’，‘真理识感’，‘真理感觉’，‘真理作用’，这，我们在这名词的特殊义度下可称之曰‘直觉’。因为我们虽以没有更好的名称而用这名词，以指任何超出才智的直知之方法，可是我们真正所知为直觉者，只是自体存在的知识之一特殊运动而已。这新范畴是它的渊源；它给予我们的直觉以一些它自有的显著性能，很明显是一更大的‘真理光明’之中介者，我们的心思与那‘真理光明’不能直接交通。在这‘直觉’之源头，我们发现一超心知的宇宙‘心思’，直与‘超心思的真理知觉性’相接，一原始的深密性，决定着它下面的一切运动，且决定着一切心思能力的，——非‘心思’，如我们所知者，而是一‘高上心思’，好像以什么能创造的‘高上心灵’的广大翅膀，翼蔽着这‘明·无明’的全部低半球，将其联系到那伟大的‘真理知觉性’，但同时以其灿烂的黄金之‘盖’，障覆了那更伟大的‘真理’之面庞，不呈于我们之视景，以其无限可能性之潮涌，同时为一通道又为一阻碍，干预我们的追求，我们对我们的生存律则，其最高目的，及其秘密‘真实性’之追求。这，便是我们所寻找

的玄秘的联系，这，便是那‘权能’，它同时联接又分判那无上的‘明’和宇宙的‘无明’。

在它的性质和律则上，‘高上心思’是‘超心思知觉性’的一个代表，它派遣到‘无明’之代表。或者，我们可以说为一保护的复制，不相似的相似之帘幕，以之而‘超心思’可间接在一‘无明’上发生作用，‘无明’之黑暗，是不能忍受或接纳一无上‘光明’之直接下射的。甚且，是由这明丽的‘高上心思’之光晕，使减度的光明散入‘无明’，和抛去那相反对的阴影，那将一切光明吞入自体中者，那‘无心知性’，全然方有可能。因为‘超心思’将其一切真实性传入‘高上心思’，但让其在一运动中加以形构，按照一种对事物的觉知，这觉知仍是‘真理’之见，但同时亦是‘无明’之初祖。‘超心思’与‘高上心思’间有一条分界线，这容许自由传达，容许这低等‘权能’从那高等‘权能’挹取其一切所含或所见，但在这过程中自动地强迫出一过渡的变易。‘超心思’的整体，常保持事物的本元真理，大全真理，各个体的自体决定之真理，清晰地相联系；它在它们中间保持一不可分的一体性，和它们之密切相互涉入，和彼此之自由而且充分的知觉：但在‘高上心思’中，这整体性不复存在了。可是‘高上心思’也明白知觉事物的本元‘真理’；它拥抱全般；它使用各个个体的自体决定而不为它们所范限：但虽然它知道它们的一体性，可在一精神的认识中体验之，而其动力的运动，即算依乎此以得安全，却不为它所直接决定。‘高上心思能力’，经过整个的、不可分的、概括一切的‘一体’之诸种权能和诸多方面的分离和结合的一无可范限的能量而进展。它取起每一‘方面’或‘权能’，赋予之以一独立的作用，使之在其间得到一分别的充分重要性，而能作

成，我们可以说，其自体的创造之世界。‘神我’和‘自性’，‘知觉的心灵’和‘自然’之实施‘力量’，在超心思的和谐中，只是具有两方面的一个真理，有体，和动力，皆属此‘真实性’者；二者间不能有不平衡或势用之优劣。在‘高上心思’中，便间始有分裂，则数论哲学所作的尖锐区别皆起，其间它们好像是两个独立的整元，‘自性’能胜过‘神我’，障蔽其自由与权能，将其损抑为她的诸多形式、诸多作用之见证者与承受者，而‘神我’却能回到它的分别存在里，而安居于一自由的独尊权威中，由拒斥她的原本的、为障蔽的物质原则。同样，于‘神圣真实性’的其他诸多方面或诸多权能，‘一’与‘多’，‘神圣人格性’与‘神圣非人格性’等等莫不皆然。每个仍为唯一‘真实性’的一方面与权能，但每个受有权力当作分别的个体在全体中活动，达到它的分别表现的可能性之极致，且发挥那分别性之动力的效果。同时在‘高上心思’中，这分别性仍建立于一内涵且居下的一体性之基础上；各个分别的‘权能’和‘方面’间之结合与关联之一切可能性，它们的能力之一切互易和相交，皆自由地组织了，其实现常属可能。

若使我们看此‘真实性’的许多‘权能’为这么多‘神主’，我们可说‘高上心思’发放百万‘神主’到工作中了，每个受权去创造自己的世界，每个世界能与其余的发生关系，相交通，相互生作用。在韦陀中，有诸天神的性质之各种呈表：尝说起他们全皆一个‘存在者’，而古圣人命以不同之名；可是每个天神受到敬拜，仿佛他在自体便是那‘存在者’，每个即是其余一切天神全部，或在自体中包含了他们；可是每个又是一不同的‘神’，有时与伴侣诸神同调合作，有时相分，有时甚至与同此一‘存在者’的其他‘神主’似是相反

对。在‘超心思’中，凡此皆当概括为此唯一‘存在者’之和谐化了的活动；在‘高上心思’中，凡此三种情况之一，可能是一分别的作用或作用之基础，有其自有的发展原则及其结果，可是每个保存了与他个结合之权能，在一更成组合的和谐中。于此‘唯一存在者’如是，于其‘知觉性’与‘力量’亦复如是。‘唯一知觉性’是分为知觉性与知识的许多独立形式；每个遵循它所当实践的真理路线至极。唯一全体而多方的‘真实理念’，分判为它的许多方面；每个成了一独立的‘理念力量’，有实践其自体之权能。唯一‘知觉性·力量’，发放为其百万个力量，而此每一力量，有权成就其自体，而且，倘若必需，可自为霸主，而取其他诸力为自己之用。同然，‘生存之悦乐’亦复如是。这发放为种种悦乐的样式，各在自体能具备其独立的充实性和独尊的极顶。于是‘高上心思’遂赋予这‘太一存在·知觉性·福乐’以无限的可能之丰富性格，这能发展为一大聚许多世界，或聚为一个世界，其间它们的活动的无穷变化之结果，乃其创造，其程序，其程道，及其后果之决定者。

永恒的‘存在’的‘知觉性·力量’，既是宇宙的创造者，则某一世界的自性，必依于那‘知觉性’自加表现于那世界的任何自体形成。同等的，在每一个人，他的世界之见，或他生存其中的这世界向他的表呈，将依于那‘知觉性’在他内中所取定的姿态或制作。我们人类的心思知觉性，是在局部中看世界，这局部是以理智和识感割切而成，又将其聚合为一形成，亦复是局部的；其所建造的房屋，原来设计是安插这一或那一‘真理’的普遍化了的定式，然排斥其余，或只容许某些进去，作客，或作依倚者。‘高上心思知觉性’，在其认识上是圆球形底，能够在一调协着的视见中，保持任何数量的似是基本的差别。这么，心思的理智见到‘个人’与‘非个人性者’为对反：它想象一非个人性的‘存在’，其中个人与人格性者，皆‘无明’之虚构，或暂时的构筑；或者，不然，它能见到‘个人’为原本的真实，而‘非个人性者’为心思的抽象，或只是显示之手段或质料。但对于‘高上心思’的智慧，这皆是唯一‘存在’之各种可分别的‘权能’，能追求其独立的自体肯定，亦复能结合其多种不同的作为姿态，双在其独立与结合中，能创造出知觉性与有体的各个不同的境界，皆为有效，皆能共存。一纯粹非人格性的存在和知觉性是真的，是可能；但一全然是人格性的存在和知觉性亦是真的，是可能；‘非人格性的神圣者’，‘无功德大梵’，‘人格性的神圣者’，‘有功德大梵’，在此皆为‘永恒者’的同等且并存的两方面。‘非人格性’，可以隶属它的个人而显示为表现的一形态；但是，同等的，‘个人’可能是真实，以非人格性为其自性之一形态：显示的这两方面，在知觉的‘存在’之无限变换中，彼此面对。对心思理智为不可妥协的殊异者，对‘高上心思’智慧可呈为同存并在的相联者；对心思理智为相反对者，对‘高上心思’智慧为相辅相成者。我们的心思见到凡物皆生于‘物质’或物质的‘能力’，以它而存在，亦复回到它；它便结论到‘物质’乃永恒因素，乃本原的和究竟的真实，‘大梵’。或者，它见到一切皆生于‘生命力量’或‘心思’，以‘生命’或以‘心思’而存在，又回到宇宙的‘生命’或‘心思’，它便结论到这世界是宇宙的‘生命力量’或宇宙的‘心思’或‘道’(Logos)的一创造物。或者，它又复见到此世界与万事万物，皆生于、住于、返于‘精神’本体，或‘精神’的‘真实・理念’或‘知识・意志’，它便结论到宇宙的唯心论或精神观。它可专注于任何此中一看法，但对其正

常的分别视见,每一看法是摒除其余的。‘高上心思’知觉性,则见到每一观在其所建立的原则之作用上是真实的;它能见到有一物质的世界公式,有一情命的世界公式,有一心思的世界公式,有一精神的世界公式,每个能在其自有的世界中居优胜势,而同时各个能结合于一个世界中,当作其组成之权能。‘知觉力量’的自体形成,我们的世界建基其上者,当作一似是的‘无心知’,在其本身内隐藏了一无上的‘知觉存在’,且集合了‘有体’之一切权能在其无心知的秘密中,一遍是的‘物质’世界,在其本身中实现‘生命’,‘心思’,‘高上心思’,‘超心思’,‘精神’,各依次序取其余者为其自体表现的工具,‘物质’在精神眼光中自证其常为‘精神’之一显示,这,在‘高上心思’观看来是一正常的、和容易实践的创造。‘高上心思’在其作始的权能上,在实施的机动之程序上,是‘存在’的许多潜能性的组织者,各个潜能皆确定其个别的真实性,但各各皆能联合,在许多不同的但是同时的方式上;是如一魔术艺人,受权可在一复杂宇宙中织造一单元整体的显示之多彩多色的经纬。

在这多个独立的或联合的‘权能’或‘潜能’之同时发展中,却没有——或还未有——混乱,冲突,没有从‘真理’或‘知识’之下堕。‘高上心思’是真理的创造者,不是创造幻相或虚伪:在某一高上心思的动能性或运动中所作出的,是‘方面’,‘权能’,‘理念’,‘力量’,‘悦乐’的真理,解放到独立行动中的,是在那独立性中之真实性的结果之真理。此中没有除外性,不以某一为有体之唯一真理,或以其余为次等真理:每一神知道其他一切神,及其在存在中之地位;每一‘理念’容许其他一切理念,及其是为之权;每一‘力量’让许其他一切力量及其真理与效果以地位;没有分别圆成了的存在之悦乐或分别经验之悦乐，否定或贬斥其他存在或其他经验之悦乐。‘高上心思’是宇宙‘真理’的一原则，一浩大无穷的大公性乃其真正精神；其能力是一大全动能性，亦如其为分别的诸多动能性之原则：它是一种次等的‘超心思’，——虽则它所主要关注的，不是诸多绝对者，而是可称为‘真实性’之实用真理或机动的潜能者，或关注于绝对者，主要是为了它们能产生实用的或创造的价值之权能；虽则，同然，它之了知事物，甚似球面的，甚于是整体的，因其全体乃由球似的多个全体所造成，或由分别独立的多个真实相合相并而组成；虽则真元的一体性为其所摄持，且感觉到是事物之基础，且遍漫于显示，但已不复是像在‘超心思’中一样，作为事物的亲切的和永远当前的秘密，为统治着的含容者，为它们的活动和性质的和谐全体之显著的、恒常的建造者。

设若我们要了解这球形底‘高上心思知觉性’，与我们的分别的、虽综合亦只是不完善的心思知觉性的差别，我们可近于懂到了，倘若我们比较一下严格的心思观与高上心思观，观于我们的物质世界中的活动。例如，对于‘高上心思’，一切宗教皆将是真的，当作一永恒宗教的各种发展；一切哲学皆将是有效的，各在其自有的原畴里，当作其自有的世界观的一种陈述，从其自取的角度看去的；一切政治理论及其实行，皆将是一‘理念力量’之合法的做法，在‘自然’的种种能力之活动中，有其实施与实际发展之权。在我们的分别知觉性里，偶有大公性与遍是性的闪现，不完善地来临，这些事物皆存为互相对反者；每个自许其为真理，每个责其余者为谬误和虚伪，每个感到不得不破斥或毁坏其余者，以使自体可独为‘真理’而生存：最佳，每个必自诩其为优胜，容许其余一切只当作低等真理表现。可是一高上心思的'智慧',会拒绝存留这种观念,或须臾容许这种除外的倾向;它将允许一切皆生存,视为于全体皆属必需,或在全体中将每个皆措于其位,或规的各个皆有其实践与努力之原地。这是因为在我们知觉性已全般下堕于'无明'的分化里;'真理'已不复是一'无极'或一宇宙的全体而有其许多可能的呈表者,而是一严格的肯定,以任何其他肯定为虚伪,因其异于它自身且限于其他封域里。我们的心思知觉性,在其认识上诚然能大为接近一全般的概括性和大公性,但在行动在人生上将其组织起来,似乎非其力之所及。进化的'心思',显于个人或集体,发皇多个不同的观点,纷歧的行动路线,使其并行、或相冲突、或相参互而自加发抒,充类至尽;它能成作选择的和谐,但不能达到一真实的全体之和谐的管制。宇宙的'心思',虽在进化的'无明'中,亦必像一切全体一样,有这样的和谐,倘若只是已安排下的和同或乖异;其中亦复有一一性之基托着的动能:但它将这些事物之全体性达到深处,或许到一'超心思・高上心思'基层,但不能赋予之于进化中的个人'心思',不将其赋予,或尚未从深处带到表面。一个'高上心思'世界,将是一和谐的世界;我们生活其中的这'无明'世界,是一个不和谐与斗争的世界。

如是。我们却仍然能在'高上心思'中,立刻认识那原始的宇宙'摩耶',不是'无明'之'摩耶',而是'明'之'摩耶',却又是一种'权能',使'无明'成为可能甚至必然者。因为,若使每个原则被发为行动,必循它的独立路线发展,成作其全部效果,则对于分别这原则,亦必许循其全部途程,而达到其绝对效果;这是必不可免的下堕,容易的堕落(facilis descensus),这是'知觉性'一旦容受分化原则时所必遵之途，直到它以无限小的幽暗化的碎分[①]，进到物质的‘无心知性’——即黎俱韦陀所说的‘无心知的海洋’，——又设若‘太一’是由其有的伟大性而从那出生，则其初仍是为一段片的分别的存在与知觉性所隐蔽，这却是我们的，其间我们得将事物贯串方达到一整体。在那迂缓而困难的出现上，则赫那克莱妥斯(Heraclitus)的话有点像是真理，说‘战争是万物之父’；因为每个理念，力量，分别的知觉性，生存体，以其无明之真本需要，必与其余者冲突，以独立的自体肯定，而试图生存，长大，且圆成其自体，不是由与其余底存在相和谐。可是仍然有此未知的作为基本的‘一性’，它强迫我们缓缓挣扎到某些形式的和谐，相依互助，调和乖戾，挣到一勉强的一体性。但仅是由宇宙的‘真理’之隐蔽了的超心知的诸权能，及凡此在其中皆为一体的‘真实性’，在我们内中进化了，然后我们所要挣得的和谐与一体化，可能机动地实现，实践于我们的有体及其自体表现之每个纤微中，而非是在不完善的尝试，不完全的构架，永是变易的近似中。精神‘心思’的高等境域，必须启对我们的有体和知觉性，而那甚至在精神‘心思’以外者，亦当在我们内中体现，倘若我们要圆成我们人生于宇宙存在的神圣可能性。

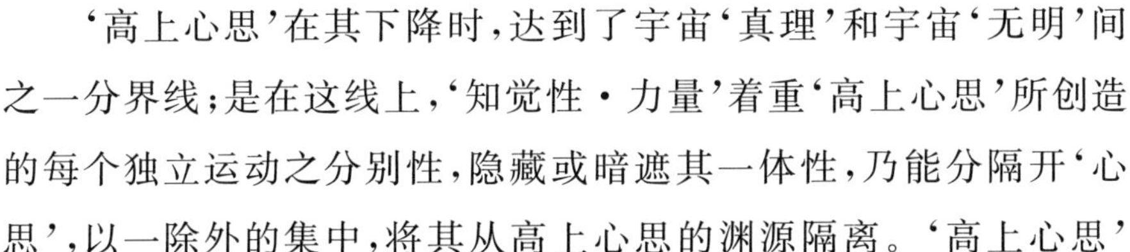

‘高上心思’在其下降时，达到了宇宙‘真理’和宇宙‘无明’间之一分界线；是在这线上，‘知觉性·力量’着重‘高上心思’所创造的每个独立运动之分别性，隐藏或暗遮其一体性，乃能分隔开‘心思’，以一除外的集中，将其从高上心思的渊源隔离。‘高上心思’

① tucchyena，出自黎俱韦陀 Rig Veda X. 129. 3。

从其超心思的渊源已有类似的分隔了，但那障隔是透明的，容许有知觉的流注，且保持一相当的光明的亲谊；但在这里，此障隔是黑暗的，‘高上心思’的旨意流注于‘心思’，其过程是幽隐，玄秘。‘心思’既经分隔，则自视如一独立原则而活动，而每一心思体，每一基本的心思理念，权能，力量，皆同样自立于其分别的自我上；倘若与其他者相交通、或联合、或接触，则不是以‘高上心思’运动的大公的普遍性，基托于一下层的一性上，而是当作多个独立单位，联合以成一分别的构造出的整体。是以此一运动，我们乃由宇宙的‘真理’入乎宇宙的‘无明’。宇宙的‘心思’在这水平上，无疑的，理解到它自有的一体性，但它觉不到它自体在‘精神’中的渊源和基础；或者只能以智慧去理解，不在何种持久的经验中；它自体发生作用，好像是凭自有之权，以所接受为材料者而有为，并没有与所从而受之者的渊源之直接交通。它的各单位亦复彼此昧然在工作，亦昧然不知宇宙全体，除了为以接触与交通而能得到的知识，——至若那基本的同体为一之意识，及从之而来的相互融涉和相互了解，皆已无存了。这‘心思能力’的一切作为，皆进行于‘无明’及其分别的反对的基础上，虽则也皆是一相当的知觉的知识之结果，然这是一局部的知识，不是一真切和完整的自体知识，也不是一真切和完整的世界知识。这性格坚住于‘生命’中，于微妙‘物质’中，又出现于粗重物质世界中，起自入乎‘无心知性’之最后堕落者。

可是，如在我们的下意识的或内中的‘心思’，同样在这‘心思’中，也仍存留有一较大的权能，能相交通或互相作用，一心思和识感的较自由的活动，较凡人所具有的更自由，而且这‘无明’并不完全；一知觉的和谐，一正当关系的相互依倚的组织，较为可能：心思尚未为盲目的‘生命’力量所扰乱，或为无反应的‘物质’所暗晦。这是‘无明’之一界，但还不是虚伪或错误之一界，——或者至少堕入虚伪和错误中尚非必然；这‘无明’是属有范限性的，但不必须是虚伪化的。有知识之范限，有局部的真理之组织，但不是真理或知识之否定或反对。这在一分别的知识基础上的局部真理的组织之性格，坚住于‘生命’和微妙‘物质’中，因为‘知觉性·力量’的除外的集中，将它们置于分别的作用中者，不完全割开或障隔‘心思’离‘生命’，或‘心思’与‘生命’离‘物质’。全般分隔只能发生于已达‘无心知’境以后，而我们的多方‘无明’之世界，起自那玄暗的胚胎。这些其他仍属有心知的内入作用之阶段，诚然是‘知觉的力量’的许多组织，其间每人从他自己的中心生活，随顺他自己的可能性至尽，而其居优势的原则本身，不论是‘心思’，‘生命’或‘物质’，皆在其自有的独立基础上作出事物；但所成作出的，皆是它自体的真理，不是虚幻，或真理与伪妄，知识与无明之纠织。但倘由除外的集中，集中于‘力量’和‘形式’上，则‘知觉性·力量’在现相上将‘知觉性’从‘力量’分开，或当其凝敛‘知觉性’于一盲昧的睡眠，自失于‘形式’与‘力量’中，则‘知觉性’又当奋斗以回到它自体，由一种段片的进化（或外发作用），这便必然有误，且使虚伪不可避免。虽然如此，这些事物亦皆不是虚幻，出自一原始的‘虚无’者；皆是，我们可说，生自‘无心知性’的一个世界之不可免的真理。因为‘无明’在实际上仍是一知识，在‘无心知’的原始面幕后寻求它自体；它寻不到也又寻到；它的诸多结果，在其自有的路线上皆是自然的，甚至是必然的，皆是堕落之真后果，——甚且，在某种义度下，是从这堕落之恢复的正常工事。‘有’而投入一似是的‘无’，

‘知觉性’而投入一似是的‘无心知性’，生存之‘悦乐’而投入一浩大的宇宙的无感觉性，皆此堕落之初步结果，而由此回复转来，以一种挣扎着的段片的经验，化‘知觉性’为真理与虚伪、知识与错误之二端，化‘存在’为生与死二者，化生存之‘悦乐’为苦与乐两橛，皆是自我恢复之劳作上所必有的程序。‘真理’，‘知识’，‘悦乐’，不灭的存在，这种种的纯粹经验，本身上在此世间将是与事物之真理相违。这可能不如此，只倘若在进化中的一切生存者，皆对其内中的性灵原素，对居于‘自性’之工事下的‘超心思’，皆能静默地反应；但在此来了‘高上心思’的律则，即每一‘力量’作发它自有的一切可能性。在这一以一原始的‘无心知性’、和以一知觉性的分化为主要原则的世界中，其自然的可能性便是‘黑暗的力量’之出现，这些‘力量’被迫而支持其借以生存的‘无明’，便是一种无知的奋斗以求知，这便导源出错误和虚伪，一种无知的奋斗要生活，这便产生出不善与邪恶，一种自私的奋斗要享受，这便生育出零星的喜乐，痛苦，和患难；然则这些皆是必然的、最初鐫入的性格，虽不是我们的进化生存的唯一的一些可能性。纵使如此，‘无’是一隐藏了的‘有’，‘无心知性’是一隐藏了的‘知觉性’，无感觉性是一隐幂了的、眠藏的‘阿难陀’，这些秘密的真实性皆当出现；隐藏了的‘高上心思’和‘超心思’，终于也必自加圆成于此似是相反的组织中，出此一黑暗的‘无极’。

有两样事可使那上达比较顺利，否则是不会顺利的。‘高上心思’在其下降到物质创造上，已生起自体上的修改，——尤其是‘直觉’，以其真理的透射闪光，照明了我们的知觉性之小处所和大地域，——这可以将事物的隐藏了的真理，带近到我们的理解之前，而且，以我们自己的更广大的开启，先在内中本体上，次在为其后果则在我们的外表自我上，启对知觉性的这些高等境界的使信，以我们之生长入乎其中，我们自己也能成为直觉的和高上心思的人，不为智识和识感所限制，却能有更广大的明通，能直接触到真理在其真正自体中。事实上，从这些高等境界已有启明的闪光达到我们，但这种干预大多是零星的，偶然的，或局部的；我们仍得开始扩大我们自己到像它们那样，在我们中间组织更大的‘真理’活动，我们在潜能上皆有可为的。但是，第二，‘高上心思’，‘直觉’，甚至‘超心思’，如我们所见，不但必为内在且内入乎‘无心知性’的一些原则，我们是由此‘无心知性’而升起于进化中，且必然已被命定要从此进化的，亦且秘密地存在，玄秘地活动，以直觉的现示之闪光，活动于‘心思’，‘生命’，和‘物质’的作用中。诚然，它们的活动是隐秘的，而且，纵使显现，也为其工作于其中的物质、情命、心思之资料所修改，不易认识。‘超心思’不能从初便显示其自体为宇宙中的‘创造主·权能’，因为，倘其如此，则‘无明’与‘无心知性’皆不可能，或否则这必需的舒缓的进化，将化为一迅速转化之局。可是在物质能力的每一步上，我们可见到一起心思的创造者所加的必然性的钤记；在生命与心思的一切发展中，见到可能性的许多路线及其联合之活动，这即是‘高上心思’的干预之钤记。如‘生命’与‘心思’已发放到‘物质’中，同样的，这些隐藏了的‘神主’的较伟大的权能，得其时必从内转中外发出来，其无上的‘光明’，必从上降临入我们内里。

然则在显示中的一神圣‘生命’，不但是可能作为我们今之‘无明’中的生命之高等结果和救赎，甚且，若这些事物实如我们所见，

它也是‘自然’的进化事业之必有的结果和圆成。

（第一卷完）

第 二 卷

明与无明
——精神的进化

第一部　无限的知觉性与无明

第一章　非决定者，宇宙决定，与不可决定者

一知觉性·力量，遍处内居于‘存在’中，即算是隐藏了也仍然活动，便是诸世界的创造者，‘自然’的玄秘。但在我们的物质世界和我们自己的有体中，知觉性有其一两重方面：有‘知识’（即‘明’）的一力量，有‘无明’（即‘无知识’）的一力量。一自我觉识的无限‘存在’之无限知觉性中，知识必是遍处内涵，或在其作用之真髓中活动；但我们在世间在事物的开始，看到一‘无心知’，一全般的‘冥昧’，似乎是创造性的世界能力之基础或自性。这便是物质世界起手的股本：知觉性与知识，起初出现为无限小的幽暗的运动，在许多点上，在微小的量上，皆联合相聚；知觉性的工事，是一迟缓而且艰难的进化，缓缓增上的组织和改善着的机械工事，渐渐增多的利得，便写记在‘冥昧’的空白石版上了。但这些仍然好像是一寻求着的‘无明’之聚积所得和构置，它是寻求要试行知道，了解，发现，试行缓缓且挣扎地化为知识。有如‘生命’在世间困难地建立且保

持它的工事于普遍的'死亡'的基础上与环境中，起初在极微小的生命的许多点上，生命形式与生命能力的微量上，在增上着的聚积上，造成愈进愈复杂的有生体，一繁复的生命机械，同样，'知觉性'也建立而且保持一增盛但不定的光明，在一原始的'无心知'与一普遍的'无明'之黑暗中。

进者，所获得的知识，是属于现相，不属于事物的真实性或存在的基本。凡我们的知觉性遇到好像是一基本之处，那基本便带了一空白的表相，——倘若它不是一虚无，——一无相状的原始境界，和一大聚结果，非内在于原本中的，其中没有什么似乎是表其为正当、或显见是必需；有一聚上层建筑，对基本的存在没有分明的本生关系。宇宙存在的第一方面，是一'无限者'，它对我们的知见是一不决定者，倘若不是一不可决定者。在这'无限者'中，宇宙本身，不论在其'能力'方面，或在其结构方面，现出为一不决定的决定，一'无边的有限者'，——这皆是自相矛盾然是必需的说法，好像要指出我们是面对一超理性的神秘，为事物的基础；在那宇宙中，生起了——何自而起？——大数量和多种类的普通的和特别的决定者，似乎没有为'无限者'的自性中的任何可见知的事物所保证，却似乎是外加的，或者，也可能，是自加的。我们称那生起它们的'能力'曰'自然'或'自性'，但这名词没有表达什么意思，除非是事物的自性，是由一'力量'按照事物中内在的'真理'而安排它们，乃成其为自性；但那'真理'本身的自性，为什么这些决定者是为这些决定者的理由，无处可见。诚然，人文科学可能发现物质事物的程序或许多程序，但这知识未曾说明一点这主要问题；我们甚至于原始的宇宙程序的道理也不知道，因为那些结果，不自呈为其

必然的后果，却皆只为应用的、事实的后果。终于我们也不知道如何这些决定者入乎或出乎那原始的'不决定者'或'不可决定者'，它们好似出现于一空白和平版的背景上，在它们的有秩序的发生之谜里。在万事万物的原始上，我们面对一'无限者'，包含着一聚未说明的有限者，是一'不可分者'，充满了无尽的分别者，一'不变者'，充满了变化和辨别。一宇宙的矛盾乃万事万物之发端，一个矛盾，没有解释其意义的钥匙。

诚然，可能疑问，何必安立一包含我们的有相世间的'无限者'，虽则此一概念，严切地为我们的心思所需要，当作它的一切概念之必要的基础，——因为，在'空间'、或'时间'、或真元存在中，它不能规定或划出一限际，其外便没有什么了，或其前或其后也没有什么了，——虽另一代此者也是一'空'或'虚无'，又只能是一'无限者'的深渊，我们所不肯窥视的；一'非存在'的无限的神秘的零，当代替一无限的X，作为一必需的假设，作为我们看一切对我们为存在者的基础。但即算我们不肯承认任何事物为真实，除了这无际扩充着的物质世界的有限者，及其充物着的决定，这谜也仍其未解。无限的存在，无限的非有，或无边的有限者，对我们皆是原始的不决定者或不可决定者；我们不能规之以任何性格或相状，指定任何可预定其决定者。叙述宇宙的基本性格为'空间'或'时间'或'空、时'亦复无补；因为纵使这些皆不是我们的智慧的抽象，以我们的心思观念加到宇宙上的，心思于其图象所必有的透视，这些也皆是不决定者，本身不附带在其内中发生的决定的由来的踪绪；至今仍没有解释，说明事物以之而决定的奇怪程序，或说明它们的权能，性质和功能，于事物之真自性，渊源，和要义皆无启示。

如实，这无限的或不决定的‘存在’，对我们的‘科学’自呈示为一‘能力’，非以其自体却由其工作而显明，这在其动作上鼓起能性之波浪，在其中又投出无限小者的诸多聚集；这些又自团聚为较大的极微，变成了‘能力’的一切创造的一基础，甚至那些最远于物质基础的创造的基础，以使一有组织的‘物质’世界出现，‘生命’出现，‘知觉性’出现，进化的‘自然’之一切尚未得解释的活动出现。在原本的程序上建立了种种程序的一大聚集，我们能加以观察，追寻，有许多可从而资取，加以利用；但基本上它们没有一个是可以解释的。我们如今知道了，电的极微（电子）的不同的聚积和不同的数量，能产生属各种性，质，能力的较大的原子极微，或为其出现的构成之缘——这缘被误称为因，因为这里似乎只有一个必须的先决条件，——但我们未能发现如何这些不同的分布能至于组成这些不同的原子，如何在组成之缘或因中之种异性必需起组成了的结果上的种异性。我们也知道某些不可见的原子极微的某些结合，能产生或缘生新的和可见的决定，在性，质，能力上与组成着的极微迥不相同；但我们未能发现，比方说，如何氢气与氧气的结合之一固定公式，能来决定水的出现，它显然是有多于气体的化合者，是一新造物，是体质之一新形式，是十分新的性格的一物质显示。我们见到一种子生长为一树，我们追寻生长程序的路线，我们利用它；但我们没有发现如何一树能生自一种子，如何这树的生命和形式而能暗藏于这种子的体质或能力中，或者，倘若那倒也是事实，如何种子能发展为一树。我们知道种性因子和染色体皆为遗传之因，不但是生理的亦且是心理的差别之因；但我们没有发现如何心理的气质，能被包含且传递于这无心知的物质盛器中。我们见不到，亦不知，但这是已向我们宣说为‘自然程序’之一使人信服的实说，即电子，原子，及为其结果的分子，细胞，腺，化学分泌，及其生理学上的程序之活动，以其起作用于一莎士比亚或一柏拉图的神经和脑经上，乃产生、或也许是机动地缘生一哈姆雷特，或一讨论集，或一理想国。但我们未能发现或鉴定如何这些物质的运动，竟能组成或必需作出这些思想和文学的最高点：在此是那些决定者与决定之分歧是那么广远，使我们已不能追寻其程序，更毋庸说了解或利用。这些‘科学’的公式，在实用上可能是正确而且无失，它们可以统治‘自然’的程序之实际的如何，但它们未尝启露其内中的如何或为何；倒是有点像一宇宙的‘魔术师’的公式，精确，无可抵抗，各在其范畴里自动会成功，但其道理根本不可解。

更有使我们迷惑者；因为我们见到那原始的不决定的‘能力’，投出它自体的许多普通的决定者，——以其对它们的所产生者的关系而言，我们可同等称之曰类型的非决定者，——有其本质的适当的诸多境况，及那本质的诸多决定的形式：后者是本质能力、即它们的基础、上的多个有时是无数的变换：但这些变换没有一个像是为此普通的非决定者的自性中任何什么所预先决定的。一电的‘能力’，产生它自体的正、负、中性的形式，同时是波流又是分子的形式；能力本质之一气体的境况，产生大数量的不同的气体；能力本质之一固体境况，即土地原则所由生的，发展为各种土的形式，多种岩石，种种矿物和金属；一生命原则，产生其植物王国，富有无数不同种类的树木花草之蕃滋；一动物生命原则，产生族，类，个别之莫大的一变换：这么便进到人类生命与心思与其心思型，进向那尚未写下的结论，或许是那仍属玄秘的下一段，在那尚未写完的进

化史中的一章的。一贯，在原始的决定者中，有一普通的同一性之恒常律则，而且，隶属于基本的本质与自性的实地的同一性者，有类别与个体的决定者之纷多的变换；一同一律，在族型或类型之同一性或同似性中，建立起无数变换，时常在个体中苛细入微。但我们在任何普通的或类型的决定者中，得不到任何什么必需要此、由之而结果出的、变换的种种决定。在基本上的一不变的同一性，在表面上的自由和无数的变换，这一需要似乎是法律；但是谁，或是什么，需要着或决定着呢？这决定的道理是什么，其原本的真理或其意义是什么？是什么强迫或促进这变化多端的可能性之纷繁活动，而这又似乎没有目标或意义，除是创造的美富与悦乐？在其中可能有一'心思'，有一寻求着且好奇而能发明的'思想'，有一隐秘的决定着的'意志'，但在物质'自然'之最初和基本的现象中，没有它的痕迹。

第一个可能的解释，指出一自加组织着的机动的'偶然'在活动，——这是这宇宙现相我们所称曰'自然'者所需要的一矛盾，一边是必不可无的秩序之出现，另一边是不可说明的畸形怪状与幻相之出现。我们可说，一无心知的、不联贯的'力量'，恣意而为，以一普通的偶然、创造这个或那个，原无任何决定着的原则，——决定之起，只是当作作为之旋律的坚持的重复的结果而成功，因为只有这重复的旋律能保持事物存在，——这便是'自然'的能力。但这暗许在事物的原本上某处，有一无边的'可能性'，或无数可能性之胎藏，由原始的'能力'将其从之显出，——一不可计度的'无心知者'，我们窘于称之曰一'存在'或一'非存在'；因为倘若没有这样的本原和基础，'能力'的出现与作为是不可解的。可是，如我们所见到的，宇宙现相的自性的一对立面，似乎禁格这一恣意而为遂产生一坚住的秩序之说。于秩序，于承托诸可能性的法律，有了太多的铁似的执持。有理由毋宁假定，有一事物中内在的命令的‘真理’未为我们所见，然它是一‘真理’之能作多方的显示者，从它自体投出一大聚可能性和自体的变换，这便由创造性的‘能力’的作为，化为这么许多实现了的实事。这便引我们到第二个解释了，——事物中的一机械的必需，其工事我们识为‘自然’的这么许多机械的律则；——一种需要，我们可说，如我们所假定的，某个这样的秘密内在的‘真理’在事物中，自动地管制着我们观察到的在宇宙间进行着的诸多程序。但是这机械的‘必需’一说，本身不能说明无穷无数的变换之自由活动，在进化中可见到的：应当在此‘必需’之后，或在其内中，有一个一体性之律则，联系于一同存并在的、但依赖它的、多体性之律则，二者皆坚持于显示；但这是什么的一体性，又是什么的多体性呢？机械的‘必需’不能回答。进者，知觉性之自‘无心知者’出现，是这理论的路上的一障碍石；因为这一现相，在无心知的机械的‘必需’这一遍漫着的真理中不能有位置。倘若有一必需，强迫出显示，则只能是这，即原已有一知觉性蕴藏于‘无心知者’内，等待外发，时若一切已准备好了，便从其似是的‘无知’的囚狱破决出来了。诚然，我们可除去这事物有其命令的秩序的困难，说它不存在，‘自然’中的决定性，是我们的思想加上去的，它需要这么一种命令的秩序，使它能与环境相周旋，但实则原来没有这么一个事物；只有一‘力量’，在诸多极微的任意作为中做实验，在它们的普通结果上，以一在它们的作为中活动着的反复坚持，建立各个不同的决定；这么我们又从‘必需’回到‘偶

然’，以之为我们的存在之基础。然则这‘心思’，这‘知觉性’，与产生它的那‘能力’如此强烈不同的，以致为了它的作用，它必须将它的秩序的理念和需要，外加于‘能力’所造成的，而它不得不生活其中的世界上，又是什么呢？于是必会有双重矛盾，知觉性而从基本的‘无心知性’出现，一理智与秩序的‘心思’，显示为一无心知的‘偶然’所造成的世界之辉煌的最后结果。这些事也许皆可能，但它们需要一比至今所可得的更好的解释，然后我们方能加以认可。

这便开了其他的解释的路，说‘知觉性’乃是这世界的创造者，从一似是的原始‘无心知性’创造出来。一‘心思’，一‘意志’，似乎已想象出且组成了这世界，但它却自隐于它的创作之后。它的第一建树，便是这无心知的‘能力’与体质的物质形式之屏障，作为它的当体现前之乔装，同时作为一可搏捏的创造基础，它可在其上工作，有如一位艺匠运用一暗默的驯服的材料，以产生他的形式与图样。然则我们所见到的周遭的一切事物，皆是一外乎宇宙的‘神明’之思想，一个‘有体’而具有遍能的和遍知的‘心思’与‘意志’者，他负许多责任，如物质世界中的数学律则，美的巧艺，同一性与变易性的奇离的活动，和谐与乖戾，对反者之结合与交杂的奇离活动，也还有知觉性之奋斗以自存且自加确定于一无心知的宇宙秩序中的那戏剧，他也应当负责。这一‘神明’于我们不可见，非我们的心思与诸识所能发现的，这事实也不成什么困难，由于一外乎宇宙的‘创造者’之自我证明或直接表相，不能希望在无其当体的一宇宙中有：随处皆有一‘智慧’的工事，法律，方案，公式，手段于目的之适应，恒常而不竭的发明，甚至还有幻想，却为一秩序化的‘理智’所约制，凡此之明显表征，皆可视为这事物原始的充分证明。

或者，倘若这‘创造者’非全般超乎宇宙，亦复内在于他的工作中，纵使这样，也不需要他的其他表征，——诚然是除非对某些知觉性之进化于这无心知的世界中者，但也只是时当其进化已达到了一点，它能觉识到这内寓着的‘当体’了。这进化着的知觉性之干预不会是一困难，由于事物的基本性质在其出现上不会有矛盾；一遍能的‘心思’，容易将它自体的一点什么渗入它的所作者中。只有一个困难仍在；即是这创造的武断性质，创造的目的之不可解，其不必需的无明，冲突，苦难的律则之简直是毫无意义，其结末之没有明释或结论。一场戏么？但为什么有这么许多不神圣的原素和脚色的钤记，在此‘一’的戏剧中，其性质必假定是神圣的呢？对这么一种提示，说凡我们见到在此世界中作出的皆是上帝的思想，可以反驳说上帝应该能有较好的思想，而其最好的思想，应当是禁住了创造这不快乐和不可解的世界。凡自一超宇宙以外的‘神明’出发的对存在的神学解释，皆碰倒在这困难上，只能回避它；这困难可能消失，只倘若‘创造者’是虽超出了创造，却仍内在其中，他自己是在某种双为演员又是戏剧的情况中，是一‘无限者’，投掷无限的可能性入乎一进化的宇宙秩序之定型中。

在那假定上，必在物质‘能力’的作用后面，有一秘密内涵的‘知觉性’，为宇宙的，无限的，以那前面的‘能力’的作用，造成它的一进化显示之手段，为出乎它自体的一创作，在物质世界的无边的有限者中。物质‘能力’的似是的无心知性，将是一必要的条件，为了构造物质的世界本质，这‘知觉性’意在使自体内涵于其中，庶使其可由进化而生长以出乎其似是的对反者；因为倘若没有像这样的某些办法，一全般的内转作用便不可能。倘若‘无限者’从它自体有这么一创作，则这必定是其自体的真理或权能的显示，然在一物质的乔装中：这些真理或权能的形式或乘器，便是我们在'自然'中见到的基本普通的或基础的决定者；而独特的决定者，否则也皆是不可数计的变易，出现自此空洞的普通质料，它们皆从之源出的，便将是居于这些基本者中的真理或权能所内具的诸多可能性的适当形式或乘器。于一无限的'知觉性'为自然的诸多可能性的自由变换，这原则可解释那无心知的'偶然'一方面，我们在'自然'的工事中所觉识的，——其为无心知，只是在表相上，其如此表现，是因为入乎'物质'之全般内转作用，是因为这秘密的'知觉性'用以掩饰它的内在的屏障。'无限者'的诸多真理，真实的权能，命令地完成它们自体，这原则可解释一机械的'必需'的那相反的一方面，我们在'自然'中所见到的，——其为机械的，也只是在表相上，其如此表现，是因为'无心知性'的这同一屏障。然则可完全了解为什么'无心知者'作它的工事，是以数学的建筑，图案，数字之有效排列，手段对目的之适应，无尽的机巧与发明，这一恒常的原则，几乎可以说，是以一恒常的作实验的技巧与一目的之自动性作它的工事。知觉性之从似是的'无心知性'出现，也将不复是不可解了。

凡'自然'的一切未得解释的程序，皆可得到其意义与地位，倘若这假定被证明可立。能力似乎创造体质，但如实，如存在既内在于'知觉性力量'中，体质也必内在于'能力'中，'能力'，是那'力量'的一显示；体质，是秘密的'存在'之一显示。但如其为一精神的体质，这不能为物理的识所了知，直到'能力'给它以'物质'的形式可为识所摄持者。人也开始懂到如何图案，量，数的排列，能够是质与性的显示之一基础；因为图案，量，与数，皆是存在体质之权能；质与性，皆是知觉性及其力量的权能，寓居于存在中者；它们皆可由体质之一旋律与程序而使之显示且发生作用。一棵树从一粒种子出生，像其他一切类似的现相一样，可由其内寓着的当体我们所称为‘真实理念’者解释；‘无限者’于显著形式，其存在的权能之活躯体，必从其自有的自我压缩于能力体质中而出现者，‘无限者’的这自我知见，便会在内中在种子的形式中怀藏了，在内入于那形式中的隐秘知觉性中挟带了，自然必从之外发。在这原则上，不难懂到，如何物质性的极微，有如种性因子与染色体，能挟带了心理原素，以遗传与那必从人的种子出现的身体形式；基本是在同一原则上，在‘物质’之客观性亦如我们在主观经验中所得者，——因为我们见到，下心知的生理体，挟带了一心思的心理内容，过去的事情的印象，习惯，固定了的心思的和情命的形成，固定了的性格形式，而以一隐秘的程序，送上到清醒知觉性中来，这么便发生或影响我们的本性的许多活动。

在同一基础上，不难懂到为什么身体的生理功能，帮助决定心思的心理作用：因为身体不徒是无知觉的‘物质’而已：它是一秘密知觉着的‘能力’之机构，得形式于其中的。它本身是隐秘地知觉的，同时他是一已出现的显了的‘知觉性’的表现之器，在我们的身体的能力本质中是自我觉识的。身体的功能，皆是这心思的‘寓居者’的运动之一必需的机械或工具作用；只能由发动这身体工具，在其中出现的、外发的‘知觉的有体’乃能表达其心思的形成，意志的形成，将它们化为它自体在‘物质’中之一物理的显示。工具的能量和手续，必到某一限度重新形铸心思的形成，在其从心思形相到物理表现的过渡中；它的工事是必需的，必然发施其势用然后那表现能变为真实。这身体工具甚至在某些方向可统治它的使用者；它也可因习惯的力量，提示或造出内寓其中的知觉性的非自意的反应，在工作着的'心思'和'意志'能管制或干涉以前。凡此一切皆为可能，因为身体有一'下心知的'知觉性，为它所自有的，这在我们的全部自我表现中是有其一分的；甚至，倘若我们只看这外表工具作用，我们能结论到身体决定心思，但这只是一小真理，大真理是心思决定身体。在这种观念下，一还要深底'真理'可以想象了；一精神元，赋心灵予障蔽着它的体质，便是心思与身体二者的原始决定者。另外一方面，在与这程序相反对的秩序中，——那以之心思能传达它的理念和命令到身体者，能训练身体为一新作为的工具，甚至能那么以其习惯的要求或命令印上他，以致身体本能自动地完成之，甚至其时心思已不复是知觉地愿望之了，还有那些较非寻常然已经证明者，以之到一异常的且几于不可限制的程度，心思能学到决定身体的反应，甚而至于驾越身体的作为之正常法则或条件，——这些，以及我们的有体的这两原素的关系之此外不可胜数的诸方面，皆变到容易懂得了：因为是生活的物质中的秘密知觉性，乃自其较伟大的伴侣接受；是这在身体中，以其自有的内在的和隐秘的方式，见到或感受到对它的要求，且服从外发的或显了的居临于身体上的知觉性。终者，一神圣的'心思'和'意志'创造着宇宙，这概念也可得其正当理由了，同时其中使人迷惑的原素，我们的推理心思不肯归之于'创造者'的一专断的命令的，皆得其解释于一'知觉性'困难地出现自其对反者之必有的现相了，——出现是困难了，而有其使命，要凌越这些反对的现相，且以一迟缓和艰难的进化，显示其更伟大的真实性和真本性。

但是从‘存在’的物质这一端去接近这问题，不能得到这假定之任何有效的确然性，或为此事而得到‘自然’和她的办法之任何其他解释：原始的‘无心知性’所张出的隐障是太厚了，‘心思’透不过去，而是在这屏障之后，乃隐藏了凡所显示者之秘密渊源；在那后面，凡对我们现为‘自然’的物质前方的现相和程序下之真理与权能，居然皆在。要更明确知道，我们必追随外展而进化着的知觉性的曲线，直到一高度和自我启明之大度，其中这原本秘密是自体启露了；因为假定是它必然要外发，终于必发皇从初以隐秘的原始‘知觉性’蕴藏于万事万物中者，以它为一渐进的显示者。在‘生命’中，要寻求这真理明明是没有希望的；因为‘生命’以一种形呈开始，其中知觉性仍属下心思的，因此对我们之为心思的有体，现似是无心知的，或至多是下知觉的，而我们在生命的这阶段的考察，从外研究它，不能比我们于‘物质’的试验，能于这秘密真理有更多的收获。甚至时当心思在生命中发展，其最初功能的一面，是一心理体内涵于作为中，于情命的和身体的需要和事务中，于冲动，欲望，感觉，情感中，不能离开这些后退而观察和知道它们。在人的心思中乃有最初的希望，可了解，发现，自由通彻：在此，我们似乎是近于自我知识和世界知识的可能了。但在事实上，我们的心思起初只能观察事实和程序，其余的则它必须作演绎和归纳，构出假定，作推理，作揣测。为了要发现‘知觉性’的秘密，它必得知道它自体，决定它自体和程序的真实性；但如在动物生命中，外发出现的‘知觉性’是内涵于生命的作为和运动中，同然，在人中，心思知觉性是内涵于其自体的思想漩涡里，是一种活动，其间它持续

而无休止，其间它的真本推理和揣测，在其倾向，轨道，和情势上，皆被它自体的气性，心思的动转，过去的形成，和能力路线，偏向，癖好，一俱生的自然选择所决定，——我们非按照事物的真理自由地决定我们的思维，这是由我们的本性给我们决定的。诚然，我们能以相当的离执态度而后退，以观察心思'能力'在我们内中之作为；但仍然只是见到它的程序，而见不到我们的心思的决定任何原始渊源：我们能建立'心思'程序的理论和假定，但隐障仍有在我们自己的内中秘密上，我们的知觉性，我们的全部本性上。

只是时当我们作瑜伽修持而将心思本身止息之后，我们的自我观照之一较深沉的结果方有可得。因为第一，我们发现心思是一微妙体质，一普通的决定者——或类别的非决定者，——这，当心思的能力发生作用时，便将其投入诸多形式或自体的特殊决定，为思想，概念，知见，心思的意绪，意志的活动，感觉的反应，但是，若这能力寂静时，则能或者生活于一惰性的冥顽中，或者生活于自我存在之一不动的沉默与和平中。其次，我们见到我们的心思的决定，不全皆出自其自体；因为心思的能力的波浪与潮流，是从外面进到它；这些在它内中成形，或者从某些普遍的'心思'已形成者现出，或者从他人心思而来，遂被我们接受为我们的思想。我们也能见到在我们内中有一潜意识的或幽潜底心思，而思想，知见，意志冲动，心思感觉，皆自之而起；我们更能见到高等知觉性境界，由之一超上的心思能力，在我们上面或经过我们而发施作为。末了，我们发现到那观察凡此一切者，是一心思有体，它支持着这心思体质与心思之能力；倘若没有此一当体，它们的支持者和认可之渊源，它们便不能存在或活动。这心思的有体或'补鲁洒'，起初出现

为一沉默的见证者。而且，倘若那便是一切，则我们当承认心思的决定，为一现相的活动，为'自然'、为'自性'所加到这有体上的，或否则为'自性'所呈献于它的一创作，为一思想世界，'自性'所构成的，贡献给观察着的'神我'。但后下我们又发现这'神我'，这心思的有体，能出离其为一沉默的或接受着的'见证者'之姿态，而变为诸多反应的渊源，能接受，拒绝，甚至统治而且管制，能变为发施命令者，知者。也有一知识生起，以谓这心思质显示此心思体，是其自有的表现的本质，而心思的能力便是其自有的知觉性力量，所以有理由结论到一切心思决定，皆起自此'补鲁洒'或'神我'之体。但这一结论，却为这一事实弄复杂了，即从另一观点看，我们个人的心思，似乎不外是普遍的'心思'之一形成，是一具机器，以接受，修改，推广宇宙的思想波浪，理念潮流，意志提示，感觉波澜，识感提示，形式提示。无疑，它有它自体的已实践的表现，偏向，习好，个人脾气和本性；从宇宙普遍者而来的，只是倘若其被接受，被同化，入乎个人的心思体，'神我'的'自性'之自我表现后，方得有其地位。但是，观于这些纠纷复杂，这问题仍其为完整，是否凡此外发与作为，乃某些宇宙的'能力'的现相的创造，呈献于心思有体者，或者是'心思能力'所加的一番活动，加于'神我'或'补鲁洒'的非决定的、或许不可决定的存在上者，或是否这整个乃由内中'自我'的某些机动的真理所预先决定的什么，只显露于心思表面而已。要知道那个，我们得接触或进到有体与知觉性的一宇宙境界，对之事物之全体与其整个原则，较之对我们的有限的心思经验，显示得更好的。

'高上心思'知觉性，便是这么一境界或原则，出乎个人心思以

外，甚至出乎‘无明’中的普遍心思以外；它在自身中具有一宇宙真理的最初直接的和娴熟的认识：在这里，我们可希望懂到事物的一点原本工事，得到宇宙‘自然’的基本运动的一点内视。诚然，有一事是变到清楚了；在此是自明的，即个人和宇宙，两从一超上的‘真实性’而来，在二者中得其形式者：个人有体的心思和生命，其自性中之自我，因此必然是宇宙‘有体’的一局部的自我表现，而且，由于那而且直接，两者皆是这超上的‘真实性’之一自我表现，——可能是一有条件的或半隐蔽的表现，但仍然是那便是它的意义。但我们也见到那表现应是什么，也决定于个人自己：只是他能在他的本性中接收，同化，表呈的，宇宙有体或‘真实性’的他的那一部分，乃能在他的心思与生命与身体诸部分得其形表；他表现一点某些挹自‘真实性’者，某些在此宇宙中者，但表现之于他自己的自我表现的方式下，他自己的本性的方式下。然而那原本问题，宇宙的现象给我们立出的，不曾以高上心思的知识而解决，——那问题，在这场合，是：心思的‘个人’，心思‘补鲁洒’，其思想，经验的建筑，知见的世界，是否真为发自其自己的精神本体之某些真理的一自我表现，为那真理的诸多机动的可能性之一显示，或者，是否毋宁为‘自然’、‘自性’所呈给他的一创作，一结构，而且只在那‘自性’在他个人的形成中个体化了的义度下，乃可说是他自己的，或依赖着他；或者，又更是否这是一宇宙的‘想象’的一出戏，‘无限者’的一幻想，加到他自己的纯粹存在的空白的不可决定者上的。以上是创造的三个观念，似乎皆有同等的机会成为是正常的，而心思不能确定地抉择它们；因为每一观念，皆自装备了其自有的心思逻辑，有其对直觉和经验的诉与。高上心思似乎又增加这纠纷了，因为

高上心思的事物观，容许每个可能性在其自有的独立的权柄中表呈它自体，而且实践它自有的存在于认识中，于机动的自我表白中，于经验的实质化中。

在‘高上心思’中，在心思的一切高等境界中，我们发现一两分者往复回旋，一纯粹而静默的自我，无相，无性，无缘，自存，自定，自足，与那强大的动力，属一决定性的知识的权能，与一创造性的知觉性和力量的，自倾注于宇宙的诸形式中。这对反，却又是一同位并列，仿佛此二者是互相关联者或相辅相成者，虽是显似的互相矛盾者，则自升华为‘无功德大梵’与‘有功德大梵’之同存并在，即一非人格性的‘大梵’，无有品质，一基本的神圣‘真实性’，无有于一切关系或决定者，与一具有无限品质的‘大梵’，一基本的神圣‘真实性’，为一切关系和决定的渊源，持载者，主宰者。倘若我们追寻‘无功德大梵’，入乎可能最远的自我经验中，我们达到一无上的‘绝对者’，空无一切因缘与决定，存在的不可名相的最初和最后一语。倘若我们经过‘有功德大梵’而入乎某种可能最极的经验，我们达到一神圣的‘绝对者’，一人格性的至上而且遍在的‘神主’，是超上而又是普遍的，为一切因缘与决定的无限‘主宰’，能在其有体中持载亿万宇宙，而充周每一宇宙以其自我光明之一缕，以其无可名言的在存之简单一度。高上心思知觉性，平等保持‘永恒者’的这两橛真理，然在心思，则为两橛互相除外的更代者；高上心思承认二者为一‘真实性’的至上的两方面；然则在某处，在此二者之后，必有一还更伟大的‘超上性’，源出此二者，或支持此二者于其无上的‘永恒性’中。但那能是什么呢，以这种相反对者为平等的真理的，除了是一原始不可决定的‘神秘’，对之心思的任何知识、

任何了解皆不可能的？我们诚然能到某种限度知道它，在某种经验或证会中，以其方面，权能，恒常的一系基本的正者负者，由之我们得追求它者而知道它，或独立地单在一个中追求，或整个地在二者中追求；但归根究极，它似乎遁出了最高的心理体，而仍其为不可知。

但是，倘若无上'绝对者'诚为一纯粹'不可决定者'，则没有创造，没有显示，没有宇宙为可能。可是宇宙仍然存在。然则那是什么呢，创造成这对反者，能成此不可能成者，将此自我分化之不可解的谜造出者？它必定是某种'权能'，而'绝对者'既是唯一真实性，万事万物的唯一渊源，则此一'权能'必自其中出，必与之有些关系，必有一关联，一依赖性。因为，倘若它是与无上'真实性'全然相异，是一宇宙的'想象'，将其决定外加于'不决定者'之永恒的空白上，则一绝对的'超上大梵'之唯一存在不能安立；在万事万物的渊源之始，则必有其二元，——实质上不异于数论学派的'神我'与'自性'的二元论。倘若它是'绝对者'的一'权能'，诚为其唯一'权能'，则我们会有此逻辑上的不可能，即'无上有体'之存在与其存在之'权能'，皆全般互相反对，为两个至上的矛盾者；但因为'大梵'是无有于关系与决定的一切可能，而'摩耶'乃一创造性的'想象'，将这些真本事物外加在它上面，为关系与决定的一作始者，'大梵'又必为其支持者和见证者，——这于逻辑之理，是一不可安立的公式。倘若承认它，则它只能是一超理性的神秘，是个什么，非真非不真，在其性质上无从解释，不可说。但困难是皆如此大，只是倘若它无可拒绝地自呈为形而上学的研究和精神经验的必然的极点，峰顶，究竟，然后能接受它。因为纵使万事万物皆幻有的

创作，它们亦必至少有一主观的存在，而它们不能存在于何许，除了在‘唯一存在’的知觉性中；然则它们皆是‘不可决定者’的主观的决定。倘若，相反地，这‘权能’的决定皆是真实的创作，则它们从何者而得决定，它们的本质是什么呢？不可能说它们是从‘无有’作成的，从异乎‘绝对者’的一‘非存在’作成的；因为那样又将建立一新的二元，一大正性的零，以对这我们所假设为唯一‘真实性’之更大的不可决定的 X。然则明显是‘真实性’不能是一严格的‘不可决定者’。凡所创作者必定是属于它，且在它内中，凡属究竟‘真实者’的本质者，其本身亦必真实：一浩大的无基础的对真实性的否定而充作真实，不能是永恒的‘真理’，‘无限的存在’之唯一结果。然则完全可懂到‘绝对者’之是且必定是不可决定的，是在这义度下，即它不能为任何决定、或任何可能的决定之总和所限制，然不是在另一义度下，谓它不能为自我决定。‘无上的存在’，不会不能创造它的有体的真实自我决定，不能保持一真实的自我创造或显示、在它的自体存在之无限中。

然则，‘高上心思’，不给我们以终极的、正极的解决；是在出乎它以外的一超心思的认识中，我们只得去寻求一答案了。一超心思的‘真理知觉性’，是‘无限者’与‘永恒者’的自我觉识性，同时亦是那自我觉识性中内具的一自我决定之权能；第一个是它的基础和格位，第二个是它的有体之权能，它的自我存在之动力。凡自我觉识之一无时间的永恒，在其自体中见为有体之真理者，其有体之知觉的权能显示之于‘时间的永恒性’中。然则在‘超心思’，那‘无上者’不是一严格的‘不可决定者’，一否定着一切的‘绝对者’；有体的一无限者，在其自有的不可变易的存在之纯粹性中对自体为完全，其唯一权能便是一纯粹的知觉性，只能居于有体之不变的永恒性上，居于其单独的自我存在之不动的悦乐上，这，不是‘真实性’之大全了。‘有体’之‘无限’，亦必是一‘权能’之‘无限’；在自体中蕴藏着一永恒的休止与宁静，它亦必能起一永恒的作为与创造：但是这也必须是其自体中之一作为，其永恒而且无限的自我中所出之创造，因为此外没有任何其他什么它可从之而创造了；任何创造基本似是异于它者，必仍真实是在它自体内中，且属于它自体，不能是对它的存在为陌生的什么。一无限的‘权能’，不能单是一‘力量’而休止于一纯粹不活动的同一性中，一不变易的宁静；在它内中，必然有其有体之无尽权能和能力：一无限的‘知觉性’，在内中必包含其自有的自我觉识性的无尽真理。这些在作为中，对我们的认识当出现为它的有体之诸多方面，对我们的精神识感，当出现为其动力的诸多权能与运动，对我们的美感，当出现为其存在的悦乐的诸多工具与表呈。于是创造乃是一自我显示：它将是‘无限者’的无限可能性之有秩序的施展。但每一个可能性，暗含有体之一真理在后，‘存在者’中之一真实性；因为倘若没有那支持着的真理，则必不能有任何可能者。在显示中，‘存在者’之一基本的真实性，对我们的认识将出现为‘神圣绝对者’的一基本精神方面；从之乃现出其一切可能的显示，其内涵的动力机能：这些又必创造或作发它们自有的显著形式，表现权能，本生程序，出自此非显了的潜在性中；它们自有的有体，将发展它们自有的变是，（自相svarūpa，自性svabhāva）。于是这乃成为完全的创造程序：在我们的心思，我们见不到这完全程序，我们只见到诸多可能性，自加决定为实事，而且，虽则我们用比量或揣测，我们不确然于一必需，一

预先决定着的真理，一命令，有在于其后，使诸多可能性得其能量，且决定诸实事。我们的心思是现实的一观察者，可能性的一发明者或发现者，但不是一见者，见到那些幽暗的命令，使一创造的运动和形式为必然的：因为在宇宙存在的前方，只有种种力量决定着结果，由于它们的权势之相接之某些平衡；而原始的'决定者'或多个决定者，倘若它或它们存在，皆是被我们的无明从我们面前隐障了。但对于超心思的'真理知觉性'，这些命令是明显的，将是它的视见与经验的真本质料：在超心思的创造程序中，凡诸命令，诸多可能性之联结，结果出的实事，皆当是单独一个整体，一不可分的运动：诸多可能性与实事，在其本身皆持载了它们的渊源出的命令之必然性，——凡其结果，凡其创造，将成为它们所显示的'真理'之体，显示于'大全存在'之前定的显著形式与权能中。

我们对于'绝对者'的基本认识，我们对它的实质的精神经验，便是直觉或直接经验，经验到一无限的且是永恒的'存在'，一无限的且是永恒的'知觉性'，一无限的且是永恒的'存在之悦乐'。在高上心思的或心思的认识中，能辨明或甚至能分开这原始的一体为自体存在的三方面：因为我们能经验到一纯粹的，无因的，永恒的'福乐'，它是那么深密，以致我们唯独是它；存在，知觉性，似乎皆吞没于其中，不复现为分明是有；相似的一纯粹而且绝对的知觉性的经验，和一相似的无外的与之同体为一，也是可能的，而且也能有相似的与纯粹而且绝对的存在的同体为一之经验。但对于一超心思的认识，此三者皆常是一不可分的'三位一体'，即算三者之一可居于余二者之前，而显示其自体的精神的决定者；因为每个皆有其本原诸方面或其内在的自我形成，但凡此综合起来，对三一之

'绝对者'皆为原始。'爱'，'喜'，'美'，皆'神圣存在之悦乐'的基本决定者，我们立刻可见到这皆属那'悦乐'的真本质料和自性：它们皆不是陌生的外加，加到'绝对者'的有体上的，或为其所支持却居于其外的创作；它们皆是它的有体的真理，对它的知觉性为本有，皆是它的存在之力量的权能。同然，于绝对的知觉性之基本的决定者，知识与意志，为然；它们皆是原始'知觉性力量'的真理与权能，皆内在于其真本自性里。这是真实不虚，变到又更明白了，时若我们顾到绝对的'存在'之基本的精神决定者；它们皆是其为三而一的权能，于其自我创造皆为必需的先决条件，——'自我'，'神圣者'，'知觉的有体'；'阿图门'，'伊湿筏罗'，'补鲁洒'。

倘若我们追寻这自我显示的程序更远，我们当见到这些方面或权能的每一个，在其最初作用中安立于一三个一组或三位一体上；因为'知识'必然建立于'知者'，'所知'，与'知识'上；'爱'自居于'爱者'，'被爱者'，与'爱'上；'意志'自圆成于'意志之主'，'意志之对象'，与行施之'能力'中；'喜'有其原始的和究竟的欢乐于'享受者'，'被享受者'，与联合此二者的'悦乐'；'自我'，如其必然出现且建立其显示于'自我'之为主体，'自我'之为客体，与自我觉识，结合'自我'之为主体客体；凡此，皆属三位一体。这些，和其他原本诸权能与方面，皆得其定位于'无限者'之基本的诸多精神的自我决定中；其他一切皆基本的诸多精神的决定者的决定者，显著的关系，显著的权能，显著的有体，知觉性，力量，悦乐的种种形式，——'永恒者'的'知觉性力量'的真理程序之路线，方式，情况，能力，及其显示的命令，可能性，实际性。凡此诸多权能与可能性及其内涵的后果之施展，皆以超心思的认识搏合于一亲切的一性中；它使它们长是知觉地建立于原始的‘真理’上，将它们保持于在它们的自性中且为它们所显示的那些真理之和谐中。于此没有想象的外加，没有武断的创造，也没有任何分化，破断，不可调和的反对性或差异性。但是在‘无明’的‘心思’中，这些现相皆有，因为在那里，一有限的知觉性，观看而且处理一切事物，好似皆是分别的认识对象或分别的存在，那知觉性寻求知道，占有，且享受它们，为其主宰，或为其所主宰；但是，在它的无明之后，它有内中的心灵，所寻求者，即是那‘真实性’，‘真理’，‘知觉性’，‘权能’，‘悦乐’，它们以之而存在者；心思应当学到对此醒觉，觉悟到这隐蔽于它内中的真寻求和真知识，觉悟到那‘真实性’，一切事物由之而保持它们的真理的，觉悟到那‘知觉性’，一切知觉性皆为其元体的，觉悟到那‘权能’，一切事物由之而得到凡属其内中所有的有体之力量的，觉悟到那‘悦乐’，一切悦乐皆其局部的表象的。这知觉性之范限，与这对知觉性之整体性之觉悟，亦复皆是‘精神’的一自我决定，是自我显示之一程序；纵使在它们的现相上好似与‘真理’相反，有限知觉性的这些事物，在其较深的意义和真性上，有一神圣的要义；它们亦复发皇出‘无限者’的一真理或一可能性。如可能以心思的方式表白之的话，属于一点点这种性质的，将是超心思的对事物之认识，那是遍处见到唯一‘真理’的，它将这么安排它关于我们的存在的对我们的叙述，也将这么安排它的关于创造的秘密和宇宙的意义的报告。

同时，不可决定性，也是我们于‘绝对者’的概念和我们的精神经验中的一必要的原素：这是超心思于有体于事物的看法的另一面。‘绝对者’是不能为任何一决定或任何诸多决定的总和所限制

或界定的；另外一方面，它也不被束缚于纯粹存在的一不可决定的空虚上。反之，它是一切决定之渊源：它的不可决定性，是它的有体的无限性，与有体的权能的无限性二者之自然的和必要的条件；它能是无限为万事万物，因为它不是某一特殊事物，且超越任何可界说的全体。是'绝对者'的这真元的不可决定性，乃自逐译入我们的知觉性，经过我们的精神经验的基本的否定着的正性者，为不动不变的'自我'，'无功德大梵'，无性质的'永恒者'，纯粹无相的'一存在'，'非人格性者'，空无活动之'玄默'，'非有体'，'不可名相者'，和'不可知者'。另外一方面，它是一切决定的真元与渊源，而且这动力的真元性向我们显示，经过基本的肯定着的正性者，其间'绝对者'同样与我们相接；因为这是'自我'之为万事万物者，'有功德大梵'，有无限的性质之'永恒者'，为'太一'即是'多'，无限的'个人'之为一切个人与人格之渊源与基础者，创造之'主'，'名言'，一切工作与作为之'大师'；是那知之则一切皆知者：这些肯定与那些否定相应。因为在一超心思的认识中，破分'唯一存在者'的两面，——甚至说其为两面已觉过分，因为它们在彼此中互有，它们的同存并在或一个存在，是永恒的，而它们的彼此存持着的权能，建立'无限者'的自我显示。

但是对它们的分别认识，也不完全是一虚幻，或'无明'的一完全错误；这，于精神经验也有其有效性。因为这些'绝对者'的原本方面，在下降着或上升着的'显示'中，皆是基本的精神的决定者或非决定者，在此精神的终点或发端，相应于物质的终点或无心知的发端之普通的决定者或类别的非决定者。那些对我们好像是负性者，在其中含有'无限者'的自由，不受其自体的诸多决定之限制；

它们的实践，开释出内中的精神，解放我们，使我们能参预这超上性；这么，一旦我们度入或经过这不变的‘自我’之经验，我们遂不复在我们的有体的内中格位上，为‘自性’的决定和创造所拘束所限制了。在那另外动力的一方面，这原始的自由，使‘知觉性’能创造一世界的决定，而不为其所拘束：它也使之能从它所创造的退引，而在一高等真理公式中重新创作。是在这自由上，乃基托了存在的真理可能性之无限变换的精神权能，以及其创造的能量，而不自系于其工作上，于‘必需’的任何和每个形式上或组织体系上：个人有体，亦由这些否定着的绝对者之经验，能参预那机动的自由，能从自我表呈的一品次进到一高等品次。在那一阶段，时若其从心思的格位进到其超心思的格位，一个最有解放之助的倘若不是必不可无的经验可能干入的，便是心理体或心思的私我之全部‘涅槃’，进入‘精神’的玄默。无论怎样，一纯粹‘自我’之精神实践，必先于过渡到那知觉性的介居中间的高位，从那里乃可明白概览显了的存在之上升和下降的等级，而保有上升和下降的自由权，乃成了精神的优先权。与每个原本方面和权能同体为一，这一独立的完全性，——不是像在心思中一样，狭隘化了，限于单独一专注着的经验，似乎是终极的而且完整的了，因为那会与存在的一切权能和方面之一体性之实践扞格不合，——是内在于‘无限者’中的知觉性里的一能量；那诚然是高上心思的认识、及其意志、要将每一方面、每一权能、每一可能性、扩充至其独立的圆满、之基础和正当理由。但‘超心思’常在每一格位或每一境况中，保持了一切为‘一’之精神实践；那一体性之亲切现前，是在那里的，甚至在每一事物每一境界之最完全的摄持之内，给予了其整个的自体之悦乐，

权能，和价值：这么便不失见于肯定的诸方面，纵使于否定的诸方面的真理完全接受。‘高上心思’仍然保持这在基层下的‘一体性’之意识；那于它是独立的经验之稳定基础。在‘心思’中，一切方面之一体性的知识，则消失在表面上，知觉性投入到专注着的除外的分别肯定中；但亦复在那里，虽在‘心思’的无明中，整个真实性仍留居于除外的集中的后面，能够恢复出，出以一深沉的心思的直觉形式，或否则出以一整体的一性之基层的真理的理念或情绪；在精神的心思中，这能发展为一永远当前的经验。

遍在的‘真实性’的一切方面，其基本真理，是在‘无上的存在’中。如是，虽‘无心知性’的一权能或方面，似乎是永恒‘真实性’的一对反，一否定者，也仍与一‘真理’相应，为自我觉识和大全知觉的‘无限者’保持于其自体中者。时若我们密切观察，则见它是‘无限者’的权能，能将知觉性投入自我内转的定境中，一‘精神’的自我遗忘，隐蔽于其自有的深渊里，那下面没有任何事物是显了的，但一切皆不可思议地是，且能从那不可名相的潜隐中出现。在‘精神’的高处，这宇宙的或无限的沉定睡眠境，对我们的认识现为一光明的究极的‘超心知’：在有体的另一端，这对认识自呈为‘精神’的能性，能向自体呈献它自体的真理之诸多反对者，——一‘无有’之深渊，一无心知之深‘夜’，一无感性之无的止之昏沉，可是存在的一切形式的有体，知觉性，和悦乐，能从那里显示，——但是它们出现于有限的诸项下，于缓缓出露着且增加着的自我表呈中，甚至在它们自体的反对者的诸项下；这是一秘密的大全有体，大全悦乐，大全知识的游戏，但它服从它自有的自我遗忘，自我反对，自我限制的规则，直到它有准备于超越之了。这便是‘无心知性’和‘无明’，我们见到在物质世界中起作用的。它不是无限且永恒的‘存在’之一否定，却是其一个项目，一个公式。

重要的，是在这里察看由‘无明’的现相对宇宙有体的这么一种全般认识所得到的意义，及其在宇宙的经济中所给规定的地位。倘若我们所经验到的一切皆是一自外强加，是‘绝对者’中之一非真实的创造，则宇宙和个人的存在，在其真本自性上两皆是一‘无明’；则唯一的真知识将是‘绝对者’的不可决定的自我觉识。倘若一切皆是一时间性的和现相上的创造，倚对那见证着的无时间性的‘永恒者’而建立的，而且，倘若这创造不是一‘真实性’的显示，而是一任意的自生效果的宇宙构架，则那仍将是一种自外强加。我们于创造的知识，将是飘忽浮动的知觉性和有体之暂时建筑的知识，一可疑的‘变易’掠过‘永恒者’的视线的知识，而不会是一‘真实性’的知识；那，也会是一‘无明’。但是，倘若一切皆是一‘真实性’的显示，以‘真实性’的组成着的内在性，以其实成着的真元与当体而本身是真实，则个人有体与世界有体之觉识，在其精神渊源上，在其自性上，皆当是无限的自我知识与大全知识之活动：无明，则只能是一附属的运动，一被压抑或受了限制的认识，或者是一局部的不完全的外发着的知识，而有真而全的自我觉识与大全觉识两藏于其内中亦藏于其后。这将是一暂时的现相，不是宇宙存在的原因和真元；其必然的圆成，将是精神的回转，不是自宇宙出到一单独的超宇宙的自我觉识，而是即在此宇宙内中，达到一整体的自我知识和大全知识。

可以辩驳说，超心思的认识，究竟还不是事物的最后真理。知觉性的超心思界，即从高上心思和心思达到‘真、智、乐’的全般经

验的居间的一步，在此以外，还有显了的‘精神’的最高诸峰：在此，存在必全不建立于‘一’在多中之决定上，它将简单地、独一地显示一性中之一纯粹同体为一。但超心思的‘真理知觉性’不会在此诸界中没有，因为它是‘真、智、乐’的一固有的权能：分别将是、诸决定不作为界划，它们将是粘柔性的，相渗合的，每个是一无边的有限者。因为在那里，根本上整体上是一切在每个中，每个在一切中，——在那里，有一基本的同体为一之觉识，一知觉性之互相包容和互相涉入，而皆至于其极。如我们所见为知识者将不存在，因为无需，因为一切将是有体本身中的知觉性之直接作用，为同，为密切，内中自我觉识且大全觉识。但仍然，知觉性间之关系，相互的存在之悦乐之关系，有体之自我权能与有体之自我权能间之关系，不会被除外的。这些最高的精神境界，不会是一空白的不可决定性之原畴，不会是一纯粹存在之空处。

再可以说，纵使如此，至少在‘真、智、乐’本身，超一切显示之世界而上，不会有什么，除了纯粹存在之自我觉识与知觉性与纯粹的存在之悦乐。或者，当然，这三一有体本身，也可能只是‘无限者’的原始的精神的自我决定之三位一体；这些，像一切决定一样，也会在不可名相的‘绝对者’中失其存在。但我们的立论是，这些皆必定是无上有体所固有的真理；它们的究极的真实性，必然是先有在于‘绝对者’中，纵使它们在精神的心思之可能最高的经验中，皆无可言说地异于它们之为它们者。‘绝对者’不是一无限的空白性之神秘，也不是诸多否定之一至上总和；没有什么能够显示，若其不为原始的和遍在的‘真实性’的某些自我权能所是正。

第二章　大梵，补鲁洒，伊湿筏罗，——摩耶，勃罗克里谛，烁克谛

于是有一无上‘真实性’，为永恒，绝对，无限。因为它是绝对而且无限，它在它的真元上遂为不可决定的。以有限而且下界义的‘心思’，对它是无可思议且无从下界义的；以心思所造成的语言，于它是无可言说的；既不可以我们的否定叙说它，‘非此，非彼’，——我们不能限制它，说它不是这，不是那，——亦不可以我们的肯定叙说它，‘是此，是彼’，我们不能固定它，说它便是这，便是那。可是，这虽然如是于我们为不可知，也不是全般而竟在每一道上为不可知；它对它自体是自明的，而且，虽无可言表，于我们内中精神有体必所堪能的一种同一性之知识是自明的。因为那精神有体，在其真元上，在其原本的和最内中的真实性上，不是异于此‘无上存在’。

但是，虽则对‘心思’为不可决定，因其为绝对而且无限，我们发现这‘无上者’和‘永恒无限者’在宇宙中对我们的知觉性决定它自体，以它的有体之真实的和基本的真理，皆在此宇宙中亦在此宇宙外，且为它的存在之正本基础的。这些真理，对我们的概念的认识，自呈为基本的诸方面，其中我们见到且经验到这遍在的‘真实性’。在它们本身，非可由智识的理解摄持，而是由精神的直觉直

接摄持，一精神的经验，在我们的知觉性的本质中的；但也可由一博大而且粘柔的理念把捉入概念中，也可怎样表白，由一粘柔的语言，不过于坚持严格的定义，或限制理念之广大与深微的。为了表白这经验或理念到某种相近的限度，应该造出一种语言，为形而上而属直觉，同时又是诗化的而可启明，以义深而生动的形象，为一切近，活泼，有提示的直指之工具，——一种语言，如我们见到在韦陀与诸奥义书中，锻成了一深微的，富于含蓄的，沉博的文字。在形而上的思想之寻常语言中，我们只得安于一遥远的指示，以抽象而接近，那也仍稍有用于我们的智识，因为它是一种语言，适合于我们的逻辑的和理性的了解方法的；但是，倘使要真实有用，则智识必同意于度出有限的逻辑之边界，自习惯于'无限者'的逻辑。唯独在这条件下，由这种看法和思维法，则说起不可名相者不会是无功或自语相违：但是设若我们坚持，运用一有限的逻辑于'无限者'上，则遍在的'真实性'将脱去了，而我们却只摄持一抽象的影子，一僵化于语文中的死形式，或一生硬刻划的图表，说起'真实性'却不表白它。我们的知的方法，必适合于所当知者；否则我们只成就一遥远的揣测，一知识的相状，而非真知识。

无上的'真理'的一方面，这么向我们显示的，便是一永恒的和无限的和绝对的有体的自我存在，自我觉识，自我悦乐；这建立万事万物，且秘密支持而遍漫万事万物。这'自我存在'，又自启示于其真元自性之三项中，——'自我'，'知觉的有体'或'精神'，与上帝或'神圣有体'。三个印度名词比较完善，——'大梵'即'真实性'，便是阿图门，补鲁洒，依湿筏罗；因为这些名词生自一'直觉'之根，而且，因为它们有一概括的精密性，能合粘柔使用，既无空洞之弊，亦不落入一过于限制着的智识概念的严格机阱。'无上大梵'，便是那在西洋形而上学中所称为'绝对者'。但同时'大梵'是遍在的'真实性'，凡为相对者皆存在其中，作为它的形式或它的运动；这是将一切相对者皆含纳的'绝对者'。诸奥义书肯定凡这一切皆是'大梵'；'心思'是'大梵'，'生命'是'大梵'，'物质'是'大梵'；对涡柔，气与生命之主说："涡柔呵！你是显明的大梵！"——而指着人，走兽，飞禽，昆虫，每个皆认与此'太一'为一，——"大梵呵，你便是这老叟，这儿童，这女郎，这鸟，这虫。"'大梵'便是在万事万物中知道它自体的'知觉性'；'大梵'便是那'力量'，支持着上帝与狄[illegible]与魔鬼的权能的，那'力量'，在人与动物与'自然'的形式和能力中生作为的；'大梵'便是'阿难陀'，存在的秘密'福乐'，我们有体的以太，没有它则没有什么能呼吸或生活的。'大梵'是一切内中的'心灵'；它已取与每个它所寓居的造物形式相应的形式。'有体之主'，便是那知觉的有体中之知觉者，但它亦是无心知物中之'知觉者'，为那'独一者'，即主宰，且管辖凡在'力量·自然'之手中为被动者之多者。他便是'时间'与'无时间者'；他便是'空间'，与'空间'中之一切；他是'因果性'，与因，与果；也是思想家和他的思想，战士和他的勇武，赌徒和他的骰掷。凡一切真实与一切方面与一切同似皆是'大梵'；'大梵'即是'绝对者'，超上而不可通达者，支持着宇宙的'超宇宙的存在'，保持一切有体的'宇宙自我'，但它亦复是每个人的自我：心灵或性灵元体，乃是'自在主'的永恒的一部分；是他的无上'自性'或'知觉性力量'，乃变成了一生物世界中之生物。唯独'大梵'是，因其是而一切皆是；这'真实性'是我们在'自我'和'自然'中所见的每个事物的真实性。'大梵'，

'自在主，便是此一切，由于他的瑜伽摩耶，由他的'知觉性力量'的权能，发之于自我显示中者：他是'知觉的有体'，'心灵'，'精神'，'神我'，是以他的'自性'，他的知觉的自我存在之'力量'，他乃为万事万物；他是'自在主'，遍知和遍能的'大全统治者'，是由他的能力，他的知觉的权能，他乃在'时间'中显示他自体而统治此宇宙。总括凡此及相类诸说，皆是通彻一切的：在心思则可能加以割切，拣择，建成一封闭了的系统，除去不适合于其内中的；但设若我们要得一整体的知识，便得依据这完全的多方面的陈述。

然则一绝对的，永恒的，和无限的有体之'自我存在'，'自我觉识'，'自我悦乐'，秘密支持而且遍漫这宇宙，虽亦在宇宙以外，乃精神经验的第一真理。但这有体之真理，同时有其人格性的一面，与非人格性的一面；它不只是'存在'而已，它是唯一'有体'，绝对，永恒，无限。如有三个基本方面，在其中我们遇到这'真实性'——'自我'，'知觉的有体'或'精神'，与上帝，'神圣的有体'，或者，用印度名词表之，绝对的且遍在的'真实性'，'大梵'，向我们显示为'阿图门'，'补鲁洒'，'伊湿筏罗'，——同然，其'知觉性'的权能，也向我们在三方面出现：是那知觉性的自体力量，能在概念上创造万事万物，'摩耶'；是'勃罗克里谛'，'自性'或'力量'，被化为能机动地行施，在'知觉的有体'，'自我'或'精神'的监临下作出万事万物；是'神圣有体'的'权能'，'烁克谛'，双在概念上能创造，在机动上能行施一切神圣工事。这三方面及其权能，基托且组成整个存在与全部'自然'，而且，若以之为一单独整个，便能调和超宇宙的'超上性'，宇宙的普遍性，和我们个人的存在之分别性三者间的似是的乖异与扞格；'绝对者'，宇宙的'自然'，和我们自己，皆由此唯一‘真实性’的三一方面联合于一性中。因为若就其自体而论，‘绝对者’的存在，‘无上大梵’，将是这相对的宇宙之一违反，而且我们自己的真实存在，将与其唯一不可交通的‘真实性’相乖离。但‘大梵’同时是遍在于一切相对性中；它是不依倚一切相对者而独立的‘绝对者’，基托一切相对者的‘绝对者’，统治，遍漫，且组成着一切相对者的‘绝对者’；没有任何事物而非此遍在的‘真实性’。观察这三重方面和三重权能，我们来看这如何是可能的。

倘若我们看‘自我存在’及其工事这幅画图，当作一统一且无限的全体景象，则它自合并，以其起人相信的全体性而自呈显：但对于逻辑的智识的分析，则贡出一大聚困难了，如在一切企图，要在一无可限制的‘存在’之知见上建立一逻辑的系统必然造成的；因为任何这种尝试，必然或者以对事物之复杂真理武断段分而影响其一致性，或否则以其概括性变到在逻辑上不能安立了。因为我们见到‘不可决定者’而决定其自体为无限者与有限者，‘不变易者’容许一恒常的可变性与无尽的差别，‘太一’变为一无数的多，‘非人格性者’造出或支持人格，其本身即是一‘个人’；‘自我’有一自性而又异于其自性；‘有体’化为变是，而又常是其自体且异于其变是；‘宇宙者’将自体个体化，‘个人’又将他自己宇宙化；‘大梵’是空无功德，同时又能有无尽功德；工作的‘作者’和‘主宰’，而又是一无作者，和‘自性’的工事之沉默的见证者。倘若我们留心察看‘自然’的这些工事，一旦我们抛开惯熟性的障蔽和对事物的程序的不思索的默许，因其常如此发生便许为自然了，则我们发现凡她所作为的一切，无论在全体或在部分，皆是一奇迹，某一不可了解的魔术行为。‘自我存在’的有体，以及在其中出现的世界，每个

和两个一同，皆是一超理性的神秘。在我们仿佛见到万事万物中皆有一理，因为物理的有限者的程序，在我们看来皆属一致，其律则亦可决定，但这事物中之理，若密近加以考验，似乎无时不颠踬于非理性者上，或外理性者和超理性者上：程序之一致性，与可决定性，似乎不是增加而是减少了，当我们从物质度到生命，又从生命度到心思；倘若有限者同意于到某限度现为好像合理性了，极无限者却拒绝为同是这些律则所拘束，而无限者是不可摄持的。至若宇宙的作用及其意义，则它完全逃避我们；倘若'自我'，上帝或'精神'存在，他与世界和我们的交涉皆不可晓，毫无一点可追寻的踪绪。上帝，'自然'，甚至我们自己，皆在一神秘方式上动作，只局部地和在某些点上为可解，但作为一整个，它出乎我们的通晓之外。'摩耶'的一切工作，看去好像是一超理性的魔术'权能'之所为，它一凭它的智慧或它的幻想安排一切事物，但那一智慧不是我们的智慧，那幻想亦非我们的想象所达。那显示万事万物或自显示于万事万物中之'精神'，那么玄秘，对我们的理智像是一'魔术师'，他的构能或'摩耶'，像是一魔术：但魔术能造作幻相，或它也能造作可惊的真实，我们觉得难于决定是那一个这种超理性的程序，在这宇宙间面对我们。

但是事实上这印象的原因，必不能求之于'至上者'或宇宙的'自我存在'中有何幻想或妄诞之处，而必归之于我们自己之不能摄持其多方的存在之至高线索，或发现其作用之秘密计划或图样。'自我存在者'是'无限者'，其有体与作用的方式，必然是'无限者'的方式，但是我们的知觉性有限，我们的理智基于有限的事物；假定一有限的知觉性和理智，能作'无极者'的度量，这是不合理的；

此小不能裁判彼大；这拘于有限运用其短少工具之贫乏，不能揣度那许多财富之盛大处理；一愚昧的半知识，不能追随一‘大全知识’之举动。我们的推理，是基于物理‘自然’之有限工事之经验，基于对某些事物之在有限范围内作为的一不完全的观察，和不确定的了解；理智在那上面组织了某些概念，它要将其普通化和普遍化，而凡与这些概念相反或相离者，它视为不合理，虚伪，或不可解。但真实性有多种不同的类别，凡概念，度量，标准之合于此一类者，不必须可用于彼一类。我们的身体是建立在一大聚上，一大聚极微，电子，原子，分子，细胞；但这些极微的作用律则，甚至还不能解释人体的一切生理工事，更不必说涵盖人的超物理诸部分的作用之一切程序和律则，他的生命运动，心思运动，心灵运动的。在身体中，有限者已经形成，各自有其习惯，性能，作用的特殊方式；而躯体本身亦是一有限者，它不仅是这些较小的有限者之聚积，它所用为它的工事之部分，器官，组成的工具的。它已发展出一有体，有一普通律则，超越了对这些原素或组成者的依赖。生命与心思，又皆是超物理的有限者，具有其所自有的一不同的而更微妙的作为方式，没有对物理诸部分的依赖以生其作用，能消除其内在的性格；在我们的生命体与心思体及生命力与心思力中，有点什么多于且异于物理身体之功能者。但进者，每一有限者在其真实性内中或在其后面有一‘无限者’，它已建立，支持，且指挥这有限者，它作成为它自体的形象的；以致虽是有限者的有体与律则与程序，倘若没有对那隐居其中或暗藏其后者的知识，便不能全般了解。我们的有限的知识，概念，标准，在它们的范围内可能有效，但它们皆不完全，皆是相对的。一个建基于对在‘时间’与‘空间’中已分化者

的观察上之律则，不能可信地施用于‘不可分者’的有体和作用上；不但不能施用之于无空间无时间的‘无限者’上，亦且不能施用之于一‘时间之无限者’或‘空间之无限者’上。一律则和程序，为我们的外表有体所必遵的，不必须为我们内中之为秘在者所必遵。复次，我们的智识，自建于理智上，自感难于处理外乎理性者；生命是外乎理性，于是我们发现，常时我们的智识的理性自施于生命，则是强加之以一管制，一度量，一机巧的残暴的规律，适成功于或者将生命杀死，或使之僵化了，或则拘禁之于严酷的形式和习俗中，遂残废了或禁锢了它的能量不能发展，或则终之以一败坏，生命之一反叛，诸系统与上层构筑之破敝或分崩离析，皆我们的智慧所建筑在它上面的。一本能，一直觉是所需要的，这却非智识所管辖的，而且智识也不常常听从它，时当其自来帮助心思的工事。但还更困难的，是要我们的理智了解和处理超理性者：超理性者，是精神之领域，在其浩大，微妙，深沉，及运动之复杂中，理智茫然自失了；在此唯独直觉与内中经验乃是向导；或者，倘若有任何其他领导，则是那以直觉仅为其锋芒，一道深密的射光者，——最后的启明，必来自超理智的‘真理知觉性’，来自一超心思的视见与知识。

但‘无限者’之有体和作用，不能因此便被视为好像是一魔术，空无一切理智的；相反地，在‘无限者’的一切工事中，皆有一更大的理智，它不是一心思的或智识的，却是一精神的和超心思的理智：其中有一逻辑，因为许多关系与因缘，皆分明给见到且施使；对我们的有限理智为魔术者，便是‘无限者’的逻辑。它是一较大的理智，较大的逻辑，因为它在它的施为上更为浩大，精微，复杂：它通彻我们的观察所失摄的事实纪录，由之籀得许多结论，非我们的归纳或演绎所能预知的，因为我们的结论和比量皆只有薄弱的基础，皆脆弱，易破。倘我们观察一事，我们判断它，解释它，则是从其结果，从其最外在的组成成分，环境，或原因的瞥见；但每个事件，是许多力量之复杂纠结所产生，皆我们所不察且观察不到的，因为凡力量对我们皆是不可见的，——但它们对'无限者'之精神观照，则非不可见：它们有些是实事，工作以产生或缘起一新的实事，有些是可能的事，近于前在的真实事，在某一方式下是被包括于其聚积中的；但常可有新的可能者，突然变作机动的潜能者了，自体加到这纠结中，而在一切之后，尚有许多命令或一个命令，凡此诸可能性正致力于将其实现的。进者，从诸多力量的同一纠结，不同的结果皆可能出生；将从之出生者，是由一认可决定，这认可无疑是长时已在期待而且准备了，但似乎是突来干预而变更一切，是一决定性的神圣命令。凡此一切，我们的理智皆不能摄持，因为它是一无明之工具，视景极为有限，具备了一聚积成的且常非确然或可靠的知识之小小储藏，而且，也因为它没有直接觉识的手段：因为这是直觉与智识的分别，直觉生于直接的觉识性，而智识是一知识的间接作用，这知识是从未知者由形象，表征，集合了的事实根据艰难地自加建造出来的。但对于我们的理智与诸识为不明显的，对'无限知觉性'则为自明的，而且，倘若'无限者'有一'意志'，则必是在此充分知识中作为的一'意志'，且是全般自明性之纯全自发的结果。它既不是一受了阻滞的进化'力量'，为其所进化出者所拘束，也不是一想象的'意志'，在虚空中以一自由怪想施为；它是'无限者'的真理，在有限者的诸多决定中肯定它自体。

明显的，是这样一‘知觉性’与‘意志’，不必须与我们的有限理智之结论相和谐而活动，或按照为此理智所熟谙、且为我们构出的见解所认许的步骤而作为，或服役于一伦理的理由，而为有限的和段片的善；它可能而且也实是容许一些事物，被我们的理智认定为不合理性的和不合伦理的，因为那于最后的、大全的‘善’为必需，且为了作成一宇宙的目的为必需。凡对我们现焉非理性的，或可责难的，是关系到局部的一列事实，动机，需要者，可能是完全合理性，且可赞许的，若它关系到一远过浩大的动机和需要与事实根据之全体。理智以其局部的视见，立起构架出的结论，乃致力于将其变作知识与行为的通则，而以某些心思的机巧，将与之不合者除去，或强纳入它的规律中：一无限的‘知觉性’不会有这种规律，代之者，却是伟大的、内涵的诸多真理，自动地统治着结论和结果，而不同地、自发地适应之于不同的环境之全般，以致由此柔顺性和自由适应，在那较狭隘的官能看来，好像它是没有任何标准。同样的道理，我们不能以有限的存在之标准，而批判无限的有体之原则和机动的施为，——在这个是不可能的，在那个更大更自由的‘真实性’可能是正常且自明地为自然的境界和动机。是这，乃成其为分别，我们的段片的心思知觉性，从分数中筹建出总数的，与那一真元的和全部的知觉性，视见与知识之分别。诚然，若长时我们不得不用理智为我们的主要支持，则不能要其完全让位于一未开发的或半组成的直觉；但顾虑到‘无限者’及其体与用，则在我们是严切的，应将一至极的粘柔性，加到我们的理智上，且将其启对一种觉识，觉识到我们正进行考虑者的更大的境界和可能性。以我们的有限的和限制着的结论施于‘那个’不可限者上，是不成的。倘若我们集中于一方面，当作全体将其处理，则如同那盲人扪象的故事；每个盲目的问者扪到不同的一部分，便结论到那整个动物便是个什么，与他所触到的那一部分相似。于‘无限者’某部分之一经验，在其本身是有效的；但我们不能由此作出通论，谓‘无限者’即是此而已；而且，这也是不妥当的，若在那片面的意度中看‘无限者’的其余一切，且除外一切其他精神经验的观点。‘无限者’，同时是一真元性，一无边的全体，又是一聚集；凡此皆应知，然后可真知‘无限者’。唯独看诸部分，不看全体，或视全体为诸部分的总和，这是一知识，但同时也是一无明；唯见全体而忽略诸部分，也是一知识同时是一无明，因为一部分可大于全体，因为它属于超上性；唯见真元，因为它引回我们直到超上性，遂否定全体与诸部分，是一仅次于极诣的知识，但在此也一样，有一巨大的无明。应当有一全部知识，而理智应变到够柔顺，看到所有诸边诸方面，而由之寻求那它们在其中为一者。

如是，同样的，若是我们唯见到‘自我’一方面，我们可集中于其静定的玄默，然失却了‘无限者’的机动的真理；若是唯见到‘自在主’，我们可摄得机动的真理，然失却永恒的格位与无限的玄默，只觉识机动的有体，机动的知觉性，机动的有体之悦乐，然失却纯粹的存在，纯粹的知觉性，纯粹的有体之悦乐。倘若我们唯独集中于‘神我·自性’，我们可只见到‘心灵’典‘自然’之二端，‘精神’与‘物质’之相对，而失却它们的一体性。至若论到‘无限者’的作用，我们应当免除那学道弟子的错误，他思念自己是‘大梵’，不肯服从象奴的警告要他避路，不肯动，便在那狭路上被象的鼻子捲起，抛了开去。——“你诚然是‘大梵’，”那师傅对那受了伤而惶惑的弟子说，“但你为什么不听从那赶象人‘大梵’，而避开那大象‘大梵’的路呢？”——我们不应当犯那错误，着重‘真理’的一边，从之得出结论，以之而作为，乃除外了‘无限者’的其他诸方面，诸边。实践“我为彼”是真的，但我们不能安全在此上前进，除非我们也实践到一切皆是‘彼’；我们的自我存在是一事实，但我们也应当觉识其他自我，在其他有体中之同此一‘自我’，且觉识‘彼’，双超自己的自我与他人的自我者。‘无限者’是在多性中为一，其作用仅可以一无上的‘理智’摄，那顾到一切，当作一‘一觉识性’而作为，这‘一觉识性’自见于殊异中且尊重其自有的诸多殊异，以致每个有体和每一事物，得其真元的有体之形式，与其机动的自性形式，（自相与自法），而在全部工事上皆得到尊重。‘无限者’的知识与作为，是在无拘碍的可变性中为一：从无限的‘真理’的观点看，若执在一切环境中的作为之一同一性，或执作为之一殊异性，而无任何统一着的真理与和谐在此殊异性之后，此二执同是错误。在我们的行为原则中，设若我们要在这较大的‘真理’中作为，则唯独执着我们的自我，或唯独执着他人的自我，此二执也同是错误；是一切之‘自我’，我们乃应当于其上建立行为之一统，与行为之一全般的，无限粘柔而又和谐的分异；因为那是‘无限者’的工事之自性。

倘若我们从这较大且较粘柔的理智的观点，计及‘无限者’的逻辑，去看那些困难，当我们的智慧试行想象绝对的和遍在的‘真实性’时所遇到的，则我们当见到那整个困难皆是文字上的，概念上的，皆不真实。我们的智慧看它于‘绝对者’的概念，见到它必是不可决定的，同时又见到一决定的世界从此‘绝对者’源出，且存在于其中，——因为它不能自其他何处源出，也不能存在于其他何处；进者，它又迷惑于这肯定，亦复在其前提上几乎难于辩驳的，即凡此诸决定者，皆不外是此正本不可决定的'绝对者'。但是，这矛盾消失了，时若我们了解不可决定性，在其真义上不是负性的，不是在'无限者'上自外强加以一无能性，而是正性的，内在其自体中之自由，不受其自体的决定之限制，且必然是一自由，无有于任何非其自体者之一切外间的决定，因为原来没有这么一个非自我而入乎存在的真实可能。'无限者'是不可限制而自由，自由于无限地决定其自体，无有于其自所创造者之一切禁制的效果。事实上'无限者'不创造，它显示在它自体内中者，在它自体的真实性之真元中者；它自体便是一切真实性的那真元，而凡诸真实性皆那唯一'真实性'的权能。'绝对者'既不创造，也非被创造，——在流行的作出或被作出的意义上；我们说起创造，只能是在这义度上，即'有体'变是在形式与运动中原在本质与格位中已是者。然而我们当着重其不可决定性，在那特殊的和正性的义度上，不是当作一否定，而是当作其自由的无限自我决定之必不可无的条件，因为倘若那没有，则'真实性'会是一固定了的永恒的决定者，或否则是一不决定者，固定了且拘束于决定之诸多可能性的总和，原内在于其中的。其无有于一切范限，无有于其自体的创造之任何拘束，这一自由不能变成一限制，一绝对的无能，一自我决定之一切自由之否定；是这乃将成为一矛盾，将是一种尝试，要以否定而界定且限制无限者与不可范限者。没有真的矛盾，进到'绝对者'的自性的两方面，真元者与自我创造者或机动者这中央事实里；只是一纯粹的无限的真元，乃能在无限方式上表呈它自体。一陈述是助成另一陈述的，没有相互对销，没有扞格；这是单独一不可避免的事实之

偶俪陈述，由人类的理智以人类的语言说出的。

同样的调协随处可见，时若我们以正直而精确的眼光看‘真实性’的真理。在我们于它的经验，我们觉识到一‘无限者’，真元上无有于性实，功能，相状的一切范限；另外一方面，我们觉识一‘无限者’，充实有无数的性质，相状，功能。于此，不可范限的自由这陈述又是正性的，非负性的；它不否定我们所见者，反之，它为此提供了不可少的条件，它使在性质和相状中的一自由的和无限的自我表现成为可能。一性质便是知觉的有体之权能的一性格，或者，我们可说，有体的知觉性表现内在于其中者，使其所发皇的权能为可识，遂加一本生的钤记于其上，这便是我们所称为性质或性格。勇武，当作一种性质，便是这么一种有体之权能，它是我的知觉性的某一性格，表现着我的有体之一呈形的力量，发皇出或创造出我的本性的确定的某种力量在行为中。同然，一种药物能治病的权能，便是它的功能，有体之一特殊的力量，于这草木或金属由之这药物产生者为本生的，而这特性是为那‘真实理念’所决定，那‘真实理念’，是隐藏于内在的知觉性中，此知觉性寓居于此植物或矿物里；理念在内中发皇出原在于其显示之根本上所有者，于兹遂禀赋了权能当作其有体之力量出现的。一切性质，功能，相状，皆知觉的有体的这种权能，从其自体由‘绝对者’发皇出的。‘它’内中一切皆有，‘它’有自由的权能发皇出一切[①]；然我们不能给‘绝对者’下定义，说它是勇武的一性质，或治病的一权能，甚至我们还不能说这些皆是‘绝对者’之一特著的相状，也不能积成一诸多性质

① 梵文中‘创造’一名词，意义是放出或发放原在于有体内中者。

之总和而说“那便是‘绝对者’。”然我们又不能说‘绝对者’为一纯粹的空白，不能显示这些事物；反之，一切能量皆在，一切性质和性格的权能皆于其中内在。心思是处于窘境了，因为它要说：“‘绝对者’或‘无限者’不是任何这些事物，这些事物皆不是‘绝对者’或‘无限者’。”同时它又应说：“‘绝对者’便是这一切事物，这些皆不是什么外于‘它’的事物，因为‘它’是唯一存在与大全存在。”于此，显然是思想概念和语文表述之不当的有限性，乃造成了这困难，真实却是没有困难的；因为这明明是乖谬的，若说‘绝对者’便是勇武或治疗权能，或说勇武和治疗权能皆是‘绝对者’，但同等也会是乖谬的，若否认‘绝对者’的能量，谓其不能发皇出勇武或治疗权能，当作其显示中之自我表现。时若有限者的逻辑已穷，我们便应以直接且无碍的眼光，看到在后面的什么，在‘无限者’的逻辑里。于是我们乃可体会到‘无限者’是在性质，相状，权能上为无限，但没有性质，相状，权能的总和可能描出这‘无限者’。

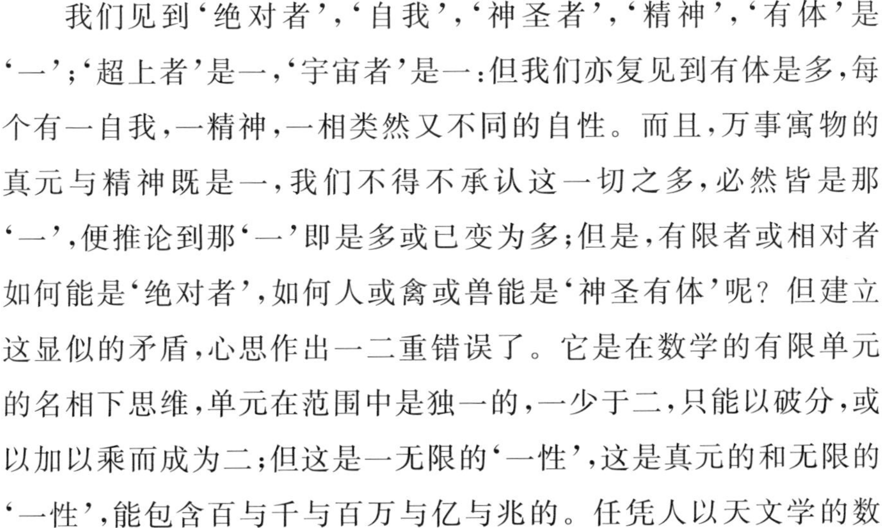

我们见到‘绝对者’，‘自我’，‘神圣者’，‘精神’，‘有体’是‘一’；‘超上者’是一，‘宇宙者’是一：但我们亦复见到有体是多，每个有一自我，一精神，一相类然又不同的自性。而且，万事寓物的真元与精神既是一，我们不得不承认这一切之多，必然皆是那‘一’，便推论到那‘一’即是多或已变为多；但是，有限者或相对者如何能是‘绝对者’，如何人或禽或兽能是‘神圣有体’呢？但建立这显似的矛盾，心思作出一二重错误了。它是在数学的有限单元的名相下思维，单元在范围中是独一的，一少于二，只能以破分，或以加以乘而成为二；但这是一无限的‘一性’，这是真元的和无限的‘一性’，能包含百与千与百万与亿与兆的。任凭人以天文学的数字或多于天文学的数字去增积和增乘，它们皆不能多过或超越此‘一性’；因为，以诸奥义书的术语说，它不动，可是时若你追逐而欲把住它，则它常是遥远在前。可以说它倘若不能为无限之多，则它不能是无限之‘一’；但那不是说‘一’是多数，能说为‘多’的总和或为其所限：反之，它能是无限之‘多’，因为它超出多性之一切叙述和范限，同时也超出有限的概念上底一性之一切范限。多元论是一错误，因为，虽有精神的多性，然多个心灵，皆是依赖的和相互依倚的存在者；它们的总和也不是这‘太一’，也不是宇宙之全体；它们依赖‘太一’，以其‘一性’而存在：然而多性亦非不真实，这是‘唯一心灵’寓居于这诸多心灵中为其个体，它们在此‘太一’中为永恒，且以此唯一‘永恒者’而为永恒。这于心思的理智是困难的，心思的理智作出‘无限者’与有限者间之对反，以有限性联系于多性，以无限性联系于一性；但在‘无限者’的逻辑中没有这种对反，而‘一’中之‘多’的永恒性，是一纯全自然的而且可能的事。

进者，我们见到有‘精神’之一无限的纯粹定位和不动的玄默；我们也见到有‘精神’之一无边的运动，‘无限者’的一权能，一机动的精神的遍包一切的自我引申。这知见，本身是有效而且正确的，我们的概念却加之以一对反，介入玄默和定位与动力和运动之间，但在‘无限者’的理智与逻辑，不能有这种对反。一徒然是沉默定止的‘无限者’，一‘无限者’而没有一无限的权能和动力和能力，是不能安立的，除是当作一方面的知见；一无权能的‘绝对者’，一无力的‘精神’，是不可思议的：一无限的能力必然是‘无限者’的动力，一大全权能必然是‘大全者’的能性，一不可限量的力量必然是‘精神’的力量。但是玄默，定位，皆是运动的基础，一永恒的不动性，是无限的动性之必要条件，原畴，甚至真元，一安定的有体，是有体的'力量'的浩大作为的条件和基本。是时当我们达到了这玄默，这安定性，这不动性的一点什么，然后可在其上基托一力量和能力，这在我们的表面上无休止的境界中是不可想象的。我们所作的对反是心思的和概念的；如实，'精神'之玄默与'精神'之机动皆是相辅相成的真理，两不可分。不变易的玄默的'精神'，内中可保持其无限的能力沉默而不动；因为它不为其自有的种种力量所拘束，不是它们的服属或工具，但它实具有它们，实发放它们，是能起一永恒而无限的作用，不劳亦无需休止，然一切时中，它的沉默的不动性，内在于其作用和运动中者，未尝须臾为其作用和运动所动摇，或扰乱，或变改；'精神'的见证的玄默，是在'自然'的一切声音与工事之真髓中。这些事也许不容易为我们所了解，因为我们自有的表面有限的能量，在每一方向皆是受限制的，而且我们的概念，便托基于我们的限度上；但也应该容易见到，凡此相对的和有限的概念，不能施于'绝对者'和'无限者'。

我们于'无限者'的概念便是无相之性，但无处我们不见到形相又形相环绕我们，而且，可能、且是'神圣的有体'所肯定的，他同时是'相'与'无相者'。因为在此，亦复是显似的矛盾，不与一真实的对反相应；'无相者'不是成相的权能之否定，而是'无限者'的自由成形成相的条件：因为否则会止有单独一'相'，或只有可能的形相的一固定数或总和，在一有限的宇宙中。无相之性，是'真实者'的精神本质，精神的真元之性格；一切有限的真实者，皆是那本质的权能，形式，自我形相；'神圣者'无相无名，但正由那缘故，它能显示有体的一切可能的名与相。相皆显示，不是从无有中强作出的发明；因为线条与彩色，体积与图形，于相为真元者，皆常在本身含有一意义，皆是，可以说，一未见的真实之秘密价值和意义之化为可见；是为了那缘故，形状，线条，彩色，体积，结构，能成具否则将为不可见者之体，能表达否则于识感将是玄秘者。相，可说为无相者的内具之体，是其必然的自我启示，而这不单是于外在的形貌为然，亦且于心思与生命的未见的形成，只能以我们的思想摄持者，以及那些可感知的形相，只能以内中知觉性的微妙摄持而觉识者为然。名，在其更深的义度上不是我们稍述某对象的字，却是事物的一个形式所包含的真实性的权能，性质，性格之全体，我们试以一能指说之声，一可知之名，'诺门'(Nomen)，而总括的。'诺门'在这义度下便是'鲁门'(Numen)，即神灵。诸天的秘密名称，皆它们的有体之权能，性质，性格，为知觉性所摄取，而使之可晓的。'无限者'无名，但在此无名性中，一切可能的名，诸天之神灵，一切真实者的名、相，皆已预先构想而成形，因为他们皆潜在于其中，内在于'大全存在'里。

由这些考虑可以明白，'无限者'与有限者之同存并在，为宇宙有体之真本自性者，不是两个相对反者之同位并列或相互含括，而是有如'光'与'火'的原则与诸太阳的关系，是像那么自然而且必然。有限者是'无限者'的一前方正面和自我决定；没有有限者能在自体且由自体而存在，它以'无限者'而存在，而且因为它属于'无限者'同一真元。因为说'无限者'，我们的意思不是单独指'空间'与'时间'中一不可限量的自我引申，而是指某个事物亦复是无空间且无时间的，一自体存在的'不可界说者'和'不可限量者'，它能表其自体于极微中，一如在浩大者中，在时间的一秒忽中，在空间的一尘点中，在一度过着的环境中。有限者被视为‘不可分者’的一份，但是没有这么一个事物：因为这分解只是似是；有一界划，但没有真实的分离为可能。时若我们以内视与内识而不以肉眼看一棵树，或其他对象，我们所觉识者，是一无限的一‘真实性’，组成此树或对象者，遍漫其每个原子和分子，从自体而形成它们，建造其全部自性，变化程序，内在能力之工事；凡此皆是它自体，皆是这无限者，这‘真实性’：我们见到它不可分地引申，且结合一切对象，以致没有一个是真实与之分离，或与其余对象极相分隔。如薄伽梵歌所云：“在群有而无分兮，居然似乎分呈。”①如是，凡物皆是那‘无限者’，在真元的有体上与其他一切物为一，一切物皆‘无限者’之相与名，——权能，神灵。

这在一切分解与殊异中之桀骜不驯的一体性，便是‘无限者’的数学，表之以奥义书中的一颂，有云：——“此为圆满，‘彼’为圆满；以此圆满，减彼圆满，其所余者，仍为圆满。”②因为这么也可说上‘真实性’的实限自体增乘，万事万物皆那自体乘积；‘太一’化为‘多’，然凡此诸‘多’皆‘彼’，‘彼’已是而且常是它自体，而在变是中‘多’仍其为‘一’。没有以有限者的出现而成‘一’之分，因为是唯一‘无限者’向我们现示为多的有限者：创造不在‘无限者’加上什么；它在创造之后仍其如前。‘无限者’不是一事物之总和，它是‘彼’之为万事万物而又为多于万事万物者。倘若这‘无限者’的逻辑违反了我们的有限理智的概念，这是因为它超越了它，不自基于

① 拙译薄伽梵歌第十三章，第十六颂。——译者

② 拙译五十奥义书集：大林间书，五，一。——译者

有限的现相根据上，而是怀抱着‘真实性’，见一切现相之真理于‘真实性’的真理中；它不视它们为分别的有体，运动，名，相，事物；因为它们不能是那，它们可能是那，只倘若它们是‘虚空’中的现相，是没有一共通的基础或真元的事物，基本不相关联，只以同存并在与实用关系而相关联，不是以其一体性的根本而存在的真实；如其可被认为独立的，则其外在或内中之形相与运动之独立性，只能以其长远依赖所从而出生的‘无限者’，以其与唯一的‘同一者’的秘密同一性，乃得安立。‘同一者’是它们的本根，它们的形相的原因，它们的各样的权能之唯一权能，组成它们的本质。

在我们的观感上，‘同一者’便是‘不变易者’；永恒它只是一样，因为倘若它是、或转而隶属于变易，或倘若它接受分殊，则它不成其为同一了；但我们随处见到的，是一变化无限的、基本的一性，似乎是‘自然’的正本原则。基本的‘力量’是一，但它从自体显出出无数量的力；基本的本质是一，但它发展出许多不同的本质和亿万不同的物体；心思是一，然自分别为许多不同的心境，心思形成，思想，见解，彼此相异，入乎和谐或相冲突；生命是一，但生命的形式不同，无数；人类在天性上是一，但有各不同的民族型，每一个人便是他自己，在某些情况上又不同于他人；‘自然’坚执在一棵树的叶子上描出不同的线条；她将分别推到那么远，以致一人手拇指之纹，与另一人的不同，他便可单由此分别而认识，——可是基本上一切人皆同，没有什么真元差别。一性或同一性遍处皆是，殊异亦随处皆是；内寓着的‘真实性’，在一粒种子发展为亿万不同的形式之原则上建立了世界。但这又是‘无限者’的逻辑了；因为‘真实性’的真元，无变易而为同一，它可安稳擅有此形相，性格，和运动之无量殊异，因为纵使殊异增乘亿万倍，也不会影响此永恒的'同一者'之基层上的不变易性。因为万物万有中之'自我'和'精神'遍处是一，所以'自然'能供得起这无限殊异的奢华：倘若未曾有这稳定的基础，使无有变易然一切变易这事可发生，则她的一切工事与创造，皆将在这活动中分崩难析而混乱；则不会有什么系合她的分殊的运动和创造。'同一者'之不变易性，不是无改变的单调同一性，不堪能变化；它在于有体之不可变易，而能作有体之无尽形成，却非任何分异所能毁坏或损伤或缩减的。'自我'化为昆虫，与鸟，兽，与人，但常是此同一'自我'经过这些变化，因为它是'太一'无限地显示他自己于无尽的殊异。我们的表面理智，急于结论到殊异性可能是不真实的，只是一外相，但是倘若我们更深看一点，我们当见到一真异性，乃发出真'同性'，仿佛在其究极的能量上将其示出，启示其在自体所能是的和本是的一切，自其白色发放出许多色调，皆在那里混合者；'一性'无限地得其自体于在我们见似为从其一性的脱离中，然那如实是一性的无尽的分殊现示。这便是宇宙的'摩耶'，奇迹，然对'无限者'的自我视见和自我经验，这是完全合乎逻辑的，是自然而且必然的事。

因为'大梵'的'摩耶'，同时是一无限可变的'一性'的魔术又是逻辑；诚然，倘若只有一有限的一性与同性的严格的单调，则也不会有理智和逻辑的地位，因为逻辑是有在于关系的正确知见；而理智的最高工事，便是寻出唯一本质，唯一律则，那粘合着的潜在的真实性，以联接且统一那多者，异者，乖违者，不合者。一切宇宙的存在，动展于此两项之间，'一'之分异化，多者与异者之统一化，而那必是因为'一'与'多'，皆'无限者'的基本方面。因为神圣的

'自我知识'与'大全知识'在其显示中所发皇者，必然是其有体之一真理，而那真理的活动便是它的游戏。(Lila)

于是，这，便是'大梵'的宇宙有体之道的逻辑，和理智，'摩耶'的无限智慧的基本工事。如于'大梵'之有体，亦如于其知觉性，'摩耶'：它不是拘束于其自体之一有限的限制，或其作为之一境界或律则；它能同时是许多事物，有许多和同了的运动，对有限的理智可似是矛盾；它是一，却是无数多方，无限粘柔，无尽地能适应。'摩耶'是'永恒者'和'无限者'的最上和普遍的知觉性与力量，在其正本性质上是不受拘束且不可范限的，它一时能放出许多知觉性境界，许多它的'力量'的安布，而不终止其永为同此一知觉性·力量。它同时是超上的，宇宙的，和个人的；它是无上的超宇宙的'有体'之觉识其自体为'大全有体'，'宇宙的自我'，宇宙的'自然'之'知觉性·力量'者，同时又经验到自体是一切存在中之个体与知觉性。个体知觉性能自视为有限和分殊，但也能抛开其限制而自知为普遍的又更为超宇宙的；这是因为在凡此诸境界或位置上或基托于其下，有同此三一的知觉性在一三重的格位中。然则彼'一'不难于自见或经验其自体为三，不论是自上在'超上存在'里，或自两间在'宇宙自我'里，或自下在个人知觉的有体里。要承认这是自然的且合逻辑，所需要的一切，便是承认'太一'有体能有几几不同的真实的定位，而且于一自由且无限的'存在'不能拘束于单独一个境况者，这非是不可能；一自由的自我变易的权能，在一为无限的知觉性必是自然的。倘若知觉性的一多重的格位被认定了，则其格位的变换方式不可限止，只若那'一'在它们全体内中觉识它自体；因为'一'与'无限者'必然是这么普遍地知觉的。唯一

困难，更进加讨论可以解决的，便是了解一个有限制或构造出的知觉性的格位，像我们的这样的，与无限的自我知识与大全知识间之关系。

‘无限知觉性’的第二可能性，亦当承认的，便是其自我限制，或次等自我形成为一附属运动的权能，在整体的不可限制的知觉性和知识里；因为那是‘无限者’的自我决定的权能之一必要的后果。每个自我有体的自我决定，必有其自我真理与自我本性之觉识性；或者，倘若我们愿这么说，在那决定中的‘有体’必然是这么自我觉识的。精神的个性，意义是每一个人自我或精神，是自我视见和大全视见的一中心；这视见的圆周，——无边际的圆周，如我们可说，——可以于凡人皆同，但其中心可以不同，——非是空间的圆周中之一空间的中心点那样位置了，而是一心理的中心与其他中心相关，由于各自知觉的‘多’之在一宇宙的有体中同存并在。一个世界中的每个有体，将见此同一世界，然是从其自我有体见之，依其自我本性的方式而见之：因为每个将显示其所自有的‘无限者’的真理，其所自有的自我决定之方式，及其接对宇宙的诸多决定之方式。它的以异中之一的律则之见，无疑将是基本与其他者的相同，但它仍将发展它所自有的殊异，——如我们见到一切人类在一个人类方式上知觉同样的宇宙诸事物，可是也常有个人的一分别。这自我范限不会是基本的，而是一共通的普遍性或大全性之一个人的特殊化；精神的个人，则将从唯一‘真理’的他自己的中心而作为，一随他自己的自性，但也在一共通的基础上，不盲昧于他个自我和他人自性。这将是知觉性以充分知识限制其作为，不会是一无明的运动。但离此个体化的自我范限而外，在‘无限

者'的知觉性中,必亦有一宇宙的范限的权能;它必须能范限它的作为,以致能承托某一世界或宇宙,而保持之于其自有的秩序,和谐,与自我建设里。因为一个宇宙之创造,必需'无限知觉性'的一特殊决定,居临那个世界,而禁遏于那运动为不需要者。同样的,发布某些权能如'心思','生命'或'物质'的一独立的作为,必定有一相似的自我范限的原则为其支柱。不能说这么一种运动,在'无限者'必不可能,因为它是不可范限的;反之,这必是其许多权能之一,因为其权能亦是不可范限的;但这,像其他自我决定,其他有限建立一样,不会是一真的分解或一真的分化,因为一切'无限知觉性'将在其周遭,且在其后,支持着它,而此特殊运动本身,会不但内中觉识它自体,亦且,在真元上,觉识在它后面的一切。在'无限者'的整体知觉性中,这必然如是:但我们也能假定这么一种内中的虽非活动的觉识性,界划着自体,然不可分,或也可能有在于'有限者'的全部自我知觉性中。在'无限者',这么一点点宇宙的或个人的知觉的自我范限,明显是会有可能,而且可为一较大的理智所许,认为其诸多精神的可能性之一;但至此,在这基础上,任何分化,或无明的分别,或结合,与盲昧的范限,如在我们自己的知觉性中为明显者,皆可不计。

但'无限知觉性'有第三个权能或可能性,是可以认许的,是其自我凝敛的权能,自体凝敛,收敛入自体,投入一境界,其中自我觉识性犹存,然不是当作知识,也不是当作大全知识;大全则沦于纯粹自我觉识中,知识与内中知觉性本身,皆将汩没于纯粹有体里。这,光明地,便是我们所称曰'超心知'的,在一绝对义度下,——虽大多我们所谓超心知者,如实不是那个,只是一较高的心知者,是一物对自体是知觉的，只对我们自己的有限的觉识水平则为超心知的。这自我凝敛，这无极性之定境，又不复是光明地却是黑暗地，为我们所称为'无心知'的境界，因为'无限者'之有体是在那里，虽以其无心知性的相状，对我们似乎是一无限的非有体；一自忘的内在知觉性与力量皆在那里，在那似是的非有体中，因为由'无心知者'的能力，一个有秩序的世界是创造出了；这是创造于自我凝敛的一定境中，力量自动地作为，而且作之以一似是的盲昧，仿佛在一定境中似的，但仍具备了'无限者'的真理之必然性与权能。设若我们进一步，认许一特殊的或有约制的和局部的自我凝敛之作为，在'无限者'为可能，一种作为，不是常属于其无限性之无止地集中于自体的，却限于一特殊格位，或限于一个人的或宇宙的自我决定，则我们可懂到那集中了的境况或格位，以之它可分别地觉识其有体的一方面。于是能有一基本的双重格位，如'无功德大梵'退居于'有功德大梵'之后，凝敛于其自有的纯洁性与不动性里，其余的则退藏于一隐障之后，不纳入那特殊格位里。同样，我们可以此说明知觉性的格位，觉识有体的一个原畴或其一个运动的，其间对其余一切的觉识，则将退藏而且隐障了，或者，好像是以一机动的集中之清醒定境截断了，从一特殊化了的或限制了的觉识，只从事于其自有的原畴或运动的分隔开了。无限的知觉性之全体仍是在那里，未尝被弃去，是可以恢复的，然不是明显地活动，只是以暗蓄，以内在，或以有限觉识为工具而活动，非以其自有的显著的权能和当体现前而活动。可明白的，凡此三种权能，皆可认许在'无限的知觉性'的动力为可能，是从考虑到它们能在其中工作的多个方式，我们乃可得到'摩耶'之施为的一点线索。

这偶然投出一道光，照到我们的心思所作的对反上，纯粹知觉性，纯粹存在，纯粹福乐，与在世间发生的有体，知觉性，与有体之悦乐的繁富的活动，多重的运用，与无尽的兴衰起伏，——这两者间的对反。在纯粹有体和纯粹知觉性境界中，我们只觉识到它，为简单，不变易，自我存在，无相或物，而且我们感觉到唯独它是真而且实。在那另一机动的境界，我们感到它的机动性是纯全真实而且自然，甚至能想到没有什么经验如纯粹知觉性的还有可能。可是现在明白了，在'无限的知觉性'，静定者和机动者两皆可能；这是它的两个格位，二者皆可同时并在于宇宙的觉识性中，这个证见那个而且支持它，或者不见然仍自动地支持它；或者玄默和定位可能在那里透入着活动，或将之抛起，有如海洋在下不动，而抛起表面的波浪之动。这也是那理由，为什么在我们的有体的某些情况中，我们能同时觉识不同的知觉性境界。有一有体之境界，在'瑜伽'中经验到的，我们变成了一双重知觉性，其一在表面，为微小，活动，愚昧，为思想与感觉，忧与喜，以及种种反应所动摇，另一在内中，安静，浩大，平等，以不可动摇的离执性观察着表面有体，听其自为，或者，也可能的，在其激动上发生作用，使之平静，扩大，转变。同然，我们也可上升到一知觉性，在上的，从那高上格位观察我们的有体的各部分，内中的，外在的，心思的，情命的，和身体的，以及一切之下的下心知的各部分，在这个或那个或全体上施其作为。也有可能的，从那高处或任何高处下降，降到任何一个这些低等境界，取其有限的光明或黑暗为我们的工作场所，而我们之为我们者的其余部分，则或暂加搁置，或遗留在后，或否则存为资给之场，我们能从之取得支持，认可，或光明和势力，或富作一定位，我

们能上升或退处于其间，且从之观察低等运动。或者，我们可深入定境，进到我们自己内中，在那里知觉着，其时则一切外物皆所摒除；或者，我们甚至可出乎这内中觉识性而外，自失于其他某些更深沉的知觉性里，或某些高上超心知中。也有一遍漫的平等知觉性，我们可进到里面，以概括的一览或遍在的觉识，见到一切我们自己为一而不可分。凡此，在表面的理智，只熟悉我们的有限的无明的正常格位，及其从我们内中高等的全部真实性分离的运动者，看来似奇怪且不正常，或似乎妄诞的，变到容易通解，且在更大的理智与'无限者'的逻辑的见地上，或由认许'自我'，我们内中的'精神'，与'无限者'同属一真元者之更大的不可限量的权能，为可采纳了。

'大梵'这'真实性'，是自我存在的'绝对者'，'摩耶'便是这自我存在之'知觉性'与'力量'；至若关于宇宙，'大梵'现为一切存在之'自我'，'阿图门'，宇宙的'自我'，然亦现为'无上自我'，超出其自体的宇宙性而上，同时又为在每一有体中之个体·普遍者。'摩耶'可视为'自我权能'，'阿图门·烁克谛'。是真，时若我们最初觉识到这一方面，这常是在一整个有体的静默中，或至少是在一内里的静默中，它退居表面作为之后，或出离其外；这'自我'便被感觉为静默中之定位，为一不动不变的有体，自体存在，遍漫全宇宙，遍在一切中，但不是机动的或活泼的，离出了'摩耶'的常动的能力。同一方式，我们可觉识其为'神我'，即'补鲁洒'，与'自性'，即'勃罗克里谛'分别，'知觉的有体'从'自性'的活动后退隐。但这是一除外的集中，自限于一精神格位，从之将一切活动抛开，以便实践'大梵'之自由，自体存在的'真实性'，自由于其自体之作为和显示之一切范限：这是一枢要的实践，但不是一全般的实践。因为我们能见到'知觉的权能'，'烁克谛'之创造而且作为者，不外是'摩耶'或'大梵'的大全知识；它是'自我'之'权能'；'自性'便是'神我'的工事，'知觉的有体'以其自有的'自性'而活动：然则'心灵'与'世界能力'，静默的'自我'与'精神'的创造'权能'，这二元非实是什么两个和分别者，却是二而为一。我们不能分别'火'与'火'的权能，如人说过，同样我们不能分别'神圣真实性'及其'知觉性·力量'。这第一'自我'之证悟，证为深密静默且纯然定止的什么，不是其全部真理，亦可能有'自我'在其权能中的证悟，'自我'为世界活动与世界存在之实践。虽然，'自我'是'大梵'的基本一方面，但于其非人格性相当着重；因此'自我'的'权能'，现为一自动地作为的'力量'，而'自我'加以支持，为其活动的见证，支持，主动者，和享受者，但无须臾间沦于其诸活动中。一自我们觉识到'自我'，我们立即知觉其为永恒，未生，未具形体，未内入于其工事中者；可以感觉到它在有体之相的内中，但也可觉其涵盖之，在其上，自上而监临其具形体者（adhyakṣa），它是遍在，在一切物中为同一，永远为无限，为纯洁，为不可触到。这'自我'可经验到即个人的'自我'，思维者，作为者，享受者的'自我'；但即使这样，它常有这较伟大的性格；它的个人性同时是一浩大的宇宙性，或很迅速地度入其中，而那随后一步，便是一纯然超上，或全般且无可表白而度入'绝对者'。'自我'便是'大梵'的那一方面，其间它被亲切地感到同时是个人的，宇宙的，又超乎宇宙。'自我'之证悟，是向个人解脱的径直和捷速的路，一静定的遍是性，一'自性'的超上性。同时也有一种证悟，证悟'自我'不单是存持着和遍漫着和涵

括着万事万物，亦且是组成着每个事物，并且在一自由的同一性中，与其在'自然'中的一切变化为一。从使如此，自由与非人格性，皆常是'自我'的性格。没有隶役于其自体的'权能'在宇宙中的工事之相状，如'神我'之役于'自性'者。实践'自我'，便是实践'精神'的永恒自由。

'知觉的有体'，'补鲁洒'，便是'自我'之为'自性'的工作与形相之享受者，主宰，支持者，见证者，作始者。如'自我'的方面在其真本性格上是超上的，即算时当其已入乎宇宙的和个人的变是中而与之为一，同样，'补鲁洒'方面也特著是宇宙的·个人的，且密切与'自性'相接，即算时当其与之相离。因为这知觉的'精神'，时当其保留它的非人格性和永恒性，宇宙性，同时也戴上了更属人格性的一方面[①]；是'自性'中的非人格性的·人格的有体，它未尝全般与之相离，因为它常是与'自性'为偶：'自性'为'神我'而作为，由它的认可，为它的意志和许与而作为；'知觉的有体'将其知觉性施与'能力'即我们所称为'自性'者，在那知觉性中接受她的工事如在镜中，接收那些她、行使着的宇宙'力量'、所创造的形相加于它上的，或认可她的运动或否。'神我·自性'，'精神'或'知觉的有体'，在其与'自性'的关系中，这经验在实用上有莫大的重要性；因为在具成形体的有体中，知觉性的全部活动便依赖这些关系。倘若我们内中的'神我'是被动的，任'自性'作为，接受其强加于他的，发出其一恒常的自动的认可，则我们内中的心思，生命，身体的

① ——数论哲学着重这人格性方面，使'神我'为多个，多数，以宇宙性归于'自性'；在这观念下，每个心灵是一独立存在，虽一切心灵，皆经验一共通的宇宙'自性'。

心灵，心思的，情命的，物理的有体，变到隶役于我们的自性了，为其形成所统治，为其活动所驱策；那便是我们的无明的正常境况。倘若我们内中的'神我'变到觉识其自体为'见证者'，从'自性'后退，那便是达到心灵的自由的第一步；因为它离弃执着了；于是乃能知道'自性'和她的程序，而且全然独立，由于我们已不复牵连于她的工作中了，接受或不接受，使认可不复是自动的了，却自由而且有功效；我们能拣择她应该或不应该在我们内中作什么，或者我们可完全从她的工作退后，容易地隐到'自我'的精神的沉默中，或者我们可拒却她当时的形成，而升到一存在的精神水平，从那里重新创造我们的存在。'神我'可终止其为臣仆(anīśa)了，而双为其自性之主宰，自在主(īśvara)。

在数论哲学中，形而上学的'神我·自性'理念，发展到最为透辟。这是永相分别的二元，然彼此相关。'自性'是'自然·权能'，一施为的'权能'，是离开'知觉性'的'能力'，因为'知觉性'属于'神我'，'自性'而无'神我'则是惰性的，机械的，无心知的。'自性'发展原始之'物质'，为它的形式的自我与作为之基础，在'物质'中显示出生命与识感与心思与智慧；但是智慧，由于既是'自性'的一部分，且是其在原始'物质'中的产品，也是惰性的，机械的，无心知的，——这一概念，也可相当阐明'无心知者'在物质世界中一完善相关的工作和秩序：是心灵的光明，'精神'，给了识感心思与智慧的机械工事，那些工事遂以其知觉性变到知觉，正如它们变到活泼，只能由精神的认可。'神我'以后'自性'退敛而变到自由；它以拒绝被沦入于'物质'中乃成了她的主人。'自性'以其本质、以其行动的三个原则，方式，或品质而有为，这些在我们则变成了我们的心理的和物理的体质及其工事之基本三态：惰性原则，动性原则，平衡，光明，与和谐的原则：时当此三者在不平等的动作中，则她的作用发生了；时当它们堕入均等，则她度入静止。‘神我’，知觉的有体，是多数的，不是一个或独一，而‘自性’是一个：这好似要推到凡我们在存在中遇到的任何一性原则，乃属于自性，然每个心灵是独立的，独一，对自体为孤单，别立，不论在‘自性’之享受中，或从‘自性’解放。凡此诸数论的据点，我们发现在经验中皆是完全有效的，时若我们内中直接与个人心灵和宇宙‘自性’的真实相接触。然而，这皆是实用的真理，我们不必定要接受它们，当作自我或‘自性’的全般或基本真理。‘自性’自呈为物质世界中的一无心知的‘能力’，但是，当知觉性的格度上升，她愈进愈启露她是一知觉的力量，我们见到虽在无心知性中也隐藏了一秘密的知觉性；知觉的有体，在其个人心灵上亦复是多，但在其自体中我们能经验到其在一切中为一，在其自体的真元的存在中为一。进者，心灵与‘自性’为二的经验是真实的，但其为一体的经验也有其有效性。倘若‘自性’或‘能力’能够以其形式与工事加到‘有体’上，这只能因为它是‘有体’的‘自性’或‘能力’，所以‘有体’能接受之为自有的；倘若‘有体’能为‘自性’之‘主’，这必是因为这便是它自有的‘自性’，它被动地观察她为其工作，然能管治而且主制；甚至在它的被动性中，它的认可对‘自性’仍是需要的，这关系便表明这二者彼此皆不是陌生了。这二元性，是为了有体之自我显示的施为而取起的据点，而接受的双重格位；但‘有体’与其‘知觉性力量’，‘心灵’与‘自性’，没有永恒的和基本的分隔与二元性。

是‘真实性’，‘自我’，乃取了‘知觉的有体’的位置，顾视和承

认或管制着其自体的'自性'的工作。一似是的二元是造成了，庶使可有'自性'的一自由作为，以'精神'的支持作出它自体，又可有'精神'的一自由和为主的作为，管制且作发着'自性'。这二元性也是需要的，使'精神'可在任何时自由于从其'自性'的任何形成退敛，而且消溶一切形成，或接受或强施行一新的或一较高的形成。凡此皆'精神'在处理其自有的'力量'时很明显的可能性，而且皆在我们自己的经验中观察到和证实着的。它们皆是'无限的知觉性'的权能、我们见到为其无限性本生的权能的逻辑的结果。'神我'方面和'自性'方面常相并行，不论'自性'或'知觉性·力量'在作为中取何格位，显示或发展何格位，它有'精神'的相应的一格位。在'精神'的至上格位，它便是至上的'知觉的有体'，'超上神我'，则'知觉性·力量'便是他的至上'自性'，即'超上自性'。在'自性'的等级的每一格位中，'精神'亦取其自体的一姿态与那等级相合者；在'心思自性'则成为心思的有体，在'情命自性'则为情命的有体，在'物质'的自性则为物理的有体，在'超心思'则为'知识的有体'；在无上的精神格位中，它乃成为'福乐的有体'，和纯粹'存在'。在我们，在此具有形体的个人，这便居于一切之后，为'性灵元'，内中的'自我'，支持着我们的知觉性和精神存在的其他表呈。'神我'，我们内中的个人，在宇宙中为宇宙的，在超上性中为超上的：与'自我'之同体为一性是显似的，但这是'自我'之在其万事万物中之一'精神'的纯粹非个人的·个人的格位中，——非个人的，因为未以个人的品质而成分别，是个人的，因为它居临每一个人中之自我之个人化，——这处理它的'知觉性·力量'的工事，其自我自性的实行力量之工事，在无论何种于此目的为必需

的姿态里。

但是明显的，在无论'神我·自性'的任何个人中枢中所形成的关系，或所取的态度，'有体'是在一基本的宇宙关系中，为其自性之主或统治者：因为即算它让'自性'任意自为，它的许可仍是需要的，以支持她的工事。这在'真实性'的第三方面，便充分启示出来，即'神圣有体'，宇宙之主宰和创造者的第三方面。在此，那无上的'个人'，'有体'，在其超上的和宇宙的知觉性与力量中，到前方来了，为遍能，遍智，一切能力的管制者，在凡有心知或无心知者中之'知觉者'，在凡一切心灵与心思与情心与身体中的'寓居者'，一切工作的'统治者'或'高上主'，一切悦乐的'享受者'，在他自体中造成万事万物的'创造者'，'大全个人'，以一切有体为其人格者，'权能'，一切权能皆自之源出者，一切中之'精神'，'自我'，以其有体为一切存在者之'父'，在其'知觉性·力量'中为'神圣之母'，一切造物之'友'，'大全福乐者'与'大全美丽者'，以美与乐为其启明者，'大全所爱者'与'大全爱者'。在相当的义度下，如是观而如是解，这于'真实者'的各方面最为概括了，因为在此一切皆结合于单独一个表呈；因为'伊湿筏罗'是超宇宙的又是宇宙内的，'他'是那超上又内寓又支持一切个体者；'他'是'超上大梵'和'宇宙大梵'，'绝对者'，无上'自我'，无上'神我'[①]。但是，很明白的，这不是普通宗教中的人格性的上帝，一个有体而为他的品性所限制，为个体而与其他一切相分离；因为凡此类人格性的天神，皆只是唯一'伊湿筏罗'的有限代表或名称和神圣人格。这也不是'有

① 出薄伽梵歌。

功德大梵’，具有品性而且活动，因为那只是‘伊湿筏罗’的有体的一方面；‘无功德大梵’不动且无有品性，是‘他’的存在之另一方面。‘伊湿筏罗’是‘大梵’这‘真实性’，‘自我’，‘精神’，启露为其自体的自我存在的具有者，享受者，宇宙的创造者，且与之为一，‘泛神’(Pantheos)，然又超上它，‘永恒者’，‘无限者’，‘无可言说者’，‘神圣的超上性’。

人格性与非人格性的明锐的对反，为我们的思维的心思方式作出的，是心思基于物质世界的现相上的创造；因为，在此，在此世间，‘无心知者’，一切事物从之源出的，现为全属非人格性者的什么；‘自性’，无心知的‘能力’，在她的显了的真元上和措置上，全是非人格性的；一切‘力量’皆戴上了这非人格性的面具，一切品质与权能，‘爱’与‘悦乐’与‘知觉性’本身，皆有这现相。人格性出现，是当作知觉性在一非人格性的世界中之创造；它是一范限，以权能，品质，自然作用的习惯的力量之受了限制的形成而起，它是一囚禁，囚于一自我经验的有范围的圆圈中，是我们当超出的，——失去人格性是必需的，倘若我们要获得普遍性，又更属需要的，倘若要升到‘超上性’。但我们所称为人格者，只是肤表的知觉性之一形成；在其后，有其‘人’，乃装成各个人格，他能同时有多个人格，但他自己是独一，真实，永恒。设若我们从较大的观点看事物，我们可说，非人格性者，只是其‘人’之一权能：存在而无一‘存在者’，本身便没有意义，知觉性而无一是知觉的人，便没有立场，悦乐而无一享受者，便是无用而且无效，爱而无一爱者，便不能有基础或圆成，大全权能而无一‘全能者’，则必为空诞。因为我们所谓‘人’者是说知觉的有体；纵使其在此世间出现为‘无心知者’的一

项目或产品，如实它不是那个：因为是‘无心知者’本身，乃秘密‘知觉性’的一项；凡显现出者，是大于其所从而显现出者，如‘心思’大于‘物质’，‘心灵’大于‘心思’；‘精神’，一切中至为秘密者，无上的显现，最后的启示，乃一切中最伟大者，‘精神’便是‘神我’，‘全人’，遍在的‘知觉的有体’。是心思的无明，无知于我们内中这真实的‘人’，心思的淆混，混乱人、与我们的私我与有限人格的经验，是有限的知觉性与人格，出现于一无心知的存在中，这迷惑的现象，乃使我们造成了‘真实性’的这两方面之对反，但据真理，没有这对反。一永恒的无限的自我存在乃无上真实性，但超上的、至高的、永恒的‘有体’，‘自我’和‘精神’，——我们可说，一无极限的‘人’，因为他的有体乃一切人格之真元与渊源，——乃自我存在的意义和真实性：同然，宇宙的‘自我’，‘精神’，‘有体’，‘个人’，乃宇宙存在的意义和真实性；同此一‘自我’，‘精神’，‘有体’，或‘个人’显示它的多性，乃个人存在的意义和真实性。

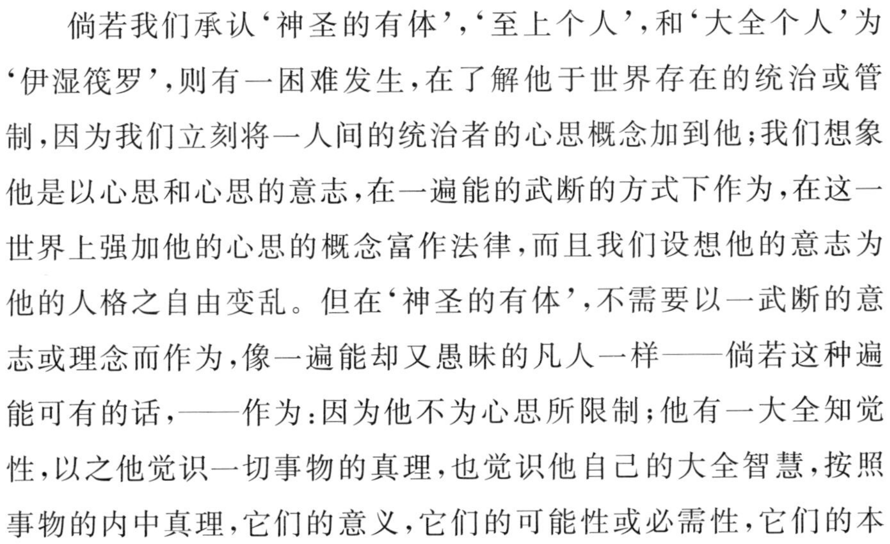

倘若我们承认‘神圣的有体’，‘至上个人’，和‘大全个人’为‘伊湿筏罗’，则有一困难发生，在了解他于世界存在的统治或管制，因为我们立刻将一人间的统治者的心思概念加到他；我们想象他是以心思和心思的意志，在一遍能的武断的方式下作为，在这一世界上强加他的心思的概念富作法律，而且我们设想他的意志为他的人格之自由变乱。但在‘神圣的有体’，不需要以一武断的意志或理念而作为，像一遍能却又愚昧的凡人一样——倘若这种遍能可有的话，——作为：因为他不为心思所限制；他有一大全知觉性，以之他觉识一切事物的真理，也觉识他自己的大全智慧，按照事物的内中真理，它们的意义，它们的可能性或必需性，它们的本

性的命令的个性，而作成它们‘神圣者’是自由的，不为任何创造之法律所拘束，但他仍按法律和程序而作为，因为它们皆是事物的真理的表现，——不单是它们的机械的，数学的，或其他外在的真理而已，而且是他们之为他们者之精神的真实性，他们之已变是者和将仍要变是者，它们在内中所有的而待实践者的。他自己是在工作中，但也能超出工作且能统治之；因为一方面，‘自性’是按照她的有限的复杂公式而工作，且在其施为中为‘神圣当体’所晓示，所支持，但另一方面，有一监临，一高等工事与决定，甚至是一干涉，自由而非武断，时常对我们现似为魔术，神奇，因为是从一神圣的‘超自性’进展而且作为：‘自性’在此是那‘超自性’的有限表现，能受它的光明，它的力量，它的势用之干预或变易。万事万物的机械的，数学的，自动的律则是一事实，但在其内中有一知觉性的精神律则在作为，这给‘自性’的诸多力量之机械的步骤以一内转与价值，一明著的正道，一秘密知觉著的必需，而在其上，又有一精神的自由，在‘精神’的至上的和普遍的真理中能知能行。我们对世界的神圣管制或其作用的秘密之观念，或则是不可救治的神人同形论的，或否则是不可救治的机械性的；人神同形论与机械论，双有其真理的原素，但皆只是一边，一方面，而如实真理则是世界为那在万有之中又超万有而上之‘一’所统治，他在他的知觉性上是无限的。是按照一无限的知觉性的律则与逻辑，我们乃当了解这宇宙的意义与建造和运动。

倘若我们看唯一‘真实性’的这一方面，将其与其他诸方面密近联接，则我们可得一完全的概览，看到永恒的‘自我存在’与‘知觉性·力量’的机动，以之它显示此宇宙者，这二者间之关系。设若我们自处于一沉默的'自我存在'中，它不动，定止，无为，则好像是一概念的'知觉性·力量'，'摩耶'，能发生其一切概念的效用的，沉默的'自我'之一动力的伴侣，正做着一切事；它立于固定不动的永恒的格位上，将有体的精神本质，型铸为一切形相与运动之样式，它的被动性对此加以认可，或者它得到它的无偏之乐于其间，它的于创造性的和动性的存在之不动的悦乐于其间。不论这是一真实的或幻有的存在，那必然是它的本质和要义。'知觉性'是与'有体'相依于，'自性'的'力量'随所愿而于'存在'上有为，使其作为她的创造之本质，但在每一步上，必秘密有'有体'之认可以使这为可能。在这事物观上有一明显的真理；这便是我们遍处在我们内中和我们周围所见到在发生的；这是宇宙的一真理，必与'绝对者'的一基本的真理方面相应。但时若我们从事物外表的机动现象退后，不是退到一见证的'玄默'中，而是退入一内中的机动的参与着的'精神'经验里，则我们发现这'知觉性·力量'，'摩耶'，'烁克谛'，本身便是'有体'，'自我存在者'，'伊湿筏罗'的权能。'有体'是她和一切事物的'主宰'，我们见到他在他自有的尊威内做一切事，为他自己的显示之创造主和统治者。或者，倘若他退后，让'自性'的种种力量与她的创作有动作之自由，然他的尊威权柄仍内在于认可中，在他的默许的每一步上，"任其如是！"(tathāstu)，这命令是内在其中的；因为否则没有什么事可能作成或发生。'有体'与其'知觉性·力量'，'精神'与'自性'，基本上不能是二元的：凡'自性'之所为，其实皆'精神'之所为。这亦是一真理，时若我们透入隐障之后，感觉到一生活的'真实性'的当体，它即是一切物且决定一切物，是'大全权威者'，'大全统治者'；这亦

是'绝对者'的一基本的真理方面。

复次，倘若我们仍是凝注于'玄默'中，则创造的'知觉性'及其工作，皆消失于'玄默'里；'自性'和创造，对我们不复存在或真实了。另一方面，倘若我们除外地只看'有体'在其为唯独存在的'统治者'和'个人'这一面，则他以之而作万事的'权能'或'烁克谛'，也消失于他的独一性中，或成了他的宇宙人格的一属性；则唯一'有体，的绝对君主专制，变成了我们的宇宙观。凡此两种经验，皆给心思造了许多困难，由于心思见不到'自我·权能'的真实性，不论在静中或在动中，或由于太除外地对'自我'的负性经验，或由于我们的概念以过属同形论（或拟人论）的性格，加于'无上有体'之为'统治者'上。明显的，是我们正看一'无限者'，其'自我·权能'能作许多运动而一皆有效。设若我们又更扩大看，视事物的非人格性的真理与人格性的真理为一个真理，设若在那非人格性中之人格性之观照下，我们见到'自我'与'自我·权能'二而为一，则在'个人方面'，一两重'个人'出现了，'伊湿筏罗·烁克谛'，宇宙的'神圣自我'与'创造者'，与'神圣母亲'与'创造母'。在此，阴性与阳性两宇宙原则，其活动与交互作用于一切创造皆所需要者，这神秘对我们变明显了。在'自我存在'的超心知的真理中，这二者皆互相融混，且彼此暗涵，为一而不可分辨，但是在宇宙机动的精神实用真理中，两者出现而且活动；'神圣母性能力'，为宇宙的创造母，'摩耶'，'超上自性'，'知识权能'，显示着宇宙的'自我'和'伊湿筏罗'，与她自己的'自我权能'，为一二重原则；是经过她，'有体'，'自我'，'伊湿筏罗'，乃有作为，除了由她，他不作什么；虽他的'意志'暗在于她内中，然是她乃作成一切，她当作无上'知觉

性·力量'，内中包涵了一切心灵和有体，且当作实行的'自性'；一切皆随'自性'而存在，而作为，一切皆是'知觉性·力量'显示着'有体'，与之游戏，在亿万形式与运动中，她将他的存在投入之的。设若我们从她的工事后退，则一切皆能随入静止，我们乃能入乎玄默，因为她同意于停止她的动力的工事，但这是在她的静止与玄默中，我们乃静定止息。设若我们要肯定我们离'自性'独立，则她向我们启示'伊湿筏罗'的至上和遍在的权能，我们自己皆是他的有体的诸多有体，然而那权能便是她自己，我们在她的超上自性中皆是那。设若我们要实践一高等形成或有体的格位，则仍然是经过她，经过'神圣烁克谛'，'精神'的'知觉性·力量'，这事乃能做成；我们的归依，应该是经过'神圣母亲'对'神圣有体'的归依：因为是趋向无上的'自性'或入乎其中，我们乃富作此上达，而这要做成，只能由超心思的'烁克谛'，取起我们的心思体，转化之为她的超心思体。这么，我们见到'存在'的这三方面之间，或它们之在它们的永恒格位，与其在宇宙中工作着的'动力'之三态之间，皆没有矛盾或扞格。一'有体'，一'真实性'，其当作'自我'，则基托，支持，赋形，其当作'补鲁洒'或'知觉的有体'，则经验着，其当作'伊湿筏罗'则志愿，统治，且保有着其显示的世界，以其'知觉性·力量'或'自我·权能'而创造成，且保持于运动与作为中的，——'摩耶'，'勃罗克里谛'，'烁克谛'。

'唯一自我'和'精神'有这些不同的方面或前方，若我们的心思加以调和时，某种困难生起了，因为我们不得不用抽象概念和下定义的文字和理念，以表诠某物非抽象者，某物在精神上是生活的，而且异常真实。我们的抽象化胶固于分别着的概念上，各个界

划分明：但这‘真实性’不属于那种性质；其方面虽多，然彼此融涉。它的真理，只能以形而上的，然又是生活的和具体的理念和形象而表达，——一些形象，纯‘理智’可视之为图像和象征，但皆是有多于此者，对直观和感觉，意义有多于此，因为它们皆是一机动的精神经验之真实。事物的非人格性的真理，能迻译为纯理智的抽象公式，但有真理的另一方面，属于精神的或神秘的内视，如没有那些真实性的内视，则它们的抽象表呈是不够生勤的，不完全。事物的神秘正是事物的真实真理；智识的表呈只是真理之在代表中，在抽象的象征中者，好像是在一思想·语言的立体艺术中，在几何学的图形中。在哲学研究上，人必须大体自囿于这智识的表呈中，但也应当记住这只是‘真理’之抽象化，要完全摄持或完全表现‘真理’，还需要一具体的经验，和一更生动的，全备的语言。

于此，宜于察看一下了，看在‘真实性’的这一方面，我们当如何顾及我们已发现的‘一’与‘多’间之关系；这推到个人与‘神圣有体’间，‘心灵’与‘伊湿筏罗’间的真确关系之一决定。在寻常的神学概念中，‘多’皆是上帝创造的：他所作出的，如陶工制成器皿，它们皆依赖他，有如创造物之依赖其创造者。但是在‘伊湿筏罗’的较大的观念中，‘多’者自身在其最内中的真实性上皆即是‘神圣太一’，皆至上的和宇宙的‘自我存在’之各个单独自我，为永恒如他之为永恒，但是在他的有体中为永恒：我们的物质存在诚然是‘自性’之一创作，但心灵是‘神圣性’的永生的一部分，在其后便是‘神圣自我’在自然的创造物中。但‘太一’仍是存在的基本‘真理’，‘多’以此‘太一’而存在，因此显示了的有体，全般依赖‘伊湿筏罗’。这依赖性是被隐藏了，为私我的分别性的无明所障蔽，私我企图存在于其自主的权能中，虽则在每一步上它明明是依赖那造成它的宇宙的‘权能’，为其所推动，是其宇宙的体与用的一部分；私我的这作为显然是一错误，是在我们内中的自我存在之真理的一谬误反映。是真，我们内中有点什么，不在私我中，而在自我和最内中的有体里，超越了宇宙‘自性’而属于‘超上者’。但这也一样，另由依赖于一高等‘真实性’乃不依赖‘自性’；是由于心灵与自性自奉或归依‘神圣的有体’，我们乃能臻至我们的最高自我和无上的‘真实性’，因为是‘神圣有体’乃那最高自我和无上的‘真实性’，而且，我们之为自体存在和永恒，只是在他的永恒性中且以他的自体存在而然。这依赖性不与‘同一性’相违反，却自身是启对‘同一性’之实践的门，——以致在此我们又遇着那二元性表现一体性的现相，从一体性出发，又回转入一体性，即宇宙的恒常的秘密和基本的施为。是这‘无限者’的知觉性的真理，乃造成‘多’与‘一’间的一切关系之可能，其间心思于一性的契会，情心中有一性之当前，诸体中有一性之存在，乃是一最高峰，可是这并不消除反而肯定一切其他个人的关系，使其充实，予之以其全部悦乐，赋之以其整个意义。这，亦复是‘无限者’的魔术，但也是其逻辑。

有一问题仍在而待解决，能在这同一基础上解决的；这便是‘非显了者’与显示之对反的问题。因为可以说，一切至此所提出的，于显示可能是真实的，但此显示是一低等的真实，一局部的运动，出自‘非显了的真实性’的，而且，时若我们进到那为无上‘真实者’，凡此宇宙的这些真理，便终止其有任何效用了。‘非显了者’，是无时间的，究极永恒的，是一不可消减的绝对的自我存在，而这显示及其范畴，对它不能给出什么端绪，或仅能给出一点端绪，以其不充足之故，是幻有的和虚伪的。这便兴起了‘时间’与无时间的‘精神’之关系的问题；因为，相反地，我们已经假定，在‘无时间的永恒者’中非显示者，乃显示于‘时间永恒’中。倘若那是如此，倘若属时间者是‘永恒者’的一表现，则无论情况多么不同，无论表现多么局部，然在‘时间表现’中为基本者，必当怎样于‘超上性’中先在，而且必是取自无时间的‘真实性’。因为，倘若不是如此，这些基本者，必是直接从一‘绝对者’来至其中，此‘绝对者’既非‘时间’，又非‘无时间性’，而‘无时间性的精神’，必然是一至上的精神的否定，一不可决定者，以在‘时间’中所表呈者，基托‘绝对者’不受范限的自由，——它必是负性者，以对‘时间’正性者，其关系同如‘无功德大梵’之对‘有功德大梵’。但事实是，我们所谓‘无时间者’，意义是存在的一精神格位，不隶属于时间运动，或隶属于持续的或相对的过去，现在，和未来的时间经验。无时间的‘精神’，不必须是一空白；它可以在自体内中包含一切，但在真元中，也许还在一永恒的一体性里，而不涉及时间，或形相，或因缘，或环境。‘永恒’，是‘时间’与‘无时间性的精神’之共通名词。凡在‘无时间者’中未显示者，暗涵者，为真元者，在‘时间’中出现于运动中，或至少在计划与因缘中，在结果与环境中。于是此二者，皆是同一‘永恒性’或同一‘永恒者’在一双重格位里；它们是有体与知觉性的二重格位，一为不动格位之永恒性，另一为运动格位之永恒性。

原始格位是属于无时无空的‘真实性’的；‘空间’与‘时间’便是同此一‘真实性’，自体引申了以包含其中所有者之外发。其分别是，像在其他一切对反中一样，‘精神’视其自体于有体之真元与原则中，与‘精神’视其自体于其真元与原则之机动中。‘时间’与

‘空间’，皆是我们所用的名词，用以标此唯一‘真实性’的这自我伸展。我们倾于看‘空间’为一静定的引申，其间一切事物在一固定了的秩序中并行并列；我们看‘时间’为一动性的引申，以运动与事会而度量的：然则‘空间’乃在自我引申了的定位中之‘大梵’；‘时间’乃在自我引申了的运动中之‘大梵’。但这可能只是一初步观念，不正确的：‘空间’可能真实是一恒常的动，其中之事物之恒常性和坚定的时间关系，造成‘空间’之静定性的意识，动性造成在静定‘空间’中时间运动的意识。再者，或是‘空间’为‘大梵’引申，以包举形体与对象，‘时间’为‘大梵’引申，以展布挟持着形体与对象的自我权能的运动；然则这两者，皆是宇宙的‘永恒者’之同此一自我引申的一两重方面。

一纯粹物理的‘空间’，可看作在其自体为‘物质’的一属性；但‘物质’是‘能力’在运动中之一创造。然则在物质世界中，‘空间’可能或者是物质‘能力’的一基本的自我引申，或是其自我形成的存在场所，是其作为于其中的‘无心知的无限’之代表，是一表相，其中它安立它自有的作用与自我创造的公式和运动。‘时间’本身必然是那运动的过程，或否则是其所造成的一印象，某个事物的一印象，向我们自表呈为在其相状上是有规则相持续的，——是一段分或一继续，保持其运动的连续性，却又标乙其相续诸分，——因为运动本身是有规则相持续的。或者，不然，‘时间’又可能是‘空间’的一方程，为了‘能力’的全部作用是必需的，但不为我们所知是这样，因为它是为我们的知觉的主观性所认为其本身即主观的什么，为心思所感到，但未为诸识所见知，因此不被认作‘空间’的一方程，对我们有一诸识所成或诸识所见的客观的引申的相状的。

无论怎样，倘若‘精神’是基本的‘真实性’，则‘时间’与‘空间’必或者是概念的境况，‘精神’在那境况下看它自体的能力的运动，或者皆是‘精神’本身的基本境况，一随它们在其中显示的知觉性之格位，而取其一不同的格位或相状。换言之，在我们的知觉性的每个格位，有一不同的‘时间’和‘空间’，甚至在每个格位中，有‘时间’与‘空间’的不同的运动；但是凡此一切，皆是一基本的精神的‘时间·空间’真实性之表译。在事实上，时若我们进到物理空间之后方，我们便觉识一引申，凡此运动皆以之为基础，而这引申是精神的，非物质的；这是‘自我’或‘精神’包含着其自体的‘能力’之一切作用。这‘空间’的渊源或基本的真实性，开始变到显明了，时若我们从物理体后退：因为于是我们乃觉识一主观的‘空间’引申，心思本身生活且动作于其中，它异于物理的‘空间·时间’，然又有一相互涉入；因为我们的心思，能行动于其自有的空间，在那么一方式下，以致能成就一亦在‘物质’空间中的运动，或在‘物质’空间中远距的什么上发生作用。在知觉性的一更深沉的境况中，我们觉识到一纯粹精神的‘空间’；在此觉识中，‘时间’似不复存在了，因为一切运动止息，或者，倘若有一运动或事机，它可离乎任何可见的‘时间’次第而独立发生。

设若我们以一同样的内转动作进到‘时间’之后方，从物理体后退，观看它而不被牵连到它内中，我们发现‘时间’观察与‘时间’运动皆是相对的，但‘时间’本身是真实而且永恒。‘时间’观察不仅依乎所用之度量，亦复依乎观察者的知觉性和位置。甚者，每一知觉性境界有一不同的‘时间’关系；‘时间’在‘心思’知觉性中和‘心思空间’中，不是有像在物理的‘空间’中那同样的意义与其运动之度量；它在那中间进行或速或缓，一随知觉性的境界而异。每一知觉性境界有其自有的‘时间’，可是它们之间可能有‘时间’的关系；而且，倘若我们进到物理外表的后方，我们发现几个不同的‘时间’格位与‘时间’运动，共同存在于同一知觉性里。这在梦里的‘时间’中是明显的，那里一长系列之事，可以发生在一个时期中，相当物理的‘时间’之一秒钟或几秒。于是在各个不同的‘时间’格位间有某种关系，但没有可确定的度量之相应。似乎是‘时间’原无客观的真实性，却依靠知觉性的作用所可建立的任何情况，在其与有体的格位与动作的关系中：‘时间’乃像是纯粹主观的。但是，在事实上，‘空间’也以其‘心思空间’与‘物质空间’相互之关系，会像是主观的；换言之，二者皆原本的精神的引申，但是被心思在其纯粹性中表译为一主观的心思原地，又被识感心思逐译为一识感知见的客观原地。主观性和客观性，皆只是一知觉性的两边，而主要的事实是任何一‘时间’或‘空间’或任何一‘时间·空间’作为整个，是有体的一格位，其间有有体的知觉性与力量的一运动，一个运动，它显示或创造事情和事会；这是见到之知觉性与表呈之力量事会之关系，一内在于格位中的关系，它决定‘时间’意识，造成我们对‘时间’运动，‘时间’关系，‘时间’度量的觉识。在其基本真理中，‘时间’的原本的格位，在其一切变化之后方者，无非是‘永恒者’的永恒性，正如‘空间’的基本真理，其真实性的原本意义，不外是‘无限者’的无限性。

‘有体’，论到其自有的永恒性，可能有其知觉性的三个不同的境界。第一，是那么一个境界，其中有‘自我’在其真元的存在中之不动的定位，或是自我凝敛的，或是自我知觉的，但无论怎样，没有

知觉性在运动或事情上的发展；这便是我们辨认为其无时间的永恒性者。第二，是其于一切事物的相续的关系之整个知觉的境界，其中一切事物，属于一命定了的或实际前进着的显示，在这中间我们所谓过去，现在，和未来者，皆相并列，好像在一地图上或画定了的图案上，或说，更像一艺术家，或画家，或工程师，将他的工作上的一切细节作为一整体而观，在他的心里想好或见到或安排在一方案上以备施行；这便是'时间'之定位或同时的整体性。这'时间'观念，全然不是我们正常对事情发生的觉识，虽则我们对过去的看法，因其已知，且能在整体上视之，可能戴上了一点这种性格；但我们知道这知觉性存在，因为可在异常的情况下进入其中，而从这'时间'视见之同时性的观点看事物。第三个格位，便是那属于'知觉性・力量'的一进行的运动，及其持续作发其所见于'永恒者'的静定视见中的；这便是'时间'运动。但这是同此一'永恒性'，此三重格位在其中存在，运动在其中发生。不是真有两个永恒，一为定位的永恒性，一为运动的永恒性；但是有'知觉性'对此同一'永恒性'所取的不同的位置或格位。因为，它能自运动之外或自上看此整个'时间'的发展；它能在运动之内取一安定的位置，在一固定了的，决定了的，或命定了的持续中看其前与后；或者，它能在运动中取一流动的位置，自体刻刻随之而动，而看一切已发生者退入过去，而一切将要发生者，从未来向它前来；或者，它可集中于它所占据的那一时刻上，除见在那时刻中者，与在其周遭或在其后者，更不见何物。凡此种种位置，皆可为'无限者'的有体所取，在一同时的视见或经验中。它能从'时间'之上或在'时间'之内看'时间'，超出它，不在其内；它能看'无时间者'发展为'时间运动'，而不终止其为无时间者，它能以一静定的和一机动的视见怀抱此整个运动，而同时发布它自体的一点什么到此时刻视见中。对有限知觉性之系于时刻视见者，这同时性好像是‘无限者’的一魔术，‘摩耶’的一魔术；对其自体的知见法，需要限制，在一时里只观看一个格位乃可和合的，这将给予以一纷乱和不一致的非真实性之感。但是对一无限的知觉性，这么一种视见和经验的整体的同时性，将是纯全合乎逻辑且一致的；一切皆能是一全般视见的原素，能在一和谐的安布中密切相关联的，一多性观照，发皇出所见的事物的一体性，一多式表呈，表出‘一真实性’的从同的各方面。

倘若能有‘一真实性’之自我表呈的同时的多性，我们见到一‘无时间的永恒者’与一‘时间永恒性’之同存并在，没有什么不可能。这将是同一‘永恒’，为一变重的自我觉识所见，二者间必无对反；这将是无限和永恒的‘真实性’之自我觉识之两个权能的同在关系，——一定位与非显示之权能，一办自果的作为与运动与显示之权能。它们的同时性，对我们的有限的表面观看无论像是怎样矛盾，而且难于调和，但是对于‘摩耶’，或‘大梵’的永恒的自我知识和大全知识，‘伊湿筏罗’的智慧权能和永恒且无限的知识，自我存在的‘真、智、乐’的知觉性·力量，皆是内在的而且正常的。

第三章　永恒者与个人

于是有存在的一基本真理，一‘遍在的真实性’，超乎宇宙显示亦在其中遍在，于每个人内在。此‘遍在当体’也有一机动的权能，有其无限的‘知觉性·力量’的一创造的或自我显示着的作用。当作这自我显示的一运动或方面，有入乎似是的一物质的无心知性之下降，有个人之出乎此‘无心知’之觉醒，有他的进化而臻至于精神的和超心思的知觉性与此‘真实性’之权能，而入乎他自己的宇宙的和超上的‘自我’与存在的源头。是在这基础上，我们乃当建立我们世间有体的一真理的概念，和物质‘自性’中一神圣‘人生’之可能。于此，我们主要的必需，便是发现‘无明’的自性和由来，我们见到这‘无明’是自物质的无心知性出现，或在一物质的身体中自加启露的，还要去发现‘知识’或‘明’的自性，应当代替‘无明’的，也还得了解‘自性’的自我开展与心灵的恢复之程序。因为事实上‘明’是隐藏于‘无明’本身里；这不是应当求得而是应加启发出的；它自加启露而非可学得，由一种内转和上达的自我开展。但起初姑且方便处理且摒除一必然发生的困难，这困难便是：纵假定有‘神圣者’在我们中间的内在性，甚至假定我们的个人知觉性当作了进步的进化显示之一工具，个人在任何意度下竟是永恒的，或者，个人性仍能怎样常住，在以一体性与自我知识而达到了解脱之后。

这是逻辑理智的困难，必须以一较大较公的启明着的理智去解决。或者，倘若这是精神经验的一困难，则只能以一较广的能解释的经验去处理。这也可以付之于一辩证的论战，逻辑的心思的一场文字战争；但那在其本身便是一矫揉造作的方法，时常是云里雾里一无谓的战斗，毫无结果。逻辑的推理是有用的，在它自有的原畴中必不可阙，以使心思在处理其自有的理念和文字象征时，能得到相当的清明，精确，和微妙性。我们由观察和经验而达到的，或我们在物理，心理，或精神上所见到的一些真理知见，用了逻辑的推理，便能尽少被我们寻常的人类智慧的混乱所翳障，寻常的人类智慧是倾于取现相为事实，急于为局部的真理所误导，夸张结论，以智识的和感情的偏见用事，无能又至拙地以真理联于真理，又唯独由此我们乃能达到一完全的知识。我们必须有一清明，纯洁，微妙，而又柔韧的心思，庶几尽可能少堕入我们这类人的寻常心思习惯，即将真理本身化为一错误的供应者了。那一明朗化，清明的逻辑推理的习惯，臻极于形而上学的辩证方法，诚然有助于成就知识，而且其在准备知识上的一部分事，因此甚为伟大。但是以其自体，它既不能达到世间知识，也不能达到上帝知识，更毋庸说调协低等和高等实践。它甚有效能作为一错误的防卫者，过于作为一真理的发现者，——虽则由演绎已得到的知识，或也遇到新的真理，于是指点它们使经验或更高更大的见知真理的官能去证实。在综合的或统一的知识之较微妙的原畴，心思的逻辑习惯甚至可化为一绊脚石，正由赋予之以其特殊用处的官能；因为它是那么习惯于作成差别，着重差别，且以差别为用，以致遇到应当超越和忽

略差别时，它常是颇茫然了。然则我们的目的，若考虑到正常心思的困难，当其正面直对个人的宇宙的和超上的一体性的经验时所有的，便应单独是给我们自己弄到更明白，第一，这些困难的由来，其次，从这些困难脱出，还有，更重要的，以此而明白我们所达到的一体性与个人的造极的真实性格，当他与众生为一且居于'永恒者'的一性中时。

给理智的第一个困难便是，它常是惯于认个人的自我与私我为一，而且以为它只以私我的范限与除外而存在。倘若那是如此，则以超出着私我，个人便会去掉他自己的存在；我们的结局便会是消失或融化入物质，生命，心思，或精神的某些普遍性中，或否则入乎某一不决定者中，我们的私我的个人性的决定由之出发的。但这坚强分化的自我经验、我们所称为私我者，是什么呢？在它自体，没有什么在基本上是真实的，它只是我们知觉性的一个实用的组织，为集中我们内中的'自性'的活动而设计的。我们见到一身体的，生命的，心思的经验的形成，自体从有体的其余部分分别，那便是我们所认为在自然中的我们自己，——这有体在变是中之个体化。于是我们谁而想见我们自己为一个这么个体化了的什么，而且只长此若其是个体化了，它乃存在，——是一暂时的或至少是时间性的变是；或不然，则我们想象我们自己是某人，他支持或造成这个体化，也许是一永生人物，但为其个人性所限制。这知见和这概念，组成我们的私我意识。通常，在我们关于我们个人的存在的知识上，我们不曾进到更远。

但是，究其极，我们终当见到我们的个人化，只是一肤浅的形成，一实用的选择，和有限的知觉的综合，为了在某一躯体中的生命之暂时的用处，或否则它是一恒常变易且发展着的综合，经过连续诸生在连续诸身体中追求着的。在其后，有一知觉性，'补鲁洒'，不为他的个人化或为这综合所决定或限制，却反而决定，支持，却又超出着它。那他所从而选择以造成这综合者，便是他于世界有体的全部经验。因此，我们的个人化，是由此世界有体而存在，但亦复依乎一知觉性，为了其个人性的可能性之经验而利用此世界有体的。这两个权能，'个人'，与他的世界材料，两皆于我们现在的个人性经验为必需。倘若'补鲁洒'以其个体化的知觉性的综合，怎样是消失了，或合并，或自化为乌有，则我们建造成的个人性将止息，因为支持着它的'真实性'不复存在了；另外一方面，设若世界有体要消失，合并，化为乌有，则我们的个体化也将止息，因为经验的资料，以之而成办它自体者，也会缺乏。然则我们应当认识我们的存在的这两项，一世界有体，与一个体化的知觉性，即我们的一切自我经验和世界经验的原因。

但我们更远看，看到这'补鲁洒'，这我们的个人性的自我和原因，终于拥抱全世界与一切其他有体，在它自体的一种知觉的引申中，且见其自体与世界有体为一。在其自体的知觉的引申中，它超越了初始的经验，且废除其积极的自我范限与个体化之诸多阻碍；以其知见其自体的无限的普遍性，它超出一切分别的个人性或有限的心灵有体之知觉性而外。即由此一事实，个人终止其为自我范限着的私我；换言之，我们的虚伪知觉，以为唯以自我范限，以严格分辨我们自己与其余的有体与变是而存在，这虚伪知觉是被超出了；我们自认与在某一独特的心思和身体中的个人的和此世的个人化为一，这体认为一是被废除了。但是个人性和个人化的全部真理是废除了么？是‘补鲁洒’已终止其存在？或是否他变为世界‘补鲁洒’而内在地生活于无数心思和身体中呢？我们发现其不是如此。他仍然个体化，而且是他个体化时，乃怀抱这较广的知觉性，但是心思不复思及一有限的暂时的个体化为我们的全般了，而只是一变是的波浪，从其有体之海洋涌起的，或否则是普遍性的一形式或中心。心灵仍以世间变是为个人经验的资料，但不视之为外于它自体，或大于它自体的什么，它从之而取材，由之而受影响，与之它必作种种适调的，却主观地觉识其在它自体内；它双怀抱其世界资料，与其空间的和时间的活动之个体化了的经验，在一自由且扩大了的知觉性中。在此新知觉性中，精神的个人见到他的真实自我是与‘超上者’在有体上为一，且安坐而寓居其中，而不复以其所建造的个人性，为有多于为了世界经验的一形成的什么。

我们与世界有体之为一，这一体性乃一‘自我’之知觉，这‘自我’在一且同一时中，在世界中宇宙化，又由个体的‘补鲁洒’而个人化，双在那世界有体与这个人有体以及一切个人有体中，它觉识是同此一‘自我’显示着又经验着其各种显示。然则那必是一‘自我’，在其有体上为一，——否则我们不会有此一体性的经验，——可是在其正本的一体性中，必然能作宇宙的分殊和多样的个性。一体性是其体，——是的，但宇宙的分殊化与多样的个性，皆是此体之权能，常是呈现着，也是其悦乐，且是其知觉性的自性，要将其表显的。然则倘若我们达到了与它为一，甚至我们全般、且在每一方式上、变成了那有体，为什么那有体的权能应被割除，为什么我们全然要愿望且致力于将其割去呢？于是，我们当只是减少了我们与之为一的瞻望，由一种除外的集中，承认神圣有体，却不承认

‘神圣者’的权能与知觉性与无限的悦乐中我们的一份。事实上这会是个人之寻求一不动的同一性中的结合之平安与休息，却拒绝神圣的‘存在’之自性与作为与权能中的悦乐和种种结合之欢喜。那是可能的，但不必需将其奉为我们的生存之究竟目标，或奉为我们的究竟圆成。

或者，可能的唯一理由，便是在知觉性的权能，作为中，没有真的结合，只在知觉性的定位中，乃有圆满无分别的一体性。现在，在我们所称为个人与‘神圣者’的清醒结合中，与相反的堕入睡眠，或个人知觉性集中于一凝敛的同一性里，这当然且必然有经验的相异。因为在这活动的一体性中，个人‘补鲁洒’也扩大其自动的经验，亦如其静定的知觉性，进到与这‘自我’在他的有体与世界有体上的结合之道上，可是个体化犹在，因此分殊仍在。‘补鲁洒’觉识其他一切个人即是他自己的多个我；他可由一动性的结合，觉到他们的心思的和实际的作为，是发生在他的普遍的知觉性里，正如他觉识他自己的心思的和实际的作为；他可由与他们作主观的结合，而帮助他们的作为：但仍然是有实际的分别。‘神圣者’在他自己内中的作为，是他所特殊且直接关心的；‘神圣者’在他的其他多个我中的作为，是他所普遍关心的，但非直接，只是由且以他之与他们以及与‘神圣者’的结合。所以个人存在，虽则他超越微小的分别的私我；普遍者存在，为他所怀抱，但不吸收而废除一切个人的殊异，虽则以他自己普遍化，我们所称为私我的这范限是超越了。

现在，我们可以除去这殊异化了，由投入一除外的一体性之凝定中，但为了什么目的呢？为了纯全的结合么？但我们也不丧失

那个，由接受殊异化；不异于'神圣者'会丧失'他'的一性，由于承受殊异化。我们有完善的结合在'他'的有体中，可以在任何时凝定于其中，但我们也有此另一殊异化了的一体性，可以在任何时没入其中，在其中自由作为，而不失去一性：因为我们泯没了私我，消释了我们的心思体的许多除外的压力。然则是为了平安与休息？但我们由于与'他'为一，便有平安与休息，甚至有如'神圣者'永远保有'他'的永恒的宁静于'他'的永恒的作为中。然则为了除去一切殊异化的纯粹喜乐么？但那殊异化有他的神圣目的：它是一更大的一体性的手段，不是像在私我性的生活中当作分化的手段：因为我们以此享受我们与其他多个自我为一体，且与一切中之上帝为一体，以我们之拒绝其多性的有体而除外的。在此任何一经验上，是个人中的'神圣者'，在一场合保有而且享受'神圣者'在'他'的纯粹的一体性中，或在另一场合，在那又在宇宙的一体性中；这不是绝对的'神圣者'已失掉'他'的一体性后的恢复。必然，我们可喜欢取在一纯粹的除外的一体性中之凝定，或离此而入乎一超宇宙的超上性中，但在'神圣存在'的精神真理中，没有迫切的理由，为什么我们不应参加'他'的普遍有体的这巨大的富有和福乐、即我们的个人性的圆成。

但更远一点我们见到，我们的个人有体，不单独是或究竟是进到宇宙有体中，而是进到某事物中，此二者在其间统一了的。正如我们在世间的个人化，乃那'自我'的一变是，同然，世界也是那'自我'之一变是。世界有体常是包括个人有体；所以这两变是，宇宙的和个人的，皆彼此相关，且在其实际关系上相互依倚。但是我们发现个人有体，终于也包括世界于其知觉性中，而这既非由于废除精神的个人，而是由于他臻至他的充分，巨大，和纯全的自我知觉性，则我们当假定个人常包括了宇宙，而且，只是表面知觉性，由于无明，不克保持那概括，因为它自限于私我中。但时当我们说起宇宙者和个人之互相包括，世界在我内中，我在世界内中，一切在我中，我在一切中，——因为那是解放了的自我经验，——我们是显然游于正常理智的语言之外。那是因为我们所用的字汇是心思所铸造的，而其价值，是由一拘于物理‘空间’和环境的概念之智识所给予的，于是用从物理生活与识感经验所得之诠表，作为高等心理经验之语言。但是，已得解放的凡夫所升入的知觉性境界，是不依赖此物理世界的，而我们这么包括且被包括于其中的宇宙，不是这物理的宇宙，而是上帝的和谐地显示着的有体，在‘他’的知觉力量与自我悦乐的某些伟大旋律中。因此这相互涵括是精神的和心理的；这是‘多’之两个形式的一翻译，全体和个人，译入一统一化的精神经验，——‘太一’与‘多’之永恒的一体性之翻译；因为‘太一’是‘多’之永恒的一体性，殊异化、亦不殊异化其自体于宇宙中。这意义是宇宙和个人，皆是一超上的‘自我’的显示，他是不可分的有体，虽他似乎是分化了或散布了。然他实未尝分化或散布，却遍处不可分而当体现前。所以一全在每个中，每个在一全中，一全在上帝中，上帝在一全中；于是当时得了解放的心灵与此‘超上者’相结合，它有它自体与宇宙的这自我经验，这在心理上翻译为一互相涵括，与二者在一神圣的结合中之长住的存在，这同时是一一性、和一混融、和一怀抱。

理智的正常经验，因此是不能适用于这些高等真理的。第一，私我是只在无明中的个人；有一真实的个人，不是这私我，而与一

切其他个人仍有一永恒的关系，不属私我性或自我分别的，其真本性格是建立于真元的一体性中之实际相互性。这建立于一体性中之相互性，是神圣的存在在其圆满的显示中的整个秘密；凡任何我们可称曰一神圣人生者，必以此为其基础。但是，第二，我们见到正常理智所堕入的困难和纠纷，便是我们说起一高等且不可限量的自我经验，建立在神圣的无限者上的，却出之以一种语言，为这低等和有限量的经验所形成的，且建立在有限的现相和分化的界义上的，以之我们试行分辨和类别物理世界的事相的。这么我们要用个人这名词，以表说私我和真的个人，正如我们有时说起似是的和真实的'人'。明显的，凡此名词，如人，似是的，真的，个人，真实的，皆当取其极相对的义度，且充分觉识其不完善，不能表达我们意中的事物。说个体，寻常我们的意思是说某个事物，与其他一切事物分离而独立，虽则在真实性上没有这么一个事物在任何处存在；这是我们的心思概念的一虚构，有用且必需，以表白一局部的和实际的真理。但困难是，心思变到为其文字所统治了，忘记了局部的和实际的真理只由其与余者，对理智似与之相违反者的关系，乃成其为正确真理，而就其自体以观，它包含了一常有的虚伪原素。如是，时若我们说起个人，我们通常是说心思的，情命的，生理的有体之个体化，与其他诸有体相分别，以其正本个体性，不能与他们为一体。时若我们出此心思，情命，和身体三项以外，说起心灵或个人自我，我们仍是想着一个体化了的有体，与其他的一切相分别，不能为一体，不能有相含纳的相互缘，至多能有点精神接触和心灵同情。然则应当坚持所谓真正的个人，我们的意思不是说这类任何事，而是指'永恒者'的有体的一知觉的权能，常以一体性而存在，常能相互缘。是那个有体，它以自我知识而享受解放与永生。

但我们必须将此寻常的理智与高等理智之冲突，更推论稍远。时若我们说起真正的个人，乃‘永恒者’的有体的一知觉的权能，我们仍在用智识名相，——不得不如此，除非我们跳入一纯粹象征的语文里，采用神秘的语言价值，——而且，更坏的，要试行离开私我理念，我们正用一太抽象的说法。然则，且让我们说，是一知觉的有体，在我们对存在的估价上他是‘永恒者’的一个有体，在他的个人化的自我经验之权能中；因为它必须是一具体的有体，——不是一抽象的权能，——乃享受永生。于是我们达到这点：不单是我在世界中、和世界在我中，亦且是上帝在我中、和我在上帝中；而这还不是说上帝依赖人而存在，而是说‘他’显示‘他自己’于那‘他’显示在‘他自己’内中者上；个人存在于‘超上者’中，但全‘超上者’是隐藏于个人里。进者，我在我的有体上与上帝为一，可是我在我的经验中仍能与‘他’有关系。我，这解放了的个人，能享受‘神圣者’于‘他’的超上性中，与‘他’合一，同时也能享受其他个人中的‘神圣者’，及在‘他’的宇宙的有体中的‘神圣者’。明显是，我们已达到了某些与‘绝对者’的初步关系，这些关系对心思为可了解，只倘若我们见到‘超上者’，个人，宇宙的有体，皆是知觉性的永恒权能，——这趟无可挽救，我们又堕入全是抽象的语言中了，——一绝对存在的，一一体性却又多于一一体性，它这么向在我们中间的它自己的知觉性表白它自体，而这不是我们能以凡人的语言适当地表述的，也不能希望用正性的或负性的名词向我们的理智说明，却只能希望尽我们的语文的最高能事将其指出而已。

但是寻常的心思，对于这些事物，那么对已解放的知觉性为雄强真实的，却没有经验，很可能反叛这些对它仿佛不外是一聚智识的矛盾者。它可说："我很知道'绝对者'是什么；它是那其间没有相对者。'绝对者'与相对者皆不可调和的对反者；在相对者中，没有什么地方有任何事物是绝对的，在'绝对者'中，不能有任何事物是相对的。任何事物与我的思想的这第一资料相违反的，在智识上是虚伪，在实际也不可能。其余诸说也违反了我的矛盾律，即两个相反对和相冲突的肯定不能两皆真实。这是不可能的，如说应是有与上帝为一之一性，却又有与'他'的关系，如这一属'神圣者'的享受的。在一性中便没有人享受，除了'一'；也没有所享受的什么，除了'一'。上帝，个人，和宇宙，必为不同的三真实，否则其间不会有关系。或者，它们是永不相同，或者，它们是现在不同，虽则原本可能是一无分别的存在，终于也可能再变为一无分别的存在。一体性或许曾是，也或许将是，但现在不是，也不能是，只若长此宇宙和个人常在。宇宙的有体能知道而且保有超上的一体性，只由终止其为宇宙的了；个人能知道而且保有宇宙的或超上的一体性，只能由终止一切个人性和个体化。或者，倘若一体性是唯一永恒的事实，则宇宙和个人皆不存在；它们皆是'永恒者'加于自体的幻相。那很可能牵联一对反或未曾妥协的矛盾；但我宁愿承认'永恒者'中的一冲突，不是强迫我想出的，而不肯承认我的原本概念中的一矛盾，我不得不逻辑地想出的，而且也是为了实际目的而想出的。在这假定上，我能或则认此世界在实际上为真实，在其中思想和作为，或则拒绝之以为非真实，而停止思想和作为；我不是被强迫要调和对反，被命令要知觉某个出乎我自己和世界以外的什么，且在那中间知觉，而又从那基础上去像上帝一样处理一世界的冲突。时当我仍是一个人，而要试是上帝一样，或同时是三者，在我仿佛这牵联一逻辑的混乱，而实际上也不可能。”——这可能正是寻常理智的态度，而且是清晰，流顺，在辨别上是积极的；它不牵连任何理智的特殊体操，试欲超出自体，而自消失于阴影和半明半暗或任何神秘主义中，或者，至少只有一原始的比较简单的神秘主义，没有其他一切困难的纠纷。然则是这种推理，在简单是理性的心思，最感满意了。可是在这有一三重的错误，在‘绝对者’与相对者间作一不可度越的鸿沟之错误，将矛盾律做到太简单，太严刻，又引申得太远之错误，在‘时间’的义度中推想事物——其本原与最初居处皆在‘永恒者’中的——的创生之错误。

我们说‘绝对者’，意义是指大于我们的，大于我们所居之宇宙的什么，是那超上的‘有体’我们所称为上帝者的无上真实性，是个什么，倘若没有它，则凡我们所见或所知觉为存在着的，必未能是，必未能一须臾存在。印度思想称之曰‘大梵’，欧洲思想称之曰‘绝对者’，因为它是一自我存在者，消除了一切于相对者的拘束。因为一切相对者，只能以一个什么而存在，即它们全部的真理，和它们的权能与性格的渊源和持载者，却又超出它们全体；是个什么，不但每一相对性本身，亦且是凡我们所能作出的我们所知道的一切相对者的总和，皆只能是——在我们所知道关于它们的一切中，——一局部的，低等的，或实际的表现。我们以理智见到这么一个‘绝对者’必然存在；我们以精神经验觉识它的存在：但纵使是我们最觉识它时，我们也无由说明它，因为我们的语言和思想只能处理相对者。‘绝对者’在我们是‘不可名相者’。

至此，不须有什么真困难或混乱。但我们为心思的对待习惯所领导，心思惯于以辨异，以一双一双对反者思维，我们随便进而说起‘绝对者’非但不为相对者的范限所拘束，亦且仿佛是它拘束于其无有于范限的自由，严酷地空无一切相对待的权能，在其自性上亦不能有，是个什么在其整个有体上与相对性为敌，为其永恒的反对者。由于我们的逻辑踏错这一步，我们进到一厄塞中了。我们自己的存在和宇宙的存在，不但变成了一神秘，亦是在逻辑上为不可思议了。因为由此我们达到了一‘绝对者’，它不能有相对性，除外了一切相对者，却又是相对性的原因，或至少是其支持者，且是一切相对者的包含者，真理，与本质。于是我们只有一条逻辑的又非逻辑的出路，出离这厄塞。我们当假定世界为一自生效果的幻相或一不真实的时间性的真实，外加于无相无缘的‘绝对者’的永恒上。这自外强加，是我们的误人的个人知觉性所为，它误看‘大梵’在宇宙的形相中，——如人误见麻绳为蛇；然既由于我们的个人知觉性本身是一相对者，为‘大梵’所支持，唯独以‘大梵’而存在，不是一真正的真实，或由于它在真实性上本身即是‘大梵’，则终归是‘大梵’在我们内中的它的自体上加上了这错觉，而在它自体的知觉性的某种形象中，误以一存在着的麻绳为一不存在的蛇，在其自体的不可决定的‘真实性’上，强加一宇宙的似相，或者，倘若它不强加于它自体的知觉性上，则也是加于依之而起的知觉性上，它自体入乎‘摩耶’的一个映示。——以这番解释，却没有什么给解释了；原来的矛盾仍其故处，未相妥协，我们只是在另外的名相里将其复述了一番。好像是试以智识的推理而达到一种解释，我们以我们自己的不妥协的逻辑之欺诈，使我们自己迷茫了。我们以一强说外加于‘绝对者’上，这是我们的过于专擅的推理惯施于我们的智慧上的；我们已将了解世界显示的我们的心思的困难，化为‘绝对者’的一原始的无能，全然不能在世界中显示其自体了。但是‘绝对者’，明显的，在世界显示上没有什么困难，而且在同时超出显示上也没有困难；困难只存在于我们的心思范限中，这阻止我们不能摄持超心思的理性，以无限者与有限者为可同存并在的，不能把握无条件者与有条件者之枢纽。于我们的智识的理性，这些皆是对反者；于绝对的理智，则这些皆互相关涉，而非真本相冲突的一个而且同此一个真实性的表现。无限‘存在’的知觉性，异于我们的心思知觉性和识感知觉性，更大，更广博，因为它包括它们为它的工事的小前提，而无限‘存在’的逻辑，异于我们的智识逻辑。在它的伟大初原有体的事实中，它调和了于我们的心思观念为不可调和的对反者，因心思观念，只关注于文字和理念，从次等事实中挹取的。

我们的错误是，在试行界说那不可界说者，我们以为我们成功了，时若我们以一除外一切的否定去描述这‘绝对者’，而这，我们却又不得不想象为一无上的正性者且为一切正性者的原因。无怪乎许多敏锐的思想家，将他们的眼光置于有体的事实上而不置于文字的区别上的，也被迫而推论到‘绝对者’只是智慧之一杜撰，生于文字和语言辩证的一理念，一个零，不存在，于是结论到一永恒的‘变易’，乃我们的存在之唯一真理。古代圣人诚然也负性地说起‘大梵’，——他们说：“非此，非彼”，不是这，不是那，——但他们也留心正性地说起它，他们也说，是此，是彼，是全：因为他们见到，或以正性的或以负性的定义界限它，便是脱失了它的真理。他们说:‘大梵’便是‘物质’,是‘生命’,是‘心思’,是‘超心思’,是宇宙的‘悦乐’,是‘真、智、乐’;可是不能以这些的任何一名相真实界定它,甚至以我们的最大的‘真、智、乐’的概念也不能。在此世界,如我们所见到的,对我们的知觉性,不论我们将其推到何种高度,我们发现凡每一正者必有一负者。但此负者不是一个零,——诚然,对我们现似为一零者,是充满了力量,饱含了存在的权能,富有实际的或潜能的内容。而此负性者亦不使其相应的正性者化为不存在,或一非真实性;它只使正性者化为事物的真理的一不完全的陈述,甚且,我们还可说,为正性者自有的真理的陈述。因为正与负不止是并肩存在,亦且是彼此相缘,彼此相以而存在;它们彼此完成,而且,对大全视见,非有限的心思所能达到的,是彼此解释。每个在其自体不是真被了知;只是时若我们能在其中加以其似是的反对者的提示的看法,然后我们可开始懂到其较深的真理。是由这么一种更深沉广大的直觉,而不是以除外的逻辑的对反,我们的智慧得去接近‘绝对者’。

‘绝对者’的诸多正性者,皆其自体的对我们的知觉性的各种表述;其负性者,则带来了其余的绝对正性,以此其于起初的这些表述的限制是被否定了。起始,我们有其大的初原的关系,如无限者与有限者,有条件者与无条件者,有功能者与无功能者;在每一对中,每一负性者隐藏着其相应的正性者之全部权能,被包含于其中且从之出现的:没有真实的对反。在较少如此微妙的一系真理上,我们有超上者与宇宙者,普遍者与个人者;在此我们见到每一对中的一个,是被包含于其似是的对反者中。普遍者在个人中独特化其自体;个人在内中包含了普遍者的一切普通事。普遍的知觉性，是由无数个人之变易，而非以压制此诸变易，乃得其自体之全；个人的知觉性，是由其普遍化为与宇宙者的同情和同一性后，而非以范限其自体于私我，乃成其全自体。同然，宇宙者在它全自体中，在它内中的每一事物中，包含了超上者之全部内在性；它以其自有的超上真实性的知觉性，保持它自体为世界有体，它在每一个人有体中得其自体，由于在那有体中且在一切存在中之神圣者和超上者的实践。超上者包含，显示，组成宇宙，而且由于显示，它显示着或‘发现着’，如我们可用这名词在其旧的诗义上说，它自体的无限的和谐的多方变易。但虽在相对者的较低的诸系上，我们也发现这负性者和正性者的活动，而且，是以其诸项目之神圣的调协，非以割除它们，或扩充其对反至于究极，我们乃当达到‘绝对者’。因为，在那里，在‘绝对者’中，凡此相对性，凡此‘绝对者’的变换着的旋律的自我表陈，皆得到不是其全般的否定而是其存在的理由和辩正，不是其当作一妄语的信念，而是其真理的渊源与原则。宇宙和个人，回到‘绝对者’中的一点什么，是个人性的真正真理与宇宙有体的真正真理，不是它们的否定和它们为虚伪之信念。‘绝对者’不是一怀疑论论师，否定他自己的一切陈述和自我表白的真理，却是一如此究极又如此无限为一正性的存在，以致没有有限的正性者可能构出以穷尽它，或约束之于其定义里。

这是明显的，倘若‘绝对者’的真理是如此，则我们也不能用我们的矛盾律而加以拘束。那律则在我们是必需的，使我们能安立局部的和实用的诸多真理，清晰地，决定地，有益地想出事物，将其类分，施为，作有效处理，为了特殊目的，在我们的‘空间’的划分，‘时间’的辰刻，及形式与属性的辨别上。它代表一形式的和极为机动的存在在其实际工事上的真理，在事物的最属外表的一项、物质、中为最强，但愈变愈加不那么严厉地拘束了，当我们愈加上登，登上有体之阶梯的愈加微妙的等级。它在我们尤其是必需的，在处理物质的现相和力量时；我们当假定它们是一时一事，一时只有一权能，且限于它们的显著的和实际有效的能量和属性；否则我们无从处理它们。但即算在那里，如人类思想正开始体验到，智识所为之辨别，'科学'的汇分与实际的试验，在其自有的领域中，为了其自有的目的，纯全为有效，却未尝代表事物的全部的或真实的真理，不论是事物之为全体，或事物之为自体，我们已加类分，勉强地别置，为了个别分析使之孤立的。以那孤立化，我们诚然能甚为有效，甚为实际处理之，于是我们起初想着我们的作为之有效果，便证明我们之孤立和分析知识之全般和充分真理。后下我们又发现出此以外，我们远能达到一更大的真理和一更大的效能性。

这孤立化为了初步知识断然是必需的。一金刚石是一金刚石，一珍珠是一珍珠，各属其类，每一物以与余物相别异而存在，每一物以其自有的形式与属性而独出。但每个也有其属性和原素于二者为共通，且有其他的于普通物质之物为共通者。如实，每个不单是以其别异而存在，却更真本地以那于二者为共通者而存在；而且我们回到一切物质事物的真正基本和永久的真理，只时若我们发现一切皆同一物，一能力，一本质，或者，倘若可说，一个万有的动，它抛起，发出，结合，实现这些不同的形式，各别的属性，这些固定了的与和谐化了的潜能性，皆属于它的有体的。倘若我们止于别异的知识，则我们只能处理金刚石与珍珠，如其为金刚石与珍珠，规的它们的用处，价值，类别，得其最佳的寻常之用与利；但是，倘若我们能达到它们的原素和它们所属的类别的共通属性之知识与管制，则我们可达到那权能，随我们的意愿而造成一颗珍珠或一金刚石：若更往前进，能主宰那一切物质事物在其真元上皆是者，我们甚至可达到变化之权能，那将给我们于物质的'自然'之可能最大的管制。这么，辨异的知识达到它的最伟大的真理和最有效的用处了，时若我们达到那更深的知识，属于那在一切变异之后的统同中调和别异者的。那更深的知识，不夺去另一个比较肤浅的知识之效能，也不判断其为虚妄。我们不能从我们的究极的发现结论到没有原始的本质或'物质'，只有能力显示着本质或显示为本质，——说金刚石与珍珠皆不存在，非真实，只对我们的知见与作为的诸识之幻觉为真，说唯一本质，能力，或动，乃独为永恒的真理，因此我们的'科学'的最好的或唯独合理的用处，便是消镕金刚石与珍珠及凡一切我们能消镕者，为此唯一和永恒的真实，而永远抛弃它们的形式和属性。有一事物之真元性，有一事物之共通性，有一事物之个别性；共通性和个别性，皆是真元性的真实的和永恒的权能：它超越此二者，但三者共同、而非一个以其自体、为存在的永恒的项目。

这真理，我们能见到的，虽有困难而且在巨大的限制下，甚至在物质世界中，其间有体的较高较微妙的诸多权能，皆得从我们的智识活动除开的，变到愈加明白且愈加强大了，时当我们循等级上登。我们见到我们的类分和辨别的真理，但也见到它们的限度。万事万物，纵使皆为不同，却仍然是一。为了实际目的，植物，动物，人，皆是不同的存在。可是，时若我们更深观察，我们见到植物只是一动物，只是其自我知觉性与机动能力的进化不充分而已；动物是在制作中的人；人自己便是那动物，却更是自我知觉性与知觉性的机动权能之多一点的什么，使之成为人者；而且，他却又是更多一点什么，包含且抑遏了在他的有体中为神圣者的潜能性的，——他是在制作中的神。在这些的每个中，植物，动物，人，神，皆有‘永恒者’在，在仿佛包含且抑遏他自己，以作他的有体之某一表白。每个是潜藏了的整个‘永恒者’。人自己，他取起了在他以前过去的一切，化之为人道，便是个别的人，可是他又是全人类，宇宙的人，在个人中当作一人类的人格而作为。他是大全，却又是他自己而是独一。他便是他之为他者，但他也是过去之为他者的一切，与他之非他者的一切之潜能性。我们不能了解他，倘若我们只看他现在的个人性，但我们也不能了解他，倘若我们只看他的共通性，他的普通的人道名目，或以除外此二者而回到他的有体的真元性，其间他的卓出的人道和他的独特的个别性似乎皆消失了。每一物是‘绝对者’，凡一切皆是那‘太一’，但在此三项中，‘绝对者’常作出它的发展了的自我存在之表述。我们皆不是因为真元的一体性，被强迫说一切上帝的种种作为和工事，皆虚无，不实，无价值，如幻，属现相，而我们于我们的知识所能作的最好的，唯独合理的或超理性的运用，便是从之退开，消镕我们的宇宙的和个人的存在于真元有体中，将一切变是当作一虚事而永远除却。

在我们与人生实际相接，我们也应达到同此一真理。为了某些实用目的，我们当说某事物是好或是坏，是美或是丑，是公正或是不公正，在那陈述上作为；但是，设若我们以此而限制自己，则我们达不到真知识。矛盾律在此有效，只若是两个不同且相反对的陈述，不能于此同一物，在同一时，同一范畴，同一方面，从同一观点，且为了同一实际目的为真实。比方说，一大战争，破坏，或暴烈的遍处蜂起的革命，可能向我们表呈为一恶事，有毒害的和大祸乱的云扰，而且在某些方面，结果，和看法上它是如此；但从其他各方面，结果，和看法上，它也可能是一大善，因为它迅速清除了一原地，为了新的善或一更使人满意的秩序。没有人简单是恶或简单是善的；凡人皆为相对反者的一混合；我们甚至发现这些相对反者，往往纠结于单独一个感觉，一个行为上而不可分。多种相冲突的性质，权能，价值，皆相聚合，相涉入，以造成我们的行为，生活，性格。我们能全般了解，只若我们达到一点'绝对者'的意识，而又在一切相对者上看它的工事，即皆已显示者，——不是只就每个自体单独看之，却是就每个于全体、于那超出而且调和它们全体者的关系上看之。事实上，我们能够知道，只由于达到事物中的神圣观，看到其间的神圣目的，而不仅是我们自己的，虽则我们自己的有限的凡人观念与一时的目的，在'大全'的结构上也有其有效性。因为在一切相对者之后，有此一'绝对者'，这赋予它们以有体和它们的正当理由。世界上没有某一作为或措置，在其自体是绝对的公道；但在一切作为与措置之后，有点什么是绝对的，我们称之曰公道，它在它们的相对性上表现它自体，我们也可实践的，倘若我们的见界和知识是面面俱到，不是像其现今这样，为局部，肤浅，限于少数彰明的事实和现相上。同然，也有一绝对的善和一绝对的美：但我们只能得到其一瞥，倘若我们至公地怀抱一切事物，出乎它们的现相以外，达到某个事物的一点意识，那事物是在它们中间，全体和每个，皆试欲以其复杂名相表述而且作发出的；非是一不决定者，——因为不决定者，只是诸多决定的原始质料，或也许

是诸多决定的密集情况，——而是‘绝对者’。诚然，我们也可循相反对的方法，将一切事物析破，不当作一全体而看它们，不在其与使它们得其是正者之关系上看它们，于是造出一智识概念，为绝对的恶，绝对的不正道，绝对的丑恶，痛苦，琐屑，卑鄙，或一切事物的虚无；但那是追随‘无明’的方法而至尽究极，其见地是基于分别的。我们不能正当地这样对待神圣工事。因为‘绝对者’以诸对待者而表现它自体，其秘奥我们难于测知，因为在我们的有限见界，每一事物现似为诸对反者和负性者的一无目的的戏玩或一聚集矛盾，我们不能结论到我们的初步有限的见解是正确的，或一切皆是心思的一虚妄的幻觉，没有真实性。我们也不能解决一切，用一原始未协调的矛盾，要解释其余一切的。人类理智是错误了，以一分别的和决定的价值加到每个单独的矛盾上，或除去其一，以全般否定另一；但它是对了，拒绝承认相对反者之相偶为终极和最后一语，那些对反，全未在什么方式上相调和，或否则有其渊源和意义在某个出乎它们的对反以外的什么中的。

我们也不能作出存在的原始违反间的协调或解释，由托庇于我们的‘时间’观念里。‘时间’如我们所知或想象的，只是我们体验事物之相续的手段，它是一条件也是条件的原因，在存在的不同诸界上变改，对甚至在同此一界的有体也自异：便是说，它不是一‘绝对者’，不能解释‘绝对者’的原始诸关系。它们以‘时间’而详细作发它们自体，对我们的心思的和情命的有体，好像是它们为‘时间’所决定：但那‘好像是’不将我们引归它们的渊源与原则。我们辨别有条件者与无条件者，我们想象无条件者化为有条件者，‘无限者’化为有限者，在‘时间’中某一日，又可能终止其为有限者，在‘时间’中某另一日，因为在细节上，特点上，或关系到事物的这个或那个系统上，这对我们现似如此。但设若我们看存在全体，我们见到有限者与无限者同存并在，以彼此而存在，且存在于彼此中。纵使我们的宇宙要消失，又旋律地重出现于‘时间’中，如古老的信仰所传，那也将只是一大细节，不会表明在某一时，一切条件皆在无限的存在之整个过程中止息，而全般‘有体’变为无条件者了，又在另一时却取上了真实性或有条件的相状。第一源头与初原关系，皆居于我们的心思的‘时间’划分以外，居于神圣的无时间性中，或否则在不可分的或永恒的‘时间’中，而我们的划分和持续，皆只是一心思经验里的造像。

于是我们见到一切皆相遇合，一切原则，存在的一切坚住的真实，——因为有限者当作有体之一原则，是和无限者一样坚住，——皆居于彼此之一初原关系中，在‘绝对者’之一自由的，不是除外的一体性上，而它们自呈于我们在此一物质或心思世界中的方式，只是它们的一番作发，作发于次等，第三等，或更低等的相对者中。‘绝对者’未曾变为它自体的对反者，在某一日擅取了真实的或非真实的相对性，它原来未能有的，不是‘太一’以一神奇变现而化为‘多’，也不是无条件者误入歧途而入乎有条件者，更不是无功能者茁芽生长为功能。这些对待皆只是我们的心思知觉性的方便法，我们于不可划分者的划分。它们所代表的事物皆不是虚撰，它们皆是真实，但倘若将它们置于彼此不可调和的对反或分隔中，则不能正确知道它们；因为在‘绝对者’大全之见中，没有这种不可调和的对反或分隔。这不单是我们的科学的划分和形而上学的辨别的弱点，并且是我们的除外的精神实践的弱点，精神实践只为除外的，因为我们得从我们的范限着和分化著的心思知觉性出发，然后达到它们。我们不得不作形而上学的辨别，以帮助我们的智慧进向一超越了它的真理，因为唯独是这样，它方可逃出我们初始对事物无辨别的心思观念之混乱；但设若我们至终自拘于此，则我们作出了只应当是初步者的锁链。我们亦复应当利用各别的精神实践，起初似乎是彼此相违反的，因为，我们既是心思的有体，便很难或不可能一时大体地全部地摄持那出乎我们的心思体以外者；但是我们又错误了，设若我们将其智识化，化为独是的真理，——一如我们肯定'非人格性者'，必是唯一究竟的实践，其余的皆是'摩耶'的创作，或声称'有功德大梵'，在其德性中的'神圣者'，便是那，而将非人格性从我们的精神经验中掷出。我们当见到伟大精神寻求者的这两种实践，在其自体皆同等有效，彼此反对则皆同等无效；两者皆是此同一'真实性'，在两方面经验到的，两者，于彼此的充分知识和经验，于两者之皆是者的知识和经验，皆是必需的。于'一'与'多'亦然，于有限者与无限者，于超上者与宇宙者，于个别者与普遍者皆然；每个是他是自，每个不能全知，若无其对者，若不超出其相反的对待之相状。

于是，我们见到唯一存在有其三项：超上者，宇宙者，和个人者，其中每个或隐或显常包含了其余二。'超上者'常保有它自体，又管制其余二者为它自体的时间性的可能性之基础；那便是'神圣者'，永恒的保有一切的'神明知觉性'，为遍能，遍智，遍在，而内成，怀抱，统治一切存在。人，在此世间，是第三项的最高权能，个体者，因为唯独他能在其最紧要的转捩点，作出那自我显示的运动，那运动对我们现似为神圣知觉性在'无明'与'明'两项间之内转与外发。个人的权能，在他的知觉性中能以自我知识保有他与‘超上者’和宇宙者，与唯‘一有体’以及一切有体为一之一体性，而且生活于那知识中，且以此而转化他的人生，这，乃是那使经过个人而作发神圣的自我显示为可能者；而个人，——非是在一个而是在一切个人，——达到神圣的人生，乃此运动之唯一可思议的目的。个人的存在，不是在‘绝对者’的某个自我中的错误，而为那自我后下所发现的；因为绝对的自我觉识性，或任何与之为一的什么，不可能是不知其自体的真理与其自体的能量，而为那无明所迷惑，进到一于其自体的谬见，为它所当纠正的，或进到一不可能的冒险，它所当抛弃的。个人的存在，也不是在一神圣的‘游戏’(Lila)中的一附属事件，一种‘游戏’，以相续的革命组成，经过快乐与痛苦的无尽循环，在‘游戏’本身中没有较高的希望，也没有从之而得的任何结局，除了不时有几个人偶然逃出了他们在这无明中的拘束。我们也许不得不保持那上帝的工事之不慈的不幸的观念，倘若人没有自我超上性的权能，或没有权能以自我知识而改变那游戏的情境，使近而又近于神圣的‘悦乐’的真理。在那权能中，便有个人存在之辩正；宇宙者和个人者，在它们内中展出那超上的‘真、智、乐’的神圣光明，权能，喜乐，常在它们上面显示，也常在它们的表面现相后秘在的，这便是神圣的‘游戏’的秘密主旨和终极胜义。但这是在它们自体中，在它们的转化，以及它们的坚住性和完善的关系中，而非是在它们的自我毁灭上，那乃应当展出。否则，没有理由为什么它们竟尝存在；‘神圣者’在个人中启开之可能性，便是这谜语的秘密，他当体在其中，与这自我展示之原意，便是这‘明·无明’的世界之启钥。

第四章　神圣者与非神圣者

宇宙是一无限的和永恒的'大全存在'的一显示:'神圣的有体'居于万有中;我们自己,在我们的自我,在我们的最深的有体中,皆是它;我们的心灵,我们的秘密内寓居的性灵元,便是'神圣知觉性'与'真元'的一部分。这是我们所取的我们的存在的观念;但同时我们说起一神圣的人生,乃进化程序之臻极,而用这说法便暗许我们现在的人生是不神圣的,而且凡低于我们的生命,亦然。在起初一瞥,这好像是自相矛盾;与其分别我们所企慕的神圣人生与现在的不神圣的存在,不如更合逻辑的说从一神圣显示的水平上升到一高等水平。可以承认,在真元上,倘若我们单看内在的真实性,而忽略外形的提示,这样可能是进化的自性,我们在'自然'中所必经的改变;而对于一宇宙的视见之公正眼光,不为我们的明与无明,善与恶,乐与苦的对待所扰,且参与'真、智、乐'之无拘碍的知觉性与悦乐者,也可能好像是这样。可是,从一实际的和相对的观点看,异乎一真元的视见者,神圣者和非神圣者的辨别,有一坚住的价值,一甚为重大的意义。这便是这问题的一方面,需要加以阐明,而估量其真实重要性。

事实上,神圣的人生与非神圣的人生之差别,是与一种生活于自我觉识和'光明'的权能中之人生与'无明'中的人生之根本差别同一，——无论怎样，在这迟缓而且困难地从一原始的‘无心知’外发着的世界中，这自呈表是如此。一切生命之仍以此‘无心知’为其基础者，便已带上了一根本不完善的钤记；因为纵使它满足于其自体的典型，那是对某些不完全与不和谐的什么，一许多乖谬缀集的工事之满足：反之，甚至一纯粹心思的或情命的生活，设若是基于一有限制的然是和谐的自我权能与自我知识，也可以在其范围内是完善的。是束缚于长远的缺陷与乖戾的钤记上，乃为不神圣者的标志；反之，一神圣的生活，纵使从微细进步到大多，将在其原则与细节上在每一阶段皆是和谐的：它将是一稳妥的基地，自由与完善，能自然发华，或生长到其最高的标度，精妙化，且发皇到最深微的富盛。一切缺陷，一切美满，皆当归到我们于一神圣的和一不神圣的生存之考虑的透视中来：但是通常当我们作此区辨时，我们是当作凡人，在人生的压迫下，在我们的行为的困难中，在其当前的问题和纠纷里的奋斗者而做；大多是我们想起不得不做的善与恶的辨别，或思及它并其附带的二元性的问题，即苦与乐的交参。时若我们在智识上寻求事物中的一神圣当体，世界的一神圣原始，其工事的一神圣统治，则恶的当前，苦难的长住，在‘自然’的经济中的巨大一部分皆费在苦痛，忧悲，患难上者，皆凶暴的现象，使我们的理智迷惑不解，且克除了我们的人类本能的信心，信有这么一原始和统治，或一见到一切，决定一切，无所不在的‘神圣的内在性’。其他困难，我们可较容易且较愉快地解决，多少迁就一点，得以较满意于我们的解决的现成的归结。但这批判的标准是不够概括的，它支架于一太属人道的观点上；因为对一较广远的展望，罪恶与痛苦皆只现出为触目的一方面，它们并不是全部缺陷，甚至还

不是这事情的根本。世间的不完善的总和，不单是这两缺陷所造成的；倘若有堕落的话，有多于我们的精神或肉体之从善，从快乐堕下，或我们的本性失败于克服罪恶和痛苦者。除了我们的有体所要求的伦理的和享乐的满足之缺少，在我们的世界经验中之'善'与'悦乐'之稀有，此外还有其他神圣格度之不足：因为'知识'，'真理'，'美'，'权能'，'一体性'，也皆是神圣人生之质料和原素，而且这皆在很微少和很吝啬的量上给了我们；可是凡此在其绝对上，皆是'神圣自性'之权能。

然则不可能将我们的和世界的不神圣的缺陷之叙述，唯独限于道德上的罪恶或感觉上的痛苦；在世界之谜中，有多于其二重的问题者，——因为它们只是一共通原则之两个强大结果。是缺陷的这一普通原则，乃我们所当承认而加考虑的。倘若我们切近察看这普通的缺陷，我们当见到它起初是在于我们内中的神圣原素之一限制，这限制便夺去了它们的神圣性，其次是在于有体的某种理想的'真理'之各种纷歧的错乱，颠倒，一对反的扭捩，一虚伪化的隔离。对我们的心思不保有那'真理'却能想象之者，这一违离便自表呈为一境界，我们在精神上已从之堕落的，或为一可能性或诺言，我们所不能完成，不能实践的，因为它只存为一理想。于是或则有内中精神之一堕落，堕离了一更大的知觉性与知识，悦乐，爱与美，权能与能量，和谐与善，或者有我们的奋斗着的本性之失败，一种无能性，不能成就我们本能地见到是神圣的和可愿望的。倘若我们透入这堕落或失败的原因，我们当见到一切皆出自这一原本事实，即我们的有体，知觉性，力量，对事物的经验，皆代表着，——不在它们的真正自体

上，却在它们的表面实用的性格上，——'神圣存在'的一体性中之一破裂或分化的原则或有效果的现相。这分化，在其必不可免的实际效果上变成了一限制，限制了神圣知觉性与知识，神圣的悦乐与美，神圣的权能与能量，神圣的和谐与善：有完全性与整体性的限制，有我们对这些事物的识见上的盲昧，有我们对它们的追随上的蹇钝，在我们于它们的经验上有其段片化，权能与深密上有减损，品质上有降低，——是自精神高处下降的表征，或则是一知觉性自'无心知性'之无感觉的中性的单调中出现的表征；那些深密性在高等诸境界中为正常的和自然的，在我们内中皆失去了，或将调子减低了，以与我们的物质生存的黑色和灰色相调和。也由于一次等的后下的效果，起了这些最高事物之颠倒；在我们的有限的心理体中，又参入了不知觉性或误知觉性，无明掩盖了我们的整个自性，而且，——由于一不完善的意志与知识之误用或误导，由于我们的损减了的知觉性力量的自动的反应，与我们的本质之不当的贫乏，——神圣原素的对反者皆形成了，无能量，惰性，虚伪，错误，痛苦，忧悲，妄行，乖戾，罪恶。也还有，常常是，在我们自己内中某处隐藏了，在我们的深秘处养护了，纵使在知觉的本性中未公开感到，纵使为我们的被这些事物所苦恼的诸部分所拒绝，有对这分化的经验之一执持，于有体的分化做法的攀援，阻止这些不快乐的对反者之割舍，或拒绝，或移去。因为，既是有'知觉性·力量'与'阿难陀'的原则在一切显示的根本上，则没有什么是能经久的，倘若它没有我们本性中的一意愿，'补鲁洒'的一许可，在我们的有体某部分中的一存持着的意乐，纵使是一秘密的或颠倒的喜乐，保持其继续存

在。

时若我们说一切皆是一神圣的显示，纵使我们所称为不神圣者也是，我们的意思是说在其真元性中一切皆是神圣的，即算其形式使我们迷惑或感拂逆。或者，置之于另一公式里，在我们的心理的对事物的意识比较容易认可的，说在万事万物中有一当体，一原本的'真实性'——'自我'，'神圣者'，'大梵'，——它永远是纯粹，美满，幸福，无限：它的无限性是不为相对的事物之范限所影响的；它的纯洁性是不为我们的罪恶所沾染的；它的幸福是不为我们的痛苦和患难所触及的；它的美满是不为我们的知觉性，知识，意志，一体性的缺陷所损伤的。在诸奥义书的某些意象里，说神圣的'补鲁洒'是有如一'火'，进到了一切形式里，一随其形式而形成它自体，有如一'太阳'，无偏地光照万物，不为我们的视见之错误所影响。——但是，这肯定是不够的；它使这问题仍未解决，为什么那在自体永是纯粹，美满，幸福，无限者，不单是容忍，亦且似乎是保持和鼓励在其显示中之缺陷与范限，染污与忧患与虚伪与罪恶：它牒述了组成这问题的对偶性，却未曾解决这问题。

设若我们简单让这存在的两个乖违的事实当面对立，则我们不得不结论到没有协调之可能：一切我们所能为者，便是尽可能扳附纯粹和真元的'当体'的一深化着的喜乐的意识，尽可能好好处理乖戾的外物，直到我们在其上能加以其神圣的对反者的律则。或否则我们未能寻求得一解决，毋宁求一遁逃。因为我们能说，唯独内在的'当体'是一'真理'，而乖戾的外物是一虚伪或幻有，为'无明'的这一神秘原则所造成的；我们的问题，便是寻求一条出路，逃脱出显示着的世界之虚伪，而遁入隐秘的‘真实性’的真理中。或者，我们可与佛教徒同持此一观念，即不必需解释，因为有了事物之无常性与不完善的这一实际的事实，也没有‘自我’，‘神圣者’或‘大梵’，因为那也是我们的知觉性的一虚幻：唯一于解脱所需要的事，便是除去意念的坚住的结构，与行业的坚住的能力，皆所以保持一相续于无常性之长流中的。在这条出脱的路上，我们成就在‘涅槃’中的自我灭无；以我们自己的自我灭无，事物的问题本身也消灭了。这是一条出路，但不像是真实的和唯一的出路。其他解决也不是完全使人满意。这是一事实，以乖戾的显示当作一肤浅的外物而除外，从我们的内中知觉性上摒除，唯独执持纯洁美满的‘当体’，我们能独自成就这玄默的‘神明’的一深沉而且幸福的意识，能进到那圣堂中，能生活在其光明和极喜中。除外集中于‘真实者’，‘永恒者’上是可能的，甚至一番自我汩没，以之我们能失去或弃除宇宙间之种种不和谐也有可能。但是，在我们内中深深某处，有对一全部知觉性的需要，在‘自性’中，有一对整个‘神圣者’的秘密的普遍的寻求，对向存在的某些全般觉识与悦乐与权能的迫进；我们内中的这整个意志，这一全有体，一全知识之需要，不是以这些解决而充分满足的。长此若世界是未给我们神圣地解释了，则‘神圣者’仍其不完善为我们所知；因为这世界也是‘彼’，长此若它在神圣有体的义度下未向我们的知觉性现前，未为我们的知觉性的权能所保有，则我们未得到全般‘神圣性’。

也可能以另外一方式逃出这问题；因为，常是承认真元的‘当体现前’，我们可试行辩正题示的神圣性，由修改‘完善’的凡

人观念，或认其为一太拘限了的心思标准，而将其搁开。我们可说，不单是事物中的‘精神’为绝对完善而且神圣，亦复是每一事物，在其本身皆相对完善而且神圣，在其表境它所当表现的存在之诸多可能性，在其于全部显示中取得其适当位置，皆是如此。每个事物在其自体是神圣的，因为每个是神圣有体，知识，意志，无失地按照那某一独特显示的律则而完成其自体之一事实和理念。每个有体，是具有那恰合于它自体的自性之知识，力量，那种类和那度量的存在之悦乐；每个在经验的等级上工作，为一秘密的内在意志，一本生的律则，一自我的真本的权能，一玄秘的意义所规定的。在其现相与其有体的律则之关系上，它这么是完善的；因为一切皆与那相和谐，发自其中，自与其目的相适应，一依在该造物中工作着的神圣‘意志’与‘知识’之无失。它在与全体的关系上，在全体中的适当位置上，也皆是完善而且神圣的；它对那全体是必需的，在其中它完成了一部分，以此而普遍的和谐之真实的和进步的完善化，及其中一切之适应于整个目的及其整个意识，得到帮助而且圆满了。倘若事物对我们现为不神圣，倘若我们急于贬斥这现相或那现相为与一神圣有体的自性不一致，这是因为我们昧于‘神圣者’在世间的意义和目的之全。因为我们只见到诸部分，诸段片，我们批判事物，以其自体而仿佛其即是全体，也批判其外在现相，而无知于其秘密意义；但是这样做，我们污坏了我们对事物的评价，加上了一原始的和基本错误之钤记。完善不能居于事物之在其分别性中，因为那分别性是一幻相；完善是一全般神圣的和谐之完善。

凡此，到某一限度，皆可以是真的，如其像那样；但这本身也不是一完全的解决，不能使我们完全满意。这没有充分计及人类知觉性和人类见识，我们应从之出发的；它没有给我们它所宣称的和谐的视景，因此不能应答我们的要求或使我们信服；它只是以一冷冷的智识概念，反对我们于罪恶与缺陷的真实性的敏锐的人类意识；它不领导我们到我们的本性的心灵原素，不到心灵之企慕，趋向光明和真理，趋向一精神的胜利，克服缺陷与罪恶的胜利的。以其自体而论，这事物观不多于一方便的教条，那告诉我们凡一切之是此一切者，皆是对的，因为一切皆由神圣的'智慧'判定了。它没有提供什么，不多于一智识的和哲理的欣慰的乐观主义：没有加什么光明到那些乖戾的事实上，如痛苦，患难，和纠争，我们的人类知觉性恒常苦恼地作着证明的；至多，这里有一提示，说是在事物的神圣理性中，有一把开启这些事物的钥匙，却是我们得不到的。这不是对我们的企慕和我们的不满之充足的解答，这些企慕与不满，无论其反动是多么愚昧，无论其心理动机是多么混杂了，必然与我们的有体深处之一神圣真实性相应。一'神圣的大全'，以其部分的不完善之理由而为完善者，则犯了其本身只在不完善中为完善的危险，因为它全般成就一未圆成的目的上的某一阶段；然则它是一现前的但不一究竟的'大全性'。对这个我们可以加上一句希腊的古语："神还不是，却正变是。"（Theos ouk estin alla gignetai）。真的'神圣者'然则会是秘密在我们内中，而且也许在我们上面最上；则寻到我们内中和上面的'神圣者'乃是真实的解决，要变到完善像'它'（'彼'）那样完善，由与之同似或由达到它的自性的律则而臻于解放。（sādṛśya，sādharmya）

倘若人类知觉性是拘束于不完善的意识，而承认这是我们人生的律则，我们的存在的真性格，——一种经过了推理的承认，在我们人类的本性上，与动物本性的盲昧的动物承认相应，——则我们可说，如今之为我们者，标志了我们中间的神圣的自我表现之极限；我们也可相信我们的缺陷和患难，是为了事物的普通的和谐与完善而作为，以这哲理的膏药治理我们的创伤而自慰，满足于游移于人生的诸多陷阱间，尽可能那么多多具备了理性的明智，或那么多的哲理的贤明和退让，如我们的不完全的心思的聪明，和无耐性的情命诸部分所允许的。或其不然，则托荫于宗教的较慰意的热忱中，我们可皈顺一切，当作上帝的意旨，希望或信仰一彼土的'乐国'中的报偿，其间可进到一较快乐的生存，禀赋了一更纯洁更完善的本性。但是，在我们人类的知觉性及其工事中，有一真元的因素，不下于理性，将其完全区别于动物的：我们中间不单是有一心思部分，认识缺陷，也还有一心灵部分，拒绝缺陷。我们的心灵之不满意于以缺陷为人世间生命的一律则，心灵之企慕将一切不完善处从我们的本性上消除，不是只在彼方的一天国，其间要不完善是自动地不可能的，而是在此世，在今兹，在此一人生中，当以进化和奋斗而胜得完善化，一样如其所反叛者同为我们有体之一律则；它们也皆是神圣的，——一神圣的不满足，一神圣的企慕。在它们中间，有一内在的权能之固有的光明，保持它们在我们内中，以使'神圣者'不单在那里当作一隐藏了的'真实性'，在我们的精神的幽奥处，亦且展开它自体，在我们的'自性'的进化中。

在这种观照下，我们可以承认一切皆以一神圣的智慧，完善的工作而趋向一神圣的目标，因此每个事物在那义度里是完善地安置于其适当位置；但我们说，那不是神圣的目的之整个。因为今之是者，只是以其能是且将是什么而得其辩正，得其完全的意义和满足。无疑，在神圣的理智中有一启钥，能辩是事物之如其为事物，由于启露其正当意义与真正秘密，为异于它们的外表意义与表面现相，即我们如今的智慧所能一切正常摄得者，且更微妙，更深沉；但我们不能以那信仰而满足，要寻求而且找到事物的精神的钥匙，乃我们有体的律则。得到此启钥的表征，不是一哲理的智识的认识和一退让的或贤圣的承认事物之如其为事物，因为它们中间的某种神圣意识和目的，非我们所及的；真实的表征，是向精神的知识与权能之一上升，将转化我们的人生之律则与现相及外表形式，使之更近于那神圣的意识和目的之真实形相。这是对的，也合理，以平等观忍受患难，屈服于缺点，以为是上帝的直接意旨，一缺陷的当前的律则，加于我们的诸体上的，但必是在这条件之下，即我们亦当认识这也是上帝在我们中间的意旨，要超出罪恶与苦难，要转化缺陷为美满，要升入‘神圣自性’的一高等律则中。在我们人类知觉性中，有一有体的理想的真理的形象，一神圣的自性，一本生的神明：与那高等真理相形，我们现在的不完善的境界，可相对地说为一不神圣的人生，而我们从之出发的这世界情况，可说为不神圣的情况；缺陷皆是给我们的指示，其有在于此，乃是当作神圣有体与神圣自性之最初的乔装，不是当作其原意所在的表现。是我们内中的一‘权能’，隐藏了的‘神明’，乃点燃了企慕之火，画出了理想的相貌，使我们的不满之意常活，推动我们抛弃那乔装，而且启示，或用

韦陀的名词说，形成且发露‘神主’，在此大地的创造物之显了的精神，心思，生命，和身体中。我们现在的自性，只能是过渡的，我们的不完善的格位，只是一出发点和机会，因以成就另一高等更广更大的格位，那将不独是以其内中秘在的精神而为神圣且圆满，亦复是在其显了的最外在的存在形式中如此。

但是这些结论，皆只是开端的推理或初原的直觉，建立在我们内中的自我经验和宇宙存在的显著事实上的。它们不能被认为全般有效，除非我们知道无明，缺陷，忧患的真实原因，及其在宇宙目的或宇宙秩序上的地位。关于上帝和世界的前陈有三，——倘若我们承认‘神圣存在’的话，——人类的普通理智与知觉性可作证见的；但是，三者中之一，——这却仍是我们所生活其中的这世界的性格所需的，——不与余二者和合，于是由此不和谐，人类心思遂沦于矛盾的纠纷，被驱入疑惑和否定。因为，第一，我们发现一遍在的‘神明’和‘真实性’是被肯定了，为纯洁，圆满，福乐，设若没有或离开了，则没有什么能够存在，因为一切皆只以他而存在，且存在于他的有体中。于这问题的一切思想，凡非无神论或唯物论或否则为原始和属拟人论的，皆得从这假定出发，或归到这基本概念。是真，某些宗教似乎假定一外乎宇宙的‘神’，在外方创造了这世界，与他自己的存在离隔；但时若它们要建立一神学或精神哲学，则这些也皆承认遍在性或内在性，——因为这遍在性自来加上了，是精神思维之一必需品。倘若有这么一个‘神明’，‘自我’或‘真实性’，它必然是遍处皆是，为一而不可分，没有什么倘若离了它的存在而可能存在；没有什么除了从‘它’而可从另外什么产生；没有什么不是为‘它’所支持的，离‘它’独立的，不为‘它’的有体之

权能和气息所充满的。诚然，也有这种说法，说无明，缺陷，忧患，在这世界的，皆非‘神圣存在’所支持，然则我们应当假定有两个上帝，一为善之上帝，祆教的‘峨木子德’(Ormuzd)，一为恶之主宰，‘阿力曼’(Ahriman)，或者，也许，一圆满的超宇宙的和内在的‘有体’，与一不圆满的宇宙的‘德密乌佶’(Demiurge)或分别的不神圣的‘自性’[①]。这是一可能的概念，但对我们的最高智慧则似不然，——至多这只能是一附属方面，不是事物的原始真理或全真理；我们亦复不能假定那唯一‘自我’，一切中之‘精神’，与唯一‘权能’，创造者相异，在它们的有体的性格上相反，在它们的意志和目的上相分。我们的理智告诉我们，我们的直觉的知觉性感到，而它们的证明为精神经验所确定，即唯一纯粹和绝对的‘存在’，存在于一切事物和有体中，正如一切事物和有体，皆以‘它’而存在，且存在于‘它’内中，而且没有事物能是，或能发生，倘若没有这内寓着的和支持着一切的‘当体’。

第二个肯定，为我们的心思所自然接受为第一假设之后果的，便是以此遍在的‘神明’之无上知觉性与无上权能，在其全备的普遍的知识与神圣智慧中，万事万物，在其基本关系及其程序上，皆被安置且被统治了。但是，另外一方面，如我们所见到的，万事万物的实际关系，实际程序，像其对我们人类知觉性所表呈者，皆是不完善的关系，范限了的关系；于此便现出了不和谐，甚至是一妄倒，与我们的‘神圣存在’之概念相反对的什么，是‘神圣当体’的一

① ‘德密乌佶’Demiurge，在旧派柏拉图哲学，则为半神圣存在者，为物质世界之作者；在新派柏拉图哲学，则为超极之神之附属显示，非超极神圣者之比，世界之恶皆归之云。——译者

非常明显的否定，或至少是其一变相或乔装。于是又起了第三个肯定，谓‘神圣真实性’与世界真实性，在真元上或在品次上为不相同，是那么不同，以致我们得从一个退出乃达到另一个；倘若我们要寻到‘神圣的内寓者’，则我们应当弃拒这世界，他所寓居的，统治的，创造的，或在他自己的存在中显示出的。——这三个前陈的第一个是必然的；第二个也当确立，倘若遍在的‘神圣者’，全然与其所寓居的世界，与其显示，建造，保持，管治有若何关系；但第三个也似乎是自明的，可是不能与其前者相配合，而这一扞格，我们便碰到了一难题，好像不能有圆满的解决。

这困难，若建立一点哲理的推论或神学的理论，是不难巧胜的。可能建立一傀儡似的‘神’，如耶毗鸠鲁斯（Epicurus）[1]的群神，在本身是幸福的，观看一个世界，为‘自性’的机械律则所领导或误导，而无动于衷。可以任凭我们安立一‘见证自我’，事物中一沉默的心灵，一‘补鲁洒’让‘自性’随意而为，满足于观照‘自性’的一切秩序或无秩序状态，在他的被动的和无玷的知觉性里，——或者，便安立一无上‘自我’，为绝对，无为，无有于一切因缘，不关心于宇宙的‘幻有’或‘创造’的工事，即神秘地或矛盾地从‘它’或倚靠‘它’而出生的‘创造’，用以引诱而且磨难一世界的时间性的众生的。但凡此一切解决，不过反映了我们的双重经验之显似的乖违；未尝试行将其调和，也不曾解决或说明它，只是以一或显或隐的二元论和一‘不可分解者’的真正的分化，重新肯定它。实际上是肯定了一二元的‘神主’，‘自我’，或‘心灵’与‘自性’：但‘自性’，

① 耶毗鸠鲁斯 Epicurus 342？—270 B. C. 希腊哲学家。——译者

事物中之‘权能’,不能是其他什么,除了是‘自我’,‘心灵’,事物之真元‘有体’的一权能;她的工作,不能完全不依赖‘心灵’或‘自我’而独立,不能是她自体的相反的结果,不能是不为它的许可或拒绝所影响的工作,或是机械‘力量’强加于一机械‘被动性’的惰性上的暴行。也还可能安立一观察着的不动的‘自我’与一自动创造着的‘神主’;但这机巧对我们没有用,因为终究这两者必真实是一个而在其两方面,——‘神主’之为观察着的‘自我’之活动面,‘自我’之为其自体的‘神主’在作为中之见证者。一乖违,一鸿沟,存在于知识中的‘自我’,与其工作中的同此一‘自我’间,这需要解释,但这自表呈为未得解释且不可解释的。或又再者,我们能安立‘大梵’即‘真实性’的一二重知觉性,一静一动,一为真元的和精神的,其间它是圆满的、绝对的‘自我’,另一是形成的、实用的,其间它成为非自我,它的绝对性与圆满与之无关涉,不参加;因为它只是在一无时间的‘真实性’中之一时间性的形成。但是对于我们,纵使我们只是半存在的,半知觉的,却仍居于‘绝对者’的生活的半梦境里,且被‘自性’强迫,要急剧且坚持干涉于其间,且当它作真实处理者,这便好像是一明显的神秘化了;因为这时间性的知觉性及其形成,也皆终于是唯一‘自我’之一‘权能’,依赖它,只能以它而存在;凡以‘真实性’之权能而存在者,不能不关系到‘它’,或‘彼’不关系到其自有的‘权能’所造成之世界。倘若世界以无上‘精神’而存在,则其规制与关系必以‘精神’的权能而存在;其律则必依据某些精神的知觉性与存在的律则。‘自我’,‘真实性’,必觉识存在于它的有体中之世界知觉性,且觉识于其中;‘自我’,‘真实性’的一权能,必是恒常决定着或至少认可着其现相与施为:因为不能有独

立的权能，'自性'，而非源出于这原始的和永恒的'自我存在'者。倘若它不作的更多，它必仍然是源出或决定这宇宙，单是以它的知觉的遍在性这事实。诚然，这也是一精神经验的真理，即在宇宙的活动之后，有一平静与玄默的定位在'无限者'中，一个'知觉性'，是创造之不动的'见证'；但这不是精神经验的整个，我们不能希望只在知识一方面，能得到'宇宙'的基本的和全般的解释。

一旦我们承认宇宙之一神圣统治，我们必结论到统治的权能是完全的，绝对的；因为否则我们必须假定一个有体和知觉性，为无限而且绝对，然其知识和意志，乃在其于事物的管制上为有限，或在其工作的权能上受到了阻滞。非是不可能认许：无上的和内在的'神明'，可以让出一些工作上的自由，给与某个什么，在他的完善中乃得发生的，然本身是不完善，且为不完善的原因；给予一无明的或无心知的'自性'，给与人类心思和意志的作为，甚至给予黑暗与罪恶的许多'力量'或'权能'，皆植基于一基本的'无心知性'的统治上的。但这些事物没有一个能离'它'自体的存在，自性，和知觉性而独立，没有一个除了在'它'的当前之外能够作为，且除非是以'它'的认可或允许。人的自由是相对的，不能说他当独负他的自性的缺陷之责。'自性'的无明与无心知，皆非独立兴起，而是在唯一'有体'中兴起的；她的工事之不完善，不能全般对'内在性'的某些意志为陌生的。可以让许，诸多发动了的力量，皆被容许一循其运动的律则而发挥至尽；但是凡为神圣的'遍知性，与'遍能性'所允许能兴起且作为于'它'的遍在性，'它'的大全存在中者，我们必认为是'它'所作始且命定的，因为没有'有体'的命令，它们必未能是，必未能存在。倘若'神圣者'全然竟关心于他所

显示的世界，则除‘他’以外没有旁的‘主’，而且从‘他’的原始的和宇宙的有体之需要，终究也不能逃出或离开。是在我们的前提的这自明的推论的基础上，不规避其任何意许，我们乃当考虑这缺陷，痛苦，和罪恶的问题。

于是，最初我们应当体会，世界上存在有无明，错误，范限，忧患，分隔，与乖违，在其自身非必须是如我们匆遽地想象的，为宇宙间的神圣的有体，知觉性，权能，知识，意志，悦乐之否定或反对证明。它们也可能是那，若我们以它们自体分别而观，但也不必须作这样的分别观，倘若我们得到一分明的视见，见到它们的位置和意义，在宇宙工事的一全般观照中。从全体破断出的一部分，可能是不完善，丑陋，不可解；但时若我们在整体中看它，则它恢复了它的在和谐中的正当地位，它有一意义，也有一用处。‘神圣真实性’在其有体上是无限的；在此无限有体中，我们遍处见到有限的有体，——那是显似的事实，我们的世间存在似乎从之而起的，也是我们自己的狭隘私我及其私我中心的活动所恒常证明的。但是，在真性中，时若我们达到一整体的自我知识，我们便发现我们不是有限的，我们也皆是无限的。我们的私我，不过是宇宙有体的一面，它没有分别的存在；我们的显似的分别的个人性，只是一表面运动；而在它后面，我们的真实个人性伸出向与万物为一体，而且伸向上方，与超上的‘神圣的无限’为一。然则我们的私我，似乎是存在的一限制，如实乃是无限性的一权能；世间有体无量之多，乃是那不可限量的‘无限性’之一结果与信号的证明，不属于范限或有限性。似是的分化，永远不能自建为一真实的分别；支持着它且凌驾其上，有一不可分的一体性，为分化本身所不能分开的。私

我，与似是的分化，与其各别的工事，这一基本的世界事实，不是一体性与不可分的‘神圣自性’的否定；它们皆是一无限的多性即无限的‘一性’之一权能的表面结果。

于是，没有有体的真实的分化或范限，没有遍在的‘真实性’的基本矛盾；但确实似有知觉性的一真实范限：有自我之一无明，有内中的‘神明’之障蔽，而且一切缺陷皆其后果。因为我们在心思上，情命上，身体上，自认与这肤浅的私我知觉性为一，这是我们的第一个坚执的自我经验：这诚在我们加上了不是一基本真实的却是一实际的分化，和那与‘真实性’分离的一切不顺的后果。但是，亦又在此，我们当发现，从上帝的工事之观点，无论我们在表面上的经验或反应为何，无明这事本身，便是知识的一施为，而不是一真实的无明。其无明的现相，是一表面的运动；因为在它后面，便是一不可分的大全知觉性：无明是那大全知觉性的一前方的权能，那限制它自体于某一原地，在某些边界内，为了某一特殊的知识的施为，某一独特知觉的工事之形态，而保留其知识的所余一切部分，储备为一力量在后方。一切这么隐藏了的，是一光明与权能的秘藏，使‘大全知觉性’得以资取，为了我们的有体在‘自然’中的进化；有一秘密的操作，填补着前方的‘无明’之一切缺陷，以其显似的颠沛而作为，阻止其引到另一最后结果，异于‘大全知识’所命定的，帮助在‘无明’中的心灵从它的经验中，甚至从自然的人格之患难和错误中，吸取于它的进化为必需的，而遗留已无用处的在后。这‘无明’的前方的权能，是集中于一有限的工事中的权能，甚有似乎在我们人类心思体的那一权能，以之我们凝定自己于一独特对象上，和一独特工作中，似乎只运用那么多知识，那么一些理念，于

工作为需要的，——其余的，对之为陌生或将干扰它的，皆暂时遗留在后；可是，如实，一切时中，皆是那不可分的知觉性即我们之为我们者，作了应作的事，见到当见之物，——是那，而不是知觉性的任何段片或我们中间任何除外的无明，乃为沉默的知者与作者：同然，在我们内中'大全知觉性'的这前方的集中权能，也是如此。

在我们于我们的知觉性的运动之估值中，这一集中之能为，是正确地被认为人类心理体的最大权能之一。但是，同等的，发出那好像是有限的知识之一除外的工事，那自呈于我们似为无明者，也应当被认为神圣的'知觉性'的最大权能之一。唯独是一无上的自我保有着的'知识'，可以这么雄强地在作为上限制自体，却又由那似是的无明圆满地作出它的一切本旨。在宇宙间，我们见到这无上的自我保有着的'知识'，以一大聚积无明而工作，每个皆努力循其自有的盲昧性作为，可是它经过它们全体，建立且施行它的宇宙的和谐。进者，其遍知性的神奇，最惊人地出现于在我们仿佛视为'无心知者'的作用中，时当其经过电子，原子，细胞，植物，昆虫，最低等动物生命的形式之全般或局部的无知性，——较我们的无明更为重厚的，——它完善地安排了它的事物之秩序，引导本能的冲动或无心知的原动力，进向一目标，为'大全知识'所保有，却藏于隐障之后的，未为其当工具的存在之形式所知，可是在本能或冲动力内中，完善地能施行的。于是我们可说，无明或无知的这作用，不是真实的无明，而是遍智的自我知识与大全知识的一权能，一表征，一证明。倘若我们需要这居于无明之后的不可分的'大全知觉性'的任何个人的或内中的见证，——全'自然'皆其外在证明，——则只在我们的比较深的内中有体，或更大更高的精神境界

中，时当我们退到我们自己的表面无明之隐蔽后，接触到其后之神圣的‘理念，和‘意志’，乃能大概得到。于是我们够清明地见到，我们自己在我们的无明中所作的，仍是为此不可见的‘遍智’所监临，在其结果上加了领导。我们发现一更伟大的工事在我们的无明的工事之后，开始瞥见其在我们中间的目的：唯独如是我们乃能见能知我们于今在信心中所崇拜的，全般认识纯粹和普遍的‘当体’，遇到一切有体和全部‘自然’之‘主宰’。

如于前因——‘无明’——为然，于‘无明’之后果亦然。凡此一切现似为无能，弱点，虚乏，权能之限制，我们的意志之受了阻碍的奋斗，受了拘束的劳动，从‘神圣者’在他的自我工事中的观点看，皆有此相状，是一遍智的权能，被那‘权能’本身的一自由意志，加了一公正的范限，以使表面的能力，恰与其所当作的工事相合，与其企图，其应得的成功，或其注定了因为是必须的失败，与其种种力量的总和，以它为一部分者的平衡，与其更大的结果，以它自有的结果为不可分的一部分者，皆精确相应。在这权能的范限之后，便是‘大全权能’，而且在范限中，那‘大全权能’正在工作；但这是经过许多有限的工事之总和，不可分的‘遍能’，乃无失地、皇华地贯彻其目的。这限制其力量的权能，而且由那自我范限而工作，以我们所谓劳苦，奋斗，困难，以对我们似乎是一系失败或半径挫折的成功，且经过它们而成就其秘密的本旨者，因此不是弱点的一表征，证明，或真实，而是一绝对的遍能之一表征，证明，真实，可能最大的。

至若痛苦，这么于我们对世界的了解之一大阻碍，这明显是知觉性的范限之后果，是力量受了拘束，便阻止我们主宰或同化对我们为他力的接触：这种无能量与不和谐的结果，便是接触的喜乐不能摄得，于是影响我们的识感，起了不安或痛苦的反应，感觉缺少或过多，感到乖剌，结果出内中或外在的创伤，一皆生于我们的有体的权能，与接触我们的有体之权能间之分化。在我们的自我与精神后面，便是宇宙有体的'大全悦乐'，它也计及那接触，起初是在忍受那接触，其次是在克服那痛苦，终于是将其变化，后下方到的；因为痛苦与患难，皆存在的悦乐的颠倒的和反对的一项，皆可化为其对反者，甚至化为原本的'大全悦乐'，阿难陀。这'大全悦乐'不单是存在于宇宙者中，亦且是秘密存在于我们自己内中，时若我们从我们的外在知觉性，回转到内中的'自我'，可以发现的；我们内中的性灵体，周计到甚至是其最颠倒或违戾的经验，一如其较顺适的经验，以拒绝它们或接受它们而生长；它从我们的最深锐的苦楚，困难，和不幸，抽绎出一神圣的意义和用处。除了这'大全悦乐'以外，没有任何物敢于或能忍受以这样的经验加于它自体或加于我们；没有任何其他事物，能如是转之作自体之用，或化之为我们的精神的利益。也更无其他事物，除是有体的一不可让渡的和谐，内在于有体的一不可移易的一体性中者，能抛出这么许多最苛刻的显似的乖戾，而又勉强它们屈就它自体的用途，以致最后它们更不能做旁的什么，除了安守，为役于一滋长着的宇宙的旋律与至极的和谐，且本身化为其组成的原素。在每一转变，是神圣的'真实性'，乃我们所能发现的，在那为我们所居的表面知觉性的性质所迫，不得不称其为非神圣者之后，而且在相当的义度下，我们用这称呼是对的；因为这些现相，皆是'神圣圆成'的面上的一层隐蔽，一障蔽，现在是需要的，但全不是那真实和完全的形貌。

但是，即算我们如此看世界，我们不能也不应当斥去那些为我们自己的有限的凡夫知觉性所给它的价值，视为全般根本虚伪，不真实。因为忧愁，痛苦，患难，错误，虚伪，无明，乏弱，无能，邪恶，不为其所当为，胡作乱为，意志之游离与意志之否定，自私，范限，与其他有体我们应与之为一者相分别，——凡此成为我们所称为过恶之真切形相者，皆世界知觉性的事实，不是虚撰和不真实，虽则它们皆是一些事实，其全部意义或真实价值，不是那我们在无明中所给它们标定的。但仍然，我们所给它们的意义，是一真实意义的部分，我们所给的价值，于它们的全部价值是必列入的。时若我们进到一较深较大的知觉性里，我们发现这些事物的另一方面的真理；因为我们便见到在对我们自呈表为乖谬和罪恶者中，有一宇宙的和个人的用处。因为，倘若没有痛苦的经验，我们不会得到神圣悦乐的无限价值之全，正为痛苦所辛勤要产生的；一切无明，是一晕光，环绕着知识的一圆光的；每个错误，于真理之一发现的可能性和努力，是有意义的；每一弱点和失败，是权能与潜力的深渊的一初步探测；一切分离，意在以和合的各种美悦的经验，增丰实现了的统一之喜乐。凡此缺陷于我们皆为过恶，但一切过恶皆是辛勤于出生永恒的善；因为一切皆是一不完善，这便是初步条件，——在生命之进化而出离‘无心知’的律则中，——以臻于一较大的完善化于隐藏了的神性之显示中。但同时我们现在的这过恶与不完善之感觉，我们的知觉性对之的反动，也是一必需的估价。因为，倘若我们起初得直面而且忍受它们，则在我们的最后的命令必是拒绝，克服，转化人生和本性。是为了那目的，它们的坚执乃不许松懈；心灵应当学到‘无明’的结果，应当开始感到它们的反应为一种刺激，激进它的主制和征服的企图，终于进到转化与超上的一更大的企图。是可能的，时若我们内向而生活于深处，可能达到一浩大的内中的平等与平安的境界，不为外在本性的反动所触及，那是一伟大的解放，然而不完全，——因为外在本性，也有要解放之权。但纵使我们的得度是完全了，也仍有他人的苦难，世界的痛苦，为伟大心灵所不能熟视而不动于中的。与一切众生为一体，这是我们内中的某物所感觉到的，而他人之得救度，必被感到与其自体的救度密切相关。

于是，这，便是显示的律则，世间的缺陷的理由。诚然，这只是一显示的律则而已，而且，甚至只是我们生活其中的这运动所特有的一律则，而且我们可说，这是不必须有的，——设若没有显示的运动，或没有这运动；但是，既有了这显示和这运动，这律则乃是必需的。这是不够的，倘若简单说这律则及其一切环境皆是非真实，为心思的知觉性所创造的，在上帝中不存在，于是谓漠然于这些对待性，或出离这显示而入乎上帝的纯粹本体中，乃是唯一的明智。是真，它们皆是心思‘知觉性’的创造品，但‘心思’只能负次等责任；在一更深的真实性中，它们皆是、如我们所已见到的，‘神圣知觉性’的创造品，它将心思投射出去，出离它的大全知识，以便实践它的大全权能，大全知识，大全悦乐，大全有体，与一体性之这些对待的或相反的价值。明显地，‘神圣知觉性’的这作为与这些结果，我们也可称之曰不真实，在其非有体的永恒的和基本的真理的义度上，或者也可责其为虚伪，因为它们违反原始和终极为有体之真理者；但是，总归一样，它们皆有其坚住的真实性和重要性，在显示的我们如今这阶段中；它们也不能是‘神圣知觉性’的单纯一错误，

在神圣的智慧中没有任何意义，没有神圣的喜乐，权能，与知识的任何目的，以辩是其存在。是正必然是有的，即算它在一神秘上，只若我们长此生活在一表面的经验中便可对抗我们的，安立为一不可解释的谜。

但是，承认着‘自性’的这一方面，倘若我们说万事万物，皆固定在他们的有体之法定的和规定的律则中，而人，同样的，也必然是固定在他的缺陷，他的无明与罪孽与弱点与邪恶与患祸中，则人生也失去了它的真实意义。然则人的永久的努力，要升出他的本性之黑暗和不足，在世界，在人生本身不能有什么结果；倘若有任何结果，其唯一的必是由逃出人生，逃出世界，脱离他的人类生存，因此也脱出他的不完善的有体之永为不美满的律则，或入乎神仙之天，或入乎上帝之国，或入乎‘绝对者’的纯粹无可名相之性。倘是如此，则人永远不能从无明与虚伪中发放出真理和明，从罪恶与丑陋中发放出善和美，从乏弱与卑鄙中发放出权能与光荣，从忧悲与苦难中发放出欢喜与悦乐，皆涵藏于其后的精神中者，而凡此诸矛盾，皆其最初出现的相反与相违的情况。他所能作的一切，便是将这些缺陷从他割去，也超越它们的平衡着的对反者，亦复是不完善的，——随着无明一并离弃人类的明，随着弃恶一并除善，随着乏弱一并除去人类的权能与魄力，随着挣扎奋斗一并舍掉人类的爱与乐；因为这些在我们如今的本性中，皆不可分离而互相纠结，好似相联的对偶，同一非真实性的正负两极，而既不能将它们提升和转化，则唯有将它们一并捐除：人性是不能在神性中圆成的；它得止息，被遗弃，除却。而这结果将是个人之享受绝对的神圣性，或享受‘神圣当体’，或是无相的‘绝对者’中之一涅槃，乃各种宗教

各派哲学相异的一点；但无论在那一场合，大地上的人类存在，必认定是以其有体之真本律则，被贬谪于永恒的不完善了；它永久且不变的是‘神圣存在’中的一不神圣的显示。心灵之出现于人道，也许正由其出生这事实，已是从‘神圣者’堕落了，犯了一原生罪或原始错误，如人一旦已经启明，则他的精神目标，必是将其立刻彻底清除，毅然消灭。

在那场合，这么一矛盾的显示或创造之唯一合理的解释，便是，它是一宇宙的游戏（Lila），一戏剧，‘神圣有体’的一娱乐。可能是他乔装为不神圣，披上了这外相，有如一剧角的假面或化装，徒然为了戏剧或假装的戏乐。或不然，他创造了不神圣者，创造了无明，罪恶，和患难，徒然是为了一多方的创造之喜乐。或者，也许是像有些宗教奇离地假定的，他作成了这事，是使可能有低等创造者来颂赞和荣耀‘他’，为了他的永恒的善，智慧，福乐，与全能，且试行孱弱地走向至善更近一寸，庶几分享那福乐，而又会受谪罚的痛苦了，——据有些人说是永恒的，——倘若在他们的努力上失败，如极大多数人以他们的缺陷必然会失败的。但是，对如此朴拙地陈出的‘游戏’说，常有一可能的反驳，即上帝自己是大全福乐的，乐于他的创造者之患难，或者加他们以那样的苦楚，为了他自己的不完善的创造者之过失，便不是‘神明’，人类的智慧和道德体便应当反叛他，或否定他的存在。但是，设若人类心灵是‘神明’的一部分，设若是人中的一神圣‘精神’戴上了这缺陷，而且在人道的形式下同意于受这苦楚，或者，人类中的心灵，原意是要被吸引到‘神圣精神’，而且是他的伴侣，在这世间的缺陷的游戏中，在其他何处的完善有体的悦乐中，则‘游戏’一说，可仍其为一矛盾论，但

已不成其为一残酷的或叛变的矛盾了；至多可视其为一奇怪的神秘，对理智为不可解。要加以解释，必补充以两个失去了的原素，心灵对此显示的知觉的认可，与‘大全智慧’中的一理由，使此游戏为有意义而且可解。

这游戏的奇离性减少了，这矛盾也失却其锋芒，倘若我们发现了虽则固定了的等级存在，各有其自性的适当的位次，它们只是寄寓于物质形体中的心灵之一进步的上升之稳固阶梯，这是一进步的神圣显示，从无心知者上升到超心知者或全心知者的格位，以人类知觉性为其过渡的决定点。于是缺陷乃成为显示的必须的一项目：因为，全部神圣性既是隐藏了然存在于‘无心知者’中，则终于渐渐必从之发放出：这等级必需是一局部的开展，而这开展之局部性格或不完全性，便需要缺陷。一进化的显示要求有一中间阶段，上下皆有其等级，——恰恰是像人的心思知觉性的这一阶段，半知识，半无明，一居中的有体的权能，仍然倚于‘无心知者’，但缓缓地升向全知觉的‘神圣自性’。一局部的开展，暗许有不完善与无明，可取其有体的原本真理之一显似的颠倒，为其必有的伴侣，或许还当作它的某些运动之基础。为了使无明或缺陷经久，必然要有与一切所以表征神圣自性，其一体性，其大全知觉性，其大全权能，其大全和谐，其大全善，大全悦乐者之似是的违反；应当出现有范限，乖戾，无知觉性，不和谐，无能，无感，与苦难，罪恶。因为倘若没有那颠倒，则缺陷不能有坚固的立场，不能这么自由地显示，保持它的自性，以对待基层上的‘神明’之有在。一局部的知识是一不完善的知识，而不完善的知识，便是到那限度的无明，对神圣自性的一违反：但在其向出乎它的知识以外者的展望中，这违反的消极者

变成了一违反的积极者；它源出错误，不正知，不正行，错误处理事物，人生，作为；不正知识，化为本性中的一不正意志，起初可能是以过失而误，但后下是以自愿，以执著，以乐于虚伪而误，——简单的相违化为复杂的颠倒了。一旦已容许无心知与无明，这些便在一逻辑的顺序上形成一自然的结果，也应当承认其为必须的因素。唯一问题是：为什么这种进步的显示本身为必需的理由；那是对智慧留下的唯一不明之点。

这么一种显示，自体创造，或'游戏'，不像是可认为合理的，倘若是强加到不愿意的创造者上；但是，明显的，内中的精神的同意必已有了，因为'自性'没有'神我'的同意便不能作为。不但应当已有'神圣补鲁洒'的意志，乃使宇宙的创造为可能，亦且应当已有个人'补鲁洒'的许可，使个人的显示为可能。但是可以说，'神圣意志'与悦乐，志愿且乐于这么一种艰难和苦楚的进步的显示之理由，以及心灵对此的许可的理由，仍然是一神秘。但这也不完全是一神秘，倘若我们看我们自己的本性，而能假定有体的某种相类的运动在初始，为其宇宙的起原。反之，一自我隐藏和自我发现的游戏，是知觉的有体能给自己的最紧张的喜乐之一，一极端引人的游戏。在人是没有更大的快乐了，大过一在其正本原则上是克服了困难之胜利，一知识上的胜利，一权能上的胜利，一创造的胜利，克服了创造之不可能，一种喜乐，乐于克服了一极苦的勤劳，和一患难的严酷研炼。在别离之终了，是重逢之极欢，遇到从我们分去的自我之喜乐。在无明本身中也有一吸引，因为它供给我们以发现的喜乐，新的和未豫见的创造之惊喜，心灵的一伟大冒险；在旅途中，在寻求与发现中，皆有其喜乐，有战争与王冠，劳工与劳工的报

酬的喜乐。倘若存在的悦乐是创造的秘密，这亦是一存在的悦乐；这可认为理由，或至少是这似乎是矛盾和相违底‘游戏’的理由之一。但是，舍此个人‘补鲁洒’的选择不论，还有一更深的真理，内在于原始‘存在’中，得其表现于投入‘无心知性’中的；其结果是‘真、智、乐’的在其似是的反对者中的新的肯定。设若‘无限者’的多方自我显示之权被认许了，这亦复有其显示之一可能，乃可懂得了，而且，有其深奥的意义。

第五章　宇宙之虚幻；心思，梦，与妄识

一切人类的思想，一切心思的人的经验，游移于一恒常的肯定与否定之间；对于人的心思，凡理念的真理，经验的结果，没有一个不能被肯定，也没有一个不能被否定的。它已否定了个人有体的存在，否定了宇宙的存在，否定了任何内在的或基层的'真实性'的存在，否定了个人和宇宙之外的任何'真实性'；但是，它亦恒常肯定这些事，——有时唯独肯定其一，或其任何二，或其全。它必得如此作，因为我们的思维心，在其真本性质上是一诸多可能性的无知的买卖者，未尝具有任何其间一个后面的真理，却是一一依次或多个同时加以探测和试验，看偶然可否达到一点关于它们的定妥的信仰或知识，达到一点确然性；可是，既生活于一许多可能性和相对性的世间，它不能达到任何终极的确然性，不能达到绝对的长永的信念。甚至实际者，已实现者，对我们的心思体，也能自呈为一'或然或不然'(syād vā na syād vā)，或为一'是'，却在'可能未尝是'的阴影下，而带有那'以后将不是'的神色。我们的生命有体，亦复为同一非确定性所苦。它不能安止于一生活的目的上，从之它能得到必定的或究竟的满足，或加之以一经久的价值的。我们的本性，出发自它所认为真实的事实或真实；它被推到它们以

外，去追寻不决定的可能性，又终于被引到疑问一切它所曾认为真实的。因为它从一基本的无明出发，未尝把握确定的真理；它某一时期中所依倚的一切真理，又发现其为局部，不全，可疑问。

从初，人是生活于他的物理心思中，这见到实际者，物理者，客观者，承认其为事实，而此事实为自明的真理，不容疑问。凡非实际者，非物理者，非客观者，它视为非真实或未实现，必至其成功于变为实际，化为物理事实，化为客观者，然后承认其为全般真实：它自体，它亦视为一客观的事实，以其存在于一可见可触的身体中，可保证其为真实的。其他一切主观的有体和事物，它在此同一证明上接受，只若它们能成为我们的外在的知觉性之对象，或对那一部分理智为可接受的，那部分理智是建立于那知觉性所供给的事实纪录上，且依赖之为知识之一坚实底基础。物理'科学'，便是这心思体之浩大引申：它改正诸识的错误，冲出识感心的初步范围以外，由使事实和非我们的身体诸根所摄持的对象，因发现的种种手段，归到客观境界中来；但它用的是同此真实性的标准，客观的，物理的实际性；其于真实者的考验，便是以正性的理由和客观的证据能加以证明的可能性。

但人也有一生命心，一情命的心思体，是欲望的一工具；它不以实际者而满足，它是可能性的一贸易者；它有好新奇的热情，常是试要推广它的经验的范围，为了欲望的满足，为了享受，为了扩大自我肯定，为了它的权能与利益的疆土之开拓。它欲望，享受，占有实际者，但亦复出猎未实现的可能性，热心将其实质化，也加以占有，享受。它不是单独满意于物理者和客观者，却更寻求一主观的，想象的，纯粹情感的满足和快乐。倘若未尝有这一因素呢，人的生理心思任其自为，会像动物一样生活，接受他的最初实际物理生活及其范围，视为他的全部可能性，动作于物质'自然'所建立的秩序中，不求出乎其外的什么。但是这情命心，这不安分的生命意志，以它的要求来到了，打扰了这惯性的或常规的满足，其生活是圈禁于实际性的界限以内的；它常是扩大欲望与希求，造成不满意，不安宁，寻求着多于似乎生命所能给它的。它以我们的未实践的诸多可能性之实际化，造成了物理现实的原地的广大开拓，但也作成一恒常多而又多的要求，寻索新世界要征服，产生了一不息的冲动，要超出环境的拘束，也要超出自体。——于是，加到这不安宁和不妥当的原因上的，又来了一思维心，它推究每一事物，疑问每一事物，建造一些肯定又拆除它们，树立确然之理论体系，却终于承认没有一个是确然的，肯定着又疑问着诸识的证据，贯通理智的结论，又推翻之，以达到不同的或甚相反的结论，于是不定地，倘若不是无尽止地，反复继续这一程序。这，便是人类思想和人类企图的历史，恒常打破范围，只是又常在同一螺旋纹路上进行，也许扩大了一点，但循着同样的或常是相似的进行的曲线。人类的心思，永是寻求，永是活动，永远达不到人生的目标或诸目的之一固定的真实性，或其确然与信念的固定的真实性，其存在的理念之一固定基础或坚实形成。

在这恒常的不安和辛苦的某一点上，甚至物理心思也失却了它的客观的确然性之信念，进到不可知论，遂疑问它自体的人生与知识之一切标准，疑惑凡此一切是否真实，或不然，是否一切，纵使皆真，又非空劳无谓。情命心，受到人生的挫折而感到失望，或否则不满足于其一切满足，为一深的厌憎和失意所袭，遂感觉一切皆

空，是精神烦恼，便准备弃绝人生，视存在为不真实，凡其所猎取者，皆为幻相，'摩耶'；思维心，既拆除其一切肯定，发现一切皆徒是心思的构架，中无真实，或否则唯有一真实，是出乎此存在以外的什么，非作成或构架出的什么，是'绝对者'和'永恒者'的什么，——凡为相对者，凡属时间者，皆是一梦，一心思的妄想，或一浩大的迷谬，一无涯的宇宙'幻有'，似是的存在之一惑人的虚相。否定原则胜过了肯定原则，变为普遍的和绝对的了。由是兴起了否定着世界的诸大宗教和哲学；由是也起了生命动机从其自体的一退转，在某余处的无瑕的和永恒的生命之一寻求，或在一不动的'真实性'中或一原始的'非有'中消灭生命本身的一意志。在印度，否定世界之哲学，由其两个最大的思想家给予了无上权能与价值之表呈，佛陀(Buddha)与商羯罗(Shankara)。在其间或时代较后，有他派极为重要的哲学，有些是广泛被接受了，是具有天才和精神内视的人，以极敏锐底思想表述的，多多少少有力地且成功地论难过这两大形而上学系统，但没有一派是表出之以同等的诉予之力，或人格之功，或有同样重大的效果。这两派特著的精神哲学的精神，——因为商羯罗在印度哲学思想的历史过程中，取起了，完成了，且代替了佛陀，——以一奇钜的重量压在印度的思想，宗教，和普通心理上：遍处皆垂下了它的强大的阴影，遍处皆有它的三伟大的公式的印痕：'羯磨'(karma 业力)的串炼，生死轮回的脱出，'摩耶'(Maya 幻有)。然则必须重新检视一下那'理念'或'真理'，在此宇宙的存在之否定后面的，而且，要讨论一番，无论多么简单，它的主要表呈或提示之价值，它们建立在什么真实上，它们对理智或对经验能发施势用到多远。现在只须检视一下那些环聚于伟大宇宙的‘幻有’论的主要理念便够了,且提出那些在我们自有的思想路线和视见上所固有的理念与之对立;因为二者皆发自此唯一‘真实性’,但一条路线引到一宇宙‘幻有论’,另一条引到一宇宙‘真实论’,——一非真实的,或亦真亦非真实的宇宙,安立在一超上的‘真实性’上,或一真实的宇宙,安立在一‘真实性’上,同时是宇宙的、又是超上的或绝对的。

在其本身且就其本身而论,这情命体之违忤,这生命心之厌离人生,不能认为有效或有结论。其最强的动机,是一失望的意识,且承认人生之唐劳;这比理想主义者相反的动机,怀有不可变的希望和他的实践的信心和意志,没有较大的权利,声称它有究竟性。虽然,在心思之支持这徒劳之感,在思维心之达到一种幻有之知见,其中仍有相当的有效性,知见一切人类努力和世间事业之后,有一虚幻,人的政治的和社会的福音之虚幻,他的臻于完善的道德的努力之虚幻,慈善事业和服务的虚幻,工作的虚幻,名誉,权力,成功的虚幻,一切成就之虚幻。人类的社会和政治的事业,常在一圆周上旋转,不引到何处;人的生命和本性,总归常是一样,常是不完善,没有法律或制度或教育或哲学或道德或宗教教义,常成功于产生完善的人,更毋庸说一完善的人类,——无论你怎样将一条狗尾伸直,如俗语所说,它总常是恢复它的自然的弯曲卷度。博爱,慈善,服务,基督的爱或佛陀的慈悲,皆没有使世界变到纤微快乐一点点,只在这里那里给出极微的暂时解救,在世界痛苦的大火上洒下几滴水而已。一切目标,终于皆暂现旋灭,唐劳无功,一切成就,皆无可满意,浮光掠影;一切工作,皆那么许多努力的辛勤与成功和失败,却不圆成决定的什么:凡人生上作出的改变,皆只属于

形式，而这些形式，皆彼此相逐于一无功的圆圈上；只因为生命的真元，其普通性格，永远仍其是那样不变。——这事物观可能是夸张了，但有一不可否认的力量；它为人的千百年的经验所支持，本身也含有一意义，它有时会到心思上来，带了一自明之理的压倒势的气焰。不单是如此，但倘若这是真的，世间存在的基本律则和价值皆已固定了，或它必在重复的循环上周转，——而这是久已流行着的意念了，——则这种事物观，终于也是难逃的。因为缺陷，无明，无望，和痛苦，皆今存的世界秩序之一主要因素，与之相反的那些原素，知识，快乐，成功，美满，皆常被发现是虚妄或无终结。这两相反对者又如此纠缠相混，设若事物的这种情形，不是向一更大的圆成之推进，设若这是世界秩序的永久性格，则很难免除这结论，说凡此世界的一切，或则是一无心知的'能力'的创作，这可解释一似是的知觉性之不能达到任何事物，或则是本意为一楚毒和失败的世界，其归结不是在此世而是在其他什么地方，或甚至是一浩大而无目的之宇宙'虚幻'。

在这些或此或彼的结论中，第二个结论，如其常呈似于我们面前的，不给人以哲理推论的基础，因为没有使人满意的指征，指明此世与他方世界之联系，这两世界安立为相对，但其彼此之关系的必然性没有解释，也没有投上一点光明于楚毒和失败的必需性或基本意义上。只有这样方为可解的，——除了当作一任意的'创造主'之神秘意志外，——倘若永生的神灵有一选择，试作'无明'之探险，而且它们需要学到一'无明'的世界之性质，以便拒绝它。但这么一创造动机，必然是偶尔，且在其偶然性上是甚暂时的，以世界为其经验的偶然的场所，这动机很难解释此复杂宇宙的浩茫和长久的现相。这可能作为一满意的解释的有功效的一部分,倘若这世界是作发一更大的创造动机的场所,倘若这世界是一神圣'真理'或一神圣'可能性'的显示,其间在某些情况下,一起始的'无明'必然干预而为一必要因素,倘若这宇宙的安布,在其中包含了从'无明'进向'明'的迫促,从不完善的显示生长到完善的推进,使无望之徒劳为最后胜利之初步,使痛苦为神圣的'有体'之'悦乐'的出现的准备。在那场合,失望,徒劳,虚幻,一切皆空之感,则皆无效;因为似乎可以是正之的各方面,皆会只是一艰难的进化之自然情形:奋斗和努力,成功与失败,喜乐与忧患,明与无明之交参,凡此一切的紧张,皆将是心灵,心思,生命,和身体部分所需要的经验,因以生长到一精神的圆成了的有体之充分光明中。它将自示为一进化的显示之程序;则亦无须加进一任意的'全能'之命令,或一宇宙的'虚幻',一无意义的'摩耶'之幻想。

但这世界否定的哲学,也有一较高的心思的和精神的基础,在此我们有更坚实的根据:因为可以诤议,世界在其正本自性上是一幻妄,而没有一从'虚幻'的形相和环境之推理,能为之辩正或升之为一'真实',——只有唯一'真实',即超上者,超宇宙者:没有神圣的圆成,纵使我们的生命化为神仙的生命,能消亡或芟去原始的非真实性即其基本性格;因为那圆成也将只是一'虚幻'的光明面。或者,即算倘若不绝对是一虚幻,也会是一低等的真实,而且必将终止,因心灵之认识唯有'大梵'为真,除了超上的和不变的'绝对者'外,更没有其他什么。——倘若这是唯一'真理'呢,则我们的足下的一切基地皆给挖去了;神圣的'显示',心灵的'物质'中的胜利,其于存在之主宰,'自然'中的神圣人生,本身皆会是一虚伪,或至少是不全然真实的什么，一时间加到唯一正本‘真实性’上的。但在此，一切皆依乎心思的对‘真实性’的概念，或心思体于‘真实性’的经验，那概念到什么地步为有效，那经验到什么地步为权威，——即算是一精神的经验，又到什么地步是绝对终极的，唯独为权威。

宇宙的‘虚幻’，有时被想见为一个什么，有一非真实的主观经验的性格者，——虽那不是共许的论点；然则它是，——或者可能是，——诸多形式与运动的一相状，起自事物的某些永恒的睡眠中，或一梦的知觉性中，是暂时外加于一纯粹的、无相的、自我觉识的‘存在’上的；它是一梦，发生于‘无限者’中的。在‘摩耶’论师的诸多哲学中，——因为有几派在其基本上相似，但非全般和在每点上彼此恰合，——梦的同喻是说起过的，但只是当作一譬喻，不说是世界虚幻的内在性格。在积极的物理心思，是难于接受这理念的，即我们自己，世界，与人生，唯一事物我们的知觉性能作积极的证明者，皆不存在，皆是那知觉性外加于我们的一欺骗：有些同喻是举出了，尤其是说如梦如妄觉的一些譬喻，以表明对知觉性的经验，有可能是似乎真实，然证明是没有真实性中的任何基础，或没有一充分的基础；有如一梦，对此做梦的人，只若他仍是睡着，是真实的，但醒后明其非真，同样，我们的世界的经验，对我们似乎是积极的，真实的，但是，时若我们从此虚幻退后，我们当发现其没有真实性。但是也可以给此梦的同喻以其充分价值，且看我们对世界经验的意识，怎样有一相似的基础。因为，世界有如一梦，不论其为主观的心思之一梦，或心灵之一梦，或‘永恒者’中之一梦，这理念常被采纳，而且，它在人类的情感和思维中，强力推行这幻有论

的倾向。倘若它无有效性,我们必决定看到,且看出其不可引用之理由,将其弃置,抛开它;倘若有些有效性呢,我们必看到它是什么,且看其有效到什么地步。倘若世界是一虚幻,但不是一梦的虚幻,那分辨也当安立于一稳定基础上。

梦,人感觉其非真实,第一,因为,时若我们从知觉性的一个格位,进到另一个即我们的正常格位,它便终止,没有更远的有效性。但这在本身不是一充足理由;因为可能是有知觉性的各个境界,各具其自有的真实性;设若一界事物的知觉性往后黯淡化了,内容失去了,或者,虽是记住了,然一自我们进到另一境界,便现似虚幻,那也会是十分正常的,但这不证明我们现在所处之境为真实的,与我们所留下的前境为非真实。设若土地环境对一个度到另一世界或另一知觉性境界的心灵开始现似不真实了,那不能证明其不真实;同样的,时若我们度入精神的玄默或某种涅槃中,世界存在便对我们现似不真实了,这事实本身不证明宇宙全时是一虚幻。世界对寓居其中的知觉性是真实的,一无条件的存在对凝敛于涅槃中的知觉性是真实的;那便是安立了的一切。但第二个理由,不承认我们睡中经验之有效,便是梦境是一消逝着的什么,既无前导,亦无后随;寻常,也是没有充分的联贯性,或任何意义,对我们的清醒有体为可知解。设若我们的梦,像我们的醒时生活一样,带上了联贯性的相状,每一夜取起过去的一继续相联的睡中经验,如同每一日重新取起我们的清醒时的世界经验,而将其推进,则梦对我们的心思当有十分不同的性格了。因此梦与清醒生活不能是同喻;这些经验,在其性质,有效性,类别上皆甚相异。我们的生活是被咒为容易消去,而且,作为整体,也时常被咒诅为缺乏内中的联贯

性和意义；但其缺乏全般意义，可能是因为缺乏了解或了解有限：如实，时若我们进入内中，从内中观照之，则它有全部相联贯的意义；同时凡前此所感觉为缺乏内中的联贯性者，皆消失了，于是我们见到那是由于我们自己的内中视见和知识之无联贯性，全然不是生活的一性格。生活上没有表面的不联贯性，它对我们的心思倒是像一串坚固的相续，而且，如或那是一心思的谬见，如有时有人宣称的，如或相续性是我们的心思所造成，在生活中不真实存在，那也不能除去两个知觉性境界之不同。因为在梦中，一观照着的内中知觉性所给的联贯性没有，而且，不论有任何相续的感觉，也似是由于一模糊和虚伪的摹拟，摹拟清醒生活之联接，是一下知觉的摹拟，但这摹拟的相续，是阴暗而且不完善的，差失了，常是破碎了，有时全然不在。我们也见到，梦的知觉性，似乎没有那对生活环境的控制，如清醒知觉性到相当限度能发施的；它有一下心知的构造的'自然自动性'，毫无人的已开化的心思之知觉意志和组织力量。进者，一个梦的消逝性是强的，一个梦与另一个没有联系；但清醒生活之消逝性是属于细节的，——没有世界经验的有联系的整体之消逝的证明。我们的身体灭没，但心灵历世从一生到另一生；星宿可能消失，经过了若干纪或多少光轮纪之后，但世界，宇宙的存在，很可能是一永久的如其必然是一连续的活动；没有任何事物证明那创造它的'无限能力'之自体或作用，有其终或始。如是，梦生活与醒生活间，其差别太钜，不能引为同喻。

但是可以问，我们的梦是否诚皆全不真实，没有意义，是否为真实事物的一形象，一形象记录，或一象征的钞写或代表。为了那问题，我们得考验，无论多么概括，考验梦的现象的性质和睡眠的性质，它们的出生的程序和它们的由来。在睡眠中发生者，是我们的知觉性从其醒时经验之场退出；这假定是休息了，中辍，或暂止，但那是这事的一肤浅之见。所暂时休止的，是清醒的活动，所安息的，是表面心思，与我们的身体部分之正常知觉作用；但内中知觉性未尝暂辍，它进到新的内中活动，只有一部分，发生于或记录在我们内中的什么近于表面的部分上，我们记住了。于是在睡眠中，这么近于表面，保持了一幽暗的下知觉的原素，它是我们的梦的经验之容器或过道，它本身也是一梦的制造者；但在它后面，是潜意识的深处和积聚，我们的隐藏了的内中有体与知觉性之全，这纯属另外一类。通常是我们内中的下心知的一部分，介于知觉性与纯粹无心知性之间者，乃经过这表呈而送上了它的形成于梦的形相中，种种构造，以似是无后果无联贯为表记的。这种许多皆是飘忽的结构，建筑在我们如今的生活环境上，似乎是随便选出的，绕之以变化的幻想；有些其他的，则召回过去，或毋宁是选择出的过去的环境和人物，作为同样飘浮的建筑之起点。也有其他下知觉性的梦，似乎是纯粹幻想，没有这种发端或基础；但新的精神分析学的方法，第一趟试行探究我们的梦，而得到一点科学的了解，在其间已建立了一意义的系统，作为清醒知觉性所当知道、所当处理的我们内中一些事物的启钥；这本身便改变了我们的梦的经验的整个性格和价值。这开始像是那后面有点什么是真实的，而那什么也不是无关实际轻重的平凡原素。

但下知觉不是我们的唯一梦的制造者。我们内中的下知觉，乃我们的秘密内中存在的极边境，与‘无心知者’相接之处，它是我们的有体的一程度，其间‘无心知者’，夺门到一半知觉性；表面的

物理知觉性，时当其从清醒水平下沉，退向'无心知者'，也回到这中介的下心知里。或者，从另一观点看，我们的这低下的一部分，可说为'无心知者'的前房，其形成经过它升到我们的清醒的或我们的潜意识的有体中。当我们睡眠时，我们的表面物理部分，这在其初始在此是'无心知者'的产品，又向作始的无心知性回落，它进入这下知觉的原素，前房，或基层中，在那里它又遇到它的过去的印象，或心思和经验的坚持的习惯，——因为一切皆在我们的下知觉的部分上留下了印痕，有其复发之权能。在其于我们的清醒自我上的效果，这复发时常取了旧习惯，冲动，潜伏着或被压抑的，本性上弃去了的原素之恢复的形相；或者，这当作这些被压抑，被弃去，却未被根绝的冲动或原素的其他某些不如此易识的，某些奇离乔装着的或微妙的结果，而重新出现。在梦的知觉性中，这现相是一显似幻想的虚构，形象和运动之组合，建筑在埋藏了的印象之上或周遭，其中有其意义，却是逃避了清醒的智慧的，因为它没有达到下心知者的意义组织中的线索。过了一些时，这下知觉的活动，似乎沉没入全部无心知性中，而我们说起这境界为深沉无梦的睡眠；从那里我们又出现于梦的一些浅处，或回到清醒的表面。

但是，事实上，在我们所谓无梦的睡眠中，我们是进入了下心知的更深沉更浓密的一层，一个境界，太内沉，太没入了，或太幽暗，冥顽，而且沉重，不克将其建造发到表面，而且我们仍在那里做梦，但未能摄持或保留那些更幽暗的梦的形象在下心知的记录层里。或其不然，也可能是我们心思的那一部分，在身体的睡眠中仍其活动的，已进到我们的有体的诸内中境域，即潜意识的心思，潜意识的情命，微妙的生理体，在那里失去了与我们的表面诸部分的活泼的联系。倘若我们仍在这些区域的较近的深处,则表面的下心知者,即我们的睡中清醒性,记录一点我们在这些深处所经验的什么;但它以它自体的传移摹写而记录之,时常以其特著的无联贯性而涂抹了,而且,纵使是最相联贯,也常是变了相,或铸成了从清醒经验世界中所取得的形相。但是,倘若我们进向内里更深,则记录不成了或不能恢复了,于是我们有此幻觉,是未尝做梦。但是内中梦的知觉性的活动仍然继续,在此如今是暗默而不活动的下心知的表面之障蔽后。这继续着的梦的活动,时当我们更内向知觉了,则向我们启露,因为,于是我们乃与更重更深的下心知的基层联上了,而且能够觉识——在当时,或以记忆而重描或恢复——我们沦入这些钝木的深处时发生了什么事。也可能,在我们的潜意识自我中更深处变到知觉,于是我们觉识在我们的有体的其他诸界上的经验,或甚至在超物理的诸世界中的,睡眠给我们以秘密进入其间之权。这些经验的一个钞本达到我们,但这番钞写者不是下知觉者,而是潜意识者,一个更大的梦的建造人。

倘若这潜意识,在我们的梦的知觉性中这么到了前方,有时便有我们的潜意识的智慧的一番活动,——梦便成为一系思想,时常是奇离地或生动地成相,有些问题我们的清醒知觉性所不能解决的解决了,警告,预兆,将来的预示,说实话的梦,代替了正常下知觉的下联贯之相。象征形相的一结构也可能到来,有些是属心思性格,有些是属情命性质:前者在其形象上是精确的,在其意义上是明白的;后者常是复杂的,为我们的清醒知觉性所不解,但是,设若我们能把住那端绪,它们便启露它们自有的意义和奇特的联贯系统。终者,也可能来到有我们所见到或所经验到的在我们自己的有体的其他诸界，或我们所进到的宇宙有体的其他诸界上的事的记录：这些，像象征的梦一样，在我们的内中或外在生活上有强大的势用，或是在他人生活上的势用，启示我们的或他们的心思体和生命体中的原素，或发露在它们上面的影响，为我们的清醒自我全般不知的；但有时候它们没有这势用，只纯粹是其他知觉性的组织系统之记录，不依于我们的物理存在的。下知觉的梦，组成我们最普通的睡眠经验的大部分，它们便是那些我们寻常所记得的；但有时候这潜意识的建造者，能充分印入我们的睡眠知觉性，将他的活动钤记在我们的醒时记忆上。倘若我们发展我们的内中有体，比一般人更内向地生活，则这平衡转变了，一较大的梦的知觉性在我们面前展开；我们的梦便能有一潜意识的性格，而不复有一下知觉的性格，能擅有一真实性和意义。

进者，甚至在睡眠中全般知觉是可能的，且自始至终或在大段上一贯追寻我们的梦的经验的各阶段；已发现于是我们觉识自己，从知觉性的一境界度到另一境界，直到一短时间的光明的、和平的、无梦的休息，这乃醒时自性的精力的真恢复者，于是又从原路回到清醒知觉性。正常是当我们这么从一境界度到另一境界，让先前的经验从我们溜脱；在回转时，只有最生动的或那些最近于清醒的表面的，皆记住了：但这也可以挽救，——较大的保留为可能，那种权能可以发展，在记忆中从一个梦回到一个梦，从一境界回到一境界，直到全部又再度在我们面前出现。睡的生活的一有联贯的知识，虽很难成就或保住确立，然是可能。

我们的潜意识的自我，不是像我们表面的物理有体一样，为‘无心知者’的能力所生出的；它是一交会处，以外发而自下出现的知觉性，为内入自上而降的知觉性，二者交会于此。其中有我们自己的一内中心思，一内中情命体，一内中的或微妙的物理体，大于我们的外在有体和自性。这内中的存在，是隐藏了的渊源，几乎凡在我们的表面自我中之非最初无心知的'世界能力'之构造者，或我们的表面知觉性的一自然发展了的功能，或其对从外间宇宙'自然'的打击的一反应，其渊源皆在于此，——而且，甚至在这构造，这些功能，这些反应中，潜意识参加，在它们上面施展巨大势力。在此，有一知觉性，它有与宇宙者直接接触之一权能，不像我们的表面有体所保持的间接的接触，由识感心思与诸识，与宇宙间接相接。在此，有内中的诸识，一潜意识的见，触，闻；但这些微妙识，毋宁皆是内中有体的直接知觉性之港道，而不是它的通报者：潜意识不依赖其诸识以得其知，它们只给它于对象的直接经验以一形式；它们不那么像在清醒心思中一样，传达对象的形式，以备心思存为档案，或作为一间接的构造性的经验之起点或基础。潜意识有权进入宇宙知觉性的心思的，和情命的，或微妙物理的诸界，它不限于物质界和物理世界；它有交通工具，与那些下降到内入作用而在其过程中所创造的有体诸世界相通，且与一切相应的诸界或诸世界相通，皆是可能兴起或建造出，以作从'无心知'再度上升到'超心知'之用的。是到这内里的存在之广大境域，我们的心思和情命体退休，时当其从表面活动退出，或以睡眠，或以内敛的集中，或以定境内返。

我们的清醒境界，不觉识其与潜意识体相联，虽它从之收到——但不知其发源处，——诸多灵感，直觉，理念，意志提示，识感提示，作为的追促，起自我们的表面有限的存在之下或后方的。

睡眠，像入定一样，向我们开了潜意识之门；因为在睡眠中，如在定中，我们退休到这有限的清醒人格的隐障之后，是在这隐障之后，潜意识有其存在。但是，我们接收睡眠经验的记录，是经过梦，且在梦的形象里，而不是在那状态中，可谓为一内中的醒觉者，亦即是最容易达到的入定境界的形式，且不是经过超正常的视见之清明，和其他更光明的、更具体的交通方法，为内中潜意识的认识所发展的，时当其与我们的清醒自我发生了习惯的或偶尔的知觉的联系。潜意识，以下知觉为其自体的附庸，——因为下知觉也是隐障后的一部分元体，——是内中事物的和超物理的经验的见者；表面的下知觉只是一钞写人。是为了这理由，奥义书叙述潜意识体为'梦中自我'，因为寻常我们是进到梦，视见，内中经验的凝定诸境，且是其经验的一部分，——正如其叙述超心知者是'睡眠自我'，因为寻常一切心思的或识感的经验皆息，时若我们进到这超心知中。因为在较深的定境中，超心知者的接触将我们的心思体投入的，寻常没有从它的记录或其内容的钞写能达到我们；只是以一特殊的或一非寻常的发展，在一超正常的情况中，或透过我们受拘束的正常性上的一破缺处或罅隙，我们乃能在表面上知觉'超心知'的接触和使信。但是，不论梦境和睡眠境这些假象名词，这两知觉性境界的原地，皆分明地被认为真实性的疆域，不下于醒境的，其中我们的知见的知觉性之运动，皆是物理事物的，我们与物理世界的接触的记录或钞写。无疑，凡此三境，皆可类分为一虚幻的部门，我们于它们的经验，皆可列为一虚幻的知觉性的构造，我们的醒境之为虚幻，不下于我们的梦境或眠境，因为唯一真真理或实真实，是那不可交通的'自我'或'一存在'，（'阿图门'，'不二者'),即韦檀多学所叙述的第四境。但是,也同等可能将其并列,视为一'真实性'的三等,或知觉性的三个境界,其中包含了我们与自我经验和世界经验的三个不同等级的接触。

倘若这是梦的经验的一真实说明,则梦不复能类分为不真实的事物之一单是不真实的形影,暂时加在我们的半非知觉性上,当作一真实;然则虽作为宇宙'虚幻'论的比譬的支持,这同喻不成。虽然,也可以说,我们的梦本身不是真实,只是真实的一钞写,一系象征的形相而我们于万事万物之醒中经验,同样也不是一真实,只是真实的一钞写,一系象征的形相之汇聚。这是甚为确实的,原本我们只由一系形相,印上或加到我们的诸识上,而见到此物理世界,到这地步这辩驳是正当的;也还可以承认,在某一义度下,从某一观点看,我们的经验和活动,皆可认为一真理的象征,为我们的人生试欲表白的,但现在只局部成功,表现的不完善相联贯。倘若那便是一切呢,则人生可说为自我和事物在'无限者'的知觉性中之一梦的经验。但虽则我们的宇宙间的事物之初原证明,只在于识的形相之一结构,然这些皆已完成,认为有效,整理有秩序了,是知觉性中的一自动的直觉所为,它直接联系形相与从而取此形相的事物,取得此事物的可触知的经验,以致我们不是徒然看或读此真实之一翻译或识的钞写,而是经过识的形相以观此真实。这适当性是更由一理智的作用而放大了,它探测而且了解所识的事物的律则,且能明智地观察识的钞写而修正其错误。因此我们可作结论:我们经验一真实的宇宙,是经过我们取得形相的识的钞写,借助于直觉和理智,——一直觉,使我们得到事物的接触,一理智,以其概念的知识而考察它们的真理。但我们也应当注意到,即使

我们的宇宙形相观，我们的识的钞写，是一系统的象征形相，而不是一精确的复制或摹本，一直译，可是一象征仍为一实是的事物之表诠，真实之迻录。纵使我们的形相皆不正确，它们所试图从而取其形相的，皆是真实，非虚幻；时若我们见到一树，或一石，或一动物，这不是一不存在的形貌，一妄相，为我们在看的：我们可能不确然于此相之为精确，我们可以退认其他之识很可能见之不同，但仍然那里是有点什么使此形相为是的，有点什么多多少少与之相应的。但在'幻有论'中，唯一真实性是一不可决定的、无相的、纯粹'存在'，'大梵'，而且，没有将其正译或误译为一系统象征形相之可能，因为若要可能，只倘若是这'存在'有一些决定的内容，或其有体的一些未显示的真理，能够迻译为一些名或相，为我们的知觉性所给它们的：一纯粹的'不可决定者'不能以一钞写而传迻，以一聚代表着的异性，一集团象征或形相而译出的；因为其中只有一单纯的'同一性'，没有什么可钞写，没有什么可象征，没有什么可形相的。然则梦之同喻全然不合了，较好是将其弃置。它常可用作我们的心思对其经验能取的某种态度之一生动的比况词，但于存在的真实性和基本意义或起原作形而上学的研究没有价值。

设若我们取起妄识这譬喻，则发现比起梦的同喻，于宇宙的'虚幻'理论之真实理解，难有较多的帮助。妄识分两种，心思的或理念的，与视觉的，或怎样是感觉的。倘若我们见到事物的一形相，而该处没有那些事物，这便是识的错误的建置，一视见的妄识。时若我们以心思的一主观构想，一建造性的心思错误，或一客体化了的想象，或一误置的心思形相，为一客观的事实，则这是一心思的妄识。前者的譬喻是蜃楼海市，后者的是那经典的例子，见绳为蛇。附带不妨说起，有许多事物皆被称为妄识，而其实不是，却是象征形相，而是潜意识的知觉性或识，来到了表面，使我们与超物理的真实相接触，由此送上的；这么，宇宙的知觉性，即是由我们的心思的范限之抉破，我们进到了一浩大的真实性之意识，即算被认许了，也被置于妄识之列。但是，仅以普通的妄识而论，心思的或视觉的，我们见到这初看似乎是在哲学理论中所谓'外加'者一真例子；这是将事物的一不真实的形相，按加到一真实上，空无一物的沙漠空气上，而加以湖水楼台的幻相，当前一真的绳索，而加以一非当前的蛇的相状。我们可辩说，世界便是这么一个妄识，以事物之一不存在、不真实之相状，按加到'大梵'的永远当前的、纯然独一的真实性上。但我们却又注意到，在每一场合，妄识，虚伪之相，不是属于十分非存在的什么；它是某事物真实而且存在者的一形相，却由心思之错误或识感之错误，加到其所不在的地方。一幻相，是一城市，绿洲，流水，或其他不在当前的事物之形相；倘若这些事物从来未尝有，则它们的虚伪形相，不论是由心思生起，或在沙漠上空气中反映，必未能有在其处，以一虚伪的真实性的感觉而迷惑心思。一蛇是存在的，它的存在与形相，在此为一时的妄见所惊者的人皆已知；倘若未尝如此，则此迷惑不会造出了：因为这是一见到的真实与另一在他处所尝知的真实之形似，乃为此错误之由来。然则此同喻无功；仅是倘若我们的世界形相是一虚妄，反映着一不在此处却在他处的真实世界，或否则是'真实'的一虚伪形相成的显示，在心思中代替、或以其错乱的似相蒙蔽一真实的显示，则此同喻能立。但在此说世界是一不存在的事物之相，一幻有的建置，外加到坦白的'真实'上，唯一'存在者'上，它永远是空无

事物，亦复无相：仅是倘若我们的视识，在沙漠的无物的空气中，造成了未尝于何处有过的事物之一形象，或否则在一无物的地上，加上了麻绳与蛇，与其他同样未尝于何处有过的形象，然后有一真实的同喻可立。

明显的，在这同喻中，两类甚不相同的幻有，不能相互发明的，皆误置于一处，好似它们在性质上为同一。一切心思的或识感的妄识，皆真实是事物之误表，或误置，或不可能的结合，或谬诬的发展，而那些事物，在其本身皆是存在的，或可能的，或怎样是在真实者的境域内或与之毗连的。一切心思的错误和虚幻，皆是一无明的结果，这无明错误地结合它的记录，或在一过去的或现在的或可能的知识之内容上错误地进行。但是宇宙的'虚幻'，没有实际性之基础，它是一原始的和源出一切的虚幻；它在那一'真实性'上，那其中从来未尝有也永远不会有任何事实，或名，相的'真实性'上，加以名，相，事实，皆纯粹的虚构。心思的妄识这一同喻可用，只是倘若我们承认一'大梵'，无名，无相，无缘，与一有名，有相，有缘的世界，皆同等真实，一个加到另一个上，蛇加到绳处，绳加到蛇处，——这或者可能是以'有功德大梵'的活动，归到'无功德大梵'之寂静上。但倘若二者皆真，则二者应当或则是此'真实性'的分别的两方面，或则是合并的两方面，为一个'存在'的正负两极。'心思'在它们中间的错误或混乱，不会是一创造性的宇宙'虚幻'，只能是于真实的一错误知见，'无明'所造成的一错误关系。

设若我们审查其他的譬说或同喻，所以使我们能于'摩耶'之作用能得较佳的理解者，一切我们皆察觉其不合，其不合则削夺了它们的力量和价值。人所熟知的譬喻，贝母与银，像绳索与蛇的同喻一样，也安立在一错误上，由于一现前的真实者，与另一非现前的真实者相似；这不能施用于一多性的和变易的非真实性之外加于单独和全一的不变易的‘真实者’上。在那视见的幻觉的例子，如单独一物见为二个或多个，如我们见到应是一月亮而为二月亮，则一物有二个或多个形式，其一为真，其另一或其余为幻：这也不说明世界与‘大梵’之并列；因为在‘摩耶’的施为上，有一远过复杂的现相，——诚然有‘同一者’之幻有的乘积，加到其独一且永不变改的‘同一性’上，‘太一’现为多数，但在那上面是加了一自性上的浩大的有组织的殊异性，诸形相与诸运动的一殊异性，与原始的‘真实者’无关。梦，视见，艺术家或诗人的想象，能呈出这么一种有组织的殊异性，不是真实的；但它是一摹仿，一真实的且已存在的有组织的殊异性之摹拟，或者，它从这种摹拟出发，而且甚至在最繁富的变换或最放纵的虚构中，远有一些摹拟的原素可见。在此没有这样的事，说是‘摩耶’的施为，其中没有摹拟，只有不真实的形相和运动之一纯粹且极原始的创造，未曾在任何处有过，而且，既不摹仿，也不返映，更不更改和发展任何在‘真实性’中可发现的什么。在‘心思’的虚幻的施为中，没有任何事物可稍稍阐明这神秘；这是，如一奇巨的宇宙‘虚幻’必然是，单为自类，(sui generis)，无有其双。我们在宇宙中所见者，是同一者之殊异性，遍处是宇宙‘自性’的基本施为；但于此它非自呈为一虚幻，而为从唯一原始本质作出的一多方多式的真实形成。我们随处遇到的，是‘一性’的一‘真实性’，显示其自体，于其有体之无数形式与权能之一真实性中。无疑，在其工事中有一神秘，甚至一魔术，但没有一点什么表明其为非真实者之魔术，而不是一遍能的‘真实者’的有

体的一‘知觉性’与‘力量’之工作，一永恒的自我知识所开动的自我创造。

这立刻生起了此一问题：‘心思’，这些幻相之父，其性质为何，及其与原始的‘存在’之关系。心思是一原始的‘虚幻’之子和工具呢，或其本身便是一初始的错作着的‘力量’或‘知觉性’？或者，心思的无明，乃‘存在’的诸真理之一过误，从一原始的‘真理知觉性’即真实的建造世界者之乖离？无论怎样，我们自己的心思，不是‘知觉性’的一原始的和起初的创造权能；它是，如同性格的一切心思必然皆是，依起的，一当作工具的‘德密乌佶’[①]，一中间的创造者。然则好像是发自心思的错误，即皆一中介的‘无明’之结果的诸同喻，不真比譬说明了一原始的创造性的‘虚幻’，一发明一切建造一切的‘摩耶’之性质或作为。我们的心思居于一超心知与一无心知之间，它从这两个相反对的权能接受：它居于一玄秘的潜意识的存在，与一外表的宇宙的现相之间；它接受灵感，直觉，想象，向知识与行为的动力，主观的真实性或可能性，皆来自未知的内中渊源；它接受已实践的实事之形相，及其更进的可能性之提示，皆自已观察到的宇宙现相。凡它所接受的，皆真元的，可能的，或实际的真理；它出发自物理世界的已实现的诸实际，而在它的主观作用中，从它们引出其所包含的或提示的未实现的诸多可能性，或它以诸实际为出发点而进行乃可达到的：它从这些可能性中，选择出一些，以备作主观的行为，而且玩弄它们的想象出的或内中构造出的形式；它选择其他一些以备客观化，试图实践之。但它亦自上且自

---

① 见上章注。

内接受灵感,自不可见的渊源,非独从可见的宇宙现相之打击;它见到真理,异乎其周遭实际物理性所提示的真理,而且,在这里也一样,它主观地玩弄传达给它的或构造出的这些真理的形式,或它选择以备客观化,试图实践。

我们的心思,是实际事物之一观察者和运用者,尚未知或尚未实现的真理之占卜者或接受者,诸多介乎真理与现实间的可能性之经纪。但它没有一无限的'知觉性'之遍知性;它在知识上有限,要以想象与发明补充其局限的知识。它不像无限的'知觉性'一样显示已知者,它得去发现未知者。它摄持'无限者'的诸多可能性,非是当作一潜在的'真理'之结果或形式之变换,而是当作构造或创作,它自有的无边想象之虚构。它没有一无限的知觉'能力'之遍能性;它只能实践或实现宇宙的'能力'所要从它接受者,或它有气力加到或介入事物的总和中者,因为那运用它的秘密'神明',为超心知的或潜意识的,原意是要那在'自然'中表现。它的'知识'之范限,以其不完全性,但亦以其容易收纳过失,便组成了一'无明'。在处理现实中,它可误察,误用,误创;在处理可能性,它可误组成,误结合,误施行,误厝置;在其处理向它启示了的真理,它可将其误表,化为畸形,使之不和谐。它也可作成一些它自制的构筑,与实际存在的事物不相应,没有实现的潜能,没有在后面的真理支持它们;但是,这些构筑仍是始于一现实事物之不合法的引申,摄取不曾允许的可能性,或将真理转到不可使用之使用。心思创造着,但它不是一原始的创造者,不遍知或遍能,甚至还不是一能干的'德密乌佶'。反之,'摩耶','虚幻权能',必然是一原始的创造者,因为它从无物中创造一切物,除非我们假定它是从'真实

性’中本质中创造，但那么它所创造的事物必怎样也是真实的；他于它所要创造的，有完全知识，于它所选择当创造的，有完全权能，虽只在它自有的虚幻上，它却是遍知遍能的，将其虚幻调和，结合，是以魔术似的准确和独尊的能力，绝对有效地将其自有的形成或虚构外加到所创作者的智慧上，充作真理，可能性，现实。

我们的心思工作得最好，且具有坚定的信念，时若给了它一本质，使它在其上施工，或至少用作一施为的基础，或者，时当它能操纵一宇宙力量，它已得到其知识的，——当它应处理现实事物时，它是确然于它的步武的；这处理客观化了的或发现了的现实事物、且从之进行创造的律则，便是物理‘科学’的浩大成功的理由。但在此，显然是没有虚幻的创造，没有虚空中(in vacuo)的‘非有’之创造，而将其化为似是的现实，如说宇宙的‘虚幻’为然者。因为‘心思’只能从本质创造出于此本质为可能者，它只能那么处理‘自然’之力，如其与她的可实践的能力无违；它只能发明或发现原已包含于‘自然’的真理和潜能性中者。另外一方面，它自上或从自体内接受创造的灵感；但这些之能成形式，只倘若其为真理或潜能，而不以心思自有的发明之权；因为若要心思建立既非真实亦非潜能者，那便创造不出，不能在‘自然’中成为现实。反之，‘摩耶’，倘若它在‘真实性’的基础上创造，它却仍建立一上层构架，与‘真实性’无关，不真，不在其中为潜能；倘若它从‘真实性’的本质创造，它从之造出一些事物，对之为不可能或不相合者，——因为它造出形相，而‘真实性’是被假定为一‘无相者’，不能有相；它造出决定，而‘真实性’是被假定为绝对不能决定的。

但是我们的心思有想象的官能；它能创造它自体的心思构架，

以之为真而且实:在此,或许可思为同似'摩耶'的作用的什么。我们的心思的想象,是'无明'的一工具;它是知识之有限能量,有效果的行为的有限能量之归宿或机巧或退避处。这些缺陷,心思以其想象的权能弥补:它利用之从显明可见的事物,抽绎出不显明不可见的事物;它从事于创造它自以为可能者与不可能者的形象;它建立虚幻的现实,或画出一猜测的或构成的事物之真理,对外在经验皆为不真。那至少是它的活动的相状;但如实,这是心思的方法或它的方法之一,要从'有体'中召出其无限的可能性,甚至要发现或捕捉'无限者'之未知的可能性。但是,因为它以知识不能为此,它便作成真理与可能性与一尚未实现的现实性之实验的构架:如其接受灵感的权能是有限,它便设想,假定,问究这个或那个可否是真理;如其召出真的潜能的力量是狭小且受限制,它便建立一些可能性它希望其实现,或愿它能实现之;如其现实化的权能是受拘束,且为物质世界的反对所禁制,它便形象出主观的现实化,以满足它的创造的意志与自我表呈之悦乐。但这里也得附带说明,即是经过想象,心思也诚然接受一真理的形象,诚然召出一些可能性,后下皆实现了,诚然也在世界的现实上,时常以其想象而加了一有效的压力。在人类心思中坚住的想象,如在空中飞行的理念,常是终以自体圆成:个人的思想形成,自体也可实现,倘若在此形成中或在此形成之的心思中,有充足的气力。想象能创造其自体的潜能性,尤其是倘若在集体心思中得到支持,久而久之,可引得宇宙意志的认可。事实上一切想象皆代表可能性:有些某一日在某形式上能够实现,也许在一迥乎不同的现实形式中;还有更多的,则被贬为不育,因为它们不入乎今之创造的形象或方案以内,

不进到个人的被许可的潜能性中，或者，不合乎集体的或类属的原则，或于能涵的世界存在之性质或命运为陌生。

如是，心思的想象，皆非极端或纯粹虚幻的：它们皆在其现实的经验的基础上进行，或至少从那里出发，皆是现实上的变化，它们相状出'无限者'的'或然'或'可然'，倘若其他真理已经显示，可能怎样，倘若现在的潜能者是别样安排了，或其他可能性异乎这些已经承认者变到潜能了，可能又怎样。进者，经过这官能，其他境界的形相与权能异乎物理的现实界的，得与我们的心思的有体相通。纵使想象皆放肆，或取妄识或虚幻形式，它们也皆以真实者或可能者为基础而进行。心思造成一美人鱼的形象，但这幻想是两个现实者这么加在一起，出了海陆的正常潜能性以外；天使，鹰嘴狮身兽，喷火兽，皆是在同一原则上构造的：有时想象是昔之现实之记忆，如在那神秘动物，龙，有时是一形象或事实，在他界或存在的其他情形下是真的或可能是真的。甚至一狂人的幻想，也建立在真实事情的放纵的错乱上，譬如一疯汉将自己，王位，与英国联在一处，在想象中坐在'勃朗他佶年'(Plantagenets)和'托多'(Tudors)两王族的宝座上。进者，倘若我们检视心思的错过的原由，通常我们发现其为经验和知识的原素的误合，误置，误用，误解，或误施。在其性质上，想象本身是一较真实的知觉性之对可能性的直觉官能之代替者：当心思上升到'真理知觉性'，这心思权能化为一真理想象，它将高等真理之色彩与光明，带到已成就和已表呈的知识之有限的适当或非适当境况中，而最后，在其上的转化着的光明中，它全般让位给诸高等真理权能，或本身化为直觉与灵感；'心思'在那升举中，便终止其为一谬想的创造者或错失的建造

者。于是‘心思’不是一不存在的事物，或建立在空虚中的事物之独尊的创造者：它是一无明而试欲有明；它的正本虚幻皆自某种基础出发，皆是一有限的知识或半无明的结果。‘心思’是宇宙的‘无明’的一工具，它不像是一宇宙的‘虚幻’的一权能或一工具，或不像那样作为。它是诸多真理，可能性，和实际性之一寻求者，发现者，或其一创造者或将创造者，然则很有理由假定，那原始的‘知觉性’与‘权能’，心思必依之而起的，也是诸多真理，可能性，和实际性之一创造者，在其视境上不像心思是有限的，而是宇宙的，不容纳错误，因为无有一切无明，一无上的‘遍知’与‘遍能’的独尊的工具或一自我权能，一永恒的‘智慧’和‘知识’。

这便是双重可能性，起于我们前面者。我们可以假定，有一原始的知觉性与权能，能在人类和动物知觉性中，以心思为其工具或中介，创造出虚幻与不真实事物，以致这我们所见的这分别了的宇宙是不真实，‘摩耶’的一虚撰，只有某个不可决定的未曾分别的‘绝对者’是真实的。或者，我们同样可以假定，有一原始的，无上的，或宇宙的‘真理知觉性’，能创造一真宇宙，但以心思当作一不完善的知觉性在那宇宙间活动，它是无明，部分知道，部分不知道，——一知觉性，以其愚蒙或知识之有限，能起过误，讹谬，从已知者作差错的或误向的发展，向未知者则作不定的探索，能作局部的创造和建置，常处在真理与错误，知识与无明的半道上。但是如实，这无明无论怎样颠顿，仍是在知识上进展向知识；它本来能够蜕除范限，参杂，且由此解放而化归‘真理知觉性’，化为原始的‘明’的一权能。——至此，我们的探究却是引到第二方向的；它指向这一结论，即我们的知觉性的自性，不属于那一性格，可辩正一

‘宇宙虚幻’的假定为其问题的解决的。一问题存在，但这在于我们对自我和事物的认识中之‘明’与‘无明’之参杂；是这不完善的由来，乃我们所当发现的。无需于引进一‘虚幻’的原始权能，谓其常是神秘地存在于永恒的‘真实性’中，或否则以一不存在的形相之世界，干入或外加到一‘知觉性’或‘超心知性’上，那永是纯粹，恒久，而且绝对者上。

第六章　真实性与宇宙虚幻

直到此际，我们只清除了研究原畴的前面的一部分土地，后面则问题仍为整个，而未解决如故。这便是那原始的‘知觉性’或‘权能’的性质问题，即是创造了或概念地建设了或显示了这宇宙的原始‘知觉性’，及其与我们的世界认识之关系，——总言之，是否这宇宙乃一知觉性的假造，为一无上的‘虚幻’之力，外加于我们的心思上的，或还是有体的一真实形成，为我们以一仍是无明然是一增上着的知识所经验到的。而且，真问题不单是属于‘心思’，或单属生于‘心思’的宇宙的梦，或宇宙妄识，而是属于‘真实性’的性质，在其中所发生的，或加于其上的创造作为的有效性，在它的或我们的知觉性、与它的或我们的宇宙见识中，有或无一真实的内容。为‘幻有论’可以答辩，答复我们关于存在的真理所提出的论点，说凡此一切，可以在宇宙‘幻有’的范围以内为有效；是这系统，这应用的机械，‘摩耶’以之工作，而自保于‘无明’中：但这宇宙系统的诸多真理，可能性，现实性，皆只在‘虚幻’中为真为实，出了那魔术圈子以外，它们皆无有效性；它们皆不是长住和永恒的真实；一切皆暂时的形相，‘明’之工作、不下于‘无明’之工作，皆是如此。可以退让说，知识是‘摩耶’的‘虚幻’之一有用的工具，以遁离她自己，在‘心思’中消灭她自己；精神的明是不可无的：但唯一真实真理，

唯一长住的真实性，出乎明与无明的一切对偶性以外的，乃是永恒的无缘的'绝对者'或'自我'，永恒的纯粹'存在'。在此，一切皆依乎心思的真实性的概念和心思体的真实性的经验而转；因为心思于真实性的经验和概念如是，其于否则为同一的记录，'宇宙'的事实，个人的经验，无上'超上性'之实践之解释即将如是。一切心思的认识依于三个原素，见者，见知，与所见之物或所知者。三者之全或任何一个，其真实性能被肯定亦能被否定；然则问题是：倘若有真实者，则那些是真实，到什么地步，或在什么方式上。设若三者皆被弃斥为一宇宙'虚幻'的工具，则进一步相随的问题生起了：是否它们之外还有一真实，而且，倘若有，此'真实性'与'虚幻'之关系为何？

可能的，肯定所见者，客观的宇宙的真实性，而否定或损减能见的个人，及他的见知的知觉性之真实。在唯独'物质'为真实的理论中，知觉性只是'物质'中的'物质能力'之一种施为，脑经细胞的一分泌或震动，是生理的接受印象和一脑经的回答，'物质'对'物质'接触之反应作用或反动。纵使这肯定的严肃性是弛缓了，也另外计度知觉性这会事，仍然它不外是一暂时的和依起的现相，不是耐久的'真实性'。能见的个人自己，只是一身体和一脑经，能作机械的反应，我们汇归于知觉性的一名词的：个人只有一相对的价值和一暂时的真实性。但设若'物质'本身结果又被证明为不真实或依他起，而且简单是'能力'的一现相，如在现代似乎是或然，则只有'能力'唯独为'真实'了；见者，见知，所见皆只是'能力'的现相。但是，一'能力'而无一具有它的'有体'或'存在'或一供给它的'知觉性'，一'能力'原本在虚空中工作，——因为我们所见它在其中工作着的物质原地本身便是一创作，——看来很像是一心思的构架，一非真实；或者，它可能是一暂时的不可解说的动的迸发，可能任何时停止创造现相：唯独‘无限者’之‘空’乃为永久而且真实。佛教理论，以谓能见，见，所见，皆为‘羯磨’的构造，‘有为’的某些宇宙事实的程序，便留下地位给这么一种结论了；因为这合逻辑地引到‘非有体’，‘空’，或‘虚无’的肯定上。诚然是可能的，凡在有为者不是一‘能力’，而是一‘知觉性’；正如‘物质’自体销归于‘能力’，不在其本身而在其结果与工事上为我们所摄持，同样，‘能力’可销归于一‘知觉性’的作用，不在其本身而在其结果与工事上为我们所摄持。但倘若这‘知觉性’假定是同样在一‘虚空’中作为，则我们也免不了得同样的结论，即它是一暂时的、现相的幻有的创造者，它本身是虚幻的；‘空’，一无限的‘零’，一原始的‘非存在’，乃唯独是长久的‘真实’。但这些结论皆不能竖立；因为在这只以其工作能摄持的‘知觉性’之后，可能有一不可见的原始的‘存在’：然则那‘存在’的一‘知觉的能力’可能是一真实；它的创造，以有体的一至极微妙的本质作成，这非诸识所能触知，但在‘能力’的作用之某一阶段上向诸识启示为‘物质’，也可能是真实的；有如个人出现为原始的‘存在’的一知觉的有体，在一‘物质’的世界中，也应是真实的。这原始的‘真实’可能是一宇宙的精神的‘存在’，一‘汎神’(Pantheos)，或者，它也许有其他格位；但无论怎样，不会有一宇宙的虚幻，或单是现相，而是一真实的宇宙。

在‘幻有论’的经典的理论中，一单独无上的精神‘存在’，被认为唯一‘真实’：以其真元性它是‘自我’，可是自然的万有，此‘自我’所属者，皆只是暂时的现相；这在其绝对性上是一切事物的基

层，但建立在这基层上的世界，或者是一非存在，一似是，或否则怎样是非真实而真实；它是一宇宙的虚幻。因为‘真实’是独一无二，永恒不变，它是唯一‘存在’；没有其他何者，这‘有体’没有真的变是：它是，而且必永远仍其无名，无相，无形成，无缘，无事；倘若它有一‘知觉性’，则这只能是它自有的绝对的有体之一纯粹知觉性。但是，此‘真实’与此‘虚幻’间的关系是什么呢？以什么奇迹或神秘而起此‘虚幻’，或它是如何而能出现，或永远在‘时间’中长住呢？

既然唯独‘大梵’是真实，则只有‘大梵’的一权能或一知觉性，可能是一真实的创造者和诸真实事物的创造者。但既然除纯粹和绝对的‘大梵’外不能有其他真实，则不能有‘大梵’的真的创造权能。一‘大梵知觉性’觉识真的有体、相、事，则将表征一‘变是’的真理，宇宙的一精神的和物质的真实性，为无上‘真理’的经验所否定，所取消，且与其独一存在在逻辑上不合。‘摩耶’的创造是一种表呈，表呈有体，名，相，事，物，皆不可承认为真的，与‘太一存在’的不可决定的纯洁性相违。于是‘摩耶’不是真实的，它不存在：‘摩耶’本身是一虚幻，无数量虚幻之父。可是，这虚幻及其工作，仍有某种存在，所以必然在某些方式上为真实：进者，世界不是存在于一‘空无’中，而仍安立，因为它是按加于‘大梵’上，在某方式上是托基于唯一‘真实性’上的；我们自己在此‘虚幻’中，以其名，相，缘，事，皆归到‘大梵’上，变到觉识万事万物皆为‘大梵’，经过此诸非真实而见此‘真实性’。然则有一真实性在‘摩耶’中；它同时是真实又非真实，是存在又非存在；或者，我们可说，它既非真实又非非真实：这是一矛盾论，一超理性的谜。但这神秘又是什么

呢？或者是不可解么？这虚幻如何来干预'大梵'存在呢？这'摩耶'的非真实的真实性之性质是什么？

初眼一看，人不得不假定'大梵'必然怎样是'摩耶'的见者，——因为'大梵'是唯一'真实'者，倘若他不是见者，则谁见此'虚幻'呢？任何其他见者皆不存在；个人，在我们内中似是的见证者，他自己是现相的，非真实，是'摩耶'的一创作。但是，倘若'大梵'是见者，则虚幻如何能须臾存在呢？因为见者的知觉性是自我的知觉性，唯属它自有的纯粹自我存在的一种觉识。倘若'大梵'以一真知觉性看世界和事物，则一切皆必是它自体而皆真实；但是它们既非纯粹的自我存在，而至佳只是它的有相，且经过一现相的'无明'而见到的，则这真实论的解决为不可能。可是我们仍得承认，至少姑且如此，宇宙为一事实，一不可能性，当作一有是之事物，因为'摩耶'是有在于此，她的诸多工作长在，而且以它们的真实性之意态，无论多么虚伪吧，迷惑着精神。然则是在这基础上，我们得直面此两难论法而求其解决。

若使'摩耶'在某些方式上是真实的，则结论自归到'大梵'这'真实'者，是在那些方式上为'摩耶'的见者。'摩耶'可能是他的分别着的知见之权能，因为'摩耶'知觉性的权能，所以别之于唯一精神的'自我'之真知觉性者，便是它的创造性的对于差别之知见。或者，倘若这差别之造成，只认为'摩耶'力量之一结果而非其实性，则'摩耶'至少必是'大梵'的知觉性的某种权能，——因为只是一知觉性方能见或能创造一虚幻，而除'大梵'的原始的或发源的知觉性外，不能有另一个。但'大梵'亦永远是自我觉识的，则'大梵知觉性'必有其双重格位，一个知觉唯一的'真实性'，另一个知觉诸非真实者，由其创造性的知见，赋予以某种似是的存在。这些非真实者不能是用‘真实性’的本质造成的，因为那么样则它们亦必是真实的。在这观念下，人不能接受奥义书的说法，说世界是自无上的‘存在’造成，是永恒的‘有体’之一变是，一结果或产品。‘大梵’不是宇宙的物质因，我们的自性，与我们的自我相对待者，不是以其精神本质造成的；这是从‘摩耶’的非真实的真实性建造出来的。反之，我们的精神的有体却是属于那本质，诚然便是‘大梵’；‘大梵’在‘摩耶’之上，但他是双从‘摩耶’之上和自‘摩耶’之内见知他的创作。这双重的知觉性，自呈为唯一可称许的解释，以解释这个谜：一真实的永恒‘能见者’，一非真实的‘所见者’，和一‘见知’，即非真实的所见者之一半真实的创造者。

倘若没有这双重知觉性，倘若‘摩耶’是‘大梵’之唯一知觉的权能，则此二者必有其一为真实：或者，‘摩耶’当作一权能之真实，乃是它为‘大梵’知觉性的一主观作用，从其玄默与超心知的不动性出现，通过诸多经验，皆真实的，因为它们皆是‘大梵’的知觉性的部分，然皆非真实的，因为它们不是它的有体的部分。或者，不然，则‘摩耶’是‘大梵’的宇宙‘想象’之权能，内在于他的有体中的，从无有中创造出名，相，事，皆不在任何方式上为真实的。在那场合则‘摩耶’将是真实的，但是她的工作全为虚撰，纯粹的想象：但是，我们能肯定‘想象’乃‘永恒者’的唯一动力的或创造性的权能么？‘想象’，于一不完全的有体而具有一无明的知觉性者，乃为必需；因为他得以想象与揣测而补充其无明之阙失：然在独一‘真实性’之独一知觉性中，没有理由要构造非真实者的，这种运动的地位，因为它永是纯粹且自体完全。很难见到，什么在其自有的本体中，能驱迫或引导这么一个‘独一存在’，在其正本真元上是完全的，在其永恒中是幸福的，不包含要显示出的什么，无时间性而为圆满，要去创造一非真实的‘时间’与‘空间’，充之以虚伪的事与相之一无尽的宇宙的现示而永至于无穷。这一解决在逻辑上不立。

另一解决，一纯粹主观的非真实的真实性之理念，起自心思在物理‘自然’中所作的区别，区别主观的和客观的经验；因为唯独是客观者，它乃确然于其为在实体上全般真实。但这么一种区别，很难存在于‘大梵知觉性’里，因为在此是或者无主体亦无客体，或则‘大梵’本身乃其知觉性的独一可能的主体和独一可能的客体；不能有外于‘大梵’为客体者，因舍‘大梵’别无其他。然则，一知觉性的主观作用，造成一虚撰的世界，异于、或颠倒著唯一的真客体，——这理念，看去像是我们的心思在‘大梵’上之一外加，它在此纯粹而且完善的‘真实性’上，按加以它自体的不完善之一相，不能真归到一‘无上有体’之知见上的。另外一方面，‘大梵’的有体与知觉性之区别不能有效，除非‘大梵有体’与‘大梵知觉性’乃分明两个元体，——知觉性将其经验加到其有体之纯粹存在上，但不克感触，或影响，或穿透它。于是‘大梵’不论当作无上的独一‘自我存在’，或当作‘摩耶’中是真实的亦非真实的个人之‘自我’，乃将以他的真实知觉性，觉识到按加于他的虚幻，且知道其为虚幻；只有某些‘摩耶’性的能力，或其中的一点什么，会被其自作的发明所迷惑，——或否则虽未真被骗过，也仍然坚持是好像被迷惑了，如是感觉，如是作为。这二元性是在我们的‘无明’中之知觉性所发生的，时当其自体从‘自性’之工作分开，在内中觉识‘自我’为唯一真理，其余的则为非自我且非真实，但在表面上仍要那么样作

为，好像其余的亦为真实。——但这解决否定了‘大梵’的独一而不可分的纯粹存在与纯粹觉识性；这在无相的一体性中造成了二元性，这在其旨趣旨上不异于数论的事物观念之双重原则，‘补鲁洒，与‘勃罗克里谛’，‘神我’与‘自性’。这些解决应当抛开，认为不立，除非我们修改我们初原的‘真实性’观念，承认其有知觉性的多重格位之一权能，或存在的多重格位之一权能。

但是，再说，倘若我们承认这二元的知觉性，不能解释其为‘明·无明’的一二重权能，于‘无上存在’为有效，如其于我们在宇宙中为有效的。因为我们不能假定‘大梵’全然是服属于‘摩耶’的，因为那意义会是‘无明’的一原则，翳蔽了‘永恒者’的自我觉识性；那将是将我们自己的知觉性之范限，强加于永恒的‘真实性’上。一‘无明’，发生或干预于显示的过程上，当作‘知觉性’的一附属作用之结果，且当作神圣宇宙方案的一部分，这是一事，且在逻辑上是可思议的；一无意义的无明或虚幻，永在‘真实’之原始知觉性里，这是另一事，是难于思议的；这像是一放纵的心思虚构，不像是在‘绝对者’的真理中为有效。‘大梵’的二重知觉性，不应怎样是一无明，而是一自我觉识，与一自愿的意志并存，愿建立一幻有的宇宙，而这些虚幻，皆是安立于前方的知见中，觉识自我同时又觉识虚幻的世界，以致没有谬见，没有其真实性之感觉。谬见只起于虚幻的世界本身，而‘自我’或‘大梵’在世界中，或自由参加而享受这游戏，或只作见证，它本身远离而不可触，这戏只在‘自然心思’——‘摩耶’为了她的作为而造成的，——上有其魔力。但这似乎会表征‘永恒者’不满足于其纯粹的绝对存在，有此需要要创造，要贯彻‘时间’自体从事于一出名，色，事的戏剧；它既是独一，需要

见到自体为多，它既是和平与福乐与自我知识，便需要看到一种经验或表呈，表出明与无明，快乐与痛苦，不真的存在与遁出不真实的存在之交杂。因为遁离是‘摩耶’为个人所构造的；‘永恒者’不需要遁离，这戏剧也永是继续其循环下去。或者，倘若不是需要，便是有如此创造的志愿，或者是有这些对反者的自动动作或迫促；但是，设若我们考虑到归于‘真实’的纯存在之唯一永恒性，则全皆一样，需要，意志，迫促或自动动作，皆同等为不可能，不可解。这是解释之一种，但这种解释仍使这神秘居于逻辑与理解之外；因为‘永恒者’的这动力的知觉性，是与它的静定的真实的自性径直相违。一创造或显示的‘意志’或‘权能’，无疑是有在；但是，倘若这是‘大梵’的一意志或权能，则这只能是为了‘真实者’的诸多真实事物的创造，或者是在‘时间永恒性’中它自体的无时间的程序之显示；因为这好像是不可信的，‘真实性’的唯一权能，而应是要显示与它自体相违反的什么，或在一虚幻的宇宙中要创造出非有的事物。

至此，对这谜没有可满意的答复：也许我们错在以任何种真实性，无论在基本上多么虚幻，归到‘摩耶’或她的那些工事上：真的解决，乃在于勇猛地直面它的或它们的究竟非真实性之神秘。这绝对的非真实性，似乎为‘幻有论’的某些表呈所意想到，或为袒护它的某些辩解所见及。然则问题的这一方面，也应该考虑，然后我们方能确然审察其他诸解决，皆安立于宇宙之相对的或局部的真实性上的。诚然，有一系推理，以除外这问题而销去了它；这推理肯定着‘虚幻’如何生起的问题，宇宙如何在‘大梵’之纯粹存在中而能有的问题，为不合法：这问题不存在，因为宇宙不存在，‘摩耶’

非真实，唯‘大梵’为独一真理，唯一且永远自体存在。‘大梵’不受任何起虚幻的知觉性之影响，没有其无时间的真实性中之任何宇宙入乎存在。但是，这样逃避了困难，或则是诡辩，毫无意义，是语言逻辑上的机锋，逻辑推理藏头于文字与理念的游戏中，拒绝不肯看也不解决一真的迷疑的困难，或否则是出义过多，因为在效果上它除去了‘摩耶’与‘大梵’的一切关系，由于肯定‘摩耶’为一独立的绝对非真实性，与其所创造的世界一同为然。倘若一个真实的宇宙不存在，而一宇宙的‘虚幻’存在，于是我们不得不问这如何生起的，或如何而得存在，它与‘真实性’的关系或非关系是什么，我们在‘摩耶’中的生存的意义何是，我们之隶属于她的循环，我俩从她而解放，意义又是什么。因为在这观念下，我们必当假定‘大梵’不是‘摩耶’或她的工作的见者，‘摩耶’本身不是‘大梵知觉性’的一权能：‘大梵’是超心知的，汩没于它自己的纯粹有体中，或只知觉它自体的绝对性；它与‘摩耶’无关。但在那场合，则或者‘摩耶’虽当作一虚幻亦不能存在，或者会有一双重底‘整元’，一真实的‘永恒者’，为超知觉的或只知觉它自体，与一虚幻的‘权能’，创造着，且知觉一虚伪的宇宙。我们又回到两难论法的双角尖了，无由希望脱出它的抵触，除非我们这么逃避，说一切哲学既是‘摩耶’的部分，则一切哲学也皆是一虚幻，问题是多有，但作结论是不可能。因为面对我们的，是一纯静止而不变易的‘真实性’，与一虚幻的机动性，二者绝对互相违反，出乎它们以外没有较大的‘真理’，其中可寻得它们的秘密，可发现它们的违反之一调协底结论。

倘若‘大梵’不是见知者，则见知者必是个人：但这见知者是‘虚幻’所造成，非真实；所见知者，这世界，是一虚幻，为一‘虚幻’

所造成，非真实；见知之知觉性，本是是一虚幻，因此亦非真实。但这将一切事物的意义夺去了，我们的精神的存在，我们之被救出‘摩耶’，不下于我们的时间性的生存，与我们之汩没于‘摩耶’中，皆无意义了，一切皆属一平等的非真实性，无关重要。是可能的，不取这么强硬的立场，而立‘大梵’之为‘大梵’，与‘摩耶’无关，永远无有于一切虚幻，或任何与虚幻之交易，然‘大梵’之为个人见知者，或为世间一切有体之‘自我’，已入乎‘摩耶’，而在个人也可从之退出，然这一退出，于个人是一至关重要的行为。但在此是一双重有体加到‘大梵’上了，一真实性已归到属于宇宙的‘虚幻’的什么上，——归到‘大梵’在‘摩耶’中的个人，因为‘大梵’之为一切之‘自我’，甚至在现相上也不被拘束，不必须从‘摩耶’遁逃：何况救度不能有什么重要性，倘若拘束原非真实，而且拘束不能是真实，除非‘摩耶’与她的世界皆是真实。‘摩耶’的绝对非真实性消失了，让位于一甚为概括的、纵使也许只是一应用的和时间性的真实性。要免除这结论，可以说我们的个人性是不真实的，是‘大梵’从它自体的一反映在这个人性的虚构中退出及其消灭，乃为我们的解脱，我们的得救：但是‘大梵’，既常是自由的，不能以束缚而损，或以得救而益，而且一反映，一个人性的虚构，不是一能需要解救的事物。一反映，一虚构，在‘摩耶’的幻镜中的假相，不能遭受一真实的束缚，或以一真实的救济而得益。设若说，这是一知觉的反映或虚构，因此真能受苦或进到解脱的福乐，则又可问：如此在这虚构的存在中受苦的知觉性，竟是谁的呢？——因为除了‘太一存在’的知觉性以外，不能有任何真的知觉性；于是又再度为‘大梵’建立了一双重知觉性，一知觉性或超心知，无有于虚幻，与一隶属

于虚幻的知觉性，于是我们又实体化了我们在‘摩耶’中的生存和经验之某种真实性了。因为，设若我们的有体是属于‘大梵’的，我们的知觉性也是‘大梵’知觉性的一点什么，不论有何种形况，到那限度总是真实的，——而且，设若于我们的有体为然，为何于宇宙的有体为不然呢？

终于可这么提出为一解决，能见知的个人与所见知的宇宙皆非真实，但‘摩耶’因其自加于‘大梵’上，也得到某些真实性，那真实性遂自体假借与个人及其在宇宙‘虚幻’中的经验，这是长住的，只若长此它是隶属于虚幻。但是，又可以问，这经验是为谁而有效呢，这真实性当其长住之时是为谁而得，而且，又为谁以解脱，灭无，或退出而终止呢？因为一虚幻不真实的有体，不能戴上真实性，而遭受一真实的束缚，或以一退避，或自我灭无的真实行为，而从之脱出；它只能对某个真实自我或有体似乎存在，但在那场合，这真实自我必在某方式下或到某程度已变到隶属于‘摩耶’了。必然或者是‘大梵’的知觉性，自体放射于一‘摩耶’的世界中又从‘摩耶’流出，或者必是‘大梵’的有体，放射他的自体，它的真实性，入乎，摩耶’中，又从‘摩耶’中将其收回。或者，这自体按加于‘大梵’上的‘摩耶’又是什么呢？倘若它不原是在‘大梵’中，倘若不是永恒的‘知觉性’或永恒的‘超心知’的一作为，它又何自而来呢？唯独是‘真实性’的一有体或一知觉性，遭受了‘虚幻’之后果，‘虚幻’之循环乃能戴上任何真实性，或有任何重要性，除是当作傀儡影戏的跳舞，‘永恒者’以此自娱，一‘时间’中的傀儡戏。我们又被驱回到‘大梵’的双重有体了，‘大梵’的二重知觉性，内入于‘虚幻，中者与无有于‘虚幻’者，和给‘摩耶’的某种现相上的有体之真理：我们

在宇宙间的存在不能有解决，设若那存在与宇宙本身皆无真实性，——纵使其真实性只是局部的，受了拘限，依它而起。但是，一原始的，普遍的，且基本无所据的'虚幻'，能有什么真实性呢？唯一可能的答复便是：这是一超理性的神秘，不可解，不可名状，——不可说。（anirvacanīya）

虽然，对这困难有两个可能的解答，倘若我们除去这绝对的非真实性理念，而容纳一限制或妥协。为了一主观的虚幻知觉性，而仍为'有体'的部分者，可造成一基础，倘若我们接受睡与梦的创造之说，如诸奥义书中所云，在一幻有的，主观的，世界觉识性的义度下。因为奥义书中立说，'大梵'之为'自我'乃是四重；'自我'是'大梵'，凡一切是者皆是'大梵'，但凡一切是者皆是'自我'之为'自我'所见于其有体的四个境界中。在纯粹自我格位中，如我们所想念的知觉性或非知觉性，皆不能肯定说到'大梵'上；它是超心知的一境界，超心知凝定于其自我存在，于其自我玄默或自我极乐中，或否则是一自由的'超心知者'的格位，包含或基托一切，然不沦入任何事物中。但也还有一睡眠自我之光明格位，一聚合了的知觉性，即宇宙存在之原始；这深沉睡眠境界，其中仍有一遍能的'智慧'之当体者，便是种子境或为因情况，由之而这宇宙出现；——这个，与梦之自我，即一切微妙的，主观的，或超物理的经验之原地，以及清醒自我，即一切物理经验之支持者，皆可认为'摩耶'的全幅版图。有如一人在深沉睡眠中进到梦境，其间他经验到自我建造的不稳定的构架，如名，色，缘，事，又在清醒境界中将自己外展，在似乎较稳定的但仍属暂现的物理知觉性之构架中，同样，'自我'从一聚合了的知觉性境界中，发展出它的主观的和客观

的宇宙经验。但这清醒境界，不是从这原始的和为因的睡眠之一真醒觉；这只是一充分的显现，入乎知觉性的对象之积极的真实性之一粗重的、外在的和客观的意度中，与这些对象之微妙的、主观的梦之觉识相对待：真的醒觉乃是双从主观的和客观的知觉性退引，且从聚集的为因的‘智慧’退出，而入乎超心知性，超于一切知觉性的；因为一切知觉性与非知觉性皆是‘摩耶’。于此，我们可以说，‘摩耶’是真实的，因为它是自我的‘自我’经验，‘自我’的一点什么进入了它，为它的一切事情所影响，因为它接受它们，相信它们，它们对它为真实的经验，是从它的知觉体的创造；但它亦是不真实，因为它是一睡眠境，一梦境，一终究是暂现的醒境，而不是超心知的‘真实性’之真正格位。在此，没有有体自身之实际二元，而有唯一‘有体’之多个格位；没有原始的二重知觉性，暗许在‘未创造者’中之一‘意志’，志在从无有中造出幻有的事物，但有一‘太一有体’在超心知性与知觉性的各境界中，各具其自有的自我经验之自性。但是低等诸境界，虽皆有一真实性，可是仍为主观的自我构造之建立和视见所限制，那皆不是此‘真实者’。‘太一自我’自视为多，但这多的存在是主观的；它有它的知觉性境界之多，但此多性亦是主观的；有一真实的‘有体’的主观经验之真实性，但没有客观的宇宙。

虽然，可以附带说起，在诸奥义书中，没有何处实在记载说那三重格位，乃虚幻的一状态，或一非真实性的创作；却常是肯定着，凡此一切是者，——这世界，我们现在假定为‘摩耶’所创造者，——便是‘大梵’，‘真实性’。‘大梵’成为凡此一切有体；一切有体皆应在‘自我’，在‘真实性’中见之，‘真实性’亦皆应于它们中间见之；‘真实性’应视为实在即凡此一切有体；因为不单‘自我’即是‘大梵’，亦复一切皆是此‘自我’，一切之为是者，便是‘大梵’，便是‘真实’。那种严重的宣说，没有留幻有的‘摩耶’之余地；可是那坚持的否定有任何异于或别于经验着的自我，所用的某些词句，以及知觉性的诸境界之二，如睡与梦的叙述，可看作好像它们消去了在普遍的‘真实性’之着重；这些章句对‘幻有论’的理念开了门，作成了那种性质的不妥协的一系理论之基础。设若我们以此四重格位当作‘自我’之一形象，从一主客双泯的超心知的境界，度到一光明的定境中，其间超心知成了一聚集了的知觉性，从之有体的主观格位和客观格位皆出现了，则我们一随我们对事物的观念，或得到一可能的虚幻创造之程序，或得到一创造性的‘自我知识’和‘大全知识’的程序。

事实上，若使我们能够从‘自我’的这低等三境界之叙述，断为‘自我’之为全智的‘智慧’[①]，微妙者的‘见者’，粗重的物质存在之‘见者’，则睡眠境与梦境好像是拟象的名词，所以表我们的醒境之后和以外的超心知者与潜意识者；它们如此得名且成其拟象，因为是由梦与睡眠，——或由定境，亦可视为一种梦或睡眠的，——表

① prajñā，般若，雅若洼基夜在大林间奥义书中，很积极地说起有两个有体之境界或面，即两个世界，而且在梦境中，则两世界皆可见，因为梦境是居于两者之间，是其连续处。这便说的明白了，他是指知觉性的一潜意识状态，其间能保持物理世界与超物理诸世界之交通。无梦的睡眠境界之叙述，可以加到深沉的睡眠，亦可说上定境。在此定境中，人进到了一聚积知觉性，其中包含有体之一切权能，但一切皆密集于其自体内，且唯独集中于其自体，而且，时若其活动呢，则活动于一知觉性中，其间一切皆是自我；这，明显的，是一个境界接引我们到精神的高等诸界的，今兹寻常对我们的清醒有体为超心知的。

面的心思知觉性，通常是出离了客观事物之知见，而入乎内中潜意识的，和超上的超心思的，或高上心思的格位。在那内中境况里，它看到超物理的真实，在钞写梦或视见的形相时，或者，在超上格位中，它自失于一聚积了的知觉性中，它不能从之接受到思想或形相。是由这潜意识的与这超心知的境况，我们乃能度入自我有体之最高境界之至上超心知里。设若我们作此过渡，不经过梦定境或眠定境，而是经过到这些高等境界的一精神的觉醒，则在它们一切中觉识到唯一遍在的‘真实性’；亦无需见到一虚幻的‘摩耶’，只有从‘心思’到‘心思’以外者的过程之一经验，以致我们的对宇宙的心思的构架终止其为有效了，它的另外一种真实性乃代替了无明的心思知识。在这过渡中，可能清醒以对有体之一切境界于一处，在一和谐化了和统一化了的经验中，且遍处见到‘真实’。但是，设若我们以一除外的集中之定境，突入一神秘的睡眠境，或在清醒‘心思’中突然进到属于‘超心思者’的境界中，则在此过程中，心思可能为一不真实之感所袭，觉宇宙的‘力量’及其创作皆不真实；它主观地除去了它们，于是度入无上的超心知性。这不真实之感，与这升华过程，皆是世界为‘摩耶’所造成的这理念之精神的辩正；但这结论非究竟，因为于精神经验，有过乎此的更大更完全的一结论为可能。

凡‘摩耶’之自性的这些和其他的解决皆不能使人满意，因为皆没有究竟性：它们不极成‘幻有论’的假定之必然性，那些假定如要被认可，必须为必然；它们不能架度那鸿沟，介乎永恒的‘真实性’的臆定的真自性，与宇宙‘虚幻’的矛盾的和相违的性格之间者。至多，是指出了一程序，自许可使两个相对反者之同存并在为可思议，为可了解；但它没有那么一种决定性的力量，或启明着的说服人的性格，能有效地救治其非或然，致使对它的认可在智慧上是强迫底。宇宙'幻有论'，除去一原始的违反，一问题和神秘，否则原可解决的，是由另建一违反，一新问题和神秘，在其条件下是不可调协的，且不可解决。因为我们始于一绝对的'真实性'的概念或经验，那在其自性上永恒是一，超乎宇宙，静定，不动，不可变易，自我觉识其纯粹存在，又有一宇宙，动力，机动，可变易性，原始纯粹存在的修改，分殊化，无限的多性之现相。这现相是被除去了，以宣布其为一长久的'虚幻'，'摩耶'。但这结果是带来了'太一'知觉性的自体相违的一双重格位，以消除'太一'有体的一自体相违的双重格位。'太一'的多性之一现相的真理，是由建立一概念的虚伪而消除了，说'太一'创造一非真实的多。'太一'永恒自我觉识其纯粹存在，遂容接其自体的一长久的想象或虚幻的构架，为无明的和受苦难的有体的无限之多，不觉识自我，而必须一一醒转觉知自我，且个个终止其存在。

面对这一解决，即以一新的迷疑解决一迷疑，我们开始猜测我们的原本的前提，必有何不完全之处，——不是一错误，但只是第一言陈和必要的基础。我们开始想象那'真实性'为一永恒的一性，定位，纯粹存在的不变易的真元，支持着一永恒的动力，机动，其自体的无限的多性与分殊性。一性的不变易的定位，从自体发出动力，机动，与多性，——这动力，机动，与多性，不是抹煞永恒和无限的一性，却是将其释出。倘若'大梵'的知觉性，能在格位或作用上为二重，或甚至多重，则似乎没有理由为什么'大梵'不能有一双重格位，或其有体的一多重的真实自我经验。则宇宙的知觉性会是‘绝对者’的某些真理之一经验，而不会是一创造性的‘虚幻’。这一解释，若是作发了，可证为更概括，在精神上更有收获，在其接合我们的自我经验的两项之交会处更和洽，而且，至少在逻辑上为能立，不下于那另一理念，说一永恒的‘真实性’，长远支持一永恒的虚幻，只对无限多的、无明的和受苦难的有体为真，而他们得一一逃出‘摩耶’之黑暗和痛苦，每个由在‘摩耶’中自体的一分别的消灭。

对这问题的第二个基于‘幻有论’的答复，有其可能的，在商羯罗的哲学中，可说为一变相的‘幻有论’者，一个以异常动人的力量和概括性而表出的答复，我们且走上向这解决的第一步。因为这哲学肯定‘摩耶’的一变相的真实性；它诚然形况它为一不可名相不可言说的神秘，但同时它也真给我们一理性的解答，初看是极使人满意的，解释这苦恼我们的心思的对反；它计及我们于宇宙的坚持的和迫切的真实性的意识，又顾及我们的人生与现相的非究竟性，不充足，空虚，暂现倏灭，某种非真实性的意识。因为我们发现两汇真实性的区辨已经作出了，超上的与实际的，绝对的与现相的，永恒的与一时的，——前者为‘大梵’的纯粹有体的真实性，为绝对，超宇宙，永恒，后者为‘大梵’在‘摩耶’中，为宇宙的，属时间的，为相对。在此，我们得到给我们和宇宙的一真实性了；是‘大梵’在‘摩耶’的原畴中，在现相上好似隶属于她而为个人，终则出脱这相对的和现相上的个人而入乎他的永恒和真实的有体。在相对者的时间性的原畴中，我们对‘大梵’之已变为一切有体，‘永恒者’之已变为普遍者和个人者的经验，亦是有效的；这诚然是‘摩耶’中的运动，进向从‘摩耶’解放的中间的一步。于‘时间’中的知觉性，宇宙及其经验也皆是真实的，而那知觉性是真实的。但是，真实性的自性及其限度，这问题立刻生起了：因为这宇宙和我们自己，可以是一真正的真实，即算属于一较低的品类，或者，可以是部分为真实，部分为非真实，或者，可以是一非真正的真实。倘若它们皆是一真正的真实，则没有任何地位可给'摩耶论'；没有虚幻的创造。若皆局部真又局部非真，则错处必在于宇宙的自我觉识中有什么不对了，或在于我们对自己对宇宙之视见有什么不对，因此生起了有体之误，知识之误，存在之机动中之误。但那错误只归结为一无明，或一明与无明之相杂，然则需要解释的，不是一'宇宙的虚幻'，而是'无明'之干入创造的知觉性，或干入'永恒者'与'无限者'的机动的作为中。但是，设若宇宙和我们自己皆一非真正的真实，设若对一超上的知觉性凡此皆无存在的真理，且其似是的真实性终止，一旦我们离出了正属'摩耶'的原畴，则一手让出之物又被另一手夺去了；因为所让许为一真理者，结果发现其久已为一虚幻。'摩耶'与宇宙与我们自己，双为真与非真，——但这真实性是一非真实的真实性，仅对我们的无明为真实，对任何真正的明为非真实。

很难见到，既已有任何真实性许与我们自己和宇宙，那不应是一在其范围内的真正的真实性。可以承认，这显示在其表面上必是一较'显示者'更受拘限的真实性；我们可说，我们的宇宙是'大梵'的旋律之一，而且，除在其真元有体中外，不是整个的真实性：但那不是充分理由，可将其贬斥为非真实。无疑，心思从其自体及其构架退敛时，是如此感觉的：但这只是因为心思是'无明'之一工具，时当其从其建筑退引，离开其于宇宙的愚昧底与不完善的想象，它不得不视之为不外是它自体的虚撰和形成，无根据，非真实；介于它的无明与无上'真理'与'明'之间的鸿沟，使它无从发现超上'真实性'与宇宙'真实性'的真实联系。在知觉性的一高等境界，这困难消失了，联系接合了；非真实性的意识退去了，一虚幻的理论遂成多余，且不可用。说'无上知觉性'而不顾到宇宙，或说其视之为一虚撰，只自体在'时间'中保持其为真实，这，不能是究竟真理。宇宙者只能依乎超宇宙者而存在，'时间'中之'大梵'，对无时间的永恒中之'大梵'必有点意义；否则事物中不会有自我或精神，因此时间性的存在也不会有基础。

但这宇宙被斥为究竟非真实的，因为它是暂时的，非永恒的，有体之一可灭的形相，按加于'无相者'和'不灭者'上的。这关系可以泥土与泥制瓶的譬喻说明：瓶，与其他这么制成的具形之物可灭，回于真实性，泥土，它们只是暂现的形相；当其消失之后，只余无相真元之泥土而无他物。但这譬喻也可作另一解说而更使人信服；瓶是真实的，以其所从而造出的泥土是真实的；它不是一虚幻，纵使其消归原本的泥土，其过去的存在，不能视为未尝是真实的，或为一虚幻。这不是一原始的真实性与一现相的非真实性的关系，却是一原始的真实性，——或者，设若我们从泥土回到不可见的基层，和组成之的以太上，一永恒者，非显了者，——与一为其结果的和依他底，一时间性的和显了的真实性的关系。进者，瓶之相，是泥土本质或以太本质的一永恒的可能性，而且，长时若本质存在，形相总常是能显出的。一形相可消，但它只是从显了度出而入乎非显了；一世界可消，但没有证明世界存在是一暂现息灭的现相：反之，我们可以假定显示之权能内在于'大梵'中，继续着作为，或不断在'时间'永恒性中，或在一永恒的回旋中作为。宇宙者是'真实者'的另一汇，异乎超宇宙的'超上性'，但无须乎怎样视之为不存在，或对那'超上性'为非真实。谓唯有'永恒者'是真实的，不论我们以为真实性依赖长久的持续，或以为唯无时间者为实在的，这纯智识的概念，是一理念的辨别，一心思的构架；这不坚住于一实质的和整体的经验上。无时间的'永恒'，不必须将'时间'抹杀；其关系只是在语表上的一相违之关系；事实上，这更像是一依赖性的关系。

同样地，那种推理，抹杀了'绝对者'的机动性，以非真实的真实性的印记，加到事物的实际真理上，因为它是实际的，也难于接受；因为实际的真理，究竟不是什么十分与精神的真理相外，相分别，无关联，它是'精神'的机动作为之一运动或能力之一结果。无疑，在二者间必作一辨别，但一全般对反的理念，只能安立于一假定上，假定一玄默和寂定的格位，乃'永恒者'的真实的整个有体；但在那场合，我们必结论到'绝对者'中无有任何机动者，一切机动皆是'神圣者'和'永恒者'之无上自性的一违反。但是，倘若任何种时间性的或宇宙的真实性存在，则必然有'绝对者'的一权能，一内在的机动力量，使之生起，也没有理由假定'绝对者'的权能不能作任何事，只能创造虚幻。反之，创造着的能力，必然是一遍知遍能的'知觉性'的力量；绝对'真实者'的创作，应当是真实而非虚幻，而且，这既是'太一存在'，则这些必是自我创作，'永恒者'的一显示之诸多形相，不是'无物'之诸多形相，为'摩耶'从原始的'空虚'——不论是一空虚有体或一空虚知觉性——建立出的。

不肯承认宇宙为真实，在其基础上有此概念或经验，即'真实

性’为不变易，无相，不活动，这是由一知觉性实践到的，这知觉性本身已堕入一玄默的格位，是不动的。宇宙是动力在运行中之一结果，它是有体的力量，自投出于作用，为工作着的能力，不论那能力是概念的，或机械的，或是一精神的，心思的，情命的，或物质的动力；这么便可视为静定不动的永恒‘真实性’之违反，或为从自我之退堕，因此不真实。但是，作为一概念，思想的这据点没有必然性；没有理由我们为何不当想象‘真实性’同时是机动的又是静定的。这是完全合乎理性的，假定‘真实性’的有体之永恒定位，其中包含了有体之一永恒力量，而且这动力在自体必然具有作为与行动之一权能，一动作；有体之静定与有体之运动，两能是真实。也没有理由为什么二者不当同时；反之，同时性是需要的，——因为一切能力，一切机动的作为，皆当自支于定位上，或为定位所支持，倘若它是要能有功效，或有创造性；否则必不会有任何创造物的凝固性，只会有一恒常的涡漩，不会有任何形成：有体之定位，有体之形相，于有体之运动皆为必要。纵使能力为初原的真实，如在物质世界中仿佛如此，仍然它当造成自体的定位，长住的形相，有体之时历，以使其作用得有一支持：定位可以是暂时的，可以只是造成的本质之一平衡或均势，而为一恒常的运动所支持，但当其存住时，它是真实的，当其止寂后，我们仍然视之为曾经是真实的什么。作为有一支持着的定位，这原则是一永久的原则，其作为在‘时间’永恒性中是恒常的。时若我们发现在凡此能力之运动和形相之创造下，有基托着的安定的‘真实性’，我们诚然见到所创造的形相之定位只是暂时的；运动之重复，在同一坚住的作为中，与动作的形象中，这重复有一安定性，这保持了有体之本质在其自体的安定形相中：但这安定性是造成的，唯一永久和自体存在之定位，便是永恒的‘有体’的，其‘能力’建立了诸形诸相。但我们不必因此便结论到暂时的形相皆不真实；因为有体的能力是真实的，为其所造成的形相皆是有体的形相。无论在哪一场合，有体之定位，与有体之永恒动力两皆真实，也皆是同时。定位接受动力的作用，而作用并不消除定位。因此我们必结论到永恒的定位与永恒动力，两皆属‘真实性’为实在，‘真实性’本身则双超定位与动力；动的‘大梵’与不动的‘大梵’，两皆同此一‘真实性’。

但是在经验中，我们发现，通常在我们是一寂静，乃可起永恒者与无限者的安定的实践：是在沉默或静定中，我们乃最坚实感觉到那个‘什么’，在此诸识和心思所示给我们的世界后面。我们的思想的识知作用，我们的生命和有体的作用，似乎掩盖了这真理，这真实性；它们摄受有限者，但不摄受无限者，它们处理时间性的而非永恒的‘真实者’。已经论过，它是如此，因为一切作为，一切创造，一切决定着的知见，皆能限制；它不拥抱或摄持‘真实性’，时若我们进到‘真实者’的不可分化不可决定的知觉，则它的建造消失了，无论它们在‘时间’中是或似乎是真实，它们在永恒中是不真实的。作为引到无明，到创造物和有限者；运动与创造，皆是不变易的‘真实性’，纯粹的非创造了的‘存在’之一违反。但这推理不是全般有效的，因为这看知见与作为，只在我们对世界及其运动的心思的认识中如其是那样；但那是我们的表面有体的经验，自其在‘时间’的迁移动作中看事物，这看法本身是肤浅的，段片的，界定了的，不是全体的，没有深入事物的内中意义。事实上，我们发现作为不必定拘束或限制，倘若我们出离这时分认识，进到永恒者的

认识之一格位，正属于真知觉性的。作为不拘束或限制已得解放的人；作为不拘束或限制‘永恒者’：但我们可更进一步说，作为全不拘束或限制我们自己的真正的有体。作为在精神的‘个人’或‘补鲁洒’上，或在我们内中的心灵元体上，没有这种效果，它只拘束或限制表面造成了的人格。这人格是我们的自我有体之一暂时的表现，是它的一变动形式，由它授权而存在，依赖它的本质和持久性，——是暂时的，但非不真实。我们的思想与行为，皆是这我们自己的表现之手段，而且，这表现既是不完全的，进化的，既亦是我们的自然有体在‘时间’中的发展，思想与作用乃帮助其发展，改变，更换，且扩大它的范围，但同时保持它的范围；在那义度下，它们是限制着拘束着的；它们本身是一不完全的自我启明之方式。但时若我们返入我们自己，回到真实的自我与个人，则不复有作为或知见的范围之拘束或限制了；二者皆兴起为知觉性的表现，自我的力量之表现，为了自然有体的一自由的自我决定，为了某个事物，本身为不可限制的，在时间中的变化，自我舒展而活动。这限制，乃一进化的自我决定的必要条件，可能是自我之一消无，或从自我从‘真实性’之销减，因此本身是不真实的，倘若它变换了有体之真本性或全般；它会是精神之一束缚，因此非属正当，倘若它以一出发自非自我之力量的陌生的按加，翳暗了那‘知觉性’，即我们的世界存在之创造者或最内中的见证者，或倘若它建造了什么，与‘有体’的自我知觉性或变是之意志相违。但是，在一切作为与形成中，有体之真元仍为同一，自由接受了的限制，不损有体之全。限制是接受了，自我按加了，非自外按加，它们是我们的全体之表现的一手段，在‘时间’的进展中；它们是一汇事物，为我们内中的精神有体按加到我们外在的自然有体上的，不是一强加于永远自由的精神上的一束缚。因此没有理由，从知见与作为的范限上，结论到运动是非真实的，或‘精神’的自我创造，形成，或表现是非真实的。这是时间性的一汇之真实，但仍然是‘真实者’之一真实性而非他。凡一切在运动，进展，作为，创造中者，便是‘大梵’；这变是有体之一进展；‘时间’是‘永恒者’的一显示。一切皆是一个‘有体’，一‘知觉性’，虽在无限之多中仍然是一，则亦无须乎剖判之为一超上的‘真实性’与非真实的宇宙‘摩耶’对反之两橛。

在商羯罗的哲学中，人感觉有一冲突，一对反存在，这雄强的智士以充分力量陈述且善巧地排置了，却未尝怎样究竟解决的，——是一直觉，深密地觉识一绝对超上的和最内在的‘真实性’，与一强大智识的理性，以一敏锐且雄健的推理智慧观此世间者的冲突。思想家的智识，从理智的观点看现相世界；在这里，理智是法官，权威，没有超理性的权威能胜过它：但在此现相之后，有一超上的‘真实性’，只有直觉能见到的；在那里，理智，——至少是一有限的、分析的、范限了的理智，——不能胜过直觉经验，甚至不能联结此二者，因此不能解释宇宙的神秘。理智应当肯定现相的存在之真实性，肯定其真理为有效；但它们之有效，只在那现相存在中为然。这现相存在是真实的，因为它是永恒的‘存在’，‘真实性’的时间性的现相；但它本身不是那‘真实性’，而且，时若我们超出现相以外而至于‘真实者’，它虽仍存在，然对我们的知觉性已不复有效了；因此它不是真实的。商羯罗取起了这相违，这对反；这于我们的心思的知觉性是正常的，时当其觉识这存在的两方面而立于其间；他解决这问题，是由勉强理智承认它的界际，在它自有

的天地间，它的不受损伤的极权是让它有的，又默许心灵之于超上'真实性'的直觉，又以一辩证，支持其从'摩耶'造成的且强加于心思上的范限脱逃，那辩证乃终之以消除了事物的整个宇宙现相的和理性的、实用的建筑。这样作成的宇宙存在的解释，似乎是——或者我们对我们的了解可这么翻译的，因为这深奥和微妙的哲学，有各各不同的阐释，——有一'超上者'，永为自我存在，不变易，又有一世界，只是现相的和时间性的。对此现相世界，永恒的'真实性'则显示其自体为'自我'和'伊湿筏罗'。'伊湿筏罗'以他的'摩耶'，他的现相的创造权能，建造此世界为一时间性的现相，而这事物的现相，不存在于究竟'真实者'中的，是由'摩耶'经过我们的概念的和知见的知觉性，按加到超心知的或纯自我心知的'真实性'上。'大梵'，这'真实性'，在现相的存在中出现为生活个人的'自我'；但是，时若个人的个人性被直觉的知识消溶了，则现相有体解放入自我有体；它不复隶属于'摩耶'了，于是以其从个人性的现相解放了，它消灭于'真实性'中；但世界继续存在，无始无终，作为'伊湿筏罗'的'摩耶性'的创造物。

这一排置，使精神直觉的事实记录，与理智和识的事实记录两相关联，从其违反中给我们开了一条出路，一精神的和实际的结论：但这不是一解决，这不曾消释这违反。'摩耶'是亦真实亦不真实的；世界不单是一虚幻，因为它存在，且在'时间'中为真实；但究极且超上地它变为非真实的了。但这创出了一含混，引申到自体以外，接触到一切非纯粹自体存在者。如是，'伊湿筏罗'，虽不为'摩耶'所迷惑，为'摩耶'的创造者，自己也好像是'大梵'的一现相了，不是究竟'真实性'；他只对他所创造的'时间'的世界为真实；

而个人自我，也有同样的含混性格。设若‘摩耶’全般自其施为停止，则‘伊湿筏罗’，世界，与个人皆不复存在；但‘摩耶’是永恒的，‘伊湿筏罗’与世界皆在‘时间’中为永恒，个人犹在，只若他不以知识化己为无。我们在这些前提上的思想，必托庇于一不可名相的超理性的神秘之概念下，这神秘于智识是不可解的。但是，面对这一含混，这容许一不可解的神秘在事物之始和在思想过程之终，我们开始疑惑有一环节是脱失了。‘伊湿筏罗’自己不是‘摩耶’的一现相，他是真实的；然则他必是‘超上性’的一真理之显示，或则是‘超上者’本身，处理着一个显示于他自体中的宇宙。倘若此世界而竟全然真实，它亦应是‘超上性’的一真理之显示；因为唯独那能有何真实性。倘若个人有自我发现之权能，且能入乎超上的永恒性中，而他的解脱又有如此大的重要性，则这必因为他也是‘超上性’的一真实；他必须个人去发现自己，因为他的个人性也有其自体的一点真理在此‘超上性’中，对它是隐蔽了而它得去恢复出的。是于自我和世界之一无明乃所当克服的，不是个人存在与世界存在之虚幻，杜撰。

于是这变到明白了，‘超上性’既是超理性的，只能以一直觉经验与实践摄持，同然，宇宙之神秘亦是超理性的。它应是如此，因为它是超上‘真实性’的一现相，如其不然，则必非智识的理性所不能解释。但是，倘其如是，我们便应度出智识以外，以便越过这鸿沟而穿透此神秘；留下一未解决的违反，不能是最后的解决。是智识上的理智，凝固了而且延续着一似是的违反，以其创造出对反的或分化的概念，如‘大梵’，‘自我’，‘自在主’，‘个人’，无上知觉性或超上心知性，与此‘摩耶’的世界知觉性。设若唯独‘大梵’存在，

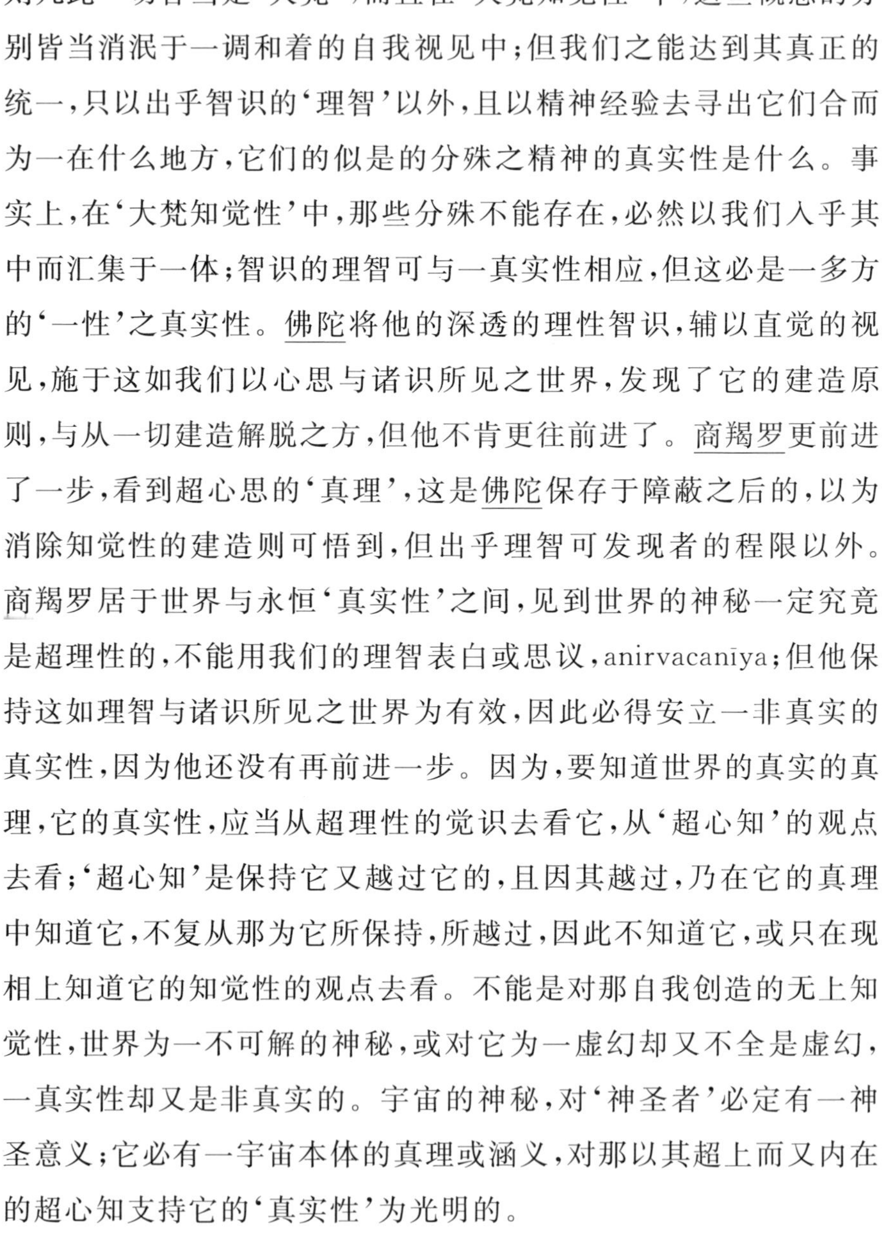

则凡此一切皆当是‘大梵’，而且在‘大梵知觉性’中，这些概念的分别皆当消泯于一调和着的自我视见中；但我们之能达到其真正的统一，只以出乎智识的‘理智’以外，且以精神经验去寻出它们合而为一在什么地方，它们的似是的分殊之精神的真实性是什么。事实上，在‘大梵知觉性’中，那些分殊不能存在，必然以我们入乎其中而汇集于一体；智识的理智可与一真实性相应，但这必是一多方的‘一性’之真实性。佛陀将他的深透的理性智识，辅以直觉的视见，施于这如我们以心思与诸识所见之世界，发现了它的建造原则，与从一切建造解脱之方，但他不肯更往前进了。商羯罗更前进了一步，看到超心思的‘真理’，这是佛陀保存于障蔽之后的，以为消除知觉性的建造则可悟到，但出乎理智可发现者的程限以外。商羯罗居于世界与永恒‘真实性’之间，见到世界的神秘一定究竟是超理性的，不能用我们的理智表白或思议，anirvacanīya；但他保持这如理智与诸识所见之世界为有效，因此必得安立一非真实的真实性，因为他还没有再前进一步。因为，要知道世界的真实的真理，它的真实性，应当从超理性的觉识去看它，从‘超心知’的观点去看；‘超心知’是保持它又越过它的，且因其越过，乃在它的真理中知道它，不复从那为它所保持，所越过，因此不知道它，或只在现相上知道它的知觉性的观点去看。不能是对那自我创造的无上知觉性，世界为一不可解的神秘，或对它为一虚幻却又不全是虚幻，一真实性却又是非真实的。宇宙的神秘，对‘神圣者’必定有一神圣意义；它必有一宇宙本体的真理或涵义，对那以其超上而又内在的超心知支持它的‘真实性’为光明的。

倘若唯独‘真实性’存在，且一切皆此‘真实性’，则此世界也不能从那‘真实性’除外；宇宙是真实的。倘若它不在它的形相与权能中向我们启示那它即是的‘真实性’，倘若它只像是一坚住的却又变易的运动在‘空间’与‘时间’中，这必不是因为它不是真实的，或全然不是‘彼’，而是因为它是‘彼’在‘时间’中的一进步的自我表现，一显示，一进化着的自我发展，这，我们的知觉性还不能见其全，或其真元要义。在这义度下，我们可说它是‘彼’又非‘彼’，——因为它不以自我表现的任何形相或其形相的总和，发露全部‘真实性’；但仍然，它的一切形相，皆是那‘真实性’的本体和本质之形相。凡一切有限者，在其精神真元上皆是那‘无限者’，而且，若我们看入它们够深，则皆对直觉显表为‘同一者’和‘无限者’。诚然，有人辩难过，这宇宙不能是一显示，因为‘真实性’无须乎显示，它永远对自体是显了的；但这样也同等可说，‘真实性’无须乎自我虚幻或任何种虚幻，无须乎创造一‘摩耶’性的世界。‘绝对者’能不需要任何事物；虽然，也可能有——不压抑它的自由，不拘制它，却为其自体力量之表现，其变是之‘意志’的结果，——一无上自生功效的‘力量’之必要，一自我创造之必需，生自‘绝对者’的权能，以在‘时间’中见到自体。这必要，向我们代表为创造的‘意志’，自我表现的‘意志’；但它可更好代表为‘绝对者’本体的一力量，展示其自体为自体在作用中之一权能。倘若‘绝对者’在永恒的‘无时间性’中对自体是自明的，它也可在‘时间’的永恒运动中对自体为自我显了。纵使世界是一现相的真实性，它仍是‘大梵’的一显示或现相；因为一切既皆是‘大梵’，现相与显示必为同一物：别属之以非真实性，则是一多余的概念，无谓，且起不必需的烦扰，因为凡所应有之分异，已具于‘时间’与无时间的‘永恒者’的

观念中，显示的观念中。

唯一事物可说为非真实的真实性者，便是我们个人的分别性的意识，与以谓有限者乃‘无限者’中一自我存在的对象这概念。这概念，这意识，在实用上于表面个人性的活动为必需且有功效，以其效果而得辩正；因此它们对其有限的理智和有限的自我经验为真实的：然而一旦我们从有限知觉性退出，而踏入真元者与无限者的知觉性中，从似是的到真正的‘个人’，则有限者或个人虽仍存在，然已当作‘无限者’的有体与权能与显示了；它没有独立的或分别的真实性。个人的独立性，全般分别性，在个人的真实性皆不必需，皆不是组成它的。另一方面，这些显示的有限形相之消失，明是这问题中的一因素，但这本身也不判定其非真实性；消失可能只是从显示退出。‘无时间者’的宇宙显示，发生于‘时间’之持续中：其形相因此在其表面现相上皆必是暂时的，但在它们的真元的显示权能中皆是永恒的；因为它们常是内在且为潜能，在事物的真元中，且在其所自而出现的真元知觉性中：无时间的知觉性，常能变换其长在的潜能为时间实际诸项。世界会是不真实的，设若它自体及它的形相皆为虚相，没有有体之本质，皆为知觉性的虚相，‘真实性’以之呈给它自体为纯粹杜撰，于是永被弃除的。但设若显示或显示的权能是永恒的，倘若一切皆是‘大梵’，‘真实性’，的有体，则此非真实性或虚幻性不能是事物的或它们在其间出现的宇宙之基本性格。

一‘摩耶’的理论，在虚幻或宇宙存在之不真实的义度下，比它所解决的又造出更多的困难来了；它不真解决存在的问题，却将其变到永远不能解决。因为，不论‘摩耶’是一非真实，或一非真实的

真实，道理论的究竟效果，皆带了一简单的破坏，将一切销归于零。我们自己和万事万物，皆消逝而归乌有，或否则只在一短时期里保住一点真理，比假造的差不多远。在‘摩耶’之纯粹非真实性的主题中，则一切经验，一切明一如一切无明，解脱我们的知识不下于缠缚我们的愚昧，接受世俗与弃拒世俗，皆一虚幻的两方面；因为没有什么可接受或弃拒的，亦无接受或弃拒之的人。全时只有不变易的超心知的‘真实性’存在；缠缚与解脱皆只是现相，不是一真实性。一切于世界存在的执著皆是一虚幻，而求解脱亦是一虚幻之情形；这是在‘摩耶’中造成的一点事，以其解脱也在‘摩耶’中消灭。但这虚无化，不能被唤住停止其破坏性的前进，停止在精神的‘幻有论’所给它划定的边界上。因为倘若宇宙中个人知觉性的一切其他经验皆是虚幻，则有什么保证，担保其精神经验非虚幻，包括它于无上‘自我’之凝敛的自我经验，让许给我们为究竟真实的呢？因为，设若宇宙非真实，我们的宇宙知觉性的经验，经验到普遍的‘自我’，经验到‘大梵’为万事万物，或为此万事万物之自我，一切中之‘太一’，一切在‘太一’中，凡此皆没有稳定的基本了，因为在其两项之一它是安立于一虚幻上，安立于‘摩耶’的一建造上。那一项，宇宙一项，应当崩坏，因为凡此万事万物我们视为‘大梵’者皆是虚幻；于是对那另一项，纯粹‘自我’，玄默的，静定的，或绝对的‘真实性’，我们的经验有什么保证呢，因为那也进到我们，在一为诬妄所形成的心思中，且形成于‘虚幻’所造的身体里？如潮涌为自明的，使人信服，证悟或经验中明其为绝对真实，这样皆不是独一真实性或独一终竟性的不可答复的证明：因为还有其他精神经验，如经验到遍在的‘神圣个人’，一真实的‘宇宙主宰’，也一

样使人信服，有其真实的，终竟的性格。智识之一度已达到其余一切事物之不真实的信念者，可自由踏进一步而否认‘自我’与一切存在之真实性。佛教徒走了这最后一步，不肯承认‘自我’为真实，理由是它也与其余的一样，同为心思之遍计；他们不仅将上帝，却连永恒的‘自我’与非人格性的‘大梵’，一并从这画上割去了。

一不妥协的‘幻有论’，未尝解决我们的存在的问题；它只替个人割去了问题，由指示他一条遁路：在其极端的形式和效果上，我们的有体及其作用皆化为零，且无认可，其经验，企慕，努力，皆失去了意义；一切，除了唯一不可即而无缘的‘真理’之外，以及向之的转依，皆等之以有体之虚幻，皆算一宇宙的‘幻有’的部分，本身皆为幻有。上帝和我们自己和这宇宙，变成了‘摩耶’的神话；因为上帝只是‘大梵’在‘摩耶’中的一反映，我们自己皆只是‘大梵’在虚幻的个人性中之反映，世界只是在‘大梵’的不可即的自我存在上的按加。可有不似这样激烈的虚无化的，倘若容许有体有点真实性，虽在虚幻以内，容许那经验和知识，我们以之生长到精神中的，有点有效性；但这只是倘若属时间者有一有效的真实性，而其中的经验有一真实的有效性；于是在那场合，我们面对的，不是一虚幻，以非真实者为真实，而是一无明，误会着真实者。否则，以‘大梵’为其自我之凡诸有体皆是幻相，其自我性无效，是虚幻的一部分；自我的经验亦是一虚幻；‘我为彼’(它)，这经验为一无明的概念所损毁了，因为没有‘我’，只有‘彼’；‘我是他’，这经验加倍愚昧了，因为这假定有一知觉的‘永恒者’，宇宙的‘主宰’，一宇宙‘本体’，但不能有这么一回事，倘若宇宙间原无真实。存在之一真解决，只能安立于一真理上，计到我们的存在和世界存在的，调和它

们的真理，它们的正常关系，它们与无论哪个超上的'真实性'为万事万物之渊源者之关系之真理。但这便暗许个人与宇宙皆有些真实性，'太一存在'与一切存在间有些真实关系，相对的经验与'绝对者'的。

'幻有论'割断了世界问题的纠结，但没有将其拆散；它是一逃避，不是一解决；精神之飞遁，于有体之具形于此变易的世界中者不算是一充分的胜利；这结果出从'自性'之分离，不是我们的自性之一解放与成就。这最后的结果只满足了一个原素，只升华了我们的有体的一个冲动；其余的则皆冷漠地留下，听其在'摩耶'的非真实的真实性之黄昏中消灭。如在'科学'中为然，在形而上的思想中亦然，那普遍的和究竟的解决会像是最优的，若其概括而且说明一切，使每个经验的真理，在其全体中取得适当地位；那知识会像是最高的知识，若其将一切知识照明，整体化，且将其重要性和谐化，而且，时当其救治我们的无明与虚幻，也说明并寻出其基本的、几乎可说为辩护的理由；那便是无上经验，将一切经验结集于一至上的怀抱一切的一性之真理中者。'幻有论'以削减而统一；它夺去了一切知识和经验的真实性和重要性，除了一至上的灭没者。

但这辩论属于纯理智之域，这一汇真理的最后试验，不是理智，而是精神的照明，以精神的长住的事实而证实的；单独一个决定性的精神经验，可以推倒一大推理与结论的建筑，为逻辑思智所建立的。在此，'幻有论'是占有一甚为坚实的地基了；因为，虽它本身不过是一心思的构筑，那它以之呈表为一派哲学的经验，附有一最强大且似是终竟的精神实践。当我们的思想寂静之后，当心思从其计执后退，当我们度进一纯粹自我性，空无一切个人性意识，空无一切宇宙内容了，则它以一种对真实性之觉悟的巨大力量加于我们：倘若精神化了的心思由此再看个人和宇宙，则它们对之好像是一虚幻了，像是一名与色与动作的方案，虚伪地按加于'自我存在者'的独一真实性上的。或者，甚至自我的意识也变到不合了，明与无明，两皆消失于单纯的'知觉性'中，而知觉性则汩没于纯粹超心知的存在之一定境里。或者，甚至存在终之以变为太范限着的一名，以称那永远单独长住者；只有一无时间的'永恒者'，一无空间的'无限者'，只有'绝对者'的究极性，一无名的平安，一坌涌的独一无对象的'极乐'。必然，于这种经验的有效性无可疑惑，这是在其自体内中为完全的；也不能否定其坌涌的决定性的起信之功，——ekātma-pratyaya-sāram，——以之这实践遂摄住了精神寻求者的知觉性的。但仍然是，一切精神经验皆'无限者'的经验，而这取了许许多多方向；它们有些是，——不止是这一个，——那么接近'神圣者'和'绝对者'，那么为'它'的当体之真实性穿透了，或为从一切下于'它'者解放后的不可名相的平和与权能所贯注，以致它们带来了这坌涌着的终极性的意识，完全的，决定的。有一百条路往达'无上真实性'，所取的路线的性质如是，则究极的经验之性质亦如是；是以那经验，人度入'那个，不可名相者，'那个'不能对心思作报告或以任何言说表白者。凡此一切终极的顶点，可视为仅下于那唯一'极顶'一等；它们皆是心灵度出'心思'的界限而进入'绝对者'的等级。然则入乎一纯粹的下动的自我存在，或个人与宇宙的一'涅槃'，这种实践，是此次极顶之一呢，或本身便是终竟与绝对的实践，在每个旅程的尽头，超越且消除一切较小的经验的呢？它自许居于彼方而且超上，消融而且泯去其他一切知识；倘若真是那样呢，则其终极性应被认为决定的了。但是，对称这一假托，另说则谓可能以一更大的否定，或一更大的肯定，而旅行到彼面，——或在'非有'中消灭自我，或经过宇宙知觉性与世界知觉性之'涅槃'于'太一存在'中的这双重经验，进到一更大的'神圣结合'与'统一'，将此二种实践保持于其浩大整体的'真实性'中的。有说在此二元性和非二元性以外，有'彼'，其中此二者皆综合一处，在一个'真理'中得到它们的真理，而这一个'真理'出乎它们以外。一圆成着的经验，以超越且泯除一切其他可能的但较小的经验而进行的，当作趋向'绝对者'的一步骤，是可容许的。一至上的经验，肯定而且包括一切精神经验的真理，给予每个以其自有的绝对性，统合一切知识与经验于一至上真实性中，这，可能是更进的一步，为万事万物的一最大的照明着和转化着的'真理'，同时也是一至高的无限的'超上性'。'大梵'，无上'真实性'，便是'彼'，知之则一切皆知；但在'幻有论'的解决中，这是'彼'，知之则一切皆变到不真实与一不可解的神秘了；在这另一经验中，'真实性'既知，则一切皆得其真正意义，得其对'永恒者'和'绝对者'的真理。

一切真理，虽是那些好似相冲突的，皆有其有效性，但它们需要一在某个收摄它们于其自体之最大的'真理'中的调协；一切哲学皆有其价值，——倘若不说为了其他什么，则是因为它们看'自我'和宇宙，是从多方面的'显示'之精神经验的一观点，而且，在这么作去，便投射光明到'无限者'中必须知道的一点什么上。一切精神经验皆真，但它们指向某个最高最广的真实性，容纳它们的真

理亦又超出之的。这，我们可说，是一切真理和一切经验的相对性的表相，因为二者皆随能知与能经验的心思与有体之外观与内视而异；有说每个人皆随他自己的本性而有他的宗教，但同样也可说每个人有他自己的哲学，他自己于存在的经验和看存在之法，虽只有少数人能表呈之。但从另一观点看，这种分殊性毋宁是证明‘无限者’的方面之无穷；每人局部瞥见或全部瞥见一方面或多方面，在他的心思的或精神的经验上接触之或入乎其中。对心思在某一阶段上，凡此一切观点皆开始失去其终极性，自失于一博大的公溥性中，或一复杂的能涵容的不决定性中，或者，一切其余者皆可堕去，让位于一个究竟的真理或单独一凝敛着的经验。于是很宜于感到凡一切其所见到，所思量，所取为其自体或其宇宙的一部分者，皆不真实。这‘一切’对它变成了一宇宙遍是的非真实性，或一多方面的段片的真实，而无一统一之原则；如其度到一绝对的经验之否定着的纯净境界中时，则一切皆从它堕去，只剩下了一玄默的不动的‘绝对者’。但知觉性也可被唤往前进，在一新的精神视景中再度检视它所遗下的一切：它可能在‘绝对者’的真理中恢复万事万物的真理；它可能调和‘涅槃’的否定与宇宙知觉性之肯定于‘彼’之单独一顾盼中，即二者皆为其自我表现之‘彼’的。从心思的认识到高上心思的认识，这过程中以此多方面的一体性为主要经验；这整个显示呈出一单独的、雄强的和谐形相，而达到其最大的完全程度了，时当心灵立于‘高上心思’和‘超心思’的边界上，回顾存在而得其全景。

这至少是一个可能性，我们应当开发的，追随这事物观究尽至极。考虑一浩大宇宙‘虚幻’的可能性，当作有体的谜的解释，这是必须作的，因为这种事物观念和经验，在心思的螺曲线的尽头，在那到了破断点或止息点之处，便自体强大地呈现了；然一经确定它不是谨慎探求究竟真理的强迫的止境后，我们可以将其搁置，或者当其关系到思维与推理的较粘柔的某路线而需要时，可加以参考。我们现在的视线，可集中于'幻有论'的解决所除外而留下的问题，即'明'与'无明'的问题。

一切皆绕着这问题转："什么是'真实性'？"——我们的认识知觉性是有限的，愚昧，有穷；我们与真实性的概念，依乎我们与存在在此有限知觉性中接触之方，可能甚不同于一原始的和究极的'知觉性'视之之法。必需的，是分辨真元的'真实性'，和现相的真实性，依赖它且从它起的，以及对这两者的有拘束的常是误人的经验或见解，为我们的识感经验和理智所造成的。对我们的识感，地是平的，为了最当前实际之用，在一范限之内，我们得随从这识感真实性，处理此土地之平如其为实事；但在真正现相的真实性中，此土地之平是非真实的，而'科学'之寻求事物的现相真实性之真理者，也得认它为近乎圆。在一大聚微细处上，'科学'探究现相的如实真理，与诸识的明证相违反；但是，虽则如此，我们仍当接受诸识所供给我们的实据，因为其所加于我们的与事物的实际关系，当作真实性的一结果是有效的，不能漠视。我们的理智依赖诸识而又超越它们，建置其自体的真实与非真实的见解或规条，但这些规条也以推理之观察者所取的立场而异。物理科学家，试探到现相中，建立公式和标准，基于客观的和现相的真实性及其程序：在他看来，'心思'可现为'物质'的一主观的结果，自我和精神非真实；无论怎样，他必得那么作，仿佛唯有物质和能力存在，而心思只是一

独立的物理真实性之观察者，不为任何心思程序[①]或一宇宙‘智慧’的当前或干预所影响。心理学家，独自探测人心思知觉性和心思无知觉性，发现另一真实事物之原畴，在其性格上是主观的，自有其律则和程序。对心理学家，‘心思’可竟现为真实者的启钥，‘物质’只为心思的原地，而离开心思的精神，则为不真实的什么。但另有一更远进的探测，提举出自我和精神真理，建立了真实者的较大一汇，其中我们对主观的心思真实和客观的物理真实的观念，两皆反转过了，以致它们现为属现相的事物，为次等，依赖自我的真理与精神的真实。在这对事物之更深的研讨中，心思和物质开始戴上较小一汇真实者的相状，容易到现为非真实。

但这是惯于处理有限者的理智，乃作出这些除外；它割切整体成为段片，能取此整体之一段片为全部真实性。这于它的作为是必要的，因为它的职事是处理有限者如其为有限者，我们为了实际应用，为了理智之处理有限者，应当接受它所给我们的实据，因为当作真实性的一结果它是有效的，因此不能漠视。时若我们达到精神体的经验，精神体本身即是全体，或包含了全体在自体内中，则我们的心思在那里也带来了它的割出段片的理智，以及于有限认识所需的定义；它在有限者与无限者间，精神与其现相或显示之间，划分一条界线，宣布那些是真实的，这些是不真实的。但一原始的和最极的知觉性，在单独一全体视见中，概揽存在的一切项目，则当见全体于其精神的真元的真实性中，而视现相为那真实性

① 这论点已为‘相对论’所动摇，但为了作科学事实之实验与肯定，必以此为一实用的基础。

的一现相或显示。设若这较大的精神知觉性在事物中只见到非真实性，与精神的真理全不相接，则它——倘若它本身是一'真理知觉性'——不能有任何理由保持它们于相续的或回复的存在于全'时间'里；若其这么保持它们，这是因为它们皆基于精神的真实性。但是，必然的，时若这么整体看现相真实，它必然呈现另一状貌，异于有限的有体之理智与识所见者；它会有另一较深的真实性，另一更伟大的意义，另一更微妙且更复杂的存在运动之程序。有限的理智与识所创造的一切思想形式与真实性的规条，对此较大的知觉性会现似局部的构架，其中有一真理原素，也有一错误原素；这些建造因此可说为亦真实亦非真实的，但此现相世界本身，不会以那事实变到非真实、或非真实而真实：它将具有另一属于精神性格的真实性；这有限的世界，自体将启露为'无限者'的一权能，一运动，一程序。

一原始的和究极的知觉性，将是'无限者'的一知觉性，而且在其对分殊性的看法必然是一统的，全般的，接受一切，概括一切，分辨一切，因为决定一切，是一不可分解的全体之见。它将见到事物的真元，视一切形相和运动为真元的'真实性'之现相和结果，为其有体的权能之动作与形成。理智谓真理必空无任何矛盾的冲突：倘其如此，则现相的宇宙既是或似是与真元的'大梵'相违反，则它必非真实；个人既是双与超上性和宇宙遍是性相违反，则他必非真实。但是对基于有限者的理智现为相违反者，对基于无限者的视见或一较大的理智可能不是相违反者。凡我们的心思所见为矛盾者，对无限的知觉性可能不是矛盾而是相辅相成：真元与真元的现相，非彼此相反对，却彼此相助成，——现相显示出真元；有限者是无限者的一情况，不是无限者的违反者；个人是遍是者与超上者的一自我表现，——他不是它的对反或十分异乎它的什么，他是遍是者集中了，选拔了，在他的有体之真元与本性之真元上他与‘超上者’为一。在这统一的，概括的视见之观念中，没有什么在一挟带了一聚形相的无相的本体‘真元’中是矛盾的，或在一支持着‘无限者’的机动的‘无限者’的定位中是矛盾的，或在一无限的‘一性’，表现其自体与有体，与方面，与权能，与运动者中是矛盾的，因为它们皆是‘太一’的有体，与方面，与权能，与运动。在这基础上的一世界创造，是一完全自然的和正常的且必有的运动，这运动在本身不出什么问题，因为这恰恰是人在‘无限者’的一作为中所当期望的。一切智识上的问题和困难，皆有限的理智兴起的，它割切，分解，以‘无限者’的权能与其有体相对待，以其机动与其定位，以其自然的多性与其真元的一性相对待，分割着自我，以‘精神’与‘自然’相反对。要真实了解‘无限者’的世界程序，以及‘永恒者’的‘时间’程序，知觉性应当出乎这有限的理智和有限的识感以外，进到一较大的理智与精神之识，接触‘无限者’之知觉性的，且与‘无限者’的逻辑相应，那是有体本身的正实逻辑，必然出自其自体的真实事物的自体活动的，一种逻辑，其推理系统不是思想的踏步而是存在的踏步。

但是，这样所描述的，可说只是一宇宙知觉性，而有一‘绝对者’在；‘绝对者’是不能范限的；宇宙和个人既范限且分判‘绝对者’，它们必非真实。诚然，‘绝对者’之不受范限，这是自明的；它既不受制于有相，亦不受制于无相之性，既不受制于一体性，也不受制于多体性，既不受制于静定，亦不受制于机动。倘若它显示形相，形相不能范围它；倘若它显示多性，多性不能分化它；倘若它显示动与变，动不能扰它，变不能改它：它不能被范限，有如不能以自我创造而销竭。甚至物质事物，皆有超出其显示的优越性；泥土不受限制于以它作成的器皿，空气不受限制于流动其中之风，海洋不受限制于表面所起的波浪。这范限印象只属于心思与识，它们视有限者，宛若一独立元体，从'无限者'分离的，或是个什么从之割下的：是这一印象乃为虚幻，但无限者和有限者皆不是虚幻；因为两皆不以识或心思的印象而存在，两皆依'绝对者'而存在。

'绝对者'在其本体不可以理智界说，不可以语言诠表；必须以经验而接近它。可能以对存在之绝对的否定而达到它，仿佛它是一无上的'非存在'，一神秘的无限的'无有'。可能以对我们自己的存在之一切为基本者之绝对肯定，以'光明'与'知识'之一绝对，以'爱'或'美'之一绝对，以'力'之一绝对，以和平或静默之一绝对而达到它。也可能经过有体或知觉性的，或有体的权能的，或有体的悦乐的一不可表白的绝对而达到它，或经过一无上经验，其间凡此诸事物皆不可表白而化为一者，而达到它。因为，我们能进入这么一无可名状的境界，而且，投入其中，有似乎投入存在的一光明的深谷，我们能达到一超心知，可说为'绝对者'的一大门。但事实上，个人只须否认他自己的微小的、分别的、私我存在；他能接近'绝对者'，经过他的精神的个人性之升华，纳此宇宙入他自己而又超上之；或者，他可全般否定自己，但即算如此，仍然是个人以自我超越而入乎'绝对者'。他也可进去，由将它的有体升华为一至上存在或超存在，将他的知觉性升华为一至上知觉性或超心知，将他的和一切有体之悦乐，升华为一超悦乐或极乐。他可进行接近它，

经过一上升，其间他入乎宇宙知觉性，擅有之于自体内，将之与他自己升到一境界，其中一性与多性，皆在圆满的和谐中，且皆一致，在一显示的至上格位，那里是一切皆在每个中，每个在一切中，一切皆在一中，没有任何决定着的个体化，——因为机动的同一性与交互性皆已化为完全了；在肯定之途上，是这显示之格位最近于'绝对者'。这'绝对者'，可经过一绝对的否定，亦经过一绝对的肯定而实践，此一矛盾，可向理智解明，倘若它是一无上的'存在'，那么高出了我们于存在的观念和经验，以致它亦可与我们的对它的否定相应，与我们对非存在的观念和经验相应，但亦复是，凡存在者既皆是'彼'，无论其显示的程度为何，它本身便是万事万物的无上者，可能由至上的肯定接近，亦如可以至上的否定接近。'绝对者'是不可名相的 X，超越，基托，内在于一切我们可称为存在或非存在者，而为其真元。

这是我们的第一前提，'绝对者'是无上真实性，但论题是凡我们经验着的其余一切，是真实或非真实。有时在有体与存在间作出了一分辨，假定了有体是真实的，但存在，或像那样显示的，是不真实的。但此说能立，仅是倘若有非创造的'永恒者'与所创造的诸存在间，有一严格的分辨，一断割和分离；非创造的'有体'，则可认为唯独真实。倘若凡存在者是'有体'之形相与'有体'之本质，则此结论不极成；它会是不真实的，只倘若它是'非有体'(asat)之一形相，由'空'(śūnya)造出的。我们所经过的存在的诸境界，以接近且进入'绝对者'的，必皆有其真理，因为不真不实者，不能引到'真实者'；但凡从'绝对者'出者，凡'永恒者'所支持，所赋形，所在自体中显示者，亦必有一真实性。有非显了者，有显示，但'真实者'的显示，本身必是真实的；有'非时间者'，有事物在'时间'中的进程，但没有任何物能在'时间'中出现，除非它在无时间的'真实性'中有一基础。倘若我自己和精神皆是真实的，则我的思想，感觉，种种权能，皆为其表现者，不能是不真实的；我的身体，即它在自体上所表的形相，同时也是它所寄寓的，不能是无物，或徒然为一无实质的影像。唯一协调的解释，是非时间的永恒性和时间永恒性，皆是'永恒者'与'绝对者'的两方面，两皆真实，但在不同一汇真实性中：在'无时间者'中为非显了的，自于'时间'中显示；每个存在着的事物，是在其自体的显示程度上为真实，且为'无限者'的知觉性这么见到。

一切显示依乎有体，但亦依乎知觉性及其权能或程度；因为如知觉性之格位如是，有体之格位亦将如是。甚至'无心知者，也是内在的知觉性之一格位和权能，其中有体是投入另一相反对的非显示境界，似是非存在者，以使由之而物质宇宙间之一切可得显示；同样，超心知者，也是知觉性之引入于一有体之绝对中的。因为，有一超心知的格位，其间知觉性似是光明地内入于有体中，而且仿佛不觉识其自体；一切有体之知觉性，一切知识，自我视见，有体力量，皆似从那内涵的境界中出现，或在其中现出：这出现，在我们看来，可能似是出现到较小的真实性中，但如实，超心知性与知觉性皆是、且见此同一'真实者'。也有一'无上者'的格位，其中有体与知觉性无由分辨，——因为在那里太为一体了，不能如此辨别，——但这有体无上格位，亦是有体的权能的一无上格位，因此也是知觉性的权能的一无上格位，因为在那里有体之力与其知觉性之权能，为一而不可分：是永恒的'有体'与永恒的'知觉性·力量'结合为一，乃为无上的'伊湿筏罗'的格位，其有体之力即'绝对者'的动力。这格位不是宇宙的否定；其本身负荷了一切宇宙存在的真元与权能。

但是，非真实性仍是宇宙存在的一事实，而且，倘若一切皆是'大梵'，'真实性'，我们应当计及'真实者'中这非真实性原素。倘若非真实者不是有体之一事实，则它必是知觉性的一行为或一形成，然则岂不是有知觉性的一格位或程度，其中它的作为与形成皆是全般或局部非真实么？倘若这非真实性不能归到一原始宇宙的'虚幻'，归于'摩耶'，然在宇宙本身中仍有'无明'之虚幻的一权能。是在'心思'的权能内，去想象非真实的事物，是在它的权能内，甚至去创作非真实的或非完全真实的事物；它对于它自体的和宇宙的正本观念，是一非全真实也非全不真实的建造。这一非真实性原素，始于何处，止于何所，原因为何，且两将其因与果除去之后，何者为继？纵使一切宇宙存在非在其本身为不真实，此说岂不能加到我们生活其中的这'无明'的世界，这恒常变易，与生，与死，与失望，与患难的世界上么？而且除去了'无明'，是否也给我们废去了其所造成的这世界的真实性呢？或者从之出离，不是自然的唯一结论么？这会是有效的，设若我们的无明是一纯粹的无明，其中没有任何真理或知识的原素。但事实上我们的知觉性是一真者与伪者之混杂物；其作为与创造，皆不是纯粹虚构，无基础的空中楼阁。它所建立的构筑，它的事物形相或宇宙形象，不怎样是真实与非真实者之参杂，而甚是真实者之半了解，半表白，而且，凡知觉性既是力量，因此在潜能上能创造，我们的无明，遂有误创造，误显示，误作为，或有体的误怀蓄和误指导的能力之结果。全世界存在

是显示，但我们的无明，是一局部的，有限的，和愚昧的显示之经理，——部分是原始的有体，知觉性，存在的悦乐之表现，部分是其乔装。设若这种事物情况是永久的，且不可变改，设若我们的世界必常在这一圆周上转，设若‘无明’是世间一切作为一切事物的原因，不是一境况和情形，则诚然个人无明之止息，只能由个人逃出世界存在而得，而宇宙的无明之终尽，则只是世界有体之毁灭。然而，倘若这世界在其根本上有一进化原则，倘若我们的无明是一半明进向明，则我们在物质‘自然’中的另一说明，另一结论与精神结果，一更大的显示，在世间变为可能。

在我们于非真实性的概念上，有一更进的区辨当作，庶几在我们之处理‘无明’这问题时，可避免一能起的纠纷。我们的心思，或心思的一部分，有真实性的一实验的标准；它坚执事实的，实在性的标准。凡属存在的事实，对它是真实的；但是在它，实在者的这事实性或真实性，限于物质宇宙中这大地上存在之现象。但土地底或物质的存在，只是一部分显示，这是‘有体’的一系统已实现的可能性，却不除外一切其他尚未实现的或尚未在此间实现的可能性。在‘时间’里的一显示中，新真实事物可能出现，有体之尚未实践的诸多真理，可发施它们的可能性，而在物理的和土地的存在中化为现实；也可能有有体之其他真理，皆是超物理的，属于显示的另一疆域，未在此间实现，却仍然真实。纵使是未在何处未在任何世界中为现实的，也可以是有体之一真理，有体之一潜能，而不能因其尚未表曝于存在的形式中，遂斥其为非真实。但我们的心思或心思的这一部分，坚执其实验的习惯或真实者的概念，只认许事实者和实在者为真实，敏于视其他一切为非真实。然则在此心思，

是有一非真实性，纯属实验的性格；这在于形成一些事物，在其自身非必须是不真实的，但未尝实现，或不能为我们自己所实践，或在当前情况下，或在我们有体之实在世界中，也许不能实现；这不是一真正的非真实性，它不是一非真实者，而是一未实现者，不是有体上之一非真实者，而只是现前的或已知的事实之一非真实者。还有，一非真实性，是属知见或概念的，因对于真实者的错误概念和知见而起：这也不是或亦不必须是一有体之非真实性，这只是知觉性之一虚妄计度，由于‘无明’之限制。这些，以及我们的无明的其他次等运动，皆不是此问题的核心，因为那在我们的知觉性和世界知觉性的此间更普通的苦困上转；那是宇宙‘无明’的问题。因为我们对存在的全部观念和经验，皆辛劳于知觉性的限制下，而这也不只是我们的，这似乎是在物质创造的基础上。应当是原始的和究极的‘知觉性’，见真实性为一整体者，我们却看到在此活动的是一有限的知觉性，与或是一部分的未完成的创造，或是一宇宙的动力，在毫无意义的转变之永远循环上转。我们的知觉性，只看到‘显示’——倘若是显示的话——的一部分或某些部分，将它或它们当作分别的整元处理；我们的一切虚幻与错误，皆起自一有限的分别觉识性，它造成非真实者，或误会‘真实者’。但问题变到更疑谜了，时若我们见到我们的物质世界，不是起自任何原始的‘有体’和‘知觉性’，却似直接起自‘无心知’与似是的‘非存在’的一格位，我们的无明本身，是个好像要经过困难和奋斗乃从‘无心知’中出现的什么。

然则这便是神秘，——一不可范限的整个有体之知觉性与力量，如何而进入此限制和分别的？这如何可能？而且，若是应当认许其可能，其在'真实者'中的辩正及其意义是什么？这不是一原始的'虚幻'的神秘，而是一起源与关系的神秘，即'无明'与'无心知'之起源，'明'与'无明'与原始的'知觉性'或'超心知'的关系。

第七章　明与无明

我们研讨存在的七原则时，发现它们在其真元的和基本的真实性上为一：因为虽最属物质世界之物质，也无非'精神'本体之一格位，成了识之对象，被'精神'自体的知觉性视为其形相的质料，然则组成其自体为'物质'形相之生命能力，心思知觉性之投出其自体为'生命'，以及发展出'心思'为其权能之一的'超心思'，应当更无非是'精神'本体，在显现的本质与在作为的动性上改变了，但在真实的真元中未经改变。万有皆是有体的唯一'权能'之权能，不外乎'大全存在'，'大全知觉性'，'大全意志'，'大全悦乐'，即在每一现相后之真际真理。而且，它们不但在其真实性上是一，亦复在其作用之七重变易上为不可分。它们是神圣知觉性的光明之七色，'无限者'的七道光线，以此'精神'在他的自我存在的画布上，——以'空间'的客观的纬线，以'时间'的主观的经线交织成，在概念上展舒的帆布，——充满以其自我创造之亿万奇迹，在其初原法则和浩大结构上是伟大，简单，对称的，在其形相与作为的类别上，在其全体对每个、每个对全体之相互影响与关系之复杂上，是无限奇巧而且错综的。这皆是古圣人之七'言'；由它们乃造成了、且在它们的意义的照明中乃作发了、更应当如是解释了这些已发展的和正发展着的和谐，属我们所知的这世界的，且属那些后方世界，我们只有一间接知识的。‘光明’，‘声音’是一；其作为乃七重。

但是，在此有一世界，基于一原始的‘无心知’上；在此，知觉性表呈其自体于一无明的形象中，辛苦以自致于明。我们已见到，没有什么真本理由，在‘有体’本身的自性中，或在其七原则的原始性格和基本关系上，要有此‘无明’侵入，要有乖戾侵入和谐，黑暗侵入光明，分化和范限侵入神圣创造的自我知觉的无限性。因为我们能够怀想，——而且，我们既能，‘神圣者’更能怀想，——而且，既有此蓄念，必在某处有其实施，有实际的或原所计划的创造，——怀想一宇宙的和谐，这些相反的原素无由侵入的。韦陀时代的见道者，知觉着这么一个神圣的自我显示，视之为出此较小的世界以外的较大的世界，知觉性与有体的一更自由更广大之一界，‘创造者’之真理创造，他们说之为‘真理’的座位或故家，为浩大的‘真理’，或‘真理’，‘正道’，‘浩大者’[①]，或亦说为一‘真理’为另一‘真理’所掩蔽，其处‘明’之‘太阳’走完了他的旅程，解脱他的驾马，其处知觉性的千道光明合而为一，以是而有‘彼一’，‘神圣有体’之无上形相。但我们所居的这世界，在他们看来似乎是一混杂的织造品，其中真理为多量的虚伪所变乱[②]，在这里，唯一光明必以其自有的浩大力量，从一原本的黑暗或‘无心知’[③]之海洋产生出来；永生与神性，必从一在死亡，愚昧，衰弱，患难，与限制的羁轭

① sadanam ṛtasya〈真道〉sve dame ṛtasya〈道之故家〉ṛtasya bṛhate〈大道〉ṛtam satyam brhat〈大真道〉。

② anṛtasya bhūreḥ〈乡非道〉Rig Veda VII. 60. 5。

③ apraketam salilam〈黑暗或无明海水〉。

下的生存中建造起。这自我建造，他们描述为人在自己内中创造那另一世界，或无限有体的一高等有秩序的和谐，已完整且永恒存在于'神圣无限者'中的。这低等者，在我们是那高等者的第一条件，黑暗是光明的浓密体，'无心知者'在其自体内中保守着一切隐藏了的'超心知者'，分化与虚伪的权能，使我们隔离了，但也为我们保持了，而且得从它们夺回那些一体性与真理之宝藏与实物，在它们的下心知的崖穴里。这在他们的观念中，表之以古代初期神秘人士的最属意象的、隐谜的语言，乃人的真实生存的意义与辩正，辩正他的知觉的或不知觉的向上帝的努力，他的出生于此一世界中，起初看去似是其正相对反者，他的企慕，对肤浅之见似是那么不可能的，在一如此朝生暮死的造物中，如此衰弱，无知，有限者，而企慕永生，知识，权能，福乐之富足，企慕一神圣而不可磨灭的生存。

因为，就事实说，理想的创造之要决，虽是在无限的'心灵'中之一全自我知觉性与自我保有，与一圆满的一性，我们现在有其经验的这创造之主旨则适成其反；这是一原始的无心知，在生命中发展为一有限的和分别的自我知觉性，这是一原始的惰性的隶属，对一盲昧的自体存在的'力量'的驱策的隶属，在生命中发展为自我知觉的有体之奋斗，奋斗要保有其自我和一切事物，要在这无见的机械'力量'的国土中，建立一启明了的'意志'与'知识'之统治。又因为这盲昧的机械的'力量'，——现在我们知道了，真实它不是这么一回事，——处处碰到我们，为初始，遍在，基本律则，伟大的全部能力，更因为唯一启明了的意志，我们所知道的，我们自己的，出现为一后起的现相，一结果，一局部的，附属的，被拘束的，散放着的能力，这奋斗对我们仿佛至上只是一甚不稳定和可疑的尝试。对我们的知见，‘无心知者’是始与终；自我知觉的心灵，似乎难多于一暂时的偶然事物，这奇巨，黑暗，丑怪的‘宇宙菩提树’上之一薄弱的花[①]。或者，设若我们假定心灵是永恒的，则它至少现为一异国人，一陌生者，在这广大的‘无心知’国境中一未受过分优礼的客人。倘若它不是‘无心知的黑暗’中的一偶然事物，或许它是超心知的‘光明’之一错误，一向下的颠踬。

倘若这事物观念有完全的有效性呢，则唯有绝对的理想主义者，也许是从某高上存在界遣下的，不能忘记他的使命，被一神圣的爱力钉住在不可抑遏的热情中，或有一不见的‘神主’，以其光明与力量与呼声，支持他在一平静的和无限的坚忍中，能够在这种情况下，在自己尤其在一不信或疑惑的世界前面，仍坚持树立起人类努力之充分成功的希望。实际，大多是人或从头便将其弃绝，或终于从之退转，在经过一番早期的热烈之后，以为已证明是不可能了。一致的唯物主义者，寻求一局部的、短促的权能，知识，快乐，只有那么多，如‘自然’的统治着的无心知的命令所许与的，许给人的奋斗着的知觉性，倘若他承认他的分际，服从她的法律，以他的启明了的意志，尽可能好好利用它们，如它们的无情的机械性所可容许的。宗教家则寻求他的启明了的意志，爱，或神圣有体之统治，他的天国，在那一彼方世界中，凡此皆为纯洁而且永恒。哲理的神秘主义者，则弃拒一切，以为皆

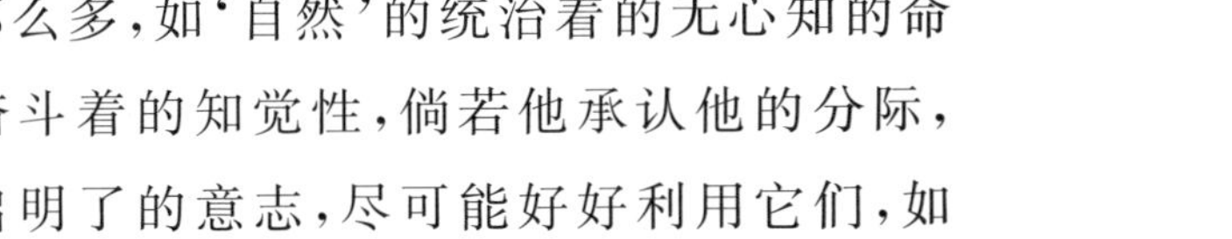

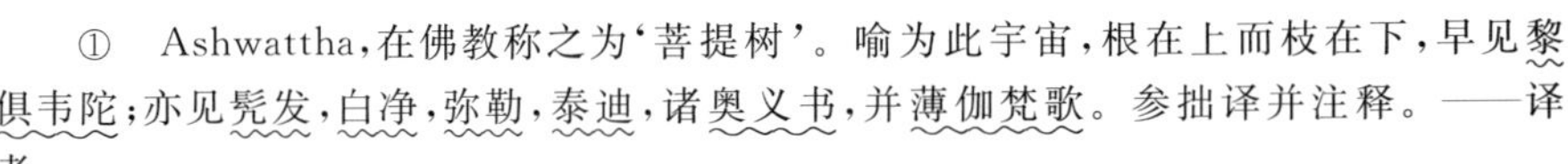

① Ashwattha，在佛教称之为‘菩提树’。喻为此宇宙，根在上而枝在下，早见黎俱韦陀；亦见羌发，白净，弥勒，泰迪，诸奥义书，并薄伽梵歌。参拙译并注释。——译者

是一心思的虚幻，企慕在某种涅槃中之自我灭无，或不然，则沦没入无相的'绝对者'中；倘使为虚幻所驱的个人之心灵或心思，已萝到在这'无明'之暂现旋灭的世界中之一神圣实践，则它终于必认识它的错误，放弃它的唐劳。虽则如此，既有此存在的两方面，'自然'之愚暗与'精神'之光明，既在它们之后有此'一真实性'，则仍然可能有调协；或无论怎样，架度这鸿沟，如韦陀神秘寓言所预示的，有其可能。是这可能性的一敏锐意识，取了各种不同的形式，历多世纪而长存，——人有可完善化之性，社会有可完善化之性，阿耳瓦（Alwar）于维师鲁（Vishnu）及诸天神下降人间的视见，圣人的统治（sādhūnām rājyam），上帝的城市，千年太平世，启示录（Apocalypse）中的新天新地。但这些直觉，缺少了确证的知识基础，而人类的心思，乃游移于一光明的将来希望与一灰色的现在实际之间。但这灰色的实际，也不是像其那么确定的样貌，一神圣的人生，正在土地'自性'中进化着或准备着，也不必须是幻诞。凡对我们的失败或限制的接受，皆起自或明或暗的认许，第一，认许一真本的二元性，其次，认许一双重原则间之不可调和的对反性，如'心知者'与'无心知者'，'天'与'地'，上帝与世界，无限之'一'与有限之'多'，'明'与'无明'之间的。我们以一列推理，达到了这结论，这一说不必须是多于识感心思之错误，与基托于一局部经验上的逻辑智识之错误。我们已见到可能有而且有一完全合理性的基础，我们可希望胜利；因为有体之低等一项，我们如今生活其中的，其本身又包含了那超过它者的原则与原意，而且是以其本身的自我超上与转化为那超过它者，它乃能发现且发展为其自有的真元之一完全形相。

但在这推理上有一点，至今我们未加阐明的，便是恰在这‘明’与‘无明’同存并在这事上。可让许说，我们在此是自种种情形出发，皆与理想的神圣‘真理’相对反的，而且那对反的一切情况，皆建立于有体之无明上，不知道自己，不知道一切中之‘自我’，便是一原始的宇宙的‘无明’的产品，其结果便是自我范限，将人生建立于有体之分别上，知觉性的分别上，意志与力量的分别上，光明的分别上，知识，权能，爱的分别和范限上，遂以自私自利，黑暗，无能，知识与意志之误用，乖戾，乏弱，与苦难这些积极对反的现相为其后果。我们发现，这‘无明’，虽为‘物质’与‘生命’所分有，其根底仍是在‘心思’的自性中，‘心思’的职责，原是度量，限制，专独化，以此而分别。但是‘心思’是一普遍的原则，是‘一’，是‘大梵’，因此它也有一倾向，趋于统一化与普遍化，亦如趋向专独化与特殊化者。唯这‘心思’的专独化的官能，乃变为‘无明’了，时若其自体从高等诸原则分离，它原是高等诸原别的一权能，然不单是以其特著的倾向而作为，亦且具另一倾向而作为，要除外其余一切知识，最先、且最要、且常是专独化，留下统一化在后，视为一模糊概念，只待后下处理的，时当专独化已完成之后，且经过专独者的总和而处理。这除外性乃是‘无明’之真髓。

于是，我们便应当把住这‘知觉性’的奇怪权能，即我们一切痛苦之根，检验其施为之原则，不单是察出其真元的自性与源来，亦且追究其发施之权能与程序，其终极，及除去它的手段。‘无明’如何而存在的呢？在无限的自我觉识性中的任何权能与原则，如何能遗弃自我知识在后，而除外一切，只留存它自有的特著的有限作为呢？有些思想家[①]，已声明这问题是不可解决的，它是一原始的神秘，自内本不可解释；只有事实与程序可能陈述：或否则至上的原始的‘存在’或‘非存在’的自性的问题，是搁置的，以为不能答复或无需乎答复的。人可说，‘摩耶’及其基本的无明或虚幻的原则，简单便是，而此‘大梵’的权能，有此‘明’与‘无明’之双重力量，内在其中而潜能；我们所应当作的一切，便是承认这事实，找出一条路从‘无明’逃出，——由于‘明’，但逃到双超‘明’与‘无明’者，——以舍弃人生，以承认万事万物之无常，与宇宙存在之空。

但我们的心思不能遂满足，——佛教本身的心思亦未常满足，——以此整个事的正本在于逃避。第一，这些哲学，如此抛开了根本问题时，真也作出了远到的一些断定，确许不单是某些施为与征候，亦且有‘无明’之某一基本自性，由此而开出它们的那些治疗之方；而且是明显的，若没有这么一种基本的诊断，没有什么对治药方，除了是一经验的疗法，还可能是什么。但是，设若我们逃避根本问题，我们便无法裁判那些提出的断定是否正确，或所开出的方剂皆是对症的，或是否有其他救治，非如此猛烈，非如此毁坏着的急性，非如外科之残剖或消灭病人的性质者，而仍可收一更整体的和自然的治愈之效。第二，人这思想

①　佛陀拒绝考虑这形而上学的问题；造成我们的非真实的个人性的程序，一痛苦着的世界保持存在，及出离它的方法，乃是至关重要的一切。‘羯磨’（业）是一事实；造出对象，非直存在的个人性，乃是痛苦之因：除去‘羯磨’，个人性，与痛苦，应当是我们的唯一目标；由那消释，我们便度入那无有于此一切者，永恒者，真实者，不管那是什么：唯独解脱之方，乃为重要。

（译者按：此似指十二因缘。）

者，他的事是要知道。他以心思之方法，或许不能知道‘无明’之真性，或宇宙间任何事物，在加以定义的意度上，因为心思在那意度上知道事物，只能由其征象，性格，形式，属性，功能，与其他事物之关系，不能在其深奥的自我有体与真元上知道。但是，我们能够追寻远之又远，对‘无明’的现相的性格和施为，能够精确而又精确地弄到明白，直到我们得到正确的启明之一言，事物的正确的指示之义，由是而知道它，非以智识，而是以真理之视见与经验，以实践我们自己的有体中之真理。人的最高智识之明，其整个程序是经过这心思的操纵与辨别，直到那一点，障蔽破开了，于是他能见；最后精神之明进来了，帮助我们变为我们之所见者，入乎‘光明’，其中无‘无明’的。

是真的，‘无明’之最初起源，是出乎我们之为心思有体以外，因为我们的智慧，是生活于‘无明’自身中，且在其中运转，而不上达到那一点，或升到那一界，那分离发生之处，个人心思遂为分离之果者。但这是于事物之最初起原和基本真理为然；在这原则上我们便应当以普通的玄秘论而自足。人应当在‘无明’中工作，在它的条件下学习，知道它到最远的一点，以致他可达到它的边界，它遇见‘真理’之处，接触它的光明的蒙蔽，而发展出一些官能，使他能度越那雄强但实际没有本质的障碍。

然则我们比一向所作的要更加切实考查，考查‘无明’的这原则或这权能的性格与活动，而达到它的自性与渊源之一更清晰的概念。起初，我们应当在脑经里固定这名词本身的意义。‘明’与‘无明’之分辨始于黎俱韦陀的赞颂。在那里，‘明’似乎是指‘真理’，‘正道’satyam ṛtam 的一种知觉性，以及凡属‘真理’与‘正

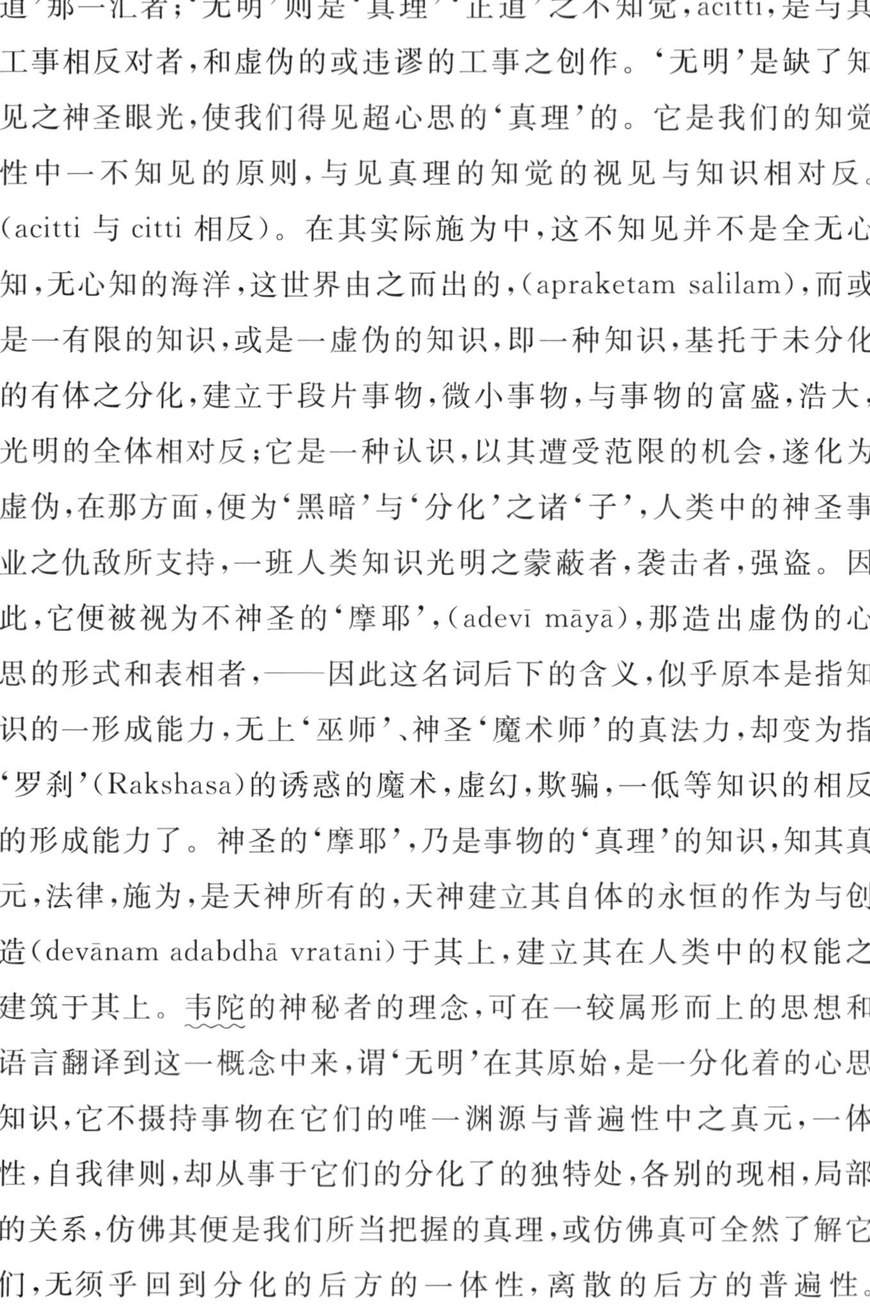

道’那一汇者；‘无明’则是‘真理’‘正道’之不知觉，acitti，是与其工事相反对者，和虚伪的或违谬的工事之创作。‘无明’是缺了知见之神圣眼光，使我们得见超心思的‘真理’的。它是我们的知觉性中一不知见的原则，与见真理的知觉的视见与知识相对反。(acitti 与 citti 相反)。在其实际施为中，这不知见并不是全无心知，无心知的海洋，这世界由之而出的，(apraketam salilam)，而或是一有限的知识，或是一虚伪的知识，即一种知识，基托于未分化的有体之分化，建立于段片事物，微小事物，与事物的富盛，浩大，光明的全体相对反；它是一种认识，以其遭受范限的机会，遂化为虚伪，在那方面，便为‘黑暗’与‘分化’之诸‘子’，人类中的神圣事业之仇敌所支持，一班人类知识光明之蒙蔽者，袭击者，强盗。因此，它便被视为不神圣的‘摩耶’，(adevī māyā)，那造出虚伪的心思的形式和表相者，——因此这名词后下的含义，似乎原本是指知识的一形成能力，无上‘巫师’、神圣‘魔术师’的真法力，却变为指‘罗刹’(Rakshasa)的诱惑的魔术，虚幻，欺骗，一低等知识的相反的形成能力了。神圣的‘摩耶’，乃是事物的‘真理’的知识，知其真元，法律，施为，是天神所有的，天神建立其自体的永恒的作为与创造(devānam adabdhā vratāni)于其上，建立其在人类中的权能之建筑于其上。韦陀的神秘者的理念，可在一较属形而上的思想和语言翻译到这一概念中来，谓‘无明’在其原始，是一分化着的心思知识，它不摄持事物在它们的唯一渊源与普遍性中之真元，一体性，自我律则，却从事于它们的分化了的独特处，各别的现相，局部的关系，仿佛其便是我们所当把握的真理，或仿佛真可全然了解它们，无须乎回到分化的后方的一体性，离散的后方的普遍性。

‘明’，便是那趋向于统一者，而且，上达于超心思的官能了，则摄持存在之自我律则，真元，一性，而从那光明与充实中，观照而且处理事物之多性，那态度好像是‘神圣者’本人，从那最高的高处，抱持此世界，这么观照而且处理。虽然，应当注意到，‘无明’在它的这概念中，仍是一种知识，但是因为它受了范限，它便在任何一点上可遭受虚伪与错误之侵入；它变为事物的一错误概念，与真的‘明’相对反。

在诸奥义书的韦檀多（Vedanta）学的思想中，我们发现原本韦陀的术语，被代替以熟习的‘未提耶’（Vidya，即‘明’）与‘阿未提耶’（Avidya，即‘无明’）的对待名词了：随名词之嬗变，乃有意义上的某种发展：因为‘知识’的自性既是要寻求‘真理’，而基本的‘真理’便是‘太一’，——韦陀中反复说起‘那真理’，‘彼一’，——‘明’，‘知识’，在其最高精神义度中，遂纯粹而断然专指‘太一’的知识；‘无明’，‘蒙昧’，遂纯粹而断然专指分化了的‘多’之知识，而与‘一真实性’之统一着的知觉性仳离，如它在我们的这世界中与之仳离。原属于韦陀文字的概念之复杂的联想，丰富的内容，各式和汇同的理念与显著的意象之光辉的晕影，大多消失了，消失于一种语言中，更精确，属形而上，却不如其有伸缩性，属心理的语言。虽然，后世夸张了的理念，如从‘自我’与‘精神’的真实真理之绝对分离，一原始的虚幻，一知觉性等于梦或妄想，这些理念起初犹未进入韦檀多学的‘无明’概念中。倘若奥义书[①]中说起生活且动作于‘无明’中的人，如盲导盲，游流颠踬，且永是回到‘死神’在他前

① 此谓羯陀，白净等奥义书。

面张开的网里，然另外有奥义书[1]中也肯定说，唯独追随‘明’的人，比较追随‘无明’的人，是进到更盲昧的黑暗中，而那知道‘大梵’双是‘明’与‘无明’，双是‘一’与‘多’，双是‘变易’与‘非变易’的人，则以其‘无明’，以其于‘多’之经验度出死，以其‘明’而获得‘永生’。因为‘自我存在者’，如实已变为这许多存在；奥义书[2]能向‘神圣有体’说，十分严肃而没有惑人的意思：“你便是这老叟，用他的拄杖在行走的，你便是那儿童，那女子，这青翼鸟，那赤睛的，”而不是说：“你像是这些事物”，说与‘无明’的自我诳惑的心思的。变是的格位原次于‘有体’之格位，但仍然是‘有体’乃变为宇宙中万有。

但是，分别的辨异不能终止于此；它要走到其逻辑的极处。由于‘太一’的知识是‘明’，‘多’的知识是‘无明’，在一严格的分析和辩证的观念中，则不能有什么，除了这两项所表之事物之纯然对反；其间没有真元的一体性，没有调和为可能。因此，唯独‘明’是‘知识’，‘无明’是纯粹的‘蒙昧’。而且，若使纯粹的‘蒙昧，而取一积极的形式，这是因为它非但是一于‘真理’之无知，亦且是虚幻与迷误之创作，是似是真的然非真实的作品，是暂时有效的虚伪。于是，明显的，‘无明’的客观事物，不能有真正的长住的存在；‘多’是一虚幻，世界没有真实的有体。无疑，时当其犹在，它也有一种存在，如一梦之有，或一痴狂或一疯狂的脑经的久久持续的妄想有之，但不多乎此。‘太一’未曾且永远不能化为‘多’；‘自我’未曾且

---

① 此谓伊莎。

② 此出白净书四，三，与四。

不能变为凡此一切存在；‘大梵’未曾且不能显示一真实的世界于其自体中：只是‘心思’，或某个以‘心思’为其结果的原则，横将种种名与色加到无相之一体性即唯一真实者上，而那既是真本无相的，不能显示真实形相与变换；或不然，若其显示这些事物，则那是一时间性的和暂现的真实，是会消失的，且由真知识之照明，判定其非真实。

我们对究竟‘真实性’、与‘摩耶’的真自性的观念，使我们不得不离弃辩证法的智术的这些后起的微细的过分之说，而回到原来韦檀多的概念。虽佩服这些极端结论的大无畏精神，这些推测的不妥协的逻辑力量与敏锐性，只若那些前提一经认许便无从攻倒的，承认其主要诤论中的两个的真理，‘大梵’的唯一‘真实性’，与这事实，即我们的正常关于我们自己和世界存在的概念上，皆带上了无明的钤印，皆不完善，使人迷惑；然我们不得不从这收摄脱开，以‘摩耶’的概念如此强力地固住在智识上的。但这久已建立的事物观之魔力，不能全般脱除，若我们长此犹未探测‘无明’的真性，与‘明’的真正全部性质。因为，倘若此二者皆是独立的，是‘知觉性’的平等的和原始的权能，则一宇宙‘虚幻’的可能性追随我们。设若‘无明’是宇宙存在的真本性格，则我们于世界的经验，倘若非世界本身，变为虚幻了。或者，设若‘无明’不是我们的自然有体之真体，然仍是‘知觉性’的一原始的和永恒的权能，则虽能有一宇宙之真理，然在一宇宙中的有体，时若他犹内在其中，知道其真理为不可能：他之能达到真实的知识，只是由出乎心思和思想以外，这世界形成之外，自上而下观一切事物，在某种上乎宇宙或超乎宇宙的知觉性里，有如那些已变为与‘永恒者’同一自性的人，且居于

‘他’内中的人，在创造中未生，不为下方诸世界的茫茫坏劫所苦[①]。但这问题的解决，不能在一文字和理念的考试或一辩证法的讨论的基础上圆满进行，达到；它必须是一全般观察和透入知觉性的相关的事实之结果，——凡那些知觉性的事实，属于表面的，在我们的表面水平以上或以下的，或在我们的前方外表之后的，——成功地探测它们的意义之结果。

因为辩证法的智识，不是真元的或精神的真理之够资格的裁判官；甚且，时常以其倾好计较文字和抽象理念，仿佛它们便是坚住的真实，它像枷锁一样戴上了它们，不自由地看出它们以外，看到我们的存在的真元的和全部的事实。智识的陈述，是对我们的智慧的叙说，是辩护一种事物观为正当而出之以推理，它原在于我们的心思的型铸中，或性情中，或我们的本性的某些倾向中，秘密地预先决定了那自许为引导至此的推理。那推理本身能作结论，只倘若它所基托的事物知见，两是一真实与一全般之见。在此我们所当真正和全体看到的，乃我们的知觉性的自性和有效性，我们的心思体之原本与范程。因为唯独这样，我们乃能知道我们的有体与自性与世界有体与世界自性的真理。我们在这种研究上的原则，应当是见而且知；辩证法的智识可用，只用于其帮助我们的安排的明朗化，是正我们的视见与知识之表现，但不能允许其统治我们的概念，且排除一切真理之不落入它的逻辑的严格范围以内者。虚幻，知识，与蒙昧，皆我们的知觉性的项目或结果，是只由深深窥入我们的知觉性之内，我们方能发现而且决定‘明’与‘无明’，或

① 原注，出薄伽梵歌。

‘虚幻’，倘其存在，与‘真实’的性格和关系。‘有体’，无疑是研讨的基本对象，事物在其自体，以及事物在其自性；但只是由知觉性，我们方能接近‘有体’。或者，设若主张我们能达到‘有体’，进入‘真实者’，因其为超心知的，遂只能由消灭或超出知觉性，或由其自我超上与自我转化，然仍是由知觉性我们方能达到这需要的知识，与这消灭之施行的程序或权能，或这自我超上，这转化的知识：于是，经过知觉性，知道‘超心知的真理’，乃成为至上的需要，而发现知觉性的程序与权能，由之它可度入超心知的，乃成为至上的发现了。

但是，在我们内中，知觉性似乎是与‘心思’为同一；无论怎样，‘心思’是我们的有体的那么显著的一因素，以致考验其基本运动乃是首要了。虽然，事实上‘心思’不是我们的全体；在我们中间还有一生命和一身体，一下心知与一无心知；有一精神元体，其本原和秘密真理，引我们到一玄秘的内向知觉性与一超心知。设若‘心思’便是一切，或者，设若事物中的原本‘知觉性’的性质，皆属‘心思’性质，则‘虚幻’或‘无明’亦可思议地被视为我们的自然的存在之渊源：因为由‘心思’自性所作的知识限制与知识蒙蔽，创造出错误与虚幻，‘心思’作用所造出的幻有，乃在我们的知觉性的为首的事实上。然则可思议地可以立说，‘心思’是一‘无明’的胚胎，使我们造成或向我们自己表出一个虚伪世界，一个世界，不过知觉性的一主观构造。或者不然，则‘心思’可能是一个胚胎，某个原始的‘虚幻’或‘无明’，（‘摩耶’或‘阿未提耶’）将一虚伪无常的宇宙之种子投入其中；‘心思’仍为其母，——为‘不孕之母’，因其子将是非真实，——而‘摩耶’或‘阿未提耶’则可视为似乎是宇宙的祖母；

因为‘心思’本身，会是‘摩耶’的一产品或复制品。但很难认明这幽暗且谜疑的祖妣的相貌；因为这么我们便要将一宇宙的想象或一虚幻知觉性，按加到永恒的‘真实性’上；‘大梵’道‘真实性’，本身必是、或必有、或必支持一构造着的‘心思’或某个大于‘心思’的、构造性的知觉性，但与‘心思’同性质的，必以其活动或以其认可为创造者，也许还是像‘心思’一样，以参与而成了它自体的虚幻和错误的牺牲品。设若‘心思’只简单是一中介物或镜子，有原始的虚幻之相或‘真实性’之虚伪形影落入其中，这一说也将非不更使人迷惑。因为这反映的中介物之由来不可解释，投于其上之虚伪形相的由来也不可解释。一不可决定的‘大梵’，只能返映为不可决定的什么，不能现为一多方的宇宙。或者，设若这是返映着的中介物之不平等性，其性质如生波不定之水，造成‘真实性’的破碎形影，那么，仍然会是破碎凌乱的‘真理’的返映在那里出现，不会是事物的虚伪的名与相，在‘真实性’中没有存在的渊源或基础的。必然有唯一‘真实性’的一些多重的真理，在心思的宇宙之多重形相上返映出了，无论其怎样虚伪或不完全。然则很可能是，世界为一真实，只有心思对它的计执或画像，乃错误或不完善了。但这又暗许有一‘知识’，外乎只是企图要知道的我们的心思知见和思想，有一真正认识，觉识‘真实性’，也在其中觉识一真实宇宙之真理。

因为，倘若我们发现了唯有最高‘真实性’与一愚昧的‘心思’存在，则我们无有拣择，除了承认‘无明’是‘大梵’的一原始权能，且认‘无明’或‘摩耶’是万事万物之渊源。‘摩耶’将是自我觉识的‘大梵’之一永恒的权能以欺惑它自己，或欺惑好像是它自己的什么，为‘摩耶’所造成的什么；‘心思’则将是一个心灵的愚蒙的知觉性，只当作‘摩耶’的一部分而存在的。‘摩耶’会是‘大梵’的权能，能将名与色蒙被它自体，而‘心思’则是它的权能，能接受它们，以它们为真实事物。或者，‘摩耶’将是‘大梵’创造虚幻的权能，而明知其为虚幻，‘心思’则是它的接受虚幻的权能，而忘却其为虚幻。但是，‘大梵’既在其自我觉识性中常是且真元是一，则此一机巧为不可能。倘若‘大梵’能那样分解它自体，同时是知又不知，或一部分知又一部分不知，或甚至它能将它自体的一点什么加入‘摩耶’，则‘大梵’必然能起知觉性的一双重或多重的作用，一‘真实性’的知觉性，另一虚幻的知觉性，或一为无明的知觉性，另一为超心知性。这二重性或多重性，初看似乎是在逻辑上不可能，可是存在的枢要事实便是在这假定上，是一精神的神秘，一超理性的矛盾。但是，一旦我们承认事物的原始为一超理性的神秘，我们同等而且更合承认这另一枢要的事实，即‘太一’变为、或常是多，而‘多’便是、或变为‘太一’；这，初看去也是在辩证法上为不可能，一超理性的矛盾，可是这仍向我们表呈为存在的一永恒事实与律则。但是，但若那被承认了，则不复需要有一作虚幻的‘摩耶’参加。或者，同等的，如我们已承认的，我们可以承认一‘无限者’与‘永恒者’的概念，以其知觉性的无限的权能，能显示其有体的深不可测、广不可量的‘真理’，在多个方面和程序中，在无数表现的形相和运动中；这些方面，程序，形相，运动，皆可视为其无限的‘真实性’之真实的表现，真实的后果；甚至‘无心知’与‘无明’，皆可在它们中间视为相反的方面，为一内转了的知觉性和一自我范限了的知识之权能，皆发到了前方，因为对‘时间’中的某一运动为需要，于‘真实性’的一内转和外发的运动为需要。倘若超理性者是在其基础上，则这

整个概念不全然是一矛盾;这只要求我们于'无限者'的概念上作一点变换,一番扩大。

但真实世界不能知,没有一个这些可能性能受试验,倘若我们专考虑'心思',或只顾'心思'为了'无明'之权能。"心思'也有一为了真理之权能;它将它的思想内室,启对'明'、亦如启对'无明',而且,倘若它的出发点是'无明',倘若它的过道是经过错误的弯曲路线,然它的目标仍常是'明','知识':在它内中有一寻求真理的冲动,有一权能,——虽属次等而且有限,——能发现真理和创造真理。纵使它能示给我们的,只是真理的形相,或代表,或抽象表现,然这些在其自有的形态上皆是真理返映与真理形成,而那些真实,以这些为其外相者,皆在其更具体的真理中,存在于我们的知觉性的某更深的深处,或在某更高水平的权能上。'物质'和'生命',皆可能是诸多真实之形式,'心思'只触到其一不完全的相状;'精神'可能有秘密的和超凡的诸多真实,'心思'只是其一局部的和初等的接受者,钞写者,或传达者。然则只由试验其他超心思的和下心思的,一如知觉性的更高和更深的'心思权能,我们乃能达到这整个真实。而究其极,一切依乎无上'知觉性'的真理,——或'超心知'的真理,——属于最高'真实性'的,及'心思','超心思','下心思'与'无心知'对它的关系。

一切皆改变了,时当我们穿透知觉性的低度与高等深处,而联合之于唯一遍在的'真实性'。倘若我们取起我们的和世界的有体的事实,我们发现存在常是一,——一个一体性统治甚至其究极的多性;但多性在事物的表面上亦是无可否认的。我们发现一体性遍处追随我们:甚至,时若我们进到表面之下,我们也发现没有长住的二元性；智识所造成的违反和对待，只存其为那原始‘真理’的多方面；一性与多性，乃同一‘真实性’的两极；那烦扰我们的知觉性的对偶性，皆是同此一有体之‘真理’成对比的多真理。一切多性，皆自消归于此唯一‘有体’，此唯一‘有体’之‘知觉性’，此唯一‘有体’之‘悦乐’之多重性。如是，在苦与乐的对峙中，我们已见到苦是唯一存在的悦乐之一相反的效果，出自接受者之弱，他未能同化那撼触他的力量，他没有那能量忍受那悦乐的撼触，否则在其中可感到的；它是‘知觉性’对‘阿难陀’的一颠倒的反应，本身不是‘阿难陀’的一基本的反对者；这是为此显著的事实所表明，痛苦可化为快乐，快乐可化为痛苦，而二者皆消归一原始的‘阿难陀’。同然，每一弱性的形式，真实是唯一神圣的‘意志・力量’或唯一‘宇宙能力’的一独特工事；那‘力量’中之弱性，意义是它的权能，能退保，量度，关联它的作用于一独特方式中；无能或弱性，是‘自我’之敛退其力量之全，或是‘力量’之一不充足的反应，不是它的基本的对反。倘若这是如此，则可以是、且在事物的性质上应当是我们所称为‘无明者’，非真是异于唯一神圣的‘知识・意志’或‘摩耶’的一权能；它是唯‘一知觉性’的能量，同样是能约制，敛退，量度，关联它的‘知识’的作用于一独特的方式中。然则‘无明’与‘明’，不会是两个不可调和的原则，一个创造世界存在，另一个不能容忍而毁灭它，而是两个并存的权能，双在于宇宙本身中，在其程序之作为中各自运行，但在其真元中为一，且能以自然的变易相互涉入。但在其基本关系上，‘无明’不是一平等的同在者，它将是依赖‘明’，为‘明’之一范限或一反作用。

要知道，我们便应常常消解这愚昧的、顽固的智识之严格的计执，而自由地、柔顺地看存在的事实。其基本事实便是知觉性即是

权能，我们实际见到这权能有三个活动方式。第一，我们见到有一知觉性在一切之后，拥有一切，在一切内中，永恒地，普遍地，绝对地觉识它自体，不论往一体性或多体性中，或同时在这二者中，或出乎二者以外，在其单纯的绝对里。这便是无上神圣自我知识之全满，也即是神圣大全知识之充盈。其次，在事物的对极，我们见到这知觉性坚住于本身中似是相对反者上，而一切中最极端的对反，达其顶点于在我们看去似是对其自体之一全般无知，一有效能的，机动的，创造性的'无心知'，虽则我们知道这只是一表面现相，而神圣'知识'，以一种独尊的稳定性与准确性，工作于'无心知者'的施为之内。在这两对反者之间，且当作中介的一项，我们见到'知觉性'以一局部的，有限的自我觉识性而工作，这是同样肤表的，因为在其后，且以之而作为的，便是神圣的'大全知识'。在此，在其中间的格位上，它似乎是这两对反者间，无上'知觉性'与'无心知'间的一成立的妥协，但是，在我们的事实记录的一更大的视景中，无宁可证明其为'知识'到表面的一下完全的显现。这妥协或不完善的显现，我们称之曰'无明'，从我们自己的观点看，因为无明是我们自己的特著办法，是心灵自我敛退全部自我知识。知觉性的权能的这三个姿态之渊源及其明确的关系，乃我们所当发现的，倘若可能。

设若我们发现了'无明'与'明'是两个独立的'知觉性'的权能，则可能我们得追寻两者的分别，直到'知觉性'的最高点，两者皆将止息于一'绝对者'中，即两者皆从之源出之处[①]。于是或

---

① 在诸奥义书中，'明'与'无明'，皆说为在无上'大梵'中为永恒的；但这可在此一义度中承认，即多性之知觉与'一性'之知觉，由于在无上自我觉识性中同存并在，遂成为此'显示"之基础；在那里它们是一永恒的自我知识的两方面。

可结论到唯独真实的知识，乃超心知的‘绝对者’之真理，而且知觉性的真理，宇宙的真理，我们自己在宇宙中的真理，至佳是一局部形象，常负担了‘无明’的一随从着的当体，‘无明’之一环晕光，一跟着的影子。甚至或可能是，一绝对的‘知识’，建立着真理，和谐，秩序，与一绝对的‘无知’，承托一幻想，乖戾，错乱的活动，无情地支持其虚伪，错误，与痛苦之极致，一‘摩尼教’的双重原则，有光明与黑暗，善与恶，相冲突，相参互，是在于宇宙存在的根本上。某些思想家的理念，谓有一绝对的善，但也有一绝对的恶，两者皆接近‘绝对者’之一法，也许与此同符。但倘若我们发现‘知识’与‘蒙昧’，皆同一知觉性的光明与阴影，‘蒙昧’之始乃‘知识’之限，是这范限，乃启开了对局部的虚幻与错误的附属可能性之门，这可能性在‘知识’有目的地投入物质的‘无心知性’之后，乃充分成就，但那‘知识’亦复随一出现着的‘知觉性’而出现，出离‘无心知性’，则我们乃可确然于这‘无明’之充满，乃是以其自体之进化而变回为一有限的‘明’，而且我们能感到有此担保，这范限本身会被除去，事物的充分真理变为显了，宇宙的‘真理’自解脱出宇宙的‘无明’。事实上，所进展着的事，是‘无明’正寻求且准备转化它自体，以进步地照明它的黑暗，化为原已内藏于它内中之‘明’；宇宙的真理，显示于其实际真元与形相中者，将以那转化而自启示为无上遍在的‘真实性’之真元与形相。我们是从这存在的解释出发的，但加以证实，我们必得观察我们的表面知觉性的结构，及其与在其内中者，在其上者，在其下者之关系；因为如此，我们乃最能辨识‘无明’之自性与范程。在那程序中，也会出现那以‘无明’为界限与畸形者之自性

与范程,'明',——在其整体上精神有体的永久的自我知识与世界知识。

第八章　记忆，自我知觉性，与无明

在对我们的知觉性的二重性格的观测中，我们首先得察看'无明'，——因为'无明'试化为'明'，乃我们的正常境况。起初，必须考虑这于自我于事物的局部觉识的一些主要运动，这局部觉识，当作完全的自我知识，大全知识，与完全的'无心知'的一中介者，在我们中间活动；我们又得从那出发点，寻出其与在我们的表面下的那更大的'知觉性'之关系。有一派思想，大大着重记忆的作用：甚至有此一说：'记忆'便是人，——是记忆，乃组成我们的人格，凝固我们的心理体的基础；因为它联合我们的经验，将其系于同此一个人整体。这一理念，取其立场于我们在'时间'的持续中之存在，而以程序为启开原本'真理'之钥匙，纵使它不看全部存在为程序或为因果，在某种自我管制着的'能力'之发展中，为'羯磨'即'行业'。但程序只是一用；这是一习惯的采用，采用某些因果关系，这些关系在事物的无限可能性上，也可能另外怎样安排出的，而其产生结果，也可能十分不同。事物的真实真理，不在其程序上，而是在其后，在那决定，影响，或统治着程序的什么上，不甚在于发生效果，而甚在生效果之'权能'或'意志'上，又不甚在于'权能'或'意志'上，而甚在于以'意志'为其机动的形式之'知觉性'中，以'权

能'为其机动的价值之'有体'中。但记忆只是知觉性的一程序，一用处；它不能是有体的本质或我们的人格之全；它简单是知觉性的工事之一，正如辉射是'光明'的工事之一。是'自我'方是人：或者，倘若我们唯独看我们的正常表面生存，则'心思'是人，——因为人是一心思的有体。记忆只是'心思'的诸多权能与程序之一，'心思'如今是'知觉性力量'的主要作用，在我们与自己，世界，和'自然'的交接中。

虽然，当我们研究我们生存于其中的这'无明'的性质时，从记忆这现相开始也很好；因为这可能给我们启开我们的知觉的存在之某些重要方面的钥匙。我们见到心思以其记忆的官能或程序作两个用处，即自我之记忆，经验的记忆。第一，基本地，它使用记忆到我们的知觉的有体的事实上，将那关联到'时间'上。它说："我现在是，我过去曾是，因此我将来也会是，在'时间'之永不固定的三分中，全是同此一我。"这么，它试在'时间'的名义中，对自己表出所感觉为一事实的说明，但不能知道知觉的有体的永恒性或证明其为真实。由记忆，'心思'只能知道它自体在过去，由直接的自我觉识，则只在现在的这一顷间，于是只是由此自我觉识的引申，与从此自我觉识之推比，且由此记忆，这告诉我们有一时候觉识是继续存在的，然后心思乃能想念它自体在将来。过去和将来的程限它不能决定；它只能将过去带回到它的记忆的边际上，且根据他人的证明，以及它所观察到的周遭的人生事实，乃能推知知觉的有体，在它不复记忆到的时候已是了。它知道它曾经存在，在心思的一幼年不推理的情况中，记忆对之已失去了联系的。是否在身体出生之前也尝存在呢，这有生死的心思不能决定，由于记忆的空白。至若将来，它一点也不知道；它之在下一时分仍然存在，它只能有一大致的确然，那一时分发生某事可证其为错误的，因为它所见到的，不外是一显著的或然性；更毋庸说它还能知道是否消灭乃知觉的有体之终。可是它有此一坚持的继续性的意识，这本身很容易伸展为一永恒性之信念。

这种信念，可能或者是一无尽的过去，已经忘记的，在心思中之返映，虽已忘记然仍保留其中一点无形的印象；或者是一自我知识之阴影，从我们的有体的更高或更深的一界，而来到心思中的，在那界中，我们却是真实觉识我们的永恒的自我存在的。或者，也可思议的，这可能是一种妄想。正如在我们的预见的知觉性中，我们不能感到或体验死这一会事，只能在继续了的存在之感觉中生活，终尽对我们是一智识的概念，我们能确有把握的，甚至生动地想象，但永不能实际体验，因为我们只在现在生活；可是死，终尽，或间断，至少是我们的真实的有体之姿态的，是一个事实，而在此生理之身中的将来继续存在，这意识或预见，出乎一点以外，我们现在无从规定之为我们的现在的知觉有体的心思印象的一妄想，一虚伪的引申，或一错误的使用。同然，可思议的，这知觉的永恒性之印象或心思理念也一样。或者，这也可能是一虚伪的转移，向我们自己转来了一真实的永恒性之知见，这永恒性或为有心知，或为无心知，异乎我们自己的，如宇宙的永恒性，或超过宇宙的什么之永恒性。心思摄持了这永恒性之事实，可能错误地转移到我们自己的知觉的有体，而我们自己的知觉的有体，可能不过是那唯独真实的永恒者之一暂有的现相。

这些问题，我们的表面心思，由其自体是没有解决之法的；它

只能在它们上面作无尽的揣测，达到一些多少合乎推理的意见。信我们的永生只是一信心，信我们的生死只是一信心。唯物论者不能证明我们的知觉性与身体的死亡同尽；因为他诚可表明，至今还没有可信的证明，证明有什么在我们中间知觉地继续生存，但同等在事物的性质上没有、也不能有证明，证明我们的知觉的自我，不经过身体的散坏后犹在。身体消灭后，人的人格犹在，此后也许可以证明到使疑惑者无疑，但纵使如此，所建立者将只是一较大的延续，而不是知觉的有体的永恒性。

事实上，倘若我们看这永恒性的心思概念，我们见到这归结到有体的时分之一不断相续，在一永恒的'时间'里。因此，'时间'乃是永恒的，刹那相续的知觉的有体却不是。但是，另一方面看，心思证明中，没有什么表白永恒的'时间'实是存在，或'时间'本身是个旁的什么，除是知觉的有体的一个看法，看存在的某一未断的持续或永恒，也许可能是永恒，当作一不可分的长流，它在概念上以经验的相续性和同时性而计量着的，也唯独以此而那存在乃向之呈现。设若有一永恒的'存在'，而它是一知觉的有体，则它必超出了它所包含的'时间'，是无时间的，如我们所说；于是我们可以推测，它必定是韦檀多学的'永恒者'，用着'时间'当作一概念的透视法，以成'他'的自我显示之见。但这'永恒者'的无时间的自我知识，是超出了心思以外；这是一超心思的知识，对我们为超心知的，只能由止息或超越我们的知觉的心思之时间性的活动，由进入'玄默'，或经过'玄默'入乎永恒性的知觉中，乃可获得。

从这一切，唯一巨大事实出现了，即我们心思的真本性是'无明'；非是一绝对的无知，而是一有限制的有条件的有体之知识，有限制，是为其现在的实践，其过去的记忆，其将来的比知所限制，因此有条件，为一于其自体及其经验的时间性的与持续的观念所规的。倘若真实存在是一时间性的永恒，则心思没有真实有体之知识：因为虽是它自体的过去，它也在遗忘的渺茫中失去了，除了记忆所持藏的一点点；它不占有它的将来，那是在无知的一大空白上，不给它得到；它只有它的现在的一点知识，这现在是刹那变易的，在许多名，色，事会的相续中，它无能为力，在一宇宙的动能之前进或长流中，这太浩大了，它无从控制，也无从理解。另外一方面，倘若真实存在是一超时间的永恒，则心思更于此无知了；因为它只知道由一时分到一时分以段片的经验，经验到'时间'与'空间'中它的表面自我显示，所摄得的那么少许一点点。

然则，设若心思便是一切，或者，设若我们内中这显似的心思，便是我们的有体的自性之标指，则我们永不能是多于一在'时间'中浮过的无明，以一最短少和段片的方式去把捉一点知识。但是，设若在心思之外有一自我知识之权能，在其真元上是无时间性的，能观照时间，也许在过去、现在、未来联于一道的同时的顾视中，但无论怎样当作其自有的无时间的有体的一种情况，则我们有两个知觉性的权能了，知识与愚昧，即韦檀多学的'明'与'无明'。于是这两者，或则是不同且不相联接的权能，各别生成，作用亦异，各别自体存在于一永恒的二元中，或否则倘二者既有联系，必然会是知觉性之为'明'，则知其无时间的自我，见'时间'在其自体以内，而知觉性之为'无明'，则为同此一'明'之一局部的和肤表的作用，它却在'时间'中见其自体，隐蔽它自体于它自有的时间性的有体的概念中，且只能由移去此障蔽而回到永恒的自我知识。

因为，这会是不合理的，假定超心知的‘明’是那么遥远，离隔，竟不能知道‘时间’，‘空间’，‘因果性’，及其工作；因为那么会只是另外一‘无明’，是绝对有体之盲昧，与时间性的有体之盲昧相应，当作一知觉的存在之正极和负极，而它不能知道它自体之全，或则只知道它自体而不知道它的工作，或则只知道它的工作而不知道它自体，——是互相违拒的一矛盾的对称的均势。从古韦檀多学的更大观点看，我们不应当想念我们自己为一二元的有体，而为一知觉的存在有其知觉性的两方面：一方面是在我们的心思中为心知的或局部心知的，另一方面对心思为超心知的；一方面，是一知识安立于‘时间’中，在它的条件下工作，为了这目的乃将它的自我知识安立于其后，另一方面，是无时间的，以善巧与知识完成它自加决定的自有的‘时间’的条件；一个只以其于‘时间’经验中的生长而知道它自体，另一个知道其无时间的自我，在‘时间’经验中知觉地显示它自体。

我们现在体会到奥义书所说的意义了，当其说‘大梵’双是‘明’与‘无明’，又说在两者中同时的‘大梵’知识，乃臻至永生之路。‘明’，乃是无时间、无空间、无条件的‘自我’的知觉性之内在权能，这在其真元上自示为有体之一个统一体；是这知觉性唯独为真实的、完全的知识，因为它是一永恒的超上性，不但自我觉识，亦且在自体中保持，显示，源出，决定，知道宇宙的在时间上为永恒的持续。‘无明’是‘时间’的持续中的有体之知觉性，以寓居于顷间、遂在其知识上分化了，以寓居于空间的分化中，环境的关系中，自封于一体性之多方工事中，遂在其自我有体的概念上分化了。它被称为‘无明’，因为它将一体性的知识遗留于后，而且，即由此一事实，乃不能真实或完全知道它自体或世界，或超上的或宇宙的真实性。既生活在‘无明’以内，从一顷间到一顷间，从一原地到一原地，从一关系到一关系，知觉的心灵乃踉跄颠顿于一段片的知识之错误中[①]。这不是一种无心知，而是对真实性的一视见和经验，局部为真亦局部为伪，如一切知识之忽略真元，只见到现相的游离部分者，必然如是。另外一方面，自闭置于无相的一体性之知觉性中，昧然于显了的‘大梵’，亦说为在其本身也是一盲昧的黑暗。如实，二者皆非精确是黑暗，只一个是集中了的‘光明’之眩视，另一个是事物的幻觉的比例，见之于一散乱的，朦胧的，破碎的光明中者，半雾隐，半明见。神圣知觉性却不封闭于二者之任何一个中，却摄持此不变之‘一’与变化之‘多’于一永恒的关联一切、结合一切的自我知识中。

记忆，在分化着的知觉性中，是心思所用以自支的一拄杖，当其在‘时间’的迅驶中，不能一刻暂止或休息，而屡经颠踬，无能为役地被迫前进。记忆，是一贫乏的代替者，代替自我之一整体、直接、坚住的知觉性，和事物的一整体的或球形的知见。心思只能有自我的直接知觉，在其现前有体的顷间；它只能有一点事物的半直接的知见，如其向它呈献的，在现前这时间的一顷间，在空间的当前这一原地里，且为诸识所摄持的。它以记忆，想象，思想，各种理念象征弥补它的不足。它的诸识，皆为工巧设备，以之它乃摄持事物的现相于现在这顷间和当前的空间中；记忆，想象，思想，皆是一

① ‘中处无明内，私智以恕量，……如盲导盲者，颠顿劳傍徨。’——见拙译蒙查羯奥义书第一书下篇，第八颂。

些工巧,以之它更少直接地向自体表呈事物的现相,出乎现在顷间和当前空间以外的。唯一事物非工巧者,便是它在现在这顷间的直接自我知觉。因此经过那个,它乃能最容易摄取永恒的有体这事实,摄取真实性;其余一切,当它狭隘地考虑事物时,它不免要视之为不单是现相,亦且是,可能地,当作错误,愚昧,虚幻,因为它们对它不现为直接是真实了。幻有论者是这么看事物的;唯一事物他以为确是真实的,便是那永恒的自我,居于心思的直接现在的自我知觉性之后的。或不然,则像佛教徒一样,人甚至看那永恒的自我为一虚幻,一代表,一主观的形象,徒然是一想象,或有体的虚伪感觉和虚伪理念。心思,对它自体的观照,变成了一幻想的魔术师,它的工作和它自身,皆同时是奇怪地存在又不存在,是一常住的真实却又是一飘忽的错误,它所计及或所不计及的,但无论怎样是决定要杀却,了却它自体和它的工作这两事,以使它能休息,休止于'永恒者'的无时间的寂定中,从有相的空虚表呈上退歇。

但是,在真际,我们所作的这些锐利的区辨,辨别内在者与外在者,现在的和过去的自我知觉,皆是心思的有限而不稳定的作用之机巧。在心思之后方,且用心思当作它自体的表面活动者,有一稳定的知觉性,其间没有必然的概念上的分别,分别它自体之在现在,与它自体之在过去与将来。可是它知道它在'时间'中的自体,在现在,过去与将来,但在同一时,以一无分别之见,概括'时间自我'的全部流动的经验,而在无时间的不动的自我之基础上保持它们。我们能觉识这知觉性,时当我们从心思及其活动后退,或这些皆已寂静了。但是我们最初见到的,是它的不动格位,而且,倘若我们只注念自我之不动性,我们可说它不单是无时间的,亦且是无作为的，没有理念，思想，想象，记忆，意志的动作，自足，自体凝定，因此空无宇宙间的一切活动。于是那对我们变到是唯独真实的，而其余皆是空虚的象征作用，在不存在的形式里，——或不与任何真实存在者相应的形式里，——因此皆是一梦。但是，这自我凝定，只是我们的知觉性的一行为，一结末境界，正如同自我散发于思想，与记忆，与意志中为然。真自我是永恒者，明明是能双有'时间'中之动性与承托着'时间'的不动性，——同在一时，否则二者不能同存并在；甚至也不能是一个存在，另一则创造出现似。这便是无上'心灵'，'自我'和'有体'，如薄伽梵歌所举的，(原注：无上神我，超上自我，超上大梵)双举不动有体与动性有体为一切存在之主宰和自我。

至此，我们达到的是由研究心思和记忆，主要是关于心思的自我知觉性在'时间'中的初原现相。但是倘若我们研究之顾及自我经验一如知觉性，与他者经验一如自我经验，则我们发现我们达到同此结果，而内容更丰富了，且于'无明'之性质更加了解。现在，我们且表白我们所见到的，——一永恒的知觉有体，支持着心思的动性作用，在一安定的不动的自我知觉性上，无有于'时间'的作为，而且，当其具有一超于心思的知识，他拥有'时间'的全部运动，以心思的作为而寓居于那运动中。当表面上的心思整体，从一顷间进到另一顷间，不顾到他的真元自我，只顾到他与他的'时间'运动的经验之关系，在那运动中，将自己从将来隔离，在一好像是'无明'与无有的空白然是一未实现的充实中，摄住现在的有体的知识和经验，将其移置于过去，那又好像是一'无明'与无有的空白，部分是照明了，部分是被记忆储存了，保住了，他便戴上了一迅驶且不定的事物的相状，正在不稳定地摄取迅驶且不定的事物。但是在真际，我们当发现，他常是此同一‘永恒者’，永在‘他’的超心思的知识中为稳定而且自持的，而他所摄取者，也永远是稳定和永恒的；因为他在‘时间’的持续中在心思上经验着的，便是他自己。

‘时间’，是知觉的存在转换为经验与行为的价值之大银行：这表面上的心思有体，从过去（也从将来）提取存款，不断将其兑现而作现在之用；他计算且储存他所收集的利得于我们所称为过去者中，不知道过去怎样在我们中间永是当前的；他使用他所需要的那么多，当作知识和实践了的有体的钱币，又付出之，当作心思的，情命的和物理的行为之钱币，在现在的交易中，这在他看来是创造将来的新财富。‘无明’是‘有体’的自我知识之一运用，在那么一方式上，使之于‘时间’经验为有价值，于‘时间’活动为有效；凡我们所不知者，便是凡我们尚未提取，换成钱币，使用于我们的心思经验中的，或已停止了兑现或使用的。在后方，一切皆已知，一切皆准备应用，一随‘自我’的意志，在它与‘时间’，‘空间’，‘因果性’的交易中。人几乎可说，我们的表面的有体，只是我们内中的更深沉的永恒‘自我’投出它自体为‘时间’中的冒险者，在无限可能性中之一赌博者和作投机事业者，将自体限制于顷间的持续中，使自己可以有冒险的一切惊奇与悦乐，保住它的自我知识与整个自我有体在后，使它能再度赢回好像是它所输掉的，重新克服它全部自体，经过永世的热情与寻求与努力的苦与乐之交参。

第九章　记忆，私我，与自我经验

心思有体的直接自我知觉性，那由之它可觉识它自有的无名无相的存在于一分异化了的自我经验之长流以后，可觉识其永恒的心灵本质于那本质的心思形成以后，可觉识其私我之后的自我，——这，进到心思体的后面，入乎一永恒的现在之无时间性中；它是其中的那个，永是同样的，不受到过去，现在，未来的心思的分别之影响。它亦复不为空间或环境的区别所影响。因为，倘若心思有体寻常说它自体，说“我在身体中，我在这里，我在那里，我将在它处”，可是，时当其学到安置自己于这直接的自我知觉性中，它便很快见到这只是它的变易着的自我经验的语言，仅表白它的表面知觉性与环境和与外物之关系。既辨别了这些事，自体离此诸执，它便见到它所直接知觉的自我，不以这些外表之变易而变易，却常是同样的，不受到身体或心思体或这些在其中动作的原地的改变之影响。这在其真元中是无相，无缘，无有其他性格，除是纯粹的知觉的存在，自足，且永远以纯粹有体而满足了，自体幸福。如是，我们乃觉识静定的‘自我’，这永恒的‘我是’，或毋宁说这不可变易的‘是’，没有任何人格或‘时间’的汇别。

但是这‘自我’知觉性，如其为无时间的，便也能自由地视‘时间’为返映于其中的一物，为一变易着的经验之因或主观的原地。

于是它是永恒的‘我是’，不变易的知觉性，知觉的经验之变易在它表面上发生于‘时间’的程序中。表面知觉性常是增加或是弃去其经验，每一增加，它受到修改，每一弃去，它也受到修改，虽那更深沉的自我，支持且包含这变易的，仍其无所修改；外在或肤表的自我，则恒常发展着它的经验，以致它永不能绝对说自己，“我是与一顷间以前的我一样。”有些生活于这表面的‘时间’自我中的人，没有习惯于内敛而转向不变易者，或不能寓居其中的，甚至不能离了这永是自体修改的心思经验而思想自己。在他们，那便是他们的自我，而且，倘若他们取离执的态度去观看它的事情，则他们很容易与佛教的虚无论者同意于其结论，说这自我事实上没有什么，无非是理念与经验与心思作为的一川流，是长燃的常在的火焰，却永不是同一火焰，且结论到没有真实自我这么一会事，只有一经验之长流，在其后便是‘空无’。有知识的经验，但没有‘知者’，有有体之经验，但没有‘存在者’；简单只有某数量的原素，一长流的各部分，没有一真实的全体，这些原素和部分乃造成‘知者’，‘知识’，与‘所知’之虚幻，‘存在者’，‘存在’，与‘存在的经验’之虚幻。或者，他们也能结论到唯有‘时间’为真实的存在，而他们自己皆是其所造物。一幻有的存在者，在一真实的或非真实的世界中，这结论在此种退转是必然的，正如相反对的结论，谓有真实的‘存在’然世界为虚幻，对一位思想家也是必然的，那思想家自居于不变易自我上，观其余一切事物，皆为变易的非自我；他终于会视此后者为知觉性的惑人的巧变的结果。

但是，且让我们稍一看这表面知觉性，不加理论，仅就其事实研究之。我们见到它最初为一纯粹主观的现相。有‘时间’点的一恒常的迅速转移，一刻不能止住。有一恒常的变易，纵使没有‘空间’环境的转换，有双在它自体的形式或身体为此知觉性所寓居者，及周围的事物的形式或身体，为其所较少直接地生活于其中者的变易。它同等为二者所影响，虽更生动地，因为直接地，为较小的寓居甚于为较大的寓居所影响，为它自有的身体甚于为世界的身体所影响，因为唯独在它自体以内的变易，它乃直接地知觉，而世界体中之变易，它只是间接地知觉，经过诸识、与大宇宙所加于小宇宙上的效果。身体和环境的这变易，不是那么深切地明显或那么明显地迅速，如‘时间’之急疾的变移；可是也同等是真实的，从一顷间到一顷间，同等不能止住。但是我们见到心思有体之顾到这一切变移，只是常其在它自体的心思知觉性上发生势用，在它的心思经验和心思身体上产生变易和印象，因为只是经过心思，它方能觉识它的变易着的身体寓居，与它的变易着的世界经验。因此，如同‘时间’点和‘空间’原地之一转移或变易，正有在‘时间’与‘空间’中所经验到的环境之总和上的一恒常的修改着的变易，因此结果出心思的人格之一恒常的修改，即我们的肤表的或现似的自我之形式的。环境的这一切变易，在哲学语言上总称之曰因果性；因为在这宇宙运动的川流中，前一境界似乎是后一境界之因，或则此后一境界似是在前之人，物，或力量的作用之果：可是事实上我们所称为因者，很可能只是环境。如是，心思在它的直接自我知觉性之上，有一多多少少是非直接的变易的自我经验，它将其分作二分，一部分是它的人格的永是修改了的心思境界的主观经验，一部分是永远变迁着的环境之客观经验，这似乎是全般或部分为因，却同时是它本身为那人格的工事所影响。但凡此经验基本上

皆是主观的；因为即算是客观者和外在者，只是在主观的印象之形式下乃为心思所知。

于此，'记忆'所做的一份工作，大大增其重要性了。因为关于心思的直接自我知觉性，它能为心思所做的，便是提醒它是存在的，在过去与现在同是一样，它在我们的分别化了的或表面的自我经验中，变成了一重要权能，联络过去和现在的经验，过去和现在的人格，防止混乱与失序，保证在表面心思中长流之继续。虽然，即使在这里，我们也不应夸张记忆的功能，或以知觉性的那一部分的施为归到它，原是属于心思有体的权能方面的活动的。不唯独是记忆乃组成私我意识；记忆只是一中介者，介于识感心思与同列的智慧之间：它向智慧献出经验的过去记录，是心思在内中某处所保持的，但未能在表面上从顷间到顷间的奔驰中将其携带的。

稍作一点分析可使这明白。我们在心思体的一切功能中有四个原素，心思知觉性的对象，心思知觉性的作为，机缘，和主体。在自我观察着的内中有体之自我经验中，对象时常是知觉体的某种境界或运动或波浪，怒，忧，或其他情感，饥饿或其他情命的欲求，冲动，或内中的生命反应，或某形式的感觉，知见，或思想活动。作为，便是这运动或波浪的某种心思观察和概念的估值，或则是它的一心思的感觉，其观察与估值，可牵入或甚至消失于其间，——以致在这作为中，心思的人或则以一分辨着的知见分开这作为和对象，或则将其混淆，不可分辨。那便是说，他或者简单是变成了一个运动，比方说，忿怒知觉性的一运动，全然不从那活动退后，不观察或反省他自己，不制住这感觉或随附着的动作，或者，他可观察他所变成的，返照之，在他的心思中起了这见解或知见："我是发怒了。”在前一场合，主体或心思的人，知觉的自我经验的作为，和心思的实质的变成忿怒，即自我经验的对象，皆一齐卷入在运动中的知觉力量的一个波浪中；但在后一场合，有于其部分的某种迅速底分析，而自我经验的作为，一部分从其对象分离了。如是，以此局部的分离的作为，我们不仅是能在此变是，在此知觉力量本身的运动过程中，机动地经验到我们自己，亦且能退后，观察，知见我们自己，而且，倘若分离是够充分了，能管制我们的感觉和动作，到某程度管制我们的变是。

虽然，通常在这自我观察的作为中有一个缺点；因为诚然有部分的隔离，作为离开了对象，但心思的个人未与心思的作为离隔。心思个人与心思作为皆彼此相涵或卷在一起；而心思个人也未尝充分从感情的变是离隔或分开。我觉识我自己在我的知觉质素之变为忿怒了，且在思想知见上知此一变是：但一切思想知见也皆是一变是，而不是我自己，而且这，我还没有充分体验到；我认我与我的心思活动为一，或包涵于心思活动中，不自由，非隔别。除了我的变是与我对变是的知见，或除了在此知觉力量的海洋——即我的心思和生命的自性之本质——的波浪中我所擅有的活动的知觉性的诸多形式，我还没有直接觉识我自己。是时若我全般使此心思的个人从其自我经验的作为隔别，然后我变到完全觉识，第一，这孑然的私我，其后，在末了，觉识作见证的自我，或思维着的心思的‘个人’，这某物或某人，变为忿怒的，观察之，但在其有体上不为此忿怒或知见所限制或决定。反之，他是一恒常的因素，觉识着一无限相续之知觉运动和运动的知觉的经验，而且，觉识他的自体在那相续中；但他也能觉识其在那相续的后方，支持着它，包含着它，

常是在有体之事实上与有体之力量上为同一，出乎他的知觉力量之变易着的形式和布置之外。这么，他便是那不变易地是的‘自我’，同时又是在‘时间’的相续中永恒地变是的‘自我’。

明显的，不是真有两个自我，而只是一个知觉的有体，将其自体抛起于知觉力量的波浪中，以使它在自体的一系改变着的运动中经验到它自体，它却不以此而真实改变了，或增加或减少了，有如物质世界中的‘能力’或‘物质’之原本质素，不以原素之恒常变易着的结合而增加或减少，——虽则它对经验着的知觉性似乎是改变了，只若它长此仅生活于现相的知识中，而不回到原本的有体，本质，或‘力量’的知识。时若它回到那较深的知识，它也不贬抑所观察的现相为非真实，但它见到一个不变易的有体，能力，或真本质，非现相的，在其自体不隶属于诸识；同时它见到那有体，能力，或本质的一变是，或真实现相。这变是我们称之曰现相，因为，如实，如事物于我们现在这样，它向知觉性显示它自体，是在识的知见与识的关系之条件下，而不是直接向知觉性本身，在其纯粹和无条件的怀抱一切、通彻全体的知识中，显示它自体。如是，于‘自我’，——它是，不变易地，对我们的直接的自我知觉性；它变易地在各种变是中，向心思识感与心思经验显示它自体，——因此，如事物于我们现在这样，不是直接对着知觉性的纯粹而无条件的知识，而是在我们的心思体的条件下对向它。

是经验的这持续，是这事实，即经验着的知觉性之一间接作用或次等作用，作用于我们心思体的条件下，乃招来了‘记忆’这机巧。因为心思体的一初始条件，便是以‘时间’的单位而分化；得其经验或总持其经验为不可能，除非在这以‘时间’单位而分化自体

的条件下。在当下心思经验到一变是的波浪，一知觉的有体的运动中，没有记忆的作为或需要；‘我变到忿怒了’，——这是感觉的一作为，不是记忆的；‘我观察我是发怒了’，——这是知见的一作为，不是记忆的。只时当我开始以我的经验关联到‘时间’的相续中，时若我将我的变是分为过去，现在，和将来，时若我说：“一顷间前我发怒了”，或“我已发怒而且仍然发怒”，或“有一趟我曾发怒，而且，若是同样的事缘，我也仍然会发怒的。”诚然，记忆可当下直接来到此变是中，倘若知觉性的运动的机会，本身全是或局部是过去了的一事，——例如，倘若有一情感的回复，如忧愁或忿怒，由于过去的错误或痛苦的记忆，不由于现在当下的任何机缘，或否则起于一当前的机缘唤起了一过去的机缘的记忆。因为我们不能将我们的过去保持在知觉性的表面上，——虽则它常在后方，在内中，在潜意识中存在，甚至时常活动，——因此我们得恢复它，当作一失去了的什么，或已不复存在的什么，而我们之恢复它，是以思维心的那反复着和联系着的作用，我们所称为记忆者，——有如我们召起不在我们的有限的肤表的心思经验之实际范畴中的事物，是以我们的思维心的作用，我们所称为想象者，那我们中间的一较大的权能，高上号召者，召集一切可实践或不可实践的可能性，到我们的无明的原地中的。

记忆，甚至在‘时间’的持续中，也不是坚住的或继续的经验之真元，而且，也会全然是不必需的，倘若我们的知觉性是属于一无分底运动，倘若它不必从一顷间驰到另一顷间，于往者失去了直接把持，于来者全然无知或无得。一切‘时间’中的变是之经验或本质，是一流动着的长川或大海，在其自体未尝分化，只在观察着的

知觉性中，被‘无明’的有限的运动所分别，这必须从一顷间跳到下一顷间，有如一蜻蜓在长流的波面上飞飐。同然，一切‘空间’中的有体之本质，也是一流动着的大海，在其自体未尝分化，只在观察着的知觉性中有分别，因为我们的识感官能在其摄持上是有限，只能见到一部分，因此必然观察本质的诸多形式，好像它们是各别的事物在其自体，离此唯一本质而独立。诚然，在‘空间’与‘时间’有事物的一种安排布置，然没有空白或分化，除了对我们的无明则有之，只是要度越‘心思’的无明所造成的空白，且联合各分别了的部分，我们乃召来心思知觉性的各种机巧的助力，其中记忆只是一种机巧。

于是在我内中有此世界海洋之长流，而忿怒或忧愁或任何其他内中运动，能发生为此相续的长流中一长久继续的波浪。这相续不是为记忆的力量所组成，虽则记忆可助成这波浪的延长或回复，若任其自去，则它可能在此长川中消逝的；这波浪简单是生起而继续，当作我的有体的知觉力量的一运动，为其扰乱的原来自有的冲动力挟带前奔。记忆来了，延长这扰乱，以思维心之回到发怒的机会，或以情感心之回到发怒的最初冲动，它以此扰乱之重复而辩正它自体：否则，这纷乱会自加耗尽，只若事会本身实际重现时乃再发生。波浪之自然重起，同一或相似的机会造成同样的扰乱，其为记忆之一结果，并不异于其独自发生，虽记忆可有助于增强它，使心思更服属它。在心思的较流动的能力和可变化的本质中，却有重复的机会与重复的结果和运动的同样的关系，如我们所见，在物质世界的能力和本质的较少变化的活动中，由同一因与果之重复所机械地表呈的。倘若我们愿意，我们可说，在‘自然’的一切能力中，有一下知觉的记忆，不变地重复着能力与结果的同一关系；但这么说，我们便无限扩大这名词的含义了。在真际，我们只能陈出在知觉力量的波浪之作为中的一重复律，它以之控制它自体的本质的这些运动的。记忆，正确地说，只是一种机巧，作见证的'心思'，以之帮助自己联合这些运动及其发生与重复发生，在'时间'的持续中，为了'时间'经验，为了一愈进愈加序列着的意志对它的增上运用，为了一愈进愈加序列着的理智之一恒常发展着的估值。它是一伟大的，一不可少的，但不是唯一的因素，在这程序中，以之我们从之出发的'无心知'，发展出充分的自我知觉性，且以之心思有体之'无明'，发展出在其变是中的知觉的自体知识者。这发展是继续着，直到序列着的知识心思与意志心思，皆充分能占有而且运用自我经验的一切材料。至少这样是进化的程序，如我们所见到的，统治着'心思'的发展，从自体凝敛且似是无心思的能力而发展出，在此物质世界中。

私我意识，是心思的'无明'之另一机巧，以之心思有体，变到能觉识他自己，——不单是觉识对象，机缘，和他的活动的行为，亦更是那能经验到它们者。起初，好像是私我意识实为记忆所组成，好像是记忆这样告诉我们："是同此一我，有些时以前发过怒的，又再是或现在仍然在发怒。"但是，如实，记忆由它自体的权能所能告诉我们的一切，便是：是在知觉的活动之此同一有限的原地中，同一现相已发生了。所发生的事，是有了心思现相的一番重复，心思本质中的变是的波浪的一番重复，心思意识对之当下觉识的；记忆来到了，将这些重复联合一处，使心思意识能体会到是同此心思本质取了同一动力的形式，也是同此心思意识经验着它。私我意识不是记忆之果，也不是记忆所建立的，而是已在，常在，当作供参考的一点，或当作一个什么，心思意识自体集中于其间，以使可有一位列的中心，不至于散漫到经验的范畴中各处；私我记忆增强了这集中，帮助保持着它，但不组成它。可能的，在低等动物中，私我意识，个体意识，若加以分析，不会进到多远，除了只是在'时间'的一些顷刻中，在识感上有一于相续性，和同一性，和与余者的分殊性的不精确的或较少精确的实践。但是，在人，这以外还加上了一同位并列的知识心思，这，托基于心思意识与记忆的联合作用上，达到一分明的私我理念，——当其也留存着其起初的恒常直觉知见，——这私我，识着，感着，记忆着，思维着，而且是同一，不论其记忆或不记忆。这知觉的心思本质，它说，常是属于同此一知觉的个人的，他能感觉，停止感觉，记忆，遗忘，肤表地知觉着，从肤表知觉性返沉入睡眠；他在记忆组成之前，之后，在童年与在老年，在睡境与醒境，在显似知觉与显似无知觉，皆是同此一人；是他，而不是旁人，作了他所忘记的那些事，亦如他所记得的那些事；在他的转变或他的人格的一切变化后，他坚持地是同一样的。人中的这一知识作用，这同位并列着的智慧，这自我知觉性与自我经验之形成，是高于动物的记忆私我和识感私我，因此，我们可以假定，是较近于真实的自我知识。倘若我们研究'自然'的隐蔽了的一如未障蔽的作为，则我们甚至可进而体会到一切私我意识，一切私我记忆，在其背后皆有，在事实上亦是，一秘密的同位并列着的权能或知识心思的一实用的设计，存在于宇宙的知觉力量中的，人中的理智便是它的显露的形式，我们的进化所达到的，——一个形式，在其作用的形态上和组成着的原则上，仍是有限而且不完善的。虽

在‘无心知’之物中,也有一下知觉的知识,一较大的内在的‘理智’,将序列,便是说,某种理性,加到宇宙变化之最狂放的运动上。

记忆的重要性,在二重人格或人格的离析这已加明察的现相上变到明显了。同是此一人,有两个相续的或互换的心思境界,在每一境界中,记忆到且完善地位列着他只在那一心思境界中之为他者,或他之所为者,而不记到和序列他在另一心思界之为他者或他之所为。这可能联合于有组织的另一人格的理念,因为他在一个境界中想念他是此一人,而在另一境界中,又是甚不同的别一人,姓名,生活,和感情皆异。在此,好像记忆会是全部人格的本质了。但是,另外一方面,我们也应见到记忆的分离,虽无人格的分裂而亦发生,有如时当某人在受了催眠的境界中,也取起一串记忆和经验,他的醒时心思对之为陌生的,但他不因此而想他是另外一人,或者有如人忘记了他平生的过去事迹,或许甚至自己的名字也忘记了,然仍不改变他的私我意识和人格。而且,也可能的,有一知觉性境界,其间虽无记忆的空白,可是由于一迅速的发展,整个有体感到它自体是改变了,在每个环境中如此,这人感觉是出生于一新人格中,以致倘不是有序列着的心思之佐助,他全然不会承认他的过去属于现在的他这个人,虽则他十分清楚记忆是在同此身体形式和同此心思本质的原地中,过去那些事经过了。心思意识是基础,记忆是一根线,自我经验着的心思将经验贯串在这线上:但是这由于心思的序列着的官能,集合起记忆所供的材料与其一切过去,现在,未来的联系,也将其系属于一个‘我’上,在‘时间’的一切顷间中为同一的,尽管有经验和人格的一切变易。

私我意识,只是一初基,一准备着的机巧,为了真自我知识在

心思有体中之发展。从无心知发展到自我心知，从自我和事物的无知，发展到自我和事物的知识，在诸多形式中的‘心思’，至此达到它是觉识其一切肤浅知觉着的变是，皆系属于一常是的‘我’。那个‘我’，它局部认为与知觉的变是同一，局部认为与此变是相异，且超上之，也许甚至是永恒和不变的。归到最后，以理智之助，理智是分辨着然后序列着的，它可将其自我经验唯独安置于变是上，恒常改变着的自我上，拒斥有什么异乎这个的理念，以之为心思的虚撰；然则没有有体，只有变是。或者，它可将其自我经验固定入其自有的永恒有体之知觉性中，而拒斥变是，纵使它被迫而觉识它，以之为心思和识感之虚撰，或一暂时的低等存在之浮虚。

但这是明显的，一自我知识之基于分别的私我意识者，是不完善的，而且，没有一知识唯独或原本建立其上或建立于其反动上的，能够稳定或担保有完全性。第一，这是我们的表面心思活动及其经验的一种知识，而且论到在其后的我们的变是之那其余一大部分，则这是一‘无明’。第二，这只是有体与变是之知识，限于个人自我及其经验者；对之则世界的其余一切皆非自我，是个什么，便是说，它不体认为它自体的一部分，而是某个外在的存在，呈与它的分别的知觉性者。这发生，因为它没有对这较大的存在与自然之直接知觉的知识，如个人于他自己的有体和变是则有的。在此，也是有一有限的知识，在一浩大的‘无明’中肯定它自体。第三，有体与变是间的真实关系，非是在完善的自我知识的基础上作出的，却是为‘无明’，为一局部的知识所作成。结果是，心思在其向究竟知识的迫进中，试图在我们现在的经验和可能性的基础上，经过序列着且离析着的意志和理智，要达到一刻划的结论，割去存在的一边。一切所已经安立的，便是心思有体一方面能自己凝敛于直接的自我知觉性中，遂显然除外一切变是；另一方面能自己凝敛于变是中，遂显然除外一切安定的自我知觉性。心思的这两方面，分别如同敌对者，贬斥其所拒绝者为非真实，或否则只是知觉的心思之一游戏；在这个或那个，或则‘神圣者’，‘自我’，或世界，只是相对真实，只若长此心思坚执于创造它们，世界为‘自我’的一场有效果的梦，或则上帝和‘自我’皆是一心思的构造，或有效果的妄想。真正的关系没有把握到，因为存在的这两方面，对我们的智慧必常现为相乖违，未妥协，若长此只有一局部的知识。一完整的知识乃知觉的进化之目标；将知觉性整齐一截，剪去一边而留下一边，不能是自我和事物的全部真理。因为，倘若某个不动的‘自我’便是一切，则不会有世界存在之可能；若动性的‘自然’便是一切，则可能有宇宙的变是之一循环，然‘心知者’出自‘无心知者’的进化不会有精神的基础，而且我们的局部的‘知觉性’或‘无明’，坚执其企慕要超出它自体，达到它的有体的全部知觉的‘真理’，与大全‘有体’的整个知觉的知识，也不会有精神的基础。

我们的表面的存在只是一个表面，是在这里乃有‘无明’的全部统治；要知道，便要进到我们自己内中，以一内中知识而见。凡在表面上所表呈者，皆只是我们的秘密的更大的存在之一小小的损减了的代表。我们内中的不动自我，只是时若我们的外在的心思的和情命的活动皆已静止之后方能发现；因为它既深居于我们内中，只在表面上为自我存在的直觉意识所代表，又为心思的，情命的，物理的私我意识所误代误表，它的真理必须在心思的静止中方可经验到。但是我们的表面有体的机动部分，同样也皆是在我们的秘密自性中的深处的一些更大的事物之损减了的表相。表面的记忆，本身便是一段片的无效果的作用，从一内中潜意识的记忆拔出细微末节，这潜意识的记忆，却接收而且记录我们的一切世界经验，接收而且记录甚至心思未尝观察到，了解到，或注意到的。我们的表面的想象，是一选集，从一更浩大，更有创造性，更有效果的潜意识的知觉性之造像权能选择。一个心思，具有无量广大且远过深微的知见，一生命能力，具有一更大的机动性，一微妙生理本质，具有更广大更深微的接受性，皆从它们自体建造我们的表面进化。一性灵元，是在这些玄秘的活动之后，乃我们的个人化的真正支持者；私我只是一外向的虚伪的代替者；因为是这秘密的心灵，乃支持且结集我们的自我经验和世界经验；心思的，情命的，身体的外在私我，乃‘自然’的一肤浅的建筑。只是时若我们已双见我们的自我与我们的自性为一整体，在诸深处亦如在表面上，我们方能得到知识的一真正基础。

第十章　同一知与分别知

对我们的自我，我们的内中运动，我们外面的世界与其事物的表面认识，我们的有限而受拘束的心思看法，是这么组成的，使它在各不同的程度上，从知识的一四重品级中取得的。知的原始的和基本的方法，于事物的玄秘自我是本土的，便是同一知。第二，依起的，是直接接触知，在其根本上与一秘密的同一知相联，或从之出发，实际却与其渊源隔别，因此是雄强的，但在其认识上不完全。第三是与所观察的对象相隔别的知识，但仍有直接接触为其支柱，或甚至还有一局部的同一性。第四，便是一完全分别的知识，依靠着一间接接触的机构，是求得的知识，却仍是一前在的内中觉识与知识的一传译或表达，虽不自知觉。同一知，亲密直接接触知，分别直接接触知，间接接触之完全分别知，乃'自然'的四个认识方法。

第一个知的方法，在其最纯粹的形式上，只以我们直接觉识我们的真元存在，在表面心思中指明：这是一知识空无其他内容，除了自我和有体这纯粹事实；我们的表面心思，在世界上没有任何事物有同样的这种觉识。但是某些同一性之觉识，诚然也进到我们的主观知觉性的运动和结构的知识中；因为我们能以某种同体为一之作用，将我们自己投入这些运动内。已经说明过，这如何能发生，在忿怒冲起的场合里，其时忿怒已吞没我们，以致我们的整个知觉性，化为一忿怒的浪潮了：其他热情，爱，忧，喜，也有同样的力量侵袭我们，占据我们：思想亦吸住而且占据我们，我们见不到思维者了，我们变成了思想和思维。但最寻常是有一双重运动；我们自己的一部分变成了思想或热情；另一部分或以某种粘系而伴附它，或紧随它，而由一亲密的直接接触知道它，只欠同体为一之作用，或于此运动中之全部自忘。

这同体为一的作用是可能的，这同时的分隔和局部的同一化也有可能，因为这些皆是我们的有体之变是，我们心思质料与心思能力之决定，我们的生命质料和生命能力之决定；但是，它们既只是我们的一小部分，我们不必定要同一化和被占据，——我们能自加离隔，使有体与此暂时的变是相分离，观察它，管制它，许可或阻止其现示；这样，以一种内中的离隔，一心思的或精神的隔别，局部或基本地我们能解放自己，从心思本性或情命本性的统治有体下解放出来，而取得见证者，知者，和统治者的地位。如是，我们对此主观运动有一双重知识：以同一性，则于其质料与其作用力量之一亲切知识，这比较我们以任何完全是分别的和客观的知识所得者更亲切，如我们于外物所得，于那些对我们全非自我之事物所得者；同时，有一隔离了的观察的知识，虽隔离了，然仍有一直接接触的权能，这使我们从'本性'能力的垄断下解放出来，且使我们能将此运动关系到我们自己的存在和世界存在的其余部分上。设若我们没有这隔离，则我们失去我们的有体之自我和主宰着的知识，失之于变是的自然自我与运动与作为中，而且，虽我们亲切地知道这运动，我们却不充分地和主宰地知道它。事情不会是这样的，倘若

我们在与运动之同体为一中，加入以我们与其余的我们的存在之同一性，——那便是说，倘若我们能整个地投入变是的波流中，又同时正在此境或此行为之专注中作为心思的见证者，观察者，管制者；但这，我们不能容易作，因为我们生活于一分化了的知觉性中，其间我们的情命部分，——我们的力量与欲望与热情与作为的生命本性，——倾于管制或吞并心思，而心思则当避免这隶属，而管制情命，但只能以保持使自体隔离，方可成功于这企图。因为，倘若它与之体认为一，则它自失了，为生命运动所卷持，急流而去。虽然，由隔别的一种得其平衡的二重同一性是可能的，虽不容易保持此平衡；有一思想的自我，它观察而且容许热情，为了经验的缘故，——或者，为某种生命压力所迫，不得不容许，——又有一生命的自我，任自己被卷入'本性'的运动中。然则在此，在我们的主观经验中，我们有知觉性的作为的一原地，其间三个认识运动可以聚合，某种以同一性的知识，一直接接触的知识，与依赖它们的，一分别的知识。

在思想中，思想者与思维的隔离是更困难的。思想者是投入了且自失于思想中，或被其思想的波流挟持而去，体认与之为一；寻常不是正当他思想之时，或正在思维的行为中，他能观察或检验他的思想，——他之做那个，应是在返顾中，且以记忆之助，或以一纠正着的判断而作一紧要关头上的间歇，然后再往前进：但仍然，思维与心思的动作之知觉的指挥，也能局部地做到是同时，时当思想不专占其人，也能全般做到是同时，时当思想者得到退后的能为，退到心思自我中，在那里离心思的能力而独立。不复是凝定于思想中，至多有思维的程序的一空洞的感觉了，我们能以心思的视见而见到那程序，看出我们的思想在其发源与运动上，而且，部分由沉默的内视，部分由思想在思想上的一程序，我们能批判它们，估其价值。但不论是那种体认为一的作用，应当注意到我们内中运动的知识，原属二重性质，隔离与直接接触：因为即算我们使自己隔离时，这密切的接触是保持了的：我们的知识常是基于直接接触，基于一直接觉识性的认识上，其中还带了一些同一性的原素。较为隔离的态度，寻常是我们的理智的方法，在其观察和知道我们的内中运动上；较为密切的，便是我们的心思的动力部分的方法，它将自体联合于我们的感觉，情绪，和欲望上；但在这联合中，思维心也能参与，作一分别的不相关联的观察，而管制心思的动力的自加联合着的部分，与情命的或生理的运动二者。我们的一切身体的可观察到的运动，也在这两种方式上为我们所知，所管制，即隔离的和密切的两方式；我们亲切地感觉到身体和它的作为是我们的一部分，但心思与它隔别，能于它的运动上作一离执着的管制。这便给予我们于我们的主观的有体和本性的正常知识，虽不完全而且仍是大抵肤浅，然仍是像其这样，以一相当的亲密性，当下性，和直接性。那却在我们于外在世界及其运动与对象的知识上是没有的：因为，在那里，所见到或所经验到的事物既非自我，不曾体验之为我们自己的一部分，则没有知觉性的全般直接接触为可能；则必须用识作工具，而这不给予我们以其当下亲切的知识，却给我们以其相状，作为知识的最初张本。

在外物的认识中，我们的知识则有一全般离隔的基础：它的整个机构和程序，皆属间接知见的性质。我们不与外物体认为一，甚至也不与他人体认为一，虽然他人皆是与我们的性质同样的生存者；我们不能入乎他们的存在，如同入乎我们自己的，我们不能知道他们和他们的运动，如我们——虽不完全地——知道我们自己和我们的运动之直接，当下，亲切。不但没有体认为一的作用，而且直接接触也没有；我们的知觉性与他们的知觉性，我们的本质与他们的本质，我们的有体之自我与他们的自我有体间，没有直接相触。唯一似是的直接接触或我们所有于他们的直接证明，是经过诸识；见，闻，触，似乎启出于知识对象的某种直接亲密性，但如实这非如此，这不是一真实的直接性，不是一真实的亲密性，因为我们由诸识所得者，不是事物本身的内中的或亲切的直触，而是其一相，或我们内中的一神经使信或一震动，由之我们应学得知道它的。这些手段皆是那么无效能，那么贫乏而薄弱，以致倘若那便是全部机构呢，我们会只知道一点点，或全然不知，或只造成一大混乱之昏局。但于此有识心的一直觉参与了，它摄取此相或此震动的提示，而等同之于对象，有一情命的直觉参与了，经过识的接触所造成的另一种震动，而摄取对象的能力或权能的形相，又有一知见心思的直觉参与了，由此一切证见立刻作成此对象的一正确理念。凡于这么造成的形相之表达为短缺者，又以理智或全部了解着的智慧之参与而补足了。假若最初的组合底直觉是一直接接触之结果，或者，假若它综集了一全部直觉心思体为其知见之主者的作为，则无需乎理智干预，除了当作一未为诸识及其提示所传达的知识之发现者或组织者：相反地，它却是一直觉，工作于一形相，一识的凭据，一间接的证明上，非工作于知觉性与对象之直接接触上。但形相或震动既是一有缺陷的和总括的凭证，直觉本身又是有限，且由一幽暗的中介物传达，而在一盲昧的光明中进行，于是

我们于对象之直觉的表达的构造的准确性，大可疑问，或至少会不像是完全了。人不得不发展他的理智，以弥补他的识的工具为用之不足，以救正他的物理心思的知见之可有差错，以救济其记录的解释之贫乏。

因此，我们的世界知识，是一艰窘的结构，作自识的形相之不完善的凭证，作自知见心思，生命心思，和诸识心思的对它的直觉的迻释，且由理智加以附带的补充，修改，增加附带的知识，合同序列。纵使如此，我们对我们生活其中的这世界的知识，仍是狭隘而不完善，我们对其意义之解释，仍是可疑：想象，推测，返观，公平的权衡与推理，比量，度量，实验，由‘科学’作更进底一修改和扩大，修改和扩大识的证明，——凡此一切工具，皆必须召集到，以完葺此不完全者。有了这一切以后，那结果仍其为一半确定而半可疑的后得的间接知识聚，一聚积明著的形相和理念的表呈，抽象的思想计执，假定，理论，通则，但凡此也皆附有一聚积疑惑，与一永无了结的辩论和究诘。权能随知识来到了，但我们的知识之不完善，没有留给我们任何真实运用此权能的理念，甚至想念不到我们运用此知识与权能所当趋向且使有效果的目标。这情况又更恶化了，由于我们的自我知识之不完全，这，像其现在这样，是薄弱且不充分到可怜，只属于我们的外表，属于我们的似是的现相的自我和本性，而不属于我们的真实的自我和我们的存在之真谛。在运用者，自我知识与自我主宰皆缺乏了，在他的运用世界权能和世界知识，明智与正当意志皆没有。

明显地，我们的表面上的境界，诚然是一知识的境界，像其到现在这样，但这是一有范限的知识，为无明所封里，所侵袭，而且，

到很大的限度，以其范限之故，它本身便是一种无明，至佳，也只是明与无明之一交杂。它不能是另外怎样，因为我们对世界的觉识，生于一分别的和表面的观察，只有一间接的认识手段供其运用；我们于我们自己的知识，虽较直接，然变到现为愚蠢，以其拘限于我们的有体的外表，以其昧于我们的真实自我，我们的本性的真正渊源，我们的行为的真实原动力量。很明显了，我们知道我们自己，只以一肤浅的知识，——我们的知觉性和思想的源泉，是一神秘；我们的心思，感情，感觉的真性，是一神秘；我们的有体之始因与我们的有体之终究，我们的人生及其活动的意义，皆是一神秘：这不会是如此的，倘若我们有一真实的自我知识和一真实的世界知识。

若使我们寻找这范限和缺陷的因由，我们发现最初这是因为我们皆集中于外表上；自我的深处，我们的全部本性的秘密，皆由我们的外表化的知觉性所造成的一堵墙壁将我们障隔了，——或者也是给它造成的，为了使它能从事它的心思，生命，和身体之私我中心的个体化的活动，不为我们的较大的存在之更深更广的真理所侵袭：穿透这堵墙壁我们能窥见我们的内在自我和真实，只是经过墙上的裂缝和隙眼，而也窥不见什么，只是一神秘的昏暗。同时，我们的知觉性，要保卫它的私我中心的个体化，不单是抗御其自有的更深的一性与无限性之自我，亦且要抵御宇宙的无限者；它在这里也筑起一堵隔墙，隔别那凡非环绕于它的私我中心的一切，除外它们，视为非自我。然它既当与此非自我一同生活，——因为它属于它，依赖它，是它内中的一寓居者，——它便应保持一些交通之道；它应当出此私我之墙和自我拘束于此身中之墙，往外旅行，以备办那些需要品，为此非自我所能供应的：它必须学到在某种方式上知道环绕它的一切，以便主宰它们，尽可能使之作为个人和集体的人生与私我的仆役。身体供给我们的知觉性以诸识之门，通过这些门，它能建立起必要的交通，与在世界上，在身外的非自我上作观察与施为的手段；心思使用这些手段，还发明另外一些以补充之，它便成功于建立一些构造，一些知识的体系，合上它的当前之用，或它的普通意志之用，意在利用或局部地主宰这巨大的陌生环境，或在其不能主宰之处与之相周旋。但它赢得的知识是客观的；这主要是事物表面上的知识，或刚是在表面下的事物的知识，是应用的，有限的，且不稳定。它对宇宙能力的侵袭之抵抗，同等是局部的，不稳定：虽然它布告'非经允许不得入内'，它却是微妙地且不可见地为世界所侵袭，为其非自我所封里，为它所型范；它的思想，它的意志，它的情感能力和生命能力，皆为发自他人或发自宇宙'自性'的思想，意志，热情，情命冲击，以及种种力量的潮流和波浪所侵彻。它的防卫墙壁，成了一堵遮光的墙，阻隔它不使知道这一切交互作用；它只知道由诸识之门所传进的，或由心思知见，它不能确然的，或由它从所收集的识的记录而推得或建立的；其余一切，对它皆是一无知之空白。

于是，是这自我囚禁的二重墙壁，这自我防卫于一外表私我的范围中，乃为我们的有限知识或无明的原因；倘若这自我囚禁便是我们的生存之全部性格呢，则无明将不可救治。但在事实上，这恒常的外在私我建造，乃'知觉性・力量'在事物中的一权宜机巧，使秘密的个人，内在的精神，能在物理自性中，建立一它自身的一当代表的或当工具的形成，在'无明'的自性中作一权宜的个人化，这便是在一出现自宇宙的'无心知'的世界中最初所能做的一切。我们的自我无明，与我们的世界无明，只能生长向整体的自我明与整体的世界明，与我们的有限自我及其半盲昧的知觉性之开启成正比例，开启对一更大的内中存在和知觉性，与一真正的自我有体，而且还觉识非自我亦是自我，——一方面是一组成我们的自性的‘自性’，另一方面，是一个‘存在’，即我们自己的自我有体的无边的继续。我们的有体应当打破它所建造的私我知觉性的墙壁，它应当延伸它自体，出乎它的身体以外，而寓居于宇宙之体中。代替或增加它的间接接触的知识，它应当达到一直接接触之知识，而进向同一性之知识。它的自我之狭隘的有限者，应当变成一无边的有限者和一无限者。

但这两个运动的第一个，即觉醒到内中诸多真实，自许为首要的必需，因为是由这内向的自我发现，第二个运动——宇宙的自我发现——乃能变到全然可能：我们必须进入我们的内中有体，学到生活于其中，且由之而生活；外在的心思和生命和身体，在我们只应当变成一前房。凡外表我们之为我们者，诚然是为在内中者，幽暗者，在内中深处隐处者所决定；是从那里面发出了秘密的原始机动，自有效果的形成；我们的灵感，我们的直觉，我们的生命动机，我们的心思的偏好，我们的意志的选择，皆是从那里发动的，——只倘若它们未曾为宇宙的冲击的潮涌不息，同等隐秘的，所形成或所影响；但我们对这些出现着的权能和这些势力的利用，也是被我们的最外表的本性所影响，所大部分决定，而且，极受其限制。然则是这内中的原动着的自我知识，副之以外在为工具的自我之正确知见，以及此二者在我们的建造上所任之工事，乃我们所应当发现的。

在表面上，我们于自己只知道那么多，如在那里所表呈的，而且，甚至这个也只知道一部分；因为我们见到我们的整个表面有体在一普遍的朦胧中，为精密的点或数字所标记或段分：即使是我们以一心思的返照所发现的，也只是诸段分的一总数；我们的个人呈表之全部数字和意义，皆脱出我们的注意。但是还有一颠倒着的作为，甚至使这有限的自我知识也幽暗化而且变形了；我们的自我观念，常是被我们的外在生命自我，这情命体的恒常冲击和干扰所破坏，我们的这情命有体时常要使思维心做它的工具和仆从：因为它不顾及自我知识，只顾到自我肯定，欲望，私我。因此它恒常在心思上施为，要给它建造一似是的私我之心思构架，可作这些用处的；我们的心思，被劝诱向我们自己和旁人，呈出我们自己的一局部是虚撰的代表着的形象，这便支持我们的自我肯定，辩护我们的欲望和作为，养育我们的私我。这情命的干预，诚然也不是常在自我辩正和自我拥护一方面；有时它转向自我贬损，和一种病态的和夸张的自我批评：但这亦是一私我构架，一相反的或消极的私我主义，情命私我之一姿态或平衡。因为在这情命私我中，常常有一江湖骗子和诈装傻子的混合，作态者与演剧者为一；它恒常取起一脚色，以自己和旁人为观者将其演出。这么，一组织了的自我无明，又加了一组织了的自我欺骗；只是由深入内中，在其源头上看这些事物，我们乃能出脱这些黑暗与纠缠。

因为，一较大的心思体有在于我们内中，还有一较大的情命体，甚至还有一较大的内中微妙生理体，异乎我们的表面身体知觉性者，于是，由进入这或变成这，由体认我们自己即是这，我们能观察我们的思想与感觉的渊源，我们的行为的源流和动机，施为着的

能力，所以建成我们的表面人格者。因为，我们发现且能知道内中有体，在我们中间秘密思维和知见者，情命有体，经过我们在秘密感觉和在生命上发生作用者，微妙生理体，经过我们的身体及其器官在秘密接收和反应事物的接触者。我们的外表思想，感觉，情感，是一自内的冲动与自外的激荡之错综和混乱；我们的理智，我们的组织着的智慧，只能加之以一不完善的秩序：但在这里，在内中，我们发现我们的心思的，我们的情命的，我们的身体的能力势用之分别源流，而且能在一自我视见之清朗底光明中，见到各个的纯粹的施为，分明的能力，组成着的原素，及其交参作用。我们发现，我们的表面知觉性的冲突和斗争，大抵皆由于我们心思的，情命的，和生理的诸部分之相反对而彼此未调和者的矛盾的或相互违反的倾向，而且这些又由于我们的有体的许多不同的内中可能性之不和谐，或甚至是我们内中每个水平上不同的各个人格之不和谐，皆在我们的表面本性的夹杂的气分与相异的倾向之后者。但当其在表面时，它们的作用是混杂底，纷乱，且相冲突，然在这里，在我们的深处，可以见到它们，且在它们分别的和独立的本性和作用上施工，而且，由我们中间的心思体，生命和身体的领导者，[①]——或者，更好，由中央底性灵元——加以一和谐化，是不甚困难的，只若我们在这事上的有正当的心灵的和心思的意志：因为，倘若是以情命私我的动机我们入此潜意识体，则可结果出严重的危险和不幸，或至少是一夸张了的私我，自我肯定，和欲望，是扩大了的和更强盛底无明，不是一扩大了的和更强盛底明。进者，在

① 见蒙查羯奥义书二，二，七。

此内中或潜意识的有体上，我们发现直接分辨自内而起者和自外来到我们者，自他人或自宇宙‘自性’来者的手段，于是可能行使一管制，一选择，一权能，作有意的接受，弃拒，或拣选，一明朗的自我建设与和谐化的权能，为我们所未具有的，或只能在我们的组合的表面人格中甚不完善地施展的，却是我们的内中的‘个人’的优先权。因为，由于这进到诸深处，则内中有体，不复是十分障蔽了，不被勉强在其外表为工具的知觉性上发施一段片的势用，乃能更光辉地表呈它自体，在我们的物理世界中的人生里。

在其真元上，内中有体的知识，有那些同样的原素，如外表心思的表面知识所有的，但在它们中间有其分别，即一是半盲昧，另一是知觉性的和视见的更大的清明，由于较直接和较强能的工具作用，且由于知识原素的较好的安排。由同一性的知识，在表面上是我们的自我存在之一迷茫的内在的识感，和我们与我们的内中运动之体认为一，在此能深化且扩大其自体，从那不分明的真元的知见和有限的感觉，扩大到一清明的和直接的内向觉识，觉识内中整个全体：我们可进到保有我们全部知觉的心思体与生命体，而达到亲切与全部心思能力和情命能力的运动之直接的穿透着和包裹着的接触；我们分明地且切近地遇到、而且即是——但更自由地，更有了解地，——我们的自我之一切变是，‘个人’（补鲁洒）的全部自我表现，在我们的本性的现在的水平上。但随此知识之亲切，也有，或可能有‘个人’对本性的作为之一离执底观察，且经过知识的这二重格位，有一全般管制与了解的大的可能。可能以一完全不执着的态度，见到表面有体的全部运动，但亦是以知觉性中的一直接眼光见到，以此而外表知觉性的自我之错误和自我幻觉，皆可摒除了;有一较敏锐的心思视见,一更明确的我们的主观的变是的心思感觉,一种视见,同时知道,命令,而且管制全部本性。倘若我们内中的性灵的和心思的部分皆强,则情命体来受主制和指挥,可到那么一种程度,在表面心思体几乎是不可能的;甚至身体和身体诸能力,也可能为内中的心思和意志所取,化为一更柔顺的工具,为心灵或性灵有体所使用。另外一方面,若心思的和性灵的诸部分皆弱,而情命体顽强,则进到内中情命体,权能是增加了,但分辨与离执的视见不足;而知识,即使是在力量上在程限上增加了,也仍其浑浊而使人迷误;聪明的自我管制,可能让位与一广大的无训练的冲动力,或一受了严格训练但被误导的私我作为。因为潜意识者,仍是一'明·无明'的运动;其中有一较大的知识,但也可能有一较大的因为是更肯定自我的愚昧。这是因为,虽在此一增加了的自我知识为正常,然不同时是一整体知识:以直接接触的一觉识,即潜意识者的主要权能,为了那仍然不足;因为这可能是与'明'的更大的变是和权能之接触,也可能是与'无明'的更大的变是和权能的接触。

但是潜意识体,也有与世界的一更大的直接接触;它不是像表面'心思'一样,限于翻译识之相与识之震动,以思心的和情命的直觉和理智补充了。诚然,在潜意识的本性中,有一内中的识,见,闻,触,嗅,尝之微妙识;但凡此皆不限于属物理环境的事物之形相创作,——它们能呈献与知觉性以视,听,触的及其他事物之形相与震动,出乎物理诸识的有限范围以外的,或属于其他存在界域或境宇的。这内中之识,能创造或呈献形相,情景,声音,皆非实际而为象征的,或皆代表着形成的可能性的,种种提示,思想,理念,意旨，属其他有体的，亦复代表着宇宙‘自然’中的权能或潜能的表相形式；没有什么它不能像出，或见到，或化为识感上的形成的。如实，是潜意识而非外在心思，乃具有传心，天眼，第二见，与其他超正常的官能之通力，其在表面知觉性中发生，乃由于那墙壁上的开处或罅隙，那墙壁是外表人格的无见识的个人化之劳工所建成，介在它自体与我们有体的内中境域之间。虽然，应当注明的，是由于这复杂错综，潜在意识的作用，可能是纷乱的，误人的，尤其是倘若外表心思加以翻译，无知于其施为的秘密，对其表象构造的原则，和象征的形相语言皆为陌生者：需要直觉，干练，辨识之一更伟大的内中权能，乃能正当地判断和解释出它的意相和经验。仍然是这一事实，它们奇巨地增大我们的可能的知识范围，推广那狭隘的界限，我们的为诸识所束的外在物理知觉性，被圈禁且拘囚于其中的。

但更重要的，是潜意识的权能，能进到知觉性与他个知觉性或与对象的直接接触，不用其他工具而作为，只用内在于它的本质中的一真元意识，用一直接的心思视见，一对事物的直接感觉，甚至用一近密底涵盖和亲切的透入，而以所涵盖者或所透入者的内容转回，用一在心思自体的本质上的一种直接通知或压力，不经过外表的征相或形状，——诸多思想，感觉，力量之一启明着的通知，或一自我交通着的并合。是由这些手段，内中有体乃成就一直切的，亲密的，正确的，自发的知识，知道人，物，世界‘自然’的玄秘底在我们不可把捉的种种能力，包围着我们的，且打击着我们的人格，体气，心思力量，和情命力量的。在我们的表面心思体上，我们有时觉识一种知觉性，能感到或知道他人的思想和内中反应，或者觉识一些事，物，没有任何可见的识之参与，或否则行使一些权能，于我们的寻常能量为超凡的；但这些能量皆是偶有，混朴，朦胧。我们的隐藏了的潜意识自我，保有这些能量乃是固然，而且，时若其出现，乃是由于其权能或施为发到了表面。潜意识体的这些现出的施为，或其一部分，现代皆零零星星加以研究了，统称之曰心灵现相，——虽寻常它们与'心灵'psyche 无关，与我们最内中的元体没有关系，却只是牵涉到我们的潜意识体的内中心思，内中情命，微妙生理的诸部分；但其结果皆不能是究竟，或充分广博，因为它们是以一些研究方法，实验，证明标准寻求的，而那些方法等，却正属于表面心思及以间接接触的知识系统。在这些条件下，只能那么加以研讨，如其能在那个心思中显示，对之它们皆是例外的，不正常的或超正常的，因此在其发生上也比较稀罕，困难，不完全。唯独是倘若我们能打开那墙壁，介乎外在心思与内中知觉性之间的，——对内中知觉性这些现相皆为正常，——或者，倘若我们能自由进到内里，或寓居其中，然后这一知识领域方真正能得到解释，附丽于我们的全部知觉性，而包括在我们本性的醒觉的力量之活动范围中。

在我们的表面心思中，我们没有直接手段，知道甚至他人，与我们是一类的，有相似的心思性，在生命上在体格上皆是同一模型铸造的。我们能得到人的心思和人的身体的一普通知识，而施之于他们，辅之以我们所熟悉的人的内中运动之许多常见的和习惯的外表征象；这些总括的判断，更可补之以我们于个人性格和习惯的经验，以我们于他人的了解和判断所有的什么自我知识之本能的运用，以从语言和行为的推比，以观察的内视与同情的内视，如

是而凑成。但结果常是不完全,而且很寻常是误人的:我们的推度通常只是错误的构架,我们的对外在征相的解释,是一误会了的猜测工事,我们的普通知识或自我知识之运用,常是被个人差异的闪烁的因素阻滞了,我们的内视本身,是不定,亦不可靠。因此人类彼此像异类而生活,至佳只是以一极偏颇的同情与相互的经验而相联系;我们知道的不够,不像我们知道自己一样知道,——而那本身也是微末的,——即算是最接近我们的人。但是,在潜意识的内中知觉性中,可能直接觉识我们周围的思想和情感,感到它们的激荡,见到它们的运动;通他人之思心与情心,变到不那么困难了,不是那么不定的探险。在一切相聚或共同生活的人们,有一恒常的心思的,情命的,和微妙生理体的交互作用在进行,这是他们自己也不觉识的,除非其激荡与交互渗透触到他们,作为语言,行动,外表接触之可识的结果,但大部分这种交互作用,是微妙而不可见在发生;因为它间接地进行,触到潜在的诸部分,然后经过它们达到外在本体。但是,时若我们觉知这些潜在的部分,便可随同知觉这一切交互作用,与主观的交感和互相混合,其结果是,我们更不必须不自主地受它们的激荡,得它们的效果,却能接受或拒绝,保卫我们自己或孤立。同时,我们加于他人的行为,不必须是仍其愚昧,不自主,或常是无意地有损伤了;可能是一知觉的帮助,一光明的互易,一有结果的调整,进而达到一内中的了解或结合;而不必须像现在一样,是一分别的联合,只有一有限的亲近或团结,为甚多不了解所拘束,而且时常为一团误解,彼此的误会所负累或危迫。

同等重要的,则将是我们对周遭世界的非个人力量之处理的变换。这些，我们只能以它们的结果而知，以我们所能摄取到的一点点它们显现的作用和后果而知。在它们中间，大抵是物理的世界力量，我们有其一点知识，但是我们恒常生活在一未见的心思力量和生命力量的漩涡中，我们毫无所知的，甚至还不觉到它们存在。对这一切未见底运动和作为，潜在的内中知觉性可以启开我们的觉识，因为它对之有一知识，是以直接接触，内中视见，性灵的敏感而得；但现在，它只能启明我们的迟钝的肤表性和外向性，用未加解释的警告，预示，吸引和违拒，理念，暗示，阴晦的直觉，它所能不完善地通到表面的那么一点点。内中有体不单是直接且具体地接触这些宇宙力量之当前的动机和运动，亦且到相当程度能豫知或前见它们进一步的作为；在我们潜意识诸部分，有一更大的权能，能通过时间的阻碍，意识到或感觉到将来的事物，远距离的事物的震动，甚至能见入未来。是真的，这正属于潜意识体的知识是不完全的，因为它是知识与愚昧的一混合，能有错误知见，一如能有真正知见，由于它不以同一性知却以直接接触知工作，而这还是一间隔知识，虽则在间隔中仍较为我们的外表本性所使令的任何事物为更亲切。但这内中心思与内中情命本性的混合能量，能为更大的愚昧，亦能为更大的知识，是可以治好的，由更进到后面深入性灵元，那支持我们的个人生命和身体者。诚然，有一心灵人格，这元体的代表，已在我们内中长成了，它发皇一美妙的性灵原素在我们的自然有体上：但这较美妙的因素，在我们的正常组织上还不占优势，只有一有限的作用。我们的心灵，不是我们的思想和行为的公开的向导和主宰；它必依赖心思，情命，身体的工具以作自我表现，而且恒常被我们的心思和生命力量压伏：然一旦它能成

功与它自体的较大的玄秘真实性保持恒常的交通，——而这只是时若我们深深进入我们的潜在的诸部分方能实现，——则它不复依赖了，它能变到雄强，能统治，具备了对事物的真理之一内向的精神知见，和一自动自发的见识，能辨分那真理与‘无明’和‘无心知’之虚伪，辨别显示中之神圣者和非神圣者，因此它能作我们本性的其余部分的光明的领袖。诚然是时若这发生了，然后能有趋向整体转化和整体知识之转机。

凡此，皆是潜意识的认识之机动功能和应用价值；但我们现在的探讨所关注的，便是从它的作用方式上学到这较深较大的认识之精确性格，及其如何与真知识相缘。它的主要性格，是知觉性与其对象，或知觉性与另一知觉性之直接接触而得的一知识；但终究，我们发现这权能，是一秘密的同一性知之结果，是翻为事物的一分别性的觉识之翻译。因为，像在属于我们的正常知觉性和表面认识的间接接触中，是生命物与其外间的存在之相遇或磨擦，乃燃起了知觉的知识之火花，同样地，在此是某种接触，乃发动了一先在的秘密知识，将其发皇到表面。因为在主体与客体，知觉性是一，在存在与存在的接触中，这同一性启明或在自我中觉醒、那在其外的另一自我的眠伏着的知识。但如这先在的知识上到表面心思中，当作一求得了的知识，它起于潜意识中，则当作一见到的，从内中获得的事物，仿佛是记起的，或者，时若其全般是直觉的，则对内中觉识性是自明的；或者它是从所接触的对象取纳的，但有一当下底回应，如对某一亲切可认识的事物。在表面知觉性中，知识自表呈为从外间见到的一真理，由对象投给我们的，或者，当作其触到识上的一回应，其客观的实际性之一知见的重出。我们的表面心思,不得不给它自体以它的知识之这一表述,因为介于它自体与外间世界间之墙壁,已为诸识之门所穿透,它能通过这些门而摄得外在对象的表面,虽不摄得其内中所有,但在它自体与它自有的内中有体之间,没有这些作好了的门:而它既不能见到它的更深的自我内中之所有,或观察到知识自内而出的程序,它便没有选择,只有接受它确实见到的,外在的对象,认为它的知识之因。如是,我们于事物的一切心思的知识,自体向我们表呈为客观的,一自外而按加于我们的真理;我们的知识,是一返映或反应的构造,在我们中间重出一什么的形象,一图画,或一方案,不在我们自己的有体的内中的。事实上,这是对接触的一隐藏了的更深的回应,一自内而起的回应,乃从那里投出对象的一内中知识,对象本身是我们的更大的自我之部分;但是由于两重障隔,在我们内中自我与我们外表的无明自我间之一障隔,和那表面自我与所接触的对象间之另一障隔,则只是内中知识之一不完善的形象或代表,乃在表面上形成了。

这发脉分支,我们的知识的这隐秘方法,对我们现今的心思为幽暗而不明白的,会变到明白了,时若潜意识的内中有体,打破它的个性的疆界,挟着我们的表面心思,而进到宇宙知觉性中。潜意识与宇宙知觉性相分隔,是由较微妙的韬[illegible]的界别,即我们的有体的多层封套,其心思韬,情命韬,微妙生理韬,正如表面自性与宇宙'自性'相分隔,是以这粗重生理韬,即身体;但其周围的垣墙,比较透明,诚然不甚是一垣墙,只是一藩篱而已。潜意识此外还有一知觉性的形成,自体投射出这些韬[illegible]以外,形成其自体的一环绕着的周心知的部分,经过这个,它乃接受世界的接触,能在其进来以前觉到它们，处理它们。潜意识能够无限地扩大这周心知的封套，愈加增大地扩充它自体的这放射，投映到它周围的宇宙存在中。它可达到某一点，在那一点上它能完全打破这障隔，与宇宙有体结合，体认为一，感到自体是宇宙化了，与一切存在为一。在这自由于进到宇宙自我与宇宙自性中，有个人的一大解放；它戴上了一宇宙知觉性，变成了宇宙的个人。其第一结果，时若这完成了，便是宇宙精神的实践，一个自我寓居宇宙间，而且，这结合甚至可能导至个人意识的消失，私我并入了世界有体。另一普通结果，便是全般启对宇宙的'能力'，以致觉到它在以心思与生命与身体发生作用，于是个人行为的意识止息了。但较寻常是结果没有这么广大；有对宇宙有体与自性之一直接觉识，有心思对宇宙的'心思'及其能力的一较大的开启，对宇宙的'生命'及其能力，对宇宙的'物质'及其能力的一较大的开启。某种个人与宇宙为一体的意识，世界涵容于个人的知觉性中，一如个人亲切包涵于世界知觉性中之知见，皆能在此开启中变为时有或恒常了；与众生万物为一体的感觉，是其自然的后果。于是宇宙'本体'之存在乃变到是确然，是真实，不复是一理念的知解了。

但是，事物的宇宙知觉性，是建立在同一性知识上；因为宇宙的'精神'知道它自体是一切的'自我'，知道一切是它自体，一切是在它自体中，知道一切自性是它的自性的部分。它是与一切它所包含者为一，以那同一性，且以包含着的接近性而知道之；因为在同时有一同一性，又有一超越，而且，由同体为一的观点看，有一一性与完全的知识，又从超越的观点看，于每一物和一切物，有一包含与一贯彻，有一笼括着的认识，有一贯彻着的意识和视见。因为宇宙‘精神’，内寓于每个与一切中，却又多于一切；所以在其自我观念中与世界观念中，有一分别的权能，能阻止宇宙知觉性不被囚禁于其所居之对象和有体中；它居于它们中间，当作一漫遍一切的精神和权能；任何个体化发生，于人于物是正当的，但于宇宙‘有体’不是限定的。它变为每一事物，而不终止其自体的包含一切的更大的存在。然则在此是一大的宇宙同一性，包含诸多较小的同一性；因为无论什么分别的认识，存在于或进入宇宙知觉性中，必立于这双重同一性上而不与之相违。倘若怎样需要一后退，和一分别加上接触的知识，则仍是在同一性中之接触，和同一性中之分别；因为所包含的对象，便是能包含它的自我之部分。唯独时若一更急剧的分别性干预，则同一性自加隐蔽了，投出一较少的直接或间接的知识，不觉识其渊源的；然常常是同一性之海，向表面上投起一直接或一间接知识之波浪或喷沫。

这是在知觉性的一方面；在另外作用方面，宇宙诸多能力方面，是见到它们皆以集团，波浪，潮流而运动，恒常组成又重新组成有体和对象，运动与事会，进入其中，经过其中，形成自体于其中，自其中跃出而投到其他有体和对象上。每一自然的个体，便是这些宇宙力量之一容器，和它们的传播之一发电机；在那里心思和情命的诸能力，成一恒常的川流从一个传到另一个，而这些也流为宇宙的波浪和潮流，不下于物理‘自然’之种种力量。凡此一切作用，皆从我们的表面心思之直接感觉与知识前隐障了，但内中有体是知道且感到这个的，虽只经过一直接接触；时若有体进到宇宙知觉性中了，它更加广大地，概括地，亲切地觉识各种宇宙力量的这活动。但虽则知识于是更较为完全，然这知识的能力机动仍只能是局部的;由于与宇宙自我的一基本的或静定的结合虽是可能,然与宇宙'自然'的一活动的动力的结合必是不完全。在心思和生命的水平上,纵使舍却一分别的自我存在的意识,这些机动能为,在其真本性质上必然是经过个体化的一选择;作用是属于宇宙'能力'的,但其在活底发电机上的个人形成,仍是其工作方法。因为个人性的发电机之真本用处,便是选择,集中,表呈所选择出的能力,而投出之于已形成且循轨道的川流:若是全部能力奔放,便会是这发电机更下去没有用了,可以弃去,或停止开动;不复是个人的心思,生命,和身体的活动了,代之者,只会有一个别的而非个人的中心或涧道,种种宇宙力量经过它流通,无阻碍亦无选择。这事也能发生的,但这将暗许要有一高等精神化,远超过正常的心思水平。在宇宙的同一性知识之静定的摄持上,宇宙化了的潜意识,可能感到自体与宇宙的自我和一切他人的秘密自我为一:但那知识的动力化,不会进到很远,远过翻译这同一性的意识为一更大的权能和密切性于知觉性与一切直接相接触,为一更大的,更密切的,更雄强的,更有效能的激荡,即知觉性的力量打击到事物和他人上,亦为一能量,能作更有效的涵纳和侵透,能成一动力化了的亲切的视见和感觉,以及认识与作为的其他权能,固有于此较大的自性的。

因此,在潜意识,纵使它扩大到宇宙知觉性,我们得到一较大的知识,但不是完全的和原本的知识。更进,要看到同一性知识在其纯净状态上是什么,又在什么方式上且到什么限度它源出,接纳,或运用其他知识权能,则我们应当出乎内中心思,生命,和微妙生理体以外,进到潜意识的另外两端,研究下心知者,接触或入乎超心知者。但在下心知体中,一切皆是盲昧,一阴暗的普遍性,如在集团知觉性中所见到的，一阴暗的个人性，对我们为非正常的，形成不良，和本能的：在这端，在下心知体中，一黑暗的同一性知识，如我们在‘无心知性’中所见到的，乃其基本，但它不启露它自体和它的秘密。超上的超心知的境域，皆基于自由而且光明的精神知觉性，是在那一端，我们乃能追寻出知识的原本权能，见到这分明两汇——同一知与分别知——的原始和差异。

在至上无时间的‘存在’中，如我们以精神经验的观照而知道的，存在与知觉性为一。我们习惯于认知觉性与心思和识感的某些活动为一，而且，倘若这些皆不见或止息了，我们便说起那有体的境界为不知觉。但知觉性能存在于没有其明显活动之处，没有征象表露它之处，甚至在它已从对象退转而凝定于纯粹存在中，或沦入似是非有的相状内。它在有体中是内向的，自体存在，不以宁静，无作用，屏蔽或覆障，惰性的凝定或内转而灭没；它在有体中是在那里的，即使它的境界似乎是无梦的睡眠，或盲然底定境，或觉识性之消歇或空阙。在至上无时间的格位中，知觉性与有体为一而不动之处，它也不是一别的真实，只简单且纯粹是自我觉识性之内在于存在中者。没有知识的需要，也没有知识的任何活动。‘有体’对其自体是自明的，它无需看其自体以知其自体，或学到它之是它。但倘若这于纯粹的存在明明是真呢，则于原始的‘大全存在’亦复是真；因为正如精神的‘自我存在’是内中觉识它的自我，它亦如是内中觉识凡所有在它的有体中者：这不是以一知的作为，表呈于一自我省视，一自我观察的，而是以此同一内在的觉识性；正由于这事实，一切皆是它自体，所以内在地是大全知觉着一切。如是，‘精神’，‘有体’知觉其无时间的自我存在，在同样方式

上，——内向地，绝对地，全般地，不需要一省视或一知的作为，因为它是一切，——它亦觉识‘时间存在’，以及在‘时间’中的一切。这便是真元的同一性觉识；若施之于宇宙的存在，那意义将是‘精神’于宇宙的一真元的，自明的，自动的知觉性，因为它是一切物，而凡物皆在它的有体中。

但是精神的觉识性有另一格位，对我们现似为从纯粹自我知觉性的这境界和权能之一发展，或许甚至是一初步分离，但事实上于它是正常而且亲切。因为同一性之觉识，常是一切‘精神’的自我知识之真本质料，但在它自体中，接纳一附属的，同时的由涵括由内居之觉识，而不变更或修改它自有的永恒自性。‘有体’，‘自我存在者’，见一切存在于它的独一存在中；包含它们全体，而且知道它们是它的有体之有体，是它的知觉性之知觉性，它的权能之权能，它的福乐之福乐；同时，必需地，它是它们中间的‘自我’，而且，以它的漫遍内居着的自我性，知道它们内中的一切；但仍然，凡这一切觉识，是自明地，内在地，自动地存在，无需知识的任何作为，省视，或施为；因为在此知识不是一行为，而是一境界，为纯粹，永久，内在。在一切知识的基本上，有此一属同一性的和由同一性的知觉性，这知道或简单便是一切皆其自体。翻译到我们的知觉性的方式中，这变成了在奥义书中这么表出的三重知识：“他见到一切存在于‘自我’中者”，“他见到‘自我’于一切存在中者”，“他在其内中‘自我’已变是一切存在者”，——涵括，内居，同一：但在基本知觉性中，这见，乃一精神的自我识见，乃即有体的自我光明之一见，不是一分别的顾视，或对自我的一省视，化那自我为对象。但在这基本的自我经验中，知觉性的一顾视能显示一必然是自体

包含了的精神的权能，虽是内在地可能，这却不是无上知觉性的凝敛的内向的自体光明与自我证明之第一活动原素。这顾视属于、或带来了无上精神知觉性的另一格位，其中如我们所知的知识起始；有一知觉性的境界，在其中与之密接的，有知的一作为：'精神'顾视它自体，变为知者与所知者，在某方式上是主体又是客体，——或毋宁是主体客体为一，它自体的自我知识的。但这顾视，这知识，仍是内向的，仍是自明的，是同一性的一作为；没有我们所经验为分别的知识之发端。

但时若主体稍从它自体后退而作为客体，则精神知识的，同一性知识的某些第三种权能，有其初端了。有一精神的亲切视见，一精神的漫遍底进入和贯彻，其中人见到一切皆是自己，感到一切皆是自己，接触一切如同接触自己。对客体与一切其所包含者或成其为客体者，有一精神的知见的权能，见知之于一笼括着和漫遍着的同一性中，同一性自体组成这知见。有一精神的概念，即思想的原始本质，不是发现未知者的那种思想，却是从自己启出自内已知者，而安置之于自我空间，在一引申了的自我觉识性的有体中，当作概念的自我知识之一对象。有一精神的情感，一精神的意识，有一性与一性，有体与有体，知觉性与知觉性，有体的悦乐与有体的悦乐之交参融合。有一在同一性中之亲切的分别性之欢喜，爱与爱相结于一至上的一体中的关系之欢喜，有永恒的一性之诸多权能，真理，有体之一悦乐，'无相者'的诸相之悦乐；有体中的一切变是的活动，皆在'精神'的知觉性之这些权能上建立其自我表现。但在其精神渊源上，凡此诸权能皆是真元的，不是工具底，不是组织成，或计划成或创造成的。它们皆是精神的'同一者'的光明的

自我觉识的本质，在自体上和在自体中化为活泼了，精神作为见视，精神震动作为感觉，精神自体光明作为知见与概念。事实上，一切皆是由同一性之知识，自赋有权能，自动于其一全觉识之多方多式的自我性中。‘精神’的无限的自我经验，动移于单纯同一性与多方同一性之间，一亲切地分殊化了的一性之悦乐，与一凝敛了的自我欣喜。

一分别的知识起了，时若分殊化的意识，克胜了同一性的意识；自我仍然认识它与对象之同一，但将亲切的分别性推到极致了。起初，没有我与非我的意识，只有我与他个我的意识。某种同一性的和由同一性的知识仍在，但这倾于起初被凌驾，其次被汩没，其次为那经过互易和接触的知识所代替，以致它现为一次等觉识性，仿佛它不复是因而是果，是分离了的自我之相互接触，仍然漫遍和涵盖着的感触，互相侵贯的亲切性之果。末了，同一性不现了，消失于障隔之后，于是有此一有体与彼一有体，此一知觉性与彼一知觉性之活动下层的一同一性仍在，但不被经验到；其位置是为一直接摄持和透入着的接触，交混，互易而取代了。是由此交互作用，一多多少少是亲切的知识，相互觉识，或于对象的觉识，仍然可能。没有自己遇到自己的感觉了，但有一相互性；还没有全般分别性，完全的他性，与无明。这是一损减了的知觉性，但它保留了一点原始知识之权能，为分化、为其本初的和真元的完全性之丧失而截短了，以分化而活动，作出亲切性但非一性。将对象包含于知觉性中的权能，一笼括涵盖着的觉识和知识的权能，仍然有在；但这是包括一现在是外化了的存在了，要以一臻至于或恢复了的知识，以知觉性之注定于对象上，以一集中，以摄取之为存在的部分，

然后成为我们的自我之一原素。贯彻的权能犹在，但它没有自然的漫遍性，不引到同一性：它尽它所可能收集的，取起这么获得的，将知识的对象的内容，输送与知识的主者。仍然能有知觉性与知觉性之一直接的贯通着的接触，造成一生动的和亲切的知识，但这是限于接触之点或程度。仍然有一直接的意识，知觉性见视，知觉性感觉，能见到而且感到对象内中何有，亦如其外间和表面。在有体与有体，知觉性与知觉性间，仍然有相互之贯通和交易，种种思想的，感情的，能力的波浪，可能是同情与结合之一运动，也可能是反对和斗争的一运动。可能有一统一的企图，由占有他个有体或他个知觉性，或接受为他个所占有；或者，能有向结合的一推进，由彼此涵容，漫遍，互相保有。凡此一切作用和交互作用，直接接触的知者是觉识的，而且是在这基础上，他乃安排他与他的周遭世界之关系。这，便是知觉性与其对象的由直接接触的知识之由来，对我们内中有体为正常的，但对我们的外表自性则为陌生，或知道的不完善。

这初始分别的无明，显然仍是明的一活动，但这是一有限的分别的明或知识；已分离的有体，工作在基托着的一体性之真实上，只达到这潜藏了的一性之不完善的结局或效果。同一性之全般的内在的觉识，与由同一性之知识，皆属于存在之上半球：这由直接接触的知识，乃最高的超物理的知觉性之心思诸界的主要性格，我们的表面有体，对此诸界是以无明的一墙垣围住了；在一减少了且更分离底形式上，它是心思的较少超物理诸界的一性能；它是、或者能是凡一切超物理者的一原素。它是我们的潜意识的自我之主要工具，其中枢的觉识方法；因为潜意识的自我或内中有体，乃是从这些高等界的一投射，以与下心知相遇，而且，它承袭了它的原本诸界的知觉性的性格，与此诸界它是以亲属关系密切相联相接的。在我们的外表有体中，我们皆是'无心知'之子；我们的内中有体，使我们成为心思，生命，精神的高等高处的承袭者：我们愈加对内中开启，进向内里，生活向内里，自内中接受，则我们愈离开了对我们的无心知的本原之隶属，而进向一切今兹对我们的无明为超心知者。

无明，以有体与有体之全部分离而变到完全了：知觉性与知觉性之直接接触，乃全被隐障或重重幂覆，纵使它仍然在我们的潜意识诸部分里进行，正如，虽完全隐藏了，不直接活动，仍有那在下层的秘密的同一性与一性。在外表上，有完全的隔离，自我和非自我的分划；有此需要，要与非自我相周旋，但没有直接的办法知道它或主宰它。于是'自然'造出了间接办法，识的身体诸器官之相接，通过神经川流传通外在的震撼，心思的反应及其位列，当作生理诸识根的活动之佐助或补充，——凡此，皆间接知识的方法；因为知觉性不得不依靠这些工具，不能在对象上直接施为。在这些上添加了一理智，智慧，和直觉，摄取这么间接传来的感应，将一切整理，而利用它们的记录，取得此非自我的知识和主宰和占有，或局部与之合一，尽可能那么多，如原本的分化对此隔别了的有体所允许的。这些办法显然皆是不够的，也时常缺少效能，于是心思之活动的这间接基础，以根本底不确定而苦累知识；但这初始底短阙，是固有于我们的物质存在的真本自性的，亦固有于从'无心知'出现的尚未度脱的一切存在的真自性。

'无心知'，是至上超心知的一反面底复出：它有同样的有体之

绝对性与自动的作用，但在一浩大的内转了的定境里；它是有体自失于自体内，投入了其自体的无限性之深谷。应当有一光明的凝敛于自我存在中，它没有，却有一黑暗的内转入乎其中，如黎俱韦陀所云：黑暗隐障于黑暗里(tama āsīt tamasā gūḍham)，这使它看像是'非存在'；应当有一光明的内在的自我觉识，它没有，却有一知觉性投入了自忘的深渊，内在于有体中，却未觉醒于有体中。可是这内入了的知觉性，仍是一隐藏了的同一性知识；在它内中具有对存在的一切真理之觉识，隐藏于其黑暗的无极里的，而且，时若其作为而且创造，——但起初它当作'能力'而作为，而不是当作'知觉性'，——每一事物皆以一内在的知识之精确与完善而安排了。在一切物质的事物中，寓居着一暗默而内转了的'真实理念'，一实质底自生效能的直觉，一无眼底精确知见，一自发的智慧作发它的未表白和未思维的概念，眼光的一盲昧而见的准确性，一暗默而无失的、蒙上了无感性之外衣的、被压抑的感觉之准确性，生果于一切应当生出效果者。'无心知者'的凡此一切境界与作用，很明显是与纯粹'超心知'的同样的境界和作用，但迻译入自体黑暗的诸项中了，代替了原始的自体光明的诸项。内在于物质形式中，这些权能皆非其形式所占有，可是仍在其暗默的下心知中工作。

在这知识上，我们能更清楚了解知觉性出现的各阶段，从其内转作用，出现到其外发现相上，对这，我们也试作过一些普通概念了。物质的存在，只有一物理的而非心思的个性，但在其中有一潜意识的'当体'，在无知觉的事物中那一个'知觉者'，那决定着其中内寓的诸多能力的活动者。倘若，如已经肯定了的，一个物质的对象，接收而且保存它的周遭的事物的接触的印象，且有种种能力从它放射出，以致一玄秘和识能觉识它的过去，能使我们知觉这些放射出的势力，则充满这形体但还没有启明它的、内在的、未经组织的'觉识性'，必然是这接收性和这些能量的原因。我们从外表见到的，是物质对象，如植物和矿物，有其权能，性质，和内在的势力，但因既无交通的官能或手段，则只是由被引到与人或物相接触，或由生物知觉地将其利用，然后它们的势力乃能变到显活，——这么一种利用，是不止一种人文科学的实用方面。但仍然，这些权能和势力，皆'有体'的属性，不是单纯不决定的本质的，它们皆是'精神'的能力，因'能力'而出现自其自体凝定的'无心知'。一内在的、凝敛了的、知觉的能力的这最初的粗朴的机械作用，在初原底生命形式中，发为下心思的生命震动，这些震动暗许有一内涵的感觉；有一种要滋长，阳光，空气，生存空间的寻求，一暗中摸索，这仍是内里底，限于不动的有体以内，不能构成其本能，不能交通，不能外发其自体。一不动性，未经组织，不能建立活底关系，它忍受而且吸收接触，非意愿地施放，但不能意愿地按加以接触。无心知仍占优势，仍以其秘密内涵的同一性知识而作出一切事物，它还没有发展出一知觉的知识之表面接触的办法。这更进的发展始于公开知觉的生命：我们在其中见到的，是被囚禁的知觉性，奋斗以达表面：是在这奋斗的驱迫中，分殊底生命体、不论起初是怎样盲昧地、且在狭隘的范围中，奋欲进到与其外间的其余世界有体之知觉的关系中。是由接触的数量只见增加，它乃能接受和反应，而且，由接触的数量只见增加，它乃能从自体施放或按加，以满足它的需要和冲动，于是而生活底物质体乃发展出它的知觉性，从无心知或下心知，生长出一有限的分别的知识。

于是，我们见到一切内在于原始自体存在的精神的‘觉识性’中之权能，缓缓地发出且显示于这生长着的分别知觉性里；这些权能皆是被压抑了的活动，但对于秘密的和内入了的同一性知识是本属底，它们现在皆以次渐渐出现于一种形式中，这形式是奇离地损减了且是尝试底。起初，出现了一粗朴的或隐障了的识，这发展为精密的感觉，辅之以一情命的本能或潜藏的直觉；其次，一生命心思的知见显现了，在其背后便有对事物的一幽深的知觉性之见与感；情感震动而出，寻求与他者互易；最后升到表面的，有概念，思想，理智，了别和通彻事物对象，结集它的知识记录。但凡此皆不完全，仍负累而受损于分隔底无明，与初始底暗蔽着的无心知；一切皆依赖乎外在工具，未尝禀受权能自作自为：知觉性不能直接在知觉性上发生作用；心思知觉性有对事物的一种建设性的涵盖与贯通，但非一真实的具有；没有由同一性的知识。仅是时若潜意识能在前方的心思与识上强加它的一些秘密活动，纯粹的，未尝翻译为心思的智慧之寻常形式者，然后那些深沉方法的基本作用，方自升起到表面；但此类显现仍为例外，它们在我们已得的和学来的知识的正常性上，加上了一种不正常者和超正常者的气味。唯有启开我们的内中本体或进到其中，然后一直接的亲切的觉识，乃能加到外间的间接的觉识上。唯独以觉悟到我们最内中的心灵或超心知的自我，乃能有精神知识的开端，以同一性为其基础，为其组成之权能，为其内中的本质。

第十一章　无明的界际

现在可能在大纲上来检讨这‘无明’了，即此分别知努力趋向同一知，组成我们的人类心思体，而且，在一较幽暗的形式上，组成一切进化到我们的水平以下的知觉性的。我们见到在我们内中，这便是有体与力量的波浪之持续，自外压来，和自内兴起，遂成了知觉性的质料，且在‘时间’与‘空间’中，构成了对自我和事物的一心思的认识，和一心思化了的识感。‘时间’，自向我们表呈为动力运动的一川流，‘空间’，则为给这不完善而发展着的觉识性的经验之一内容的客观原地。以当下底觉识，在‘时间’中流动着的心思有体，永远生活于现在；他以记忆保持他于自我和事物的某部分经验，不使其完全从他流到过去了；以思想与意志与行为，以心思能力，生命能力，身体能力，他运用其一部分，为了他现在是为他的什么，和此后还将变是的什么；在他中间的有体的力量，使他成为今之是他者，致用于他在将来的变是之延续，发展，和增大。凡此未尝稳定保住的自我表现之材料、与事物的经验，这在‘时间’的持续中所聚积的局部知识，乃由知见，记忆，智慧，和意志，替他序列好，以备一常新且常复的变是之用，也为了他的心思的，情命的，和身体的作为之需，帮助他生长到他将是者，表现出他已是者。凡此知觉性的经验与能力之发舒的现在这总和，是为了与他的有体之相缘而序列了，环着一私我意识而一致结集了，这便构成自我经验的反应习惯，对‘自然’的接触反应，在知觉的有体之一坚住的有限范围中。是这私我意识，乃供给一联贯性的初基，给这否则可为浮动着的印象的一团或一串：凡一切如是意识到的，在理解中皆转到心思知觉性的一相应的人为的中心，私我理念。这私我意识在生命质料中，和这私我理念在心思中，保持了一造成的私我象征，即分别的私我，它代尽真实隐藏了的自我，精神，或真正有体的职责。结果是，这表面的心思个人性常是私我中心的；甚至它的泛爱，也是其私我之扩大：私我便是使轮子依于轴心的贯针，发明了使我们的本性之动转不致散漫。环着私我的中央化之需要继续存在，直到用不着这机巧或办法了，因为真正的自我，精神有体已经出现，它同时是轮盘又是动作，与使一切相合的，是圆心亦是圆周。

但每当我们研究我们自己时，我们发现我们这么序列且知觉地用于人生的自我经验，是虽属我们的清醒的个人知觉性也只是一小部分。我们只把持很有限的一部分对自我和事物的心思的知见和识感，上升到我们的表面知觉性中的，在此继续着的现在：而这些又被记忆从过去的遗忘底鸿沟中挽救了一稀少部分：而记忆的储藏，我们的智慧又只取用一小部分，用于序列了的知识，我们的意志又利用更少的一部分于作为。一狭隘的选择，一大量的抛弃或保留，原料的浪费和资源之不用；有用的支出与可用的平衡，则为一微小的和无秩序的少量，这么一吝啬的浪费制度，似乎是‘自然’在我们的知觉的变是上所用的方法，甚至有如其在物质世界中也那样。但这也只是现相上如此，因为这也会是完全不真实的叙述，若说凡不是这么保存下和利用了的一切皆是毁灭了，化成了零，无效用而消逝了，于是空无。其一大部分，静静地为‘自然’本身所用，以形成我们，且实现那够大聚量的我们的生长和变是和作为，皆我们的知觉的记忆，意志，与智慧所不负责任的。她又运用更大的一部分作为储蓄，她从之提取，取之使用，而我们自己却已究极遗忘我们所用的材料的来历和渊源，我们发现自己在使用材料，而有一种欺骗的创造意识；因为我们想象我们在创造我们的工作的这新材料，而实则正只在结合那我们所遗忘而‘自然’在我们内中却记得者的结果。设若我们承认再世转生是她的工事的一部分，则我们当体验到凡一切经验皆有其用。因为一切经验在这延长了的建造上皆有价值，没有什么是弃拒了的，除非其用已尽，成了将来的负累。从我们知觉的表面上如今所出现者而判断是误人的：因为时若我们加以研究和了解，我们见到只有她在我们中间的作用和生长的一点点是知觉的；其主要部分则是下知觉地进行，如在她的其余物质生命中为然。我们不仅是我们于我们自己所知者，亦且是一巨大的多为我们所未知者；我们的一时的人格，只是我们的存在之大海洋上的一泡沫。

对我们的醒时知觉性的一肤浅的观察，表示我们于我们的个人有体和变是，一大部分是无知；它对我们是‘无心知者’，正如植物，金属物，土地，诸原素的生命一样。但是，倘若我们将我们的知识恢拓，将心理学的实验和观察推出其正常范围以外，我们发现这假定的‘无心知者’或这下心知者，其境域在我们的全部存在中多么浩大，——下心知者，如其似是，如我们这样称呼它，因为它是一隐藏了的知觉性，——而我们的醒时的自我觉识所涵盖的我们的有体的一部分，又多么渺小而且段片。我们达到这知识，即我们的清醒的心思和私我，皆只是一外加，自外按加到一汩没了的潜意识的自我上，——因为那自我对我们现似如是，——或者，更精确说，加到一内中有体上，有远过浩大的经验能量者；我们的心思与私我，皆像一庙堂之穹隆和圆顶，突出于波涛之上，而建筑的大部分，皆没于水面之下。

这隐藏了的自我和知觉性，是我们的真实的或全部有体，而这外在者，是一部分和一表相，一选出的形成，为表面之用的。我们只知见到少数量的事物之接触，打击到我们的；内中有体，乃见到一切进到或撼触到我们和我们的环境的。我们只知见到我们的生命和有体的工事之一部分；而内中有体乃见到那么多，使我们几乎可以假定没有什么逃出了它的见界的。我们只记忆我们的知见的一小小选集，而且，甚至是这我们也将一大部分保存在一储藏室里，不能常时取出我们所需要的；而内中有体留下了凡它所收到的，随时在手边可用。我们只能以那么多底知见和记忆，形成有序列底了解与知识，如我们的受过训练的聪明和心思的能量，所能摄得其意义、所能欣赏其关系的：内中的聪明不需要训练，却存持了它的一切知见和记忆的精确形式和关系，而且，——虽这一立说，可被认为可疑，或难于全般认许，——能当下摄得其意义，时若它未先已具有。进者，它的知见，不像清醒心思寻常是那样，拘限于身体诸识的稀少底缀拾，却远远伸张到以外，而且，如许多种心灵感通的现相作明证的，它运用一微妙识，其范围异常广大，难于界定的。表面的意志或冲动与潜意识的迫促的关系，这被误说为无知觉的或下知觉的潜意识的，——这些关系还未经正当研究，除了一些关于非寻常的和无组织底显示的，和关于病人心思的某些病

态的异常现相的；但是，倘若我们随逐我们的观察更深远，我们当发现此内中有体的认识和意志或冲动力量，真正立在全部知觉的变是之后；知觉的变是只代表那一部分秘密的努力和成就，成功地升起到我们的生活的表面上的。知道我们的内中有体，乃趋向一真实的自我知识之第一步。

若是我们从事于这自我发现，扩大我们的潜意识的自我之知识，想到它包含了我们的低等下心知的和高等超心知的两极，我们当发现如实是这个，乃供给我们的有体的全部材料，而且我们的知见，记忆，我们的意志与智慧的效用，皆只是从它的知见，记忆，意志与智慧的活动和关系的选择；我们的真本私我，只是它的自我知觉性和自我经验的一较小的肤表的构成。这仿佛是一汹涌的海洋，我们的知觉的变化由之兴起。但什么是它的边际呢？它引申到多远？它的基本性质是什么呢？寻常，我们说起一下知觉的存在，在这名词中涵括一切凡不在清醒知觉性的表面上者。但全部或大部分这潜意识的自我或内中自我，几乎很难以那称谓形容；因为时当我们说下知觉的，我们随即想是一阴暗的无知觉性或半知觉性，或否则是一沉没到下处的知觉性，在某种意度上是劣于或少于我们的有组织的清醒觉识，或者，至少是较不能保有其自体或自主。但是，时若我们进到内里，我们发现，在我们的潜意识部分某处，——虽不同其伸引，因为它也有阴暗和无明的区域，——有一知觉性比较那在我们的表面上为清醒者，远过广大，远过明亮，更能保有其自体和事物，而且，是我们的白天的知见者；这便是我们的内中有体，而且，是这个，我们乃当视为我们的潜意识自我，而别开下心知者，认作我们的本性的一次等的，最下层幽暗的境域。同

样的，有我们的全部存在的一超心知的部分，其中有我们所发现为我们的最高自我者，而这，我们也可别开为我们的本性之一高等玄秘底境域。

然则什么是下知心者，它始于何处，如何与我们的表面有体相缘，与潜意识者它似乎较适当为其一境域者的关系是如何的呢？我们觉识我们的身体，知道我们有一物理的生存，甚至大大体认与之为一，可是它的施为的大部分，对我们的心思体皆真实是下知觉的；不单是心思不参加它的活动，亦且，如我们假定，我们的最属于身体者，不觉识其自体的隐秘活动，或者，自体觉识其自体的存在；它知道、或毋宁是感觉到它自体，只那么多，如心思识感所启示的，为智慧所能观察的。我们觉识一生命力，在此身体形式和构架中工作，如同在植物或低等动物中一样，一生命的存在，大部分对我们为下知觉的，因为我们只观察到它的一些运动和反应。我们部分觉识它的施为，但不怎样是其全部或大部分，而且倒是那些非正常者，甚于那些正常者；它的需要，更有力地加我们以印象，甚于它的满足，它的疾病与失调，甚于它的健康和常规底施律，它的死亡，对我们较其生命之为醒活更为刺激；我们知道它那么多，如我们所能知觉地观察到和运用的，或者那么多，如它以苦与乐强加于我们的，或以其他感觉所加的，或作为神经的或身体的反应和扰乱的原因的，但不更多。如是，我们假定我们的这生命物理体部分，也是不知觉其自体的施为，或者只有一被压抑的知觉性或非知觉性，如植物，或者只有一混沌底知觉性，如初原动物；只若其为心思所启明且为智慧所能察，然后它是知觉的。

这是一夸张之说，一混乱，由于我们认定知觉性与心思性和心

思的觉识为一。心思，到某种限度，体认其自体与固有于物理生命和身体的运动为一，将其归并入它的心思体中，以致凡知觉性对我们皆似是心思的。但是，倘若我们后退，倘若我们以心思为见证者，从我们的这些部分分开，则我们能发现，生命和身体，——甚至生命的最属身体的诸部分，——皆有其所自有的一知觉性，一种知觉性，固有于一较晦暗底生命体和身体的，甚至那么一种初原底觉识，如原始的动物形式可有的，但在我们，却皆已被心思所取，而且到那程度心思化了。可是在其独立的动作中，它没有我们所享受的这种心思的觉识；倘若其中有心思，则是内转了的，暗含于身体中和身体生命中：没有组织了的自我知觉性，只有一作用与反应的意识，运动，冲动与欲望，需要，'自然'所加的必要的活动的意识，饥饿，本能，痛苦，麻木，与快乐之感。虽则如此低下，它有此觉识性，为幽暗，有限，自动自发的。但它既较不自主，空无在我们为心思性之标志者，我们可公平地称之为下心思的，但不那么公平地称之为我们有体的下知觉的部分。因为时当我们从之后退，时当我们能使我们的心思从其感觉分开，则我们见到它是神经的和感觉的和自动自发的动性的知觉性之一态，觉识性的一个等级，异乎心思的：它对接触有它自体的特别的反应，对它们是在它自有的感觉能力内为敏感的；为了那，它不依赖心思的知见和反应。真的下知觉体，是异乎此生命的或身体的基层的；它是'无心知者'，震动于知觉性的边沿，将它的震动送上，以改变为知觉的质料，将过去的经验吞下到它的深处，当作不知觉的习惯的种子，恒常地但也常是混乱地将其送还到表面知觉性，向上面派遣出许多无用的或危险的质料，其渊源在我们则昧然了，在梦中，在种种机械的重复中，在

不可追寻的冲动与迫促中，在心思的，情命的，身体的许多纷扰和变乱中，在我们的本性的最阴暗的诸部分之暗默的自动的需要中。

但潜意识自我，全然没有这下知觉的性格：它充分保有一心思，一生命力，对事物的一明晰的微妙生理的识感。它有像我们的清醒有体的同样的那些能量，一微妙识感与知见，一概括的伸展了的记忆，和一深密的选择着的智慧，意志，自我知觉性；但虽属同样一类，它们却较广大，较发展，较极权。而且它还有其他能量，超出了我们的凡人心思，由于其有体之直接觉识的权能，无论在其自体中发生作用，或作用于它的对象上，它更迅速地达到知识，更迅速地达到意志之效果，更深透地达到了解与冲动的满足。我们的表面心思，几乎难说是一真实的心思体，它是被身体，身体的生命，和神经系统和生理诸根的限制所那么拘束了，阻滞了，改变了，沦没了。但潜意识的自我，有一真实的心思体，超出了这些限制；它超出了生理心思与生理诸根，虽则它也觉识它们和它们的工作，而且，诚然是到很大的程度为它们的原因或创造者。它只在这种义度下是下知觉的，即不将它自体的全部或大部分发露到表面上，它常在隐障之后工作：毋宁可说它是一秘密的内心知者和周心知者，倒不怎样是一下心知者：因为它那么包涵着一如它那么支持着外表本性。这叙说无疑是于潜意识体的较深诸部分为最真；在其近乎我们的表面的其他诸层上，则有较愚暗的作用了，凡进到内中的人，停留在那些较少连续性的地带，或在潜意识与外表间之'无人之境'，可能堕入许多虚幻和纷乱了：但是那虽则愚暗，也不属下知觉体的性质；那些中间地带的纷乱，与'无心知'没有亲戚关系。

然则我们可以说，在我们的全部有体中，有三个原素：有下心

思者和下心知者，这对我们现似仿佛其是无心知的，这包括这物质基础，和我们的生命和身体的一大部分。其次有潜意识者，这包括内中有体，摄全内中心思，内中生命，内中物理体，以心灵或性灵元支持它们。其次有这清醒知觉性，即潜意识与下心知抛到表面者，乃它们的秘密潮涌之一波浪。但即使这，也不是我们之为我们者的一适当底叙述；因为，不单是在内中深处，在我们正常的自我觉识之后方，有些什么，亦且高在其上还有些什么：那也是我们自己，异于我们表面的心思人格，但非外于我们的真实自我；那亦复是我们的精神之一国土。因为正本底潜意识，不外乎内中有体在'明·无明'的水平上，为光辉，雄强，而且诚然伸展到我们的清醒心思的薄弱概念以外，但它仍不是我们的有体的最上或全部意义，不是其究竟的神秘。在某种经验中，我们也觉识到有体之一列境界，对凡此三者为超心知的，也觉识某个什么，一至高无上的'真实性'，支持且超越它们全部的，即常人空洞地说为'精神'，'上帝'，'高上心灵'：从这些超心知的境界有对我们的访问，而且，在我们的最高有体中，我们倾向它们，倾向那无上的'精神'。于是在我们的存在的整个区域中，有一超心知，亦如有一下心知与无心知，虹驾着也许还涵括着我们的潜意识的和清醒的自我，但非我们所知，似乎不可臻至且无由通达。

但是，以我们的知识之伸展，我们发现这'精神'或'高上心灵'是什么：它终究是我们自己的最高、最深、最大的'自我'，它在其极顶上或由在我们自己中间的反映，乃现为'真、智、乐'，以'他'的神圣的'知识·意志'的权能，——精神的，超心思的，真理知觉的，无限的，——创造了我们和这世界。那是真实的'有体'，'主'，'创造者'，当作'宇宙自我'隐藏于'心思'，'生命'，和'物质'中，已下降到那我们所称为'无心知者'，而且以'他'的超心思的意志与知识，组成且指挥其下心知的存在；已出自'无心知者'，升起而居于内中有体中，以同一意志与知识，组成且指挥其潜意识的存在；已从这潜意识者，抛出我们的表面存在，秘密居于其中，以同一无上光明，监临其颠顿和摸索着的运动而加以主宰。设若潜意识与下心知可以比譬一大海，抛起我们表面的心思的存在，则超心知可比方以太，它组成，包含，庇荫，寄顿，而且决定这海与波浪的运动。是在那里，在这高上以太中，我们乃内在地、内向地知觉我们的自我和精神，不是像在此下方一样，以在静默心思中的返照，或以求到我们内中一隐藏底'有体'的知识而知觉它；是由它，由那超心知的以太，我们乃能度到一至上格位，知识，经验。关于这超心知的存在，由之我们可达到我们的真实的，最极的'自我'之至高格位，我们寻常比我们的有体的其余部分更为无知；然而我们的有体，从'无心知'之内转而外出，是奋斗要外发到这知识中。限制于我们的表面存在，不知觉我们的最高的自我一如最内中的自我，这，便是我们的第一最重大的无明。

我们外表是以'时间'中之变是而存在；但在此，从那'时间'中的变是，这表面心思，我们称为我们自己者，无知于全部悠长底过去与悠长底将来，只觉识它所记忆的一点点生活，甚至那还不是全部；因为许多它未观察到，许多它又遗忘了。我们很肯信，——为了这简单底而且强迫底但不充分底理由，即我们不记得，未曾见到，也未尝知道其他什么，——我们之入乎存在，起初是以身体之出生于此生命中，而且将终止生存，由此身体之死亡，和这简短的

身体活动之止息。虽则这于我们的身体的心思性和身体的生命力是真实的，因为它们在我们的出生时组成，在死亡则消散，这于我们在'时间'中的真变是却是不真实的。因为我们在宇宙中的真实自我，是那'超心知者'，它变成了潜意识的自我，而投起这表面的显似自我，在指定给它的这生与死间的简短的和有限的一段中而作为，当作于今活着底和知觉的有体之自我形成，在无心知的'自然'之一世界的质料里哪是我们的那真实有体，不以一生命之止息而死亡，正如一演剧员不因已演完了他的那一脚戏，或诗人已将他自己的一点什么倾吐到他的一首诗中，便不复存在了；我们生死中的人格，只是这么一脚戏，或这样一创造的自我表现。不论我们接受或不接受多世转生的理论，说同此一心灵或性灵体出生于各个人身在此世间，确然底是我们在'时间'中的变是，远远推到过去，且远远续于将来。因为超心知者和潜意识者，皆不能为几顷'时间'所限制：一者是永恒的，'时间'只是其一态；另一潜意识者，'时间'对之是各种经验之一无限的原地，而其有体之正本存在，必先有一切过去为其所自有，同样如有一切将来。可是在这过去，唯独能解释我们现在的生存者，我们的心思只知道、倘若这也能称作知识的话、这实际身体存在及其记忆：关于将来，唯独能解释我们的变是的恒常趋势者，它什么也不知道。我们在我们的无明的经验中是这么固定了，以致我们坚执这一个只能以其陈迹而知，另一个则不能知，因为将来尚未有，而过去则已无有；可是两者皆在此在我们内中，过去是内转了而且活动，将来是准备在秘密精神之持续中外发。这是另一范限着且使人失望的无明。

但是，虽在这里，人的自我无明还没有终止；因为他不单是愚昧于他的超心知的‘自我’，他的潜意识自我，他的下心知的自我，他亦且愚昧于他当前生活于其中的这世界，这世界常是由他且在他身上发生作用，而且他也必须由它且在它上面发生作用的。他的愚昧之标记便是这：他看它为十分从他隔别的什么，为非自我，因为它异于他个人的自然形成和私我。同样地，时若他遭遇他的超心思的‘自我’，他起初以为是十分异于他的什么，为一外在的，甚至外乎宇宙的上帝；时若他面对且觉识他的潜意识自我，这起初对他似乎是另一更伟大的人，或异乎他自己的知觉性之另一知觉性，能够支持而且领导他者。在世界，他只顾到一微小沫泡，他的生命和身体，以之为他自己。但是，时若我们进到我们的潜意识知觉性中，我们发现它自体引申，竟与它的世界同其广袤。时若我们进入我们的超心知的‘自我’，我们发现世界只是它的显示，而且其中一切皆是‘太一’，其中一切皆是我们的自我。我们见到，有一不可分的‘物质’，我们的身体便是它的一个小结；一不可分的‘生命’，我们的生命是它的一个漩涡；一不可分的‘心思’，我们的心思是它的一接收和记录，形成或翻译和传达站，一不可分的‘精神’，我们的心灵和个人有体，皆是其一部分或一显示。是私我意识乃钉住这分化，而我们表面上便是的这无明，乃得到其能力，以支持这坚固的、虽也常可穿透的墙壁，它所筑成作为它自己的囚狱的。私我是最可怕的纠结之一，将我们缠系于‘无明’上的。

有如我们无知于我们在‘时间’中的存在，除了这小小时分我们所记忆的，同样，我们也无知于我们自己在‘空间’中，除了这一小间隙，我们在感觉上和心思上所知觉的，这单独身体，在其中活动的，和心思与生命，皆与之体认为一的，而且，我们看环境为非自

我，我们得加以处理和运用的：是这体认为一，与这概念，乃形成私我的生命。'空间'，据某个看法，只是事物或心灵之同存并在；数论学派肯定心灵之多数，和它们的独立的存在，而它们的同存并在，于是只以'自然力量'的一体性，它们的经验原地，'自性'，乃有可能：但是，即使承认此说，同在是有的，这终于仍是在一'有体'中之同存并在。'空间'便是那一'有体'的自体孕育底引申；它是唯一精神的'存在'，展布其'知觉的力量'的运动的原地于它自体的自我中为'空间'。因为那'知觉的力量'集中于多个身体，生命，心思中，而心灵居临于其一个上，所以我们的心思性集中于这一个上，视之为它自体，而视其余一切为非自我，正如其他以同样的愚昧，看它所集中其上的一生，为它的存在的全部期间，与过去和将来隔断了。可是我们不能真实知道我们自己的心思性，除非知道唯一的'心思'，我们自己的生命性，除非知道唯一的'生命'，我们自己的身体，除非知道唯一的'物质'；因为不但它们的本性是为那个的本性所决定，亦且它们的活动无时无刻不为那个所影响所决定。但是，以此全存在之大海流注我们，我们不参加它的知觉性，只知道它的那么一点点，如能发到我们的心思之外表中，而且位列其间的。世界在我们内中生活，在我们内中思想，在我们内中形成它自体；但我们想象是我们乃在生活，思想，变是，分别地，由我们自己，且为了我们自己。而且我们又愚昧于我们的无时间的，我们的超心知的，我们的潜意识的，我们的下心知的这诸多自我，因此也无知于我们的宇宙自我。唯独这救了我们，即我们的无明，乃是一种充满了动力的无明，无可抵抗地，永恒地，以其自体的正本律则，奋斗以向自我保有和自我知识之实践。一多方面的'无明'，奋

欲达到成为一怀抱一切之'明',乃人这心思的有体的知觉性的定义,——或者,从另外一方面看去,我们同等可说,它是一有限的分别的对事物的觉识,努力欲化为一完全的知觉性与一完全的'知识'。

第十二章　无明之起源

至此，许多道理已经确定了，便必须而且可能切近考虑‘无明’这问题，由其实际的起源，由产生它的知觉性之程序的观点研究它一番。是在一整体的‘一性’为存在之真理这基础上，我们乃研究这问题，要看各个可能的解决，在这基础上可适用到什么程度。这多方多式的无明，或这狭隘自限和分别性的知识，如何而能在一绝对的‘有体’中生起而且发生作用或保持其自体于作用中，而这‘有体’必然是绝对知觉性，因此不能隶属于无明的呢？如何，甚至一似是的分化，而在‘不可分者’中有效能地活动且持续的呢？‘有体’，完整为一，不能无知于其自体；而且，万物既皆是它自体，是它的有体的知觉的变易，决定，它也不能无知于万物，于万物之真自性，真作为。虽我们说我们皆是‘彼’，说‘情命我’或个人自我，不外是‘超上自我’，不外是‘绝对者’，然我们诚无知于我们自己和事物，于是结果出这矛盾，即在其真本上不能有无明者而竟有之，以其有体之某种意志或其本性之某种必需或可能性，遂自投入无明中。我们没有减少这困难，若使我们这么辩护，说‘心思’，即无明之坐具，乃一‘摩耶’之物，不存在，非‘大梵’，而‘大梵’，即‘绝对者’，唯一的‘存在’，不能怎样为心思的无明所触，即虚幻的有体，‘非有’，‘非存在’的一部分所触及。这是遁辞，倘若我们承认一整

体的'一性',这逃遁之路是走不通的:因为,这么便明明是当我们作成这如此强烈的辨别,同时又称之为虚幻而消除它,则我们是用了思想和文字的魔术或'摩耶',在自己面前隐瞒了这事实,即我们是分化着且否定着'大梵'的一体性;因为我们建树了两个相反对的权能,不能为虚幻的'大梵',与自体虚幻的'摩耶',而将两者交并于一不可能的一统。倘若'大梵'是独一存在,'摩耶'不能是其他什么,除是'大梵'的一权能,它的知觉性的一力量,或它的有体之一结果;而且,倘若'情命我',与'大梵'为一者,是隶属于其自体的'摩耶',则其中的'大梵'乃隶属于'摩耶'。但这不是内在地或基本地为可能:这隶属只能是'自然'中的什么之投顺于'自然'的一番作用,即事物中的'精神'之知觉的和自由的运动之一部分,其自体的自我显示着的'遍心知'的一番活动。'无明',必然是'太一'的运动的一部分,其知觉性的一发展,自知地采纳了的,它未曾被勉强要隶属于它,却为了其宇宙目的而运用它。

我们也无由解除这全部困难,倘说'情命我'与'无上者'皆不是'一'而是永恒相异,其一隶属无明,其另一在有体上在知觉性上皆为绝对,因此在明上也是绝对;因为这与至上经验与全部经验相违,即有体之为一体的经验,不论在'自然'的作用上有何殊异。比较容易的,是接受异中之一的这事实,这在宇宙的全部建造上是如此漫遍,而且是如此自明的,并且自满足于这说法,说我们皆是一,却又是异,在真元的有体上为一,因此在真元的自性为一,在心灵形式上为异,因此在活动的自性为异。但以此我们只牒述了事实,留下了从事实所起的困难问题未加解决,如何那在其有体之真元上属于'绝对者'的一体性,因此应与之为一,且与在知觉性中之全为一者，而竟在其自我的机动的形式中，且在其活动中变到分化了，而隶属于‘无明’。也还得注意到那说法不会是全般真实的，因为‘情命我’也能进到与‘太一’的动性为一，不单是进到一静定的真元的一性。或者，我们可逃避这困难问题，说在存在及其问题以外或以上，有‘不可知者’，它出乎我们的经验以外或以上，而且在世界起始以前，‘摩耶’的作用已在‘不可知者’中起始，因此它在其自体是不可知的，在其原因与渊源皆不可解。这将成为一种唯心论的‘不可知论’，与唯物论的‘不可知论’相对立。但是凡一切‘不可知论’，皆可遭这种反对，即它不会是什么，除是我们之不求知，过于容易接纳一种似是的和当前的我们的知觉性之碍限或拘束，一种无能之感，于心思的直接的范限虽属可许，但于‘情命我’之与‘无上者’为一者，是不可许的。‘无上者’必然知道他自己和无明的原因，因此‘情命我’没有理由失望于任何知识，或否定他能知道整个‘无上者’及他自己的今之无明的原始因之能量。

‘不可知者’，倘它全然是，则可能是‘真、智、乐’的一无上境界，超出了我们于存在、知觉性、与福乐之最高概念以外；那便分明是泰迪黎耶奥义书中所说的‘非有’，‘非存在者’，在太初唯独它是，凡存在者从它出生；且亦可能是佛陀的‘涅槃’的最内中的意义：因为，我们今之境界以‘涅槃’而销解，可能便是某种最高境界的臻至，超出自我的一切意念或甚至经验以外，从我们的存在之一无可名相的解脱。或者，它可能是奥义书所说的绝对的无条件的福乐，无可表白，出乎理解以外，因为它超越了一切我们可思念或可叙说为知觉性与存在者。这一种义度我们已认许过了；因为这认许规定我们拒绝对‘无限者’之上升加以一范限。或者，倘若它不是这，倘若它是十分异于存在的什么，甚至异于一无条件的存在，则它必定是虚无论师的绝对的'非有'。

但是，从绝对的'无'中，没有什么可出，甚至任何似是的事物不出，甚至一虚幻也不起；而且，倘若绝对的'非存在'不是那，则它只能是一绝对的永未实现的'潜能性'，'无限者'的一迷疑的零，从之相对的潜能可在任何时出现，但只有一些真成功于浮出在现相的形相上。从这'无存在'中任何事物可起，没有可能说是什么或为什么缘故；为了一切实用目的，它是一绝对的混沌的种子，以某些愉快的——或毋宁是不愉快的——偶然，从之出现了一宇宙秩序。或者，我们可以说，没有真实的宇宙秩序；我们认为如此者，是诸识和生命的一坚持着的习惯，心思的一虚撰，至若要寻求事物的一究竟理由，则属无谓。从一绝对的混沌，一切矛盾和乖谬皆能出生，世界便是这么一个矛盾，诸多对反与谜疑的一神秘的总和，或者，也可能，如有些人感到的或思量的，是一大错误，一奇巨的，一无限的荒唐。这么一个宇宙，一绝对的'知觉性'与'知识'不是其渊源，一绝对的'无心知'与'无明'，乃可为其渊源。在这么一个宇宙中，任何事物皆可以是真实：每个事物可能是生自无物；思维心可能只是不思维的'力量'或无心知的'物质'之一疾病；宰执底秩序，我们所假定为按照事物的真理的存在，如实可能是一永恒的自我无明的机械律则，而非一无上自我统治着的知觉'意志'之自我进化；永久的存在，可能是一永恒的'虚无'之一恒常现相。凡一切关于万事万物的起源的意见，皆属同等有力，因为一切皆同样为有效或无效；那里变化的运转既无准确的起点，也没有可确定的目标，则一切皆化为同等可能。凡此种种意见，皆尝为人类心思所保

持，在此一切中皆尝有其益处，即使我们视之为错误；因为，错误被容许在心思可有，因为它们开启对真理之门，消极则以摧破敌对底错误，积极则以准备着在一新的建设性的假定中的一原素。但是，若推之过远，这事物观会引到整个哲学目的之否定，哲学是寻求知识，不是寻求混沌，而且它不能圆成自体，倘若知识的最后一语是'不可知者'，若其能圆成自体，则它必须是，如用奥义书的说法，知之则一切皆知的什么。'不可知者'，——非绝对不可知，而是出乎心思的知识以外，——只能是'某个什么'的有体之深密性上的一更高度，一程度，出乎凡心思的有体所能达到的最高峰以上，而且，设若给知道了，如它在自体是知道的，那发现不会全般摧毁我们的可能最上底知识所给我们的，却反而将其带到一更高的圆成，更大的真理，较它以自我视见和自我经验所得的真理更大，圆成更高。然则正是这'某个什么'，这一'绝对者'，可能那么给知道，以致一切真理可能立于其中，以之而立，且在其中得到和洽，乃我们所应发现的，以作为我们的起点，且保持为我们的思维与观看的常住基础，且以之而得到问题的一解决；因为唯独是'彼'，内中乃能藏有一开启宇宙的矛盾的钥匙。

这'某个什么'，如韦檀多学所执持，且如我们所一贯执持的，在其显了的自性上便是'真、智、乐'，绝对的存在，知觉性，和福乐的三位一体。我们必自这原本真理出发，以处理这问题，而且，这是明显的，应当求得一解决，在知觉性之一作用中，显示其自体为知识，却又那么样范限那知识，以致造成'无明'的现相，——而'无明'既是'知觉性'的'力量'之机动作用的一现相，不是一真元事实，而是一作品，是那作用的一后果，然则是从'知觉性'的'力量'

这一方面加以研究，乃可有收获了。绝对知觉性在其性质上便是绝对权能；‘智’（Chit）的自性是‘力’（Shakti）：‘力量’集中且动能化了，以作识知，以生作用，于一生效果的或有创造性的实践着的权能中，知觉的有体坚住于它自体上，于是以其孵化之煖[①]，好像是生发种子和发展出其内中所含藏的一切，或者，姑以对我们的心思为方便的语言说，发展其一切真理和潜能性，乃创造了这宇宙。倘若我们检验我们自己的知觉性，我们当见到其能力的这势用，将自体施于它的对象上，真实是它所有的最积极的机动力量；由此，它达到它的一切知识，及它的一切作用，及它的一切创造。但在我们，有两个对象，这内中的机动能力可在其上发生作用的，我们自己，内中世界，和他者，不论为人或物，周环我们的外在世界。对‘真、智、乐’，这分辨及其有效且活动的诸多后果，不能如其在我们一样施为，因为一切皆是他自己，皆在他自己内中，没有如我们以心思的限制所作成的这种分化。其次，在我们中间，只有我们的有体的力量的一部分，乃与我们的志愿底作为，与我们的意志，从事于心思的或其他活动的，体认为一，其余的，对我们的表面的心思觉识，皆是在其作为上非自愿底，或是下心知的，或是超心知的，而

① ‘多波士’（Tapas），在字义上原是‘煖热’，后下衍为任何种动能性，苦行，严刻训练，知觉的力量在其自体或其对象上发施者。古代表相之说，说宇宙为‘多波士’所创造，其形如卵，又由‘多波士’，知觉力量的孵伏之煖热，破开了，‘补鲁洒’，‘自然’中之‘心灵’出现，如雏从卵出。附带可以说起，英文书中普通对‘多波西野’（tapasyā）这名词翻译为‘penance’‘忏悔’，是很引起误会的，——忏悔之意，罕入乎印度修士所行的苦行中。甚至在最严厉底自苦底修练中，对肉体的虐待也非其真元本意；那目标毋宁应说是要超越肉体本性对知觉性的把持，或不然，则是知觉性与意志的一超正常的能力化，以达某种精神的或其他底目的。

且，从这分化，还有许多重大的实际后果出现：但在‘真、智、乐’中，这分化及其后果皆无所施，因为一切皆是他的一个不可分的自我，一切作为和结果，皆是他的一个不可分的意志之运动，他的知觉性·力量在机动的发施中。‘多波士’是他的知觉性的作为之自性，如我们的一样，但这是一整个的知觉性的整个的‘多波士’，在一不可分的‘存在’中。

但在这里，有一问题可以发生：在‘存在’与‘自然’中，既有一被动性亦如一自动性，有不动性格位亦如机动性格位，那么，这‘力量’，这种权能及其集中，对待那一格位，其间了无能力的活动，一切皆静的，它的地位和职事是什么。在我们自己，我们惯于以我们的‘多波士’，我们的知觉力，联系于自动的知觉性上，联系于在活动的能力上，内中或外在行为与动作的能力上。那在我们中间为被动者，不发生作用，或只发生非自愿的或机械的作用，而且我们不联系之于我们的意志或知觉的力量上；但仍然，在此亦既有作用或一自发的活动之出现的可能性，则至少在其内中有一被动地反应着或自发的知觉着的力量；或者，其中或有一秘密的正性‘多波士’，或有一反面底负性的‘多波士’。也可能是在我们的有体中，有一较大的知觉力量，权能，或意志，在此非自愿的作用之后，为我们所不知，——倘若不是一意志，至少是某种力量，其本身发动着作用，或否则对宇宙‘能力’的刺激，提示，接触发生反应。在‘自然’中，我们知道安定的，静性的，或被动的事物，也仍然在它们的能力上，为一秘密的不息底动所保持，一动作中的能力，支持着似是的静性。然则在这里，一切皆由于‘烁克谛’之有在于其间，由于其权能的集中的作用，由于‘多波士’。但是，出此以外，出此动力

静位相对方面以外，我们发现我们有能力达到那对我们现为我们的知觉性之一绝对被动性或不动性者，其间我们止息了一切心思的和身体的活动。然则，似乎是有一自动的知觉性，其间知觉性作为一种能力而活动，从它自体投出知识与作为，因此‘多波士’便是它的性格，又有一被动的知觉性，其间知觉性不当作能力而动作，只当作一定位而存在，然则无有‘多波士’或动作力量，乃是它的性格。在这境界显似无有‘多波士’是真实呢，或在‘真、智、乐’中是有这么一种有效果的区别呢？已经肯定了是有：‘大梵’有双重格位，静定性的和创造性的，这诚然是印度哲学中的最重要和最有结果的区别；此外这也是精神经验的一事实。

在此，我们且看，第一，由我们内中的这被动性，我们从独特和破碎底知识，达到一更大的，唯一且统一着的知识；第二，倘若在被动性的境界中，我们完全启对在彼方的什么，我们能觉识一在我们身上发施作用的‘权能’，这，我们感觉到不是我们自己的，在此有限的私我义度下，却是宇宙的或超上的，而且这‘权能’以我们作出知识的一更大的活动，能力，作为，和结果的更大的活动，我们也皆感觉到不是我们自己的，而是‘神圣者’的，‘真、智、乐’的，我们自己只是其原野或涧道。结果在这两个场合皆发生，因为我们的个人知觉性从一无明的有限作为休止了，自体启对无上定位或无上作为。在后者，在此更属机动性的开启中，有知识与行为的一权能和作用，那便是‘多波士’；但在前者中，在静定知觉性中，也分明有一为知识的权能，和一知识的集中，或至少有知觉性之一集中于静性上，和一自我实践，而那也是‘多波士’。因此，‘多波士’，知觉性的权能之集中，似乎双是‘大梵’的被动和自动的知觉性的性格，而

我们自己的被动性，也有一未见的支持着或以之作工具的'多波士'的某性格。是知觉性的能力的一集中，当其未散，乃支持一切创造，一切作用和机动；但亦复是知觉性的权能的一集中，乃在内中形成或向内支持一切定位，即算是最不动的被动性，甚至在一无限的静止或一永恒的沉默上。

但是，仍然可说，这终究是两回事，这可见于其对立底结果之不同；因为归向'大梵'的被动性，引到这存在之终止，而归于自动'大梵'，引到存在的继续。但是在此我们也看到，这区别起于个人心灵之从一定态到另一定态之运动，从'大梵'知觉性在世界中的定态，归于或趋向'大梵'知觉性在世界以外的定态，在世界中，它是宇宙作用的一支点，在世界外，它是一权能，能制住能力不发为宇宙作用。进者，若使是由'多波士'的能力，乃成就有体的力量在世界作为之发施，则同等也是由'多波士'的能力，乃成就那有体的力量之敛退。'大梵'的被动知觉性与其自动知觉性，不是相冲突的两个互不相容的事物；它们是同一知觉性，同一能力，在一端是在一自我存持的境界中，在另一端发为自我给予和自我施展的一运动，有如蓄水池之静止，与从之流出的诸涧道之流行。事实是在每一活动之后，有、而且必有一有体的被动权能，活动由之而起的，以之得到支持，甚且，如我们终于见到，在其后方管制它，而不全然与之为一，——至少在这义度下，即它自体全倾注于作用中了，与之无从辨别。这么一自我销尽的同体为一是不可能的；因为没有任何作用，无论多么浩大，销尽其所从出的原始权能，不在后留下一点储存。时若我们回到我们自己的知觉有体，时若我们从我们自己的行动退后，而观察这是如何作成的，我们发现是我们的全部

有体，乃居于某一独特行为或一切活动的总和之后，在它的全体性的静止上是被动的，在它的能力的有限发施上是自动的；但那被动性不是一无能底惰性，它是自我保持着的能力之一定态。一相似的真理必可更完全地施于'无限者'的知觉体，其权能，在定位的玄默中亦如在创造中，必然也是无限的。

此一时若问究这被动性，一切从之出现的，是绝对的，或对其从之后退的可见的作用只是相对的，这问题无关宏旨。只注意到这便够了，即我们虽为了我们的心思的方便作出这辨别，然没有一被动的'大梵'与一自动的'大梵'，只有一个'大梵'，一个'存在'，储藏它的'多波士'于我们所谓被动性中，给出'它自体'于我们所称为'它'的自动性中。为了作用的缘故，这是一个有体的两极，或一于创造为必需的双重权能；作用自其储藏出发，在其循环上进行，又归还它所引出的诸多能力，假定是，所以再投出而入乎一新的循环。'大梵'的被动性是'多波士'或'它'的有体的集中，坚住于'它自体'上，在'它'的不动的能力之一自我凝敛的集中里；自动性，便是'它'的有体的'多波士'，发放'它'所存持的，出自那孵化以入乎动性中，在亿万作用的波浪中旅行，当'它'旅行时仍坚住于每一作用，将有体的诸多真理和潜能性发放于其中。在那也有力量的一集中，但它是多方多式的集中，对我们现似为一散漫。但这不真实是一散漫，而是一施展。'大梵'不从'它自体'投出'它'的能力，以消失于某个不真实的外在空虚中，却保持之于'它'的有体内中工作，在其一切持续的转变和迁化中，涵存之无损无减。被动性是一'烁克谛'的，'多波士'的伟大储存，支持着运动与变迁而入乎形式与事会的多方的创始；自动性是'烁克谛'的，'多波士'的一

储存，于此运动与变迁中。如在我们自己中为然，在'大梵'中亦然，两者皆彼此为相对，两者同时并存，为一个'存在'的作用之一极与另一极。

然则'真实'既不是不动的'有体'之一永恒的被动性，也不是'有体'在运动中的一永恒的自动性，'它'更不是此二者在'时间'中的一交互。事实上没有任何一个是'大梵'的真实性的独一绝对真理；它们的对反，只是在其与'它'的知觉性的活动之关系上方为真实。时若我们见到'它'之施展'它'的有体之知觉的能力于宇宙作用中，我们说'它'为动的自动'大梵'；时若我们见到'它'之同时保持'它'的有体之知觉的能力，从作用退敛了，我们说'它'是不动的被动'大梵'——'有功德者'与'无功德者'，'有变灭者'与'无变灭者'(Saguṇa 与 Nirguṇa，Kshara 与 Akshara)：否则这些名词将毫无意义；因为只有一个真实性，没有两个独立的真实性，一动一不动。在心灵之外发入乎作为(pravṛtti)及其内转入乎被动性(nivṛtti)的寻常观念中，假定是个人心灵在作为中，变到愚昧无知于其被动体，即那假定是它的真有体者；而在其被动性中，则终于变到无知于其自动体，即那假定是它的虚伪的或只属现似底有体者。但这是因为这两个运动对我们互换发生，如在我们的睡眠和醒觉中；我们在醒境，则度入于我们的睡眠境之无知，在睡境，则度入于我们的醒觉体之无知。但这情形发生，是因为只有我们的有体的部分在做出这互换运动，我们谬误地认我们自己只是那局部的存在：但是我们由一更深的心理学经验，发现我们中间那更大的有体，完全觉识一切所发生的事，甚至在对我们的局部的和表面的有体为一无知觉的境界中；它既不为睡眠也不为醒觉所限制。在

我们与‘大梵’、即我们的真实的整个的有体的关系上也是如此。在无明中，我们体认我们自己只是与一局部的知觉性为一，在其性质上为心思的，或精神的心思的，它以运动而变到无知于其定位之自我：在我们中间的这一部分，时若我们失去了运动，同时我们便失去了我们的行为的自我上的把握，由于进入了被动性。以一全般的被动性，心思乃入乎睡眠状态，或进到定境中，或否则被解放到一精神的沉默中了；但虽则这是局部的有体在其行为的波流中脱出了无明的一解放，它却是以加上了于机动的‘真实性’的光明的无知或与之光明地分离而获得的。精神的心思体，自体凝敛于存在的一玄默的真元定位，变到不堪为自动的知觉了，或对一切活动皆拒弃。这玄默的发放是一定位，心灵在其进向‘绝对者’的旅程上所经过的。但是，还有我们的真实的整个有体之一更大的圆成，其间自我的静定的和机动的两方面，皆得解放而圆成于‘彼’中，‘彼’一并举持此二，既不为作为也不为玄默所限制。

因为‘大梵’不更番从被动性度到自动性，或又回转到被动性，由于止息‘它’的有体之机动力量。倘使整体的‘真实性’真是那样，则时若此宇宙继续，必不会有被动‘大梵’存在，一切皆会是行动，而且，设若我们的宇宙消散了，则不会有自动‘大梵’，一切皆会是止息，不动的寂静。但这不是那样的，因为我们能觉识一永恒的被动性和一自体集中了的安静，贯彻且举持一切宇宙活动及其一切多式的集中了的运动，——而这不会如此，设若，只要任何活动长此继续，集中了的被动性未尝存在，不曾支持它且在它内中。整体的‘大梵’同时一并具有被动性和自动性，不是更番从这个度到那个，如从睡眠度到醒觉：只是我们中间的某些局部的活动似乎是作那事，而我们由体认我们自己即是那局部的活动，便有此从一无知性换到另一无知性的更番现相；但是我们的真实的，我们的整个的有体，不隶属于这些对待，它无需变到不觉识它的机动的自我，以保有它的静默底自我。时若我们得到心灵与自性的全般解放和整体的知识，脱除了这受限制的局部的和无明的有体之无能性，则我们能亦复保有此被动性与自动性，同时保有之，双超此普遍性之两极，不为'自我'之此任何一权能所限制，在其与'自性'之关系或无关系中。

'无上者'，如薄伽梵歌所说，双超不动的自我和动的有体；纵使将二者合一，也不代表他的全体。因为，明显地，时若我们说同时保有它们，我们的意思不是指他是一被动性与一自动性的总和，一个整数，由那两个分数合成的，以他自己的四分之三为被动，以他的存在的四分之一自动。在那场合，'大梵'可能是无知性的总和，被动的四分之三不但会不关心，亦且会甚昧于凡自动性之所为者，而自动的四分之一，会甚不觉识被动性，而且除非停止活动不能保有它。甚者，'大梵'这总数，可能归到与他的这两个分数迥乎不同的什么，一个什么，仿佛高高在上而且离缘，无知于、且不负责于、某个神秘的'摩耶'在他的存在之两部分中同时顽固地在作着、又严格地制住不作的什么。但这是明显的，'大梵'，这'无上有体'，必然一并觉识其被动性和自动性，视它们非他的绝对有体，却当作相反对的却又相互满足的他的普遍性之两项。这不能是真实的，谓'大梵'以一永恒的被动性，不觉识他自己的活动，全然与之分离了；他是自由的，包含活动于它自己内中，以他的永恒的安定之力支持它们，从他的能力之永恒定态发动它们。这同等必不是

真实的，谓‘大梵’在其自动性中，不觉识或离开了他的被动性；他是遍在的，在那里支持着行动，常保有之于运动的核心，在其诸多能力的漩涡中，他永是安定，沉静，自由，而幸福。亦不是或在玄默中或在作为中，他能全然不觉识他的绝对有体，他却知道凡他以它们而表现者，皆从那绝对的存在的权能挹取其价值与权能。倘若对我们的经验现似不是这样的呢，这是因为我们体认自己是一方面，而由此除外性，遂不克将我们自己启对整体的‘真实性’。

这里必然随之以一重要的第一结果，已从其他观点达到了的，即‘无明’不能有其存在之渊源、或其分化活动的出发点、在绝对的‘大梵’或在整体的‘真、智、乐’中；它只属于有体的一局部的作用，我们与之体认为一的，正如在身体中，我们体认自己即是那局部的和肤表的知觉性，更互于睡眠与醒觉间的：诚然，是这体认为一，将‘真实性’的其余一切搁开，乃为‘无明’的组成之因。而且，倘若‘无明’不是固有于‘大梵’的绝对自性或‘它’的整体性之一原素或权能，则不能有原始的或本初的‘无明’。‘摩耶’，若其为‘永恒者’的知觉性的一原始权能，则本身不能是一无明，或怎样与无明的性质相亲属，它必然是自我明与大全明的一超上的和普遍的权能；无明之参入，只能当作一较小的和随后底运动，局部的和相对的。然则它是内在于心灵的多性中的什么吗？是当‘大梵’在多性中见到他自己时立刻生起的么？那个多性是否成于多个心灵的总和，每个在其真本性上是分数底，在知觉性上与其余一切相隔别，也全不能觉识它们，除了视之为对它是外在的事物，至多以身体与身体或心思与心思的交通而联系了，但不能统一？但是我们已见到，这只是在我们的知觉性的最肤表层外在心思和生理体上，我们

像是这样；时若我们回到我们的知觉性的一更微妙，更深，更大的作用中，则我们发现分隔的墙壁变到愈薄，终于也没有了分隔的墙壁，没有了‘无明’。

身体，是这显似底隔别之最下基础和外向表征，‘自性’之投入无明与自我无知，便以之作为起点，使个人心灵恢复一体性，甚至在她的多式知觉性之最夸张了的形式中之一体性。各个身体彼此不能相通，除是以外在手段，经过外在性之鸿沟；不能彼此贯彻，除了以被穿贯之身体的分解，或利用其中某些空处，某些先在的分解；也不能结合，除是由破裂和吞并，吞没与吸收，因此是一同化作用，或者，至多是一混合，两个形体并皆消失于其中。心思，同然，时若与身体同体为一了，也为其范围所限制；但在心思本身，它是较为微妙的，两个心思能够互相贯通而无伤损或分解，能交换其本质而互不相伤，能在某一方式上彼此成为部分：但仍然，心思也有其自体的形式，使之与其他心思相分别，也合于在此分别性上取其立场。时若我们回到心灵知觉性，则趋向一体性的障碍减少了，终于全不存在。心灵，在其知觉性上，能自体与其他诸多心灵体认为一，能涵纳它们，进入它们，且为它们所涵纳，能实践与它们为一体；而且，这能够作成，不在一无相和无分辨底睡眠中，不在一‘涅槃’中，其间心灵与心思与身体的一切区别和个性皆已失却的，而在一完全的清醒境界中，观察到而且计及一切区别，却超越它们。

是故，无明与自我范限着的分别，不是在心灵之多性中为内在和不可度越的，皆不是‘大梵’的多性之真自性。‘大梵’，如其超越被动性与自动性，也超越一体性与多体性。他在他自己是一，但不是具有一自我范限著的一体性，除外多体性的权能，有如心思的和身体的分别了的一体性；他不是数学上的整数，一，则不能包含百，因此少于百。他包含百，在全此一百中为一。他在他自己是一，他是多中之一，而多在他中为一。换言之，‘大梵’在他的精神的一体性中，觉识他的心灵之多，而在他的多个心灵的知觉性中，觉识一切心灵的一体性。在每个心灵中，他，这内在的‘精神’，每个人心中之‘主’，是觉识他的一性的。‘情命自我’为他所照明，觉识其与‘太一’的一体性，也觉识其与多的一体性。我们的肤表的知觉性，自认与身体、与分别了的生命、和与分别着的心思为一，是无明的；但那也可照明，使之觉识。然则多性不是无明的必有的原因。

‘无明’，如我们已陈说的，来在后一阶段，当作一后下的运动，时当心思已从其精神的和超心思的基础分离了，而且在此世间生命中，臻极于多中之个人知觉性，以分化着的心思、体认其自体与形式为一之处，那即是分化的唯一安稳底基础。但形式是什么呢？它是，至少如我们在这里所见的，集中了的能力之一形成，知觉性力量在其运动中的一个纠结，一个结子，为动作的涡漩所保持而存在的；但是，不论其出自或表现何种超上的真理或真实性，它不是在它本身任何部分上在显示中为经久的或永恒的。在它的整体上它不是永恒的，在组成它的原子上也不是永恒的；因为它们可以解体，由消解那在恒常集中了的作为中的能力的结子，那唯一事物之保持它们的似是的稳定性者。是在力量的运动中之‘多波士’的集中于形式上，保持了它存在，乃安立了分化的物理基础。但一切在活动中的事物，我们见到，皆是‘多波士’在力量的运动中之集中于其对象上。然则‘无明’的渊源，必求之于‘多波士’的一些自体凝敛的集中里，‘知觉力量’在作为中，集中于‘力量’的一分别运动上

之集中里；对我们，这现相是心思自认即是此分别的运动，也在此运动中分别地自认即是从之结果出的形式的每一个。于是心思建立了一道分隔的墙，封闭了每个形式中的知觉性，使不觉识其自体的大全自我，不觉识其他具于形体中之知觉性，和宇宙有体。是在这里，我们乃当寻求身中之心思有体的似是的无明，及物理'自然'中之大的似是的无心知性之秘密。我们当问自己，这凝敛着，分别着，这自忘的集中，即宇宙的幽暗的奇迹，它的性质是什么。

第十三章　知觉性·力量之除外集中与无明

‘大梵’在其宇宙本体的真元上既是一体又是多体，二者相互觉识，且在彼此中觉识，在其真实性上既是双超‘一’与‘多’以外的什么，包含二者，觉识二者，则‘无明’之兴，只能当作一附属现相，由于知觉性的一些集中，凝敛于有体之一部分知识或一部分作用中，而将其余自其觉识除外。则可能或有‘太一’之集中于其自体，而将‘多’除外，或有‘多’之集中于它们自体的作为，而将‘太一’的大全觉识除外；或者，有个人之集中于他自己，而将‘太一’及其余之‘多’除外，则对他为分别了的单位，不包括于他的直接觉识中的。或者，又更可能有或在某点上可能参入某些除外的集中之普通律则，在全此三方向活动，为分别的自动的知觉性集中于一分别的运动里；但这不发生于真实自我中，而发生于自动有体的力量中，于‘自性’(Prakriti)中。

我们采纳这假定胜于其他的，因为其他的没有一个可包容或适合于存在的一切事实。整体的‘大梵’在它的完整性中不能是‘无明’之源，因其整体性在其本真上便是大全知觉性。‘太一’在其整个的知觉体中，不能将‘多’从其自体除外，因为于是‘多’则全然不会存在；至多，它只能从宇宙活动退处于它的知觉性中某处，以使一相似的运动在个人中为可能。‘多’者在整体中或在‘多’者的每个自我中，不能真无知于‘太一’或他者，因为说‘多’，我们的意思是说一切中之此同一神圣的‘自我’，诚然是个体化了，但仍然在知觉的有体上，在单独一普遍性中与一切为一，也与原始的和超上的‘有体’为一。然则‘无明’不是心灵知觉性的，甚至个人心灵的自然性格；它是在施为着的‘知觉力量’中某一独特化的作为的结果，当其凝敛于工作中，忘记了自我，也忘记了自性的全部真实性之时。这作为不能是整个有体的，也不能是有体的全部力量的，——因为那全般性的性格是全部知觉性，而不是局部知觉性，——它必须是一肤表的或局部的运动，凝敛于知觉性与能力的一肤表的或局部的作用中，集中于其形成中，忘却其余一切凡不包括于此形成中，或不显然在其间活动者。‘无明’，是‘自性’于‘自我’与‘大全’有用意的遗忘，将其搁置一边，遗置在她身后，以便在某些存在的外表活动中，专作她所当作的。

在有体之无限性与其无限的觉识中，知觉性的集中，‘多波士’，是当作‘知觉性·力量’的内在权能而常在的：这是永恒的‘觉识性’之一自我摄持或自我凝聚了的寓居于它自体中和它自体上，或它的对象上；但对象也常在某方式上是它自体，是它自有的有体，或是它的有体之一显示和运动。集中可能是真元的；可能甚至是一单独内居或一全般凝敛于它自有的有体之真元中，一光明的或否则是一自忘的自我汩没。或者，它可能是一全部多性的或一局部多性的集中。或者，它可能是一单独的凝视于它的有体或运动的一个原野，在一个中心上的专注底集中，或在其自我存在的一个对象形式中的凝敛。第一个，真元的，在一端是超心知的‘玄默’，在另一端是‘无心知性’；第二个，整体的，是‘真、智、乐’的大全知觉性，超心思的集中；第三个，多性的，是全般化或球形底高上心思的觉识性的方法；第四个，分别的，是‘无明’的特著性质。‘绝对者’的无上整体性，将其知觉性的这一切境界或权能集合而为一单独不可分之有体，以一同时的自我视见，见其全自体于显示中。

然则集中，即自体摄持而寓居于其自体中或自体上，以之为对象，在这义度下可说为属于知觉的有体之真自性。因为，虽有知觉性的一无限伸展，和知觉性的漫布，它却是一自体摄持了、自体包含了的伸展，或一自体摄持了、自体包含了的漫布。虽似乎是有它的多种能力的离散，那如实是分发的一形式，而且那只在一肤表的原畴上为可能，因为它为一在下基托着的、自体摄持了的集中所支持。一除外的集中，在单独一个主体中，或主体上，或对象中，或对象上，或有体的领域或运动之中或其上，不是从‘精神’的觉识性分离或否定，而是‘多波士’的权能的自体凝聚的一个形式。但时当这集中是除外的了，则发生退敛，将其余一切自我知识收敛于它后面。它可能在全时皆觉识这其余一切，但动作则仿佛它未尝觉识；那不会是‘无明’的一境界或作为：但设若知觉性以集中而立起一堵墙，除外其余，自限于单独一个领域，原畴，或寓居，在这运动中，以致它只觉识那个，或觉识其余一切皆是外于它自体，则我们有自体范限着的知识之一原则，这可能结果为一分别的知识，而臻极于一正性的和有效果的无明。

我们能瞥见一点这是什么意思，在作为上它达到什么，时若我们看这除外的集中的性质，在心思的人中，在我们自己的知觉性中的。最初，我们得注意到，通常我们所谓人者，意思不是指他的内

中自我，只是于知觉性与能力的显似的继续的运动在过去、现在、未来的总和，我们加以这名称。是这，乃在形相上作其人的一切工作，思维其一切思想，感受其一切感情。这能力，是'知觉性·力量'的一运动，集中于内向和外向的工事之一时间性的川流上。但是我们知道，在这能力的川流之后，有一知觉性之大海，它觉识这川流，但此川流不觉识它；因为这表面能力的总和，是一选集，从不可见的一切的出品。那大海，是潜意识的自我，超心知的，下心知的，内心知的，和周心知的有体，而总持集合此一切者，是心灵，性灵元。这川流是自然的、表面的人。在此外表的人中，'多波士'，这有体的知觉性之机动力量，是集中于表面上，在一聚表面的工事里；其自体的其余一切，它皆留置在后，也可能在其知觉的存在之未表呈的后方，隐约地觉识它，但在这外表的凝敛了的运动之前方，不觉识它。无论怎样，在那后方或在诸深处，它不精确是无知于它自体，在无明这名词的任何真元的义度上，但是为了它的表面运动的目的，且只在那运动中，它遗忘它的真实自我，更大的自我，由于凝敛，由于除外地集中于它在外表所作者上。可是，如实乃那隐藏了的大海，而非这表面的川流，作着一切行事：是那大海为这运动的渊源，而不是它所抛起的知觉的波浪，无论这波浪的知觉性，凝敛于其运动中，生活于那中间，除了那不见到其余什么，对此事作何想法。而且那大海，真实的自我，整个的知觉有体，整个的有体的力量，不是无明的；甚至这波浪也非真实是无明的，——因为它在自体内中包含一切它所遗忘的知觉，而且，倘若不是为了那，它会全然不能作为或忍受的，——但它是自忘的，凝敛于它自体的运动中，太凝敛了，除了持续使它从事的运动，更不注意到旁底什么。一有限的实际的自我遗忘,不是一真元的和胶固底自我无知,乃这除外的集中的性格,却仍是那当作'无明'而工作者的根本。

如是,我们也见到,人,虽真实是'多波士'的一不可分的川流,'时间'中的知觉的能力之一川流,只能以他的过去的工作力量之总和而在现在作为,以他的过去和现在的作为已正创造他的将来,然仍是凝然生活于现在这时分,从一时分到一时分生活着,因此在知觉性的这表面作为中,无知于他的将来,也无知于他的过去,除了过去的一少分,他在任何时分可用记忆唤回的。虽然,他不在过去中生活;他所唤回的,不是过去本身,只是过去的一鬼魂,一个真实的概念的阴影,那于今对他是死去了,不存在,不复是有的。但凡此皆是肤表的无明之一作为。内中真正的知觉性,不是不觉识它的过去的;它将其保存在那里,不必定在记忆中,而是在有体中,仍然生动,活泼,准备了果实,不时在记忆中,或更具体地在过去的行为和过去的原因之结果中,将其送上到表面的知觉的有体中来,——那诚然便是所谓'羯摩'即'业'(Karma)的真正道理。它亦是或亦能觉识将来,因为在内中有体的某处,有一认识的原地,启对将来底知识,一前瞻亦如一后顾底'时间'意识,'时间'视见,'时间'知见;有个什么,在其中不可分地在三时中活着,而且涵括了它们的一切显似底分化,在其内中保持着将来准备显示。于是在此,在这生活于现在的习惯中,我们有第二番凝敛,第二番除外的集中,更加范限这有体,且使之更复杂化了,但是使作为的明显过程简单化了,由于不将其关联到'时间'的全部无限过程上,却关联到时分的一决定的连续上。

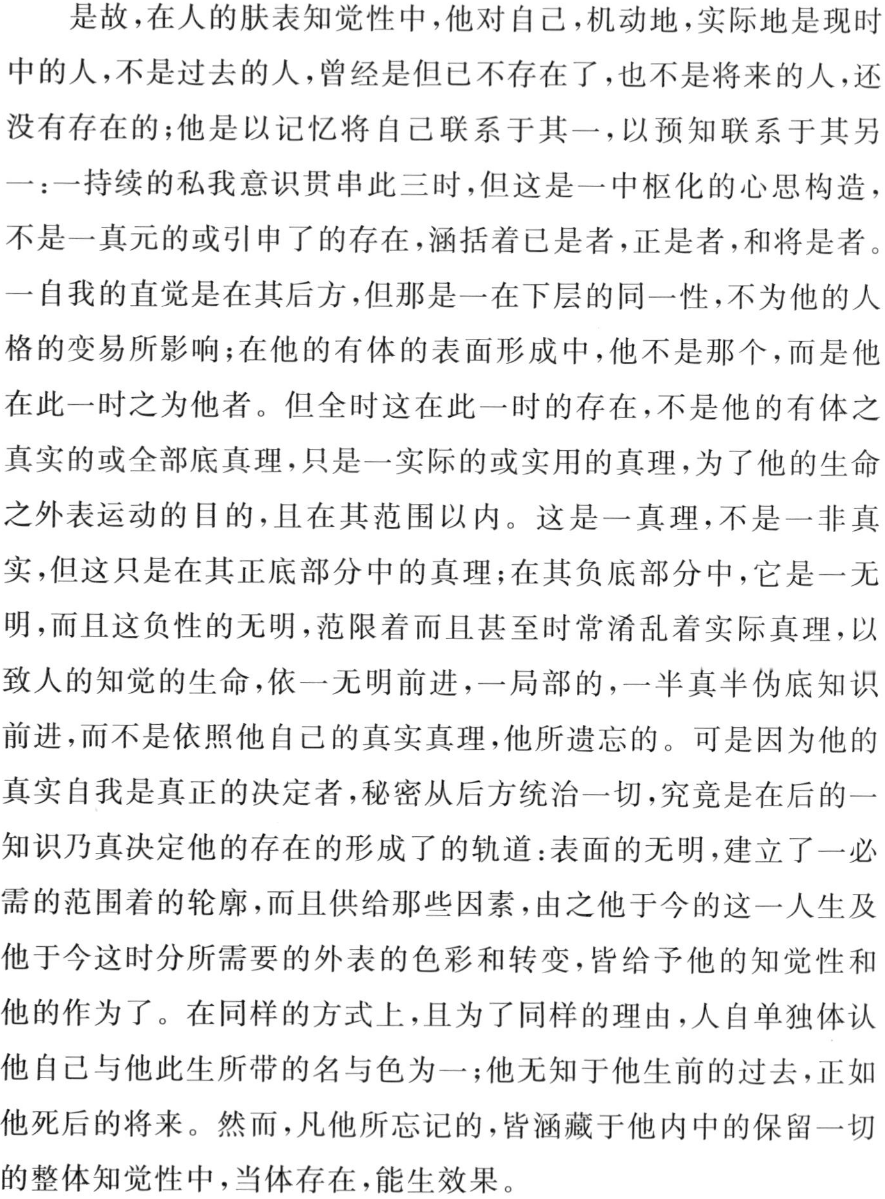

是故，在人的肤表知觉性中，他对自己，机动地，实际地是现时中的人，不是过去的人，曾经是但已不存在了，也不是将来的人，还没有存在的；他是以记忆将自己联系于其一，以预知联系于其另一：一持续的私我意识贯串此三时，但这是一中枢化的心思构造，不是一真元的或引申了的存在，涵括着已是者，正是者，和将是者。一自我的直觉是在其后方，但那是一在下层的同一性，不为他的人格的变易所影响；在他的有体的表面形成中，他不是那个，而是他在此一时之为他者。但全时这在此一时的存在，不是他的有体之真实的或全部底真理，只是一实际的或实用的真理，为了他的生命之外表运动的目的，且在其范围以内。这是一真理，不是一非真实，但这只是在其正底部分中的真理；在其负底部分中，它是一无明，而且这负性的无明，范限着而且甚至时常淆乱着实际真理，以致人的知觉的生命，依一无明前进，一局部的，一半真半伪底知识前进，而不是依照他自己的真实真理，他所遗忘的。可是因为他的真实自我是真正的决定者，秘密从后方统治一切，究竟是在后的一知识乃真决定他的存在的形成了的轨道：表面的无明，建立了一必需的范围着的轮廓，而且供给那些因素，由之他于今的这一人生及他于今这时分所需要的外表的色彩和转变，皆给予他的知觉性和他的作为了。在同样的方式上，且为了同样的理由，人自单独体认他自己与他此生所带的名与色为一；他无知于他生前的过去，正如他死后的将来。然而，凡他所忘记的，皆涵藏于他内中的保留一切的整体知觉性中，当体存在，能生效果。

在表面上的除外的集中，也有一较小的实际用处，虽属暂时性质，也可以给我们一点指示。肤表的人，生活于一时分到一时分，在他现在这一生中，好像是做几部分活动，而且，时当其忙于每一部分，他能够作一除外的集中，一凝敛于其中，以此他遗忘了他自己的余分，于此一时将其遗留在后，到那程度是自忘的。在此一时其人是演剧员，诗人，兵士，或任何其他什么人，可能由他的有体之力量，他的'多波士'，他的过去的知觉能力，及从之发展出的作用之某些奇特的或独著底作为，将他组成和形成的。不单是他宜于将他自己投奉于此一时的他自己的一部分之这除外的集中里，亦且是他的成功于作为中，大大依赖他之能遗置他自己的余分、只生活于他的当前工作中之完全性。可是全时我们能见到，是他整个的人，乃真在作其所为，不只是他的这某一部分；他之所为，他作为的方式，他带到其中的原素，他所给他的工作的标志，一皆依乎他的全部性格，心思，学识，天才，他的过去所造成他的一切，——而且，不仅是他的这一生的过去，亦复有其他诸生的，而且又不仅是他的过去，亦复有他自己的和他周遭的世界的过去，现在，和前定的未来，乃他的工作的决定者。在他中间的现在这演员，诗人，或兵士，只是他的'多波士'的一分别的决定；这是他的有体之力量，为了其能力的某一种特殊作为而组织了，是'多波士'的一分别运动，它能够，——而且这能耐不是一弱点，一缺陷，而是知觉性的伟大权能，——自体凝敛于那一独特工事中，暂时自忘，忘记自体的余分，虽则余分全时皆存在于知觉性后面，及工作本身中，在工作的形成上是积极的，或有其势力。人的这自动的自忘于他的工作中，于他所作的一出戏中，这异于他的那另一更深的自忘，在于分隔的墙没有那么在现相上为完全，且全然不能经久；心思能在任何时消散它的集中，从它的工作回到那更大的自我，以此为其一局部

作为的。外表的或显似底人，不能随意回到他内中真实的人；他只能作这到相当限度，在他的心理体之异常状态下，非正常或超正常而作，或者，作的较永久且较完全，则为一长久辛勤底自我训练，自我深化，自我增高，自我扩大的结果。可是他仍能回转；所以分别只是在现相上，不是真元的：在真元上，二者皆是凝敛的、除外集中的同一运动，敛集于他自己，作为，力量的运动的某独特一方面，虽情况不同，工作方式相异。

这除外集中的权能，不限于凡人的较大自我，在某一独特性格或工作型上的凝敛，它引申到我们适当其时所从事的某一活动中的全部自我遗忘。演员在高度紧张的时分，忘记他是一演员，变成了舞台上他所出演的那脚色；不是他真想着自己是罗摩或罗婆拿，而是他暂时体认他自己即是此名称所代表的性格的形式和作为，又那么完全，以致忘记出演之的真实人。同然，诗人忘记了自己，这人，这位工作者，在一时只是灵感激动的，非个人性的能力，在文辞与韵律的形成中作发的；其余一切则皆遗忘。兵士在作战时忘记自己，变成了进攻，与愤怒，与杀戮。同然，为高度忿怒所厌的人，忘记了自己，如寻常所说，而且如在前章已较适合地且着重说过的，他变成了忿怒：这些名词表白一真实的真理，不是其人的有体在那一时的全部真理，而是他的知觉的能力在作为中的一实际事实。他诚然忘却自己，忘掉了他自己的其余一切，及其他种冲动，与自制和自加指导的权能，以致他简单以占据他的热情的能力而作为，一时变成了那能力。这是在正常的人类自动心理中，自我遗忘性所能到的地步；因为他随后便必须回转到那较宽大的自我觉识的知觉性，以此自我遗忘仅为其一暂时的运动的。

但是，在更大的宇宙的知觉性中，必然有一权能，使这运动达到其绝对的一点，为任何相对运动所可能达到的最大的极端，而这一点，不是在人的无知觉性中，而是在物质的‘自然’之无心知性中达到的。人的无知觉性，不是常住的，而是常回到清醒的知觉有体，即正常是、特著是人之为人者。这无心知性，不较除外地集中于我们的暂时的有体，所以范限着人的清醒知觉性者的无明更真实；因为有如在我们内中，也在原子，矿物，植物，物质‘自然’的每一形式中，物质‘自然’的每一能力中，我们知道，有一秘密的心灵，秘密的意志，秘密的智慧在工作，异乎喑默的自忘的形式，即奥义书所说的‘心知者’，——虽在无知觉的事物中亦复心知着，——若没有它的当体，且内成着‘知觉的力量’或‘多波士’，则没有‘自然’的工作可作成。在那里为无心知的，是‘自性’(Prakriti)，能力的形式，动性的作为，凝敛于其工事中，与之体认为一，到那么一种程度，以致束缚于一种定境或集中的昏沉里，时当其被囚禁于那形式里，便不能回到它的真实自我了，不能回到整个的知觉体和整个的知觉体的力量，为它所遗下的，在它的单纯工事与能力的沉酣底定境中它所忘掉的。‘自性’，施行的力量，变到不觉识‘神我’(Purusha，补鲁洒)了，‘知觉的有体’，将他隐藏于她内里，又只以知觉性从这‘无心知性’出现而缓缓觉识。‘神我’诚然同意于取它自体的现似底形式，‘自性’替它构造的；它似乎变成了‘无心知者’，物理体，情命体，心思体：但虽在这一切中，在真实性上它仍是它自体；秘密知觉的‘有体’之光明，支持且内成着无心知者的作用，或‘自性’的出现着而知觉的能力之作用。

无心知性是外表的，如同人的清醒心思之无明，或他的睡眠中

的无心知或下心知，在其内中便是‘全心知者’；它全是现相的，但它是完全的现相。这是那么完全，以致只是由一进化的知觉性之迫促，出现为其他形式，非如此被拘禁于这无心知的工作方法上者，它乃能回到它自体，在动物中恢复一局部的觉识性，其次在人、在他的最高度中，恢复一些接近的可能，接近一真是知觉的工事之开端，最初一较完全的虽仍属肤表的开端。但是，如在外表的人和真实的人这场合，其间有一相似的虽属较少的无能性，那分别也仍然只是现相的。真元上，在事物的宇宙秩序中，物质‘自然’的无心知性，是同一除外的集中，同一在工作与能力中的凝敛，有如在清醒人的心思的自我范限中，或自忘的心思之集中于其工事里。唯独是那自我范限推到了自我遗忘的最远底一点，乃变成了不是一暂时的作为，而成了其作为的律则。‘无知性’在‘自然’中便是完全的自我无明；人的局部知识和普通的无明，是一局部的自我无明，在‘自然’的进化秩序中标志向自我知识的一回转；但二者以及一切无明，若加以检讨，皆是一肤表的除外集中，‘多波士’的一自我遗忘底集中，有体的知觉能力，集中于其运动的某一路或某一段上，单独为它所觉识的，或似乎单独是在表面上的。这无明在那运动的范围以内是有效果的，且为了它的目的是有效能的，但它是现相的，局部的，肤表的，不真元是真实的，不是整体的。我们必须在一非常有限的义度上用‘真实的’这名词，不在其绝对义度上；因为无明是够真实的，但它不是我们的有体的全部真理，而且以其自体视之，甚至它的真理对我们的外在觉识也已误表。在它自体的那真实真理上，它是一内入了的‘知觉性’与‘知识’之外转而回到它自体，但是当作一‘无心知性’与一‘无明’，它是机动地有效能的。

这既是'无明'的根本性质,一实际真理,在现相上是、却非真实是分化着的,范限着和分别的知觉能力,凝敛于其工作中,以致似乎遗忘了它的全体的和真实的自我,——以此,我们可答复那些问题,这运动是为何,如何,又在何处。'无明'的理由,其需要,变到够明白了,一旦我们见到,倘若没有它,则我们的世界的显示的目的会不可能,全然不能作成,或不能完全作成,或者不在它应成就且已成就的方式上成就。多方的'无明'之每一方面有其是正底理由,只是唯一普通的需要之一部分。人,生活于他的无时间的有体中,不能将自己投入'时间'的川流中,以他之隶属于其长往的运动,从一时分到一时分,即他现在的生活的性质。生活于他的超心知的或潜意识的自我中,他不会能从他个人的心思体之纠结作出与他周遭世界的关系,他应加以联结和散解的,或者,会要以根本不同的方式作之。生活在宇宙的自我中,不在私我的分别的知觉性中,他会不能发出那分别的作为,人格,从自己的展望,以自己为独一的原本中心或据点,即私我意识对世界工事的贡献。他应当穿戴上时间性的,心理的,自私的无明,用以保护他自己,防避无限者的光明,与宇宙者之浩大,因以在这保卫之后方发展他的时间性的个人性于此宇宙中。他必须好像只在此一生中生活,戴上他于无限的过去与将来之无明:因为,否则倘过去对他现前,他便不能作出他现今底与他的环境的选择出了的关系在如所意想的方式里;他的知识会于他太伟大了,那必然会改变他的行为的全部精神、与形式、与平衡。他必得生活于为身体生命所吸住的心思中,不在'超心思'中;因为否则这些无明的保卫障壁,为心思的范限着,分化着,区别着的权能所创造的,不会筑成了,或会变到太薄,

和透明，不合他的用。

那目的，为了达到它，凡此一切除外的集中我们所称为‘无明’者皆属需要的，乃是要周转那循环，即自我遗忘与自我发现的圆圈；为了它的喜乐，秘密的精神在‘自性’中乃擅有‘无明’。非是否则一切宇宙显示皆会变到不可能；但那会是迥乎不同于我们生活其中的这一显示；那将是限于神圣‘存在’的高等诸世界，或限于一典型底不进化的宇宙，其间每一有体，生活于其自有的自性律则的全部光明中，而这正面底显示，这外转的循环，将不可能。在这里为目标者，在那里会是永恒的境况；在这里为一阶段者，将是一久延底存在型。是为了发现他自己于他的有体的和他的自性的这些似是的对反者中，‘真、智、乐’乃下降入物质的‘无知性’里，戴上了它的现相的无明，当作一外表的假面具，在其中他将自己从他自己的知觉的能力前隐蔽了，任其自忘，凝敛于其工作和形式中。是在那些形式里，缓缓醒觉的心灵，乃当接受一无明的现相上底作为，这无明如实是明，从原始的无知性中进步地醒觉的，而且，是在这些工事所造成的新情况中，它得重新发现它自体，且以那光明神圣地转化人生，这么辛劳以圆成其降入‘无心知’中的目的的。这宇宙的循环的目的，不是尽可能迅速回到诸天界，其间美满的光明和喜乐皆为永恒，或回到超宇宙的福乐里；也不徒是重复一无目的的回旋，于无明的一悠长而不完善的轨道上，寻求着知识而永不是美满得到它，——在那场合，无明将是‘全心知者’的不可解释的大错，或者是一痛苦底、无目的的‘必需’，同样不可解释的，——而是实践‘自我’的‘阿难陀’，在异乎超宇宙的情况中，在宇宙有体中，而且，寻得其喜乐与光明之天，甚至在为一具体的物质存在的条件

所提供的反对下，由奋斗，因此是趋向自我发现的喜乐的奋斗，这，似乎是心灵之出生于人体中，及人类在其循环系统中的辛劳的真正目的。‘无明’是一必需的、虽甚属附带底项目，宇宙的‘明’所附加于其自体的，以使那运动成为可能，——不是一大错和堕落，而是一有目的的降临，不是一诅咒，而是一神圣的机会。求得而且体现‘大全悦乐’于其多方性的一深密的概括中，成就无限的‘存在’之一可能性，非在其他情况下可能成就的，从‘物质’造出一神圣的殿堂，似乎是加到生入物质世界的精神上之事业。

我们见到，无明不是在秘密心灵中，而是在显似的‘自性’中；甚且也不属于那‘自性’之全体，——它不能，因为‘自性’是‘全心知者’的作用，——而是起于其原始的整体光明与权能的某些发展。那发展在什么地方发生，在有体的什么原则中得其机会和起点呢？必然的，不是在无限的有体，无限的知觉性，无限的悦乐中，那皆是存在的最上诸界，由之其他一切皆源出或下降于此较幽隐的、暧昧的显示中者。在那里不能有其地位。也不是在‘超心思’中；因为在‘超心思’中，无限的光明与权能皆常在，甚至常在于最有限的工事中，而且一体性之知觉性，怀抱着分殊性的知觉性。是在心思界上，退置真实的自我知觉性乃有可能。因为只有心思是知觉的有体的那种权能，能区别，循着区别的路线前进，以分殊性的意识而显著，为特性，而以一体性的意识居后，非显著，非其工事的真本质料。设若以任何偶然的机会，这支持着的一体性意识能被引后退，——它为心思所有，不在其分别的自有的主权中，但因为它后面有‘超心思’，因为它返映‘超心思’的光明，它只是‘超心思’的一次等权能，依之而起的，——设若一障幕可在心思与‘超心

思'之间垂下，障蔽'真理'的光明，或只让其光线透入却是散漫了，分布了，返映了，但有错乱和分化，则'无明'的现相可干入。这样底一障幕是有，如奥义书所说，是'心思'本身的作用所组成的：这是在'高上心思'中的一黄金盖子，隐蔽了超心思的'真理'的面庞，但反映出它的相貌；在'心思'中，这成了一较晦暗和烟雾胧明底罩幂。那作用，是'心思'的凝聚底下视，视着分殊性，即其特著的运动，视线离开了至上的一体性，为那分殊性所表现的，直到它完全不记起一体性而以之自支了。即算如此，一体性仍然支持它，使它的活动成为可能，但那凝定了的'能力'，不觉识它自体的渊源和更伟大的真实自我了。'心思'既遗忘了其所依起者，因其凝聚于形成着的'能力'之工事中，便与那'能力'那么体认为一，以致它失去了对自体的把持，变到全般沦没于工作的一定止中，它所仍以其梦游似的作用而支持的，但已不复觉识它了。这是知觉性之卜降的最后一阶段，一深沉的睡眠，知觉性之不可测的深定，是物质'自性'的作用之深厚基础。

虽然，应当记住，时当我们说'知觉性·力量'的一局部的运动，凝敛于其形式和作为上，于其工事的一有限原畴中，这不暗许其整体性有何真实的分化。将其自体的余分留置在后，只有使那一切余分，对在此运动的有限范围中的前方直接活动的能力幽暗化了的结果，但不是将其屏置于范围之外；事实上整体的'力量'是在那里的，虽则为'无心知性'所障蔽，而且是那整体的'力量'，为整体的自我有体所支持，经过其前方的能力，乃作全部工作，且寓居为运动所造成的一切形式里。也当注意到，为了要移去'无明'的障幕，有体的知觉'力量'在我们的内中，运用它的除外的集中之一反面作用；它静止在个人知觉性中的‘自性’的前方运动，除外地集中于隐藏着的内中有体，——在‘自我’上，或在真实的内中有体，性灵的，或心思的，或情命的有体上，‘神我’上，——以启开它。但时若它已这样做了，它无须留止于这反对的除外性中；它能恢复它的整体的知觉性，或圆球形底知觉性，双包‘神我’的有体与‘自性’的作用，心灵与其工具，‘自我’与‘自我权能’（ātmaśakti）的机动；于是它能以一更大的知觉性怀抱它的显示，无有于前此之诸多范限，无有于‘自性’于内寓底‘精神’之遗忘的后果。或者，它可静止它所显示的全部工事，集中于‘自我’与‘自性’的一较高水平，将有体提升到上面，移下那高水平的权能以转化从前底这显示。凡如此转化了的，仍是包含于一新的更大的自我创造中，但当作高等机动及其高等价值的一部分。这是能够发生的，时当我们的有体中之‘知觉性・力量’，决定要升起它的进化从心思的到超心思的水平。在每个场合，是‘多波士’发生效果，但它在一不同的方式上作为，按照所应当作成的事，按照‘无限者’的预定了的程序，机动，自我施展。

但仍然，纵使这是‘无明’的机巧，可以问如何‘全心知者’，虽只在他的知觉的能力的一部分底作为中，甚至能成功于达到这表面的无明与无心知，这是否存其为一神秘。即使是如此，也值得规定一下这神秘的精确作用，它的性质，它的范围，使我们不为其所怔，而迷于它的真实用途，与它所给的机会。但神秘是分化着的智识之一虚撰，那，因为它发现或造出两个概念间之逻辑的对反，便以为有两个观察到的事实间的对反，因此不能同存并在而为一体。这‘无明’，如我们见到的，如实是‘明’的一权能，以范限其自体，以集中于当前的工作上，为实际上一除外的集中，这不阻止后面的全部知觉体之充分存在和工事，为在所选择的情况中的工事，且自体加到自性上的。一切知觉的自我范限，是为了其某特殊作用之一权能，不是一弱点；一切集中，是知觉的有体之一力量，不是一无能。是真，在'超心思'，则能作一整体的，概括的，多性的，无限的自我集中，在这，则是分化着，有了限制；也是真，它造出颠倒的，一如局部的，而且，到这地步，为虚伪的或只是半真的事物价值：但我们已见到这范限和知识之局部性的目的；而目的既经认许，则圆成此目的之权能亦当认许，在绝对'有体'的绝对力量中。为了某一独特工事的这一自我范限的权能，非但不是与那'有体'的绝对的知觉力量不相违戾，反恰合是多种权能之一，我们希望其存在于'无限者'的多种权能中的。

'绝对者'，不是真以在它自体中发出一诸多关系的宇宙而被限制了；这是它的绝对有体，知觉性，力量，自我悦乐的一自然的活动。'无限者'，不是以在它自体中建造无限一系交互活动着的有限现相而被限制了；那倒是它的自然的自我表现。'太一'，不是以其能为多性之能量，它多方多式地享受它的自体于其间者而被限制了；那毋宁是一无限者的真实表诠的一部分，如其与一严格的，有限的，和概念的一体性相对反。同然，'无明'，被认为知觉的有体之多方自我凝敛着和自我范限着的集中之一权能，是一自然的变换的能量，在他的自我知觉的知识中，是'绝对者'在它的显示中的关系之可能的定态之一，'无限者'在它的有限工事的系统中之可能的定态之一，'太一'在它于'多'中之自我享受之可能的定态之一。以自体凝敛以至不觉识此世界，可是同时又继续存在，这种权能，是这知觉性的能量之一极端；凝敛于宇宙工事中，以致无知于自我，全时皆在作那些工事者，这种权能是相反的另一极端。但两者中那一个也不真实范限‘真、智、乐’的整体的自我觉识的存在，那双超这些似是的对反者；即使是在它们的对反中，它们也助成表现且显示‘不可名相者’。

第十四章　虚伪，错误，不善，与罪恶之由来及其对治

倘若‘无明’在其自性是一自体范限著的‘知识’（即‘明’），忘却了其整体的自我觉识，且局限于一除外的集中里，即集中于某一个原畴内，或于宇宙运动的一隐蔽着的表面上，然则在这观念下，我们当如何处理这问题呢——罪恶的问题，时当人的心思转到他自己的存在和宇宙的存在之神秘时，便最深锐地烦劳它的？一有限的知识，为一秘密的‘大全智慧’所支持，当作一个工具，用以在必需的限制中作出一有检束的世界秩序，这可认许，认为宇宙的‘知觉性’与‘能力’的一可知的程序；但是虚伪和错误的需要，不善与罪恶的需要，或这些的用处，在遍在的‘神圣真实性’的工事中，这不那么容易可认许了。可是，倘若那‘真实性’是我们所假定它那样，则这些相反的现相之呈露，必然有些需要，有些意义，有些功用，它们在这宇宙的经济上所当发施的。因为，在完全的不可移的‘大梵’的自我明、也必是大全知识中，由于凡此一切之为是者皆是‘大梵’，这些现相不能偶然而至，不能是一干入着的意外事件，不能是宇宙中‘大全智者’的‘知觉性·力量’的一非自愿底遗忘或错乱，或为在内中寓居的‘精神’所未防备的丑恶底遭遇，而它成了囚人，在一迷宫中乱走，极难逃脱。这也不能是有体的一不可解释的

神秘，原始的和永恒的，那神圣的‘大全导师’，不能向他自己或向我们说明的。在其后方，必然有‘大全智慧’本身的一意义，‘大全知觉性’的一权能，允许它，运用它，为了我们的自我经验和世界经验的现在工事中的不可少的作用。现在应当更直接考验存在的这一方面，决定其起源，其真实性的限度，其在‘自性’中的地位。

这问题可从三个观点研究，——其与‘绝对者’，无上‘真实性’的关系，其渊源与宇宙工事中的地位，其作为与在个人中的支点。显然地，这些乖谬的现相，在无上‘真实性’本身里，没有直接根源，在那中间没有什么具有这种性格的；这些皆是‘无知’与‘无心知’的作品，不是‘有体’的基本的或本初的方面，不是于‘超上者’或‘宇宙精神’的无限权能为本有。人有时候这么推理：如‘真’与‘善’皆有其绝对，同样‘虚伪’与‘不善’亦应当有其绝对，或者，倘若不是这样，则两者必皆属于相对性；‘明’与‘无明’，‘真’与‘伪’，‘善’与‘恶’，皆只相对而存在，出乎这些二元性之外，它们没有存在。但这不是这些对反者的关系之基本真理；因为，第一，‘伪’与‘恶’，非同于‘真’与‘善’，皆分明是‘无明’的结果，于无‘无明’之处则不能存在：它们在‘神圣本体’中没有自我存在，它们不能是‘神圣自性’中的本生原素。设若，有限的‘明’，即‘无明’的自性，豁除它的范限，若‘无明’消失于‘知识’中，则恶与虚伪不能仍在：因为二者皆无知觉性与妄知觉性的结果，而且设若有真知觉性或全知觉性代替‘无明’，则它们便不复有其存在的任何基础。因此不能有虚伪的绝对，恶的绝对；这些事物皆是世界运动的一副产品：虚伪与痛苦与罪恶的幽暗之花，其根皆植在‘无心知者’的黑土里。另外一方面，没有对‘真’与‘善’的绝对性的这种内在的阻碍：

真与伪,善与恶的相对性,是我们的经验的一事实,但同样这是一副产品,不是于存在为本有的永久因素;因为这只于人类知觉性所作的估价为真实的,于我们的局部知识与局部无明为真实的。

‘真’于我们为相对,因我们的知识是为无明所围绕。我们的精明视见,止于外表现相,皆不是事物的全般真理,而且,若我们更深透入,我们所达到的皆是猜度,或比知,或提示,不是了然无疑的真实之见。我们的结论皆是局部的,推测的,或造成的;我们对它们的述说,即我们对真实的间接接触之表白,其性质乃属代表的或形相的,思想的知见本身即是表相的文字相,不是‘真理’本身之具形成体,不是直接为真实可信。这些形相或代表,皆非完善,皆昏暗,随附有其无知性或错误的阴影;因为它们似乎否认或闭拒其他诸多真理,甚至它们所表现的真理,也得不到其充分价值:是它的一端或边隅,乃投映为形式,其余的则皆遗留在阴影中,未之见,或变了形,或非端然可见。几乎可以说,没有事物的心思的陈说能全般是真实的;它不是‘真理’有形体,纯粹且裸露,而是一衣蔽了的形象,——常时唯有衣蔽乃为可见。但这种性格,非通于知觉性的一直接作用,或通于由同一性的知识之真理;在那里我们的见视可能有限,但如其所伸展,到那限度是可信的,而真实可信,乃趋向绝对性的第一步:错误可自附于对事物的直接之见或同一性之见,由于心思上的累赘,由于一误会的或不正当的引申,或心思的误解,但它不进入本质。这于事物的真切的或同一性的视见或经验,乃知识的真正自性,在有体内中自体存在,虽则在我们的心思中,遂译为一次等形成,非真切可信,且依他而起。‘无明’,在它的渊源上没有这自体存在,或这真实可信的性格;它以知识之范限或缺少

或断绝而存在，错误则由于离背真理，虚伪则由真理之淆乱或违戾或否定。但不能同样说上知识，说其在真正本性上是由无明之范限或缺少或断绝而存在：诚然，它在人的心思中，可能部分是以这么一种范限或断止之程序出现，或由黑暗从一局部的光明后退，或者它可能有无知而化为知识的一方面；但在事实上，它是从我们的深处，它的本土存在之处，以一独立的出生而起的。

复次，关于善与恶，可以说一个以真知觉性而存在，另一个则仅以错误知觉性而依存：倘若有一纯真无杂底知觉性，则唯有善能存在：它不复参杂了恶，或在恶之前形成。人类的善与恶的价值，如同真与妄的，皆诚然是不定，而且相对：在某一地或某一时所认为真理者，在另一地或另一时被认为谬误；所被认为善者，在他处他时可视之为恶。我们也遇到我们所称为善者，却结果出恶，而我们所称为恶者，却结果出善。但善之出生恶的这不顺底结局，是由于明与无明的混乱和参杂，由于错误知觉性透入真正知觉性，以致有我们的善的愚昧底或错误的施行，或则由于侵害着的力量之干扰。在那恶而产生善的相对场合，那相反的较愉快的结果，是由于某些真正知觉性与力量之干入，在后面发生作用，尽管有错误知觉性和错误意志，或者是由救正着的力量参进了。这相对性，这混杂，是人类心思性的一种情况，'宇宙的力量'在人生中的工事；这不是善与恶的基本真理。可以辩驳说，物理的恶，如大多身体上的痛楚，与明与无明无关，离正当与错误知觉性独立，原内在于物理'自性'中：但是，在基本上，痛苦与患难皆是在表面有体中的不充足的知觉性·力量的结果，使其不能正当调理自己与'自然'，或不能同化宇宙的'能力'之接触且使自体与之相和合；倘若我们中间

有一光明的‘知觉性’与神圣的‘力量’，属整个‘有体’的，整体当前，则痛苦与患难皆不会存在。所以，真与伪，善与恶的关系，不是相互依倚，而是属一对反的性质，如光明与阴影；一阴影依光明而得其存在，但光明不依乎阴影而得其存在。‘绝对者’与其基本诸方面的某些这类对反间的关系，不是它们皆为‘绝对者’的基本的相反对诸方面；伪与恶皆无基本性，无无限性或永恒的有体的权能，无自体的存在，即算是由‘自我存在者’中的潜在性而存在之存在性也没有，无一原始的内在性之确实性。

无疑，这是一事实，一旦真或善显示了，伪与恶的概念也变成一可能性；因为时若有了肯定，其否定乃可思议。有如存在，知觉性，与悦乐的显示，已使非存在，无心知，无感觉的显示变到可思议，而且，因可思议，遂在某方式上为无可避免，因为一切可能性皆推向实际性，直至已达，同样地，于‘神圣存在’的这些方面的反对者亦然。在这论据上可说，这些对反者，既在显示之入门处必为显示着的‘知觉性’立刻见到，则可列为暗含底绝对者，且与全宇宙存在不可分离。但首先应当注意到，只是在宇宙显示中它们乃变为可能；它们不能先存在于无时间的有体中，因为它们皆与其本质之为一体性与福乐不相容合。在宇宙中它们也不能生起，除了由真与善的一限制，限于局部的和相对的形式里，由打破存在与知觉性的统一，破析为分别的知觉性和分别的有体。因为，凡虽在多性与异性中亦有知觉性·力量的完全的相互性与一性之处，在该处自我知识与相互的知识的真理是自动自发的，自我无明与相互的无明的错误是不可能的。同然，凡真理存在为一整体之处，在一自我觉识的一性上，该处虚伪不能进入，恶也屏去了，由于除外了错误

知觉性与错误意志，及其于虚伪与邪恶之动作。一自分别性干入了，这些事物也皆能进来；但虽是这同时性也非必然的。倘若有充足的相互性，甚至已缺少了一性的一自动意识，而且，倘若分别的诸有体不违犯或离越它们的有限知识之常型，则和谐与真理仍能操极权，恶将不得其门而入。因此，没有虚伪与邪恶的确实底必然的宇宙性，正如其没有绝对性；它们皆是一些境况或结果，只在某一阶段兴起的，时当分别性臻极于反对，无明臻极于知识的一原始朴野底无知觉性，遂结果出错误知觉性与错误知识，及其所包含的不正意志，不正感觉，不正行为，不正反应。问题是：在宇宙显示的那一环节上，这些对反者进来了；因为这或者可能在某一阶段上，知觉性增上内入于分别的心思和生命中时，或者，只在其投入无心知性之后。这便销归于此一问题：是否虚伪，错误，不正，邪恶，原始存在于心思界与情命界，于心思与情命为本生的；或是否只属于物质显示，因为在此中、由起于‘无心知性’的黑暗加到心思与生命上。也可能追问，倘若它们竟存在于超物理的心思与生命中，是否它们在那里为原始的，固有的；因为它们也或可进到其中，为物理的显示之一超物理的引申或一后果。或者，倘若那不能立，则可能是它们之起，乃作为宇宙的‘心思’和‘生命’中之一助成着的超物理的肯定，为了其在那显示中之出现的先决的必需，它们更自然是属于那显示，当作创造性的‘无心知’的必然的结果。

久已，这是人类心思所保持为一传统知识，即时若我们出乎物质界以外，则发现这些事物也皆存在于我们以外的诸世界里。在超物理经验的诸界中，有情命心思与生命的诸多权能与形体，它们似乎是这些我们在此土地存在中所遇到的生命心思和生命力量之

乖戾的，缺陷的，或颠倒的诸多权能与形体的先物理的基础。有些力量，而且如潜意识的经验仿佛表明，有些超物理的有体，以那些力量化为形体，在其根本自性中依附无明，依附知觉性的黑暗，力量之误用，悦乐之颠倒，依附一切我们所称为邪恶的事物之因与果。这些权能，有体，或力量，皆活动于以它们的乖谬的构造加到世间生物上；皆急于保持它们在显示中的统治，它们反对光明与真理与善之增加，而且，更有甚者，反对心灵之进向一神圣知觉性与神圣存在。是存在的这一形相，我们见到在传统中描画为‘光明’与‘黑暗’，‘善’与‘恶’，宇宙的‘和谐’与宇宙的‘纷乱’之冲突，一个传统，在古代神话中，在宗教中，皆是普遍的，且为一切玄秘知识的派别所通有。

这传统知识的理论，是完全合乎理性的，且可由内中经验证实，而且，倘若我们承认有超物理的真实，而不自囿于承认物质有体为唯一真实，则这理论自然可立。有如有一宇宙的‘自我’与‘精神’，漫遍此宇宙及其万事万物，而且支持之，同然，有一宇宙的‘力量’推动此万事万物，而且在这原始的宇宙‘力量’上，有许多宇宙‘力量’依托着，而且发生作用，皆是它的诸多权能，或兴起为它的宇宙作用的诸多形式。凡在此宇宙中已表呈者，有一‘力量’或一些‘力量’支持它，要圆成它，或推进它，在它的功能上，得到它们的基础，在它的成就，与生长，与统治上，得到它们的成就的缘由，在它的胜利或生存中，得到它们的自我圆成，或它们的存在的延续。正如有‘知识’的‘权能’或‘光明’的‘力量’，同样有‘无明’的‘权能’或‘黑暗’的幽沉‘力量’，其工作是延长‘无明’与‘无心知’的统治。正如有‘真理’的诸多‘力量’，同样有种种‘力量’依‘虚伪’而生活，支持它，为它的胜利而生活；正如有许多权能，其生命是密切联系于'善'的存在，理念，与推动上，同样也有许多'力量'，其生命是密切联系于'恶'的存在，理念，与推动上。是此宇宙的'不可见者'的真理，乃在古代信仰中象征为'光明'与'黑暗'，'善'与'恶'的权能间的一斗争，要占有世界和统治人类的生命；这便是韦陀中的天神与其仇敌，'黑暗'与'分化'之子的战斗的意义，在后代传统中，这衍为狄鞞与巨人，与魔鬼，阿修罗，罗刹，毗沙遮的战斗了；同样一传统，见于祆教的'二重原则'，与后世的闪族教的对反，以上帝和他的天使在一边，与'撒旦'和他的战队在另一边之战，——皆是不可见的'人物'与'权能'，将人类领导至'光明'与'真理'与'善'者，或引诱人屈服于'黑暗'与'虚伪'与'邪恶'的不神圣原则者。近代思想，则不觉识不可见的力量，除了那些由'科学'所启明的或建造的；它不相信'自然'能创造其他何物，除了这些在我们的周围，在这物理世界中的，人，兽，禽，蛇，鱼，虫，细菌，和微生物。但是，倘若有些不可见的宇宙力量，在其性质是物理的，在无生命的对象的躯体上发生作用，则亦无有效的理由，为什么不能有些不可见的宇宙力量，在其性质是心思的和情命的，在他的心思和他的生命力量上发生作用。而且，倘若'心思'和'生命'，非人格性的力量，形成知觉的有体，或用人以具其形体于物理的形式中，且在一物理世界中，而且能以'物质'且在'物质'上发生作用，则在它们的自有的诸界上，它们形成知觉的有体，其较微妙的本质非我们所见，或者，它们从那诸界上，能向物理'自然'中的有体发施作用，不是不可能的。无论我们于过去的人类信仰或经验的传统造像上，加以何种真实性或神话底非真实性，它们总归是在原则上为真实

的事物之一些表呈。在那场合，则善与恶的初始渊源，不会在这世间生命中，或这出乎‘无心知性’的进化中，而是在‘生命’本身中，它们的渊源当是超物理的，而它们当是从那较大的超物理的‘自然’，返映到此世间的。

这却是确然的，时当我们返入我们自己内中，深深远离表面现相，我们发现思心，情心，和人的感觉体，皆为某些力量所推动，非在他自己的管制下，而且，他能变为诸多宇宙性格底‘能力’的手中的工具，而不知道他的行动之所由来。是从物理的表面后退，而退入他的内中有体与潜意识的知觉性，他乃直接觉识它们，且能直接知道和应付它们在他身上的作用。他变到觉识那些引导他到这一方向或那一方向的干预，觉识那些提示和冲动，自乔装为他自己的心思的原始运动，他却应当与之战斗的。他能体会到，他不是一知觉的生物，不可解释地出生于一不知觉的世界中，出自一无心知的‘物质’的种子，而在一幽暗的自我无明中游移，他却是一具有形体的心灵，以其作为、宇宙的‘自性’正是要圆成它的自体，他是一浩大的诤辩的活底原地，‘无明’的一黑暗，它从之出现于此世界的，与‘知识’的一光明，正向上生长，向未尝先见的终极的，两者正争持于此。那些要推动他的‘力量’，其中有些是善与恶的力量，自呈为宇宙‘自性’的种种权能；但它们似乎不单是属此物理世界，而是属于出乎其外的‘生命’和‘心思’诸界。

在这萦绕我们的问题上最关重要的第一事，我们所当注意的，便是：这些‘力量’在其作为中，好像常是超出了人的相对性的度量；它们在其较大的作为中，皆是超凡底，神圣的，巨力的，或魔力的，但它们可在人中造出它们的形成，或大或小，在他的伟大上，在

他的渺小上，它们可摄持他或驱使他，在某些时分，或长期，它们可以影响他的冲动或他的行为，或者占据他的整个本性。倘若那占据发生了，他自己便可被推动到寻常人类的善或恶的过度量；尤其是邪恶成形，震惊常人的观感的度量，越出了凡夫的人格范围，近于巨人底，无节制底，不可限量的了。然则可以问：否认邪恶之绝对性是否错了；正如在人中有一驱迫，一企慕，一切念，要趋于一绝对的真，善，美，同然，这些运动，——一如那些超上着的深密度，痛苦和患难所可达到的，——似乎指出一绝对的恶之自体实践的企图。但是，不可度量者，不是一绝对性的表征：因为绝对者本身不是一大、小度量上的事物；它是超出了度量，不是在浩大性的意义上，而是指在其真元有体中之自由为不可量；它可以自体显示于至微者中，一如在至大者中。是真的，时若我们由心思度到精神，——而那便是往绝对者的一过道，——光明的，权能的，和平的，喜乐的一增上着的深密性与一微妙的广博性，皆表征我们之出离我们的范限：但这起初只是自由的，高度的，普遍性的一表征，还不是自我存在之绝对性，即此事之真元。这一绝对性，是痛苦与邪恶所不能达到的，它们皆为范限所拘束，它们皆是依起的。设若痛苦变到不可量，则它自体终尽，或与它在其中显示者同尽，或崩倒而入于无感觉性，或者，在稀有的情况下，它化为一‘阿难陀’之极乐。设若邪恶化为独一且不可量，则它会毁灭世界，或毁灭那持载它和支持它者；它会以散坏而将它自体与事物销归无有。无疑，那些支持邪恶和黑暗的‘权能’，以其自我扩张之大度，试欲达到一无限性的模样，但是其所能成就的一切，便是庞大，不是无限；或者，至少，它们能表呈其原素为一种幽深的无限者，与‘无心知者’同度

量，但那是一虚伪的无限者。‘自我存在’，在真元中或以在‘自我存在者’中的一永恒的内在性，乃绝对性的条件：错误，虚伪，皆宇宙的权能，但在其自性上皆是相对的，非绝对，因为它们皆依赖其对反者之颠倒或相违而存在，不像真与善之皆为自我存在的绝对者，无上‘自我存在者’的内在的诸方面。

第二点的质问，由这些黑暗的对反者之超物理的和先物理的存在之证明出现了：因为那提示究竟它们是原始的宇宙原则。但又应该注意到，它们的出现，不伸到高于低等超物理的生命诸界；它们皆是‘风之王子的权能’，——在古代象征中，‘风’是生命原则，因此属于中间世界，以情命原则为主、为真元之处。这些敌对底反对者，然则不是宇宙的本始权能，而是‘生命’或生命中的‘心思’之创造物。它们的超物理的诸方面，与在土地自性上的势力，能以一下降着的内入的诸世界，与上升着的进化的平行底诸世界之同存并在解释，非精确是土地存在所创造的，但是当作下降着的世界秩序的一附加，和进化着的土地上的形成之一准备了的支持而造出的；在此，恶乃能出现了，非是当作于一切生命为内在的，而是当作一可能性，一预先的形成，使它之形成于知觉性之自‘无心知者’之进化的出现中为必有。无论这可能是怎样，是当作‘无心知性’的一产品，我们乃能最佳观察到且了解虚伪，错误，不善，邪恶的由来，因为是在‘无心知性’之返回到‘知觉性’时，可见到它们的形成，是在那里，它们乃现为寻常，甚至必有。

从‘无心知者’最初出现的是‘物质’，在‘物质’中似乎虚伪与邪恶不能存在，因为二者皆为一外表的、无明的和分化了的知觉性及其反应所造成。在物质的能力或对象中，没有这种知觉性的活

动的表面组织。在其内中而有无论何种寓居着的秘密知觉性，它总似是喑默，未分辨，为一；在组成此对象的'能力'中为惰性地内在且内向，它以其中之沉默和玄秘底'理念'支持着形体，且使之发生效果，但此外则自体封里于其所创造的能力形体中，无传达亦无表现。纵使它依照'物质'的形式在一相应的自我有体的形式中而区别它自体（rūpam rūpam pratirūpo bahūra）[①]，然它没有心理的组织，没有知觉的正动或反动的系统。仅是由与知觉的有体相接触，然后物质对象能发施权能或势用，可称为善底或恶底：但那善或恶，是被所接触者从之得益或损，利或害的意识所决定；这些价值，不属于物质对象，而属于某个运用它的'力量'，或为接触它的知觉性所造成。火能给人温暖或灼伤人，但那是他非意愿地遇着它，或意愿地利用它；一药物治好病或一毒品杀人，但善与恶的价值，是由用者使之发生作用：也当注意到，一毒药能治病亦能杀人，一药物能杀人或损人，亦能治病或有益。纯粹'物质'世界是中性的，不负责任；这些人所坚持的价值，不存在于物质'自性'中：正如一高上'自性'超越了善与恶之二元，同样地，这低等'自性'落到了善与恶二元之下。这问题可开始表出另一方面了，倘若我们进到物理知识的后方，承认一种玄秘研究的结论，——因为在此我们被告知，有知觉的势力自附于对象上，而这些能是善底或恶底；但仍然可以立此一说，谓这不影响对象之中性，因它不以一个体化了的知觉性发生作用，而是被利用去为善或为恶，或并为二者：善与恶的二元性，非于物质原则为本生固有，它不存在于'物质'世

① 见羯陀奥义书，二，五，九，拙译：'所遇成形色'。——译者

界中。

这二元性，始于知觉的生命，以生命中心思之发展而充分出现；情命心思，欲望与识感的心思，乃恶的意识的创作者，恶的事实的创造者。进者，在动物生命中，恶的事实是存在的，受苦难的恶，与受苦难的意识，暴行，残忍，争斗，欺诈之恶皆在，但道德底恶的意识不在；在动物生命中，没有罪恶与善德之二元，一切作为皆是中性的，而且为了生命的保持及其延续，且为了生命本能的满足皆是可许底。善与恶的识感价值，皆固有于苦与乐，情命的满足与情命的觖望之形式中，心思对这些价值的道德反应乃是人的创作。这不便是，如匆促可推说的，它们皆非真实，只是心思的构造，而且唯一接受'自性'的活动之真办法，即是或处之以中性的漠不关心，或作一平等的接受，或者，在智识上，容许一切她所作的，视为一神圣的或一自然的律则，其间一切皆无偏地可采纳的。那诚然是这真理的一方面：有'生命'和'物质'的一下理性的真理，它是不偏的，中性的，容许一切事物为'自然'的事实，有用于生命的创作，保持，或消灭，宇宙'能力'的三个必需的运动，皆相联而不可无，各在其自有的地位，有同等价值。也有一离了执着的理智之真理，能视此一切如是为'自然'所容纳的，为有用于她的在生命和物质中之处置，能观察万事万物，无动于衷，中立不偏，平等接受；这是一哲理的和科学的理智，见证着，试图了解，但认为要去批判宇宙'能力'之活动，则徒劳无功。也有一超理性的真理，自表呈于精神经验中，能观察普遍的可能性的活动，公正接受一切，认为皆无明与无心知的世界的真正的、自然的形态和结果，或者以镇静与仁慈容许一切，视为神圣工作的一部分，但是，如其等待一高等知觉性与

知识的醒悟，为唯一逃出所自呈现为恶者的路，也准备在那真是有帮助和可能之处加以帮助和干预。但是，尽是如此，也有这另一知觉性的中道真理，使我们觉悟到善与恶的价值，钦重其必需性与重要性；这觉悟，不论其独特底判断之有效性或认可为何，乃进化着的‘自然’的程序上不可少的步骤之一。

但是，这觉悟又从何出发呢？在人中是什么源出善与恶的意识，且给它以其权能和位置呢？设若我们只看程序，则我们可承认是情命心思作了这区别。其第一估价是感觉的，和个人的，——凡对生命私我为愉快，有助有益的，则是善；凡属不愉快，有损，能伤害或毁灭的，便是恶。其次一估价是实用的，和社会底：凡被认为对共同生活有助的，凡其所要求于个人，使他留于团体且管制团体，为了保持，满足，发展公共生活的良好秩序及其单位，便是善；凡在社会观念中有与此相反的效果或倾向的，便是恶。但思维心于是又来到了，有其自有的估价，努力要找到一智识的基础，一法律的或原则的理念，为理性的或宇宙的，也许是一‘羯磨’（行业）的法律，或一伦理体系，建立在理智或美学的，情绪的，或享乐的基础上的。宗教又带来了她的认可；有上帝的一言或一法，命令施行正义，虽‘自然’允许或刺激其反对，——或者，‘真理’和‘正义’本身皆即是上帝，没有其他‘神明’。但是，在凡此一切人类道德本能的实际的或理性的施行之后方，有一种感觉，觉到有些更深沉者：凡此一切标准，或为太狭隘，苛刻，或为太复杂，混乱，不定，可以更换，由一心思的或一情命的转变或进化而更改；可是已感觉到，有一更深沉的长留着的真理，和我们中间的一点什么，能有那真理的直觉，——换言之，真实的认可是内里底，精神的，和性灵的。传统

对这内中的见证者的称谓是良知，我们内里的一知见之权能，半为心思的，半为直觉的；但这是肤浅的，造作的什么，不可靠：在我们内中，确实有一更深沉的什么，不甚容易活动，甚为表面诸原素所掩饰，这便是一精神识感，心灵的认识，我们的本性内中本生的一光明。

然则这精神的或性灵的见证者是什么，或者，善与恶的意识，对它的价值是什么？可以立此一说：罪与恶的意识的一个用处，便是赋形之有体，可变到觉识此无心知与无明的世界之自性，觉悟到其罪恶与痛苦，且知道其善与快乐的相对性质，于是从之退转，转向那为绝对者。或者，不然，其精神的用处可能是由追求善与否定恶，而使本性纯洁化，直到准备于见到至上的善，从世界转向上帝，或者，如佛法伦理之所坚持，可以有用于消解此无明的我执，由此解脱了人格性与痛苦。但也可能是，此一觉悟乃进化本身的一精神的必需，向有体生长出自'无明'而入乎神圣一体性的真理，向一神圣知觉性与神圣有体的进化的一步。因为，远甚于心思或生命之能或向善或向恶者，是心灵人格或性灵体，乃坚执此区别，虽在较徒然是道德底分别为更博大的义度上。是我们内中的心灵，乃常是转对'真'，'善'，与'美'，因为是由这些事物它本身乃生长高大；其余的，它们的对反者，皆经验的必要的一部分，但当以有体之精神的增长而蜕去。我们内中的基本性灵元，以生命的悦乐与全部经验，为精神的进步的显示的部分，但它的生命的悦乐的正本原则，是从一切接触和事情上，收集其秘密的神圣的意义与菁华，是一神圣的作用和目的，致使我们的心思和生命，可由经验而长到出乎'无心知'，而对向一至上的知觉性，出乎'无明'的分化，而对向

一统一化的知觉性与知识。它是为了那个而在此，它从一生到一生遵循它的永是增进的上达的趋向与坚持；心灵的生长，是出自黑暗入乎光明，出自虚伪入乎真理，出自苦难而入乎它自有的至上的和普遍的'喜乐'之生长。心灵对于善与恶的知见，可能不与心思的人为的标准相印合，但它有一较深底识感，一准确的分辨，辨识什么是指向高上'光明'的，什么是指向离开它的。是真的，如低下光明是下于善与恶，同样地，高上光明也超出了善与恶；但这不是说以一无偏的中立性容许一切事物，或平等服从善的与恶的冲动，不是那意思，而是说有一有体之高等法律参入了，其间不复有这些价值的任何地位或用处了。有无上'真理'之一自我法律，它超上了一切标准；有一无上的和宇宙的善，为内向，固有，自我存在，自我觉识，自我发动，自我决定了，无限粘柔，具有至上'无限者'的光辉的知觉性之纯粹粘柔性。

然则倘若恶与伪皆'无心知'的自然产物，生命与心思从之而出的进化、在'无明'的程序中之自动的结果，则我们当看它如何生起，依赖什么而得存在，而且，什么是救治或脱离。心思的和情命的从'无心知性'之表面上的出现，在这中间乃可找到这些现相发生的过程。在此，有两个决定因素，——是这二者，乃虚伪与邪恶之同时出现的生果因。第一，在下层，有内在之知识的一仍属幽暗的知觉性与权能，在上层，也有可称为情命的和物理的知觉性之非决定的或否则形成不良的质料；是经过这一昏暗底困难底中介物，出现着的心思体得打出一条路，得将自体强加其上，由一造成的、而不复是内在的知识，因为这质料仍是充满了无知性，重负了，且封闭于'物质'的无心知里。其次，这出现是发生于一分别了的生命形式中，这生命形式要坚定它自体，对待一无生命的物质惰性原则，抵抗那物质惰性的恒常牵引，引到散解，回返堕落入原始无生命的‘无心知性’中。这分别了的生命形式，又要坚定它自体，仅仅为一有限的联合原则所支持，以对待一外间世界，这外间世界倘非敌视它的存在，却也充满了危险，它得将自体强加其上，征服生存空间，达到表现和繁殖，倘若它愿要活下去。在这些条件下知觉性的出现的结果，便是一自体坚定着的情命的和生理的个人之生长，生命与物质的‘自然’的一构造，而有一隐藏了的性灵的或精神的真个人在后，‘自然’为了它乃创造这外向底表现工具的。一随心思体增长，这情命的和物质的个人，乃取一恒常自我坚定着的心思，情命，身体的私我之较发展了的形式。我们的表面知觉性和生存典型，我们的自然有体，发展出了它现在的这种性格，是在这进化的出现之两个初原底和基本的事实之迫促下。

在其最初出现上，知觉性似乎是一奇迹，一个于‘物质’为陌生的权能，不知怎样显出于一无心知的‘自然’之世界中了，缓缓且艰难地在生长。知识，为此倏忽生死的动物所得到了，仿佛是从无物中造出的，学到了，增加了，聚集了，而在这动物的初生时，全然没有，或有，则非是当作知识，只是在遗传所得的一能量的形式里，这能量正合于此缓缓学习着的无知识性的发展初期。可以揣测，知觉性只是原始的‘无心知性’，机械地记录生存的事实于脑经细胞上，细胞中遂起反映或反应，读出这些记录，诵出它们的答案；记录，反映，回答，联合组成似乎是知觉性者。但明显的，这不是全部真理，因为这可说明观察和机械的作用，——虽然不明白如何一不知觉的记录和回答，能化为一知觉的观察，于事物的一知觉的意识，和自我意识，——但于理念作用，想象，推测，智识以其观察到的材料之自由运用，则不能说明而使人信服。知觉性与知识的进化不能说明，除非事物中已有一隐藏的知觉性，以其内在的和本生的权能一点一点地出现。进者，动物生命与生命中出现著心思之施为，这些事实使我们得到这结论：在此隐藏的知觉性中，有一基托着的'知识'或知识的权能，由于与环境的生活接触之需要，发出到表面。

动物个体，在其最初知觉的自我肯定上，得依靠两个知识来源。如其为无知且无助，为少许朴素底表面知觉性而居于一非其所知的世界中，那秘密的'知觉力量'，乃对这表面送上了最少份底直觉，于它保持它的存在，及通过生活和生存所不可少的活动为必需的。这直觉非为动物所占有，却占有动物且推移它；这是一点自体显示着的什么，显示于知觉性的情命的和物理的本质之真髓中，在一需要的压迫下，且为了所需要的机会；但同时这直觉的一表面结果凝聚了，取了一自动的本能的形式，任何时有机会重新来到便工作；这本能是属于种族的，当其个体分子出生时便赋予了。直觉，当其发生或重复发生时，是无误底；本能，一概而论，也自动是无误底，但亦能错误，因为时若表面知觉性或一发展不良的智慧参入了，或本能仍继续机械地作为，而因为环境改变了，那需要或必要的环境已不存在，则它可失败或大差错。第二个知识来源，便是与自然的个体之外的世界之表面接触；是这接触，乃起初为一知觉的感受和诸识之知见的原因，其次为智慧的原因。倘若未尝有一基层知觉性，则接触不会造成任何知见或反应；一个有体，已经由下知觉的生命原则与其最初需要及寻求而生力化了，其潜意识体

乃由此接触而刺激起一感觉和一表面反应，因此一表面觉识性开始形成而且发展。在内里，一表面知觉性凭生活接触的力量而出现，是由于双在接触之主体与客体中，知觉性·力量已经存在于潜意识的潜伏中：时若生命原则已有准备了，在主体中够敏感了，这接触的受者，这潜意识的知觉性，乃对此刺激生反应而出现，这便开始组成一情命的或生命的心思，动物的心思；其次，在进化之程途上，组成了思维的智慧。秘密的知觉性，转化为表面的感觉与知见，秘密的力量，转化为表面的行动。

设若这基托着的潜意识的知觉性本身发出到表面上来，则主体的知觉性与客体的内容将直接相遇，那结果会是一直接知识；但这不可能，第一，因为'无心知性'的否决或阻碍，第二，因为进化的原旨，是以不完善但生长着的表面觉识性而缓缓发展。秘密的知觉性·力量，所以得自限于不完善的表达，在一表面的情命的和心思的震动与施为中，于是由于直接觉识性之不足，或退藏，或不在，不得不发展出诸官与本能，以求间接知识。一外在的知识与智慧的这种创造，发生于一已准备的非决定的知觉的构架中，即是表面上的最早底形成。起初，这构架只是知觉性的一至少底形成，具有一朦胧底感觉的知见，与一反应行动；但是，当更有组织底生命形式出现了，这生长成一生命心思与情命智慧，起初还大抵是机械的和自动的，只关注到实际需要，欲望，和行动。凡此活动在其开端皆是直觉的和本能的；在基层的知觉性，在表层上，翻译为生命和身体的知觉质料的自动自发的运动：心思运动，当其出现时，皆包含于这些自发自动里，当作一附属的心思记录，在此主要的情命的诸识记录内中。但缓缓地心思开始其隔别自体的工事了；它仍然

为了生命本能，生命需要，和生命欲望而工作，但它自有的特殊性格出现了，作观察，发明，设计，用意，实行其目的，而感觉与行动，则自增加了感情，且以一较微妙和精美底情意底迫促和价值，带到朴素底生命反应中。心思仍是甚内藏于生命中，其最高的纯粹心思的活动犹未可见；它接受本能与情命的直觉之一大背景为其支柱，而发展了的智慧，虽当此动物底生命格度上升时常在生长，然是一附加底上层构架。

当人类智慧自加于这动物基础上时，这基础仍是存在而且活动着，但大大改变了，被知觉的意志和愿想提升了，微妙化了：本能的和生命直觉的机械自动的生活减少了，不能与自我觉识的心思智慧保持其原来的强大比例。直觉变到不那么纯粹为直觉的了：纵使其时仍有一强大的情命直觉，其情命性格乃为心思作用所掩覆，而心思的直觉最寻常是一混合物，非纯净品，因为一合金已参入其中，使其在心思上流通而且适用。在动物中同然，表面知觉性能阻碍或变改直觉，但因其能量较少，乃较少干预'自性'的自动的，机械的，或本能的作为：在心思的人，时若直觉升向表面了，在其未到之前立刻被捕，被翻译入心思智慧的名相，附加以一注解或心思的解释，这便隐蔽了此知识之由来。本能也被褫夺了直觉的性格，由被取起而心思化了，于是因那改变，成为不甚准确了，虽甚得帮助，为事物的适应之粘柔性的权能，与智慧所固有的自我适应之权能所佐助，即或不被它所代替。心思之出现于生命中，浩大地增加了外发着的知觉性·力量的能量与范畴，但也浩大地增加了错误的能量与范畴。因为外发着的心思，恒常牵曳着错误，有如其影，一随此知觉性与知识之体的生长而生长之影。

设若在外发中，表面知觉性常是启对直觉，任其所为，则错误的干入为不可能。因为直觉是一光明的边沿，为秘密的‘超心思’所透露的，而且，出现一‘真理知觉性’，无论怎样有限，可是在其作用上是准确的，必为其后果。本能，倘使它要形成，也会对直觉为粘柔，自体自由地适应进化的改变，和内中或周遭环境之改变。智慧，倘使它要形成，也将服属于直觉，且为其准确的心思表现；其光明也许得稍有调节，以适合一损减了的作用，任用为一较小的而不是像现在一样，任用为一主要的功能和运动，但它不会因游离而致误，不会因其晦暗部分而堕入错误或差失。但这不能是如此，因为心思和生命要在其中自加表现的表面本质，物质，有‘无心知性’的把持，致使表面知觉性晦暗了，对内中的光明无返应；甚且它被策动去拥护这缺点，以它自有的不完全的、但更明瞭的光明，只加增进地代替内中的不可说明的启示，因为‘真理知觉性’的一迅速发展，不是‘自然’中的原意。‘自然’所采择的方法，是‘无心知’之一迟缓的和艰难的进化，发展为‘无明’，而‘无明’自加形成为一混杂了，修改了，和局部的知识，然后能准备转化为一高等‘真理知觉性’与‘真理之明’。我们的不完善的心思的智慧，是一必需的过渡阶段，在此高等转化作为可能以前。

在实际事实上，有知觉的有体之两极，造化工作遂于此两极间进行，一极是一表面的无知性，这应当渐渐转变为知识，另一极是一秘密的‘知觉性・力量’，其中一切知识的权能咸在，应当缓缓地显示于无知性中。表面的无知性，满是不通晓，无了别，却能变为知识，因为知觉性内在于其中；设若其内中全无知觉性，则改变为不可能：但仍然，它是当作一无心知性而试要知觉，在工作；它起初是一无知性，为需要与外在打击所迫，而生感觉与反应，其次是一无明，劳苦于求知。所用的手段，是与世界及其种种力量和对象的一接触，这如同火石之相摩擦，乃造出一觉识之火花；自内而起的反应，便是那火花跃出而为显示。但这表面无知性在接受出自一下层知识渊源的反应时，便将其克服，化之为一晦暗底不完全之物；又有直觉之一不完善的摄持或一差误，回应此接触；但仍然，由这程序，有回应的知觉性之一发端，深藏底或习惯的本能的知识之最初一聚积开始了，于是随之以起初为原始的其次为发展了的能量，能有接受性的觉识，了解，作为的回答，作为的先见底发端，——一外发着的知觉性，半是知识，半是无明。凡属未知者，皆接待之于已知者的基础上；但这知识既非完善，对事物的接触既不完善地接受，也不完善地反应，则可能有新接触的一差误，一如有直觉的反应之一差误或变形，是一双重底错误源流。

明显地，在这些情形之下，'错误'是一必有的助伴，几乎是一必要的条件和工具，不可少的一步或一阶段，在这向知识的迟缓进化中，在这一知觉性里，以无知性起始，且在一普通无知性的质料中工作。进化着的知觉性，要用间接手段求得知识，这是段片的确然性也没有的；因为起初只有一形象或一表征，一相状或一震动，属物理性格的，以与对象的接触造成的，结果出一情命的感觉，这又皆当由心思与识加以翻译，化为一相应的心思理念或形象。事物是这样经验了，在心思上知道了，应当关联系合，事物尚未知的，应当加以观察，发现，合到已得之经验与知识之总和上。在每一步，事实，意义，判断，解释的多种不同的可能性呈现了；有些得加以试验，抛弃；有些得接受，加以确定：拒闭错误而不范限得到知识的机会是不可能的。观察是心思的第一工具，但观察本身便是一复杂程序，在每一步皆容易遭逢这无知的观察着的知觉性之错误；诸识与识感心思的差错，误会事实，脱漏或删落事实，错误选择和综合，不知不觉的增加，为个人的印象或个人的反应所作成的，造出了一虚伪的或一不完善的混合图书；在这些错误上又加了智慧所作的推理，批判，事实之迻译的谬诬：若甚至记录皆未确实或完善时，则建立其上的结论必也不稳定且不完善。

知觉性在其求得知识上，从已知者向未知者前进；它造成一已得的经验，记忆，印象，判断的构架，事物的一组合的心思图案，其性质乃属游移且永是可受修改的暂定性。在新知识的接受上，凡进入而将接受的，是用过去的知识之眼光加以裁判，合到这构架上；倘若不能正常配合，则也是怎样敲削嵌进了，或则弃置：但现存的知识及其构架或标准，也许不合宜于新对象或新知识原地，合上也许是错配，弃置也可是错误反应。事实之差失或误解，又加之以知识之误用，误结合，误构造，误呈表，心思错误之一复杂机构。在我们的心思的诸部分的这启明了的晦暗中，一秘密的直觉在进行，一真理的迫促，修改或推进智慧去改正是错误了的事物，去用力求到事物的一真相，和一真能表达的知识。但直觉本身在人类心思中又受了限制，心思对它的通知起差失，它不能在自有的权柄中作为；因为不论是身体的，情命的，或心思的直觉，它必得自呈现方可被接受，然不是袒裸的或纯粹的，却穿了一件心思的外衣，或全然包裹于一褒大的心思袍服里；既这样乔装了，它的真性质已不能认识了，它与心思的关系和它的职事皆不被了解，它的工作方式，被忽遽底半觉识的人类智慧忽略了。有实际性的直觉，有可能性的

直觉，有事物后面决定着的真理之直觉，但皆被心思误会了，误此为彼，误彼为此。以半摄得的材料之一大混乱，作实验性的建筑，对自我和对事物形相作出表呈和心思构架，严格然又混沌，半是形成，有序，半是杂乱，无章，一半真实，一半乖谬，但常是不完善的，这便是人类知识的性格。

虽然，错误在其本身，不至化为虚伪；它只是真理之不完善，诸多可能性之一尝试，一试行：因为在我们不知之时，未加试验的和不定的可能性应当承受，而且，纵使结果是一不完善的或不合宜底思想构架造成了，这仍可得其辩正在于未料到的方向开辟了新鲜知识，则或者将其解散和重建，或者发现出其所隐藏的一些真理，可增加我们的认识或经验。纵使有造出了的混杂，知觉性，智慧，和理智的生长，可经过这参杂了的真理，达到自我知识和世界知识之一更清楚底更真切的形相。原本的和封里着的无心知性的阻碍，会减少了，一增长着的心思知觉性，可达到一清明性与完全性，这便可使直接知识的权能和直觉程序出现，利用准备了的和启明了的工具，使心思智慧作为它们的真经理和真理建造者，在进化的表面上。

但这里，进化的第二情况或因素干入了；因为这知识寻求，不是一非个人性的心思程序，只为心思智慧的普通限制所阻碍：私我有在于此，身体私我，生命私我，不倾向自我知识与事物的真理和人生的真理之发现，却倾向于情命的自我肯定；一心思的私我亦有在于此，倾向于其自体个人的自我肯定，大为情命驱策所指挥，所利用，为了它的生命欲望和生命目的。因为当心思发展时，也发展了一心思的个性，具备了心思倾向的一个人性的追促，一心思的习

性，其自有的一心思形成。这表面的心思个性是私我中心的；它从它自体的立场看此世界与万事万物，不是就他们之为它们者看之，且是就其影响自体者看之：在观察事物时，它给它们一转变，适合于它自体的倾向和习性的，选取着或抛弃着，依照它自体的嗜好和方便而安排真理：观察，判断，理智，皆为这心思人格所决定或影响，同化于个性与私我的需要。即算时当心思最志在真理与理智之纯粹非个人性，一单纯底非个人性在它终不可能；即使是最受了训练的，严厉，且儆觉的智识，也失于察见其给予真理的扭捩和偏转，在其接受事实和理念之时，在建设其心思知识之时。在此，几乎有真理之错乱之一无尽渊源，虚伪化的原因，向错误的一不知觉的或半知觉的意志；接受理念和事实，不以真伪之清明识见，却以偏好，个人的适合性，习气的选择，成心的判断。这里便是一很能生果的种子地，使虚伪生长，或可说是一门或多门，虚伪可潜然窃入，或以一强霸的但可容受的暴力侵入。真理也可能进人而寓居其中，但不是以其自有之权，却是要随心思的意乐。

在数论的心理学名相中，我们能区分心思个性为三种模型，——那为黑暗与惰性原则所统治者，'无心知'的初生子，答摩性；那为热情和活动之力量所统治者，动力的，剌阇性；铸于光明，和谐，平衡的原则之型范中者，萨埵性。答摩性的智慧，位于物理心思中：它对理念是惰性的，——除了那些它从一认定了的渊源或权威，惰性地，盲然地，被动地接受的，——接受是阴暗的，不愿意扩大它自体，对新鲜刺激是反动的，保守而且不动；它扳附它所接受的知识构架上，它的唯一权能便是反复性的实际性，但这一权能，是限于所习惯者，明显者，已建立者，所熟悉者，和已稳定者；它推开一切新的，似乎是要打扰它的事物。刺阇性的智慧，主要位置是在情命心思中，有两种：一种是抵抗底，以暴力与热情防御，固执其心思的个性，以及一切与它相合的，为它的意愿所乐的，与它的展望相适应的，但是攻击一切违反它的心思私我的构架者，或为它的个人的智识性所不能接受者；另一种是热心于新鲜事物的，热衷，坚持，猛烈，常是动荡过量，无恒，永不休止，在其理念上非为真理和光明所统治，而是为智识的战斗与运动与冒险的热心所驱使。萨埵性的智慧，则急切求知识，尽可能对之开启，慎于考虑，证明，和衡量，调整且在观念上采纳凡自许为真理者，接受凡它所能同化者，敏于建立真理于一和谐的智识构架中：但是，因为它的光明是有限的，如一切心思的光明皆然，它未能扩大它自体，使能平等接受一切真理和一切知识；它有一心思的私我，甚至是一启明了的私我，于是被它决定了，在观察，判断，推理，心思的选择和偏好上。在大多数人，有此三德之一居于优势，但也有一混合；同此一心思，可能在一个方向是开明底，粘柔，而且和同，在另一个方向，是动性的，情命的，急性，有成见，不平衡，又更在另一方向是昏暗底，无接受性。这种以人格为限制，这人格的防御，拒绝接受其所不能同化者，在个人是必需的，因为在他的进化中，在已达的阶段上，他有某种自我表现，某一类经验和经验之运用，至少是为了心思和生命，必须统治本性的；那在此一时中便是他的有体之律则，他的‘达摩’。以人格而限制心思知觉性，以心思的习气和偏好限制真理，这必然是我们的本性的规则，只若长此个人尚未达到普遍性，尚未准备臻于超上心思。但是明显的，这种情形必然是一错误的渊源，任何时能成为知识之一虚伪化的原因，一不知觉的或半意愿底自

欺，一对真知识的拒绝，准备拥护可接受的错误知识以代真正知识的原因。

这是在认识的范畴中为然，但同此一律则，也施用于意志与行为。一谬误底知觉性是从无明造成了，这便对人，物，事情的接触，起一谬误底动力的反应：表面知觉性，发展了一种习惯，惯于漠视，误解，或拒绝对行为或反行为的提示，皆出自秘密的最内中的知觉性，性灵元体的；反之，它却回应未启明的心思的和情命的提示，或依照情命私我的要求和行动而作为。在此，进化的初原情况之第二种出现了，一分别的生命体，在一对它为非自我的一世界中肯定它自体，这律则显出了，居于绝大的重要性。是在此，表面的情命人格或生命自我占优势了，是这无明的情命体之优势，成了乖戾与不和谐的主要的活动源流，人生之内中与外在的扰乱的原因，错误行为与邪恶之一发条。我们中间的自然的情命原素，如其未被遏止，或未经训练，或仍保持其原始性格，是不关心于真理或正当知觉性或正当行为的；它只顾及自我肯定，顾及生命生长，占有，冲动的满足，一切欲望的满足。生命自我的主要的需要与要求，似乎对它是全般重要了；它敏于使之实现，绝不顾及真理或正道或善或任何其他考虑：但因为心思在那里，有这些概念，因为心灵在那里，有这些心灵知见，他便试行压伏心思，命令它发出认可和施行令，发出真理与正义与善行的判决，给它自体的情命的专擅与欲望与冲动；它只顾及自我辩护，为了可有充分底自我肯定的余地。但设若它能得到心思的同意，它是很准备忽略凡此一切标准，而只树立一个标准，即情命私我的满足，生长，强盛，增大。生命个体需要地盘，扩张，占有它的世界，统治和管束事物和人物；它需要生存空

间，太阳里的空间，自我拥护，继续生活。它需要这些事物，为了它自体，也为了与它自体相联者，为了它自体的私我，也为了集体的私我；它需要这些事物，为了它的理念，信条，理想，兴趣，想象：因为它得执着这些'我'性与'我所'，将其强加到周遭世界上，或者，它力量不够强，不能那么做，它至少得保持之，防卫之，尽它的权能与谋略之所为，以与他个相对抗。它可试作这事，用它所想或愿意想或表出是正当的办法；它可试做这事，坦然用暴力，欺诳，虚伪，毁减性的侵略，倾轧其他生命形成：那原则是同一，不论其手段或道德态度是怎样。不单是在利害的境域中，也在理念领域和宗教领域中，人的情命体，已介入以自我肯定与斗争的这精神和态度，介入了用暴力，压迫，裁抑，不容忍，侵略的习惯；它已将生命自私性的原则，加到智识的真理的疆土或精神的疆土上。自我拥护的生命，又以对凡阻滞它的扩张和有损它的私我者的憎恨和嫉恶，带到它的自我肯定中了；当作一手段，或当作一热情，或生命本性的反动，它发展出了残暴，欺诈，以及种种恶：它之满足欲望和冲动，顾不到是与非，只计及欲望和冲动的圆成。为了这满足，它准备直冒毁灭的危险，和苦难的现实；因为被'自性'推动以趋向的，不单是自我保存，也趋向生命肯定，生命满足，生命力量与生命有体的表呈。

虽然，非是由此遂断定这便是情命人格在其本生的组合上之全，或断定说它的真正自性便是恶。它原本不顾及真与善，但它能有向真与善的热情，正如更自动自发地，它有向乐与美的热情。在一切为生命力量所发展者中，同时也发展了一秘密的悦乐在有体中某处，一于善的悦乐，与一于恶的悦乐，一于真理的悦乐，与一于

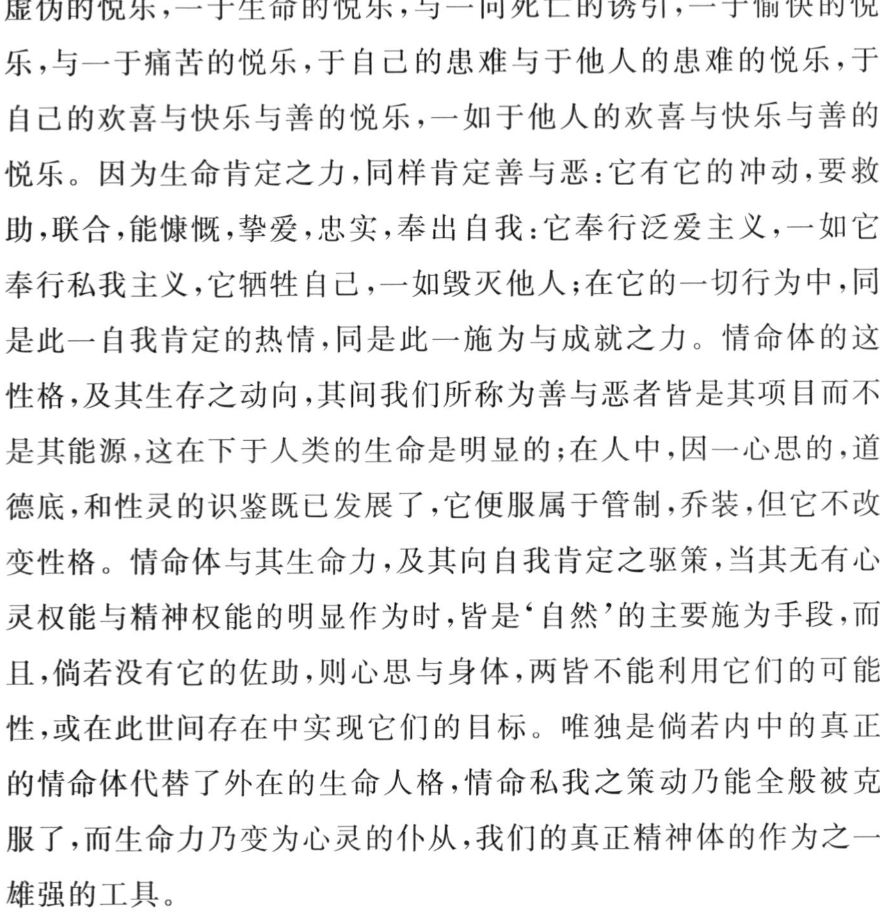

虚伪的悦乐，一于生命的悦乐，与一向死亡的诱引，一于愉快的悦乐，与一于痛苦的悦乐，于自己的患难与于他人的患难的悦乐，于自己的欢喜与快乐与善的悦乐，一如于他人的欢喜与快乐与善的悦乐。因为生命肯定之力，同样肯定善与恶：它有它的冲动，要救助，联合，能慷慨，挚爱，忠实，奉出自我：它奉行泛爱主义，一如它奉行私我主义，它牺牲自己，一如毁灭他人；在它的一切行为中，同是此一自我肯定的热情，同是此一施为与成就之力。情命体的这性格，及其生存之动向，其间我们所称为善与恶者皆是其项目而不是其能源，这在下于人类的生命是明显的；在人中，因一心思的，道德底，和性灵的识鉴既已发展了，它便服属于管制，乔装，但它不改变性格。情命体与其生命力，及其向自我肯定之驱策，当其无有心灵权能与精神权能的明显作为时，皆是'自然'的主要施为手段，而且，倘若没有它的佐助，则心思与身体，两皆不能利用它们的可能性，或在此世间存在中实现它们的目标。唯独是倘若内中的真正的情命体代替了外在的生命人格，情命私我之策动乃能全般被克服了，而生命力乃变为心灵的仆从，我们的真正精神体的作为之一雄强的工具。

这，便是错误，虚伪，不正，恶，在个人的知觉性与意志中的由来和性质；一有限的知觉性自无知性出生，是错误之源；个人执着此限制与从之出生的错误，乃虚妄之源，一不正底知觉性为生命私我所统治，乃恶之源。但这是明显的，它们的相对的存在，只是一现相，为宇宙'力量'在其驱向进化的自我表现时所投起的；是在那里，我们乃当寻究这现相的意义。因为生命私我之出现，如我们所见到的，是宇宙'自性'的一机械，所以肯定个人，所以使他从下心知者的非决定的一聚本质自己脱离，所以使一知觉的有体，在‘无心知性’所准备的一基地上出现；私我的生命肯定的原则，乃是必有的后果。个人私我，是一实用的和有效的虚撰，秘密自我之翻译为表面知觉性之名相，或真实自我在我们的表面的经验中之一主观的代替者：它被无明从他个自我与内中‘神明’分隔，但仍然秘密被推向一进化的殊异性中之一体化；它在它自体后面有虽属有限而是向无限者的冲动。但这，在一无明的知觉性之名相中，自翻译为扩张的意志，要扩张为一无边的有限者，要尽其可能取一切归入自体，要进入每一事物中而占有它，甚至要为其所占有，倘若它以此而能感到自体是满足了，且在他者内中生长，或经过他者而生长，或能以屈服而采纳他者的有体和权能，或以此而得到一佐助，或一动力，为了它的生命肯定，它的生命悦乐，它的心思的，情命的，或生理的存在之增加丰富。

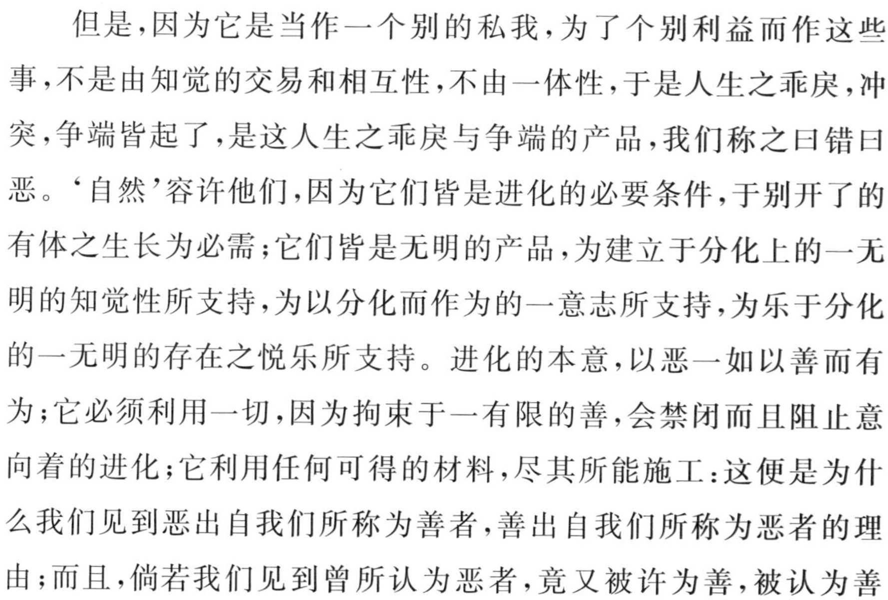

但是，因为它是当作一个别的私我，为了个别利益而作这些事，不是由知觉的交易和相互性，不由一体性，于是人生之乖戾，冲突，争端皆起了，是这人生之乖戾与争端的产品，我们称之曰错曰恶。‘自然’容许他们，因为它们皆是进化的必要条件，于别开了的有体之生长为必需；它们皆是无明的产品，为建立于分化上的一无明的知觉性所支持，为以分化而作为的一意志所支持，为乐于分化的一无明的存在之悦乐所支持。进化的本意，以恶一如以善而有为；它必须利用一切，因为拘束于一有限的善，会禁闭而且阻止意向着的进化；它利用任何可得的材料，尽其所能施工：这便是为什么我们见到恶出自我们所称为善者，善出自我们所称为恶者的理由；而且，倘若我们见到曾所认为恶者，竟又被许为善，被认为善者，竟又被视为恶，这是因为我们的二者的标准皆是进化的，有限，而且可变的。进化的‘自然’，世间的宇宙‘力量’，似乎于此相对反者任何一方，初无偏好，为了达它的目的，两者同用。却又是同此一‘自然’，同此一‘力量’，使人沉重负担善与恶的意识，坚持其重要性：然则，明显的，这意识也有一进化的目的；它也当是必需的，它应当有在于此，乃可使人留下某些事物在后，进向其他，直到他能双超善恶而入乎某些‘至善’，为永恒且无限者。

但是，‘自然’中这进化的本意，如何自臻于圆成呢？用那种权能，手段，动力，以什么选择与和合的原则和程序呢？自古至今，人类的心思所采用的方法，常是一取与弃的原则，这所取的形式有多种，或是一宗教上的认可，或是人生之一社会律或一道德律，或是一伦理的理想。但这是一经验底手段，触不到这问题的根本，因为它见不到它所试要医治的疾病的原因与由来；它只处理症象，乂处理匆促草率，不知道在‘自然’的目的上它们作何功用，又不知道在心思与生命中，有什么支持它们，保持它们存在。进者，人类的善与恶皆是相对的；伦理所建立的标准皆是不定，亦复相对：此一或彼一宗教所禁止的，社会意见所认为善或恶的，被想为于社会有益或有害的，人的某一暂行法律所许或所不许的，是，或被视为于己或于人有补助或有损伤的，与这个或那个理想相合的，为一个本能我们所称为良心者所推进或所阻遏的，——凡此种种观点之一混合，便是决定着的杂性理念，组成了道德的复杂本质；在凡此一切中，皆有真理与半真理与非真理之恒常的参合，这尾随着我们范限着的心思的‘明·无明’的一切活动之后。一心思的管制，制住我们的情命的和身体的欲望和本能，制住我们的个人的和社会底作

为，以及与他人的交接，这，在我们之为人类，是必不可少的；于是道德创造了标准，以之我们能指导我们自己，建造一习惯的管制；但管制常是不完善的，只是一权宜之计，不是一解决：人总是常仍其为他之为他，与他尝是他那样，是善与恶的混合，罪恶与美德并有，是一心思的私我，不完善地主制他的心思的，情命的，和物理的本性。

要选择，从我们的知觉性和行为上，要保持那一切对我们似乎是善者，要弃拒那一切对我们似乎是恶者，以此而重新形成我们的有体，重新组成且铸造我们自己，成为一理想的造像，这种企图，是更深的伦理动机，因为这较近于真结论了；这奠基于一健全的理念上，即我们的人生是一变易，有什么我们应当变成者和是者。但是人类心思所建造的理想，皆是选择性的，相对性的；严格依照它们而将我们的本性铸成，便是限制了我们自己，作成了一构造，在应当生长为更大的有体之处。对我们的真号召，乃'无限者'和'无上者'的号召；'自然'所加于我们的自我肯定和自我否定，两皆是响应那个的运动。是自我肯定和自我否定的正道双合，代替私我的不正、因为是无明之道，代替'自然'之是与非的冲突，乃我们所当发现的。设若我们不发现那个，或则生命的推动力，会于我们向完善化的狭隘理想为太强，它的工具会破败，它必不克圆成和持续其自体，或者，至佳是一半个结果，乃我们所可得到的一切，或者不然，则脱去生命会自呈为唯一救治，唯一出路以脱去那否则无从胜过的'无明'之摄持。这诚然是宗教寻常所指点的一出路；一种神圣命令定的道德，虔诚，正义，善德的遵循，如宗教的行为规则所注定的，上帝的诫律，为某些人类灵感所决定的，乃呈为那手段那指

导的一部分，由之我们能践上那引到出离，终结之路。但这条出路，留下了问题在其原处；这只是一逃遁之路，使个人逃出宇宙存在的这未解决的纠纷。在古印度精神思想中，对这困难有更明白的知见；习行真理，美德，正意志，正作为，被认为接近精神实践的必要条件，但在实践本身，人是升到'无限者'与'永恒者'的伟大知觉性，摆脱罪恶与善德的负累，因为那属于相对性，属于'无明'。在这较大较真的见解后，有此直觉，即是一相对的善，乃'世界自性'所加于我们的一训练，使我们能经过它而趋向一真的'至善'即绝对者。这些问题皆属于心思和无明的生活，它们不伴我们出到心思以外；如在一无限的'真理·知觉性'中，则止息了真理与错误的对偶性，同样在一无限的'善'中，也解脱了善与恶的对偶性，有一超上。

这问题常是扰恼人类，从来没有找到可满意的解决，从之没有什么人为的逃避法。善与恶的知识的树，生其甘与苦底果，是秘密托根于'无心知'的真本性中，我们的有体从之出现的，它仍然立于其上，当作我们的物理生存的下方的土壤和基础的；它已可见地生长在表面上，出生为'无明'的多个枝条，'无明'仍为主干，是我们的知觉性的情况，在其进向一至上知觉性与整体觉识性的艰难的进化中。若长此仍有此泥土，有不见的蔓根在其中，且有此'无明'的滋养底空气和气候，这树是会生长的，而且蕃茂，开出它的双重花，结出混合性的果。这随后是不能有终究底解决，直到我们已转化我们的无心知为更大的知觉性，以自我与精神的真理为我们的人生基础，将我们的无明化为一高等的明。其他一切权宜皆只是迂就或不通的出路；我们的本性的一完全的和基本的转化，是唯一真解决。是因为'无心知性'将其原始的黑暗加到我们对自我和事物的觉识上，是因为'无明'基托之于一不完善的分化了的知觉性上，是因为我们生活于那黑暗与分化中，不正知识与不正意志乃皆有可能：若没有不正知识，则不会有错误或虚伪；若在我们的机动部分上没有错误或虚伪，则在我们的诸体上不会有不正意志；若没有不正意志，则不会有不正行为或恶：时当这些原因长在，其结果也将在我们的行为中和我们的本性中长存。一心思的管制只能是一管制，不能是一治疗；一心思的教训，规律，标准，只能加上一人为的轨则，我们的行为机械地或困难地在其上展转，且在我们的本性的程途上加以一滞碍了的限制了的形成。知觉性的一全般改变，本性的一根本改变，乃是唯一救治，唯一出路。

但困难的根本既是一判分了，限制了，和分别的存在，则此一改变必有在于一统一作用，我们的有体的已分化的知觉性之治疗，又因那分化是复杂底，多方面底，没有在有体的一方面的局部改变，能充当整体转化之充足代替者。我们的第一分化，是那为我们的私我所造成的，而且，主要地，最强力且最生动地是我们的生命私我造成的，这便使我们从其他一切有体分别，以其为非自我，使我们系住在我们的私我中心性上，与一自私的自我肯定的律则上。是在这自我肯定的诸多错误上，不正与恶最初生起了：不正知觉性产生不正意志，生之于诸体，于思维心中，于情心中，于生命心思中，于识感有体中，于真本身体知觉性中；不正意志产生凡此一切工具的不正行为，思想与意志与识感与感情的多种错误与多枝邪恶。我们也不能正当对待他人，只若其长此是对我们为他人，对我们自己为陌生者，其内中知觉性，心灵需要，心思需要，情心需要，生命需要，身体需要，我们知道的很少或毫无所知。一点点不完善的同情，知识，和善愿，为联合的法律，需要，和习惯所产生的，是微末底一少量，不足以供应一真实作为的要求。一较大的思心，一较大的情心，一较博大和慷慨底生命力量，可能做出一点事，帮助我们自己或帮助他人，免除极坏底违忤，但这亦复不够，不会禁止我们所好之善与他人之善间的一大聚纠纷，弊害，抵触。由于我们的私我与无明的真本性，我们自私地肯定我们自己，即使时当我们最以无我自矜；且无知地如此，即使时当我们最以了解和知识自许。博爱，作为一人生律则，也不救治我们；它是扩大自我和纠正狭隘私我的雄强工具，但它不废除私我，也不转化之为一真实自我，与众生万物为一；博爱者的私我，与自私者之私我，同其强能，同其粘执，时常还更雄强，更固执，因为它是一自以为是且放大了的私我。又更会无补，设若我们不公正待遇我们的心灵，我们的心思，生命，或身体，意在以我们的自我隶属于他人的自我。正当肯定我们的有体，使其可与一切为一，乃是真原则，不是去损毁它或牺牲它。自我牺牲，时常可能是需要的，例外地，为了一大事，为了回答内心的某种要求，为了某个高尚或正当的目的，但不能当作人生之规律或本性；如经夸张，这只会供养且扩大他人的私我，或扩大某些集体的私我，不会引导我们或引导人类至于发现和肯定我们的或它的真有体。牺牲和自我奉献，诚皆是一真正原则，一精神需要，因为我们不能正当肯定我们的存在，而不牺牲或不自我奉献于某大于我们的私我的什么；但那也应当作之以正当知觉性与意志，建立在一真知识上的。发皇我们本性的萨埵性部分，一个本性，属于光明，了解，平衡，和谐，同情，善愿，仁爱，胞与之怀，自我克制，正当

安排了的与和谐化了的行动者，是我们在心思形成的范围中尽可能作的，但这是我们的有体之生长的一阶段，不是其目的地。这些皆是旁出的解决，皆是和缓剂，局部处理这根本困苦的必要的手段，权宜的标准和办法，给我们当作一暂时的帮助和指导，因为真正的全般解决，出乎我们的当今能量以外，只时若我们已够进化了而见到它，且以它为我们的主要努力之事，然后能得。

真实解决，只在我们由精神生长能与众生万物为一个自我之后，知道它们为我们的自我的部分，与之交接，如与我们的他个自我相交接，然后能得到；因为如是分化方治好了，分别的自我肯定，自体则引导至反对或牺牲他人的肯定，这律则是扩大了，解放了，由于加上了我们为了他人的自我肯定，与我们的自我发现乃在他人的自我发现和自我实践中的律则。宗教底伦理已将这作为一规律，即在普遍的慈悲中行为，爱自己的邻人一如爱自己，加于人者，如欲人之加于我者，乐人之乐与忧人之忧，亦如乐己之乐与忧己之忧；但是没有一个人生活于他的私我中，能真正完善作这些事，他只能接受之，当作他的心思的一要求，他的情心之一企慕，他的意志之一努力，以一高上标准而生活，以一诚恳底修为而改进他的鄙朴底私我本性。是时当他人被知道且亲切地被感到正如自己，然后这理想能变为我们的生活的一自然的和自动的规律，且在实行上一如在原则上实践。但虽是与他人为一之一性，在其本身是不够的，倘若这是与他人的无明为一；因为那么无明的律则会发生作用，于是行为之错误与不正当行为会长存，即算在程度上减轻，在偶然性和性格上皆变柔和了。我们与他人之为一，应当是基本的，不是与他们的心思，情心，情命我，私我之为一，——即算这些皆会

要包括在我们的普遍化了的知觉性中，——而是在心灵与精神中为一。那只能以我们解放到心灵的觉识与自我知识中而达到。是为我们自己，从私我解放了，实践我们的真实自我，这是第一需要；其余一切皆能成就，当作一光明的结果，一必需的结局。那便是一理由，为什么一精神的呼召必当作命令接受，先于一切其他要求，智识的，伦理的，社会底，皆属于‘无明’的领域者。因为善的心思的法律居于那领域中，只能修改，和缓；没有什么能是精神的改变的充足代替品，唯精神的改变能实践真正的完整底善，因为经过精神，我们达到行为与存在的根本。

在精神的自我知识中，有其自我成就的三步骤，同时亦是一个知识的三部分。第一，是心灵的发现。这不是思想与情感与欲望的外表心灵，而是我们内中的秘密性灵元，神圣原素。时若那显出于本性之上了，时若我们知觉地是心灵，时若心思，生命，和身体，皆得其正当位置，当作它的工具，则我们觉识一内中向导，这向导知道真理，善，存在的真悦乐与美，以其光明的律则管制情心和智识，引导我们的生活和有体趋向精神的圆满。纵使是在‘无明’的昏暗工事中，我们亦会有一见证者，他辨识着，会有一活底光明，照见着，会有一意志，拒绝被误导，分别着心思的真理和错误，分别着情心的亲切回应，与其对一不正当的呼召，一不正当的要求的震动，分别着生命的真热情和充实底运动，与我们的情命本性及其黑暗的自私自利之混沌底虚伪和欲念底热烈。这便是自我实践的第一步，推戴心灵，神圣的性灵个人，代替私我为主。第二步，是进到觉识我们内中的永恒自我，非出生而与众生万物之自我为一者。此一自我实践能使人得解放，普遍化；纵使我们的作为仍在‘无明’

的机动中进行，它亦不复拘束或错误指导了，因为我们的内中有体，是安居于自我知识之照明中。第三步便是知道‘神圣本体’，同时即是我们的至高超上‘自我’，即‘宇宙本体’，即我们的宇宙性的基础，即我们内中的‘神明’，而我们的性灵体，我们本性中的真实进化着的个人，乃是其一部分，一火星，一火焰，生发而进到它从之而引燃的永恒的‘火’，而它亦即是其永在我们内中活着的见证者，即是其光明与权能与喜乐与美的知觉的工具。识觉了‘神圣者’为我们的有体与行为之‘主宰’，我们能学到作为他的‘权能’，‘神圣能力’之涧道，依照她所命令的而作为，服从她在我们内中的光明与权能的统治。于是我们的行为，不复为我们的情命冲动所主宰，或为一心思的标准所管制，因为她按照事物的永久的却是粘柔的真理而作为，——不是那心思所构造的，而是每个运动和情境的更高，更深，更微妙的真理，如至上知识所知，宇宙间的至上意志所要求者。意志的解放跟上了知识中的解放，亦是其机动的后果；这是能纯洁化的知识，这是能解放的真理：恶，是一精神的无明之果，它只能以一精神知觉性之生长与精神知识的光明之增长而消失。要治好我们的有体与他人的有体之分化，只能以除去我们的本性从内中的心灵真实性之离绝，废除我们的变是与我们的自我有体间之障隔，架度我们在‘自性’中的个人性、与‘神圣本体’、即‘自性’中的遍在的‘真实’又超出‘自性’者、间的距离。

但最后一分化还得除去的，便是这‘自性’与那‘超自性’、即‘神圣存在’的‘自我权能’间之断隔。甚至在机动的‘明·无明’除去以前，当其仍为精神的一不合用的工具，无上‘烁克谛’或‘超自性’，仍可因我们而作为，我们也能觉识她的工事；但这是由消灭了

她的光明与权能，使之能被这心思，生命，和身体的低等自性所接受，同化。但这是不够的；需要全般重新型铸我们之为我们者，铸为神圣的‘超自性’的一通道与权能。我们有体之完整化不能圆满，除非有机动作为的这转化；必须有‘自性’本身的全部形态之提升和变易，不仅是有体的内中路道之某些照明和转变而已。一永恒的‘真理·知觉性’必须占有我们，使我们的一切自然姿态，升华为它自有的有体，知识，与行为的姿态；一自动自发的真理觉识，真理意志，真理感情，真理运动，真理作为，于是方能化为我们的本性的整体的律则。

珍藏本

纪念版

汉译世界学术名著丛书

神圣人生论

下册

〔印度〕室利·阿罗频多 著

徐梵澄 译

2017年·北京

目　　录

第二部　知识与精神进化

第二部　知识与精神进化

第十五章　真实性与大全知识

如是。这便是‘无明’之起源，‘无明’之自性，‘无明’之界限。其起源是知识之一限制；其分明的性格，乃有体之从其自有的整体性与全般真实性之分离；其界限乃为知觉性的这分离性的发展所决定，因为这遮蔽我们不见到我们的真实自我，以及事物的真自体与全自性，勉强我们生活于一显似的表面生存中。回转到或进步到整体性，泯除限制，打破这分离性，超越界限，恢复我们的真元的和全部的真实性，必然是内中转向‘知识’之对立的表征和性格。有限的和分离的知觉性，必为一真元的和整体的知觉性所代替，这代替者，即是与自我与存在的原本真理和全部真理为一者。整体的‘知识’，是一个原有在于整体的‘真实性’中的什么：它不是一新的或尚不存在的什么，有待于造成，求到，学得，发明，或为心思所建立；毋宁是应当发现或揭露，它是一‘真理’，对一番精神努力是自体启示着的：因为它在那里被隐蔽于我们的更深的和更大的自我中；它是我们自己的精神知觉性的真本质料，而且，是由虽在我们的表面自我中也觉悟到它，我们乃当占有它。有一整体的自我知识是我们当恢复的，因为世界自我亦是我们的自我，是一整体的世界知识。一能学得的或心思所建造的知识是存在的，有其价值，但那不是我们说起‘知识’（或‘明’）与‘无明’时所指的。

一整体的精神知觉性，其中涵藏有体之一切项目的知识；它以一切中介项目联系最高者与最低者，成就一不可分的整体。在事物的最高峰，它启对‘绝对者’的真实，这无可名状，因为除对它自有的自我觉识外，对一切皆为超于心知的。在我们的最低下一端，它见到我们的进化所由起的‘无心知性’；但同时它觉识‘太一’与‘大全’，自体内含于那些深处，它启露在‘无心知’中之秘密‘知觉性’。能表达，能启示，它游移此两极端之间，它的视见发现‘一’在‘多’中的显示，‘无限者’在有限的事物之差异性中之同一性，无时间的‘永恒者’在永恒的‘时间’中之当前存在；是这见识为它照明了宇宙的意义。这知觉性不废弃此世界；它取起它、且给予以它的隐秘意义而转化它。它不废弃个人存在；它转化个人和它的本性，由于向之启示它们的真实意义，使之能超越它们从‘神圣真实’与‘神圣自性’之分离。

一整体的知识，必先有一整体的‘真实’；因为这是一‘真理知觉性’本体即为‘真实’的知觉性之权能。但是，我们于‘真实性’的理念和意识，随我们的知觉性之格位与运动而异，随其对事物的看法，着重，采纳而异；那看法或着重，可能是深密的和除外的，或者是引申的，概括的，周到的。很可能，——而且在其自有的原地中，是为了我们的思想，且为了一路很高的精神成就，成为一有效能的运动，——肯定不可名相的‘绝对者’之存在，着重其为唯一真实性，而为了我们的自我，否定且废除个人和宇宙创造，从我们对真实性的理念和意识上将其祛除。个人的真实是‘大梵’这绝对者，宇宙的真实是‘大梵’这绝对者：个人是一现相，宇宙中的一时间性的形表；宇宙本身是一现相，一更大更复杂的时间性的形表。‘明’与‘无明’这两项，只属于这形表；为了达到一绝对的超上知觉性，两者皆应超出；私我知觉与宇宙知觉皆消灭于那至高的超越中，只留下‘绝对者’在。因为绝对的‘大梵’，只存在于其自体的同一性中，超出一切异者知识以外；在那里，知者与所知，因此这二者相遇于其间而化为一的知识，这真本理念消失了，被超越了，失去了有效性，以致对心思和言语，绝对‘大梵’必常仍其为不可达到的。与我们所提出的这观念相反，或相成的，——‘无明’本身，只或是神圣‘知识’之一有限作用，或是其一内寓的作用，在局部心知者中被范限了，在无心知者中内寓，这么一个观念，——我们可从事物的等级的这另一端说，‘知识’本身只是一高等‘无明’，因为它停顿于绝对‘真实性’，那对‘它自体’是自明的，但对心思为不可知的。这绝对论与思想的一真理相应，与精神知觉性中一最高经验的真理相应；但在其本身，它不是精神思想之全，圆满而概括，也不尽赅最高精神经验之诸多可能性。

绝对论者于真实性，知觉性，与知识的观念，是建立于最古韦檀多思想的一方面，但不是那思想的全部。在诸奥义书中，在最古的韦檀多的灵感的经典中，我们发现于‘绝对者’的肯定，究竟的和无可名相的‘超极性’之经验概念；但我们亦复发现，非与此相违而是与此相辅相成者，有对宇宙的‘神圣性’之肯定，有宇宙的‘自我’与宇宙中‘大梵’的变是的一经验概念。同等的，我俩也发现个人中'神圣真实性'之肯定：这亦复是一经验概念；不是摄持之为一现相，而是当作一实际的变是。独一无上而除外的肯定，一切皆加以否定，除了超上的'绝对者'，这，我们发现是代之以一概括的肯定，推到了其最远的结论：这'真实性'与'知识'的概念，笼括宇宙者与'绝对者'于一览，基本上与我们自己的观念相合；因为它暗许'无明'也是'明'的一半隐蔽了的部分，世界知识即自我知识之一部分。伊莎奥义书，坚执'绝对者'的一切显示之一体性与真实性；它拒绝将真理拘限于单独任何一方面。'大梵'是静者亦是动者，内者和外者，近者和远者，不论在精神上，或在'时间'与'空间'的引申上。它是'有体'亦是一切变易，是'纯洁者'与'玄默者'，无相状亦无作为，又是'见者'，'思士'，组织着世界及其对象者；它是'太一'，变成凡一切在宇宙中我们所感知的；它是'内在者'，又是那它所寄寓其中者。这奥义书肯定完善且能解放的知识，是那既不除外'自我'也不除外其所创造者的知识：已得了解放的精神，视凡此一切为'自我存在者'的变是，视之于一内中的视见中，且是以一种知觉性视之，这知觉性见到宇宙是在它自体内中，不是向外看，有如有限的和自私的心思一样，看之为异于自体的一物。生活于宇宙的'无明'中是一盲昧，然自限于'明'的一除外的绝对观，也是一盲昧：知道'大梵'同时又一并为'明'与'无明'，以'变是'与'非变是'而同时臻至最高格位，以超上'自我'与宇宙'自我'之实践联合为一，成就着在超凡世者上建立基础又在凡世者上作出自我觉识的显示，乃是整体的知识；那便是占有'永生'。是这整个的知觉性及其全部知识，乃建筑出'神圣人生'的基础，且使其臻至为可能。这便推到'绝对者'的绝对真实性，必然不是一严格不可决定的一性，不是一无限性空无一切非纯粹的自我存在者，只能由除外多者与有限者而臻至，而是一个什么，出乎此等界说以外，诚然出乎任何正性的或负性的描述以外。一切肯定和否定皆能表现其多个方面，是双由一至上的肯定与一至上的否定，我们乃能达到‘绝对者’。

于是，在一方面，向我们表呈为‘真实性’者，我们有一绝对的‘自我存在’，一永恒的独一自我有体，而且由寂默的和不动的‘自我’，或无执的静性‘补鲁洒’，我们能进向这无相无缘的‘绝对者’，否定创造性的‘权能’的作为，不论那是一虚幻的‘摩耶’，或一形成着的‘自性’，从一切宇宙的错误中之回旋，进到永恒的‘和平’与‘玄默’，除却了我们的个人的存在，自得或自失于那唯一真实的‘存在’中。另外一方面，我们有一‘变是’，即‘有体’的真实运动，而‘有体’与‘变是’，二者皆一绝对‘真实性’的真理。这第一观念，是建基于一形而上的概念上，这在我们的思想中构成一极端的知见，在我们的知觉性中，构成一除外的经验，知见且经验到‘绝对者’为一真实性，空无一切缘与一切决定：为其后果，那便按加一逻辑的和实际的必需，必须否定此诸多缘会性之世界，为一不真实的有体之一虚伪，一‘非有’(Asat)，或至少是一低等的和旋灭的，时间性的和实用的自我经验，且将其从知觉性中割除，以便达到精神的解放，从其虚妄知见或其低等创造脱出。第二观念，则基于‘绝对者’是既非正性也非负性可范限的这概念上。它出乎一切缘以外，是在这义度上，即它不被任何相对性所拘束，或在它的有体之权能上可被其所限：它不能被我们的相对的概念，不论是最高的或最低的，正性的或负性的，所系缚或圈围：它既不被拘束于我们的

明上，也不被拘束于我们的无明上，既不被拘束于我们的存在的概念上，也不被拘束于我们的非存在的概念上。却又不能以任何无能性限制，谓无能于包含，支持，创造，或显示一切关系；反之，那能在一性之无限与多性之无限中显示它自体的权能，可认为是一内在的力量，其真正绝对性之表征，结果，而这可能性，在本身便是宇宙存在的一充分的解释。诚然，'绝对者'在其自性上不能被限定要显示一缘起的宇宙，也不能被限定不得显示任何宇宙。它本身不是一顽空；因为一空的'绝对者'不是'绝对者'，——我们对'空'或'零'的概念，只是一概念上的表征，表我们的心思之无能，不能知道或摄持它：它在自身中，涵有一切已是者、和一切能是者之不可言说的真元性，又既因为它在自身中保持有此真元性与此可能性，它必然在自身中，在它的绝对性的怎样一方式上，保持凡属于我们的或世界的存在为基本者之永久的真理，或内在的，即算是潜能的，可实现的实际性。是这可实现的实际性现实化了，或这永久的真理发皇它的诸多可能性了，我们乃称之曰显示，见为这宇宙。

然则，在'绝对者'的真理的概念或实践中，没有一内在的必然的后果，必拒斥或消解宇宙的真理。一真元上不真实的宇宙，怎样为一不可解释的虚幻之'权能'所显示，而'绝对大梵'不加顾盼，或与之相离，不影响它，如其不为它所影响，这理念在基本上是我们的心思知觉性之无能，以这无能转到了'它'，按加或强加于'它'[①]，于是而范限它。我们的心思知觉性，若出乎其界限以外，

① adhyāropa，在韦檀多哲学中为'妄见'，'非见'之意，如误见麻绳为蛇，以蛇相妄加于麻绳，此即'妄见'。'它'亦译'彼'。

便失去了它自有的知识方法和手段，乃趋向止息或无活动；同时它失却或倾于不更摄住它从前的内容了，对那一切曾是对它为真实的，不继续有真实性的概念了：对绝对的‘超上大梵’，想其为永远非显了的，我们也归之以一相应的无能性或分别或离隔性，隔别今兹对我们已变成或似乎是非真实者，它必然是像我们的心思在其止息或自我灭无上，以其纯粹的绝对性，与这现似的显示之世界空无一切关系，不能有任何支持着的认识，或它的机动性的保持，使它得一真实性者，——或者，倘若有这么一种认识，它必然在自性上为一不是之‘是’，为一魔术的‘幻有’。但是，也没有必然的理由，要假定这空隔必然存在；凡我们的人类的相对的知觉性所能者或所不能者，不是一绝封的能量之考验或标准；它的概念，不能施用于一绝对的自我觉识性上；凡于我们的心思的无明为必需以使之逃出其自体者，不能是‘绝对者’的需要，它无需自我逃遁，没有理由要拒绝认识凡对它为可认识者。

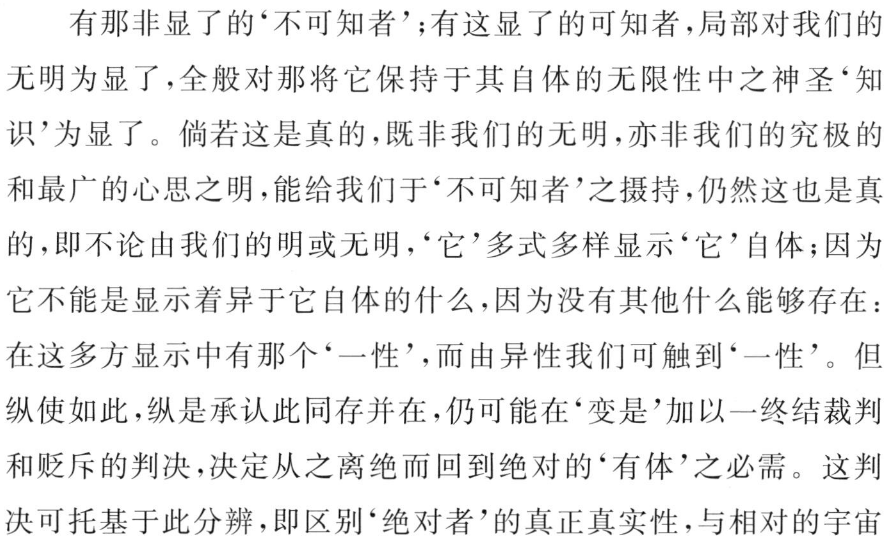

有那非显了的‘不可知者’；有这显了的可知者，局部对我们的无明为显了，全般对那将它保持于其自体的无限性中之神圣‘知识’为显了。倘若这是真的，既非我们的无明，亦非我们的究极的和最广的心思之明，能给我们于‘不可知者’之摄持，仍然这也是真的，即不论由我们的明或无明，‘它’多式多样显示‘它’自体；因为它不能是显示着异于它自体的什么，因为没有其他什么能够存在：在这多方显示中有那个‘一性’，而由异性我们可触到‘一性’。但纵使如此，纵是承认此同存并在，仍可能在‘变是’加以一终结裁判和贬斥的判决，决定从之离绝而回到绝对的‘有体’之必需。这判决可托基于此分辨，即区别‘绝对者’的真正真实性，与相对的宇宙之局部的和迷误的真实性二者。

因为在知识的这开展中，我们有此‘一’与‘多’两项，正如有其他两项，如有限者与无限者，变是者与永是而无变易者，有相者与无相者，‘精神’与‘物质’，无上‘超心知者’与无下‘无心知性’；在这二元论中，且从之脱出，一任我们说‘知识’是具有其一项，而具有其另一项便是‘无明’。我们的人生之究竟，则将是从‘变是’之低等真实性退引，进到‘有体’的较大的真实性，从‘无明’跃进到‘明’且弃去‘无明’，离开多而进到‘一’，从有限者到‘无限者’，从有相入乎无相者，从物质宇宙的生命入乎‘精神’，从无心知者封我们的把持，进入超心知的‘存在’。在这解决中，已假定在我们的有体的两项间每个场合，有一固定了的对反，有一究竟的不可调和性。或者不然，倘若两者皆是‘大梵’的显示之手段，则下者是一虚伪的或不完善的关键，一必败的手段，一价值的系统，终究不能使我们满意的。既不满足于多性的纠纷，既蔑视其所能启发的最高的光明与权能与喜乐，则我们当策进到彼面，进到绝对的一点专注，一处专立，其间一切自体变换皆止。既不能服从‘无限者’对我们的使令，要永远居于有限者的约束里，或在其间得到满足，宽大，和平，我们便应打破一切个人的和宇宙的‘自性’之拘束，摧破一切价值，象征，形相，自我界划，不可限量者的限量，而舍却一切小器性与分化性于那永是满足于其自有的无限性之‘自我’中。厌烦形相，于其虚妄的倏忽的引诱感到幻灭，倦于且沮于其飘浮的无常性与无谓的循环反复，我们必须逃出‘自性’的循回，遁入永远的‘有体’之无形无相性。既羞于‘物质’及其粗重性，不耐‘生命’之无目的的扰乱和苦恼，倦于‘心思’的无目标的奔驰，或相信其一切目的

和止境皆为虚妄，我们当自放于'精神'的永恒的安宁与纯洁性中。'无心知者'是一睡眠或一牢狱，心知者是一转轮的挣扎而无究竟的结果，或一梦中的徬徨：我们得醒觉而入乎超心知者，其间一切夜的黑暗和昏明，皆止息于'永恒者'的自体光明的福乐中。'永恒者'是我们的皈依处；其余一切皆是虚伪价值，'无明'及其迷误，心灵在现相'自然'中的自我迷失。

我们对'明'与'无明'的概念，拒斥这否定及其所建立于其上的对反：它指向一更大的即算是更困难的协调的结论。因为我们见到这些显似互相反封的项目，如'一'与'多'，'相'与'无相'，'有限'与'无限'，皆不甚是对反者而是相辅相成者。不是'大梵'的更迭着的价值，在其创造中永远要失去一性以自处于多性中，又不能发现自体在多性中，必再失去之以恢复一性，而是双重和并行的价值，相互说明的；非是无望地势不两立的交替者，而是一个'真实性'的两面，能引导我们达到它，以我们于两者之一并实践，不单是由分别实验每个，——虽则这种分别的实验，也可以是合法的或甚至是必要的一步，或知识的程序的一部分。'明'，无疑是'太一'的知识，'有体'的实践；'无明'是'有体'之一自我遗忘，多性中之分别性的经验，与在一误解了的变是之纷纭中之寓居或回旋：但这可救治好，由在'变是'中之心灵之生长入知识，入乎'有体'之觉识性，这'有体'是在多性中变成凡此一切存在，也能如此变是，因为它们的真理原已有在于它的无时间性的存在中。'大梵'的整体知识，乃一知觉性一并具有此二者，除外地追寻任何一个，乃将遍在的'真实性'之真理的视见，闭住了一边。占有一切变是之外的'有体'，使我们自由，解脱了在宇宙存在中之执著与无明的缠缚，而且

以那自由，乃得‘变是’与宇宙存在的自由占有。‘变是’的知识是知识的一部分；它当作一种‘无明’而作为，只因为我们居而被囚禁于其中（avīdyāyām antare‘中处无明内’），未尝占有‘有体’之‘一性’，即是它的质料，它的精神，它的显示之因，没有之它会是不可能的。

事实上，‘大梵’不单是在一无相的一性上为一，超出了一切关系，亦且在宇宙存在的真本多性上为一。觉识着分化着的心思的工事，但本身不为其所范限，‘大梵’（彼）容易得其一性于多者中，于关系中，于变是中，亦如其容易得之于自多者，自诸关系，自变是的退转中。我们自己也一样，若要充分占有它的一性，便应当占有之——因为它既是在此，因为一切皆是它，——于宇宙的无限自我变换中。多性的无限性，只是时当其被包含、被占有于‘太一’的无限性中，乃自体得到解释和辩正了；但‘太一’的无限性，亦复倾吐其自体，在‘多’之无限性中保有它自体。能倾吐它的能力亦如不自失于此倾吐中，不从其无穷无际的变迁和殊异失败退转，亦如不为其变易而自体分化，乃自由的‘补鲁洒’的神圣魄力，知觉的‘心灵’在其自有的永生的自我知识之保有中。‘自我’的诸多有限的自我变易，失去自我知识之心思被收摄于其中，且被分散于诸变易中，却皆不是‘无限者’的否定，而是‘无限者’的无穷的表现，此外没有其他的存在的意义或理由：‘无限者’，如其保有其无限有体之悦乐，亦复得其喜乐于那真正无限性中，即其在宇宙中的无限自我界定之无限性。‘神圣有体’不是不能取无数个形式，因为‘他’在‘他’的真元中超出一切形式，也不由擅有无数形式便消失‘他’的神圣性，却毋宁是将‘他’的有体之悦乐倾注于它们中间，将‘他’的

神性之光荣灌注它们；这黄金不失其为黄金，因它自体形成为各种装饰品，和铸成各种价格的通货和钱币，而'土地权能'，凡此一切成形体的物质存在原则，也不失其不可变易的神圣性，因她自形成为可居的诸世界，投出她自体为山陵，为溪谷，使她自体被作成炉灶，为家家之用器，或当作刚质金属，而作为兵器，为机器。'物体'，——即本质本身，或微妙或粗重，或属心思或属物质的，——便是'精神'的形式和躯体，而且必永远未经创造成的，倘若其不能作为'精神'的自我表现的基础。物质世界的现似的无心知性中，在自身暗暗保存了一切在光辉的'超心知者'中为永恒自体显示者；在'时间'中启示它，乃'自然'的舒缓和雍容的悦乐，和她的循环的目标。

但是，也有真实性的其他概念，有知识的性格之其他概念，需要考虑的。有一种观念是，凡一切存在皆是'心思'的一主观创造，'知觉性'的一个结构，而说有一客观真实性，自体存在，离'知觉性'独立，这理念是一虚幻，因为我们没有且不能有事物之任何这种独立的自我存在之证明。这种看法，可能引到以创造性的'知觉性'为唯一'真实性'之肯定，也可能引到对一切存在的否定，和以'无有'或一无知之零为独一'真实性'之肯定。因为，在一个观念上，为知觉性所造成的对象没有内在的真实性，它们只是构架；甚至建造它们的知觉性，本身也只是知见之一波流，这些知见擅有相联与持续性的表形，造成一相续的时间之意识，但如实这些事物没有稳定的基础，因为它们只是真实性的一现象。这意义将是：真实性便是一永恒的虚无，无有一切自体知觉的存在，同时无有一切组成存在之运动者：'明'的意义，便会是从建造出的世界之现象回转到此。然则会有一双重的、全般的自我灭无，‘神我’之消失，‘自性’之止寂或灭没；因为知觉的‘心灵’和‘自性’，乃我们的有体的两项，包括一切我们所谓存在者，而对这两者一并否定，便是绝对的‘涅槃’。于是真实者必然或是一‘无心知’，在其中有这些波流与构架出现，或者是一‘超心知’，出乎一切自我或存在的理念以外了。但是这世界观，当我们认我们的表面心思为知觉性之全部，乃只于事物的现相为真实；当作那‘心思’的工事之一叙述，这是有效的；在那里，无疑，一切皆现似为一波流，和一不永久的‘知觉性’的建造。但这不能当作存在的全部说明，倘若有一更伟大和更深沉的自我知识与世界知识，有一同一性知识，有一知觉性，以那知识为正常，且有一‘有体’，以那知觉性为其永恒的自我觉识；因为于是而主观者与客观者，对那知觉性和有体能为真实且亲切，二者皆能是他自体的一点什么，它的同一性的两边，对它的存在为真实可靠。

另外一方面，倘若能建造之‘心思’或‘知觉性’是真实的，且是唯一真实性，则物质有体和对象的世界可以有一存在，但它纯粹是主观构架的，由‘知觉性’从其本身作出的，为其所保持，它们消失则融入其中。因为，倘若没有旁的什么，没有真元的‘存在’或‘有体’支持着创造的‘权能’，又没有一存持着的‘空’或‘虚无’，则这创造一切事物的‘知觉性’，本身必是或必有一存在或一本质；倘若它能作出构架，那必是以它自有的本质或它自体的存在之形式作出的建置。一知觉性而不属于一‘存在’，或其本身不是一存在，必然是一非真实，一‘空’的知见‘能力’，或者是在一‘空’中这些不真实的构架，从无物作成的，——这是一很难接受的假定，除非一切其他皆证明为无效。然则明显是我们所见为知觉性者，必然是一‘有体’或一存在，一切皆从其知觉性的本质造成。

但是，若使我们这么回到‘有体’与‘知觉性’的二位一体的或二元的真实性，则我们能或与韦檀多学同其假定，说有一原始的‘本体’，或与数论同说，说有多体，而‘知觉性’，或某种‘能力’，我们以知觉性归之的，对此多体表呈其构架。倘若唯独分别的原始的有体之多性为真，那么，因每个将是或将创造其自有的世界于其自体的知觉性中，困难便在于说明它们在单独同一宇宙中的关系；必须有唯一‘知觉性’或唯一‘能力’，——相当于数论的独一‘自性’，即许多同似的‘神我’的经验的原畴，——其间它们遇合于同一为心思所造成的宇宙中。这事物理论有其优点，它可说明心灵之多，事物之多，及对它们的经验之殊异性中之一性，同时赋予个人的分别精神生长与命运以一真实性。但倘若我们能假定一个‘太一知觉性’，或一‘太一能力’，创造它自体的一群形象，在它的世界中安置众多有体，则也没有困难假定有一原始的‘本体’，他支持或自我表现于有体之众多，——他的唯一存在之众多心灵或精神权能；则也可推论到凡知觉性之一切对象，一切形象，皆是此‘本体’之形象。于是必然问，这多众和这些形象是否皆此唯一‘真实存在’之真实，或只是代表着的人格和相状，或为‘心思，所造成以代表‘它’的象征或价值。这便大端依乎是否只有如我们所知的‘心思’在发生作用，或者还有一更深更伟大的‘知觉性’，以‘心思’为其一外表工具，为它的创划的施行者，它的显示的中介物，在发生作用。若是前者，则如‘心思’所见到所造成的宇宙，只能有一主观的或象征的或代表的真实性：若是后者，则宇宙及其自然有体和

对象，皆能是‘唯一存在’的实际真实，皆能是它的有体之权能或形式，为它的有体的力量所显示的。‘心思’，只能是一翻译者，在宇宙的‘真实性’，与其创造的‘知觉性·力量’，‘权能’，‘自性’，‘幻有’的显示之间。

明显地，一属于我们的表面智慧性质的‘心思’，只能是存在的一次等权能。因为它带上了无能与无知的徽识，标明它是依他而后起，不是原始的创造母；我们见到它不知道也不了解它所看到的对象，它对它们没有自动的管制；它必须求得一辛苦建成的知识和管制权能。这起始的无能性可能未有，倘若这些对象皆是‘心思’所自建，是它的自体‘权能’的创作。这是如此，可能是因为个人心思只有一前方的和依起的知识与权能，而有一宇宙的‘心思’，禀赋了遍知，能其遍能。但这‘心思’的自性如我们所知者，是一‘无明’而寻求‘明’；它是部分的知者，分化的工作者，致力于达到一总数，缀成一整个，——它不曾占有事物的真元或其全体：一同性格的宇宙的‘心思’，可能以其普遍性之故而知其部分的总和，但仍然会缺乏真元知识，倘若没有真元知识，便不会有真的整体知识。一个知觉性具有真元的和整体的知识，从真元出发以达到全体，从全体达到诸部分，则不复是‘心思’了，而是一完善的‘真理知觉性’，自动地具有了内在的自我知识和世界知识。是从这基础我们当检视真实性的主观观念。是真，本来没有这么一个事物如不依乎知觉性的客观真实性；但同时有客观性中的一真理，那便是这，即事物的真实性寓居于其内中的什么中，不依赖我们的心思所给它们的译释，不依赖心思在其观察上所建立的构架。这些构架组成心思对宇宙的主观形象或状貌，但宇宙及其品物非徒然是形象或状貌。

它们在真元上皆是知觉性的创造，但那知觉性是与有体为一，其本质便是‘有体’之本质，其创造也皆是那本质所成，因此是真实。在这观念下，世界不能是‘知觉性’的一纯粹主观创作；事物之主观的和客观的真理两皆真实，它们是同一‘真实性’的两方面。

在某种义度下，用我们的人类语文的相对的和提示性的说法，一切事物皆为象征，由之我们乃当接近而达到‘彼’，事物和我们以之而存在者。一体性之无限是一象征，多体性之无限是另一象征：甚者，多中之每一事物既回指向一体性，每个我们所称为有限的事物既是一代表着的形相，一形式前景，影射出无限者的一点什么之一阴影相，则凡自加界定于宇宙中者，——其一切对象，事会，理念形成，生命形成，——轮到它们也每个是一关键，是一象征。对我们的主观的心思，存在之无限性是一象征，非存在之无限性是另一象征。‘无心知者’之无限与‘超心知者’之无限，乃绝对‘超上大梵’之显示的两极，而我们在此两极间之生存，我们之从一极进到另一极，是一进步着的摄持，一恒常的表译，在我们内中的一主观的建造，建造‘未显示者’的这显示。经过我们的自我存在的这么一种启发，我们必须达到它的不可名相的‘当体’的知觉，且知觉我们自己，和世界，与一切是者，及一切非是者，皆为那个的启示，那个从来不向任何事物全般启示其自体，除了向其永恒的和绝对的自我光明。

但是这种对事物的看法，是属于心思的作用，传译着‘本体’和外在的‘变是’之间的关系的；这当作一种动力的心思表达，与显示的某一真理相应，是有效的，但隶属于一附带条件，即这些事物的象征价值，不使事物本身徒然成为有意义的计算筹码，抽象的象

征，如同数学公式或其他符号，为求知的心思所用的：因为宇宙间的形色和事会，皆表征‘真实性’的诸多真实；它们皆是‘彼’之自我表现，‘本体’的运动与权能。每一形色在此，因为它是寓居于它内中的‘彼’之某些权能的表现；每一事会是一运动，作发着‘本体’的某些‘真理’在其动力的显示程序中。是这意义，乃使心思的传译的知识，对宇宙的主观偏计为有效；我们的心思本原是一见知者和翻译者，次要且依起地，乃是一创造者。这诚然是一切心思的主观性的价值，它在内中返映‘本体’的一点真理，不依乎返映也存在的，——不论那独立性自呈为一物理的客观性，或一超物理的真实性，为心思所知，却非生理诸识所见的。然则‘心思’不是宇宙的原始建造者：它是一中介的权能，于有体的某些实际性为有效；是一经纪人，一居间人，实现诸多可能性，在创造中有它的一份，但真的创造母是一‘知觉性’，一‘能力’，内在于超上的和宇宙的‘精神’中的。

有一刚刚是相反对的真实性与知识的观念，肯定客观‘真实性’为唯一全般真理，客观知识为独一全般可靠的知识。这观念始于此一理念：物理存在乃唯一基本存在，而将知觉性，心思，心灵，或精神，贬到物理‘能力’在其宇宙作用中的暂有的结果的地位，——诚然，倘若还有心灵或精神的话。凡属非物理者和客观者，只有一次等真实性，依赖物理者和客观者；它必得向物理心思自加辩正，用客观证据，或一可识的可证的对物理的和外在的事物之真理的关系而自表，然后可领到一张真实性的护照。但是，明显的，这种解决不能严格接受，因其中没有整体性，只见到存在的一边，甚至只见到存在的一境一域，而任其余一切没有解释，没有内在的真实性，没有意义。设若推此至极，则将给予一石头或一梅制布丁以一较大的真实性，而对思想，爱情，勇气，天才，伟大性，人类之心灵和心思之面对一黑暗的和危险的世界而欲主宰之，则将给予以一低等的依赖的真实性，或甚至一非实质的或倏忽的真实性了。因为在这观念中，这些事物对我们的主观视见如此伟大的，皆只是当作一客观的物质有体对一客观的物质存在的反应乃为有效；它们之为有效，只是以其处理客观的真实，使其自体在它们上面发生效果：而心灵，倘若竟有，也只是一客观真实的世界'自性'之一情况。但是，相反地，也可以持执：客观者之擅有价值，只在当其与心灵有一关系；它是一原野，一机缘，一手段，使心灵在'时间'中前进：客观者是当作主观者的显示之一基地而创出的。客观世界，只是'精神'的变是之一外表的形式；在此它是第一形式，一基础，但它不是那真元事物，有体之主要真理。主观者和客观者，是两个显了的'真实性'的必要的方面，且有同等价值，而且在客观者本身的范畴中，知觉性的超物理的对象，一样有如同物理客观性被接受之权；它不能自因推(a priori)被搁置一边，被认为一主观的虚幻或妄想。

事实上主观性与客观性皆不是独立的真实性，它们相互依倚；它们皆是'本体'经过知觉性自见为客体上的主体，及同此一'本体'向它自体的知觉性自呈为对主体的客体。较偏的观念，则不许任何只存在于知觉性中的事物有本质上的真实，或者，较精确地说，不许任何事物之得到内中知觉性或意识的证明，然外表身体诸识不供给基地或不加以实体化者。但外表诸识能作可靠的证明，只是时当其以客体的版本送致知觉性，那知觉性便对它们的报告赋予一意义，在其外在性上加以它自体的内中直觉的翻译，以明审的依附而加以是正了；因为诸识的证明，在其本身常是不完善的，非全然可靠，必然也非终极的，因其不完全，常至错误。诚然，我们也无知道客观宇宙的工具，除了用我们的主观的知觉性，以身体诸识本身为其工具者；如这世界不但对它现似，亦且在它内中现似，这对我们同然。设若我们对这作主观的或作超物理的客体性之宇宙的见证者，否定其证明有真实性，则也没有充足的理由，许予作物理的客体性之证明有真实性；设若知觉性的内中的超物理的对象皆不真实，则客观的物理世界也有每个机会是不真实。在每个场合，了解，辨别，证实，皆是必要的；但是主观者和超物理者，必另有其证实的方法，不同于我们成功地加到物理的和外在的目的物上的。主观的经验，不能引用外在诸识的证明；它有其自有的观察标准，及其内中的证实方法：同然，超物理的真实，以其正本自性，不能归到物理的或意识的心思之裁判，除非其自投示入物理体中，而且，纵使如此，那裁判也常是无能的，或得审慎的；它们只可由其他识感，且由一种考究和肯定之法，能施于它们自有的真实性，它们自有的本性者，而加以证实。

真实性有各个不同的品种。客观者与物理者只是一品种。它对物理的或外向的心思是能起信的，因为对诸识直接明白，至若对主观者和超物理者，那心思却没有知识的工具，除了取自段片的表相，和纪录，和比量，皆是在每一步上可有错误的。我们的主观运动和内中经验，皆是许多事情的一领域，那些事情正如任何外间物理的事情一样真实；但倘若个人心思能以直接经验知道它自体的一点现象，它却不知道他人知觉性中的事，除了用它自体的为比，或凭其外表观察所能得到的这种表相，纪录，和比量。因此，我内向对我自己为真实的，但他人的不可见的生命对我只有一间接的真实性，除了它之怎样打击到我自己的心思，生命，和诸识上。这是人的物理心思的限度，这在他造成了一种习惯，只完全相信属物理者，怀疑或对抗那不与他自己的经验相合者，或入乎他的了解范围者，不与已建立的知识之总和或他自己的知识标准相抵者。

这私我中心的态度，在近代已升为知识的一有效标准了；这已是暗许或明立为一公理，即一切真理，必须归到个人的心思，理智，和经验的裁判，或不然，则必由共通的或普遍的经验加以证实，或无论怎样是可证实的，然后乃许其有效。但明显的，这是真实性的一虚伪标准，知识的一虚伪标准，因为这意义便是正常的或平均的心思及其有限的能量和经验之统治，除外了超正常或出乎平常智慧以外者。至其极，这样声称个人为一切事物的裁判者，便是一自私的虚幻，物理心思的一迷信，在大众是一粗朴和鄙陋的错误。这后面的真理是，每个人应按照他的能量为他自己思想，为他自己而知，但他的裁判之能有效，只是在此一条件下，即他准备学习，常是启对一更大的知识。有过这种论难，谓离开物理标准，与个人的和普遍的证实原则，必引到粗朴的诈妄，收纳未经证实的真理和主观的幻想到知识的领域中。但错误与诈妄，个人性之介入，凡人自己的主观之参与，在知识的追求中常有，而且物理的或客观的标准和方法，亦不除外它们。错误的或然性，不是拒斥试图发现的理由，而且主观的发现，必以主观的探讨，观察，和证实的方法而追求；研究到超物理者，必须发展，接受，且实验出另一合宜的手段和方法，不同于用以试验物理事物的成分，和物质‘自然’中的‘能力’的程

序的。

在任何成见和因推的(即先天的)普通立场上拒绝研究,是一种反开化主义,对知识的发扬有损,正如宗教的反开化主义,在欧洲阻滞了科学发现之伸展。最伟大的一些内中发现,自我有体的经验,宇宙的知觉性,已解放的精神之内中宁定,心思对心思的直接作用,知觉性直接与他个知觉性或其对象相接触而得的事物之知识,大部分有任何价值的精神经验,——凡此皆不能带到普通心思的法庭前受裁判,普通心思对这些事物没有经验,以其缺乏或不堪有经验,遂作为这些事物之无效或无有之证明。建立于物理研究上的发现,通则,公式的物理的真理,可以这么交付此法庭,但即使在此,也还需要一番能量上的训练,然后乃能真实了解和裁判。不是每个未受训练的心思,便能了解相对性的数学或其他艰深的科学真理,或判断其结果或程序之有效无效。诚然,一切真实,一切经验,若要被认为实在,必须能以同样的或类似的经验证明;这么,事实上,凡人皆能有一精神经验,可在他们自己内中追出究竟,加以证实,但只是他们已得到了那能量之后,或已能运用那些内中方法,所以使那些经验和证实为可能的。我们必须暂时稍留连于这些明白的基本真理上,因为反对的理念在最近一时期正在人类心思上居尊得势,——只在现今稍退落了,——阻滞了一浩大可能的知识之境界的发展。至极重要的,是人类精神能够自由,能测度内中的或潜意识的真实之深处,精神的和仍属超心知的真实之深处,而不将自体闭置于物理心思及其客观外在的实体之狭隘境域中;因为唯独那样,方能得到从我们心思所寄寓的'无明'之解放,解放到一全般知觉性,一真实的和整体的自我实践与自我知识。

一整体知识，要求对知觉性与经验的一切可能的境界之探测，揭示。因为有些我们的有体之主观境域，位于明显的表面之后；这些应当加以探测，而且，无论已确定了什么，必须将其容纳到全部真实性的范畴中。精神经验的一内中领域，是一人类知觉性的绝大封疆；必须进到它的最深的深处和最远的远处。超物理者是正如物理者同样真实；知道它乃全体知识之一部分。超物理者的知识，素来与神秘主义和玄秘主义相联，而玄秘主义被贬斥为一迷信，一诡怪的错误。但玄秘者亦是存在的一部分；一真正的玄秘主义，意义也不外是研究到超物理的真实，揭发有体与'自然'的隐秘律则，暴露一切非在表面上为显明者。它试欲发现心思和心思能力的秘密律则，生命和生命能力的秘密律则，微妙物理体及其能力的秘密律则，——凡此一切'自然'未置之于表面上可见的施为中者；它亦复求运用'自然'的这些隐秘律则与权能，使人类精神的统治，可引申到心思的寻常施为，生命的寻常施为，我们的物理生存之寻常施为以外。在精神境域中，这对表面心思是玄秘的，以其超出寻常经验以外而入乎超正常经验以内，可能不单是发现自我与精神，亦且可发现精神知觉性的提举、启悟、领导着的光明，与精神的权能，精神的知识方法，精神的行为方法。知道这些事，将它们的种种真理和力量带到人类生活中，是人类进化之必要的一部分事。科学本身，在其自有的方式上也是一玄秘主义；因为它发皇'自然'所隐藏的公式，而且它运用它的知识，发放出'自然'的能力的活动，她所未包括于她的寻常施为以内的，且组织她的玄秘权能与程序，一大物理魔术系统，使为人类服务，——因为，比起运用有体的秘密真理，'自然'的秘密权能与程序，没有、也不能有其他魔

术了。甚至还可发现，一超物理的知识于物理知识之圆成为必需，因为在物理‘自然’程序之后，有一超物理的因素，一权能与作为，为心思的，情命的，或精神的，非任何外在知识工具所可接触。

客观的真实者的唯一或基本的有效性之一切坚持，其立场是在‘物质’的基本真实性之意识上。但现在已明白了，‘物质’不怎样是基本真实的；它是‘能力’之一架构：已变到甚至颇为可疑了，是否这‘能力’本身的作为与创造皆可解释，除是当作一秘密的‘心思’或‘知觉性’的权能之运动，其架构的程序和步骤皆为其方案者。然则已不复能认‘物质’为唯一真实。存在的物质解说，乃是除外地集中，专事于‘存在’的一个运动之结果，而这种除外的集中有其用处，因此可许；在近代，这已由物理‘科学’的许多浩大的和无数微小的发明而自加辩正了。但是整个存在问题的解决，不能建基于一除外的一偏的知识上；我们应当知道不但‘物质’是什么，它的程序是什么，亦复应当知道心思和生命是什么，和它们的程序是什么；而且人亦复应当知道精神与心灵及一切在物质表面之后的事物：唯独如此，我们乃能有一够整体的知识来解决这问题。同此之故，那些存在观，起于一除外的或主要的专注于‘心思’或‘生命’，视‘心思’或‘生命’为唯一基本真实者，也没有一够宽广的基础使人接受。这么一除外的集中的专注，可引到一富有结果的探讨，很可启示‘心思’和‘生命’，但不能结果出问题的整个解决。也很可能是，除外的或主要的集中，又专注于潜意识的有体上，视外表存在仅为一系象征，所以当作其唯一真实性之表现者，亦可投射强盛的光明到潜意识及其程序上，且广大地扩充人的权能，但在其本身这不会是一整体的解决，或会成功地引我们达到‘真实性’的

整体知识。在我们看来,'精神','自我',便是存在的基本真实性;但是,除外地集中于这基本的真实性上,除外了'心思','生命',或'物质'的一切真实性,除了视为在'自我'上的一外加,或'精神'所投下的无实质的阴影,虽可有助于一独立的和根本的精神实践,却无补于宇宙的和个人的存在之真理的一整体的和有效的解决。

然则一整体的知识,必须是存在的所有各方面的知识,是各个分别的,又是在每个对全体的关系中的,及全体对'精神'的关系中的。我们现在的境况,是一'无明'和多方面的寻求;它寻求一切事物的真理,但是,——由人类心思的推测之类别与执持,推测那足以解释一切真理的基本'真理',一切事物基本上的'真实性',便为显明的,——事物的基本真理,它们的基本真实性,必求之于某个同时是基本的又是普遍的'真者'上;这便是那个,一旦发现了,便必然概括且解释一切,——'知之则一切皆知':基本的'真者',必须是也必包涵一切存在的真理,个人的真理,宇宙的真理,凡一切出乎宇宙以外者的真理。'心思',在其寻求这么一个'真实性',从'物质'以上实验每一事物,看那是否便是'它',不是在一错误的直觉上进行的。一切凡所需要的,便是循此探究至于终尽,实测经验的最高的究极的水平。

但我们既是从'无明'出发以趋于'明',首先我们得发现'无明'的秘密性格及其充分限度。若使我们视此'无明',我们寻常寓居其中的,以我们生存于一物质的,一空间和时间的宇宙中之真正情形,则我们见到在其较阴暗面,不论我们从那一方面看它或接近它,它自体总销归于一多方面的自我无知这事实。我们无知于'绝对者',即一切有体和变是之渊源;我们视有体的局部事实,变是的时间性的关系，为存在的全部真理，——那便是最初的，原始的无明。我们无知于无时间，无空间，不动和不变易的'自我'，我们视宇宙的变是，在'时间'与'空间'中的恒常的动性与变化，为存在的全部真理，——那便是第二，宇宙的无明。我们无知于我们的遍是自我，宇宙存在，宇宙知觉性，我们的与一切有体一切变是之无限一体性；我们视我们的有限的自私的心思性，情命性，躯体性，为我们的真实自我，而视凡异乎此者为非自我，——那便是第三，私我的无明。我们无知于'时间'中的永恒变易；而视此'时间'中一小段，'空间'的一小方分之生命，为我们的始、中、卒，——那便是第四，时间性的无明。甚至在此短促的时间上的变是中，我们无知于我们的大的，复杂的有体，无知于那对我们的外表变是为超心知者，下心知者，内心知者，周心知者；我们视那外表的变是，并其明显心思化了的经验为我们的生存之全，——那便是第五，心理的无明。我们无知于我们的变是之真组织；我们视身体，或心思，或生命，或此中二者，或全三，为我们之为我们者的真实原则或全部说明，而昧然于那组成它们者，且以其玄秘的当体而决定，且意在于以其出现而独尊地决定它们的施为者，——那便是第六，组织上的无明。为此一切无明之结果，我们失却了我们在世间的生命之真正知识，管制，和享受；我们无知于我们的思想，意志，感觉，行为，对世界的问难在每一点上皆给予错误的或不完善的答复，流浪于错误和欲望，挣扎和失败，痛苦与快乐，罪恶与颠蹶的昏雾中，循着一条曲折的路，盲昧地扪索一变动着的目的地，——那便是第七，实际的无明。

我们对'无明'的概念，必然将决定我们对'明'即'知识'的概念，而我们的人生既是‘无明’之否定同时又寻求‘明’，因此也决定人类努力的目的，与宇宙大事之目标。然则整体知识的意义，必是芟除这七重‘无明’，由于发现其所错过的或所忽略的，在我们的知觉性内中作一七重的自我启悟：这意义将是‘绝对者’为万事万物之源；‘自我’，‘精神’，‘本体’之知识，以及宇宙知识，知其为‘自我’之变是，‘本体’之变是，及‘精神’的一显示；知道世界在我们的真实自我之知觉性中与我们为一，这么便除去对它的分隔，由于私我的分别的理念和生命而造成的；知道我们的性灵元及其在‘时间’中之永生坚住，超出死亡与世间生命；知道我们内中的更伟大的存在，在此外表之后；知道我们的心思，生命，身体，在其与内中自我的真切关系中，及其与在它们上面的超心知的精神的和超心思的有体的真切关系中；终者，知道我们的思想，意志，与行为的真正和谐与真正用处，而且改变我们的全部本性，为‘精神’，‘自我’，‘神明’，整体的精神‘真实’之真理的一知觉的表现。

但是，这不是一智识的明，可以学到，可以在我们现在的知觉性的型范中完成的；这必须是一经验，一变是，知觉性的一变易，有体之一变易。这便介入了‘变是’的进化性格，和这事实，即我们的心思的无明，只是我们的进化中的一阶段。然则整体知识，只能以我们的有体和我们的本性的一进化而致，而那便会好像是指征‘时间’中的一纡缓程序，如随附其他进化的转变者。但与那推论相反者，却有此一事实，即进化如今是变到知觉的了，其方法与步骤，无需乎是属于当其在程序上为下知觉的时候同样的性格了。整体的明，既必由知觉性的一改变而有，则可由一种办法而得，其间我们的意志和努力有其一份的，其间它们能发现且运用它们自有的步骤和方法的：它在我们内中的生长，能以一知觉的自我转化而进行。于是应当看这进化的新程序的原则，大概会是什么，并且看必然在其中现出的整体知识的运动，又会是些什么，——或者，换句话说，那应当是神圣人生的基础之知觉性的性质是什么，如何乃能希望那生命形成或自加形成，现实化，或者，如人可说，'实践'。

第十六章　整体知识与人生目标；四存在论

但是，在我们考察‘知觉性’之进化的上升的原则和程序以前，必须重述我们的整体知识所肯定者，肯定为‘真实性’及其显示之基本真理者，以及它所认作有效果的诸方，与机动的诸面，但不能承认其为足以全般解释存在与宇宙者。因为知识的真理，必须基托人生的真理，且决定人生的目标。进化程序本身，便是存在的‘真理’的发展，这‘真理’是在世间隐藏于一原始的‘无心知’中，为一现出的‘知觉性’所启发的，在其自我开展上一级一级升起，直到它能在自体中显示出事物的整体的真实性与一全般的自我知识。进化的发展过程，必依乎其所从而出发且当显示的那‘真理’的性质，——即其程序的步骤和它们的意义，皆依乎此。

第一，我们肯定‘绝对者’为万事万物的原始与支持与秘密的‘真实性’。‘绝对真实性’，不可用心思思维和心思语言加以界说，形况。它对它自体是自明的，是自体存在的，正如一切绝对者皆是自明的，但是我们的心思的肯定辞和否定辞，或分别或综合，不能范限它，不能界说它。但同时有一精神的知觉性，一精神知识，一同一性知识，能摄持此‘真实性’在它的基本诸方面上，和它的显了的诸权能与诸形相上。凡它之是它者，皆归入这叙述内，而且，若为此知识在它自有的真理或它的玄秘的意义上所见到，也可视为这‘真实性’的一表现，而且本身便是一真实。这显了的真实性，在这些基本方面是自体存在的；因为一切基本真实，皆是那在‘绝对者’中为永恒和内在为真实的什么之启发；但一切非基本者，一切属暂时者，是现相的，是形式与权能，依乎其所表现的真实性，以那而为真实，且以其自有的真义，其所内涵者之真理而为真实，因为它是那，不是偶然的什么，不是无基础的，虚幻的，一空空造成的形象。纵使是能破坏形象者和乔装者，如虚伪破坏且乔装真理，恶破坏且乔装善，也有一时间性的真实，为‘无心知’的真正后果；但这些相反对的形象，虽在它们自有的原地内为真实，皆不是真元的，只于显示为助佐，当作它的运动之一时间性的形式或权能而为它服务。遍是者为真，则由于‘绝对者’，它是‘绝对者’的一自我显示，而凡其所包涵的一切是真，由于遍是者，它予之以一形式和形象的。

‘绝对者’自体显示于两项上，一‘本体’，和一‘变是’。‘本体’是基本的真实性；‘变是’是一功果上的真实性：它是一机动的权能和结果，一创造性的能力，‘本体’的一作发，其无变易无形相的真元之一恒常坚住的然可变易的形式，程序，和结果。凡一切说‘变是’于其自体为充足的理论，因此皆是半真理，于显示的某些知识为有效，即由除外集中于其所肯定所见到者而得到的知识，但否则若是有效，只因‘本体’原不与‘变是’相离，却原在其中，以之而成，内在于其每一极微小的原子，亦内在于其无际涯的充周与伸展中。唯‘变是’自知即是‘本体’时，乃能完全知道其自体；‘变是’中之心灵达到自我知识与永生，时当其知道‘无上者’与‘绝对者’，且占有着'无限者'与'永恒者'的性质。作那，乃是我们的人生之无上目标；因为那是我们的有体之真理，因此也必是我们的变是之内在的目标，必然的结果：我们的有体的这一真理，在心灵中变成了一显示之必需，在物质中变成了一秘密的能力，在生命中变成了一迫促和倾向，一欲望和一寻求，在心思中变成了一意志，目标，企图，目的；要显示出从头在其内中为玄秘者，乃进化的'自然'之全部隐秘趋势。

因此，我们承认那真理，有些超宇宙的'绝对者'的哲学建立其上的；'幻有论'本身，纵使我们辩驳它的那些究竟结论，也仍可接受，当作心思中的心灵，心思有体，在一精神的实际经验中应当对事物的看法，时当其自体从'变是'割开，以接近且入乎'绝对者'。但是，'变是'既是真实的，在'无限者'和'永恒者'的真本自我权能中为必然的，这也不是一完全的存在哲学。有可能，心灵在'变是'中知道它自体即是此'本体'，且具有此'变是'，知道它自体即是'无限者'在真元中，但亦是'无限者'自体表现于有限者内，即是无时间的'永恒者'，观其自体及其工作于'时间永恒性'的建立着的定位与发展运动中。这实践是'变是'的极顶；是'本体'在其机动的真实性中之圆成。然则这必然是事物的全部真理的一部分，因为唯独这乃给予宇宙一充分的精神意义，且辩正了显示中的心灵；万事万物的一种说明，而褫夺宇宙的和个人的存在的一切意义的，必不能是全部的说明，它所提出的解决，必不能是独一真正的结论。

我们提出的次一肯定，便是'绝对者'的基本真实性，对我们的精神知见为一'神圣的存在'，'知觉性'，与'有体之悦乐'，这是一

超宇宙的‘真实’，自体存在，但亦复是承托全部显示的秘密真理；因为‘本体’的基本真理，必须是‘变是’的基本真理。万有皆是‘彼’之显示；因为它甚至寓居于一切似乎是它的反对者中，它在它们上面的暗中迫促以启露它，乃是进化的原因，迫促‘无心知’从它自体发展出它的秘密知觉性，迫促似是的‘非有体’，在其自体中启示玄秘的精神存在，迫促‘物质’的无感觉的中性，发展出种种有体之悦乐，而这，应当增长，从其诸小项，其苦与乐的诸对反的二元性解放而自由，入乎存在的真元悦乐，精神的‘阿难陀’。

‘本体’是一，但这一性是无限的，在自体中包含它自体之无限多数或多性；这‘太一’亦即是这‘大全’；它不但是一真元‘存在’，亦且是一‘大全存在’。‘太一’之无限多性与‘多’之永恒一体性，乃一真实性的两真实或两方面，这显示建立于其上的。以此显示的基本实理之故，‘本体’对我们的宇宙经验自呈于三姿态中，——超宇宙的‘存在’，宇宙的‘精神’，及‘多’中之个人‘自我’。但是这多性容许知觉性的一现相上的分化，一功能上的‘无明’，其中‘多’，诸多个人，不复觉识永恒自体存在的‘一性’，而且遗忘宇宙的‘自我’之一性，它们以之而生，而动作，而有其自体的。但是，以秘密的‘一体性’之力，在变是中的心灵，为其自所未见的真实性所驱，为进化的‘自然’之玄秘压力所迫，要出脱这‘无明’境界，而且终于恢复唯一‘神圣本体’之明，及其与之为一的一性，并且同时恢复其与一切个体与整个宇宙之精神的一体性。它应当变到不单是觉识它自体在宇宙中，亦且觉识宇宙在它自体中，及宇宙‘本体’之为它的更大的自我；个人应将自己宇宙化，同时又变到觉识他的超宇宙的超上性。真实性的这三个方面，必然被包括在心灵的真理及宇宙显示的真理中，而且这必需，必然决定进化的‘自然’之程序的终极趋向。

一切存在观念，如缺乏‘超上性’且忽略它的，必然不是有体的真理的完全叙述。泛神论的观念，见‘神圣者’与‘宇宙’之同一性，这是一真理，因为凡此一切是者皆是‘大梵’；但时若它失却且芟去超宇宙的‘真实性’，则它短缺了全般真理。在另一方面，那唯独肯定宇宙，却视个人为宇宙‘能力’之一副产品而遣除之者，那每种观念错在过于着重世界运动的显似的事实一方面；这只在自然的个人为真实，甚至还不是其全部真理；因为自然的个人，自然有体，诚然是宇宙‘能力’的一产品，但同时也是心灵的一自然人格，内中有体和个人的一表现的形成，而且这心灵不是宇宙‘精神’的一可灭的细胞，或可消融的一部分，却在‘超上性’中有其原始的永生真实性。这是一事实，宇宙‘本体’以个人有体而表现其自体，但这亦复是一真理，‘超上真实性’只以个人存在与‘宇宙’而自表；心灵是‘无上者’的永恒的一部分，不是‘自然’的一小分。但是同等的，任何观念，视宇宙只存在于个人知觉性中者，也很明显的，必为一段片的真理：这以见知精神的个人之宇宙性，和他在他的知觉性中怀抱此整个宇宙之权能，而得到是正；但存在的真理，既不是宇宙亦不是个人知觉性；因为这二者皆依乎超上的‘神圣本体’，且以之而存在。

这‘神圣本体’，‘真、智、乐’，是非人格性的，同时又是人格性的：这是一‘存在’，为一切真理，力量，权能，存在者的渊源和基础，但它亦复是唯一超上‘知觉体’，与‘全人’，以凡一切知觉的有体为其自我和人格；因为‘它’是它们的最高‘自我’，和普遍内寓着的

‘当体’。宇宙中的心灵，有此一需要，——因此也是进化的‘能力’之内中趋向及其究竟原旨，——要生长到它自体的真理中，要与‘神圣本体’为一，要将其自性升高到‘神圣自性’，其存在升高到‘神圣存在’，其知觉性升高到‘神圣知觉性’，其有体的悦乐升高到神圣的‘有体之悦乐’，而且，将这一切收纳入它的变是中，化此变是为那最高‘真理’的表现，内中保有‘神圣自我’，和它的存在之‘主宰’，同时又全般为‘他’所保有，为‘他的神圣能力’所推动，而生活行动于一完全的自我奉献与归顺中。在这方面，存在的二元论和有神论的种种观念，肯定上帝和‘灵魂’的永恒真实的存在，与‘神圣能力’的永恒真实存在和宇宙作用者，亦复表白整体存在之一真理：但它们的表呈又短缺了真理之全，倘其否定上帝与心灵的真元的一体性，或它们究竟为一之能性，或忽略心灵之融入‘神圣一体’的至上经验之所以然，由爱，由知觉性之结合，由存在入乎存在之混融。

‘本体’在我们的宇宙中之显示，取一内入作用，即外发作用之出发点，——‘物质’为最卑的一级，‘精神’篇最高峰。在下降入内入作用时，可分辨七个显了体的原则，显示着的‘知觉性’之七个等级，于此我们能得到一知见或一具体的实践，知见或实践其在此世间之内在性与当体现前，或得到其一反映出的经验。前三皆原始的和基本的原则，它们形成宇宙的知觉性境界，我们能上达的；时若我们这样做，我们能觉识基本显示的或精神真实性的自我表呈之最高诸界或水平，其间居前的，有‘神圣存在’，‘神圣知觉性’的权能，存在的‘神圣悦乐’之幸福，三者为一体，——非是像在此世间隐藏了或乔装了，因为我们能在它们的充分独立真实性中保有它们。第四原则,超心思的'真理知觉性',是与它们相联的;在无限多性中显示着一体性,它是'无限者'之自我决定之特著权能。无上存在,知觉性,与悦乐的这四重权能,组成了显示的一上半球,基托于'精神'的永恒的自我知识上。倘若我们进到这些原则中,或进到有体的任何一界,其中有此'真实性'纯粹当体现前者,我们在其中得到一完全的自由与知识。其他三权能和有体之三界,甚至我们现在即觉识者,组成了显示的一下半球,'心思','生命',和'物质'的半球。这些在其本身皆超上的诸原则之权能;但在凡其与其精神渊源作一分别的显示之处,则结果是经过一现相上的堕退,入乎一分化了的存在,代替了真正的无分化的存在。这一退堕,这一分别,造成了一有限的知识境界,除外地集中于其自体的有限的世界秩序中,忘废了一切在其后方者,忘废了基托在其下的一体性,因此是一宇宙的和个人的'无明'境界。

在其下降入物质界了——我们的自然生命便是其产品,——这堕退遂臻极于一全般的'无心知',一内入了的'有体'和'知觉性',乃当以渐次的外发而从之出现。这一必然的外发作用或进化,起初发展了如其必当发展出'物质'和一物质的世界;在'物质'中,'生命'和活的物理有体出现了;在'生命'中,'心思'和具有形体的思想着和生活着的有体出现了;在'心思'中,永是增长着其权能和活动于'物质'的形式里,'超心思'或'真理知觉性'必然出现,不得不然,由于包含于'无心知'中者的基本力量,以及'自然'中之需要。'超心思'出现,在一超心思的人物中显示'精神'的自我知识与大全知识,也必然以此同一律则,一内在的必要与必然性,在此世间成就神圣的'存在','知觉性',与存在之'悦乐'之机动的显示。是这，乃此地球上的进化的方案和次序的意义；是这必要，乃当决定其步骤与程度，原则与手续。‘心思’，‘生命’，和‘物质’，皆进化的已实现的权能，为我们所熟知；‘超心思’，与‘真、智、乐’的三位一体诸面，皆是秘密原则，尚未陈于前方，仍有待于在显示的诸形式中实践，而我们知道它们，只由暗示，和一局部的和断片的作用，尚未从低等运动脱出，因此不容易认明。但是它们的外发，亦复是在‘变是’中的心灵的命运之一部分；在土地生命中，在‘物质’中，不单是应有‘心思’的一实践和机动化，也应有一切在其上者，一切诚已下降但仍藏于土地生命和‘物质’中者的实践和机动化。

我们的整体知识之理论，承认‘心思’为一创造性的原则，‘本体’之一权能，规定它有在显示中的地位；同样也承认‘生命’与‘物质’为‘精神’的权能，而且在它们内中也有一创造的‘能力’。但那种事物观，以‘心思’为唯一或至上创造原则，以及那些哲学，规定给‘生命’或‘物质’以同样唯一真实性或优胜性者，皆属半真理的表现，不是整体知识。是真的，当‘物质’初出现时，它成为显要原则；它似乎是且在其自有的范围中是一切事物之基本，一切事物之组成者，一切事物的究竟：但是‘物质’本身，又被发现是某个非‘物质’者，‘能力’的结果，而此‘能力’又不能是自体存在且在‘空虚’中作为着的什么，却是可出现为，时若深深考究，似乎是当出现为一秘密的‘知觉性’和‘有体’的作用：时若精神知识和经验出现，这便成为确然，——见到‘物质’中的创造‘能力’，是‘精神’的权能的一运动。‘物质’本身，不能是原始的和究极的真实性。同时，另有观念，判离‘物质’与‘精神’，列之为相反对者的，也不可接受；‘物质’是‘精神’的一形式，‘精神’之一寓居，而且在此在‘物质’本身中，能有一‘精神’的实践。

这亦是真的，即‘生命’当其出现时变为主要了，化‘物质’为其显示的一工具，开始现为好像它自体便是那秘密的原始原则，迸发为创造，而自隐蔽于‘物质’的形式中；在这现相中也有一真理，而且这真理必被采纳为整体知识的一部分。‘生命’，虽不是那原始‘真实性’，却也是它的一形式，一权能，在世间有其使命，当作‘物质’中一创造性的迫促。因此，‘生命’应当被承认为我们的活动之一手段，一动力性的型模，我们在此得以‘神圣存在’倾注其中的；但所以能这么接受它，只因为它是‘神圣能力’之一形式，那本身是大过‘生命力量’的。‘生命’原则不是事物的原始和全部基本；其创造的工事不能圆成，不能皇华地成就，甚至或不能得到它的真正运动，直到它自知为‘神圣本体’的一能力，将它的作用升起，微妙化，化为一通流涧道，使高上‘自性’倾注流通。

轮到‘心思’，当其出现时也变为主要了；它运用‘生命’与‘物质’为其表现之工具，为它自体的生长与极权之国土，它开始工作，好像它便是真正的真实性和创造者，甚至有如它之为存在的见证者。但‘心思’亦复是一有限的和依起的权能；它是‘高上心思’的一出品，或者它在此世间是一光明的阴影，为神圣的‘超心思’所投射的；它只能以接纳一更大的知识的光明，乃能达到它自体的完善化；它必须将它自体的较无知，不完善，和相冲突的权能和价值，化为超心思的‘真理知觉性’之神圣有效的能性与和谐的价值。凡低半球的权能及其‘无明’的构架，能得到其真实自体，只能由在那光明中的一转化，那光明是由高半球一永恒的自我知识下降于我们的。

凡此三种有体之低等权能，皆建立于‘无心知者’上，似是从之发源，且为其所支持：‘无心知’这黑龙，以它的浩大的翅膀和黑暗之背，承托了这物质宇宙之全部建筑；它的能力舒展万事万物之川流，它的阴暗的透示，似乎是知觉性本身的起点，与一切生命冲动之渊源。‘无心知者’，由于这起源和优势，结果在于今某派研究被视为真实的原始和创造者。诚然，应当承认一无心知的力量，一无心知的本质，皆是进化的出发点，但在进化中出现的，不是一无心知的‘有体’，而是一知觉的‘精神’。‘无心知体’及其初始工作，皆为一系高而又高的有体之权能所侵彻，皆被迫而役属于‘知觉性’，以致它对进化的阻碍，它的拘束的圆环，皆渐渐打破了，它的黑暗之‘巨蟒’蟠纠，皆为‘太阳神’的利箭射穿了；我们的物质本质的限制皆这么减少了，直到其能被超越，而心思，生命，和身体能够转化，由于‘知觉性’，‘能力’，与‘精神’的更伟大的律则之贯彻它们。整体知识，承认一切存在观的有效真理，在它们自有的原地中为有效的，但寻求除去它们的限制和否定，协调这些局部真理，在一较大的真理中，使之和谐化，那更大的真理，圆成我们的有体一切诸多方面于那唯一遍在的‘存在’中。

在这一点上我们应当更进一步，开始看我们这么牒述的形而上学的真理，视为一决定者，不单是决定我们的思想和内中运动，亦且决定我们的人生定向，引导我们到我们的自我经验和世界经验的一机动的解决。我们的形而上学的知识，我们对宇宙的基本真理和生存的意义的观念，应当自然是我们对人生的整个概念和态度的决定者；人生的目标，如我们所想念者，必然建置在那基础

上。形而上的哲学，便是一试图，要固定有体的基本真实性与原则，有以别于其程序，及由其程序而结果出的现相。但其诸多程序，皆是依赖其诸多基本真实的：我们自己的人生程序，其目标，与其方法，皆当应合我们所见到的有体之真理；否则我们的形而上的真理，皆只能成为智识的一游戏，没有任何动力的重要性。是真，智识应当为真理而寻求真理，不应有一人生上的用途的先存的理念之任何非法干预。但仍然是，真理，一旦发现了，必须是在我们的内中有体和我们的外在活动中可以实践的：倘其不是如此，它可以有一智识上的重要性，然没有整体的重要性；给智识的一真理而已，至若于我们的人生，则不过一思想之谜的解答，或一抽象的非真实，或一死文字。有体的真理必须统治人生的真理；不能是两者没有关系或非相互依倚。对我们，人生的最高意义，存在的基本真理，必然也是我们自己的生活之认定了的意义，我们的目标，我们的理想。

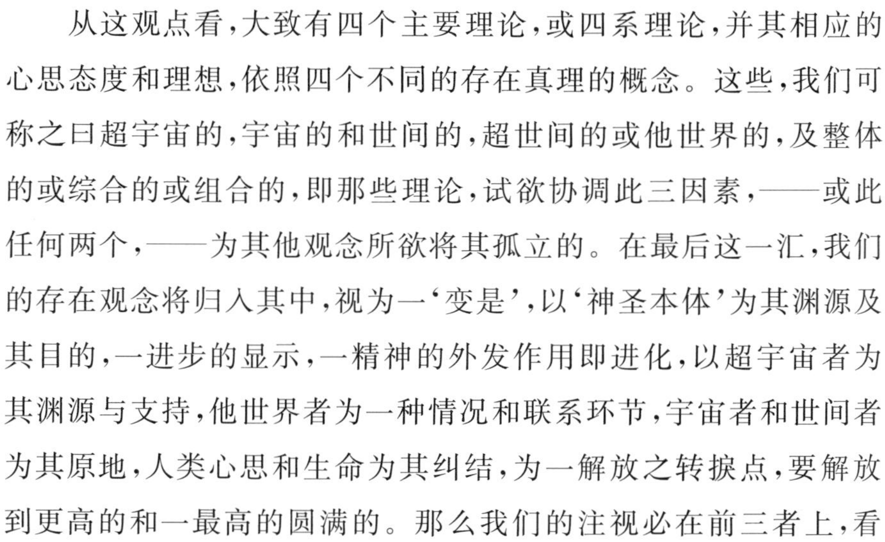

从这观点看，大致有四个主要理论，或四系理论，并其相应的心思态度和理想，依照四个不同的存在真理的概念。这些，我们可称之曰超宇宙的，宇宙的和世间的，超世间的或他世界的，及整体的或综合的或组合的，即那些理论，试欲协调此三因素，——或此任何两个，——为其他观念所欲将其孤立的。在最后这一汇，我们的存在观念将归入其中，视为一‘变是’，以‘神圣本体’为其渊源及其目的，一进步的显示，一精神的外发作用即进化，以超宇宙者为其渊源与支持，他世界者为一种情况和联系环节，宇宙者和世间者为其原地，人类心思和生命为其纠结，为一解放之转捩点，要解放到更高的和一最高的圆满的。那么我们的注视必在前三者上，看它们在何处与整体化的人生观分离，而它们所依据的真理，可合到其构架上到什么程度。

在事物的超宇宙观，唯独至上‘真实性’是全般真实。宇宙存在和个人有体的某种虚幻性，和空华之感，是这派事物观的一特著的转向，但这不是真元的，不是其主要思想原则之必不可无的佐属。在其世界之见的极端形式中，人类生存没有真实意义；这是心灵的一错误，或生活意志之一种狂迷，一乖谬或愚昧，多少蒙蔽着‘真实性’的。唯一真正的真理，乃是超宇宙者；或者，无论怎样，‘绝对者’，‘超上大梵’，乃一切存在之原始与归极，其余一切，皆是插曲，没有任何永久的意义的。倘若是这样的呢，则可推知唯一所当作的事，我们的有体的唯一聪明和必需之道，便是离开一切生活，不论是人间的或天上的，一旦我们的内中的进化，或精神的某种隐秘律则，使那成为可能。是真的，虚幻对其自体也是真实的，空无也矫作充满了目的的模样；只若我们长此居于错误中，则它的律则和事实，——事实而已，而不是真理，是经验的而不是真实的真实，——于我们皆能拘束。但从真知识的任何立场，在任何事物的真正真理的观点看，这一切自我欺骗，似乎不优于一宇宙疯人院的律则：长此如我们皆是疯狂，必被禁住于此疯人院中，则不得不服从它的规律，而且，必须一循我们的气性，尽好或尽坏利用它们，但我们的正常目标，常是要医好我们的疯狂，出去到光明与真理与自由里。无论在这逻辑的严格性上怎样加以和缓，无论此一时可作一点什么退步，认人生与人格为有效，可是从这观点看，生活的真正律则，必定是任何一法规之能帮助我们尽快回到自我知识，以最直捷的路径引我们达到‘涅槃’的。真正的理想，必然是个人者

与宇宙者之灭无，在‘绝对者’中自我消灭。这自我消灭的理想，大胆地明白地为佛教徒所宣扬的，在韦檀多学思想中是一自我发现：但个人的自我发现，由他生长入‘绝对者’中的他的真有体，必只若二者皆是相关联的真实乃有可能；这不能施于一非真实的或暂时的个人中之‘绝对者’之最后废除世界的自我肯定，由于消灭虚伪的个人有体，且毁掉一切个人的和宇宙的存在，为了那个人的知觉性，——无论这些错误可如何继续进行，无可救药地不可避免，在此一为‘绝对者’所许的‘无明’世界中，在一宇宙的，永恒的，不灭的‘无明’里。

但是这人生为全部虚无的理念，不纯全是一超宇宙的存在论之必有的后果。在诸奥义书的韦檀多学，‘大梵’之‘变易’是被认为一真实的；因此尚有‘变是’的一真理的余地：在那真理中，有一正当的人生律则，有我们的有体中之享乐原素之可许的满足，其时间性的存在之悦乐，其实际能力的有效利用，其中的知觉性的施行力量之有效利用；但是，其时间性的变是之真理和律则一旦圆成了，则心灵当回到其最后的自我实践，因为心灵的最高成就，是一解脱，解放到其原始有体中，其永恒自我，其无时间性的真实性中。有一变是的圆环，始于永恒的‘本体’，也终于其中；或者，从另一观点看，看‘无上者’为一人格的或超人格的‘真实性’，则有一暂时的戏剧，在世间生活和变化的游戏。在这里，明显的，人生没有其他意义，除‘有体’之意志要变易，知觉性的意志及其力量之迫促进向变是，其变易的悦乐；在个人，时若那已从他引退，或在他中间已经圆成，不复活动了，则变易终止：但否则宇宙是长存的，或常是返乎显示，因为变是的意志是永恒的，而且必然如是，因为它是一永恒

的‘存在’之内中的意志。可以说，这种事物观的一缺点，是缺乏了个人的任何基本真实性，缺乏了他的自然的或精神的活动之任何经久的价值和意义：但于这也可以答复，说这一永久的个人的意义，个人的永恒性之要求，是我们的无明的表面知觉性的一错误；个人是‘本体’的一暂时的变是，那便是足够的价值和意义了。还可补充说，在一纯粹的或一绝对的‘存在’中，不能有价值和意义：在世间，价值是存在的，而且必不可无，但只是当作相对的和暂时的建筑；在一‘时间’构架中，不能有绝对价值，不能有永恒的和自体存在着的意义。这说来似乎够概括了，在这事上似乎没有更多的可说了。但是问题犹在；因为在我们个人上的压力，要求，在个人的圆成与得救上所加的价值太大了，不能斥退为一微小施为之机巧，一无意义的螺旋纹之旋进与伸展，在宇宙中‘永恒者’的变是之浩大循环里。

其次，宇宙的兼世间的观念，可认为正与超宇宙的观念相反对者，视宇宙存在为真实；它更前进，且认此为唯一真实，而且通常它的视景是囿于物质世界中的生命。上帝，倘若上帝存在，是一永恒的‘变易’；或者，倘若上帝不存在，则‘自然’，——无论我们对‘自然’取什么看法，或视为‘力量’与‘物质’的一游戏，或为一伟大的宇宙‘生命’，或甚至承认一在‘生命’与‘物质’中之普遍的非人格性的‘心思’，——是一永久的变易。土地为其场所，或是其临时的场所之一，人便是可能最高的形式，或只是‘变易’的暂时形式之一。人之为个人，可能是完全有生死的；人类也可能在地球的存在上生存一短时期；地球本身可能只在太阳系中一较长久的时期里持载生命；太阳系本身有一日可能终止，或至少终止为‘变易’中的一活泼的或有生产的因素;我们生活其中的这宇宙,本身也可能消解,或收缩到它的‘能力’的种子境界:但‘变易’的原则是永恒的,——或至少如存在的黑暗迷茫中任何能是永恒的事物一样是永恒。诚然也可以假定人这个体,为‘时间’中的一性灵元体之长存,一持续的世间的或宇宙的禀赋心灵或下生降世,而没有他处之任何身后生命或其他生命:在那场合,或则可假定一恒常增上圆成或接近圆成的理想,或一向一悠久的福乐之生长,在宇宙中某处的,为这无尽的‘变易’之目标。但在一极端的世间的概念中,这一说是很难安立的。人类思想的某些推测,已转到这方向,但未得实质的具体。于‘变易’的一恒久坚持,通常是联合于承认一更伟大的超世间的存在。

唯有一世间的生命,或在物质世界中的一拘限了的暂现的过程,——因为,或许在其他星球上有思想的生物吗?——这一寻常的观念,则承认人的生死性,被动的忍受它,或自动地处理一有限的个人的或集体的生活与人生目标,皆仅有的可能的选择。人类个人的唯一高而合理的程途,——诚然除非他是已满足于他的个人目的之追求,或怎样过着他的生活直到生命离开他,——便是研究‘变易’的律则,从而取得最佳的利益,以理性地或直觉地,内向地或在人生之机动上,实践在他自己内中的,或为了他自己的潜能性,实践他为其一员的民族中的,或为了那民族的潜能性;他的事业便是最可能利用这些实事为存在,且摄住或进向那些最高的可能性,能在此世间发展的,或正在造成的。只有人类全体,乃能做成这事而全有效果,由个人的和集体的集团行动,在时间程序中,在民族经验的进化中:但个人在他自己的限度中,能帮助促进之,能到某种程度为他自己做这一切事，在这给他的短短人生过程中；但特别是他的思想和行为，能是对民族的如今的智识的，道德的，和情命的福利与将来的进步之贡献。他是能有有体之某种高贵性的；纵使他接受他的早的不可避免的个人之灭无，这不能预先阻止他将已在他内中发展的意志和思想作高尚的用处，或阻止他指挥之以达伟大的目的，将必为或可能为人类所完成的。甚至人类的集体的暂时性格也不甚关重要，——除非是在最属唯物论的存在观；因为长此若宇宙的'变易'取了人类的心思和身体的形式，则其在人这生物中所发展的思想，意志，将自加成作出，而聪明地遵循它，乃人类生命的自然法律和最佳规则。人类及其福利和进步，当其坚住于大地上的期间，安排了最大的原地和自然的界限，为了达我们的有体在世间的目标；民族的优越的长存，集体生命之伟大和重要，应当决定我们的理想的性质和视野。但设若人类的进步或福利被除开了，以为不是我们的事，或以为一欺骗，然个人犹在；造就他的可能最伟大的圆成，或尽其极利用他的人生，在他的本性所要求的任何方式上，则将是人生的意义。

超世间观念，则承认物质宇宙的真实性，也接受世界和人生的暂时的经历，为我们当从之出发的第一事实；但它在这上面加了另一见解，以为有其他世界或存在诸界，有一永恒的或至少一较悠久的时历的；它见到在人的身体寿命之生死性之后，有他内中的心灵之永生性。对永生性的信仰，有躯体之外的个人的人的精神之永住，是这派人生观的要诀。这依其本身便需要那另一信仰，信有较物质的和世间的存在为高的诸界，因为在这一世界中，每一动作是依乎某些力量的活动，不论是精神的，心思的，情命的，或物质的力量，皆取‘物质’的形式且在‘物质’的形式中活动，则一离了躯壳的精神，不会有依止处。从这一事物观念中兴起了一理念，即人的真正故家在彼面，而此大地上的生命，这样那样只是他的永生性上的一插话，或者是一天上的和精神的存在，转道而落于物质存在里。

然则这转道的性格，始，与终又是什么呢？起初，有某些宗教的观念，长期坚住，但现在已大为动摇，不被人信仰了，即人原本作成是一物质的活躯体，在大地上，而有一新生的神圣灵魂嘘入其中，或则怎样是与之相关联了，由于全威的‘创造主’之命令。当作一单独的插话，这一生是一机会，他从此可进入一永恒福乐之世界，或一永恒悲苦之世界，一随其行为之为善为恶的普通的或过重的平衡，或随其接受或不接受，知道或忽视某一信条，敬拜方式，神圣中介者，或另随他的‘创造主’武断的前定的任意施为。但那是超世间的人生理论，在其可疑问的信理或教条之最少理性的形式中。以身体有生而创造一心灵，用这理念作为我们的起点，我们仍可假定，由一自然的律则，于一切为共通的，时当心灵蜕出它的原始物质胚胎，如一蝴蝶从它的蛹中脱出，以它的轻灵和彩丽的翼子，在风中翔舞，如是，其生存的馀分，仍当在彼面，在一超世间界中追随着的。或者，我们可以更好假定，心灵有其先于世间的存在，入乎物质中的一堕落或下降，再回升入天上的有体。设若我们承认心灵之先在，则没有理由除外这最后一可能性，视为一偶然的精神事件，——属于存在之另一界的一有体，可想象的，为了某些目的擅得一人的身体和性质：但这不像是土地存在之普遍原则，或创造物质世界之充分理由。

有时也曾有过这样的假定，在这世间的单独生命，只是一阶

段，而有体之发展到更近于它的原始的光荣，则发生于多个世界的连串上，即它的生长之其他各个阶段，它的旅程之多个驿站。物质世界，或尤其是这地球，乃一预定的繁华场所，为一神圣的权能，智慧，或狡狯所创造的，所以使这插剧出演。一随所们所采择对这事的观点，我们当见其为一苦刑磨折之场，一发展的原地，或一幕精神的堕落和贬谪戏。也有一印度观念，视此世界为神圣游戏(Lila)的花园，即神圣'有体'与宇宙存在在此一低等'自性'的情况中之一游戏：人的心灵，以一延长了的一系投生而参加这'游戏'，但它是命定了得终于回升到'神圣有体'的本界，在那里享受一永恒的亲近与感通：这便供给此创造程序与精神冒险以相当的正理，在这类心灵运动或心灵循环其他述说中未有或未明白指出的。在这普通原则的凡此种种不同的说法中，常是有三个真元的特点：第一，信仰人类精神的个人永生；第二，为此必有的后论，即这理念，其流连于世间为一暂时的过程，从它的最高永恒的自性离别，和一彼方之天为其正当居处；第三，着重伦理体和精神体的发展，当作一上升的手段，因此便是人生的唯一正当事业，在这'物质'世界里。

这便是三个基本看法，各有其对人生的心思态度，关于我们的存在皆是能采纳的；其余的通常皆只是中途站，或不然，则是些变换或组合，试欲较自由的自行配合到这问题的复杂中的。因为，在实际上，以人之为一族类而论，无论少数个人可成功于作出什么，不可能永远或全般以任何这三种态度的主旨，领导他的人生，纯一无他，而除外余者在他的本性上的要求。是其二或其多的混乱的结合，是他的生命动机在它们上面的冲突或分化，或怎样试求其综合,乃他的处理他的复杂有体之各种冲动,他的心思的直觉的办法,它们皆向之求其认可的。几乎是一切人,正常以他们的大部分能力,用在世间生活上,用在个人和民族的世间的需要,利益,欲望,理想上。这不能另外怎样;因为身体的保重,人的情命体和心思体的满足,对高尚的个人的和大众集体的理想之追求,始于一可达到的一人类完善化的理念,或近于完善化者,经过他的正常发展的,这些皆以我们在世的有体之真本性格加到我们身上;这些皆是其律则的部分,其自然的冲动和规律,其生长的条件,而且倘若没有这些事物,则人不能达到他的充分人道。任何对我们的有体的观念,而忽略,或不应当漠视而漠视,或无容忍而贬斥它们的,因此必正由那事实,不适宜于作人类生活的普通的和完全的规则,无论它的其他真理或功德或用处为何,无论它怎样适合于某一种气性的个人,或适合于精神进化的某一阶段。'自然'谨慎照顾人类不忽略这些目标,皆是她的进化的一必要的部分者:因为它们落到我们中间的神圣方案的方法和阶段以内,而她之警觉于她的开始诸步骤,警觉于保持它们的心思的和物质的基地,是她的一先务,不能让其退到后方的,因为这些事物皆属于她的构造之基础和本身。

但是,'自然'也在我们内中栽种了一种意识,意识到在我们的组织中,有点什么是出乎这人类的最初土地自性以外的。为了这缘故,人类不能很长久接受或遵循任何有体观念,漠视这较高尚和较微妙的意识,从事于完全限制我们在一纯属土地上的生活法式的。对一彼方之直觉,有一心灵和精神在我们内中的理念和感觉,以之为异于我们的心思,生命,和身体,或比较伟大,不为它们的法式所限,这感觉回到我们,终于恢复其占有。普通人够容易地满足这意识，由向之贡献他的特殊的时分，或他的人生之暮年，其时年龄已消磨他的浮世本性之热情了，或者由认它为他的寻常行为之后或之上的什么，他能多多少少不完善地将他的自然有体转对之的；特殊人物，则转向超世间者，视为唯一生活的律则和目标，于是尽可能缩减或薄待他的属土地的诸部分，希望发展他的天上的质素。历史上有些时代，这超世间的观念得到了很强的优势，也有一游移，在一不完全的人类生活，不能作其大的自然展拓的，与一病态的退隐士的生活之间，退隐士企慕天上生活，然除了在很少几人，也得不到其最上纯洁和快乐的运动。这是一表征，表征在有体中创造了某些错误战争，由于建立了一标准或方略，忽视了进化的能量之律则，或偏重过度，而失却了协调的平衡，必然存在于我们的天性之神圣禀赋中某处的。

但是，最后，当我们的内心生活深化，微妙知识发展时，必在我们中间启出一知见，知世间者和超世间者，不是有体的唯有的两项；有个什么是超宇宙的，为我们的存在之最高远的渊源。这知见容易被精神的热忱，心灵的企慕的高度和猛度，哲理的离隔性，或我们的智识之严格逻辑的不容忍，我们的意志之急切，或我们的情命体中之一疾病的嫉恶，受到了人生困难的挫折，或以人生之结果而失望的，——被任何或全部这些发动力量，——联系到一种意识上，意识着除此悠远的‘无上者’外，其余一切皆全为空虚，不真实，人生之空虚，宇宙存在之不真实，土地之极苦的丑恶和残暴，天之不充周，在身体中重复多生之无目的。于此，普通人又不能真实以这些理念而生活了；它们至多只能给他仍当继续下去的生活以一种灰色和彷徨的不满：但特殊人物则捐弃一切，以追随他所见到的真理，在他，这些皆可成为他的精神冲动的所需要的食粮，或者为其唯一成就的刺激，那成就于他现在是唯一有关系的事了。一些时代和国家曾经有过了，其间这存在的观念甚为得势；民族里的不少一部分人，转向到隐遁修士的生活了，——不常是有真号召前往，——其余的人则仍留滞于其寻常生活，却有一在下层的信仰，以为不真实。这种信仰，若反复过多，坚执太甚，则可引起生命冲动力之衰弱，及其动机之只加变到微小，或甚至由一微妙的反动，遂致凝滞于一平凡狭隘的生活中，由于我们对‘神圣有体’于宇宙存在中之更大的喜乐失去了自然的反应，又失坠了伟大进步的人类理想主义，而我们却是为此理想主义所激发，起而趋于集体的自我发展，高贵地拥抱战争和劳苦的。这里亦复在超宇宙的‘真实性’之陈述中，可见有某些不足处的现相，或许是过甚其辞，或许是一错误了的反对，失却了神圣的平衡，创造的全部意义，‘创造主’的整个意志。

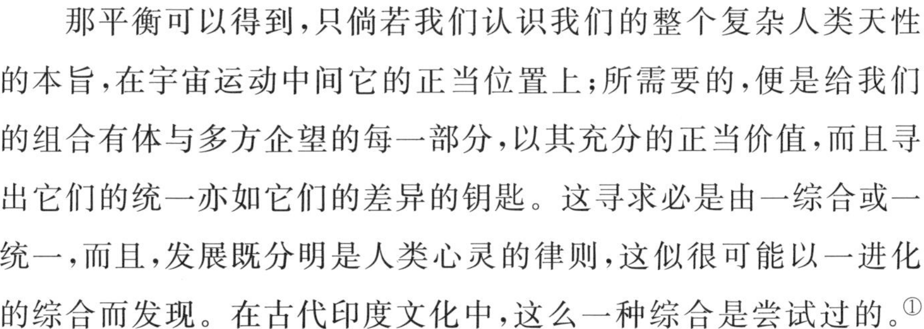

那平衡可以得到，只倘若我们认识我们的整个复杂人类天性的本旨，在宇宙运动中间它的正当位置上；所需要的，便是给我们的组合有体与多方企望的每一部分，以其充分的正当价值，而且寻出它们的统一亦如它们的差异的钥匙。这寻求必是由一综合或一统一，而且，发展既分明是人类心灵的律则，这似很可能以一进化的综合而发现。在古代印度文化中，这么一种综合是尝试过的。[①]

① 古代印度思想，人生分为四期 Āshrama：一为〈学生期〉，Brahma charya。二为〈家居期〉，Gārhasthya，即毕业后结婚生子，治家，经营生事。三为〈林居期〉，Vānaprastha，即修道于山林之生活。四为〈隐退期〉，Sannyāsa，即全离世俗，浪游方外，随其所止而休焉。——译者

它承认人类生活的四个合法的动机，——人的情命的利乐和需要，他的欲望，他的伦理的和宗教的企慕，他的究竟的精神目标和命运，——换言之，他的情命的，身体的，和情感的有体之要求；他的伦理的和宗教的有体，为一上帝与‘自然’与人的法律之知识所统治者的要求；与他的精神的企望‘彼方’之要求，他为此由从这一无明的尘俗的生存之究竟解脱而求其满足的。这替人安排了一教育和准备期，基于这人生理念的，一正常生活期，以满足人类的欲望和兴趣，在我们内中的伦理的和宗教的部分的节制之下，一退隐和精神的准备期，最后从人生舍离而入乎精神之一期。明显地，若使当作一普遍律则施行，则这一方案，我们的旅程的这一路线划分，便会失脱这事实，即凡人皆不能在简短一生中走完这发展的完全一圈：但此一说又被另一理论所修改了，即由长期多次重生之联续，经过一完全的进化，然后人乃适合于一精神解脱。此一综合，以其精神的内视，所见之广大，匀称性，完全性，大为裨益了人生格调之振起；但终于它破碎了；出世道的冲动之增盛，代替了它的位置，这系统匀称性被毁掉了，将人生打断为两个相反对的运动，正常的利乐的和欲望的生活，着上了一点伦理的和宗教的色彩的，和非正常的或超正常的内中生活，基于出世道的。事实上古代的综合，本身便包含了这夸张的种子，不得不退堕其中：因为倘若我们看逃脱人生为我们的可欲的目的，倘若我们弃去保持人生圆满之高价，倘若人生内中没有一神圣意义，则以人类智识与意志之无耐性，必终于劈出一条捷径，尽可能泯除一些更为烦厌和延宕的手续；若是不能为此，或者不能遵循这捷径，则仍随私我及其满足，但没有什么更伟大的事可在人世成就。人生是分裂为精神的和尘世的了，只能有一顿然度过，不能有我们的天性的这些部分之一和谐与妥协。

一精神的进化，内中‘有体’在世间一生又一生开展，其间人变成了中枢工具，人类生命在其最高点遂成那重大的转捩枢纽，这，便是生命与精神之妥协间所必需的环节；因为它容许我们计到人的全部本性，承认他的三重引诱的合法地位，即对地，对天，对至上‘真实性’的三重向往。但其对反的一完全解决，只能在这基础上达到，即心思，生命，和身体的低等知觉性的意义，不能达到其充分意义，直到它为高等精神知觉性的光明与权能与喜乐所取，所重述，所转化，而高等知觉性，也不是徒然以排斥低等者，乃居于与它的充分正当关系中，而是由此擅有，此统治，此取升其未圆成的价值，此重述与转化，——心思，情命，身体的本性之精神化与超心思化。世间的理想，在近代心思中那么雄强的，已将人和他在大地上的生命和人类的集体希望，恢复到一显要的位置，造成了一对解决的坚持的要求；这是它所成就的好事。但由于作的过分，由其除外性，它不适当地范限了人的视景，它忽略了他中间的那最高的也终于是最大的事物，而且由此范限，它失却了对它自有的目的之充分追求。倘使‘心思’是人和‘自然’中的最高事物，则诚然不会结果出这种失望；但仍然，视景的范限依然会有，一狭隘的可能性，一被圈围了的展望。但是设若心思只是知觉性的一局部的开展，而有在其以外的种种权能，是我们人类中的‘自性’所能的，则不但我们在世间的希望，更不说在彼方的什么，依赖它们的发展，亦且这成了我们的进化的唯一正道。

心思和生命本身，不能充分生长至极，除非更广大更伟大的知

觉性开启，心思只接近着的。这么一更广大和更伟大的知觉性便是精神的，因为精神的知觉性，不但是高出其余，亦且更概括。既是宇宙的又是超上的，它能取心思和生命到它的光明里，给以它们所寻求的一切之真正的究极的实践：因为它有一更大的知识工具的运用，更深的权能与意志的源泉，爱，与乐，与美的一无限的臻至和深密性。这些皆是我们的心思，生命，和身体所寻求的事物，知识，权能，与喜乐，而拒绝那凡此由之而达到其至极的富足者，便也是闭拒它们于它们自体的最高圆成以外。与此相对反的一夸张，只要求一点精神存在的无色彩的纯洁性，则使精神的创造作用消亡，而将'神圣者'在其有体中所显示的一切从我们除外：它只留下地位给一无意义或无成就的进化，——因为割除凡已进化者乃是唯一的极诣；它将我们的有体的程序，化为一投入'无明'中又从之转出的曲线，或建立一宇宙'变化'之轮，只有一逃出之路。中间的超世间的企慕，则割截了上端有体之圆成，由不进到其于一性的最高实践，又在下端损减了它，由不许与以正当意义之充实，于其在物质宇宙中之当体现前，及其在属土地的身体中的生命之接受。一广大的一体性的关系，一统，乃恢复其平衡，照明着有体之全部真理，一贯联缀'自然'的步武。

在这一统中，超宇宙的'真实性'，居为有体之至上'真理'；实践它乃我们的知觉性之最高造诣。但是这最高'真实性'，乃亦是宇宙有体，宇宙知觉性，宇宙意志和生命：它发皇出这些事物，不是出到它自体之外，而是在它自体内中，不是当作一对待原则，而是当作自体的自我舒展和自我表现。宇宙本体不是一无意义的变怪，或幻想，或偶然错误；其中有一神圣旨趣和真理：精神的多方的自我表现，便是其最高意义，‘神圣者’自体，便是它的谜之解答。精神的一完善的自我表现，便是我们的世间生存之目的。这目的不能达到，倘若我们不变到知觉此至上‘真实性’；因为唯独由‘绝对者’的接触，我们乃能达到我们自己的绝对体。但亦复不能以除外宇宙的‘真实性’而作成：我们应当宇宙化，因为倘若不悟入宇宙性，个人仍为不完全。个人而从‘大全’分离以入乎‘至上者’，则自失于最上诸高处；将宇宙知觉性包括在他自己以内，他便恢复自我之完全性，然仍保有他的超上性之最高利得；他圆成它和他自己于宇宙的完全性中。超上者，宇宙者，和个人，这三者之为一体的实践，于自我表现着的精神为一必不可无的条件：因为宇宙便是其全部自我表现的原地，同时是由个人，它的进化的自我舒展在世间乃达到其顶点。但这不单是假定个人之一真实有体，亦且假定我们与‘无上者’和一切宇宙的存在之秘密永恒为一的启示。在他的自我统一中，个人心灵必须悟到宇宙性和超上性。

超世间的存在亦是有体之一真理；因为物质界不是我们的存在的唯一界；还有其他知觉性诸界是我们能达到的，且与我们有其秘密联系：不上达到启对我们的心灵的诸伟大境域，不有它们的经验，不知道且不显示它们的律则于我们自己中间，便是短缺了我们的有体的高度和充实性。但一高等知觉性的诸界，并非圆成了的心灵之唯独可能的活动场所和寓居；我们也不能在任何不变的典型的世界中，得到‘精神’在宇宙中的自我表现的终竟的或全般的意义：这物质世界，这土地，这人生，皆是‘精神’的自我表现的一部分，皆有其神圣的可能性；那可能性是进化的，其中包含一切其他世界的可能性，未尝实现，然是可实现的。大地上的人生，不是堕落于什么不神圣，空虚，可怜的泥泞中，为某‘权能’对自体奉为观瞻，或奉于具形体之心灵为应当忍受的什么，而后将其抛弃的：这是有体的进化之展舒的场所，它进向一无上的精神的光明与权能与喜乐与一性之启示，但其中亦包涵了自我成就着的精神之多方的殊异性。在大地的创造中，有一全见着的目的；一神圣方案正自加施展，经过它的诸多矛盾和复杂之处，皆多方面的造就的一表征，心灵的生长和‘自然’之努力，皆是被引向这成就。

是真的，心灵可升入较伟大的知觉性之诸界，出此世界之外的，但也是真的，此诸界之权能，一较伟大的知觉性的权能，应当在此世界自加发展；心灵之具有形体，是那具有形体的手段。一切‘知觉性’的高等诸权能存在，因为它们皆是‘无上真实性’的权能。我们的世间有体，也有此同一真理；它是‘一真实性’的一变是，应当在自身中包举这些较伟大的权能。它现在所现之相，是一被隐蔽了的局部形象，而限制我们自己于那最初形象，于现在这不完全的人道的公式中，便是除外我们的神圣的潜能性了；我们应以一更广大的意义加到我们的人类生命上，在其中显示出我们秘密为我们之远过其多者。我们的生死，只在我们的永生的道理中得其辩正；我们的大地，只能知道且是为其自体之全，由其开启以对诸天；个人能正当见到自己，且神圣地利用他的世界，只时当他已入乎有体之较伟大的诸界，看到了‘无上者’的光明，且生活于‘神圣者’与‘永恒者’的有体和权能中。

这么一种统一不会是可能的，倘若一精神的进化，不是我们的出生和在世间生存的意义；心思，生命，和精神在‘物质’中的进化，便是一表征，表示这一统，这包含于其中的秘密自我之完成了的显示，乃其主旨。凡‘精神’之为‘精神’者之一完全的内入作用，与其进化的自我外发展舒，乃我们的物质存在的双重项目。有一自我表现的可能性，由有体的一常是未尝隐蔽的、光明的发展，也有一可能性，是在完善的典型中，在其自性上已经固定而且完全者的各种表现；那是在高等诸世界中的变是的原则；在它们的生命原则上，那皆是典型的而不是进化的；它们各个存在于其自体之完善中，但在一定性的世界公式之范围以内。但也有一自我表现的可能性，由自我发现，一种施展，取了一进行的形式，且经过它，为一番自我隐蔽与一番自我恢复之冒险：那便是这宇宙中的变是的原则，以知觉性之内入与精神之隐藏于‘物质’中为其最初现相。

精神入乎‘无心知’之一内入作用是开端；外发于‘无明’中，有其一局部发展着的知识的诸多可能性之活动，乃是中段，亦是我们如今的本性的乖异的原因，——我们的不完善处，乃是一过渡时代的表征，一尚未完成的生长，一正在寻路的努力；精神的自我知识，及其神圣有体与知觉性的自我权能之发布，乃是终极：这三者，乃是精神在人生中的进步的自我表现的这一圆周上的三个阶段。前两阶段，已有其活动的，乍然看去似乎否定有这圆环的后下一圆成阶段的可能，但在逻辑上暗许其出现；因为倘若无心知已发皇出知觉性，则已达到的局部知觉性，必然发皇为完全的知觉性。土地自然所寻求的，是一完善化了且神圣化了的生命，而这寻求，是‘自然’中的‘神圣意志’之一表征。亦复有其他的寻求，那些寻求亦有其自我圆成之手段；退敛到无上的休宁或极乐中，退隐入‘神圣当体’的福乐中，皆任凭土地存在中的心灵自作：因为‘无限者’在其显示中有许多可能性，不是为其形成所拘束的。但没有任何这些退敛或退隐,可能是此世界的'变是'中的基本原意;因为倘若如此,则一进化的前进必未尝行,——在世间的这么一番前进,只能以其在世间的一自我圆成为目标:这么一种进步的显示,只能以'本体'在一完善的'变易'中为其精义。

第十七章　向知识进步——上帝，人，与自然

‘神圣存在’，精神的‘真实性’之一内转，入乎‘物质’的似是的无心知，乃是进化的起点。但那‘真实性’在其自性上便是一永恒的‘存在’，‘知觉性’，‘存在的悦乐’：然则进化必是这三者的出现；不是起初便在其真元或全体出现，而是在进化的诸多形式中，表现或乔装之者。从‘无心知者’中，‘存在’出现了，在一最初的进化形式里，当作为无心知的‘能力’所创造的‘物质’之本质。知觉性，内在于‘物质’中而不显，起初在情命震动的乔装中出现，是活的却是下心知的：其次，在一有心知的生命的不完善的表呈中，它努力趋于自我发现，经过那物质本质的相续多个形式，多个只加适合于其自体的更完全的表现之形式。生命中的知觉性，弃掉一物质的无生命和无知的初原无感觉性，辛勤于在‘无明’中只加完全地寻出它自体，‘无明’是它的最初的必然的表呈；但它起初只成就一初始的心思知见，和一情命的对自我和事物的觉识，一生命知见，在其最初形式中，依赖一内中的感觉，对其他生命和‘物质’的接触生反应。知觉性，虽由感觉之不当，也尽其可能好好显示出其内在自有的有体之悦乐，但它只能表呈一局部的苦与乐。在人中，这与以能力化的‘知觉性’出现为‘心思’，更清楚地觉识其自体和事物；这仍

是一局部的，和有限的，而非其自体的一完整权能，但是一初始的孕蓄的潜能性和整体显现之允诺，已是可见了。这整体显现，便是外发着的‘自然’的目标。

人在宇宙中是要确定他自己，那是他的第一事，但还要发展，终于要超越他自己：他应扩大他的局部的有体为完全的有体，局部的知觉性为一整体的知觉性；他应当成就为他的环境的主宰，但也当成就全世界的结合与全世界的和谐；他应当实践他的个人性，但也应扩充之为一宇宙的自我，和一宇宙的和精神的存在之悦乐。转化，调伏，纠正一切在他的心思中为黑暗，错误，或愚蠢者，究竟达到知识，与意志，与感情，与行为，与性格的一自由而且广博的和谐与光明，乃是他的天性的明显的原旨；这是一理想，创造性的‘能力’加到他的聪明上的，一需要，为她所栽植于他的心思的和情命的本质中的。但这只能以他之生长为一更大的有体和一更大的知觉性而成就：自我扩大，自我成就，自我进化，从他今之局部在他的实际的和似是的本性中为他者，进到他之在他的秘密自我与精神中为他者，因此甚至能在他的显了的存在中为他者，乃他的创造的目的。这一希望，便是此宇宙现相中他在土地上的生命之辩正理由。这外表的现似的人，一倏忽生灭的有体，隶属于他的物质躯壳的拘束，且禁锢于一有限的心思体中者，应当变成内中真实的‘人’，为他自己和他的环境的主宰，且在他的有体上为宇宙的。以较生动且非如此形而上的语言表之，自然的人，自己应当发皇为神圣的‘人’；‘死’之儿女，应当自知为‘永生’的儿女。是由这缘故，可说人类之出生为进化中之转捩点，大地自然之一紧要阶段。

这立即可推论到我们所当达到的知识，不是智识的真理；这不是关于自己和事物的正当信仰，正确意见，正规学识，——那只是表面心思对知识的理念。达到关于上帝和我们自己和世界的一些心思的概念，于智识是一好的目标，但于‘精神’则不够广大；这不能使我们化为‘无限性’的知觉之子。古代印度思想中所谓知识，意义是一知觉性具有了最高‘真理’，在一直接的知见与自我经验中；变是，成为我们所知的‘最高者’，乃是我们真有知识的表征。为了同样的这理由，将我们的实际生活，我们的行为，尽可能形成与我们对真理和正道的智识意念，或与一成功的实用知识合契，——一伦理的或一情命的圆成，——不是且不能是我们的人生的究竟目的；我们的目的，必然是生长为我们的真有体，我们的‘精神’体，无上的和宇宙的‘存在’‘知觉性’，‘悦乐’（Sacchchidananda）的有体。

我们的一切存在依赖那‘存在’，是那乃在我们中间进化着；我们是那‘存在’的一个有体，那‘知觉性’的一知觉性境界，那知觉的‘能力’之一能力，一向有体之悦乐，知觉性的悦乐，能力之悦乐生于那‘悦乐’者之意志：这便是我们的存在之基本原则。但我们的表面的这些事物的构成，不是那，而是一错误翻译，误译为‘无明’的名目。我们的‘我’，不是那精神的有体，能看着‘神圣存在’而说，“那是我”；我们的心思性不是那精神的知觉性；我们的意志不是那知觉性的力量；我们的苦与乐，纵使是我们的最高的欢喜与极乐，皆不是那有体的悦乐。在表面上，我们仍是一私我摹拟为自我，一无明转变为知识，一意志劳苦于向往真正力量，一欲望寻求着存在的悦乐。由超越我们自己而变成我们自己，——我们可这么用一半盲的见士[①]的话说，他不知道他所说的‘自己’，却是以灵感如是说的，——是一困难且危险的需要，是一十字架，上面有一不可见的王冠，加在我们身上的，是他的真有体之谜，‘人狮’(Sphinx)向人提出的，下面是‘无心知性’的‘人狮’，自内和上方是光明障蔽了的无限的‘知觉性’与永恒的‘智慧’的‘人狮’，当作一不可测的神圣‘摩耶’直面着他。然则超出私我，变成我们的真自我，觉识我们的真实有体，保有它，保有一有体之真乐，乃是我们在此世间的生命的究竟意义；这是我们的个人和世间的存在之隐藏了的密义。

智识上的知，与实际上的行，皆是‘自然’的机巧，我们以之能表现那么多的我们的有体，知觉性，能力，享受之权能，如我们在我们的显似的本性中所能实现的，且以之我们试求知道更多，表现且实现更多，生长到还有我们所仍当实现的更多者。但是我们的智识，和心思的知识，与行为的意志，皆不是我们的知觉性与能力的唯有的工具，所有的手段：我们的本牲，——我们所以之称我们内中有体的‘力量’，在其实际的和潜能的活动与权能中者，——在其安布知觉性上是复杂的，在其运用力量上是复杂的。那一复杂作用之每个已发现的或可发现的项目和环境，我们能纳之于工作秩序中的，我们必须在于我们为可能的最高最精深的价值中加以实现，且必须用之于其最广最丰富的权能中，为了唯一目的。那目的便是变成，变到知觉，继续的增长，在我们的已实践的有体与于自我和事物的觉识性中，在我们已实现的力量与有体的悦乐上，而

① 此‘半盲的见士’，疑指十九世纪德国哲学家尼采。——译者

且，要机动地表现那变是，于那么一种在世界上在我们上的行为中，使其和我们将要增长，更加又常更加增长，到宇宙性与无限性的可能的最高度和可能的最广度。人的所有的历世的努力，他的作为，社会，美术，伦理，科学，宗教，一切多方多式的活动，他以之表现且增盛他的心思的，情命的，身体的，精神的存在者，皆是'自然'的努力之浩大戏剧中之插剧，在其有限的现似的目标后面，没有其他真实意义或基础。个人达到神圣的宇宙性和至上的无限性，唯独生活于其中，保有之，是之，知之，感觉且表现之于他的全有体，知觉性，能力，有体之悦乐，便是古韦陀时代的见士所谓'明'('知识')；那便是他们所置于人前的'永生'，作为他的神圣的极诣。

但是，人，由他的心思的性质，以他返乎自己的内视，和外对世界的展望，由在此二者中他的原始范限，为识感与身体所限，限于相对者，明显者，和似是者，人不得不一步一步，在这巨大的进化运动中，起初是昏暗地无知地前进。起初，在他不能见到有体之在其全部一体性中：这经过殊异性向他自呈，而他对知识的寻求，主要是从事于三大汇，给他总括其一切殊异性者；他自己，——即人，或个人心灵，——上帝，与'自然'。第一是他在他的正常的无明的有体中，他所唯独直接觉识的；他见到他自己，个人，在其存在上似是分隔的，可是常与有体之余分不能分隔，力求充足，但对自体常是不充足的，因为从来未曾知道过这入乎存在，或存在着，或在其存在中臻极，而与余者分离，不得余者的帮助，离宇宙的有体和宇宙的自然而独立。其次，有那他只间接知道的，由他的心思与身体诸识，及其在它们上面的效果，可是必须努力于更加完全又完全地知道：因为他也见到其余有体，那么切近地与他为一，可是又那么与他分隔，——宇宙，世界，'自然'，其他个人存在，他见到常是像他自己，但又常是不像；因为它们在自性上皆是相同，以至于植物和动物，可是在自性上又相异。每个似乎走它自己的路，是一分别的有体，可是每个又为此同一运动所策进，在它自己的格度上也像他一样，遵循这同一浩大的进化曲线。最后，他见到，或毋宁是揣测到某些旁的事物，他所全然不知道的，除非十分间接地；因为他知道它，只经过他自己，和他的自体所趋向者，经过世界，和世界似是指向者，世界暗中努力欲达到、且以其不完善的诸多名相而表现者，或者，至少，不知之而建立它们、于它们对那不可见的'真实性'与玄秘的'无限者'的秘密关系上者。

第三个未知者，这'第三个什么'(tertium quid)，他称之曰上帝：用这名词，他指某个什么为'无上者'，'神圣者'，'太始因'，'大全'，为凡此之一，或同时为凡此之全，为一切于世间为不完全者或不完善者之完全或完善，为此亿万相对者之绝对者，为'未知者'，若知道了，则凡已知者之真秘密，能于他为更可知解。人已曾试行否定凡此诸汇，——他曾试行否定他自己的真实存在，他曾试行否定宇宙的真实存在，他曾试行否定上帝的真实存在。但在此一切否定的后面，我们见到同此一常在的必需，他必须试求知识；因为他感觉有达到此三项之统一的必要，纵使是由压抑其二，或合二于一而成。要作成那个，他肯定只有他自己是原因，余者皆仅为他的心思之创作，或者他肯定只有'自然'，其余一切不外是'自然能力'的现象，或者他肯定只有上帝，'绝对者'，其余一切不过是'彼'所横加于其自体的虚幻，或加在我们上的虚幻，为一不可解的'摩耶'

所造成的。这些否定没有一个是能完全使人满意的，没有一个解决整个问题，或能是决定的，无可争辩的，——最为不能的是那一个，他的被诸识所统治的智识最易偏向的，但始终不能在其中持久的；对上帝的否定，便是对他的真正寻求和他自己的至上'究竟'的否定。自然主义的无神论诸时代，皆常是短促的，因为它们从来未能满足人中的秘密知识；那不能是最极的'明'（Veda），因为它不与内中的'明'，一切心思知识勤劳于将其启发的相应；一自那时分起，其缺乏相应性被感到了，则一调解之说，无论其如何巧妙，无论其在逻辑上多么完备，便为人中的永恒'见证者'所判决而贬斥了；它不能是'知识'的最后一语。

如人之为人，对他自己是不充足的，也不是分别的，他更不是'永恒者'和'大全'；因此，以他自己，他不能是宇宙的解释，他的心思，生命，和身体，皆如此明显是宇宙的一无限小的末节。这可见的宇宙，他见到，对它的自体亦是不充足的，甚至亦不以其未见的物质诸力量而解释其自体；因为他见到有太多的东西在世界中和他自己内中，超出了诸物质力量而外，对之它们只好像是一面部，肤表，或甚至一面幕。诚非他的智识，也非他的直觉，更非他的感受，能不依于一'太一'或一'一性'，这些世界力量和他自己，能与之处于某些关系上，为其所支持，且得到它们的意义的。他感到必然有一'无限者'，持载着这些有限者，在一切这可见的宇宙之中，之后，之次，基承着万事万物的和谐与相互关系及真元一性的。他的思想，需要一个'绝对者'，凡此无数无量的相对者依之而得其存在，需要事物的一究竟'真理'，一创造的'权能'或'力量'或一'有体'，作始且支持宇宙间万事万物。任他称之曰什么，他必须达到

一‘无上者’，一‘神圣者’，一‘太始因’，一‘无限者’和‘永恒者’，一‘悠久者’，一‘至善’，对之一切皆倾向且企望的，或者一‘大全’，对之一切皆永续地无形地归向的，若无之则一切皆不能为有的。

可是，纵使有这‘绝对者’，他也不能以其自体而肯定之，除外其余两汇；因为这样他便只是猛然一跃，离开了他在此所当解决的问题，而他自己和宇宙，仍其为一不可解的神秘化或一无目的的神秘。他的智识的某一部分，与他对安息的渴望，可由此解决而得到宁息，正如他的物理的智慧，容易满足于对‘彼方’之否定和物质‘自然’之神化；但是他的情心，他的意志，他的有体的最雄强最深密的诸部分，仍其无意义，空无目的或辩正理由，或徒然化作一任意的愚痴，自体激动着，像一空虚而不息的阴影，以对纯粹的‘存在’之永恒的静止，或亦在宇宙的永恒的无心知性中。至若宇宙呢，则仍其在‘无限者’之一谨慎作成的谎骗的奇离性格中，为一巨大威胁的实则无有的变怪，一痛苦的和可怜的矛盾，虚作神奇与美与悦乐的假相而已。或其不然，则它是一盲昧组成的‘能力’之庞大活动，空无实义，而他自己的有体，只是一暂时的微末的变异，不可解地发生于那无意识的大空中的。那样，知觉性，能力之已自显示于世界中于人中者，没有可满意的圆成：心思需要一点什么，将一切联系，一点什么，‘自然’以之在人中而人亦在‘自然’中圆成，二者又皆自得于上帝中，因为‘神圣者’是究竟已自我启示于人与‘自然’二者中的。

承认且见知此三汇为一体，对这‘知识’乃最关紧要；个人的生长着的知觉性，是开启向三者之一统，亦如向其整体性，而且，若使它要满足于它的自体且变到完全，则必须达到的。因为倘若没有其一体之实践，则三者之任何一个的‘知识’不能完全；其一体性是每个自有的整体性之条件。进者，是由知道每个之全，而后三者聚合于我们的知觉性中而化为一；是在一全体知识中，一切知乃化为一而不可分。否则，只能由分化，自其三弃其二，我们乃可达到任何一性。因此人应当扩大他于自己的知识，于世界的知识，于上帝的知识，直到在它们全体他变到觉识其相互之涉入和一性。因为若长此他只在部分上知道它们，则必不会完全，只结果出分化，而且若长此他不在一调和着的一体性中体会它们，则他不会得到它们的全般真理，或存在的种种基本意义。

这不是说，‘无上者’不是自体存在，自体充足；上帝在‘他’自己存在，不是由于宇宙或人而存在，然人与宇宙却由于上帝而不在自体中存在，除了只在其有体与上帝的有体为一这点上。但仍然它们皆是上帝的权能之一显示，甚至在‘他’的永恒存在中，它们的精神真实性必怎样是当前或暗在，因为否则会没有它们的显示之可能，或者，虽是显示了，也不会有意义。在此世间出现为人者，是‘神圣者’的一单独个体；‘神圣者’引申于多体中，便是一切个人存在的‘自我’。[①] 进者，是由自我与世界的知识，人乃达到上帝的知识，不能不由此达到它。不是以抛弃上帝的显示，而是由抛弃自己于此之无明与此无明之结果，人乃最能举起且贡献他的有体与知觉性与能力与有体的悦乐之全，入乎‘神圣存在’。他可由他自己，一个显示，而作此，或者他可经过世界，另一显示，而作此。唯独经

① eko vaśī sarvabhūtāntarātmā—Katha. II. 5. 12. 出羯陀奥义书，二，五，十二。（拙译‘——我寓众生，专静为主灵。’）

过他自己而达，在他可能投入一个人的汩没或凝敛于‘不可名相者’中，而失去宇宙。唯独由世界而达，他能沉下他的个人性，或是沉入遍是的有体之非个人性中，或是沉入宇宙的‘知觉力量’的一机动的自我中；他没入遍是自我，或他变为宇宙‘能力’的一非个人的涧道。由二者的平等的整体性而达，且经过它们又出乎它们以外，而摄取‘神圣者’的一切多方面，他便超越二者，且在那超越中完成它们：他在他的有体中保有‘神圣者’，甚至有如他被‘神圣有体’，‘知觉性’，‘光明’，‘权能’，‘悦乐’，‘知识’包裹，浸灌，遍漫，保有；他保有在他自己中的上帝，和宇宙间的上帝。‘大全知识’向他辩是其创造了他自己为正当，且以他之完善化了，是正了它所作的世界创造。凡此一切皆变到全般真实且有效果了，由于上升到一超心思的和至上的超自性中，及它的权能之下降而出乎显示；但纵使那圆满成就仍属困难而且遥远，而以一精神的返照，或心思、生命、身体的‘自性’之接受，真正知识可以做到是主观的真实的。

但是他的有体的这精神真理和真正目标，不到他的旅程的从下是不许出现的：因为在‘自然’的进化步骤上，人的早期的准备事业，便是肯定他自己的个人性，使之显明，丰富，坚定地，雄强地，且全般地保有它。这一结果是，他在起初主要是得从事于他自己的私我。在他的进化的这自私的一面，世界和他人，对他皆远不如他自己之重要，诚然，只当作他的自我肯定的佐助和机缘乃为重要。在这阶段上，上帝于他，也不比他于他自己之重要，因此，在早先诸形成中，在宗教发展的低等水平上，上帝或天神们，被视为好像是为人而存在的，当作了满足他的至上工具，他的帮助者，帮助他使他生活其中的世界满足他的需要，欲求，和奢望。初端自私的发展，及其一切罪恶，与暴行，与粗鄙，在其正当位置上，皆不能视为‘自然’的一错误或恶行；这于人的初步工作是需要的，这是寻求他自己的个人性，完全从低等下心知脱离，在下心知中，个人是被世界的群众知觉性所压伏，全般隶属于‘自然’的机械工事。人这个体，应当肯定，显出他的人格以对待‘自然’，强大地是为他自己，发皇出他的一切人类的力量与知识与享受的能量，以使他能施之于‘自然’和世界，更为雄强且能主宰；他的别异自我之自私性，是当作达此原本目的之手段而赋予他的。直到他已这么发展了他的个人性，他的人格，他的别出的能量，然后他能适合于他前面的伟大工作，成功地转用他的官能于更高，更大，更神圣的事业上。他应当在‘无明’中肯定他自己，然后在这‘明’中完成他自己。

从‘无心知’之进化的出现，其发端从两个力量作出，一秘密的宇宙知觉性，一个人知觉性显现在表面。秘密的宇宙知觉性，对表面个人仍其为秘密的，潜意识的；它在表面上，以创造分别的对象和有体而组织它自体。但时当其组织分别对象和个人的身体与心思，它也创造知觉性的集体权能，皆是宇宙‘自然’的大的主体形成；但它不供给以一组织了的心思和身体，它基托之于个人之群体上，为之发展出一群体心思，一些易着却持续着的群众体。这便推到只当诸多个人变为知觉而又知觉了，然后群众有体能也变到知觉而又知觉；个人的生长，乃集体的内中生长的必要的手段，这有别于集体之外表力量与扩张。这诚然是个人的双重重要性，即：是由他，宇宙精神乃组织其集体诸单位，使它们能自体表现而且进步，而且也是由他，它乃将‘自然’从‘无心知’升举到‘超心知’，扬上之以遇合‘超上者’。在群众中，集体知觉性是近于‘无心知者’；

它有一下知觉的，一阴暗的和暗默的运动，需要个人表现之，发露之，组织之，使之有效果。群众知觉性以其自体，是以一模糊的，半成形或未形成的潜意识的冲动，寻常是下心知的冲动，升起到表面上而运动；它倾向一盲目的或半见的一致性，这便压抑在共同运动中的个人：设若它思想，则是以成语，口号，标语，普通粗率的或形成了的理念，传统的，公认了的习惯意念而思想；它作为，时若不以本能或凭冲动而作为，则依团体律，群众心理，典型法而作为。这群众知觉性，生命，作为，可异常有功效，倘若它能找到某一个人，或几个有力的人，能使之成体，表现它，领导它，组织它；它的骤然的群众运动，一时也可能是无从抵抗的，如冰川之下崩，或飓风之暴起。个人之压抑或全般隶属于这群众知觉性中，可给予一个国家或一团体以一伟大的实际效率，倘若潜意识的集体，能建立一坚住的传统，或能找到一党，一阶级，一领袖，成为它的精神和动向的化身；雄强的军事国家的力量，以一紧张和严肃的文化苛峻地加于其个人的社会的力量，伟大的世界征服者的成功，那后面皆有这‘自然’的秘密。但这是外表生活的一效率，而那生活不是我们的有体的最高或最后一项目。我们内中有一心思，有一心灵和精神，倘若我们的生命内中没有一生长着的知觉性，一发展着的心思，而且，倘若生命和心思，皆不是为了心灵，内居着的‘精神’之解放与圆成的一表现，一手段和工具，则我们的人生没有真价值。

但是心思的进步，心灵的生长，甚至是集体的心思与心灵的进步与生长，皆依乎个人，依赖他的充足的自由和独立性，依赖他的个别的权能，以表现且生出在群众中尚未表白者，从下心知仍未发展者，或还没有自内取出，或从‘超心知’取下者。集体是一群众，一形成的原地；个人是真理的揣度者，形式的制作者，创造者。在大众中，个人失去他内中的向导，变成了集体中一个细胞，为集体的意志或理念或团体冲动所推移。他得离开而独立，在整体中肯定他的个别的真实性，他自己的心思，必从普通心思性独出，他自己的生命，必在普通的生命之一致性中卓出，甚至有如他的身体，在普通的身体性上已发展出一点什么，为独特，为可识的。甚者，他终于当退归到他自己以发现他自己，而且也只是在他发现了他自己以后，他方能在精神上与一切为一；设若他试欲在心思，情命体，物理体中成就那一性，但还没有一够强健的个人性，则仍可为群众知觉性所压倒，失去他的心灵的，心思的，生命的圆成，只变成了集体中的一细胞。于是这集体可变到强大，占优势，但也很可能失去它的黏柔性，失去它的进化运动：人类的伟大进化期，皆成就于那些社会中，其间个人变到活动了，在心思，情命，或精神上皆甚活泼。为了这缘故，'自然'发明了私我，使个人可从集体的无心知或下心知脱出，变成一独立的活心思，生命权力，心灵，精神，与他周遭的世界相配合，但不埋没于其中，不是分别则不存在和无效用。因为个人诚然是宇宙的有体之部分，但他是有多于此者，他是一从'超上者'降下的心灵。这，他不能一时便显示，因为他太接近宇宙的'无心知'，对原始的'超心知'不够近；他应当发现他为心思的和情命的私我，然后方能发现他自己为心灵或精神。

可是，发现他的私我的个人性，不便是知道他自己；真正的精神个人，不是此心思私我，生命私我，身体私我；主要的，这起初的运动，是意志的工作，权能的工作，自私的自我发施效用的工作，其次方属知识的工作。因此有一时期必要临到，人当看到他的自私

的有体的阴暗表面之下，而试行知道他自己；他必出发寻求真实的人：设若没有那个，他会迟滞于‘自然’的初等教育，永不会进步到‘自然’的更深更大的教义；无论他的实用知识与效能多么大，他只会是略高于动物而已。起初，他当着眼于他自己的心理，辨别其自然的原素，——私我，心思及其工具，生命，身体，——直到他发现他的整个存在，等待着需要一解释，异于只是自然诸原素的工事之说，也需要其活动的一目标，异于只是私我之自我肯定和满足。他可在‘自然’中与人类中寻求之，于是起程去发现他与其余的世界之为一体：他可在超自然中，在上帝中寻求之，于是起程去发现他与‘神圣者’之为一体。实际上，他试行这两条路，继续摇荡不定，继续求在诸多相续的解决上固定他自己，一些解决，最适合于各种局部的发现，他在他的求与得的双重路线上所作出的。

但经过这一切，他在这时期中所仍坚持要发现，要知道，要圆成的，是他自己；他于‘自然’的知识，于上帝的知识，皆只是帮助，帮助他进向自我知识，进向他的有体的完善化，进向他个人的自我存在的至高目的之达到。指向‘自然’和宇宙，这可自擅有自我知识，自我主制的形式——在心思和情命的意度里，——以及于我们生活其中的这世界的主制的形式。指向了上帝，则也可擅有这形式，但是在世界和自我的一较高的意度里，或者，可取那另一形式，对宗教的心思是如此惯熟和决定的，即个人得救的寻求，不论是在彼面的天堂，或是由独自没入一无上的‘自我’中或一无上的‘非自我’中，——福乐或涅槃。虽然，自始至终，是个人在寻求个人的自我知识，与他的分别存在之目标，以其余一切投入，甚至是博爱主义，与于人类之爱和服务，自我汩没或自我灭无，——不论着上了什么乔装，——皆当作了帮助和手段，趋向那他的实现了的个人性之唯一先务之大事。这看来好像只是一扩大了的自私性，而分别的私我，将是人的有体的真理，在他中间坚持到底，或直到最后他从之解放了，自我消亡于'无限者'的无相的永恒中。但后面还有一更深的秘密，是正了他的个人性及其要求，即精神的和永恒的个人，'补鲁洒'的秘密。

是因为这精神的'人'，个人中的'神明'的缘故，完善化或解放，——在欧西则种之曰'得救'，——乃应当是个人的而非集体的；因为无论寻求什么集体的完善，那只能以组成其集体的诸多个人的完善而致。因为个人是'彼'，他之寻得他自己乃为他的最大需要。在他对'无上者'的全般归顺与自我奉献中，是他乃得到他的纯全的自我发现于一纯全的自我奉献中。在祛除他的心思的，情命的，物理的私我，甚至他的精神私我，是无相状无际涯的'个人'，乃有他之逃入他自己的无限性中之安宁和喜乐。在某种经验中，经验到他不是什么了，也不是什么人，或经验到他便是每一物，每个人，或经验到他便是'太一'，超出一切事物以外，且为绝对，这是个人中的'大梵'，乃成就这庞大的并合，或这神妙的联合，'瑜伽'(Yoga)，以其有体的永恒一单位，结合于永恒的存在之一浩大的全摄着的或至上的全超着的一体中。超出私我是急切的，但人不能超出自我，——除非是至上地，普遍地得到它。因为自我不是私我；它是与'大全'和'太一'为一的，而在求得它，仍是'大全'和'太一'，我们在我们的自我中发现的：矛盾，分别，皆消失了，但是这自我，这精神的真实，仍留，以那解救着的消失而与'太一'与'大全'相结合了。

因此高等自我知识开始了，一旦人已脱出其主要从事于'自然'和上帝与他的外表有体，他的最显似的自我之关系。有一步是知道此一生不是一全，要达到他自己的时间性的永恒之概念，要体会到，具体地觉识到那主体的恒久性，即所谓心灵的永生。时若他知道还有物质境界以外的诸多境界，且生活于他之前，他之后，无论怎样在生前存在与身后存在，则他已上了除去他的时间的无明之道了，以扩充他自己出乎'时间'的当前段分以外，而入乎他自己的永恒性之占有。另一步前进，便是学到他的表面清醒境界，只是他的有体的一小部分，要开始探测'无心知者'之深渊，与下心知体和潜意识体的幽谷，又攀登'超心知者'的高峰；如是乃开始除去他的心理的自我无明了。第三步是寻出在他内中有个什么，不是他的这当作工具的心思，生命，和身体，不但是一永生的永远发展着的个人心灵，支持着他的自性者，亦且是一永恒无变易的自我和精神，而且要学到他的精神有体的诸汇是什么，直到他发现凡一切在他内中者，皆是精神的一表现，且辨识他的低等生存与他的高等生存间之联系；如是他开始除去他的组织上的自我无明了。发现着自我和精神，他便发现上帝：他发现一'自我'在属时间者以外：他见到那在宇宙知觉性中之'自我'，便是在'自然'和这群有之世界以后的神圣'真实'；他的心思开启了对'绝对者'的思想或意识，这'绝对者'是以自我与个人与宇宙为其诸方面的；宇宙的，私我的，原始的无明，皆开始失去对他的严格把持了。在他试行以他的存在投入这扩大着的自我知识中时，他的人生，思想，和行为的全部观念和动机，皆进步地修改了，转化了；他对自己的，他的本性的，和他的生存之目的的实际的无明减少了：他已踏上了大道，这大道

从一有限的和局部的存在之虚伪与痛苦出离，引到一真正的和全部的存在之占有和享受。

在他的前进过程中，他一步一步发现他从而出发的三大汇之一统。因为，最初，他发现在他的显了有体中，他是与宇宙与‘自然’为一；心思，生命，身体，心灵，在‘时间’中之相续，心知者，下心知者，和超心知者，——这些在其各种关系上和关系的结果上，便是宇宙，也便是‘自然’。但是他亦发现，在居于凡此之后或凡此之所基托者中，他与上帝为一；因为‘绝对者’，‘精神’，‘自我’之无时无空，‘自我’之显示于宇宙中者，‘自然’之‘主宰’，——凡此皆是我们所谓上帝，而在凡此一切中，他自己的有体回到上帝，依之而起；他便是‘绝对者’，‘自我’，‘精神’之自体放射于其自体之多性上到宇宙中，在‘自然’中障蔽了。在这两种实践下，他得到他与其他一切心灵和有体之一体性，——在‘自然’中是相对的，因为他在心思，生命，物质，心灵，每个宇宙原则和结果上，与它们为一，无论在能力和能力的作为上，原则的安排上和结果的分布上与它们为异；但在上帝中是绝对的，因为唯一‘绝对者’，唯一‘自我’，唯一‘精神’，永是万有之‘自我’，它们的多方多式之殊异的渊源，保有者和享受者。上帝与‘自然’之一体性，不会不自向他显示的：因为他终于发现，是‘绝对者’便是这一切相对者；他见到是‘精神’，以每个原则为其一显示；他发现是‘自我’乃变成此一切变是；他感觉到是‘主宰’的有体与知觉性之‘权能’或‘力’（Shakti），乃为‘自然’且在宇宙间作为。这么，在我们的自我知识的进步中，我们达到了那个由发现了它，一切皆知为与我们的自我为一，由占有了它，一切皆得以占有且享受于我们自己的自我存在里。

同等地，由于这一体性，宇宙的知识，必然领导人类的心思进向同一大启明。因为他不能知道‘自然’为‘物质’与‘力量’与‘生命’而不被策动去考究心思知觉性与这些原则的关系，而且一旦他知道心思的真性质之后，他必然会进到每个表面现相以外。他必发现那意志和智慧，秘密内在于‘力量’的工作中，活动于物质和情命的现相里；他必然见到其在清醒知觉性中，下心知者与超心知者中是一：他必然发现物质宇宙体中之心灵。追寻‘自然’于此诸汇中，其间他认识他与其余的宇宙之一体性，他发现一‘超自然’在一切显似者之后，一至上的‘精神’权能，在‘时间’中又出乎‘时间’以外，在‘空间’中又出乎‘空间’以外，‘自我’的一知觉的‘权能’，以之而变成一切变是者，‘绝对者’的一知觉的‘权能’，以之而显示一切相对者。换言之，他知道她不但是物质‘能力’，‘生命力量’，‘心思能力’，‘自然’的多面，亦且为有体之‘神圣主宰’之‘知识·意志’之权能，自我存在的‘永恒者’和‘无限者’的‘知觉性·力量’。

人追究上帝，结局变成他的一切研求的最热烈最执迷的一种，始于他开初对‘自然’的迷蒙的疑问，和一种意识，意识到有些什么未见者，只在于他自己和‘自然’中。纵使如近代‘科学’所执，宗教始于物灵崇拜，精灵崇拜，鬼怪崇拜，自然的力量之神化，而这些初端形式，只在原始形象中包举了一隐蔽于下心知体中的直觉，一幽暗的和愚昧的感觉，觉到有些暗藏着的势力和不可计度的力量，或一模糊的意识，意识到对我们似是无心知者中的有体，意志，智慧，意识到可见者从的不可见者，意识到事物中的精神，秘密知觉着，自分布于每种能力的工事上。这些初始的知见与原始的荒唐，却不损减人类的情心和思心的这伟大探求之价值或真理，因为我们的一切寻求，——包括‘科学’本身，——必始于对隐藏了的真实之幽暗的和愚昧的知见，进向对‘真理’的光明而又明朗的视见，因为‘真理’起初总是被‘无明’的雰雾隐蔽了，缠裹了，戴了假面具而来的。拟人论，是对这一真理的成了相的认识，即人是他之为他，因为上帝是‘他’之为‘他’，而且，有事物的一个心灵和身体，人类虽在其不完全上，也是在世界上所成就的最完全的显示，而神明便是在人中之不完善者之完善化。他之处处见到他自己，而且崇拜之如上帝，也是真的；但在这里，亦是他以‘无明’之手，胡乱扪索到一橛真理上，——即他的有体原与‘本体’为一，这便是‘彼’之一局部的返映，而遍处发现他的大‘自我’便是发现上帝，且接近事物的‘真实性’，一切存在之‘真实性’。

殊异性与乖违后面的一体性，乃人间各种宗教和各种哲学的别异的秘密；因为一一皆达到了唯一‘真理’的某个形相，某些旁的线索，触到了其某部分，或见到了其亿万方面的一面。不论其朦胧地见到物质世界为‘神圣者’之体，或生命为‘神圣存在’的呼吸之一大搏动，或万事万物皆宇宙‘心思’的思想，或体会到有一‘精神’，大于凡此诸物，为它们的更微妙的却更神奇的渊源和创造者，——不论其只在‘无心知者’中寻到上帝，或以上帝为在无心知的事物中之唯一‘知觉者’，或为一不可说的超知觉的‘存在’，倘若要达到他，便得蜕除我们在世间的有体，消除心思，生命，和身体，或者，既克服了分别，便见到‘他’同时是这一切，无畏地接受那视见的重大后果，——不论其崇拜‘他’之遍是性而视‘他’为宇宙‘本体’，或者范限‘他’止于人类中，亦如它们之自加范限，如实验哲学者之所为，或者，相反地，被无时间无空间之‘不变易者’之视见所

夺，拒绝‘他’之有在于‘自然’与‘宇宙’里，——不论其颂赞‘他’，在种种奇离的或美丽的或张大了的人类私我的形式中，或者因为‘他’之圆满具有一切人类所企慕的性质，‘他’的‘神圣性’向它们启示为一无上的‘权能’，‘爱’，‘美’，‘真理’，‘正义’，‘智慧’，——不论其见到‘他’为‘自然’之‘主宰’，‘父’，与‘创造者’，或为‘自然’本身，宇宙‘母’，视为‘爱者’和心灵的吸引者而追求‘他’，或当作一切工作之秘密‘主’，跪拜在唯一上帝或多方的‘神明’之前，唯一神圣的‘人’或一切人中之唯一‘神圣者’之前，或者，较博大的，发现‘太一’，其当体现前，使我们能在知觉性中，或在工作中，或在生命中，与一切在‘时间’与‘空间’中的一切物相结合了，与‘自然’和她的势力，以至她的种种无生命的力量相结合了，——总之，在这一切后之真理，必永是同一，因为一切皆是此一‘神圣的无限者’，为一切人所寻求的。由于每个事物是那‘一’，必然有这无穷的方式上人类占有之的办法；是必需，人类这么多方多式地寻到上帝，庶几可全般知道‘他’。但必是时当知识达到了其最高诸方面，方可能达到它的最伟大的一体。最高和最广之见是最明智的；因为一切知识，于是皆结合于其一概括的意义中。一切宗教，皆可视为达到单独一个‘真理’之途，一切哲学，为分殊的观点，瞻望单独一个‘真实’的各方面，一切‘科学’，汇合于一无上‘科学’中。因为，凡我们的心思知识，与识感知识，与超识感的视见所寻索的，最完整地得之于上帝与人与‘自然’与一切在‘自然’中者的一体性里。

‘大梵’，‘绝对者’便是‘精神’，无时间的‘自我’，具有时间的‘自我’，‘自然’的‘主宰’，宇宙的创造者与涵括者，内在于一切存在中，‘心灵’，一切心灵所源出亦所归向者，——那便是‘本体’的真理，如人的最高的上帝概念所见者。同此一‘绝对者’，启示于一切相对者中，‘精神’，具其形体于宇宙的‘心思’与‘生命’与‘物质’中，以‘自然’为其能力之自我，以致一切似乎是她所创造者，乃‘自我’与‘精神’，分殊地在‘他’的自体中向‘他’自体的力量显示，为了‘他’的多方的存在之悦乐，——这便是有体的真理，人的于‘自然’与宇宙的知识正领导他趋向去的，而且他会达到的，时若他的‘自然’知识自与他的上帝知识相结合。这‘绝对者’的真理，乃世界循环的辩正；不是其否定。是‘自我本体’，乃变成了这一切变是；‘自我’是凡此一切存在之永恒的一体，——‘我为彼’。宇宙能力，不外是那‘自我存在者’的知觉力：以那能力，它以宇宙自性而取得它自体的无数形式；以其神圣自性，怀抱此普遍者然超上之，它能在它们中间达到其全般存在的个人的占有，时若其当体与权能，皆在一中，在一切中，且在一与一切之关系中被感到了；——这是有体的真理，人的全部于自己在上帝中和在‘自然’中的知识，向之升起和扩大的。一个三位一体的知识；于上帝的完全知识，于自己的完全知识，于‘自然’的完全知识，给他树立了他的高上目标；这赋予人类的劳工与努力以一博大和充实的意义。在他的知觉性中，上帝，‘心灵’，与‘自然’，这三者的知觉的一体性，乃是他的圆成与他于一切和谐的实践之稳定基础：这将是他的最高最广的境界，他的一神圣知觉性与一神圣人生之品位，其发端，是作成他的自我知识，世界知识，上帝知识之全般进化的起点。

第十八章　进化程序
——上升与一统

关于大地自然中之进化的显示，与它正进行着的或注定要作的最后一转，我们既形成了一够明白的理念，现在便可能且必须以我们的更有了解的眼光，加到它以之而达到现在这水平的程序之种种原则，而且，以之，可假定的，不论其有何修改，它的最后的发展，从我们的现在仍占优势的心思的无明，进到一超心思的知觉性与整体知识之过程，将被管制，且使之发生效果的。因为，我们发现，'自然'在其作用的普通规律上是恒常的，而那规律依乎事物中的'真理'，在原则上是不变的，虽然在施行的细节上富有变换。在发端，我们容易见到，这既是一从物质的'无心知'进到一精神的知觉性的进化，'精神'在一'物质'基础上的进化的自我建立，则在此过程中必有一三重性格的发展。'物质'形式的一进化，'物质'形式愈进愈加微妙的纷杂的组成了，以便容受一生长着的，更加复杂化，微妙化，且有能为的知觉性组织的作用，是必不可无的物理基础。知觉性本身，从一级到高一级的进化的向上升展，一上达，是明显的螺旋纹、或出现的弧线，进化在这基础上所必遵的。当其已达一高级之后，取其所已进化者归入其中，作一多多少少是完全的转化，以便容受整个有体和本性之全般改变了的工事，一统一作用，必然亦是这程序的一部分，倘若这进化要有效果。

这三重程序之终，必然是‘无明’的作用化为‘明’的作用之一根本的变易，我们的无心知性的基础，变为完全的知觉性的基础，——一完全性，现在只存在于对我们为超心知性者中。每一度上达，必附带旧的本性之一局部的变换和修改，它已被取上而隶属于一新的基本原则了；无心知性，将已化为一局部的知觉性，一愚昧，寻求着多而更多的知识和优长：但在某一点上，必然有一上达，以知识，一基本的真知觉性，‘精神’知觉性的原则，代替无心知与无明。在‘无心知’中之一进化是开端，在‘无明’中之一进化是中段，但末端是精神之解放入乎其真知觉性中，与‘明’中之一进化。这实是我们见为进化的‘自然’至今所遵循的程序之规律和方法，而且，就一切征相看来，也似乎是她的将来的工事所要遵循的。起初一内入作用的基础，其中发源一切当外发而进化的；在一上达的次序中有已内入的权能在那基础中或在那基础上的作用和出现；一切的最上权能之一臻极的出现，当作一无上显示之经纪，皆是进化的‘自然’的旅程上所必有的阶段。

一个进化程序，据其所当解决的问题之正本条件，必然是一发展，在有体或本质的某些最初建立的基本原则中，发展出某些事物，为那基本原则所包含于其自体内中，原已内入的，或从其自体以外容纳入自体，且以此容纳而加修改的；因为它必须以其自体的本性之律则，修改一切自外而入，尚未为其自体的部分的。这必然如此，纵使这是一创造的进化，在常是显示存在的诸多新权能的义度上，一些新权能，非是初始基本所原有，而是介入的，接受到一原始本质中的。反之，倘若在内入作用中，原有——在初始基本上已有，但尚未显示，或尚未组织，——存在的新原则或权能，应当外发，那么，时若其出现，则仍当接受此基本的本质的本性和律则的修改：但是它亦将以它自有的权能，它自有的本性之律则，修改那本质。进者，倘若这为其自体的原则之下降所助，其原则是在自有的充分力量中已建立于进化的原野上面，压下到那原野上以占有之，则此新权能甚至可自建立为一优胜的原素，重大地或激烈地改变它所进入的或出现于其中的世界之知觉性和作为。但它的力量，以修改或改变或变革那原始本质——被选为进化的胚胎者——的律则和工事者，将依乎它自有的真元的能性。不像是它将能作一全般的转化，倘若它本身不是原始的'存在'之'原则'，倘若它是依起的，是一工具性的权能，不是初始能力。

在此，进化是开展于一物质宇宙中；基本，原始的本质，初始已建立的、制定一切的事物之格位是'物质'。'生命'与'心思'，皆进化于'物质'中，但它们在它们的作用上皆是受限制且受修改的，以其不得不用此本质为它们的工具，且不得不隶属于物质的'自然'之律则，即算它们修改它们所遭受和所运用者。因为它们诚转化其本质，起初化之为活的本质，其次为知觉的本质。它们成功于改变其惰性，不动性，与无心知性，为知觉性，感觉，与生命之一运动。但它们未成功于全般改变它；它们未能化之为全般生动或全般知觉；进化着的生命自性拘束于死亡；进化着的心思物质化了，亦如其情命化了；它发现自体是根植于无心知中，被范限于无明中；它是为无管制的诸生命力量所推移，它们皆驱策且利用它，它又被它赖以作自体的自我表现之种种物理力量所机械化。这便是一表征，既非'心思'，也非'生命'为原始的创造'权能'；它们，像'物质'

一样，皆是中介者，进化程序上的相续相次的工具。倘若一物质能力不是那原始‘权能’，则我们当求之于超出‘心思’或‘生命’以上的什么中；必然有一更深的玄秘的‘真实’，有待于在‘自然’中自体启示。

一原始的创造的或进化的‘权能’必然是有的：但是，虽‘物质’是最初本质，原始的和究极的‘权能’不是一无心知的物质‘能力’；因为那样生命和知觉性便会没有，因‘无心知性’不能进化出知觉性，一无生命的‘力量’也不能进化出生命。‘生命’和‘心思’既皆不是那，因此必有一秘密的‘知觉性’，大于‘生命知觉性’或‘心思知觉性’，必有一‘能力’，较物质‘能力’更属真元。以其既大于‘心思’，则必是一超心思的‘知觉性·力量’；以其既是异于‘物质’的真元本质的一权能，则必是那万物之至上真元与本质之一权能，‘精神’之一权能。有一‘心思’的创造能力，也有一创造的‘生命力量’，但它们皆是作为工具的，局部的，不是原始的和决定的。‘心思’和‘生命’，诚然也形况它们所寓居的物质的本质及其能力，不仅是为它们所决定，但这物质的形况与决定，其限度和方式，皆是被寓居其中且包涵一切的‘精神’规定的，经过‘超心思’的内寓着的光明和力量，一玄秘智，——一不可见的自我知识与大全知识。倘若当有一纯全转化，则必会只由于‘精神’的律则之充分出现；其‘超心思’的权能或玄秘智，必已入乎‘物质’，也必在‘物质’中发皇。它必然变易心思的有体为超心思的有体，使在我们内中为无心知者化为知觉，使我们的物质本质精神化，在我们的整个进化的有体和本性中，建立它的玄秘知觉性的律则。这必须是臻极的显现，或至少也是显现中的那一阶段，开初决定地改变进化的性质

了，由于转化其‘无明’的作为，及其‘无心知性’的基础。

这进化运动，‘精神’进步地自我显示于一物质宇宙中的运动，每一步上当计及知觉性与力量在物质本质的形式和活动中之内入作用这事实。因为它进展，是由已内入的知觉性和力量的觉醒，从秘密‘精神’的一原则到一原则，一等级到一等级，一权能到一权能的上登。但这不是到一高等格位之自由移转。每一等级或每一权能的作为之力量，作为之律则，在其出现中，不是决定于其本性或精力的自有的充分、自由、和纯粹的律则，而是部分取决于给它备下的物质的组织，部分取决于它所能加于‘物质’的知觉性之自有的格位，已成就的程度，已完成的事实。它的效能，是怎样一种平衡作起的，一边是这进化的显现之实际限度，另一边是相对等的限度，这显现着的权能仍被‘无心知性’的统制和继续把持所封里，侵彻，损减的限度。‘心思’，如我们所见者，不是纯粹的和自由的心思，却是为一封里着的无知性所障蔽、所损减的心思，努力且奋斗从此无知性发放知识的心思。一切皆依赖知觉性多多少少是已内入或多多少少是已外发的情形，——在无心知的物质中是全然内含了；在物质中的生命之最初或非动物的形式中，徘徊于内入作用与知觉的外发进化的边际上；在寓居于一活身体中的心思上知觉地进化着，但仍大受限制和阻碍：注定是将充分外发，由于‘超心思’在此具于形体的心思的有体和本性中之觉醒。

在进化着的‘知觉性’的这系统的每一级上，隶属着于此级为独宜的一阶级的存在，——依次出现了诸多物质的形式和力量，植物生命，动物和半动物的原人，开化了的人，未完全或较完全进化了的精神人物：但因为进化程序之联续性，它们中间没有严格的分

隔；每一新进步或形成，取起了以前所有者。动物取起活物与无生命的‘物质’入其自体；人亦随动物存在而兼取之。有些过渡程序所遗留下的沟道，或‘自然’的固定习惯或立下的分别界划：这些辨分此一系统或彼一系统，也许为用于阻止已进化者之退化，然它们并不芟除或割断进化的联续。进化着的‘知觉性’，从一等级度到另一等级，或从一系阶层度到另一系阶层，或是由一不可见的程序，或是由一跃进或剧变，也许还由自上的干预，——从‘自然’的高等诸界之下降，或势力，或赋予心灵。但是，不论以什么手段，那秘密寄寓于‘物质’中的‘知觉性’，玄秘的‘寓居者’，这么便能从低下诸等级向上进到较高诸等级，取起其已是者入乎其今是者，且准备双取而入乎其将是者。如是，既起初安立了一物质有体的基础。即诸物质形式，力量，存在，其间它似乎是居为无心知的，实则，如我们现在知道的，它常是下心知地在工作，它便能在一物质的世界中显示生命和有生物，显示心思和心思体，因此也必能在那里显示‘超心思’和超心思体。如是，便成就了进化的现在这格位，其间人好像是现在的似是的顶点，但不是真实的究竟的极峰；因为他自己是一过渡者，立在整个运动的转捩点上。进化，既如是继续着，必然在任何时分有一过去，并其基本结果仍有可证，也有一现在，其中它所辛勤作出的结果皆正在变易中，更有一将来，其中尚未显发的诸多有体之权能与形式必然出现，直到有充足和完善的显示。过去，尝是一迟缓和困难的下知觉的工事之历史，其效果在表面上，——那是一无知觉的进化；现在是一中间阶段，一不定的螺旋曲线，其间人类的智慧，为有体的秘密进化‘力量’所用，参加到它的作用里，而未尝被充分信任的，——这是一种进化，缓缓地变到

知觉其自体；将来必是精神的有体之知觉而更知觉的进化，直到它由出现着的玄秘智原则，发施为一自我觉识的作用。

这显现之初基，‘物质’形式的创造，起初创造无心知的和无生命的，其次创造活的和思维的‘物’，有了组织又更组织成的物体适合于表现知觉性的一更大的权能者之出现，在物理方面，形体建造方面，已为‘科学’所研究了；但很少发明于那里面，知觉性方面，而所已观察的一点点，乃多属于其物理基础和工具作用，而非属‘知觉性’在其自性中的进步的施为。在进化中，如至今所观察到的，虽则有一联续性在，——因为‘生命’取起‘物质’，‘心思’取起下心思的‘生命’，智慧‘心思’取起了生命的与识感的心思，——然知觉性在其系统上从一级跳到另一级，在我们的眼光看来好像是巨大的，或架桥梁或由飞跃而度越这鸿沟，似乎是不可能；我们未能发现任何具体的和可满意的证明，证明其在过去的成就，或其在其中成就的方式。甚至在外表的进化中，甚至在物理形体的发展中，纪录分明具在的，有失脱了的环节常是仍其失脱了；但在知觉性的进化中，其过程更难计度，因其不像一过程而更像是一变化。虽然，可能的，因我们之不能透入下知觉体，不能测度下心思体，或充分了解一异乎我们的心思体，我们遂不能观察那些微细的等级划分，不但是在其系统的每一度上，亦且在每一级与另一级的边境上的：而科学家真正微细的观察物理记录的，却不得不信进化的联续性，纵使有许多空白和失掉了的环节；设若我们能同样观察内中的进化，无疑，我们会能发现这些巨大的过渡之可能性和样式。但在等级与等级之间，仍有一真实的，一强烈的区别，而这到了那么大的程度，以致从一级到另一级之过程，似乎是一新的创造，一神变的

奇迹，而不似一自然的可预告的发展，或从有体之一境界静静度到另一境界，具备标识分明的步等，安排于一平易的次第上。

当我们在此‘自然’的等级上升到更高时，这些沟渠显得更深，但较少宽广。倘若在矿物中有生命反应的初基，如近代有此一说，它可能是与植物中的生命反应在其真元上是同一的，但所可称为‘生命物理的’差别是如此巨大，以致一个对我们仿佛是无生命的，而另一个，虽不现似为知觉的，可说为一生物。在最高的植物生命与最低的动物间，那沟涧可见是更深了，因为其分别是有心思与全无任何显现的或甚至基本的心思运动：在其一，这心思知觉性的质料，未曾觉醒，虽有一生命反应的生活，一压抑了的，或下知觉的，或也许只是下心思的识感震动，似乎是深密的活动着的；在其另一，虽生命起初在其下知觉的生活方式上较少自动和稳定，且在其自有的明显的知觉性的新方式上是未完善决定，但仍然心思是觉醒了的，——有一知觉的生命了，一深沉的过渡已经成就。然则植物与动物，无论其组织怎样不同，生命现相的共通性，使其间之沟涧变窄了，纵使不填满其深处。在最高等动物与最低等的人类之间，仍有一更深的虽亦较窄的沟涧得度越，识感心思与智识间的涧隔：因为，无论我们如何坚持野蛮人的原始天性，我们不能变更这事实，即最原始的人，在识感心思，情感，初原的实际智慧，我们与动物共有者之上以及其外，有一人类的智识，而且，在无论什么范围内，能作回想，理念，知觉的发明，宗教的和伦理的思想与感觉，每种基本的事如人之为一人类所能作的；他有同一类的智慧，其不同只是在其过去的教育和形式的训练，及其能量，深密性，和活动的程度。虽然，纵使有这些分隔着的沟涧，我们已不复能假定上帝

或某一造物主制作了每一种每一类，在身体和知觉性上皆造成了，遂中止其事，看了一下他的工作，见到是好。已是变到很明显了，一秘密知觉的或一无心知的创造‘能力’，已结果出这过渡，在或速或迟的程度上，用了无论什么手段，伎俩，生物的，物理的，或心理的机巧，——也许，既已作成之后，在进化的‘自然’中只曾用作踏脚石的，已无复任何功能或已无任何用处的，则未尝留意于保存为明确的形式了。但这对于空白的解释，不较多于一假定，至今我们仍不能充分证实的。或许无论怎样，这些强烈差异的理由，当求之于内中的‘力量’之工事中，而非得之于进化的过渡的外表程序上；倘若我们从那内面观察，则了解的困难没有了，这些衍变可懂得了，而且诚然是必有，由于进化的程序及其原则的真本性质。

因为，倘若我们不专注科学的或物理的诸方面，而看到这问题的心理一面，穷究这差异恰合在什么地方，我们当见到其在于知觉性之升到另一有体的原则里。矿物是固定于无心知的和无生命的物质原则中；纵使我们能假定它有一些反应，提示其中有生命，或至少是有些基本的震动，在植物则发展为生命的，但仍然它完全不是特著的为一生命形式；它特著是一物质形式。植物是固定于生命原则的下心知的作用中，——非是它不隶属于物质，或空无那些反应只在心思中得其充分意义的，因为它似乎有些下心思的反应，在我们中间则为乐与苦，吸引与违拒的基础的；但仍然，它是一生命形式，不徒然是一物质形式，也全然不是，如我们所知的一心思知觉的有证。人与动物，两皆为心思上知觉的有体：然动物是固定于情命心思和识感心思中，不能超出它的范限，而人则接纳了另一原则的光明到他的识感心思里，即智识，真实是‘超心思’的一反映又是其降等，玄秘智的一缕光明，为识感心思体所摄，转化之为异于其渊源之一物：因为它如同它在其中且为之而工作的识感心思一样，是非玄秘智的，无此智；它试求得到知识，因为它非具有了知识，非如‘超心思’一样在自体中具有了知识，以之为其自然的优先权。换言之，在每个这些存在的形式中，宇宙本体已将其知觉性的作用，固定于一不同的形式里，或者，如在人与动物间，固定于一低等原则为一高等虽尚非最高等原则所改变的形况里。是这从有体的一个原则进到迥乎不同的另一有体的原则，这一迈步乃造成了衍变，沟涧，分明的距离，而且作出有体与有体间在它们的本性上之仍属强烈的特著差异，虽非全部差异。

但应当注意，这一上升，这么相续固定于高而更高的原则里，并不随之以低等诸级的抛弃，正如在低下诸级中的一存在格位，并不意味着高等诸原则之完全不在。这便救治了于此进化理论之反对，为这些差异的分明界线所造成的；因为，倘若高等的基本成分亦有在于卑下创造中，而低等性格被提入高等进化了的有体内，则这事本身便组成一无可疑的进化程序。所需要的，是一番工事，将有体之低下等级，起到某一点上，使高等者可在那一点上题示；新权能为主的某一高上界，可在那一点上施下压力，而帮助进向一多少是迅速且决定的衍变，由一跃进或连续多跃进，——一迟缓，攀缘，不可见，或甚至幽奥的行动，随之以一奔驰，或一进化的猛跃，遂度过了边界。似乎是在某些这样的方式上，低等到高等的知觉性格度的衍变，于是在‘自然’中成就了。

事实上，生命，心思，‘超心思’，皆存在于原子中，在其中工作，但不可见，幽奥，潜在于‘能力’的下知觉的或似是无知觉的作用中；有一形成于内的‘精神’，但是，有体的外表力量和形象，我们可以为形相的或形式存在，有以别于内在的或秘密统治着的知觉性者，自失于物理作用中了，是那么凝敛于其中，遂至固定于一版滞的自我遗忘里，不觉识它是什么，和它在做什么。在这观念下电子和原子，皆是永恒的梦游者；每一物质对象，包涵一外在的或形式的知觉性，为内含，凝敛于形式中，入睡了，似乎是一无知觉性，为一未知未觉的内中‘存在’所驱策，——那在睡眠者中为醒觉者，诸奥义书所说的万有中的‘寓居者’，——一外在的凝敛了的形式知觉性，它不像梦游人的一样，从来未尝醒觉，且不常或不曾到醒觉的一点上来。在植物中，这外在的形式知觉性仍是在睡眠境界里，但这是一充满了神经性的梦的睡眠，常是在要醒觉的一点上，但永不醒觉。生命出现了；换句话说，潜藏的知觉体的力量，已那么紧密化了，自体升起到那么一权能的高度，以致能发展出或变到能为一新作用原则，即我们所见为情命性，生命力者。它变到对存在有生命的反应，虽不是心思的觉识，而且发出一新活动等级，较任何纯物理作用有更高和更微妙的价值。同时，它能从其他异于它自体的形式，也从宇宙的‘自然’，接受生命接触和物理接触，化之为这些新的生命价值，化之为一生命力之震动的现相和动作。这是一纯物质的诸多形式所不能作的事；它们不能转换接触为生命价值或任何种价值，部分是因为它们的接受权能，——虽然存在，倘若玄秘的证明是可信的话，——不够清醒以作任何事，只能暗默地接受，不可见地反应，——部分因为由接触所传连的能力，皆太微妙，不能为已形成的‘物质’之粗重无机的密度所用。生命在一棵树中，为它的物理的躯体所决定，但它取起了物理的存在，赋予之

以一新价值或一系新价值，——即生命价值。

衍变到心思与识感，在动物中出现者，我们称之曰知觉的生命，也是在同样的方式上进行的。有体的力量已经那么紧密化了，升起到那么一高度，竟能容受或发展一新的存在原则，——至少在‘物质’世界中现似是新的，——即心思体。动物是在心思上觉识存在的，它自体的与他体的，作发出一较高较微妙的活动等级，从它自体以外的诸多形式，感受一更广大范围的心思的，情命的，物理的接触，取起物理的和生命的存在，转换一切能从它们取得者为识感价值和情命心思的价值。它识感身体，识感生命，但也识感到心思；因为它不单是有神经的反应，也还有知觉的感受，记忆，冲动，愿欲，情感，心思联想，感觉与思想与意志的原本质料。它甚至有一实用的智慧，建立于记忆，联想，刺激着的需要，观察，一设计的权能上；它能为狡狯，策略，计划；它能发明，能到相当限度调整它的发明，在这一细节或那一细节上适应新环境的要求。非一切在其中者皆为一半知觉的本能；动物准备了人类的智慧。

但是一到人类，我们见到整个这会事化为知觉的了。这世界，他所简略摄得的，开始在他中间向它自体启示它的性质。高等动物不是梦游者了，——在最低等动物形式，则主体地或几乎皆是，——但它只有一有限的醒觉心思，只堪能为了它的生命存在恰恰所必需者。在人中，知觉的心思体扩大它的清醒性了，而且，虽起初未充分自我知觉，虽仍只在表面上知觉，然能增进地开启以对向他内中的和整个的有体。如同在两低等的上升，则有知觉的存在之力量，高升到一新的权能，和一系新的微妙活动；有从生命心思到返照和思维心思之衍变，发展了一高等观察与发明的权能，取起且联合事实纪录，知觉到其程序和结果，一想象与美的创作之力，一较高较粘柔的敏感性，位列着和解释着的理智，诸多价值，不复属于一回映或反应的智慧，却属于一主宰着，了解着，自体隔离着的智慧了。如同在低等的上升，在这里也有知觉性的范围之扩大；人能更多资取于世界和他自己，一如能给予此知识以知觉经验更高更完全的形相。如是，同然，这里也有上升的第三个恒常原素；心思取起了低下诸等级，给予它们的作用和反作用以智慧价值。人不但是像动物一样，有他的身体和生命之识，却还有一智慧的生命之意识和理念，与一知觉的和观察着的身体之知见。他亦复取起动物的心思的生命，一如取起物质的和躯体的生命；虽然他在这程序中失掉一点什么，他却给予他所保留的以一较高价值；他有智慧的意识，以及于他的识感，情感，愿欲，冲动，心思联想的理念；凡为思想与感情与意志的粗重质料者，只能作粗大决定者，他皆化之为这些事物的完成作品和艺术作品。因为动物也思想，但是在一自动方式上，主要基托于机械的一系记忆和心思联想，或迅速或迟缓地接受'自然'的提示，而且只醒觉到一较知觉的人性的作为，时当其有切近观察与机巧的必要；它有一点初始的实用理智的粗胚质料，但没有形成了的理念的和返照的官能。在动物中觉醒着的知觉性，是心思的一拙劣的原始的工匠，在人中它是一熟练的艺人，而且能变作——但这他不充足的试为——不但是一艺术家，而且是一大师，一老手。

但于此，我们当观察两个特点，这人类的现今为最高的发展的，使我们达到这事的核心。第一，取起生命的低等诸部分，这自现示为眼光之下注，即秘密发皇着的精神的，或个人中宇宙的'有体'的那老练的眼光，从他所臻至的高处，垂视一切于今在他下面者，即以有体的知觉性·力量的双重或孪生的权能，——意志的权能，知识的权能，——向下面凝望，以便从这知觉性与知见与自性的新的，不同的，和更广的范畴，了解低等生命与其诸多可能性，且将其连带本身一同升到一较高的水平，给予以较高的价值，从其中发皇出较高的潜能性。他之作此，因为他明明是不意在杀掉或毁灭这低等生命，却是因存在的悦乐乃他的永恒事业，并且各弦调之一和谐，不是一柔美然单调的音律，乃他的音乐方案，他也愿意包括低等诸调，而且，过重的加它们以一更深和更精微的意义，便可从它们得到更多的悦乐，在粗胚的形制中为不可能的。但仍然在末了，他之接受它们，为此却立下了一条件，便是要它们同意于接受高等价值，而且，直到它们果真同意了，他能甚残酷的处理它们，甚至蹂躏之，倘若他倾向于完善化而它们反叛。诚然，那便是伦理，训练，苦行的真正最内中的目标和意义，要教制，驯调，纯化，且准备为合宜的工具，教制这情命体，身体，低等心思的生命，转化它们为高等心思的、终于还是超心思的和谐乐之繁音，不是要残杀和毁灭它们。上升是第一需要，但整体化也是'自然'中的精神之一附带的原旨。

这知识与意志之眼下视，有其观念要全般升高，加深，和更微妙、更精细、更丰富的严密化，从头便是秘密'精神'的办法。植物心灵，我们可说，于其整个物理存在，取了一'神经的物质的'观念，要尽可能从之取得一切'情命的物理的'深密性；因为它内中好像有一沉默的生命震动之某些深密的兴奋，——也许，虽然那在我们很难想象，相对的对它的低等基本格度为深密，过于动物的心思和

身体在其高等且更雄强的格度上所能忍受的。动物于其情命和物理存在，取了一心思化了的识感观念，要从之取得一切可能的识感价值，在许多方面较之人类的更加深锐，如其徒然为感觉，或识的情感，或情命欲望的满足和快乐。人，从意志与智慧的界上往下窥，摒除了这些低等深密性，却是为了要从心思和生命和识感取得一高等深密性之在其他价值中的，智识的，美感的，道德的，精神的，在心思上为动力的或实用的，——如他这么称之；以这些高等原素，他扩大且升高他于生命价值之运用，且使之深微化。他不摒除动物的反应和享受，但更清明地，精微地，敏感地将其心思化。这他甚至在他的正常的和他的低等的水平上作，但是，当他发展，他便将他的低等有体加一较严格的试验，开始向之要求作像转化的那么一回事，否则便拟将其弃去：那便是心思的办法，准备一仍在其外的精神生活。

但是，人不仅将他的目光下投或周围旁顾，时当他已达到他的高等水平了，却也上窥在他以上者，而且内视在他内中为幽暗者。在他，不单是宇宙'有体'在进化中的下窥变到知觉的了，亦复其知觉的上窥和内视也发展了。动物生活着，似乎满足于'自然'所给它作成的；倘若有其动物体中之秘密的精神之任何上望，它却是知觉地与此无与，那仍是'自然'的事：是人，乃开始以这上望知觉地作为他自己的事。因为，以他之具有聪明的意志，虽则这是玄秘智的畸形的光线，他开始戴上了'真、智、乐'的双重本性；他已不复是像动物一样，一未发展的知觉的有体，全为'自性'所驱策，实施着的'力量'的一奴隶，为'自然'的机械能力所玩弄的，却已开始为一发展着的知觉心灵或'神我'，参与原属她所独有的事，愿要在其中发表他的意见，终于要当主宰。他现在还不能做这事，他过于陷在她的羁绊中，过于沦没于她的已成立的机构里：但是他感觉到——虽然现在仍太迷茫而且不定，——他内中的精神，愿要达到更高的高处，扩大它的范围：内中的一个什么，一玄秘的什么，知道满足于他现在的卑下和限制，决不是更深的知觉的'心灵·自性'(Purusha-Prakriti)的原意。攀登更高处，取更伟大的视景，转化他的低等本性，这，常是人的一自然冲动，一自他给自己在此土地的物理的和生命的世界占了一位置，而且稍有闲暇考虑他的更前进的可能性了。这必然是如此的，不是由于他中间的任何错误的和可怜的意想虚幻，而是，第一，因为他是不完善的仍在发展着的心思有体，且必须努力更加发展，完善化，又更因为他不像土地上其他生物，他能觉识那深过心思者，他内中的心灵，且觉识那在心思之上者，'超心思'，精神，能够启对之，接纳之，升向之，摄持之。这是他的人类天性中之事，一切人类天性中之事，要以知觉的进化超出自体，要攀登他之为他者以上。不但在个人，将来亦复在人群，在一有体与生活的普通规律上，倘若不在其所有的一切个人，能有此希望，若是发展一充分的意志，可超出我们现在的甚不神圣的本性之不完善处，而升到至少是一优越的人类，上升而较接近，纵令倘不能绝对达到，一神圣的人道或超人道。无论怎样，是他内中的进化的'自然'之强迫，要努力向上发展，建树这理想，作这一尝试。

但进化的人，以超出自我而变化自我，其效用之发挥的边限在何处呢？在心思本身中，一系统上有许多等级，每一等级又自成一系；有连续的诸阶层，我们可方便称之为心思知觉性和心思体的诸界和次界。我们的心思的自我之发展，大多是这阶梯之上登；我们可立在任何一级上，却仍保持了对低下诸阶段的依赖，和偶尔升到更高诸水平的权能，或回应发自我们有体的上层的势力之权能。现在，我们正常是仍然在智慧的最低次界上取得我们最初的安定据点，我们可称之曰物理心思界，因为它依赖身体的脑筋，身体的识心，身体的识根，乃得其实事之证明和真实性的意识。在此，我们皆是物理的人，至为着重客观事物和他的外在生活，很少主观的或内中的存在之深密性，而将凡他之所有于此者，皆隶属到外在真实性的更大的要求中。物理的人有一生命部分，但这主要是成于生命知觉性的较微小的本能的和冲动的形成，出现自下心知者，随之以习惯的一团或一串感觉，欲望，希望，情感，满足，皆依乎外在事物和外在接触的，而且只关注到实际事，当下可实现的事，可能的事，惯常者，普通和平凡者。他有一心思部分，但这亦复是习惯的，传统的，实际的，客观的，其尊重凡属于心思境域者，大抵是为了有用，有用于他的物理的和感觉的生存之支持，安适，用途，满足，和消遣。因为他的物理心思，依据物质和物质世界，依据身体和身体生命，依据识的经验，依据一正常实用的心思体及其经验。凡不属此一类的，物理心思建立之为一有限制的高上构架，依赖外在的识感心思的。纵使如此，它视这些高等生命内容，或为有益的附庸，或为想象，感情，思想抽象之一多余的然是愉快的奢华，但不视为内中的真实；或者，纵使视为真实而加以接受，它不在它们自有的正当本质上具体的实质地感到它们，较物理本质及其粗重具体性为微妙的，——它以它们为一主观的，非甚实质的从物理真实的引申而处理它们。这是必然的，人应当最初在‘物质’上取其据点，给予外在事实或外表存在以其应得之重要性；因为这是‘自然’

的给我们的存在的最初供应，她于此是非常坚执的：物理的人，她在我们中间着重了，她将其在世界上丰富地增多，作为她的力量，所以保存她的稳定的或许有些惰性的物质基础，她能在这上面保持她自身；而试图她的更高的人类发展；但是，在这心思形成中，没有进步之权能，或只有一物质的进步之权能。这是我们的第一个心思格位，但这心思的有体，不能常是留在人类进化阶梯上的这最低一级。

高出物理心思，较身体感觉更深在内中，有我们可称之为生命心思的一智慧的，有动性，有活力，属神经质，虽仍幽暗然较启开以对性灵体，能作一初始的心灵形成，虽只是一幽暗的生命心灵，——不是性灵体，只是情命'神我'之一前方的形成。这生命心灵具体地感识且接触生命世界的事物，试欲将其在此实现：它大大着重生命有体，生命力量，生命本性之满足与圆成：它视此物理存在，为诸多生命冲动之自我圆成的场所，为着野心，权能，坚强性格，爱，热情，冒险等等活动，为着个人的，集体的，普通人类的寻求，侥幸，探险，为着种种的生命实验和新的人生经验，而且，倘若不是由于这救治原素，这更大的权能，利益，和意义，物理的存在对它将毫无价值。这生命心思体，是为我们的秘密的潜意识的情命体所支持，与一生命世界在隐蔽下相接触，它容易向之启开的，于是而感到在物质世界之后方的诸多未见的机动力量和真实。有一个内中的生命心思，在它的知见上不需要身体的诸识的证据，不为其所范限；因为在这水平上，我们的内中生命，和世界的内中生命，对我们化为真实，不依赖身体和物理世界的象征，皆我们唯独称为自然现相的，仿佛'自然'除了粗重的'物质'现相，便没有更大的现

相和更大的真实了。情命的人，知觉地或不知觉地被这些势力型范了，是欲望和识感的人，是力量与行动的人，是热忱与感情的人，是动力性的个人：他可能且亦实在着重物质的存在，但他却推动之，即算他最为其当前现实事务所牵挂了，推之求人生经验，推之求实践之力，推之求生命引申，生命权能，生命肯定，和生命扩张，这是‘自然’的最初的冲动，以趋于有体之扩大；在这生命冲动的一最高紧密度上，他可变为打破拘束者，新天地的寻求者，为了将来的缘故而扰乱过去和现在者。他有一心思生命，这常是奴役于情命力及其欲望与热情，是这些他试求经过心思而予以满足：但时若他于心思的事物发生浓厚兴趣了，他又可变成心思的冒险者，新的心思形成的开道者，或某个理念的战士，敏感型的艺术家，生命的动力诗人，或先知，或创大业的英雄。生命心思是动力性的，因此在进化的‘自然’的工事上是一伟大力量。

又高出这情命心思体的水平以上，更内向伸引了，是纯粹思想与智慧的一心思界，对此则心思的世界中的事物，皆是最重要的真实；在这界的势力下的人物，哲学家，思想家，科学家，智识的创造者，理念的人物，文字或语言的人物，理想家，梦想家，皆是今之心思的人在他所达到的最高峰。这心思的人，有他的生命部分，有他的热情与欲望与野心与种种人生希望的生命，也有他的低等识感的和物理的生存，而这低等部分，时常可等衡或重过他的较高贵的心思原素，以致虽然那是他的最高部分，在他的整个本性中却不占优势，不能形成：但这在他的最大发展上不是于他为典型的，因为其间情命部分和身体部分，皆被思维着的意志和智慧管制了，臣伏了。心思的人不能转化他的本性，但是他能管制它，使它和谐，加之以一心思的理想之规律，加上一平衡，或一升华着和纯化着的势力，使此多个人格的纠纷和冲突，或我们的分化了和半造成了的有体之总合编制，高度一致化。他能成为他自己的心思和生命的观察者和管理者，能知觉地发展它们，能到那限度成为一自我创造者。

纯智慧的心思的后方，有我们的内中的或潜意识的心思，这直接意识到心思界上的一切事物，启对一世界的心思力量的作为，而且能感到理念的和其他轻妙的势力，在物质世界上和生命界上生作用的，我们现在对这些势力只能推度，不能直接经验到：这些不可触知者，和轻妙不可称量者，对心思的人却皆是真实的，分明的，而他视之为真理，要求在我们的或大地的本性中加以实践的。在内中界上，心思与心思心灵，不依赖身体者，可变到对我们为一全般真实，我们可知觉地生活于其中，亦如生活在身体中。如是，生活于心思中，放心思的事物中，成为一智慧体，非徒为一生命和一身体，乃是我们在'自然'的格度上的最高位置，只欠精神性。心思的人，一自我统治和自我形成的心思和意志的人，知觉一理想而趋向其实践，高等智识之士，思想家，圣人，较情命的人少机动性，不那么立可发施效用，不像那行动人物和外界迅速成就生活的人，但一样雄强，或甚至更雄强于给人类开辟新视景，——这种人是'自然'在人类界上的进化形成之寻常峰顶。这心思体的三格度，在其本身皆是分明的，但最寻常在我们的组合中是混淆了，对我们的寻常智识皆只是心理的典型，偶然发展出的，我们在其中没有发现其他意义：但事实上它们皆充满了意义，因为它们皆是'自然'的进化之等级，心思体趋于其自我超上，而且，思维的心思是她今之所能

臻至的最高一步，完善化了的心思的人乃是她的寻常人类创造之最稀罕者和最高上者。更前进，则她当以精神原则，加到心思中，使其在心思，生命，和身体中变到活泼。

因为，这些皆是她的进化的形象，从表面心思建成的；要做到更多一点，她须更博大的运用那尚未见到的材料，隐藏于表面之下的，须向内潜没，启出秘密的心灵，性灵体，或升到我们的寻常心思水平以上，入乎直觉的知觉性诸界，密集了自精神的玄秘智所得的光明的，纯粹精神的心思的上升诸界，其间我们直接与无限者相接触，触到自我和事物的最高真实性，'真、智、乐'。在我们自己，在我们的表面的自然有体之后方，有一心灵，一内里的心思，一内里的生命部分，可以启对这些高处，一如启对我们内中的玄秘精神，这双重开启，乃是一新进化的秘密；由那么破除一些覆盖和墙壁和边界，知觉性进到更大的高举，更大的统一，而这，有如心思的进化已将我们的本性的一切权能心思化了，同样，这新的进化也会将其精神化了。因为心思的人，尚不是'自然'的最后一努力，或最高的造诣，——虽然他在他自己的本性中，一般是比较那些在他之下自体成就者或在他之上而企慕者，更为进化了；'自然'已指示人一还更高且更困难的水平，赋予他一灵感是一精神生活的理想，已开始在他中间向一精神有体的进化。精神的人，乃是她的人类创造的至上超凡的努力；因为，既发展出了心思的创作者，思想家，圣人，一个理想的先知，自我克制、自我训练了、和谐化了的心思有体，她便试行上到更高，进到内中更深，唤出心灵与内中心思与情心来到前方，从上面唤下精神心思与高等心思与高上心思的诸多力量，而在它们的光明之下，因它们的势力，而创造出精神的圣哲，见士，先

知，爱上帝者，瑜伽士，玄秘士，苏菲(Sufi)，神秘者。

这是人的真正的自我超上的唯一之路：因为若长此我们生活于表面有体中，或全般将自己建立在'物质'上，则必不能上进，而且希望在我们的造化有体中可有任何剧烈性格的新衍变，亦是徒然。情命的人，心思的人，曾在土地生命上有其莫大的效果，他们已将人类推进了，从只是人类动物，进到它现在这样。但仅是在已成立的人类进化公式的范围内他们乃能作为；他们能扩大这人类圆圈，但不能改变或转化这知觉性的原则或它的特著的施为。任何企图要过度提高或过度夸张这情命的人，——例如，尼采(Nietzsche)式的超人道，——只能将人这动物巨大化，不能将他转化或神圣化。一不同的可能性开启了，倘若我们在内中在内里的有体中生活，使它作我们生命之统治者，或我们自己安处于有体的精神的和直觉的诸界上，从那里且以它们的权能变移我们的本性。

精神的人，便是这新进化的表征，这'自然'的新的较高的进取的表征。但这进化，在两点上与过去进化的'能力'之程序不同：这是以人类心思的一番知觉的努力而进行的，而且，这不限于表面本性的一知觉的前进，却是附有其企图，要打破'无明'的墙壁，伸展我们自己内向，入乎我们现今的有体之秘密原则，亦复外向，入乎宇宙有体，又更上向，入乎一高等原则。直到如今，'自然'所成就的，是推广了我们表面的'明·无明'的边限；其在精神的事业中所试行的，是消除'无明'，进到内里，发现心灵，在知觉性上与上帝和一切存在相结合。这是进化的'自然'在人中的心思阶段上的最后目标；这是开初一步，进向'无明'之剧烈转变为'明'。这精神的转化，始终内中有体和高等精神心思的一势用，一在表面上感到的和接受的作为；但这以其自体只能引导至一照明了的心思的唯心论，或导致生长出一宗教的心思，一宗教的气性，情心中一点奉献，行为上一点虔诚：这是心思向精神的初步接近，但这不能作一剧烈的改变：更多的事应该做，我们应更深在内中生活，我们应当超越我们现在的知觉性，轶出我们现在的'自然'的格位。

明显的，倘若我们能这么更深在内中生活，坚定地将种种内中力量发皇到外表工具上，或升起我们自己，居于更高更广的水平，而将其权能，发下到物理存在上，不只是接受其势力，即我们所能作的一切，则可能开始有我们的知觉体的力量之升高，以致创造一新的知觉性原则，一新的活动范畴，一新的价值给一切事物，我们的知觉性和生命之一推广，我们的存在的低等诸级之一提起和转化，——简言之，即整个进化程序，'自然'中的'精神'由之而创造一高等类型者。每一步可能意味着向前迅迈，无论目标多么遥远，是近了一步，进向一更大更神圣的有体，一更大更神圣的知觉性，知识，与意志的力量，存在的意识，与存在的悦乐；可能有向神圣人生的舒展之一开端。一切宗教，一切玄秘知识，一切超正常的（与非正常的相对）心理经验，一切瑜伽，一切性灵经验和修为，皆可算路标和指南，指引我们在那玄秘的自我开展的精神进步的路上。

但是人类仍然被某种吸力下引，坠到物理体，仍然服从我们的尚未征服的土地物体之引力；它为脑经心思，物理智慧所统治：这么为许多系带所牵而不进，它犹豫于指示之前，或从那精神努力之太紧张的要求后退。它也还有很大的能量，能有疑惑的愚痴，一巨大的怠惰，一奇巨的智识的和精神的怯懦和保守性，时当其被召唤出离习惯的常轨：纵使有人生本身的恒常证明，凡其所志在征服之

处便能征服，——且看那颇属低等的权能的奇迹吧，物理‘科学’的，——也不能阻止其疑惑：人类拒绝这新召唤，让少数个人去作回答。但那是不够的，倘若前进一步是为了人类；因为只是人类进步了，然后，为了它，‘精神’的胜利乃能稳定。因为，于是纵使有‘自然’之怠弛，她的努力之低降，然内中的‘精神’，利用一秘密的记忆，——这有时是在低下一面，向下的引力一方面，当作民族中的一返祖先遗传的力量表出的，如实是‘自然’中一坚住的记忆，可能将我们或引上，或引下，——会再将它唤起向上，而其次一上升，将更容易且更经久，因为有过去的努力；由于那努力及其冲动和结果，不得不储存于人类的下知觉的心思中。谁能说在我们的过去的时轮中，这种胜利曾经成就过，而下一番上升又可能是多远多近呢？诚然不必需，也不可能，求整个民族自加转化，从心思的有体化为精神的有体，但是对这理想的一普通的接纳，一广泛的尝试，一知觉的集中，皆是需要的，所以维持这倾向的潮流达到其决定的成就。否则，所究竟成办的，将是少数几人的成就，创始了一类型新的人物，而全人类则将已自加判决为不合格了，而且可退堕到一进化的颓废，或一静止的不动性里；因为是恒常向上的努力，乃使人类活着，给它保持了它在创造的前面的地位。

进化程序的原则是立一基础，从那基础作一上升，在那上升中作知觉性的一反转，又从那所赢得的更大的高度和广度，起一变化作用，作全部本性的新的统一。第一基础是‘物质’；上升属于‘自然’；一统是初为不知觉的或半知觉的自动的转变，由‘自然’转变‘自然’。但是一自有体更全般知觉而参加到‘自然’的这些工事中已经开始了，这程序的功用之转变乃为必然。‘物质’的物理基础仍存，但‘物质’不复能为知觉性的基础；知觉性本身，也不更能是像其本来一样。从‘无心知者’发源而出，或从一幽暗的内中潜意识的力量，受到宇宙间的接触的压力而暗中流出了。发展着的存在之基础，将是在上的新的精神格位，或我们内中的已开启的心灵格位：这将是自上的一光明与知识与意志之倾注，与自内的接受，乃将决定有体对宇宙经验的反应。有体的整个集中，将是自下移上，自外移内；我们的更高更内在的有体，今兹为我们所不知者，将变为我们自己，而外在或表面有体，我们今兹认作我们自己者，将只是一敞开的前方或一附庸，由之真有体与宇宙相遇。外在的世界本身，对精神觉识性将为内在，为其自体的一部分，亲切被怀抱于一体性与同一性之知识和感觉中，为心思之一直觉的视见所洞察，以知觉性与知觉性之直接接触而得其回应，被采纳于一已成就的整体性内。旧的无心知的基础，本身将在我们中间化为知觉的，由自上而来的光明与觉识性之倾注，其深处被附加到精神的高处之下。一个全体的知觉性，将变为生命的全部和谐化之基础，由于有体与本性之全般转化，统一，成全。

第十九章　出七重'无明'趋向七重'知识'

全部进化，在真元上皆是知觉性的力量在显了有体中之高起，致使其可升入尚未显了者之更大的深密性，从物质到生命，从生命到心思，从心思到精神。是这，乃应当是我们从一心思的显示，生长到一精神的和超心思的显示之法，出自一仍属半动物的人类，入乎一神圣有体与一神圣生活。必须成就我们的知觉性的及其本质，其力量，其感性的一新的精神的高度，广度，深度，紧密度，我们的有体之一升上，扩大，粘柔性，整个能量，且采纳心思与一切下于心思者到那更大的存在里。在一将来的转化中，进化的性格，进化程序的原则，虽已修改了，却不会基本改变，而会是在一更浩大的规模中，在一解放了的运动里，皇华地继续前进。变易到一较高的知觉性或有体的境界，不但是宗教的，一切高等修为的，瑜伽的整个目标和办法，亦且是我们的人生本身的真本倾向，其劳动总和中所存的秘密目的。我们内中的生命原则，常常在它所具有的心思，情命，身体诸界上求确定它自体而加以完善化；但它亦复驱策自体出此以外，转化这些已获得者为手段，为使知觉的精神在'自然'中舒展的工具。设若仅是我们自己的某些部分，智识，情心，意志，或情命的欲望自我，不满意于其自体之缺陷，不满意于世界了，努力

要从之脱出而达到存在的一更大的高度，一任本性的其余部分自去或消灭，则这么一种全般转化不会结果，——或者，至少，不会在此世间发生结果。但这不是我们的存在的整个倾向；在我们内中有‘自然’的一番辛劳，要以整个自我上升到有体之一原则，高于至今已在世间发展的，但在这升举中，她的全部意志不是要毁灭她自己，以使那高等原则得无外地安立，由于拒绝和灭尽‘自然’。提高知觉性的能力，直到它从一心思的，情命的，和身体的工具，度入精神的真元与权能中，乃必不可无之事，但那也不是唯一目的或所当做的一切。

我们的号召，应当是以我们的整体生活于一新的高处：为了达到那高度，我们不必须抛下我们的动力诸部分到‘自然’的非决定的质料中，以此解放着的卸却，而寓居于‘精神’的一幸福的宁静里；那是常可作的，且带来了一大的安息和自由，但‘自然’本身所期待于我们的，是整体之为我们者，应当上升到精神知觉性中，化为‘精神’之一显了的和多方的权能。一全般转化，是‘自然’中的‘有体’之整个目标；这是她的普遍的自我超上之敦促的内在意义。是为了这理由，‘自然’的程序也不限于她自体之上升入一新的原则；新的高处，不是一狭隘尖锐的高塔，它附有宽广开拓，且建立人生的一更广大的原畴，其间这新原则的权能，有其出现的充分活动和余地。这上升与扩大作用，不限于这新原则本身的真本活动之究尽可能广大；它包括摄取低者以归入高等价值中：神圣的或精神的人生，不单是会擅有心思的，情命的，物理的生命，转化了且精神化了，亦且将给它们以一远过宽广且充分的活动，过于只长时若它们生活于它们自体的水平上所得而有的。我们的心思的，身体的，生命的存在，无须以我们的自我超上而被毁灭，而它们之被精神化了，也不因而被损减，毁伤；它们能够变到且真实变到更丰富，更伟大，更雄强，更圆满：在它们的神圣变化中，它们发散为许多可能性，皆是在它们未精神化的境况中未可实现或未能想象的。

这进化，这升高，推广，和一统化之程序，在其性质上是一生长和一上达，出乎七重无明，入乎整体知识。那无明的关键是组织上的；这自体消归一多方的愚昧于我们的变是的真性格，不觉识我们的全体自我，其症结在于我们所居的这一界之限制，和我们本性的今之主导原则。我们所居的这一界是'物质'界；我们的本性中之主导原则是心思的智慧，以依乎'物质'的识感心思为其支柱和踏蹬。其结果，心思的智慧及其权能，主要从事于物质的存在，如透过诸识向之现示者，主要从事于生命，如在生命与物质间的一种妥协中所构成者，乃成为组织上的'无明'之一特殊徽识。这自然的唯物主义或物质化了的情命主义，这么将我们自己钳住在我们的初段，是自我限制之一式，逼窄了我们的存在的范畴，这是在人类上非常坚住的。这是他的物理生存之第一需要，但后来是被一原始的无明铸成了一锁链，步步阻碍他上升：试图生长而出离这限制，物质化了的心思智慧于精神的全体性，权能，与真理之限制，出离心灵之役属于物质的'自然'，乃是趋向我们人类的一真实进步的第一步。因为我们的无明不是全般的；它是知觉性之一限制，——它不是那完全的无心知性，即同此一'无明'之徽识，在诸纯粹的物质存在中者，即非但以物质为其界亦且以物质为其主导原则的诸存在中者。这是一局部的，限制着的，分化着的，而且，大多是一虚伪化的知识，我们得从那限制和虚伪化脱出，生长到我们

的精神的有体之真理。

这首先专从事于生命和物质，在开端是对的，而且必要，因为人所当行的第一步，便是要尽其可能好好知道且保有这物理存在，以他的思想和智慧，运用到这种经验上，如他的识感心思所能给他的；但这只是预先走一步，倘若我们停留于此，则我们没有作何真实进步：我们仍在我们原来的地方，只获得了稍多的物理的活动余地，稍多的权能，使我们的心思建立一相对的知识，和一不充分也不稳定的主宰，使我们的生命欲望，能推排事物，而在物理的力量和存在的丛聚中，撞来挤去。物理的客观知识之究极推广，即使包举最远的诸太阳系，最深的土地和海洋诸层，以及物质的与能力之最微妙的诸权能，不是在我们的真元的获得，不是唯一事物我们最需要求到的。这是为什么唯物论的福音，虽有物理'科学'的炫目的胜利，终于常自证其为一空虚无望的信理，而且，那也是为什么物理'科学'本身，以其全部成就，虽可造出舒适，然永不能给人类造成快乐与人生之圆满。我们的真快乐，在于我们的整个有体的真实生长，在于通贯我们的生存之全部程途之胜利，在于主宰内中本性，一如且多于外表本性，隐者一如显者；我们的真的完全性，不由于在我们所开始的境界上作更广大的圆圈而得，却由于超上。是为了这缘故，在最初作了生命和物质的必要的基础之后，我们当增高我们的知觉性的力量，深化它，广大化，微妙化它：我们必须首先解放我们的心思的自我，使之入乎我们的心思存在之更自由，更精微，更高贵的活动：因为心思的较之身体的更是我们的真实存在，因为我们甚至在我们的工具的或表现的性质上，主要仍是心思而不是物质，主要是心思的人甚于为身体的人。那到圆满的心思

有体的生长，是起初一过渡运动，趋向人类的圆成和自由；它不真实使人完善化，它不解放心灵，但它将我们从物质的和情命的凝注中提升了一级，且准备脱去'无明'之束缚。

我们成为更完善的心思有体，所得便是达到一更微妙，更高，更广的存在，知觉性，力量，有体之愉快与悦乐的可能；如我们在心思的格度上愈上升，同比例，这些事物的一更大的权能来到我们了：我们的心思知觉性同时给自体得到更多的视见与权能，更多的微妙性与粘柔性，于是我们能拥有更多的情命的和物理的存在本身，能更明白它，能更善于利用它，能予之以更高贵的价值，一更宽绰的范畴，一更升华了的作用，——一引申了的刻度，更高的种种结果。人，在他的本性的特著权能上是一心思有体，但在他的初步出现，他是更属一心思化了的动物，像动物一样，先务于他的身体的生存；他运用心思，为了他的生命和身体的用处，利益，欲望，当作它们的仆人和臣僚，尚未当作它们的君王和主子。是当他在心思上生长，一随他的心思之拥护其自我性与独立性，反对生命与物质的暴君专制，成正比例，他乃在局格上增大。一方面，心思以其解放，乃管制且照明生命和生理之躯；另一方面，纯粹心思的目标，事务，知识的追求，乃开始得到一价值。心思既从一低下的管制和专务解放了，乃介绍入生命以一管制，一提升，一雅化，一较精妙的平衡与和谐；情命的和身体的动作，皆受指挥而且有秩序了，被此一心思经纪甚至转化到尽其可能转化了；它们被教导当作理智的工具，服从一启明了的意志，一伦理见解，一美的智慧：这如能成就愈多，则民族也愈能变到真是人道的，变为一民族心思的人。

是这种对人生的见解，乃古希腊思想家所推崇的，是在这理想

的阳光中一鲜艳活泼的发华，给了希腊人生与文化一如此伟大的魅力。在后期，这观念失去了，而当其复返时，它已甚损减了，参杂了多的浑浊成分：一精神的理想，为理解所摄得而不完全，又全然未在人生实际加以体验，却以其正性的和负性的心思的和道德的势力现前，在其上又有一强盛的无节制的情命欲求，而不能得到其自由的自我满足的运动者的压力，于是成了一大扰乱，这便阻碍了心思的尊上与人生的和谐，滞晦了其已实践的美与平衡。对高等理想，对人生的一更广大范畴的曙启是获得了，但是一新的理想主义的原素，其在人生上发施作用只能当作一种影响，未能统制人生，未能转化它，以至到末了，这番精神努力，既如此被误解亦未能实践，便被抛弃了：其道德的效果犹在，但是，既剥夺了撑持着的精神原素，便消损到没有能性了；情命的迫促，辅之以物理智慧之一巨大发展，变成了民族的主要事业。某种知识和效率的增加，使人惊异，便是其最初结果；最近世的结果则是一危险的精神之不健康，与一浩大的混乱。

因为心思本身是不够的；即使是它的智慧的最广大的活动，也只造成一有限度的半光明。对物理世界之一表面的心思知识，又是更不完善的向导；在一思想动物这也许是够了，但在一心思人物的民族，致力于精神的进化者，这便不够。甚至物理事物之真理也不能全知，物理‘科学’也不能发现我们的物质存在之正当用处，单由一外在知识不能，单由主制了物理的和机械的程序，也不能使其成为可能。要知，要正当运用，我们应当进到物理现相和程序的真理的后面，我们应当知道那内中和那后面是什么。因为我们只是具有形体的心思；有一精神的有体，一精神原则，‘自然’的一精神界。我们必须提高我们的知觉性的力量，以此而更加广大地，甚至普泛而且无限地、扩充我们的有体的境界和作用的原畴，以此而取起我们的低等生命，用之于更伟大的事业，且在一更弘广的方案上，在存在的精神真理之照射中。我们心思的劳苦和人生的奋斗，不能达到任何解决，直到我们超出了低等'自性'的魔人的领导以外，统一了我们的自然有体在'精神'的有体和知觉性中，学到了以'精神'的力量运用我们的自然的工具，且为了'精神'的悦乐。唯独如是，然后组织上的无明，我们所苦的于我们的存在之真实建造上的无明，乃可变为我们的有体与变是上之一真正的有效用的知识。因为我们之为我们者便是精神，——现在主要是运用心思，其次是用生命和身体，以物质为我们的原始的，但不是唯一的、经验原地；但这只是现在如此。我们的不完善的心思的工具作用，不是我们的许多可能性之最后一语；因为在我们内中，或潜伏，或不可见地且不完善地活动着，有出乎心思以外的其他原则，近乎精神的性质者，有更直接的权能与光明的工具，有一较高的格位，有机动作用之更大的原畴，大于今之属于我们的物理的，情命的和心思的存在的。这些皆能化为我们自己的格位，我们有体的部分，它们可化为我们自己的扩大了的本性之原则，权能，和工具。但是，为了那，若止足于一恍惚的或极喜的入乎精神之上升，或由接触精神之无限性而得一无相的飏举，是不够的；它们的原则应当显发，如心思之已显发，如生命之已显发，而且组织其自有的工具作用，其自有的满足。于是我们方具有了我们的有体的真组织，而且我们乃克服了'无明'。

我们的克服组织上的无明不能完全，不能变到整体地有机动

力，倘若我们尚未克服我们的心理的无明；因为这二者辅车相依。我们的心理无明，在于限制我们的自我知识于我们的有体的那一小波浪，或一肤浅的川流，即心知的清醒自我。我们的有体的这一部分，只是一无相的或仅是半形成的诸多运动的一原始潮流，在一自发的持续性上进行的，为一自动的表面记忆和一被动的下层知觉性所支持，所结合，在其于时间上从一顷刻到一顷刻的长流中，为我们理性和见证着且参加着的智慧所组织、所表达的。在其后方，有一幽奥的存在，与我们的秘密有体的能力，倘若没有这，则外表的知觉性和活动，必未尝能存在或作为。在'物质'中，只有一活动是显了的，——在事物的外表上为无心知的，即我们所知道的一切：因为内寓于'物质'中的'知觉性'，是秘密的，潜意识的，未显了于无心知的形式与内在的能力中：但在我们中间，知觉性已部分显了，部分醒觉。但这知觉性是藩围了的，不完善；它为它的习惯的自体范限所拘束，只在一限定了的范围内动转，——除了时而有从我们的秘密深处发出的闪光，通知，或潮起，则打破了形成的边限，或流出边限以外，或扩大其范围。但这些偶然的来临，不能扩大我们远出我们现在的能量以外，不够改革我们的格位。这可能作到，只若我们能加入以高等尚未发展的光明与权能，潜在于我们的有体中的，而使它们知觉地正常地活动；为了这，我们必须能自由资取我们的有体的诸境域，于它们为本土的，但现在对我们为下心知的，或毋宁是秘密内心知的，或周心知的，或否则是超心知的。或者，——还更多也是可能的，——我们必须进入我们自己的这些内里的和更高的诸部分，由内向一跃，或有了训练的透入，带回它们的秘密到表面上来。或者，作我们的知觉性的一更剧烈的转变，我

们当学到在内中生活，不复在表面上生活，且从内中深处，从那一个已君临本性的心灵，而是为，而行为。

我们的那一部分，我们可严格称之曰下心知者，因为它是下于心思和知觉的生命之水平，低下而且幽暗，隐括我们身体组织的纯粹物理的和情命的诸原素，未尝被心思化，未被心思观察到，在它们的动作上未被心思管制。可以说它包括那暗默的幽暗的知觉性，有其动力，但未被我们识觉，它活动于细胞中，神经以及全部身体的质料中，调整它们的生命程序和自动反应。它也隐括沉潜的识感心思之那些最卑下的功事，在动物和植物生命中较为活动的。在我们的进化中，我们已超出了这原素的任何大规模的作用之需要，但它仍其沉潜，在我们的知觉的自性之下幽暗地在工作。这幽暗的活勤，引申到一隐藏且覆障了的心思层，过去的多少印象以及从表面心思所拒却的一切，皆沉淀到那中间，在那里潜伏着，能够在睡眠中涌起，或心思不在的时候涌起，遂现为梦的形象，机械的心思作用或暗示的形象，自动的情命反应或行动的形式，生理变态或神经错乱的形式，不健康、病态、失平衡的种种形式。这下知觉，寻常我们只从之取出那么多到表面上，如我们的清醒的识感心思和智慧所需要作它们的用处的；那么将其取出，我们不觉识它们的性质，渊源，活动，不在它们自体的价值上了别它们，而是由于一翻译，译入我们清醒的人的意识和智慧的价值。但是下知觉的升起，其在心思与身体上的效果，大多是自发自动的，未加召唤，不意而来；因为我们于此下心知没有知识，因此也无从管制。唯独是由一种对我们为非正常的经验，最普通是在病中，或怎样平衡失调，我们乃能变到直接觉识那暗默世界中的一点事，我们的躯体和生命

力的那世界，虽是喑默却甚为活泼的；或能变到知觉在我们的表面之下那机械的，下于人的，物理的和情命的心思之秘密运动，——一个知觉性，是我们的，但像不是我们的，因为它不是我们的已知的心思体之一部分。这，还有更多的东西，隐伏地生活于下心知中。

降入下心知，则于探究此境域无补，因为这将使我们堕入无联贯性，堕入睡眠，或一钝暗定境，或一昏迷，不省人事。一种心思的探究或内视，可得到关于这些隐蔽活动的一些间接的，有创造性的理念；但只由于退敛到潜意识中，或者由于上升到超心知者中，从那里下望，或我们自己引申到这些幽暗的深处，然后能直接且全般觉识我们的下心知的身体的，情命的，和心思的本性之秘密，而且能加以管制。这种觉识，这种管制，皆至关重要。因为下心知者，是'无心知者'在化为知觉的程序中；它是我们的有体的较低的诸部分及其运动之一支持，甚至为其根本。它存持且增强一切在我们内中最深粘执的，拒绝改变的，我们的不智慧的思想之机械的旋复，我们的感情，识感，冲动，癖好之坚持顽固，我们的性格之刚愎自用。我们中间的动物，——也还有魔鬼，同然，——在此下心知的深林密箐中，有其退隐的洞穴。要通贯到那里，将光明射入，而建立一管制，乃为必要，为了任何高等生命之完全，为了本性的任何全体的转化。

我们的那一部分，所称为内心知者和周心知者，在我们的有体之组织中，是一又更有能耐且远过有价值的原素。它包括一大作用，是内中智慧和内中识感心思的，一内中情命甚至一内中微妙物理体的，这抱持且支举我们的清醒知觉性，这未发露到前方，用我

们现代的话说，是潜意识的。但时若我们能进入且探究这隐藏了的自我，我们发现我们的清醒意识和智慧，大抵是我们秘密之为我们者和能够是我们者的一选集，是我们的真实的，我们的隐藏了的有体之一外在化了，甚破敝了，鄙俗化了的版本，或者是自其深处向上的一抛出物。我们的表面有体，以这潜意识的助力，出自‘无心知者’，经过一进化而形成，为了我们如今在土地上的心思的和身体的生活之用；这在后方者，是一形成，中介于‘无心知者’与较大的‘生命’和‘心思’诸界间，这较大诸界，是由内入作用之下降所创造的，其压力帮助了作出‘物质’中的‘心思’和‘生命’的进化。我们对物理的存在之表面反应，在其背后有在这些障蔽了的部分之一活动的支持，时常是它们的反应，为一表面的心思传译所修改。但还有那我们的心思体和情命体之一大部分，不是对外在世界的一反应，却为其自体而生活，或抛出自体投到物质存在上，以利用且占有之的，我们的人格，也是出自这有能耐的内心知的秘密处的种种权能，势力，动力的综合表呈和结果。

复次，潜意识自体引申为一函括着的知觉性，它经过这，乃接受从普遍的‘心思’，普遍的‘生命’，普遍的较微妙的‘物质力量’倾注到我们的波流和周波的震撼。这些，在表面上不被我们见到，皆为我们的潜意识自我所见到，所容纳，而化之为一些形成，能强烈地影响我们的存在而非为我们所知。倘若这分隔此内中存在与外表自我的墙壁被穿透了，则我们能知道且能处理我们现在的心思能力和生命作为的渊源，而且可能管制它们，而非遭受它们的结果。但其大部分虽可这么知道，由于穿透和内视，或一较自由的交通，然只是由进到内中，入乎外表心思的障蔽之后，在内中生活于一内中心思，内中生命，我们的有体的一最内中的心灵里，我们乃能充分地自我觉识，——由于这，且由于升上到一心思的较高界，高于这我们的清醒知觉性所寓居者。我们如今的进化格位之一扩大与完成，现在仍是如此被滞碍被割截的，将是这么一种内向生活之结果；但进化到出此以外，只能由我们变到更知觉而得，知觉如今于我们为超心知者，由上升到'精神'的本土高处。

出乎我们现在的觉识性水平以上的超心知中，包括了心思体之高等诸界，一如超心思的和纯粹精神的有体之本土诸高处。在一向上的进化中，最初必不可少的一步，便是将我们的知觉性力量，升到'心思'的那些高等部分，我们从之接受而不知其源的，接受到我们的许多较大的心思运动，尤其是那些与一较大的光明与权能俱来的，启示的，灵感的，直觉的。在这些心思的高原，在这些心思之大野，倘若知觉性能成功于达到它们，或自体安立其上，自建其一中心，则'精神'的一些权能或一点直接的当体，甚至，——无论怎样居次或间接，——'超心思'的一点什么，可能得到一最初的表现，可能发端显示自体，可能参与对我们的低等有体的管制，且帮助重新型铸它。此后，由此已被重铸的知觉性之力量，我们的进化程途，可以由更崇高的上升，出乎心思的而入乎超心思的和无上精神的自性。即使未尝真实升入这些于今为超心知的心思诸界，或未恒常或长久生活于其中，然而由向之开启，由接受其知识和影响，也可能到相当限度除去我们的组织上的和心理上的无明：也可能觉识到我们自己皆是精神的有体，而且，虽不必完善，可将我们寻常的生命和知觉性精神化。从这更伟大更光明的心思体，可能有一知觉的交通和向导，且接受其启明和转化着的力量。那是在高度发展了的或精神上已觉醒的人所可达到的程度内;但这亦不会是多于一起初的阶段。要达到一整体的自我知识,有体的一全知觉性与权能,必须升到我们的寻常心思界以上。这么一种上升,如今在一凝敛了的超心知中乃有可能;但是那只能引人进到高等诸水平,在一不动的或极喜的定境里。倘若那最高的精神有体的管制,要引导至我们的清醒生活中来,则必须有一知觉的升高和扩大,入乎新的有体,新的知觉性,新的作用的潜能性之浩大境域,必须取起——尽可能完整——我们如今的有体,知觉性,种种活动,转换之为神圣价值,其结果将使我们凡人的存在改观。因为无论在何处当要作一激剧的衍变,必在该处常有此三重运动,——上升,原地与基础的推广,统一,——在'自然'的自我超上的方法里。

任何这种进化的变易,必然是要联合于弃斥我们现在的狭隘化的时间性的无明。因为不但我们现在生活于时间的一顷刻到一顷刻,亦复是我们的全部视景,限于我们现在这身体单在一出生一死亡间之一生。如我们的瞻视不远回到过去,它亦不远伸到将来;这么我们被限制于这一生的物理的记忆和觉识,在此一暂现旋灭的躯体形成里。但我们的这时间的知觉之范限,亲切依于我们的心思体之专从事于物质界和生命,即它如今在其中作为着的;这范限不是一精神的律则,而是一暂时的设备,为了我们的显了自性之原意所在的初步工事。倘若这专意从事一旦弛缓了或抛开了,心思的引申成就了,对潜意识和超心知的开启,对更内中更高上的有体的开启造成了,则可能实践我们在时间中的坚住的存在,一如出乎其外的我们的永恒的存在。这是主要的,设若我们要以我们的自我知识合到正确的焦点；因为现在我们的整个的知觉性和作为，皆败坏于一精神透视法之错误，这阻止了我们在正确的比例和关系中，见到我们的有体之本性，目的，和情况。一永生之信仰，在大多宗教中已成为那么一要害点，因为它是一自明的必需，倘若我们得超出与身体认为同一，及其专务于物质水平。但是一信仰不足以根本矫正这透视法之错误：时间中我们的有体之真自我知识，只时若我们生活于我们的永生的知觉性中然后能得；我们应当醒觉到'时间'中我们的长远有体、与我们的无时间的存在之一具体意识。

因为永生在其基本义度上，不仅是指某种躯体死亡而其人不死；以我们的无始无终的自我存在的永恒性，我们皆是永生的，超出了我们所经过的全部身体的生生死死之相续以外，超出了在此世界和其他诸世界的存在之更替以外：精神的无时间性的存在便是永生。无疑，这名词有其第二义，亦复有其真理的；因为，随顺此真实的永生性者，有我们在时间里的存在和经验之永久的继续，从一生到一生，从一世界到一世界，在此物理躯体消散之后；但这是我们的无时间性之一自然结果，这在世间自表为永恒的'时间'中之一长久。无时间的永生之实践，以在'无生'、'无变'中的自我之知识而得，以我们内中不变易的精神之知识而得：而时间的永生之实践，则以在有生与有'变易'中的自我之知识而成，这翻译为心灵之坚住的意义，经过心思与生命与身体的一切变化而为同一，这是无时间性翻译为'时间'显示。由第一实践，我们解脱了生死串炼的黑暗的束缚，那是许多印度教派的无上目标；以第二个实践加到第一个，我们乃能以正当知识，无有无明，无有行业的串炼的束缚，自由地占有精神在其时间永恒性中之诸多经验。无时间的存在之一实践，这本身不必然包括坚住的自我在永恒‘时间’中的那经验的真理；死后仍然存在之一实践，其本身仍可给我们的存在以始或终的余地。但是，在任何此一实践，真实见到其为一个真理的这方面和那方面，知觉地生存于永恒中，不受当时与时分之相续的束缚，乃是转变的真义：那么，要存在，乃神圣知觉性与神圣人生的第一条件。从那有体的内中永恒性而占有且管制变是的轨道和程序，乃第二条件，机动的条件，以一精神的自我保有和自我主宰为其实际后果。这些转变之有可能，只由于从我们凝定于物质之先务退转，——那不必须弃除或忽略这身体中的生命，——且恒常生活于心思与精神的更内里更高上诸界。因为我们的知觉性之高升入其精神原则里，成于上达和内敛，——这两个运动皆至关重要，——出离我们一时一时倏生旋灭的生命，入乎我们的永生知觉性的悠久生命；但随之俱来的，亦有我们知觉性之范畴的推广，时间中的作为原野之扩大，以及我们的心思的，生命的，躯体的存在之提升与高等运用。于是兴起了我们的有体之一知识，不复是当作一依乎身体的知觉性了，而是当作一永恒的精神，它运用诸世界与诸生世为各种不同的自我经验；我们见其为一精神的元体，具有一继续的心灵生命，永久发展它的活动，经历相续的生身，为一有体而决定着其自体的变是。在那知识中，非是理念的而是在我们的真本质中感到的，则可能不是当作一盲昧的‘业力’行动的奴隶而生活，而是——只服属于我们内中的‘神圣者’，——当作我们的有体和本性的主宰而生活。

同时，我们便除去私我的无明；因为只若我们在任何点上仍为

此所束缚，则神圣人生必或不能臻至，或在其自我表现中不能完全。因为私我是我们的真实个人性之赝品，由于与此生命，此心思，此身体之一限制着的自我体认为一：这是与他个心灵离隔，自己闭置于自己的个人经验中，这便阻止我们像一宇宙化的个人而生活：这是与上帝离隔，即隔离了我们的最高'自我'，万事万物中的唯一'自我'，我们内中的神圣'寓居者'。时若我们的知觉性转入精神的高处，深处，广处，私我不复能在那里容生了：它太微弱，不能在那浩大域中安存，它消融于其中；因为它以界限而生存，以失去界限而灭没。有体打破一隔离了的个人性之囚狱而出，变到宇宙化了，擅得了一宇宙知觉性，其间它自认与自我与精神，与一切众生之生命，心思，身体为一。或者它向上冲出，进到一至高的尖顶，自我存在之无限性与永恒性里，不依乎其宇宙的或其个人的存在。私我坍塌了，失去了它的隔离的墙壁，消入宇宙的浩汒中；或者它化为乌有，不能在精神以太的高处呼吸。倘若它的运动有些什么以'自性'的习惯而犹存，那也皆堕去，代之有新的'非个人的个人的'见识，情感，行为。这私我之消失，并不随之以我们的真实个人性，我们的精神存在之毁灭，因为那常是宇宙的，且与'超上者'为一；但是有一转化，以'补鲁洒'代替分别的私我，代之以宇宙的有体之一知觉的面庞和相状，和超上的'神圣者'在宇宙'自性'中的一自我与权能。

在同此一运动中，正由醒觉而悟入精神，则有宇宙的无明之消散；因为我们于我们自己有此知识，即认识我们的无时间的、不变易的自我，保有其自体于宇宙中又超出宇宙以外：此一知识，成了时间中之'神圣游戏'之基础，调和了一与多，永恒的一体性与永恒的多体性，重新以心灵与上帝结合，而发现宇宙中之神圣者。是由此一实践，我们乃能接近'绝对者'，以之为一切境况与关系之渊源，在我们内中保有这世界于其至大的广度里，心知其依赖它的渊源，且由这么取起了它，则升起它，经过它而实践诸多绝对价值，皆聚合入'绝对者'中的。倘若我们的自我知识在其一切要义上皆已这么作到完全了，则我们的实际的无明，在其极度便现为错过，痛苦，虚伪，差忒，而为人生的一切纠纷和乖戾之原因者，将让位于自我知识的正当意志，其虚伪和不完善的价值，将退避真'知觉性·力量'与'阿难陀'之神圣价值。为了正当知觉，正当行为，正当是为，不是在我们的微小道德的不完善的凡人的义度里，而是在一神圣生活的博大光明的运动中，其条件皆是与上帝结合，与众生万物为一体，一种人生，自内已形成且已经管制而后外向，其间一切思想，意志与行为的渊源，将是'精神'之经过真理与神圣律则而施为，那皆不是由'无明'的心思所建筑和构造的，而是自体存在，且在其自体圆成上是自动自发的，不怎样是一律则，却甚是一真理，在其自体的知觉性中，且在其知识之一自由的、光明的、粘柔的、自动的程序中发生作用。

这似乎会是知觉的精神进化之方法和结果；转化'无明'之人生为真理知觉的精神之神圣人生，改变心思的有体方式为一精神的和超心思的有体方式，扩充自我以出乎七重无明而入乎七重知识。这转化，将是'自然'的向上程序之自然的终结，当其提升知觉性的种种力量，从一原则到较高的另一原则，直到最高的精神原则，在她中间表白而且优胜了，取起低下诸界的宇宙的和个人的存在，入乎其真理中，于是将一切转化为'精神'的一知觉的显示。真正的个人，精神有体，出现了，是个人又是宇宙的，是宇宙的却又是自我超上的：人生不复现似为事物的一形成和有体的一作用，为分别的'无明'所创造的。

第二十章　重生哲学

出生，是物理世界的第一个精神玄秘，死，是第二个，这给生之神秘以双重迷惑点；因为生命，否则也会是存在的一自明的事实，由这两者乃自身也变成一玄秘了，这两者似乎是它的始与终，可是在千端万绪上发露出生既不是始，入死也不是终，毋宁倒像两者皆是生命的一玄秘程序之中间阶段。起初看去，出生似乎是生命恒常迸发于一普遍的死亡中，在'物质'的普遍无生命性中的一坚住的境况中迸爆。较切近考察，则见颇似乎是生命原为内在于'物质'中的什么，或甚至是那创造'物质'的'能力'之所固有的一权能，但只当其得到了所必需的条件，有以确定它的特著的现相，有以成其一适当的自我组织，然后能出现。但在生命之出生，有点更多的什么参加这显现，有一个原素，已不复是物质的了，——有一些心灵之焰光强烈腾起，有精神的一最初的明显震动。

一切出生之已知之情况和结果，预先假定有一未知之生前，又有一普遍性的提示，一生命的长驻的意志，一死亡之非终极性，皆似乎指向一未知之死后。我们未生前是什么，我们已死后是什么，这是两个问题，一个的答案依乎另一个的答案，人类的智识从初便以此自问，甚至现在还没有归到任何究竟的解决。诚然，智识是难作最后答案的：因为那在其真本性质上，居于物理知觉性与记忆的纪录以外，无论是个人的或民族的，而这些又是唯一的纪录，智识惯于参考，给以相当信任的。在这种资料之贫乏和不定性中，智识从一个假定轮转到另一假定，依次称每个是一结论。进者，这解决又依乎宇宙运动的性质，渊源和目的，而且，如我们决定这些，我们乃必如是而作出关于出生与生命与死亡，生前和死后的结论。

第一问题是：生前和死后皆纯粹是生理的和情命的呢，抑或是在某方式上且较主要是心思的和精神的呢？倘若'物质'是宇宙原则，如唯物论者所主张的，倘若万事万物的真理，当求之于婆奴拏(Varuna)的儿子蒲厉古(Bhrigu)所得到的第一公式上，时当其观想永恒的'大梵'，为"'物质'是'永恒者'，因为一切有体皆从'物质'而生，以'物质'而存在，又皆离去而归于'物质'。"则不可能有更进的疑问。有我们的身体之前，将是其成分从各种物理原素集合了，由于种子与食物之为其工具，也许是在幽暗的但常是物质的能力之影响下，而我们的知觉的有体之生前，则是遗传之一制作，或以其他某些在普遍的'物质'中的物理情命的或物理心思的施为，由我们的父母的身体，由种子，因子，和染色素，专起其作用而建造个人。身体的死后，则是散解而归于物质原素，知觉体的死后，则是还堕入'物质'，其活动的有些效果犹存于人类的普通的心思和生命中：这后十分虚幻的存留，将是我们的长生不死之唯一机会。但'物质'的宇宙性，既已不复能认定是可给'心思'的存在以任何充分的解释，——而且，诚然，'物质'本身，又不复能单独以'物质'而解释，因为它好像不是自体存在的，我们便又从这容易而且明白的解答被推回，只好寻其他假定。

许多假定中间的一个，便是古老的宗教神话和教条的神秘说，

说一位上帝恒常从他的自体中创造出一些不死的心灵，或怎样由他的'灵气'或生命权能，——是当这么假定的，——加进物质的'自然'中，或毋宁可说是加到他在其中所创造的身体中，而且以一精神原则在内里使之灵活。当作一信心之神秘说，这是听人自许的，无需考验，因为信心的神秘，原是超出问难和考查以外而立的；但是在理智与哲学上，这缺乏了起信力，配合不上已知的事物秩序。因为这包含两个矛盾，更加需要是正，然后甚至方可与以任何考虑。第一，时时创造有体，在时间中有其始而无其终，而且，甚者，以身体之出生而生，却不以身体之死亡而灭；第二，它们擅有一团已制成的混合了的性质，美德，罪恶，能量，缺陷，气质上的和其他的长处和劣点，全然不是以其生长而造成的，却是以武断的命令——倘若不是由遗传律，——而给它们造成的，但为了这些，为了这些的完善运用，'创造主'却要它们负责。

我们可以——至少，权且可以，保持某些事物为哲理推论的合法假定，而以否定这些假定的负担，公正地加到它们的反对者身上。在这些条陈上有这么一个原则，即凡无终者必未曾有始；凡有始者或为创造成者，必有一终，由于创造而且保持它的程序之终止，或由组成它的材料之消散，或其所以创生之为用已穷。设若此一律则有其例外，则必然是由精神之降入物质中，以神性使物质生动，或给予物质以其自体的不死性；但如此降下的精神，本身是不死的，不是作成或创造出的。设若心灵是为使身体生动而创造了，设若它之入乎存在是依赖身体，则身体消逝之后，它没有存在的基础或理由了。自然应当假定，所给出而使身体生动的气息或权能，必在身体终竟消散之后回到其'创造者'那里。设若，相反地，它仍然坚住，为一不死的有身之物，则必然有一微妙的或性灵的身体，它在其中继续存在，而且，也可相当地确定，这一性灵的身体和其中的寄居者，必对这物质躯体为先已存在：若是假定所以创造它们，原是要寄居于那短促而且可灭的形式里，则不合理；一永生的有体不能是创造中这么一倏忽的偶然事件之结果。倘若心灵犹在，但在一没有了身体的情况中，则它原来亦必不依乎一身体而存在；它必定当作一尚未具形体的精神而存在于生前，亦如其在已脱去形体的精神元体中犹坚住于死后。

复次，我们能假定凡我们在'时间'中见到是发展的某一阶段之处，则那发展必已有一过去。因此，倘若心灵进到此生而有人格的某一发展，则必然在以前诸生，在此世或在余处准备了它。或者，倘若它只取起一已制好的生命和人格，非它所准备的，也许是一生理的，情命的，和心思的遗传所作好的，则它本身必是个什么，全然不依赖那生命和人格，是一个什么，只偶然与那心思和身体相联，因此不能真为在此心思和身体中所作的或所发展的什么所影响。设若心灵是真实的，不死的，不是一构成的有体或有体之相，则它必然是永恒的，在过去无始，一如在未来无终；但是，倘若其为永恒的，则必或为一无变易的自我，不为生命及其条件所影响，或为一无时间的'补鲁洒'，一永恒的和精神的'个人'，如时显示或导源出一变易着的人格之川流。倘若它是这么一个'人'，则它只能在一有生有死的世界里显示此人格之川流，由擅有相续诸身体，——一言以蔽之，由恒常或反复再生于'自然'的诸多形式里。

但是，心灵的不死性或永恒性，非顿然强加，即算我们不用永恒的'物资'以解释万事万物。因为我们也有此假说，假设是初原的‘一体性’，万事万物由之起始，以之生存，归之而止息者，有其某些权能，创造了一暂时的或现似的心灵。一方面，我们能在近代的某些理念或发现的基础上，建树这理论：一宇宙的‘无心知者’创造着一暂时的心灵，一知觉性，这经过一短期活动之后便消灭了，回到‘无心知者’。或者，可能有一永恒的‘变易’，自显于一宇宙的‘生命力量’中，以‘物质’之出现为其施为之客体的一端，以‘心思’之出现为其主体的另一端，‘生命力量’的这两个现相之交互作用，遂造成我们的人类生存。另一方面，我们有那古老之说，一‘超心知者’唯独存在，一永恒的不可改变的‘有体’，它容许，或由‘摩耶’，而创造一个人的心灵生命之虚幻，在这现相的‘心思’和‘物质’的世界中，而这两者究竟皆不真实，——纵使其有，或擅有一暂时的和现相的真实性，——因为一不可改变的和永恒的‘自我’或‘精神’是唯一的元体。或者，我们有佛教的‘空’或‘涅槃’的理论，以及，怎样加到那上面的，一相续变易的永恒作用或能力，‘羯磨’，由于联想，理念，记忆，感觉，意象之恒常相续，遂造成一常存的自我或心灵的幻有。在其于人生问题的效果上，凡此三说实际是一，因为纵使是‘超心知者’，其于宇宙作用之目的，也是‘无心知者’的等同；它只能觉识其自体的不可改变的自我存在：‘摩耶’之创造一诸多个人的世界，是在这自我存在上的按加；这或许发生于一种知觉性的自我凝敛的睡眠中（Susupti 熟眠境[①]），然一切活动的知觉性与现相的变是之改变，仍从之出现，正如在近代理论中，谓我们

① ‘唵’声奥义书之般若，即居于最深睡眠中之‘自我’，乃万事万物之主宰和创造者。

的知觉性是出自‘无心知者’的一非恒常的发展。在凡此三说中，现似的心灵或人的精神的个性，皆不是在永恒性的义度下为不死的，而是在‘时间’中有其始与卒，是从‘无心知者’或‘超心知者’，由‘摩耶’或‘自然力量’或宇宙‘作用’所造成的，因此其存在非是恒常的。在凡此三说中，重生或是无需，或不然，则是虚幻；或是由反复而一虚幻延长，或者是‘变是’的复杂机器的许多旋轮上之一增加了的转轮，或者，则将其除外了，因为，当作一无心知的创造的一部分偶然产生的一知觉体，单是一生乃它所能要求的一切。

在这些观念中，不论我们假定唯一‘永恒的存在’是一生命的‘变是’，或是一不变的和无可改变的精神‘有体’，或是一无名无相的‘非有体’，那我们所谓心灵者，只能是知觉性的现相的变易着的长川或聚积，出生于真实的或虚幻的变易之海洋中，且将在其中终止其存在，——或者，可能的，这是一暂时的精神的基层，‘超心知的永恒者’的一知觉的返照，以其当前现在，而支持现相的聚积。它不是永恒的，其唯一的不死性，是‘变是’中的一或长或短的持续。不是一真实的且常存在的‘个人’，保持而且经验现相的长川或聚积。那支持之者，那真实且常在者，或则是唯一永恒的‘变易’，或则是唯一永恒的非人格的‘有体’，或则是‘能力’在其工事中的持续川流。在这么一种理论，不必定是需要常为同一的一性灵元，擅得一身体又一身体，一形式又一形式，直到最后由某种程序消灭了，全然除却了创造这转轮的原始动力。很有可能的，是每当一个形式发展了，与此形式相应的一知觉性也同时发展，每当此形式消亡了，与之相应的知觉性一同消亡；那形成一切的‘太一’，乃唯独永存不灭。或者，如身体是从‘物质’的普通原素集成，以出

世而始其生命，以死亡而终其生命，如是，知觉性亦是从‘心思’的普通原素发展出的，同等以生而始，以死而终。在此，同然，‘太一’，以‘摩耶’或另外怎样供给那创造诸原素的力量者，乃是唯一真实性，永存不灭。在这些存在理论上，没有一个以重生为一绝对的需要，或以之为一必然的结论。[①]

虽然，就实事论之，我们发现一大分别；因为古之理论肯定、今之理论否定重生为宇宙程序的一部分。近代思想，始于以此物理身体为我们存在的基础，不承认其他世界的真实，除了这物质世界。它在世间所见到的，是一心思知觉性与身体的生命相联，在其出生，不现有生前的个人存在之迹象，在其终结，也不留下身后的个人存在之迹象。在出生以前者，是物质能力及其生命种子，或至多是一生命力量之能力，这长存于父母所传的种子中，而且，以其神秘的混合，将过去的发展混入那微末的乘器中，给予这么奇离地造出的新的个人的心思和身体，以一独特的心思的和身体的印记。在死后所存留者，是同此一物质能力或生命力量，在种子中长存，传给了后代，为了其所挟带的心思和身体生命之后下发展而活动。我们没有什么存留，除了我们这么传给他人的，或者由这‘能力’——以其先在的及其周遭的作用，以其出生，且以其环境而形成了个人的‘能力’，——所可取为他的生命和工作的结果，以归到它随后的作用中的；无论是什么，可由偶然，或由物理律则，有助于建造他人的环境与心思的和情命的组织成分的，乃唯独能有存留。

① 在佛教理论上，重生说是必然的，因为‘羯磨’强迫之。不是一心灵，而是‘羯磨’，乃是一似是继续着的知觉性之系带，——因为知觉性时时变易：有这知觉性的似是的连续，但没有真实不死的心灵，投生，经过身体的死亡又入生于另一身体里。

只在心思的和身体的现相之后，也许有一宇宙的‘生命’，则我们皆是其个人化了的，进化的和现相的变是。这一宇宙的‘生命’，创造一真实的世界和真实的有体，但在这些有体中的知觉的人格，不是，或至少也不必须是一永恒者的知觉性的表征或形相，甚至还不是一坚住的心灵或超物理的‘个人’的：在这存在论法中，没有什么强迫我们信仰有一性灵元，犹存于身体死亡之后。这里没有理由，也很少余地，承认再生为事物的方案之一部分。

但是，倘若随着我们的知识的增加，如某些研究和发现所预告的，得知我们内中的心思体或性灵元之依赖身体，也不那样全般，如我们单从物理存在和物理世界的纪录研究、起初自然结论到的，那么，又怎样呢？倘若发现人的人格，在身体死后犹存，而游移于他界与此物质世界之间，则又怎样呢？于是这流行的近代理念，说一暂时的知觉的存在的，乃应当推广其说，承认一‘生命’有大于物理世界的范畴，也承认一个人的个性非依赖物质身体者。实际它得重新采纳旧说，说有一微妙的形式或身体，其中寓居一性灵元体。一性灵或心灵元，挟带了心思的知觉性，或者，倘若没有这种原始心灵，则此已外发的坚住的心思个人，将在死后继续存在于这微妙的坚住的形式里，这形式必然或则是在此一生前给它创造成的，或由出生或在一生中创造成的。因为，或者是一性灵元体，在一微妙形式中已先在于他个世界里，从那里与之来到世间作其短暂的勾留，或者心灵在此物质世界本身中发展，随之在‘自然’的过程中发展了一性灵体，死后则在其他世界长存，或仍在此再投生转世。这将是可能的，二者必居其一。

一进化着的宇宙的‘生命’，可能在大地上发展了生长着的人格，即现在已经成为我们者，在它全然进入一人类身体以前；我们中间的心灵，可能已进化到低等生命形相，在创造了人类以前。在那场合，我们的人格从前已寓居于动物形式里，而微妙身体将是一粘柔性的形成，从一生被带到另一生，但自适应于心灵所寓居的任何物理形体。或者，进化着的'生命'可能建造一能够长存的人格，但只在一人类的形式里，时若那已经创造出了。这可能以心思知觉性的突然生长的力量而发生，同时微妙心思本质的一个躯壳可能发展，且帮助这心思知觉性的个体化，于是当作一内中身体而发施其功能，正如这粗重物理身躯，以其组织同时安寓此动物心思和生命而使之个体化。在前一假定上，我们必需承认动物也在此物理躯体消亡之后犹存，也有某种心灵形成，死后则进占地上其他动物形体，终于入掳一人类身体。因为很少像是动物心灵会超出世间，进到异乎物理的其他生命界，恒常回到世间，直到它有准备于投生为人了；动物的知觉的个体化，好像不够充分，不足以担当这转移，或自加适应于一他世界的存在。在第二假定上，在物理躯体死后而犹存于其他的存在境界，这权能只可在进化的人类阶段上来到。诚然，倘若心灵不是这么一个构造成的人格，为'生命'所发皇出的，而是一坚住的不进化的真实，以一大地上的生命和身体为其必需的活动场所，则再生之说，在毗塔戈拉斯(Pythagoras)的转世论的义度里，应当加以承认了。但是，设若它是一坚住的进化着的元体，能够超出世间阶段以外，则印度的理念，说一到其他世界的过程和一到世间出生的回转，将是可能且高度为或然了。但也不会是必然；因为也可假定，人的人格，一旦能臻至其他诸界了，不必定要从之回转：倘若没有某些更大的强迫着的理由，它自然会在

它所上达的高等界上延续其存在；它会结束在大地上的生命进化了。只倘若面对一还生于地上的事实证明，则一较大的假定会是强迫的，而承认反复重生于人的形式里乃为必然。

但纵使如此，这发展着的生命论之说，亦无需乎自加精神化，无需乎承认一心灵的真实存在，或其不死性或永恒性。它可视人格仍然这宇宙的'生命'之一现相的创造，由于生命知觉性与物理的形体和力量之交互作用，但彼此有一更宽广，更可变，更微妙的作用和另外一段经过，不同于其初看去为可能的。它甚至还可能达到一生命论的佛教说，承认'羯磨'，但只承认其为一宇宙的'生命力量'的作用；它可当作它的结论之一，承认人格在再生中的川流的持续，由于心思的联续，但于个人则否认有任何真实自我，或舍此永远活动的生命的'变是'还有何永恒的有体。另外一方面，它可依一思想的转变，现在已开始稍占一点势力的，承认一遍是的'自我'或宇宙的'精神'为元始的真实性，而'生命'为其权能或经纪者，于是达到一种精神化了的生命的'一元论'。在道理论中一再生律也有可能，但也非必然；它可能是一现相的事实，生命的实际律则，但不会是存在论及其必然的后论之一逻辑的结果。

'摩耶论'（Mayavada）的'不二论'（Adwaita），像佛教一样，始于那已接受的信仰，——一古老知识的接受了的存货之一部分，——信有超物理诸界和诸世界，以及它们的和我们的一交易，这决定了人的人格从地上起又回到地上的一条通路，虽则这似乎不是怎样原始的发现。无论怎样，它们的思想，在其后面有一古老的知见和甚至是经验，或至少是一悠远的传统，以谓人格有一前时和后时，不限于这物理世界的经验的；因为它们建基于一自我观与

世界观上，已视一超物理的知觉性为初原现相，而物理体只为一居次和依起的现相。是围着这些纪录，它们乃得决定永恒的‘真实性’的性质，和现相的变是之渊源。所以它们承认人格之从此世界往到他世界，及其回转到地上的生命形式里。但是，这么认许的再生，在佛教观念中，不是一真实的精神的‘个人’，重生于物质存在的形式里。在后期‘不二论’中，精神的真实性是有了，但其现似的个人性因此是其生与再生，乃一宇宙的虚幻的部分，是宇宙的‘摩耶’的一欺人的但有效能的虚构。

在佛教思想中，自我的存在是给否定了，再生的意义，只能是诸理念，感觉，和作业的继续，这组成了一虚幻的个人，游移于各个不同的世界之间，——不妨说，在组织不同的理念与感觉的诸界之间；因为，只是长流的知觉的相续，乃造成了一自我的现相，与一人格的现相。在‘不二派摩耶论’，则容许一‘情命自我’(Jivatman)，一个人自我，甚至一个人的真实自我[①]；但这种对我们的正常语言和理念的让步，终于只成其为似是而已。因为这只归结到没有真实和永恒的个人，没有‘我’或‘你’，因此不能有个人的真实自我，甚至没有真实的普遍自我，只有一离开了宇宙的‘自我’，永远未生，永远不为现相的变易所改革。出生，生命，死亡，个人的和宇宙的经验之全体，归到最后不外是一幻有，或一暂时的现相；甚至缠缚与解脱，也只能是这么一个幻有，时间的现相的一部分：它们皆只归到私我的幻妄经验的相续，这本身是一大‘虚幻’的创作，与此

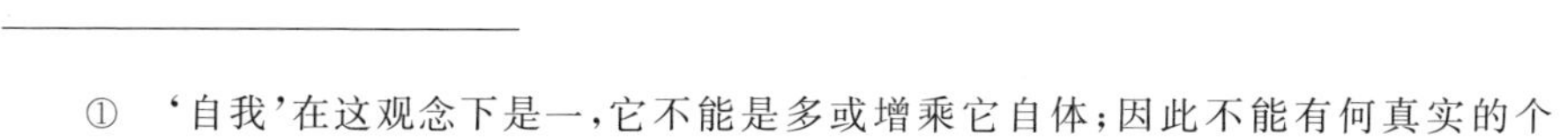
① ‘自我’在这观念下是一，它不能是多或增乘它自体；因此不能有何真实的个人，至多只有一个独一‘自我’为遍在，以一个‘我’的理念使每个心思和身体生动。

相续和知觉性之终止，终止于'彼'的超知觉性中，唯'彼'为曾是，今是，且永远将是，或毋宁是那与'时间'无关者，永远未尝出生，无时间性，且不可说。

如是，在生命论对事物的观念中，有一真实的宇宙，有一真实的虽属短暂的个人生命之变是，纵使没有一永远常住的'补鲁洒'，却给我们的个人经验和作为以大大的重要性，——因为这些在一真实的变是中皆是实有效果的；在'摩耶论'的说法，则这些事物皆无真实的重要性或实际效果，只有点什么像一梦的后果。因为虽是解脱，也只发生于一宇宙的梦或妄识中，由于认识此虚幻，及止息个人化了的心思和身体；如实，既无被缠缚者亦无得解脱者，因为单独存在的'自我'，是不为私我的这些虚幻所触及的。这逻辑的结论，会是毁坏一切的断灭，要逃脱它，我们当以一实际的真实性，无论其终于是如何虚妄，借给这梦的后果，以巨大的重要性加于我们的缠缚和个人解脱上，纵使个人生命只是现相的，而对那唯一真'自我'，缠缚与解脱双是，且不得不是非有。对这'摩耶'的暴君虚伪的强迫让步中，生命和经验的唯独真实重要性，必在于其准备否定生命，个人的自我消灭，宇宙幻有的终尽之度量上。

虽然，这是一元论之一极致的观念和结论；较古的韦檀多学的'不二论'，始于诸多奥义书者，未尝走到这么远。它容许'永恒者'的一实际的和时间的变是，因此安立一真实的宇宙；个人也擅得一充分的真实性，因为每个个人，在自己便是'永恒者'而擅有名与相，以他而支持生命的经验，转于一永远不停的出生之轮上、在此显示中。圆轮是以个人的欲望而保持动转的，这便成为再出生于世的有效因，且以心思之背离永恒自我知识，而进到以时间性的变是为主要事务。这欲望与这无明止息了，个人中的‘永恒者’从个人人格与经验的变化敛退，而入乎他的无时间的，非个人的，和不变易的有体。

但个人的这真实性是甚属时间性的；它没有耐久的基础，甚至在‘时间’中也没有一常永的还复。再生，虽在此一宇宙说中是一很重要的现实，却不是个人性与显示的目的间之关系的一必然的后果。因为这显示似乎没有其他目的，除了‘永恒者’向世界创造的意志，它只能以那意志之敛退而终结：这宇宙意志可作发它自体，无需乎再生的任何机器，以及个人的欲望支持它；因为他的欲望只能是这机器上的一发条，它不能是宇宙存在的原因或必要条件；在这观念中，他自己是创造的一结果，不先于‘变是’而存在。创造的意志于是可能自体成就，由在每一名与相中暂时擅有个人性，一单独的生命在许多无常的个人中。则会是唯一知觉性之一自我形成，与每个造成了的有体的典型相应，但这也很可在每一个人身体中以此身形出现而始，以其止息而终。个人当随着个人，如波浪之随着波浪，而海洋常仍为一样[①]；每个知觉的有体之形成，将在普遍者中涌起，在指定的时间中翻滚，于是下沉，回到‘玄默’。一个人化了的知觉性，坚持其持续，擅得了一名又一名，一相又一

① 施外泽博士，Dr. Schweitzer，在他论印度思想的一书中，假定这是原本奥义书教义，而再生说是后世的发明。但几乎在所有的奥义书中，皆有多数重要章节，积极肯定再生说，而且，无论怎样，诸奥义书皆承认人格死后犹存，及度入其他世界，则与其解释不合。倘若有在其他世界中的生存，在具于形体的、在这世界中的心灵，还有最后解放到‘大梵’中的命运，则再生之说必自安立，则没有理由可假定它是一后世的理论。那撰者显然是为西方哲学的联想所推移，以一仅属泛神论的意义加进古韦檀多学的较深微和复杂的思想中。

相，向后向前移动于各个不同的界别之间，这个目的之需要不是明显的，而且，甚至当作一可能性，也不强自推许；更少有余地留给一进化的进步，必然从一形式进到一高等形式，有如在一重生理论所当假定的，——这理论肯定‘精神’在‘物质’中之内转和外发，为我们的土地上的存在之显要的公式。

可以思议的，这样原是‘永恒者’已实际决定要显示，或毋宁隐藏、他自己于此身体中；他或已志愿要变为或现为一个个人，从生度到死，从死度到新的生命，在一坚持的和还复的人类和动物的存在之轮回中。那‘太一有体’，人格化了，可随意经过各个变是之相，或按照行为的结果的某律则而度过去，直到终结来到了，由一启明，由转回到‘一性’，由那‘独一者’与‘同一者’从那独特个人化退敛。但这么一个轮回，不会有何原始的或终竟的决定着的‘真理’，可赋予以任何意义的。没有什么事物，为之这将是必需的；这将纯然是一‘游戏’(Lila)。但倘若一旦认许是‘精神’自体内转入‘无心知’中了，而且是以一进化的等级在个人中显示它自体，则整个程序擅有意义和一致性了。个人进步的上升，变成这宇宙的意义之主旨了，则身中之心灵的再生，成了‘变是’及其内在律则之真理的一自然的且不可少的结果。再生是一必要的机械，用以作成一精神的进化；它是唯独可能的条件，在物质宇宙中这么一个显示的明朗的机动程序。

我们对‘物质’中的进化的解释，便是宇宙为一无上‘真实性’的自我创造的程序，此‘真实性’之当体现前，使精神成为事物的本质，——万事万物皆有在于此，当作精神之权能的显示之工具和形式。一无限的存在，一无限的知觉性，一无限的力量与意志，一无

限的有体之悦乐，便是那‘真实性’，秘在于宇宙的一切表相之后方；其神圣的‘超心思’或‘玄秘智’，已安排了这宇宙的秩序，但是以三个附属的而且范限着的项目而间接安排的，即我们在世间所知觉的，‘心思’，‘生命’和‘物质’。物质的宇宙，是显示之下投之最低下一阶段，这三一‘真实性’的显了体之内入于其自体的似是的无知性中，即我们所称为‘无心知者’；但出自这无心知性，那显了体之外发，进到一恢复了的自我觉识，这从初便是必然的。这是必然，因为那内转中涵者，自当外发进化。因为这不单是在此当作一存在，一隐藏于其似是的反对者中的力量，而且每个这种力量必在其最内中的自性上，被策动去寻求它自体，实践它自体，解放自体到活动中，亦且这是那隐藏它者的真实性，这是‘无知性’所失去的自我，因此这必是那整个秘密意义，它的作用的恒常驱迫，要寻求而且恢复的。是经过知觉的个人，这恢复乃有可能；是在他内中，那进化着的知觉性乃变到有组织了，乃能觉悟到它自体的‘真实性’。个人之巨大的重要性，当他在等级上高升则同时增加，便是一始于无知觉性，亦无个人性，在一无分别的‘无知性’中之宇宙的最显著的和最有意义的事实。这重要性能得其是正之理，只倘若‘自我’之为个人，不下于‘自我’之为宇宙的‘有体’或‘精神’之为真实，而两者皆为‘永恒者’的权能。唯独是这样，乃能解释个人的生长及他之发现他自己之需要，为发现宇宙的‘自我’和‘知觉性’和无上‘真实性’的条件。倘若我们采纳这一解答，这便是第一结果，坚住的个人之真实性；但从那第一结果，另一结论随之而得，即怎样的某种再生，不复是一可能的机械，可许或可不许，它变为一必需了，我们的存在的根本自性之一必然的结论。

因为，假定一幻有的或暂时的个人，由知觉性的活动创造于每一形式里，这一说已经不够了；个人性已不复可设想为知觉性的活动于身体的形象里的一随附，或可或可不存留于身体既殁之后，或可或可不延长其自我的虚伪的持续，从一形式到另一形式，从一生到另一生，但必然无须这么作的。在这我们似乎从初所见到的世界上，是个人代替个人，没有什么持续性，形式销解了，虚伪的或暂现的个人性随之销解，唯独普遍的'有体'或宇宙的'能力'长存；那很可能是宇宙显示之全部原则。但是，倘若个人是一坚住的真实，'永恒者'的权能或永恒的一分，倘若他的知觉性的生长乃是一种手段，事物中的'精神'以这手段而启示其有体，宇宙启示其自体为一有了调节的显示，显示在'真、智、乐'的本体中之永恒的'一'与永恒的'多'之相与。那么，隐在我们的人格之一切变易后面，必然有一真正的'人'，一真实的精神'个人'，一真正'补鲁洒'。'太一'，引申在宇宙万有中，存在于每一有体内，在他自己的这个人性中肯定他自己。在个人中，他以与宇宙万有之全体为一之一性而启露他的全部存在。在个人中，他亦复启露他的超上性，为全宇宙的一体性建立于其中的'永恒者'。这自我显示之三一性，这多方的'同一性'之奇巨的游戏(Lila)，这'无限者'的有体的知觉的真理之千变万化的奇迹或'摩耶'的魔术，乃是一光明的启示，从原始的'无心知性'以一缓缓的进化而出现。

倘若未曾有自我发现的需要，只有这'真、智、乐'的有体之游戏的一永恒的享受，——这么一种永恒的享受，是知觉的存在的某些至上境界的性质，——则进化与重生亦不必发生，活动。但已曾有了这一体性之内转，入乎分化着的'心思'，已曾投入于自我遗忘，以之而完全的一性之长在的意识已经失去，分别的殊异性的活动，——这殊异性只是现相的，因为异中之真一体性，留在后方未损，——遂来到前方当作一主制的真实。殊异性的这活动，已得其分别意识的极致于分化着的‘心思’之降入一身体的形式中，在此中乃知觉其自体为一分别的私我。以‘真、智、乐’的活动的自我心知性之入乎一现相的‘无知性’的内入作用，一浓厚且坚实的基础已为这分化的活动在一分别的诸多‘物质’形式的世界中安立了。是这在‘无知性’中的基础，乃使分别稳固了，因为它威严地反对一体性之知觉性之回返；但仍然，虽阻碍有效，它是现相的，可尽的。因为在它内中，在它上面，且支持它的，有全心知的‘精神’，而这现似的‘无知性’，终于被发现只是知觉性的一集中，一除外的作为，凝敛于自我遗忘里，由深沉沦没于形成的和创造的物质程序之专注中。在这么造成的一现相的宇宙中，分别的形式变成了其全部生命作为之基础和出发点；因此个人的‘补鲁洒’，在作发其与‘太一’的宇宙关系，必然在这物理世界中自己基托于形式上，据有一身体。是这身体，乃他所当作为他自己的基础和出发点，以发展在物理存在中之生命和心思和精神。那擅有一身体我们称之曰出生，也唯独在此中，自我之发展，与个人之与普遍者和一切其他个人间的关系之活动乃能发生；也唯独在此中，乃能有我们的知觉的有体之生长，由进步地发展向一至上的恢复，恢复与上帝与一切在上帝中者为一之一体性：凡我们所称为‘生命’者，在此物质世界中，全是一心灵的进步，以出生于一身体而前进，以身体为其支点，其作为的条件，及其进化的持续的条件。

出生，然则是‘补鲁洒’在物理界上的显示之一需要；但他之

生，无论是人类的或其他的，不能是在这世界秩序中的一孤立的偶然事件，或一心灵突然出游到物理体性中，而在其过去没有任何准备，在此后也没有任何圆成。在一内转中涵与一外发进化的世界中，不单是物理形式的，亦且是知觉体之经过生命与心思到精神的这两种作用的世界里，这么孤单在人类身体中之擅有生命，不能是个人心灵的存在之规律；倘其如是，那会是一毫无意义和没有结局的安排，一荒怪之事，在此世间自然和事物的体系中没有地位的，一反对的暴行，将打破'精神'的自我显示的旋律的。个人的心灵生命入乎一进化的精神的前进，这样一规律闯入了，将使之成为无因之果或一无果之因；这会是一段片的现在，没有一过去也没有一未来。个人的生命，必定有像宇宙的生命的同样的主要旋律，同样的前进规律；其在那旋律中的地位，不能是一迷误的无目的的干入，它必然是宇宙目的的一常住的工具作用。在这么一个秩序中，我们也不能解释一孤单的降临，心灵的单独出生于一个人身中，而这将是它的这种最初和最后的经验，由先前存在于其他世界里，且有又更在其他经验的原地里的将来。因为这里在大地上的生命，物质宇宙中的生命，不是，且不能是心灵从一世界到另一世界的浮游中的偶然栖止；它是一伟大而且纡缓的发展，如我们现在知道，它需要无可计量的'时间'的空处以成其进化。人生本身，只是一分了等级的系统上的一期，经过这，宇宙中的秘在的'精神'渐次发展他的目的，终于经过身体中的扩大且上升的个人心灵知觉性而将其完成了。这上升，只可能以重生而在这上升的体系中作出；单独的降临，与此交切，又在其他某处其他某路线上进展，不能合到这进化的存在之系统上。

人的心灵，人类个人，也不是一自由的流浪汉，飘忽地或轻率地从一原野驰到一原野，一任其不羁之选择，或一随其自由的和自动可变的作业和作业之果。那是一纯粹的精神自由的光辉思想，可能在彼方诸界或在一最后解脱中有其真理，但于世间生命，于物理世界中之生命，不是最初真实。人之出生于此世界中，在其精神方面是两原素的一综合，一精神的'个人'，与一人格的心灵；前者是人的永恒本性，后者是他的宇宙的和可变的有体。当作一精神的非人格的个人，他在他的自性和自体上与'真、智、乐'的自由为一，那已同意或志愿于他之内入于'无心知'中，为了某一轮心灵经验，否则不可能的，且秘密居临于其进化上。当作人格的心灵，他自己是在'自然'的诸多形式中的心灵经验的那一悠长发展之部分；他自己的进化，必依从宇宙进化的路线和规律。当作一个精神，他与'超上性'为一，那是内在此世界中且遍涵之的；当作一个心灵，他同时是与自我表现于世间的'真、智、乐'的普遍性为一，又是其部分：他的自我表现，必经过宇宙的表现的各阶段，他的心灵经验，必随从'大梵'在宇宙间的圆轮的旋转。

事物中的宇宙的'精神'，内涵于物理世界之'无知性'中，外发其自然自我在一系物理形式之相续，循'物质'，'生命'，'心思'，与'精神'的等级而上。它起初出现为物质形式中的一秘密心灵，在表面上甚隶属于无知性；它发展为一心灵，仍是秘密的，但正将出现于生命形式中，立于无知性与知觉性的局部光明，即我们的无明、之边际上者；它更进而发展为在动物心思中的初始心知的心灵，终则发展为更向外知觉，但尚非充分心知的人中的心灵：知觉性是一贯在我们的有体的各玄秘部分中，发展是在显示着的'自

然'里。这进化的发展有一宇宙方面,亦如有一个人方面。'宇宙者'发展其有体的各等级,及其本身的宇宙性之有秩序的变换,在其进化了的有体诸式之系统中;个人的心灵则遵循这宇宙系统的路线,显示在'精神'的宇宙性中所已准备者。宇宙的'人',人类中的普遍的'补鲁洒',正在人类中发展那权能,从人类之下而生长到人类,且将更生长到'超心思'与'精神',而变为人中的'神明',觉识他的真实的和整体的自我,与他的本性的神圣宇宙性。个人必已遵循这条发展路线;他必已居临于一心灵经验在生命的低等诸形式中,后来方从事于人类进化:正如'太一'在其宇宙性中能擅有这些低等形式,如植物和动物,同然,个人,现在是人类了,必然也能在他的存在之诸前期擅有它们。他现在出现为一人类心灵了,'精神'接受了内中的和外在的形式,但他亦不为这形式所范限,正如他未尝被他从前所擅取的植物或动物的形式所限制;他能从此更进,进到一更大的自我表现,在'自然'的一更高的格度上。

异乎此而假定,则必假定于今居临于人的心灵经验上的精神,原是为人的心思体与人的身体所形成,以那而存在,不能离之而存在,永不能往于其上或其下。事实上,则可有理由假定它不是永生的,却是以人类的心思与身体在进化中出现乃得其存在,也将随它们的消逝而消亡。但身体与心思皆不是精神的创造者,精神乃是心思与身体的创造者;它是从它的有体中发皇出这些原则,它不是从它们乃发展为有体,它不是它们的原素的化合物,或它们的会合之结果。倘若它像是从心思和身体发皇的,那是因为它缓缓地在它们中间自体显示,不是因为它为它们所创造或以它们而存在;当其显示时,则它们流露为它的有体的附属项目,将终于得从它们现在的不完善境况拔出，而转化为精神的可见之形相和工具。我们于精神的概念，是属于非为名相所组成者，而且是擅有各个身体与心思的形式，一随其心灵有体的各个显示。这，它在此世以相续的进化作成；它发皇相续的诸形式，和相续的诸知觉性层：因为它不被拘束常是只擅有某一形式而非余，或只保有一种心思体，为它的唯一可能的主体显示。心灵不为心思的人类公式所拘束：它未曾以此始，也将不与此终；它有一前于人类的过去，它还有一超于人类的将来。

我们所见于'自然'，于人类自性所见者，辩正了这观念，即个人心灵从一形式到一形式出生，直到它达于显示了的知觉性之人类水平，即它之又达于更高水平的工具。我们见到'自然'从一阶段到一阶段发展，在每一阶段取起了它的过去，转化之为新发展的资料。我们也见到人类自性是同一制作；一切土地过去皆在其中。它有一物质原素为生命所取，一生命原素为心思所取，一心思原素正被精神取起：动物是仍在于人性中；人的真本自性，先假定必有一物质阶段与一生命阶段，那便准备了他之在心思中出现，先有一动物的过去，那便型范出他的复杂人性中的一初始原素。于此，我们且莫说这是因为物质'自然'，以进化而发展出了他的生命，和他的身体，和他的动物心思，只在后下乃有一心灵降入这么造成的一形式。这理念之后也有某种真理，但不是那公式所提示的。因为那假定心灵与身体间，心灵与生命间，心灵与心思间皆有一沟涧，这是不存在的；没有身体而无心灵，没有身体而本身不是心灵的一形式：'物质'本身是精神的本质与权能，倘若是其他什么则必不能存在，因为没有什么而非'大梵'的本质与权能能够存在；而且，倘

若‘物质’是那，则‘生命’与‘心思’必更明白更决定是那，且以‘精神’的当体现前而禀赋了心灵。设若‘物质’与‘生命’未尝已禀赋了心灵，则人类必未曾出现，或虽出现，则必未能为进化次序的一部分，则或只为一干预或一偶然事件。

于是我们必然达到此一结论，即人之出生，乃心灵在一长系重生中所必达的一期，它在此一系相续中，有土地上低等诸形式中的在前的预备期：它已经过生命在物理世界中所串成的全条长链，在身体这物理原则的基础上。于是更进有此问题兴起了，既已达到为人了，这重生的依次而起是否仍然继续，而且，若仍继续，则如何继续，以何系统或作何更改。而且，最初，我们应当问，心灵既已达到人类了，是否能回转到动物生命和身体，一种退转，如古代流通的轮回之说所假定为一寻常运动的。似乎是不可能怎样会全般回转，而且为了这理由，从动物度到人类生命，意义是知觉性的一决定的转化，十分有同于植物的生命知觉性转化为动物的心思知觉性那么决定。必然不可能，‘自然’所如此决定地作成的转化，又得被心灵倒转，而她内中的精神的决定，或好像又归于乌有。如或这有可能，这只能在某种人类心灵，假定有此某种存在的话，在其中转化未曾是决定的，是那些心灵，已发展够远，以成就，占据，或擅有一人类身体，但不够担保这擅有之安全，不够稳定于其成就，而忠实于人类的知觉性这典型。或者，假定有某些动物倾向够强猛，要求全属其自类的一特别的满足，也可有一种局部的再生，一人类心灵轻松地保住一动物形式，后下立即转回到其正常的进步。‘自然’的运动，常是极复杂的，使我们亦无由武断地否定这么一种可能性，而且，假若这是一事实，则也可有少许一点真理，存留在这夸

张了的民间信仰之后，说曾寄居于人中的心灵，转生于动物里，且以此为如同转生为人一样寻常而且可能。但不论回转到动物是否可能，正常的律则必然是一心灵已变到堪为人类了，必重复出生于新的人类形式里。

但为什么要有一系相续之人类转生，不止于一生呢？为了同一理由，使人类出生这事本身为过去的相续的顶点，从前一系上升的极顶的，——由精神进化的真正需要，必然如此。因为心灵还没有徒因发展为人类便结束了它所应当作的；它仍然要将那人道发展到其更高的诸多可能性。明显地，一个心灵，寓居于一迦利比岛民，或一未受教育的野蛮人，或一巴黎的流氓，或一美洲的匪党中者，还没有竭尽人类转生的需要，还没有发挥人道的全部意义，或其一切可能性，还没有完成宇宙的'人'中之全部'真、智、乐'的意旨；那情命主义的欧洲人，从事于动力的生产与情命的享乐，或一亚洲农民，专注于他的愚昧的日常家庭的和经济的生活者，其内中寄居的心灵，也没有。我们可以合理地怀疑，甚至一位柏拉图(Plato)，或一商羯罗(Shankara)，便可标为冠顶，因此为人中精神之发华的终极。我们宜乎假定这些人可能是极限，因为这些以及其他像他们的人，在我们仿佛是人的心思和心灵所能达到的最高点，但那又可能是我们现在的可能性之幻觉。或者还有一更高的或至少更大的可能性，是'神圣者'意在还要在人中实现的，而且，倘若是这样，则是为这些最高的心灵所建筑的等级，乃修成那上达的路和启开那些大门所需要的。无论怎样，至少现在的这最高点应已达到，然后我们可书曰个人的再投生为人已毕。人在此是要从无明，从他这小小生命即他在他的心思和身体中之为他者，进到

明与那大的神圣生命，他以精神的开展所能规取的。至少，他内中精神的开放，他的真实自我知识，及精神生活修为，皆当达到，然后他能决定地永远往到他处。也许在这初始的臻极之外，还有精神在人类生命中之一更大的发华，对之我们现在还只有一点最初的消息；'人'之不完善不是'自然'的一语，但他的完善也不是'精神'的最后高峰。

这可能性变成决定性了，倘若现在这领导着的心思原则，如人所发展出的，智识，不是其最高原则。倘若心思本身还有其他权能，现在还只是最高典型的个人不完善地具有了，则进化路线的延长，以及随之有再生的上升路线的延长，以将其具于形体，乃必然之事。倘若'超心思'也是一知觉性的权能，在世间隐藏于进化中，再生的路线甚至还不能终止在那里；它的上升不能终止，直到心思本性为超心思的本性所代替，而一具于形体的超心思者，成为大地上的存在之领袖。

然则这乃是重生信仰的理性的和哲学的基础；倘若同时存在一进化原则在'土地自然'里，并有个人心灵生入进化的'自然'里之真实，则这是必然的逻辑结论。倘若没有心灵，则能有一机械的进化，无其必需，无其意义，而出生只是这奇离的然无意义的机械中的一部分。倘若个人只是一暂时的形成，始于亦终于此身体，则进化能是'大全心灵'或'宇宙存在'之一活动，经过一高而又高的种性的进步，进向其自体的在此'变是'中之究极可能性，或进向其最高的知觉原则；重生不存在，也无需其为那进化的一机巧。或者，倘若'大全存在'自表现于一坚住的然是幻有的个人性中，则再生也变成了一可能性或一虚幻的事实，但它没有进化的必需性，也不是一精神的必需；它只是一手段，标重和延长此虚幻至于其究极的时限。倘若有一个人心灵或‘补鲁洒’，不依乎身体，然寓居其中，为了它的目的而利用它，则重生开始有可能了，但它不是一必需，倘若没有心灵在‘自然’中的进化：个人心灵之有在于个人身体中，可能是一掠过的现象，一单独经验，在世间没有一过去或一将来；其过去和将来可能是在他方。但是，倘若有一知觉性的进化在一进化着的身体中，有一心灵寓居于此身体，有一真实的和知觉的个人，则明显是那在‘自然’中的心灵的进步的经验，乃取了这知觉性的进化的形式：重生乃自明地是必需的一部分，这么一个进化中唯一可能的机械。这如出生本身同样为必需；因为倘没有它，则出生将是开始第一步，没有第二步，是一旅程之始，没有走更进诸步，无所到达。是重生，乃给予一不完全的有体在一身体中之出生以其圆成的允诺及其精神意义。

第二十一章　诸世界之序列

设若承认有物质世界中的一精神进化，又承认个人有恒常的或反复的在一世间身体中之重生，则其次所生的问题，便是：这进化运动是一分别的且在其自体为完全的事呢，或是宇宙大全性的一部分，以物质世界仅为其一领域者？这问题已有其答案暗含于在进化之前的内入作用之等级中了。必先有其内入作用，而后外发进化为可能。然则，倘若其先有是一事实，则必有高等有体的诸世界或至少是诸界，必然与此进化有些关系，因进化以它们的存在而始可能。或许，一切它们替我们作的，便是它们的有效果的压力或当前，压在这土地知觉性上，因以解放其已内入的生命，与心思，与精神原则，使它们能够显示，在物质'自然'中拥有统治权。但在最高度不必然，谓这关系和干预便止于此；像是还有一进行着的虽或障蔽了的交易，在物质生命与其他存在诸界的生命之间。然则现在便须更切近考察这问题了，就此问题内中研究这问题，决定这关系与交通的性质和界限，在其影响进化与物质'自然'中的重生理论这方面。

'心灵'之降入'无明'，可设想其为一纯粹的精神有体，出乎超心知的精神'真实性'，突然下堕或直下倾颓，入于物质'自然'的初始无心知性和其次外发着的现相生命。倘若如此，可能是'绝对者'在上,'无心知者'在下,从之创出了物质世界,而那结局,那回转,也将是相似的一顿然或陡起的转移,从一具于物质形体中的世间有体,转回到超上的'玄默'。不会有居间的权能或真实,除了'物质'与'精神',物质界之外没有其他界,'物质'世界之外没有其他世界。但是这理念太锐利,太简单,这造作胜不过存在的复杂性的一更广的观念。

无疑,有宇宙存在的几个可能的原始,使这么一极端的和严格的世界平衡,可想象为能发生的。可能有这么一种概念,在'大全意志'中,有此一命令,或一理念,心灵的一运动,趋向'无明'中的一私我的物质生命。永恒的个人心灵,为起自其内中的某些不可解说的欲望所驱迫,可能假定其已决定作此黑暗之探险,乃从其本土的'光明',跃入了这'无明'世界由之而起的'无知性'之深处:或者,多个心灵的一集体是这么被策动的,'多者':因为一单独个人不能组成一宇宙;一宇宙必然或是非个人性的,或是多个人性的,或是一普遍的或无限的'有体'的创作或自我表现。这欲望可能引下了一'大全心灵',与之建造一基托于'无心知者'上的世界。倘若不是那,则永恒遍知的'大全心灵'本身,可能突然将其自我知识投入这'无心知'的黑暗里,将个人心灵带来了,以开始它们向上的进化,经过生命和知觉性的一上升着的等级。或者,倘若个人非是先在,倘若我们皆只是'大全知觉性'的一创造物,或现相的'无明'之一虚撰,则任何这创造者可能涵孕了这亿万个人,由名与相的外发进化,出自一原始无分别的'冥性'(Prakriti);心灵则是一暂时的产品,是无心知的力量本质的质料的出产,即事物在物质宇宙中之最初出现。

在那假定下，或在那任何一个假定下，存在只能有两界：一方面，是物质世界，从'无心知者'为'力量'的盲昧无知性所作成，或为'自然'所作成，也许服从某个内中未觉到的'自我'，统治着它的梦游似的活动的；另一方面，便是超心知的'太一'，我们从'无心知'与'无明'皆归往的。或否则我们可想象只有一界，即物质的存在；除了物质世界的'心灵'，没有超心知者。设若我们发现有其他知觉有体的诸界，除此物质世界外还已存在其他世界，则这些理念或难于证实了；但我们可避免那堕负，倘若我们假定这些世界皆是后下所创造的，为进化着的'心灵'所创造，或为了它而创造的，在其出自'无心知'的上达过程上。在任何一个这些观念中，整个的宇宙将是出自'无心知者'的进化，或以物质世界为其唯一的和充分的剧场，或否则是一系上升着的诸世界，一个从另一个发展，帮助等分我们回到原始的'真实性'的等级。我们自己的观念是：宇宙是一从超心知的'真、智、乐'出来的一自体分成等级的进化；但在道理念中，这不是旁的什么，只是'无心知性'之一进化，进向某种知识，足够由某些原始无明或发端欲望之消灭，容许一误生的心灵之灭亡，或从一错误的世界冒险逃出。

但这样的理论，或则暗许心思的一发端的权能与首要性，或则暗许个人的一首要性；二者皆诚有其一伟大地位，但唯一的永恒'精神'，乃原始的权能与原始的存在。理念，在概念上这创造的，——不是那'真实理念'，即'有体'之觉识凡在其自体中者，而且以那'真理觉识性'的力量，自动为自我创造的，——乃心思的一运动：欲望是心思中的一生命运动；然则生命和心思，必然是先在的权能，而且必然是物质世界的创造之决定者，而且在那场合，它们能同等创造它们自体的超物理的自然之世界。或此外我们当假定曾经作为者，不是在一个人中的欲望，或一宇宙的‘心思’或‘生命’，而是‘精神’中的一意志，——‘有体’之一意志，施展它自体的或它的‘知觉性’的一点什么，实现着一创造的理念，或一自我知识，或一自体主动的‘力量’之驱策，或一对其存在的悦乐的某一形成的转向。倘若世界非为宇宙的存在之‘悦乐’所创造，而是为了个人心灵的欲望，为了它的愚昧自私的享乐的放荡，则是心思的‘个人’，不是‘宇宙的有体’或一‘超上的神明’，乃当为宇宙的创造者和监临者。在人类思想过去的倾向中，个人在事物的前方图样上常现得异常庞大，且居首要方分；倘若那些比例仍能保持呢，则此一发源起始之说，也仍可认许，这是可思议的；因为一向‘无明’的生命之意志，或在个人‘补鲁洒’中对之的同意，必然是‘知觉性’的施为的一部分，在‘精神’之内入乎物质‘自然’之下降中。但是世界不能是个人心思的一创造，或它所建造的一剧场，为了它自体的知觉性之出演的；也不能是单独为了私我的活动和满足或失望而创造的。时当我们觉悟到普遍者之为首要及个人者对它的依赖的意识，则此种理论在我们的智慧上变为不可能了。世界在它的运动上太浩大了，不能使这么一种对它的工事的叙述为可信；只有一宇宙的‘权能’或一宇宙的‘有体’，能是这宇宙的创造者和支持者，而且，它必然也有一宇宙的而不止是一个人的真实性，意义，或目的。

如是，这创造世界或参加着的‘个人’，及其欲望或对‘无明’之同意，必已醒觉，远在世界全然存在之先；它必然当作某超宇宙的‘超心知者’的一原素而已先在，它由此‘超心知者’而来，又出离私

我生命而回向之去：我们必得假定一‘多’之在‘一’中的原始内在性。则可思议的，一意志，或一动力，或一精神需要，可能在某些超世间的‘无限者’中，在某些‘多’中搅动了，使它们下降，强迫造出了这‘无明’之世界。但此‘一’既是存在的首要事实，‘多’既依赖乎‘一’，皆此‘一’之心灵，此‘有体’之有体，则此一真理，必然也决定宇宙存在的基本原则。在那里我们见到普遍者先于个人者，给予以原畴，即是那它在其中宇宙地存在着的，虽它的原始是在‘超上性’中。个人心灵在此以‘大全心灵’而生活，且依赖它；很明显是‘大全心灵’不以个人而存在或依赖它；它不是多个个人的总和，为个人的知觉生命所创造的一多性的全体；倘若一‘大全心灵’存在，它必定是唯一‘宇宙精神’，支持着唯一宇宙‘力量’于其工事中，而且它在此在宇宙存在的项目下经过改变了，便重复‘多’之依赖乎‘一’的这原始关系。这是不可想象的，说‘多者’应是离开了‘太一意志’，独立地欲望了宇宙的存在，以其欲望强迫无上的‘真、智、乐’非愿意地或容忍地降到‘无心知’中；那便会是全般倒转了事物的真实依赖性。设若此世界是以‘多’的意志或精神动力直接起始的，——这可能，且在某种义度下为或然，——则在初必仍在‘真、智、乐’中有一‘意志’要达此目的；否则动力——于此是将‘大全意志’化为欲望，因为在私我中化为欲望者，在‘精神’中乃是‘意志’，——在任何处不会生起。‘太一’，‘大全心灵’，‘个人’的知觉性唯独因之而决定者，必先接受无心知的‘自然’之障蔽，然后‘个人’乃亦能戴上‘无明’之障蔽，在此物质世界中。

但是，一旦我们承认这无上的宇宙‘有体’之‘意志’，为物质世界的存在之必要条件，则已不复能认许‘欲望’为创造原则了；因为欲望在‘无上者’中或‘大全有体’中没有位置。它没有什么可欲望的；欲望是有什么不充足、不完全的结果，有什么未曾占有或加以享受，而人求要占有和享受。一至上的宇宙的‘有体’，能有其大全存在的悦乐，但欲望对那悦乐为陌生，——欲望只能是一不完全的进化的私我的附庸，即宇宙作用之一产品。进者，倘若‘精神’的‘大全知觉性’已同意投入‘物质’的无心知性中，这必是因为那原是其自我创造或显示的一个可能性。但是单独一个物质宇宙，与其间一从无心知性进到精神知觉性的进化，不能是‘大全有体’的显示之唯一孤单和有限的可能性。设若‘物质’是显示了的有体之原始权能和形式，精神也没有其他选择，除了经过‘无心知性’而入乎‘物质’，以之为基础然后能显示，则唯有可能。这便会引我们到一唯物论的进化泛神论；我们且当视充斥此宇宙的有体为‘太一’的心灵，诸多生于‘此’中之心灵，经过无生命，有生命，和心思上发展了的诸多形式而向上进化，直到恢复它们的完全且无分别的生命于超心知的‘泛神’中，且其宇宙的‘一性’将参入为它们的进化之目标和终极。在那场合，万事万物皆已在此进化了；生命，心思，心灵，皆从‘太一’在物质宇宙中兴起，由于其隐藏了的有体之力量，而且万事万物，皆将圆成其自体于此物质宇宙中。然则没有分别的一‘超心知’界，因为‘超心知者’只在此世间，非在余处；没有超物理的诸世界；没有外于‘物质’的超物理的诸原则之作用，没有一已存在的‘心思’和‘生命’加于此物质界上的压力。

于是应当问，‘心思’和‘生命’是什么，则可答曰它们皆是‘物质’的产品，或‘物质’中的‘能力’之产品。或此外也可说，它们皆是知觉性的形式，当作从‘无心知’到‘超心知’之一进化的结果而

起的:知觉性本身只是一过渡的桥梁;它是精神变到局部觉识其自体了,在其投入光明的'超心知性'的它的正常定境以前。纵使证明已有更大的'生命'界和'心思'界,它们也只将是这中介的知觉性之主观的构造,建立在到那精神的顶点的路上的。但在这里的困难是:'心思'和'生命'皆太不同于'物质'了,不能是'物质'的产品;'物质'本身是'能力'的一产品,而心思和生命必视为同此一'能力'的高等产品。倘若我们承认有一宇宙的'精神'存在,则此'能力'必是精神的;生命和心思必然是一精神能力的独立的产品,本身皆是'精神'的显示之权能。然则假定唯有'精神'和'物质'存在,为两相对抗的真实,而且唯独'物质'为'精神'的显示的可能的基础,皆为不合理了;唯有一物质的世界,这理念便顿时不立。'精神'必然能基托其显示于'心思'原则上,或于'生命'原则上,不单独是在'物质'原则上;然则能有,且在逻辑上应当有'心思'的诸世界和'生命'的诸世界;甚而至于可能还有其他诸世界,建立在一较微妙的,较粘柔的,较知觉的'物质'原则上。

于是有三个问题生起了,皆相互关联,或相互依赖:是否有这样的其他世界之存在的任何证明或任何真实消息;若其存在,是否属于我们所指明的这种性质,在'精神'与'物质'间一层级系统的道理上和秩序里上升或下降;倘若那是它们的有体的格度,是它们否则皆甚独立,不相关联,或是高等诸世界与'物质'世界有其关联,有其交互作用?这是一事实,人类几乎自其存在之始,或自历史或传统能回溯到那么远而始,已相信有其他世界之存在,它们的有体与权能之与人类相交通的可能。在人类思想最后这理性主义时期,我们正从之脱出的,这信仰已被拂开,当作一古老的迷信了;

其真理的一切证明或消息，已‘先天’地(a priori)被斥为根本虚妄，不值得研究，因为不与这定论的真理相合，即唯独‘物质’与物质世界及其经验皆为真实；其他一切经验意在表为真实者，必然或则是妄识，或则是一欺骗，或则是迷信和想象的主观的结果，或不然，倘是一事实，必异乎其意在是为者，可以用物理原因解释：没有这种事实的任何证明可被接受，除非它是客观的，性格上是物理的；纵使其事实十分明白是超物理的，也不能那样加以承认，除非其全然不能以任何其他可想象的假定，或可思议的推测，而加以解释。

这应当是很明显的，一超物理的事实，而求其有物理的有效证明，这要求是不合理性且不合逻辑的；这是物理心思的一不合的态度，假定只有客观者和物理者是基本真实的，则摒除其他一切，看作只是主观的。一超物理的事实，可打击到物理世界上，产生物理结果；它甚至可在我们的物理识感上发生功效，对它们变到明显，但那不能是它的一贯不变的作为，或最正常的性格或程序。寻常，它必然在我们的心思上和我们的生命体上发生一直接效果或确定印象，即在与它自体同属一系的我们的那些部分上，且只能间接地且经过它们而影响物理世界和物理生命，倘其竟发生影响的话。倘若它自体客观化，它必是对我们内中的一较微妙的识感乃如此，只以此而依起地对外表物理识感客观化。这依起的客观化必然是可能的；倘若微妙体与其识感组织的作用，和物质身体与其物理识根有一联系，则超物理者可为我们在外表所感知。这便是那会事，比方说，所谓第二视见这官能；这是那一切心灵现相的程序，似乎为外表诸识所见到或听到的，然非在内中所识感到的，在内中识感

到，则经过代表的或翻译的或象征的形相，戴上了一内中经验的标志，或有在一微妙本质中的形成之明显性格。然则可能有各种不同的证明，证明有体的其他诸界的存在，与和它们的交通；对外表之识的客观化，微妙识的接触，心思接触，生命接触，经过特殊知觉性境界的潜意识的接触，超越我们的寻常范畴以外的。我们的物理心思，不是我们的全部，虽它几乎统治了我们的表面知觉性的全部，它也不是我们的最好的或最大的部分；真实性不能拘限于这狭隘性的唯一范围中，或限于其严格的圆圈中所知的方程里。

倘若说，主观经验或微妙识的形相，容易欺人，因为我们没有公认的证实方法或标准，而有一太大的倾向，在票面价值上承认异常者和神奇者或超自然者，——这是可许的。但是，错误不是我们的内中主观的或潜意的诸部分之特有权，错误也是物理心思与其客观方法和标准的附属品，这种对错误的咎责，不是闭拒一大且重要的经验领域的理由。反之，这倒是必加以探讨的理由，必求得其自有的真正标准，及其特有的适宜和有效的证实手段。我们的主观有体，是我们的客观经验的基础，不一定是只有其物理的客观化为真实，而其余的皆不可靠。潜意识的知觉性，时若正当加以穷究，是真理的一见证者，其证明是甚至在物理的和客观的原地中已经再度又再度确定了；然则那证明不可忽视了，时若其促使我们注意到我们内中的事物，或属于一超物理的经验的诸界或诸世界的事物。同时，信仰在其自身不是真实性的证明；它必定基托于比较有效的什么上然后人能加以接受。明显地，过去的种种信仰，皆不是知识的一充分基础，纵或不能全然将其忽略：因为信仰是一心思的构造，且可能是一错误的建筑；它可常常应合一些内中消息，于

是乃有一价值，但是，如常时一如得未曾有，它将消息改变形相了，通常是由一种翻译，译入我们惯熟的物理的和客观的经验之名相中，有如将诸界的层次，化为物理的层级或地理上的空间展布，将微妙本质的较罕有的高处，化为物理的高峰，将天神的居所，安置在地理的山顶上。一切凡超物理的或物理的真理，不能单是建立在心思的信仰上，应建立在经验上，——但在每个场合，经验必属于那一类，物理的，潜意识的，或精神的，正与我们有权进入的真理的那一类相合的；必须考究它们的有效性和重要性，然必须依其自有的律则，由能进入它们的知觉性加以考究，而不能依另一境域的律则，或由只堪任另一类的真理的知觉性；唯独如此，我们乃能确然于我们的步武，且稳定地扩大我们的知识范围。

倘若我们研究超物理世界的真实，我们在我们内中经验所从而得到的消息，以之与那些自人类知识开始以来相续传到我们的消息的报告相比，而且，倘若我们试作一番解释，试作一综括的体系，则我们当见到这内中经验最亲切地传达给我们的，即是较此纯物质界，以其有限的存在和作用，如我们在我们的狭隘的地上的方式中所觉识的，还有有体和知觉性的更大的诸界之存在，与其在我们身上的作用。这些较大的有体的境域，并非全然与我们自己的有体和知觉性相远离，相分隔；因为，虽则它们在它们自体中留存，有它们自体的存在与经验的活动与程序及表呈，可是同时它们以它们的不可见的当体和势力，侵澈且封裹这物理界，而且它们的权能似乎即在此物质世界本身中，在它的作用与对象之后。我们与之接触的经验，主要有两种：一是纯粹主观的，虽在其主观性中充分为生动且可触知，另一种是较为客观的。在主观的一类中，我们发现凡在此世间对我们自形呈为一生命原旨，生命冲动，生命表呈者，则已存在于一更大，更微妙，更粘柔的诸多可能性之范畴中，而且这些先在的力量和形成，皆压迫我们，也要在此物理世界中自求实践；但只有其一部分成功通过了，而且甚至那也只局部地出现在一形式和环境中，较有当于地上的律则和次序的系统的。这种下降，正常是发生而不为我们所知；我们不觉识这些权能，力量，影响，在我们身上的作用，却以为它们是我们自己的生命和心思的形成，即算我们的理智或意志排斥它们，且挣扎不受其制伏：但是，时若我们进向内中，离开这受限制的外表知觉性，发展一较微妙的意识和较深沉的觉识，则我们开始得到这些运动的由来的一点消息，便能观察它们的作用和程序，或接受或拒绝或改变它们，让它们通过和运用我们的心思和意志，和我们的生命和诸体，或不让。在同一方式下，我们也变到能觉识心思的诸广大领域，一更大的粘柔性的形成，经验，活动，一切可能的心思表呈之纷纭错杂，而且我们感觉到它们与我们的接触，与它们的权能和势力，在我们的心思的诸部分上发生作用，在同一玄秘方式上，有如其他那些在我们的生命的诸部分上发生作用的。这种经验，原本是属一主观性格，理念，提示，情感形成的压力，向感觉，作为，机动的经验之冲动。无论这压力的多大一部分，可追溯到我们自己的潜意识自我，或溯源于属于我们自己的世界的普遍的'心思力量'或'生命力量'的摄持，总有一原素带了另一渊源的钤志，一坚住的超世间的性格。

但是接触不终止于此：因为我们的心思和生命的诸部分，也有其一开启，启对一大主观的、客观的经验范畴，其间这些界不复自呈为主观的有体和知觉性的引申，而自呈为诸世界；因为在那里的经验，已像它们那样组织了，像在我们自己的世界中一样，但是依一不同的方案，以一不同的作为之程序和律则，且在一属于超物理的‘自然’的本质中组织的。这组织，像在我们的土地上一样，包括了一些有体的存在，皆已有或取得了形式，自显示或已自然地显示于一赋形体的本质中，但那本质异于我们的，是一微妙本质，唯独在微妙识乃可触知，是一超物理的形式物质。这些世界和有体，可能与我们自己和我们的生命没有什么关系，它们可不在我们身上发施什么作为；但常时它们亦进而与土地存在秘密交通，服从诸多宇宙的权能和势力，受之于形体，且为其中介者和工具；我们于这些宇宙权能和势用，有主观的经验，或者，它们由它们自体的发端，在此凡间世界的生命和动机和事情上发生作用。可能的，是从这些有体得到帮助或向导，或得到损害或误导；可能的，甚至是隶属于它们的势力下，为它们的侵袭或统治所占有，成了它们的为善或作恶的工具。有时，这土地上生命的进展，似乎是一大战场，性格不同的超物理的许多‘力量’在此大战，一方是那些努力于提举，鼓励，和照明的，一方是那些用力要斜引，压抑，或阻滞或甚至打破我们向上的进化，或心灵在物质世界中的自我表现的。有些这种‘有体’，‘权能’或‘力量’是那样的，我们以其为神圣；它们是光明，仁慈，或雄强地能帮助人：也有些其他的，是‘狄鞑’的，巨大的或魔鬼性的，狂怪的‘势力’，时常是浩大的和可怖的内中叛乱或超过正常人类度量的作为之激发者或创造者。也可能有种觉识，觉到有种种势力，当体，有体，似乎不属于出乎我们以外的诸世界，却皆在此世，当作一土地自然障蔽后之隐藏了的原素。与超物理者的接触是可能了，一主观的或客观的接触，——或至少是客观化了，——

也可能发生于我们自己的与他个曾具于形体中的有体的知觉性之间，那些是已度到这些其他存在之域中的一超物理的格位。也可能度出一主观的接触或一微妙识的知见以外，于是在某些知觉性的潜意识的境界中，实际进到其他世界中，知道它们的一点秘密。是较客观的一系他世界的经验，乃在过去最摄住了人类的想象，但被流俗信仰安置于一粗重客观的叙述中，将这些现相不当地同化于我们所熟悉的物理世界的现相了；因为这是我们的心思的寻常倾向，将凡事化为正属于它自体的一类的形式或象征，合乎它的经验的名目的。

以最概括的说法出之，这是人类在一切过去时代对其他世界的信仰和经验的正常范围和性格；名目和形式庸或不同，但一般的相状在一切国家和时代皆惊人地相似。在这些坚持的信仰或在这一聚超正常的经验上，我们应当标以何等精确的价值呢？任何人有过亲切的这些接触，而不是由散漫的偶然的非常遭遇，则不能将其推开，视为迷信或妄识；因为这些接触太坚执，太真实，在它们的压力上有功效，有生机，太恒常为它们的作用和结果所确定，不容抛弃：我们的经验的能量的这一方面之一种估价，一种解释，一种心思组织，是不可少了。

有一个解说可以提出的，便是人自己创造出些超物理的世界，他在死后寓居的或想象他当寓居的，如古话所说，人创造出一些天神，——甚至还说称上帝自己也是人造的，是他的知觉性的一神话，现代为人所废除了！于是这些事物，可能是发展着的知觉性的一种神话，它可寓居其中，成了它所自造的建筑中的一囚犯，而由一种实践着的机动化，保持其自体于其自体的想象中。但纯粹想象这也皆不是，只长此若其所代表的事物，无论多么谬误代表着的，还不是我们自己的经验的部分，方可这样看。可是，可思议的，或许有些神话和想象，为创造性的‘知觉性·力量’所运用，以实现其自体的理念力量；这些有能力的意象，或可擅有形体，长住于某些微妙地物质化了的思想世界中，对它们的创造者返生作用：倘是如此，我们可假定其他世界皆是这种性格的建造。但倘若是那样，倘若一主观知觉性能那样创造世界和有体，则或者客观世界也是‘知觉性’的或甚至是我们自己的知觉性的一神话，或者，那‘知觉性’本身便是原始的‘无知性’的一神话。如是，顺着这路线思维，我们又荡回到一种宇宙观，视万事万物皆带上了某种非真实性的色彩，除了那生产一切的‘无心知性’，它们皆以之造成的，‘无明’，那创造它们的，而且，或者是，一超心知的或无心知的非人格性的‘有体’，万事万物终于皆消失于其冲漠中，或回转到它，而终止于彼处。

但是我们没有证明，也不像是人的心思能这样造成一世界，于从来没有世界之处，凭空造成，没有在其中或在其上建造的本质，虽则也可能在一已造成的世界上增加一点什么。心思诚然是一强能的经纪，比我们容易想象的更能干；它能作出一些形成，可在我们自己的或他人的知觉性上和生活上发生效果，甚至在无心知的‘物质’上也能生效用；但是在一空无中之全般原始的创造，非它的能性所及了。毋宁是我们能冒险假定的，乃当人的心思成长时，它能与新的有体和知觉性的境界发生关系，那些全不是他所创造的，对他是新的，在‘大全存在’中已先有。在增上着的内心经验中，他在自己内中启开了有体的新境界；当他的知觉性的各秘密中心消散了它们的纠结，他便变到能经过它们而想到那些较广大的领域，受到它们的直接影响，进入其间，在他的世俗心思和内中识感上观照它们。他真创造出它们的一些相状，象征形式，反映形相，皆他的心思所能处理的；只是在这义度下他创造了'神圣形象'，他所敬拜的，创造天神的形式，创造他内中的新界和世界，于是经过这些形相，那高过我们的存在的真实的诸世界诸权能，乃能占有这物理世界中的知觉性，以它们的能性倾注其中，以它们的高等有体的光明转化它。但凡此一切，不是有体的高等诸世界之一创造，这是它们的一启示，向在物质界上的心灵的知觉之启示，当其从'无知性'发展而出。这是由接受它们的权能，乃在世间创造了它们的形式；我们的主观的生命在此界上扩大了，由于发现了它与它自体的高等诸界之真实关系，它因物质的'无知性'的障幕而与之隔离的。这障幕存在，因为身体中的心灵将这些较大的可能性遗留在后，以便它可除外地集中它的知觉性和力量于它的初步工作，在这有体的物理世界里；但那初步工作能有何后继，只若是由那障幕至少局部揭起了，或否则已使之可以透过，以便那'心思'，'生命'，和'精神'的高等诸界，能以其要义倾注到人类生存中。

可能假定的，是这些高等界和高等世界，皆是随后创造成的，后于这物质宇宙之显示，所以助成进化，或在某些意义上为进化之结果。这是一种意念，或容易为物理心思所接受的，倘若要它承认有一超物理的存在，——物理心思，在其一切理念皆从物质世界出发，以此物质世界为它所知的唯一事物，已加分析，也开始能主宰而处理之；于是它可保持物质者，'无心知性'，为一切有体之出发点与支柱，如其无疑是我们在此进化运动中的出发点，以此物质世

界为其剧场的。我们的心思，仍可保持物质和物质力量为第一存在，——心思这么接受之，保重之，因为这是它所知道的第一事，唯一事物对他确实现前，且为可知的，——而主张凡精神者和超物理者，皆依赖此'物质'中之稳定基础。[①] 但这些其他的世界如何创造成的呢？以何力量，用何工具而创造的呢？可能是'生命'和'心思'，从'无心知者'发展而出，同时也发展了这些其他世界于有生体的潜意识的知觉性里，有生体皆在其中出现的。对生时与死后的潜意识体，——因为是内中有体在身体死后犹存，——这些世界可能是真实的，因为于它的较大的知觉性范畴是可感觉而知的；它将在它们中间活动，有其真实性之感，也许是依起的，但是能起信，信其为真实，于是从那些世界中送上它的经验，当作信心和想象送给表面有体。这也是一可能之说，倘若我们承认'知觉性'为真实的创造'权能'或经纪，而一切事物皆知觉性的形成；但这不会给有体的超物理诸界以非实质性或较少可触知的真实性，如物理心思所愿加到它们上面的；它们会在它们自体有同样的真实性，如物理世界或物理经验界在其自有的品类上所有的。

若使在这种或其他方式上，高等诸世界是后于物质世界的创造而发展了，后于这原始创造，自'无心知者'以一更大的秘密进化出现，则其出现必是某个'大全心灵'作的，用了一种程序为我们所不知，为了这世间进化的目的，当作了世间进化的附属，或其较大的后果，以致生命，心思，精神，可能活动于一有比较自由的展望的

① 在黎俱韦陀 Rig Veda 中有些话似乎包涵了这观念。土地，即物质原则，说为一切世界的基础，或七个世界，皆说为'土地'的七个境界。

境域里，并且有这些较伟大的权能和经验，折回到物质的自我表现中。但反对这一假定，有此一事实在，即我们发现这些高等世界，在我们对它们的视见和经验里，皆未尝以任何样式基托于物质世界上，未尝在任何样式上为物质世界的结果，毋宁是更大的有体的项目，知觉性的更大且更自由的范畴，而物质界上的一切作为，却更像是这些较大项目的结果，依之而起，甚至在其进化事业上还局部依赖它们，而不是它们的作始之源。巨大限度的权能，势力，现象，从'高上心思'和高等心思的和情命的境域，暗暗降下到我们，但这些中只有一部分，好像是一选择，或限制了的数量，能在此物理世界之体系中表演和自体实现；其余的，则等待时期，与在物理项目和形式中的启示之适当环境，等待在此土地的[①]进化中它们所将做的那一份事，——这进化，同时即是'精神'的一切权能之进化。

其他诸世界的这性格，击败了我们的一切企图，要试以首要性加到我们自己的这存在界上，加到世间显示中我们自己的这部分上。我们不创造上帝，当作我们的知觉性的神话，我们皆是为了'神圣者'在物质有体中的进步的显示之工具。我们不创造天神和他的那些权能，毋宁是这种如我们所显示的神圣性，乃永恒的神道在此世间的形成和局部反映。我们不创造高等诸界，我们皆是中介者，它们以此而启示它们的光明，权能，美，在'自然'力量所给它们在物质界上的任何形式和表相里。是'生命世界'的压力，乃使

① 必然的，说'土地的'，我们不是指此一地球与其经历的时间，而是用之于韦檀多学上的'土地' Prithivi 的更广的根本义度里，是指土地原则，创造着给心灵的物理形式的居寓。

生命能在此世间发展和进化，在我们已知的这些形式中；是那增上着的压力，乃驱策生命在我们内中企望其自体的一更大的启示，有一日且将这生死中人解放，从他的隶役于他今之无能性且碍限着的物理性之狭隘范围解放出来。是‘心思世界’的压力，乃使心思在此世间发展和进化，且帮助我们寻找一杠杆，以作我们的心思的自我提举与扩充，使我们可希望继续扩大我们的智慧自我，甚至打破我们的囿于物质的物理心思性之囚狱。是超心思的和精神的诸世界的压力，正准备在此世间发展‘精神’的显了的权能，以此而开放我们在物理界上的有体，入乎超心知的‘神圣者’的无限性与自由；唯独那接触，那压力，能从这似是的‘无心知’，即我们的出发点，解放出隐藏于我们内中的大全心知的‘神明’。在这种事物的秩序中，我们的人类知觉性是工具，是中介者；这正是光明与权能出自‘无心知’的发展上的一点，在这点上解放变到可能了：我们不能以比这更大的任务归到它，但这已够伟大了，因为这使我们人类变到完全重要了，为了进化的‘自然’之无上目的。

同时，我们的潜意识的经验中也有些原素，提出疑难，反对其他世界于此物质存在的任何不变的先在性。这种指示之一，便是在人死后的经验之见解中，有一传统之说，说居于一些境况里，似乎是世间境况，世间自然，世间经验的一超物理的延长。另一指示是，尤其在‘生命世界’里，我们发现一些表呈，好像皆类似世间存在的一些低等运动；世间原已包含黑暗，虚伪，无能，不善这些原则，我们假定其为出自物质的‘无心知’的进化之后果。甚至似乎还是事实，情命世界皆是最扰害人类生命的一些‘权能’的自然老家；这诚然是合逻辑的，因为是经过我们的情命体，它们乃支配我

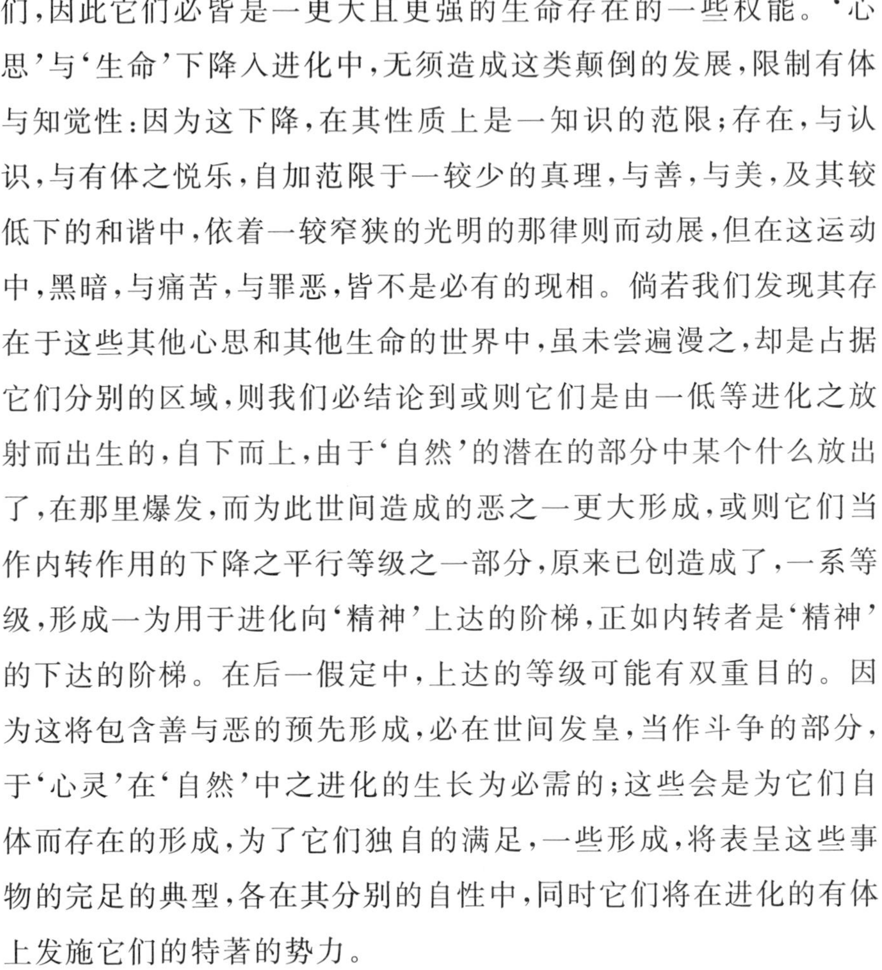

们，因此它们必皆是一更大且更强的生命存在的一些权能。‘心思’与‘生命’下降入进化中，无须造成这类颠倒的发展，限制有体与知觉性：因为这下降，在其性质上是一知识的范限；存在，与认识，与有体之悦乐，自加范限于一较少的真理，与善，与美，及其较低下的和谐中，依着一较窄狭的光明的那律则而动展，但在这运动中，黑暗，与痛苦，与罪恶，皆不是必有的现相。倘若我们发现其存在于这些其他心思和其他生命的世界中，虽未尝遍漫之，却是占据它们分别的区域，则我们必结论到或则它们是由一低等进化之放射而出生的，自下而上，由于‘自然’的潜在的部分中某个什么放出了，在那里爆发，而为此世间造成的恶之一更大形成，或则它们当作内转作用的下降之平行等级之一部分，原来已创造成了，一系等级，形成一为用于进化向‘精神’上达的阶梯，正如内转者是‘精神’的下达的阶梯。在后一假定中，上达的等级可能有双重目的。因为这将包含善与恶的预先形成，必在世间发皇，当作斗争的部分，于‘心灵’在‘自然’中之进化的生长为必需的；这些会是为它们自体而存在的形成，为了它们独自的满足，一些形成，将表呈这些事物的完足的典型，各在其分别的自性中，同时它们将在进化的有体上发施它们的特著的势力。

一更大的‘生命’的这些世界，将在它们内中双含我们这世界中的生命之更光明的和更黑暗的形成，含之于一中介体中，使之能达到其独立的表现，它们自有的典型之充分自由，与自然的完全性与和谐，以为善或为恶，——倘若那分辨真可施于这些境域的话，——一完全性与独立性，在我们的世间这存在中为不可能的，我们这里是一切皆相混杂于一错综的交互作用中，在一多方面的进化、引向一最后的统一者，是需要的。因为我们发现凡我们所称为黑暗，虚伪，或罪恶者，似乎在那里皆有其自具的真理，也完全满足于其自有的典型，因为具有之于一充分的表现中，这在它中间便造成了一种意识，满足于自体的权能，一种和调，它的一切环境对它的存在原则之一种完全的适应；它在那里享受它自有的知觉性，自有的自我权能，自有的存在的悦乐，在我们的心思是以之为可憎恶的，在它自体却充满了满足了的欲望之喜乐。那些生命冲动，对世间自性皆不合位次，越出度量，在此视为颠倒和反常者，在它们自有的境域中，却有一独立的圆成，有它们的典型和原则的不受限制的活动。凡对我们为神圣的，或狄魁的，罗刹性的，魔鬼的，因此皆是超出自然的，在它们各自境域中却对其自体为正常，且给予那些有体之包藏这些事物者以自我本性之感，以及它们自有的原则之和谐。乖戾本身，奋斗，无能，困苦，皆进入某种生命满足中，无之则将自觉其不足或被窒碍了。时若这些权能在其单独工事上被见到了，见到正在建筑其自己的生命庙堂，如它们在那些它们所统治的秘密世界中所作的，我们可更明白地看到它们的由来与存在的理由，以及它们在人类生命上的把持的理由，且看到人对他自己的缺陷的执著，他的胜与败，乐与苦，笑与泪，恶与善的人生戏剧之耽执的理由。这里在世界上，这些事物存在于一未得满足因此亦是不圆满的境界里，是冲突与混杂的幽暗境界，但在那里，它们启露它们的秘密和有体的动机，因为它们皆在它们本土的权能和本性的完全形式中建立了，在它们自有的世界中，自有的除外的氛围里。人的天堂和地狱，或光明世界和黑暗世界，无论在其建造上是多么幻想的，皆是出自于这些权能的一知见，如它们之存在于它们

自己的原则里，将它们的势力抛到他的生命上，发自一彼方生命，供给他的进化的生存之原素的。

在同样的方式上，有如‘生命’的权能皆是自体建树了，完足而且圆满，建立在一出乎我们以外的更大的‘生命’中，如是，‘心思’的权能，它的理念与原则，影响着我们世间有体的，皆见到在更大的‘心思世界’中，有它们所自有的充实自我本性之原地，而此间在人类存在中，它们只抛出一些局部的形成，皆很难于自加建立，由于它们与其他权能和原则相遇，相混杂；这相遇，这混杂，抑遏了它们的完全性，染污了它们的纯洁性，争执而且击败它们的势力。于是，这些其他世界，皆不是进化的，而是典型的；但这是其一个虽不是唯一它们的存在的理由，即是它们供给与一些事物，必在内入显示中兴起的，一如在进化外发中得抛起的，以其自有的意义之一满足的原地，使它们能在其自有的权利中存在；这种建成了的情况是一个基础，由此它们的功能和工事，可投入进化的‘自然’之复杂程序中而作为其原素。

若是我们从这观点，看人关于其他世界的传统诸说，我们可发现大多皆指向一较大的‘生命’的一些世界，从大地自然中的‘生命’之束缚或缺陷或不完全处解放了。这些传说显然大部分是由想象造成，但也有一直觉和揣测的因素，感觉‘生命’可能是而且必然是什么，在其显了的或其可实现的性质的某些领域中；也还有真正潜意识的接触和经验的一原素。但是人的心思，将他从其他自然中所见或所受或所接触者，翻译到他自己的知觉性的正当名相中来；然则皆是他的翻译，超物理的真实，译成了他自己的有意义的名色和形象，又经过这些名色和形象，他与那些真实者相交通，且能到某限度使其现前且发生效果。死后而有一修改了的世间生命的继续，这经验可解释为由于这种翻译；但也可一部分解释为创造了一主观的死后境界，人仍生活于其惯常的经验形象中，然后进到其他世界的真实中去，又可一部分解释为经过诸‘生命世界’的一过道，在那些世界中，事物的典型，自表现于一些形成中，即他在世间生身中所执著者的渊源，或与之亲附者，因此在他的生命体上，当其出离了身体，发施一自然的吸引。但是，舍这些较微妙的‘生命’境界不论，其他世界的存在之传统说，也包含一较高等的存在境界，——虽当作一较稀罕的而更崇高的原素，不包括在流俗对这些事物的见解里，——分明是属心思的而不属情命的性格，也还有其他存在境界，建立在某些‘精神的心思的’原则上的；这些高等原则，皆表呈于有体的一些境界中，我们的内中经验能升入其中，心灵也可进入的。我们所采纳的这等级的原则，因此是得到辩正的，只若我们认识这是组织我们的经验的一个方法，而其他方法从其他观点进行者皆有可能。因为一个分类，从其所采的原则和观点看，是常常有效的，而同此诸物，从其他原则和观点作另一分类，也能同等有效。但为了我们的目的，我们所选择的这系统，乃有最大的价值，因为它是基本的，与显示之一真理相当，最有实际重要性的，这帮助我们了解我们自己的组成了的存在，与‘自然’的内入作用与进化运动的过程。同时我们见到其他世界皆不是十分离隔物质宇宙和土地自然的事物，却以它们的势力贯彻之，封裹之，在其上有一形成的和指挥的力量的秘密的着落。我们于他世界的知识和经验的这组织，供给我们以这着落的性质和行动路线之端绪。

其他世界的存在和势力，皆是一桩首要事实，为了我们的大地

‘自然’中的进化之展望和可能。因为，设若物理世界是无限的‘真实性’的唯一显示之场，同时又是它的全部显示的原地，则我们必须假定，既是从‘物质’到‘精神’的它的有体的一切原则，皆全然内涵于似是无心知的‘力量’中，即这宇宙的初始工事的基础之‘力量’中，则它们皆被它在此全部发皇，也唯独在此全部进化，没有其他帮助或压力，除了它内中的秘密‘超心知’的。然则这会是一事物的系统，其间‘物质’原则必常仍其为第一原则，显了的存在之真元的和原始的决定条件。诚然‘精神’终于也可达到其自然的统治之一相当限度；它可将它的物理的物质基础，作成一较有弹性的工具，不完全禁止它自有的最高律则与自性之作为，或与那作为相反对，如它今之在其无弹性的抵抗中为然者。但‘精神’当常是依赖‘物质’，以之为原地，以之而显示；它不会能有其他原地，不会能出到另一种显示中；而且在它内中，它极不可能解放任何它的有体的其他原则，使之居尊于此物质基础上；‘物质’将仍其为它的显示之唯一坚住的决定者。‘生命’不会化为主制的和决定的，‘心思’也不会化为主宰和创造者；它们的能量的边界，将被‘物质’的能量划定，这也可将其扩大，或者修改，但不能将其彻底转化或解放。则不会有有体之任何权能的充分和自由的显示之余地，一切将永远受限制于一昏蔽着的物质形成的条件。‘精神’，‘心思’，‘生命’，皆不会有它们自有的特著权能和原则的本土或完全范围。不容易相信这自我限制之为必然，设若‘精神’是创造者，这些原则皆有其独立的存在，皆不是‘物质’能力的产品，结果，或现相。

但是，既有这事实，无限的‘真实性’在其知觉性的活动上是自由的，则它亦不限定要自转入‘物质’之无知性中然后乃全然可能

显示。在它也可能创出正相反对的事物之体系，创出一世界，其中精神体之一体性，乃任何形成或作用之元胎和第一条件，工作着的‘能力’，乃是在运动中的一自我觉识的精神的存在，其一切名与色，皆精神的一体性之自我觉识的活动。或者，也可能是一体系，其间‘精神’的知觉的‘力量’或‘意志’的本生权能，将自由地且直接地实践其自体中自有的可能性，而不是像在此世间，要经过‘生命力量’在物质中这拘束着的中介物；那实践，将是显示的第一原则，同时又是其一切自由且幸福的作为之目标。或者，又可能是一体系，其中多数有体，不但知觉它们的隐藏了的基托着的一体性，也知觉它们当前的一性的喜乐，以在它们中间的一无限的相互的自我悦乐的自由活动为目的；在这样一个系统中，自我存在的‘福乐’原则的作为，乃是第一原则和普遍情况。或者，更可能是一世界体系，其中以‘超心思’为主宰原则，从初如此；显示的性质，则将是多数有体经过它们的神圣个性的自由和光明的活动，得到它们的多方面的一中之异的喜乐。

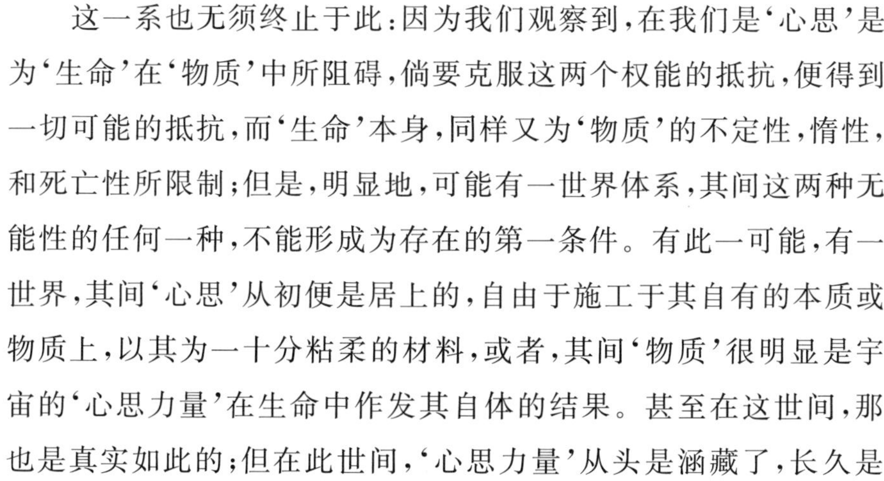

这一系也无须终止于此：因为我们观察到，在我们是‘心思’是为‘生命’在‘物质’中所阻碍，倘要克服这两个权能的抵抗，便得到一切可能的抵抗，而‘生命’本身，同样又为‘物质’的不定性，惰性，和死亡性所限制；但是，明显地，可能有一世界体系，其间这两种无能性的任何一种，不能形成为存在的第一条件。有此一可能，有一世界，其间‘心思’从初便是居上的，自由于施工于其自有的本质或物质上，以其为一十分粘柔的材料，或者，其间‘物质’很明显是宇宙的‘心思力量’在生命中作发其自体的结果。甚至在这世间，那也是真实如此的；但在此世间，‘心思力量’从头是涵藏了，长久是下心知的，而且，纵使它出现了，永远未尝自由保有它自体，却役属于封函它的材料，然而在那里，它可保有它自体，为它的材料的主者，那将较在一主要是物理的世界中的远过其微妙且有伸缩性。同然，'生命'也可有其自有的世界体系，其间它为独尊，能发舒它自体的较有伸缩性的、自由可变易的欲望和倾向，不是时时为散坏着的种种力量所威胁，因此得主要从事于关注自我保存，而在活动上被拘束了，为这种危迫的紧张境界所拘限，限制了它的自由形成，自我满足，自由冒险的本能。有体的每个原则的分别统治，在有体的显示中是一永远的可能，——只若已常安立它们为一些原则，在它们的机动的权能和工作的法式上是相异的，虽在原始的本质上为一。

那不会有何分别，倘若这一切皆只是一哲学上的可能性，或'真、智、乐'的本体中一潜能性，永远未尝实现或尚未实现的，或者，若已实现，尚未带到生活于物理宇宙间的有体的知觉性之见界中来。但凡我们的一切精神的和心灵的经验，皆作肯定的证明，常给我们一恒常的，且在其主要原则上为不变的证明，有高等诸世界存在，有存在的较自由的诸界。我们既不像那么许多近代思想一样，自拘于这教条，谓唯独物理经验，或经验之基于生理诸识者，乃为真实，唯独理智于物理经验之分析为可证明，其余一切皆只是物理存在和物理经验的结果，任何出此以外者皆是一错误，自我欺骗，和妄识，则我们自由于接受这证明，承认这些界的真实。我们见到，实际上这些皆是异于物理世界的和谐之和谐；它们，如'界'这字所提示的，在有体的等级上皆占据一不同的水平，运用其原则的另一系统和序列。为了我们现在的目的，我们无须探究是否它们在时间与空间上与我们自己的世界相合，或行动于另一不同的空间的范畴和时间的川流中，——在任何这一场合，这是在一更微妙的本质中，且有不同的运动。一切所直接与我们相关的，便是要知道它们是否各个不同的世界，各在其自体中为完整的，绝不遇合，交切，或影响其他世界，或者，还是一个等分了的交织着的有体的系统上的各个不同的阶程，因此是一复杂的宇宙系统之各部分。以它们之能进到我们的心思知觉性的原野这事实而论，自然会提示这第二互代说为有效，但这在其自体不会是全为定论的。但是我们所发现的，是这些高等界实际与我们自己的有体界无时不相交通，且在其上发生作用，虽则这作用自然对我们寻常清醒的或外表的知觉性不是当体现前，因为那是限于接受和利用物理世界的接触的：然一旦我们回到我们的潜意识体，或扩大我们的清醒知觉性，出乎物理接触的范围以外，则我们会觉识这高等作用的一点什么。我们甚至发现人在某些情况下，能将自己局部投入这些高等界中，即算在此身体中时；然则更有强大理由说他离了这身体时，也能做这事了，于是也作的更完全，因为已不复是这使人无能的情况，物理生命是束缚于身体中了。这关系和这迁移的权能，其后果皆有巨大的重要性。一方面，它们立刻辩正了一古代传说，无论怎样总当作一事实上的可能，说人在此血肉之躯体消亡之后，他的知觉体至少暂时留连于其他某些世界中，皆非此物理世界。另外一方面，它们向我们启示了这可能性，高等诸界可能在物质存在上发生作用，以解放出它们所代表的权能，生命，心思，和精神的权能，为了内在于‘自然’中的进化原旨，由于它们内具于‘物质’中这正本事实。

这些世界，在它们的原始创造上，次序不是后于而是先于这物理世界，——倘若不是在时间上居先，也是在效果的次序上居先。因为，纵使有一上升着亦如下降着的等级，这上升着的等级，在其第一性上也必然是为了‘物质’中的进化的出现之一准备，为了这企图的一形成的权能，供给之以有助和相反的原素，而不单纯是土地上的进化之后果；因为那既不是一合理性的盖然，也不是有一精神的或动力的和实用的意义。换言之，高等诸世界不是由这低等物理世界的压力而起，——姑且说，由在物理的‘无心知性’中的‘真、智、乐’，或否则由‘真、智、乐’自体中的一种迫促，当其从‘无心知性’出现而入乎‘生命’，与‘心思’，与‘精神’，经验到有此需要，要创造出诸世界或诸界，其间这些原则可有较自由的活动，且在其间人的心灵，可增强其情命的，心思的，或精神的倾向。又更少或是它们为人的心灵本身所创造的了，不论为其所作的梦，或为人类的在其机动的和创造的有体中之恒常的自我映射，超出物理知觉性的界限以外的结果。在这方向人所分明创造的唯一事物，便是这些界的反映形象，反映于他的自具的知觉性中，以及他自己的心灵之适宜性，宜于向它们回应，变到觉识它们，知觉地参加它们的势力之交织入物理界的作用。他诚然能将他自己的高等情命的和心思的作为之结果或映射，归入这些界上的作用；但是，倘若如此，这些映射究竟皆只是这些高等界之转回到它们自界，它们从之降下到土地心思中的权能，又从地上回转，因为这情命的和心思的作为，本身是自上传下的势力之结果。也有可能的，他能创造出某一种主观的附庸，附加到这些超物理界，或至少加到其较低等界的，是一些半非真实性格的环境，不是真世界，毋宁是一些他的知

觉的心思和生命自所造成的封套；它们皆是他自己的有体之返映，——天堂和地狱，为他的人类知觉体的造像官能所映射的。但这两种贡献的任何一个，其意义全然不是一真实界的整个创造，建立且作为于其自体的分别原则上的。

然则这些界或这些系统，至少与那向我们自呈为物理世界者，为同时且同存并在。我们尝被引到这种结论，'生命'，'心思'，和'精神'在物理的有体中之发展，必先假定有它们的存在；因为这些权能，皆由两个合作的力量在此世间发展出的，自下之一向上伸的力量，自上之一向上提，向下压的力量。因为在'无心知者'中有此需要，要发皇潜在于其中者，又在高等诸界中超上原则有其压力，不单是帮助这普通需要之实践，亦且可大部分决定其终于得以实践的特殊方式。是这向上提和向下压的作用，这在上的坚持，乃解释精神的，心思的，和生命的诸世界恒常在物理界上发生影响的缘故。明显地，假定有一复杂宇宙，其组织的每一部分上是七个原则的交织，且自然因此被引到在凡其彼此能相接之处，彼此相互发生作用，相互呼应，那么，这样的一作用，这样一种恒常的压力和影响，是一必然的结果，必然是内在于显示了的宇宙之真本自性中。

高等诸权能与原则，从它们的自界上，发施一秘密的相续的作用于世间有体和自性上，经过潜意识的自我，而这自我本身便是那些界上之一映射，入乎此生于'无心知性'的世界里的，这作用必然有其效果和意义。其第一效果，已是'生命'和'心思'从'物质'中解放；其最后一效果是佐助此世间有体中的一精神知觉性，一精神意志，与存在的精神意识之出现，使他不长此唯独专事于他的最外在的生活，或于此以及心思的兴趣和追求，转而学到返观内省，发

现他的内中有体，他的精神自我，学到企慕超出土地及其范限。当其愈加向内生长，他的心思的，情命的，和精神的界限开始扩大了，那些束缚‘生命’，‘心思’，‘心灵’于其最初限制上的带子散了或断了，于是人这心思有体，开始瞥见一更大的自我和世界的王国，对最初的土地生命是封闭了的。无疑，长此若他主要生活在他的外表上，则他只能造出一理想的和想象的和理念的上层建筑，在他的正常存在的窄狭基地上。但是，设若他做内向运动，为他自己的最高视见所树立在他前面为他的最大的精神的需要者，那么，他会发现在他内中自体里有一更大的‘知觉性’，一更大的‘生命’。自内的一作用，与自上的一作用，可能克服物质公式的优势，减少且终于消灭‘无心知性’的权能，倒转知觉性之次序，以‘精神’代替‘物质’，以为他的有体之知觉的基础，而解放其高等诸权能，至于它们的完全的和明著的表现，在函藏于‘自然’中的心灵之生命里。

第二十二章　再生与其他世界；业，心灵与长生不死

我们在转世这主题上的第一结论，乃心灵之相续重生于世间身体中，为大地自然中的显示之原本意义和程序的一必然的后果。但这结论引到更远的问题和更远的结果，必须加以阐明。起初便兴起了再生的程序的问题；倘若那程序不是迅速相续，身死后随之以顿时投生，保持同此一人无间断的多生之一系统，倘若有些间断，那依次又兴起了度到其他世界与还生世间的原则和程序的问题，其他世界必是这些间断期的活动场所。第三个问题，是精神进化本身的程序，以及心灵从一生到一生通过它的冒险诸阶段所经历的变化的问题。

倘若这物理宇宙是唯一显了的世界，或者，它是一完全分别的世界，则作为进化程序的部分的重生，乃将限于从一身体投生另一身体的恒常相续；死后将立刻随之以新生，没有一间断的任何可能性，——则心灵的过程，将是一强迫的，机械的，物质的步骤之一无间断的系统中的一精神境况。心灵不会有离开‘物质’的自由；它将永被拘束于它的工具这身体上，也会依赖它以成其显了的存在之继续。但我们已发现在死后与续生之前，有在其他界上的一生命，为旧生命之后果，与世间存在的新阶段的准备。其他界与我们

的同在，皆是一复杂组织之部分，时常在这物理界即它们自有的最后和最低的一界上发生作用，接受它的反应，容纳一秘密的交通和交易。人能变到知觉这些界，甚至能在某些境况中放射他的知觉体到它们里面，一部分在生时，因此假定在身体消散之后便可完全做到。投入有体的其他诸界或诸世界，这么一种可能性，则够充分变到真实了，而实际需要其自体的实践；倘若人从头便禀赋了这么一种自我转移的权能呢，则需要立刻实践，也许不变地接续着这世间人类生命；倘若只是以一缓缓进步而达到呢，则变到终于也要如此。因为可能的，他从初未尝是充分发展了，可入乎更大的'生命世界'或'心思世界'而继续他的生命，于是不得不接受从一世间身体直接投入另一世间身体的转生，作为他于今长存的唯一可能性。

从一生到另一生进到其他世界的过程中，有此一中间界的需要，这起于一双重原因：因为在人的组合本性中，他界对其心思体和情命体有一吸引，由于其与那些水平的亲和性，又因为有一中间期的用处甚至需要，要同化已完成的人生经验，拣出所应当抛弃者，准备新的成体和新的世间经验。但这同化期间之必要，与这其他世界对我们的有体的亲属诸部分之吸引，仅是时若心思的和情命的个性，已充分在这半动物的生理的人中发展之后，方能发生效果；在那以前，它们可能不存在或不活动：人生的经验可能是太简单，太原始，不需要同化，而此自然有体太粗重，不能经一复杂的同化作用；高等诸部分不会是够充分发展了，以自提升到存在的高等诸界。然则既无与其他诸世界的这种联系，则可能有一理论，承认重生只是一恒常的迁居；在这理论中，其他世界的存在，与心灵之留连于其他界中，皆非真实，非在任何阶段上为这系统的一必要的部分。也可能有另一理论，说此过程于凡人皆为强迫的规律，没有立时的投生；心灵需要一预备期，安排它的新的投生和新的经验。这两理论之一折中说法也可能有：时若心灵尚未成熟，不能入乎高等世界存在，则迁移可能是第一遍行规律；度到其他界则是后起的律则。甚至还可有一第三阶段，如人有时提出的，其间心灵是强盛发展了，其自然诸部分那么在精神上生动了，它无需中间期，却能立刻继续投生，以成其一更迅速的进化，没有一间歇期的迟滞。

在流俗理念中，得自那些承认轮回的宗教者，其中有一矛盾之处，而在流俗信仰的方式下，不费力于加以调叶的。一方面有此一信仰，虽属模糊，亦颇普遍，说死后随即或近于立刻擅得另一身体。另外一方面，有那古老的宗教信理，人死后有在地狱或天堂中的生活，或者，可能的，在其他世界或有体的格位上的生活，这是心灵在它的物理存在中之功德或罪业所求得或招惹的；其还生于世间，只是当其功德或罪业皆已销尽之后，其有体是已准备于另一世间生命了。这一矛盾会销失的，设若我们承认一可变换的运动，依于心灵在'自然'中的显示里所达到的进化阶段；一切则皆依乎其能量的程度而转，能进入高于人世生命的高等格位之能量。但是在寻常投生转世的见解中，精神进化的理念不是显露的，他只暗含于这事实中，即心灵应当达到那一点，在那一点上它已变到超出了再生的需要，能够回到它的永恒的源头了；但是倘若没有一渐渐地分了等级的进化，这一点也一样可由一曲折混沌的运动而达到的，只是那运动的规律不容易决定罢了。这问题的决定的解决，依乎心灵的探讨和经验；在此我们只能讨论是否在事物的自性中，或在进化程序的逻辑中，为此任何一运动有明显的或暗含的需要，为了立刻

从一身体转到另一身体，为了迟留或间歇，在自具形体的心灵原则投入一新生以前。

在其他世界中的生命，作为一种半个需要，一机动的和实际的而不必是真元的需要，起于正本这事实，即各个不同的世界原则，皆彼此相交织，且在某方式上相互依倚，亦起于这事实在我们的精神进化的程序上所必有的效果。但是这也可能一时期遭到反作用，由于浮世的更大的牵引或吸力，或进化着的本性之过重的物理性之吸引。我们的信仰是一上升着的心灵，出生于一人的形体中，而且在那形体中反复重生，倘若不如此则它不能完成它的人道的进化，这信仰从推理的智术观点看来，是安立在这种基础上，即心灵进步地上升，入乎高等而又高等的土地存在，一经达到人类水平了，其反复出生为人组合了一次序，于本性的生长是必需的；简短在世间的一生，为了进化之用显然是不够的。在一系人类投生之早期中，时当原始人道期，初看似乎有常常反复顿时转生的某种可能性，——再三在一个人类形体中之新生，立即随着前一身体因组织了的'生命能力'之停止或摒弃而消亡，其结果之物理散坏我们所称曰死者。但什么进化程序的必需乃迫出这样一系顿时的再生呢？明显地，这只能是强迫的，若长此这心灵的个性——不是秘密的心灵元体本身，而是自然有体中之心灵形成，——尚未十分进化，尚未充分发展，而是那么不充分地形成了，以致它不能留住，除了依赖这一生的心思的，情命的，和身体的个人性之不间断的持续：尚不能在其本身坚住，摒弃它的过去的'心思'形成和'生命'形成，在一有益的间断后建立一些新的形成，它被迫而立刻将其基本的粗重人格，转移到一新身体加以保存。是可疑的，我们是

否有正当理由，以这么一全然不充分的发展归到那么一强健个体化了的有体，竟已远达于人类知觉性的。纵使在他的最低的正常度上，人类个人仍是一个心灵，经过一分明的心思体而作为，无论他的心思怎样形成不良，怎样受限制和压抑，怎样专注且封裹于身体的和情命的知觉性中，不能或不愿自离出其低等形成。可是我们不妨假定其有一向下的执著，那如此强盛，以致强迫此有体迅速重擅一身体生命，因为他的自然形成，真是不适宜于任何其他事物，或惯于任何高等界。进者，或许是人生经验可能太短促且不完全，以致强迫心灵立刻再生以成其继续。在'自然'程序之繁复错杂中，其他的需要，影响，原因皆可能有，譬如一世间欲望的强烈意志迫求圆成，这也将强使同此一坚住的人格形成，立刻投生于一新的身体。但总归是重生转世之交替程序，'人'之再生于非但是一新身体中，亦且在一新的人格形成中，乃是性灵体所取的寻常路线，一旦它已达到其进化轮转中的人类阶段后。

因为心灵人格，当其发展时，必得到足够的权能，以统治它自体的自然形成，也必须得到一充足的自我表现的心思的和情命的个性而自存，不用物质身体的支持，亦以此而克服任何过度稽迟着的对物理界和物质生活的耽执：它必会是充分发达了，得以自存于微妙躯体中，如我们所知为特著的外壳或封套，和内中有体之正当的微妙物理的支持者。是心灵个人，性灵体，乃长存而带着心思和生命走上它的旅程，是在微妙躯体中，它乃出离它的物质住宅；两者皆必已充分发展乃成此迁出。但是迁移到'心思'存在和'生命'存在诸界，也暗指是一心思和生命充分形成了，发展了，能度到且一时期存在于这些高等水平而不散解，设若这些条件皆已满足了，是一充分发展了的性灵人格和微妙躯体，与一充分发展了的心思的和情命的人格，则心灵个人之于身殁后犹存，无有顿时的新的出生，将可稳定了，于是其他世界的援引，可以施工。但这在其本身，意义将是以同此心思的和情命的人格还生世间，不会有在新的出生中的任何自由进化。必然要有性灵个体本身之个人化，足够使它不依赖它的过去的心思和生命形成，亦如其不复依赖过去的身体，而能如时将它们蜕去，进行新的形成以得新的经验。为了这么蜕除旧形式而准备新形体，心灵必须在两度出生间有一段时期居于他处，不在我们于今行动其间的这纯物质界；因为在这里没有一离了躯体的精神之长住的地方。一简短期的逗留诚然可能，设若有土地存在的微妙封域，仍属土地，却皆属一情命的或心思的性格的：但纵使如此，亦没有理由为什么心灵应在那里留连一长时期，除非它仍负荷了过强的于世间生命的耽执。物质身体死后而人格犹存，这便暗许有一超物理的存在，而这只能是在有体的某一界上，正属于知觉性的进化的那一阶段的，或者，倘若没有进化，则在精神的临时的第二个家中，即是它在一生与一生之间的自然的居留处，——当然，除非这是它的原来的世界，从之它不回到物质'自然'中了。

然则在超物理的存在中，暂时寄顿在何处呢？心灵的另一寓所是什么？似乎是应该在一心思界上，在心思的诸世界中，一是因为那界对人这心思有体的吸引，原在其生时已活动的，时若已没有对身体的耽执的阻碍了，必然得势，一是因为心思界，显然地，应当是一心思有体的本来的适当的住处。但这不是机械自动地必然，因为人的有体的复杂性；他有一情命的存在，亦如他有一心思的存在，——他的情命部分，常是较他的心思部分为更雄强，更特出，而且在心思有体之后，有一心灵，以它为代表。此外，还有许多界或世界存在的水平，心灵得通过它们乃达到其自然的老家。在物理界本身，或在其近处，相信还有许多层，具备增加而又增加的微妙度，可视为次物理界，有其一情命的和一心思的性格。这些皆是围绕着同时又贯通着的层次，高等诸世界和物理世界之交易，是经过这些层次进行的。然则可能是心思有体，只若长时其心思性未充分发展，长时仍主要被拘限于心思和生命活动的较属物理的形式，乃被罣碍而留滞于这些中介上。甚至它可能在出生与出生之间，被强迫全然休止于此；但这亦未必然，除非、只若是它对它的活动的世间形式之耽执竟如此大，以致禁断或阻隔了自然的向上运动之完成，乃或可发生。因为人死后的心灵境界，应在某些方式上与在世的有体的发展相应，因为这一身后生命，不是从一暂时的走离正轨而下转到生死中，然后作一自由的向上回转。它是一正常的回复的环境，参加佐助一困难的精神进化在此物理存在中的程序之完成。有一人类在他的土地上的进化中所发展的与高等存在诸界之关系，那必定在他的寄寓于这些界上于出生之间，有其优势的效果；这必然决定他死后的方向，也必然决定其时，其地，其在那里的自我经验的性格。

也可能的，他或许在其他世界的那些附属区里留连一时，那些区域是他在生身中的习惯信仰或他的那种企慕所造成的。我们知道，他造成这些高上界的形相，皆时常是其中某些原素的心思的翻译，他又将他的形相建成一系统，实在的世界之一形式；他亦复创造多种欲望世界，对之加上一内中真实性的强烈意识；也可能是这

些建造皆那么坚强，以致给他造成了一人为的死后之环境，他可在其中盘桓的。因为人类心思的造相能力，它的想象，在他的物理生活中，虽只是他的知识寻求与人生创造之一不可少的佐助，然可在一高等格度上化为一创造力量，这可使这心思有体在一时期里生活于它自造的形相中，直到它们为心灵的压力所消解。凡此诸建筑，皆属更大的'生命'建造的性质；其间他的心思，翻译一些更大的心思世界和情命世界的真实情形，译为他的物理经验的名目，扩大了，延长了，引申到物理性以外：他以这翻译将物理的有体之情命的喜乐和情命的悲苦，传达为超物理的境况，其间他们有一更大的范畴，充实性，和经久性。这些创造性的环境因此必加考虑到了，只若它们有任何超物理的居处，为存在的情命界或低等心思界的附属区域。

但是，也有真正情命的一些世界，——宇宙的'生命'原则之原始构造，组织了的发展，本土的寓居，即宇宙的情命之'灵'（Anima），在其自有的原野和自体的本性中活动着。在他的一生到一生的旅行中，他可能在那里被稽留一时期，为那些形成他的世间生存之一些主要是属情命性格的势力所拘，——因为这些势力皆情命世界所固有，而它们把持了他，可能在它们的本土中拘留他一时期：他可能为那所摄持，甚至在物理有体中也摄持他的。心灵之在诸附庸区域或在其自体的构造中的寓居，只可能是一过渡阶段，知觉性在从其物理境界度到超物理境界的过程中的；它必须从这些构架，度到超物理的'自然'之真世界中。它或者可立刻进到另一生命的世界里，或者可起初当作一过渡阶段，居留于某微妙物理经验的区域里，其周遭可能是其物理的生活环境之引申，但是在较自由的情况中，固有于一较微妙的中介体的，且在心思或生命的某种较快乐的完善状态中，或一较美好的身体存在里。出乎这些微妙物理的经验界和生命世界以外，也还有心思的或精神心思的诸界，心灵在一生与一生之间可能进去，且在其中迈进其长程；但似乎不会知觉地生活其中，倘若它在此生未曾有一充分的心思的或心灵的发展。因为这些水平，寻常必是进化着的有体在诸生之间所能入居的最高处，由于凡人在有体的阶梯上尚未踏出心思的一级，必不能升上到任何超心思的或高上心思的境界；或者，设若他竟已发展到能越过心思水平而达到那么高了，则或者他又不能转回，只若物理的进化在世间尚未发展出在‘物质’中的一高上心思或超心思的生命组织。

但是，纵使如此，心思的一些世界，不像是死后旅程的最后正常阶段；因为人不是全属心思的；是心灵，这性灵体，而不是心思，乃是死与生之间的旅客；心思的有体，只是其自我表现的形相中之一主管原素。然则对纯粹性灵的存在界，必有一最后的归宿，心灵居其间以待重生；在那里它可同化它的过去的经验和生命的能力，且准备它的将来。寻常平凡发展了的人，已升到有充足的心思能力的，可希望其依次经过凡此诸界，微妙物理界，情命界和心思界，以达到他的性灵的居所。在每一阶段上，他将销尽且除去已形成的人格建造之余分，暂时的和肤表的，属于过去一生的；他将蜕卸他的心思躯壳和生命躯壳，一如他已蜕去他的身体躯壳：但是他的人格及其心思的，情命的，和身体的经验之真元，将存留于潜在的记忆中，或当作为了将来的一动力的能性。但是设若心思的发展不充分，则可能它不能知觉地出乎情命水平以外，于是这有体或则会从那里退堕，从它的情命的诸天堂或诸炼狱回到世间，或者，可较属一致地说，立刻进入一种性灵的同化睡眠中，与死后到出生的期间同久；在最高诸界中醒觉，某种发展是必不可少的。

虽然，凡此皆是一机动的盖然之事，而那，虽在实际上跻于一需要，虽以某些潜意识的经验上的事实得到辩护，然究竟对于推理的心思，在其本身亦不甚成为定论。我们应当问，是否有这些生生间之间断期的任何更多的真本需要，或至少有如此大的一机动权能的需要，以致可达到一无可辩驳的结论。我们可发现有一这样的需要，在高等诸界所作于土地进化中的那决定着的一部分事上，也在其所造成的它们和进化着的心灵知觉性的关系中。我们的发展，大多以它们的在此土地界上的优胜的却是隐秘的作用而成。一切皆包含于无心知者或下心知者中，但皆在潜能性里；是自上而来的作用，乃帮助迫促其出现。那作用的继续是需要的，以形成且决定我们的进化在物质自然中所取的心思的和情命的形式之进步；因为这些进步的运动不能发展它们的充分的动量，或充分发挥它们的附带作用，以对抗一无心知的或惰性的和无明的物质'自然'，除非由一恒常的虽是暗中的归返，回依于与它们自体的性格相同的高等超物理的力量。这返归，这秘密联盟的作用，主要是在我们的潜意识体中进行，不在表面上：是从那里，我们的知觉性的活动权能出现，而凡它所实践的一切，它又恒常送回到潜意识体，以备储藏，以备后下发展而再现于更强的形式里。这一交互作用，我们的更大的隐藏了的有体，与我们的表面人格交相为用，乃是在人中进行的迅速发展的主要秘密，一旦人已度出了沦没于'物质'中的'心思'的低等诸阶段以后。

这归返，必在出生前之中间期仍然继续着；因为一新的出生，一新生命，不是取起刚在过去一生发展停止之处而继续之，它不徒然是重复和接续我们过去的表面人格和本性的形成。在旧的性格和动机上，有一番同化，抛弃，和重新整理，有于过去的发展的一番新布置，有为了将来的用处的一番选择，倘若不这么做，则新的发端不会有结果，或推动进化向前。因为每一出生是一新的发端；它诚然是从过去而发展，但不是其机械的继续：再生不是一恒常的反复，而是一前进，它是进化程序的一机巧。这重新整理的工作的一部分，特别是抛弃过去的人格的强烈震动，只能成就于耗尽从前的心思的，情命的，身体的动机之推力于死后，而这内中的解放或负累之减轻，又必进行于那些应当抛弃或否则加以处理的动机之本界上，那些自体便属那种性质的界上；因为只是在那里，心灵乃能继续其所应当耗尽的活动，所应当从知觉性排除的活动，然后能进到一新的形成。也有可能的，统一的积极准备，新生命的性格，皆由心灵自身作出而且决定，在它的本土寓居之退处中，是性灵休息的一界，它在其中将一切摄敛入自体，等候它在进化中的新期。这意义将是心灵的一过程，进步的经过微妙物理的，情命的，和心思的诸世界，直到性灵的住所，它将从那里再回到世间巡礼。在世间收集且发展这么准备了的材料，在土地生命中将其作发，将是这间生期的归回的后果，而新的出生，则为其后下的活动的原野，具于形体中的‘精神’之进化的一新阶段或螺旋纹。

因为，时当我们说起心灵在土地上依次发皇了身体的，情命的，心思的，精神的有体，我们的意思不是说它创造了它们，而它们没有先前的存在。相反的，它所作的是显示它的精神整元体的这

些原则，在一物理的'自然'所加的条件下；这显示取了一前方的人格构架的形式，这是内中自我的一翻译，译入物理的存在之诸多项目和可能性。事实上我们必须采纳古代理念，谓人在他内中不但有一身体的心灵或'补鲁洒'，具有其所属的本性，亦且有一情命的，一心思的，一性灵的，一超心思的，一至上精神的有体；[①]而且，或者是全部，或者是它们的更大的当体或力量，是暗藏于他的潜意识部分中，或潜在而未形成于他的超心知的部分中。他得在他的活动知觉性中将它们发布出来，在它的知识中对它们醒觉。但是他的有体的这些权能的每一个，与其自有的正当存在界相关联，而且一切的根本皆在那里。是经过它们，乃有此有体之潜意识的归返，返于自上而来的形成着的势力，一种归向，当我们发展时可愈变愈明觉的。然则是合逻辑的，一生与一生间之归宿，我们在此世出生的这性质及其进化的目标和程序所需要的，必是按照它们的权能在我们的知觉的进化中之发展了。那种归回的环境和阶段，必然是复杂的，非如流俗宗教所想象的那么属粗鲁和明白简单的性格：但在其本身，可承认其为身体中的心灵生命的正本初原和自性的一必有的后果。一切皆是一紧密织成的网，一进化和一交互作用，其联系是一'知觉的力量'所铸成的，遵循它自体的动机的真理，按照了'无限者'的这些有限工事之一机动的理则。

倘若这再生和心灵之暂时经过其他存在诸界的观念是正确的，则再生与身后生命，两皆擅有另一意义了，异于久已流行的关于转世和死后居于我们以外的其他世界的信仰所加于它们的色

① 参泰迪黎耶奥义书。

彩。转世，通常是假定其有两方面，一方面是精神的需要，一方面是宇宙正义和伦理训练。心灵，——在这观念下或为了这目的，是假定有一真实的个体存在的，——在世间是欲望与无明的结果；它应留居世间，或应常常回到世间，时若长此它尚未厌倦于欲望，未觉到其无明的这事实，未悟到真的明。这欲望强迫它常是回到一新身体；它必常是随着这有生的转轮，直到它得到启明且解脱了。虽然，它也不常留在土地上，而是流转于人世和天上地下诸世界之间，在其中销尽了它所储存的功德或非功德，由于他所犯的罪或所行的善而积下的，于是回到世间，或回到某种土地上的身体，有时为人，有时为动物，有时甚至是植物。这新的投生转世的性质及其幸运，皆机械自动地为心灵的过去的作为，‘业’(Karma)，所决定；倘若过去行为的总和是好的，则出生是在高等形体中，生活则快乐或成功或说不出的那么幸福；不好的呢，‘自然’的一低等形体便安寓我们了，或者，倘若是人身，生活便不快乐，不成功，充满了忧苦和不幸。倘若我们过去的作为和德行是混杂的，那么，‘自然’，像一个精明的会计师，一随我们从前的操行的格调和价值，给我们一分配得很好的报酬，交杂了的苦与乐，成与败，最稀罕的幸运，和最严酷的不幸。同时已往一生中的一过强的意志或欲望，也可能决定我们的转生。‘自然’的这些报酬，总是有其数学的一面，因为已假定是我们得受到我们的恶行的精确的惩罚，我们所曾作出的或施使的，那复制或等数便要回到我们，或使我们遭受；牙还牙的铁面无私的律则，便是‘羯摩法’的寻常原则：因为这‘法’是一个打算盘的算师，又是一个法官，有他的惩罚条例，以惩办久已过去的罪恶和不善行为。还有可注意的，是在这系统上于罪恶和善德有一

双重的惩罚，也有一双重的报偿；因为罪人是先得在地狱中受苦难，此后为了同是那些罪恶而再生世间受苦，而正人或清教徒，则得到天上的快乐的报偿，此后又为了同是那些美德与善行在一新的世间生存中享乐。

这些皆是很概括的通俗说法，对哲学推理未曾提出任何根据，对人生真谛的寻求，没有给出答案。一浩大的世界体系，只当作一方便而存在，为的是无尽地在一‘无明’之轮上旋转，无有了结，除了有一最后的机会从之出离，这，不是一有何真实存在的理由的世界。一个世界，只用作一个犯罪与为善的学校，成于一奖赏和鞭笞的组织，这对我们的智慧没有作什么更佳的诉予。我们内中的心灵或精神，倘若它是神圣的，永生的或天上的，不能单是被送到世间进学校，为了受这种朴拙和原始的道德教育；倘若它进入‘无明’里，那必是因为有某个更大的原则或可能性，属于它自体的，应当经过‘无明’而作出的。倘若，另一方面，它是发自‘无限者’的一有体，为了某个宇宙的目的投入了‘物质’的黑暗中，在其中生长到自我之明，则它在世间的生命和那生命的意义，必不止是像一儿童受爱抚又受笞罚以走上正路。这必然是一生长，从一所擅得的无明长出，生长到它自体的充分精神体格，终于进到一永生的知觉性，知识，气力，美，神圣的纯洁性与权能。对这么一种精神生长，这‘羯摩’规律是太属儿戏了。纵使心灵是一个什么造成的事物，一幼稚之物，应当从‘自然’学习，生长到永生，则也必由一较大的生长律则，而不由某种原始和野蛮的正道之神圣法典。这‘业’的理念，是人类情命心思的较小的部分所造，关注到其生命的微小律则，及其欲望与忧与喜，而建树它们的微弱标准为宇宙的大法和目

标。这些意念是不能为思维心所接受的，它们太明显有为我们人类无明所裁成的一造作的标志。

但同此一解答可能升到一高等理智水平，使之更可称赞，且加之以一宇宙原则的色彩。因为，最初，这可基于一颠扑不破的立场，即'自然'中之一切能力，必有其自然的后果；倘若何者在如今这一生没有可见的结果，很可能只是那生发稽迟了，不是永远敛藏了。每人收获他的工作和行事之后果，他的本性的能力所发出的果报，那些在今生未显出的，必保留到后下一生。是真的，个人的行为和能力的结果，可能不归到他自己而归到旁人，当他逝去以后；因为那是我们见到时常发生的，——诚然也在人的在世时发生，他的能力的成果，被旁人收获去了；但这是因为在'自然'中，生命有其共同性与连续性，而个人，纵使这么志愿着，也不能完全单为自己而生活。但是，设若有他自己的生命的连续，由于个人之再生，不单是有群众生命和宇宙生命的延续性，设若他有一永远发展着的自我，本性，和经验，那么，在他也一样，他的能力的工事不应突被割断，而应有其后效，在他的继续的发展着的存在中某时。人的有体，本性，生活环境，皆是他自己的内中和外间活动的结果，不是什么偶然之事和不可解的事：他便是他造成他自己的什么；过去的人，是现在的人之父，现在的人，又是将来的人之父。每人收获他所种的；从他所为者，他得到利益，以他所作者，他受到忧患。这便是'自然能力'的工作、'行业'、'羯摩'的串炼和法律。这便给我们的生存，本性，操行，作为的全部力量以一种意义，为其他人生理论所没有的。明显的，是在这原则上，一人过去的和现在的'羯摩'，必然决定他的将来出生，与其遭际及其环境；因为这些也应是

他的能力之果：凡他过去之是什么，之所为，必然是他现在之是什么和所经验者的创造者，而现在之是他者的一切，与他正作的一切，必然是他之将是什么与将来所经验者的创造者。人是他自己的创造主；他也是他的命运的创造主。凡此一切像这样推说也全然合理，无可非难，而'羯摩'的法律，可认为一事实，宇宙机械的部分；因为这是如此明显，——一旦已承认有再生，——竟至实际无可辩驳。

虽然，对这第一主论有两条附加，皆较为不普通，不甚可信，且带来了可疑之色；因为它们虽可能是部分真实，它们皆言之太过，造成一错误之见，因为它们皆表为'羯摩'的全部意义。第一是，能力的性质如此，则结果的性质必如此，——善必带来善果，恶必招致恶果；第二是，'羯摩'的一字真言是'正义'，因此善行必生快乐与幸运之果，恶业必生忧愁，苦难，与不幸之实。既是必有一宇宙的正义，在观察着，在某方式上管制着'自然'在人生中的直接的可见的施为，但对我们在如我们所见的人生事实中非显了，则她必然在她的未为我们所见到的全般处理中，是存在而且明显的；它必然是那微妙的几乎不可见的、但坚牢而且强有力的一条秘密线，束起她于她的创造者之否则为散漫的处理之细微末节。倘若问为什么唯独行为，唯独善事或恶事当有一结果，则可以让步说善或恶的思想，感情，行为，皆有其相应的结果，然行为既是人生的较大部分，和人的有体的价值的试验与表呈了的权能，又由于人也不能常于他的思想与感情负责，因其常是非自愿的，但他是且应当是于他的行为负责，因为行为任他选择，则主要是他的行为乃造成他的命运；凡其所作之业，皆是他的有体和他的将来的主要的或最有力的决定者。这便是‘羯摩’的全部法律。

但是我们首先得注意到，‘羯摩’的一条链子或法律，只是一外间的机械，不能提举到一更大的位置，视为宇宙的生命工事的唯一和绝对的决定者，除非宇宙本身，在性格上也全般是机械的。诚然有很多人以为一切皆是‘法律’与‘程序’，在宇宙中或宇宙后没有知觉的‘有体’或‘意志’；倘是如此，这里便有一‘法律’和‘程序’，可满足我们的人类理智，和我们的公道与正义的心思的标准，它有工事上的数学的精确性与一完善的对称的美与真。但‘法律’与‘程序’不便是一切，还有‘有体’与‘知觉性’；事物中不但有一机械，亦且有一‘精神’，不但有‘自然’和宇宙法律，亦且有一宇宙的‘精神’，不但有心思与生命与身体的一程序，亦且有自然所造物中之心灵。倘若不是如此，则亦不会有心灵之再生，也不会有‘羯摩’法律的施行原地。但设若我们的有体的基本真理是精神的而不是机械的，则必是我们的自我，我们的心灵，乃基本决定着它自体的进化，而‘羯摩’法律，只能是为那目的而用的一些程序之一：我们的‘精神’，我们的‘自我’，必然大于其‘羯摩’。有‘法律’，但也有精神的自由。‘法律’与‘程序’皆是我们的存在的一方面，它们只是统治我们的外在的心思，生命，和身体，因为这些皆大多服属于‘自然’的机械性。但甚至在这里，它们的机械的权能，只在身体和‘物质’上是绝对的；因为时若‘生命’的现相来了，则‘法律’变到更复杂，较宽和，‘程序’亦变到更粘柔，较少机械性，而时若‘心思’以其微妙性参入了，则更是如此。一内中的自由已开始干预，而且，若我们愈进到内中，则心灵的选择的权能也增上地愈加感到了：因为‘自性’(Prakriti)乃法律与程序之场，而心灵(Purusha)，乃是批

准者(anumantā),纵使寻常它宁愿居为见证者,让批准自动,它也能是,倘若它愿意,它的本性的主宰,'自在主'(Ishwara)。

这是不可想象的,说内中的'精神'是'羯摩'手中的一架自动机器,是其过去的行业的在这一生中的奴隶;真理应非如此严酷,当是比较粘柔。倘若某种分量的过去的'羯摩'的结果表呈于今生中,这必是得了性灵体的同意,它居临于它的世间经验的这新形成之上,不但顺从一外在的强迫程序,亦且依顺一秘密的'意志'和'向导'。那秘密'意志'不是机械的,却是精神的,向导来自一'智慧',这可运用一些机械程序,但不是服属于它们。自我表现和经验,皆是心灵以出生于一身体中所寻求的;凡为此生之自我表现和经验所需要者,不论其参与是当作过去诸生世的一后果,或当作结果之一自由选择或继续,或当作一新的发展,凡为将来的创造之手段者,那必然会表呈了:因为原则不是作出'法律'的一机械性,而是经过宇宙的经验以发展自性,以使它终于生长而出离'无明'。然则必定是有两个原素,'羯摩'当作一工具,但还有内中的秘密'知觉性'与'意志',以心思,生命,和身体而工作,当作用此工具者。命运,无论是机械的,或是我们自己造成的,我们自己的制作的一链条,只是存在的一个因素:'有体'与其知觉性及其意志,皆是一又更重要的因素。在印度的星命术中,它视一切生活环境皆为'羯摩',大致皆已前定或指示于群星的图表,也仍留有余地,留给了有体的能力或力量,它能够改变或删去一部分或大部分那么注定的,或甚至抹去一切,除了'羯摩'的最迫切和强大的束缚。这是这平衡的一合理的说法:但又在这计算上当加进这事实,即命运不是简单而是复杂的;命运束缚我们的物理生存体,只若或只到那

地步，一更大的法律尚未参与。行业属于我们的物理部分，它是我们的有体之物理作品；但在我们的外表之后，有一更自由的‘生命’权能，一更自由的‘心思’权能，它有另外一种能力，能创造另一命运，将其介入以修改那原本方案，而当心灵与自我出现时，当我们知觉地成为精神人物了，那变易能删除或整个重新画出我们的物理命运的图表。然则‘羯摩’，——或至少是任何机械的‘羯摩’法律，——不能承认其为环境的唯一决定者，和我们的再生和我们将来的进化之全部机械。

但这不是一切；因为这‘法律’之说，错在过度简单化，和武断选择一有限的原则。作为，是有体的能力之一结果，但这能力不止是单独一种。‘精神’的‘知觉性・力量’，自体显示于多种能力：有心思的内中活动，有生命的活动，欲望，热情，冲动，性格的，有诸识和身体的活动，有向真理与知识的追求，美的追求，伦理的善或恶的追求，权力，爱，喜，乐，幸运，成功，愉快，种种人生满足，人生扩大的追求，个人的或集体的目的之追求，健康，气力，能量，身体的满足之追求。凡此，做成了人生中‘精神’的多方面的行为和多式多种的经验之一异常复杂的总和，而且其分殊性不能搁置一边，偏袒单是一个原则，也不能锤锻为单独一二元曰善与恶的这么多段片；伦理，人类道德标准的保持，因此不能是宇宙大‘法’的唯一要务，或决定‘羯摩’工事的独一原则。倘若这是真的，发出的能力的性质，必然决定结果或成作的性质，则凡此能力的性质中的分别皆应计到，每个皆必有其正当的后果。一种寻求真理与知识的能力，其自然的成作，——倘若愿意说，其报酬或补偿，——必然是到真理的生长，和知识的增加。一能力而用之于虚伪，必结果出本性中

虚伪的增长，‘无明’中的更深的沦没。一追求美的能力，其成作必是美的意识，美的享受的增加，或者，若是那么引导了，导致人生与自然的美与和谐的增上。对身体的健康，气力，和能量的追求，应造成一强人，一成功的体育家。发出一能力以追求伦理的善，其成作或报酬或补偿必然是美德的增进，道德的生长的快乐，或一简单和自然的善之阳光的幸福与安定与纯洁，而相反对的种种能力之惩罚，将是更深沦陷于恶，一更大的乖戾，和本性的颠倒，而且，在过度了的场合，会是一巨大的精神毁灭（mahatī vinaṣṭiḥ）。一种能力发施了，求权能，或为了其他情命目的，必然导致主管这些结果的能量的增加，或导致生命气力的发展和盛大。这是‘自然’中的事物的寻常安排，而且，若求正义于‘自然’，这正是正义，能力和能量之发出，必在其自类中得到其适合的回应。她规定赛跑中的奖必给予最快者，战争中之胜利给予勇敢者，强健者，和能干者，知识的报酬给予能干的智士和勤恳的寻求者：这些事物她不曾给予那良善的人，为懒惰或懦弱或无能或愚钝者，徒然因为他是公正或可敬；设若他贪图这些其他的生命权能，他必须使自己合格，发施那项正当能力。设若‘自然’不这么做，则可诋毁她曰不公道了；没有理由说她在这种完全正当而且正常的安排上不公道，或要求她改正将来一生的平衡，使善人为了他的美德自然得到报酬，居高位或有一笔银行的大存款，或一愉快，安逸，得法的生活。那不能是再生的意义，或‘羯摩’的一宇宙法律的充分基础。

诚然，在我们人生中有一很大的原素我们称之曰幸运或运气者，这常挫折了我们求结果的努力，或不努力而颁发奖品，或给予一较低等的能力以奖品：这‘命运’的狡狯的秘密原因，——或种种原因，因为‘幸运’的根本是多种的，——无疑是必部分求之于我们的隐退了的过去；但很难接受这简单的解答，说好运气是过去中已遗忘的善行之一报酬，坏运气是一罪恶的报应。倘我们见到善人在此世受苦，很难相信这美德的典型人物，在过去生世是一痞棍，而且甚至在一新生至于可作楷模的转变之后，尚在还他所作的恶事之债；我们又不容易假定倘恶人是胜利了，必在过去生世中他是一圣人，却突然作了一错误转向，然仍在领取他的过去的善行的奖金。一生到一生的这种全般转变是可能的，虽不像是会常有，但在这新的相反的人格上配上一套旧者的报酬和惩罚，看来像是一无目的且纯属机械的办法。这以及许多其他困难皆可生起，而这同在关系的太简单的逻辑，不是像其所自许的那么坚强；‘羯摩’的报应这理念作为人生和‘自然’的不公道的补偿，是这理论的一薄弱基础，因其标出一浅薄和肤泛的人类感觉和标准，视为宇宙‘法律’的意义，且是托基于一不健全的推理上；‘羯摩’的法律，应该有其他更坚固的基础。

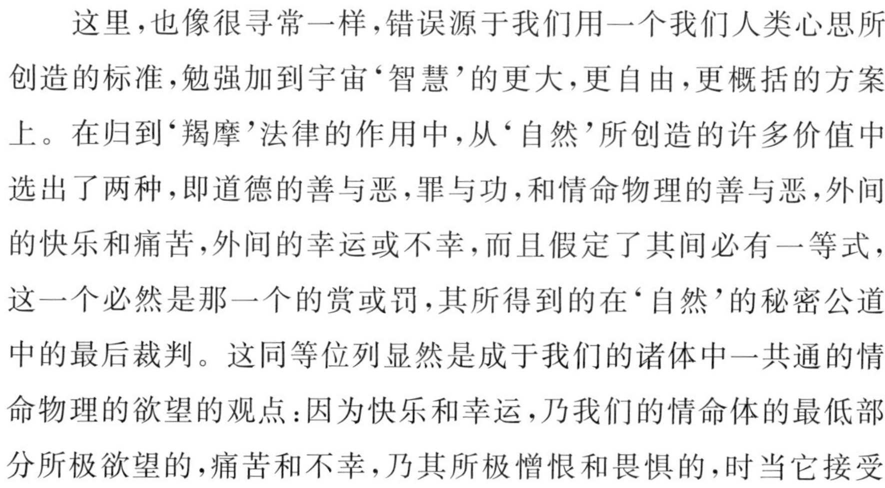

这里，也像很寻常一样，错误源于我们用一个我们人类心思所创造的标准，勉强加到宇宙‘智慧’的更大，更自由，更概括的方案上。在归到‘羯摩’法律的作用中，从‘自然’所创造的许多价值中选出了两种，即道德的善与恶，罪与功，和情命物理的善与恶，外间的快乐和痛苦，外间的幸运或不幸，而且假定了其间必有一等式，这一个必然是那一个的赏或罚，其所得到的在‘自然’的秘密公道中的最后裁判。这同等位列显然是成于我们的诸体中一共通的情命物理的欲望的观点：因为快乐和幸运，乃我们的情命体的最低部分所极欲望的，痛苦和不幸，乃其所极憎恨和畏惧的，时当它接受对它的道德要求，要克制它的偏向，要自我禁制、不为恶，要自我努力、趋于为善，则它进行要订一合同了，要建立一宇宙的'法律'，这将赔偿它的辛勤的自我勉励，且以对于惩罚的畏惧帮助它不离开它的自我否定的艰难的路。但是真守道德的人，不需要一赏与罚的规则以走上善道和离开恶道；善德于他便是它自身的报酬，恶也带来了其在自身的惩罚，在他之遭到从他自己的本性堕落：这乃是真的伦理准则。反之，一系赏罚规条，立刻贬低了善的伦理价值，化美德为自私，成了一自私自利的商业上的讨价还价，一正当的禁制为恶的动机，被一卑下的动机代替了。人类建树了赏罚规则，当作一社会的需要，所以制止对团体有损的行为，鼓励对之有帮助的；但建立这人事的机巧为一宇宙'自然'的通则，或一无上'有体'的法律，或存在的至上法律，则是一价值可疑的办法。这是人道的，但也是幼稚的，以我们自己的'无明'之薄弱和狭隘的标准，加到宇宙'自然'的更广大更复杂的工事上，或加到'至智'或'至善'的作为上，这作为是吸引或提举我们归到它自体，用了一种精神权能，经过我们的内中有体在我们自己中间缓缓施为，而不是用一种引诱和强迫的法律加到我们外在的情命自性上。倘若心灵是正经过一进化，由于一多方面的复杂的经验，则任何'羯摩'或返于作为与发施'能力'的法律，如要合上那经验，应当也是复杂的，不能是一简单的纤小的编组，或在其施行上是严格的，一遍的。

同时，一局部的事实上的真理，然不是基本的或普通的原则的真理，可承认这一说上有；因为能力的作用的路线虽皆是分明而且独立的，它们也能共同发生作用而且在彼此上互生作用，虽不由任何严格规定的相应律则。可能的，在'自然'的报施的整个方法上，可参入了一线联系或毋宁是一线交互作用,在情命物理的善恶与道德的善恶之间,一有限的相应和交会点,介于分歧的二元性之间,而不至于不可分离的联属。我们自己的种种不相同的能力,欲望,运动,在其工事上皆是混合的,可能发生一混合的结果:我们的情命部分,不要求实质的和外在的报酬,报偿美德,知识,每个智识的,美的,道德的,或身体的努力;它坚信罪恶的惩罚,甚至无知的惩罚。这可或创造或否则回答一相应的宇宙作用;因为'自然'以为我们之是我们这样,到相当限度也以她的运动应合我们的需要或对她的要求。倘若我们承认有不可见的'力量'加于我们的作为,也可能有'生命自然'中的不可见的'力量',属于'知觉性·力量'的同此一界,如我们的有体的这一部分所属的,是一些'力量',按照同一方案或同一权能动机而运行,有如我们的低等情命自性。时常可能见到的,时若一自我拥护的情命的自私性一往直前,毫无顾忌或迟疑,践踏路上一切反对它的意志或欲望的,则它激起对它本身的一聚反动,在人中的不安,反抗,憎恨的回应,在当时或后下有其结果的,以及宇宙'自然'中的更可怖的相反的对抗。那好像是'自然'的耐性,她对被利用的同意,皆已销竭了;正是雄强的情命人物的私我所把持的且屈从它的用处的那些力量叛变了,兴起而反对他,那些他所践踏的皆起来了,得到了权力打倒他;'人'的无忌惮的情命力量,打到'必需'的宝座上而碰碎了,或说'惩罚'的蹇足终于追上了成功的犯人。这对他的能力的反对,可在另一生而非一时加到他,可能是后果的负担,当他回到这些'力量'的原地所负起的;这可能发生在一小限度亦如在一大范围上,在他的微小错误亦如在这些大事例上。因为原则是同一个;我们中间的心思

体，以误用力量而求成功，为‘自然’所许，但终于对之反动了，便得到反对的报复，在失败与痛苦与无成的相状下。但推衍这一微小的因与果的线索，推到一不可变移的绝对‘法律’的格位，或一无上‘有体’的整个宇宙行为律，则是无效的；这些皆属于一中间界，介于最内中的或至上的事物之‘真理’、与物质‘自然’之无偏性之间。

无论怎样，‘自然’的反应在真元上非意在于赏或罚；那不是它们的基本价值，毋宁可说是自然的关系之一内在价值，至若其影响精神进化，则是在心灵的宇宙训练中之经验教训之一价值。设若我们触火，它便灼伤，但在这因果关系中没有惩罚的原则，这是一关系的教训，一经验的教训；这样在‘自然’和我们的一切交涉中，有事物之一关系，也有一相应的经验之教训。宇宙的‘能力’的作用是复杂的，同样一些‘力量’，可随环境不同而以不同的方式作为，可随有体之需要，可随宇宙的‘权能’在其作用中之原旨而异；我们的生命不单是受到其自有的能力之影响，也受到他人的能力的和宇宙的种种‘力量’之影响，而且凡此浩大的交互的活动，在其结果上皆不能单独取决于一个因素，即一个统治一切的道德律，及其无外地专注重人类个人的功与过，罪恶与善德。同然，幸运与恶运，快乐与痛苦，安豫与患难与灾祸，也不能认为其所以存在，徒然是为了对此自然有体在其善恶的抉择上的激劝与抑遏。是为了经验，是为了个人的生长，心灵乃入乎重生；喜与忧，痛苦与患难，幸运和不幸运，皆是那经验的部分，那生长的手段：甚且心灵可自动选择或接受贫穷，不幸，和患难，以为有助于它的生长，可刺激起迅速的发展，而拒绝财富与繁荣与成功，以为危险，且可导致精神的努力之懈弛。快乐与成功带来快乐，无疑是人类的合法的要求；这

是‘生命’与‘物质’的一企图，要得到幸福的一粗疏形相或淡色反映：但是一浅薄的快乐和物质上的成功，无论于我们的情命本性为多么可欲，皆不是我们的生存的主要目的；倘若那便是原旨呢，则生命在宇宙的事物秩序上必会另外给怎样安排了。重生的环境的一切秘密，皆以心灵之唯一主体需要为中心，心灵需要生长，心灵需要经验；那便统治了它的进化的路线，其余一切皆属附庸。宇宙的存在，不是一广泛正义的浩大行政系统，以一赏与罚的宇宙‘法律’为其机械，或一神圣的‘立法者’和‘裁判官’坐在中央。它在我们看去起初是‘自然’的能力的一伟大的自动运动，在其中出现一知觉性的自我发展着的运动，因此是‘精神’的一运动，在‘自然’的能力之动展中作发它自体。重生的轮转便在此动展中运行，而在那轮转中，心灵，这性灵体，为它自体准备着，——或者‘神圣智慧’或宇宙的‘知觉性·力量’替它准备，且经过它的作为，——凡在其进化的下一步所需要者，下一个人格的形成，将来的必要的经验之结集，即恒常从过去，现在，未来的能力之继续川流中所组织所供给的经验，为了‘精神’的每次向前或向后的新的一步，或仍是在一圆圈中的，但常是这有体的生长中的一步，进向其命定的在‘自然’中的自我舒展。

这又引导我们到再生之普通概念的另一原素，不能接受的，因其明显是物理心思的一错误，——谓心灵本身是一有限的人格，从一生到另一生常存而不变。这心灵和人格的太简单且浅薄的理念，生自物理心思之不能望到在这单一存在中的它的明显的自我形成以外。在其概念中，转世而还生的，不但只应是同此精神有体，同此性灵元体，亦且应是自性的同此一形成，在过去一生中寓居于身体中的；身体改变了，环境皆不同了，但有体的形式，心思，性格，风度，气质，倾向皆同：约翰斯密司在他的新生命中，是同此一约翰斯密司在他上一趟的转世中。倘若竟是那样的呢，则重生不会有任何精神的用处或意义；因为那只会有同此一微小人格的重复，同此一微小的心思的和情命的形成，直到'时间'之终尽。为了具于身形中之有体的生长，生长到它的真实性之圆满局度，不但一新的经验，亦且一新的人格为必不可少；重复同一人格能是有益，只倘若在其经验的形成中有什么未尝完全，而需要在自我的同一间架上作出，在此同一心思的建筑中，具有同此形成了的能力之量。但寻常这会是十分可厌的，为约翰斯密司的心灵者，不能得到什么益处，或圆成它自体，倘永远仍其为约翰斯密司，它不能成其生长或臻于完善，倘永远重复着同此性格，兴趣，职业，内中和外在运动的这些样式；那会不是一进化，只会是一永恒的重复之无意义的继续。我们对我们现在的人格的粘执，要求这种继续，这一重复；约翰斯密司要永远是约翰斯密司：但这要求明显是愚痴的，而且，若加以满足呢，那会是使之空劳失望，不会是一圆成。唯独是由外在自我之一转变，本性的一恒常的进步，在精神中的一生长，我们乃能认我们的生存为有正当理由。

人格，只是一暂时的心思，情命，身体的形成，为真的'人'这有体，性灵元，所发布于外表的，——它不是在其长住之真实性中的自我。每趟回到世间，这'人'，这'补鲁洒'，作出一新形成，作成一新的个人的量子，合乎一新的经验，其有体的一新的生长的。时若其从身体蜕出，它仍在一些时候保持此同一情命的和心思的形式，但这些形式或壳子消溶，所存留者，只是过去的量子的真元原素，有些将用于、有些可不必用于下一趟转生的。过去人格的真元形式，可存为多原素中之一，同此一‘人’的多人格之一，但在背景上，在表面的心思，生命，身体的障幕之后的潜意识中，从那里乃奉献出凡于此新形成所需要于它自体的；但这本身不会是整个形成，或从新建造旧的本性的典型不变。甚至可能是，新量子或有体的新构架，将表现一甚相反对的性格和气质，甚不同的能量，甚相异的倾向；因为暗含的潜能，可已准备出现了，或者，某个什么已动作然正萌芽，可能在前一生被抑遏了，那是应当发舒的，但是给保留下来，等待本性的诸多可能性的从来一更适宜的结合。诚然，全部过去皆在那里，具备了加速的动力和潜能以作出将来的形成，但不是全皆现前而活动。若是过去已存在且可利用的形成之种类愈多，经验的集合构筑愈加丰富且多方多式，则它们能为知识，权能，作为，性格，对世界的反应的能量之真元结果愈大，可发皇且和叶入新生中，若其心思的，情命的，微妙生理的障蔽了的许多人格，所以结合而增丰表面上的新人格者，愈是繁多，则那新人格将是愈大，愈丰硕，愈近于可能的移易，出离进化的已完结的心思阶段，入乎其以外的什么。这样复杂且集多个人格于一人，可能是个人的进化之非常前进了的阶段的表相，时若已有一强健的中枢有体将一切收聚，从事于本性的全部多方面的和谐与统一。但这么对过去的丰富采纳，不会是人格的重复；它将是一新的形成与伟大的成全。不是当作一不变易的人格之坚住的更新或延长的机巧，而重生存在，它是当作精神有体在‘自然’中的进化之一手段而存在。

这立刻变到明显了，在重生这方案中，心思所加于过去诸生的虚伪重要性，全般消失了。诚然，设若重生是为一系赏罚条例所统

治，设若生命的全部原旨是要教训此形体中的精神要为善，要守道德，——假定那便是颁发‘羯摩’的本意，而不是像其在此表呈中这样，为一机械的偿还和报应的法律，没有什么改造的意义或目的，——则明是在对心思之新生转世上不许其有一切于其过去诸生世和行为的记忆，必为一大愚蠢且不公道了。因为这从新生者夺去了一切机会，证验他为何被奖赏或被惩罚，或从为善之有益、与为恶之有害、所担保给他或加罚于他的教训上得到任何益处。甚且，人生既常是好像教他正相反的一课，——因为他见到善人因其善德而受苦，恶人以其恶行而繁荣，——他毋宁会作结论于这颠倒的义度中了，因为他没有一确定的和恒常的经验的结果之记忆，教示他善人之受苦是由于他过去的恶业，而罪人的安富是由于他过去的美德的光华，所以为善是长算上的最好策略，在任何合理且明智的心灵之入乎‘自然’的这规制上。可以说，内中的性灵体是记得的；但这种秘密记忆似乎在外表上没有多少效果或价值。或者，可以说它在出离身体之后，回顾且同化其经验时，证悟曾所发生的事，学到了它的教训：但是这中段的记忆，不怎样显然于下一生中有助；因为我们大部分人坚持于犯罪和错误，不表示任何分明的征相，已受到过去的经验的教训之益。

但是，假定由一发展着的宇宙经验而恒常发展有体，便是意义，建立一新人格于一新生中，便是方法，则对过去一生或多生的任何坚持的或完全的记忆，可能是一锁链和严重的阻碍：那会是一延长旧的气质，性格，癖好的力量，一奇巨的负担，妨碍着新人格的自由发展，及其新经验的表呈。一清晰和详细的记忆，记起过去诸生世，仇恨，怨毒，执著，关系，也同等将是一累赘的妨碍；因为这会

束缚这新生者于他的表面的过去之无用的重演或强迫的继续，而重大地滞碍他从精神的深处启出新的诸多可能性。诚然，倘若对事物的一心思的学习便是这事的核心，倘若那便是我们的发展的办法，则记忆将有大大的重要性：但发生的事是心灵人格之生长，和本性的一生长，由于将过去的多种能力的真元结果，同化入我们的有体的本质中，作一创造性的和有功效的吸收；在这程序中，知觉的记忆不关重要。如同一树之生长，由于下心知的或无心知的同化作用，同化阳光，雨，风的作用，又吸收土壤的原素，一样的，有体之生长，由于一潜意识的或内心知的同化作用和吸收作用，同化且吸收其过去的变化之结果，且发放出其将来的变化的潜能性。那从我们夺去对过去诸生世的记忆的法律，是宇宙的‘智慧’的一法律，是有用于非无用于其进化的目的。

对过去存在无有任何记忆，是错误地且极愚昧地被取作非实有再生之证明；因为甚至在这一生中，对我们的过去也很难保持一切记忆，它们时常淡化而没入背景，或全部消失，对童年的回忆亦无存留，纵使如此，有此记忆上的一切空白，我们仍能生长而且是为我们，倘若心思甚至能于过去的事情完全失掉记忆，并其自体的认识亦忘，然仍是同此一人在此，其已失的记忆有一日可能恢复，则明显的，这么一剧烈的变化，如转移到他世界而随之以一新身体中之新生，应当正常是全部抹煞表面的或心思的记忆，可是那不会消除心灵的同一性或本性的生长。抹去表面的心思记忆是更为必然且必定了，倘若有同此一人的一新人格，和一新工具代替了旧工具，一新心思，一新生命，一新身体：不能希望新的脑经，在其本身附带旧脑经所保持的印象；不能传召新的生命或心思，令其保留旧

心思和生命所删去的印象，皆已消融不复存在者。无疑，犹有潜意识在，它可能记得，因为它不遭受表面的亏损；但表面的心思与潜意识的记忆断隔了，唯独潜意识的记忆还可保留过去诸生的一些明确的回忆或清楚的印象。这分隔是必需的，因为新人格必建立在表面上，不知觉地参照内中所有的什么；正如外表有体的其余一切部分一样，我们的表面人格诚然也是由自内的作用而形成的，但它对于那作用不知觉，那对它自体好像是自我形成的，或已经作好的，或为宇宙'自然'的某些未得正确了解的作用所形成的。然而过去诸生的段片的回忆确实存留，纵使有了这些几乎不可度越的阻碍；甚至还有很少几个实例，在儿童心思中有可惊的精确和充分的记忆。终者，在有体的发展的某一阶段，其时内中体开始凌驾外在体而到了前方，则过去生世的记忆有时也真出现，好像是从某沉埋层发露了，但惯常是在一种知见的形相中，知见过去诸多人格的本质与权能，于今生有体的组合中有其效果的，甚于其为事实和环境的任何精细正确的细节的形相，虽然这亦复能部分重现，或以集中而从潜意识的视见恢复，从某些秘密记忆，或从我们的内中的知觉的本质恢复。但这详细的记忆，对'自然'在她的正常工作中是次要的，她为此不作或只作微少的供应：她所关注的，是有体的将来的进化之形成；过去是遗置于后了，保存在障蔽之后，只用作资料的一幽暗渊源，为了现在和将来。

这'人'和'人格'的概念，倘若认许了，必然同时修正我们关于心灵永生的流俗理念；因为通常我们坚持心灵的不死之存在时，意思是指一决定的不变易的人格在身死后犹存，它曾是且将是永恒仍其为同一。这便是此极不完善的肤表的一时的'我'，显然被'自

然’看作一暂时的形式，不值得保存，而我们要求其死后犹生和永生这可骇的权利。但这要求是过奢的，不能让许；当此一时之‘我’，值得身死后犹存，只倘若其同意改变，不复是它自己了，变为其他什么，更好，更伟大，在知识上更辉煌，更依永恒的内中美的形象而模范出，更加又更加进步向秘密‘精神’的神圣性。是我们内中的那秘密的‘精神’或‘自我’的神圣性乃不可磨灭，因为它是未生而且永恒。内中的性灵元，它的代表，我们内中的精神的个人，乃是我们之为我们这‘人’；但此一时之‘我’，此一生中之‘我’，只是这内中的‘人’的一个形成，一暂时的人格：它是我们进化的转变的许多步中之一步，而且，只时若我们度越了它，更前进一步，进向知觉性和有体的一更高度而愈近了，它方作了它的真实用处。是此内中的‘人’乃在身后犹存，正如其于未生前先在；因为这恒常的死而仍存，乃是以我们的无时间性的‘精神’之永恒，译入‘时间’的名相中。

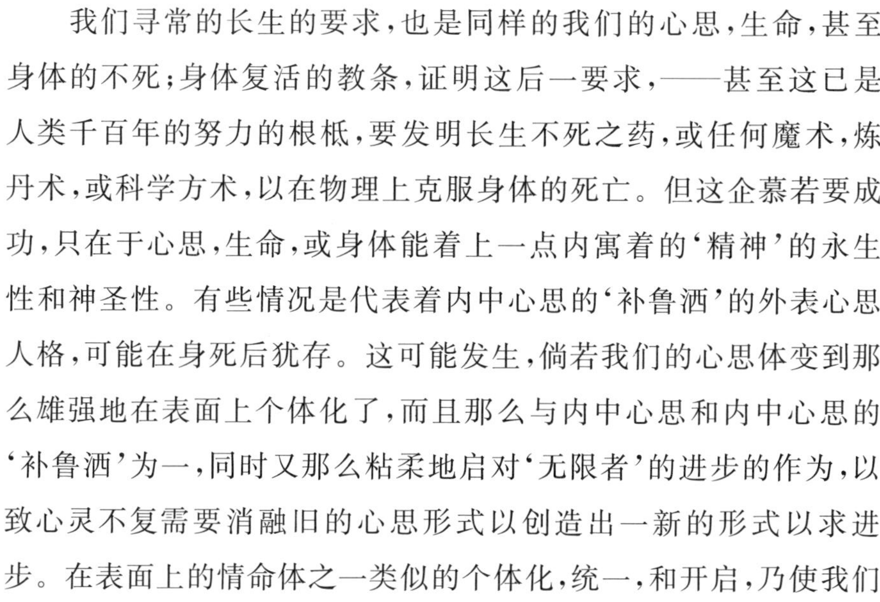

我们寻常的长生的要求，也是同样的我们的心思，生命，甚至身体的不死；身体复活的教条，证明这后一要求，——甚至这已是人类千百年的努力的根柢，要发明长生不死之药，或任何魔术，炼丹术，或科学方术，以在物理上克服身体的死亡。但这企慕若要成功，只在于心思，生命，或身体能着上一点内寓着的‘精神’的永生性和神圣性。有些情况是代表着内中心思的‘补鲁洒’的外表心思人格，可能在身死后犹存。这可能发生，倘若我们的心思体变到那么雄强地在表面上个体化了，而且那么与内中心思和内中心思的‘补鲁洒’为一，同时又那么粘柔地启对‘无限者’的进步的作为，以致心灵不复需要消融旧的心思形式以创造出一新的形式以求进步。在表面上的情命体之一类似的个体化，统一，和开启，乃使我们内中的生命部分，外表情命人格代表着内中生命体，情命的‘补鲁洒’，可能同样长存。真实所发生的事，会是打破了分隔内中自我和外表的人的墙壁，而出自内中的永远的心思体和情命体，永生的性灵元之心思的和情命的代表，乃将统治生活。我们的心思本性和我们的生命本性，则将是心灵的一继续进步的表现，而不是诸多相续的形成的纠结，只在它们的真元上保留下的。那么，我们的心思人格和生命人格，将从一生到一生仍在而不消解；它们在这义度上将是永生，长留，在其同一性的意识上为相续的。这将明是心灵和心思和生命之一绝大胜利，克服了‘无心知’与物质‘自然’之范限。

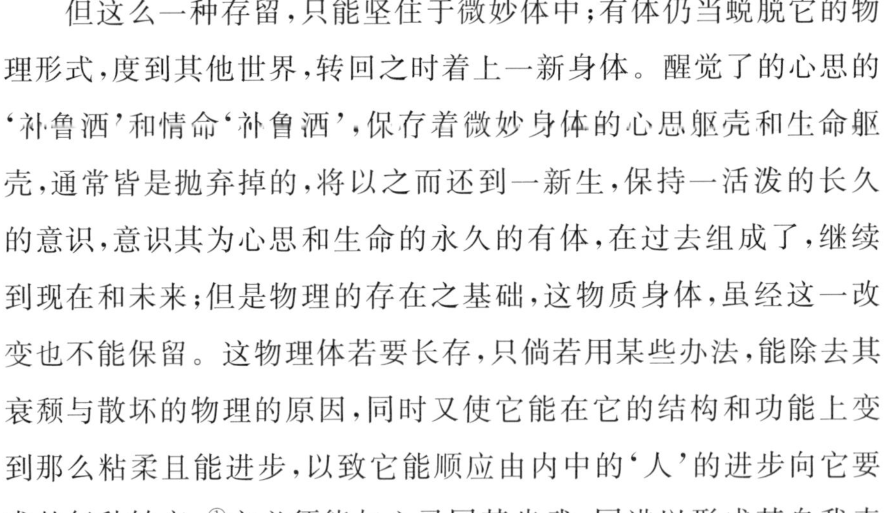

但这么一种存留，只能坚住于微妙体中；有体仍当蜕脱它的物理形式，度到其他世界，转回之时着上一新身体。醒觉了的心思的‘补鲁洒’和情命‘补鲁洒’，保存着微妙身体的心思躯壳和生命躯壳，通常皆是抛弃掉的，将以之而还到一新生，保持一活泼的长久的意识，意识其为心思和生命的永久的有体，在过去组成了，继续到现在和未来；但是物理的存在之基础，这物质身体，虽经这一改变也不能保留。这物理体若要长存，只倘若用某些办法，能除去其衰颓与散坏的物理的原因，同时又使它能在它的结构和功能上变到那么粘柔且能进步，以致它能顺应由内中的‘人’的进步向它要求的每种转变，①它必须能与心灵同其步武，同进以形成其自我表

① 纵使‘科学’——物理‘科学’或玄秘‘科学’，——倘发明出身体的长生不老的必要条件或方法，而身体不能自加适应，以变成表现内中生长的一合宜的工具，则心灵仍然会找到什么办法抛弃它，进到一新的投生转世。死亡的物质的或物理的原因，皆不是其单独的或真实的原因；其真实的最内中的理由，乃是为了一新有体的进化之精神需要。

现的人格，其一秘密的精神的神圣性之长久展开，和缓缓的转化心思的存在为神圣心思的或精神的存在。这三重的永生之圆成，——本性的永生，完成着‘精神’的真元的永生，与性灵之长存，——可能是重生之冠顶，与一战胜的重大指示，即虽在‘物质’统治的正本基础上也征服了物质的‘无心知’与‘无明’。但真的永生仍是‘精神’的永恒性；物理的不死只能是相对的，随意可终，在世间‘精神’的胜利的一时间性的表相，胜过‘死亡’也胜过‘物质’。

第二十三章　人类与进化

一精神的进化，一知觉性在‘物质’中，恒常发展其自我形成，直到形式能启示其内寓着的‘精神’，——这，便是大地上的存在之主旨，中枢的显著动机。这主旨在开端，是被‘精神’、‘神圣真实性’之内藏于一浓厚的物质的‘无心知’中隐蔽了；一‘无心知性’的障蔽，‘物质’的无感觉性的一障蔽，藏匿了在其内中工作的宇宙的‘知觉性·力量’，以致那‘能力’，即创造的‘力量’在物理宇宙中所擅有的第一形式，在其本身也现为无心知的，可是又作着一浩大的玄秘‘智慧’的工作。这阴暗的神秘的创造母，诚然终于发放出秘密的知觉性，出离其坚厚和黑暗的囚狱；但她缓缓发放，一点一点地，以至极微小的点滴，稀微的喷出，以能力与本质的、生命的、心思的微小震动的凝聚，好像那便是她可由此粗重的阻碍物，存在的一无心知的质料之钝滞吝固的中介物，所能发出的一切。起初，她寓居于‘物质’的形式中，皆是全般不知觉的，其次在活的‘物质’的装扮下而斗进到心思性，于是不完善地在知觉的动物中达到它。这知觉性起初是胚原的，大多是一半下知觉的，或恰是知觉的本能；它缓缓发展，直到在活的‘物质’之更有组织的形式中，达到其智慧之顶点，更在‘人’中超越它自体了，——‘人’，这思想动物，发展为理智的心思人，但即算在他的最高处，也仍携带了原始动物性

的模型，身体的下心知性的死沉的重量，向原始的‘惰性’与‘无知性’的下垂引力，一无心知的物质‘自性’在他的知觉的进化上的管制，其范限之权能，其艰难发展的律则，其巨大的阻滞与挫折之力量。原始的‘无心知’管制从之出现的知觉性，取了一普通形式，即一心思体向知识斗进，但在其自身，在似是其基本自性上是一‘无明’。虽如此被阻碍被负累了，心思的人仍要从他自己发皇出充分知觉的有体，一神圣的人道，或一精神的和超心思的超人道，为进化的下一个产品。那衍进将标志从‘无明’中之进化到‘明’中的一更伟大的进化的过程，建立且进行于‘超心知者’的光明中，不复在‘无明’与‘无心知’的黑暗中了。

‘自然’在大地上的这进化工事，从‘物质’到‘心思’而又超出其外，有一双重程序：有一物理的进化之外表可见的程序，以出生为其机械，——因为每个进化了的身体形式，安寓其已进化的知觉性权能，乃由遗传保持而继续；同时又有一心灵进化之不可见的程序，以重生于形式与知觉性的上升诸等级为其机巧。前者自身的意义只会是一宇宙的进化；因为个人会是一很快消亡的工具，而种族，一较悠久的集体表呈，乃将是宇宙‘寓居者’，普遍的‘精神’之进步的显示中的真实的一步：重生，则是个人在大地存在中的进化与任何长久的经历之必要条件。宇宙显示的每一等级，每一形式的类型之能安寓此内居着的‘精神’者，皆以重生而化为个人心灵即性灵元体的一工具，用以愈加显示其隐藏了的知觉性；每一生，成了胜过‘物质’之胜利的一步，由于其中知觉性之更大的进展，这终于将使‘物质’本身化为‘精神’的充分显示之工具。

但大地上的创造的这程序和意义，在每一点上皆遭到人自己的心思中的挑战，因为进化仍是在其旅程的半途，仍是在‘无明’中，仍是在人类半开化的心思中寻求其自有的目的和意义。可能向进化论挑战，理由是它建立不充分，当作大地上存在之程序的解释则属多余。即使肯定进化，是否人有此能量，发展为一高等进化体，还可怀疑。又是否进化已达到这地步还会更前进，或是否一超心思的进化，一圆成了的‘真理知觉性’，一‘明’的人物，出现于大地‘自然’之基本‘无明’中全属可能，也可怀疑。另一解说，既非极因论的，亦非进化论的，可以加到‘精神’在世间的显示的工事上，然则在更加讨论以前，无妨明了地将这条思路表呈，使其说可能成就的。

纵使承认创造是‘无时间的永恒者’在一‘时间永恒性’中的显示，又承认有‘知觉性’的七个等级，而且物质的‘无心知性’，是安立为‘精神’之重复上登的一个基础，更承认重生是一事实，是大地上的秩序之一部分，然而个人的一精神进化，不是任何这些认许的一个的，或甚至它们全体的、一必然的后果。对大地上的存在之精神意义及其内中程序，可能取另外一种看法。设若每个创造物是显了的‘神圣存在’的一形式，每个以在其内中的精神当前的缘故，不论其在‘自然’中的现相为何，其形象或性格为何，在其自身总是神圣的。在显示的每个形式中，‘神圣者’得其存在之悦乐，则亦无需在其内中有何改变或进步。任何现实化了的诸多可能性之一有秩序的展示或层级，为‘无限有体’所需要者，皆由形式之无数的变换，丰富的繁多，知觉性，自性之种种类型，如我们在我们的周遭所见到的，充分与以供应了。在创造中没有什么极因论的目的，而且也不能有，因为在‘无限者’中一切具足：‘神圣者’没有什么他需要获得的或他所缺少的；倘若有创造、有显示，则这是为了创造的、显示的悦乐，不是为了任何目的。然则没有理由，要有一进化运动而有其所当达到的极顶，或一所当作发而成就的目标，或一趋于究竟的圆成之驱策。

事实上，我们也见到创造的原则皆是永久的和不变的：有体的每一典型，仍其为自体，也不试行亦不需要变到异于它自体；纵许有些存在的类型消逝，其他的又出生，这是因为宇宙间的'知觉性・力量'将其生命悦乐从那些灭亡者敛去了，转而为了它的喜好又创造了其他的。但每一生命的类型，当其仍在，必有其自体的模式，而且长是忠实于那模式，不论有何微小的变换；它是拘束于它自体的知觉性，不能离之而入乎其他知觉性；既为它自体的本性所限制，它不能越出那些边界而度入其他本性。设若'无限者'的'知觉性・力量'已显示出'生命'于显示出'物质'之后，又显示出'心思'于显示出'生命'之后，这不必然是它又当进而显示出'超心思'为下一届大地上的创造。因为'心思'和'超心思'，两属于不同的半球，'心思'属于'无明'之低等格位，'超心思'属于'神圣之明'的高等格位。这世界是'无明'的一世界，也意在只是此而已；无需立意要将上半球的权能引下到这存在的低下半球，或在其间显示出其隐藏了的当前体；因为，倘若那些权能竟全然有在于此，则也是在一幽隐而不可通达的内在性中，只是保持这创造而已，不是要圆成它。人是这无明的创造之峰顶；他已达到究极的知觉性及其所堪能的知识：设若他试更往前行，他会只在他自己的心思体的较大的圆圈上旋转。因为那是他在世间生存的弧线，一有限的回旋带着'心思'周转，而且常是回到它的出发点；'心思'不能出离它自体

的循环，——一直线运动或进步，无限地上达，或旁入乎‘无限’，这一切理念皆是妄想。设若人的心灵要出乎人类以外，要达到或是一超心思的或是一更高的格位，则它必须出离此宇宙存在，进到一‘福乐’与‘明’的世界或界，或入乎未显了的‘永恒者’和‘无限者’。

是真的，‘科学’如今肯定一进化的大地上的存在：但是，假使‘科学’所处理的事实皆为可靠呢，其所试作的原理皆是短命的；有些它保持了几十年或几百年，于是又透到另一原理，事物的另一理论。这甚至在物理‘科学’也发生的，其间事实皆固定可征，以实验可证：在心理学，——在这里是合得上的，因为正是讨论知觉性的进化这事，——其不稳定性是更大了；它从一个理论又度到另一理论，当其第一个尚未确立；诚然，几个相冲突的理论共同维持了场面。没有什么坚固的形而上学的建筑能安立在这些移动着的流沙上。遗传，‘科学’在其上建立其生物进化的学说的，诚然是一权能，一机巧，以保持一种性的类型于不变：至若证明其也是一机巧以成其坚持的和进步的变换，便甚可疑问；其倾向是保守，倒不是进化，——它似乎难于接受‘生命力量’试欲强加于它的新性格。一切事实皆证明一个类型能在其自有的特性中转变，但没有什么可表明它能够出乎其外。也还没有真实建立猿类发展为人之说；因为倒像是有一类型似猿，但常具其自有的特性而非猿性，在其自有的本性倾向之内中发展了，变成了我们所知之人，现在这人类。甚至也还没有确立，人类的低等种族，从它们自体发展出了高尚种族；那些属于低下组织和能量的灭亡了，但没有证明他们留下了今之人类为他们的后代；但仍然，这么一种在类型中的发展是可想象的。‘自然’的进步，从‘物质’到‘生命’，从‘生命’到‘心思’，这还

可认许：但还没有证明‘物质’发展为‘生命’，或‘生命能力’为‘心思能力’；一切所可认许的，是‘生命’已显出于‘物质’中，‘心思’已显出于活的‘物质’中。因为没有充足的证明，任何植物种性发展为一动物存在，或任何无生命的‘物质’组织，发展为一有生命的机体。纵使此后发现了在某些化学的或其他情况下‘生命’出现了，则由此一偶合所能建立的一切，只是在某些物理环境中‘生命’显出了，不是某些化学情况为‘生命’的原素，或它的组成者，或为无生命到有生命的‘物质’的一转变之进化原因。于此亦如于余处，有体的每一等级，以其自体且在其自体中存在，以其自有的正当能力依照其自有的性格而显了，其上或其下诸等级，皆不是其前因和后果，只是土地自然之相续格度上的等分。

设若问：凡此一切各式各样的类型和等级如何而入乎存在的，则可答曰，基本上它们是显示于‘物质’中，由于其内中的‘知觉性·力量’，由于‘真实理念’的权能之建立其自有的特著的形式和类型，为了内居着的‘精神’之宇宙存在：实际的或物理的方法可大为殊异，在各格度或等级上不同，但一系基本的相似处是有可见的；创造的‘权能’可运用不止一种而是多种程序，或发动多种力量合作。在‘物质’中，其程序是创造极微者，负荷了巨大的能力，以数量和方式而联合，又显示较大的极微在那原本基础上，又将这些粗微聚合联系，以建立可见的对象之相，地，水，矿物，金属，整个物质王国。在‘生命’中亦然，‘知觉性·力量’始于植物生命的极微形式，动物细胞的极微形式；它创造出一原始的生质而增乘之，造成活细胞为一单位，造出他种微小的生物学上的工具，如种子或基因(gene)，常用同一聚合和联系的方法，以致由一多式的施为，建成多式有生体。恒常造成类型是可见的，但那不是进化的无可疑的证明。各类型有时彼此相距遥远，有时近似，有时基本上为同一而细节上不同；一切皆是模式，而这么一种模式上的变换，有其同一的基本在全体之下，便表明一知觉的'力量'以其自有的'理念'在活动，以之而发皇创造的一切可能性。动物种类之出生，可始于给全体的一同样的基本胚胎的模式，在其某些系统或所有的一切系统上随之发展某些相似点，到某一阶段而止；也可能有些种性是双重性质的，两栖，介于一型与另一型之间：但这一切不必须意味着类型是在一进化系统中一个从另一个衍出的。其他异乎遗传变换的多种力量，也活动而作成新特性的出现；有些物理力量，如食物，光线，及其他，我们还只是开始知道的；也有种种不可见的生命力量和幽深的心理力量在活动。因为，即算在物理的进化论中，这些较微妙的权能也应加以认许的，以之解释天然淘汰；设若在某些类型中的玄秘的或下知觉的能力，适应环境的需要，而在其他类型中的，仍其不能适应因此不能生存，这分明是一表征，表示有一异乎物理的一力量，一知觉性，一变换着的生命能力和心理在活动，以成'自然'中的变易。其施为的方法，这问题仍是太充满了幽暗的和未知的因素，不能使于今任何可能的理论构造成为决定的。

人，是许多这么建造的类型中之一类型，大聚模式中之一模式，在此'物质'的显示里。他是凡所创造者的一最复杂者，在知觉性的内容上最丰富，在他的建造上也最富于奇妙的机巧。他是大地上的创造之元首，但他不超出它。甚至像其他造物一样，他也有他自己的本生律则，限度，特种存在，'自性'与'自法'；在那些限度以内，他能伸展，发扬，但他不能出乎其外。设若有他所当达到的一完善化，这必然是他自己一类中的完善化，在他自己的有体的律则之内，——是其充类至尽，但遵守其方式和度量，不由超上。要超出他自己，生长为超人，带上了一天神的能量和性分，则会与他的自我律则相违反，不可行也不可能。每个有体之形式和方法，自有其有体的悦乐之适宜办法；经过心思而求为环境的主宰，利用之，享受之，如他所堪能的，乃正当是人这心思有体的目标：但是望到这以外，追求存在的一究竟目的或目标，企慕越出这心思构架，则是加上一极因论的原素到存在中了，那在宇宙结构中是不可见的。设若一超心思的人要在大地创造中出现，则必须是一新的和独立的显示；正如‘生命’和‘心思’已在‘物质’中显示，‘超心思’也应当在那里显示，而秘密的‘知觉能力’也应为它的这能性之新等级创造其必需的模式。但在‘自然’的施为中，没有这种用意的征兆。

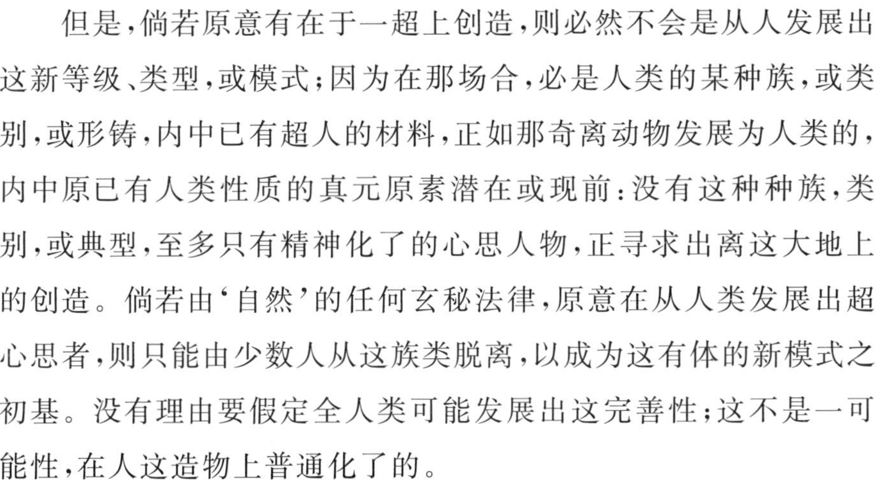

但是，倘若原意有在于一超上创造，则必然不会是从人发展出这新等级、类型，或模式；因为在那场合，必是人类的某种族，或类别，或形铸，内中已有超人的材料，正如那奇离动物发展为人类的，内中原已有人类性质的真元原素潜在或现前：没有这种种族，类别，或典型，至多只有精神化了的心思人物，正寻求出离这大地上的创造。倘若由‘自然’的任何玄秘法律，原意在从人类发展出超心思者，则只能由少数人从这族类脱离，以成为这有体的新模式之初基。没有理由要假定全人类可能发展出这完善性；这不是一可能性，在人这造物上普通化了的。

诚然，若人在‘自然’中是从动物进化的，可是我们见到没有任何其他动物类型，表出超越其自体的进化之任何迹象；设若在动物王国中曾有此进化的迫力，则一旦在其目的已达即人类出现后随即消沉止寂：同然，设若在进化中有此一步的任何这种迫促，要求超越自我，则一旦在其目的已达即超心思出现后，也似乎会随即退归止寂。但如实没有这种压力：人类进步的理念本身，很可能是一虚幻，因为一自人从其动物阶段出现后，没有任何在其种性史中的急剧进步了的征象；至多他在物理世界的知识上，在'科学'上，在处理他的环境上，在'自然'的秘密法律之纯外表的和实用的利用上，已经前进了。但此外则人还是他在文明初启时那样：他继续显示出同样的能量，同样的品质和缺点，同样的努力，错误，成就，空劳。假定有进步，那也是在一圆圈上转，至多是或在一扩大着的圆周上。今之人，不比古之见士和圣人和哲士更聪明，不比古代的伟大求道者，最初的雄强神秘人物更精神化，在艺术与手工上不比古代艺人和工匠更高明；已消逝的古代诸民族，曾表现正有同样强能的一真本原始性，发明，处理生活的能量，而且，假若现代人在这方面前进稍远呢，还不是以任何真元的进步，只是在程度上，范围上，和富足上稍远达一点点，这是因为他承袭了他的先民成就之遗产。没有任何事物可保证这种理念，说他竟可从——他的这种类的印记，——半明半无明中打出一条路，或者，纵使他发展出一高等知识，他竟可打破心思圆圈的究极边限。

很引人作如此想，亦非不合逻辑，视重生为精神进化之一潜能的手段，为使其可能的一因素，但仍然不能确定，假定童生为一事实吧，这便是它的意义。一切古来关于重生转世的理论，皆假定其为心灵之恒常从动物转变到人，但也从人身变移到动物身体：印度的理念加上以'业力'的解释，所为的善事或恶业的赏罚，过去的意

志和努力的结果之说：但没有一进步的进化的提示，从类型进到高等类型，更毋庸说出生为一种人物，至今未尝存在过，而仍有待于将来发展的。倘若真有进化呢，则人便是最后一阶段了，因为可能由他可能放弃大地上或形体中的生命，而进到某天国或涅槃。那便是古代理论所视为究竟者，而且，这既基本是且不变易是一'无明'的世界，——即算整个宇宙存在在其自性上不是一'无明'境界，——那出离似乎是这轮回的实际终结。

这是一系推理，有其巨大的说服力和重要性的，所以必要将其牒述，虽是太简单，然后加以处理，因为它重要。看来虽则有些它的题旨是有效的，然其事物观不完全，其说服力并不决定。起初，我们可不甚困难便除去那于极因论原素的反对，即前定的进化之理念——从无心知性进到超心知性，有体之一系上升的发展，臻极于从'无明'的生命度到'明'中的生命，——带到大地上的存在之结构中的。对一极因论的宇宙之反对，能基托于两个迥乎不同的立场上：一个是科学的推理，进行于这种假定上，即万物皆是一无心知的'能力'的工事，这'能力'以机械的程序自动地作为，其中不能有何目的的原素；一个是形而上学的推理，进行于这种见解上，即'无限者'和'宇宙者'，内中已具备一切，不能有什么未完成者待完成，不能有什么要加到它自体，要作出，要实践，因此其中不能有何进步的原素，原始的或出现的目的。

这科学的或唯物论的反对，不能保持其为有效，倘若有一秘密的'知觉性'在似是无心知的'物质'中的'能力'之内或其后。纵使在'无心知者'中，似乎至少有内在的必需性之迫促，要产出这形式的进化，而在这些形式中，又有一发皇着的'知觉性'，而且，可以说

这迫促乃是一秘密的‘知觉的有体’之进化意志，其进步的显示的推动，便是进化中一内在的原旨之证明。这是一极因原素，承认它也非不合理：因为知觉的或甚至无心知的努力，起于知觉的有体之一真理，化为机动的了，出发而完成其自体于物质‘自然’的一自动程序中；极因，目的的原素之具于这努力中的，便是一翻译，以自我发施着的‘有体’之‘真理’，翻译入那‘有体’的自生效果的‘意志权能’的名相中，而且，倘若知觉性在那里，这么一种‘意志权能’必也在那里，而且这翻译也是正常，必然。‘有体’之‘真理’必然完成其自体，则会是进化的基本事实，但是‘意志’及其目的，也必有在，当作其工具的部分，当作施为原则中的一原素。

那形而上学的反对却较严重了；因为这似乎是自明的，‘绝对者’在显示中不能有什么目的，除了显示的悦乐本身：‘物质’中的一进化运动，当作显示的一部分，必然也归到这普遍的陈述内；它之有在，只能是为了舒展，进步施为，有秩序而无目的之自我启示之悦乐。一宇宙的全体性，也可视为一在其自身为完全的事物；当作一大全，它没有什么要获得的，或增益它的有体之充实的。但在此这物质世界，不是一完整的全体，它是一全体的部分，一等级中之等级；因此，它可在内中容纳不单是未发展的、非物质的原则或权能之属于全体而内涵于其‘物质’中的，亦且容受同此诸权能从这系统的高上诸等级之下降，以在此从物质的严格范限中发放它们的相属的运动。‘存在’的较伟大的诸多权能之一显示，直到整个有体本身在此物质世界中，显示于一较高的，一精神的创造之项目里，可视为此进化的极因。这极因不加入以任何因素之不属于此全体者：它只求全体性在部分中之实践。然则承认在宇宙的全体性的一部分的运动中的一极因原素，也无从反对，倘若其目的，——不是在人事意义上所谓目的，而是一内在的‘真理需要’的迫促，知觉内寓着的‘精神’的意志的，——是在那里完全显示内在于整个运动中的一切可能性。无疑，世间一切存在，是为了存在的悦乐，一切皆是一游戏(Lila)；但是一游戏自体内中亦附带了一当作成的目标，倘若那目标不达到，则它的意义也不会完全。一戏剧而无终局，也许是一艺术上的可能，——徒然为了观看脚色的喜乐，观察提出的问题的喜乐，那些问题没有解决，或只有永是悬而不决，成了一不决定的平衡；土地进化是属那种性格，这是可想象的，但是一原意所在或内中先定的结局也有可能，更可使人相信。‘阿难陀’是一切有体的秘密原则，有体的一切活动的支持：但‘阿难陀’并不除外一种悦乐，在作发一‘真理’上的，这‘真理’内在于有体中，暗含于有体的‘意志’或‘力量’中，保存于其‘知觉性·力量’的隐秘的自我觉识中，即其一切活动的动力的和实施的经纪，与其意义的知者中的。

一精神进化的理论，不是与一形式进化和物理的生命进化之科学理论同一；它必根据其自有的内在辩正：它可接受物理进化之科学理论为一佐助或一原素，但这支持非是必不可无的。科学的理论只顾及外表可见的机械和程序，‘自然’的施为之细节，‘物质’中事物之物理发展，与‘生命’和‘心思’在‘物质’中发展的律则；它的程序之说，可能要大加改变，或全般弃去，倘有了新发现的光明，但那不会影响一精神进化的自明的事实，‘知觉性’的一进化，心灵在物质存在中的显示之前进。在其外表诸方面，这是进化论所归结出的，——在地上的存在之格度上，有形式的、身体的一发展，有

‘物质’的、‘物质’中的‘生命’的、生活的‘物质’中的‘知觉性’的一增进复杂和够有能性的组织；在这格度上，形式组织愈良好，它便愈能安寓一组织较佳，一更复杂且有能耐，一更发展了或进化了的‘生命’和‘知觉性’。时当这进化的理论提出了，支持它的事实皆呈列了，土地上存在的这一方面变到如此惊人，以致好像无从辩驳。所以成就这个的精密机械，或有体的类型之详细世系或年代相续，是次要了，虽则在其本身也是一有趣和重要问题；生命的一个形式发展自其前的一较朴质的形式，自然选择，生存竞争，后得的性格之存留，这些说法可任人接受或不接受，但一相续的创造依其内中的一发展计划，这事实是唯一结论而且至关重要了。另一自明的结论，便是进化中有一分等级的必要的持续，起初是‘物质’的进化，其次是‘生命’在‘物质’中的进化，其次是‘心思’在生活的‘物质’中的进化，而在这最后阶段中是一动物的进化，随之以人类的进化。这持续中之前三项，皆甚明显，不容置辩。可以诘难的，是否人类继续动物，或是一同时开端的发展，而人在‘心思’进化上胜过了动物；甚至还有一种理论，说人不是动物类的最后的，而是其最初和最长的一种。人之居首是一古代概念，但这不是普遍的；此说出自人在地上造物中之分明优秀的意识，这优胜性的尊严，似乎要求其出生之在先：但在进化事实中，优胜者之出现不是在前而是在后，较少发展者，先于较多发展者，且准备它。

事实上，‘生命’的低等诸形式先起，这理念不是在古代思想中完全没有。舍创造的神话不论，我们见到在印度的上古和中古的思想中，有些说法赞同动物在时代持续上先于人类之说，意义与近代进化概念相合。有一奥义书说‘自我’或‘精神’，决定要创造生命了，便先造成了动物类，如牛和马，但天神们——在诸奥义书的思想中，天神表‘知觉性’的权能，‘自然’的权能，——发现它们是不合用的器具，‘精神’终于造出了人的形式，天神见到是作的很美妙而且完满了，于是进入其中以发施其宇宙的功能。这是一明显的喻言，喻创造是发展又更发展了的形式，直到得了一个足以寄寓一发展了的知觉性的。在古事记中，也说起答摩性的创造，在时间上是先进的。‘答摩’是一印度名词，表知觉性与力量的惰性原则：一知觉性在其活动上为钝滞，懒惰，无能，便说其属答摩性；一生命能力为麻木，能量有限，拘束于本能冲动的狭隘范围中，不发展，不求前进，不向一较大的机动作为或一光明知觉的作为迫进，也归到这一汇中。动物，其中有这一较少发展的知觉性的力量，便在创造上居先；较发展了的人类知觉性，其中有机动的‘心思’能力之更大力量和知见之明，是一后下的创作。‘密乘’说起一心灵从其格位上堕落了，经过数十万次在植物和动物形式中转生，终于乃能达到人类水平，而有准备于得救了。在此，亦复暗含有此概念，植物和动物的生命形式，为一阶梯之低下诸等级，人类则为知觉有体之最后或臻极的发展，为一形式，乃心灵之所当寓居的，使其能胜任精神动力，作成一出自心思性，生命，身体性之精神结果。这诚然是正常概念，本身是如此强有力的呈于理性与直觉两者之前，几乎无需辩诘了，——结论是几乎无可避免的。

是在这发展着的进化程序的背景上，我们乃当看人类，看他的渊源和最初出现，他在显示中的格位。这里有两个可能性；或者在大地自然中有一人类身体和知觉性顿现，在物质世界中有推理心思之独立的、自动的显示或突然创造，参与到前有的相似的显示

中，即‘物质’中的下知觉的生命形式和活的知觉身体的显示中，或不然，则曾有人类从动物而出的进化，在其准备与发展诸阶段也许是迟缓的，但在其衍变的决定点上有变易的强大跃进。后一理论不呈似什么困难：因为是确然的，类型中的虽不是基本类型本身的特性之变易，能在种或属中发生，——诚然，这事人自己也作过，其种种可能性，在小规模上已由实验‘科学’惊人的作出过了，——而且大致也可假定，‘自然’中的秘密知觉的‘能力’，可能作出这类的大规模的施为，而且由其自体的创造习惯，成就巨大的和决定的发展。从寻常的动物的变到人类的生存性格之必要条件，将是身体组织之一发展，它应能使成就一迅速前进，知觉性的一反转或上臻，达到一新的高度，又从之下窥低下诸等级，达到能量之增高或增广，以使有体能取旧的动物官能而具有一较大的，较粘柔的，人类的智慧，同时或以后又发展出更大，更微妙的权能，于这有体之新类型为适当的，如推理，返映，复杂观察，组织了的发明、思想，和发现的种种权能。设若有突现的‘知觉性·力量’，则过渡也无困难，工具已经供应了，除了物质的‘无心知性’的阻碍或抵抗之困难。动物在小规模上已有一些与此相应的性质，只为了动作，在一基本组织上，粗朴而且简单，范畴和粘柔性皆属低下，其统治着官能亦较狭隘，且较无定准；但尤其是这些官能的工事，是更机械的，少所用意，标志有‘自然能力’的一自动性格，是原始知觉性被驱策而作为，而不是像在人一样，是一知觉的‘能力’在观察着，到大限度指挥着，统治着，且审慎地变易着或修改着它自体的施为。其他动物的知觉性习惯，皆非基本上与人的相异；凡他所当作的一切，便是将其在一高等心思水平上发展和扩大，而且，凡在可能之处，将其心思化，精深化，微妙化，——简言之，赋予以他的新理解与智识能量的启明，与一理性的管制权能，非动物所能有的。一旦这变易或反转已作出了，则人类心思在其自体和事物上工作之权能，创造，知道，推测之能力，将在他的进化程途上发展，纵使，如可想象的，这些起初在范围上颇小，较近于动物，在其作用上仍比较简单，朴拙。每趟在'自然'的急剧的衍变中，是作了这样一种反转：出现的'生命力量'转攻'物质'，强加物质'能力'以一生命内容，同时它也发展其自体的新运动与施为；'生命心思'出现于'生命力量'与'物质'中，强加它们的施为以它的知觉性的内容，同时也发展其自体的作用与官能；一新的更伟大的出现和反转，人类之出现，是与'自然'的往事一贯的；这是普通原则的一新实施。

因此这理论是容易接受了：其工事可解。但是那另一假定则呈似巨大困难了。在知觉性方面，这新的显示，人类的，可说为隐藏了的'知觉性'，自其宇宙'自然'中之内在向上涌现。但是在那场合，必然有某些物质的形式原已存在，当作它的出现之乘器，这乘器已由出现的力量本身应合于一新的内中创造之需要；或不然，则是一迅速的歧出，离异了从前的身体类型或模式，乃创生了一新的有体。但无论接受那一假定，这意义是一进化程序，——只有分歧或衍变的方法和机械上的分别。或者，相反地，曾有不是一向上涌现，而是从我们上面的'心思'界的一心思体之向下降落，也许是一心灵或心思有体下降入大地'自然'中。那么，困难便会是人类身体的出现，一太复杂和困难的机体，不会是顿然造成或显示出的；因为那样一种神奇的程序速度，虽或在有体之超物理界甚为可能，似乎不出现于物质'能力'的诸多可能或潜能以内。这在那里倘可发生，必由于一超物理的力量或‘自然’的律则的参与，或由一创造者‘心思’，以充分权能且直接在‘物质’上作为。可以承认一超物理的‘力量’和创造者的作为，有在于‘物质’中的每一新出现；每一这种新出现在基本上是一奇迹，为一秘密的‘知觉性’倚托于一隐蔽了的‘心思能力’或‘生命能力’所施为的：但其作用无处可见为直接，显露，自足的；这常是外加于一已实现的物理基础上，以某些已定的‘自然’程序之引申而作为。更可想象的，原有某个已存在的身体，启对了一超物理的流注，以致它转化为一新身体；但这种事，不能轻易假定曾在物质‘自然’的古史上发生过：要发生，似乎需要或者是一不可见的心思的人物之知觉的参与，形成出他所愿入居的身体，或者，是在‘物质’本身中已先发展出一心思人物，已能接受一超物理的权能，将其强加到他的身体生存之严格和狭隘的公式上。否则我们便应假定已有一先在的身体，已经那么进化了，以致适合于接受一浩大的心思流注，或者堪能作一柔顺的反应，应合一心思体之降入它内中。但这又当假定先有一心思在身体中的进化，已达到了那一点，使这样的接受性为可能。也可能想象，这么一种自下的进化与这么一种自上的降临，合作于人类之出现于土地自然中。在动物中已有的秘密性灵元，它本身可能召降了心思有体，‘心思神我’，下到生活的‘物质’领域，因以取起已在工作的生命心思的能力，而升起它到一高等心思体。但这仍将是进化的一程序，高等界参与，只是佐助其自体在大地‘自然’中的原则之出现和扩大。

其次，可以承认，身体中的知觉性和本体的每个类型或模式，一旦已经建立了，便应当忠实于那类型的本体之律则，忠实于其自性之方案和管制。但也很可能是人类类型的律则的一部分，便是其直趋超出自我之冲动，而一知觉的衍进的手段，已在人的诸多精神权能中具备了；具备这种能量，可能是那方案的一部分，创造性的'能力'依之而建造他的。也可以认许，人至今主要所作的，便是在他的本性的范围内行为，在自性运动的一螺纹路线上，有时而降，有时而升，——未尝有直线进步，未尝有对他过去的自性之无可否认的、基本的，或急剧的超越；他所作的，便是将他的能量加以磨砻，使之锋利，微妙，作其愈变愈复杂愈柔顺的运用。也不能真说自从人类出现，原没有人类进步这回事，或甚至在人的近古可征有史以来如此；因为无论古人多么伟大，其某些成就和创作多么高明，其精神性，智识，或德操的权能多么感人，然在后世的发展，总有人的成就，如他的政治，社会，生活，科学，形而上学，种种智识，艺术，文学中的知识与可能性之一增上的微妙性，复杂性，多方面的发展。虽是在他的精神努力上，较不如古人之崇高可敬，不如其精神性的权能之重大，然也有此增上着的微妙性，粘柔性，深处的探测，寻求之引申。也曾有从一类高型文化之下堕，分明一时期堕落入某种黑暗里，停止了精神迫促，投下到野蛮的自然的物质主义中了；但这些皆是暂时现象，最坏也只是进步螺纹线之向下一曲而已。这进步诚然未曾将人类引到超出其自体以外，到自我超越，心思有体之一转化。但那是不当期望的；因为进化的'自然'在有体和知觉性上的作为，是起初正由这一微妙化和增上复杂性，发展此类型到其究极的能量，直到其有准备于她之爆破外壳了，知觉性在自体上反转，翻过，成熟而决定出现，成为进化中一新阶段。若是假定它的下一步便是精神的和超心思的有体，则精神性在人类中

的压力，可认为那便是‘自然’的本旨之表征，亦是人有此能量的表征，可在自己内中或帮助她从事此衍进。若使在动物中出现一类型，在某些方面近似猿猴，但从头便禀赋了人性的原素，这便是人类进化的方法，则在人类中出现一精神的类型，近似心思动物的人类，但其上已有一精神企慕的印记，将是‘自然’的显明的方法，以进化而产生精神的和超心思的人物了。

也是适当的提示过了，假若这么一种进化的臻至乃原意之所在，人便将是其中介，则只有很少几个进化了的人会形成出一新型，进向一新生命；一旦那已成就了，其余人类将从精神的企慕后落，于‘自然’的目的已不复需要了，而静止于其正常格位。也可同样推理，人类这等级仍当保存，倘若真有心灵以投生转世经过进化诸阶级而上达精神之峰顶；因为否则中间所最需要的一踏步会缺少了。又应当立刻承认，没有丝毫可能性或盖然性，有整个人类成一全团上升到超心思水平；所提议的，不是那样革命和可骇的事，只是说人类的心思体的能量，时若达到了某一水平，或进化迫力的某一紧张点，可迫向一知觉性的较高水平，及其在人中体现。有体在此体现中必须经过一番转变，从它的本性的寻常组织转变，必然是转变其心思的和情感的和识感的组成，也到一大限度转变身体知觉性，乃我们的生命和能力的物理局限；是知觉性的转变将是主要因素，初始运动，物理的修改将是一附属因素，一后果。知觉性的变易，在人将常是仍其可能，时若心灵的火焰，性灵的炽明，在情感心和思维心中皆已变到强大，而本性也有准备了。精神的企慕在人中是本生的；因为他，不同于动物，是觉识缺陷和限制的，感到有点什么，超出他今之为他者，是他所当达到的：这种向自我超上

之迫促，似乎永不会在全人类中消灭的。人类的心思格位常在，但其常在，不止是作为重生的度数表上的一格，亦且是当作向精神的和超心思的格位通达的一步。

应当注意，人类心思和身体在大地上出现，于进化的程途和程序上标志了吃紧的一步，决定的一变；它不徒然是往昔路线的继续。直到'物质'中一发展了的思维心思降临以前，进化不是由有生体之自我觉识的企慕，意旨，或寻求而成就的，却是下知觉地或潜意识地因'自然'的自动措施而成。这是如此的，因为进化始于'无心知性'，而秘密的'知觉性'，犹未充分从之出现，由它的有生体之自觉参加着的个体意志而施为。但在人，这必需的转变已成了，——有体已经醒觉，识觉他自己；在'心思'中已发露了它的意志，志在知识上发展，生长，志在深化内中存在，且广化外在生存，志在增加本性之能量。人已见到，可能有较他自己的更高的知觉性格位；在他的心思和生命部分中，进化欲念是存在的，超出自己的企慕，在他内中生起而且分明了：他已知觉到一心灵，发现了'自我'和'精神'。在他，一知觉的进化代替一下知觉的进化，已可想象，且可实行，而且也很可结论到在他内中的企慕，迫促，不懈的奋斗，是'自然'的意志之一明确表征，意在一高等方式趋于圆成，一更伟大的格位之出现。

在进化的前此诸期中，'自然'的最初关注和努力，不得不指向生理组织之改变，因为唯独如此，乃可有知觉性的转变；这是由于原在形成中的知觉性之力量不足，未足以成办身体中的改变，然后乃有此必需。但在人，一反转是可能了，诚也当然会有；因为是经过他的知觉性，经过它的变易，而非经过一新的身体机构当作一初

始工具，进化乃能成办且必成办。在事物的内中真性，知觉性的一转变已常是一主要事实，进化已常有一精神的意义，生理改变只是当作工具而已；但这种关系，尝被两个因素起初的不正常的平衡隐蔽了，外在的'无心知性'之体，在重要性上重过而且翳障了精神元素，知觉体。然这不平衡一经矫正了，则已不复是身体之改变必先于知觉性之改变；知觉性本身以其变易，将迫出且成办身体所需要的任何变易。也当附带说，人类心思已表现一能量，能帮助'自然'在动植物的新类型的进化中；它已创造出它的环境的新形式，以知识和训练在它的心思体中作出了许多重大改变。非是不可能的，人也当知觉地在他的精神和物理的进化与转变上辅助'自然'。对这事的迫促是已有且部分有效果，虽然仍未为表面心思所懂到和接受；但将有一日它可懂到，更深入自体内中，发现内中'知觉性力量'、即我们所称为'自然'的隐秘真实性之手段，秘密能力，和有意的施为。

凡此，皆是即使从观察'自然'的进展之外表现相，她之在物理的出生与身体中之有体与知觉性之表面进化也可得到的结论。但有那另一不可见的因素；有再生，有心灵由进化着的存在之一级一级上登之进步，以及躯体和心思工具向高而又高等的类型的等级上的进展。在这前进中，性灵元仍是被隐蔽了，虽是在人这知觉的心思有体中，也为其工具、为其心思与生命与身体所覆障；它不能充分显露，被阻止进到前方，它可挺出为其本性的主宰之处，被强迫服从诸工具的某种决定，'神我'由'自性'统制。但在人，人格的性灵部分，比较在低等造物中能以更大的速度发展，有一个时候能到来，心灵元体将近于那一点，它可从幕从出现于前方，成为它在

‘自然’中的工具作用之主宰。但这将意味着秘密内居的精神，‘神明’（Daemon），在内中的‘主宰’，已到出现的那一点上了；而且，当其现出时，很难疑惑它的要求，不会是一更神圣的，更属精神的存在，正如‘心思’本身在受到内中心灵的影响时已作的要求。在土地生命的自性中，‘心思’是‘无明’之一工具，则这只能以知觉性之改变而成，由‘无明’中的基础转变为‘明’中的基础，由心思的变到超心思的知觉性，‘自然’的一超心思的工具作用。

在另一种推理，说因为这是一‘无明’的世界，那么这么一种转化，只能成就于度到彼方某一天上，或者根本不能成就，因为性灵元体的要求本身是无明的，必代之以心灵之融入‘绝对者’中者，这一说也没有结论的有效性。这结论可单独有效，只倘若‘无明’便是世界显示的整个意义，本质，与权能，或者，‘世界自性’本身中没有什么原素，由之可能超出无明的心思性，仍负累我们的有体的今之格位的。但‘无明’只是这‘世界自性’的一部分；不是其全，不是原始的权能或创造者：在其最高渊源上，它是一自加限制的‘明’，而且，甚至在其较低的渊源上，其自纯物质的‘无心知’出现，它也是一被压抑了的‘知觉性’，劳苦于发现，恢复它自体，以显示‘明’即它的真性为存在的基础。在普遍的‘心思’本身，有我们的心思体以上的诸阶层，皆宇宙的真理知见之工具，心思的有体是必然可升入其中的；因为它已在超正常状态中向之上升了，或自之接受直觉，精神信息，大的照明或精神能量的流注，接受而尚不自知，不保有。凡此诸阶层皆知觉到超出它们以外者，它们中间的最高者，直接启对‘超心思’，觉识超过它的‘真理知觉性’。进者，在发展着的有体本身，那些更大的知觉性的权能，皆有在于此，支持‘心思’真

理，承托那障蔽它们的作用；这‘超心思’和那些‘真理权能’，以它们的秘密当前而托起‘自然’：甚至，‘心思’的真理也是它们的结果，一损减了的施为，在局部的体相上的代表。因此，不但是自然亦且是必然的，‘存在’的这些高等权能，应在此显示于‘心思’中，有如‘心思’本身已显示于‘生命’和‘物质’中。

人之向精神性的迫促，是他内中的精神的驱策，向外显现，有体的‘知觉性·力量’的坚持，趋向其下一步的显示。是真的，精神的迫促，大多是向他方世界的，或者，在其极致，是心思的个人之一精神的否定或自我灭无；但这只是它的倾向的一方面，由一些需要而支持且保持其显著的，需要度出基本‘无心知’的王国，胜过身体的障碍，抛弃阴暗的情命，消除无明的心思，需要最初且最前排除这一切对精神有体的障碍而达到一精神的格位。另一精神迫促的动力方面，却也未尝不在，——企慕对‘自然’作精神的主宰和变易，企慕有体的精神的圆满，心思的神圣化，情心，以至即此身体之神圣化：甚而至于还有此梦想或性灵的前见，梦想一超出个人的转化之圆成，一新天地，一上帝之城，土地上一神圣的降临，精神已完善化者的统治，不但在内中亦且在外间在集体人类生活上的天国。不论这企慕所取的有些形式多么晦暗，其指示它们包含了内中隐晦的精神有体之迫促要在土地自然中出现，亦不可诬。

若在世间一精神的展开，是我们出生于‘物质’中的隐秘真理，若使一向基本是知觉性在‘自然’中进化，则人之如其为人，不能是那进化的最后一项：他是一太不完善的‘精神’表现，‘心思’本身也是一太有限的形式和工具；‘心思’只是知觉性的一中项，心思的有体只能是一过渡的有体。然则倘若人不能超出心思性，则他应被

越过，而‘超心思’和超人应当显示而领袖群伦。但倘若他的心思能启对那超越它者，则没有理由为什么人自己不能达到‘超心思’和超人道，或至少以其心思，生命，和身体，借给那在‘自然’中显示着的‘精神’的那更大一项的进化。

第二十四章　精神人的进化

在'自然'进化的最初诸期，我们遇到的是'自然'的暗默的秘密；在她的工作中，没有流露任何意义或目的，没有暗示有体的任何其他原则，除了那最初表呈，即她的当前要务，也似乎永远是她的唯一事业：因为在她的初原工作中，唯独'物质'出现了，即唯一暗默而且强硬的真实。这创造的一位'见证者'，倘若有这么一位是知觉的但不知其情的，只会见到在一似是无物的浩大深渊上，出现了一'能力'，忙忙于创造'物质'，一物质世界和物质对象，组织无限的'无心知者'入乎一无边际的宇宙的方案中，或织入无数个宇宙系统的方案中，这些皆在他周围伸入'空间'，没有任何决定的止境或边限，无休地创造星云，星群，大阳群，行星群，其中了无意义，空无原因或目的。这对他可能好像是一具庞大机器而无其用处，一强大然无意义的运动，一亿万年的展览而无一观者，一宇宙建筑而无一居人；因为他不会见到有一居于其中的'精神'的迹象，不会见到任何有体，这是为了他的悦乐造成的。这么一种创造，只能是一无心知的'能力'的产品，或一幻灯影戏，形式的一影戏或傀儡戏，反映在一超心知的无关心的'绝对者'上。在这不可量亦无尽的'物质'展示中，他不会见到有任何人的形迹，'心思'或'生命'的任何暗示。那么，对他会是不可思议，不可能，在这荒凉的宇宙

中，永无生命，永无感觉，而竟可有丰富的生命迸发，而竟可有某个玄秘且不可计量的什么之一初原震动，醒活而且知觉，有一秘密的精神元体，扪索它的路进向表面。

但是，过了若干亿万年，再观望那空虚的场面，他或可发觉这现相，至少在此宇宙的一小角落里，一角落里'物质'已作好了，其活动充分固定了，组织了，安立了，合宜于作为一新发展之场，——一活'物质'的现相，事物中的一'生命'已出现了，变到可见：但仍然这位'见证者'不会懂到什么，因为进化着的'自然'，仍障蔽了她的秘密。他会见到'自然'只关注于建立'生命'之迸发，这新创作，但'生命'是为其自体而生，中无意义，——一放恣而富足的创造母，忙忙于播殖她的新权能的种子，建立其一大群形式，美丽纷华，林林总总，或者，无尽增乘其种族和类别，为了创造的纯粹喜乐：少许鲜活的彩色和运动，可能是抛到了浩茫的宇宙荒漠上，没有其他什么了。这位'见证者'想象不到一能思想的'心思'可在这微小的生命岛上出现，一知觉性可在'无心知者'中醒觉，一新的更微妙的震动可达到表面，更清晰地发露沉潜了的'精神'存在。起初在他仿佛见到'生命'是怎样觉识它自体了，如是而已；因为这稀少的新生的心思，似乎只是生命的一仆从，帮助生命存活下去的一发明，保持生命的机械，为了攻与守，为了某些需要和生命的满足，为了生命本能和生命冲动的发放。对他必好像不可能，这微小的生命，在许多巨大者中这么不显著，在造微末一群中的唯一种类上，而可有一心思的有体出现，一'心思'仍是为生命服务，但亦使'生命'和'物质'为它的仆从，使用它们以完成它自有的理念，意志，愿望，——一心思的有体，可造出种种器皿，工具，器械，一皆从'物

质'造成而作种种用途，从之又建造城市，房屋，寺庙，剧院，实验室，工厂，从之又凿成雕像，雕刻崖穴寺院，发明建筑，造像，绘画，诗歌，千百种工艺和艺术，发现宇宙的数学和物理，及其结构的秘密，为了'心思'及其利益而生活，为了思想与知识而生活，发展为思想家、哲学家，和科学家，而且，当作对'物质'的一最高抵抗，在他自己内中醒觉以对越隐藏的'神明'，成了追求不可见者的猎人，神秘者，和精神寻求者。

但是，倘若又在若干世代和周期以后，这'见证者'再看一番，见到这奇事在充分发扬，甚至还是不懂，因为他蒙蔽了，为他从前以为'物质'乃唯独真实的经验所蒙蔽；在他看来仿佛不可能，那隐蔽了的'精神'竟可全般出现，在其知觉性上为完足，居在地球上为自我知者和世界知者，'自然'的统治者和占有者。"不可能的!"他或者会说："一切已发生的，没有什么大事，脑经的感性的灰色质的一小泡涌起，无生命的'物质'的一小片，浮游于'宇宙'间一小点上，这中间一奇离变怪而已。"相反地，一位新的'见证者'在这故事的末端插进来，他已知道过去的发展，但没有被开端的谬见所迷，也许会喊道："呵呀！这正是原意如此的奇迹，许多奇迹中间的最后一个，——'精神'，沉沦于'无心知性'中的，已从之突破出来了，现在住在事物里没有障蔽了，从前是它创造的，障蔽了，当作它的寓居，它出现的场所。"但在事实上，若有另一位更知觉的'见证者'，也许在这开展的初期已发现了这线索，甚至在发展程序的每一步上；因为在每个阶段，'自然'的暗默的秘密虽犹存在，却在递减；已给了下一步的暗示，一更明白显了的准备已可见到。在'生命'中似乎是'无心知者'，已有感觉的表征发到表面上可见；在动

作着呼吸着的'生命'上，感性的'心思'之出现已是显然了，而思维的'心思'之准备也未完全隐藏，又在思维的'心思'中，当其发展时，也在早一阶段出现了一精神知觉性的初始的挣扎，后下有其更发展了的寻求。如植物生命，在其本身包含了一知觉的动物之幽暗可能性，如动物心思中，也震荡着感觉与知见与概念的雏形的运动，皆属人这思想者的初地，同然，人这心思的有体，也以进化的'能力'之奋努而升华，要从他发展出精神的人，充分知觉的有体，人，超越了他的最初物质的自我，他的真实自我和最高本性的发现者。

但是，倘若承认这便是'自然'中的本旨，则立刻有两个问题自起，要求一决定的答案，——第一，从心思的到精神的有体的衍进之真确性质，其次，倘若那已得到答案了，如何是从心思的人进化到精神的人之方法和程序。在最初看去，这好像是明白的，如每一等级，不但从其前一等级且在其中出现，如'生命'在'物质'中出现，是在其自我表现上大为其物质条件所限制和决定，如'心思'在'生命在物质中'再出现，同样是在其自我表现上大为生命条件与物质条件所限制和决定，同然，'精神'也必出现于'心思'之托体于'生命在物质中'，亦复大为其所托根的心思条件，亦如其在此的存在之生命条件，物质条件所限制和决定。甚至还可立此一说，倘若在我们中间有何精神的进化，这只是当作心思的进化的一部分，人的心思体的一特殊活动；精神原素不是一别出的或分别的元体，不能独立出现，不能有超心思的将来。心思的有体能发展出一精神的兴趣或先务，或许可结果进化出一精神的亦如智识的心思性，他的心思生活的美丽的心灵之花。在某些人，精神的动向可能成为

一优越的动向，正如在其他某些人有一优越的艺术的或实用的倾向。但没有这回事，如一精神的有体，取起心思的性质而转化之为精神的性质。没有精神的人的进化；只有一心思的人中之一新的也可能是较优良较稀罕的原素之进化。这便是应该作出的，——精神的和心思的进化之清楚的分辨，其性质，以及那些因素使之可能且为必然，有‘精神’在其分明的真实性格中出现，而不是像其在程序上大抵是或在其出现的路上仿佛是仍其为我们的心思体的一附属着或主制着的表相，却自加界定为一新的权能，将终于居临心思部分之上，代替它作为生命和本性的领导者。

是很真确的，从表面观察，‘生命’似乎只是‘物质’的一作用，‘心思’只是‘生命’的一活动，似乎可从而推知，我们所称为心灵或精神者，只是心思体的一权能，心灵为‘心思’的一优美形式，精神性为具形体的心思有体之一高等活动。但这是事物的一肤浅之见，由于思想集中于现相和程序上，不看有在于此程序之后者。人也可照这同样的推理路线，结论到电只是雨水和云物的产品或施为，因为是在这种场所电光出现；但一更深的探究则表明，云与水二者，相反地，皆有电的能力为其基础，为其组成的权能或能力本质：那好像是其结果者，在其真实性上虽不在其形式上却是其原由；效果在其真元上对显似的原因为先在，出现的活动的原则，先于其当前的作用的原畴。一贯在进化的‘自然’中是如此的；‘物质’不会变到有生命的，倘若‘生命’这原则已有，组成着‘物质’，而显出为‘生命在物质中’的一现象；‘生命’之在‘物质’中者，也不会曾经开始感觉，知见，思维，推理，倘若‘心思’这原则未尝先在于生命和本质之后，组成之为其活动原畴，出现为一思想着的生命和身体之现相：同然，出现于‘心思’中的精神性，是一权能的表征，这权能本身已建立且组成生命，心思，和身体，如今则出现为一精神的有体，在一活的和有思想的身体中。这显现会进到多远，是否它可居优势而转化它的工具，是随后的一问题；但起初必须安立的，是‘精神’存在为一个事物异于‘心思’又大于‘心思’者，精神性有别于心思性，因此精神的有体，迥异于心思的有体：‘精神’是进化中一最后的出现者，因为它是最先的内入的原素和因素。进化作用便是内入作用的倒转：在内入作用为一最后的究极的依起，在进化作用中最先出现；在内入作用中为原始和最初者，在进化作用中出现则为最后和至上。

亦复是真确的，人的心思，难于完全分辨在他内中的心灵或自我或任何精神原素，有别于心思的和情命的形成，它在其中出现的；但那只是在出现尚未完全为然。在动物中，心思不甚离异其自有的生命胚基和生命物质；其运动是那么陷于生命运动中，不能自脱，不能离立而返观；但在人，心思已经能离立，他已变到能觉识他的心思活动，有异于他的生命活动，他的思想和意志，可能从他的感觉和冲动，欲望和情感反应脱离，分立而观察而管制它们，批准或芟去它们的活动：他还不甚明白他的有体的秘密，决定地确然地觉识他自己为一心思的有体在一生命和身体中，但他有那印象，能内中取此态度。同然，心灵起初在人中也不出现为什么和心思和心思化了的生命十分有别的事物；其运动皆内涵于心思运动中，其施为似乎是心思的和感情的活动；心思的人，不觉识他内中的一心灵，居于心思和生命和身体之后，观看着，管制着，型铸着它们的作为与形成，但是，时当内中的进化前驰，这恰恰是能够且必定亦实

在发生的事，——这是久已稽迟但为必然的我们的进化运命中的下一步。可能有一确然断然的出现，其间此有体自从思想分开，在一内里的静默中自见为心思内之精神，或自从生命运动，欲望，感觉，动力的冲动分开，自觉识为支持着生命的精神，或自从身体诸识分开，自知为一精神而以心灵赋予'物质'：这便是发现我们自己为'补鲁洒'，一心思体或一生命心灵或一微妙自我支持着身体。许多人认为这便是真正自我的足够的发现，在相当的义度下他们也皆是对的；因为是'自我'或'精神'顾到'自性'的种种活动，乃如是呈表其自体，而且其当前现在的这启示，便足以别出精神原素。但自我发现可前进更远，它甚至可抛开一切与'自性'的形式或作为的一切关系。因为已见到这些自我皆是一神圣的'元体'的代表，心思，生命，和身体皆只是其形式和工具：于是我们皆是'心灵'看着'自性'，知道她在我们内中的一切机动，不是由心思的知见和观察，而是由一内在的知觉性，及其对事物的直接感识，与其亲切的精确的视见，因此能以其出现，在我们的本性上加以密切管制而转变它。时若有体中有了一完全的静默，或是整个有体之一寂静，或是后方的一寂静不为外表的运动所影响，则我们能觉识到一个'自我'，我们的有体的一精神本质，一甚至超过心灵个性的存在，自体舒展到宇宙遍漫，越出对任何自然的形式或作为的依赖，自体向上引申到一超极，其界限皆不可见者。是我们中间的精神部分的这些解放，乃为'自性'中的精神进化之决定的步骤[①]。

唯独是经过这些决定性的运动，进化的真性格乃变到显然；因

① Nature 于物则译'自然'，于人则译'自性'。

为直到此际，只有些预备运动，性灵‘元体’加在心思，生命，身体上的一压力，以发展一真正的心灵行为，‘精神’或‘自我’的一压力，要从私我解放，要从表面的无明解放，要心思和生命转向某个玄秘的‘真实’，——皆是一精神化了的心思，精神化了的生命的一些初步经验，局部表呈，但没有一完全的转变，没有心灵或自我的全部启露之盖然性，没有本性的一剧烈的转化。时若有决定性的显现了，其一个表征便是我们中间的一固有的，内向的，自体存在的知觉性之格位或作用，这徒以其为有体这事实而知其自体，以同样的方式知道一切在其自体内中者，由与之体认为一，甚至以同样的方式开始见到凡一切对于我们的心思似为外在者，也由与之体认为一的运动，或者由一内向的直接的知觉性，这知觉性函括，侵彻，进入其对象，在对象中发现其自体，觉识其中之有非是心思或生命或身体的什么。然则明显的，有一精神知觉性异于心思知觉性，而且这证明有一精神的有体的存在，异于我们表面上心思的人格。但起初这知觉性可自限于有体的一格位，与我们的无明的表面自性的作用分离，观察着它，自限于明，自限于以对存在的一精神的意识和眼光看事物。至若作用，它可仍依赖心思，情命，身体的工具，或者，它可让这些一皆按照其自性而作为，而它自体则长是满足于自我经验和自我知识，有一内中的解放，一终究的自由：然而它亦可发施且亦常常真正发施某种权威，督率，势力到思想，生命运动，身体作为上，一纯洁化的提举着的管制，强迫它们在它们自己的一更高尚和更纯洁的真理中动作，服从某些更神圣的‘权能’之流注，或为其工具，或服从且当工具于一光明的指挥，那指挥却不是心思的而是精神的，可认为有某种神圣性格，——一更伟大的‘自我’的

灵感，或万有的‘统治者’，‘自在主’的命令。或者，自性可服从性灵元体的示知，活动于一内中光明里，随顺一内中指导。这已是一巨大的进化了，几于至少是一性灵的和精神的转化的开端。但也能更远前进；因为精神有体一经自内解放了，可能在心思中发展有体之高等境界，皆它自有的自然天宇，于是引下一超心思的能力和作为，皆‘真理知觉性’所固有者；寻常的心思工具，生命工具，甚至身体工具，皆可全般转化，而变为不复是一无明、无论其怎样被照明了的工具，而是一超心思的创造的工具，那将是一精神的‘真理知觉性’与‘知识’之真正作为的。

起初，这精神和精神性的真理，对心思不是自明的；人变到在心思上觉识他的心灵，是有别于他的身体的什么，超上了他的正常的心思和生命，但他没有其明确意识，只有其在他的本性上的某些影响的感觉。这些影响若取一心思形式或生命形式，这分别未尝稳定地深刻的划明，心灵知见得不到一分明的确定的独立性。诚然，很普通是性灵的压力加于心思和情命部分的半效果之一复杂组合，参杂了心思的企慕与情命的欲望之一形成，被误认为心灵，正如分别的私我被误认为自我，虽自我在其真正本体上是普遍的，亦如其在其真元上是个人的，——或者，正如心思的企慕与情命的热情殷望之一混合，为某种坚强或高上的信仰或自我奉献或博爱的盛意所提升，被误作精神性了。但这侊侗和这些混乱，当作进化的一暂时的阶段，皆是不可免的，因为无明是其出发点，和我们的第一本性的整个标志，这进化必须是始于一不完善的直觉知见，和一本能的迫促与寻求，而无任何得到的经验或明朗的知识。甚至那些形成，皆为知见的或迫促的最初效果，或一精神进化的最初指征者，必然是皆属这种不完全的试探性质。但这样造成的错误，甚妨碍了一真确了解的路，因此应当着重说，精神性不是一高等智识性，不是唯心论，不是心思的伦理转向或道德的纯洁性或严肃性，不是宗教性，不是一般切的和高起的感情热烈，甚至不是凡此诸优美事物之一化合物：一心思的信仰，教条或信心，一情感的企慕，行为之按照一宗教或伦理公式之约束，皆不是精神的成就和经验。这些事物对心思和生命皆有重大价值；对精神进化本身也有价值，是当作准备运动，训练着、净化着本性，或赋予以一合宜的形式；但它们皆属于心思的进化，——一精神的实践，经验，改变的开端，犹尚未有。精神性在其真元上，是对我们的有体之内在真实性之觉悟，觉悟到一精神，自我，心灵，异乎我们的心思，生命，和身体者，是一内中的企慕，要知道，要感到，要成为它，要与那更伟大的'真实性'相接触，那是遍漫宇宙，又出乎其外，亦复寓居于我们自己的有体中的，与'它'相交通，与'它'相结合，而且是我们的整个有体之一转移，一转变，一转化，为此企慕，此接触，此结合之后果，是一生长或觉悟，入乎一新的变是或新的有体，一新自我，一新本性。

事实上，能创造的'知觉性·力量'在我们的土地存在中，必须领导一双重进化前行，在一几乎是同时的程序上，但大大以较低的原素居先，且更加着重它。有我们的外表本性，在生命和身体中的心思有体的本性之进化，又在其内中，为了自我启示向前迫进，因为随着心思的出现那启示已变到可能了，有我们的内中有体，我们的玄秘的潜意识的和精神的本性之进化，至少已有其准备，甚至已经开端。但'自然'的主要先务，必须仍是且长时期是心思的进化，进到其可能最大的高度，广远度，微妙度。因为唯独如此，可以准备出全属直觉的智慧，‘高上心思’，‘超心思’的揭露，修好到‘精神’的一高等工具的艰难的路。设若原旨唯在真元的精神‘真实性’的启示，及我们的有体之止息于其纯粹存在中，则这种于心思的进化的坚持不会有什么道理：因为在本性的每一点上，可能有‘精神’的迸发，和我们的有体被收摄于其中；情心的一深密化，心思之一全部静默，意志的一单独专注的热忱，便足以作出那臻极的运动了。设若‘自然’的究竟本旨是彼方世界的，则同此律则仍然可行；因为遍处，在本性的每一点上，可能有这向他方世界的迫促之充分能力，突破且出离这世间作为，而入乎某一精神的余处。但是，倘若她的原意是有体一概改变，则这双重的进化是可解、且本身得其辩正了；因为为了那目的它是必不可无。

虽然，这便造成一困难而且迟缓的精神进步：因为，第一，精神的出现，在每一步上要等待诸工具皆有准备了；其次，当精神的形成出现时，它是与一不完善的心思，生命，和身体的权能，动力，冲动，不可解地相纠结，——对它有一牵引，引它接受且为用于这些权能，动力，和冲动，有一向下的堕力和危险的参杂，有堕落或离开正轨的一恒常的引诱，至少有一桎梏，一重压，一稽迟；必须要回顾每已前进的一步，再带进本性中落后且阻滞再前进一步的什么；最后，由于它当在其中工作的真本性格，又在出现着的精神光明与权能上有一限制，且强迫它分段前进，随着这一条或那一条路线，而全部抛下其整个自体的成就，或留待后下。这种阻滞，这种心思，生命，和身体的障碍，——身体的沉重惰性与顽强，生命部分的混浊热情，心思的幽暗与疑惑的不定，否定，其他种种形成，——是那么一重大而且不可忍受的抑塞，以致精神迫促变到不耐了，要强力地消除这些反对者，要拒弃生命，磨折身体，止寂心思，而造成其自体的分别解脱，精神入乎纯粹精神，从那里全般拒绝一不神圣的和黑暗的‘自性’。舍无上的号召不论，我们中间的精神部分之自然的推动，推之回到它自有的最高原素和格位，这情命的和身体的‘自性’当作对纯粹精神性的阻碍一方面，便是给出世道，幻有论，往他方世界的倾向，出离人生的迫促，求一纯粹不杂的‘绝对者’之热情，凡此种种的强大理由了。一纯粹精神的绝对主义，是自我的一运动，趋向其自有的无上自我道，但这也于‘自性’的自体的目的为必需；因为倘若没有这个，则其参杂，向下的堕力，将使精神的出现为不可能。这绝对论的走极端者，孤独者，退隐士，是精神的执纛者，他的赭色衣便是它的旗帜，反对一切妥协的表征，——诚然，出现的奋斗不能以妥协而止，仅能止于一全般的精神胜利与低等自性之全部投降。倘若那在世间为不可能，则诚然必在他处成就；设若‘自性’拒绝投降于出现着的精神，则心灵必向她告退。这样在精神的出现中便有一双重倾向，一方面，有种促进，不论付什么代价要在有体中建立精神知觉性，甚至拒绝‘自性’亦所不惜；另外一方面有种推进，进向精神性到我们的本性各部分之展伸。但直到第一事已圆满成就了，第二事只能是不完全而且停滞着。是纯粹的精神知觉性之建基，乃精神的人的进化中第一目标；是这，以及那知觉性的迫促，进与‘真实性’，‘自我’，或‘神圣有体’相接触，乃精神寻求者的第一最前的，或甚至，直到已圆满成就了，唯一的先务。这是唯一每人所当作的要事，不论在那条于他为可能的路线上，每人按照在他的本性中发展了的精神能量去作。

论到精神有体的进化之已成就的过程，我们应从两方面看

去，——考虑到‘自然’所运用的手段，发展的路线，再看它在人类个人中所成就的实际结果。有四条主要路线，‘自然’在试图开启内中有体时所遵循的，——宗教，玄秘法，精神思想，与一种内中的精神实践和经验：前三者皆接近之方，最后一乃决定的从入之途。凡此四种权能，皆以同时的作用进行，多多少少相互关联，有时彼此迁就而合作，有时互相争执，有时各自独立而分离。宗教在其仪式，礼节，神祀上容纳了一玄秘原素；它倚靠在精神思维上，有时从之揭出一教条或神学，有时揭出支持它的精神哲学，——前者，通常是西洋方法，后者是东方的：但精神经验是宗教的终极目标和成就，是它的高天和峰顶。但宗教有时也禁止了玄秘法，或将它自体的玄秘原素减轻到最少量；它推开了哲理心思，视为一枯干的智识之陌生者，以它的全重量倚靠在教条和信理上，虔敬的情绪和狂热和道德行为上；它将精神的实践和经验减到最低度或弃除了。玄秘法有时立出一精神目标为鹄的，遵循着玄秘知识和经验为从入之方，结构出某种神秘哲学：但较通常是它自限于玄秘知识与修为，没有任何精神的视景；它已转向神奇术或纯魔术，或甚至歧出为魔鬼道。精神哲学很寻常是依靠宗教作其支持，或为其走向经验之路；它是实践和经验的产品，或建造其构筑为达之之路由：但它也曾拒绝宗教的一切帮助——或一切阻挠，仗它自有的力量前行，或者满足于心思知识，或自信可发现它自己的经验之路和有效训练。精神经验也尝完全用此三个门道为起点，但也曾将三者全皆抛却，依赖它自具的纯粹力量：它抑遏玄秘知识与权能，视为危险的引诱和牵绊着的阻碍，它只寻求精神的纯粹真理；既舍弃了哲学，却也经过情心的热忱或一神秘的内里的精神化而达到了；既将

一切宗教信条，敬拜，和修为抛到身后，视为低下阶段或入门初步，它不用这一切支持而前进了，差无这一切纠缠，直与精神的‘真实性’坦白相接。凡此种种变换皆是需要的；‘自然’的进化的尝试，在凡此诸路线上皆实验过了，以寻出她的真道路和全部路程，进向最上知觉性与大全知识。

因为每个这些手段或路由，与我们的整个有体内中一点什么相应，因此与她的进化的整个目标所必需的一点什么相应。人的自我扩充，有四种必需，倘若他不长此仍其为这外表无明之人，盲昧地寻索事物的真理，收集知识的零段碎片而加以系统化，仍其为宇宙‘力量’的有限的和半能的生命物，如他在他的现相的自性中他现在是的。他应当知道他自己，发现而且利用他的一切潜能性；但要完全知道他自己和世界，他必得进到他自己的和世界的外表之后，他必得深沉潜游到他自己的表面之下，和‘自然’的物理表面之下。他之能作这个，只能由知道他自己的内中心思，情命，生理，和性灵体，及其权能和运动，以及居于宇宙的物质前方的玄秘的‘心思’和‘生命’之普遍的律则和程序：那便是玄秘法之领域，倘若我们取玄秘法这名词的最广义。他也应当知道管制这世界的‘权能’或多种‘权能’：设若有一‘宇宙的自我’或‘精神’，或一‘创造者’，他必须能与‘它’或‘他’发生关系，且能与之保持任何可能的接触或交通，与宇宙之主要诸‘有体’或与那宇宙的‘有体’和它的普遍意志，或与一无上的‘有体’和‘他’的无上意志怎样相调叶，遵从‘它’所给他的法律，和他的生活与行为之注定了的或启示了的目标，必须将自己升到最高的高处，如‘它’所要求于他此一生中的，或此后一存在中的；设若没有这么一个宇宙的或无上的‘精神’

或‘有体’，他必须知道有的是什么，又怎样将自己从现在的缺陷与无能状态上升到它。这办法便是宗教的目标：其目的是联系凡人与‘神圣者’，而且这么作时乃升华思想，与生命，与肉体，使它们皆可接受心灵和精神的管制。但这知识必须是多于一信条或一神秘的启示的什么；他的思维心必须能接受它，将其关联到事物的原则和所观察到的宇宙的真理上：这便是哲学的工作，而在精神真理的原地中，这只能由一精神哲学为之，不论在其方法上是智识的或直觉的。但一切知识和尝试，只倘若是已化为经验，已变成知觉性及其已成立的活动的一部分，然后能达到产生果实；在精神原地中，凡此一切宗教的，玄秘法的，或哲学的知识和尝试，若要产生果实，必须终于精神知觉性之开启，终于一些经验，得到了且持续提高，扩大，且增丰那知觉性，且终之以建立一人生和行为，与精神的真理相契合的：这便是精神的实践和经验的工作。

在事物的正本自性上，一切进化起初必以迂缓的开展进行；因为每一新原则发舒其权能，必从其内在于‘无心知性’与‘无明’开辟一条路出来。它的事很艰难，要从内入作用将自体拔出，从原来的中介物之黑暗把持脱出，挣脱‘无心知’的牵扯和纠缠，其本能的反对和阻挠，以及‘无明’的阻滞着的参杂，和盲昧的顽固的稽留。‘自然’起初确定一空泛的迫促和倾向，那便是玄秘的，潜在的，下意识的真实性之推向表面的指征；于是有‘将是之事’的微小的半露的暗示，不完善的发端，粗朴的原素，基本的现相，渺小，不足注意，难可认识的分量。此后乃有或小或大的形成；一较为明著且可认识的性质开始显露了，起初是局部的这里那里在一低等深密度上出现，渐次比较生动，更能形成；终则有一决定的显出，有知觉性的一反转，有其剧烈转变的可能性的开端：但仍在每方向皆有许多事待作，一长久和困难的生长向完善化，乃陈于进化的尝试之前。已做好了的事，不单是要加确定，保无反复或下堕，失败和消灭，亦且当开启于其可能性的一切原畴，入乎其整体自我成就之纯全，其最极的高度，微妙度，丰富性，广大性；它应当能够统治，怀抱一切，概括一切。这是'自然'在无论何处的程序，忽视了这个便是失去他的工作中的原旨，迷失于她的进程纷歧错杂中。

是这程序乃发生于宗教在人类心思和知觉性的进化中；倘若我们忽略了这程序的一些情况和它们的必需，则其替人类所作的事不能被了解或得到正常估值。显明的，宗教的最初发端，必然是朴素而且不完全的，它的发展被阻滞，由于混杂，错误，对凡人心思和情命部分的让步，常是可属甚非精神性格的。愚昧的，有损害的，甚至祸灾的原素可以潜入，而引到过错和罪恶；人类心思的武断性，其自我拥护之狭隘性，其无容忍和挑战的自私性，其于自体的有限真理之执着，以及对其错误的更大的执着，或者情命的暴力，热狂，武力的和压迫的自我肯定，它在心思上的狡狯作为，以获得对它自体的欲望和癖习的认可，皆很容易侵入宗教原地，抑遏它的高上精神目标和性格；在宗教之名下，许可愚昧可以隐藏，许多错误和一广远的谬执可被容许，甚至许多罪恶以及对精神的违犯可以造成。但这种交错的历史也属于一切人类事业，而且，若执此以反对宗教的真理和必需，也可执之以反对人类每项事业之真理和必需，反对人的一切作为，他的理想，他的思想，他的艺术，他的科学。

宗教之所以遭否定者，以其声称以神圣的权威，以灵感，以自

上赐予的神圣不可侵犯的必无差失的尊威权力而决定真理；它试行自加于人类思想，感情，行为上，不容讨论或发问。这是一过度的和未成熟的要求了，虽是在某方式上是强加到宗教理念上的，由灵感和启悟的命令似的和绝对的性格加上去的，这些灵感和启悟，便是宗教理念的许可证和辩正，由信心之需要加上去的，信心是当作一从心灵而发的玄秘光明与权能，独出于心思的愚暗，疑惑，软弱，和不定中。信心，对人是必不可少的，因为设若没有，他便不能在通过'未知者'的旅程上前进；但不应当是强加的，应当是作为一自由的知见，或自内中精神的一命令似的指导而来到。无疑问的接受，这要求可得到保证，只倘若精神的努力，已成就了人的向最高'真理知觉性'的进展，——整体而且完全的，无有一切愚昧的心思的和情命的参杂的'真理知觉性'。这是我们前面的究竟目的，但还没有达到，这尚未成熟的要求，便晦翳了人内中的宗教本能的真正工作，那本能是要领导他到'神圣真实性'，构成一切他在那方向至今所成就的，给人人以一精神训练的模型，一寻求，接触，亲近'神圣真理'之路，一合乎他的本性的潜能的路。

进化的'自然'的宽广和柔顺的方法，供应人类的宗教寻求以最博大的视野，且保存其真正原意，这可见之于印度的宗教发展。在印度是任何数量的宗教表呈，敬拜道，训练法，皆被容许，甚至鼓励其并肩共存，人人可自由信受且奉行那与他的思想，感情，脾气，性格相合者。这是正当而且合理的，应有此一粘柔性，合乎此实验性的进化的：因为宗教的真实职事，是准备人的心思，生命，和身体的存在，使精神知觉性得以取起它；它应该领导他到那一点，即内中的精神光明开始要充分发皇之处。是在这一点上宗教应当学到将其自体作为隶属，不应当坚持其外表性格，却应当给内中的精神本身以充分的区宇以发挥其自有的真理和真实性。此外它应当尽可能多多取起人的心思性，情命性，身体性，给人的一切活动一转捩，转到精神方向，其中的一精神意义的启示，一精神的炼铸的印记，一精神性格的开端。是在这试图中宗教的错过进来了，因为错过正是由其所处理的这事的本来性质而起，——低劣质料侵袭那些原是作为精神知觉性与心思，生命，身体知觉性间之中介者的实地形式，且时常损减，贬抑，而且败坏它们，然而是在这试图中，乃有宗教的最伟大的用处，作为精神与自性间的调停者。在人类进化中，真理与错误常一同生活，不应该因为其随附着的错误便拒绝真理，虽则错误应当泯除，——这常是一困难事，而且，若是作的粗率，便结果出在宗教身体上所加的开刀手术的伤害了；因为我们见为错误者，很惯常是一真理的象征或乔装或破敝或畸形，丧失在手术的粗暴下了，——真理是随同错误一并被割掉。‘自然’自己，寻常容许嘉黍和稂莠一长时期共同生长，因为唯是这样，她自己的生长，她的自由进化，乃有可能。

进化的‘自然’，在其开初觉醒人类，使觉到一基本的精神知觉性时，必始于对‘无限者’与‘不可见者’环绕着此物理有体之一模糊的意识，依约意识到人类心思与意志之无能和有限，意识到有大过他的什么隐藏于此世界中，意识到一些有利或有害的‘能性’，决定着他的行事之结果，意识到有一‘权能’，在他所生活其中的物理世界之后，也许正是创造了他和世界的，或者是一些‘权能’，在内中形成或统治‘自然’的运动，而它们本身却又为那超出它们以外的更大的‘未知者’所统治。他必得决定出那是些什么，而且要寻

出交通的手段，以便能安妥它们，或召请它们为他的救助；他亦复寻求那些手段，以之他能发现且管制‘自然’的隐蔽运动的枢机。以他的理智，他一时不能做这事，因为他的理智起初只能处理物理的事物，但这是‘不可见者’的领土，需要一超物理的视见与知识；他得用原有在于动物中的本能与直觉的引申而做这事。这官能，在此思维体中延长了和心思化了，必然在初原人类中尝是更为敏感而且活泼的，虽大抵仍在一低等格度上，因为他得大为依靠它作一切初始他所需要的发现：他也得依靠潜意识的经验之帮助；因为在他学到了完全依靠他的智识与认识以前，潜意识必然也曾是更为活泼，更准备在他内中涌现，更能在外表上呈表其现相。他由与‘自然’接触而这么收到的直觉，他的心思便组织之成系统，于是造成了早期的宗教形式。直觉的这活泼的现成的权能，也给予他以超物理的力量有在于物理力量之后的意识，他的本能和某种潜意识的或超正常的经验，经验到有些超物理的有体，与之他可这样那样交通的，便使他转向发现有效的沟通着的手段，以作这知识的一机动的运用，于是造成了魔术和早期的玄秘法的种种形式。在某些时候必然在他启曙了，是在他内中有个什么非属物理的，一心灵在身殁后犹存；某些超正常的经验，因要求知道不可见者的压力，必然帮助他构成他初始对他内中这元体的粗朴理念。只是在后下他方始体会到他之所见于宇宙的作用中者，也是在某种形式下在他内中，而且在他内中有些原素，响应那些为善或为恶的不可见的权能和力量；这么便会开始他的宗教伦理的形成，和他的精神经验的可能性。原始的直觉，玄秘的法术，宗教社会的伦理，神秘的知识或经验，在神话中象征着的，但以一秘密的传授和戒规保存了意

义者，这一切的一混合，便是早期的人类宗教，起初非常肤浅和外在的阶段。无疑，初期这些原素皆是鄙朴，拙劣，有缺点，但它们获得了深度和广度，在某些文化中增加发展到很弘大而且重要。

但是，时当心思和生命的发展增加了，——因为那是'自然'在人类中的先务，她不迟疑于将其推进，即算压抑了其他原素，后下又需要将其充分取起的，——便有一智识化的倾向，于是起初必需的直觉的，本能的，和潜意识的形成，上面皆笼罩了一些构架，是理智和心思的智慧的一增上着的力量建造的。时当人发现了物理'自然'的秘密和程序，他愈进愈远离他早期对玄秘法和魔术的凭依；天神们和一些所感到的不可见的势力减退了，当多而又多的事物以'自然'的机械作为或自然工事解释了：但他仍然感觉需要在他的人生中有一精神原素或一些精神因素，因此他一时期使这两种活动并行。但是宗教的玄秘原素，虽仍然保持为信仰，或保存却也埋藏于仪法和神话中，然失掉了意义也损减了，而智识原素增加了；终竟在智识化的倾向变到太强之时之处，其时其处便有一运动剪除一切，只留教条，教会，形式仪法，和宗教伦理。甚至精神经验的原素也耗丧了，认为依靠信心，感情的热忱，和道德行为便已够了；初期的宗教，玄秘法，神秘经验的混合是破裂了，于是有一种倾向，虽不怎样普遍或完全，但仍很确定而且可见，即是使每种这些权能随顺其自有的道路，达到其自有的目标，在其自有的分别的和自由的性格里。这一阶段的最后结果，便是一全般对宗教的否定，对玄秘法及凡属超物理者的否定，肤浅智识的坚硬枯燥的猝发病，斫倒了那些荫蔽构架，皆我们本性的更深诸部分的栖托处。但进化的'自然'，仍将她的远旨保存在少数人的心思中醒活，而利用人

的更大的心思进化，将其升到一更高界和更深的结果。在现代本身，经过了一胜利的智识性和唯物论的时代之后，可见到这自然程序的明证了，——回转到内中的自我发现，一内中的寻求与思维，一神秘经验的新尝试，一向内中自我的扪索，重新觉悟到精神的真理和权能的一些意义，皆开始显露了；人于他的自我与心灵与事物的一更深真理之寻索，趋于复活而恢复其失去了的力量，给予旧信条以一新鲜生命，建立新的信仰，或独立发展派门宗教。智识本身，既已近至物理发现能量的自然边界了，既已触到其的层岩床，知道其除了'自然'的外在程序也不解释其他什么，便已开始投射其研究的眼光，虽仍是尝试而且犹疑，转向心思和生命力量的更深的秘密，转向它从初已先定的拒绝的玄秘者的领域，要知道其间或有是真实的什么。宗教已表现其有长在的权能，且是正经过一种进化，其最后的意义还未明显。在我们所见到的心思新开始的这方面，无论其怎样朴拙且迟疑的开始，可察出其能有一种压力，推进'自然'中的精神进化，作一决定的转向和前进。宗教，虽是丰富，然在其初期下理性的阶段是幽暗的，在智识的过重压力下，已倾于度进一明朗的却是荒凉的理性空地；但终于它必须随人类心思的向上的弧线，更充分上升，在它的高顶达到它的真本或最伟大的境界，在超理性的知觉性和知识的寰宇里。

倘若我们回顾过去，我们仍能见到这线自然的进化的明证，虽大部分它的原始阶段，皆在史前史的未书的白页上，非我们所知。有人诤论过，宗教在其发端时，无非是一团幽灵崇拜，拜物迷信，巫术，图腾术，禁忌术，神话，迷信象征，以医药人为祭司，是原始人类的愚蒙的一堆心思的菌植物，——后来至佳也只是一种'自然'崇拜。在原始心思中，很可能是这样的，可是我们也仍应加以附笔，说在其许多这样的信仰和施为之后，也可能有一真理，是卑下但很有效能的一种，却随我们的高等发展而失掉了。原始人类，大抵生活在其生命体的一卑下而狭小的境域里，而这在玄秘界上相应于一不可见的'自然'，属同样性格的，其玄秘的权能，可由一种知识和一些方术号召其发生作用，而那知识和方术，是低等情命的直觉和本能可开启后入之门的。这可能构成于宗教信仰和奉行的一初始阶段，在其性格和利益上是玄秘的，在一鄙朴的初原样式里，还不是精神的；其主要原素，会是召来微小的生命权能和小元体，以佐助微小生命欲望，和朴野的物理的良好境况。

但是，这原始阶段，——倘若它真是这，而不是如我们仍见之为一堕落或残余，属于文明的前一周期的高等知识之退堕，或一陈死的没落了的文化之贬损了的遗留，——只能曾是一开端。这不论随之以一些什么阶段，接着便是更进步了的宗教型，我们仍有其古代诸文明民族的犹存的典籍或史书中的记录。这典型，以多神信仰和敬拜组成，包含了一宇宙论，神道观，礼文，修习，仪式的和伦理的规制的复杂组织，有时深深织入社会制度中的，通常是一部落的或一国家的宗教，亲切地能表现那集团所达到的生活和思想的进化阶段。在其外表构架上，我们仍寻不出一更深的精神意义的支柱，但这一空缺，在较大的更发展了的文化中，是填补之以一玄秘知识与修为之强大背景，或否则补上了防护谨严的神秘道，具有精神智慧和修习的一初始原素的。玄秘法更常是作为一附加或上层构架，但也不常在；对诸多神圣权能的敬拜，奉牺牲，一表面的虔敬，和社会伦理，皆是主要因素。一精神哲学或人生意义的理

念，起初好像不在，但其萌蘖皆常是包含在神话和神秘道里，在有一二事上完满从之显出，以致它擅有一雄强的分别存在。

诚然有可能的，是神秘者或开初的弄玄秘法的人，处处是宗教的创立者，以他的秘密发现，在信仰，神话，和修为的形式中，加到人民群众的心思上；因为常是个人，乃接受‘自然’的直感，前进而拖起或吸引其余的人类在他后面。但是即使我们推许群众的下知觉的心思为这新创作的作者，也仍是那心思中的玄秘的或神秘的原素创作了它，而且必是它得到了一些个人，经过他们而出现；因为一群众经验或发现或表现，不是‘自然’的第一方法；是在某一点上或几点上燃了火，由此从一灶传到一灶，从一神坛传到一神坛。但神秘者流的精神企慕和经验，通常是韬藏在秘密法箓里，只传授少数入道之人；这传布到群众或毋宁说给他们保存于一聚宗教的或传统的象征里。是这些象征乃为宗教的核心，在一初民的心思里。

从这第二阶段乃出现第三阶段，这期间试行解放秘密的精神经验和知识，使大众皆可有，当作一种真理，有其共通的诉予，且必普遍可得。于是一种倾向得势了，不单是以精神原素为宗教的真正核心，亦且使其以显教而崇拜者人人可达；如每派密教各有其知识与修为的系统，今兹每种宗教也要有其知识系统，它的信条，和它的精神修炼。在此，在这两种形式的精神进化中，一显教，一密教，一神秘人士的一宗教人士的路，我们见到进化的‘自然’的一双重原则，深密的和集中的进化，在一小空间的原则，与一扩张和伸展的原则，以使其新创造可在尽可能大的一区域里普通化。第一个是集中了的动力的有效能的运动；第二个是倾向散布和定位。

这新发展的一结果，是精神的祈向，起初为少数人所谨慎宝藏的，变到在人类中更普通化了，但损失了纯洁性，高度，和深密性。神秘人士建立他们的志事于超理智的，直觉的，灵感的，启示的知识之权能上，也建之于内中有体进入玄秘的真理和经验的能力上：但这些权能非人群大众所具有，或虽具有亦只在一朴质，未开化，段段片片的原始形式里，没有什么事物可安立其上；所以为了他们，在这新的发展中，精神真理必包藏于信条和教理的智识形式里，于敬拜的情感形式里，和一简单然有意义的仪式里。同时，强健的精神核心，也变到参杂了，浇漓了，混沌了；遂致为心思与生命与身体的本性之低等原素所侵袭，所假扮。是这参杂，和混糅，和赝品之侵袭，这对神秘道之渎乱，及其真理和意义的丧失，亦如误用玄秘权能，以与不可见的力量相交通而致的，乃是早期神秘者所怕的了，所以他们以保守秘密，以严厉戒规，以限制于少数合格的弟子，而加以防止。这分散运动和随后的侵袭之另一不利的结果或危害，便是精神知识之智识的形式化，化为教条，生活的修持之物质化，化为死的一团敬拜，与礼节，与仪式，是一机械化，由是久而久之，精神必然脱离宗教躯体。但这危险是当冒的，因为扩张的运动，是进化的'自然'中之精神迫促之一内在的需要。

如是，一些宗教产生了，皆主要是或整体是依靠信条和仪法，以求精神的结果，但因为它们的经验的真理，仍然保持了基本的内在真实性，原来本在它们中间的，而且，只若有些人继续或革新，便可长存，一些为精神的冲动所感触的人，要证会'神圣者'且解放精神，用此一手段。这一发展，进前而歧为两种倾向，一公溥的，一誓反的，一倾向多少存留宗教的原本粘柔的性格，其多方性，及其对

人的全部天性的诉予，另一趋于叛离这公溥性，坚执纯粹依赖信仰，敬拜，和行为，简单化了，所以作出对普通理智，情心，和伦理的意志之一迅速的现成的诉予。这转向已趋于造成过度理智化，不信任和贬斥大多的玄秘原素之要与不可见者建立其交通的，倚靠表面心思，视为精神事业的一足够的乘器；于是惯常的后果，便是精神生活的某些枯干性，狭隘和乏弱。进者，智识已否定了那么多，抛弃了那么多，又得到充分的空间和机会还否定更多，直到它否定一切，否认精神经验，弃去精神性与宗教，只留下智识本身，当作唯一余存的权能。但智识而空无精神，只能增积外在知识与机械与效能，终于生命力的秘密泉源之涸竭，终于颓废而无任何内中权能以挽救生命或创造新生，或开辟任何其他出路，除了死亡和散坏，及在旧的'无明'中再作一新的开端。

进化原则前迈之际，也可能保存了它的运动之原始的完整，不由破析而由扩张那更明智的古之和谐，到集中原则与散布原则的一较大的综合。在印度，我们见到，有进化的'自然'的整个运动和原始直觉之长存。因为宗教在印度不以信理或教条而自加范限；它不但容纳了一大数量的不同的表呈，亦且在自体内中成功地涵蓄了所有一切原素，在宗教的进化过程中生起的，它不肯禁止或割除任何一个：它发展了玄秘法至于其极，接受了种种精神哲学，追随凡属可能的每一道精神实践，精神经验，精神自我训练，追随到他的最深，最高，或最大的结果。它的方法是进化的'自然'本身的方法，允许一切发展，精神在诸体上的一切交通和作为的手段，一切人与'无上者'或'神圣者'间的交往之道，遵循每条可能的前进的路达到目标，甚至试验之至于其极。精神进化的一切阶段，在人中皆备，每个皆应听其接近精神，或者供给以资粮，依其接近之方之适合于其能量者(adhikāra 特权)。甚至至今独存的原始形式也未加禁格，却加以提举到一更深的意义里，而仍有其压力，冲向最高的精神楼阁在最稀薄的无上以太中。甚至除外的属信条典型的宗教，本身也未被除外，只若其与普通目标与原则的亲和性是明白的，便被容纳于普通伦系的无限变换中。但这粘柔性试要自支于一固定的宗教社会的体系上，它充之以按等级发皇人类天性的原则，在其高处对向一无上的精神志业的；这种社会的固定性，——也许曾在一时期是需要的，为了人生之统一，倘若不也是作为给精神的自由的一安定而且稳固的基础，——一方面尝是一保存的权能，但一方面也曾是唯一的对全部公溥性的本来的精神之障碍，过度的凝固和限制之一原素。一固定了的基础或许是不可没有，但倘若在真元上是安定了，这也必须在其诸多形式上能为粘柔，可作进化的转变；这必须是一体系，但必是一生长着的体系。

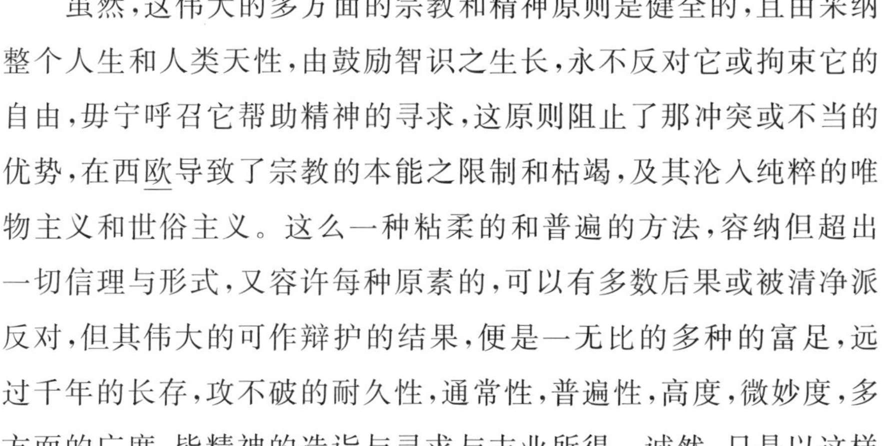

虽然，这伟大的多方面的宗教和精神原则是健全的，且由采纳整个人生和人类天性，由鼓励智识之生长，永不反对它或拘束它的自由，毋宁呼召它帮助精神的寻求，这原则阻止了那冲突或不当的优势，在西欧导致了宗教的本能之限制和枯竭，及其沦入纯粹的唯物主义和世俗主义。这么一种粘柔的和普遍的方法，容纳但超出一切信理与形式，又容许每种原素的，可以有多数后果或被清净派反对，但其伟大的可作辩护的结果，便是一无比的多种的富足，远过千年的长存，攻不破的耐久性，通常性，普遍性，高度，微妙度，多方面的广度，皆精神的造诣与寻求与志业所得。诚然，只是以这样的公溥性和粘柔性，进化的较广的目标乃能成就到任何充分的地

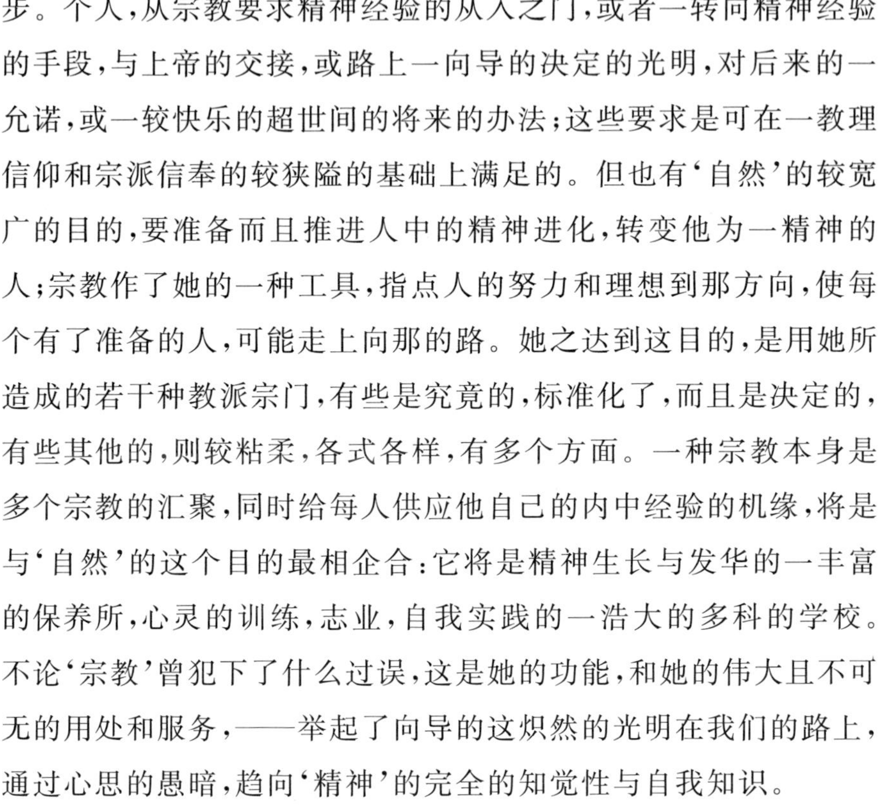

步。个人，从宗教要求精神经验的从入之门，或者一转向精神经验的手段，与上帝的交接，或路上一向导的决定的光明，对后来的一允诺，或一较快乐的超世间的将来的办法；这些要求是可在一教理信仰和宗派信奉的较狭隘的基础上满足的。但也有‘自然’的较宽广的目的，要准备而且推进人中的精神进化，转变他为一精神的人；宗教作了她的一种工具，指点人的努力和理想到那方向，使每个有了准备的人，可能走上向那的路。她之达到这目的，是用她所造成的若干种教派宗门，有些是究竟的，标准化了，而且是决定的，有些其他的，则较粘柔，各式各样，有多个方面。一种宗教本身是多个宗教的汇聚，同时给每人供应他自己的内中经验的机缘，将是与‘自然’的这个目的最相企合：它将是精神生长与发华的一丰富的保养所，心灵的训练，志业，自我实践的一浩大的多科的学校。不论‘宗教’曾犯下了什么过误，这是她的功能，和她的伟大且不可无的用处和服务，——举起了向导的这炽然的光明在我们的路上，通过心思的愚暗，趋向‘精神’的完全的知觉性与自我知识。

玄秘法在其真元上是人的努力，要达到‘自然’的秘密真理与潜能性的一知识，可将他从隶役下解放出未，他是奴役于他的身体的限制之下；这尤其是一种企图，要占有而且组织‘心思’在‘生命’上，及‘心思’与‘生命’二者在‘物质’上的权能，为神秘的，玄秘的，在外表仍未发皇的直接权能。同时有一志事，要与那些世界和元体建立交通关系，皆是属于宇宙‘有体’的超物理的高处，深处，及中间诸水平的，又利用这交通以主制一较高的‘真理’，以帮助人在他的意志上主宰‘自然’的权能和力量。这一人类的企慕，自立于这信仰，直觉，或内知上，即我们皆不止是泥土的制作品，而是心灵，心思，意志，能够知道这世界和每个世界的神秘，且成为不但是‘自然’的学生，亦且是她的熟艺师和大匠。玄秘者也试求知道物理事物的秘密，而在这方面的努力，他推进了天文学，造出了化学，给其他科学一促动，因为他也运用几何学及算数之学；但他仍求更多知道超自然的秘奥。在这义度下，玄秘法可说为超自然者的科学；但事实上它只是超物理者的发现，物质的范限的越出，——玄秘法的中心，不是那不可能的妄想，希望越轶‘自然’的一切力量或出乎其外，且以纯粹幻想和怪诞奇迹为有效果而遍能。对我们似是超自然者，事实上或是其他‘自然’的现相，自发的突入了物理‘自然’中，或者，在玄秘者的工作中，是具备了宇宙‘有体’与‘能力’的较高诸等级或诸体系之知识与权能，指挥其力量和作用趋向在物理世界中产生效果，由摄持相互交通的可能性，和物质上生效果的手段。有些心思的和生命力的权能，未尝被包括在‘自然’的今之物质里的生命和心思的系统中，然皆是潜能的，可以施之于物质的事物上，或甚至引入而加到现在的系统中，因而扩大心思对我们自己的生命和身体的管制，或者在他人的心思，生命，和身体上，或在宇宙诸‘力量’的运动上发生作用。现代于催眠术的采纳，便是这么一种发现和系统化了的施使的例子，——虽仍是狭隘而且有限，为其方法和公式所限制，——施使那些玄秘权能，否则只以偶然的或暗中的作用触到我们的，其程序非我们所知，或不完善地为少数人所摄。因为，我们在一切时中皆遭受种种提示的侵袭，思想暗示，冲动暗示，意志暗示，情感的和识感的暗示，思想波浪，生命波浪，从他人或从宇宙‘能力’来加于我们或进入我们，作为且发生它们的效果，却不为我们所知。一系统化了的志业，要知道这些

运动和它们的律则和可能性，要主制且利用在它们后面的‘自然’力量或权能，或防护我们自己不遭到它们，这皆属于玄秘法的一境域内：但甚至也将只是那境域的一小部分；因为这少经开发的‘知识’之浩大领域之可能的原野，用途，程序，皆太辽阔而且繁多。

在近代，物理‘科学’扩大了它的发现，释放出‘自然’的秘密物质力量，导之于为人类知识所统制的作为，以供人类之用，于是玄秘论退避了，终于被摒弃，理由是：唯独物理的乃是真实的，而‘心思’和‘生命’，皆只是‘物质’的部门的活动。既以此为根据，相信物质‘能力’为一切事物的钥匙，‘科学’乃试进而欲管制心思和生命程序，用着我们的正常与非正常的心思和生命的功能与活动之物质程序与工具作用之知识。凡为精神的，被认作心思性的一形式而忽略了。这里附带可说一下，即是倘若这试图成功了，可能于人类的生存不无危险，甚至会像如今有某些其他科学发现，错误地或拙劣地为人类所用，而此人类在心思上在道德上皆没有准备可处理那么巨大和危险的权能；因为这会是施行一人为的管制，而无所知于那些承托和保持我们的生存的秘密力量。在西方，玄秘法可那么容易推开，因为它从来未尝达到大众，未尝至于成熟，未尝得到一哲理的或健全的体系之基础。它太自由地放浪于超自然者的怪诞中，或犯了这错误，以它的大部分气力，放在发现那些公式和有效的方式上，运用超凡的权能的。它邪出为黑白魔术，或邪出为黑暗的神秘道的浪漫的或巫术的道具，以及那究竟是有限的少量知识的夸张。这些倾向，以及心思基础之不稳定，使它难于自卫，易遭非难，成了方便且受伤的众矢之的。在埃及和东方，这道知识达到了一更大更概括的志业：这更宽裕的成熟性，仍可见于

‘密乘’(Tantras)这奇妙系统中,完好无恙;它不单是超正常者的一多方面的科学,亦且供给了宗教的一切玄秘原素之基础,甚至发展出一精神修为与自我实践之庞大雄强的系统。因为最高的玄秘法,便是那发现‘心思’和‘生命’和‘精神’的秘密运动,及动力的超凡的诸多可能性者,且运用它们在其本有的力量中、或由一加上去的程序,为了我们的心思体,情命体,和精神体的效用。

玄秘法在流俗理念中,与魔术和魔术法式及超自然者的假定的机械性相联。但这只是一方面,它也不全然是一种迷信,如有些人凭空设想的,那些人未深窥或全然未窥秘密的‘自然力量’的这一隐蔽面,也未曾实验过其可能性。法式及其使用,潜在力量的机械化,在心思权能和生命权能的玄秘运用上,能有可惊的效果,正如在物理‘科学’中为然,但这只是一附属方法,一有限引导。因为心思和生命的力量,皆是粘柔的,微妙的,在其作用上是可变的,没有物质的强硬性;它们需要一微妙的和粘柔的直觉,在关于它们的知识上,在它们的作用和程序的解释上,在它们的施使上,——甚至在它们的建立了的法式之解释和作用上。过度着重机械化和严格公式化,势必结果出知识之秀而不实或一形式化了的限制,而且,在实用方面,结果出许多错误,愚昧的鄙俗,误用,和失败。于今我们正脱出‘物质’为唯一真理的迷信了,退转回到古之玄秘法与新的表呈,与对‘心思’的仍属隐藏的秘密和权能的一科学调查,以及对性灵的与不正常或超正常的心理现相之密切研究已是可能了,而且,在局部上已显然可见。但设若这当自立,则这一行探讨的真实基础,真正目标和动向,必需的限制和禁戒,皆当重新发现出;其最重要的目标,必是发现心思力量,生命力量,和隐藏的精神

的更大的种种力量之秘密真理与权能。玄秘科学，真本是潜意识的科学，在我们内中的潜在者，在世界自性中的潜在者，以及凡与潜意识相关联者，包括下心知者与超心知者，以及用之为自我知识和世界知识的部分，为了那知识的正当动力化。

对最高知识作智识的研究，心思之占有它，乃是对这'自然'在人中的运动之必要的帮助。寻常，在我们的外表上，人的思想与行为的主要工具便是理智，观察着，了解着，和序列着的智识。在'精神'的任何全部前进或进化，不但是直觉，内视，内识，情心的敬奉，于'精神'事物的一直接的生活经验，皆应当发展，亦且智识也当与以启明和满足；我们的思维心和观照心，应该得到帮助以了解，以形成一已加推理和系统化的理念，关于我们的本性的这最高发展和活动之目标，方法，诸多原则，及一切居于其后者的真理。精神的实践和经验，一直觉的和直接的知识，内中知觉性之一生长，心灵的和一亲切的心灵知见，心灵视见，和一心灵识觉的生长，诚然皆是这进化的正当手段：但观照的和批评的理智，亦复至关重要；纵使有许多人可以不用理智，因为他们与内中真实性有一生动的和直接的接触，以经验与内视而满足了，但在整个运动中它是必不可无的。倘若至上的真理是一精神的'真实性'，则人的智识需要知道那原始'真理'的性质是什么，及其与其余的存在，与我们自己和宇宙的关系之原则。智识以其自体是不能使我们接触到具体的精神真实性，但它可帮助，作出'精神'真理的一心思表呈，将其向心思解释，甚至可用于更直接的寻求的：这帮助是极为重要了。

我们的思维心，主要是关注于普通精神真理的陈述，其绝对者的逻辑，其诸相对者的逻辑，它们如何彼此相待或相引，以及存在

的精神原理之心思的后果为何者。但在此了解与智识的陈述即它的主要权利和一份工事以外，智识还要求施行一批判的管制；它可承认极喜的或其他具体的精神经验，但它的要求是要知道那皆建立在什么稳定的或妥善序列的真理上。诚然，倘使没有这样的一真理，已知而且可证，我们的理智或者会认为这些经验皆不稳定，不可解，或可从之后退，看它们也许不是建立在真理上，或否则倘不在它们的基础上也在它们的形式上不信任它们，以为是被错误所中，甚至是想象的情命心思，情感，神经，或诸识的错乱；因为这些在从物理者和可识者度到不可见者的过程或移转中，可能被误导而追随眩惑的光明，或至少是被导致于事物的错误的接受，事物在其本身是有效的，但损于一错误的或不完善的对所经验者的解释，或毁于真正精神价值之混杂和纷乱。倘若理智自觉不得不承认玄秘法的机动力，然在那它也会最关注与它所见到发动出的力量之真实意义和正当系统和真理；它必问究那意义是玄秘者加上的，或还是其他什么，也许较深的什么，在其真元的关系和价值上却被错误解释了，未曾在整个经验中得到其正当位置。因为我们的智识作用，初始是理解的功能，其次方是批评的，终则为组织着，管制着，形成着的。

那手段可用以满足这需要，亦是我们的心思的自性所供给我们的，便是哲学，而在这原地中，它必然是一精神哲学。这类学术在东方已兴起多种了；因为几乎常是凡有一重大的精神发展之处，便从那里兴起一哲学，为它对智识辩正。那方法起初是一直觉视见与一直觉表白，如在诸奥义书中渊深无底的思想和深奥的语言，但后来发展了批判的方法，一坚固的辩证系统，一逻辑的组织。后起的诸派哲学皆是一智识的叙述（如薄伽梵歌），或以内中实践而发现者的一逻辑的辩正；或它们为自体设立了一心思的基地，或一系统化了的方法，以求实践和经验（如帕檀遮利 Patanjali 的瑜伽哲学）。在西方，知觉性的调和倾向为分析的和分别的倾向所代替，精神的迫促和智识的理智几乎在开端便分手了；哲学从头便转向一纯智识的和推比的对事物的解释。虽然，也有些派别，如毗达戈拉斯的（Pythagoras），耶毗鸠鲁斯派（Epicurus），斯托以克派（Stoics），不但于思想为有动力的，也在人生的行为上为然，发展出了对有体的内中完善化的一种努力，一种训练；这便在晚期基督教或‘新外道’的思想结构上，达到知识的较高的一精神境界了，东方西方于此相遇合。但后来这智识化变到完全了，于是哲学与人生及生命能力，或与精神及其机动的联系，或则被割断了，或则囿与那么一点点，与形而上的理念所能印在人生与行为上的，以其一抽象的和次要的影响。宗教在西方，不自支于哲学上，却与信理的神学所撑持；有时一精神哲学出现了，乃纯由个人天才之力，却不像在东方一样，为每一大宗精神经验和志业的必需的助理。是真，精神思想的一哲理的发挥，不是全不可无；因为精神的真理，可由直觉与一具体的内中接触，更直接更完全达到。也还应当说，智识对精神经验的批评的管制，可能有阻碍且不可靠，因为这是一次等光明，照射到一高等明耀的境界上；真正的管制权能是一内中的分辨力，一性灵的意识和直觉知见，自上而来的指导之优胜参与，或一本生的光明的内中向导。但仍然这一项发挥也是需要的，因为精神与智识的理性间必须有一道桥梁：一精神的或至少是一精神化了的智慧之光明，为了我们的全般内中进化之圆满是必需的，而

且倘若没有它，又没有另一更深的指导，则内中运动可能乖误，无纪律，混浊，参杂了非精神的原素，或在其公溥性上偏或不全。为了化‘无明’为全体的‘明’，在我们内中的一精神的智慧之生长，准备接受一高等光明，导之灌注我们的本性的所有诸部分，乃是一至关重要的中介的必需。

凡此三从入之道，没有一道能自体全般满足‘自然’的更伟大和究竟的原意；皆不能在心思的人中造成精神的人，除非且直到它们开启入精神经验之门。只是由内中实践凡此诸道所寻求者，由一坌涌的经验或许多经验造就一内中的改变，由知觉性的变移，由精神从其今之心思，生命，和身体的障蔽下解放出来，然后一精神的人乃能出现。这是心灵的进步的最后一条路线，其他路线皆指向着的，而且，时当其有准备自离乎前此诸途，则真实的工作已开始了，改变的转捩点已经不远了。直到那以前，凡人类这心思有体所已达到的，只是熟习那些出乎他以外的事物的理念，熟习一他方世界的运动的可能，熟习一些道德的完善化的理想；他或许也接触到一些更伟大的‘权能’或‘真实’，帮助他的思心或情心或生命。也许是有一改变，但不是从心思的人变为精神的人。宗教及其思想与道德学，以及玄秘的神秘道，在古代造成了祭司，巫祝，虔敬的人，公正的人，智慧的人，心思的人道的许多高点；但只是精神经验由思心和情心开始之后，我们方见到兴起了圣人，先知，‘仙人’，瑜伽师，见士，精神哲士，神秘士，是那些宗教之有精神人物的这些典型在其中者，乃长存且传布全球了，且给予人类以其一切精神祈向与文化。

时当精神性在知觉性中特出，着上它的卓异性格，起初它不过

是一微小核心，一增上着的倾向，一特殊的经验的光明，居于此一大聚寻常未启明的人类心思，生命力，身体性中，即形成我们的外在自我，且垄断我们的自然的要事者。已有些尝试的初端，与一迟缓的进化和犹豫的发露。其较早的起初预备的一形式，造成某种宗教性，不是纯粹的精神气质，而是属心思性或生命性，在其自体中寻求或求得一精神支持或精神因素；在这一阶段，人大多是驰骛于利用他所能得到或造出的与那超乎他以外者的接触，以帮助或服事他的心思理念，或道德理想，或他的生命的和身体的利益：对某些精神变化的真实转向尚未曾有。最初的真正形成，则取一种形式，即我们的自然的种种活动之精神化，在活动上加以一渗透着的势力或指挥：有一准备着的势力或流注在心思或生命的某部分或倾向中，——思想的一精神化了的转变，具备了提举着的照明，或一情感体或美感体的精神化了的转变，在性格中一精神化了的伦理形成，在某些生命作为中，或本性的其他动力的情命运动中一精神化了的迫促。有一觉识来到，或许是觉识一内中的光明，一向导或一交接，一'管制'，大于心思和意志，是我们中间的一点什么所服从的；但一切还未重铸于那经验的型模中。但时若这些直觉和照明增上坚持，自成涧道而通流，作出一强健的内中形成，要求统治全部生命和接收本性，则开始有体的精神形成了；于是出现了圣人，信士，精神的哲士，见士，先知，上帝的仆人，精神的兵士。凡此之流，皆立足于其自然有体的一部分，为一精神的光明，权能，或极喜所提上了的。圣人与见士，生活于精神的心思中，他们的思想或他们的眼光，是被管制或型铸于一内中的或较大的神圣的知识光明；信奉士生活于情心的精神企慕中，它的自我奉献和它的寻求中；哲士则是在内中情心里为醒觉了的性灵体所推移，那已生长到雄强，足以统制情感体和生命体；其他人物，则居于情命的机动本性中，为一高等精神能力所驱策，被它扳转，对向一灵感作为，一上帝所予的工作或使命，为某神圣'权能'，理念，或理想服务。最后或最高的出现者，便是解放了的人，在内中已实践'自我'和'精神'，进入了宇宙知觉性，度入了与'永恒者'的结合，而且，如他之仍接受人生与作为，也是凭他内中的那'权能'的光明和能力而为之，那是以属'自性'的他的凡人工具而工作的。这精神转变和成就的最大表呈，便是心灵，心思，情心，和作为的一全般解放，一概投入于宇宙'自我'和'神圣真实性'的意度里。[①] 于是个人的精神进化已上正途，突起了它的雪岭似的崔巍和最高本性的峰顶。出此高境和广宇以上，只开启了超心思的升登或不可通达的'超极'。

这，直到如今，便是'自然'的进化过程，从心思的凡人发展出精神的人；于是可以问这成就的精确总和及其实际意义是什么。在近代对'物质'中的心思之生命的反动中，这伟大的动向和这稀罕的转变，被诋毁为非是知觉性的真进化，毋宁是无明之一升华了的鄙事，离了真正的人类进化邪出；真正的人类进化，应当只是生命权能，实际物理的心思，管制着思想和行为的理智，与发现着和组织着的智慧之一进化。在这时代中，宗教被推开，认作过了时的迷信，而精神的实践和经验，也不受信任，被视为阴暗的神秘主义。在这观念下，神秘者被看作那种人，转入了非真实者的旁门，进到了一自己创造的鬼怪国土之幽暗境域里，在那里迷途了。这一判

---

① 这便是薄伽梵歌所标举的精神的理想和实践之菁华。

断出自一种事物观念，本身自必趋于不被信任的，因为它究竟依赖那错误见解，以为唯独物质是真实的，而且外表生活唯独为重要。但离此极端的唯物论的事物观，这仍然能是、且为智识与物理心思之急切于人类生命的圆成者所保持的，——而那是时下流行的思想，占优势的现代路线，——说人类中的精神倾向，归究到极少什么；它没有解决人生问题，也没有解决人类正与之角犄的一些问题。神秘者或是自外于人生，作了往他方世界的出世士，或独离的幻想者，因此不能帮助人生，或否则他也不比实行的人物或智识与理性人物能作出更佳的解决或结果。毋宁他参加了，反而扰乱了人生的价值，以他的方外的和不可证验的光明，对凡人的理解为幽暗的，颠倒了人生价值，而且混淆了人生所呈于我们之前的明白的实际要害问题。

但这不是一据点，由之可裁判或估计精神性的价值，或人中的精神进化的真实意义；因为真实的工作，不是在过去或现在的心思的基础上解决人生问题，而是给我们的有体与生命和知识创立一新基础。神秘者的出世的或他方世界的倾向，是一极端的肯定，肯定他之拒绝接受物质'自然'所加的限制：因为他的正本的生存理由，便是要超出她以外；倘若他不能转变她，他便得离弃她。同时，精神的人也未尝全然退出人生；因为与众生万物为一体的意识，对泛爱与慈悲的着重，为了一切众生之善而施舍其能力的志愿[①]，皆在精神的动力的发华之中心：因此他转向救世，他领导，如古代'仙

---

① 薄伽梵歌。佛教之崇扬广大的慈悲，同情，'大地为我一家'——vasudhaiva kutumbakam——，为行为的最高原则，基督教的着重博爱，皆指出这精神有体的动力方面。

人’或先知之所为，或俯而创作，而且，时若他的‘精神’的直接权能作了这样的一点事，那些结果皆曾是异常弘大了。但精神道所提供的问题的解决，不是以外表手段之解决，虽然这些也当用，而是以内中的改变，知觉性和本性的一转化。

若使普通的后果未尝是决定性的，只是佐助性的，是聚积了一些新的较美好的原素到知觉性的总和中，而未尝有人生的转化，这是因为集体中人，常是从精神的推动偏开，从精神的理想退转，或只保持之为一形式，而拒绝了内里的转变。精神性不能被召唤用非精神的方法去处理人生，或以万灵药，政治的，社会的，或其他机械的救治去医疗人生的疾苦，那是心思所常作的，却常是失败了，而且会继续失败，不能解决任何事情。这些手段所作的最剧烈的改变，没有改变什么；因为旧的病痛存在于一新形式中：外在环境的形貌改变了，但人仍其为旧人：他仍是一无知的心思的人，误用或无效地运用他的知识，为私我所推动，被生命欲望与热情和身体的需要统治了，在他的展望上是非精神的，肤浅的，不知道他自己的自我，与那些推动他利用他的力量。他的种种人生缔造，皆有一价值，是当作他个人和集体在其所达到的那阶段的表现，或当作他的情命和物理诸部分的福利或方便的一机械，且当作他的心思的生长之媒介或原畴，但它们不能使他出乎他现在的自我以外，或作为一机械以转化他；他的和它们的完善化，只能以他更前进的进化而得。只有一精神的改变，他的有体从表面的心思的知觉性，进至更深的精神知觉性，然后能作出一真实的和有效果的分别。发现在他自己中间的精神体，是精神人物的主要事务，又帮助他人趋向同此一进化，乃他对人类的真实服务；直到那已做成了，一外间的

救助可能拯济或和缓一点痛苦，但没有、或很少多于此者为可能。

是真的，精神倾向尝不甚是瞻望人生，而甚是望出人生以外。也是真的，精神转变，尝是个人的而非集体的；其结果在个人是成功的，但在大众人中不成功，或只是间接有功效。‘自然’的精神进化，仍是在进程中，不完全，——几乎可说，仍只在开端，——而且其主要事务，是要确定且发展一精神知觉性和知识的基础，而且要增进而又增进，为了那在精神真理中之为永恒者的视见，创造一基础或形成。只是时若‘自然’已以个人而充分确定了这深密的进化与形成，然后可希望有任何急剧的属于扩大或机动的分散着的性质的事，或任何集体的精神生活企图，——这些企图也是做过的，但大多是当作保护个人的精神性之生长的原田，——方可得到一成功的悠久性。因为直到那时，个人必是先劳于他自己的问题，要全般改变他的心思和生命，与他正成就或已成就于他的内中有体与知识里的精神真理归于一致。任何尚未成熟的企图，试行大规模的集体的精神生活，必易于败坏，由于精神知识在其机动力方面不完全，由于个人寻求者的缺点，也由于寻常的心思和情命和身体的知觉性之侵袭，把持真理而将其机械化，阴暗化，或腐化。心思的智慧，及其主要权能即理智，不能改变人类生命的原则和坚持性格，它只能造成各种机械化，善巧化，发展，和表呈。但心思作为整个，纵使是精神化了，也不能改变它。精神性解放而且照明内中有体，它帮助心思与高于其自体者相交通，甚至遁离其自体，它能以内中势力，提举人类个人的外表本性且使之纯洁化，但只若长此它要以心思为工具而在人群中工作，它能在土地生命上发施一种影响，但不能作成那生命的转化。为了这缘故，精神心思中有一种盛

行的倾向，是满足于这种影响，主要在他生余处寻求圆成，或全然捐弃任何外发的志业，而唯专注于个人的精神的得救或美满。一高于心思的为工具的动能，以全般转化为‘无明’所造成的一本性，乃为必要了。

另一于神秘者和他的知识的反对，不是反对他在人生上的功效，却是反对他发现‘真理’的方法，且反对他所发现的‘真理’。一反对方法的理由，便是说它纯属主观，不是离个人的知觉性及其构造为真实，不是可证明的。但这疵议的理由没有多大价值：因为神秘者的目标是自我知识和上帝知识，那只能由内向而非外向的凝视达到。或者是事物的至上‘真理’乃他所寻求的，而那也不能由经过诸识的外表探讨，或由任何自建于外相和表面上的考察或研究，或由基于一间接的知识手段的不定的纪录之揣度达到。这必须由直接视见，由知觉性与‘真理’本身之灵魂与肉体相接触，或由同一性知识，由自我与事物的自我、与事物的权能的真理、与事物的真元化而为一的知识而来。但又非难过，这方法的实际结果，不是一个于一切人皆为共通的真理，而有很大的殊异；所以提出的结论是：这知识全然不是真理，而是一主观的心思形成。但是，这反对是基于对精神知识的自性之一误解。精神真理是精神的一真理，不是智识的一真理，不是一数学原理或一逻辑公式。它是‘无限者’的一真理，在无限的殊异性中的一个，它能擅有诸方面与诸形成的无限变易：在精神的进化中，必然是应有达到那一个‘真理’的多方面的通道和经过，多方面的摄持；这多方性便是心灵之接近一活的真实性之表征，不是达到一抽象或事物的虚构成的形相，能僵固为一死的或顽石似的公式的。强硬的逻辑的和智识的见解，

以谓真理是单独一理念，凡人皆应接受的，是一理念或多理念的一系统击败一切其他一切理念或系统，或是单独一个有限的事实或多事实的一公式，凡人皆当承认的，——这，便是一不合法的转移，从物理境域之有限真理，转移到生命与心思的远过其复杂和粘柔的境域里。

这一转移，负了许多损害的咎责；在思想上，它带进来了狭隘性，限制，对多个不同的观点之必要的变换之不容忍，然倘无其变换与多方多式，则不能有真理寻求之完足，又以其狭隘性和限制，带来了许多错误中的固执。它将哲学减损为无生产的诤论之无尽的纷纭。宗教，也为此隐覆罪所犯害，染上了信理的教条主义，盲从，与无容忍。精神的真理是有体与知觉性的一真理，不是思想的一真理：心思的理念只能代表或表呈其某些方面，其某些由心思译出的原则或权能，或者数说其多个方面，但要知道它，人应当生长到它且成为它；无此生长与是为，则不能有真正的精神知识。精神经验的基本真理是一，其知觉性是一，遍处它随着觉悟和生长成精神人物的普通路线和倾向；因为这些皆是精神知觉性的敕令。但是基托于那些敕令上，也有经验和表现的无数变换之可能：这些可能者的和合与集中，但亦复深密单随任何一路经验至竟，这二者皆是在我们内中出现的精神的'知觉力量'的必需的运动。进者，心思和生命之调合于精神真理，其在它们中间的表现，必因寻求者的心性而异，只若他尚未超出这种调合或这种限制着的表现之一切需要。是这心思的和情命的原素造成了一些对反，仍是分别着精神寻求者的派别的，或入乎他们所经验的真理之不相同的肯定中的。这殊异和变换，是精神寻求与精神生长的自由所需要的：超出

殊异很是可能，但那最容易在纯粹经验中做到；在心思的表呈中，殊异必然长留，直到人能全般超越心思了，在一最高知觉性中，统一，调和‘精神’之多方面的真理，使之整体化。

在精神的人的进化中，必然需要有许多阶段，在每一阶段上，又必然会有有体，知觉性，生命，气质，理念，性格的个人形成中之种种不同。作为工具的心思之自性，与虚理生命的必要，这本身必会造成无限的变换，一随求真者的个性及其发展的阶段之不同。但是，舍那不论，甚至在纯粹精神的自我实践与自我表现的境域中，也无须是单一纯白色调，在此在基本的一体性上也能有一大的分殊性；无上‘自我’是一，但‘自我’的心灵为多，而且，如心灵的本性的形成如是，其精神的自我表现也将如是。一性中之异性，乃显示的律则；超心思的一体化与整体化，必和叶这些分殊，但是消灭它们，不是‘自然’中的‘精神’之原旨。

第二十五章　三重转化

设若这是‘自然’的唯一原旨，在精神的人的进化中，要觉醒他入乎无上‘真实性’，使他从她脱出，或从这‘无明’脱出，她当作‘永恒者’的‘权能’，是自隐幂于此‘无明’中，使他离去而往余处的一高等生存格位，设若进化中的这一步是一结束和出路，则在真元上她的工作已经完成了，没有什么旁的事要做。路道已经修好了，遵循这些路道的能量已经发展了，创造的目的或最后一高峰已显出了；一切余下的事，便是给每个心灵单独去达到他的发展的正当阶段和转变，走上精神之途，由他自己所选择的路径出离这低等存在。但我们已假定还有一更远的意旨，——不单是‘精神’的一启示，却更有‘自性’的一根本的和整体的转化。在她中间有一意志，要成就具于形体中的‘精神’生命之一真显示，要以从‘无明’之进到‘明’而完成她已经其端者，要抛弃她的隐幂，启露她自己为光明的‘知觉性・力量’，在内中荷戴了永恒的‘存在’及其宇宙的有体之‘悦乐’。于是变到明显了，仍有点什么尚未完成，分明可见到‘仍有许多事待作’(bhūri aspaṣṭa kartvam)；仍有一高处得攀登，一广处为有识的眼光所当顾到，意志的羽翼所当飞到，‘精神’在物质宇宙中的自我肯定所当达到。进化的‘权能’所作成的，是使少数个人觉识他们的心灵，知觉他们的自我，觉识他们之为永恒的有体，使他们交接‘神圣性’或那为她的外貌所障蔽的‘真实性’：本性的某种转变，准备着，助伴着，或追随着这启明，但这不是完全的和基本的改变，可建立一稳固的和安定的新原则，一新创造，一永久的新的一类有体于此土地‘自性’的原野中者。精神的人进化出了，但还不是超心思的人，从此以后将为那‘自性’的领袖的。

这是因为精神性原则，还须在它自体的全权和尊主权中确定它自体；直到如今，它是给心思逃出其自体，或纯炼其自体且自升到一精神的姿态中的一种权能，它曾有助于‘精神’之从心思解脱，也曾有补于有体之在一精神化了的思心与情心中之扩大，但不是，——或毋宁是尚不充分，——有裨益于‘精神’之自我肯定于其自有的动力的和统治的主宰中，无有于心思的限制和心思的运用。另一工具的发展已经开始了，但仍待变为全般且有效能；此外它应终止其为一纯个人的在一原始‘无明’中的自我创造，对世间生命为超凡的什么，必常当作以困难的努力而得的个人成就而求到的。它必须变为一新典型有体的正常自性；有如‘心思’在世间建立于‘无明’之求‘明’且生长入‘明’的一基础上，同样的，‘超心思’在世间应建立于‘明’之生长入其自体的更大的‘光明’的一基础上。但这不能如是，只若长此这精神的心思的人，尚未完全上升到‘超心思’，且将其权能带下到世间存在里。因为‘心思’与‘超心思’间的鸿沟必须架度，已闭塞的路必须打通，造成上升和下降之道路于今兹只有一空虚和寂默之处。这，只能由一三重的转化而成，如我们已顺便提起过的：起初必有性灵的改变，化我们现在整个的本性为一心灵的工具：在那上面或随着那必须有精神的改变，一高等‘光明’，‘知识’，‘权能’，‘力量’，‘福乐’，‘纯洁性’下降到整个有体

中，甚至降入生命和身体的最低隐处，甚至入乎我们的下心知性的黑暗里；最后，还要参入以超心思的变移，——作为一极顶运动，必发生上达'超心思'之契入，与转化着的超心思的'知觉性'之降入我们的全有体和本性。

起初，'自然'中的心灵，即性灵元，其展露是趋向一精神改变的第一步，是我们的完全障蔽了的一部分，虽则它便是那我们以之而存在且长存为'自然'中的个人有体者。我们的自然的组合之其他诸部，不但可变，而且可灭。但在我们中间的性灵元体长存，而且基本上常是同一；它不受限制于它所显示者，它包含了我们的显示之一切真元的可能性，但非由它们所组成，它不为显示的不完全的形式所包含，不为缺陷与杂质，表面的有体之破败与敝恶所沾染。这是事物中的神圣性的一永为纯洁的焰光，没有任何来到它的事物，没有任何进入我们的经验中的事物能玷污其纯洁性或熄灭此光焰。这精神的质料是皎洁，光明，而且，因其全满光明，他当前地，亲切地，直接地觉识有体的真理和自性的真理；它深深知觉真与善与美，因为真与善与美皆与其自有的本来性格相亲，皆是它的本质中内在的什么的形式。它也觉识一切与这些事物相反对者，一切离出其自有的本来性格的正轨者，伪与恶与丑与不肖者；但它不变为这些事物，也不为这些与它自体相反对者所撼触或变移，虽它们那么强烈地影响它的外在工具之心思，生命，和身体。因为心灵，我们内中的永存的本体，发皇而且运用心思，生命，和身体当作它的工具，遭受它们的境况的封裹，却异于且大于它的这些支系。

假使性灵元体，从初未曾隐蔽，非一暗室中独处的国王，而为

其大臣们所知，则人类的进化必然曾是一快畅的心灵之发华，不是现在它这样一困难的遭阻滞和变了形的发展；但障蔽是厚的，我们不知道我们内中那秘密的'光明'，内心最深的圣坛中隐奥处的光焰。性灵有通知送到我们的外表，但我们的心思发觉不到这些通知的渊源；它以之为它自己的活动，因为甚至在它们达到外表以前，已被封裹于心思的本质中了：如此不识它们的权威，它随从或不随从之，一任它当时的一倾向或转念。倘若心思服从情命私我的迫促，则很少有机会得性灵全然管制本性，或在我们中间显示一点它的秘密的精神质料和本身的运动。或者，倘若心思过于自信在它自有的微小光明中作为，执著它自体的判断，意志，和知识作用，则心灵也仍其为隐蔽了，静止，而等待心思之更前进化。因为内中性灵部分之在兹，原是以支持自然的进化，而第一自然进化，必然是身体，生命，和心思之相续发展，而这些必在其自类中作为，或在其编配不当的合伴中作为，以便生长，得到经验而且进化。心灵收集我们的一切心思，情命，和身体的经验之菁华，而同化之以备我们在'自然'的生存中之更前的进化；但这作为是玄秘的，不在表面上突出。在有体之进化的早期物质和情命的阶段上，诚然没有心灵知觉性；有些性灵的活动，但这些活动的工具，形式，皆是情命的和物理的，——或者心思的，时若心思活泼。因为纵使是心思，若长时仍其为原始的，或虽已发展然仍太属外表，则不认识它们的更深的性格。容易的，是看我们自己为物理体，生命体，或心思体而运用生命和身体，全然忽略心灵的存在：因为我们所有的唯一对心灵的决定理念，是它为那我们身体死去以后犹存的什么；但这是什么，我们不知道，因为即使有时我们知觉它当前存在，我们

寻常也不知觉它的分别的真实性，也不分明感觉它在我们的自性中之直接作为。

进化前迈了，‘自然’开始缓缓试行显示我们的玄秘诸部分；她领导我们渐加观照我们自己内中，或开始发动那些更清楚可识的通知与形成达到表面。我们内中的心灵，即性灵原则，已开始取上秘密的形式；它推出且发展一心灵人格，一分明的性灵体以代表它。这性灵体仍居与隐蔽之后，在我们的潜意识部分中，正如我们内中的真心思体，真情命体，或真的或微妙的物理体：但是，也像它们一样，它以它所投到表面上的势力和通知，在外表生活上发生作用：这些便形成表面聚积的部分，即内中势力和涌现之聚合的结果，这可见的形成和超极构筑，我们寻常所经验且认作我们自己者。在这无明的表面上，我们依约地觉识一个什么，可称为心灵，有别于心思，生命，或身体；我们感觉它不但是我们自己的一心思理念或渺茫的本能，亦且为我们的生活和性格和作为中的一可识的势力。某种对一切为真为善为美者，为精妙为纯洁为高贵者的敏锐感觉，对此的回应，对此的要求，在我们的心思和生命上的一种压力，要接受它且在我们的思想中表呈它，在感情，行为，性格中接受而且表呈它，便是这性灵势力的最通常被承认的，最普通和特著的表征，虽不是唯一的表征。若某人在他内中没有这原素，或对此驱策全无回应，我们便说他没有心灵。因为是这势力，最容易被我们认识，视为我们内中的一效精微的或甚至效神圣的一部分，为了从容转向某种完善化的目标，在我们的本性中最强有力。

但这性灵势力或作用，达到表面便不十分纯洁，或分明在其纯洁性中；设若它非是如此呢，则我们会能分明辨认我们内中的心灵

原素，知觉地且充分地服从它的使令。一玄秘的心思和情命和微妙物理体的作用参入了，与之混合，试要利用它，谋其自体的利益，缩减它的神圣性，颠倒或损亏它的自我表现，甚至使它离经，颠踬，或以心思与生命与身体的浑浊，鄙陋，和错误玷污它。当它达到表面之后，已如此被参杂和伤损了，它又被表面本性在一黑暗的接受与愚暗的形成中把持了，因此之故，又有或能有一更增的迷误和混杂。已加之以一扭捩，一错误的指向，原在其本身为我们的精神有体之纯洁质料和作为，便被误使用，误形成，造出错误结果；随之作出一知觉性的形成，便是一混杂物，性灵的势力，及其通知，杂揉以心思的理念和意见，情命的欲望与迫促，身体的习惯的倾向。外在诸部分，皆有其愚昧的虽属善意的趋于向上一路的努力，于是与这被翳障了的心灵势力相结合；一心思的理念化，其性格是甚混杂的，虽在其理想性上也常是幽暗的，有时甚至是大不幸的错误了，一情感的有体之热衷和强烈性，投起它的感情，感觉，感伤性的怒涛飞沫，一生命诸部分的机动的热烈，生理体的急切回应，神经和身体的紧张和惊扰，——凡此种种势力皆结集为一组合的形成，常时便认作心灵，其混杂错乱的作为，被视为心灵的激动，视为一性灵的发展和动作，或一实践了的内中势力。性灵元体本身是无有于玷污或混杂的，但从它升发者，不能被那无染性所保护；因而此种混乱变为可能。

进者，这性灵体，我们中间的这心灵人格，不是充分长成而光明出现；它外发着，经过一纡缓的发展和形成；其有体之相状起初可能是不明晰的，以后一长时期也可仍其微弱且未发展，非不纯洁，但未圆满：因为它安立其形成，其动力的自我建筑于心灵的权

能上，这是对着‘无明’与‘无心知’的抵抗，已实际地或多少已成功在进化中发达到表面的。其出现便是心灵在‘自性’中发露的表征，若使此发露尚微，且有缺点，则性灵人格也将受滞碍或是微弱。这也是由我们的知觉性之阴暗，从其内中真实性分离了，与其自有的在有体的深处之渊源，未能完善交通；因为路道尚未修好，容易阻塞，电线时被割断，或湧垒它种电讯，出自另一渊源的：以其所接收的印在外表诸工具上，这权能也不完备；在其艰窘中，于大多数事物上它得依赖这些工具，根据它们的记录而形成它的向表现与作为的推动，而不单是根据性灵元体的无误的知见。在这些境况下，它不能阻止真正性灵的光明被损减，在心思中被涂改为徒然一理念或意见；情心中之性灵感觉，被错乱为有误的感情或徒然一感兴；生命诸部分中的性灵的行为意志，被淆乱为一盲目的情命热忱或一激烈的兴奋：它甚至接受这些错误的翻译，因为缺乏较好的什么，试以它们而圆成自体。因为这是心灵的一部分工作，要影响心思，情心，情命体，使它们的理念，感情，热忱，动力，皆转对凡为神圣和光明的那方向；但这事起初只能作的不完善，纡缓，有参杂。时若性灵的人格生长到更强大了，它便开始增加与在它后面的性灵元体相交往，而改善它与表面的交通：它能以更大的力量和纯洁度，传达它对思心与情心及生命的通知；因为它更能实行一强力管制，且抵制虚妄的参杂；于是它愈进愈使自体分明被感觉是一本性中的权能了。但纵使如此，这进化也将是纡缓而且悠长的，倘若专委之于进化的‘能力’之艰难的自动作为；只时若人已觉悟到心灵的知识，感觉有此需要，要将其推到前方，使之成为他的生活与行为之主宰，然后一更快的知觉的进化方法乃得参与，而一性灵的转

化乃有可能。

这种迟缓的发展，可以得到促进，由心思对某个内中的事物的清明观照与坚持，那虽身死而犹存的事物，且努力于要知道它的性质。但起初这知识，为这事实所阻滞，即我们内中有许多原素，许多形成，自呈为心灵元素，可被误认为性灵。在古初希腊的及其他某些传统关于死后生命的说法上，据记述所示，很明显指出其时所误认为心灵者，是一下知觉的形成，有体的一下物理的印象模型和阴影形式，或否则是人格之一鬼或幽灵。这鬼，被误称为精神者，有时是一情命形成，重复显出人的性格，他的表面的生命形态；有时是心思躯壳的表面形式之一微妙物理的延长：充其极，这只是生命人格的一封套，在出离身体之后仍在前方留住一时的。这些混淆，生于与人格封套的蜕去的影像或遗余之死后接触；舍此不论，困难起于我们之无知，不知我们的本性的潜意识诸部分，及监临它们的作为之'神我'或知觉体的形式与权能；由于对这没有经验，我们很容易误认内中心思或情命自我中的一点什么为性灵。因为，'有体'是一却也是多，同此一律则也通行于我们自己和我们的诸体；'精神'，'补鲁洒'是一，但它将自体应合到'自性'的诸形成上。在我们的有体的每一等级上，有'精神'的一权能监临；我们内中有一心思自我，一生命自我，一身体自我，时若我们内返更深便可发现；有一心思的有体，即心思的'补鲁洒'，在我们的外表上表现它的一点什么于思想，知解，心思自性的种种活动中；有一生命的有体，表现它自体的一点什么于冲动，感情，感觉，欲望，我们情命自性的种种外在的生命活动中；有一身体的有体，表现它自体的一点什么于本能，习惯，和我们的身体自性的已表呈的种种活动中。我

们内中的这些有体或自我的诸部分自我，皆是'精神'的诸多权能，因此不为其暂时的表现所限制，因为这么表呈的，不过是它的许多可能性的一部分；但这表现创造出一暂时的心思的，情命的，或身体的人格，它生长，发展，甚至有如我们内中性灵体或心灵人格生长，发展。每个有其自体的分明的性格，其在我们的全体上的势力和作为；但在我们的外表上，凡此诸势力与凡此作为，当其出到外面，便混合而造成一聚集的表面有体，它是一组合，是凡此种种之融合，一外在的坚住的却又是推移且流动着的形成，以备这生命及其有限的经验之用。

但这一聚积，因其组合之故，是一混性的化合物，不是单独一个和谐的纯性的全体。这便是那理由，为什么在我们的诸体中有一恒常的混乱甚至一冲突，以致必得用我们的心思的理智和意志，去加以管制，调和，也常有些困难，要从它们的纷乱和冲突中，作出某种秩序和指导；纵使如此，寻常我们也太浮动了，或为我们的本性的川流所驱，遂因那一时在其中出到最上的且摄持思想与作为的不论什么而行事，——甚至是好像我们经过研虑的选择，也较我们所想象的更属自动性；我们对我们的多式多样的原素，及随起的思想，感情，冲动，作为，用理智和意志加以安排布置，也不完全，是半量。在动物，'自性'以她自有的心思的和情命的直觉而作为；她以习惯和本能的驱策作出了一秩序，是动物暗暗遵守的，那么它的知觉性的迁变不关轻重。但人不能全然同样这么作而不丧失其人道的特权；他不能任他的有体为本能和冲动的一团混沌，而为'自性'的自动机巧所节制：心思已在他内中变到知觉了，因此自加强迫去作一点尝试，无论在多种上是多么初步的，要观察且管制终于还要只加完善地调和这多项的混合，各种相冲突的倾向，似是作成他的表面体的。他诚然也成功于在他内中建立起某种有节制的混沌，或有秩序的纷扰，或至少成功于想他是以他的心思和意志指挥他自己，虽那指挥只是局部的；因为不单是习惯的发动力之不相配合的一混成聚，也还有新出现的情命的和身体的倾向和冲动，非常时可计到或可管制的，以及许多不联贯与不和谐的心思原素，皆利用他的理智和意志，进入且决定他的自我建筑，他的本性发展，他的生命作为。人在他的自我上是独一的'个人'，但他在他的自我显示中也是一'多人'；他永不会成功于作他自己的主宰，直到那'个人'自加于他的多个人格上而统治之：但这由表面的理智和意志为之必不完善；只倘若他进到内中，发现任何中央有体以其优胜势力居于他的一切表现和行为上头，然后能完善作成。在最内中的真理上，是他的心灵乃此中央有体，但是在外表事实上，常是他内中的这个或那个局部体统治着，而心灵的这代表，这代理自我，他能误认为最内中的心灵原则。

多个不同的自我在我们内中的统治，这是在人的人格发展诸阶段的根本上，我们已分辨过这些阶段了，现在我们可重加考虑，从内中原则统治本性的观点看它们。在某些人，是物理的'补鲁洒'，即身体这有体，统治心思，意志，与作为；于是造成了物理的人，主要从事于他的身体生活，和习惯的需要，冲动，生活习惯，心思习惯，身体习惯，很少或全不望到那以外，将他的一切其他的可能性和倾向，皆隶属且限制于那狭小的形成上。但甚至在此物理的人中，也还有些其他原素，他也不能完全像一生人动物一样，只关注于生，和死，与生育，与普通冲动和欲望的满足，以及生命和身体的保持：这是他的正常人格典型，但这也交配了一些势力，无论多么微弱相交，倘若发展了，他可由之达到一较高的人类进化的。倘若内中的微妙生理'补鲁洒'坚持，他可达到一更优美更完善的身体生活之理念，可希望或试行在他自己的或集体或团体的生活中将其实现。在其他的人，是情命自我，即生命这有体，乃统治且管辖心思，意志，与作为；于是造成了情命的人，关注于自我拥护，自我扩张，生命增大，雄心与热念与冲动与欲望的满足，私我之要求，统治，权柄，刺激，战争和奋斗，内中和外物的探险：其他一切皆属偶然，或隶属情命私我的这运动和建树和表现。但仍然在情命人中，也有或能有其他原素，属生长着的心思的或精神的性格的，纵使他们偶然不像他的生命人格和生命权能那么发展了。情命的人的本性，比较物理的人的本性，更活泼，雄强，更流动，躁动，纷乱，时常到了失去控制的程度，但也更有动能，且多创造；物理的人则固守泥土，有某种物质的安定与平衡：因为情命体的原素，不是地大而是风大；它多运动而少定止。一强力的情命心思和意志，能摄持且统治机动的情命能力，但这是多由一用力的强迫和压制，不甚由有体之和叶。虽然，倘若一强健的情命人格，心思，和意志，能得到推理的智慧予以一坚定的支持，且作为它的大臣，则某种有力的形成可以造出，多多少少是平衡了，但常是雄强，成功，有效果，它能自加于本性和环境上，达到人生与行动中之一强大的自我拥护。这是和谐化了的表呈的第二步，在本性的上达中为可能的。

在人格进化的一较高等级，心思体可以为主：于是造成了心思的人，主要是生活于心思中，如他人之生活于情命的或身体的本性中。心思的人，倾于以他的其余有体皆隶属于他的心思的自我表现，心思的目标，心思的利益，或隶属于一心思的理念或理想：因为这隶属困难，若已成就则其效果雄强，这同时困难然又较容易达到他的本性的一和谐。这比较容易，因为心思的意志一旦统御着，它能以推理智慧的权能，说服且同时调伏，抑遏，或压制生命和身体及其要求，安排且和合它们，强迫其作它的工具，甚至削减它们到最小程度，使不得干扰心思生活，或将它从它的理念的或理想化的运动拉下。这又较困难，因为生命和身体皆是第一等权能，而且，若是它们稍有力量，便能以一几乎不可抗拒的坚执自加于这心思的统治者上。人是一心思的有体，心思便是他的生命和身体的领导者；但这位领导者甚是为他的随从者所领导，有时没有其他意志，除了他们所加于他的。心思纵使有其权能，也常在无心知者和下心知者前缺少力量，这两者翳障它的清明，在本能或冲动的潮头上将它卷去；尽管有它的清明，它为情命的和感情的提示所愚，至于准许无明和错误，准许谬误思想和谬误行为，或不得不旁观，观本性随着它明知为错误，危险，或邪恶者。即算是在它强健，清明，且统治之时，'心思'，虽可按加一确定的，一巨大的心思化了的和谐，却不能统一全有体和本性。此外，这些以一低等管制的和谐化，皆不概括，因为这是本性的一部分统治着，圆成其自体，而其余诸部分皆被抑制，不许其圆成。这些皆可能是路上的踏磴，但非终竟；所以在大多数人中没有这么一种单独统治与作成的局部和谐，只有一个独占优势，在其余的，只有一半形成了半在形成中的人格之不稳定的平衡，有时是一非均势或轩轾，由于缺少一中央政府，或扰动了从前作成的局部安定。一切必然是过渡的，直到由发现了我们的真正中枢，而成就了一第一虽非终竟的真实和谐化。因

为真正的中枢本体，便是心灵，但这退居后方，而且在大多人的本性中，只是秘密的见证者，或者说，一宪政君主，任凭他的大臣们替他统治，将帝国分派给他们，默然批准他们的决策，只不时参加一语，他们任何时可以推翻，正照反面作去的。但这只若性灵元体发出的心灵人格尚未充分发展时便是如此；但时若这够强大，内中元体能通过它而自致，则心灵可上前且管制本性。只是由这位真正国君现前，总揽政府之大权，然后可有我们的有体和我们的生活之一真实的和谐化。

心灵完全出现的第一条件，便是表面有体直接与精神'真实性'相接触。因为它是自那而来；我们中间的性灵元素，常是转向凡在现相的'自然'中似乎是属于一高等'真实性'且能认为其表征和性格的无论什么。起初，它寻求此'真实性'，是由善者，真者，美者，由一切为纯洁，为优良，为高尚，为尊贵者：但虽则由外表表征和性格的接触，能修改且准备本性，它却不能全然改变它，或最内中且深沉地改变它。要有这么一番最内中的改变，不得不有直接的与'真实性'本身的接触，由于没有任何其他事物，能如此深沉地触到我们的有体的这些基础上，扰动之，或以其搅动而将本性投入变移的酝酿里。心思的代表，感情的和动力的形象，皆有其用处和价值；'真'，'善'，'美'，在本身皆是'真实性'的初原的有力的形象，甚至在它们的形式上如思心之所见，如情心之所感，如生活中所实现，皆可为一上达的路线：但必是在其本身和它们的一精神的本质和有体中，那它们所代表的'彼'，乃得进到我们的经验里。

心灵，可试行作此接触，主要是由思维心当作中介者和工具；它以一性灵印象，加于智识上，加于那内视与直觉智慧之更大的心思上，将它们转到那方向。在其最高度，心思总是被引到非人格性者；在其寻求中，它总是知觉一精神真元，一非人格性的‘真实性’，那是在凡此一切外表表征和性格上表现它自体，但又大于任何形成或显示着的现相者。它感觉到某个什么，它变到亲切地且不见地觉识了，——一无上的‘真’，一无上的‘善’，一无上的‘美’，一无上的‘纯洁’，一无上的‘幸福’；它感受增上着的抚触，渐渐愈非抽象，非不可触知，渐渐在精神上愈加具体而且真实，一‘永恒性’、一‘无限性’的触抚和压力，即是此一切又多于此一切者。从这一‘非人格性’来了一压力，要将此整个心思型铸为其自体的一形式；同时万事万物的一非人格性的秘密和法律，渐渐愈加见到了。心思起初发展为圣人的心思，起初是高上的心思思想家，其次是精神的圣人，已超出思想的抽象以外，开始进向直接经验了。其结果是心思变到纯洁，广大，平静，非个人性的了；同时在生命的诸部分上有一相似的安静化的势力：但此外结果也可仍其不完全；因为心思的改变，更自然地引向一内中的静定与外表的安宁上，但是，既安定于这纯化着的清净里，便不像情命诸部分那样被引到新的生命能力之发现，不迫求在本性上的一充分的动力的功效。

由心思的一较高的努力，也不改变这种平衡；因为精神化了的心思的倾向是继续上升，而且，由于高过它自体心思便失去了形相的把握，于是它便进入一浩大的无形无相的非人格性。它进而觉识一无变易的‘自我’，纯粹的‘精神’，一真元的‘存在’之纯粹的无物，无相的‘无限者’，与无名的‘绝对者’。这极诣可更直接达到，由于直接趋于一切形式与相状之表，超出一切善、恶，真、伪，美、丑的理念以外，而至于‘彼’，那超乎一切对待二元者，至于一无上的一性，无限性，永恒性的经验，或至于对‘自我’或‘精神’的、心思的究竟至极的观念之其他不可言说的升华。一精神化了的知觉性是成就了，生命也宁静了，身体也止息了要求与喧嚣，心灵自体合入精神的玄默。但是，这由心思的转化，不给人以整体的转化；性灵的变移，为在少有的高绝的峰端上的精神改变所代替，但这不是完全的神圣的‘自性’之机动化。

心灵所作的第二个直接接触之方，便是经过情心：这是它自有的较切近和便捷的路，因为它的玄秘座处是在那里，恰在情心中枢之后，与我们中间的感情体亲切相近；结果是通过情感，它乃能以它的本生权能，以它的具体经验的活力，最有所作为。作此一接近，是由爱与崇拜，对‘大全美者’与‘大全福乐者’，‘至善’，‘真’，爱的精神‘真实性’的崇拜；爱美与情感诸部分联合，以心灵，生命，全部本性，奉献于它们所崇拜者。这由敬爱的接近法，能得到它的充分权能和动力，只时若心思超出非人格性以外，至于觉识一无上的‘人格性的有体’，于是一切皆化为生动，深密，具体；情心的情感，感觉，精神化了的识觉，皆臻至于其极；一全般的自我奉献变为可能且为命令的了。天生的精神人物，在感情的本性中出现为敬爱士(bhakta)；倘若，更增上，他直接觉识到他的心灵及其敕令，以他的感情体与他的性灵元体合并，且改变他的生命和情命诸部分，以纯洁，以上帝的乐欣，以对上帝，对人类，对众生万物之爱，改变为一精神的美的事物，充满了神圣光明与善，则他发展为一圣人，臻至于最高内心经验，和本性的最大的变移，原属这接近‘神圣有体’之道的。但是，为了整体转化的目的，这亦复是不够的；必须有思维心与知觉性的一切情命和身体部分在它们自体的性格上之移

易。

这较大的改变，部分可由在情心的经验上，加以一实行的意志之奉献而达到，这必然是随附以动力的情命部分，——因为否则它不能有效果，——它支持心思的动力，也即是我们的外在行为之第一工具。这种意志在工作中的奉献，以渐渐消除私我意志及欲望的原动力而进行；私我自隶属于某较高的律则，终于泯灭，似乎不存在了，或只为了一较高的‘权能’或一较高的‘真理’而存在，或以其意志与行为奉献于‘神圣有体’当作一工具。有体与作为的律则，或‘真理’的光明，于是而领导着求道者的，可能是以他的心思在其所能达的最高峰上他所见到的一清明境或权能或原则；或者，这也可能是一神圣‘意志’的真理，他可感到其当前且在他内中工作，或者以一‘光明’，或一‘声音’，或一神圣的‘人’，或‘当体现前’在领导他。由这条路，在末端人达到一知觉，他感到那‘力量’或‘现前者’在他内中活动，且推动或管制他的一切作为，于是个人意志已全般依顺那更大的‘真理意志’，‘真理权能’，或‘真理现前体’，或体认其与之同一。凡此三道之一结合，心思之道，意志之道，情心之道相合，便造成表面有体和本性的一精神的或性灵的境况，其间可能更广大更深微启对我们内中的性灵之光，启对精神的‘自我’或‘伊湿筏罗’，启对那‘真实性’，于今感到是在上，涵藏我们且贯彻我们的。在本性中，有一更强的多方面的改变，一精神的建筑和自我创造，出现了一组合的圆成，是一位圣人，无我的工作者，精神知识的人三者合一。

但是，为了使这改变可达到其最广的总体与深邃的纯全，知觉性应当迁徙它的中心点，和它的动与静的位置，从表面迁移到内中

有体；是在那里，我们应当寻得我们的思想，生命，和行为的基础。因为立在外表上，从内中有体接收且遵从其通告，不是一足够的转化；人应终止其为表面人格，变为内中的‘个人’，‘补鲁洒’。但这是困难的，第一因为外表本性反对此运动，粘执于其寻常习惯了的姿态，与生活的外化了的方式，加之因为从外表到深处是一条长路，在深处性灵元体是对我们障蔽了，而在这中路空间，又充满了一潜意识的本性和本性的活动，不全皆是有利于这内向运动的完成的。外在本性应经过一番姿态的转变，一宁静化，一纯洁化，与其本质和能力的精微变易，由此而许多阻碍变稀少了，脱落掉，或否则消失了。于是方能通过，至于我们有体的深处，从这么达到的深处乃能形成一新知觉性，在外在自我之后，亦在其中，将深处联系到表面。在我们内中应生长起或应显示出一知觉性，增进又增进启对更深和更高的有体，增进又增进祖自对向宇宙的‘自我’与‘权能’，对向从‘超上者’下降的，转向一更高的‘和平’，可为一更大的光明，力量，和极喜所渗进，转向一知觉性，超越这卑小人格的，且超过表面心思的有限光明和经验，寻常生命知觉性的有限力量和祈向，身体的有限的和幽暗的反应性。

甚至在这外表本性的镇定的纯洁化作成或尚未充分作成以前，人仍然可打破那层障壁，障隔着我们的内中有体与外在觉识者，这是用呼求与企慕的一强力，一猛烈意志，或强暴努力，或一有效的修为或程序；但这可能是一时机尚未成熟的运动，而且也不是没有其严重的危险。进到内中了，人发现自己是居于一团不熟悉和异寻常的杂乱经验中，对此没有头绪，或者是许多潜意识的或宇宙的力量之一压集，属下心知，情命，微妙生理体的力量，可能不当地转移，或混乱地推排这有体，将它包围在一黑暗的洞穴里，或使它游流于魔变，诱惑，欺骗的旷野里，或推它到一黑暗的战场，充满了秘密的，阴险的，迷误的，或公开的和暴烈的反抗的；许多有体和声音和势力，可向内中意识与视见与听闻显现，自称为‘神圣者’，或‘他’的使者，或‘光明’的‘神主’与‘权能’，或趋于实践之路上的向导，而如实皆属非常不同的性格。设若求道者的本性中有太多的自私性，或一强烈的热情，或一过度的奢望，虚荣，或其他主要弱点，或有一心思的黑暗，或一游离的意志，或生命力量之一弱点，或其中有不稳定，或缺少了平衡，则他很可能为这些缺点所胁持，归于失望，出离正轨，被误引出离内中生活与寻求的正道，走入虚伪的途径，或者被抛在许多经验之交义纷乱中彷徨，找不到一条出路达到真实的证悟。过去的精神经验对这些危难是熟悉的。处理的办法，便是加以入道，修为，纯洁化的方法，苦难的磨炼，这种种必要，要求对已入道者或领导者的指点全般皈依，那必是已证‘真理’且具有并能传授光明和经验者，必有这么一位强健的导师，能牵着学人的手走过危险崎岖之处，亦如其能教训，指点出正路。但纵使如此，危险是仍在，只倘若有或生长起一全般的诚心，一求纯洁的志愿，准备服从‘真理’，准备皈顺‘至上者’，准备抛弃这限制着的和拥护自体的私我，或隶之于一神圣的约束，然后可以驾过那些危险。这些事物皆是表征，表出求实践，求知觉性的转变，求转化的真实意志已经有了，进化的必要阶段已经达到了：在那境况中，属于人的本性的缺点，不能永久成为从心思格位达到精神格位的转变的障碍；过程可能永不会全是容易的，但正路已是开通了，可行。

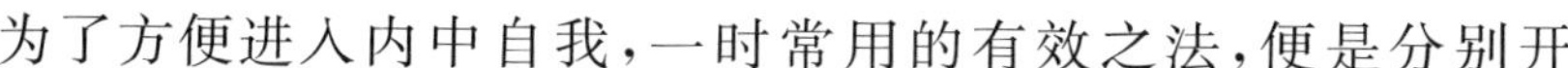

为了方便进入内中自我，一时常用的有效之法，便是分别开

‘补鲁洒’(神我),这知觉的人,与‘勃罗克里谛’(自性),这表呈了的本性。若使人从心思及其活动退后,使它们随意可归于止寂,或只当作一表面运动继续下去,而人作为无执著和不关心的见证者,则终于可能证验自己为内中的心思‘自我’,真正纯粹的心思有体,‘神我’;由同样从生命的活动退后,则可能证验自己为内中的生命‘自我’,真正纯粹的生命有体,‘神我’;甚至还有一身体的‘自我’,由退居于身体及其要求和活动之后,入乎一身体知觉性的寂静中,观察它的能力的作为,则可能觉识一真正的和纯粹的物理有体,‘神我’。如是,由依次或全体退居于本性的这一切活动之后,也能证验人的内中自体,为一沉静的非个人的自我,见证的‘神我’。这可引到精神的实践和解放,但不必定便作一转化;因为这‘神我’,既满足于为自由且是他自己了,可能任本性,即‘自性’,以一无支持的作用,一机械的延续,未经更新和补充力量,或以他的同意而延长且化为活泼,去消耗其所聚积之冲动力,而且可用此一拒绝为从全本性退引之方。‘神我’不但要变为见证者,而且应是知者和渊源,是一切思想与行为之主宰,但只若人仍居于心思水平上,或仍当用心思,生命,和身体的寻常工具,则这只能局部地作成。诚然,相当的主宰是能作成的,但主制不是转化:其所作的改变,不能是充分可以为全体的:为了那,重要仍是退转,回到心思,生命,身体诸有体之后,更深入内里,以达到我们内中之最深最奥之性灵元体,——或不然,则启对超心知的最高诸境界。为了穿入这心灵的光明的奥室,人应当穿过一切参杂其间的情命质料,以至我们内中的性灵中枢,无论这过程多么悠长,劳累,或困难。离弃一切心思的,情命的,和物理的要求和申诉和冲动之执著,在情心里之一集

中，严肃修为，自我纯洁化，拒斥旧的心思运动和生命运动，拒绝欲望的私我，拒绝虚伪的需要和虚伪的习惯，凡此种种方法，皆是这困难行程上的有用的佐助；但最强最属中央的正道，便是将凡此一切或其他方法，皆建立于对‘神圣者’，‘伊湿筏罗’的自我奉献上，以我们自己和我们的本性诸部分归顺。严格服从一‘领导者’的聪明的和直觉的指引，也是正常而且必需的，在一般人皆然，除了少数特殊有才能的寻求者。

当外表自性的硬壳破裂了，内中分隔的障壁推倒了，内中的光明便透露，内中火焰在情心中炽然，本性的本质和知觉性的质料，皆纯炼到更大的微妙度和纯净度，于是更深的性灵经验，非那些单独属于内中心思和内中情命性格的，在这更微妙，更纯净，更精深的本质中乃有可能；心灵开始显露它自体，性灵人格乃臻于其充分的高度。心灵，这性灵元体，乃显示为中枢自体，擎柱着心思和生命和身体，且支持‘精神’的一切其他的权能与功能；它从事它的更伟大的功能，即作为本性的领导者和统治者。自内而起始的一向导，一统治，将每个运动呈现于‘真理’的光明中，这便摒除一切为虚伪，黑暗，反对神圣的实践者：有体的每一区域，每一角落和转折处，每一运动，形成，方向，思想倾向，意志，情感，感觉，正动，反动，动机，态度，偏向，欲望，知觉的或下知觉的生理体之习惯，甚至是最隐匿，乔装了，暗默，幽奥的，皆被无误的性灵光明所照明了，它们的混乱消平了，它们的纠纷给解决了，它们的黑暗处，欺骗，自欺，皆精确地给指出，而且除去了；一切皆已纯洁化，拨正了，全部本性和谐化了，调叶于性灵音阶，安排于精神秩序里。这程序可以是或疾或缓，一随仍有在于本性中的黑暗和抵抗之量，倘时若犹未

完全，则仍不懈前进。最后的结果，是整个知觉有体变到完善能适合任何种精神经验，转向思想，情感，识感，作为的精神真理，调叶于正当反应，解脱了'答摩性的'惰性之黑暗，顽固，'剌阇性的'热情之混浊，骚扰，和杂污，与不息的不和谐的躁动，'萨埵性的'限制和启明了的严厉性，或作出的均势之安定的平衡，皆属'无明'的性格的。

这是第一结果。第二个结果，便是各种精神经验之自由流注，'自我'的经验，'伊湿筏罗'与'神圣能力'的经验，宇宙的知觉性之经验，与种种宇宙力量和宇宙'自然'的玄秘运动直接感触，种种与'自然'与众生万物的性灵的同情，与一体，和内中的交通与互易，思心以知识而照明，情心以爱与敬与精神的喜乐与欢欣而照明，诸识与身体以高等经验而照明，在一已纯洁化了的思心、情心、心灵之真理与博大性中的动力作为的照明，神圣光明与向导之确然，神圣力量在意志与行为中发生作用的权能与喜乐。这些经验，皆是内中和最内中的有体与本性向外开启的结果；因为于是乃有心灵的无误的内在知觉性之权能在活动，它的视见，它的对事物的接触，超于任何心思的认识的，在发生作用；在此，乃有于心灵知觉性在其纯粹工事中为本生的一直接于世界和万有的意识，一直接和它们在内中的接触，一与'自我'和'神圣者'的直接接触，——一直接知识，一'真理'之见与一切真理之直接见，一直接参透的精神情感与感觉，一正意志与正行为的直接的直觉，一统御权能，创造出有体之一秩序的权能，不是由肤表自我之摸索，而是自内，自自我与事物与'自然'的诸玄秘真实的内中真理而统御之，而创造之。

有些这样的经验可得，由于内中的心思与情命体之开启，即我们内里的更大更微妙的思心与情心与生命之开启，用不着心灵，性灵元体怎样圆满出现，因为在那里也有知觉性的一直接接触之权能；但那样这经验可属一混杂性格；因为那里可能有不但是潜意识的明，亦复有潜意识的无明出现。容易发生的事，是有体之不充分的扩张，心思理念之一限制，狭隘的和拣择性的感情或气性的形式之一限制，以致只会有一不完善的自我创造和作为，而不是自由的心灵出现。没有任何或一完全的性灵的出现，则某些种经验，更大的知识和力量的经验，寻常限度的越轶，可能引到一放大了的私我，甚至导致不是神圣者或精神者的发华，而是‘狄鞑性’或魔鬼性者的涌起，或召到一些权能和经纪，虽不属这种灾祸的类型，却也属于雄强的但卑下的宇宙性格。但心灵的领导和统治，在一切经验中加进光明，和谐，亲切的正性之倾向，于性灵的真元为本生固有者。一性灵的，或更广大地说，一性灵精神的这么一种转化，将已是我们的心思的人类天性之一巨大改变。

但凡此一切改变和凡此一切经验，虽在真元上在性格上为性灵的和精神的，然在其人生效用诸方面，仍会是在心思的，情命的，和身体的水平上；其动力的精神结果①，将是心灵在心思与生命与身体中之发华，但在其行事和形式上，仍然会局囿于一低等工具之范围以内，——无论其怎样扩大了，提升了，而且稀薄了。这将是事物的一反映出的、修改了的显示，其真理与权能与悦乐之圆满真实性，深密性，博大性，皆在我们以上，在心思以上，因此在心思之

① 性灵的和精神的开启，以其经验和后果，可能导致出离人生，或导致一涅槃；但在这里加以讨论，单是视为一本性的转化的一些步骤。

自体的公式以内，在我们如今本性的基础或上层建筑的完善化以上。一最高的精神转化，必须参与性灵的或性灵精神的改变；内向的性灵运动，向内中有体，‘自我’或我们内里的‘神明’，必由向上的一开启，启对一至上精神格位或一高上存在，而加以圆成。这事能够作成，由我们之启对那在我们上方者，由知觉性之上升到高上心思和超心思的自性，其间‘自我’与‘精神’的意识永是启露了且长在，其间‘自我’与‘精神’的自体光明的工具，非是受了限制或分化了，如在我们的心思本性，生命本性，和身体本性为然。性灵的改变也使这为可能；因为有如其对我们启开宇宙知觉性，今兹为范限着的个人性的许多墙壁对我们障隔的，同样也对我们启开那于我们的正常性今兹为超心知者，因其为心思的光明的强硬的盖子所掩蔽了，——心思拘束着，分化着，属分别性。这盖子变薄了，划破了，或碎裂了，或揭开了，消去了，在性灵精神的改变之压力下，及新的精神化了的知觉性之向那这便是其在此世间的表现者的迫促下。这一破裂的作用及其后果，可能全然不起，倘若只有一局部的性灵的出现，满足于在精神化了的心思的寻常格度中对‘神圣真实性’的经验：但倘若有其觉醒，悟到这些较高的超寻常的水平之存在，则向它们的一祈慕，可能破开这盖子，或在其上开一罅隙。这事可能久在性灵精神的转变成就以前发生，或甚至在其妥善开始或进行未远以前发生，因为性灵人格已经觉悟了，向超心知有一急切的集中。自上来一早期的照明，或上层隔膜破裂，可以是祈慕的结果，或某些内中准备的结果，或甚至可以是不召自来，或未尝被心思的任何知觉部分的召唤而来，——或许是由于一秘密的潜意识的需要，或是由于从上面诸水平下来的一压力或作用，由于某

个什么，感觉其为'神圣有体'的撼触，'精神'的撼触；——其结果可能是异常雄强。但设若这是起自从下而过早在未成熟时的压力，则可随之以许多困难和危险，时若先已有圆满的性灵出现，然后这么进到这些我们的精神进化之超上诸界，则可避免的。虽然，这一选择，也不常是凭我们的意愿，因为精神进化在我们中间的施为，皆甚为多方多式的；一随其所遵循的路线，'知觉性·力量'的作用在任何紧急关头所取的转向，在其向一高等自我显示和我们的存在的形成之迫进中，以之而定。

倘若心思的覆障上已开出一孔窍了，所发生的事则是见识的开展，见到我们上面的什么，或则是向之上升，或则其权能下降入我们的有体。我们由识见开展所看到的，是我们上面的一'无限性'，一永恒的'当体'，或一无限的'存在'，知觉性之无限，福乐之无限，——一无边的'自我'，一无边的'光明'，一无边的'极乐'。可能是一切在一长时期中所得者，便是偶然或常时或恒常见之，随之以企望和祈向，但没有更进的什么，因为，虽在思心，情心，或有体的其他部分中，有些什么已对这经验启开，而低等本性作为整个还太沉重，阴暗，不堪有更多者。但是，可能的，代此最初自下的宽广的觉悟或随之于后者，有心思向上面这些高处之上升：这些高处的性质我们或者不知或看不清楚，但这升登的一点后果是感到的。时常也有无限升登的和退下的觉识，但没有那高上境界之记录或翻译。这是因其对心思为超心知的，所以心思升入其中之后，起初便不能保持其知觉的辨识与界限着的经验之权能。但时若这权能开始醒觉而且施为了，时若心思一步一步渐次知觉那对它为超心知者，则开始有存在的高等诸界之知识和经验。这经验是与以视

见之最初开展而给予我们者相合的：心思上升到一纯粹‘自我’之上界，沉寂，宁静，不可际量；或者，它上升到‘光明’境界或‘福乐’境界，或升入那些境界，其间它感觉一无限的‘权能’，或一神圣的‘当体’，或经验到一神圣的‘爱’或‘美’的接触，或一更广，更大，更光明的‘知识’的氛围。在它回转时，精神的印象是留住的；但心思的记录则常被涂抹，存其为一模糊的或一段片的记忆；上升从之出发的低等知觉性，回堕入其本来状态中，只加上了一未保住的或一仍记得的但不复是有动力的经验。久而久之，升登渐可随意而为，知觉性便带回且保留一些后果，或其暂时留连于‘精神’的这些高境中之所获得。这些升登，在许多人作之于定境中，但在清醒知觉性之集中里，皆完全是可能的，或者，在那知觉性已足够性灵化了之处，于任何不集中的时分，以一向上的吸引或亲和性，也可能作成。但这两汇与超心知者的接触，虽皆能强盛照明，能解放或是极乐，然在它们本身非皆充分有功效：为了圆满的精神转化，所需要的还要多，要有从低等知觉性永远向高等知觉性上升，与高等本性入乎低等本性之一永远的有效果的下降。

这是第三动作，为作成永远上升所必要的下降，自上有一增加着的流注，接受和保留那下降的‘精神’或其知觉性的权能和原素的经验。这一降注的经验，可当作前两种运动的结果而起，或自动地在两者任何其一尚未发生之前而起，经过覆障上的一突破或孔窍，于是沛注或流入。一光明下降了，撼触或包裹或侵彻低等有体，心思，生命，或身体；或一当体，或一权能，或一知识川流，灌注其潮流或波浪，或者有一福乐之洪流，或一顿然的极喜；与超心知者的接触已经是建立了。因为这些经验反复生起，直到它们变为寻常，惯熟，明了，能启示其内容和意义，初时皆或为掩盖着的经验的形象所包住，或封裹于秘密中的。因为一知识开始自上下降，常时，恒常，于是又不断下降，显示于心思的寂静或沉默中；直觉与灵感，生自一更大的视见，一高等真理和智慧的启示，进到有体中，一明照的直觉之明辨，则祛除一切知解之黑暗或眩惑的混乱，整理一切入序；一新知觉性开始形成，一高、广、自体存在的思维知识的心思，或一被照明了的、或一直觉的、或一高上心思的知觉性，具备了新的思想力、或见，与一更大的直接精神实践的权能，一更大的我们今之有体的精神本质中之转变；情心与识感变到微妙，深密，广大，足以包举一切存在，见到上帝，感到、闻到、触到'永恒者'，且在一超上的实践中使自我与世界成为一更深沉更亲切的统一体。其他决定性的经验，其他知觉性的转变皆自加决定，皆这基本改变的随附和后果。对这革命不能规定止境；因为他在性质上是'无限者'之入侵。

这，一点一点地，或以伟大迅速的决定性的许多经验连续作成，乃精神转化的程序。它自体成就，臻极于一向上的时常重复的升登，因之知觉性终于自定居于一高上界，从那里下看且统治心思，生命，和身体；它自体成就，亦复在高等知觉性与知识的权能之增多下降中，这皆愈变愈成为整个寻常知觉性和知识了。一光明与权能，一知识与力量，皆被感觉到了，这些起初占据心思，将其重新型铸，其次占据生命部分，又将那重铸，终于占据身体知觉性，不使其长为微小了，而化之为更广大，粘柔，甚至无限。因为这新知觉性，本身具有无限性：它给予我们以'无限者'与'永恒者'的长在的精神意识和觉识，附之以本性的广大展拓，及其界限之破除；永生不复是一信仰或一经验了，而变成了一寻常的自我觉识；‘神圣者’密近当前，他于世界与我们的自我与自然诸体的统治，他在我们内中和遍处工作着的力量，‘无限者’的和平，‘无限者’的喜乐，于今在人中是具体且为恒常了；在一切所见与形相中，人见到‘永恒者’，‘真实性’，在一切声音中听到它，在一切接触中感到它；没有其他什么了，除了皆是它的形相与人物与显示；情心的喜悦或赞美，对一切的怀抱，精神的一统体，皆是长住的真实了。这心思动物的知觉性，正转为或已全转变为精神有体的知觉性了。这是三个转化的第二个；将显示了的存在联系于在其上方者，这是三等级之中间一级，在精神上进化着的本性之决定性的过渡。

设若精神从初能稳定安住于超上的高处，以处理一空白纯贞的心思与物质的质料，则一完全的精神转化可能是迅速，甚至容易：但‘自然’的实际程序是较困难的，她的运动的逻辑比较多重，委曲，转折，概括；她承认一切她始自己规定的事务的纪录，不满足于对她自己的复杂事情作一大概的总括胜利。我们有体的每一部分，应依其自有的性质和性格加以处理，每部分皆有其一切过去的模型与记载：每一至小至微的部分和运动，若是不合，便应消灭或更代，或者，若是能胜任，便应转变之为高等有体的真理。设若性灵的转化是完全了，则此可以一无痛苦的程序作成，虽其节目仍会冗长，且审慎，且进步迟缓；但否则人当满足于一局部的结果，或者，设若人自己对圆成的审慎，或精神的饥渴，是无餍足的，则必同意于一困难的，常是痛苦的，似是无尽的作为。因为寻常知觉性不升到高处，除在最高的时分；它留在心思水平上，接受自上而降者，有时是某些精神权能单独一下降，停住了，便型铸此有体为特著是精神的一物，或者有连续一系的降下，加入以多而又多的静性与动力：但除非人能生活在已达到的最高顶上，不能有完全的或更整体的转变。设若性灵的变易未起，设若时机未熟而拉下诸高等'力量'，则它们的接触，或于'自然'的这不纯洁且有疵瑕的材料会太强，其当下的命运可能如韦陀所举的例子，一未经烧炼的泥瓶，承不住神圣的'梭摩酒'（Soma）；或者，下降的势力会引退，或会倾泼了，因为本性客受不了或保持不住它。进者，若使下降的是'权能'，则私我的心思或情命体会试加攫住它，作其自体之用，于是不幸的结果可能是一放大了的私我，或猎取权能和自我侵略的霸道。若使下降的是'喜乐'，则亦保持不住，倘若有太多的色欲之浑杂，造成一醉人的或卑污的混合；'权能'引退了，倘若有野心，虚荣，或其他低等自我的侵略的形势，'光明'引退了，倘若有于黑暗的执著或任何'无明'的形式；'当体'引退了，倘若情心的内室未曾打扫清净。或者，某个不神圣的'力量'也试行攫取，不是攫取'权能'，因为那引退了，但攫夺其所留下于此工具中的力量的结果，用之为'敌对者'的资具。纵使没有任何这些更为祸害的错误或过失发生，仍然种种接受之差失或容器的破缺可阻碍转化。'权能'必间常一临到，其余的时间则在障隔后工作，或自加退敛，经过长时期的暗中的同化或准备，施于'自性'的反动诸部分；'光明'仍得在黑暗或半暗中工作，施工于我们内中那些仍在'夜'中的处所。在任何时工作可能停顿，在个人是为了这一生，因为本性已不能再接受或同化了，——因为它已达到了它如今的能量的边限，——或者，因为心思有准备了，而情命，时若面临新生命与旧生命之抉择，便拒绝了，或者，情命也接受了，而身体又证为太弱，不合格，或有瑕

疵，不堪其知觉性的必要的转变及其动力的转化。

进者，这改变要在有体的每一部分上在其自体的性质和性格上，分别地一一作出，这种必要，便强迫知觉性依次降入每一部分，依其境况，因其可能性，而在其中工作。设若这工作自上而为，从某精神的高处为之，则可能有一升华，一提举，或一新结构之创造，由上面的影响之单纯力量强迫而成：但低等有体可能不认这于它自体为本生的；那不会是一全部的生长，一整体的进化，而是一局部的外加的形成，影响或解放有体某些部分，压抑其他某些部分，或让它们是原来那样；在正常本性之外的一创造，按加在它上面，若要全般持久，只能是长此创造着的势力仍与以支持。因此必需有知觉性下降到低等诸水平，但这样便也很难于作发高等原则的充分权能；于是会有修改，损减，浇漓，这在结果上会保存其缺陷和限制：一更伟大的知识之光明下降了，但被阴翳，被修改，其意义被误解，或其真理被渗杂了心思的和情命的错误，或者，那圆成其自体的力量，权能，不与其光明相称。'高上心思'的一光明与权能，在其自有的境域中以其自有的充分权力而作为，这是一事，同此光明工作于物理知觉性的幽暗中及其条件下，迥是另外一回事，而且，由于浇薄和渗杂，在其知识与力量与结果上皆远逊了。一残破了的权能，一局部的结果，或迟滞的运动，便是后果。

这诚然是那理由，为何'知觉性·力量'在'自然'中迟缓而且艰难出现：因为'心思'和'生命'当下降入'物质'中，而自求适合于它的情况里；既为它们工作于其中的力量和本质的阴暗性与倔强的惰性所损灭而且变改了，它们不能作成他们的材料之一全般转化，转化之为一适宜的工具，与一变革了的本质，足以启示其真实

的和本生的权能的。‘生命’知觉性，不能发抒它的雄强的或美丽的冲动力之伟大与幸福于此物质存在中；其动力不济，其施效力劣于其所蓄的真理，形式叛变其中之‘生命’直觉，它试欲变为‘生命’有体的名目的。‘心思’不能在‘生命’或‘物质’中成就它的高等理念而不缩减和妥协，因而剥夺了它们的神圣性；它的知识与意志之清明，未能与它的力量相匹，以型铸这低劣本质，使服从且表现它。反之，它自体的权能也受了感染，它的意志分化了，它的知识被生命之浑浊和‘物质’之不周遍性淆乱了，翳蔽了。‘生命’或‘心思’，两不成功于转化或完善化此物质存在，因为它们在这些情况下，不能发挥它们自有的充分力量。它们需要召入一更高的权能以解放且圆成它们。但一些较高的精神心思的权能，也遭受同样的弱减，当其下降入‘生命’和‘物质’；它们能作的更多，成就许多光明的转变，但那些修改，限制，进来的知觉性与其所能心思化和现实化的实施力量间之悬殊，皆常有在，其结果便是一损减了的创作。所做的改变也时常是特异的；甚至有些事是像一全般转化，与知觉性情况之翻转及其运动之提升，但这不是在动力性上为绝对的。

唯独‘超心思’可这么下降，而不失其充分的作用之权能；因为它的作用常是内向的，自动的，它的意志与知识同一，而其结果恰合如分：它的自性是一自我成就着的‘真理知觉性’，而且，若它自加限制，或限制它的工事，则是由选择和故意为之，非由强迫；在其所选择的范围内，它的作用与作用之果皆为和谐且为必然。复次，‘高上心思’，像‘心思’一样，是一分化着的原则，其特著的施为，是在一独立的形成中，作出一选定的和谐；它的圆球似的作用，诚然能使它造成一全部的和谐，在其自体为圆满，或将它的多种和谐结

合，融浑为一，加以综合；但是，劳苦于‘心思’，‘生命’，和‘物质’的许多限制下，它不得不分段作，加以联接。它的全体性的倾向，仍为它的选择性的倾向所滞碍，这又被其在其中施工的心思的和生命的材料的性质所加重；它能成就的，是分别的有限的精神创作，各自在其自体为完善的，但不是整个的知识及其显示。为了这缘故，也因为它的本生的光明与权能之减少，它不能充分作成所需要作的，必须请来一更大的权能，超心思的力量，来解放它，圆成它。正如性灵的改变必须召入精神者完成它，同样，第一精神的转变也必须召入超心思的转化以完成它。因为，这一切迈进的步武，皆像其以前的一样，是过渡的；进化中从一‘无明’的基础到一‘明’的基础之全部根本改变，只能以超心思的‘权能’的参与，及其在土地存在中的直接作用而成就。

然则这，必然是第三、最后的转化的性质，这结束心灵经过‘无明’中之旅程，且将其知觉性，其生命，其显示的权能与形式，托基于一完全的和完全有效果的自我知识上。‘真理知觉性’，发现进化的‘自然’已准备了，便将降入其中，使她能解放出在她内中的超心思原则；这样必创造出超心思的和精神的人物，当作‘自我’与‘精神’的在物质世界中的第一个坦白的显示。

第二十六章 向超心思上达

性灵的转化与精神的转化初始诸阶段，皆已颇在我们的心目中了；它们的成就，皆是一知识与经验的成就，完全，圆满的一体，已是实践了的事物的部分了，虽只在少数人。但超心思转变，在其程序上，使我们进到罕经探测的境域；它开始导示对知觉性的诸高峰之展望，诚然有人曾瞥见过且到过的，但全般仍有待于发现而且图绘出来。知觉性的这些高峰或高原之最高处，超心思者，远在其任何可满意的心思的测量，或它的绘图，或心思的视见和描写的任何摄持的可能性以外。在寻常未经启明或未转化的心思概念，便难于表现或进入这个什么，基于如此不同的一知觉性，对事物的根本不同的觉识上的；即使他们被某种启明或视见之开启所见到或想到，也需要另外一种文字，异乎我们的心思所用的这些薄弱抽象的筹码，以翻译它们为一些名相，竟或可为我们所懂到的。有如人类心思的高处皆出乎动物的知见以外，同样，'超心思'的运动也出乎寻常人类心思概念以外：只是时若我们已有一高等中介的知觉性之经验以后，任何试欲描述超心思者的名相，方可传达一真本意义给我们的智慧；于是，既已经验到一点近似所描述的什么，我们乃能翻译一不合度的语文，为我们所知的相状。倘若心思不能进入'超心思'的性质，它也可通过这些高上和光明的过道瞻望它，而

摄取一些返映的印象，‘真理’，‘正道’，‘浩大者’即自由‘精神’的本土的。

但即使是关于中介的知觉性所能说的，也必定不会适合；只能冒昧作一些抽象的概说，以备为初端指导的光明。在此唯一使这可能的情况，是无论在组织和原则上多么不同，这高等知觉性，在其进化的形式上，在我们于它最初在世间所能成就者中，是一原来有在于我们的知觉性中的许多原素之一至上发展，不论这些原素是在其自体的一怎样损减了和朴质的形相和权能里。这也是一有助的事实，即进化的‘自然’的程序之理则继续着，虽在其工事的某些规律上大经修改了，但真元上仍是一样，在其最上的高处之升登，一如在其卑下低发轫。这么，我们能到某种限度发现而且追随她的至上进程的路线。因为我们已见到一点从智识心思到精神心思的过渡的性质和律则；从那已造就的出发点，我们能开始追踪到这新知觉性的一高等动力程度的过程，及从精神的心思到‘超心思’的更远的过渡。这些指示必然是甚不完善的，因为这只是一抽象的和普通的性格的一些初始的呈表，能以形而上学的研究方法达到的：真正的知识和叙述，有待于神秘者的语言，和一直接而具体的经验之表象，同时是比较生动也比较深奥的。

经过‘高上心思’过渡到‘超心思’，是从‘自性’，如我们所知的，进到‘超自性’。正由这事实，徒是‘心思’的任何努力也无能为役；我们的无佐助的个人企慕和志事不能达到它：我们的勤奋属于‘自性’的低等权能；一‘无明’的权能，不能以它自体的力量或特性或可有的方法，成就它自体的‘自性’境域以外的事。以前的一切上登，皆由一秘密的‘知觉性·力量’所作成，起初在‘无心知性’

里，其次在‘无明’里：它之工作，是由它的内涵的权能到外表出现，一些权能，隐藏于障蔽之后的，优于‘自性’的过去诸表呈的；但纵使如此，也需要同此诸超上权能的一压力，原已在它们的自界上在它们的充分的自然力量中构成的；这些超上界，在我们的潜意识诸部分中造成它们自体的基础，从那里它们乃能发施势用于表面上的进化程序。‘高上心思’与‘超心思’，亦复皆内蕴秘在于土地‘自性’中，但它们皆没有我们的潜意识的内中知觉性的可达到的诸水平上的形成；至今还没有高上心思有体或组织了的高上心思自性，没有超心思的有体或组织了的超心思的自性，在我们的表面上或在我们的正常潜意识诸部分中发生作用：因为知觉性的这些较伟大的权能，对我们的无明水平皆为超心知的。为了使‘高上心思’和‘超心思’的内蕴着的原则出现，自其障蔽了的秘密处发皇，‘超心知性’的有体与诸权能皆当降入我们，提举我们，在我们的有体与诸权能中呈表它们自体；这种下降，是衍变与转化的一必不可少的条件。

诚然是可思议的，无需这下降，然由自上一秘密的压力，由一长期的进化，我们的土地上的‘自然’，成功与高等诸界，如今为超心知的诸界密近相接触，于是一潜意识的‘高上心思’的形成，可在障蔽之后发生；其结果，固有于这些高等界的知觉性缓缓出现，可在我们的表面上醒觉。可思议的，这样便会有一心思人种出现，不是以、或不主要是以智识或推理与返照的智慧而思想、而作为，却是用一直觉的心思，那便会是一上升转变的第一步；那或可随之以一高上心思化，便可使我们达到那边境上，出外则是‘超心思’或神圣的‘玄秘智’。但这一程序，必然会是‘自然’的一悠长和劳苦的事业。也有可能，所成就的会只是一不完善的优越的心思化；新的高等诸原素将强力的主制知觉性，但他们将仍服属修改，一低等心思原则会修改他们的作为：则会有一更大的扩张了的照明着的知识，一品质较高的认识；但他仍会遭受参杂，使之隶属于'无明'律则，有如'心思'受到'生命'与'物质'律则的限制。要有一真实的转化，必须有自上的直接和显明的干预；也必须有低等知觉性的一全般的顺服与归依，弃其固执，而内中要有一志愿，要使其分别的作用律则全被转化为无，放弃其在我们的有体上的一切权利。倘若这两个条件得以履行，甚至即在如今，由于精神中的一意志与知觉的呼求，和我们的整个已显示的和内中的有体，参加此改变和高异，则进化，这转化，可因一比较迅速的改变而起；自上有超心思的'知觉性·力量'，自障蔽之后有外发着的'知觉性·力量'，在心思的人的醒悟了的觉识和意志上发生作用，以其联合权能可成就这重大的衍变。则亦不更需要一迟缓的进化，数若干千万年为一步，'自然'过去在'无明'的不知觉的造物中所成办的停滞的和艰难的进化。

这是此改变的一最初条件，即我们于为今心思的'人'，这应当在内里觉悟到且占有他自己的有体的更深的律则及其程序；他应当成为性灵的和内中的心思有体主宰他的能力，不复是低等'自性'之奴隶，管制他，安稳坐于与一高等'自性'之律则的自由和谐中。个人增上的管制他自己的本性的行为，愈进愈知觉的参加宇宙'自性'的工作，这，诚然是进化原则与程序的一显著的性格，一逻辑的后果。一切作为，世间一切心思的，情命的，身体的活动，皆是一宇宙的'能力'、一'知觉性·力量'的施为，亦即是'宇宙的精神'之权能，在作出万事万物的宇宙的和个体的真理。但这创造性的'知觉性'，在'物质'中既擅有一无心知性的假面，在外表上戴了一盲目的宇宙'力量'的相状，施为一事物的方案或组织，似乎不知道他正在作什么的，这第一结果便是与此相状相属的；这是一无心知的物理的个体化的现相，不是有体而是物的创造。这些皆是形成了的存在，具其自有的性质，性能，有物之权能，有物之性格；但'自然'之组织他们和在他们中间的方案，是必须机械的作出的，无有在单独的物中任何参与的开始，启蒙，或知觉的觉识，这便出现为最初暗默的结果，为她的作为与创造的无生命的原地。在动物生命中，'力量'开始在外表上变到缓缓的知觉了，发出不复是一物而是一单独个体的形式；但这非完善知觉的个体，虽它也参与，识知，感觉，然仍只作发'力量'在它中间施为的，而没有任何明晰的智慧或观察，察知所作成的什么；它似乎没有其他选择或意志，除了其已形成的自性所加于它的。在人类心思中，开始出现一观察着的智慧，看到所作成的什么，还出现一选择和意志，皆已变到是知觉的了；但其知觉性还是有限的，浅薄的：知识亦复是有限且不完备，它是一局部的智慧，一半知解，大部分是经验的，摸索着的，或者，倘若是理性的，则也是以计度，理论，公式而为理性的。至今还没有一光明的视见，以一直接的摄持而知道事物，以一自动自发的精确性依照此见，依照它们的内具的真理的方案，而安排、处理它们。虽有本能与直觉与内视的某些原素，有这种权能的一点端绪，然人类智慧的正常性格，是一探究着的理智或返映性的思想，它观察，假定，推比，结论，以劳工而达到一构成的真理，一构成的知识方案，一番慎安排出的作为，是它所自造的。或者，毋宁说，这

是它努力要是为且部分已是的；因为它的知识和意志，皆恒常被有体的种种力量所侵袭，所翳障，或使之唐劳，皆是‘自然’的机械性的半盲目的工具的。

这，明显的，不是知觉性的究极所能，不是它的最终的进化和最高的峰顶。一更大的和更亲切的直觉必有可能，那将透入事物的内心，与‘自然’的运动在光明的同一性里，给人保证有一于他的生命的清明的管制，或至少与他的世界有一和谐。只是一自由的和纯全的直觉知觉性，乃能以直接接触，或透入着的视见，或一自发的真理意识，生自一基层承托着的一体性或同一性的，而见到或摄持事物，且按照‘自然’的真理，而安布‘自然’的作为。这将是个人之真实参加宇宙的‘知觉性·力量’之工事；个人‘神我’，将成为他自己的实施能力之主人，同时是‘宇宙精神’在宇宙‘能力’的工事中之一知觉的合作者，经纪人，工具。宇宙的‘能力’将以他而工作，但他也亦因她而工作，而直觉的真理之和谐，将化这双重工事为单一作为。这么较高且较亲切的一种增上知觉的参与，必然是从我们的有体如今这情况，衍进到‘超自性’的情况之一附带相属。

一和谐的他方世界，其间以这种直觉的心思的智慧及其管制为通则，是可想象的；但在我们的有体的这界上，由于进化方案的过去历史及其原来的本旨，这么一种通则和管制，很难于稳定安立，也不像会是完全，终竟，而且决定。因为一直觉的心思作用，参入一混合的心思，情命，身体的知觉性，寻常会被迫与已发皇的知觉性的资料相杂；为了在其上施为，它必须入乎其中，而既入乎其中，必被牵缠于其中，为其所侵澈，为我们的心思的作用之分别的和偏颇的性格所影响，也为‘无明’的限制和拘束了的力量所影响。

直觉的智慧是够敏锐而且明朗的，能贯彻且修改，但不够广大，完全，不足以吞下‘无明’与‘无心知’之大块；它不能作出整个知觉性的全般转化，化为它自体的质与能。虽然，即使在我们如今的境况中，某种参加也是有了的，我们的正常智慧也够清醒，任宇宙的‘知觉力量’以它而工作，且容许智慧和意志发施相当量度的内中和外在环境的指导，够笨拙了，每一时分为错误所纠缠，只能有一有限的效果和权力，不与她的浩大施为之广大全体相称。在向‘超自性’的进化中，知觉的参加宇宙工事的这初始权能，在个人中将扩大，扩大为只加亲切只加引申的视见，见到她在他自己内中工作，扩大为敏感的知见，知见她所取的路线，扩大为一增长着的了解，或直觉的理念，了解且意会到为了一更迅速更知觉的自我进化所当采行的方法。当他的内中性灵体或秘密内中心思体更来到前方，便会有一增强了的权能，能选择，能认可，会有可信任的自由意志的发端，将愈长愈是有效能的。但这自由意志，大体上将与他自己的‘自性’之工事相关联；它只意味着一较自由，较充分，较直接知见的对他自体的动作之管制：甚至在那里起初它也不能完全自由，若长时犹被囚禁于他自体的形成所造出的范围中，或犹遭缺点之牴牾，由于新旧知觉性相杂，遂为缺点。虽然，仍会有一增上着的宰制与知识，对一高等有体与一高等自性之开启。

我们对自由意志的概念，势必为凡人私我的过度个人主义所玷污，擅得一独立意志的形相，单独与它自体计而作为，在一完全的自由中，除了它自体的选择和单独无缘的运动外，没有任何选择。此一理念，忽略了这事实，即我们的自然的有体，是宇宙‘自然’的一部分，而且我们的精神有体，只以无上‘超上性’而存在。

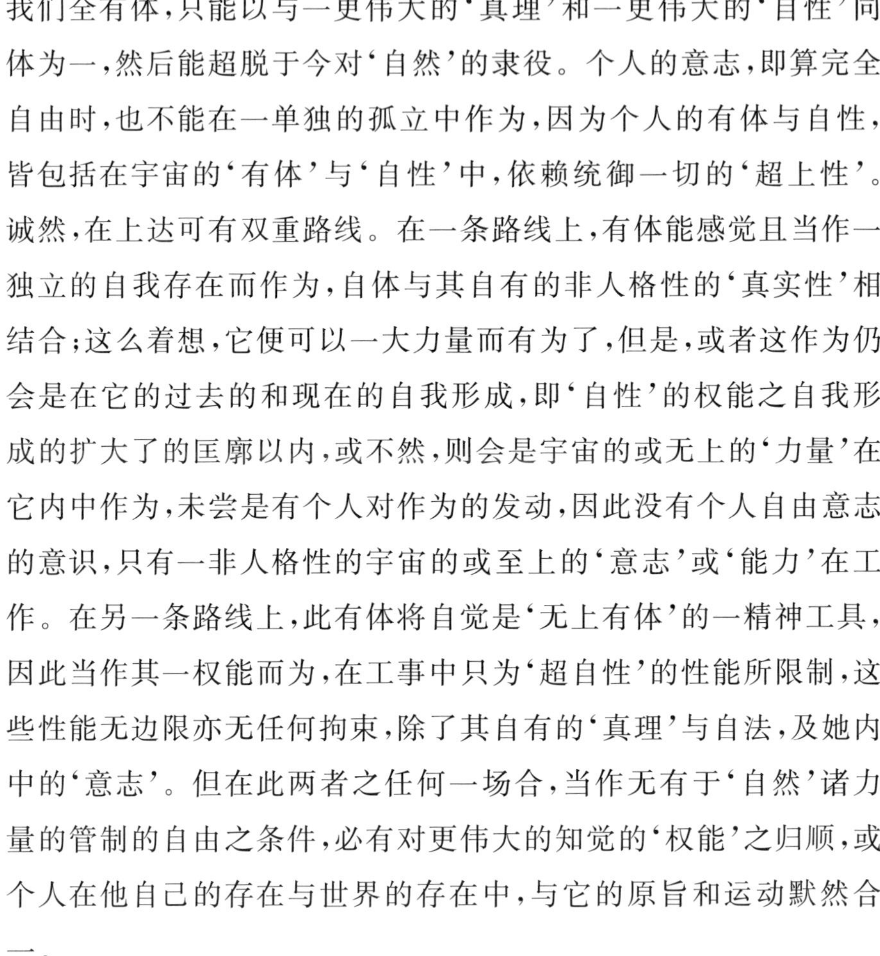

我们全有体，只能以与一更伟大的‘真理’和一更伟大的‘自性’同体为一，然后能超脱于今对‘自然’的隶役。个人的意志，即算完全自由时，也不能在一单独的孤立中作为，因为个人的有体与自性，皆包括在宇宙的‘有体’与‘自性’中，依赖统御一切的‘超上性’。诚然，在上达可有双重路线。在一条路线上，有体能感觉且当作一独立的自我存在而作为，自体与其自有的非人格性的‘真实性’相结合；这么着想，它便可以一大力量而有为了，但是，或者这作为仍会是在它的过去的和现在的自我形成，即‘自性’的权能之自我形成的扩大了的匡廓以内，或不然，则会是宇宙的或无上的‘力量’在它内中作为，未尝是有个人对作为的发动，因此没有个人自由意志的意识，只有一非人格性的宇宙的或至上的‘意志’或‘能力’在工作。在另一条路线上，此有体将自觉是‘无上有体’的一精神工具，因此当作其一权能而为，在工事中只为‘超自性’的性能所限制，这些性能无边限亦无任何拘束，除了其自有的‘真理’与自法，及她内中的‘意志’。但在此两者之任何一场合，当作无有于‘自然’诸力量的管制的自由之条件，必有对更伟大的知觉的‘权能’之归顺，或个人在他自己的存在与世界的存在中，与它的原旨和运动默然合一。

因为有体的一新权能在一较高等知觉性境地中的作用，甚至在其于外在‘自性’的管制上，可能是异常有功效的，却徒然因为它的视见之光明，及随起的与宇宙的和超上的‘意志’之和谐或同一化；因为是时若其变为一高等的而非低等的‘权能’之工具，有体的意志乃变到自由，脱出了宇宙的‘心思能力’，‘生命能力’，‘物质能力’的作用和程序之一机械的决定性，且脱离了对这低下‘自性’的驱策之愚昧服从。在此可能有一开创之权能，甚至可有个人对世界的种种力量之概见；但这将是一当作工具的开创，一充当代表的临视：个人的选择，将得到'无限者'的认可，因为这本身是'无限者'的一点真理的表现。因此个人性将愈变愈雄强，愈有功效，一与它之实践他自体为宇宙的和超上的'有体'与'自性'之一中心与形成成正比例。因为当改变的进展前移，得了解放的个人的能力，不复是心思，生命，和身体的有限能力，它以之出发者；有体将并入且戴上——正如且将在他出现，降入他，将他纳于其中，——一'知觉性'的更大的光明，与一'力量'的更大的作用：他的自然的存在，将是一超上的'权能'的工具，一高上心思的和超心思的'知觉性·力量'的工具，太始'神圣力'的权能的工具。进化的所有一切程序，皆觉到是一至上和普遍的'知觉性'的作为，一至上和普遍的'力量'，工作于它所采取的任何方式下，在任何水平上，在任何自我决定的范围中，是超上的和宇宙的'有体'的一知觉的工事，遍能和遍智的'世界母'的作为，将此有体提到她自己，升到她的'超自性'中。代替了'无明'的'自性'，以个人为其圈禁了的园地和不知觉的或半知觉的工具者，会是一神圣的'玄秘智'的一'超自性'，而个人的心灵，将是它的知觉的、公开的，和自由的园地和工具，它的作为的一参与者，觉识它的目的和程序，也觉识它自体的更大的'自我'，宇宙的，超上的'真实性'，与它自体的'个人'，为不可限量的与那为一，却又是'它'的有体之一个体，一工具，和一精神中心。

向这'超自性'的一作用之参与的起始的一开启，便是向最后的超心思的转化之转对的一条件：因为这转化是一过程的终结，从'自性'以之起始的一盲目的自动性之黑暗的和谐，进到自体存在

的‘精神’真理之光明的真实的自发性，无失的动作。进化始于‘物质’的自动性，与一低等生命之自动性，其间一切暗暗服从‘自性’的驱策，机械地完成它的有体之律则，因此成功于保持其有限的典型存在与作用的和谐；它经过一为此低下‘自性’所驱的人类，却又是奋斗要逃脱她的限制，要主宰且驱策和利用她的人类之心思和生命的孕蓄着的混乱而进行；它出现为一更伟大的自发自在的和谐与一自动自体圆成着的作用，建立于事物的精神‘真理’上的。在这较高的境界中，知觉性将见到那‘真理’，且遵循它的能力的路线，以一充分的知识，一强力的参与与当作工具的善巧，一完全的作为与存在之悦乐而遵循之。将有一光明的和享受了的与万有为一体的完善化，而非个人向普遍者的一盲昧的和苦痛的隶属，而且，在每一时分，普遍者在个人和个人在普遍者中的作为，将是被超上的‘超自性’的统治启明了，管制了。

但这最高境况是难于达到的，分明是必须久久方可成就；因为有‘神我’对此衍变的参与与认可还是不够，必也要有‘自性’的认可与参加。不但是中央思想和意志皆当默许，亦且凡我们的有体诸部分皆当同意且顺从精神‘真理’的法则；一切皆当学到服从知觉的‘神圣权能’于诸体的管制。我们的有体中有些顽固的困难，生自其进化的体质的，皆起而反对这同意。因为这些部分，有些仍隶役于无心知性和下心知性，隶役于习惯的卑下自动性，或所谓本性的律则，——机械的心思习惯，生活习惯，本能习惯，人格习惯，性格习惯，根深蒂固的心思的，情命的，身体的需要，冲动，自然的人的欲望，以及各种古老的功用，皆那么深深植根于其间，以致好像我们得掘到穷深极下的基础上，方能将它们拔出。这些部分拒绝抛弃它们对基于‘无心知者’中的律则的信从。它们持续将旧的反动送上到知觉的心思和生命中，试求在其间重新确定它们为‘自性’的永恒律则。其他某些部分，非如此黑暗，非如此机械，且非托根于无心知性里，但又一切皆不完善，亦粘执其缺点，也有其自有的顽强反抗；情命部分是配合于自我肯定的法律和欲望，心思是执著其自有的成形的运动，二者皆乐意服从‘无明’的低等法律。可是参与律和归顺律皆是命令性的；在衍进的每一步上皆需有‘神我’的同意，也还必有本性的每一部分，得认可高等权能为了它的改变之作为。于是必然要有心思体的一知觉的自我指示，在我们内中指向这改变，以‘超自性’代替旧自性，指向这超越。知觉的服从精神的高等真理，整个有体归顺自‘超自性’而来的光明与权能，便是第二条件，应当是有体本身所当成就的，迟缓地，且经过艰难，然后超心思的转化乃竟有可能。

这便推衍到性灵的和精神的转化，必已进步甚远了，甚至尽可能完全，然后第三和圆成着的改变方能怎样发端；因为只是由此双重的变易，而‘无明’的自我意志，乃能全般换过，改为对‘无限者’的更大的‘知觉性’之重新型铸着的真理和意志之一精神的服从。寻常，必得度过一长久的困难时期，不断努力，奋发勤勇，磨练个人意志，苦行，然后可达到一更决定的阶段，其间全有体自我奉献于‘无上有体’和‘无上自性’的境况方能完全而且绝对。必须有一寻求和努力的准备期，情心与心灵与心思对‘至上者’作中枢的贡献或自我奉献；稍后一中介期，全般知觉的依靠它的更大的‘权能’帮助个人的志业；那整体的依靠，又更当长进到最后完全以自我在每一部分和每一运动上委于自性中的高等‘真理’的作为。此一委顺，必俟性灵的改变已经完全，或精神的转化已达到极高的成就境界以后，方能完满。因为这暗许心思之舍弃其一切定型，理念，思想形成，意见，智识的观察和判断的一切习惯，以便起初代之以一直觉的功能，其次代替以一高上心思或超心思的功能，这便启导至直接'真理知觉性'，'真理'视见，'真理'辨识的作为，一新的知觉性，在其一切方式上，对我们的心思的今之本性为十分陌生的。也要求情命体舍弃其所乐抱的欲望情感，感觉，冲动，识感的常轨，正动和反动的强力机械性，以便代替以光明的，无欲的，自由的却又自动的自我决定着的力量，一中枢的，普遍的，和非个人性的知识的力量，权能，悦乐，而生命必为其一工具和显灵，但现在它还意识不到，放其更大的喜乐和圆成的巨力，略无端绪。我们的身体部分，也当舍弃其本能，需要，盲目保守的执著，本性的固定的常规，其对一切超出它以外者之疑惑和不信，其对物理心思，物理生命，和身体的固定功能之必然性的信心，以便为一新的权能所代替，这新权能便在'物质'的形式和力量中建立其自有的更大的律则和功能。甚至无心知者和下心知者，也当在我们中间变为心知的，能感受这高上光明，不复为'知觉性·力量'的成就着的作为之障碍，而是愈加增进为'精神'的一型范和下基。这些事皆不能成办，只若长此或心思，生命，或物理知觉性皆为有机的领导权能，或怎样主制。容受这么一种改变，只能成于心灵和内中有体之圆满出现，性灵的和精神的意志之主制，和它们的光明与权能之一长期工作于有体诸部分上，全部自性的一性灵的和精神的重新型铸。

全部有体之统一，由打破内中和外在本性间之墙壁，——知觉性的位置和中枢，从外表自我移到内中自我，在这新基地上稳定奠基，这内中自我的及其意志和视见之习惯行为，个人知觉性之悟入宇宙知觉性，——是为了超心思的转化为另一必需的条件。要希望无上'真理知觉性'能自树立于我们的表面思心，情心，和生命的狭隘表呈上，无论其怎样转向精神性，这会是怪诞之想。一切内里的中心应当迸破，发皇其能量而施为；性灵元体应加揭露和管制。倘若这初步改变，建立有体于内中的较大的瑜伽知觉性上，以代替在寻常知觉性上，还没有作好，则此较大的变易为不可能。进者，个人必已充分将自己大化了，必已重铸他的个人心思于宇宙心思体的无边性中；扩大化了生动化了他的生命，入乎宇宙生命的动力性的动作之当前意识和直接经验；开启了他的身体之与宇宙'自然'的种种力量的交通，然后他乃能堪此一改变，这超出了现在这宇宙的表呈，将他升举到宇宙性的下半球以上，升入一属于其精神的上半球的知觉性中。此外，他还得已觉识凡于他现在为超心知者；他必定已成为一有体，知觉着高上的精神的'光明'，'权能'，'知识'，'阿难陀'，为其下降着的势力所浸灌，被一精神的转变重新制造。也可能在性灵远进或完善化以前，有此精神的开启发生，有其作用进展；因为自上而下的精神势力，能觉醒，佐助，且圆成这性灵的变易：凡所需要的，便是性灵元体有充分的努力，使高上的精神开启得以发生。但是这第三，这超心思转变，不容有任何至上的'光明'，时机尚未成熟便下降；因为只时当超心思的'力量'开始直接发生作用，它乃开始，而倘若自性还没有准备好，它便不作这事。因为无上'力量'的权能与寻常本性的能量太不相称了；或则这卑下本性不能承当它，或者，承当了，不能接受或回应，或者，接受了，不克同化。直到'自性'已准备了，超心思的'力量'只能间接

发生作用；它以‘高上心思’或‘直觉’这些中介权能置于前方，或者，它自加修改而后施为，于是那半已转化的有体，乃能完全或局部发生反应。

精神的进化，服从一相续舒展的逻辑；它能踏进一新的决定性的主要一步，只时若主要的前一步已经踏实：即使某些微小阶段可以并吞或跃过，作一迅速奋力的升登，然知觉性仍得回转，使自体确信所已度越的原畴，是稳定并入此新境界中了。是真的，‘精神’的征服，是假定在一生或几生中实现一程序，若在寻常的‘自然’过程中，会经过一迟缓和不定的步骤，要几世纪或甚至几千年才完成的：但这是踏过这些等级的速度问题；一更大更集中了的速度，并不消灭这些等级本身，或除去其相续超越之必要。增上了的速度是有可能，只因已有内中有体知觉的参加，而且‘超自性’的权能已在半转化了的低等自性中施工，使否则当在‘无心知’或‘无明’的长夜中所尝试进行的办法，现在可能进行于‘知识’的一增上的光明与权能中。进化的‘力量’的第一黑暗的物质运动，是以永劫的迟缓性为标志的；生命进步的运动纡缓前行，但步武已较快了，集中在若干千万年的数字上；心思则能更压缩‘时间’的迂缓的闲旷，以若干世纪而为一大步跨越；但时若知觉的‘精神’参与了，一至极集中了的进化速度的步武变为可能。虽然，进化过程内含的速度并吞诸阶段，只时若知觉的‘精神’之权能，已修好了原地，而且超心思的‘力量’，已发端运用其直接势力之后，乃能发生。诚然，一切‘自然’的转化皆呈现一奇迹的相状，但它是一有方法的奇迹：她的最大的迈步，皆踏过实地，她的最快的跃进，皆起自一基地，能予此进化的跳跃以安全性和决定性；一秘密的大全智慧，统治她内中

的一切，甚至那些最不可计度的步武和程序。

这‘自然’的进程的律则，兴起了在最后衍进的程序中分等级的需要，要循阶梯上登，要舒展高而又高的境界，引我们从精神化了的心思进到‘超心思’，——这是一陡峻的路，不能另外怎样缘上的。我们已见到，在我们上面有相续诸界，诸水平，或有体的分等的诸权能，超越我们的寻常心思，隐藏于我们自己的超心知诸部分，‘心思’的高等境界，精神的知觉性与经验的格度；倘若没有这些，则不会有联接，不会有中间的有益的空间，以使这巨大的升登为可能。诚然，是从这些高上的渊源，那秘密的精神‘权能’，乃在有体上发生作用，且由它的压力，乃作成性灵的转化或精神的改变：但在我们的生长之初期，这作用不明显，它仍其玄秘，不可捉摸。起初所需要的，是精神力量之纯触抚，必加到心思的自性上：那觉醒着的压力，必自印在思心，情心，生命上，给它们以上达的定向；一微妙的光明，或一大的变化着的权能，必须提升它们的动作，加以纯洁化，精炼，润泽之以一高等知觉性，不属于它们正常的性格或能量的。这可自内而作成，由性灵元体和性灵人格以一不可见的作用而成；知觉的感到自上之降临，非是必不可没有。‘精神’的当体，是有在于每一生物中，在每一水平上，在一切事物里，而且，因其有在，‘真、智、乐’的经验，纯粹精神的存在与知觉性的经验，神圣当体，接近，接触的喜乐之经验，可能经过思心，或情心，或生命意识，或甚至物理知觉性而得到；设若内中诸门皆广开了，从圣堂中的光明，能射映我们外表有体的最近最远诸室。这必需的转向或改变也可能发生，由于精神力量玄秘自上而降，其间那流注，那影响，那精神的后效已感到了，但仍不知其高上渊源，一下降

的实际感觉也没有。一如此被触抚的知觉性，可以是那么升起了，以致有体转向与'自我'直接结合，或以出离进化而与'神圣者'结合，而且，倘若那是被认许了，则不更有渐次或步骤或方法的问题，与'自性'的断绝能是决定的：因为出离一旦可能，其律则不是或不须是与进化的转化与完善化的律则相同；它是或能一跃，迅速或顿时脱去了束缚，——精神的闪脱是固定了，所余的唯一的认许，便是身体的注定的蜕除。但是，倘若原意有在于土地生命之转化，则精神化之最初一接触，便应随之以对高上诸渊源与能力的觉醒，对它们的寻求，有体之扩大与提高到它们的特著的格位，以及以知觉性转入它们的更大的律则和动力的自性。这改变必须一步一步进行，直到越过上升之阶梯，突出到那些最广大开阔的空间，如韦陀所说的，一至极光明且无限的知觉性的本土的空间。

因为在此，正如在'自然'的运动的其余部分一样，有同一进化的程序；有知觉性之升高与推广，上升到一新水平，提上低下诸水平，擅得存在的一新的统一，这由'有体'的一超上的权能成之，它以其自有的做法，它的性格，本质能力的力量，加于它所能尽多达到的其前已进化的自性诸部分。要求统一，在'自然'的工事这最高阶段，成了极关重要的一点。在升登的低下诸等级，这新的擅有，这并入一高等知觉性原则之一统，长是不完全：心思不能全般使生命和物质心思化；仍有大部分生命体和身体，居留于下心思的和下心知的或无心知的境域里。这是心思之企图使本性完善化的一严重障碍；因为下心思者，下心知者，和无心知者，继续分享一切活动的治权，由介入另一法律异乎心思有体的法律，这使知觉的情命和物理的知觉性，也拒绝心思加于它们上面的法律，放任它们自有的冲动和本能，抵抗心思理智，与发展了的智慧之理性的意志。这便使心思难于超出它自体，升出它自体的水平，而将本性精神化；因为凡它甚至不能化之为充分知觉者，必不能稳定地心思化和理智化，它不能精神化，由于精神化是一更大更艰难的统一。无疑，由召入精神力量，它能在本性的某些部分建树一势力和一初步的转变，尤其是在思维心本身中，和在情心中，最近于它自有的区域的。但这改变，常是虽在其自有的限度内也不是一全般完善化，它所真成就的，是稀罕而且艰难的。精神知觉性运用心思，是操持一下劣工具，而且，纵使它在思心中导入了一神圣光明，以一神圣纯洁，热情，殷念，导入情心中，或者以一精神法律加上生命，这新知觉性仍当在拘限以内工作；大部分它只能管束或抑制生命的低等行为，严格的管制身体，但是这些支系，纵使已锻炼了或主宰了，仍不能得到它们的精神的圆成，或经过一番完善化或转化。为了那，必须介入一高等机动原则，于精神知觉性为本生的，因此，它能以之在其自有的法律和更完全的自然的光明与权能中作为，且将这些加到诸支系上。

但即使是这一新的机动原则的参与和这雄强的外加，也须久后方能成就；因为有体的低等诸部分，皆有其自有之权，而且，倘若它们得真正转化，也必须得到它们对自体的转化之同意。这便很难作成，因为我们的每部分的倾向，是偏向它自有的自法，它的'达摩'，无论其多么低微，而不好一高上法律或'达摩'，它感到不是它自己的；它扳住它自体的知觉性或非知觉性，它自体的冲动和反应，它自体的机动化，它自体的存在的悦乐的路道。它更加顽固的执著走那条路，即算那条路与悦乐相违反，是一条黑暗，忧愁，痛苦，患难之路；因为那也有它自有的颠倒的和对反的‘味’(rasa)，其于黑暗与忧愁的乐趣，其于痛苦与患难的色情狂或虐待狂的兴趣。纵使我们的有体的这部分寻求较好的事物，它时常也不得不追求较坏的事物，因为那皆是它自体的，对它的能力为自然的，对它的本质为自然的。一完全的根本的改变，只能成于坚执地以精神的光明，以精神的真理，权能，福乐的经验，加到诸反动原素上，使它们认识它们自体的圆成之道，也有在于此，认识它们自体即是‘精神’的一减少了的权能，且由此有体之新道路，能恢复它们自体的真理与整个自性。这种照明，时常为低等自性的‘力量’所反对，更为那些敌对‘力量’所抗拒，皆以世界的缺陷而生存，而统治，且已建立其可怖的基础于‘无心知性’的黑崖石上的。

必不可少的一步，以克服这困难，便是开启内中有体及其作用的各中心；因为表面心思所不能成就的任务，在那里开始较为可能。内中心思，内中生命知觉性，生命心思，微妙生理的知觉性，及其微妙生理心思性，一旦发挥作用了，便创造出一更广大，更深微，更伟大的中介觉识，能与宇宙遍是者相通，与居于它们之上者相通，也能发施其权能到有体的整个区域上，到下心思体上，下心知的心思上，下心知的生命上，甚至身体的下心知性上：它们虽不能全部启明基本的‘无心知性’，也能到相当程度开启，穿透它，在其上施工。于是精神的‘光明’，‘权能’，‘知识’，‘悦乐’，自上能下降到思心与情心以外，二者皆常是最易达到和照明的：既从上到下占据了整个自性，它们则能更充实遍漫生命和身体，且以一更深沉的打击，动摇‘无心知性’的基础。但甚至这较大的自内而起的心思化和情命化，也仍是一次等照明，它能减少但不能除去‘无明’；它攻击且能击退但不能克服那些权能和力量，保持着‘无心知性’的微妙和秘密统治的。种种精神力量，以这较大的心思化和情命化而作为，能投入一高等光明，气力，和喜乐；但充分的精神化，最完全的新的知觉性的一统，在这阶段仍不可能。倘若最内中的有体，性灵，管理这事，则一较深的转变，不是心思的，诚能使精神力量之下注更有效果；因为全部知觉的有体必经过了一番初步的心灵改变，那便将心思，生命，身体，从其自有的缺点和浑浊之陷网中解放出来。在这点上，一更大的精神的机动化，精神的‘心思’和‘高上心思’的高等权能的作为，能充分干入：诚然，这些可能在从前已开始工作了，虽然只当作影响；但在新的情况下，它们能提升这中枢有体到它们自体的水平，开始本性的这最后新的统一。这些高等权能，已在凡人的未经精神化的心思中工作，但是间接地，且在一段片的和损减了的作为中：它们在能够工作之先，已化为心思的本质和权能，那本质和权能，已因此干入被照明，在其震动上已深密化了，在其某些运动已扬上且充满喜乐了，但未被转化。然时若精神化起始，而且，时当其较大的结果显现，——心思的寂静，我们的有体之入乎宇宙知觉性，这微小私我涅槃于宇宙自我的意识中，与‘神圣真实性’的接触，——则高等动力之干预，我们对之的开启能增加，它们能擅有一较充分，更直接，更特著的权能于其工事中，而且这前进是继续着，直到其某些完全的和成熟的作为是可能了。于是精神的转化转向超心思的转化开始；因为知觉性之上升到高而又高的诸界，在我们中间建筑向‘超心思’上升的等级，那艰难的至上的路道。

不可假定，衍进的环境和路线会于一般人皆同，因为在此我们

进到‘无限者’的领域里：但既在它们全体之后，有一基本真理之一体，则某一条上升路线的探究，可希望照明所有的上升的可能性的原则；这么一条路线的探究，也是所能试作的一切。这条路线，如一切路线皆然，必然是被上升的阶梯的自然形势所统治：其中有很多踏步，因为它是一不断的等级，任何处也没有空隙；但是从知觉性之上升的观点看，由我们的心思上升，经过一系机动的权能，以之它能自体升华者，其等级可销归四个主要升登之一阶梯，每个有其高的成就水平。这些等级可综括说为一系知觉性的升华，经过‘高等心思’，‘朗照心思’，与‘直觉’入乎‘高上心思’及其外；在顶端上便有一系相续的自体变化，其极处便是‘超心思’或‘神圣智’。凡此绪等级在其原则与权能皆属玄秘智的；因为甚至在起初，我们从一基于原始‘无心知’上的知觉性，且作为于一普通的‘无明’或一混合的‘明、无明’中，开始度到一基于秘密自体存在的‘知识’上的知觉性，且开始为那光明与权能所转移，接受其灵感，于是自体化为那本质，而且纯全运用此新工具。在它们本身，这些等级皆是‘精神’的能力本质：然则不应当假定，因为我们一随它们的主要性格，知识的手段和性能区别它们，它们便只是知识的方法或门路，或认识的一官能或权能；它们皆有体之区域，精神有体的本质与能力的等级，存在的原畴，其中每个是宇宙的‘知觉性力量’的一水平，结成且组织成它本体为一高等格位。时若任何等级的权能完全降入我们，不单是只有我们的思想和知识受到影响，——我们的有体和知觉性的本质和实核，其一切境界和活动，皆受到感触，侵贯，而皆可重被型铸且完全变易。因此这上升的每一阶段，是一普通的倘非全般的有体之改造，化入一更伟大的存在之一新光明与权能中。

这分等，自体基本依赖有体的，它的自我觉识的，它的存在之悦乐的，它的存在之力量的或高或低的本质，能性，震动的深密度。当我们在阶梯上下降，知觉性便愈下愈减，愈变淡薄了，——诚然，以它的较粗重的朴质性，它是浓厚的，但是由于那浓厚度的朴质性固结'无明'的质料，它愈下愈少容受光明的本质；它在知觉性的纯本质上变稀薄了，在知觉性的权能上被减少了，在光明上稀薄了，在悦乐的能量上稀薄而且减弱了；它必得归到其减少了的质料之更粗大的厚度，归到其更黑暗的能力之紧张发放，然后能达到任何什么；但这努力之紧张，不是强力的相状，而是弱性的表征。反之，当我们上升，一较微细但远过坚强，且更真正在精神上是具体的本质出现了，一更大的光明和知觉性的强能的质料，一更微妙，淑美，纯洁，更强大是欢喜的悦乐能力出现。这些高等程度降入我们时，是这更大的光明，力量，有体与知觉性的真元，悦乐的能力，乃进入心思，生命，身体，变换且修理它们的损减了的，稀薄化了且无能耐的本质，将其化为它自体的更高更强的'精神'动力，与真实性的本元力量和形式。这可能发生，因为一切在基本上皆同是此一本质，同一知觉性，同一力量，但是在其自体的不同的形式与权能及程度中：因此在下者为在上者所提起，是一可能的运动，而且，倘若不是因为我们的无心知的第二自性，便会是在精神上是自然的运动；从超上格位所发放者，是封裹了而取置于其自具的更大的有体和真元里。

我们出离凡人智慧、我们正常心思性的决定的第一步，便是登上一'高等心思'，一不复是光明与黑暗相杂或半明的心思，而是

‘精神’的一大的明朗。其基本本质，是有体的单一体的意识，具有一雄强的多性的机动，能形成知识的诸方面之一大聚，作用的方式，变易的形式和义度，一切有一自然的本元的知识者的一大聚积。因此它是从‘高上心思’发出的权能，——但以‘超心思’为其究极的渊源，——正如凡此较大的权能皆从之出发：但其特殊性格，其知觉性的活动，皆为‘思想’所统治；它是一光明的思想心思，一‘精神’所生的概念知识的心思。一大全觉识性，出现自原始同一性的，携带着同一性中所自具的真理，迅速地，胜利地，多方地构成着，表呈着，而且以‘理念’的自体权能有效地实践着它的概念，便是这较大的知识心思的性格。这种认识，乃是出现自原始的精神同一性的最后一种，在一分别的知识，‘无明’的基础创始以前；因此它是我们所最初遇到的，时当我们从概念的和推比的心思，我们的‘无明’的组织得最好的知识权能，上升到‘精神’境域；诚然，它是我们的心思概念的理念作用的精神之父；那么，我们的心思体的这主要权能，时若超出其自体以外，便进到其直接的渊源，是自然的了。

但是，在这里，在此较大的‘思想’中，无需一寻求着的和自我批判的推比，没有一逻辑运动，一步一步推向一结论，没有明陈或暗许的演绎和比量的机动，没有理念与理念的建造或审慎衔接，以达到一有系统的知识总和或结果；因为我们的理智的这蹇钝作用，是‘无明’之寻求知识之一运动，不得不防护它的步武误蹈，不得不建立一选拔的心思构架以作其暂时的荫蔽，且立之于已奠定且谨慎奠定然永不稳固的一些基础上，因为它不是支撑于本地的觉识性的泥土上，而是外加于无心知性的一原始泥土上。在这里，也没

有心思的那另一办法，当其为最敏锐和最迅速，则作一急进碰巧的猜测，内视，智慧的探照灯，照入未知者或略知者上。这高等知觉性，是一'知识'，表呈其自体于一自体存在的大全觉识性的基础上，显示着它的整体的一些部分，它的置于思想形式中的一些意义之一和谐。它能在单独的理念中自由地表现它自体，但是它的最特著的运动，是一集团的理念作用，以单独一见而得真理之视见的一系统或全体；理念与理念，真理与真理的关系，非由逻辑建立，而是先在，且在整个全体中已半见而出现。有一入乎一永远现前但至今不活动的知识的诸多形式中之启导，但不是一从前提或根据而得的若干结论的一系统；这思想是永恒'智慧'的一自体启示，不是一后得的知识。真理的许多大方面入乎视境中，上升着的'心思'，倘若它愿意，可满意于居于其间，而且，一依其往常的方式，如同一建筑住在里面；但设若还要作进步，则这些建筑能恒常扩大为更大的建筑，或者几个合并为一临时的更大的整个，在一往尚未成就的整理性的路上。终了，有已知与已经验到的真理之一大全体，但此一全体仍能无限扩大，因为知识的方面之多，是无止境的，'我无止境而难详。'①

这是'高等心思'在其认识的一方面；但还有其意志一方面，'真理'的动力性的施效一方面：在这里，我们发现这更大更明灿的'心思'，常是在有体的其余部分上发生作用，在心思的意志上，在情心及其感觉上，在生命上，在身体上，经过思想的权能，经过理念的力量。它试欲以知识而纯洁化，以知识而救度，以知识的本生权

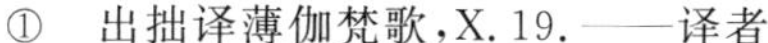

①　出拙译薄伽梵歌，X. 19.——译者

能而创作。理念是安置于情心或生命中，当作一所当接受而且作发的力量；情心与生命对理念变到知觉了，对它的机动发生反应，于是它们的本质开始在那意度中自加修改，以致感觉和作为，变成这高等智慧的震动，受到它的灵感，充满了它的感情和意识：意志和生命冲动，同样皆荷载了它的权能，与自生效果的迫促；甚至在身体中，理念也工作着，以致，比方说，健康的强力的思想和意志，代替了它对疾病的信心，和对疾病的同意，或者，气力的理念[①]，召来了气力的本质，权能，动作，震动；理念产生正合乎这理念的力量和形式，将其加到我们的‘心思’，‘生命’，或‘物质’的本质上。最初的工作是这样进行的；它导致一新的优胜的知觉性，使荷在整个有体上，立下一改变的基础，准备之，使有当于一优胜的存在之真理。

在这里应该着重的，为了免除一自然的误会，时常一些高等力量的优胜权能最初被见到或经验到了，能容易生起的，即是这些高等力量在其下降中立即为全有效能的，如在它们有自的作用界上和它们自有的中介物中为自然那样。在‘物质’的进化中，它们必进入一陌生的和较劣的中介物，在其上施工；它们遭遇我们的心思和生命和身体之无能，遇到‘无明’的无接受性或盲目的拒绝，经验到‘无心知’的否定和阻碍。在它们自体的水平上，它们在一光明的知觉性和光明的有体本质的基础上施工，是自动的有功效的；但在此，它们要碰到已经坚固形成的‘无知性’的基础，——不但是

① 表现理念的文字，若是重荷了精神力量，也有同样的权能；那便是印度人的咒术 mantra 的基本原理。

‘物质’的全般的无知性，亦且是思心与情心与生命的修改了的无知性。如是，这高等‘理念’，下降到发展了的心思的智慧里，甚至在那里也得克服一团或一系已形成的理念的截击，皆是属于‘明、无明’的，得克服这些理念的求长存与自体实践的意志；因为一切理念皆是力量，有一形成性的和自生功效的官能，或大或小，一随情形而异，——甚至可消减到零，当它们要处理无心知的‘物质’时，但仍是潜能的。如是，便有一已形成的抵抗权能，反对或小化下降着的‘光明’的效果，一种抵抗，可进到竟成为对‘光明’的拒绝，排斥，或取一种企图的形相，要损坏，压伏，巧妙的修改，削合，颠倒地使这光明变成畸形，配合上‘无明’的一些成见。倘若那些成见或已形成的理念皆已遣退，剥夺了其长在之权，他们仍有其回返之权，自外，自其弥漫于普遍的‘心思’而来，或者，它们向下退隐，沉到情命的，物理的或下心知的诸部分，遇到微小的机会便从那里再起，重复进占其已失的疆土：因为进化着的‘自然’，当以此长存之权授与她所一经建立的事物，以便她的踏步可有一充分的稳定性和坚定性。进者，这是在显示中的任何‘力量’的自性和要求，求是为它自体，要长存，要发施功效，在凡有可能之处，在尽可能之长时。是因此之故，在一‘无明’的世界中，一切不单是以一复杂组构而成，亦且是由种种力量之一冲突，和斗争，和混合而成。但为了这最高等进化，至关重要的，是‘无明’与‘知识’之一切参杂应当泯除；由力量的门争之作用和进化，应代替以由力量的和谐之一作用和进化：但这一阶段，又只能经过最后一场门争而达到，‘光明’与‘知识’的权能，应当战胜‘无明’的权能。在有体的低等诸水平，在情心与生命与身体中，同此现相再度发生，且发生在一更深

密的格度里；因为在这里所应处理的，不是理念，而是一些情感，欲望，冲动，感觉，生命需要，和低等‘自性’的习惯；这些，因其既比较理念少知觉，在其反应上乃更盲昧，更顽固的拥护自体：凡此，皆有同样大或更大的权能，能抵抗且能复起，或逃避入周心知的普遍‘自性’中，或到我们自己的低等诸水平，或在一下心知的种子境界中，于是从那里有权能作新的侵略或再起。在‘自然’中建立了的事物，有这种长存，再起，抵抗的权能，这常是一大阻碍，是进化的‘力量’所当对付的，这诚然是它自体造成的，所以防止一太迅速的转变，即算那转变也是它自体在事物中的究竟本意。

这阻碍是会在那里的，——纵使它可进步地减少，——在这更大的升登之每个阶段上。为了全让高等‘光明’有一正当的进道和工作的力量，必须得到一使本性宁静的权能，可收敛，镇定，印上一有节制的被动性，或甚至一全般寂静，到思心和情心，生命与身体上：但虽是如此，一继续着的反对，公开且感觉到的，在普遍的‘无明’之力量中，或潜在而且阴暗，在个人的‘心思’制造，他的‘生命’形式，他的‘物质’身体的本质能力中，一幽深的抵抗，或一反叛，或无明自性的受了管制或压抑的种种力量之重兴，常是可能的，而且，倘若有体中任何事物予以同意，则它们能重得胜势。一先时建立的性灵的管制是甚可愿望的，因为那造成一普通的反应性，制止低等诸部分反对‘光明’的暴动，或它们对‘无明’的要求的同意。一初步的精神转化，也将减少‘无明’的把持；但这两种势力任何一种，不能完全消灭它的阻碍和限制：因为这些初步的改变，不带来完整的知觉性与知识；原始的‘无知性’的基础，正当属于‘无心知者’的，仍然在那里，在每一转需要加以改变，启明，在其限度上和

反动力量上加以消减。精神的'高等心思'的权能及其理念力量，因其进到我们的心思体中，必被修改和损减了，不足以扫除这一切困难而创造一神圣智的有体，但它可作一初步的转变，一改易，使一更高的上升与一更滂沛的下降将为可能，且更进而准备有体的一统，在知觉性与知识的一更大的'力量'里。

这一更大的'力量'，便是'明照心思'的，不复是一高等'思想'的'心思'了，而是一精神的光明的心思。在此，精神的智慧的清明，其宁静的天光，禅位与或自隶属于'精神'的一深密的光辉，一朗耀与照明：精神的真理与权能之闪电，自上迸发入知觉性里，在平静和广大的启明，与浩大的和平之下降，随伴或彰显那较大的概念的精神原则者上，加以一实践的火烈的热忱，与一知识的如狂的极喜。内向可显的'光明'之倾注，很寻常笼罩着这作用；这里应当附带说，与我们的通常概念相反的，光明原本不是一物质的制造物，随伴着内中照明的光明之见或视识，不徒然是一主观的所见之相，或一象征的现相：光明原本是能照明与能创造的'神圣真实性'的一精神的显示；物质的光明是其一后起的在'物质'中的转变或代表，为了物质'能力'的目的。在这下降中，也到来了一更大的机动力，一金光的迫进，内中的力量与权能的明耀的'热烈'（enthousiasmos），这便以一迅速的，有时是猛力的，几乎是一暴烈的急剧转化之推动，代替那'高等心思'的比较纾缓和审慎的程序。

'明照心思'，原本不以思想而工作，却以视见；在此思想只是一附属运动，表其所见。人类心思，主要是依赖思想，以为那便是知识的最高程序或主要程序，但在精神次序中，思想是一次等程序，非必不可无。在其语文的思想的形式中，几乎可说这是'知识'

对'无明'所作的让步，因为那'无明'不能使真理对它自体变到全般清明，可解，在其一切程度与多方牵涉中，除了用有意义的声语，使之明朗化而精确；它不能不用这办法，使理念得到一精确的轮廓和一有表现的躯体。但是明显的，这只是一机巧，一制作。思想，在其自体，在其发于知觉性的高等诸水平的渊源上，是一知见，于对象或于事物的某些真理的一认识的摄持，这是一强力的然仍是一较小的和次等的精神视见之结果，一比较外在的和肤浅的自我对自我之顾视，主体自顾或顾及自体的一点什么之为客体：在一切皆有自我之一殊异性和多性。在心思中，于一观察到或发现了的对象，事实，或真理的接触，遂成知见的表面反应，其次乃有其概念的表呈；但在精神的光明中，有一更深的知见的反应，发自知觉性的真本质，且在那本质中有一通澈着的表呈，在有体的质料中之一启示性的会意符号之精确形相，——为了这思想知识的精确与完全，不需要语文的代表了，不更需要什么。思想造成'真理'的一代表形象；它将那奉献于心思，当作持执'真理'的工具，作为一知识的对象；但'真理'之体本身，乃被摄持且精确保持于一更深的精神视见之阳光中，对之则思想所造成的代表形相，乃属依起，次等，为了知识之交通是强有力的，但为了知识的接受和保有，非是必不可无。

以视见而进行的一知觉性，见士的知觉性，是知识的一较大的权能，大于思想家的知觉性。内中视见之知见权能，较之思想的知见权能，是更大更直接：它是一精神之识，摄持'真理'的一点本质，不止是摄持她的形象；但它也描出那形象，同时又摄取那形象的意义；较之思想概念所能作的，它能以一更微细和更有力的启示着的

轮廓，与一更大的贯通，更大的全体性的权能，将她包揽。有如‘高等心思’以精神的理念及其真理之权能，能将一更大的知觉性加入有体，同然，‘明照心思’又以一‘真理’之见与‘真理，光明及其视显与摄持的权能，将又更大的知觉性加入有体。它能作成一更雄强和更机动的统一；它以一直接的内中识见与灵感，照明思想的心思，以一精神眼光加入情心，以一精神的光明与能力加入其感觉与感情中，以一精神的迫促，一真理灵感给予生命力，使生命运动高起，使其作用有机动力；它以精神的识感之一直接与完全的权能，参入识中，使我们情命体和物理体，能接触且具体遇着万事万物中的‘神圣者’，正如心思和情感能想、见、感觉那同样深密；它投射一转变着的光明到物理心思上，这便打破它的界限，它的保守的惰性，以视见代替它的狭隘的思想权能与疑惑，以光明与知觉性倾入身体的真本细胞中。被‘高等心思’转化，精神的圣人与思想家可得到他的完全的动力的圆成；为‘明照心思’所转化，也有同样的圆成，在见士，在明悟了的神秘者，在那班心灵生活于视见中，于直接识感和经验中的人：因为他们是从这些高上渊源接到他们的光明，而上升到那光明且生活于其中，便是他们上升而回到他们的本生国土。

但这上升的两个阶段，只由依据第三水平，乃能享受它们的权威，且得到它们自体的结合了的完全度；因为是从更高的峰顶，直觉的有体之所寓居，它们乃挹取知识，将其变为思想或所见，且给我们带下以备心思的改铸。直觉是知觉性的一权能，较近且较亲切接近原始的由同一性的知识；因为这常是直接从一隐藏了的同一性跃出的什么。这是时当主体的知觉性，遇到了客体的知觉性，贯彻它，见到，感觉到它所接触者的真理，与之同其震动，然后直觉一下跃出，有像一火星，或闪电，发自这接触的惊震；或者，时若虽没有这样的接触，而知觉性见其自体，直接的且亲切地感到其中的真理或许多真理，或这么接触表面现相之下所藏的一些力量，则也有一直觉的光明迸发；或者，再有，时若知觉性遇到'无上真实性'，或事物和有体的精神真实性，与之有一接触的结合，则那火星，闪光，或亲切的真理知见的炽火，也在其深处燃起来了。这切近的知见，是多于识见，多于概念的：它是一透入着和启示着的触知的结果，此触挟带了识见与概念当作它自体的一部分，或当作它的自然的后果。一隐藏了的或瞌睡着的同一性，尚未恢复它自体，仍然记忆、或以直觉而传达、它自体的内容，与其于事物的自我感觉和自我视见，其真理的光明，其坌涌的和自动的确然性之亲切性。

在人类心思中，直觉甚至是这么一种真理记忆或真理传达，或这么一种启示着的闪光或明炽，打进一大团无明，或打破一无知性的障蔽：但我们已见到它在那里是不免遭受一入侵着的混杂，或一心思的包裹，或被遮断，或被代替；在此也有多方的错误表释之可能，这便妨碍它的作用之纯洁和美满。进者，在有体的一切水平上，皆有似是的直觉，毋宁皆为交通，而非直觉。这些皆有各种不同的渊源，价值，和性格。下理性的'神秘者'，这么称呼的，——因为作一个真正的神秘者，若拒绝理智，依赖思想或行为的渊源为人所不懂的，这是不够的，——常为这些交通所感发，是在情命水平上，出自一黑暗和危险的渊源的。在这些情况下，我们不得不主要依靠理智，甚至决定管制直觉的提示，——或伪直觉的，那更常有的现相，——制之以观察的和分辨的智慧；因为在我们的智识部分上，我们感觉不如此便不能确然于什么是真事物，和什么是参混了或变乱了的某物或虚伪的代品。但这便给我们大大克扣了直觉的用处：因为在这原地中，理智也不是一可靠的仲裁者，其方法皆不同，尝试着，不确定，是一智识的寻求；虽它自体真实是依靠一乔装了的直觉以作它的结论，——因为倘若没有那帮助，它便未能选取它的道路，或达到任何稳定的发现，——它却将这依赖性徒它自体前隐蔽过，在一推理的结论或一证明了的揣测之程序下。一直觉而经过了理智的裁判的审查，则终止其为一直觉了，只能有理智的权威，为了那亦没有内中的直接确然性的渊源了。但纵使心思变成主要是一直觉的心思，依赖着这高等官能的它的一部分，然它的各种认识和分别活动——因为在心思中，这些皆必会出现为一系未完善联接的闪光，——之安布仍会困难，只若长时这新的心思体尚未与它的超心思的渊源有知觉的联系，或犹未有对一知觉性的较高界之升举着的上达，在其中一直觉作用为纯洁和本土的那一界。

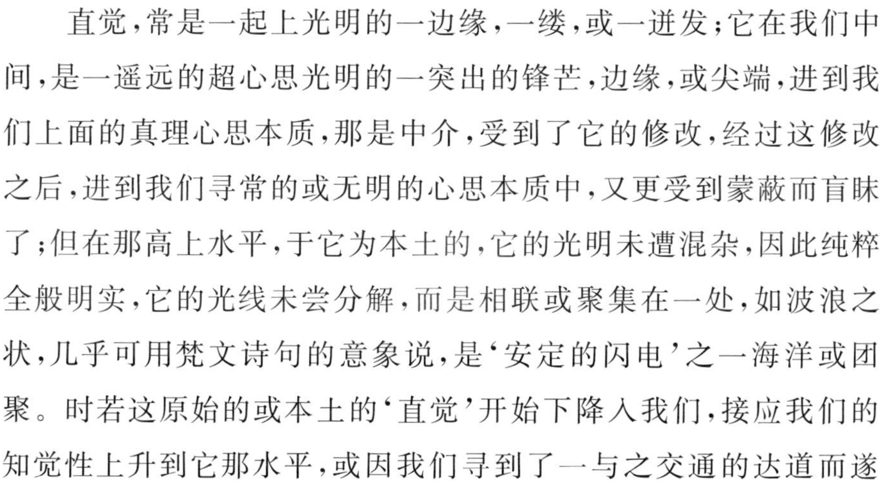

直觉，常是一起上光明的一边缘，一缕，或一迸发；它在我们中间，是一遥远的超心思光明的一突出的锋芒，边缘，或尖端，进到我们上面的真理心思本质，那是中介，受到了它的修改，经过这修改之后，进到我们寻常的或无明的心思本质中，又更受到蒙蔽而盲昧了；但在那高上水平，于它为本土的，它的光明未遭混杂，因此纯粹全般明实，它的光线未尝分解，而是相联或聚集在一处，如波浪之状，几乎可用梵文诗句的意象说，是‘安定的闪电’之一海洋或团聚。时若这原始的或本土的‘直觉’开始下降入我们，接应我们的知觉性上升到它那水平，或因我们寻到了一与之交通的达道而遂

降临，它可继续如闪电之光源源而至，或孤独，或庄恒常动作中；但在这阶段上，理智的裁判是全用不上的，它只能充作一观察者，或著录者，了解或记录下这高等权能的更光明的消息，通知，裁判和辨别。要圆成或证实一孤独的直觉或辨识它的性质，使用，限度，接受着的知觉性当依靠另一圆成着的直觉，或者能召下一聚直觉，可将一切安之于其位的。因为一旦改变的程序开始了，心思的质料与作用完全转变为'直觉'的本质，形式，与权能便急切需行；直到那时，若知觉的程序长此依赖低等智慧，服事或辅助或运用着直觉，则其结果只能是混合的'明、无明'之常存，为一高等光明与力量所提举或拔救，在其'明'的诸部中发生作用的。

'直觉'，有其四重权能。一启示性的真理之见的权能，一灵感或真理之闻的权能，一真理之触、或直接摄持意义的权能，这是属于其参与我们的心思智慧之寻常性格的，一真正自动辨识的权能，分辨真理与真理之有秩序的精确的关系，——这便是'直觉'的四重能性。因此，'直觉'能成办理智的一切工事，——包括逻辑智慧的功能，即是理出事物之正当关系，理念与理念的正当关系，——却是依其自有的优胜程序，且行之以无差失或蹒跚的步骤。他也取起不单是思想的心思，亦且是情心与生命与识与物理知觉性，而转化为它自体的本质：凡此皆已经有它们自体的直觉的奇特权能，依此隐蔽了的'光明'而起的；自上而降的纯粹权能，能将此一切皆擅归自体，赋予这些较深的情心知见，生命知见，身体的揣测，以更大的整体性与完善性。这样，它能将全部知觉性化为'直觉'的质料；因为它将他自体的更大的光辉的运动，加入意志中，加入感觉与感情中，生命冲动，识与识觉，身体知觉性的正本工事中；它将它们重铸于真理的权能与光明中，照明它们的知识与暗昧。一相当的整体化可这么发生，但是否这便成全般的统一，则当依乎其限度，这新的光明能取起下心知体，且穿贯基本的‘无心知性’到什么限度。在此，直觉的光明与权能，可在其工事上受到阻滞，因为它是一被派出的受了修改的‘超心思’的边缘，不加入以同一性知识之全聚或整体。‘无心知性’的基础在我们的本性中是太广大，深而且固，不能被‘真理本性’的一次等权能全般穿透，化为光明。

这上登的进一步便到‘高上心思’了。直觉的转变，只能是这高上的精神开启之一导引。但我们已见到，‘高上心思’，即算时当它是选择的，且在其作为上不完全，它仍是宇宙知觉性的一权能，球体的知识的一原则，其中荷戴了从超心思的‘玄秘智’所发遣下的一光明。因此，唯有启入宇宙知觉性，然后‘高上心思’的升降乃全般可能：个人的一高且深密的向上开启是不够的，——向极顶‘光明’的直线上升，应加上知觉性的一广大的平面扩张，入乎‘精神’的一点全体。至少，内中有体应以其更深更广的觉识，代替了表面心思及其有限的展望，学到了生活于一广大的宇宙性中；因为否则高上心思的事物观和高上心思的机动，没有空间可入而行使其动力的施为。时若‘高上心思’下降，中心化的私我意识之优势全被克制了，消失于有体之弘大里，终于泯灭。代之者，便是一广大的宇宙知见与一无边的普遍自我和运动的感觉：许多动作，从前是私我中心的，可仍然继续，但它们有如小流与微波，在宇宙的广大上发生。思想，大多不复像是单独在身体中或个人中起源的，而是自上显示，或者来到宇宙的心思波浪上：一切内中的单独的对事物的见识或情报，现在是所见者或所知者的一启示或照明，但为启

示的渊源，不是在个人的分别自我中，而是在普遍的知识里；凡感觉，感情，识感，同样皆觉为波浪，从同此一宇宙的浩茫中，冲击到微妙身体和粗重身体上，由宇宙性的此个人中心，各以其类相应；因为身体，只是浩大的宇宙的工具作用之支持，或者，甚至更少，只是其关系的一点。在此无边的广大中，不但是分别的私我，亦且是一切个人性的意识，甚至一隶属的或当工具的个人性的意识，可完全消失；所唯独感到的，便是宇宙的存在，宇宙的知觉性，宇宙的悦乐，种种宇宙的力量之活动：倘若悦乐或‘力量’的中心，是在曾为个人的心思，生命，或身体者中感到了，这却没有人格的意识，而是视为一显示之场，而且，这悦乐或‘力量’作用的意识，不限于个人或身体，而是在遍漫一切处的一体之一无限知觉性中每点上感到。

但是，可能有高上心思知觉性和经验的许多表呈；因为‘高上心思’有大的粘柔性，是多个可能性的原地。代替一无中心和未位置的散漫，可能有宇宙在自己中或即是自己的意识：但在此这自己亦不是私我；它是一自由和纯粹的真元自我知觉性的一引申，或者，它是与‘大全’同体为一，——这引申或同一，组成着一宇宙的有体，一宇宙的个人。在宇宙知觉性的一个境界里，有个人被包括在宇宙中，但自己与其中一切，与万事万物，与他人的思想和意识，他人的忧、喜体认为一；在另一境界里，有众生皆包括在自己中，有它们的生命即是自己的有体的部分之真实。时常没有什么这巨大运动的规律或管制，只有宇宙‘自性’的一自由活动，曾是个人有体者，对之作一被动的接受或一动力的同一性之反应，而其时精神仍其自由，无扰于对此被动性的反应、或此普遍的和非个人性的同情与同体为一之束缚。但与‘高上心思’的一强大势力或充分作用俱来者，能有一甚为完全的意识，意识着宇宙的‘自我’或‘自在主’（伊湿筏罗）的管制，一全般支持着或统御着的当体和指挥，而这意识也能变到正常；或者，一特殊中心也可启示了或造成了，居临且统治这物理工具于上，在存在的事实上为个人的，但在感觉中为非个人的，且以一自由的认识，认其为某个什么，为一‘超上的’和‘宇宙的有体’的作为之工具。在向‘超心思’的过渡中，这中央化的作用，进向发现一真正的个人，代替已死的私我，发现一有体，在他的真元上与无上‘自我’为一，在伸展上与宇宙为一，又还是‘无限者’的独特的作用之一宇宙的中心和圆周。

这皆是一些普通的最初结果，在进前了的精神人物中创造高上心思的知觉性之正常的基础，但其变换和发展皆不可胜数。这么作为的知觉性，被经验到是‘光明’与‘真理’的一知觉性，一权能，力量，作用，充满了‘真理’与‘光明’，美与乐的一感觉或识觉，为普遍的，在细节上为众多的，一照明，在全体且在一切事物中，在一运动与一切运动中，有其诸多可能性之一伸展和活动，为无限，甚至在其众多决定中为无尽而且不可决定。倘若一命令着的高上心思的‘玄秘智’干预了，则有一知觉性与作用的宇宙的构架，但这不同于严格的心思构架；这是粘柔的，有机的，一个事物能生长，发展，伸入无限者。凡一切精神经验皆已收集，对此新的本性为惯有和正常；一切属于心思，生命，身体的真本经验，皆被取起而精神化了，变易了，感觉为无限的存在之知觉性，悦乐，权能的形式。直觉，照明了的识见与思想，皆自体扩大；它们的本质擅有一更大的本质性，实体，能力，它们的运动更概括，如球体，多方面，在其真理力量中更广大，有能：全部本性，知识，美感，同情，感觉，机动，变为

更公溥,了解一切,怀抱一切,为宇宙的,无限的。

高上心思的改变,是动力的精神转化之最后圆成着的运动;它是'精神'在精神心思界中的可能最高的动与静。它取起了凡在其下三等级中所有者,提举它们的特著的工事至其最高最大的权能,加之以知觉性与力量之普遍的推广,知识的一和谐的调叶,有体的一更多方的悦乐。但有些起于它自体的特著的格位和权能的理由,阻止它成为精神进化的最后可能性。虽它是最高的权能,它仍是低半球的一权能;虽它的基础是一宇宙的一体性,它的作用却是分化和交互的作用,立于多性的活动上的作用。它的活动像一切'心思'的一样,是诸多可能性的作用;虽然它不在'无明'中作为,而是具有这些可能性的真理之知识而作为,可是它作发它们,是经过它们自有的权能之独立的进化。它在每一宇宙的公式中作为,是按照那公式的基本意义,它不是作动力的超上之一权能。在世间土地生命中,它必须在一宇宙公式中作为,其基础是完全的无知性,自'心思','生命',和'物质'之从它们自体的渊源和至上原始处分别而结果出的。'高上心思'能架渡那分隔,直到那一点,分别的'心思'入乎'高上心思'而变为其作用的一部分之处;它能将个人心思与宇宙的心思在它的最高界联合,等同个人自我与宇宙自我,且给予本性以一宇宙性的作用,但它不能领导'心思'超出其自体,而且在这原始的'无心知'的世界中,它不能使'超上性'动力化:因为唯独是'超心思',乃是那'超上性'的至高自我决定着的真理作用:和显示的直接权能。于是进化的'自性'倘若终止于此,这'高上心思',既已将知觉性推进到一点上,是一浩大的照明了的宇宙性,与这广大和强力的精神觉识之一有组织的活动,——觉识究

极的存庄，力量·知觉性，与悦乐，——若从这一点更前进，则只能启开‘精神’的大门，入乎上半球，且用一意志，使心灵能出离其宇宙形成而入乎‘超上性’。

在世界进化本身中，高上心思之下降，不会能全般转化‘无心知性’；它所能作到的一切，便是将它所接触到的每个人，转化其整个知觉的有体，彻内彻外，个人性的与普遍非个人性的，化为它自体的质料，将其加到‘无明’上，光明化之为宇宙的真理与知识。但一‘无知性’的基础仍会存留；这会是好像一太阳和它的系统，明照于‘太空’的一原始黑暗中，在其光线所能射达之远程中照明一切物，以致凡居于其光明中者，会感到在它们的存在的经验中原来全没有黑暗。但在那经验的广宇或幅圆以外，原始的黑暗仍存，而且，在一高上心思的建筑中既一切皆有可能，这原始黑暗可能重新侵入在它的疆域中造成的光明之岛。进者，‘高上心思’既处理各种不同的可能性，它的自然的作为，会是发展一个或多个或许多动力的精神表呈之分别可能性，发展之至其极处，或者结合或和合几个可能性于一处；但这将是在原始的地上的创造中之一个创造或多个创造，每个在其分别的存在中为完全。进化了的精神的个人会有，也许还会进化出一精神的团体或许多团体，在同此一世界中，如同心思的人和动物的情命体，但每个会在这土地公式以内，在一散漫的关系中作成它的独立的存在。一体性取起一切殊异性归入自体且以之为一体的诸部分而管制它们，这必然会是新的进化的知觉性之律则，然这原则的至上权能尚不会有。甚者，以这么多进化，不能有担保，保无‘无心知性’之向下引堕或吸力，这‘无心知性’消融心思和生命的一切在其中所建立的形成，吞没一切起于

其中或加于其上的事物，将其散解为它们的原始质素。要从这‘无心知性’的吸引解脱，成立一持续的神圣的或玄秘智的进化之稳定基础，只能由‘超心思’下降于土的公式中，加入以‘精神’的最上律则与光明与动力，以之透入物质基础的无心知性而转化之。从‘高上心思’到‘超心思’的一最后过渡，与‘超心思’的一下降，因此必须在进化的‘自性’的这阶段干入。

‘高上心思’及其所遣的权能，取起且贯彻心思与依赖心思的生命和身体，将使一切隶属于一伟大化的程序；在这程序的每一步上，玄秘智的一更大的权能与高等深密性，稀少又愈稀少与弛缓，散漫，损减着，且浇漓着的心思质料相参杂，乃能自建立：但一切神圣智在其起源上是‘超心思’的一权能，所以这意味着一半隐蔽和间接的超心思的光明与权能，增大又更增大流注入本性里。这会继续下去，直到那一点，‘高上心思’本身会开始自加转化为‘超心思’；超心思的知觉性和力量，将直接自处理这转化，对世间的心思，生命，和形躯的有体，启示它们自有的精神真理和神圣性，而且，最后以超心思的存在之完全知识，权能，意义，倾注入整个本性。心灵将度出‘无明’的边界以外，跨越其从无上‘知识’分别的原来界限：它将进入超心思的神圣智本体；神圣智的‘光明’，将作成‘无明’的一全般转化。

这个，或还有什么在这些路线上更宏大计划出了的，可认作方案的，逻辑的，或理想的关于精神转化的叙述，上登超心思峰顶的综合的图，看作分别的等级之一系相续，每一级已完成，然后开始上进一级。这有似乎心灵发皇了一组织了的自然个性，好像一位旅行者，攀登在宇宙‘自然’中凿出的知觉性的诸等级，每度上登，

将其全般当作一决定的整体，当作知觉体的别一身体升上去，依次从一个存在的境界到另一个。这到这限度是正确的，即一格位的充分统一应当圆成，然后上升到次一高境乃能全般稳定：这分明的一贯相续，甚至也可能是少数人在这进化的初始诸期所遵之途，而且，这也可变为正常程序，在全部进化阶梯已经筑成且安全巩固之后。但进化的'自然'，不是分段的一逻辑系统；它是有体的诸多上升的权能之一总体，此诸多权能相互涉入，配集，在其彼此上的作用中发施一相互改变的权能。高等知觉性降入低等知觉性中时，它更改造低者，但也受到低者的修改，损减；低者上升时，它升华了，但同时也修改了这升华着的本质与权能。这相互作用，造成了大数量的有体的力量与知觉性的格度，各自居间且相勾连，但它也使凡诸权能皆受某一权能之充分管制而成完全的统一，难于成就。为了这缘故，在个人的进化中，不真实有一系简单划分而相续的阶段；代之者，却有一运动之复杂性和部分为决定部分为混乱的概括性。心灵，仍可说有如一旅行者，登山者，一步一步向他上头的目标迫进，在每一步他要建成一整体，但最寻常他要再下降而重加建筑，且确然于这支持他的阶梯，不在他下面崩陷：但全部知觉性的上升，却有似'自性'的一上涌的海洋的运动；这可喻于一海潮或一股上冲的流水，其主流的浪头触到崖壁或山峰的高处，而其余水仍在下方。在每个阶段，本性的高等诸部分，可能是临时却不完全的组成于新知觉性中，而低等诸部分仍在流动或形成阶段，一部分依旧方式而运动，虽受到了影响而开始要改变了，一部分属于新的这类，但成就的仍不完全，在改变中尚未稳定。另举一譬喻，或可说一大军分队前进，吞并了新土地，主力却仍在后方已克之领土上，

但太广大，未能有效占领，以致时时得停住，部分转回到已过之处，凝固实力，确定其所占据的国土之统治而同化其人民。一迅速的征服是可能的，但其性质将是在外国的安营，或建立的一统治；它不是擅有，全般同化，大举一统，于整个超心思的转化为必需的。

这便招致某些后果，修改进化的明确次第，阻止了它遵循一明朗决定了且坚定安排好的路道，如我们的逻辑智慧所常要求于'自然'，但很稀罕能得到的。如'生命'和'心思'开始出现，时当'物质'的组织已充分，可以容纳它们，但'物质'的更复杂更完善的组织，又随'生命'和'心思'的进化来到了；如'心思'出现，时当'生命'已充分组织了，可容纳知觉性的一发展了的震动，但'生命'得其充分的组织，仅是在'心思'能在其上发生作用之后；如精神的进化开始，时当人之为'心思'堪受精神性的运动，但'心思'亦臻于其自体的最高完善化，由于'精神'的深密性和光明的增长，如是于'精神'之上升着的权能的这高等进化亦然。一自有了一充分的精神发展，便有一些直觉，有体的照明，'知觉性'的高等精神格度，开始出现了，——有时是一，有时是另一，有时是一齐出现，它们不等待这一系上的每一权能完成其自体于一高等权能发生作用以前。一'高上心思'的光明和权能，可以怎样下降，在有体中造成它自体的一局部的形式，而加以领导或监临或干涉，而其时直觉的和照明着的'心思'与'高等心思'尚未完全；于是这些皆留在全体中，随着这更大的'权能'一齐活动，时常为其所穿透或升华，或升入其中而形成一更大的或高上心思的'直觉'，一更大的或高上心思的'照明'，一更大的或高上心思的精神的'思维'。这错综的作用发生，因为每一下降的权能，以其施于本性上的压力之深密性，及其提拔

着的效果，使此有体已能承受一更高的侵入，在早一权能本身尚未完善形成自体以前。但这也发生，因为擅有且转化低等本性，这工作难做，倘若不是高而又高者参加。'照明'与高等'思想'，需要'高上心思'的助力，以战败黑暗或无明，它们在其中劳苦的，而使它们得到自体的充分发展。虽然，高上心思的定止和统一，终于不能完全，直到'高等心思'与'明照心思'皆已统一，被收入'直觉'，而'直觉'本身随后统一了，被收摄入扩大一切和升华一切的高上心思能力。即算在进化的'自性'的复杂程序中，等级分程的律则也应当圆满施行的。

这错综复杂的另一原因，起于一统化的需要；因为程序不只是心灵之升登到一高等格位，还要这么得到的高等知觉性之下降，取起低等本性而转化之。但这本性有从前的形成的密度，它抵抗而且阻滞此下降：即使高等权能时已破除阻碍，已下降而且在工作了，我们见到'无明'的本性抵抗而且阻碍这工事，或者奋力全般拒绝此转化，或则它修改这新权能，与它自体的工事相合，或甚至投上去，攫得之，贬损之，奴役之依它自体的方式和低下目的而作为。寻常，在高等权能之擅有且转化这困难质料的工作中，它们首先降入思心，占领思心的各个中枢，因为这些在智慧与知识权能上，皆最近于它们自体；设若它们首先降入情心，或降入力量与识感的情命体，如它们有时也这样做，因为这些在某些人适会比较开启，且首先召求它们，则结果是皆比较事情倘在逻辑系统下发生为更杂，更犹豫，不完善，不稳定。但是，即使是在其正常工作中，若按下降的自然秩序取起有体的一部分又一部分，这下降的权能不能作成每一部分的全般占领和转化然后再进。它只能作出一普通的与不

完全的占领，以致每部分的工事，仍局部属新的高等秩序，局部犹属参杂了的，而局部终属旧的未改的低等秩序。全部心思在其整个原畴里，不能一时皆变易，因为思心的各中枢，皆不是一离了其余有体而孤立的境域；思心的作用，为情命部分和身体部分的作用所穿贯；而在那些部分本身，有心思的低等形成，一情命心思，一物理心思，而这些皆当改变，然后能有心思体之全般转化。因此，高等转化权能，如其可能从速且不待一整体的心思改变，便得降入情心中，占据且改变情感本性，后下再降入诸低等情命中枢，以占据且改变全部情命的和动力的和识感的本性，终于进入诸物理中枢，以占据且改变全部身体的本性。但虽是这终极也不是究竟，因为还留有下心知的诸部分与无心知的基础在。有体的这些部分和权能的交织作用和纠纷是如此之大，以致几乎可说在这改变中没有成就一点什么，直到一切皆已成就了。有一潮起和潮落，旧的本性的种种力量退落了，又再部分进据它们的旧疆土，作成一缓缓的退却，以殿军发动反攻和突击；高等流注每一趟占据更多征服了的疆土，但于统治则不能全有把握，只若仍有任何事物存留，尚未化为它的光明的政府的一部分。

第三种错综复杂，以知觉性之在一时中能居于不止一个格位而起了；尤其是有一困难造成了，由于我们的有体之分化为一内中与一外在或表面自性，进而又有一错综，因有一周心知的或周围环绕的知觉性，其中决定着我们与外在世界之关系。在精神的开启中，是醒觉了的内中有体，乃愿意接受且同化高等势力，着上高等自性；外向的表面自我，更全般为‘无明’与‘无心知’的力量所型范了，是缓于觉悟，缓于接受，缓于同化的。因此有一长时期，内中有体已充分转化了，但外在有体仍牵缠于不完善的改变之混杂和困难的运动里。这轩轾在上登的每一级上重复着；因为在每一改变中，内中有体较便易随顺，而外在者偃蹇难进，不愿意，或否则虽有企慕和愿欲，而能力不够：这便需要常时重复的劳苦，擅有，适应，指导定向之劳，在新名色下常时复出，但在原则上常是同一的劳力。但即使个人的外在和内中本性皆已统一于一和谐化了的精神知觉性中，而那更外在的然阴暗的他的一部分，其间他的有体与外间世界交涉相混，由之而外间世界侵入他的知觉性者，仍旧留为一不完善之原畴。在此世间必须有不相称的多个势力间之交易：内中的精神势力，遇到甚为敌对的势力，在现世界秩序的管制上甚为强大的；新的精神知觉性，要遭受'无明'的统治着且已建立却未精神化的权能之震撼。这便造成了一困难，在精神进化及其向改变自性的迫促上，至关重要。

一主观的精神性可以建立，它拒绝与世界交易，或使交易减到微小度，或满足于旁观世界的作为，掷还其入侵的势力，不容许对它们起反应，不接受它们的干涉：但倘要内中的精神性客体化于一自由的世界作为中，倘若个人要将他自己投射到世界上，在一义度上将世界纳入他自己，则这不能机动地作成，而不经过周心知的或周围环绕的有体接受世界势力。精神的内中知觉性，于是应当那么处理这些势力，它们若接近或进来了，便立刻被消灭，变到没有结果，或进来便化之为他自有的形态和本质。或者，它可强迫它们接受精神势力，回到其所自来的世界而有在其上转化的权能，因为这种在低等世界'自性'上的压迫，便是一完善的精神的作为的一部分。但那样做则周心知的和周围环绕的有体必须已深濡于精神光明与精神本质中，以致没有任何事物能进入其中而不遭此转化：入侵着的外在势力，全不须带来它们的低等觉识，它们的低等见识，它们的低等动力。但这是一困难的完善化，因为寻常这周心知者，不是全为我们自己的已形成和已实现的自我，而是我们的自我加外间世界自性。为了这缘故，常是比较容易精神化内中自足的诸部分，较难转化外表作为；内省的，内寓着的，或主观的精神性，远离世间，或对世界自己防护，其完善化较易；整个本性在一机动的，动力的精神性中，这精神性在人生中客体化了，拥抱世界，为环境的主宰，在其与世界'自性'的交易中独尊，其完善化较难。但整体的转化既应充分包举机动的有体，取起行动的生活及我们外间的世界自我归入之，这一较完全的改变是所要求于进化着的本性的。

这真本困难起于这事实：我们的正常有体的本质，是以'无心知性'型铸出的。我们的无明，是知识在一本是无知的有体之本质中的生长。其所发展的知觉性，其所建立的知识，皆常是为无知性所纠缠，侵犯，封裹。是这无知性的本质，乃当转化为超心知性的本质，一种本质，其中知觉性与一精神的觉识常在，纵使皆不活动，未表白，未成为知识的形式。直到那已作好了，无知性总是侵袭或包围或甚至吞并一切进入它的，且将其吸收入它的冥顽的黑暗中。它强迫着下降的光明与其所入之较小的光明相妥协：有其自体的一混杂，损减，浇漓，也有其真理与权能的一损减，修改，不完全真实了。或者，至少，无知性限制它的真理，包围它的力量，段分它的实施性与范畴；它的原则的真理，被阻遏了，与个人实践的充分真理隔绝，与宇宙的实施之已成的真理隔绝。如是，爱，当作一生命的规律，能当作一内中的活动的原则而大致自体安立；但除非它占据有体的全部本质，否则全部感觉与行为不能为爱的规律所陶成：纵使它在个人已完善化了，它也可由普通的无知性，对它为盲昧且敌对的，使它变到一偏与无敌，或者，不得不范限其宇宙的施为之场地。一完满的作为，与有体的一新规律相和谐的，在人类天性上常常是艰难的；因为在'无心知性'的本质中，有一自我保卫的律则，这便是盲目的强迫的'必需'律，这限制其所从出或入乎其中的诸多可能性的活动，禁止它们建立他们的自由的行动和结果，或实现它们自有的绝对性之深密度。一混杂的，相对的，受拘束和损减了的活动，便是让给它们的一切：否则它们会芟除'无心知性'的框廓，猛烈扰乱世界秩序的基础，却又不能有效地改变它；因为它们中间没有一个在其心思和情命活动中，有神圣权能可代替这原始的黑暗原则，而组织一全新的世界秩序。

人类天性之一转化，只能成于时当有体的本质已那么浸染于精神原则里，以致它的一切运动，皆是自发的机动，'精神'的一和谐化了的程序。但纵使高等诸权能及其深密力进入'无心知性'的本质中，他们当下便遭遇这盲昧的敌对的'必需'，便得隶属于这无知的本质的圈禁和损减着的法律。它以一建立了的无情的'法律'之强大科条反对它们，常以死应答生之求，以需要阴影的调济与黑暗的背景，应答'光明'的要求，以其自有的力量，由范限而调整，由无能以界划，建基于一原始的'惰性'之休止上的能力，应答'精神'的统治与自由与机动的要求。在它的否定之后有一玄秘的真理，只有'超心思'，以其在一原始的'真实性'中将互相反对者调和，乃能取起，因而发现这谜疑的实际解决。唯有超心思的'力量'，乃能完全克服这基本的'无知性'的困难；因为随之来到的，有一对立的，和光明的，强迫的'必需'，基托于万事万物之下，它是自我存在的'无限者'的原始要终自我决定着的真理之力。唯有这更伟大的，光明的，精神的'必需'，及其独尊的命令，乃能移去，或全般贯彻，化之为自体，因而代替'无心知性'的这盲昧的'需要'(Ananke)。

有体的全部本质之一超心思的改变，因此必然改变其一切性格，权能，运动的，时若内涵于'自性'中之'超心思'出现，而上遇且加入由'超自性'下降的超心思的光明与权能，于是乎发生了。个人必须是这转化的工具，第一场所；但是，孤独一个人的转化是不够的，而且也未必全然可行。纵使成就了，这个人的改变可有一悠久的和宇宙的意义，只倘若个人化为超心思的'知觉性·力量'之建立的一中心和表相，建立为在'自性'的土地工事中之一公开的活动权能，——在这同一方式上，有如思维的'心思'，经过人类进化，已建立为一在'生命'与'物质'中的一公开的活动权能。这意义便是在进化中将出现一神圣智的'有体'或'补鲁洒'，和一神圣智的'自性'或'勃罗克里谛'。必须有一出现着的超心思的'知觉性·力量'，得解放了且活动于世间全体，且有'精神'在生命和身体中的一组织了的超心思的工具作用，——因为身体知觉性，也必须变到充分觉醒，当作新的超心思的'力量'及其新秩序的一合宜的工作工具。直到那时，这其间任何中介的转变，只能是局部的，或不稳定；'自性'的一高上心思的或直觉的工具作用能够发展了，但这将是一光明的形成，加到了一基本的和环境上的'无心知性'上。一超心思的原则及其宇宙的施为，一旦永远建立在其自体的

基础上，则诸中介权能如‘高上心思’和精神‘心思’，能安稳的自安立于其上，而达到它们自体的圆成；它们将变为土地存在中之一多个知觉性境界之层级，起自‘心思’和身体生命，直达最上精神水平。心思和心思的人类，将仍成为精神进化中的一级；但在其上的其他等级皆已形成而且可通，由之具于形体中的心思，时若已有准备了，便可攀登到神圣智，而转变为一具有身形的超心思的和精神的有体。在这基础上，一神圣生命在大地‘自然’中的这原则当可显示了；甚至无明与无心知的世界，可发现其自体的沉潜了的秘密，开始在每一低下等级上实践其神圣意义。

第二十七章　神圣智者

当我们在思想上达到那界线，即从心思到高上心思的进化，转到高上心思入乎超心思的进化之处，我们便遇到一困难，这困难几乎成为一不可能的事了。因为我们要进而寻求一点精确的理念，一点清楚的心思叙述，说明超心思的或神圣智的存在，'无明'中之进化的'自性'正从事于产生的；但度出这升华了的心思之极边界线时，知觉性出离这范围以外了，超越了知见和知识的特著作用，脱却了它们的摄持。诚然，明显的，超心思的性质，必须是精神的性质和经验的完善的统一与圆成：由于进化原则的真正性格，虽它不会为那改变所限制，它本身将包含世间'自性'的一全般精神化；我们的世界经验，将被采纳于我们的进化的这一步上，而且，由于其神圣性的诸部分的转化，由对其缺陷与乔装有创造性的拒绝，达到一些神圣真理和美满。但这些皆是普通公式，不给我们以这改变的精确理念。我们寻常于精神事物和世俗事物的知见或想象或表呈，皆是心思的，但在这神圣智的转变，进化超出一界线以外，那里是知觉性的一最上的急剧的反转，心思的认识之形式和标准皆不够用了：心思的思想要了解或叙述超心思的性质是困难的。

心思的自性与心思的思想，皆基于一有限者的知觉性；超心思的自性在其真髓上是'无限者'的一知觉性和权能。超心思的'自

性’，是从一性的立场看事物，而且凡事物之属最大的多性与异性者，虽心思见为最强大的矛盾者，也在那一性的眼光中视之；它的意志，理念，感情，识觉，皆以那一性的质料作成，它的作用是在那基础上进行。反之，心思的‘自性’，却从分别的出发点而思维，观察，志愿，感受，识知，对于一体性，只有一构造出的了解；纵使它经验到一性，它也只在限制和分别的基础上而从一性作为。但是超心思的，神圣的生命，是真元的，自发的，内在的一体性之生命。在心思，不可能详细预测超心思的转变，在其人生行动与外表行为诸部分，或者替它计划它应当为个人或集体生活造成些什么形式。因为，心思是以智识的规律或机巧而作为，或以意志之推理的抉择，或以心思的冲动，或顺从生命冲动而作为；但超心思的自性，不以心思的理念或规律，或隶属于任何低等冲动而作为：它的每一步，为一内在的精神视见所教令，一概括又精微的对一切事物和每一事物的真理之通彻所教令；它常依内在的真实性而作为，不由心思的理念，不依一外加的行为之法律，或一建造的思想或知见的筹度。它的运动是平静的，泰定的，自发的，粘柔的；它自然的必然地兴起自真理的一和谐的同一性，这是在知觉的有体的真本质中所感到的，一精神的本质，为普遍的，因此与凡包括在其于存在的认识以内者亲切为一。于超心思的自性的一心思的叙述，只会或自表白于太抽象的语文中，或表之以心思的相状，不免将其化为与其真实迥乎不同的什么了。因此，好像是不可能，要心思预计或指明一超心思者应是什么，或他应怎样作为；因为在此，心思的理念和表呈，不能决定任何事物，或达到任何精确的定义或决定，因为它们不够接近超心思的‘自性’之律则和自体视见。同时，某些演绎，

可能正由此性质之不同作出，至少当作从‘高上心思’到‘超心思，的过程之一普通叙述，是可能有效的，或者，可依约地为我们构成一点理念，这进化的超心思的存在之最初格位是怎样。

这过程是那一阶段，超心思神圣智正可从‘高上心思’取得进化的领导，而建造其自有的特著显示与坦白活动之初基；因此这必是标明出一决定性的然久已准备的过渡，从‘无明’中的进化，过渡到‘知识’中常是向前的进化。这不会是绝对的‘超心思’和超心思者如在其自有的境界中之一突然的启示，顿生效果，一真理知觉的存在，永在自我知识中为完全且自我圆成者的迅速的启示；这将是这种现相：是一超心思的有体，下降到进化的转变之世界中，在其中形成自体，在土地自性中舒展神圣智的权能。这诚然是一切土地上的存在者的原则；因为土地存在之程序，便是一无限的‘真实性’的活动，起初自体隐藏于一系阴暗的范限了的、幽晦而不完全的半形体中，这些因其不完全和乔装的性格，便混乱了它们所从事的真理，但后下增进而又增进达到它自体的半光明的形体，而这些，一旦有了超心思下降，便能变为一真实的进步的启示。从原始的超心思下降，擅有进化的超心思，是超心思的神圣智很可走上且完成的一步，而无改于它自有的真元性格。它可擅有一真理知觉的存在之方式，建立于一内在的自我知识上的，但同时取起心思的自性，与生命和物质的身体之自性并入它自体。因为，超心思当作‘无限者’的知觉性，在其动力原则中有一自由的自我决定之无限权能。它能在自体中保有一切知识，却只发表出那在一进化的每个阶段上所需要者于表呈中；它表呈凡与‘神圣意志’在显示中相合者，与所当显示的事物之真理相合者。是以此权能，它乃能收住

它的知识，隐藏它自体的性格和作为律则，且显示‘高上心思’，又在‘高上心思’之下显示一无明之世界，其间有体同意于在其外表上无知，甚至将自体置于一遍漫的‘无知性’的管制下。但在这新阶段上，这么戴上的障蔽将被揭去了；进化在每一步上将在真理知觉性的权能中进行，其进步的决定，将为一知觉的‘明’所作成，不在一‘无明’或‘无心知’的形式里。

有如在大地上已建立一心思的‘知觉性’与‘权能’，这形成了一人类之为心思的有体，且取起一切属土地自性而有准备于改变者归入它自体中，同样地，现在一神圣智的‘知觉性’与‘权能’，也将在土地上建立了，且形成一人类之为神圣智的精神的有体，而取起一切土地自性有准备于此新转化者归入它自体中。它也将从上面，从它自体的纯全的光明与权能与美的境域中，进步地接受一切有准备于从那上界降入此大地上的有体中者归入它自体。因为在过去，在每一紧要阶段上，进化是以一内含于‘无心知’中的隐藏了的‘权能’之涌起投上而进行的，也进行于自上之下降，自那‘权能’的本界，那原已自实现于其所自有的高等的自然的疆域下降。在以前凡此诸阶段中，有表面的自我与知觉性与潜意识的自我与知觉性之分隔；表面则主要是形成于自下上涌着的力量之推压，以‘无心知者’发展出一隐藏了的精神力量之一缓缓出现的表呈，潜意识者一部分也是这样形成的，但主要是以同时自上同此力量之浩大的流注：一心思的或一情命的有体，降入潜意识诸部分，在那里从其秘密居停处，形成了一心思的或情命的人格。但在超心思的转变能开始以前，潜意识诸部分与外表诸部分间之障隔必须已经打破了；这流注，这下降，将是在知觉性全部为一整体中，它不会

是一部分发生于障隔之后：这程序将不复是一隐藏，幽暗，和暧昧的方式，而是一公开的发华，为整个有体在其转化中知觉的感到和遵循的。在其他诸方面，这程序将是同一，——自上有一超心思的流注，神圣智的有体下降入本性，与从下有隐藏了的超心思的力量之出现；其流注，其间之揭露，也将除去'无明'的本性之所余者。'无心知者'的统治将要消失了：因为'无心知性'，将为此在其内中的更大的秘密'知觉性'之迸发，隐蔽了的'光明'之出现，改变为其在真实性上常已是者，一秘密的'超心知性'之大海。一神圣智的知觉性与本性的最初形成将是其结果。

这进化的结果，将不独是在大地上创造了一起心思的有体，自性，生命；这也将附带了一切上引至此的等级的圆成：因为这将在十地的出生之占有上，确定'高上心思'，'直觉'，以及精神的自性力量之其他等级，且建立神圣智的人的一族类，和土地自性中的神圣智的光明与权能之相续组成的形成，与上升着的等级之一光辉的阶梯，一层级。因为神圣智的叙述，可说上凡基于有体的'真理'之知觉性，而非基于'无明'或'无知性'者。凡一切生命和有生者，准备升出心思的无明以外，但尚未有准备于登超心思的高处者，可在一种等级或相衔涉的层级的阶梯上得到它们的稳妥的基础，它们的自我形成的中介的踏步，它们在向无上'真实'的道路上的已实践的精神存在之能量的表现。但是已解放的现在为独尊的超心思的光明和力量，有在于进化的'自性'之头上，可希望其有在全部进化中的后果。一偶然的事，一决定性的紧张，可影响低等诸进化阶段的生命；有一点光明，有一点力量，可向下通贯，将遍在'自然'中隐藏着的'真理权能'激发到一更大的作为。一为主的和谐原则，将自加于‘无明’的生命上；乖戾，盲昧的寻求，争斗之冲突，不正常的倚伏，高张和抑郁，不稳定的平衡，凡此冥顽的力量在其混杂与纠争中发动者，皆将感到那势力，让出地位与有体的发展之一更有秩序的徘徊与和谐的安步，一前进的生命和知觉性的一更有启示的安排，一更佳的生活秩序。直觉与同情与了解的一更自由的活动，将进入人生，一更清明的于自我与事物的真理的意识，对生存之机会与困难的一更昭明的处理。非是‘知觉性’之生长与‘无心知’的权能间之一恒常的交杂和混乱的斗争，光明的种种力量与黑暗的种种力量之冲突，进化却将变为一分等的前进，从一较小的光明进到一较大的光明；在其每个阶段上，属于那阶段的知觉的有体，将反应其内中‘知觉性 · 力量’，扩充其自有的宇宙‘自性’的律则，进到那‘自性’之一更高格度乃有可能。至少这是一强大的可能性，可想象为‘超心思’在进化上的直接作用的自然结果。这参与不会消除进化原则，因为‘超心思’有此权能，能摄敛或储存其知识的力量，亦如其有此权能，能使之充分发挥或局部发生作用；但它将调和，安定，利便，宁静这进化的出现之艰难和困苦的程序，且到一大限度化之为快乐。

有点什么是在‘超心思’本身的自性中，乃使此伟大结果为必有。在其基本上它是一一体化与整理化与和谐的知觉性，在其下降和进化的工作上，作出‘无限者’的殊异性，它仍不会失却它的一体化的动向，它的向整体化的迫进，或它的和谐化的势力。‘高上心思’遵循殊异性与分殊的诸多可能性，一随它们自有的诸多殊异路线：它能容许矛盾和乖违，但它化之为一宇宙的全体的许多原素，以致它们无论怎样不自愿且不自顾，皆被迫对其全体性作出它们的份上的贡献。或者，我们可以说，它接受甚至鼓励矛盾，但强迫它们支持彼此的存在，以致可以有多条不同的路，有体与知觉性与经验之路，离开'太一'，也彼此相离，但仍皆自保持于此'一性'上，每个在其自有的道路上仍能被引回到此'一性'。那甚至是我们自己的'无明'世界的秘密意义，这由'无心知性'工作，但有基托着的高上心思原则的宇宙性。但在这样的一创造中，个人在知识上不具有这秘密原则，在行为上不以它为基础。这世间一高上心思的人会见到这秘密；但他仍然会循他的'自性'的路线，行为的律则（Swabhava'自性'，Swadharma'自法'）而工作，一随灵感，或'精神'的内中统治或动力管制，或内中的'神圣者'的，而将其余任其在全体中的自有的路线上：一高上心思的知识创造在'无明'中，因此可能是与其周遭的'无明'世界分别的什么，以其自有的原则之一光明的围绕且分隔着的墙壁自卫。然超心思的神圣智人，相反地，不但会将它的一切生活建立于一和谐的一体性之亲切意识和有效实践上，在他的内中或外在或团体生活中，亦且将造成与犹存的心思世界之和谐的一体，纵使那世界仍完全是一'无明'的世界。因为在他，神圣智的知觉性将见到而且开发出隐藏于'无明'的形成中的和谐原则及其发展着的真理：这对他的整体性的意识会是自然的，而且，这也将在他的权能范围以内，以他自己的神圣智原则，和他自己的更伟大的生命创造之发皇了的真理与和谐，与他们联系于一真秩序上。那也许会不可能，倘若没有世界的生命之一重大改变，但那么一种改变，将是一新'权能'出现于'自然'中及其宇宙的势力的一自然的后果。神圣智人之出现，将是大地'自然'中一更和谐的进化秩序之希望。

一超心思的或神圣智的族类，不会是按单独一个典型造成的民族，在一个固定的模样中范出的；因为‘超心思’的律则，是一体性圆成于殊异性，所以在神圣智的知觉性的显示中会有一无限的殊异性，虽那知觉性在其基本上仍会是一，在其组织上，在其启示一切结合一切的秩序上是一。明显的，‘超心思’的三重格位，将在这新显示中当作一原则自体重现：在其下，然仍属于它的，会有高上心思与神圣智的诸等级，和已实践此上升着的知觉性的这些等级的心灵；在顶端，当‘知识’中的进化前行，会有个人更升登一超心思的表呈以外，从‘超心思’的最上极顶，达到本身中一体化的自我实践之顶峰，那必然是‘创造’的显灵之最后一无上境。但在超心思的族类本身，在其程度之不同，个人不会是按单独一个人性典型铸就的；每人会和他人不同，为‘有体’的一独一形成，虽在自我的基础上，在一性的意识上，在他的有体的原则上，皆与其余一切为一。只是这超心思的存在之普通原则，我们还能试行作出它的一点理念，无论其为心思的思想和心思的语言的限制所损减。唯独‘超心思’能作出神圣智者的一较生动的画像；在心思则只能有其一些抽象轮廓而已。

神圣智是‘精神’的有效能的原则，精神的存在之最高动力。神圣智的个人，将是精神人道的圆成；他的有体，思维，生活，行为的整个方式，将为一浩大的宇宙精神性的权能所统治。凡‘精神’之三一体，皆对他的自我觉识性为真，且在他的内中生命中得到实践。凡他的一切生存，皆将与超上的和宇宙的‘自我’与‘精神’融为一体：凡他的一切行为，皆将发源于无上‘自我’与‘精神’对‘自性’的神圣统治，而且服从之。一切生命，对他皆有‘知觉有体’，内中‘神我’，得其自我表现于‘自性’中的意识；他的生命及其一切思想，感情，行为，将给他充实了那意义，且将建立在那个它的真实性的基础上。他将觉到有‘神圣者’的当体在他的知觉性的每个中心，在他的生命力量的每个震动里，在他的身体的每个细胞中。在他的‘自性’的力量的一切工事中，他将觉识无上‘世界之母’，‘超自性’的工事；他将见到他的自然的有体，为‘世界之母’的权能的变是与显示。在这知觉中，他将生活且行动于一完全超上的自由里，生活于一完全的‘精神’悦乐中，一与宇宙‘自我’之圆满同一性中，与宇宙间一切之一自发的同情中。凡一切有体，对他皆是他自己的多个自我，知觉性的一切权能和路道，皆感觉到是他自己的宇宙性的权能和路道。但在那概括无外的宇宙性中，不会有低等力量的束缚，不会有从他自己的最高真理的偏差：因为这真理将笼括一切事物的真理，使各居于其位，在一分殊化了的和谐的关系上，——它不会容许任何混乱，冲突，界限的侵越，任何扰乱那分殊的和谐之组成全体的和谐者。他自己的生命和世界生命，对他将好像是一美满的艺术品；这将好像是一宇宙的和自发的天才之创作，在作成一多方的秩序了无差失的。神圣智的个人，将在此世界中且属于此世界，但在他的知觉性上也会超越它，且将生活于在其上的他的超上性的‘自我’中；他在宇宙中将是宇宙化的，然是自由；是个人，然不为分别的个人性所限制。真的‘个人’不是一孤独的元体，他的个人性是宇宙性的；因为他将宇宙个人化：这同时神圣的出现于一超上的无限之精神空气里，像一矗出高云的峰端；因为他将神圣‘超极性’个人化。

三种权能，对我们的人生自呈为启其神秘的三钥匙，便是个人，宇宙元体，与在此二者中又超出其外的‘真实性’。存在的这三神秘，将在超心思者的生命中得到它们的和谐之一结合了的圆成。他将是完善化了的全人，在其生长与自我表现的满足上圆成了；因为他的一切原素，皆当升到最高度，统一于某种概括的博大中。我们所奋力趋向者，是完全性与和谐；一缺陷与无能，或我们的本性的一乖戾，是我们在内中甚感苦痛的。但这是因为我们的有体之不完全，我们的不完善的自我知识，我们之非完善具有我们的自我和我们的本性。在一切时，在一切事物的一完全的自我知识，乃是超心思的神圣智的一赠品，随之以一完全的自我主宰，不徒然是在管制‘自性’的义度下，亦且是在完善的在‘自性’中的自我表现之一权能的义度里。无论有什么自我知识，这将完善地包举在自我的意志中，意志又完善的包举于自我的行为中；结果将是自我的完全的动力的自我表呈于其自有的本性中。在神圣智者低等诸级上，将有自我表现的一限制，一随本性之种类而异，一有限的完善化，所以表呈‘神圣大全’的某方面，某原素，或某些原素的并合的和谐，从无限多方的‘太一’之宇宙的形相中，作其诸权能之一有限制的选择。但在超心思者中，这完善化的限制之需要将消失了；分殊性不由限制而得，而是以‘超自性’的权能与彩色中的一分殊性而定：同此整个有体，同此整个自性，皆将自表现于一无限分殊的样式中；因为每个有体，将是‘太一有体’之一新的全体，和合，自我等同。任何时表现于前方者，或保留于后方者，不会依赖能量或无能量，而依赖‘精神’的机动的自我选择，依赖其自我表现的悦乐，‘神圣者’的意志的真理，与其自体在个人中的喜乐，而且，随附地，依于经个人在全体之和谐中所当做的事之真理。因为完全的个人

便是宇宙的个人，只时若我们已取此宇宙入乎我们自己内中而又超上之，然后我们的个人性乃得完全。

超心思者，在他的宇宙知觉性中，见到而且感到一切皆是他自己，也将在那意识下作为，他将作为于一普遍的觉识性与一和谐中，他个人的自我与全体的自我，他个人的意志与全体的意志，他个人的作为与全体的作为相和谐。因为在我们的外表生活中，及其对我们的内中生活的反应上，我们最感痛苦的，便是我们与世界的关系之不美满，我们于他人之无知，我们与全部事物之不和谐，我们之不能等平我们对世界的要求，及世界对我们的要求。有一冲突，——这似乎是不会有究竟解决的冲突，除了两从世界和自己逃出，——在我们的自我肯定与我们得将那肯定加上去的世界之间，一世界，似乎对我们是太大，似乎无情的掠过我们的心灵，心思，生命，身体，在其突荡到它的目的地之路上。我们的路程与目标，与世界的路程与目标的关系，在我们是不明白的，若要使我们自己与之和协，我们或则当强将我们自己加于其上，使之隶役于我们，或则压制我们自己，而隶役于它，或此外则规取一难得的平衡于这两种需要之间，调整个人单独的命运，与宇宙全体及其隐秘目的之关系。但在超心思的人，他生活在一宇宙知觉性里，这困难不会存在，因为他没有私我；他的宇宙的个人性，将知道诸多宇宙的力量，及其运动，及其意义，皆属他自己的部分，在他内中的'真理知觉性'，将在每一步上见到正当关系，得到那关系的正当的机动表现。

事实上，个人和宇宙，两皆同一超上的'有体'的同时的且互相关联的表现；虽在'无明'中且在其律则下，有失调与冲突，然必定

有一正当关系，一等平，为一切所达到的，但为我们的私我之盲昧所不见，为我们肯定私我而非一切中为一的‘自我’的企圆所失却的。超心思的知觉性，在自体中有那关系的真理为它的自然的权柄和特权，由于是‘超心思’乃决定宇宙的关系，个人与世界的关系，自由的且独尊地当作‘超上性’之一权能而决定之。在心思的人中，甚至宇宙知觉性的压力，克服了私我，与对超上的‘真实性’之觉识，在其本身皆不能产生一动力性的解决；因为仍可在其已得解放的精神心思体，与宇宙的‘无明’之幽暗生活间，有其乖互之处，心思没有能力加以解决或克服。但在超心思的人中，不单是静定地觉识，亦且充分是机动而且作为于‘超上性’之权能与创造性的光明中，超心思的光明，真理光明（ṛtam jyotiḥ）中，便会有那能力。因为将有与宇宙的自我为一体，然不是在宇宙的‘自性’于其卑下表呈中之‘无明’上的束缚；相反地，将有此权能在‘真理’的光明中在那‘无明’上发施作用。一广大的自我表现之普遍性，一广大的世界有体的普遍性，将是超心思的‘个人’在他的神圣智性中的正本表征。

超心思者的存在，将是一个存在，与一个知觉性，为了一个存在的悦乐之真理权能的活动，即一多方多式显示着的真理权能之活动。‘精神’在其本体的真理中之显示的悦乐，将是神圣智的人生之意义。其一切运动将是‘精神’的真理之一表呈，但亦是‘精神’的喜乐的表呈，——精神的存在之肯定，精神知觉性的肯定，精神的有体之喜乐的肯定。但这不会是我们中间的自我肯定所倾向于是为的什么，纵使有在基层上的一体性，倾于是为某私我中心的事物，为分别的，反对或不顾或不充分知觉他人的自我肯定或他们于存在上的要求。在自我上与一切为一，超心思者将寻求在他自己内中的‘精神’的自我显示之悦乐，但同等也寻求‘神圣者’在一切中的悦乐：他将有宇宙的喜乐，也将是一权能，能将‘精神’的福乐，有体之喜乐带给他人；因为他们的喜乐，也将是他自己的存在之喜乐。从事于一切众生之幸福，使他人的忧乐如同自己的忧乐，已有说为已得解放与成就的精神人物之一表征。为了那，超心思者将无需乎一博爱的自我泯除，因为这事与他的自我成就亲切相关，即一切中之‘太一’的成就，而他自己的幸福与他人的幸福之间，不会有矛盾或冲突。他也不需以自己服属于‘无明’中人物的忧悲喜乐，而获得一普遍的同情；他的宇宙的同情，将是一部分他的本生的真理，不依赖个人之参加微末的忧乐；这将超出它所怀抱者，其力量也在那超上性中。他的宇宙性的感觉，他的宇宙性的作为，将常是一自发的境界，自然的运动，‘真理’之一自动的表现，‘精神’的自我存在的喜乐之作为。其中不会有余的给有限的自我或愿欲，或有限自我的满足或失望，或愿欲的满足或失望，没有余地给相对的和相倚的喜乐忧悲，来临且苦恼着我们的有限的本性；因为这些皆属私我与‘无明’之事，不属于‘精神’的自由和真理。

神圣智者，有作为的意志，亦有所志者的知识，与使其知识发生效用之权能；它不会被导引去因无明而为所不应为者。进者，其作为不是一果实或一结果的寻求；它的喜乐是在有体与作用中，在‘精神’的纯粹境界中，在‘精神’的纯粹作用中，在‘精神’的纯粹福乐中。有如它的静定的知觉性将一切皆内涵于自体中，因此也必是永远自体成就了，同然，其机动的知觉性在每一作为每一步上得到一精神的自由与一自我成就。一切皆见之于其与全体的关系中，以致每一步在其自体将是光明的，喜乐的，可满意的，因为，每步是与一光明的全体合一的。这知觉性，这在精神的全体性中的生活，且自之行为，在有体的真元中一满足了的全体性，在有体的动力的运动中之一满足了的全体性，那全体性的关系之意识随着每一步，这，诚然是一超心思的知觉性的真正标识，区别之于我们在'无明'的知觉性中的散乱的，盲昧相续的步武。神圣智的存在与存在的悦乐，是一宇宙的和大全的有体与悦乐，那宇宙性与大全性，皆现前存在于每个分别的运动中；在每个会有不是一局部的自我经验或一小段片的喜乐，而是有一全有体的整个运动的意识，与其全般和整个的有体之悦乐，阿难陀，现前。神圣智者的知识，自体实践于行为中，会不是一理念的知识，而是'超心思'的'真实理念'，'知觉性'的一真元光明的工具作用；这将是体与用的全部真实性的自我光明，自体继续的倾注，充满每一独特行为与活动以其自我存在的纯粹的全部悦乐。因为一无限的知觉性，以其同一性知识，在每一分别中有'同一者'的喜乐和经验，在每一有限者中感到'无限者'。

神圣智的知觉性之一进化，随之而有我们的世界知觉性与世间作为的一转化：因为它不但将内中存在，亦且将我们的外在有体与世界有体取纳于这新的觉识的权能中；二者皆有其再造，有其在精神的存在之意识与权能中之统一。在这改变中，必发生我们如今的生存方式之反转和弃绝，与此同时有其内中的程道和倾向的圆成。因为现在我们立于两项之间，一外间的'生命'与'物质'的世界，所以造成我们者，与我们自己在一进化着的'精神'义度中之将世界重造。我们今之生活方式，是隶役于'生命力量'与'物质'，同时又是与‘生命’和‘物质’奋斗。在一外间的存在最初出现时，它以我们对它的反应造成一内中的或心思的存在；倘若我们竟形铸我们自己，在大多数人，这很少由于一自由的心灵或智慧自内的知觉的压力，很多由于对我们的环境的反应，和对世界‘自性’在我们身上起作用的反应：但在我们的知觉体的发展中我们所进向者，是一内中存在，以其知识与权能，创造其自体的生活形式，与生活的自我表现的环境。在神圣智的自性中，这运动将已完成了它自体；生活的性质，将是一已成就的内中存在，其光明与权能，将在外表生命上得其圆满之体。神圣智者将取起‘生命’和‘物质’的世界，但他会将其转变，使之适合于他自己的存在之真理和目的；他将铸造生命本身为他自己的精神形象，而且这他能作，因为他有精神的创造之秘密，与他内中的‘创造主’相交通，且与之为一。这在他自己的内外个人存在的形铸上将是最初有效能的，但同此一权能与原则也将活动于任何共同的神圣智的生活中；神圣智者与神圣智者的关系，将是他们的一个神圣智的自我与超自性的表现，将全部共同存在形铸为它自体的一特著的权能和形式。

在一切精神生活中，内心生活是第一重要事；精神的人常是生活于内中，在一拒绝改变的‘无明’的世界中，他应当在某种义度下与之相离，保卫他的内中生命，不受‘无明’的诸多黑暗力量之侵入和影响：他是出乎世界以外，即使时当他在世界中；倘若他在其上施为，那是从他的内中有体之精神堡垒为之，在其中之最内里的圣坛中，他与‘无上存在’为一，或心灵与上帝单独同在。神圣智的生命，将是一内中的生命，其间内与外，自我与世界的对反，皆会治好而且超越了。神圣智者诚然会有一最内中的生活，其间他单独与上帝相依，与‘永恒者’为一，自我沉潜于‘无限者’的深处，与其高处相通，与其秘密的光明的渊谷相通。没有什么将能扰乱或侵入这些深处，或将他从高处引下，不论是世界之内容，或是他的行为，或是他周围的一切。这是精神生活的超上性的一方面，于‘精神’的自由为必需的；因为否则在‘自性’与世界之同一性，将是一拘束着的范限，而不是一自由的同一性了。但同时上帝之爱与上帝之悦乐，将是那内中的交通与一性的情心的表现，而且那悦乐和爱，将自体扩充以怀抱一切存在。内中的上帝的和平，将在宇宙的神圣智的经验中，伸展为一宇宙的平等性的安静，非徒是被动的，亦且是自动的，在一性中之自由之一宁静，克服凡遇着他的，平靖凡进入他的，将其和平的律法，加于超心思者与他生活其中的世界之关系。在他的一切行为上，这内中的一性，内中的交通，将随从他，进入他与余人的关系中，余人对他也不会是他人，而是他自己的多个自我在此唯一存在中，他自己的宇宙的存在中。是这在‘精神’中的定宁与自由，乃使他纳一切生命于一己，而仍其为精神的自我，甚且怀抱此‘无明’的世界，而不进到‘无明’里。

因为，他的宇宙存在的经验，以其自性形式，且以一个人化了的集中，将是一生活于宇宙中的人的，但是，同时以自我散布与一性中之扩充，将是一怀抱此世界与万有在他内中的人的经验。这有体之扩充了的境界，将不仅是自我的一性中的引申，或概念的理念与视见之一展拓，亦复将是一性之恢弘于情心，于识感，于一具体的物理知觉性中。他将有宇宙的知觉性，识感，感情，以之一切客观的生命，将成为他的主观的存在之部分，且由之他将实践，见到，感到，视，听在一切形式中的‘神圣者’；一切形式和运动，将被实践到，意识到，见到，闻到，觉到好像是发生于他自己的浩大自我有体的内中。这世界将不单是与他的外在生命也将与他的内中生命相连。他不单是将在其外在的形式中以外在的接触与世界相遇；他却将在内中与事物和有体的内中自我相接触：他将知觉地遇合它们的内中和外在的反应；他将觉识那在它们内中而它们自己所不觉识者，以一内中的了悟在一切上发生作用，以一美满的同情与一性之意识对待一切，但也处之以一种独立性，不为任何接触所制伏的。他对世界的作为，大抵是一内中的作为，用'精神'的权能，用精神的超心思的理念力量，在世间表呈其自体的，用秘密未说出的语言，用情心的权能，用机动的生命力量，用与万事万物为一的自我之封裹着和贯彻着的权能；外在，已表现，且可见的作为，将只是这较大的活动之一个整体的一边缘，一最后的放射。

同时，个人的内中的遍漫的生活，也不限于单独与物理世界之一内中的普遍的和概括的接触：以潜意识的内中有体与有体的其他诸界之自然联系的充分实践，它将引申而出乎其外；于它们的权能与势力的一知识，将已变为内中经验的一正常原素，而世间的一切事，将不独见之于其外表方面，也将见之于凡秘在于物理的和大地上的创造与运动之后者的见识中。一神圣智者将不但占有已实践的'精神'的权能在其物理世界上的一真理知觉的管制，也将占有心思和情命诸界的充分权能，运用它们的较大的力量以作物理生存之完善化。这一切存在的较大的知识与更广的操持，将巨大地增加神圣智者的工具权能，在他的环境上和在物理的'自然'之世界上发生作用。

以'超心思'为其动力的'真理知觉性'之'自我存在'，不能有有体之其他目的，除了'是为'，不能有知觉性的其他目的，除了知觉此有体，不能有有体的悦乐之其他目的，除了它的悦乐；一切皆是一自我存在的和自我具足的'永恒'。显示，变是，在其原本的超心思运动上，有这同样的性格；它在一自我存在的和自我具足的旋律中，支持有体的一活动，这自视为一多方的变是，支持知觉性的一活动，这自表为一多方的自我知识之形式，支持知觉的存在之力量的一活动，这为了其自有的多方的有体之权能的光华与美丽而存在，支持悦乐的一活动，这擅有悦乐的无数形式。超心思的有体在此在'物质'中的存在与知觉性，基本也将有此同一性质，但还会有一些附属性格，所以标识'超心思'在其自界上，与'超心思'工作于其在土地存在中之已显示之权能上之差别。因为在此世间，将有一进化着的有体，一进化着的知觉性，一进化着的存在之悦乐。神圣智者之出现，将是从'无明'的知觉性，进入'真、智、乐'知觉性的一进化之表征。在'无明'中，主要是人在那里要生长，知道，做，或者，更精确说，要长成为一个什么，由知识而达到一点什么，要作成一点什么。既不完善，我们不满足于我们的有体，我们必需以艰难困苦挣扎而生长为非我们的什么；既是无知，重荷了我们的无明之知觉性，我们得达到一点什么，以之我们能感觉我们是知道的；既为无能量所限制，我们得猎取气力与权能；既为一患难的知觉所苦，我们得试行要有点什么作成，以之我们可攫得一点快乐，或把住人生的一点可快意的真实。维持生存，诚然是我们的第一要务与必需，但这只是一起点：因为徒然维持了一不完善的生存，错杂着痛苦，不能足够当作我们有生的目标：本能的生存意志，生存的快乐，即'无明'所能资取放秘密基层上的'权能'与'阿难陀'的一

切，应当补充以‘作为’与‘变是’的需要。但作为什么，变成什么，在我们皆不明知；我们尽我们之所能，以得到知识，得到权能，力量，纯洁，和平，得所能得到的悦乐，变为我们所能变为的。但是我们的目标，和我们向其成就的努力，以及我们能执为我们的利得的这一点点，又变成了拘束我们的罥网；是这些事物成了我们的人生的目的：知道我们的心灵，‘是为’我们自己，这应当是我们的真实生活方式的基础，却成了一秘密，不为我们所知，我们是主要从事于一外在的学问，一外在的知识建造，一外在的行为之成就，一外在的悦乐和愉快。精神的人，是发现了他的心灵的人：他已寻到了他的自我，生活于其中，知觉着，且有乐于其中；他不需要外物使他的存在圆满。神圣智者从这新基础出发，取起我们的盲昧的变是，化之为一知识的光明的变是，与有体的一实践了的权能。因此凡一切我们在‘无明’中试欲成为者，他皆将在‘明’中与以圆成。一切知识，他皆将化之为有体的自我知识之一显示，一切权能与作为，化为有体的自我力量之一权能与作为，一切悦乐，为自我存在的一普遍的悦乐。执著与束缚皆将脱落了，因为在每一步，在每一物，将有自我存在的充分满足，知觉性的光明成就它自体，存在的悦乐得到它自体之极欢。在知识中之进化的每一阶段，将是有体的这权能与意志，与这是为之喜乐的开展，一自由的变是，得其支持于‘无限者’的意识，‘大梵’的幸福，‘超上性’的光明的认可。

超心思的转化，超心思的进化，必定附带了心思，生命，和身体的一升举，出乎它们自体而入乎一更大的有体的方式，其间它们自体的方式和权能不会被压迫或废除，却以自我超上而圆成，而完善化。因为在‘无明’中，一切道路皆‘精神’盲昧寻求它自体，或以增

长着的光明而寻求自体的道路；神圣智的有体和生命，将是‘精神’的自我发现，及其瞻望、达到这些道路的目标，但是在其自体的启示了的和知识的真理的更大方式上。心思寻求光明，寻求知识，——寻求承托一切的唯一真理之知识，自我与事物的一真元的真理之知识，但也属那一性的殊异性的一切真理，凡其一切细节，环境；作用，形式，运动与事会的律则之多方多式，各种显示与创作的真理；在思维心思，存在之喜乐，便是发现与贯通创造的神秘，与知识俱来的。这个，神圣智的改变将大量的成就；但它将赋予以一新性格。它之作为，不是由未知者的发现，而是以发皇其已知者；一切将是‘自我在自我中寻得自我’。因为神圣智者的自我，不会是心思的私我，而是‘精神’，在一切中为一者。他将看世界为一‘精神’的宇宙。寻求基托于万事万物下的一个真理，将是‘同一者’发现同一性与同一的真理遍一切处，也是发现那同一性的权能，工事，和关系。启露显示的细节，环境，丰富的方法和形式，将是揭发那同一性的真理之无尽藏，其自我的形式与权能，其形式的奇巧的多方性与多性，无限地发皇其一性者。这知识进行，将由与一切体认为一，由进入一切，由一种接触，随之以自我发现之一跃，与一认识之火焰，一对真理的直觉，较心思之所能达者更伟大，更准确；也将有一种直觉，觉知如何怀纳且运用所见到的真理的手段，其机动的程序之一实施的直觉，一直接的亲切的觉识，领导生命与物理诸识，在它们的作用与为‘精神’服务的每一步中，时若当召之为‘生命’与‘物质’中发施程序之效果的工具。

以超心思的同一性，与神圣智对同一性的内容之直觉，代替智识的寻求，一‘精神’的遍在性，以其光明贯彻知识的整个程序及其

一切运用，——致使知者，知识，与所知者统一，施为着的知觉性，工具作用，与所成作的事统一，而其时单独的自我，观察着整个统一了的运动，在其中亲切的圆成其自体，用之为一自我发生效用之无疵瑕的单位，——将是每个神圣智的知识运动与知识作用的性格。'心思'，观察，推理，辛勤于自体脱离，客观地、真正地看它所当知者；试要知之为非自我，独立的他个真实，不为个人的思维程序或为自我的任何当体所影响：神圣智的知觉性，却顿时亲切地、精确地知道它的对象，由明通地、贯彻地与之同体为一。它将超过它所当知者，但它将包括之于自体；它将知道对象为自体的部分，如同它可知道它自体的任何部分或运动，而不因此同一化而使自体变狭隘了，或使其思想陷入其中，以致在知识上被束缚或范限了。将有一直接的内中知识之亲切性，精确性，充实性，但不会有那个人心思的误导，以之我们时常错误的，因为知觉性将是一宇宙的而不是一受限制且为私我所束缚的人的。它将进向大全知识，不是树立一真理对待另一真理，要看那一个能安立而长存，而是以真理完成真理，在唯一'真理'的光明下，一切皆为其方面的。一切理念，与视见，与知见，将有此性格，是一内中之见，一亲切的引申了的自我知见，一大的自我统一着的知识，一不可分的整体，以光明之在光明上发生作用、于真理有体之一自我实施之和谐中而发皇它自体。将有一番舒展，不是当作从黑暗放射出光明，而是当作光明从其自体发舒；因为倘若一进化着的超心思的知觉性，保留它的自我觉识的一部分内容于后，保留之于自体中，它之作这不是当作'无明'的一步，或是以一'无明'的作为，而是当作一运动，是审慎传出其无时间性的知识，入乎一'时间'显示之程序中。一自我

照明，一光明出自光明的启示，将是这进化的超心思的'自性'之认识方法。

如心思寻求光明，求发现知识，求知识为主宰，同然，生命寻求发展其自体的力量，求以力量为主宰：它要求的是生长，权能，征服，占有，满足，创造，喜乐，爱，美；它的生存之喜乐，是在一恒常的自我表现，发展，行为，创造，享受之多方各面，其自体与其自体的权能之一富足的坚强的深密性。神圣智的进化，将那提升到其最高和最圆满的表现中，但它不会为了心思的或情命的私我之权能，满足，享受而作为，不会为了其自体的狭隘的保有，与其奢望的猛力的于他人他物的夺取，或为了其较大的自我肯定与扩大了的具体而作为；因为倘若是那样，则没有任何精神的圆满或完善化可至。神圣智的生命将存在而且有为，为了在世界中和在其自体的'神圣者'，为了在一切中的'神圣者'；'神圣当体'，'光明'，'权能'，'悦乐'，'美'，增加的占有个人和世界，将是对神圣智者的人生意义。个人的满足，便在那增长着的显示之愈进愈完善的满足中：他的权能，将是'超自性'的权能的工具，所以招致且伸张那更大的生命和自性；无论何种征服或冒险有在于此，它将是专为了那，而不是为了任何个人的或集体的私我之统治。爱，对他将是自我与自我，精神与精神之接触，遇合，结合，有体之合一，心灵对心灵，'太一'对'太一'之权能与喜乐与亲切与密近，同一性的喜乐，与一殊异的同一性的后果。是'太一'之一亲切的自我启明着的殊异性之喜乐，'太一'的林林总总的结合，与在同一性中之一快乐的交互作用，对神圣智者将是圆满启示了的人生意义。美的或动力的创造，心思的创造，生命创造，物质创造，对他将有同样的意义。

这将是创造‘永恒的力量’，‘光明’，‘美’，‘真实’之特著的形式，——其形相和身体的美与真理，其权能与品质的美与真理，其精神的美与真理，其自我之无相的美与真元。

知觉性的一全般改变和反转，建立了‘精神’与‘心思’与‘生命’与‘物质’的一新的关系，及此关系中的一新的意义与完善化，这后果是也将有一反转，一圆成着的新意义，属精神与其所寓居的身体间之关系的。在我们现在的生活方式中，心灵自表现的尽其可能好，或必然是那么坏，是以心思与生命力，或者，较寻常是让心思与生命力去作为，受到它的支持：身体便是这作为的工具。但是身体，纵使是服从着，也限制且决定心思的和生命的自我表现，以它自体的物理工具作用之有限性能和后得的性格；此外它还有它自体的作为的律则，它自体的下知觉的或半出现的知觉的有体之权能的运动，和运动的意志或力量或迫促，只能局部的受到它们的影响或为它们所变换的；而且，即使是在那局部，多由一间接而少由直接的作用，或倘是直接的，也多由一下知觉的而少由一意愿的和知觉的作用。但是在神圣智的是为和生活的方式，‘精神’的意志必直接管制且决定身体的运动和律则。因为身体的律则，起于下心知者或无心知者：但在神圣智者中，下心知体必已变为知觉的，且受到超心思的管制，为其光明与作用所贯注；无心知性的基础，以其黑暗与模棱，以其阻碍或迟滞的反应，必已转化为一低等的或撑持着的超心知性，由于超心思的出现。甚至在已实践高等心思的人，和在直觉的和高上心思中的人，身体必然已充分变为知觉，足以反应‘理念’与‘意志力量’的势力，以致心思在身体诸部分的作为，在我们中间为原始的，混沌的，大抵非自意的，将已发展出

一巨大的能性：但在超心思的人，是知觉性之有‘真实理念’在其中者，将统治每个事物。这‘真实理念’，是一真理知见，自生效能的；因为这是‘精神’的理念与意志在直接作为中，发动了有体的本质的一运动，这必然在有体的境界和作为中发生自体的效果。是‘真理知觉性’的这动力的不可违拒的精神真实理，在其自体的最好程度上，在此已变为明觉，在已进化的神圣智者中为知觉的够有能力：它不会像现在一样，被障蔽于一似是的无心知性之后，自我为机械性的律则所限制而作为，而是像独尊的‘真实性’在自生效能的作用中作为。是这，乃将以一全般的知识与权能统治存在，在其统治中且包括身体的功能和作用。身体，将被精神知觉性的权能，转变为‘精神’的一真实的，合适的，能完善反应的工具。

‘精神’与身体的这新关系，擅有——且使之可能，——对整个物质‘自然’的自由接受，代替了拒绝；从她后退，拒绝一切体认为一或接受，精神的知觉性为了它的解放，以此为第一正常需要，已不复是命令的了。终止自认与身体为一，将自己从身体知觉性分别，是一已公认的且必要的一步，不论是进向精神的解放，或进向精神的完善化和主宰‘自性’。但是，这救赎一旦作成了，精神的光明和力量之下降，也能侵入而且取起身体，于是对物质‘自然’能有一新的解放了的和独尊的接受。诚然，这是可能的，只倘若‘精神’和‘物质’间的交互关系改变，倒转过现在这交互作用的平衡，且管制之；现在是容许物质的‘自然’蒙蔽‘精神’，确立她自己的统治。在一较大的知识的光明中，‘物质’亦可看作‘大梵’，为‘大梵’所发施的一自我能力，为‘大梵’的一形式和本质；既觉识物质的本质内中的秘密知觉性，既安立于这较大的知识中，神圣智的光明与权能，自体能与‘物质’结合，这么看它了，接受之为一精神的显示之一工具。甚至对‘物质’的相当的尊重，在对它的处理上之一庄严态度，也有可能。如薄伽梵歌中所云，进食的行为，是一物质的圣礼，一牺牲，一由‘大梵’对‘大梵’作‘大梵’的奉献，同样，神圣智的知觉性和意识，也能这么看一切‘精神’在‘物质’上的施为。‘精神’已将自体作为‘物质’，为了安置自体于此，当作一工具，以供创造者之喜乐和幸福（yogakṣema），以作普遍的物理用处和服务的自我奉献。神圣智者运用‘物质’，但没有物质的或情命的执著或欲望使用它，当感觉他是用在这形式里的‘精神’自体，得到了它的同意和认可，为了它自有的作用。他之对待物理的事物，会有相当的敬重，有对秘在于它们内中的知觉性之觉识，对其为用与服务的喑默的愿望的觉识，有在他所使用者中之‘神圣者’，‘大梵’的敬拜，有对他的神圣的材料之完善无疵的运用的顾念，有在‘物质’的生命中，在‘物质’的运用中之美，与有秩序的和谐，与一真正律度之护惜。

作为‘精神’与身体间的这新关系的结果，神圣智的进化将成就出这物理体之精神化，完善化，与圆成。它将为了身体作为，如它之为了心思和生命。舍诸黑暗，乏弱，限制而外，皆这改变将要克服的，身体知觉性却是一耐心的仆人，在其大的能性储蓄中，能当作个人生命的一强有力的工具，为了它自体却很少要求：它所愿欲的，是耐久，健康，气力，生理的完善，身体的快乐，痛苦之解除，舒适。这些要求在其本身皆非不可接受的，卑劣，或不合法，因为它们在‘物质’的名相中，传达出形式与本质的善美，权能与悦乐，应当是‘精神’的自然的发华，有表现的显示的。时若神圣智的‘力量’能在身体中发生作用，这些事物能够建立；因为它们的反对者，来自外在的种种力量，压迫到物理心思上，神经的和物质的生命上，身体的机构上，来自一无明，不知道如何应付这些力量，或不能正当对付它们，或以权能处理它们，来自某些黑暗，遍漫着物理知觉性的质料中，错乱着它的反应，乃在一错误方式上对它们反应。一超心思的自生作用自生效能的觉识和知识，代替这无明，将恢复身体中那些被暗蔽被毁坏了的直觉的本能，解放它们，启明他们，补充之以一更大的知觉的作用。这转变将缔造且保持一对事物的正当物理知见，对事物与能力的一正当关系和正当反应，心思，神经，机体的一正当旋律。这将以一高等精神权能与一更大的生命力量，加入身体，这生命力量与宇宙的生命力量结合，且能从之资取，也加入以一与物质‘自然’的光明的和谐，也加入以永恒的安宁之浩大而平静的撼触，这便能给予以其更神圣的精力与安舒。而有甚于一切者，——因为这是所最需要的和基本的改变，——这将灌注整个有体以‘知觉性・力量’之一无上能力，这能力便应付，同化，或与其自体和合一切存在的力量，环绕和压迫到身体上的。

是显示于心思，生命，和身体中之‘知觉性・力量’之不完全与弱点，它之不能随意愿接受或拒绝，或者，接受了，又不克同化或调和宇宙‘能力’所加于它上面的接触，乃是痛苦与忧患的原因。在物质疆域中，‘自然’始于全般的无感性，而且这是一可注意的事实，在生命之开端，在动物中，在原始人类或较少开化的民族中，可发现一比较的无感性，或不足的感觉性，或者，较寻常是对痛苦的一较大的忍受性和坚刚性；时当人在进化中生长了，他在感觉性上也增长，在心思与生命与身体上更敏锐地感觉痛苦。因为知觉性的生长，未充分为力量之生长所支持：身体变到更精细了，更微妙有能，可是在其外表能力上，变到更少能坚实地发生效用：人要召来他的意志，他的心思的权能，以使他的神经体动力化，以纠正而且管制它，强迫它作他所要求于他的工具之艰难事，将其锻炼成钢，以抵挡痛苦和灾祸。在精神的上升中，知觉性的这权能，及其于工具的意志，精神与内中心思在外在心思与神经验与身体上的管制，巨大的增加了；精神对一切震惊与接触的一宁静和宽大的平等性参入了，变成习惯的平衡姿态，而且这能从心思传到情命诸部分，在那里也建立一巨大的和耐久的气力与和平；甚至在身体中，这境界也自能形成，在内应付忧愁，苦恼，和种种患难的震撼。甚者，意愿着的生理的无感性之一权能也能干入，或者，心思的从一切震惊和伤损分离的一权能也能得到，这便表示身体的自我之寻常反应，及其无力的顺从，投顺于物质'自然'之正常反应习惯，皆不是强迫或不可更改的。更明著的，是在精神的'心思'或'高上心思'的水平上来到的权能，改变痛苦的震动为'阿难陀'的震动；纵使这只能达到一相当限度，这指示有此可能性，全般翻转反应着的知觉性之寻常规律；这也能与自我保护的一权能相联，即移去较难变化或忍受的震动的。神圣智的进化，在某一阶段上必然作成此一翻转，使之完全，发皇此一自我保护的权能，使之完全，这将圆成了身体的要求，求其有体之不染性和清明性，求解救痛苦，而且在其中建立一权能，能享受生存之全部悦乐。一精神的'阿难陀'能灌入身体，淹浸细胞和纤微；这高等'阿难陀'的一光明的实现，自身便能作成物理'自性'之缺少或拂逆的感性之一全部转化。

一种企慕，一种要求，要有至上与全般的存在之悦乐，是秘密有在于我们有体的全部质料中，但这是乔装了，由于我们的本性诸部分之分隔及其相异的迫促，也是阴翳了，由于它们之不能涉想或摄持什么更多的事物，除了一浅薄的愉快。在身体知觉性中，这种要求形成为身体的快乐之一需要；在我们的生命诸部分中，这形成为情命快乐之一念慕，对种种喜乐和欢忻的、与对一切满足之惊喜地、一敏锐的震动的反应。在心思中，这形成为一切心思的悦乐的形式之容易接受；在一更高的水平上，这在精神的心思之呼求和平与神圣的极乐中变到明显了。这趋向是建立于有体的真理中的；因为'阿难陀'便是'大梵'的元精，它是遍在的'真实性'之自性。'超心思'本身，在其显示的下降诸等级上出现自'阿难陀'，又在其进化的上升中合并入'阿难陀'。诚然，合并不是说它被消灭或废除了，但它是在其中内在，不能从觉识性自体分别，不能从'有体'的'福乐'之自生效能的力量分辨。如同在进化的归返中一样，'超心思'在内入的下降中，是为原始的'存在的悦乐'所支持，将那在其一切活动中挟带为存持活动的真元；因为'知觉性'，我们可说，是其在'精神'中的父母权能，但'阿难陀'，精神的元胎，它从之而显示出的，也是保持着的渊源，它将心灵带回到其中的，当其归还到'精神'的格位。一超心思的显示，在其上升中，会有'大梵'的'福乐'的一显示，当作次一相续与自体生果之极诣：神圣智有体的进化，必随之以一福乐有体之进化；神圣智的存在之具于形体，将有福乐的存在之具于形体为其后果。常是在神圣智的有体中，在神圣智的生命中，必有'阿难陀'的一些权能，当作超心思的自我经验之一不可分的遍漫着的意义。在心灵之从'无明'的解放中，最初的基础是和平，安静，'永恒者'与'无限者'的寂默与宁定；但是

精神的一臻极的权能和更伟大的形成，取起这解放的和平，纳入一美满的经验的幸福，与永恒的福乐之实践，即'永恒者'与'无限者'的幸福。这'阿难陀'将在神圣智的知觉性中为内在，当作一宇宙的悦乐，且将与神圣智的自性之进化一同生长。

有过这种立说：极喜是一低等的和暂现的过程，'无上者'的和平乃至高的实践，臻极的永住的经验。在精神的心思界上，这可能是真的；在那里，最初所感到的极喜，诚然是一精神的大欢，但它可能是也常常是与情命诸部分为'精神'所取起者的一至高的快乐相参杂；有一种飞扬，大乐，兴奋，一种情心的喜乐之最高紧张度，和纯洁的内中的心灵感兴，那能够成为一辉煌的过道或一升举着的力量，但不是究竟的永远的基础。但在精神的幸福之最高的登路上，没有这猛烈的大乐和兴奋；代之者，却有在一永恒的极喜中的参与之不可限量的深密性，建立于永恒的'存在'上，因此也是在永恒的和平之幸福的安静上的。和平与极喜，终止其为异而变为一。'超心思'，调和着混融着一切殊异与一切矛盾，发皇出这一体性；一广大的平静与于一切存在之深深的欣悦，皆是在其自我实践的初步中者；但这平静与这欣悦同起，当作一个境界，升到一增上着的深密度，而臻极于一永恒的极喜，福乐即'无限者'。在神圣智的知觉性中，在任何阶段，总有某种程度的这基本的和精神的知觉的存在之悦乐，在有体的整个深处；但'自性'的一切运动，亦将为其所遍漫，亦在生命与身体的一切正动和反动中：没有任何可逃出'阿难陀'的律则的。甚至在神圣智的转变以前，也可以有此有体之基本的极喜的开端，逐译为多方多式的美与悦乐。在心思中，它逐译为精神的知见与视见与知识的深密的悦乐之平静，在情心中，

它遂译为一广博的或深沉的或热烈的于广泛的结合与爱与同情之悦乐，与有体之欢欣与事物之欢欣。在意志与情命诸部分中，这被感觉为一在作用中的神圣生命权能之悦乐的能力，或诸识的幸福，遍处遇到和见到‘太一’，见到一宇宙的美，为万事万物的一正常的美性，见到创造的一秘密的和谐，而这，我们的心思只能掠得一不完全的瞥见，或得到一起正常的稀有的感觉的。在身体中，这自启示为一极喜，从‘精神’的高处灌注其中的，与一纯洁和精神化了的物理存在之和平与幸福。一普遍的有体之美与光荣开始显示；一切对象启露隐藏了的线条，震动，权能，和谐的意义，从正常心思和身体感识之前隐蔽了的。永恒的‘阿难陀’，乃启露于宇宙现相中。

这些，皆是精神的转化之最初的较大结果，当作‘超心思’的自性之一必有的后效而随起的。但是，倘若要有不止是内中的存在的，知觉性的，一内中的存在的悦乐的美满，亦复要有人生和作为的美满，则从我们的心思的观点，有两个其他的问题自体呈出了，是对关于我们的生命及其机动的凡人思想，有一巨大的或甚至为首的重要性的。第一，有人格在神圣智者中的地位的问题，——是否其人之品位，建造，是与我们所经验为其人之形相和生命者迥乎不同，或相似。倘若有一人格，又这样那样是负其行为的责任的，则参进了第二问题，道德原素的的位及其在神圣智的自性中之完善化与圆成。寻常，在普通意念中，分别的私我便是我们的自我，而且，倘若私我当消亡于一超上的或宇宙的‘知觉性’中，则个人的生活和行为必止；因为，个人既消失了，只能有一非个人的知觉性，一宇宙的自我：但是，倘若个人完全消灭了，不会更有人格或责任或道德完善化的问题能起。据另一系理念之说，则谓精神的人犹在，但得解放了，纯洁化了，在本性上完善化了，居于一天上的存在中。但这里我们仍是在地上，可是已假定私我人格被消灭了，代替的是一宇宙化了的精神的个人，为超上的'有体'之一中心与权能。于是可推论到这神圣智的或超心思的个人，是一自我而无人格，一非个人性的'神我'(Purusha)。可能有多个神圣智的个人，但不会有人格，皆是在有体在本性上为同。于是，这又会造成一纯粹有体之一虚无或空白的理念，经验着的知觉性之行为与功用，皆可从这纯粹有体兴起，但没有分化了的人格之构造，如我们现在所观察而视为我们自己在我们的表面者。但这非一超心思的而是一心思的解决，解决此一精神的个人性离私我而犹存且长在于经验中的问题。在超心思知觉性中，人格与非人格皆非对立的原则；它们是一且同一真实性的不可分的两方面。这真实性不是私我而是有体，在他的本性的质素上是非个人的和宇宙的，但从之形成出一有表现的人格，这即是他的在'自然'的变易中之自我的形成。

非人格在其渊源上，是一点基本的和普遍的事物；它是一存在，一力量，一知觉性，在其有体与能力上取了各种形相的；能力，性质，权能，或力量的每个这种形相，虽在其本身仍是普通的，非人格的，普遍的，然个人取之为建造他的人格的材料。如是，非人格在事物的原始未分判的真理中，是'有体'，'个人'的自性的纯本质；在事物的机动的真理中，它分判它的权能，而且借出它们因它们的分殊以组成人格的显示。爱，是爱者的自性；勇，是战士的自性。爱与勇，皆是非人格的和普遍的力量，或宇宙的'力量'的表呈；它们皆是'精神'的属于其宇宙的有体和自性的权能。'个人'，便是那'有体'，支持着如是为非人格者，保持它在他自己的内中为属于他的为他的自我之性；他便是那是爱者和战士者。我们所称为‘个人’的人格者，是他的在自然格位和自然作用上的表现，——他自己在他的自我存在上，原本是且究竟是而有远多于此者；这是他自己的形式，他发表之为他的显示了的已发展的自然有体或自然中之自我。在已形成的有限的个人中，是他的个人之表现那为非人格者，他个人的对它的占有，我们可说，因而有一材料，他可用以建造他在显示中他自己的一明著的形象。在他的无相的无限的自我中，他的真实有体，真正的‘个人’或‘神我’中，他不是那，而是在他自己包含着无边的普遍的可能性；然当作神圣的‘个人’，他给它们以他自己在显示中的机会，使每个在‘多’中成为唯一个‘神圣者’的一独一的自我。‘神圣者’，‘永恒者’，表现他自己为存在，知觉性，福乐，智慧，知识，爱，美，我们可想象他为他自己的这些非人格性的和普遍的权能，视之为‘神圣者’和‘永恒者’的自性；我们能说上帝是‘爱’，上帝是‘智’，上帝是‘真理’或‘正义’：但他自己不是一非人格的境界，或一些境界或性质之抽象；他是那‘有体’，同时是绝对的，普遍的，和个人的。倘若我们从这基础上看这事，则很明白的，没有‘非人格者’与‘个人’之为同在或一个存在之矛盾，乖互，或不可能；它们此即是彼，彼即是此，在彼此中生活，在彼此中混融，可是仍又能怎样出现为同一‘真实’的两端，两边，正面和反面。神圣智者属于‘神圣者’的性质，因此在他自己内中重复着这存在的自然神秘。

一超心思的神圣智者，将是一精神的‘个人’，但不是在这种义度下的一人格，即有体的一个模样，标识以某些固定了的性质之一安定了的结合，一决定了的性格；他既是宇宙者和超上者的一知觉

的表现，便不能是那。但他之有体，也不能是一变幻无常的非人格性的川流，任意投起各种形式的波浪，人格的波浪，当其流贯‘时间’。有点这样的事，可在某些人感到，他们在内中深处没有一强健的中枢化的‘个人’，只是以一种混乱的多个人格而行为，依着某时在他们中间得势的任何原素：但神圣智的知觉性，是和谐与自我知识与自我主宰之一知觉性，不会呈出这种混乱状态。诚然，何者组成人格，何者组成性格，有各种观念不同。有一说，人格被目为可认识的品德之一固定的结构，表现有体之一权能；另一说则分辨人格和性格，人格是自我表现的或感性的和能反应的有体之川流，性格是‘自性’的结构之一形成了的定性。但自性的川流与自性的定止，是有体的两方面，任何其一也不能、即算两者相合也不能真是人格的定义。因为在一切人中，有一双重原素，未形成的虽属有限的有体或‘自性’之川流，人格以之形成者，与从那川流形成出的个人形成。形成可变到僵硬，化石，或它可仍为充分粘柔，能时常改变和发展；但它从形成性的川流发展，由修改或扩大或重铸人格，不是如寻常废除一已作出的形成，代之以一新的有体形式，——这只能在一非正常的转变或一起正常的转化中发生。但在此川流与此定止之外，还有一玄秘的第三原素，那在后方的‘个人’，以人格为他的一自我表现者；这‘个人’在显了的存在的他的大轴戏的现在这一场中，遣出人格充当他的脚色，演员（persona）。但此‘个人’大于他的人格，而且可有这样的事发生：此内中之大性，充溢到表面形成中了；其结果是有体的一自我表现，不复能以固定的品质，正常的姿态，精确的相状去描写它了，或标出以任何组织上的边限。但它亦复不是徒然不可分辨的，甚无定相的，和不

可摄持的川流：虽它的自性的行为可以表说，而不能表说它本身，然它仍能可被感到，追踪它的作为，仍可认识它，却不容易叙述他；因为它是一有体的权能，而不是一构造。寻常被限制的人格，可以叙述而了解，叙述印于其人生，思想，和行为上的各种性格，其甚为决定的表面建造和自我表现；纵使我们可失却一点任何未这么表现的什么，那也似不损减我们的普通了解的正当性，因为失却的原素，寻常也不外是一点点无定形的粗胚原料，川流的少分，未尝用以形成人格的一重要部分的。但这么一种叙述，用以表明那'个人'，时若其内中'自我'的权能，更博大显示，发出它的隐藏的超凡力量到表面组织和人生上，则卑弱而不适合了。我们感觉自己面对一知觉性的光明，一能性，一能力之海洋，能分辨且叙述它的作用和品质的自由的波浪，但不能固定它自体；可是仍有一人格的印象，有印象是一雄强者当前，一刚健，高华可识的'某人''个人'，不是'自然'的一有限的造物，而是一'自我'或'心灵'，一'补鲁洒'。神圣智的'个人'，将是这么一内中的'人'，揭去了面幂，占据着深处，——不复是自我隐藏了，——和表面，二者统一于一自我觉识里；他不会是一表面人格，局部的表现一更大的秘密有体，他不会是波浪而是海洋：他会是'神我'，内中知觉的'存在'自我启示了，不需要一表现的雕琢出的面具或'脚色'。

于是这将是神圣智的'个人'的性质，一无限的和宇宙的有体，启示着——或者，对我们心思的无明，是提示着——其永恒的自我，经过一个人的和时间性的自我显示之特著形式和表现权能。但是个人的自然显示仍在，不论在轮廓上为强健，分明，或多方而多变亦又和叶，仍成其为有体之一标指，不是整个的有体：那会在

后方被感觉到，可认识，但不可界说，为无限。神圣智的'个人'的知觉性，也将是一无限的知觉性，抛起多个自我表现的形式，但常是觉识它的无拘的无限性和普遍性，虽是在其表现之有限中，也仍传达出其无限性与普遍性之权能和意识，——何况以其表现之有限，它亦不拘束于更前进的自我启示之下一运动中。但这仍然不会是一无管制而不可识的川流，而将是一自我启示之程序，使其存在的权能之内中真理昭然可见，依照于'无限者'的一切显示为自然的和谐律则。

神圣智者的人生与行事的一切性格，皆起于他的神圣智的个性的这自性，而已经自我决定。其中不会有一别出的伦理问题，或任何内容相似的问题，任何善与恶的冲突。诚然，完全不会有任何问题了，因为问题皆是心思的无明之寻求知识的创造，它们不能存在于一知觉性中，其间知识自体生起，行为从知识自体生起，从一先在的有体之真理自体生起，知觉而且自体觉识的。有体之一真元的和普遍的精神真理自体显示，在其自体的本性中和自生效果的知觉性中自由的圆成其自体，有体之一真理，在一切中为一，甚至在其真理的无限分殊性中为一，且使一切被感觉为一，则在其真本自性中也将是一真元的和普遍的善自体显示，在其自体的本性中，和自生效果的知觉性中圆成其自体，即善之一真理，在一切中为一，且是为了一切的，甚至在其善的一无限分殊性中。永恒的'自我存在'之纯洁性，将自倾注于一切活动中，使一切事物纯洁且保持其纯洁；则不会能有无明，引到错误的意志和虚伪之步骤，不会能有分别的自私性，以其无明与分别的反对的意志，加自己或加旁人以损伤，自驱策到对自己的心灵，心思，生命，或身体的错误处

理，或对他人的心灵，心思，生命，身体之错误处理，即一切人生之恶的实际意义。超出功与罪，善与恶，是韦檀多学的解脱理念之一重要部分，而在这同在关系中有一自明的次第。因为解脱表征一现示于有体的真本精神自性中，其间一切作为，皆是那真理的自动的自我表现，不能更有旁的什么。在我们的诸体之缺点和冲突中，有一番努力要达到一正当行为的标准，且遵守它；那便是伦理，善德，功；反之而为便是罪恶，过。伦理的心思宣布一爱的律则，一正义律则，一真理律则，无数律则难于遵守，也难于调和。但是，倘若与他人为一，与真理为一，这一性已是实践了的精神自性之真元，则没有一真理律则或爱的律别的需要，——这律则，标准，现在应加到我们，因为在我们的自然有体中，有分别性的反对力量，有敌对的可能，有一乖戾，恶意，争斗的力量。一切伦理，便是在'自性'中建造善，这'自性'受到生于'无明'的黑暗之恶的打击，甚至有如在韦檀多学的古代传说中所表述的。但在由知觉性的真理和有体的真理一切皆已自我决定之处，则不能有标准，不能有遵守之的奋斗，不能有本性的善德或功，不能有罪恶或过。爱，真理，正义的权能咸在，不是当作一心思上构造成的律则，而是作为本性的真正本质和组织，而且，由于有体之一统，必然也是行为的真正本质和组成着的本性。生长到我们的真正有体的这自性，一精神真理与一性之自性，乃是精神人物的一进化所达到的解脱：神圣智的进化，给我们以那回到我们自己的全部动力。一旦那已做成了，则善德，达摩的标准之需要消失；有'精神'的自由的自我规矩和律则，不可能有外加的或构成的行为的法律，达摩。一切皆成了精神的自我本性的自我沛流，'自性'(Swabhava)之'自法'(Swadharma)。

在这里，我们触到这机动的分别之核心了，在心思的无明中之生活，与在神圣智的有体与自性中的生活不同。一整个充分知觉的有体，全般保有它自体的存在之真理，在它自体的自由中作发那真理，无有于一切构造出的法律，而其生活却又是一切真正变是之律则在其真元意义中的圆成，这，不同于一无明的自我分化了的存在，寻求其自体的真理，试欲将其所寻得者构造成法律，于是按照这么造成的模型而造成其生活。一切真正法律，皆是一真实性的正当动作和程序，有体的一能力或权能在作为中，圆成它自有的内在运动，自体暗存于其自有的存在真理中的。这法律可能是无心知的，其工事似乎是机械的，——那是物质‘自然’中的法律的性格，或至少是其现相：这可能是一知觉的力量，在其作为上由有体中之知觉性自由的决定，觉识其自有的真理的命令，觉识那真理的自我表现之诸多粘柔的可能性，还觉识，常在其全，亦无时不在其细节上，它所当实践的实际；这便是‘精神’的法律的相状。‘精神’的一全般自由，一全般自体存在的秩序，自我创造，自生效果，自体安定于其自体的自然的和必然的运动中，便是神圣智的‘超自性’的这机动的性格。

在有体之峰端，便是‘绝对者’，具有其无限性之绝对自由，但也具有其自体的绝对真理，与那有体真理的绝对权能；这两者，自重复于‘超自性’里的‘精神’生命中。在那里，一切作为皆无上‘自我’，无上‘自在主’在‘超自性’的真理中的作为。这是自我的有体的真理，同时是‘自在主’的意志的真理，与那真理为一的，——一是二而一的真实性，——这在每个神圣智者中，一随他的超自性而表现他自体。神圣智的个人的自由，便是他的精神的自由，机动地圆成他的有体的真理与他在人生中的能力之权能;但这无异于说他的自性完全顺从'自我'的真理,显示于他的存在中者,亦是完全顺从'神圣者'在他也在一切中的意志。这'大全意志',在每神圣智的个人,与许多神圣智的个人,与在那知觉的'大全',即保持且包括他们于他自体中者,是一:它在每个神圣智者中知觉它自体,在其间与他自己的意志为一,同时他知觉同此一'意志',同此一'自我'与'能力',是分殊地活动于一切中。这么一种神圣智的知觉性与神圣智的意志,觉识其在多个神圣智者中的一性,觉识其和同的全体性,与其分殊性的意义和交会点,必然保证一交响乐的运动,一在全体中的作用中之交互性,和谐,统一的运动。同时在个人中,这保证他的有体的一切运动与权能的统一与交响乐的和同。有体的一切能力寻求其自我表现,在其最高度寻求其绝对者;这它们得之于无上'自我'中,同时也求得它们的共同和结合了的自我表现之至上的一性,和谐,与交互性,在其自我决定与自生效果的全见与全合的机动的权能中,即超心思的神圣智中。一分别的自我存在者,可能与其他分别存在者龃龉,与它们在其中共同存在的宇宙'大全'违异,与任何最高真理,愿望自体表现于宇宙中者,处于一种相反对的境况里;这便是在'无明'中的个人所发生的,因为他在一分别的个人性的知觉上取其立场。可能是种种真理,能力,性质,权能,有体的形态,在个人和在宇宙中当作分别的力量而作为者,其间有一同样的冲突,乖互,不和谐。一个世界充满了冲突,我们自己中间的冲突,个人与他周遭世界的冲突,皆是我们的'无明'的分别的知觉性,和我们的失于调和的存在之正常且必有的相状。但这不能在神圣智的知觉性中发生,因为在其间每人得到他

的完全的自我，而且一切得到其自有的真理，及其不同的运动之和谐，于那超越它们者且以它们为表现者中。在神圣智的人生中，因此有一全般的和合，和合人的自由的自我表现，与他的自动的顺从事物的至上和普遍的‘真理’之内在律则。这些对他皆是唯一‘真理’的相互关联的诸方面；是他自己的最上有体的真理，乃自作发于他自己和事物的整个联合于一‘超自性’中的真理中。在有体的全部许多不同的权能及其作用间，也有一完全的契合；因为虽是那些在其显似的动作上互相反对者，于我们对它们的心思的经验中似是相冲突者，皆彼此在自体在作用上自然互相配合，由于每个皆有其自体真理，与其于他体之关系的真理，而这是在神圣智的‘超自性’中已自我发现且自我形成的。

在超心思的神圣智自性中，无需秩序的心思的严格方式和强硬作风，无需一限制着的标准化，固定的一套原则之强加，将人生强迫入乎一个体系或模样，唯独认为有效的，因为心思想象其为存在与行为之唯一正当真理。因为这么一种标准不能包括整个人生，这样一种构架也不能容纳整个人生，又不能自由的自体适应‘大全生命’的压力，或适应进化的‘力量’的要求；它必逃避自体或逃出自作的限制，由其自体死亡，由散坏，或由一紧张的冲突和革命的扰乱。‘心思’应当选择它的有限的生活方式和规律，因为它本身是被拘束，且在见界与能量上皆有限；但神圣智者容纳了整个的人生与存在，圆成了，转变成了一浩大的‘真理’之和叶的自我表现，为一亦为异，无限为一，无限为多。神圣智者的知识与行为，将有一无限的自由之博大性和粘柔性。这知识进行时，将在全体的大性中摄持对象；它将只为全体的完整的真理所拘束，为对象的完全的和最内中的真理所拘束，不为形成了的理念或固定了的心思象征所碍限，心思是被此勾摄，执持，且禁锢于其中的，以致失去了知识的自由。全部活动，也不会被无弹性的规律之责任所缠缚，或被一过去的境况，或行为，或其强迫性的后果，'业'(Karma)所缠缚；它将有'无限者'的续起的但自我向导且自我发皇的柔塑性，直接在其自有的诸多有限者上发生作用。这运动不会造成一流浪或混沌，却造成一解放了的和协调的'真理'表现；将有精神的有体在一粘柔的全般知觉的自性中之一自由的自我决定。

在'无限者'的知觉性中，个人性不打破也不周环范限宇宙性，宇宙性也不违反超极性。神圣智者生活于'无限者'中，将造成他自己的自我显示，为一个人，但他之为此，是当作一较大的宇宙性中心，可是同时又是一超极性的中心。为一宇宙的个人，他的一切作为将与宇宙作用相和谐，但是，由于他的超上性，它不会为一暂时的低等表呈所限制，或任凭每个或任何宇宙力量对他施为。他的宇宙性将怀抱甚至是他周遭的'无明'于它的大自我中，但是，虽亲切的觉识之，它不会遭受其感染：他将追随他的超上的个人性之更大的律则，且表现它的神圣智的真理于他自己的有体和作用的方式上。他的人生，将是自我的一自由和谐的表现；但是，既由于他的最高自我，将与'伊湿筏罗'的自体为一，则由'伊湿筏罗'，由他的最高自我，由'超自性'，他自己的无上自性的对他的自我表现之一自然的神圣统治，将以一大而无拘束然是完善的秩序，自动地加入知识与生活和作为。他的个人自性之服从'伊湿筏罗'与'超上自性'，将是一自然的和叶，也诚然是自我之自由的正当情况，因为这会是他之服从他自己的至上有体，于他的全部存在之'渊源'

的一反应。个人的自性不会是别出的什么，它将是'超自性'的一流川。'补鲁洒'与'勃罗克里谛'的一切对反，'心灵'与'自性'的那奇离的分化和不平衡，苦恼着'无明'的，将全部除去了；因为自性将是'个人'的自我力量之倾流，而'个人'又是无上'自性'，'伊湿筏罗'的本体之超心思的权能之倾流。是他的有体的这至上真理，一无限和谐的原则，乃将造成他的精神的自由之秩序，一真实的，自动的，和粘柔的秩序。

在低等存在中，这秩序是自动的，'自然'的束缚完全，她的常轨是坚定而且命令的：宇宙的'知觉性・力量'，发皇出一'自性'的榜样，与其习惯的模型，或固定的行动之轮转，强迫下理性的有体，按照这榜样且在这给它造成的模型或周转中生活和作为。人的心思，始于这预先安排的模型和常轨，但是，当其进化了，它增大这图样且扩张这模型，试以一基于理念，和意义，和已确定的生活动机上的秩序，代替这固定的不知觉或半知觉的自动律，或者，它试作一聪明的标准化和一间架，为理性的目的，用处，和方便所决定的。在人的知识构架或他的生命构架上，没有什么真是束缚着或永久的；但仍然他不能不创造一些思想，知识，人格，生活，行为的标准，而且，多多少少是知觉地、完全地，以他的生存基托在它们上面，或者，尽他之所能，在他所选择或认定的'达摩'的理念的构架上，编制他的生活。在进向精神生活的过程中，所树立的最高理想，相反的，不是法，而是'精神'中的自由；'精神'打破一切定式以寻得它的自我，而且，倘若它仍当关注于表现，它应达到一自由，能作一自由的和真正的表现，而不是一非自然的表现，一真实且自动自发的精神秩序。"抛弃一切法，有体与作为的一切标准和律则，唯独皈

依于‘我’”，乃是‘神圣者’向求道士所举似的最高生存之极顶规律。在这种自由的寻求中，在从人造的法到自我和精神的法的解放中，在抛弃心思的管制，而代以精神的‘真实性’的管制中，在捐除心思的低等造作的真理，以求得有体的一高等真元的真理中，可能经过一阶段，其间有一内中的自由，却缺乏一外在的秩序，——在自性的川流中的一种行动，有如儿童，或依惰性，如落下而静止于地上的树叶，或为风所驱卷，或甚至在外表形貌上散漫或奢靡了。也可能达到一暂时有秩序的精神的自我表现，在人一时或在这一生中能到的阶段已足够了；或者，可能是一个人的自我表现的秩序，按照人于其所已实践的精神真理的标准是有效的，但后下以精神性的力量而自由改变，以表现人所进而实践的更大的真理。但超心思的神圣智者，居于一知觉性中，其间知识是自体存在的，其自体显示，是依照‘无限者’的‘意志’在‘超自性’中自我决定的秩序。这自我决定，依照一自体存在的知识，以一自我觉识且自我主动于存在的真本质的中的‘真理’之自发性，代替‘自然’的机械自动性和‘心思’的标准。

在神圣智者中，这自我决定着的知识，自由地服从‘有体’的自我真理与全般真理，将是他的存在之真本法律。在他，‘知识’与‘意志’为一，不能相冲突；精神的与生命的‘真理’为一，不能相抵牾：在他的有体之自生效用中，精神与诸体间不能有争冲，或不称，或违异。自由与秩序这两原则，在心思和生命中恒常自表为相反对者或不能相配合者，虽它们也不必须是那样，倘若自由为知识所保护，而秩序是基于有体之真理，在超心思知觉性中彼此皆属本土，甚至基本上是一。这如此，因为二者皆内中的精神真理的两个不可分的方面，因此它们的决定皆是一；它们彼此内在，因为他们起自同一性，所以在作用上吻合于一自然的同一性中。神圣智者诚然不怎样或到什么程度，感到他的自由被侵犯了，为他的思想或行为的命令的纪律所侵犯，因为那纪律是内具的和自发的；他感到他的自由和他的自由之纪律，是他的有体的一个真理。他的知识的自由，不是一自由可随顺虚伪或错误，因为他不必须像心思一样，要经过错误的可能性以知，——相反地，任何这种游离，将是脱开了他的神圣智的自我之富有，那会损减了他的自我真理，于他的有体为陌生而且有损；因为他的自由，是一光明的自由，不是黑暗的自由。他的行动自由，不是许在错误意志或'无明'的行动上去作为的许可证，因为那也会是对他的有体为陌生，是其一拘束和损减，不是一解放。一种驱迫，去完成虚伪或错误意志，他不会觉到是向自由的一运动，而是加于'精神'的自由上的一暴行，一侵袭和强加，对他的'超自性'的侵犯，某个陌生的'自性'的暴虐统治。

一超心的知觉性，必然基本是一'真理知觉性'，有体的真理和事物的真理之一直接的和内中的觉识性；它是'无限者'的一权能，知道且作出其有限者，是'普遍者'的一权能，知道且作出其一性与细节，它的宇宙性和他的个体性；既自我具有'真理'，它不必须寻求这'真理'，或当负失却了的咎责，如'无明'的心思之所为。进化了的神圣智者，必已入乎这'真理知觉性'，'无限者'与'普遍者'的，那将是那为他且在他内中决定一切他个人之视见与作为者。他的，将是普遍同一性的一知觉性，一续起的或毋宁说是内在的'真理知识'，'真理见'，'真理感'，'真理志'，'真理识'，与行为的'真理动力'，内在于他与'太一'之同一性中的，或自发地起于他与

‘大全’的同一性的。他的人生，将是在一精神的自由与博大性的步武中的一运动，代替心思的理念的法律，和生命的和身体的需要和欲望的法律，和一生活环境的强迫；他的生活与作为，不会为任何其他事物所拘束，除了‘神圣智慧’与‘意志’，在他上面且在他内中一依它的‘真理知觉性’而作为的。缺少了一强加的法律机构，在凡人的无明生活中，因为凡夫私我之分别性及其小度，及其所感觉的需要，要打击和占有和利用其他生命，便可希望会导致冲突的混乱，放纵和自私的无秩序状态；但这在神圣智者中不会存在。因为在一超心思者的神圣智的‘真理知觉性’中，必然有有体之一切部分和运动的关系之一真理，——不论为个人的有体，或任何神圣智的集体，——在知觉性的一切运动中，人生的一切作为中，必然有一自发的和光明的一性与全性。在诸体间不会有冲突；因为不单是知识和意志知觉性，亦且是情心知觉性，与生命知觉性，与身体知觉性，在我们内中为自性的感情的，生命的，或身体的诸部分者，将包括在这一性与全性的统一了的和谐中。用我们的语言，我们可说神圣智者的超心思知识意志，将于思心，情心，生命，和身体有一完善的管制，但这叙述只可施于过渡阶段，其时‘超自性’正重新型铸凡此诸体为其自体的本性。一旦这过渡结束了，便不更需要管制，因为一切皆将是一统一了的知觉性，因此会当作一全体，在一自发的整体性与统一性中作为。

在神圣智者中，不会有私我之自体拥护与超私我之管制间的冲突；由于在他的人生活动上，神圣智的个人，将同时表现他自己，他的有体的真理，成作‘神圣意志’，由于他当知道‘神圣者’乃他的真自我，他的精神的个人性之渊源与组成者，这两道他的操行的源

泉，不但会在单独一个行动上为同时，亦且将是同此一发动力量。这动能，在每一环境中将依此环境的真理而作为，对每个有体则依其需要，自性，关系，在每个事上则依'神圣意志'对那事上的要求：因为在此是一个'力量'的许多力量之复杂错综和紧密纠缠之结果，神圣智的知觉性与'真理意志'，将见到这些力量的每个的和全部的真理，在这些力量的错综上发施所需要的迫击和干预，以成就所志愿由它自体成就者，止此而无余。由于'同一性'遍在，统御一切，和叶一切殊异性的结果，不会有一分别的私我，倾于其自体之分别的自我肯定；神圣智者的自我之意志，将与'伊湿筏罗'的意志为一，它不会是一分别的或反对的自我意志。它将有作为的和结果的喜乐，但不会有一切私我的申诉，行为的执著，或结果的要求；它会见到所当为者且被策动要作为者而为之。在心思的自性中，可能有自我努力与服从'高等意志'间之一对反或乖互，因为在那里自我或现似的人，自视异于至上'有体'，'意志'，或'个人'；但在这里，个人是'有体'的有体，对反或乖互不起。个人的作为，便是'伊湿筏罗'在个人中的作为，'太一'在多中的作为，不会有理由作分别的自我意志之主张，或起独立性的骄傲。

'神圣知识'与'力量'，无上的'超自性'，将以神圣智者充分参加而作为，神圣智者的自由，便是建立在这事实上；是这一体性乃给他以他的自由。无有于法律，包括道德律，这么常常肯定于精神人物的，是建立于其意志与'永恒者'的意志为一的这一体性上。一切心思的标准皆会消失，因为不复需要它们了；代替它们的，将是更高的真实的与'神圣自我'与众生万物为一体的同一性律则。不会有自己的或他人的，自私的或博爱的问题了，由于一切皆见为且感为一个自我，而且只有最上的‘真’与‘善’所决定的，乃将作成。在作为中，将有一自体存在的普遍的爱，同情，一性之遍漫的感觉，但这感觉将贯彻，渲染，且推动于作为中，不独是主制之或决定之：它不会独立反对事物的更大的真理，或教令一由个人推动的、从这神圣的志愿了的真实的运动的分离。这反对和分离，能在‘无明’中发生，其间爱或本性的任何其他强大原则，可能从智慧分离，正如其能与权能离异；但在超心思神圣智中，一切权能皆彼此亲切相关，动作有如一体。在神圣智者个人，‘真理知识’将领导而且决定，有体的一切其他力量，将会同于作为中：在本性的各权能之间，不会有不和谐或冲突的余地。在一切作为中，有存在的一命令要求完成；有体的一尚未显示的真理应当显示，或者一在显示着的真理，应当发皇，成就，且完善化于显示中，或者，倘已成就，得到其有体与自生效果之悦乐。在‘无明’之半光明与半权能中，命令是秘密的，或半露，而向成就之推动，是一不完善的，奋斗着的，一部分唐劳的运动：但在神圣智的有体和生命中，有体的命令会在内中感到，亲切的见到，且发为动作；将有它们的可能性之一自由活动；将有依照环境的真理与‘超自性’的主旨之现实化。凡此一切，皆将见之于知识中，也将在作为上发展；不会有在活动中的各种力量之不定的争斗或苦恼；有体之乖戾，知觉性之相反的工作，不会有地位：强加机械法律的一外在的标准化，将全属多余，此处已有真理之内在，真理在自性的行动中之自发的工事。一和协的作为，一神圣动机的作发，一事物的必定的真理之实行，将是整个存在的法律和自然机动。

一同一性知识，为了工具作用之丰多，而运用整体化了的有体

之权能，将是超心思的生命原则。在神圣智者的其他等级，虽则精神的有体和知觉性之真理当自体成就，其工具作用将属另一品质。一高等心思的有体，将以思想的真理，理念之真理而作为，在生命活动中成就它：但在超心思的神圣智中，思想是一依起的运动，它是真理视见之一表呈，不是决定着的或主要策动着的力量；它将是表现知识识一工具，甚于为达到知识或行为的工具，——或者，它参与到行为中，只是当作同一性意志与同一性知识体上的一贯穿点。同然，在明照了的神圣智者，是真理视见，在直觉的神圣智者，是一直接的真理接触，和知见的真理意识，乃将为行动的主要的发条。在'高上心思'中，一概括的于事物的真理，与每一事物的有体原则，及其机动的后果之当下摄持，可能开辟且收集极广大的神圣智的视见与思想，且造成一知识与行为的基础；这种有体与视见与行为之广大，将是一基托着的同一性知觉性的变异的结果，但同一性本身，不会是在前方为知觉性的正本质料，或行为的正本力量。但在超心思的神圣智中，凡此一切光明的直接摄持事物的真理，真理意识，真理视见，真理思想，皆当回到其同一性知觉性的渊源，而存在为其知识的单独一整体。同一性知觉性，将领导而且包含每一事物；它将显示为一种觉识，存在于有体的本质之正本质地中，发出其内具的自我成就的力量，在知觉性的形式与行为的形式中机动地决定它自体。这内具的觉识，乃超心思的神圣智的工事之原由与原则；它能在自体便是充足的，不需要任何事物去表呈它或包举它：但是照明了的视见的活动，一光辉四射的思想的活动，精神知觉性的其他一切运动的活动，皆不会缺少；将有它们的一自由的工具作用，为了它们自有的光明的功能，为了一神圣的富足性与

分殊性，为了自我显示的一多方的悦乐，为了'无限者'的权能的喜乐。在神圣智的中间诸阶段或等级上，可能有神圣的'有体'与'自性'的多方面之各种分别的表现之显示，一爱的心灵和生命，一神圣光明与知识的心灵和生命，一神圣权能与独尊的行为与创造的心灵和生命，以及无数其他神圣生命的形式；在超心思的高处；一切皆将取纳于一多方的一体性中，取纳于有体与生命之至上统一中。有体之圆成于其诸多境界，与权能，及其满足了的机动作为之一光明的和幸福的统一中，便是神圣智的存在之意义。

一切超心思的神圣智，是一两重的'真理知觉性'，一内在的自我知识之知觉性，与一亲切的世界知识之知觉性，由自我与世界之同一；这知识是神圣智的标准，特著的权能。但这不是一纯理念的知识，这不是一知觉性，观察着，形成着理念，试欲将其实行；这是知觉性的一真元的光明，一切有体与变是的真实性的自我光明，有体之自我真理，决定着，表呈着它自体而自生效能。要'是为'，不是要知道，乃为显示的目的；知识只是有体之一施为的知觉性的工具。这将是大地上的神圣智的人生，知觉真理的有体之一显示或活动，有体变到觉识其自体在万事万物中，不复对自体的知觉性自失了，不复沦入于自我遗忘或其真实存在的半遗忘中，由凝敛于形式与作为中而起的，却以一解脱了的精神权能，运用形式与作为，以成其自由的完善的自我表现，不复寻求其自体的已失去或遗忘或覆障和隐藏了的意义或诸多意义，不复被缠缚了，却已从无心知和无明解放，觉识其自有的真理与权能，在一常是与其无上的和宇宙的'真实性'会同且在每一细节上同调的运动中，自由地决定它的本质的活动，它的知觉性的活动，它的存在的力量的活动，它的

存在的悦乐的活动。

在神圣智的进化中，知觉性与力量与存在的悦乐，在其平衡，定位，和谐化了的施为上，将有很大的分殊。自然会如时出现进化的'超心思'更上跻于其自有的峰端之许多等级；但在一切等级皆有共同的基础和原则。在'精神'，'有体'的显示中，时当其知自体之全，不必须将其自体之全发到其形成与作用的实际前方，即其自我表现之当下权能和格度：它可能发出一前方的自我表现，而将其余自体的一切保存于后方于一未表白的自我有体的悦乐中。那在后方的'大全'及其悦乐，将发现自体也在前方，自知在其中，保持且润泽这表现，这显示，以其自体之当前，与大全性和无限性之感觉。这前方形成，有其余一切在后，且保持于内中有体的权能里，将是自我知识之一行为，不是一'无明'之行为；它会是'超心知'的一光明的自我表现，不是从'无心知'之一上投物。一大的和谐化了的变换，如是则为神圣智的知觉性和存在的进化之美满中的一原素。即使在处理其周遭的无明的心思，有如处理神圣智的进化的更低诸等级，超心思的生命，仍当运用其有体的'真理'的这本生的权能和运动：它将在那全体'真实性'的光明中，以它自体的真理，联系到'无明'之后方的有体的真理；一切关系它皆将建立在共同的精神的一体性上，接受显示出的分别而将其和谐化。神圣智的'光明'，将保证在任何环境下彼此的正当关系，和彼此之正动或反动；神圣智的权能或势力，将常肯定一交响乐似的作用，保证较多发展与较少发展的生命间之正当关系，以其势力，将一更大的和谐加到低等存在上。

这将是神圣智的个人之有体，生命，与作为的性质，如我们以

我们的心思概念所能弄明白的，是追踪这进化到那一点上，恰当其从‘高上心思’出现，度越边界而进到超心思的神圣智中之处。神圣智的这性质，明显地，将决定神圣智者的生活或群众生活的一切关系；因为一神圣智的集体，将是‘真理知觉性’的一集体的心灵权能，正如神圣智的个人，将是它的一个人的心灵权能：它将有同样的生命与作为在和叶中的统一，同样的有体之实践了的和知觉的一体性，同样的自发性，亲切的一性感觉，自己的和彼此的独一和相互的真理视见与真理意识，同样的每个与每个及全体与全体的关系中之真理作为；这集体将是为且将作为，非当作一机械的而是当作一精神的整体。自由与秩序的结合，同样为必然，这必然性将是集体生活之规律；这自由，将是‘无限者’在多个神圣心灵中作种种不同的活动之自由，这秩序，将是诸多心灵的知觉的统一，即超心思的‘无限者’的规律。我们的心思于一性之解释，将同一性之律则参入其中；由心思的理智作出的一完全的一性，以策向一彻底标准化为其一有功效的手段，——只有微小的殊异的阴影，可允许活动：但在一性的自我表现中有最丰富的分殊，乃将是神圣智的生命律则。在神圣智的知觉性中，分别不会引到乖违，却会引到一自动的自然的适应，一相辅相成的富足的意识，一丰富的多方面的施行，施行在集体上要知道，要作出，要在人生上成就的事物。因为心思和生命中的困难，是私我造成的，由分析整体为组合的诸部分，这些部分便表形为矛盾者，对反者，不相称者：凡它们在其间相分别的一切，是容易感到，肯定，和着重的；凡它们在其间相遇合者，凡总持它们的殊异性为一者，大抵是被错过了，或经过困难然后寻到；每事皆当由克服或调整差别而作成，由造成的统一。诚

然，有一基层的一性原则，‘自性’坚持其出现于造成的统一中；因为她是集体的和公团的，亦如是个人的和私我的，有她的联合性，同情，共同需要，利益，吸引，亲和之工具，也有她的较粗暴的统一的手段：但是她的次等的，外加的，也太明显的私我生命和私我本性的基础，压过了这一体性，妨害了它的一切造作，使之不完善，不稳定。更进有一困难，是缺乏直觉和直接内中接触，或毋宁是其不完善所造成的，使每人成了一分别的有体，被强迫艰难的学到他人的有体和本性，从外表达到一点了解和交往与和谐，而非在内中由一直接意识与知识，以致一切心思的和情命的交互被阻滞了，染上了私我色彩，或被贬判不能完全且完善，由于彼此无知之障隔。在集体的神圣智的生命中，统一着的真理意识，和同着的神圣智性的一体性，将总揽一切分殊性于自体中，当作自己的宝藏，化一多途的思想，行为，感觉，为一光明的生命之全的统一体。这将是‘真理知觉性’的真本性格的明显原则，必然结果，也将是其于万事万物的精神的一体性之机动的实践。这实践，人生完善化的钥匙，在心思界上是难于达到的，而且若已实践了，也难于组织或发挥动力，然在一切神圣智的创造和神圣智的生命上，将自然是机动的，自发地自体组织了。

这么一点点是容易了解的，倘若我们视神圣智者是过着他们自己的生活，与‘无明’中之生活无任何接触。但以世间的进化这真本事实而论，神圣智的显示，将是全体中的一个情况，虽是一决定性的情况：将有知觉性和生命的低等诸格度的继续，有些保持着‘无明’中的显示，有些介于它与神圣智中的显示之间，这两有体和生活的形式，或并肩存在，或相互涉入。无论在那一场合，神圣智原则可希望倘非顿时也终于统治全体。高等精神的心思诸格度，将与于今公开支持且联合它们的超心思的原则相接触，将从‘无明’与‘无心知’从前裹住的把持解放了。当作有体的真理的显示，虽是在一受了修改和变革情况的程度上，它们将从超心思的神圣智吸取它们的全部光明和能力，且将与其工具的权能大相接触；它们自体将成为‘精神’的知觉的发动权能，而且，虽尚未在它们的全已实践的本质之充分力量中，它们不会隶属于一较低小的工具作用，为‘无知’之本质所段分，涗淡，损减，阴翳的。一切‘无明’升上或进入高上心思，进入直觉心思，进入明照心思或高等心思，将终止其为无明：它将进入光明中，在那光明中实现它以它的黑暗所蒙蔽的真理，经过一番解放，改变，知觉性和有体的新境界，将其同化于此高等诸境界，准备它到超心思格位。同时，内涵的神圣智原则，于今当作一公开的，兴起的，恒常机动的力量而作为，不复只当作一隐藏了的权能，以秘密的发源，暗中对事物的支持，或偶然一参与，为其唯有的功能，则能以它的一点和谐律则，加到仍存的‘无心知’和‘无明’上。因为在它们内中隐藏着的秘密的神圣智权能，将以它的支持与发动的一更大的力气，更自由且更雄强的参与而作为；‘无明’的人物，为神圣智的光明所影响，由于与神圣智的人物相联合，且由于超心思的‘有体’与‘权能’在土地自性中外发而当体现前，发生功效，则会是更知觉，且更有反应。在人类本身那未转化的一部分，可能兴起一系新的更伟大的心思的人；因为直接是直觉的或部分已直觉化但尚非神圣智的心思的人，直接是或部分是照明了的心思的人，直接是或部分是与高等思想界交通的心思的人，皆会出现：这些人数可愈变愈多，渐次愈加进化且稳定在

他们的典型中了，甚至可存在为高等人类的一形成了的种族，领导进化较后者向上，在一真正的胞与之情中，生于‘一神圣者’在万有中显示之意识的。这样，最高者的圆成，意义也当是仍当居留于下者在其自体的格度上之较小的圆成。在进化的高端，‘超心思’的上升着的等级和峰头，将开始更向某种无上的显示升起，‘真、智、乐’之纯粹精神存在，知觉性，与有体之悦乐的显示。

有一问题可能生起：即这神圣智的反转，进到一神圣智的进化而又出乎其外的过程，其意义是否迟早这从‘无心知’的进化将要终止，因为事物的那幽暗的发端的理由，在世间也不复存在了。这依乎更进一步的问题，是否‘超心知性’与‘无心知性’当作存在的两极，这中间的运动为物质的显示之一长住的律则，或只为一临时的情况。后一假定是难于接受的，因为是遍漫性与经久性为莫大的力量，以之曾奠定整个物质世界的无心知的基础。这初始的进化原则之怎样完全反转或消灭，将意味着秘密内涵的知觉性之同时的显示，显示于这浩大的宇宙的‘无心知性’的每一部分中；在‘自然’的某独特路线如这土地路线上的一改变，不会有任何这样遍漫一切的效果：在土地自性中的显示自有其弧轨，而完成那弧轨，便是我们所当考虑的一切。在此不妨冒昧作一点假定：知觉体的上半球，在低三项上的重出或启示性的创造，其最后结果是此间的进化，虽在其诸阶段和程度上仍其为同样，然将隶属于和谐的律则，异中之一的和异作成一的律则：它不会更是经过争斗的一进化；它会变成从一阶段到一阶段的和谐发展，从较小的到较大的光明，从自我展舒着的存在之权能与美的一典型到更高的一典型。若其不如此，则只是为了某些理由，斗争和患难的律则仍存而有其

需要，为了作成那‘无限者’中的神秘可能性，其原则基托于投入‘无心知’之下的。但于土地自性，似乎这需要仿佛会消尽了，一旦超心思的神圣智已从‘无心知’出现。一转变将以其坚定的出现开始；那转变将圆成，时当超心思的进化已变到完全，而升为‘存在·知觉性·福乐’(Sachchidananda)之一无上显示之更大圆满。

第二十八章　神圣人生

我们的努力，一向是要发现当作物质世界中的知觉者，我们的存在之真实性和意义是什么，又一旦发现了意义，它引导我们到那一方面，又进到多远，到什么样的人间的或神圣的将来。我们在世间的存在，诚然可能是'物质'本身的空华变怪，或某些建造起'物质'的'能力'的，或者可能是'精神'的一不可解释的诡谲。或者，我们在此世的生存，还可能是一超宇宙的'创造主'之任意的幻变。在那场合，它没有什么真本的意义，——完全没有意义，倘若'物质'或一无心知的'能力'是这幻相的建造者，因为那样则他至多是一'偶然'的一游流着的螺旋纹之无意的描划，或者是一盲目的'必需'的粗硬弧线；设若是'精神'的错误，则它只能有一虚幻的意义，这消灭于虚无。一知觉的'创造主'诚然可能加入了一意义到我们的生存中，但它必须以他的意志之启示而发现，不是自体暗含于事物的自性中，而在那里可以发现。但是，设若有一自体存在着的'真实性'，我们的世间存在是其结果，则必有那'真实性'的一真理，正在显示，在作出它自体，在世间发皇，于是那将是我们自己的有体和生命之意义。无论那'真实性'是什么，它是已将'时间'中的'变是'方面取加于它自体——一不可分的变是，因为我们的现在和我们的将来，在它们本身负荷了创造它们的过去，却转变了，

异化了，而过去和现在已包含且正包含它们自体的转变于他们内中，对我们为不可见，因为仍未显了，未外发，转变为尚未造成的将来。我们在世间的生存的意义，决定着我们的命运：那命运是已存在于我们中间的一物，当作一必需与一潜能，我们的有体的秘密的和显出的真实性之必需，其诸多潜能性的一真理，已经作发的；二者，虽尚未实践，皆甚至在现在已暗含于已显示者中。设若有一'有体'即是变是，有一存在的'真实性'正在'时间'中自体展开，则那有体，那真实性秘密是的，便是我们应当变是的，而这么变是乃我们的人生的意义。

是知觉性和生命，必为如是在'时间'中作出者的窍诀，因为倘若没有他们，'物质'和'物质'的世界会是一无意义的现相，一个只是因'偶然'或因无知觉的'必需'而发生的事物。但知觉性如其为知觉性，生命如其为生命，不能是整个秘密；因为二者分明皆是未完成的什么，皆仍在进程中。在我们，知觉性便是'心思'，而我们的心思是无知且不完善，是一中介的权能，已经生长，而仍是向超出它以外的什么生长：有知觉性的低等诸水平来在其前，而它从之升起，明显是必有高等诸水平，它自体正向之升起的。在我们的思维，推理，返照的心思之前，曾有一知觉性非思维的，但活着且有感知，又在那以前，还有下知觉者和无知觉者；在我们之后，或在我们尚未发皇的自我中，似乎还有一更大的知觉性在等待着，是自体光明的，不依赖构造性的思想：我们的不完善的和无明的思想心思，必然不是知觉性的最后一名，不是它的究极的可能性。因为知觉性的真元，便是觉识它自体和他的对象的权能，而在它的真本自性中，这权能必然是直接的，自我成就了，而且完全：倘若它在我们中

间是间接的，不完全，在其工事上未成就，依赖构造出的工具，这是因为知觉性在此是出现自一原始的障蔽着的‘无心知性’，却仍又为正属于‘无心知者’的初原‘无知性’所封裹，所负累；但它必然有完全显出的权能，它的命运必然是进化到它的自有的圆满即它的真性。它的真性是完全觉识他的对象，而这些对象的第一个便是自我，这正在此发皇其知觉性的有体，其余的便是我们所见为非自我者：——但设若存在是不可分的，那在实际上也必是自我：然则进化着的知觉性的命运，必然是在其觉识性上变到完善，全般觉识自我，且大全觉识。知觉性的这自然的和圆满的境况，对我们便是一超心知性，我们以外的一境，倘若我们的心思突然被移入其中，起初不能生功用；然而是向那超心知性，我们的知觉的有体必然迈往。但是，这我们的知觉性到一超心知性或它的至上本体之进化，若是可能，必只若‘无心知性’即我们在这世间的基础，本身真实是一内入了的‘超心知性’；因为在我们的内中‘真实性’的变是中要变成的，必原已有在，内藏或秘在于其始。这么一内藏了的‘有体’或‘权能’，我们很可能想象‘无心知者’便是，时若我们切近考察这一无知觉的‘能力’的物质创造，见到它以奇妙的建造和无限的机巧，劳作出一浩大内藏了的‘智慧’的工事，而且，也见到我们自己皆是那‘智慧’的一点什么，出乎其内入内藏，而成外发进化的，一出现着的知觉性，其显出不能半途停顿，直到‘内入者’皆已外发，且自启露为一无上的全般自我觉识的和大全觉识的‘智慧’。是这，我们名之曰‘超心思’或‘神圣智’。因为，明显地，那必然是‘真实’，‘有体’，‘精神’的知觉性，秘在于我们内中，缓缓在世间显示的；我们皆是那‘有体’之变是，且必然生长到它的本性。

倘若知觉性是中枢秘密，生命便是外表指征，有体在‘物质’中之效用之能；因为是那，乃解放出知觉性，给予它以他的形式或力量之体现，与它的在物质的行事中之发生作用。倘若它自体的某些启示，或在‘物质’中它自体之发生作用，乃进化着的‘有体’在其出生中的究竟目的，则生命是那启示与发生作用之外表的和机动的征相与指标。但是生命，像其现在这样，也是不完善和进化着的；它由知觉性之生长而进化，甚至有如知觉性由生命之更大的组织与完善而进化：一更大的知觉性，意义便是一更大的生命。人，这心思的有体，有一不完善的生命，因为心思不是‘有体’的知觉性之第一和最高权能：纵使心思已完善化，仍然会有些什么要待实践，尚未显示。因为已内入而出现者，不是一‘心思’而是一‘精神’，心思不是‘精神’的知觉性之本土的机动性；‘超心思’，神圣智的光明，乃是它的本土的机动性。然则倘若生命要变为‘精神’的一显示，则必然是我们中间的一精神的有体之显示，与一在精神的有体的超心思的或神圣智的权能中完善化了的知觉性之神圣生命之显示，乃为进化的‘自然’之秘密负担与原意。

凡精神生命，在其原则上便是入乎神圣生活的一种生长。困难是在划定界线，在何处心思生命终止而神圣生命开始，因为这二者互相参入，而它们的交参的存在有一长远的空间。这中介空间的一大部分，——时若精神的策动力，不全从土地或世间退转，——可见为一高等生命在准备中之程序。当心思和生命被‘精神’的光明照到明朗了，它们便著上或返映一点神圣性，秘密的更伟大的‘真实性’，而且这必然增加，直到中介空间已经渡过，整个生存已统一于精神原则的全满光明与权能里。但是，为了充分完善圆成进化的迫促，这照明和改变，必取起而且重新铸造整个有体，心思，生命和身体：这应当不独是‘神圣性’的一内中经验，应当是以它的权能重铸内中和外在的生存二者。这应当不独成形于个人的生命里，而应作为神圣智者的一集体的生命，建立为‘精神’在土地自性中之一最高权能与变易形式。要使这为可能，我们内中的精神元，必须已发展了它自身的整体完善，不单是人的内中境界的，也是人的外发的权能的，而且，以那完善，又当作其完全的作为之一需要，它必须已发皇它自身的动力，与外表生存之工具作用。

无疑，可能有一内中的精神生命，我们内中的一天国，不依赖任何显示，或外在体的工具作用或公式。内中生命有无上的精神重要性，外表生命有何价值，只在乎其能表现这内中格位。不论精神实践的人如何生活，作为，自处，在他的为人和做事的一切方式上，“他是生活而且动作于‘我’中”，如薄伽梵歌所云；他寓居于‘神圣者’中，他已实践了精神生活。精神的人，生活于精神自我的意识中，于在他内中和遍处的‘神圣者’的实践中，在内中将是过着一神圣生活，其返映将落到他的生存之外表行为上，即算那些行为未曾越出——或似未曾越出，——寻常的人类思想和行为在这土地自性的世界中之工具以外。这是此事的第一真理和真元；但仍然，从一精神进化的观点看，这只会是一个人的解放和完善化，在一未改变的环境存在里：因为在土地自性本身中的一更大的机动的改变，人生与行为之整个原则和工具的一精神的改变，一新系人物与一新土地生命之出现，必须在我们的理念中想见为全部圆成，神圣的结局。在此，神圣智的改变，擅有本原的重要性了；凡在其前者，可认为一建造，一准备，以作成整个自性的这变易的反转。因为必是神圣智的机动生活方式，乃为大地上圆成了的神圣人生，一生活方式，发展世界知识与世界作为之高等工具，以备知觉性在物理存在中之机动化，且取起并转变一物质‘自然’的世界之种种价值。

但常时是，神圣智的生命的全部基础，必然以其真本自性为内向的而非外向的。在‘精神’的生命中，是‘精神’，内中‘真实性’，乃造成且运用心思，情命体和身体，为它的工具；思想，感情和作为，不为它们自体而存在，它们不是目的，却是手段；它们为用于表现在我们内中显示了的神圣‘真实性’：否则，倘若没有这内向性，这精神的渊源，在一过于外化了的知觉性中，或徒以外在手段，便没有较大的或神圣的生命为可能。在我们如今的‘自然’的生活中，在我们的外化了的表面存在里，是世界似乎创造我们，但是在精神生活的转向中，是我们乃当创造我们自己和我们的世界。在创造的这新公式中，内中生活乃属第一重要性，其余的只能是它的表面和结果。诚然，是这，乃表征于我们自己向完善化的努力，我们自己的心灵与心思与生命之完善化，和民族的生命之完善化。因为给了我们一世界，这世界是黑暗，愚昧，物质的，不完善的，而且我们的外在知觉体，本身是这浩大的暗默的黑暗之种种能力，压力，型铸工事所造成的，是由身体之出生，由环境，由经过人生之打击和震惊的训练而造成的；可是我们仍然依约的觉识有个什么在我们内中，或求当是为的，有个什么异乎这么造成者，一个‘精神’，自体存在，自我决定，推动着本性，进向其自有的玄秘的完善化或完善化的‘理念’之一形象的创造。有个什么在我们内中生长，以答应这要求，努力要变成一个神圣的‘什么’的形像，也被驱策在给了它的这外在世界上劳动，也将那再造为一更大的形象，仿照它自

体的精神的和心思的和情命的生长，也将我们的世界，作成一依照我们自己的心思和自我存想着的精神所创造的什么，新的，和谐的，完善的什么。

但我们的心思是幽暗的，在意念上是偏颇的，为相反对的表面现相所误，分离于各种可能性之间；它被引到三个方向，对任何一个它也可予以除外的偏重。我们的心思，在其寻求什么事应当是，转向一集中于我们自己的内中精神生长与完善化，集中于我们自己个人与内中的生活；或者，它转向一集中于我们的表面自性的个人发展，集中于我们的思想之完善化，与外间在世界上的机动的或实际的行为之完善化，于我们个人与我们周遭世界的关系的某种理想主义；或者，它毋宁是转向外在世界本身，集中于其改善，更适合我们的理念和气性，更适合我们以为它应当是什么的概念。一方面，有我们的精神体的呼召，这精神体便是我们的真自我，一超上的真实性，'神圣有体'的一有体，不是世界所创造的，能在它自体生活，升出这世界而向超极；另一方面，有我们周遭世界对我们的要求，这世界是'神圣有体'之一宇宙的形式，一表呈，'真实性'的一权能之在乔装中。亦复有我们的'自性'的有体之分歧的或双重的要求，位于这两项之间，依赖它们且联接它们；因为它似乎是世界所作成的，可是因其真正的创造者乃在我们自己内中，而似乎作成它的这世界工具，只是一初用的手段，它如实是我们内中一更大的精神有体之一形式，一乔装了的显示。是这一要求，处于我们之主要从事于一内向的完善化或精神的解放，与我们之主要从事于外在世界及其形成之间者，乃坚持这两项间之有一较愉快的关系，创造出一较好的个人在一较好的世界中之理想。然而是在我

们的内中，应当寻得这‘真实性’，与一完善化了的人生之渊源和基础：没有任何外在的形成能代替它：倘若要有真正的人生实践于世界和‘自性’中，必须有真正的自我已实践于内里。

在生长入一神圣生命中，‘精神’必须是我们的第一要事；直到我们在我们的自我内中将其启发了，发皇了，解除了它的心思的，情命的，身体的缠裹和乔装，以耐性将其从我们自己的身体中抽出，如奥义书中所说，直到我们在自己内里建立了‘精神’的一内中生活，则明显的，没有外在的神圣生活能变为可能。诚然，除非我们所见到且要成为的，是一心思的或情命的神明，——但即使如此，个人心思体，或我们内中的权能和情命力量和欲望的人，也应生长到那神明的一形相，然后我们的生命能在那卑下的义度中为神圣的，下精神的超人，心思的半神，或情命的‘狄鞞’，‘提婆’或‘阿修罗’的生命。一旦这内中生命创造了，则转变我们的全部表面有体，我们的思想，感情，在世界上的作为，为那内中生命之一完善的权能，必为我们的次一要事。唯独倘若我们在我们的机动诸部分中生活于那更大更深的方式里，乃能有一创造一更伟大的人生之力量，而世界或重新铸造，不论在‘心思’与‘生命’之一些权能或完善化中，不论在‘精神’的权能与完善化中。一完善化了的人类世界，不能为一班自己非完善的人造成或组成。纵使我们的一切行为，皆以教育，或法律，或社会的或政治的机构而明慎的调制了，所成就的仍将是多个心思的一个节制了的模式，多个生命的一个构造出的模式，操行的一个陶成了的模式；但是这么一种一致化不能改变也不能再造内中的人，它不能雕出或琢成一完善的心灵，或一完善的思想的人，或一完善的或生长着的活人。因为心灵与

心思与生命，皆有体的权能，能生长，但不能琢出或制成；一外在的程序或形成，能佐助或能表现心灵与心思与生命，但不能创造或发展它。诚然，人能帮助有体生长，不是由试行加以制造，却是由投之以刺激着的势力，或假借之以人的心灵的或心思的或生命的力量；但纵使如此，生长仍是应自其内中而起，在那里而不是自外决定着如何处理这些势力和力量。这是第一真理，我们的创造热忱和企慕所当学到的，否则我们一切凡人的努力，皆预先是注定了在一徒劳的圆圈上旋转，只能终于一种成功，其实是虚有其表的一失败。

要是为或变为什么，要将什么入乎有是，乃是‘自性’的力量之全部劳动；要知，要感，要作，皆是次属的能力，皆有价值，因为它们帮助有体在其局部的自我实践中，表现它是什么，也帮助它在它的迫促上要表现它应当是为者的还有更多的尚未实践者。但是知识，思想，作为，——不论是宗教的，伦理的，政治的，经济的，实用的，或享乐的，不论是一心思的，情命的，或物理的存在之构造或形式，——不能是人生的目的或真元；它们皆只是有体的权能或它的变是的权能之活动，自体的动力的象征，内具的‘精神’的创造，发现或表呈它所求是为者的手段。凡人的物理心思，其倾向是异乎如此看，颠倒事物的真方法，因为它以‘自性’的表面的力量或现相为真元的或基本的；它接受她的创造，以一可见的或外表的程序为她的作用之真元，而不见到这只是一居次的现相，掩盖着一更大的秘密程序。因为‘自性’的玄秘程序，是发皇有体的权能与形式而启示有体，她的外加的压力，只是觉醒内具的有体认识这进化，这自我形成的需要之手段。时若她的进化之精神阶段已达到了，这玄秘的程序当变为全部程序；透过诸力量的覆障，达到它们的秘密能源即‘精神’本体，乃属至关重要了。要成为我们自己，便是唯一当作之事；但真实的我们自己，乃是那在我们内中者，而且超越我们的身体，生命和心思的这外在自我，乃是这最高有体，即我们真正的神圣的有体，变到自我启示了而且活动的条件。只由于在内中生长，在内中生活，我们乃能求得之；一旦那已做成了，便从那里造成精神的或神圣的心思，生命和身体，又经过这工具施为，达到一个世界的创造，那世界当成为一神圣生活的真环境，——这便是‘自性’的‘力量’所树立于我们前面的究竟目标。然则这是第一需要，个人，每个个人，当发现他内中的‘精神’，神圣的真实性，而将其表现在他的全有体与生活中。一神圣的生命，必然最初而且最先是一内中的生命：因为外在者既必是内中者的表现，则外表的存在中不能有何神圣性，倘若内中有体没有神圣化。人中的‘神明’隐蔽暗居于他的精神中枢；不会能有这样的事，如人之自我超越，或他的存在的一较高结局，倘若在他内中没有一永恒的‘自我’与‘精神’之真实性。

要是为，而且圆满的是为，乃‘自性’在我们中间的目标；但圆满地是为，便是完全知觉人的有体：无知觉性，半知觉性，或不充足的知觉性，便是有体之未具有其自体的一境界；它是存在，但不是有体之具足。要全部且完整觉识人自己和人的有体的一切真理，乃是真正具有存在的必要条件。这自我觉识性便是精神知识的意义：精神知识的真元，便是一内向的自我存在的知觉性；其一切行为与知识，诚然其任何种行为之全，必须是那知觉性表呈其自体。其他一切知识，是知觉性之遗忘了自体而努力回到觉识它自体及其内容；它是自我无明，辛劳于转化自体复归为自我之明。

复次，知觉性既在自体中具有存在之力量，则圆满的是为，亦复是具有人的有体之内向的和整体的力量；这是进而具有人的全部自我力量，及其一切运用。徒然是为，而不具有人的有体的力量，或只具有其半部力量或不充分的力量，便是破缺了或损减了的存在；这是存在，但不是有体之充实。诚然，可能，只存在于静位，使有体的力量自我凝敛，在自我中不动；但是，纵使如此，在动力中亦如在静位中，乃存在之完整性：自我的权能，是自我的神圣性的表征，——一无权能的'精神'便不是'精神'。但是，如精神知觉性是内向的，自我存在的，同然，我们的精神有体的这力量必然是内向的，在作为上是自动的，自我存在，且自我圆成。不论其用何工具，那必是它自体的部分；即使它用任何外在的工具，那也必是以它部分自体而成，且能表现它的有体。有体的'力量'在知觉的作为中便是意志；不论'精神'的知觉的意志是什么，它要是为和变为的意志是什么，全部存在必须是能和谐的圆成之。无论什么作为，或作为的能力，而无此威权，或不是作为的机械之主人，便以那短缺负带有表征，表征有体之力量之不完善，知觉性之分化，或使之失去能力的段分，有体的显示之不完全。

最后，充分是为，便是有有体之充分悦乐。有体而无有体之悦乐，无自体与一切事物的一纯全悦乐，便是中性的或损减了的什么；它是存在，但它不是充实的有体。这悦乐也应当是内向的，自体存在，自动自发；它不能依赖外于它自体的事物：无论其所乐者是什么，它作之为它自体的部分，有其喜乐，当作它的普遍性的部分。一切非悦乐，一切痛苦与忧患，皆不完善、不完全的表征；它们起自有体之分化，有体的知觉性之不完全，有体的力量之不完全。在有体，在有体的知觉性，在有体的力量，在有体的悦乐中变为完全，且生活于这一统化了的完全性中，便是神圣的生活。

但是，再者，要圆满是为，便是要普遍是为。是为而在一微小受了限制的私我之范围中，那是存在，然是一不完善的存在：在其真本性质中，那是生活于一不完全的知觉性中，一不完全的存在的力量和悦乐里。那是要是为小于人自己，随之必然隶属于无明，乏弱和痛苦：或者，即使因某些自性的神圣组合，可将这些事物除外，这也会是生活于一有限的存在范程内，一有限的知觉性与权能与存在之悦乐里。一切有体是一，要圆满地是为，便是要是为一切是为者。要是在一切的有体中，要将一切包括于自己的有体中，要知觉一切的知觉性，要在力量上与宇宙的力量统一，要将一切作为与经验归于自己，感觉其为自己的作为和经验，要感觉一切自我皆自己的自我，要感觉一切有体的悦乐为自己的有体的悦乐，便是整个神圣生活之一必要条件。

但是，这样普遍地是为于人的普遍性之圆满与自由中，人也应超上地是为。有体的精神的圆满性便是永恒；设若人没有无时间性的永恒有体之知觉性，设若人依赖身体，或身体中之心思或身体中之生命，或依赖此世界或彼世界，或此生存之情况或彼生存之情况，那便不是自我之真实性，不是我们的精神存在之圆满。只当作一身体的自我而生活，或只以身体而是为，便是作一朝生暮死的造物，隶役于死亡，与欲望，与痛苦，与忧患，与朽坏，与衰颓。超上，超出身体的知觉性，不拘于身体中，或为身体所把持，仅视此身体为一工具，为自我的一微小的外在形成，这，是神圣生活的第一条件。不要是一心思，隶役于无明与知觉性的拘限，超出心思，当作一工具操持它，当作自我的一表面形成管制它，这，是第二条件。依自我与'精神'，不依于生命，不与之同体为一，超出它，管制它，用它当作自我的一表现和工具，这，是第三条件。甚至身体的生命，也不保有它在自类中的圆满体，倘若知觉性不超出身体，感到它与一切物质存在为一的物理的一性；情命的生命也不保有它在自类中的圆满生活，倘若知觉性不超出一个人的生命力的有拘限的活动，而感觉宇宙的生命即是它自有的生命，感到它与一切生命为一的一性。心思体，不是一圆满的知觉的存在，或其自类中的一活动，倘若它不超出个人的心思范围，而感到与宇宙的'心思'，与一切心思为一的一性，且享受人的知觉性之一统，成就于其殊异性之富足中的。但人不但应当超上个人公式，亦且应当超上宇宙的公式，因为唯独如此，或个人的或宇宙的存在，乃能得到其真正有体与一美满的和谐；两者在其表呈中皆'超极性'的不完全的项目，但在真元上皆是它，而且是唯独以变到知觉那真元，个人的知觉性或宇宙的知觉性，乃能达到它自体的真实性的圆满和自由。否则个人可仍其隶属于宇宙的运动及其反应与限制，而失却他的全般的精神自由。他必须进入无上神圣'真实性'，感觉它与之为一，生活于其中，是为它的自我创造：全部他的心思，生命，身体性，必转换为它的'超上自性'的项目；全部他的思想，感情，作为，必须为它所决定，是为它，它的自我形成。凡此一切，在他能变为完全，只倘若他已由'无明'发展而进至'明'，又由'明'而臻至无上'知觉性'与其动力，以及无上的存在的悦乐；但这些事物的一点真元性和它们的充分的工具作用，也可随初始的精神转变而来，臻极于神圣智的‘超上自性’之生命。

这些事情皆不可能，倘若没有一内向的生活；它们不能以留住于外在知觉性中而达；常是外向，只是或主要是在表面上或从表面上活动，则不达。个人应寻得他自己，他的真正的存在；他能做这事，只能由内返，在内中生活，从内中生活：因为外在或外表知觉性或生命，从内中‘精神’分隔了，便是‘无明’的原地；它之超出自体和超出‘无明’，只能由启对悟入一内中自我和生命之广宇。倘若有一超极性的有体在我们内中，则必是在我们的秘密自我的内中；在表面上，只有一朝生暮死之自性之体，为限制与环境所成。倘若有一自我在我们内中，能当广大性和普遍性，能进入一宇宙知觉性，那亦复应在我们内中有体里；外在知觉性是一物理的知觉性，以心思，生命和身体的三重系带，束缚于其个人的边限上：任何外在的普遍化的试行，只能结果到或是一私我的扩张，或是人格之抹煞，由于消灭于群众里，或归服于群众。只是由一内中的生长，运动，作为，个人乃能自由的有功效地大化且超上化他的自体。为了神圣生活，必须将动力作用之中心和直接源头，从外移入内里；因为心灵是位于那里，但它是被覆障了，或半隐半露，而我们的当前有体与行动之源，现在是在表面。在凡人，如奥义书所说，‘自我存在者’将知觉性之门开向外方，只有少数人转移目光内向，见到且知道‘精神’，发展精神有体。如是，返观我们自己，向里看，入乎我们自己内中，生活在我们内中，是为了本性之转化和神圣生命的第一需要。

这内转和内向生活的运动，加到人的正常知觉性上是一困难的事；可是没有其他自我发现的路。唯物论的思想家，分立外向者

和内向者的对待，以为采取外向态度唯独安全：进到内中是入乎黑暗或空虚，或失去知觉性的平衡，化为病态；人能建造的这种内中生活，是从外面造成的，其健康只能由严格依赖其卫生的和滋养的外在渊源而保持，——个人的心思与生命之平衡，只能以坚定支持于外在真实性上而得，因为物质世界是唯一基本的真实。这在生理的人天生的外向者也许是真实的，他感觉自己是外在'自然'之一造物；既为她所造成，且依赖她，设若他进向内中，他便会失去自己：在他没有内中有体，没有内中的生活。但在这区别中的内向者也没有内中生命：他不是真的内中自我和内中事物的一见者，而是一微小的心思人物，浅薄的看自己内里，在那里不是见到他的精神的自我，而是他的生命私我，他的心思私我，不健康的专注于这藐小可怜的微末造物的运动。时若向内返观，得到的一黑暗的经验或理念，乃是一心思体的第一反应，它常是在表面上生活，没有实践内中的存在；它只有一构成了的内中经验，这依赖外在世界而得其有体之资料。但是在那班人，其组织中已有一更内中的生活之权能透入的，则进到内中和生活在内中的运动，带来的不是一黑暗或冥顽的空虚，而是一扩大，一新经验之涌集，一更大的视见，一更大的能量，一引申了的生命，比较为我们正常物理的人类给自体构造的这初端微小生命，远过无限为真实而且多端，带来一有体之喜乐，比较外向情命人物或表面心思人物，以其机动的生命力量和活动，或心思存在的深微和扩张所能得到的存在之悦乐，更大更丰富。一沉静，进入一广大的或甚至无边的或无限的空虚，也是内中精神经验的部分；对这沉静和空虚，物理的心思有其畏惧，微小肤浅活动着的思维心思或情命心思，对之则退缩，不喜，——因为它

混淆此沉静为心思的或情命之无能，误认空虚为止寂或非有；但此沉静乃‘精神’的寂默，即是一更大的知识，权能，与幸福的条件，而这空虚是空掉我们的有体之杯，倾去了其中浑浊的内容，使之可盛满上帝的酒；这不是进到一非存在，而是进到一更伟大的存在。纵使时若有体趋于止寂，这不是止寂于非有中，而是进到某个浩大莫可言说的精神有体中，或投入‘绝对者’的无可表达的超心知里。

事实上，这内转与运动，不是在个人自我中之一拘禁，这是趋向一真正宇宙性的第一步；这给予我们以我们的外表存在之真理，亦如我们的内中存在之真理。因为这内中生活能自体引申，而怀抱宇宙的生命，它能接触，贯通，圆包一切的生命以一远过其大的真实性与机动力量，过于在我们的表面知觉性中全然为可能者。我们在表面上的至极的宇宙化，是一薄弱和蹇钝的企图，——它是一虚构，一伪造，不是那真事：因为在我们的表面知觉性中，我们拘于与他人的知觉性分离，带上了私我的桎梏。在那里我们的正本无我性，通常化为一微妙形式的自私性，或转变为我们的私我之一更大肯定；既满意于我们的博爱态度，我们见不到这是一遮饰，掩蔽我们个人的自我，我们的理念，我们的心思的和情命的人格，我们的私我之扩大的需要，强加于他人，为我们所取起而纳入我们的扩张了的轨道中者。如我们真是成功于为他人而生活，那是以爱与同情的一内中精神力量而成就的；但这在我们内中的力量之权能和效用范围是微小的，促进它的性灵运动是不完全的，其作为常是愚昧的，因为有思心与情心的接触，但我们的有体，不怀抱他人的有体如同我们自己。与他人之一外在的一体化，必然常是一外在生命间之一外向的结合与联系，其内中的结果殊微；思心与情

心，将它们的运动关联到这共同生命上，和我们在那里所遇到的人物上；但共同的外在生命，仍是基础，——内向虚构成的一体性，或只是其少分，如其犹能存住，虽有彼此之愚昧，和不和叶的自私性，思心的冲突，情心的冲突，情命气性之冲突而犹存的一点点，是一局部的和不稳定的超上构架。精神的知觉性，精神生命，反过这建筑原则；它将其在集体生命中的作为，基托于一内中经验上，将他人也包括在我们自己的有体内中，基托于一内中的一性的意识和真实性上。精神的个人，由那一性的意识而作为，那便给他以当下的和直接的知见，知见自我于另一自我之要求，生命的需要，善事，爱与同情的工作，真正能做的。精神的一体性之一实践，一个有体、万事万物中一个自我的亲切的知觉性之一机动化，乃唯独能建立且以其真理管制神圣生命的作为。

在神圣智者或神圣有体中，在神圣智的生命中，将有一切近的，完全的他人之自我之知觉性，他人的心思，生命，生理体之一知觉，感到它们如同自己的一样。神圣智者，不是出自爱与同情或任何类似的感觉之一表面情绪而作为，而是出自此切近的相互知觉性，此亲切的一性。凡一切他在世间的行事，皆以一视见之真理照明，见到什么是应当作的，以在他内中的'神圣真实性'亦即是他人中的'神圣真实性'之意志的意识而照明，而且，他是为了在他人中的'神圣者'和在一切中的'神圣者'而作，为了'大全'的目的之真理的发生效用而作，如在最高'知觉性'的光明中所见到的，且以在'超上自性'的权能中必如此发生效用的方式与步骤而作。神圣智者，发现他自己不但在自己的圆成即'神圣有体'和'意志'在他的圆成中，亦且在他人的圆成中；他的普遍的个人性，自生效用于一切有体中之‘大全’进向其更大的变是的运动中。遍处他皆见到一神圣工事；凡从他发出，而归入那神圣工事的总和，从在他内中工作的那内中‘光明’，‘意志’，‘力量’发出者，便是他的作为。在他没有分别的私我做始任何事物；是‘超极者’或‘宇宙者’，经过他的宇宙化了的个性，发为宇宙的作用。如他不为了一分别的私我而生活，同样地，他也不为了任何集体之私我的目的而生活；他为了在他内中的‘神圣者’而生活，且生活于其中，为了在集体中的‘神圣者’，在万事万物中的‘神圣者’而生活，且生活于其中。这作为中的宇宙性，由全见的‘意志’组成于已实践的一切中之一性的意识中的，乃他的神圣生活之规律。

然则，是这向个人的完善化，与有体的一内中完全性之迫促的精神圆成，乃是我们所说起的神圣人生的意思。这是世间一完善化了的人生之第一真本条件，因此我们是对了，以至极可能的个人完善化为我们第一无上之事。个人与其周遭的一切之精神的与实际的关系之完善化，乃是我们的第二要务；这第二个需求的解决，在于与大地上一切生命为一的一完全的普遍性与一性，这亦是一向神圣智的知觉性与本性之进化的另一附带的结果。但仍有第三个需求在，一新世界，整个人类生命的一变化，或者，至少，在土地自性中一新的完善化了的集体生活。这要有不但是孤单已进化的个人出现，在未进化的大众中作为，亦且要许多神圣智的个人形成一新族类，与一新的共同生活，超越现在的个人和共同存在。这么一种集生活，必自组成于同一原则上，如神圣智的个人生活的。在我们如今的人类生存中，有一物理的集体，为共同的生活事实及一切起自其上者所团结，共同利害的集团，一公共的文明和文化，一

公共的社会法，一聚合的心思体，一经济的联合，集体的私我之理想，感情，企业，以一股个人的系带和联系通贯这全体，帮助其团结。或者，遇有这些事物的殊异之处，有反对，有冲突，则由于共同生活的需要，一实际的适应或一组织好的妥协，乃强迫施行；于是建立了一自然的或一人为的秩序。这不会是集体生活之神圣智的方式；因为在那里，所以系合或聚拢一切者，不会是一生活的事实造成一足够联合了的社会知觉性，而是一共同知觉性凝聚一共同生活。一切，皆以在他们中间的'真理知觉性'的进化而联合；在改变了的生存方式中，这知觉性将在他们中间作出的，他们当自觉为单独一个自我之多个形体，单独一个'真实性'之多个心灵；既为一基本的知识之一体性所照明，所推动，以一基本的统一了的意志和感情而实现，一表现精神的'真理'的生命，将由它们得到其自体的变是之自然形式。一秩序将会有，因为一性的真理造出其自有的秩序：生活之一规律或多种规律也可能有，但这些皆会是自我决定的；它们会是在精神上结合了的有体和精神上结合了的生命之真理的一表现。共同生存的全部形成，将是一些精神力量之一自我建筑，这些是必在这么一种生活上自动地作发的：这些力量会在内被内中有体接受，而表现或自我表现于理念与作为与目的之一本生的和谐里。

一增上著的机械化，一标准化，将一切合到一共同型范里，因以保证和谐，是心思的方法，但那不会是这生活的规律。在各个神圣智的集团中，将有大的自由差异：每个将造成其精神的生活的自体：在单独一个集团中，个人的自我表现也会有大的自由差异。但这自由的差异，不会是一混乱，或造出任何冲突；因为一知识的'真理’与一人生的‘真理’之差异，将是一联汇而不是一对反。在神圣智的知觉性中，不会有私我执持个人的理念，不会有个人利益和意志的推动或喧争：代之者，将有一共同‘真理’在多个形式中，一共同自我在多个知觉性和身体中之统一着的意识；将有一普遍性和柔塑性，见到且表现此‘一’于其自体之多个形相里，且在一切殊异性上作出了一性，以之为‘真理知觉性’的内具的律则，及其自性的真理。单独一个‘知觉性力量’，一切皆将觉识且自视为其工具者，将以一切而发生作用，又将它们的作用和叶于一。神圣智者，将感到单独一个和叶的‘超上自性’的‘力量’在一切中作为：他将接受它在他自己中的形成，且服从或运用它所给他的知识与权能，以做神圣工作，但他不会在任何迫促或驱策下，发动他中间的权能与知识，以反对他人的权能与知识，或肯定他自己为一私我，以对抗其他私我。因为精神的自我，有其不可移易的喜乐与富饶，在一切情况下皆不可侵犯的，有其自有的有体之真理之无限性：那，它常是充分感觉到的，不论外在的表呈可能是何者。内中的‘精神’真理，不会依赖某独特一形成；因此，它不会需要为某独特一外向表呈和自我肯定而奋斗：形式会粘柔的自体兴起，与其他表呈处于合宜的关系中，而且每个在全部表呈中各在其正位。神圣智的知觉性与有体之真理，自加建立，则能与一切其他周围的有体之真理相和谐。一精神人物或神圣智者，将感到与他周围的全部神圣智的生活的和谐，不论他在全体中的地位是什么。一随他在其中之地位，他将知道如何领导或统治，但也知道如何使自己服属；二者对他皆是平等的悦乐：由于‘精神’的自由，因为是永恒的，自我存在，且不可移易的，一样可在服务与愿乐的隶属于他个自我和与之相调叶，

如在权能与统治中那样感到。一内中的精神的自由，能接受它在一内中精神的层级统治制的真理中的地位，一如在一不与之相违的、一基本的精神平等性的真理中的地位。是这‘真理’之自我安排，‘精神’的一自然的秩序，乃将存在于进化着的神圣智者的各不同程度不同阶段的一共同生活中。一体性，是神圣智的知觉性的基础；相互性，是其直接觉识异中之一的自然的结果；和谐，是其力量的工作之必有的权能。因此一体性，相互性，与和谐，必然是一共同的或集体的神圣智的生命之不可逃避的规律。其所取的形式可能是些什么，那将依乎‘超上自性’的进化显示之意志，但这将是其普通的性格与原则。

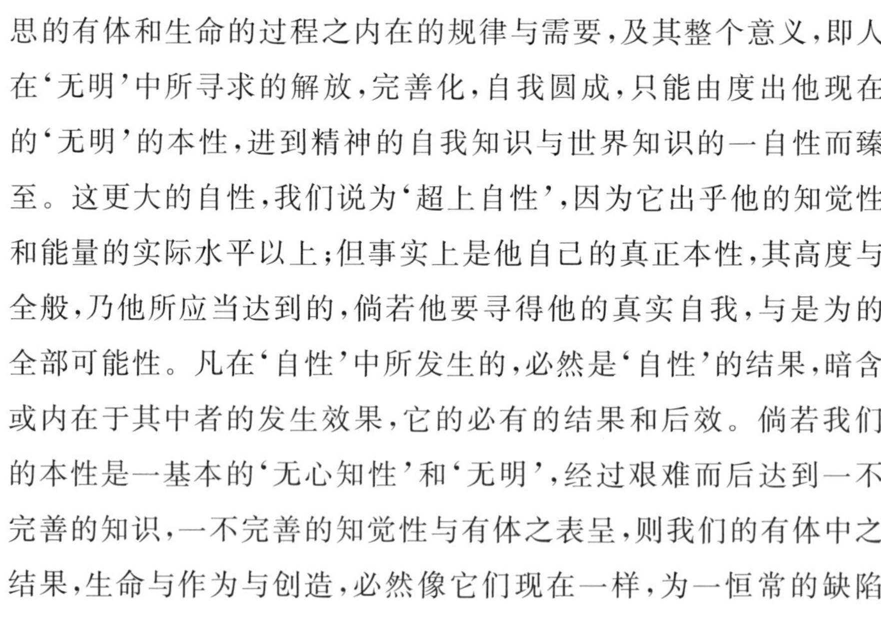

这是从纯粹心思的和物质的有体和生命，进到精神的和超心思的有体和生命的过程之内在的规律与需要，及其整个意义，即人在‘无明’中所寻求的解放，完善化，自我圆成，只能由度出他现在的‘无明’的本性，进到精神的自我知识与世界知识的一自性而臻至。这更大的自性，我们说为‘超上自性’，因为它出乎他的知觉性和能量的实际水平以上；但事实上是他自己的真正本性，其高度与全般，乃他所应当达到的，倘若他要寻得他的真实自我，与是为的全部可能性。凡在‘自性’中所发生的，必然是‘自性’的结果，暗含或内在于其中者的发生效果，它的必有的结果和后效。倘若我们的本性是一基本的‘无心知性’和‘无明’，经过艰难而后达到一不完善的知识，一不完善的知觉性与有体之表呈，则我们的有体中之结果，生命与作为与创造，必然像它们现在一样，为一恒常的缺陷与不稳定的半结果，一不完善的心思体，一不完善的生命，一不完善的身体生存。我们寻求建造一些知识的系统和生活的系统，以之我们能达到一点我们的生存的完善化，一点正当关系的秩序，正当的心思运用，正当的生命运用，与生命之快乐与美，正当的身体运用。但是我们所成就的，是一虚构的半正当性，参杂了许多是错误者，丑陋者，不可乐者；我们的相续的诸多构造，因为其中之不善，又因为心思和生命在它们的寻求上不能永远止于何处，遂坦然遭受毁灭，颓坏，其秩序之错乱，于是我们从之又度到其他的，也不更终究为成功的或能经久的构造，即算在这方面或那方面可能比较丰富或充实，或在理性上更可赞扬。这不能另外怎样，因为我们不能构造任何事物，出乎我们的本性以外的；本不完善，我们不能造成完善，无论我们心思的才智所发明的机械，对我们现似多么神奇，无论在外为多么有效用。本是愚昧，我们不能造成一系全般真实且有结果的自我知识或世界知识：我们的科学本身，也是许多公式和机巧的一聚积，一构造；巧于种种程序之知识，巧于创造合宜的机器，然昧于我们的有体和世界有体之基础，它不能完善化我们的本性，因此也不能完善化我们的人生。

我们的本性，我们的知觉性，皆是彼此无知的人的，彼此分离了，植根于一分别了的私我，必勉强在其成体的无明之间，建立某种关系；因为向结合的驱迫，与作向结合的种种力量，是有在于‘自性’中的。个人的与团体的和谐，比较完全，也不纯粹完全的，皆创造了，一社会的粘合是作成了；但在大众中，所形成的关系，皆恒常损坏于不完善的同情，不完善的了解，重大的误解，争斗，乖违，不快乐。这不能不如此了，只若长时是没有真实的知觉性的结合，基于自我知识的本性，内中的相互知识，内中的一体性之实践，有体的内中种种力量与生命的内中种种力量之和同。在我们的社会的建筑上，我们辛苦于作成一点事，近于一体性，相互性，和谐，因为倘没有这些事，便不会有完善的社会生活；但我们所建造的，是一构成的一体性，种种利益与多个私我之联合，以法律和风俗而强制施行的，而且，强加了一人为的虚构的秩序，其间某些人的利益，盖过了另外某些人的利益，只有一半被接受半被强迫、半属自然半属人为的调整，使社会整体得以存在。在团体与团体之间，其彼此调容更劣，恒常反复起了集体私我与集体私我的冲突。这是我们能作的最佳的事，凡我们的一切坚持的调整又调整社会秩序，不能给我们更好的什么，除了一不完善的生活构架。

唯独是、倘若我们的本性发展到它自体以外，倘若它变为自我知识的一本性，相互了解，一体性，真有体与真生命的本性，则其结果可能是我们自己和我们的生存之完善化，一真有体的人生，一一体性，相互性，和谐的人生，一真快乐的人生，一和谐的和美的人生。倘若我们的本性固定于它之为它者上，它之已变是者上，则没有完善化，没有真实的和持久的快乐在此尘世人生为可能；我们应当全然不求，尽可能以我们之缺陷作出最好的，或者，我们当求之于他处，于一超尘世的来生，或者，我们应当超出一切这种寻求以外，超上人生，以本性和私我消灭于某个'绝对者'中，我们的这奇怪的且不使人满意的有体从之而出的。但是，倘若在我们内中有一精神本体，它正出现，而我们现在的境况，只是一半出现和不完善状况，倘若'无心知者'是一出发点，本身中包含了一'超心知'和'超自性'的潜能，应当外发的，是显了的'自性'的一障蔽，那更伟大的知觉性潜藏其后，且应从之舒发的，倘若有体的进化是一律则，则我们所寻求者，不但是可能，亦且是事物的究竟必需的部分。

这是我们的精神的命运，要显示而且变成那‘超自性’，因为它是我们的真自我之性，我们的仍然幽奥因尚未发皇的全有体之性。一一体性之自性，必然生起一体性，相互性，和谐的人生结果。一内中生命，醒悟到一充分的知觉性，一充满的知觉性的权能，当产生其必有的结果于一切具有之者，自我知识，完善化了的生存，满足了的是为之喜乐，成就了的自性之快乐。

神圣智的知觉性与‘超自性’之用为工具，其一内在性格，便是见识与作为的一全体性，知识与知识之一体性，一切在我们的心思体与所知者中之似相矛盾者的调叶，‘知识’与‘意志’之同一性，当作单独一个权能与事物的在一美满的和叶中作为；这‘超自性’的本生性格，便是其作为中的一完善的一体性，相互性，和谐之基础。在心思体中，有其所构造的知识，与事物的真实的或全般的真理，有其乖互，以致其中之为真实者，常是或终究是无有效果，或只局部有效。我们发现的真理被推翻了，我们热情的发施真理效用，皆唐劳无功；时常是我们的作为的结果，变成了我们未尝中意的某计划的部分，为了某一目的，我们不承认其为正当的，或者，理念的真理，为其实验的成功之真实结果所骗。纵使有一理念的成功的实践，然因为理念原不完全，是心思的一孤单的构造，与事物的唯一和大全的真理分离，其成功必迟早归于幻灭，得起一新试作。我们之所见，我们之意念，与事物的真实真理和全部真理相乖戾，我们的心思的幻妄的构造之偏颇和浅薄，乃我们的唐劳失望之因。但是，亦不只有知识与知识的乖互，亦复有意志与意志及知识与意志在同此一人中之相违，一分化与龃龉在它们中间，以致遇到知识已成熟或完备之处，人中的某一意志反对它，或意志不济：某处意志

雄强，猛烈，或坚定或刚毅有效能了，知识之领导它到它的正当运用又缺乏了。举凡种种我们的知识，意志，能量，行事的力量与措施之不移，失调整，和不完满，时时参入我们的作为中，我们从人生的成作中，皆是有缺陷与无效果之一丰富的源泉。这些错乱，缺点，或乖戾，对'无明'的一格位和能力皆是正常的，只能以一较心思本性和生命本性之光明更大的光明消融。真理与真理之一同一性与真实性与一和谐，皆是一切神圣智的见识与行为之本生性格；如当我们的心思生长入神圣智，我们的心思见识与行为被提举到神圣智的光明中，或为其所垂照，或为其所统治，将开始分有这性格，而且，即使仍被拘束，处于范限中，必然变到远过完善，且在这些范限中有功效：我们的无能与失望的原因，将开始减少而且消失了。但更大的存在也将侵入心思以一更大的知觉性与一更大的力量之能性，发挥有体的新权能。'知识'是知觉性的权能和作为，'意志'是有体的力量之知觉的权能和知觉的作为，二者在神圣智者中皆将达到较我们如今所知者更伟大的积量，达到它们自体的一更高度，一更富足的工具作用：因为凡有知觉性的一增长之处，亦必有存在的潜能的力量与实际权能之增加。

在'知识'与'权能'的世间表呈中，这相互关系不是全般显了的，因为知觉性在那里本身是隐藏于一原始的'无心知性'中，而且它的权能的自然的气力和律度，皆在出现时被'无明'的覆障与乖张所扰乱，所损减。在那里'无心知者'，是原始的，有能的，自动生效的'力量'，知觉的心思，只是一微小的劳作着的经纪；但那是因为知觉的心思，在我们中间只有一有限的个体作用，而'无心知者'，是一隐藏了的宇宙的'知觉性'之浩大作用：宇宙的'力量'，戴了一物质的‘能力’之假面具，以其程序之坚住的物质性，将这秘奥的事实从我们的眼光下遮掩了，即‘无心知者’的工事，如实是一浩大的宇宙的‘生命’之表现，一障蔽了的宇宙的‘心思’，一笼罩了的‘神圣智’的表现，而且，倘若未曾有它自体的这些渊源，它不会有作为的权能，不会有组织着的联贯性。在物质世界中的‘生命力量’，亦似是较‘心思’为更有动力，更有效能：我们的‘心思’，只是在理念与认识中乃为自由而且充分雄强：出乎这心思原地以外，它的作为的力量，发效之权能，不得不以‘生命’与‘物质’为工具而工作，而且，在‘生命’和‘物质’所加于它的条件下，我们的‘心思’受到了阻碍，只半有效能。但即使如此，我们见到在心思的人中，‘自然力量’之与他自己相周旋，处理‘生命’和‘物质’，较之在动物中的‘自然力量’远过雄强；是知觉性与知识的较大的力量，是有体和意志的显表的力量，乃造成此优胜性。在人类生命本身，情命的人，似乎比较心思的人有更强的作为之动力，由于他的动能的生命力量之优胜：智识人士倾向在思想上有效能，但在处理世事的权能上少有功效，作为中之动力的情命人物，则统治生命。但这是他之运用‘心思’，乃使他能达到这优胜性之充分开拓，而终于心思的人以他的知识的权能，他的科学，乃能扩大对生存之主宰，远出乎‘生命’在‘物质’中以它自有的经纪所能成就者以外，或轶出情命的人以他的生命能力，和生命本能，不由那有效能的知识之增加，所能成就者。一奇巨的权能加乎存在且加乎‘自然’必须到来，时若一又更大的知觉性出现，代替心思的‘能力’之滞碍了的施为，在我们的太个人化了和受拘限了的存在之力量里。

‘心思’对‘生命’与‘物质’的某种基本的隶属，对此隶属的承

担，不能使‘心思’的律则直接统治且以其权能修改这些有体之低等力量之较盲昧的律则和活动，这，虽在我们的心思对自我和事物的最大的主宰中，也仍然存在；但这一限制不是不可超越的。这是神圣智的知识之事，它向我们指示，——而且一精神知识的机动力量，也给我们以同样的证明，——这‘心思’对‘物质’，‘精神’对‘生命’的一较小的法律之服从，并不是如其起初现似那样，为事物的一基本条件，为不可侵犯的不可更改的‘自然’之律则。人能作的最大，最重大的自然发现，便是‘心思’，尤其是‘精神’的力量，能在已试验过和尚未试验过的许多方式上，且在一切方向，——以它自体的本性与直接权能，而不单是用种种机巧和设计，如物理‘科学’所发明的优越的物质工具，——克服而且管制‘生命’与‘物质’。在神圣智的超上自性之进化中，知觉性的这直接权能，有体的力量的这直接作用，其于‘生命’和‘物质’的自由主宰和管制，将圆成而达于其极顶。因为神圣智者的更大的知识，主要不会是一自外求得或学到的知识，而是知觉性的，知觉性的力量的一进化，有体的一新的机动化的结果。其后果，他当觉悟到而且占有许多事物，一清明、完全的自我的知识，一直接的他人知识，一直接的隐秘力量的知识，一直接的‘心思’与‘生命’与‘物质’的玄秘机械性的知识，这皆超出我们现在的造诣以外。这新知识和知识的作用，皆基于对事物的一当下直觉的知觉性，对事物的一当下直觉的管制；一施为的内视，现在对我们为超寻常的，将是这知觉性的正常功用，一完整的确定了的效能性，双在作为之集量与其细节上的，将是这改变的结果。因为神圣智者，将与在每一事物的根底上的‘知觉性·力量’相交通，相和叶：他的视见和他的意志，将是超心思的‘真实

理念’，自生效果的‘真理力量’之涧道；他的作为，将是存在的根本‘力量’的工事与权能的一自由显示，一个决定一切的知觉的‘精神’的力量，其知觉性的表呈，必然在‘心思’，‘生命’，和‘物质’中作出的。既作为于超心思的知识之光明与权能中，进化着的神圣智者，将只加成为他自己的主宰，知觉性的种种力量之主宰，‘自然’的能力的主宰，他的运用‘生命’与‘物质’的主宰。在较低的格位，在进化着的神圣智性之中介诸阶段或形成上，这权能不会充分现前，但于其活动的某些程度上亦在；与格度之上升同起始且同增上，它会是知觉性与知识之生长的一自然的助伴。

然则知觉性的一新权能，或多种新的权能，将是‘知觉性·力量’的进化之一必有的后果，这进化度出‘心思’以外，达到了一优胜的认识原则和机动原则。在其真元的性质上，这些新权能必有此性格，即‘心思’管制‘生命’和‘物质’，知觉的‘生命’意志与‘生命’力量管制‘物质’，精神管制心思、生命和物质；它们也会有此性格，是打破心灵与心灵，心思与心思，生命与生命间之障隔：这么一种转变，于神圣智的生命之作为工具，是必不可没有。因为一全般神圣智的或神圣的生活，将不单包括了人的个人的生命，亦且包括他人的生命，与个人化而为一，在一共同结合着的知觉性中。这样一个生命，必以一自发的，内在的，而非构造成的一体性与和谐，为它的主要组成着的权能；这只能成于有体与知觉性之一更大的同一性，在个人与个人之间，在他们的精神本质中结合了，自觉为唯一自我存在之自我与自我，作为于知识的更大的统一的力量中，有体的一更大的权能中。必须有一内中的和直接的相互知识，基于一性与同一性之一知觉性，彼此的有体，思想，感情，内中和外表的

运动之一知觉性，思心与思心，情心与情心的一知觉的传通，生命在生命上的一知觉的按印，有体的种种力量与有体的种种力量的一知觉的互易；如或这些权能及其亲切的光明不在，或有短少，则不能有一真实的或完全的一体性，或每个个人的有体，思想，感情，内中和外表的运动，与他周围的其他个人的，成一真实的和完全的自然的配合。一知觉的一致性的一生长着的基础和建造，我们可说，便会是这更加进化了的人生之性格。

和谐是'精神'的自然规律，它是多性中之一性，异性中之一性，一性中之分殊显示之内在的律则，自发的后果。在一纯粹和空白的一体性中，诚然不能有和谐的地位，因为没有可和谐之物；在一完全的或一统治着的殊异性中，则或有扞格龃龉，或有异处之配合，一造作出的和谐。但在神圣智的多性中之一性中，和谐将存在为一性之一自发的表现，而此自发的表现，必先有一相互性，一知觉性觉识另一知觉性，由于一直接的内中接触与互易。在下理性的生命中，和谐之得，是由一本能的自性之一性，与自性的行为之一性，一本能的交通，一本能的或直接的生命直觉的识感了知，以之一动物的或昆虫的团体中之个体能相与合作的。在人类生命中，这是代以一种经过识感之知与心思知见与以言语传达理念的了解，但是所应当用的工具皆不完善，和谐与合作皆不完全。在一神圣智的生命中，一起理性与超自性的生命，一自我觉识的精神的有体之一性，与自性的一精神的知觉的团结与互易，将是了解之深微广大的根本：这更大的生命，必将已发皇出新的优胜的工具与权能，以自内联合知觉性与知觉性；知觉性内向且直接与知觉性交通之亲切，以及思想与思想，视见与视见，意识与意识，生命与生命，

身体觉识与身体觉识的，将是其自然的基本作用。这一切新的权能，取起旧的外向的工具，利用它们当作附庸工具，而运之以远过强大的权能，且为了更多的结果，皆将服务于‘精神’的自我表现于有体和生命之一深沉的一性中。

知觉性的许多本生的，潜在的，但尚未发皇的权能之一进化，近代思想以为不可认许，因为这些越出了我们现在的‘自性’的表呈，而且，对建立在有限的经验上的我们的无明的成见，它们似乎属于超自然者，属于神异者和玄秘者；因为它们超出物质的‘能力’的已知的作用，而这现在通常被认为事物的唯一原因和形态，且为‘世界力量’的唯一工具作用。人类之作出奇迹，由知觉的有体发现且发展物质力量的一作用，超过任何‘自然’自己组成的事物，已被认为是一自然的事实，和我们的存在之一几乎是无限的展望；醒觉，发现，利用知觉性的权能，精神的，心思的，和生命的力量之权能，超出‘自然’或人至今所已组织成的任何事物，则被认为不可能。但在这么一种进化中，没有什么是超自然的或神异的，除是它对我们的自性则为一超自性或优胜自性，正如人类自性，对动物的或植物的或物质对象的则为一超自性或优胜自性。我们的心思及其权能，我们之运用理智，我们的心思的直觉和内视，语言，有体之能性与真理之哲学的，科学的，美学的发现之可能，对有体的种种力量之管制，这皆是一已发生的进化了：然而这会像是不可能，倘若我们取我们的立场于有限的动物知觉性及其能量；因为在那里没有什么可保证有这么一奇巨的进步的。但是仍然有些隐约的初步显示，基本的原素，或已停滞的可能性，在于动物中，对之则我们的理性和智慧，以其异常的发展，相形为一不可想象的旅程了，从

一贫乏的和无望的分离点出发的。属于神圣智的‘超上自性’之精神权能的初胚原素，甚至同样也有在于我们的寻常结构中，但只是偶然且很少活动。然则这不是不合理的，假定在进化的这么高的阶段上，一同样的然更伟大的进展，从这些初胚的开端出发，可引到另一浩大的发展与分离。

在神秘经验中，——时当内里的几个中枢已经开启，或在其他方式上，自动自发，或由意志与努力，或在精神生长的正本程道上，——知觉性的新权能已知是在发展；它们自呈为好像某些内中开启的自发的后果，或所以应答有体中的一呼唤，而这竟到那么一种程度，以致往往不得不劝告修为者不要去猎取这些权能，不要接受或利用它们。这种拒绝，于那班要从人生上退隐的人是合逻辑的，因为凡接受更大的权能，便会是人生上的缠缚，或在朴质、纯洁的求解脱的迫促上是一重荷。漠然于一切其他目标和结果，在为上帝而寻求上帝的爱上帝者是自然的，他不寻求权能，或受任何其他卑下引诱；追求这些诱惑的但常是危险的力量，将是离了他的正鹄。同样的一种拒绝，于未成熟的修为者是一必需的自我克制和精神训练，因为这些权能可能是一大的，甚至是一致死的祸灾；因其超正常性，容易在他养成私我的一异常的夸大。于企求完善化者，权能本身可认为引诱而可畏，因为权能可将人抑下亦如其可升扬；没有什么可更易于被误用了。但是，时若新的能量来到了，作为生长到一更大的知觉性与更大的生命之必然的结果，而那生长是我们内中精神体的正本目标的一部分，则这禁止不能施行；因为有体生长到‘超上自性’，及其在‘超上自性’中生活，皆不能发生，或发生了也不能完全，倘若不带来一更大的知觉性的权能，一更大

的生命的权能，与知识和力量的运用之一自动的发展，于‘超上自性’为正常的。在有体的这将来的发展中，没有什么可视为不合理性或不可信的；其中没有非常或神异的事；这将是知觉性及其种种力量之进化的必要的过程，在其从我们的存在之心思的度到神圣智的或超心思的表呈。‘超上自性’的一些力量的这种作为，将是一新的更高或更大的知觉性之一正常的，自然的，自发是简单的工事，人在他的自我进化的程道上入乎其中的；神圣智者在他接受了神圣智的生活中，将发展而且运用这更大的知觉性之权能，甚至有如心思的人，发展且运用他的心思自性的权能。

明显地，是知觉性的权能或诸多权能的这么一种增加，于一更伟大更完善的人生，会不独为正常，亦且不可没有。人类生活以其局部的和谐，如其尚未由一固定了的法律和秩序保持住，——法律和秩序按加于组成着的个人，部分是自愿，部分是诱导，部分是强迫或不得不接受，——则安立于启明了的或有所利的人物的合同上，在他们的思心，情心，生命意识上合同了，安立于一认可上，对普通的理念，欲望，情命的满足，存在的目标，这种种的一组合体之认可。但是在组合着的个人的集体中，于他们所接受的理念，人生目的，生命动机，只有一不完善的了解和知识，一不完善的行使的权能，一不完善的意志，保持它们常为完好，充分实行，或使人生臻于更大的完善；有一争斗与冲突的原素，有一团被压制了或未圆成的欲望与失望了的意志，有一沸起着的被压迫的不满，或一觉醒了的或爆发着的怨望，或未平等满足了的利益；有些新的理念，生命动机突然闯入了，不能配合而无暴动或纷更；有些生命力量活动于人类和他们的环境中，是与所造成的和谐相牴牾的，而且，没有一

充分权能，可克服那些乖戾和颠倒，为心思和生命的相冲突的分殊、与宇宙‘自然’中的分崩离析的力量之打击所造成的。所缺乏的，是一精神知识与精神权能，一驾御自我的权能，一生于与他人之内中结合的权能，一胜过包围的或入侵的世界力量的权能，一知识之充分见到了且充分配备了的发生作用的权能；是在我们中间这些能量，失却了或不足者，乃属于神圣智者的真正本质，因为它们内在于神圣智性之光明与动力中。

但是，一个人类社会中，组成着的个人之思心，情心，生活，其配合已非完善，又加上个人本身的心思和生命，为一些彼此不相融洽的力量所支配；我们调和它们的尝试也不完善，而我们的力量，要将它们的任何一个措置于人生中整体的或可使人满意的施为中的，又更不完善。如是，爱与同情的规律，对我们的知觉性是自然的；当我们在‘精神’中生长时，这规律对我们的要求便增加：但我们中间也有智识的要求，情命力量及其冲动的推进，许多其他原素的申诉和压力，不与这爱与同情的规律相符合，而我们又不知道如何将它们配合于整个生存之规律中，或使其任何一个或全部化为公正的、全般地有功效或能发命令。为了使它们和合，且在整个有体和全部人生中积极能生结果，我们必须生长到一更完全的精神自性；以那生长，我们当生活于一更高，更大，更完全的知觉性之光明与力量中，即凡知识与权能，爱与同情，以及生命意志的活动，全皆其自然的，常在的调和了的原素之知觉性；我们当动作且行为于‘真理’的一光明中，这直觉地、自发地见到所应当作的事，与作之之法，且直觉的、自发的圆成其自体于此作为中，而那力量，——取起我们有体的种种力量的复杂综，加入它们的真理的直觉的自发

性中，入乎它的简单的、至高的正常性中，而且以它们和谐化了的真实，渲染‘自然’的一切踏步。

应当是明显的，没有什么理性化了的联缀，或心思构造的巧能，能叶调或和合这复杂综；只有一觉悟了的‘精神’之直觉与自我知识，乃能为之。那便是进化了的超心思者和他的存在之自性；他的精神的见识和意识，将取起有体的一切力量于一统一着的知觉性里，而归之于调叶了的作为之一正常性中：因为叶调与和同，皆‘精神’的真实正常性；我们的生命和本性之乖戾，不和谐，对它皆为不正常，虽则对在‘无明’中之人生为正常。这是诚然因为这于‘精神’为非常，乃有我们内中之一知识之不满足，而奋力趋向我们的生存中之一较大的和谐。全部有体之叶调与和同，于神圣智的个人为自然的，对于神圣智者的一团体，也将同等是自然的；因为这将基于自我与自我之结合于一共同和相互的自我识觉性之光明中。是真的，在全体世间存在中，神圣智的人生为其一部分，仍在其中会有属于较少进化一汇的生命在继续着；直觉的和神圣智的生命，自当配入这全体存在中，尽可能多多加入以其自体的一体性与和谐的律则。在此，自发的和谐之规律似不可施行，因为神圣智的生命与其周遭的无明的生命之关系，不会建立于自我知识之一相互性，与一个有体与共同知觉性的意识上；这将是明之作为与无明之作为的一种关系。但这困难，不必是像其如今在我们觉得那么大；因为神圣智的知识，在其内中含有对‘无明’之知觉性的一完全的了解，然则不会不可能在一确定了的神圣智的生命，以其存在，与一切较少发展了的生命，与之共同存在于土地自然中的，叶调和谐。

倘若这是我们的进化的命运，则有待于我们看在这进化的前迈中之接续上，我们立在什么地方，——一前进，尝是如圆圈线或如螺旋纹，不似直线，或至少是在一甚似锯齿线形的摆动弧上向前而行，——而且有什么向一决定的步骤之转变，在或近或可度量的将来之展望。在我们凡人的志业中，企慕个人的完善化，与民族生命之完善化，将来的进化的原素皆已先兆，且已向之追寻，但是在一半启明了的知识之混沌中；有必需的原素间之不和谐，有相反对的着重，有基本不使人满意的和调理不妥的解决之混乱。凡此，皆飘动于我们的理想主义的三主要的先务间，——人在他自己的单独的完全发展，个人之可完善化的性格；集体之一充分的发展，社会之可完善化的性格；以及，更实际限制了的，完善的或尽可能良好的关系，即个人与个人与社会的，及团体与团体的关系。一除外的或主体的着重，有时是加于个人，有时是加于集体或社会，有时又加于个人与人类全部集体间之一正当关系，平衡了的关系。一理念主张人类个人之生长着的生命，自由，或完善化，为我们的生存之真正目标，——不论这理想只是个人的一自由的自我表现，或是一自我统治着的全体，即完全的心思，优美和博大的生命，与完美的身体之全，或是一精神的圆成与解放。在这观念下，社会只存为个人的生长与活动之场，其功用之尽善发挥，是时当其尽可能以一广阔的空间，宽绰的手段，充分的自由，或发展的指导，给予他的思想，他的行为，他的生长，他的人生之充实之可能性。相反对的一理念，则着重集体生命，视为第一或唯一重要事；民族的存在，生长，便是一切：个人当为社会或为人类而生活，或者，甚至于他只是社会的一细胞，没有其他用处或出生之目的，没有他存在于'自然'

中的其他意义,没有其他功能。或者,有人以为国家,社会,公团,便是一聚合体,启示它的心灵于它的文化中,于生命力量中,理想,缔造,其一切自我表现的方式上;个人生命,则当自投铸于那型范里,服务于那生命权能,同意于只当作那集体存在之保持和效率的一工具而生活。在另一理念,则以为人之完善化,在于他与他人之伦理和社会关系中;他是一社会的有体,应为社会,为他人,为他于民族的用处而生活:社会也是为大众服务而存在,给人以正当的关系,教育,训练,经济机会,正当生活间架。在诸古代文化中,最大的着重是加于团体上,与个人之配合入团体中,但也生起了一个人完善化的理念;在古代印度,是精神的个人一理念乃占优势,但社会也极为重要,因为在它中间,在它的铸造势力之下,个人得首先经过物理的,生命的,心思的有体的社会品位,满足了他的利益,欲望,知识追求,正当生活,然后他于一较真的自我实践与一自由的精神存在,方能合格。在近代,整个重力转加于民族生命了,追求完善的社会,晚近则全部努力,集中于整个人类的生活之正当组织与科学的机械化;个人现在愈倾于被视为集体中之一员,民族的一分子,其存在必隶属于组成了的社会的共同目标与全体利益,很少或全然不被视为一心思的或精神的有体,有其自有的生存权利与力量的。这倾向尚未遍处达到顶点,但遍处它是迅速的增上,进向主导地位了。

如是,在人类思想的倚伏中,一方面,是个人被策动或被延请去发现且追寻他自己的自我肯定,他自己的心思和生命和身体的发展,他自己的精神圆成;另一方面,他被召唤泯没和役属自己,接受公众的理念,理想,意志,本能,利益,当作他自己的。他为‘自

性'所推动，为他自己而生活，以深在他内中的什么肯定他的个人性；他又为社会所号召，为某一心思的理想主义所号召，为人类而生活，或为了团体的更大的利益而生活。自我及其利益的原则，遇到了利他主义的原则，遭其反对。'国家'建立了它的神主，要求他服从，归顺，隶属，自我牺牲；个人则必反对这过奢的要求，而肯定他的理想，理念，人格，良知的权利。明显地，凡此一切标准的冲突，便是人的心思的'无明'之摸索，寻求它的路道，把捉了真理的各方面，但因缺乏知识之一统，未能将其和合。唯独一统一着且和叶着的知识能寻出路道，但那知识属于我们的有体的一更深的原则，以一性与统一性皆其所固有。唯独是由在我们内中寻到了那个，我们乃能解决我们的生存问题，随之而解决个人和公共生活的真正方式的问题。

有一'真实性'，一切存在之一真理，是大于其一切形成和显示，且更能经久；寻到那'真实性'且生活于其中，成就其尽可能完善的显示与形成，这必然是完善化的秘密，不论是个人的或团体的生活之完善化。这'真实性'是存在于每个事物中的，且给每个它所形成者以其有体之权能与存在之价值。宇宙是此'真实性'的一显示，有一宇宙的存在的真理，一宇宙的有体之'权能'，一大全自我或世界精神。人类，是此'真实性'在宇宙中的一形成或显示，而且有人类的一真理和自我，一人类的精神，一人类生存之命运。团体是此'真实性'的一形成，人的精神之一显示，而且有集体的一真理，一自我，一权能。个人是此'真实性'的一形成，而且有个人的一真理，一个人的自我，心灵，或精神，以个人的心思，生命，和身体表现它自体，也能表现它自体于某个出乎心思、生命和身体以外的什么中，某个甚至出乎人类以外的什么中。因为我们人类不是此‘真实性’之全体，也不是其可能最好的自我形成或自我表现，——这‘真实性’已擅有一下于人类的形成和自我创造于人类存在以前，也能擅有一超人的形成和自我创造于他内中或于后。个人，作为精神或有体，是不限于他的人道中的；他曾是下于人道，他能变到高于人道。宇宙由他而得自在，正如他在宇宙中得自在，但他能够变到多于宇宙，由于他能超越它，进到某个什么在他内中，也在它内中，而又出乎其外，为绝对者。他不拘限于团体中；虽他的心思和生命在某方面说也是团体的心思和生命的部分，然在他内中有点什么能出乎它们以外。团体以个人而存在，因为它的心思，生命和身体，皆由组成它的个人之心思，生命和身体而成；倘若那已废除或解散了，则它自体的存在也将废除和解散了，虽然有点它的精神或权能，可又在其他个人中形成：但个人不只是集体存在的一细胞；设若他从集体大众分离或被摈逐，他不会终止其存在。因为集体，团体，正不是全人类，它也不是全世界：个人能够存在，在人类中任何处，自在于世界中。倘若团体有一生命，统治着组成它的个人之生命，仍然它不组成他们的全部生命。倘若它有它的自体，是它要以诸多个人生命而确定的，个人也有他的一自体，是他要在团体的生命中确定的。但他不被拘束于那上面，他能在另一团体中安立他自己，或者，倘若他够雄强，过一流浪生活，或安立于一修道士的孤寂里，在那里倘若他不能追循或成就一完全的物质生活，他也能在精神上生存，求得自己的真实性和内寓着的有体之自我。

个人，诚然是进化运动的关键；因为是个人乃见到他自己，乃变到知觉此‘真实性’。集体的运动，大抵是一下知觉的群众运动；

它当由诸多个人构成且表现它自体，而变为知觉的：它的普通的群众知觉性，较之它的最发展了的个人之知觉性，常是进化落后，它的进步，只在它之接受他们的印记，或发展他们所发展的。个人的究极忠荩，既不属之'国家'，'国家'是一机器，也不属之团体，团体是生命之部分而不是生命之全体：他的忠忱应效之于'真理'，'自我'，'精神'，'神圣者'，那在他内中且在一切中者；不当隶属或自失于群众中，而是发现且表出他自己内中的那有体的真理，且帮助团体和人类于其寻求自体的真理与有体之充实，这，方是他的生存的真正目的。但个人生命中的权能，或其中的精神'真实性'化为能活动的限度，则依乎他自己的发展：若长时他犹未发展，他在许多方式上当以他的未发展的自我，隶属于凡是大于它者。当他发展，他进向一精神的自由，但这自由不是完全离于大全存在的什么；它与之有一致性，因为那也是'自我'，同此一'精神'。当他进向精神的自由，他便也进向精神的一性。如薄伽梵歌所说，在精神上证悟了的人，解脱了的人，主要便从事于一切众生之福利；佛陀，发现涅槃之路，必回转而向仍在他们的妄计的而非真实的有体——或非有体——之虚幻中人，开示那正道；维卫伽难陀，为'绝对者'所引，也感到人类中乔装了的'神主'之呼召，尤其是堕落者和患难者的呼号，自我对自我的呼唤，在此宇宙之黑暗体中。在觉悟了的个人，他的有体的真理之实践，他内中的解放与完善化，必然是他的初始的寻求，——第一，因为那是他内中的'精神'的召唤，但也是因为唯由解放与完善化与有体的真理之实践，人乃能达到生活的真理。一完善化了的团体，也只能以它的个人之完善而存在，而完善之臻，也只能由各个人在生命中发现且肯定他自己的

精神体，由大众发现他们的精神一体性，与为其结果的一生命的一体性。在我们不会有何真实的完善化，除了由我们的内中自我与精神存在的真理，取起工具性的存在之一切真理归入它自体，而给予它以一性，整体化，和谐。如我们唯一的真自由，乃我们内中的精神真实性的发现和发放，同然，我们唯一的真正完善化之方，乃精神'真实性'在我们的本性之一切原素中之独尊与自我发施功效。

我们的本性是复杂的；我们必须找到这复杂性的完满的充实性与一体性之关键。其最初的进化的基础是物质的生命：'自然'以此而始，人也必以此而始；他最先应当确定他的物质的和生命的存在。但设若他止于此，则于他不会能有进化；他的第二较大的要事，乃是发现他为一物质生命中之心思体，——双在个人的和社会的生命中，——尽可能完善化了。这是古希腊理念给欧洲文明的指导，而罗马则以组织了的权能之理想增强了它，——或减弱了它：理智崇拜，以批判的，实用的，组织着和建设性的一智识思想解释人生，以'科学'统治人生，凡此，皆是这灵感的最后结果。但是在古代，较高的创作性的和机动的原素，是追求一理想的真，善，美，而以此理想型铸心思，生命和身体，至于完善与和谐。在这主要事务以上和以外，一旦心思已充分发展了，在人中又觉醒了精神的盛业，一自我与有体之最内中的真理之发现，人的心思和生命之发放到'精神'的真理中，以'精神'的权能加以圆成，一切有体在'精神'中之团结性，一体性，相互性。这便是东方的理想，由佛教和其他古代教法传到亚洲的海岸和埃及，又从那里以基督教而灌输入欧洲。但这些教义，一时燃起如昏明的火炬，在淹没古代文明

的野蛮洪水所造成的混乱和黑暗中，为近代精神所废弃，它发现了另一光明，‘科学’的光明。近代思想所寻求的，是经济的社会的究竟，——文明与安乐的一理想的物质组织，运用理智与科学与教育，使一实用的理性普遍化，这将使个人成为一完善的社会的有体，在一完善化了的经济社会中。精神的理想所遗留者，——留存一时期的，——是一心思化了的和伦理化了的人文主义，脱除了一切宗教色彩，和一社会的道德主义，被判定是代替一宗教的和个人的伦理已十分足够了。人类是已进到了这地步，时当他发现自体被它自有的动量疾速前驱，进入一主观的混沌，与其生命之一混沌，其间一切已接受的价值皆被推翻，而一切稳固的基础，皆从其社会组织，其行为，其文化下似乎要消失了。

因为这理想，这在物质的和经济的生活上之着重，事实上是一文明的倒转，回到人的初原境况，他的早期野蛮状态，他的从事于生活与物质的先务，是一精神的退转，以一发展了的人类心思之资源，与一充分进化了的‘科学’，供它使用。当作人类生活之全部复杂组织中的一原素，这么着重一完善化了的经济的和物质的生存，在整体中是有它的地位的：当作独一的或主要的着重，则于人类本身，于进化本身，是充满危险的。第一危险，是古代生命的和物质的原始野蛮人，在一文明的形式中再起；‘科学’所供给我们使用的手段，消除了此一衰弱的文明被较强的原始民族征服和毁灭的祸灾，但这是在我们自己，在文明人内中的野蛮人之重起，乃为祸灾，而这我们在周围随处见到。因为那是必然会来到的，倘若没有高尚的奋发的心思的和道德的理想，管制且提举我们内中的情命的和物理的人，倘若没有精神的理想，将他从他自己解放而入乎他的内中有体。倘若这一场旧病猝发是逃过了，又有另外一危险，——因为进化的迫促之一止息，一凝固，于一安定的，舒适的，机械化了的社会生活中，没有理想或展望，是另一可能的结果。理智本身，不能长久保持人类于其进步中；它能这么作，只倘若它是生命和身体与他内中的更高上更伟大的什么间之中保者；因为是内在的精神之必需，从在他内中尚未实践者的推动，乃在他中间、一旦他已达到心思之后、保持进化的迫促，精神的努力。设若那卸掉了，或则他将必退堕，又当一切重新作起，或则消灭，有如在他以前的其他生命形式，成为一进化的失败，由于不能保持或服务于进化的驱策。至多他将停滞于某种中间的类型的完善，有如某些动物种类，而'自然'自遵循她的道路，越过她而达到一更伟大的创造。

现在人类是正经过一进化的危机，其中隐藏着它的命运的一选择；因为已经达到了一阶段，人类心思在某些方向已成就了一奇巨的发展，而在其余方向则停住了，迷疑，不复能寻到它的路。人的永是活动着的心思和生命意志，已立起一外在生活的构架，一巨大和复杂到管制不了的构架，以服事他的心思的，情命的，身体的要求和迫促，一复杂的政治，社会，行政，经济，文化的机构，一组织了的集体工具，为了他的智识，感情，爱美，和物质的满足。人已创造成一系统文明，这已变到太大了，非他的有限的心思的能量和理解，以及他的又更有限的精神的和道德的能量所能运用和操纵，是他的犯大错误的私我及其嗜欲的一太危险的仆人了。因为还没有较大的能见的心思，没有知识的直觉心灵，来到他的知觉性的表面，能使这生活的基本充实，化为超出它的什么之自由生长的环境。这新的富足，生活资具之充实，以其有此权能，能解除他的经济的和物理的需要之无休止、不满足的压迫，可能成为一机会，以充分追求其他超乎物理的存在之更伟大的目标，以发现更高的真与善与美，以发现一更大的且更神圣的精神，那将参与且运用生命于有体的一更高的圆成者：可是未尝如此运用，却用于新的要求之增多，与集体私我之侵略性的扩大。同时，'科学'已将许多宇宙'力量'的性能交他处理，已将人类生命物质的化为一致了；但运用此宇宙'力量'者，是一人类个人的或团体的私我，在其知识的光明中或其运动中，没有什么是宇宙的，没有内中的意识或权能，可在这世界人类之物理的集合中，造成一真正的生命之一体，心思的一体，或一精神的一性。凡有在于此者，是种种心思的理念相冲突的混沌，个人和集体的物质需要的迫促，情命的要求和欲望，愚昧的生命推动之驰驱，个人的，阶级的，国家的饥饿与求生命满足的呼号，政治的，社会的，和经济的救治方案和意见如菌之繁殖，万应药和标语杂乱一堆，——凡此，人群为之准备压迫人和被压迫，杀人和被杀，要这样那样用任他处理的浩大的甚可怖的手段将其推行，相信这是出路，可达到一点理想的什么。人类的心思和生命的进化，必须是引到一增上着的普遍性的；但是在私我与一段分着和分化着的心思的基础上，这向普遍化的开启，只能造出许多不相调和的理念与冲动之浩大茁起滋繁，奇巨的权能和欲望的潮涌，一更大的生存之心思的，情命的，物理的资料，未能同化，相互交杂，为混乱的一团，而这既未为'精神'的一创造性的与和谐化的光明所采取，必然陷于一普遍化了的混沌和冲突中，亦不能从之建立一更伟大和叶的人生。在过去，人尝以组织了的理念化和限制，使人生和谐化；他造出了一些社会，基于固定了的理念或固定了的习俗的，一固定了的文化系统或一有机的生命系统，各自有其秩序；将凡此一切皆投入一只加增上混合着的生命之熔炉中，又倾注入常是新的理念和动机和事实和可能性，这便需要一新的更大的知觉性，以应付而且主宰存在之增上着的潜能，且和合之。‘理智’与‘科学’能有助，只由将各个事物标准化，安排于一人为的和机械的物质生活之一体中。一更大的全有体，全知识，全权能，是需要了，将一切结合于全生命的一更伟大的统一中。

一体性，相互性，与和谐的人生，生于我们有体的一更深更广的真理的，这是唯一人生真理，能成功代替过去不完善的心思构造，——那些构造，皆是联络与管制了的冲突之合并，多个私我和各种利害之成聚与相互配合而相容，以成一社会，共同的普通生活动机之一凝聚，由需要和与外来力量奋斗的压迫而成的一团结。人类正开始盲昧寻求的，是人生的这么一种改变和这么一种再造，于今愈加增进有此意识，即它的正本存在，依乎寻得了路。‘心思’在‘生命’上工作的进化，已发展出‘心思’之活动与‘物质’的运用的一组织，这已不复能为人类的能量所支持而无一内中的改变。自私的人类个性，虽在联合中也仍是分离的，适应到一生活系统中，要求一体性，完善的相互性，和谐的，乃是迫切了。但是，因为所加于人类的负担太重大了，非其今之微小人格与其微小心思与其微小生命本能所堪，因为它不能成作这必需的改变，因为它是运用这新仪器和组织，服务于旧的下精神的和下理性的人类生命自我，于是人类的命运，便好似危险的，无忍耐且不自顾，在情命私我为奇巨的力量所摄持者的驱策下，——那些力量奇钜，与人生的巨大机械组织及其所发皇的科学知识同其格度，一太大的格度，非其

理智和意志所能操持，——直趋向一长期混乱，与祸乱的危机，与暴烈的变移不定的黑暗了。纵使这结果出只是一正在过去的方面或现象，而且一可容忍的机构上的调融已经求得，使人类能在其不测的前程上非那么冒着险难进行，这也只能是一暂时的延缓。因为这问题是基本的，而提出着这问题，人中的进化的'自性'，正是自置于一危难的抉择之前，这有一日必在真义度上解决的，若使人类得达到或甚至得继续生存。进化的努力，正是推向宇宙'力量'在土地生命中的发展，这需要一更大的心思体和情命体支持它，一更广大的'心思'，一更伟大，宽广，知觉，一致的'生命心灵'（Anima），而那又需要内中支持着的'心灵'与精神的'自我'之启露，以保持它。

情命论和唯物论中人及其生活之一理性的和科学的公式，普通人的一完善化了的经济社会和民主文化之寻求，皆是近代心思在这危机中所呈给我们的一切，当作其解决的一道光。不论支持着这些理念的真理为何，但这分明是不足以应人类的需要的，这人类负有使命，要进化到超出它自体，或者，无论怎样，倘若它要生活下去，便得进化到远远出乎它今之为它者以外的什么。在人群中和在普通人自己中的一生命本能，已觉到此之不合，已进向诸价值之一反转，或向新价值的发现，和安置人生于一新基础上的转移。这所取的一形式，是一番试作，要寻得给共同生活的一体性，相互性，和谐之一简单的现成的基本，以抑遏诸私我相竞争的冲突而力行之，因而达到为了团体的一同一性的生活，以代替一殊异性的生活。但为了实现这些可愿望的目的，所采用的手段，是强力的成功的实现几个有限的理念或标语，崇扬之而排除一切其他思想，抑遏个人的思想,机械的压缩生活原素,生命力量的机械化了的统一和驱策,由国家强制个人,以集团的私我代替个人私我。集团的私我,理想化为国家的,民族的,团体的心灵;但这是一巨大的且可化为一致命的错误。一强迫的和外加的心思,生活,行为的一致性,这些皆提到了最高的紧张度,在某个被认为更伟大的什么的驱迫下,或是集体生命,或是集体心灵,这便是所求得的方案。但这幽暗的集体之物,不是集团的自我或心灵;它是一生命力量,从下心知者升起的,而且,倘若未得理智向导的光明,则只能为庞大的种种力量所驱使,它们皆是雄强的,但于民族是危险的,因为它们对知觉的进化为陌生,人乃是这进化的受任者和负荷者。进化的'自然'不是指人类向这方向去;这是向她所遗留于后的什么之一退转。

所试行的另一解决,仍安立于唯物论的理智上,与民族的经济生活之一统一了的组织上;但所用的办法是一样,心思与生活的强加的一致化与遏抑,和共同生存的一机械的组织。这么一种一致性,只能以压抑一切思想和人生的自由而保持住,而那只能产生一白蚁文明的有效的安定,或则生命泉源之竭涸,与一或迟或速的衰亡。是由知觉性之生长,集体的心灵和生命乃能觉识其自体而且发展;心思和生命的自由活动,于知觉性之生长乃为至要;因为心思和生命,乃心灵的唯有的工具,直到一高等工具发展了;它们在作为上受到禁制,或使其变到严刻,不粘柔,不进步了。个人心思和生命的生长所产出的困难或紊乱,不能以压迫个人而健康的消除;真正救治,只能以他之进步到一更大的知觉性而做到,他在那知觉性中完善化了,圆成了。

另一可取代的解决，是发展寻常人的一启明了的理智和意志，同意于一社会化了的生活，他以他的私我隶属其间，为了在正当安排团体生活的缘故。倘若我们问这剧烈改变当如何作成呢，则两个助理似乎已提出了，一助理是一更大更好的心思知识，正当理念，正当学识，社会个人和公民个人的正当训练；另一助理是一新社会机构，可用社会机器的魔术解决任何问题，剪裁人类为一更佳的式样。虽然，在经验中，无论曾经希望过什么，从来未发现教育和智识的训练本身能改变人；它只能以更佳的学识，和一更有效能的机巧，供给人类个人的和集体的私我，以供其自我肯定，但仍留下人的私我无改。而人类的心思和生命，又不能由任何种社会机构剪裁至于完善，——甚至只到假定是完善，一虚构成的代品，也不能；物质可如此剪裁，思想可如此剪裁，然在我们人类生存中，物质和思想，皆只是给心灵与生命力的工具。机械不能形成心灵与生命力为标准化了的形式；它至佳只能裁抑它们，使心灵和心思静止，管制生命的外表作为；但若要这有效的作成呢，心思和生命的裁抑和压制皆免不了，而那又必导致或是无进步的定止，或是颓废衰亡。推理心思以其逻辑的实用性，没有其他方法胜过‘自性’的模棱的和复杂的运动，除了心思和生命的管制和机械化。倘若那已做成了呢，则人类的心灵将恢复它的自由和生长，必由反叛，毁灭它被投入其掌握中的机器，或由敛入它自体，抛弃人生，于是逃脱了。人的真正出路，是发现他的心灵，与其自我力量，及其工具作用，以此代替心思的机械化，与生命自性的无明和混乱。但是在一严密管制了和机械化了的社会生活中，很少有给这种自我发现和自生效果的运动的余地和自由。

有一可能性，即人类心思从一机械的社会和生命的理念荡回，它可寄托于归到宗教理念，和一为宗教所统治和认可的社会。但是，组成了的宗教，虽能供给个人以一内中超举之方，且在其中或其后保存他启对精神经验之一法，未尝改变过人类生命和社会；它未能这样做，因为，在社会统治中，它必须与生命的低等诸部分妥协，不能坚持整个有体的内中改变；它只能坚持信条的归附，它的伦理标准的形式上的接受，教会，礼节，和仪文的遵从。这么信念的宗教，能给出一宗教伦理的彩色或表面浅色，——有时候，倘若它保持一内中经验的坚固的核心，它也可到相当限度将一不完全的精神倾向普通化；但它不转化人类，不能造出人类生存的一新原则。唯有一全般的精神指挥，给予了整个人生和整个自性，乃能提起人类超出其自体。还有另一概念，近属这宗教的解决者，便是以有精神造诣的人们指导社会，在信心或在修为中，一切人皆为兄弟，为一体，人生和社会之精神化，取起生命的旧机构归于此统一，或发明一新机构。这从前也试行过了，但没有成功；这不只是一个宗教的原本建立的理念：但人类私我和生命本性太强，难于由心思得一宗教理念在心思上发生作用以克服它的抵抗。唯独是心灵之充分显现，‘精神’的本生的权能和光明充分降下，随之而起我们的不充足的心思的和情命的本性之禅代或转化和提举，由一精神的和超心思的‘超上自性’为之，乃能作成这进化的奇迹。

初眼看去，这本性的一剧烈改变的坚持，似乎将人类的一切希望，推置到遥远的进化的将来了；因为超上我们寻常的人类本性，超上我们的心思的，情命的，和生理的有体，好似是一太高太困难的事，在人之像现在这样，是不可能的。纵使是如此，这仍存其为

唯一变易人生的可能性；因为希望人生真实改变，而无人性的一改变，是一不合理性的非精神的命题；这是要求什么不自然也不真实的事物，一不可能的神异。但这改变所要求的，不是什么过于悠远的事，对我们的生存为陌生，而且根本不可能；因为，所当发皇的，是在我们的有体内中，而不是在它以外的什么：进化的'自性'所迫促者，是对自我知识之觉悟，自我之发现，我们内中的自我和精神的显示，及其自我知识，自我权能，其本生的自我作用之发放。此外，这是以全部进化为其准备的一步，而且凡遇到人类命运的每一危机，又更近了一点，时当有体的心思的和生命的进化，接触到某一点，其处智识和生命力皆达到最高紧张度了，它们于是需要崩溃，或返沦于失败的沉眠中，或一无进步的宁静的休息中，或则要在它们正向之斗进的障隔上打通它们的路。所需要的，是在人类中应有一转向，为少数或许多人所感到的，转向这改变的憧憬，感到其迫切的急需，意识到其可能，志愿在他们自己变为可能，而且寻出路道。那转向不是没有，而且必随人类的世界命运中每一危机的紧张而增加；一遁逃或一解决的需要，除精神的解决外没有其他解决的感觉，皆不得不增长，而且变到更严切了，在危急情形的迫促下。对那有体中的呼求，常是必有些回答，在'神圣真实性'且在'自性'里。

诚然，那回答可能只是个人的；这可结果出精神化了的个人之增多，或甚至——可想象而未必然的，——是神圣智的个人或许多个人，在未精神化的人类大众中孤立了。这种孤立的证道者，必须或者退隐于他们的秘密的神圣王国，在精神的孤独中保卫他们自己，或者以他们内中的光明在人类上发施作用，在这种情况中准备一点微小的什么，为了一较快乐的将来。这内中的改变，可开始在一集体的形式下成形，仅是神圣智者，发现还有他人，有与他自己同样的内中生活，由是和他们聚成一团体而自具其自主的存在，或则成立一分别的社团或公会，具有其内中生活的法规。是这一分别的生活的需要，具备了其自有的生活规制，适合于精神的生存之内中权能或动力，而且为之造出其本土的氛围，在过去乃自表现于道院生活的形成，或者各种尝试上，试行一新的分别的集体生活，自加统治，在其精神原则上异于凡人生活。道院生活，在其性质上是他方世界的寻求者的一联合，那班人的全部事业，是在他们自己中求得精神真实性而加以实践，他们组成他们的共同生存，用了一些生活法规，在那志业上能帮助他们的。通常这不是一番事业，要创作一新的生命形成，当超越寻常人类社会，且造成一新的世界大统的。一宗教可保持那终竟的展望在前，或试行某些初步接近之法，或者一心思的理想主义，也可作此同样一志事。但这些尝试，常是被我们人类的情命自性之坚住的无心知与无明克服了；因为那自性是一障碍，非是徒有理想主义或不完全的精神企慕，便能改变其反动的集量，或永久加以胜服的。或者那事业因其自体之缺陷而失败，或者它为外间世界之缺点所侵袭，从它那辉煌的企慕之高处，沦落到在寻常凡人水平上的混杂了的卑下的什么。一共同的精神生活，意在表现精神体，而非心思，情命和生理体，必然建立且自保持于更大的价值上，大于寻常人类社会的心思，情命，物理价值者；倘若其非如是建立，则也将徒然是寻常人类社会，有其异处罢了。一全新的知觉性在许多个人中转化他们的整个有体，转化他们的心思，情命，物理的自性自我，为了新生命之出现是必要

的；只有普通的心思，生命，身体自性的这么一种转化，乃能产生一新的有价值的集体存在。进化的努力，不应徒然倾向于创造一新典型心思的人，而是当创造别一系统人物，已将其整个生存，从我们如今心思化了的动物性，提升到土地自性之一更大的精神水平的。

任何这种完全的转化，土地生命在若干人中的转化，不能全般一时建立；纵使转捩点已经达到了，决定的界线越过了，而新生命在开端，也当经过一段苦难和辛劳的发展时期。从旧知觉性的一转变，采取整个人生归入精神原则，这将是必要的第一步；为了这个的准备可能要长时期，而转化一旦已经开始，则将分段前进。在个人，这可能在达到某一点之后变快，甚至可能以一跃进，一进化的突起而成办；但一个人的转化，不会是创造了一新的典型人物，或一新的集体生命。可以想象若干个人，这么分别的在旧生命中进化，于是联合起来建立一新的生存之核心。但似乎'自然'不会是这样办，而个人会难于达到一完全的改变，若其仍被包围于低等自性之生活里。在某一阶段，也许必须采取分别团体的古老办法，但有其二重目的，起初，是具备一安定的氛围，一分开的地方和生活，其间个人的知觉性，可集中于其进化上，而在其环境中，一切皆转向且指定这唯一事业；其次，时若事物皆有准备了，表呈且发展此新生命于那些环境和这准备好的氛围中。可能是，在这种努力的集中上，转变的一切困难皆以集中了的力量出现了；因为每个修士，在他自己怀藏了一待转化的世界之可能性，但也怀有它的弱点，则会不但带来他的能量，亦且带来了他的困难和旧本性的反对，而且，混杂在一小而密近的共同生活的狭隘范围中，这些可能

擅有一大大增加了的阻力，这便会抵销趋向进化的力量之提高了的权能和集中。这是一种困难，在过去曾破坏心思的人的一切努力，要发展一点什么，较之寻常心思的和情命的生活更真实，更和谐的。但是，倘若‘自然’已准备了，已作出她的进化的决定，或者，倘若从高上界降下的‘精神’的权能够强，则困难可以克服，而第一进化的形成或诸多形成将有可能。

但是，若使全般依靠向导着的‘光明’和‘意志’，与光辉的表现‘精神’的真理于人生中，皆要成为规律，则那似乎必先假定有一神秘智的世界，一个世界，其中一切人物的知觉性，是建立于这基础上；那里，可能懂到的，神圣智的许多个人，在一神圣智的集团或多个集团中的生活交互，由于其真本自性，会是一了解与和谐的程序。但是这里，实际上，会有诸神圣智者的一生活，与‘无明’中人的一生活并肩进行，或在其中进行，试图出现于其中，或出现于其外，可是两种生活的规律，似相反对而彼此相犯。然则一精神的团体的生存，完全从‘无明，的生活分开，退隐，似乎有不容已：因为否则便需要两种生活的妥协，而随此妥协，便有较大的生存之染污或破缺的危险；两个互不相容的不同的原则会相接触，虽较大者会影响较小者，较小者也当于较大者上发生势用，因为这相互荡摩，乃一切接触与交易的律则。甚至还可疑问，是否冲突和撞击乃其关系的第一规律，因为在‘无明’的生活中，存在着且活动着的，有那些‘黑暗’的力量的奇巨的势用，皆是恶与暴行的支持者，其兴趣，在于染污或毁败一切高等‘光明’之进入人类存在中的。反对，不容忍，甚至迫害一切凡是新者，或试欲超越或脱离人类‘无明’的已立的秩序者，或者，设若这新者是胜利了，以低等力量突入其中，则

世界之接受它比反对它更危险，于是终之以消灭，降低，或染污了这新的生命原则，这皆是过去常有的现相；那反对可能更激烈，也更会有失望，倘若一根本上是新的光明或新权能，要宣称这土地是它所当续承的产业。但也当假定这新的更完全的光明，也当附带有新的更完全的权能。也许它不必须全般离立；它可自立于许多小岛上，从那里散布到旧生命上，投以它自有的势力和透射，进占之，与之以助力和照明，待过些时候人类中的一新企慕可开始懂到和欢迎的。

但这些皆明显是过渡的问题，是进化在显示着的‘力量’作了充分的胜利的反转以前，和神圣智者的生命，有如心思的人的生命一样，成了大地上的世界体系的一已建立的部分以前的问题。倘若我们假定神圣智的知觉性，要建立在大地生命中，则其所可运用的权能与知识，将远大于心思的人的权能与知识，而一个神圣智者的团体的生命，假定它的离立的，一样会安全不遭到打击，有如人类的组织了的生命，不会遭到一低等种类的打击。但是，如这知识与神圣智的自性之正本原则，将在神圣智者的共同生命上保证一光明的统一，同样这也将足够保证两汇生命间之调叶与一主制的和谐。大地上的超心思原则的势力，将攻到‘无明’的生命上，加它以和谐，在它的范围内。这是可以想象的，神圣智的生命将是离立的，但它在它的境界内将确实容纳那么许多凡人生命，如其已转向精神性者，且进向高处者；其余的可自体组织主要是在心思原则上，旧的基础上，但是，受到了可认识的更大的知识之帮助和影响，它似乎会在一更完全的和谐化的路线上这么作，非至今人类集体所能的。虽然，在此心思也只能预告盖然性和可能性；‘超上自性’

中的超心思原则本身，将按照事物的真理而决定一新世界体系之平衡。

一神圣智的‘超上自性’，超越了我们寻常的无明‘自性’的一切价值；我们的标准和价值，皆无明所创立，因此不能决定‘超上自性’的人生。同时，我们如今的自性，是‘超上自性’的一衍生，它不是一纯粹的无明而是一半知识；然则可合理的假定，无论有什么精神真理在其标准和价值中或在其后，将在高等生命中再现，不是当作标准了，却是当作一些原素，转化了，自无明提拔出了，升到了一更光明的存在之真实和谐里。如宇宙化了的精神个人，蜕去有限的人格，私我，当他升出到心思以上，到一‘超上自性’中的更完全的知识，其心思中互相冲突的理想，必然从他坠落了，但在它们后方之为真实者，将在‘超上自性’的生命中存留。神圣智的知觉性，是一种知觉性，其间一切矛盾皆已刊落或相互融合了，在一视见与是为之高等光明中，在一统一了的自我知识与世界知识中。神圣智者不会接受心思的理想和标准；他不会被撼动去为他自己而生活，为他的私我，或为人类，或为他人，或为团体，或为‘国家’而生活；因这他将觉识有大于这些半真理者，觉识‘神圣真实性’，而他是为那而生活，为了它在他自己和在一切中的意志而生活，在一广大宇宙性的精神中，在‘超极’之意志的光明中。为了这同一理由，在神圣智的人生中，不会有自我肯定和博爱主义间之冲突，因为神圣智者的自我，与一切的自我为一，——没有冲突在个人主义与集体理想之间，因为二者皆一更大的‘真实性’的项目，而且，只若任何一个表现此‘真实性’，或其圆成是服务于此‘真实性’之意志，乃能于他的精神有其价值。但同时在心思的理想中为真实者，且隐

约成相于其中者，也将在他的生存中圆成；因为时当他的知觉性超出人类的价值，以致他不能以人类，或团体，或‘国家’，或他人，或他自己代替上帝，则在他自己中的‘神圣者’之肯定，与在他人中的‘神圣者’的意识，以及与人类，与一切众生，与全世界为一的意识，因为‘神圣者’在它们中间，和向在它们中间生长着的‘真实性’之一更大更佳的肯定之领导，将是他的人生作为的部分。但他应当作什么，将由他内中的‘知识’与‘意志’之‘真理’决定，——一全般与无限的‘真理’，非任何单独一个心思的律则或标准所束缚的，却在全部真实性中自由施为，尊重每个真理于其位置上，具有对在作为着的种种力量之清明知识，且明白在显示着的‘神圣努力’中之原旨，在宇宙进化的每一步上，和在每一事会和环境中的。

在已成就的精神的或神圣智的知觉性，全人生必是‘精神’的已实践了的真理之显示；只有在那更大的‘真理’中能自转化，且寻得其自体的精神自我者，且自融于其和谐中者，能得到人生接受。什么将这样长存，心思不能决定，因为超心思的神圣智，本身将发下它自有的真理，而那真理将取起凡属于它自体，而已发施于我们的理想与心思和生命和身体的实践中者。其所取的形式未必长存，因为倘若不经改变或重新安置，于新的存在中似乎不会合宜；然在其中为真实者和经久者，或甚至在其形式上如此者，将经过一番转化，于长存为必需的。许多于人生为正常者将要消逝。在神圣智的光明中，那许多心思的偶像，构成的原则和系统，相冲突的理想，凡人创作于他的心思和生命的一切境域中者，不会受到敬仰或被接受；只有真理，倘竟有之的话，为这些虚浮的造像所隐藏者，能有进入的机会，当作一建立于一远过广大的基础上的和谐的原素。明显地，在为神圣智的知觉性所统御的人生中，战争以其反抗精神和敌忾，毁灭与无知的暴行，政治斗争与其长永的冲突，恒常的压迫，欺骗，卑鄙，自私自利，其无知无识，颠倒，错乱，皆无存在之余地。种种艺术和工技会存在的，不是为了任何卑下的心思的或情命的娱乐，消遣，或解除紧张，或快意，而是当作‘精神’的真理与生存之美与悦乐的表现和工具。生命和身体，不复是暴虐君主，要求十分之九的生存以供它们的满足，而是作‘精神’的表现的手段与权能。同时，物质和身体既皆被接受了，物理的事物之管制和正当运用，也皆是‘精神’在土地自性中的显示之实践了的生活之一部分。

几乎是遍处已这样假定了，精神生活必然是出世的穷困生活，摒弃了一切，除是为了刚好保持身体所绝对需要的；这在一种精神生活，其性质与原意是要从人生退隐的，是有效的。即舍那理想不论，人也许可想象精神的转向，必然常是趋于极端的简朴，因为其余一切，会是情命的欲望和身体的自我放纵的生活。但是从一较广大的立场看，这是一心思的标准，基于“无明’的法律，以欲望为其动机的。克服‘无明’，芟除私我，全般摒弃不单是欲望，并且弃去一切能满足欲望者，可参入为一有效原则。但这标准或任何心思的标准，非是绝对的，也不能是一法律，所以约束已超出情欲的知觉性者。完全的纯洁与自我克制，有在于其性质的肌理中，那在贫穷或富足中皆仍是一样：因为设若它可被此任何一个境况所动摇或玷污，则它不会是真实，或不会是完全。神圣智的人生之唯一规律，便是‘精神’的自我表现，‘神圣者’的意志；那意志，那自我表现，能以极端的简朴，或以极端的复杂和富裕，或以其自然的平衡而显示，——因为美与丰富，事物中之一隐藏的甘味与笑乐，人生的一阳光与欢喜，也皆是'精神'的权能和表现。在一切方向内中的'精神'决定着本性的律则，便会决定人生的结构，及其细节和环境。在一切中皆会是同此一粘柔的原则；一严刻的标准化，无论其于心思之处理是多么必需，不能是精神生活之规律。自我表现之一极大的分殊与自由，基于一下层的一体性者，可能变到明显；但遍处将有秩序的真理与和谐。

神圣智者的人生，提举进化到一较高的超心思的格位，可适当的形况之曰神圣的人生；因为这将是在'神圣者'中的人生，是一人生的开始，一精神的神圣光明与权能与悦乐，在物质'自然'中显示了。因其既超过了心思的人类水平，那可说为一精神的和超心思的超人道之人生。但这不当与过去和今时关于超人道的理念混为一谈；因为心思理念中的超人道，包举寻常人类水平之超上，非在类别而在同一类别的程度上驾过了，由于人格之扩大，由于放大了夸张了的私我，心思增加了权能，生命力量增加了权能，人类'无明'的种种力量之一精炼了的或深密而厚重的增大；这其中寻常也暗含了这理念，由超人强力统治人类。那意义会是尼采（Nietzsche）式的超人道；最下，那可能是'金色兽'[①]的统治，或黑色兽，或任何兽或每个兽的统治，回到野蛮的气力和残忍和力量的返转：但这不会是进化，这会是归到古代的猛力的野蛮主义的退化。或者，这可表征从人类之图越过或超上它自体的紧张的努力中，有'罗刹'和'阿修罗'出现；但这努力的方向错了。一暴烈的和骚乱

① 原文'blonde beast'，指白色人种之金黄色头发而言。

的夸大了的情命私我，满足其自体以一极度专制的或无治主义的自我成就的气力，那将是一‘罗刹’式的超人道典型：但这巨人，这食人鬼或吞噬世界者，这‘罗刹’，虽他仍存，在精神上已属于过去了；那典型若大量出现，也会是退转的一进化。一雄大力量的强盛施展，一自我保有，自我禁持，甚至，可能的，退隐的自我约束了的心思能量与生命权能，强健，平静，或冷酷，或在凝集了的威力上是可怕，又细致，能主制，同时是心思的又是情命的私我之升华，便是‘阿修罗’典型。但大地在她的过去足够有过这类人物了，其重出只能延长旧的路线；从‘狄鞞’，从‘阿修罗’，她不能为了她的将来得到一点真利益，不能得到一点自我超越的权能：甚至其中一伟大的或超正常的权能，也只能带她在她的旧轨道上作更大的旋绕。但应当出现的，是远过困难又远过简单的事物；它是一自我实践了的有体，精神自我之一建造，心灵之一深密性与迫促，及其光明与权能与美之发放和尊大，——不是一私我的超人道，攫夺了人类上的一心思的和情命的统治，而是‘精神’的在其自有的工具上的宗主权，其于自体的保有，其于生命的保有，在‘精神’的权能中；是一新的知觉性，其中人类本身当得到其自体的自我超上和自我圆成，由于在其中奋努求出生的神圣性之启示。这是唯一真正的超人道，唯一真正的可能性，在进化的‘自然’中前进一步。

这新的格位，诚然是如今人类知觉性和生命的法律之一反转，因为它会反过‘无明’中的生命的整个原则。人可说，是为了尝‘无明’之味，为了惊奇和冒险，心灵乃降入了‘无心知性’中，着上了‘物质’的乔装，为了冒险，为了创造和发现的喜乐，一‘精神’的冒险，‘心思’和‘生命’的一冒险，与它们在‘物质’中的工事之种种探

险的惊奇，为了新者和未知者的发现和征服；凡此一切，组成人生之事业，凡此一切，也当与‘无明’之终止而终止。人生，是‘无明’之光与暗，得与失，困难与危险，快乐与痛苦凑合制成的，是种种彩色的一活动，游移于‘物质’的普通的中性上，而‘物质’则以‘无心知者’之无知性与无感性为基。对正常的生命体，一种存在若无成功与失败的反应，情命的乐与忧，险难与热情，快慰和痛苦，命运之倚伏与不定，与奋斗与战阵与挣扎，一种新奇与惊异与创造投射到未知者上的喜乐，则似乎是空无变换，因此也空无人生情味。任何超越这些事物的人生，对它似乎会是无形相或空虚的什么，或是在一不可变的同一性之形模中铸成的；人类心思的天堂图像，是一永恒的单调之不休的重复。但这是一错误观念；因为进入神圣智的知觉性中，会是进入了‘无限者’。这将是一自我创造，无限的发皇‘无限者’入乎有体之形式，而‘无限者’的兴趣，较之有限者的，远过其大而且多种多方，亦如远过其为不可磨灭的可喜。在‘知识’（或‘明’）中的进化，较之在‘无明’中的任何进化，为远过其美与光荣的一显示，以更多视景永自展舒，在一切方式上皆更深密，皆非其所能者。‘精神’的悦乐永是常新，其所取的美的形式无数，其神明永是年少，而且‘无限者’的悦乐之味（rasa），为永恒无竭。神圣智的人生显示，会是更充实，多果，其兴趣较‘无明’的创作兴趣更生动；它将是一更伟大和更快乐的恒常奇迹。

倘若有在物质‘自然’中的一进化，又倘若这是有体之一进化，以知觉性与生命为其主要两项目与权能，则此有体之充实，知觉性之充实，生命之充实，必然是我们正趋赴的发展的目标，也必然显示于我们的命运的一或早或迟的阶段。‘自我’，‘精神’，‘真实性’，正自体启示于生命和物质的初始无心知性中者，将发皇其有体与知觉性的全部真理于那生命和物质中。它将回到它自体，——或者，倘若当作一个体，它的归极是回到它的‘绝对者’，它也可作那回转，——不由人生之唐劳失望，而是由其自体在人生中的一圆满成就。我们在‘无明’中的进化，及其自我发现和世界发现之交错的喜乐和痛苦，并其半成就与恒得恒失，只是我们的初始境况。这不可避免必引向‘知识’中之一进化，一‘精神’的自我发现和自我展舒，万事万物中的‘神圣性’的一自我启示，于其自体的那真实权能中，在‘自性，中，那对我们仍为一‘超上自性’者中。

图书在版编目(CIP)数据

神圣人生论:全2册/(印)室利·阿罗频多著;徐梵澄译.—北京:商务印书馆,2017
(汉译世界学术名著丛书:120年纪念版:珍藏本)
ISBN 978-7-100-14643-2

Ⅰ.①神… Ⅱ.①室… ②徐… Ⅲ.①哲学理论—印度—近代 Ⅳ.①B351.4

中国版本图书馆CIP数据核字(2017)第152199号

汉译世界学术名著丛书
(120年纪念版·珍藏本)
神圣人生论
(全二册)
〔印度〕室利·阿罗频多 著
徐梵澄 译

商 务 印 书 馆 出 版
(北京王府井大街36号 邮政编码100710)
商 务 印 书 馆 发 行
北 京 冠 中 印 刷 厂 印 刷
ISBN 978-7-100-14643-2

2017年12月第1版　　开本710×1000 1/16
2017年12月北京第1次印刷　　印张72
定价:365.00元